Ouvrage de Référence
ne doit pas sortir
de la Bibliothèque.

Les chemins de la mémoire

COMMISSION DES BIENS CULTURELS

Les chemins de la mémoire

Monuments et sites historiques du Québec

TOME II

Le contenu de cette publication a été préparé
par la Commission des biens culturels
du Québec.

Directeur du projet:
Jean Lavoie, vice-président
Commission des biens culturels

Rédacteur associé:
Marc Desjardins

Révision linguistique:
Dominique Johnson

Révision et correction:
Marc Desjardins, Ghislaine Fiset, Paul-Louis Martin,
Jean Lavoie, Claude Frappier

Recherche iconographique:
Jacques St-Pierre

Rédaction des légendes:
Jacques St-Pierre, Ghislaine Fiset et Marc Desjardins

Collaborateurs:
Yves Hébert, Georges-Pierre Léonidoff, Cornéliu Kirjan,
André Chartier, Louise Brunelle-Lavoie, Germain Casavant,
Guy Pinard, André LaRose, Jacques Lachapelle, Lise Fournier

Photographies:
F.M.C. ministère des Communications
Marc Lajoie, Bernard Vallée, Daniel Lessard,
Adrien Hubert, Richard Poissant

Page couverture
Mia & Klaus
Communauté urbaine de Montréal

Secrétariat:
Micheline Lafrance, Claudine Pichette et Micheline Girard

*Conception de la couverture, mise en pages
et cartographie:*
Gilbert Bochenek inc.

Les opinions exprimées dans cette publication
de la Commission des biens culturels
n'engagent que la responsabilité de leurs auteurs
et ne reflètent pas nécessairement la pensée,
les orientations ou les politiques de la Commission.

La présente édition a été produite par
Les Publications du Québec
1279, boulevard Charest Ouest
Québec (Québec)
G1N 4K7

Dépôt légal — 3e trimestre 1991
Bibliothèque nationale du Québec
Bibliothèque nationale du Canada
ISBN 2-551-14570-8
© Gouvernement du Québec, 1991

Préface

En 1922, le Québec se dotait d'une loi sur les biens culturels et devenait la première province canadienne à assurer la protection de son patrimoine culturel. Depuis, au-delà de 2 500 œuvres d'art, biens, monuments et sites historiques ont été préservés.

S'il importe donc à notre gouvernement de protéger ces monuments où s'ancre notre appartenance, il lui importe aussi de favoriser la compréhension de cet héritage trop longtemps et trop souvent méconnu. D'où toute l'importance d'un ouvrage comme celui-ci, qui devient l'instrument par lequel nos connaissances historiques, techniques et ethnographiques en matière patrimoniale peuvent avoir la diffusion qu'elles méritent.

Disséminés sur un territoire dont l'immensité n'a d'égale que la diversité, ces monuments et sites qui jalonnent les lieux de notre mémoire deviennent autant de repères d'une culture qui ne craint pas d'affirmer sa vitalité en prenant pour témoin son passé.

À l'approche de cette fin de siècle où, individuellement et collectivement, les Québécois et les Québécoises redéfinissent leur identité, il serait sage de tirer de ce legs que nous ont transmis nos prédécesseurs les enseignements que les siècles ont accumulé en lui. C'est donc avec empressement que nous invitons les lecteurs et les lectrices à entreprendre, au fil des images et des mots, ce voyage au cœur de notre culture. Qu'ils se laissent surprendre et fasciner le long de ce chemin qui mène à la découverte de notre patrimoine collectif.

La ministre des Affaires culturelles,

Liza Frulla-Hébert

Présentation

Lorsque la *Charte internationale sur la conservation et la restauration des monuments et des sites* fut approuvée à Venise, en 1964, lors du Congrès international des architectes et des techniciens des monuments historiques, les spécialistes de la conservation avaient prévu que les principes fondamentaux de la conservation allaient, selon la conjoncture autant que par nécessité, s'adapter aux particularités des nations et des peuples pour une meilleure mise en valeur des caractères distincts. D'où l'émergence d'un grand nombre de chartes énonçant les principes et ouvrant de nouveaux champs d'application.

Depuis lors ont été élaborées entre autres la *Charte européenne du patrimoine architectural*, suivie en 1976 de la *Déclaration d'Amsterdam*. Cette année-là paraissaient celle du tourisme culturel et celle de Naïrobi concernant le rôle de la tradition dans la vie contemporaine. En 1982, Florence emboîtait le pas en instaurant la *Déclaration sur les jardins historiques*, suivie de Tolède quatre années plus tard qui se prononçait sur la sauvegarde des villes historiques. En 1985 entrait en vigueur la convention du Conseil de l'Europe dont l'objectif était de conserver le patrimoine architectural. La dernière en liste, celle de la protection et de la gestion du patrimoine archéologique, était proclamée à Lausanne en octobre 1990.

L'écrit sans contredit le plus symbolique nous est parvenu d'Australie en 1981 (la *Charte de Burra*). Cette charte est très originale parce que soucieuse de préserver les caractéristiques propres d'un héritage national et dotée d'un plan global de mise en valeur assorti de hauts standards de conservation. Cette charte ouvrait en quelque sorte la voie à des approches nuancées plus nationales, régionales et locales, mais respectueuses des principes fondamentaux.

À peu près au même moment, le Québec entreprenait le même remaniement prudent des grands principes. En 1985, un groupe d'experts du Conseil des monuments et sites et du comité francophone de ICOMOS-Canada élabora un projet de charte pour le Québec, connu sous le nom de *Déclaration de Deschambault*. Son message insistait sur la participation de la population au processus décisionnel. Le patrimoine, selon cette vision, ne pouvait survivre que sur une base de responsabilités partagées.

Cette proposition ne connut pas de suite officielle, mais elle témoignait d'un effort qui, dans cette prise de conscience, s'apparentait fort bien aux démarches entreprises partout dans le monde pour élargir les notions de charte par l'approfondissement du sens des spécificités nationales, l'ouverture des nouveaux champs d'application tels le patrimoine industriel, maritime, agricole, archéologique et ethnologique.

C'est dans cet engagement patrimonial que la Commission des biens culturels prit l'initiative de joindre les gestes à la parole en documentant d'abord, puis en publiant dans un ouvrage complet l'ensemble des monuments et sites classés sur son territoire en vertu d'un statut juridique institué dès 1922 lors de la création de la Commission des monuments historiques (devenue en 1972 la Commission des biens culturels du Québec).

Le second tome poursuit sa route à travers l'Ouest du Québec, avec une halte généreuse à Montréal. En plus de l'île de Montréal, ce sont les circuits couvrant les régions de l'Estrie, de la Montérégie, de Lanaudière, de Laval-Laurentides, de l'Outaouais et de l'Abitibi-Témiscamingue. En tout quelque 250 monuments, sites historiques, archéologiques et naturels.

Cette contribution de la Commission des biens culturels, signataire de l'ouvrage, montre que cet organisme a su concrétiser les différentes missions qu'elle s'est vu confier par le ministre des Affaires culturelles. Le rôle de la Commission a souvent été déterminant dans la préservation du patrimoine culturel québécois, ne serait-ce que par le sauvetage *in extremis* de certains témoins de notre passé que nous pouvons admirer dans *Les chemins de la mémoire*.

Ce patrimoine est protégé en grande partie en vertu de la *Loi sur les biens culturels* (sanctionnée en 1972) qui confère au bien culturel un statut légal de sauvegarde, de protection et d'entretien. Même si ce statut a maintes fois été perçu comme une entrave à la liberté de propriété, avec le recul la résignation fait place à la fierté, les nouvelles valeurs et les changements économiques aidant à la qualité de vie. Il est à espérer que la loi révisée de 1982, qui accorde aux municipalités les mêmes droits et obligations qu'à l'État, permette l'élargissement du réseau patrimonial sur tout notre territoire.

Nos remerciements pour la publication du dernier tome des *Chemins de la mémoire* s'adressent d'abord à la ministre des Affaires culturelles, madame Liza Frulla-Hébert, ainsi qu'aux sous-ministres, mesdames Nicole Malo et Michelle Courchesne, pour leur empressement et leur collaboration. Cette œuvre n'aurait pu paraître sans la collaboration exceptionnelle apportée par le directeur du projet, monsieur Jean Lavoie, vice-président de la Commission des biens culturels, qui a supervisé toutes les étapes de la fabrication de l'ouvrage, depuis son ébauche jusqu'à sa publication finale.

En ce qui concerne l'élaboration du manuscrit final, il faut souligner la collaboration de monsieur Marc Desjardins qui a supervisé la révision et la présentation de l'ensemble de l'ouvrage. Monsieur Jacques St-Pierre s'est chargé de la recherche iconographique. Ces deux professionnels ont apporté une contribution efficace et empressée.

Nous remercions aussi tous les auteurs, et ils sont près de 80, pour la qualité de leurs textes et leur patiente solidarité. On pourra apprécier le témoignage de monsieur Marcel Junius, architecte et urbaniste, qui fut directeur général du patrimoine du ministère des Affaires culturelles et président de la Commission des biens culturels. On aura aussi grand intérêt à lire l'introduction de ce volume, écrite par le doyen de la faculté d'aménagement de l'Université de Montréal, monsieur Jean-Claude Marsan. Son expertise comme architecte et urbaniste contribue certainement à bien évaluer la problématique patrimoniale urbaine actuelle.

Nous ne pouvons qu'espérer que de tels outils de connaissance transmettent la vie à travers des œuvres utiles et cohérentes où se réconcilient la spécificité de notre tradition et l'émergence d'une créativité qui nous ressemble et nous identifie dans le monde.

Le président de la Commission des biens culturels du Québec,

Cyril Simard, Ph.D.

Table des matières

Préface	VII
Présentation	IX
La conservation du patrimoine urbain	1

CHAPITRE PREMIER
Région Montréal – Centre

Montréal

Arrondissement historique de Montréal ... 15
Maison Brossard-Gauvin ... 33
Maison Papineau ... 34
Maison Nolin ... 36
Maison Mass-Média ... 37
Château de Ramezay ... 38
Maison Beaudoin ... 41
Maisons La Minerve, du Patriote, Cotté, Viger et Bertrand ... 42
Maison Beament ... 46
Maison de la Congrégation ... 47
Ancien palais de justice de Montréal et son annexe ... 49
Site du Vieux Séminaire des sulpiciens de Montréal ... 52
Façades des 43-59 rue Saint-Jacques Ouest ... 57
Église et presbytère de la mission catholique chinoise du Saint-Esprit ... 60
Unity Building ... 63
Engineer's Club of Montreal ... 65
Façades de la rue Jeanne-Mance ... 67
Bâtisse L.-O.-Grothé ... 70
Église St. Patrick ... 72
Église du Gesù de Montréal ... 75
Église Unie St. James ... 78
Cathédrale Christ Church ... 81
Monument National ... 84
Édifice de la bibliothèque Saint-Sulpice ... 87
Clocher et transept sud de l'église Saint-Jacques ... 89
Maison Louis-Fréchette ... 91
Collège Mont-Saint-Louis ... 92
Maison du Bon-Pasteur ... 94
Édifice Joseph-Arthur-Godin ... 97
Maison Notman ... 98
Maison Cytrynbaum ... 99
Mount Royal Club ... 100
United Services Club ... 102
Maison Corby ... 103
University Club de Montréal ... 105
Maison Atholstan ... 107
Mount Stephen Club ... 109
Chapelle de l'Invention-de-la-Sainte-Croix ... 112
Domaine des sœurs grises de Montréal ... 113
Façade du Bishop Court Apartments et cour intérieure ... 117
Maison des Sisters of Service (ou Shaughnessy) ... 118
Maison mère des religieuses de la congrégation de Notre-Dame de Montréal ... 121
Maison Joseph-Aldéric-Raymond ... 124
Maison Greenshields ... 125
Maison Ernest-Cormier ... 126
Domaine et tours du fort des messieurs de Saint-Sulpice ... 129
Cinéma Rialto ... 135
Église Notre-Dame-du-Très-Saint-Sacrement ... 137
Château Dufresne ... 140
Site de l'église Saint-Pierre-Apôtre ... 143
Maison James-Monk (ou Villa Maria) ... 146
Maison de la Côte-des-Neiges ... 148
Îlot des Voltigeurs ... 149
Prison des Patriotes ... 150
Moulin à vent ... 155
Maison Beaudry ... 156
Maison Armand ... 157

Westmount

Maison Braemar ... 158

Saint-Léonard

Maison Gervais-Roy ... 160
Maison Dagenais ... 161

Montréal-Nord

Maison Drouin-Xénos ... 162

Montréal

Maison du pressoir ... 164
Église du Sault-au-Récollet ... 166
Maison Saint-Joseph du Sault-au-Récollet ... 170
Forêt de Saraguay ... 172

Sainte-Geneviève

Maison D'Ailleboust-de-Manthet ... 174
Maison Montpellier-dit-Beaulieu ... 175

Pierrefonds

Maison Grier ... 176

Sainte-Anne-de-Bellevue

Maison Thomas-Moore ... 177

Beaconsfield

Manoir Beaurepaire … 178

Kirkland

Maison Lanthier … 179
Maison Baptiste-Jamme (ou Yuile) … 180

Pointe-Claire

Moulin banal de Pointe-Claire … 181
Maison municipale … 182

LaSalle

Moulin à vent … 183
Église des Saints-Anges de Lachine à Ville LaSalle … 185

Verdun

Maison Étienne-Nivard-de-Saint-Dizier … 187

Montréal

Ferme Saint-Gabriel … 188
Entrepôt Buchanan … 191
Maison Bagg … 192

CHAPITRE II
Région Montérégie

De La Prairie à Sorel … 195

Arrondissement historique de La Prairie … 203
Maison Deschamps, Brossard … 208
Maison Sénécal, Brossard … 209
Maison « Marsil », Saint-Lambert … 210
Maison Sharpe, Saint-Lambert … 211
Maison Auclair, Saint-Lambert … 212
Maison Patenaude, Longueuil … 213
Église Saint-Antoine-de-Padoue, Longueuil … 214
Maison Labadie, Longueuil … 217
Maison Lamarre, Longueuil … 218
Vieux presbytère, Saint-Bruno-de-Montarville … 219
Maison Nicole-Saia, Boucherville … 221
Église de la paroisse de Sainte-Famille, Boucherville … 222
Maison François-Pierre-Boucher, Boucherville … 225
Maison Quintal (dite Quesnel), Boucherville … 227
Maison La Fontaine, Boucherville … 229
Maison appelée la chaumière, Boucherville … 231
Chapelles de procession Sainte-Anne et Saint-Joachim, Varennes … 232
Calvaire, Varennes … 234

Maison Joseph-Petit-dit-Beauchemin, Varennes … 235
Hangar à grain, Varennes … 237
Maison Moussard, Calixa-Lavallée … 238
Moulin à vent, Verchères … 239
Moulin à vent Dansereau, Verchères … 240
Maison Le Noblet-Duplessis, Contrecœur … 242
Moulin à vent, Contrecœur … 244
Site archéologique Mandeville, Tracy … 245
Église Saint-Pierre, Sorel … 248
Carré Royal, Sorel … 250
Église et presbytère anglicans, Sorel … 251
Maison des Gouverneurs, Sorel … 254

De Saint-Ours à Waterloo … 257
Domaine seigneurial de Saint-Ours … 265
Maison Cherrier, Saint-Denis … 267
Maison Mâsse, Saint-Denis … 268
Maison Maurice-Sauvé, Saint-Charles … 270
Site et église de La Présentation … 272
Église de la paroisse Saint-Hilaire-sur-Richelieu, Mont-Saint-Hilaire … 276
Manoir Rouville-Campbell, Mont-Saint-Hilaire … 280
Maison Guertin, Belœil … 284
Maison du Pré-Vert, Belœil … 285
Église paroissiale de Saint-Jean-Baptiste (Rouville) … 286
Maison Franchère et entrepôt, Saint-Mathias-sur-Richelieu … 289
Église et mur du cimetière, Saint-Mathias-sur-Richelieu … 290
Manoir Rolland, Saint-Mathias-sur-Richelieu … 292
Arrondissement historique de Carignan. Maisons Prévost et Saint-Hubert … 294
Église St. Stephen, Chambly … 297
Maison Thomas-Whitehead, Chambly … 299
Maison John-Yule, Chambly … 300
Four à pain, Saint-Luc … 302
Casernes de Blairfindie 1813-1827, Saint-Luc … 303
Église Sainte-Marguerite-de-Blairfindie, L'Acadie … 305
Vieux presbytère, L'Acadie … 307
Vieille école (ou maison du sacristain), L'Acadie … 308
Bâtiments Lorrain-Sainte-Marie, L'Acadie … 309
Maison MacDonald-Thibodeau, Saint-Jean-sur-Richelieu … 311
Maison François-Roy, Saint-Jean-sur-Richelieu … 312
Manoir Christie, Iberville … 313
Chapelle-reposoir Saint-Jacques-le-Mineur … 315
Maison Roy et son annexe, Saint-Blaise … 317
Maison natale d'Honoré Mercier, Sainte-Anne-de-Sabrevois … 318
Ancien palais de justice, Napierville … 319

Blockhaus de Lacolle, Saint-Paul-de-l'Île-aux-Noix	320
Maison Lorrain, Saint-Valentin	322
Église méthodiste d'Odelltown, Notre-Dame-du-Mont-Carmel	323
Église anglicane St. George, Clarenceville	325
Moulin de Frelighsburg	327
St. Luke's Church, Waterloo	328

De Vaudreuil à Elgin-Hinchinbrook — 331

Ancien collège Saint-Michel et remise, Vaudreuil	338
Église Saint-Michel, Vaudreuil	339
Maison Valois, Dorion	342
Maison Trestler, Dorion	343
Église Sainte-Jeanne-de-Chantal, Notre-Dame-de-l'Île-Perrot	344
Moulin à vent et maison du meunier, Notre-Dame-de-l'Île-Perrot	346
Ancienne usine hydroélectrique, Les Cèdres	349
Maison Pierre-Charay, Les Cèdres	351
Site archéologique de la Pointe-du-Buisson, Melocheville	353
Église Saint-Joachim, Châteauguay	355
Maison Sauvageau-Sweeny, Mercier	358
Maison Coppenrath, Sainte-Martine	360
Calvaire du Cordon, Saint-Rémi	362
Pont de Powerscourt, Elgin et Hinchinbrook	363
Édifice de comté et bureau d'enregistrement de Huntingdon	365

CHAPITRE III
Régions Laval et Laurentides

Laval et Laurentides — 369

Maison André-Benjamin-Papineau, Laval	377
Maison François-Cloutier, Laval	379
Église Sainte-Rose-de-Lima, Laval	380
Maison Ouimet, Laval	382
Maison Pierre-Thibault, Laval	384
Maison Therrien, Laval	385
Hôtel de ville de Lorraine	386
Maison et grange-écurie des prêtres Chaumont, Sainte-Anne-des-Plaines	389
L'enclos (Domaine Hébert), Rosemère	391
Ancien séminaire (Cégep Lionel-Groulx), Sainte-Thérèse	393
Chapelle-oratoire de Saint-Joseph, Sainte-Thérèse	395
Église de Saint-Eustache	396
Moulin Légaré, Saint-Eustache	399
Domaine Globensky, Saint-Eustache	401
Calvaire, Oka	403
Maison Basile-Routhier, Saint-Placide	405
Christ Church, Saint-André-Est	407
Maison Desormeaux, Carillon	409
Maison Girouard, Saint-Benoît (Mirabel)	410
Ancienne seigneurie des sulpiciens (ou manoir Belle-Rivière), Sainte-Scholastique (Mirabel)	411
Ancien palais de justice, Saint-Jérôme	413
Maison Alix, Mont-Laurier	415
Ponts de Ferme-Rouge, Saint-Aimé-du-Lac-des-Îles et Kiamika	416

CHAPITRE IV
Région Lanaudière

Lanaudière — 421

Île des Moulins, Terrebonne	429
Maison Tremblay, Terrebonne	434
Maison Auger, Terrebonne	435
Maison Bélisle, Terrebonne	436
Maison Bouvier-Allard, Lachenaie	437
Maison Mathieu, Lachenaie	438
Église de la Purification-de-la-Bienheureuse-Vierge-Marie, Repentigny	439
Moulin à vent Séguin, Repentigny	443
Moulin à vent Lebeau, Repentigny	444
Église paroissiale de Saint-Sulpice	446
Chapelle de procession, Saint-Sulpice	448
Vieux palais de justice, L'Assomption	449
Maison Poitras, L'Épiphanie	451
Maison Hervieux et maison d'accompagnement, Lanoraie-D'Autray	452
Chapelle Cuthbert, Berthierville	454
Presbytère, Saint-Cuthbert	456
Maison Lacombe, Saint-Charles-Borromée	458
Église Saint-Paul-de-Joliette, Saint-Paul	459
Bureau d'enregistrement, Sainte-Julienne	461

CHAPITRE V
Région Estrie

Estrie — 465

Moulin Denison, Shipton	475
Bureau d'enregistrement de Richmond	477
Palais de justice de Sherbrooke	478
Plymouth-Trinity United Church, Sherbrooke	480
Chapelle St. Mark, Lennoxville	481
Hôtel de ville et vieille église d'Eaton	483
Couvent de Saint-Venant-de-Hereford	485

Église St. James, Hatley	486
Château Norton, Coaticook	488
Haskell Free Library and Opera House, Rock Island	490
Grange circulaire, Austin	493

CHAPITRE VI
Région Outaouais

Outaouais	497
Manoir Louis-Joseph-Papineau, Montebello	507
Chapelle funéraire Louis-Joseph-Papineau, Montebello	511
Pont Bowman, Val-des-Bois	513
Propriété Wright-Scott-Hadley, Hull	514
Maison Richard-William-Scott (dite Fairview), Hull	515
Maison Riverview (ou Maison David-Moore ou Ville-Joie-Sainte-Thérèse), Hull	516
Hôtel Symmes, Aylmer	517
Ancienne église méthodiste, Aylmer	519
Maison McGooey, Aylmer	520
Pont Marchand (ou pont-rouge de Fort-Coulonge), Mansfield et Pontefract	521
Maison Bryson et ses dépendances — Bryson Farm House, Mansfield et Pontefract	522
Poste du Lac-aux-Allumettes (aussi appelé Fort-William)	524

CHAPITRE VII
Région Abitibi – Témiscamingue

Abitibi – Témiscamingue	529
Village minier Bourlamaque, Val-d'Or	536
École du Rang 2 d'Authier	539
Site de l'église, Rapide-Danseur	541
Ancien bureau de poste de Rouyn et maison Dumulon, Rouyn-Noranda	543
Bateau *T.-E.-Draper*, Angliers	545
Maison du Colon, Ville-Marie	547
Domaine Brown, Ville-Marie	548
Poste de relais pour le flottage du bois d'Opémican, Témiscaming	550
Gare du Canadien Pacifique, Témiscaming	553

Postface	555
Liste des monuments	559
Liste des lieux	563

Sigles

ANC	Archives nationales du Canada
ANQ-AT	Archives nationales du Québec en Abitibi-Témiscamingue
ANQ-E	Archives nationales du Québec en Estrie
ANQ-M	Archives nationales du Québec à Montréal
ANQ-Q	Archives nationales du Québec à Québec
APO	Archives publiques de l'Ontario
CCA	Centre canadien d'architecture
CUM	Communauté urbaine de Montréal, Service de la planification du territoire
MAC	Ministère des Affaires culturelles
ROM	Royal Ontario Museum
SAJIB	Société d'animation du Jardin et de l'Institut botaniques de Montréal

Notes explicatives

La Loi sur les biens culturels

La *Loi sur les biens culturels*, adoptée en juillet 1972, a pour but de favoriser la sauvegarde et la mise en valeur des éléments les plus représentatifs et les mieux conservés de notre patrimoine, qu'il s'agisse de lieux, de bâtiments, d'objets d'art ou d'ethnographie, de vestiges archéologiques ou de documents d'archives.

À cette fin, la loi renferme un certain nombre de dispositions qui permettent au gouvernement du Québec d'assurer le contrôle ou le maintien d'ensembles ou de biens patrimoniaux, dans le respect des droits fondamentaux des particuliers qui en sont les propriétaires ou les usagers.

Un de ces moyens d'intervention consiste à accorder à un bien ou à un ensemble le statut de bien culturel ou d'arrondissement. Les statuts prévus par la loi sont de différents types: «œuvre d'art», «bien historique», «monument historique», «bien archéologique», «site archéologique», «arrondissement historique» et «arrondissement naturel».

Le classement est une mesure de protection légale à laquelle peut recourir le ministre des Affaires culturelles dans le cas de biens menacés ou dont la conservation est d'intérêt public. Moins contraignante, la reconnaissance est une autre mesure de protection légale à laquelle peut faire appel le ministre.

Définition de termes utilisés

Commission des biens culturels:

Organisme de consultation formé de douze membres nommés par le gouvernement du Québec, dont la fonction principale est de donner son avis au ministre des Affaires culturelles sur toute question que celui-ci lui réfère, et plus particulièrement quant à la conservation des biens culturels.

Bien culturel:

Une œuvre d'art, un bien historique, un monument ou un site historique, un bien ou un site archéologique, une œuvre cinématographique, audiovisuelle, photographique, radiophonique ou télévisuelle.

Monument historique:

Un immeuble qui présente un intérêt historique par son utilisation ou son architecture.

Site historique:

Un lieu où se sont déroulés des événements ayant marqué l'histoire du Québec ou une aire renfermant des biens ou des monuments historiques.

Site archéologique:

Un lieu où se trouvent des biens archéologiques.

Arrondissement historique:

Un territoire, une municipalité ou une partie d'une municipalité désignés comme tel par le gouvernement en raison de la concentration de monuments ou de sites historiques qu'on y trouve.

Arrondissement naturel:

Un territoire, une municipalité ou une partie d'une municipalité désignés comme tel par le gouvernement en raison de l'intérêt esthétique, légendaire ou pittoresque que présente son harmonie naturelle.

La conservation du patrimoine urbain

L'INTÉRÊT du patrimoine urbain de Montréal réside dans le fait qu'il reflète d'une façon éloquente toutes et chacune des périodes de l'histoire du développement de l'agglomération, c'est-à-dire une période coloniale préindustrielle, une période industrielle exceptionnelle et la période contemporaine.

Considérant que Montréal constitue, parmi les établissements qui ont prospéré au point de mériter aujourd'hui le qualificatif de «grande ville», une des plus vieilles agglomérations urbaines sur le continent nord-américain, peu de villes importantes peuvent se vanter d'avoir connu ces trois périodes de développement et, encore moins, d'en avoir conservé un nombre significatif de témoins architecturaux et urbanistiques déterminants.

Comme l'a déjà fait remarquer Luc d'Iberville-Moreau, Montréal demeure, avec Québec, sur ce continent, la dernière grande ville «où l'on peut encore sentir la présence des XVIIe et XVIIIe siècles». Cette présence ne se confine pas qu'à la vieille cité, avec sa grille de rues originelle et ses édifices d'un classicisme provincial émouvant comme le Vieux Séminaire Saint-Sulpice ou le château de Ramezay. Elle se fait sentir un peu partout, notamment dans les anciens villages qui ornent l'île montréalaise telles les pierres précieuses d'un collier: Lachine, Pointe-Claire, Sainte-Geneviève-de-Pierrefonds, Sault-au-Récollet, etc. Dans ces établissements, la trame spatiale et de nombreux édifices de facture traditionnelle ont conservé leur caractère d'origine.

La rue principale du Sault-au-Récollet (aujourd'hui le boulevard Gouin) vers l'est, au début du siècle. (MAC, fonds Morisset)

Le village de Côte-des-Neiges vers 1859. Il deviendra plus tard l'un des quartiers de Montréal. (Musée McCord, archives photographiques Notman)

Les sulpiciens, seigneurs de l'île de Montréal, avaient favorisé la création de ces établissements dès le début de la colonie pour protéger les voies d'eau contre les incursions des tribus amérindiennes hostiles, tout comme ils se sont empressés de concéder des terres à l'intérieur de l'île pour mettre à profit leur grande fertilité. Voilà pourquoi, outre les villages que nous venons de mentionner, plusieurs quartiers de la métropole, à l'exemple de Côte-des-Neiges (établie sur le flanc nord-ouest du mont Royal en 1698 par l'ingénieur du roi Gédéon de Catalogne), sont presque aussi anciens que Ville-Marie elle-même, fondée en 1642 par le sieur de Maisonneuve.

La rue Saint-Jacques, artère financière, avec ses édifices prestigieux. (Ville de Montréal)

L'âge d'or victorien

C'est la période industrielle (1850-1950) qui s'avère la plus prolifique. Montréal en a conservé jusqu'à aujourd'hui un échantillonnage assez complet d'éléments urbains et architecturaux caractéristiques: squares, alignements résidentiels, établissements industriels, cimetières, parcs et architecture éclectique, tant d'inspiration académique que vernaculaire.

Une conjoncture particulière a présidé au développement de cet héritage exceptionnel. L'agglomération connaît en effet un âge d'or de 1880 à 1930, en pleine apogée de l'Empire britannique dont elle est un des principaux joyaux sur le plan de l'architecture et de l'aménagement urbain. Une élite, qui a ses points de référence partout dans le monde, y canalise richesses, efforts, talents et s'emploie durant tout le XIXe siècle à polir une image urbaine qui témoigne de ses capacités, de ses idéaux et de sa fierté.

Par une heureuse coïncidence, les classes populaires canadiennes-françaises, héritières d'une riche tradition de construire, apportent également leur contribution à la réalisation de ce milieu bâti qui nous émerveille encore aujourd'hui. On leur doit notamment l'édification d'une centaine d'églises et de grandes institutions religieuses, comme l'Hôtel-Dieu, le couvent des sœurs grises, la maison mère des dames de la congrégation de Notre-Dame (aujourd'hui le collège Dawson) et d'autres immeubles conventuels remarquables.

Témoigne avec éloquence de cet âge d'or le secteur du Vieux-Montréal, classé arrondissement historique en 1964, jadis le cœur de ce centre culturel, industriel et financier que fut Montréal pour tout le dominion. La rue Saint-Jacques, les places d'Armes et Jacques-Cartier, l'église Notre-Dame, l'hôtel de ville, les palais de justice,

Le square Dominion en 1935. L'édifice de la Sun Life, terminé quelques années plus tôt, et la cathédrale Marie-Reine-du-Monde, construite en 1875, contribuent à en faire le plus prestigieux square de Montréal. (Ville de Montréal)

les banques – dont un observateur de l'époque faisait remarquer qu'elles sont «installées dans de véritables palais» –, les vastes entrepôts aux vigoureuses façades et les premiers gratte-ciel aux allures romantiques: voilà un milieu de pierre qui n'a pas son pareil sur un continent dominé par la brique.

Témoignent également de cet âge d'or les célèbres squares montréalais. À l'origine résidentiels, certains, comme les squares Saint-Louis et Sir-George-Étienne-Cartier, le sont demeurés. D'autres se sont transformés, comme le square Dorchester (anciennement Dominion), le plus prestigieux de la ville, qui conserve plusieurs précieux témoins du siècle dernier dont la gare Windsor, l'église St. George, la cathédrale Marie-Reine-du-Monde, l'édifice Sun Life et une aile, récemment recyclée, du fameux hôtel Windsor.

Le flanc sud du mont Royal regorge lui aussi de biens patrimoniaux de l'ère victorienne, malgré les énormes pertes des dernières décennies. Parmi les principaux, signalons la collection d'édifices de prestige du campus de l'Université McGill, des alignements résidentiels comme ceux de la rue Crescent, des concentrations (rue Sherbrooke) d'élégants immeubles d'habitation, des résidences patriciennes appartenant à l'ancien Mille-Carré doré et plusieurs autres, plus récentes, situées à Westmount. Pour couronner le tout, s'impose le parc du Mont-Royal, digne successeur des cimetières romantiques catholique et protestant adjacents. Conçu par l'architecte paysagiste américain Frederick Law Olmsted, il fait partie aujourd'hui d'un site du patrimoine décrété par la Ville en 1987.

On peut observer plusieurs autres exemples de ces legs victoriens dans les secteurs francophones de l'agglomération. Il s'agit d'ensembles résidentiels de caractère comme il en existe dans les quartiers du Plateau-Mont-Royal, d'édifices de prestige, tels le Musée des arts décoratifs (l'ancien château Dufresne), le marché et le bain de Maisonneuve et des parcs aux aménagements splendides, comme le parc Lafontaine et celui de l'île Sainte-Hélène.

En dépit d'une approche fonctionnaliste de l'aménagement urbain qui, ici comme ailleurs, a été à l'origine de ruptures d'échelle catastrophiques et d'une destruction irréfléchie de nombreux éléments du patrimoine bâti hérité des siècles précédents, la période contemporaine semble, elle aussi, vouloir laisser quelques témoins significatifs. Des théoriciens, des professionnels et des groupes de pression se mobilisent maintenant pour défendre des sites comme celui de l'avenue McGill College et des immeubles comme Habitat 67 de Moshe Safdie, le Westmount Square de Mies van der Rohe, la tour de la Bourse de l'architecte Moretti et du grand ingénieur Nervi, celle de la Banque canadienne impériale de commerce de Peter Dickinson, à laquelle Peter Collins prêtait l'élégance du campanile de la Piazza San Marco de Venise.

Habitat 67 de Moshe Safdie figure parmi les témoins significatifs de l'architecture contemporaine montréalaise. (ANQ-Q)

Évolution de la notion de patrimoine bâti

Le tableau d'ensemble que nous venons de brosser des principales valeurs patrimoniales urbaines de l'agglomération montréalaise permet d'en apprécier la grande variété. Ces valeurs correspondent à une attente particulière de la collectivité, selon laquelle on tend à intégrer comme d'intérêt et d'usage pour l'agglomération contemporaine tous les éléments construits, sites historiques et milieux de vie qui sont appropriés et qui contribuent à enrichir l'environnement urbain tout en le marquant d'un caractère distinctif.

Cette ouverture au patrimoine urbain est récente. Pour bien en apprécier la portée et les limites, il faut faire un bref historique de l'évolution qu'a connue la notion de patrimoine bâti au cours des dernières décennies. En limitant notre champ d'étude à la région montréalaise, on constate que durant la première moitié de ce siècle, l'activité intellectuelle a été intense dans ce domaine. Du côté des francophones, E.-Z. Massicotte, Pierre-Georges Roy, Mgr Olivier Maurault, Gérard Morisset, Victor Morin, pour ne nommer que les plus importants chercheurs, ont mené des études systématiques et rigoureuses d'identification et d'inventaire de biens patrimoniaux. Chez les anglophones, il faut retenir les noms des représentants de la très active école de McGill, les Ramsay Traquair, Edward Robert Adair, William Carless, G.A. Nelson, Percy Nobbs et Philip J. Turner. Plus près de nous, John Bland et Alan Gowans ont continué cette tradition avec constance et motivation.

Si l'on tente de cerner, à travers cette abondante production intellectuelle, la notion du patrimoine bâti qui était privilégiée à l'époque, on remarque d'abord que l'accent était mis sur le bâtiment en tant qu'unité architecturale plutôt que sur des ensembles. L'approche de Ramsay Traquair, qui consiste à analyser un édifice en commençant par son enveloppe extérieure pour ensuite se tourner vers l'intérieur sans trop tenir compte du site ni du contexte ambiant, peut être considérée comme typique.

Cette approche doit être appréciée à la lumière du fait que, durant cette période, la ville n'est pas encore menacée dans son organisation et sa trame spatiales traditionnelles comme elle le sera par la suite. Ainsi, aujourd'hui, l'intérêt porte davantage sur la conservation des ensembles hérités des siècles précédents parce que l'urbanisme progressiste de l'après-guerre, dans la poursuite des objectifs fonctionnalistes de la *Charte d'Athènes*, menace de détruire cette organisation spatiale basée sur le respect de la trame urbaine, l'intégration des composantes et la mise en valeur des compositions formelles. En plusieurs endroits de l'arrondissement Centre, par exemple, il arrive maintenant que les deux modèles opposés se côtoient, comme c'est le cas dans le secteur de Milton Parc où les complexes indépendants de la cité Concordia rompent d'intéressants alignements de résidences victoriennes.

Gérard Morisset, à l'extrême droite, a accompli un vaste travail d'inventaire du patrimoine québécois. On le voit ici en 1944 en compagnie du photographe Jules Bégin dans la maison de monsieur Marc Larose à Sainte-Théodosie. (MAC, fonds Morisset)

Les études effectuées avant la Seconde Guerre mondiale montrent également que l'attention porte principalement sur l'architecture académique, celle qui peut se traduire dans des styles identifiables, puisant leur légitimité dans les grands courants artistiques reconnus et valorisés. Ainsi certains chercheurs se sont donné un mal considérable pour rattacher l'architecture traditionnelle religieuse québécoise au style baroque français, comme si c'était la condition de son excellence. On constate enfin que plus un édifice est âgé, plus il est jugé digne d'intérêt, la vénération étant réservée aux bâtiments datant du Régime français, à l'instar du bien-aimé château de Ramezay.

L'architecture vernaculaire n'est admise dans le patrimoine de l'époque que bien timidement, pour autant qu'elle soit de la période coloniale et préférablement d'expression française. Quant au patrimoine à caractère industriel ou issu de procédés industriels, il est ignoré ou même ridiculisé : Gowans, par exemple, s'étranglera d'indignation à la vue des duplex montréalais.

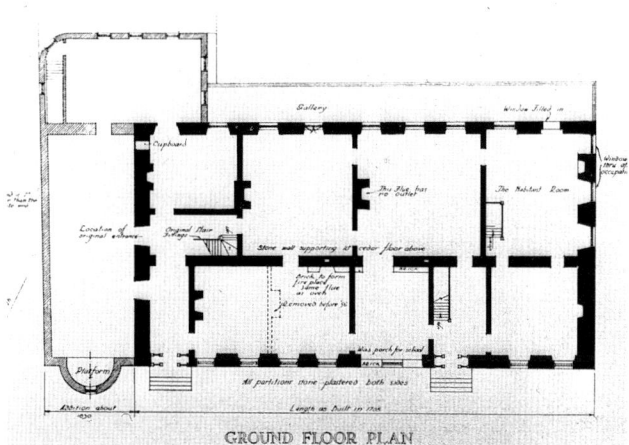
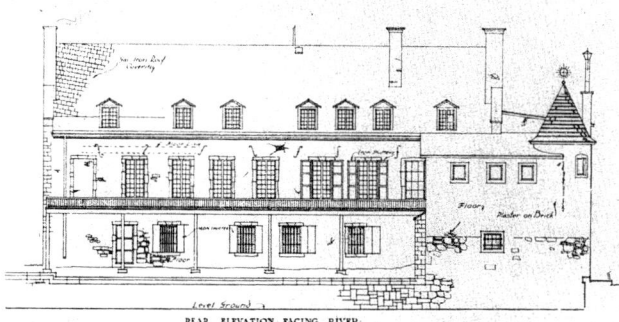

*Plan et élévation du château de Ramezay par Ramsay Traquair. (*The Old Architecture of Quebec*, 1947, p. 49)*

La valeur de l'architecture victorienne, pour sa part, ne fait pas l'unanimité. Plus on se rapproche de notre époque, plus elle est admise comme faisant partie du patrimoine, mais non sans réticences. Gérard Morisset, pour un, trouvera un malin plaisir à la déprécier, critiquant, par exemple, les habitations victoriennes «qui irritent le regard par leur prétention et salissent le paysage par leur laideur». Il n'aurait sûrement pas été un grand défenseur des résidences du square Saint-Louis!

La notion de patrimoine bâti s'est considérablement élargie à notre époque. D'une part, toutes les valeurs sûres des siècles précédents sont retenues; d'autre part, l'architecture victorienne, l'architecture vernaculaire de toutes les périodes et le patrimoine à caractère industriel en font désormais partie. Outre l'arrondissement historique du Vieux-Montréal, des bouts de rues y sont désormais inclus (Crescent-Saint-Hubert, etc.), des ensembles, tel le square Saint-Louis, des corridors visuels comme celui de l'avenue McGill College, des portions de quartiers (Milton Parc, le Mille-Carré) et même des secteurs urbains complets, comme celui du Plateau-Mont-Royal. En un mot, dans la perception populaire, le patrimoine urbain semble dorénavant concerner l'habitat traditionnel tout entier.

Alors que la notion de patrimoine bâti de la première moitié du XXe siècle se référait au patrimoine de conservation, dans le sens muséologique du terme – c'est-à-dire la conservation de biens culturels remarquables pour leur rareté, leurs qualités de créativité et de fabrication –, celle à laquelle adhère massivement la population aujourd'hui est tout autre: il s'agit d'un patrimoine d'utilisation, d'usage, voire, à la limite, de consommation. Comme si le patrimoine urbain semblait vouloir se confondre avec l'urbanité et l'urbanisme. À défaut de produire aujourd'hui des milieux de vie appropriables, c'est à partir du stock ancien que l'on tente de récupérer la ville vivable, celle que l'on peut affectionner.

L'architecture victorienne rayonne jusque dans les quartiers francophones avec des édifices comme le marché Maisonneuve, photographié ici vers 1935. (Ville de Montréal)

Cette redécouverte par notre époque d'un patrimoine d'usage qui englobe tout l'habitat traditionnel apparaît ainsi indissociable de la faillite de l'architecture et de l'urbanisme modernes, qui n'ont pas su créer des milieux susceptibles d'appropriation. En ce sens, elle s'inscrit dans le mouvement culturaliste, qui s'oppose depuis une dizaine d'années au mouvement progressiste qui a marqué l'aménagement en Occident après la Seconde Guerre mondiale.

Comme l'indiquent Annick Germain et Jean-Paul Guay: «L'arrêt de la croissance démographique, la montée des nuisances, et, bientôt, la crise de l'énergie et de l'économie en général disaient à l'unisson que c'était plutôt vers la ville traditionnelle qu'il fallait retourner, à la fois pour en préserver les avantages et pour en tirer des leçons d'avenir... Bref, le terrain était prêt pour que germe l'idée du patrimoine urbain.»

La conservation du patrimoine urbain aujourd'hui

C'est en regard de cette évolution de la notion de patrimoine bâti qu'il faut aborder la question de sa conservation. Celle-ci ne peut plus se ramener qu'à la sauvegarde des biens culturels les plus exceptionnels. Considérant son élargissement pour englober divers autres éléments valorisés par la population, elle ne saurait dépendre des seuls moyens habituellement utilisés pour assurer la protection des valeurs sûres.

Une façon parmi d'autres de simplifier cette problématique consiste à hiérarchiser le patrimoine bâti par catégories d'importance, ce qui permet de mieux cerner les biens en cause et d'identifier les meilleurs moyens de les conserver et de les mettre en valeur. Appliquée à la région montréalaise, cette hiérarchie peut se présenter de la façon suivante.

1. *Le patrimoine national*: il s'agit du patrimoine des biens culturels exceptionnels à l'échelle de la province. C'est le cas, notamment, de l'église Notre-Dame et de l'arrondissement historique du Vieux-Montréal. Étant donné l'importance de ce patrimoine urbain, c'est le gouvernement du Québec qui doit en être garant: la *Loi sur les biens culturels* (sanctionnée en 1972) apparaît comme l'instrument tout désigné. Il demeure cependant qu'un nombre assez important de ces biens ne sont pas officiellement classés d'intérêt historique et patrimonial. Cela s'explique par le fait que plusieurs d'entre eux sont déjà des propriétés du secteur public ou parapublic et que leur prestige est tel qu'il apparaît inconcevable qu'ils puissent être menacés de disparition ou de mutilation.

La conservation de ce patrimoine national est moins problématique qu'elle l'a déjà été: ce qui mérite d'être conservé est aujourd'hui assez bien protégé, par les dispositions de la *Loi sur les biens culturels* ou grâce à son propre prestige. Le reste a malheureusement disparu, sauf exceptions, et ce sont celles-ci qu'il faut savoir reconnaître pour les intégrer d'urgence dans le patrimoine national.

Par exemple, le parc du Mont-Royal devrait appartenir à cette catégorie, puisqu'il est le seul parc aménagé au Canada par le grand architecte paysagiste américain Frederick Law Olmsted et que la signification symbolique et d'usage qu'il a acquise chez les Montréalais au fil des années fait un bien culturel exceptionnel, à nul autre pareil au pays. Or la seule protection dont il jouit est celle d'être reconnu par la Ville comme un site du patrimoine. Cette protection est très aléatoire, comme l'a récemment montré une étude de mise en valeur préparée par les autorités municipales, qui met l'accent sur l'accessibilité du parc et la satisfaction des besoins récréatifs de la population.

2. *Le patrimoine régional*: ce patrimoine demeure une valeur essentielle à l'échelle de la région montréalaise. C'est le cas, par exemple, de l'église Saint-Joachim, du moulin banal de Pointe-Claire et de certains secteurs de la municipalité de Lachine. La *Loi sur les biens culturels* reste l'instrument de

L'église Notre-Dame, vue de la rue Saint-Urbain en 1882. Le prestige de l'édifice est le plus sûr garant de sa conservation. (Ville de Montréal)

Le flanc sud du mont Royal, couronné par le parc conçu par l'architecte paysagiste Frederick Law Olmsted. (Ville de Montréal)

protection de ce patrimoine, bien que la Communauté urbaine de Montréal (CUM) puisse intervenir en créant, sur le plan de la planification territoriale, des conditions favorables à sa conservation et à sa mise en valeur. La création du parc du Cap-Saint-Jacques, par exemple, a de cette façon assuré la protection d'un patrimoine naturel important.

Quant à l'architecture, la CUM a entrepris, conformément à l'une des propositions de son schéma d'aménagement, la réalisation d'un répertoire d'architecture traditionnelle sur son territoire en vue de faciliter son intervention pour en assurer la sauvegarde. L'engagement de la CUM est exemplaire en cette matière. Il demeure cependant que son pouvoir n'englobe qu'une portion de la région montréalaise et que son poids politique est plutôt faible contrairement à ce que l'on aurait pu attendre – comme à Toronto – d'un tel gouvernement régional.

3. *Le patrimoine local*: ce patrimoine comprend les immeubles et les sites de moindre importance attachés aux valeurs d'usage, comme celles de l'habitat traditionnel en général. La conservation et la mise en valeur de ce patrimoine est du ressort des municipalités et son instrument privilégié est tout simplement l'urbanisme.

Mais encore faut-il préciser de quel type d'urbanisme il s'agit. Il va de soi que l'urbanisme progressiste, basé sur les principes de la *Charte d'Athènes* et faisant de la ségrégation des fonctions urbaines (habiter, travailler, circuler, se récréer) son concept privilégié d'aménagement, ne peut être compatible avec la conservation et la mise en valeur de l'habitat traditionnel. Il faut déve-

Le village de Lachine, d'après un croquis de madame David Davidson en 1843. Le magasin du roi situé en bordure du fleuve subsiste encore aujourd'hui. (MAC, fonds Morisset)

lopper un urbanisme postmoderne, soucieux des valeurs sociales et culturelles de même que de la forme de la ville traditionnelle, selon l'approche esthétique que recommandait à la fin du siècle dernier l'architecte viennois Camillo Sitte dans son ouvrage *L'art de bâtir les villes* (1889) et, plus près de nous, selon l'approche, davantage orientée vers la conservation sociale, que défendait Jane Jacobs dans son fameux livre *The Death and Life of Great American Cities* (1961).

En théorie, rien ne devrait empêcher la sauvegarde et la mise en valeur de ce patrimoine local. L'élaboration, par exemple, par l'administration municipale de Montréal de plans directeurs accompagnés d'une réglementation appropriée pour chacun des arrondissements de la ville constitue un pas dans la bonne direction. En pratique cependant, l'urbanisme, tel qu'il a été pratiqué et continue de l'être en Amérique du Nord (qu'il soit d'approche esthétique ou progressiste), tend davantage à être un levier pour favoriser le développement immobilier qu'un moyen de contrôle pour assurer et promouvoir le bien public. Cette propension au développement apparaît d'autant plus difficile à infléchir que les municipalités tirent la majorité de leurs revenus des taxes foncières.

Les perspectives d'avenir

On ne peut nier que la période actuelle soit plus favorable à la conservation et à la mise en valeur du patrimoine urbain que l'ont été les années 1960-1980. Cela est dû principalement, comme le souligne la sociologue Annick Germain, à «l'influence acquise par les mouvements de protection du patrimoine dans les cercles autorisés et plus largement dans l'opinion publique».

Comme nous l'avons déjà précisé, cet engouement pour le patrimoine serait, en dernière analyse, largement attribuable à un retour de l'Occident au mouvement culturaliste, c'est-à-dire aux valeurs culturelles comme déterminantes dans l'élaboration des concepts d'aménagement et d'architecture. Selon la thèse bien connue de Françoise Choay (*L'urbanisme: utopie et réalités*, 1965), l'histoire de l'urbanisme révèle une perpétuelle oscillation entre les courants culturaliste et progressiste, ce dernier renvoyant à un «modèle spatial lié à la croyance au progrès, au rationalisme et à une conception de l'individu humain comme type universel, identique en tous temps et en tous lieux».

Les grands complexes immobiliers des années 1960, comme la Place Ville-Marie et la Place Bonaventure, sont de dignes représentants à Montréal du mouvement progressiste. À ce dernier titre cependant, et même si, dans leur essence, ils constituent une négation de l'habitat traditionnel, ils représentent avec force une réalité historique qui devra s'inscrire un jour ou l'autre dans notre héritage culturel. Cette évolution est déjà manifeste et plus d'un critique a regretté le type de rénovation qu'a subi récemment la Place Ville-Marie, justement parce qu'il compromettait l'authenticité du concept architectural d'origine.

À Montréal, le retour au mouvement culturaliste apparaît indissociable d'une réaction radicale contre les projets de rénovation urbaine à l'américaine qui ont engendré, à partir des années 1960, une vague de démolition sans précédent. Canalisée par des groupes de pression et des associations défensives, comme Espaces verts (1971), Sauvons Montréal (1973) et Héritage Montréal (1975), cette prise de conscience collective va mener à une institutionnalisation du patrimoine, à laquelle contribueront graduellement les politiques gouvernementales.

Ce qui menace peut-être le plus le patrimoine urbain est qu'il devienne victime de son propre succès et se traduise de plus en plus comme une valeur à consommer en dehors de tout rapport critique et éclairé avec l'histoire, le social, la culture et en opposition à l'indispensable acte créateur en architecture et en aménagement.

La Place Ville-Marie constitue peut-être la manifestation la plus éloquente de l'urbanisme progressiste qui s'impose dans la métropole après 1960. (Ville de Montréal)

L'élargissement de la rue Dorchester à la fin des années 1950 n'est qu'une des nombreuses interventions qui ont modifié la trame urbaine montréalaise pour servir les intérêts des automobilistes. Vue d'avant et d'après l'élargissement. (Ville de Montréal)

Le cas de l'agrandissement du Musée des beaux-arts et de la création du Centre de commerce mondial sont révélateurs de cette tendance, qui peut devenir autodestructrice si elle n'est pas judicieusement contrôlée. Dans le premier cas, la pression de l'opinion publique a forcé la conservation d'une façade d'une valeur architecturale bien relative, alors que dans l'autre, des bâtiments historiques de loin plus significatifs ont été sacrifiés sans soulever la moindre opposition. Dans les deux cas, la sauvegarde du bien patrimonial s'est résumée à la conservation de façades, en négation avec l'essence même de l'architecture qui doit être concernée au premier chef par l'espace à enclore et non par la présence de l'objet dans l'espace.

Une autre version de la même menace issue de l'émergence du patrimoine de consommation réside, comme l'a fait remarquer Alain Bourdin, dans cette propension des classes moyennes à réaliser des mises en valeur de quartiers anciens qui risquent d'amener ceux-ci à se ressembler d'une façon inquiétante d'un pays à l'autre, niant en cela l'héritage social et la spécificité historique de chacun. Des opérations de rénovation de quelques années tendent ainsi à banaliser des évolutions longues, lentes et complexes, donnant à la fin l'illusion que tous les bâtiments ont été construits en même temps et qu'ils ont tous connu le même degré de vieillissement.

Cette menace est d'autant plus préoccupante qu'elle n'est pas facile à écarter. Car plus d'un considèrent comme fort positive l'évolution de la notion de patrimoine bâti, qui tend souvent à exclure du rapport au patrimoine tout critère objectif et critique. Pour certains, le patrimoine se ramènerait désormais à une attitude mentale: la valeur d'un bien patrimonial ne résiderait plus dans la qualité intrinsèque du bien lui-même, mais dans le désir de ce bien, quitte à le rendre au besoin conforme à ce désir. Doit-on, dans cette perspective, parler d'élargissement de la notion de patrimoine ou de sa banalisation?

Sur le plan social, cette attitude est compréhensible: le désir d'un habitat appropriable est légitime. L'habitat traditionnel en général en devient-il pour autant et automatiquement d'intérêt patrimonial? Faudra-t-il dorénavant établir une distinction entre le patrimoine social, se rapportant aux genres de vie, et le patrimoine culturel, davantage associé aux formes?

Le rôle des universités

Face à cette évolution de la notion de patrimoine et à ces interrogations, les universités ont un rôle important à jouer. Jusqu'à maintenant, et avec tout le respect dû à certaines personnes du milieu universitaire qui ont défriché ce champ d'études avec conviction et courage, les institutions ont été à la remorque des événements et commencent à peine à se doter de programmes d'enseignement et de recherche appropriés, comme le programme spécialisé de deuxième cycle en rénovation, restauration et recyclage de l'École d'architecture de l'Université de Montréal.

La principale mission de l'université est de suivre et d'analyser l'évolution des problématiques reliées au patrimoine urbain de façon à maintenir sa réalité continuellement féconde. Car si tout devient d'intérêt patrimonial, ou si le patrimoine sert trop souvent de paravent pour masquer l'impuissance des professionnels à concevoir des édifices de qualité et à aménager des milieux de vie désirables et appropriables, le patrimoine risque de perdre graduellement sa légitimité et d'être balayée sans rémission par un retour éventuel au mouvement progressiste.

En corollaire, l'université a pour mission de former des professionnels de l'aménagement non seulement capables de protéger et de mettre en valeur le patrimoine urbain existant, mais aptes à créer aujourd'hui le patrimoine de demain. Jusqu'à maintenant, les créateurs, les architectes et les urbanistes montréalais et québécois sont restés relativement impuissants face à cette mission d'avenir. Chaque époque doit laisser un héritage. Même l'architecture moderne, souvent décriée pour d'excellentes raisons, a néanmoins doté Montréal, comme nous l'avons vu, d'édifices de grande qualité qui contribuent à son prestige et à sa renommée et qui font ou feront éventuellement partie intégrante de son héritage culturel.

Quel patrimoine bâti laissera notre époque postmoderne? Un savoir-faire dans la mise en valeur de celui des époques précédentes, comme la réalisation de la maison Alcan, le réaménagement des bâtiments Johnson & Johnson et la rénovation de l'hôtel Windsor? C'est toujours cela d'assuré et, compte tenu de l'importance du patrimoine montréalais, de méritoire! Mais sur le plan de la création, cela risque d'être perçu par les générations futures comme un témoignage d'essoufflement si cette récupération ne s'accompagne pas d'actes créateurs susceptibles d'assurer le patrimoine urbain de demain.

Le rôle des gouvernements

Le gouvernement du Québec, principalement par sa *Loi sur les biens culturels* qui est encore perçue comme une des plus sévères en Amérique du Nord, a joué un rôle important dans la conservation et la mise en valeur des biens culturels, qui comprennent autant le patrimoine historique et architectural que les arrondissements et sites historiques et naturels. On pourrait aller plus loin et reconnaître qu'indirectement cette loi, par le contrôle des aires de protection entourant les bâtiments classés, s'est même substituée jusqu'à tout récemment à l'urbanisme à Montréal, empêchant notamment que plusieurs zones du centre-ville ne soient irrémédiablement mutilées et défigurées par les conséquences de zonages trop permissifs.

Que le gouvernement ait voulu, à partir de 1985, amener les municipalités à intervenir directement dans la protection et la mise en valeur des biens culturels en leur donnant le pouvoir de citer des monuments historiques, de constituer des sites du patrimoine et d'accorder de l'aide financière et technique pour leur conservation, doit être perçu en principe comme positif. En pratique cependant, les municipalités ne possèdent malheureusement pas toujours les capacités de leurs intentions.

Vue du centre-ville à partir du mont Royal en 1962. (Ville de Montréal)

Un plan d'aménagement urbain: le cas de la cité de Maisonneuve, annexée à Montréal en 1918. La «Pittsburgh du Canada» avait élaboré au début du siècle de grandioses projets d'embellissement: édifices publics imposants, spacieux boulevards et parcs de récréation. Le projet surimposait d'une façon superficielle une structure de prestige sur un milieu prolétarisé. (Ville de Montréal)

Si le pouvoir et le devoir des municipalités dans le domaine de la protection et de la mise en valeur du patrimoine urbain ne peuvent ni ne doivent se limiter aux dispositions de cette *Loi sur les biens culturels*, il en va de même pour le gouvernement du Québec. Celui-ci a également pour obligation, par le moyen d'autres politiques et d'autres capacités d'intervention, de créer des conditions favorables à la conservation et à la mise en valeur de ce patrimoine. Dans cette optique, il faut considérer comme potentiellement néfaste sa tendance récente à se décharger sur les gouvernements municipaux, pour des raisons de restrictions budgétaires, de plusieurs de ses obligations traditionnelles.

Considérant que les municipalités retirent l'essentiel de leurs revenus des taxes foncières, il y a un risque sérieux, en effet, qu'elles se voient tentées, voire obligées, de favoriser le développement immobilier rentable dans l'immédiat au détriment de la création patiente et ordonnée de milieux de vie intégrant et mettant en valeur les biens culturels. Comme l'indique encore Annick Germain: «L'enjeu oppose une fonction d'usage à une fonction d'échange, une logique sociale des conditions de vie à une logique économique de rentabilité.»

Dans certains cas particuliers, comme dans celui du transport des personnes, le retrait graduel du gouvernement du Québec de ce champ d'intervention peut signifier une incapacité des municipalités d'assurer des solutions de rechange viables au transport par véhicule privé, livrant de ce fait le patrimoine urbain à une dégradation rapide et inévitable, comme le montre à l'envie tous les cas où l'automobile s'est rendue maître de la trame urbaine.

Enfin, les municipalités elles-mêmes doivent faire de la conservation et de la mise en valeur du patrimoine urbain, combinées avec la recherche de solutions inventives en aménagement, un des critères premiers de leurs plans d'urbanisme. Cela ne s'avère valable qu'en autant que l'urbanisme ne soit pas utilisé uniquement comme un levier de développement économique, mais également comme un instrument privilégié pour faire triompher sur le plan local la logique sociale et d'usage sur celle de l'échange et de la rentabilité.

Cela ne veut pas dire pour autant que cette logique soit incompatible avec la rentabilité économique. Par exemple, la mise en valeur du corridor visuel de l'avenue McGill College au moyen d'un schéma d'aménagement doté d'une réglementation adéquate pourrait assurer à la fois la protection de ce bien à caractère patrimonial (la vue la plus spectaculaire du mont Royal) et la stabilité des valeurs foncières et immobilières grâce à l'exclusivité assurée du lieu. Les propriétaires riverains de cette artère ont fort bien compris que la mise en valeur de la vue sur la montagne constitue la meilleure garantie de la rentabilité à long terme de leurs investissements.

Vue ancienne de Montréal alors que seuls les clochers des églises pointaient vers le ciel. (ANC)

Le campus de l'Université McGill est formé d'une collection d'édifices de prestige. (Ville de Montréal)

La responsabilité du milieu des affaires

On se rappelle que le milieu des affaires a joué un rôle imaginatif dans le dénouement de la crise qui a opposé, au printemps 1984, la société Cadillac Fairview et la Ville de Montréal aux citoyens et groupes de pression au sujet de la sauvegarde du corridor visuel de l'avenue McGill College. L'histoire récente fait ainsi état d'une prise de conscience certaine par ce milieu concernant l'importance de la conservation du patrimoine urbain. Celle-ci est prometteuse pour l'avenir, principalement à cause de l'audience grandissante dont jouit ce milieu auprès de la population et des gouvernements.

Cependant, cette prise de conscience des hommes d'affaires et des promoteurs semble encore trop limitée à des cas concrets et pas suffisamment ouverte à des problématiques d'ensemble. Qu'il suffise de mentionner, pour mémoire, les pressions qu'ils ont exercées, au printemps 1990, lors des consultations concernant l'élaboration du plan directeur du centre-ville, pour en faire augmenter indûment les densités et les hauteurs. Promouvoir la conservation du patrimoine urbain ne saurait se résumer qu'à défendre des cas évidents pour s'attirer la sympathie du public. Il s'agit, avant tout, d'une attitude face à l'aménagement et au développement urbain, d'un engagement réfléchi face à une société et à sa culture.

Retenons, en conclusion, que si la conservation du riche patrimoine urbain montréalais ne présente plus heureusement l'aspect des batailles héroïques de jadis, à l'instar de celle qui a été livrée inutilement à l'automne 1973 pour sauver la maison Van-Horne de la démolition, la cause de ce patrimoine n'est pas pour autant victorieuse aujourd'hui. Il serait d'ailleurs préférable de se prémunir contre la tentation de croire qu'elle pourrait l'être un jour. La meilleure assurance pour l'avenir réside, à notre avis, dans un investissement intellectuel serein et constant visant à assurer au patrimoine urbain sa légitimité, et dans le développement, à tous les niveaux de la société, d'une conscience critique susceptible d'orienter les interventions de sauvegarde et de mise en valeur.

Jean-Claude Marsan, architecte et urbaniste

CHAPITRE PREMIER

Région Montréal — Centre

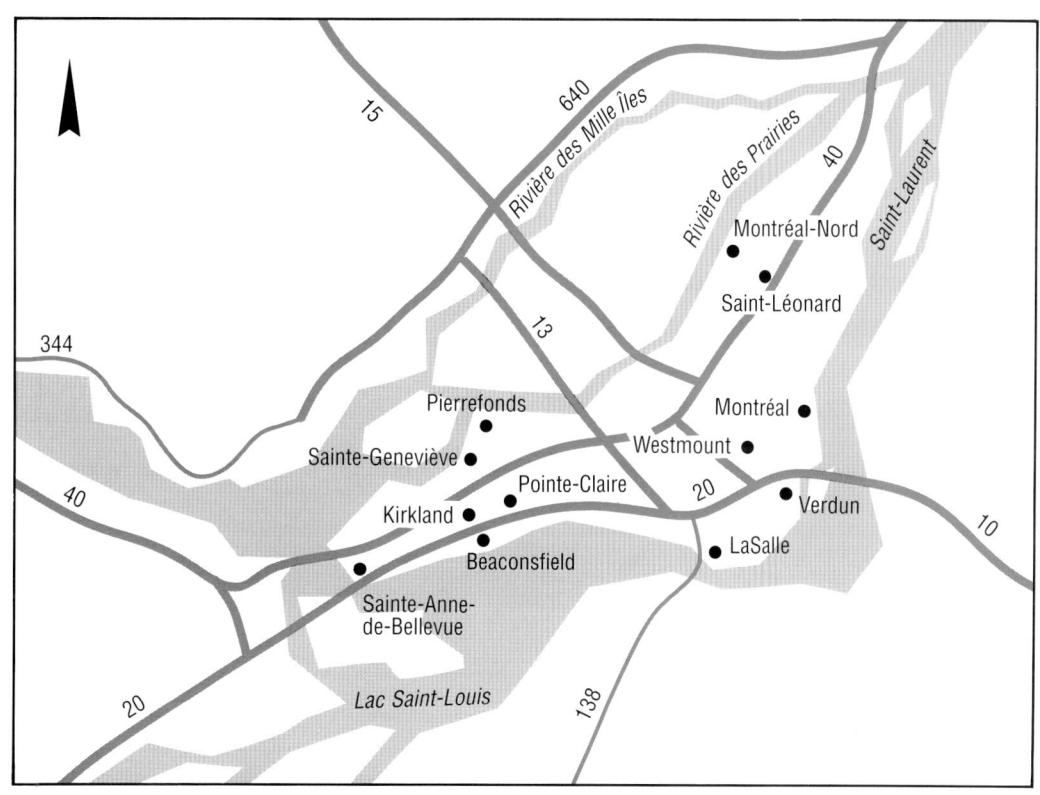

Arrondissement historique de Montréal
Déclaré arrondissement historique en 1964

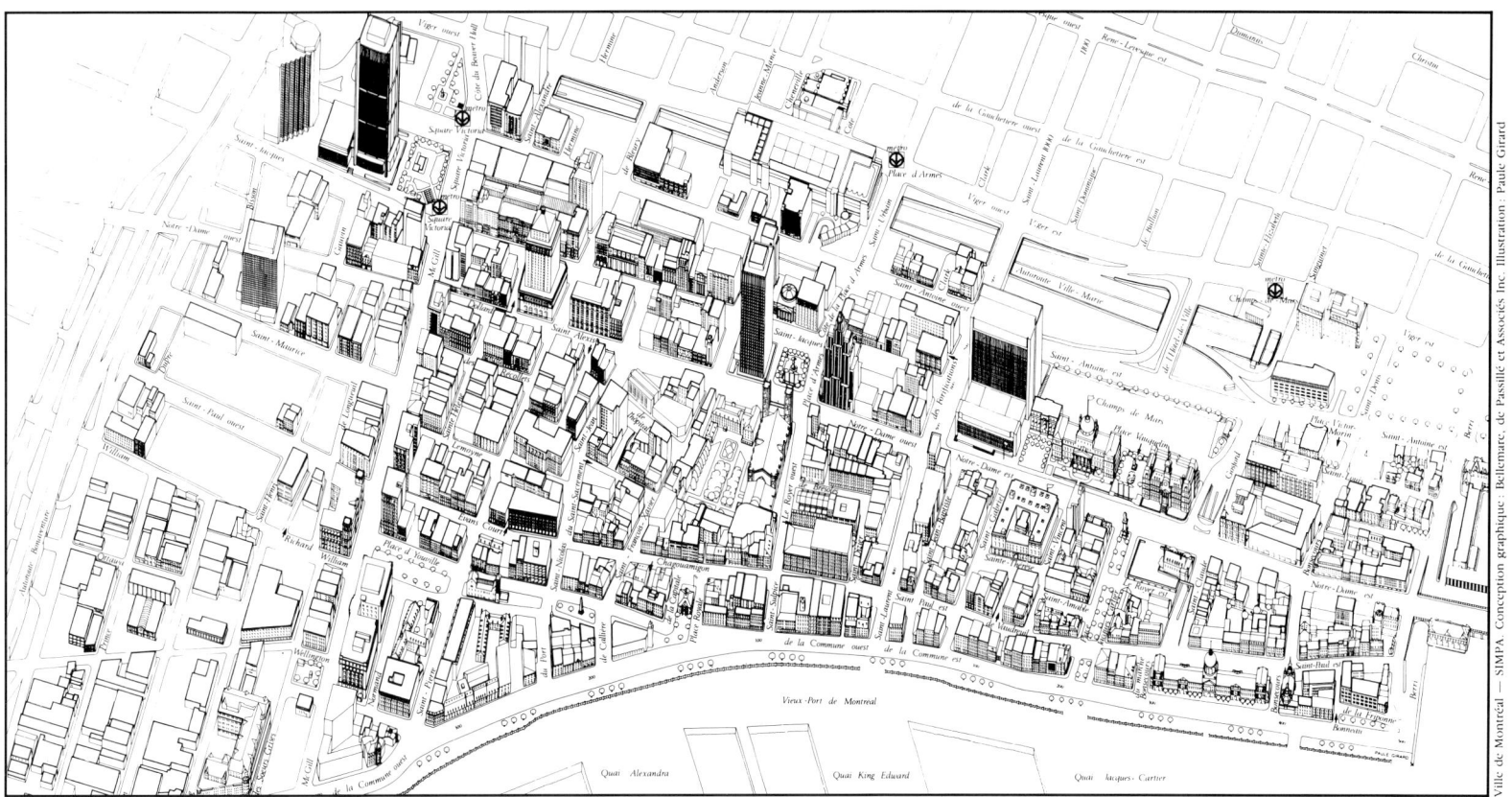

À la demande de la commission Jacques-Viger et des autorités municipales, la majeure partie du Vieux-Montréal est déclarée **arrondissement historique** en 1964. Celui-ci englobe le **territoire compris entre les rues de la Commune au sud, McGill à l'ouest, Notre-Dame au nord et Berri à l'est**, le milieu de ces artères faisant office de limites. Le ministère des Affaires culturelles souhaite aujourd'hui agrandir cette aire pour la rendre plus conforme à la délimitation traditionnelle de la vieille cité qui fut à l'origine du quartier historique actuel. En effet, de la fin du XVIIe siècle jusqu'au début du XIXe siècle, cette agglomération fut confinée à l'intérieur d'une enceinte de pieux, puis de pierre, qui suivait le pourtour du coteau Saint-Louis.

Les murs de fortification longeaient ainsi l'ancienne rive du Saint-Laurent et, à l'ouest, la rivière Saint-Pierre; celle-ci se jetait dans le fleuve à la hauteur de l'actuelle Pointe-à-Callière. Après avoir bifurqué vers le nord, suivant le tracé de la présente rue McGill, l'enceinte côtoyait (dans l'axe de la ruelle des Fortifications) le ruisseau Saint-Martin, appelé également Petite Rivière, qui coulait à l'emplacement de la rue Saint-Antoine d'aujourd'hui. Enfin, le mur rejoignait celui érigé le long du fleuve, près de l'endroit où passe maintenant la rue Saint-Hubert. Même si la délimitation de l'arrondissement historique ne correspond pas (encore) à cet ensemble cohérent, c'est néanmoins tout le territoire du coteau Saint-Louis qui fait l'objet de la présentation et des analyses qui suivent.

L'évolution du développement bâti sur le coteau Saint-Louis peut se diviser en quatre étapes principales. La première va de la fondation de Ville-Marie par le sieur de Maisonneuve en 1642 jusqu'à la fin du Régime français (1760). Si cette dernière césure a du sens sur le plan politique, elle est moins déterminante sur le plan de l'évolution urbaine et architecturale. La deuxième étape, qui concerne la ville coloniale britannique, couvre près d'un siècle, soit de 1760 à 1850. La troisième, qui s'étend de 1850 à 1960, correspond à la période durant laquelle le centre-ville de l'agglomération montréalaise se condense sur le coteau. La dernière étape, qui débute avec les années 1960, voit ce cœur de ville subir des transformations importantes pour devenir un quartier historique.

Arrondissement historique de Montréal

La construction des fortifications de Montréal en 1740, imaginée par l'aquarelliste L.R. Bachelor. (ANC)

Le premier tracé des rues

C'est à Samuel de Champlain que revient l'honneur d'avoir le premier, le 28 mai 1611, choisi le lieu où devait naître Montréal, endroit qu'il nomme «place Royale». Cette place correspond aujourd'hui à la Pointe-à-Callière, triangle délimité par la place D'Youville et les rues de la Commune et du Port. C'est là qu'en 1642 Pierre Chomedey de Maisonneuve érige un fortin dont il ne reste rien, si ce n'est un curieux plan tracé en 1647 par l'ingénieur-arpenteur Jean Bourdon et qui semble davantage refléter les modes de représentation de l'époque que la réalité construite, sans doute moins élaborée et moins ordonnée.

Vulnérable aux inondations, cet endroit est rapidement abandonné en faveur du coteau Saint-Louis. En 1672, le sulpicien François Dollier de Casson, alors seigneur de l'île de Montréal, trace les premières rues de l'établissement: dans le sens est-ouest, la rue Saint-Paul (qui existe déjà sous forme de sentier), la rue Notre-Dame (considérée comme l'artère principale et au milieu de laquelle sera construite l'église Notre-Dame) et la rue Saint-Jacques.

Perpendiculairement à ces trois rues, le sulpicien en aligne sept autres, dont l'orientation semble avoir été dictée par le premier lotissement des terres. Il s'agit, d'ouest en est, des rues Saint-Pierre, du Calvaire, Saint-François (aujourd'hui Saint-François-Xavier), Saint-Joseph (aujourd'hui Saint-Sulpice), Saint-Lambert, Saint-Gabriel et Saint-Charles. Le tout donne naissance à un plan de rues plus ou moins orthogonal, dessinant des îlots rectangulaires d'inégales dimensions. C'est à partir de ce plan de base qu'évoluera, par resubdivision des îlots originels, la petite ville coloniale française.

Un plan de la ville en 1760, publié par Thomas Jefferys à Londres, nous révèle une petite cité entourée de fortifications en pierre bastionnées, dont est chargé à partir de 1716 l'ingénieur du roi Gaspard Chaussegros de Léry. Les institutions religieuses, avec leurs jardins, prédominent dans l'environnement urbain: à l'ouest, les récollets; au centre, les sulpiciens (avec le Séminaire et l'église Notre-Dame), les sœurs de la congrégation de Notre-Dame et l'Hôtel-Dieu; à l'est, à l'endroit où se situent aujourd'hui l'hôtel de ville et l'ancien palais de justice, les jésuites. Une vue de Montréal en 1762 par Thomas Patten nous donne un aperçu de cette petite cité. Sans doute s'agit-il encore d'une représentation un peu exagérée de la réalité; à l'époque, ces dessins étaient souvent réalisés pour impressionner les habitants et les réconcilier avec les coûts élevés des guerres de conquête.

Plan de la ville de Montréal en 1759. (ANC)

Arrondissement historique de Montréal

Par ses fortifications, la place du Marché (située à l'endroit où se trouve maintenant la vieille douane) et la prédominance des institutions religieuses, cette petite cité n'est pas sans rappeler une typologie urbaine relevant de l'ère médiévale; en considérant sa grille de rues plus ou moins orthogonale, on pourrait parler, plus précisément, de celle d'une bastide. Cependant, l'influence du classicisme issu de la Renaissance, avec ses principes d'ordre, d'axe et de formalisme, est très perceptible dans l'emplacement de l'église Notre-Dame, construite en plein centre de la rue principale, et dans les jardins formels, notamment ceux du château de Vaudreuil.

Sur le plan architectural, très peu de structures appartenant au Régime français ont survécu. La principale est le Vieux Séminaire de Saint-Sulpice, adjacent à l'église Notre-Dame, érigé à partir de 1683 par François Dollier de Casson, modifié et agrandi quelques années plus tard par Vachon de Belmont. Inspiré des hôtels particuliers du XVIIe siècle, son plan en «U», la symétrie parfaite des ailes à l'origine et celle des ouvertures par rapport à un axe central rappellent les thèmes chéris du classicisme. Il faut citer également le château de Ramezay, le premier bâtiment du Québec à avoir été classé monument historique. Reconstruit en 1756-1757 et altéré à plusieurs reprises, il présente un modèle prestigieux de la maison détachée à pignons coupe-feu, qui caractérise l'architecture domestique montréalaise de l'époque.

Le plan des commissaires

La cession de la Nouvelle-France à l'Angleterre en 1760 change peu de choses, du moins dans l'immédiat, sur le plan de l'architecture et des paysages urbains à Montréal. C'est la démolition, à partir de 1801, des vieux murs de fortification, devenus un obstacle à l'accroissement de la cité, qui modifiera la trame urbaine et laissera un héritage permanent. Le soin de veiller à cette démolition et de présenter un plan d'amélioration de la ville est confié aux commissaires James McGill, John Richardson et Jean-Marie Mondelet. Des retombées de ce plan, l'arpenteur Joseph Bouchette écrit dans sa *Description topographique* de 1815: «Aucune des possessions extérieures de l'Angleterre, excepté celles de l'Inde, n'offrira une ville aussi belle, aussi régulière,

Cette aquarelle de James Peachey réalisée en 1784 montre une ville qui déborde de tous côtés vers ses faubourgs. (ANC)

Vue de la vieille ville vers l'ouest depuis les murs de l'enceinte en 1824. On aperçoit la rue Notre-Dame, au centre, et le Champ-de-Mars, à droite. (ANC)

aussi étendue, ni aussi commode que celle-ci.» Plusieurs éléments de ce plan laisseront leur marque dans la typologie urbaine du Vieux-Montréal d'aujourd'hui, notamment la création d'une terrasse élevée le long du fleuve, entre la Pointe-à-Callière et le faubourg Québec. Cette esplanade contribuera à façonner la rue de la Commune en «front de mer». Il est intéressant de constater qu'avec l'abandon des activités portuaires en bordure du quartier historique, c'est une esplanade, celle conçue par l'architecte Peter Rose en 1983, qui fait à nouveau le lien entre la vieille cité et le fleuve.

Les commissaires recommandent également l'aménagement d'une chaussée de chaque côté de la rivière Saint-Pierre, ce qui assurera une emprise à la place D'Youville actuelle. C'est à eux que l'on doit l'agrandissement du Champ-de-Mars pour favoriser les exercices et les parades militaires. Enfin, ils préconisent la création d'une nouvelle place du Marché pour remplacer la première, devenue trop exiguë avec l'accroissement de la population. Cette place du Marché Neuf est réalisée peu après (1803) à l'endroit où se trouvait auparavant le château de Vaudreuil (qui a logé par la suite le collège de Montréal): c'est la place Jacques-Cartier, qui s'étend en un long rectangle de la rue Notre-Dame à la rue de la Commune.

Les commissaires chargés de l'amélioration de la ville proposent l'aménagement d'une esplanade longeant la rue de la Commune dont on voit ici la section située près du second édifice de la Douane en 1870. (APO)

Arrondissement historique de Montréal

L'ancienne église Notre-Dame, construite au milieu de la place, est remplacée en 1830 par l'édifice actuel représenté ici encore inachevé. (ANC)

La présence des Britanniques se fait sentir avec l'apparition du «square» qui tend à remplacer les places héritées du Régime français. Les commissaires en recommandent eux-mêmes deux pour articuler spatialement la vieille cité avec les faubourgs. Un est prévu non loin de l'ancienne porte des Récollets: il devient le marché au foin et, plus tard, le square Victoria. L'autre est aménagé devant la porte Québec: c'est le square Dalhousie, qui disparaît un demi-siècle plus tard pour accueillir la gare Viger.

La place d'Armes devient également un square dans le sens propre du terme après la démolition en 1830 de la vieille église Notre-Dame, construite en plein milieu de la rue du même nom. De même, avec la construction de la maison de la Douane (1836-1838) sur la partie nord de l'ancienne place du Marché, sa partie résiduelle est aménagée en square, selon la tradition britannique: elle se caractérise par un cadre de verdure orné d'arbres et d'une fontaine centrale, et entouré d'une clôture en fer forgé.

L'architecture de la ville coloniale britannique

Sur le plan de l'architecture publique, les Britanniques poursuivent la tradition classique développée durant l'ancien régime, mais délaissent les modèles provinciaux français en faveur de modèles métropolitains anglais plus complexes. La petite maison de la Douane en constitue un bon exemple. Première œuvre importante de John Ostell, qui quitte Londres pour s'établir à Montréal en 1834, cet édifice en pierre commencé deux ans plus tard possède l'aplomb, le calme et la symétrie propre au style néo-classique. Il est inspiré par l'architecture palladienne et par le classicisme de James Gibbs, à l'honneur alors en Grande-Bretagne. Le raffinement du travail de pierre témoigne pour sa part de la qualité de l'artisanat local. Le bâtiment est agrandi du côté

Construite par l'architecte John Ostell, la maison de la Douane témoigne de l'avènement des modèles anglais dans l'architecture publique montréalaise. (MAC, fonds Morisset)

du fleuve en 1881-1882 par Alphonse Raza, qui réutilise la façade sud initiale mais altère la symétrie des façades latérales.

Ostell construit en 1851-1856, avec son neveu Henri-Maurice Perrault, un autre bâtiment public important de style néo-classique, le palais de justice de la rue Notre-Dame, qui sera agrandi et considérablement transformé par la suite. À comparer avec la maison de la Douane, c'est, selon Ellen James, «une œuvre maniérée et excentrique».

Même influence britannique dans l'édifice de la Banque de Montréal, érigé sur la rue Saint-Jacques en 1845-1847 par l'architecte John Wells, lui-même récemment émigré de Grande-Bretagne. Le bâtiment est délibérément inspiré de celui de la Bank of Scotland, réalisé quelques années plus tôt à Édimbourg par l'architecte David Rhind. Lors des modifications et de l'agrandissement vers la rue Saint-Antoine en 1901-1905 (en enjambant la ruelle des Fortifications), Stanford White, de la célèbre agence McKim, Mead & White de New York, redonne à l'édifice sa coupole d'origine et une grande salle bancaire d'une remarquable richesse de décor avec ses colonnes corinthiennes en syénite verte et son chapiteau plaqué de feuilles d'or. White se vante d'ailleurs d'avoir doté Montréal de la plus vaste salle bancaire du monde tandis que l'architecte montréalais Percy E. Nobbs considère que sa façade donnant sur la rue Craig (aujourd'hui Saint-Antoine) représente la meilleure réalisation du genre en ville, sinon en Amérique. Cet agrandissement, comme la réalisation de plusieurs autres édifices de cette époque, attestent bien qu'à la fin du XIXe siècle et au début du XXe siècle, l'influence américaine a déclassé à Montréal celle des Britanniques.

Autre bâtiment public de style néoclassique, le marché Bonsecours, construit en 1844-1847 par William Footner et dont l'intérieur est aménagé en grande partie par l'architecte George Browne. Il domine la rue de la Commune – et, à l'époque, le petit port adjacent – de toute la masse de ses trois étages et de l'élan de son dôme. La façade du côté de la rue Saint-Paul possède pour sa part deux étages et est agrémentée d'un fier portique central néo-grec, aux colonnes doriques en fonte. Cet édifice, doté de salles de réunions et de spectacle à l'étage supérieur, sert également de centre communautaire à la petite cité.

La Banque de Montréal vers 1930. (Ville de Montréal)

Arrondissement historique de Montréal

La façade du marché Bonsecours à la fin du XIXe siècle. (ANQ-M)

C'est l'église Notre-Dame qui rompt avec la tradition classique. Construite en bordure de la place d'Armes entre 1824 et 1829 par un architecte irlandais établi à New York, James O'Donnell, ses tours sont complétées par John Ostell une quinzaine d'années plus tard. Remplaçant la précédente église Notre-Dame, et constituant probablement l'un des plus vastes édifices en Amérique au moment de sa conception, ce nouveau temple de style néo-gothique s'impose d'abord davantage par sa taille que par la qualité de son architecture. L'intérieur notamment, dominé par une grande verrière au-dessus du chœur, semble avoir déçu tout le monde. Il est complètement transformé en 1874-1880 par Victor Bourgeau, qui s'inspire de la polychromie de la Sainte-Chapelle du Palais de Paris pour doter Montréal d'un de ses décors les plus étonnants. L'influence de cette église, qui témoigne de la première manifestation spectaculaire de l'éclectisme qui devait marquer l'architecture victorienne, est considérable sur l'architecture canadienne: elle contribue à faire du style néo-gothique la première expression architecturale nationale.

Du côté des bâtiments commerciaux et résidentiels, le classicisme domine également. La maison Platt, qui occupe la tête de l'îlot formé par les rues Saint-Paul et de la Commune et le boulevard Saint-Laurent, et qui forme un complexe de quatre bâtiments construits autour d'une cour intérieure, en constitue un bon exemple. Ce complexe est restauré en 1967 et classé monument historique l'année suivante sous le vocable de Maison de la Congrégation, du fait qu'il a été érigé sur une partie des terres d'abord concédées à Marguerite Bourgeoys par le sieur de Maisonneuve, mais ensuite devenues propriété des sœurs de la congrégation de Notre-Dame. La façade sur la rue de la Commune traduit bien la vocation de l'immeuble tout en respectant le classicisme par sa symétrie et son parti ordonné. La façade sur la rue Saint-Paul, en pierre de taille comme la précédente et révélant un rez-de-chaussée commercial, rappelle davantage une résidence urbaine.

Les entrepôts Bouthillier, mieux connus sous le vocable des écuries D'Youville, en offrent également un exemple éloquent. Construits de 1826 à 1828 par les maçons qui ont œuvré à l'église Notre-Dame, John Redpath et Thomas McKay, ils présentent sur la place D'Youville une façade néo-classique ordonnée par rapport à une porte cochère centrale et encadrée par deux pavillons surmontés d'un modeste fronton. En pénétrant à l'intérieur du complexe par cette porte cochère, on découvre un agréable ensemble disposé en forme de «U» autour d'un îlot de verdure.

Édifice de style néo-gothique, l'église Notre-Dame s'impose par ses dimensions impressionnantes. (ROM)

La maison du Calvet est sans doute le bâtiment résidentiel le plus connu du Vieux-Montréal. Bien qu'elle soit postérieure au Régime français (construite entre 1770 et 1778, à l'angle nord-est des rues Bonsecours et Saint-Paul), cette résidence d'architecture vernaculaire en perpétue toutes les caractéristiques: fenêtrage d'ordonnance classique, toit à deux versants et murs coupe-feu. L'origine de ces murs coupe-feu remonte aux ordonnances des intendants, celles de Bégon en 1721 (à la suite de l'incendie qui détruit l'Hôtel-Dieu et plus de 130 habitations) et celles de Dupuy en 1727, qui interdisent de construire en bois dans les villes et recommandent de prolonger les murs-pignons ou de refend au-dessus des toits de façon à empêcher le feu de se propager de toiture en toiture. Ces dernières doivent d'ailleurs être recouvertes de tuile ou d'ardoise; elles le sont le plus souvent de fer-blanc, ce qui vaut à Montréal le surnom de «ville d'argent» à cause de l'éclat du métal reflétant au soleil.

Non loin de la maison du Calvet, rue Bonsecours, se dresse une autre résidence d'une bonne qualité d'architecture, celle de Papineau, érigée en 1785 par le maçon Jean-Baptiste Cerat dit Coquillard pour un colonel de l'armée britannique et habitée par la suite par le célèbre tribun. Transformée à de multiples reprises et affectée à de nombreuses fonctions, dont celles d'un hôtel, elle est une des premières résidences à être restaurées dans le Vieux-Montréal. L'ordre classique y domine encore, renforcé en façade par un parement en bois imitant la pierre de taille.

L'âge d'or du Vieux-Montréal

Comme on peut l'apprécier, les aménagements urbains et les bâtiments de la période coloniale britannique changent graduellement le caractère de la petite cité héritée de l'ancien régime. R.A. Sproule, James Duncan et John Murray nous ont laissé des lithographies et des dessins très éloquents du Montréal de cette époque. Mais à son tour, ce caractère colonial britannique cède la place à celui d'un centre-ville d'une agglomération portuaire et industrielle, qui se développe à partir de 1850 et s'impose pour un siècle à venir comme la métropole incontestée du Canada. Avec le résultat qu'aujourd'hui encore, le caractère architectural et urbain dominant du Vieux-Montréal est avant tout celui d'une «city» besogneuse de la fin du siècle dernier.

La trame urbaine, avec ses places et ses squares hérités des siècles précédents, connaît peu de transformations. Seuls quelques changements, comme ceux apportés à la place D'Youville, ou des additions, comme celles de la place Vauquelin, aménagée en 1858 (au début place Neptune), viennent la modifier. Ce sont les hauteurs, les densités d'occupation et l'architecture des bâtiments qui changent, et cela à vive allure: la rue Saint-Jacques ne tarde pas à vouloir imiter Wall Street de New York. Mais, dans l'ensemble, ce redéveloppement s'effectue dans le respect de la forme urbaine traditionnelle, dans le respect de l'alignement sur rue et de la mise en valeur des bâtiments publics, le plus souvent par leur dégagement sur plusieurs faces.

La place Jacques-Cartier devient un marché public en 1803 et le demeure jusqu'à la fin des années 1950. (Ville de Montréal)

Arrondissement historique de Montréal

Œuvre de John Murray, cette gravure illustre le cœur du Vieux-Montréal vers 1843. (ANC)

La plupart des édifices publics se distinguent par le recours à l'éclectisme, trait caractéristique de l'architecture de la période victorienne. Comme nous l'avons vu, l'église Notre-Dame de James O'Donnell est le premier bâtiment à se dégager, et d'une façon spectaculaire, de l'emprise de la tradition classique qui a marqué l'architecture du Régime français et du premier siècle de la domination britannique.

Suivent désormais les édifices publics et commerciaux qui se concentrent sur le coteau Saint-Louis pour profiter de son accessibilité, alors que les anciennes institutions religieuses disparaissent graduellement, à l'instar des récollets et des jésuites, ou encore se relocalisent dans les faubourgs, suivant en cela le déplacement de la population. C'est le cas notamment de l'Hôtel-Dieu qui va s'établir sur la rue des Pins, et des sœurs grises et des sœurs de la congrégation de Notre-Dame qui quittent respectivement la place D'Youville et le quadrilatère délimité par les rues Notre-Dame, Saint-Jean-Baptiste et Saint-Paul et le boulevard Saint-Laurent pour émigrer sur le boulevard Dorchester (aujourd'hui René-Lévesque) et sur la rue Sherbrooke.

La place d'Armes en 1887. (Ville de Montréal)

Arrondissement historique de Montréal

L'hôtel de ville en 1908. (Musée McCord, archives photographiques Notman)

Le nouvel hôtel de ville est ainsi construit en 1872-1878 sur la rue Notre-Dame, sur un terrain occupé auparavant par les jésuites et la prison. C'est au début un fier bâtiment de style Second Empire – qui n'est pas sans rappeler par ses toitures celles du nouveau Louvre à Paris –, œuvre de Henri-Maurice Perrault et de Alexander Cowper Hutchison. Détruit en 1922 par un incendie qui ne laisse que les murs de façade, ces derniers sont conservés dans la reconstruction avec, cependant, l'ajout d'un étage dans le même style évoquant cette fois l'hôtel de ville de Tours. Les architectes Louis Parant et J.L.D. Lafrenière en dressent les plans, sous la gouverne d'un comité consultatif présidé par Jean-Omer Marchand.

L'architecte Marchand, en collaboration avec Haskell, est à son tour responsable d'une annexe de cet hôtel de ville, érigée en 1912-1913 sur la rue Gosford et qui loge aujourd'hui la Cour municipale. Cet édifice, qui est considérablement transformé à l'intérieur au début des années 1960 pour récupérer de l'espace, n'est guère digne de mention que pour la majesté de sa façade principale de style Beaux-Arts qui domine le Champ-de-Mars.

L'architecte Jean-Omer Marchand adopte le style Beaux-Arts pour l'annexe de l'hôtel de ville construite en 1912-1913. (Ville de Montréal)

Dans cet esprit Beaux-Arts, avec accent sur le renouveau classique, il faut signaler deux édifices prestigieux: l'ancienne Bourse, érigée en 1903-1904 sur la rue Saint-François-Xavier et l'ancien palais de justice, construit en 1922-1925 sur la rue Notre-Dame. Seule la façade de l'ancienne Bourse retient aujourd'hui l'attention, l'intérieur ayant été complètement transformé en 1966 pour accueillir le théâtre Centaur. Œuvre de l'architecte américain George Browne Post (en collaboration avec les architectes montréalais E. et W.S. Maxwell), celui-là même qui conçoit à cette époque l'édifice de la Bourse de New York, cette vieille Bourse est remarquable par des volumes surbaissés, sobres et bien agencés, qui rompent la continuité de la rue Saint-François-Xavier pour mettre en valeur un portique austère et imposant. Avec l'agrandissement de la Banque de Montréal effectué dans les mêmes années, ce bâtiment témoigne bien du déclin de l'influence britannique au profit de celle des Américains, même si à l'origine les modèles architecturaux sont souvent issus de Paris.

Occupant d'une façon plus traditionnelle – à savoir en dégageant les quatre côtés – le quadrilatère formé par les rues Notre-Dame, Saint-Vincent, Sainte-Thérèse et Saint-Gabriel, le troisième palais de justice,

Arrondissement historique de Montréal

Le quartier général du Service d'incendie à l'extrémité de la place D'Youville vers 1930. (Ville de Montréal)

connu aujourd'hui comme l'édifice Ernest-Cormier, retient l'attention lui aussi par sa façade principale, composée d'une colonnade de quatorze fûts doriques supportant un imposant entablement aux détails empruntés aux temples grecs. L'entrée principale, située au centre du bâtiment, au fond d'une exèdre de grande échelle, impressionne par ses deux portes monumentales en bronze dessinées par Ernest Cormier qui a également dressé, avec les architectes Amos et Saxe, les plans de cette œuvre réalisée en 1922-1925.

Parmi les autres édifices publics construits durant cette période et qui attestent cet éclectisme à la mode en architecture, un des plus délicieux est celui du quartier général du Service d'incendie qui loge aujourd'hui le Centre d'interprétation de l'histoire de Montréal. Érigé en 1903 par les architectes Perrault et Lesage, à l'endroit où se trouvait auparavant le marché Sainte-Anne, il est bien mis en valeur par la place D'Youville, bien que celle-ci soit encore utilisée comme aire de stationnement. Ce bâtiment public est inspiré par les œuvres d'un célèbre architecte britannique de l'époque, Richard Normand Shaw, qui puisait avec brio dans le style William and Mary et les formes de l'architecture résidentielle hollandaise de la moitié du XVIIe siècle. Ce petit édifice se distingue dans un environnement de bâtiments en pierre d'allure plutôt sévère par son élégance enjouée et ses murs en brique aux détails raffinés.

L'architecture commerciale en quête de prestige

Durant le Régime français et jusque dans les premières décennies du XIXe siècle, le commerce et les ateliers d'artisans occupent le rez-de-chaussée d'habitations dont l'étage sert souvent de résidence. Il reste encore plusieurs exemples de bâtiments dans le Vieux-Montréal qui témoignent de ce type d'occupation, telles la maison du Calvet, la maison Viger (construite entre 1768 et 1781), la maison Malard (bâtie en 1810) qui a logé un certain temps le fameux *Silver Saloon*, enfin la maison Delvecchio (érigée en 1806).

Cette typologie disparaît avec la migration du commerce de détail, qui suit une clientèle qui s'établit maintenant de préférence dans les faubourgs. Les magasins spécialisés, les bureaux et les entrepôts tendent désormais à occuper les édifices au complet. Au début, on peut présumer que des résidences d'architecture vernaculaire sont transformées à cette fin, notamment les façades, de façon à faciliter l'éclairage naturel à l'intérieur.

Les commerçants et les compagnies en quête de prestige vont faire appel pour leur part aux meilleurs architectes de la ville pour réaliser leurs bâtiments commerciaux et leurs sièges sociaux. C'est le cas de la famille Molson qui mandate en 1866 les architectes George et John James Browne pour concevoir le siège social de la Banque Molson (aujourd'hui Banque de Montréal), située à l'angle sud-est des rues Saint-Jacques et Saint-Pierre. De style Second Empire, en grès chamois de l'Ohio, celui-ci prend l'allure assurée d'une résidence cossue qui n'aurait pas déparé les plus beaux quartiers résidentiels de l'époque.

La maison Delvecchio conserve encore, à la fin des années 1950, sa double vocation commerciale et résidentielle. (Ville de Montréal)

Arrondissement historique de Montréal

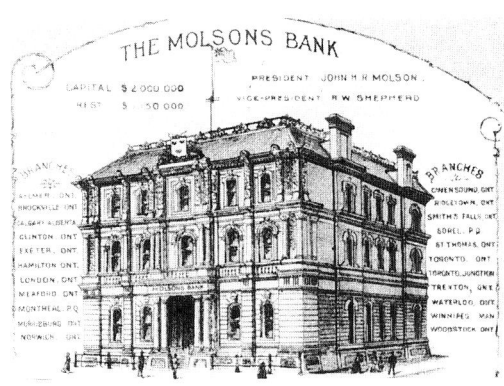

Les architectes George et John James Browne donnent au siège social de la Banque Molson l'allure d'une résidence cossue. (Ville de Montréal)

George Browne réalise en 1871 un autre édifice commercial de prestige, le magasin-entrepôt de la quincaillerie Frotingham & Workman, situé rue Saint-Paul Ouest. À l'intérieur, le plan libre est rendu possible grâce à une structure de poutres et de poteaux. À l'extérieur, c'est un autre monde: sa façade en pierre rappelle celle des palais florentins avec sa symétrie, son équilibre ordonné, ses ouvertures en arcades agrémentées d'un traitement vermiculé au rez-de-chaussée et bosselé aux étages.

À l'époque des murs portants en maçonnerie, la structure de poutres et poteaux et le plan libre est une innovation qui sert bien le commerce. Plusieurs gravures témoignent de l'utilisation rationnelle qui était faite de ces grandes surfaces dégagées de tout obstacle, à l'exclusion de graciles colonnes. La bijouterie Savage, Lyman & Co. (dont un des associés sera Henry Birks) est très éloquente en ce sens. Cet édifice de style Second Empire, situé à l'angle sud-ouest des rues Saint-Jacques et Dollard et conçu par l'architecte William Tutin Thomas en 1871, existe toujours bien que le rez-de-chaussée ait été considérablement modifié, tant à l'intérieur qu'à l'extérieur.

Pris collectivement, ces édifices commerciaux de prestige traduisent assez bien la présomption, la vigueur, l'imagination et la créativité de l'âge d'or du capitalisme et de la libre entreprise à Montréal. Selon la description que H. de Lamothe donne de la ville en 1879, les magasins sont «vastes et superbement ornés, les institutions de crédit abondent, et quelques-unes des banques principales – situées pour la plupart dans la rue Saint-Jacques – sont installées dans de véritables palais».

L'édifice de la Savage, Lyman & Co. est érigé en 1871. (De Volpi et Winkworth)

Celui qui ne connaît pas la courte rue Sainte-Hélène – qui ne s'est pas transformée depuis justement parce qu'elle ne menait nulle part – ne peut saisir l'essence de cette période dynamique de la fin du XIXe siècle dans la métropole. Plus précisément, en s'arrêtant au croisement des rues Sainte-Hélène et des Récollets et en promenant son regard sur les quatre bâtiments d'angle, on bénéficie d'une expérience unique: si l'on devait prendre le pouls de la cité commerciale du siècle passé, c'est cet endroit précis qu'il faudrait d'abord ausculter.

Du côté est de la rue Sainte-Hélène, les deux bâtiments qui occupent la tête d'îlot formée par les rues Notre-Dame, Sainte-Hélène et des Récollets portent le nom de Recollet House parce qu'ils se dressent sur l'ancienne propriété des récollets, amenant la disparition de l'église et du presbytère. Ils sont conçus en 1868, dans le style néo-Renaissance italienne, par l'architecte Cyrus P. Thomas, frère de William Tutin Thomas. Adjacent, à l'angle sud-est des rues Sainte-Hélène et des Récollets, se trouve l'édifice Gault, avec sa façade d'angle arrondie et son traitement Second Empire. Il est érigé en 1871 par l'architecte John James Browne.

Du côté ouest de cette rue Sainte-Hélène, en face du Recollet House, c'est l'édifice Johnston, bâti par l'architecte A. Hutchison en 1868 sur le site de l'ancienne église Saint-Paul. Il se dresse avec beaucoup d'aplomb, drappé d'un style néo-Renaissance très épuré (un étage a été ajouté dans les années 1880). De l'autre côté de la rue des Récollets, l'édifice Paterson fait face

Arrondissement historique de Montréal

L'intérieur de la bijouterie Savage, Lyman & Co. (De Volpi et Winkworth)

à l'édifice Gault. Son style néo-Renaissance est beaucoup plus orné, et il a conservé d'une façon enviable son caractère d'origine. James Henry Wells en a été l'architecte en 1863.

L'architecture protorationaliste

C'est avant tout par l'architecture commerciale de la seconde moitié du XIXᵉ siècle que le Vieux-Montréal se distingue. Celle des styles éclectiques – principalement du style néo-Renaissance – est importante. Mais elle ne possède pas l'audace ni l'originalité de l'architecture protorationaliste. Celle-ci s'avère une réponse adéquate et peu coûteuse à une forte demande d'espace pour des fonctions de commerce, de bureau, d'entrepôt ou à l'occasion de manufacture. Elle est caractérisée à l'intérieur par sa structure de poutres de bois sur colonnes en bois ou en fonte, permettant la flexibilité du plan libre, et, à l'extérieur, par une façade d'ossature en pierre (parfois en fonte) très épurée, avec remplissage de verre, assurant le maximum d'éclairage naturel à l'intérieur. On lui donne le qualificatif de «protorationaliste» parce qu'elle annonce l'architecture rationnelle du XXᵉ siècle, celle-là même que Le Corbusier prétendit avoir inventée et caractérisée par les plans libres, la structure apparente et l'absence d'ornements.

Cette architecture protorationaliste n'est pas propre à Montréal. L'historien de l'art Hitchcock en retrace l'origine à Boston, au Quincy Market érigé en 1824 par l'architecte Alexander Parris. Cette architecture de squelette de pierre et de fonte est fréquente dans plusieurs villes de la Nouvelle-Angleterre et des métropoles comme New York et Philadelphie en ont possédé de nombreux et superbes exemples. Montréal a la distinction de l'avoir conservée plus que toute autre ville sur le continent, grâce à un concours de circonstances.

Il y a tellement de témoins authentiques de cette architecture de squelette de pierre dans le Vieux-Montréal qu'il est difficile d'en citer quelques-uns sans donner l'impression de négliger les autres. En voici deux exemples, qui apparaissent comme des prototypes. D'abord l'édifice Urquhart, qui a l'avantage d'avoir été restauré dernièrement. Situé sur la rue Saint-Pierre, il est conçu en 1855 par l'architecte George Browne pour loger le magasin de spécialités européennes d'Alexandre Urquhart. Il se distingue par la vigueur de ses pilastres en pierre, l'ampleur de ses baies vitrées et son imposante corniche.

Ensuite, l'édifice Ramsay, situé sur la rue des Récollets. Construit en 1858 sur trois étages, deux autres lui sont ajoutés vers 1865 sans en changer le moins du monde le caractère d'origine. Cela montre bien toute la flexibilité de ce type d'architecture modifiable à volonté, flexibilité que n'offraient pas aussi facilement les façades de styles académiques.

Arrondissement historique de Montréal

Le sommet de cette architecture proto-rationaliste est atteint dans les vastes entrepôts dont se dote le centre-ville dans la seconde moitié du XIXᵉ siècle. Ainsi, lorsque les sœurs grises quittent en 1870 l'hôpital fondé par Marguerite d'Youville pour aller s'établir dans leur nouveau couvent sur le boulevard Dorchester, une partie de leur propriété dans la vieille cité est mise en valeur par l'ouverture de la rue Saint-Pierre et par la construction, sous la direction de l'architecte Michel Laurent, de magasins-entrepôts. Les constructions en pierre du côté est de cette rue sont remarquables par l'homogénéité qui se dégage d'un ensemble unifié par des arcades au rez-de-chaussée et rythmé par des pilastres rustiqués à toutes les trois baies. Ces entrepôts ont été recyclés en magasins, bureaux et habitations à partir de 1980.

Encore plus imposant est l'ensemble des magasins-entrepôts des religieuses hospitalières de Saint-Joseph, connu aujourd'hui comme le cours Le Royer à la suite de leur recyclage en 1979 en logements et bureaux en copropriété. Érigés à partir de 1861 sur l'ancien site de l'Hôtel-Dieu et de ses jardins, ces magasins-entrepôts, qui totalisent une superficie de plus de 43 000 mètres carrés, occupent tout le secteur desservi par les rues Saint-Paul, Saint-Sulpice, de Brésoles et Saint-Dizier.

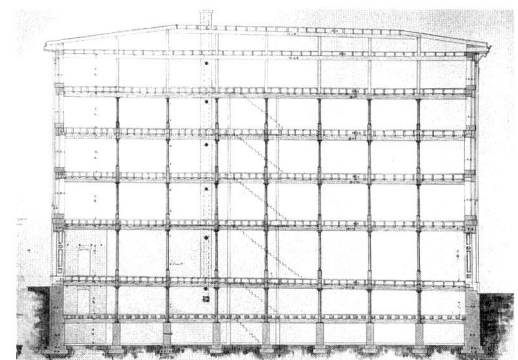

Avec leur armature de poutres et de poteaux, les magasins-entrepôts construits rue Saint-Dizier en 1873-1874 s'inspirent des principes architectoniques de l'École de Chicago. (Archives des religieuses hospitalières de Saint-Joseph)

Œuvres successives des architectes Victor Bourgeau, Michel Laurent, Albert Mesnard et Henri-Maurice Perrault, on peut constater que ce sont les bâtiments réalisés par Bourgeau (à l'angle des rues Saint-Sulpice et Saint-Paul) qui ont dû servir de modèles pour les autres, incluant l'ensemble de la rue Saint-Pierre précédemment mentionné. Doté d'une structure de poutres et de poteaux, le rez-de-chaussée de ces édifices se signale en effet par la répétition d'arcades vigoureuses, tandis que les élévations sont rythmées à toutes les trois baies par de puissants piliers maçonnés qui recoupent les horizontales des planchers. Dans ces édifices se trouvent déjà résumés, pour l'essentiel, les principes architectoniques qui, à la fin de ce siècle, font l'originalité et la vigueur de l'École de Chicago.

Les premiers gratte-ciel

Jusqu'à la fin du XIXᵉ siècle, l'architecture commerciale dans le Vieux-Montréal ne dépasse pas le plafond des quatre, cinq et à l'occasion six étages. Aucun règlement municipal ne semble avoir établi cette limite: elle correspond davantage au nombre maximal de marches d'escalier que les clients et les usagers sont disposés à gravir. Cette situation change du tout au tout lorsque les frères Otis mettent au point aux États-Unis, dans les années 1850, un ascenseur sécuritaire. Les édifices de Montréal, comme ceux de New York et de Chicago, ne tardent pas à grimper en hauteur. Ainsi en 1888 s'élève avec ses huit niveaux, en bordure est de la place d'Armes, le premier gratte-ciel de la ville, l'édifice New York Life (qui loge aujourd'hui les bureaux de la Fiducie du Québec), conçu par les architectes new-yorkais Babb, Cook & Willard.

L'édifice Ramsay après sa construction en 1858. (Musée McCord, archives photographiques Notman)

Arrondissement historique de Montréal

L'édifice de la New York Life, qui domine la place d'Armes avec sa tour de l'Horloge, est considéré comme le premier gratte-ciel de Montréal. (Ville de Montréal)

C'est un bâtiment de transition: d'un côté, les planchers reposent sur une structure d'acier; de l'autre, les murs extérieurs en maçonnerie demeurent encore porteurs. De même, sur le plan de la conception architecturale, il reste encore prisonnier des modèles précédents et prend l'allure d'une empilade d'étages; seule la tour de l'Horloge, qui est dans la continuité de l'entrée principale, annonce la verticalité à venir dans ce type d'édifice. Cela n'enlève rien cependant à son caractère pittoresque et à la qualité de son parement de grès rouge importé d'Écosse, sculpté par l'atelier Henry Beaumont.

Son voisin, l'édifice Aldred, paraît beaucoup plus élancé. Conçu en 1929 par les architectes Barrott et Blackader, ce bâtiment Art déco de 23 étages répond par ses retraits successifs à un règlement municipal qui, basé sur l'expérience new-yorkaise, vise à assurer l'ensoleillement des lieux publics. L'Aldred réussit l'exploit d'avoir l'allure d'un gratte-ciel tout en s'intégrant harmonieusement avec les bâtiments voisins et avec la place d'Armes. Voilà une qualité qui malheureusement disparaît avec la prochaine génération d'édifices en hauteur.

Du même nombre d'étages que l'Aldred et construit dans les mêmes années (1927-1928), l'édifice de la Banque Royale sur la rue Saint-Jacques apparaît beaucoup plus monumental. Ancrée sur un énorme podium qui prend l'allure d'un austère palais florentin fermé au regard du passant, la tour s'élance d'une seule volée, complétée par un édicule à toit pavillonnaire. Par sa majesté et la richesse de son décor, l'intérieur avec ses vastes salles au parement en pierre et aux plafonds à caissons ou voûtés impressionne tout autant. La Banque Royale compte ainsi parmi les belles réussites au Canada de la firme new-yorkaise York & Sawer, spécialisée dans l'architecture bancaire.

Réalisée à la veille de la Grande Crise, la Banque Royale est la dernière construction importante à marquer de son opulence le Vieux-Montréal, la dernière également à valoriser un style historique. Quand l'activité immobilière reprend dans la vieille cité après la Seconde Guerre mondiale, l'architecture ne répond plus aux mêmes objectifs d'intégration et d'identification au milieu. Elle devient narcissique et despotique, ne rendant des comptes qu'à elle-même.

L'édifice monumental de la Banque Royale, coiffé d'un édicule à toit pavillonnaire, vu de la place Victoria en 1929. (ANC)

Avatars et promesses de la période contemporaine

À plus d'un titre, la période contemporaine, qui débute avec la seconde moitié du XXe siècle, est désastreuse pour le Vieux-Montréal, principalement à ses débuts. Plusieurs des places publiques qui étaient, au cours de la période précédente, des centres dynamiques d'activités civiques ou d'échanges, tels le Champ-de-Mars et la place D'Youville, sont transformées en aires de stationnement. D'autres places, tels la place Jacques-Cartier et le carré Royal, connaissent des aménagements très discutables, davantage commandés par une perception folklorique de la vocation touristique du secteur que par des activités appropriées. Seules la petite place Vauquelin et l'allée piétonne aménagée dans l'emprise de la rue Le Royer bénéficient d'une utilisation et d'un traitement adéquats.

Le pourtour de l'ancien coteau Saint-Louis est également considérablement transformé. Au nord, l'autoroute Ville-Marie crée une énorme tranchée qui altère d'une façon irrémédiable les rapports fonctionnels et spatiaux établis avec les siècles entre la vieille cité et ses faubourgs. Il faut admettre, cependant, que cela aurait pu être pire. En effet, un des tracés de cette autoroute passait en élévation dans l'emprise de la rue de la Commune et aurait détruit de façon tragique l'exceptionnel «front de mer» de cette artère.

Au sud, le secteur du port subit également des transformations considérables. Les activités portuaires se déplacent en aval, laissant des équipements inutilisés, silos à grains et entrepôts, dont plusieurs sont démolis. Cela permet d'ouvrir une fenêtre sur le fleuve, depuis longtemps souhaitée. Par contre, des témoins d'une audacieuse architecture industrielle, dont l'élévateur à grains n° 2 (1910-1912) qui faisait l'admiration de Le Corbusier, disparaissent sans susciter de grands débats.

Chose certaine, les rapports physiques et symboliques entre le Vieux-Montréal et le fleuve changent du tout au tout, bien que rien n'est encore aménagé au-delà de l'esplanade que réalisait en 1983 l'architecte Peter Rose. Encore là, la situation aurait pu être plus catastrophique. Par exemple, on songe un certain temps à développer, en bordure de la rue de la Commune, un vaste parc de conteneurs. Ou encore, la Société du Vieux-Port caresse à l'occasion pour ce territoire des projets de développement qui créeraient à toutes fins utiles un quartier plus ou moins autonome devant l'arrondissement historique.

Enfin, deux projets immobiliers viennent écraser de leur grande taille l'environnement fragile du Vieux-Montréal. Ainsi le quatrième palais de justice (1966), énorme bâtiment sans grâce ni caractère, dépare un secteur qu'avait magnifié pourtant l'architecture des précédents palais. De même, la tour de la Banque Nationale sur la place d'Armes (1967), édifice neutre, sobre et triste, jette dans l'ombre la place et les remarquables bâtiments historiques qui l'entourent.

Le Vieux-Montréal est heureusement épargné de l'invasion d'autres superstructures semblables grâce au déplacement, avec l'érection de Place Ville-Marie au début des années 1960, du centre-ville vers le boulevard Dorchester (aujourd'hui René-Lévesque) et les terrains inoccupés du CN entourant la gare centrale. La tour de la Bourse, en bordure du square Victoria, est d'ailleurs érigée en 1967 pour faire le lien entre l'ancien centre et le nouveau.

Le déplacement des activités portuaires vers l'est de la ville a entraîné la démolition de plusieurs bâtiments, dont le hangar à grain n° 2 qui faisait l'admiration de Le Corbusier. (Ville de Montréal)

Arrondissement historique de Montréal

Le quatrième palais de justice dépare le quartier du Vieux-Montréal. (Ville de Montréal)

Ayant perdu son rôle de centre-ville – ce qui lui permet de survivre comme entité historique dans l'agglomération contemporaine et de conserver la majorité de ses vieux bâtiments –, le Vieux-Montréal est aujourd'hui un quartier en transition, que l'on a peut-être trop rapidement voué à une vocation touristique. Il ne saurait devenir non plus, comme plusieurs semblent le souhaiter, une enclave exclusivement résidentielle. Son patrimoine bâti est beaucoup trop riche et complexe et cette occupation ne saurait rendre à elle seule justice à la mémoire du lieu. Il doit, à notre avis, à titre de secteur particulier du centre-ville, continuer à s'adresser et à être accessible à tous, pour des fonctions mixtes, résidentielles, commerciales, culturelles, ludiques et touristiques, compatibles avec son tissu fragile et son caractère à nul autre pareil.

Des actions ont déjà été entreprises dans ce sens, avec un certain succès. On peut parler ainsi, à titre d'exemples, du recyclage à des fins commerciales, résidentielles et de bureaux des entrepôts Bouthillier, de ceux des sœurs grises et des sœurs hospitalières de Saint-Joseph. On peut citer le vaste projet du Centre de commerce mondial qui englobe tout l'îlot borné par les rues Saint-Jacques, Saint-Pierre, Saint-Antoine et le square Victoria. Il constitue une audacieuse tentative de redonner un peu de vie, d'un côté, à l'ancien centre financier de la rue Saint-Jacques et de marier, de l'autre, l'architecture historique à celle «high-tech» contemporaine. On peut retenir, enfin, ces petits projets d'insertion et d'addition qui sont réalisés çà et là depuis une décennie, principalement dans le secteur est du Vieux-Montréal; aucun ne se distingue cependant suffisamment par ses qualités architecturales pour mériter une mention.

Donc, si dans l'ensemble la partie n'est pas encore gagnée – elle ne saurait l'être, d'ailleurs, aussi longtemps que le Vieux-Port n'aura pas trouvé une vocation viable et compatible avec l'arrondissement historique –, le sort du Vieux-Montréal apparaît cependant beaucoup moins problématique aujourd'hui qu'il y a un quart de siècle, lorsqu'il a été décrété officiellement digne de conservation pour son héritage urbain et architectural.

Jean-Claude Marsan, architecte et urbaniste

L'AGENCE D'URBANISME ROBERT, CARLIER, LAVOIE. *Arrondissement historique de Montréal: Étude préparatoire à l'établissement du plan de sauvegarde et de mise en valeur*. Québec, ministère des Affaires culturelles, 1975. 137 p.

MARSAN, Jean-Claude. *Montréal en évolution*. Montréal, Fides, 1974. 423 p.

PATRY, André et Paul DOUCET. *Le Vieux Montréal: un passé toujours présent*. Montréal, s.n., 1982. 175 p.

Maison Brossard-Gauvin

Montréal
433-435, rue Saint-Louis

Fonction: résidentielle
Reconnue monument historique en 1983

Réalisée avec l'aide d'artisans utilisant les techniques traditionnelles, la restauration a redonné à la maison son apparence du XVIIIe siècle.

Au sud de la rue Saint-Antoine, entre les rues Bonsecours et Berri, la petite rue Saint-Louis faisait autrefois partie du faubourg du même nom. Avant 1815, elle longeait les fortifications du Vieux-Montréal. Autrefois inscrite dans un quartier pauvre, elle était adjacente aux marécages nauséabonds de la rivière Saint-Martin qui coulait vis-à-vis de l'actuelle rue Saint-Antoine.

À l'intérieur des fortifications, les couvents, églises, magasins et résidences se côtoyaient; à la suite de l'incendie de 1721 qui détruisit l'ouest du vieux quartier, l'intendant Claude-Thomas Dupuy émet un édit qui interdit les constructions en bois à l'intérieur des murailles. À l'extérieur, les quartiers pauvres n'observent pas ces règlements et l'on continue à bâtir en bois: c'est le cas de la maison Brossard-Gauvin.

La maison en 1981. (CUM)

Les terrains sur lesquels se dresse la résidence de la rue Saint-Louis appartenaient jadis aux sulpiciens et faisaient partie de deux concessions. La première est cédée à Claude Brossard en 1707, tandis que la seconde est subséquente à une rétrocession de Louis Quenier en 1708.

Un des fils Brossard, Denis, acquiert l'emplacement en 1758. L'acte de donation fait état de «la maison et bâtiment dessus construit». Il est possible de douter qu'il s'agisse de la maison actuelle. Un recensement en 1781 décrit ainsi la propriété: «trois quarts d'arpent sur 29 arpents avec maison, grange, étable, deux arpents et demi de prairies, 20 arpents de terre labourable.»

Le legs de Denis Brossard à son fils Jean-Baptiste correspond à la description du recensement de 1781 «avec une maison et une écurie dessus construite et moitié d'une grange et d'une étable». Ce n'est qu'en 1797 que nous avons la confirmation que la maison est bel et bien en bois.

La résidence est agrandie à la suite de son achat par le maître menuisier Joseph Gauvin en 1804-1805. La démolition des fortifications entre 1805 et 1815 et la canalisation de la rivière Saint-Martin augmentent la valeur des emplacements du secteur et c'est sans doute pourquoi Gauvin transforme sa maison en deux logements qui seront vraisemblablement donnés en location.

À la mort de Gauvin, sa veuve Marguerite hérite de la propriété qu'elle cède en 1826 à ses deux filles, Élizabeth-Éléonore, épouse du célèbre architecte John Ostell, et Marie-Eulalie, épouse du notaire C.-A. Brault. La propriété reste entre les mains des Gauvin jusqu'en 1874, alors qu'elle est achetée par Patrick Jordain et François-Xavier Bénard. Entre 1874 et 1878, la maison est transformée selon la mode de l'époque; on la coiffe d'un toit à la Mansart permettant un usage accru des combles.

Au début des années 1980, la maison est dans un état de délabrement tel que l'on songe à la démolir. Une demande de classement permet une étude architecturale du bâtiment. Après sa reconnaissance légale, son propriétaire entreprend sa restauration. Une seconde étude architecturale plus approfondie révèle que la partie ouest de la maison est postérieure à la partie est. Le mur en moellon qui divise le sous-sol n'a rien d'un mur de refend car il montre les traces d'anciennes ouvertures et de leurs huisseries.

Par ailleurs, le mur qui sépare les deux logements est en pièce sur pièce, confirmant l'hypothèse d'une adjonction ultérieure. Au rez-de-chaussée, le foyer du côté est témoigne de l'ancienneté de la résidence à cause de son âtre en pierre de taille surmonté d'un manteau à clé. L'un des foyers dissimule d'ailleurs un four à pain.

Lors de la restauration, un soin particulier est apporté pour redonner à la maison son apparence originale. Des artisans chevronnés reprennent les anciennes techniques de construction. Le toit à pignon est fabriqué à l'aide de chevilles et d'entraits à demi-queue d'aronde, puis recouvert de tôle galvanisée pincée. Les fondations et les cheminées anciennes en pierre sont mises en valeur par le revêtement de planche de pin posée à la verticale.

Jacqueline Hallé,
historienne de l'architecture

ETHNOTECH. *Maison Brossard-Gauvin: Relevé et analyse.* Québec, ministère des Affaires culturelles, 1981.

PALAZZO, Jean-Marc. *La maison Joseph Gauvin, faubourg Saint-Louis.* Québec, ministère des Affaires culturelles, 1981.

PINARD, Guy. *Montréal, son histoire, son architecture. Tome 1.* Montréal, Les Éditions La Presse, 1987: 281-285.

Maison Papineau

Montréal
440, rue Bonsecours

Fonction: résidentielle
Classée monument historique en 1965

Si depuis les dernières années la revitalisation du Vieux-Montréal fait l'objet d'investissements considérables, il ne faut pas oublier les initiatives louables qu'ont prises quelques-uns, voilà près de 30 années, pour en assurer la sauvegarde. La restauration de la maison Papineau au début des années 1960 a donné l'impulsion à ce mouvement.

D'illustres propriétaires

Lorsqu'en 1779 le colonel John Campbell, commissaire responsable des Indiens dans le district de Montréal, achète le terrain de Joseph Papineau dit Montigny, il s'y trouve deux bâtiments. Ce sont une habitation en bois, probablement construite par Pierre Héneaux dit Deschamps, premier propriétaire du terrain en 1692, et une dépendance en pierre donnant sur la cour arrière qui remonterait à 1752, à l'époque où Papineau dit Montigny occupait les lieux.

Six ans après l'achat du terrain, le colonel Campbell fait démolir la maison en bois pour dégager l'emplacement de sa future demeure. Le maître maçon et entrepreneur Jean-Baptiste Cerat dit Coquillard y construit en 1785 une maison en pierre coiffée d'un haut toit à deux versants et pourvue de murs coupe-feu. En façade, le rez-de-chaussée compte cinq ouvertures dont une porte, et une rangée de lucarnes éclairent les combles.

En 1809, quelques années après la mort du colonel, la propriété de la rue Bonsecours est vendue aux Papineau, dont le nouveau chef de famille est le notaire et homme politique Joseph Papineau. Le fils de ce dernier, Louis-Joseph (1786-1871), avocat de renom, homme d'État et futur chef de l'insurrection de 1837, en devient à son tour propriétaire en 1814. Peu après s'être installé dans ses quartiers, il fait relier la maison à la dépendance réservée aux domestiques.

En 1831, Louis-Joseph Papineau entreprend des travaux qui changeront considérablement l'aspect du bâtiment. En effet, par suite de la démolition de la dernière section des fortifications de Montréal, le niveau de la rue Bonsecours a été abaissé de quelque 2 mètres, ce qui a entraîné le dégagement des fondations de la maison. Papineau n'a d'autre choix que de remanier les étages. C'est ainsi que le sous-sol devient le rez-de-chaussée et celui-ci, l'étage. On construit une nouvelle entrée et un escalier intérieur monumental. De plus, l'étage est agrandi jusqu'à l'immeuble voisin par une annexe en brique sous laquelle on ménage une porte cochère qui mène à la cour, abaissée au même niveau que la rue.

Ainsi modifiée, la façade offre un aspect pour le moins disparate avec ses différents matériaux: pierre des champs au rez-de-chaussée, pierre de taille à l'étage et brique sur la rallonge. Pour lui rendre son uniformité, on recourt à une solution astucieuse: un revêtement en bois imitant la pierre de taille. On veille néanmoins à donner à chacun des niveaux un traitement différent. Au rez-de-chaussée, le pourtour des «pierres» est marqué par un joint creux tandis qu'à l'étage, seules les lignes horizontales sont soulignées pour simuler un parement à bossages continus. Les chaînes d'angle harpées, les claveaux et le bandeau viennent parfaire l'illusion.

Bien que par sa morphologie générale la maison Papineau conserve plusieurs caractéristiques héritées du Régime français, les transformations de 1831 ont permis de la mettre au goût du jour en lui donnant l'apparence d'une maison en rangée d'inspiration néo-classique, notamment grâce au traitement de la façade en fausse pierre de taille. La réorganisation de l'espace intérieur ainsi que son décor témoignent également de cette influence stylistique.

La maison Papineau en 1885, d'après un dessin de Rosewell Corse Lyman. (MAC, fonds Morisset)

La maison restaurée conformément au dessin de Lyman.

De nouvelles fonctions

Malheureusement, Louis-Joseph Papineau ne profite que peu de temps de sa nouvelle demeure puisqu'à la suite de sa participation à l'insurrection de 1837, il doit s'exiler aux États-Unis. Il ne l'occupe ensuite qu'entre 1848 et 1850, avant de s'installer définitivement dans son domaine de Montebello. À l'exception de ce court épisode, la maison, devenue un hôtel, voit défiler bon nombre de locataires entre 1842 et 1863. On la connaîtra successivement sous les noms de l'Exchange, l'Arcade et l'Empire Saloon.

Le 63e régiment des Scots Guards y établit en 1864 son quartier général. Papineau autorise alors la création de subdivisions à l'intérieur ainsi que l'ajout de portes et de fenêtres. Trois années plus tard, affectée de nouveau à des fonctions hôtelières, la maison prend le nom d'hôtel Empire, puis d'hôtel Rivard et, finalement, Bonsecours.

Le fils de Louis-Joseph Papineau, Louis-Joseph-Amédée, qui hérite de la maison en 1871, y permet d'importantes modifications, dont l'addition de deux étages en brique. Le toit à deux versants disparaît. À la mort de Louis-Joseph-Amédée, la maison passe aux mains de sa sœur, Marie-Julie-Azélie. Finalement, en 1919, la succession se défait de la propriété qui appartenait à la famille Papineau depuis 1809. Entre ses vieux murs s'installent dès lors un bureau de télégraphie, un casse-croûte, un salon de coiffure, une salle de quilles, une buanderie chinoise...

La restauration de McLean

Lorsque le journaliste et critique de musique Eric D. McLean l'achète à la poissonnerie Hatton Co. en 1961, la maison est à l'abandon et la cour, recouverte d'un toit en bois, tient lieu de garage. Las de chercher par des conférences à convaincre la population de sauver le Vieux-Montréal, il décide de donner lui-même l'exemple en restaurant la maison Papineau. Grâce à un dessin de Rosewell Corse Lyman daté de 1885, il parvient à reconstituer la demeure telle que l'a connue Louis-Joseph Papineau. Ayant retrouvé sur le mur mitoyen la ligne du toit à deux versants, on lui restitue sa silhouette originelle. On procède également au curetage de l'intérieur. Enfin, un jardin à la française est aménagé dans la cour.

La maison Papineau appartient au Service canadien des parcs depuis 1982. Cependant, monsieur McLean pourra y habiter jusqu'à sa mort. Elle deviendra ensuite un centre d'interprétation historique.

Comme tant d'autres, la maison Papineau aurait pu tomber sous le pic des démolisseurs. Elle s'est révélée au contraire un cas exemplaire de restauration résidentielle qui, mieux que tous les discours, a soulevé l'enthousiasme et inspiré la renaissance du Vieux-Montréal.

Monica La Rivière, architecte

La maison en 1961, avant sa restauration. (MAC)

Le hall de la maison Papineau, d'après un dessin de Rosewell Corse Lyman en 1885. (ANQ-Q)

PINARD, Guy. *Montréal, son histoire, son architecture. Tome I.* Montréal, Les Éditions La Presse, 1987: 123-128.

Maison Nolin

Montréal
416-420, rue Bonsecours

Fonction: résidentielle et commerciale
Classée monument historique en 1964

Dressée sur le côté ouest de la rue Bonsecours, l'artère la mieux conservée du Vieux-Montréal, on retrouve, à côté de l'historique maison Papineau, deux superbes édifices en pierre grise de deux étages au-dessus d'un rez-de-chaussée rythmé par de larges baies vitrées. L'une de ces deux structures, qui se démarquent par la déclivité de la rue, est la maison Nolin, du nom d'un de ses propriétaires récents.

Propriété de William et George Tate, le site est occupé depuis déjà quelques années par une maison en brique de deux étages lorsqu'il est transféré au nom de Jane Tate en 1856. C'est pour elle qu'est construit, en 1863-1864, l'immeuble actuel par les frères Tate, entrepreneurs et charpentiers. De l'édifice antérieur ne subsistent que quelques vestiges au sous-sol.

Destiné à une fonction mixte de commerce et d'habitation, l'édifice est divisé verticalement par un mur de refend en deux sections de trois travées chacune. Chaque section comprend une boutique au rez-de-chaussée où l'on accède par une imposante porte située à côté d'une large et haute baie vitrée cintrée. Une porte séparée, placée au centre de la façade, mène aux étages supérieurs qui sont occupés, depuis 1965, par un seul logement.

La présence d'une porte cochère qui s'ouvre sur un corps de passage débouchant sur la cour arrière complique le plan. Ce dispositif est assez particulier au Québec où le lotissement de type français des XVIIe et XVIIIe siècles prévoit que chaque propriétaire doit assurer l'accès à la cour arrière par la façade, le lot étant mitoyen sur les autres faces. Or au début du XIXe siècle, en même temps que se généralise l'usage des voitures à cheval, l'habitat se densifie et le type de maison bourgeoise ou d'immeuble de rapport que propose la société industrielle naissante suppose un lotissement où l'accès à la cour arrière est assuré par une ruelle de service. C'est l'implantation de ces nouveaux types architecturaux sur une trame plus ancienne qui crée à Montréal et à Québec ces façades typiques percées de larges portes cochères.

La restauration du début des années 1960 a permis la réhabilitation de la cour arrière de la maison Nolin. On y retrouvait déjà depuis 1920 une annexe, un genre d'atelier qui augmentait la superficie du rez-de-chaussée. Cet espace a été conservé et mis en valeur comme un vaste salon doté d'un puits de lumière. Le toit de l'annexe a été transformé en une vaste terrasse, sorte de cour arrière à l'étage.

La façade de la maison Nolin rappelle les palais italiens de la Renaissance.

Comme la plupart des constructions de ce milieu du XIXe siècle, la maison Nolin comporte une structure simple dont la façade représente le principal attrait. Il s'agit en quelque sorte d'un écran en pierre de taille mis en forme devant un carré de brique fermé par un toit en terrasse. Dans la logique de l'architecture historiciste, cet écran a valeur de symbole dans la mesure où, par son vocabulaire et sa composition, il renvoie à un moment précis de l'histoire de l'architecture: les palais de la Renaissance italienne. La maison Nolin est donc un édifice de style néo-Renaissance italienne pour l'historien de l'art qui observe l'étagement en trois temps, une large corniche et des fenêtres dont l'ornementation se découpe sur les murs lisses. Cette référence aux XVe et XVIe siècles italiens exprime une fonction commerciale puisque les palais urbains évoqués logent les banquiers et commerçants qui assurent la prospérité de l'Europe à cette époque.

Avec sa belle devanture d'arcades qui encadrent portes et vitrines et sa généreuse fenestration, la maison Nolin est bien typique du XIXe siècle. Ses traits assurent la modernité d'une structure que les historiens de l'architecture qualifient déjà de protorationaliste, mouvement qui ouvre la voie aux compositions dont la forme n'est autre chose que l'expression de la fonction et des qualités inhérentes aux matériaux utilisés.

Un peu à l'écart du va-et-vient du Vieux-Montréal, la maison Nolin rappelle les dernières années de la ville intégrée, où habitations et commerces cohabitent. Dans l'histoire du mouvement de la conservation, ce bâtiment est important dans la mesure où sa restauration a attiré l'attention sur la qualité des constructions au XIXe siècle à Montréal – surtout celles en pierre grise – alors que les yeux du public et des autorités étaient encore tournés vers les produits des XVIIe et XVIIIe siècles.

Luc Noppen, historien de l'architecture

LEMIRE, Jacques. «La maison Nolin», *Décormag*, février 1978.

Maison Mass-Média

Montréal
273-279, rue Saint-Paul Est

Fonction: résidentielle et commerciale
Classée monument historique en 1969

Peu de renseignements nous sont connus concernant cette maison du Vieux-Montréal, construite vers 1850, et voisine de l'hôtel Rasco.

Il s'agit d'un bâtiment abritant une fonction commerciale au rez-de-chaussée et des logements à l'étage. L'édifice est remarquable par la sobriété du traitement de la façade revêtue de pierre de taille posée à joints perdus.

La devanture commerciale est formée de quelques grandes pierres taillées en délit et le décor architectural y est à peine esquissé sous forme de chapiteaux et de corniche. La dimension imposante des vitrines, et surtout leur expansion en hauteur, permet à la lumière naturelle de pénétrer davantage dans les boutiques, très profondes, du rez-de-chaussée.

Ce type de construction d'un néo-classicisme austère annonce le protorationalisme et s'impose encore aujourd'hui par sa modernité, alors que le vocabulaire classique adopte les contours de la structure, du moins en façade.

La lourde corniche qui limite l'expansion en hauteur a été superposée au toit à deux versants peu avant 1900. Elle a pour but d'empêcher neige et glace de blesser les passants, tout en offrant au propriétaire une surface d'affichage non négligeable.

Entourée de bâtiments durement touchés par des incendies, la maison Mass-Média, nommée d'après la société qui en a déjà été propriétaire, a été classée monument historique en 1969 pour assurer la survie de cet îlot bordant la rue Saint-Paul.

Luc Noppen, historien de l'architecture

La maison a été classée pour assurer la survie de cet îlot durement touché par des incendies. (CUM)

La maison Mass-Média semble un peu écrasée par la présence, à droite, de l'ancien hôtel Rasco. (ANQ-Q, E. Gariépy, c. 1925)

Château de Ramezay

Montréal
280-290, rue Notre-Dame Est

Fonction: culturelle
Classé monument historique en 1929

Au début du XVIIIe siècle, Montréal n'est qu'un petit village comptant à peine 1 800 habitants et quelque 200 habitations. Le terrain de la rue Notre-Dame, où se dresse le château de Ramezay, figure parmi les plus avantageux de l'agglomération. Depuis cet endroit élevé, en effet, on peut embrasser du regard tous les environs.

La propriété des Ramezay

C'est en 1705 que Claude de Ramezay (1659-1724), nommé l'année précédente gouverneur de Montréal, achète à Nicolas d'Ailleboust de Manthet le terrain sur lequel il entend se faire construire une résidence. Il signe un contrat avec le maître maçon et architecte Pierre Couturier pour une maison de «soixante six pieds de long de dehors sur trente six pieds de large de dehors en dehors». La maison, en pierre blanchie à la chaux, s'élèvera sur trois niveaux, incluant une cave voûtée et un grenier.

À la même époque, Couturier est à construire le couvent des récollets de Montréal. Ce contrat lui cause bien des déboires, car il est poursuivi en justice par les bons frères pour n'avoir pas respecté l'échéancier. Il semble que le maçon veuille privilégier le chantier de la maison du gouverneur au détriment du couvent des récollets.

Dès 1708, Claude de Ramezay, qui éprouve de sérieuses difficultés financières, tente en vain de vendre sa maison au gouvernement. Après le décès de son mari en 1724, Charlotte Denys de la Ronde de Ramezay loue la résidence au gouvernement et ce, probablement jusqu'en 1741. Lorsque madame de Ramezay meurt en 1742, la maison devient la propriété de ses enfants qui la vendent trois ans plus tard à la Compagnie des Indes.

Le château de Ramezay en 1875, à l'époque où il abritait l'école normale Jacques-Cartier. (Archives du château de Ramezay)

Le château vers 1925. La tour a été ajoutée en 1903. (ANQ-Q, E. Gariépy)

La Compagnie des Indes

Cette compagnie d'État, qui contrôle au XVIIIe siècle la presque totalité du commerce français outre-mer, est issue de celle qu'avait créée, en 1664, le célèbre ministre de Louis XIV, Jean-Baptiste Colbert. Au début du XVIIIe siècle, à la suite de la déconvenue de la compagnie de Colbert, le non moins célèbre contrôleur des finances, John Law, fonde la Compagnie d'Occident qui s'occupe, entre autres choses, du commerce du castor au Canada. Elle fusionne avec les autres compagnies de Law en 1719 pour former la Compagnie des Indes.

En l'absence de documents sur le sujet, nous ignorons à quel usage est destinée la maison de Ramezay à l'époque où la Compagnie des Indes l'occupe. Sert-elle de résidence, de bureau, d'entrepôt ou de magasin? Chose certaine, l'édifice ne répond plus aux besoins de la Compagnie puisqu'en 1756, celle-ci y entreprend des travaux majeurs. Les dimensions du bâtiment passent alors de 21 mètres sur 11,6 à 30 mètres sur 15,5.

Le marché conclu en août 1756 avec le maçon Paul Texier dit Lavigne indique que l'édifice a subi des modifications importantes, peut-être même une reconstruction complète. Le contrat prévoit notamment la construction de voûtes. Les voûtes du bâtiment actuel, de part et d'autre du mur de refend, ont respectivement quelque 7 et 9 mètres de portée. Comme on n'a pu bâtir de telles voûtes à partir de la structure d'origine, il semble peu probable que nous soyons en présence des murs de 1705. Un curetage effectué en 1972 par la firme Histart révèle par ailleurs une homogénéité parfaite de la maçonnerie, ce qui tend à confirmer qu'il n'existe plus aucune trace de l'édifice de 1705.

En 1929, le château devient le premier bâtiment à être classé monument historique par la Commission des monuments historiques du Québec. (ANQ-Q, E. Gariépy)

Les murs extérieurs et les cloisons intérieures de la maison sont en pierre des champs, et les cheminées intérieures ainsi que l'embrasure des fenêtres et des portes sont en pierre de taille. Le contrat de maçonnerie passé en 1756 mentionne que la porte principale doit être faite «pareille à celle de l'Intendance». À défaut d'indication plus précise, on peut présumer qu'il s'agit du palais de l'intendant de Montréal. Les menuisiers Charles Regnaud et Antoine Cirier fabriquent toutes les portes, les fenêtres et les volets.

Le charpentier Dufaux, pour sa part, s'engage à élever une charpente de «28 pieds d'aiguille» à double grenier. L'étude d'Histart conclut que les onze fermes mentionnées dans le marché de 1756 ont été retrouvées. Cependant, leur pente et leur hauteur ne correspondent pas à celles qu'on avait commandées. On remarque sur les fermes de nombreuses traces de modifications et leur assemblage au point de vue structural est douteux.

Selon toute vraisemblance, la structure du toit a été entièrement démontée et refaite à même les pièces d'origine. Certains documents cartographiques datant de 1767 et 1815 nous indiquent en outre que la maison de la Compagnie des Indes est coiffée d'un toit à quatre versants. Nous ignorons à quel moment le toit a été modifié pour ne comporter que deux versants.

Propriété gouvernementale

Le 9 juillet 1763, la Compagnie des Indes ayant perdu ses privilèges en Nouvelle-France, la propriété est vendue à William Grant, ancien officier écossais devenu marchand de fourrures à Montréal. En 1773, le gouvernement britannique loue le château pour neuf ans, afin d'y loger le gouverneur. Par son bail, le gouvernement s'engage à effectuer certaines réparations à l'édifice.

Occupée par les militaires américains au cours de l'hiver 1775-1776, la maison subit de sérieux dommages, si bien qu'on doit procéder à d'importants travaux de menuiserie entre septembre 1776 et juin 1777. Il n'est donc pas étonnant que le gouvernement, après y avoir investi une coquette somme d'argent, décide d'acheter la maison de William Grant en novembre 1778.

La salle à manger, garnie de meubles et d'objets du XVIIIe siècle. (Archives du château de Ramezay)

Pendant les 117 années où l'édifice demeure la propriété du gouvernement, on y effectue plusieurs réparations dont les plus importantes ont lieu en 1812-1813 et en 1820-1821. À partir de 1840, on y aménage des bureaux destinés aux fonctionnaires et, en 1856, l'édifice sert même de palais de justice.

Le 3 mars 1857, le ministère de l'Instruction publique s'installe dans les bâtiments qu'il partage avec l'école normale Jacques-Cartier. Cette dernière emménage dans une aile en brique de quatre étages, construite en 1848, du côté est du château. On fait aussi plusieurs modifications afin d'adapter l'édifice à ses nouvelles fonctions. L'école normale cède la place en 1878 à la faculté de médecine de l'Université Laval, qui y demeure jusqu'en 1889.

En 1884, les journaux *La Presse* et *La Minerve* aménagent leurs bureaux dans l'aile nord-ouest, qui rejoint une autre aile, parallèle et en contrebas au château. Démolis au printemps 1895, ces locaux ont abrité la Cour du recorder et des locaux de la faculté pendant un certain temps. La faculté de droit succède à *La Presse* dans l'aile nord-ouest en 1888. De 1889 à 1895, la Cour des magistrats s'installe aussi au château.

Une fonction culturelle

La Ville de Montréal acquiert l'édifice en mars 1895 et quelques mois plus tard, le loue à la Société des numismates et antiquaires de Montréal qui s'engage à y créer un musée. Plusieurs changements importants sont effectués, notamment en 1902-1903, où, après avoir démoli l'aile en brique, on érige une annexe et une tour du côté est.

L'année 1929 constitue une étape marquante dans l'histoire de l'édifice: cette année-là, en effet, il est le premier bâtiment à être classé monument historique par la Commission des monuments historiques de la province de Québec. La Ville le cède ensuite à la Société d'archéologie et de numismatique, qui en est toujours propriétaire.

En 1972, quelque vingt ans après les travaux menés par l'historien de l'art Gérard Morisset, la firme Histart entreprend la restauration de la maison. Les travaux permettent la pose d'un isolant, la réfection complète du fenêtrage ainsi que des planchers du rez-de-chaussée, et la réparation des murs extérieurs, dépouillés de leur crépi depuis 1954.

En raison des multiples fonctions qu'on lui a attribuées, le château de Ramezay aura maintes fois changé de visage au cours de son histoire. Le musée qu'il abrite aujourd'hui nous propose, grâce à des meubles et objets d'époque, de revivre les principales étapes de cette évolution.

Nicole Cloutier, historienne de l'art

HISTART. *Château de Ramezay. Rapport historique*. Montréal, Histart inc., 1972. 94 p.

HISTART. *Château de Ramezay. Architecture*. Montréal, Histart inc., 1972. 29 p.

PINARD, Guy. *Montréal, son histoire, son architecture. Tome 1*. Montréal, Les Éditions La Presse, 1987: 65-76.

Le portail est vers 1925. (ANQ-Q, E. Gariépy)

Maison Beaudoin

Montréal
427-437, rue Saint-Vincent

Fonction: résidentielle et commerciale
Classée monument historique en 1969

*La maison vers 1925.
(ANQ-Q, E. Gariépy)*

*La façade arrière vers 1925.
(ANQ-Q, E. Gariépy)*

La maison Beaudoin regroupe en fait quatre constructions anciennes datant de la fin du XVIIIe siècle. (CUM)

Ce que l'on appelle aujourd'hui la maison Beaudoin est en fait un regroupement de quatre maisons anciennes, nommées d'après le propriétaire qui les a reconstruites après un incendie en 1968.

La première maison de la série est bien distincte. Elle compte deux travées de fenêtres, une autre dans laquelle s'ouvre une porte, et une dernière travée qui semble résulter d'un ajout, là où était pratiqué un passage vers l'arrière.

À côté, la grande structure qui se développe sous une seule toiture regroupe trois maisons anciennes. En effet, les sept travées se divisent en trois unités rassemblant respectivement trois, deux et deux travées, chacune ayant sa porte d'entrée. À l'arrière du bâtiment, là où loge aujourd'hui un café-terrasse, on reconnaît l'emplacement des anciennes écuries.

Ces maisons datent de la toute fin du XVIIIe siècle et ont été bâties sur plusieurs terrains acquis par le shérif Edward William Gray en 1783. L'un des lots a appartenu jusqu'en 1770 à Denis Jourdain dit Labrosse.

La maison est vendue en 1823 à Seraphino Giraldi, aubergiste, et la famille demeure propriétaire des lieux jusqu'en 1874. Tout au long du XIXe siècle, plusieurs avocats du palais de justice y logent ou y ont un bureau: Joseph Doutre et Joseph Royal, Sévère Rivard (qui fut un temps maire de Montréal) et surtout Antoine-Aimé Dorion et George-Étienne Cartier, deux figures politiques importantes de l'époque de la Confédération.

Le caractère rustique de l'ensemble, érigé en pierre blanchie à la chaux, contribue à vieillir les maisons. Même si nous savons peu de choses sur ces bâtiments, il reste néanmoins qu'il s'agit là d'un des ensembles d'habitation les plus anciens qui aient été conservés dans le Vieux-Montréal.

Luc Noppen, historien de l'architecture

Maisons La Minerve, du Patriote, Cotté, Viger et Bertrand

Montréal
163 et 169, rue Saint-Paul Est
400-406 et 410, place Jacques-Cartier
160-162, rue Saint-Amable

Fonction: administrative et commerciale
Classées monuments historiques en 1967, 1965, 1967, 1966 et 1967

Vue aérienne du quadrilatère, près de la place Jacques-Cartier et de la rue Saint-Paul, en 1928. (ANQ-Q)

La maison La Minerve est d'abord habitée par Denis Viger. Après le décès de son père, en 1805, Denis-Benjamin loue la maison à différents commerçants successifs. De 1830 à 1838, l'édifice est occupé par Ludger Duvernay qui, avec Auguste-Norbert Morin, y fonde le journal *La Minerve*, qui paraît jusqu'en 1896. Duvernay fonde la Société Saint-Jean-Baptiste en 1834 et fait partie du groupe des patriotes qui se réfugient aux États-Unis en 1838.

L'édifice est doté d'une nouvelle devanture commerciale – une des plus anciennes ayant subsisté à Montréal – et d'une façade en pierre de taille grise peu après 1835, alors que William Leste, quincaillier, s'y installe pour douze ans. Un troisième étage en brique s'y ajoute vers 1912-1913.

La maison est détruite par un incendie en 1966 et est reconstruite à partir des murs de pierre l'année suivante. Propriété de la librairie Flammarion, elle est restaurée en 1982. Quatre ans plus tard, elle est vendue et transformée en boutiques et en bureaux.

CES cinq immeubles occupent une bonne partie de l'îlot que forment les rues Saint-Paul, Saint-Vincent, Saint-Amable et la place Jacques-Cartier. On retrouve là, au cœur du Vieux-Montréal, une rare concentration de maisons anciennes. L'histoire du lieu est étroitement liée à celle de la famille Viger d'une part et à celle du château de Vaudreuil d'autre part.

Maison La Minerve

Dès 1772, les archives indiquent qu'une maison en pierre à deux étages située au coin des rues Saint-Paul et Saint-Vincent est habitée par Denis Viger, menuisier. C'est dans cette habitation, détruite depuis, que serait né en 1774 Denis-Benjamin Viger, patriote et député à l'Assemblée législative du Bas-Canada.

Denis Viger agrandit sa propriété par des transactions en 1775 et 1779. En 1781, son lot est décrit comme ayant quelque 34 mètres de front sur la rue Saint-Paul et 20 mètres de profond. C'est en mars 1800 qu'il engage le maître maçon Auclaire pour construire une maison en pierre à deux étages d'environ 12 mètres sur 10 «joignant celle qu'il occupe actuellement». C'est cette maison qui porte aujourd'hui le nom de La Minerve.

Vue d'une partie du quadrilatère au début du siècle. (BNQ, fonds Massicotte)

La maison La Minerve en 1976. (CUM)

Maison du Patriote

Sur le même lot, Perrine Cherrier, la veuve de Denis Viger, fait ériger en 1814 une troisième maison. Le bâtiment est également loué à divers marchands. À partir de 1849, Alexis Dubord y exploite une fabrique et un magasin de tabac. C'est lui qui y installe, en guise d'enseigne, une figure de Patriote (statue en bois d'un Québécois d'antan vêtu de la tuque, du capot traditionnel et chaussé de souliers de bœuf), donnant à l'édifice le nom de maison du Patriote. Le bâtiment a été restauré en 1966-1967, en même temps que celui de La Minerve. Depuis 1972, on y retrouve les bureaux d'Oxfam-Québec.

Telle que restaurée, la maison du Patriote ressemble à ce qu'elle était au moment de sa construction: une habitation urbaine de l'époque qui précède l'avènement du type architectural «magasin» avec devanture commerciale. Son image actuelle nous permet donc d'imaginer ce que devait être la maison La Minerve avant qu'elle ne soit transformée pour mieux assumer sa fonction commerciale après 1835, alors que les nouveaux magasins commencent à qualifier certaines rues de la ville comme des artères commerciales.

Site du château de Vaudreuil

Du côté est de l'îlot, la maison qui occupe le coin de la rue et de la place Jacques-Cartier est érigée sur le site du château de Vaudreuil. C'est en effet Philippe de Rigaud, marquis de Vaudreuil, qui achète tous les terrains bordés par les rues Notre-Dame, Saint-Charles (face est de la place Jacques-Cartier), Saint-Paul et l'arrière des maisons de la rue Saint-Vincent. Il y fait ériger de 1723 à 1726 un imposant hôtel particulier d'après les plans de l'ingénieur Gaspard Chaussegros de Léry. Le «château»,

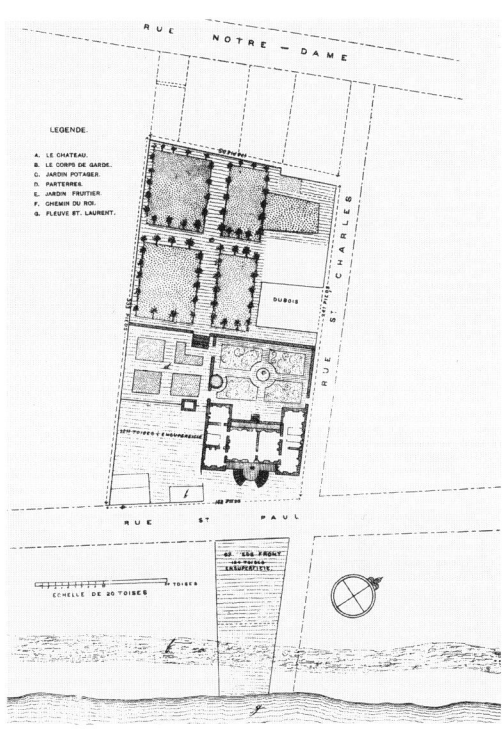

L'emplacement du château de Vaudreuil. (MAC, fonds Morisset)

La maison du Patriote en 1976. (CUM)

construit en retrait de la rue Saint-Paul et faisant face au fleuve, est acquis en 1773 par les sulpiciens qui y installent le Collège de Montréal.

Rasé par le feu en 1803, en même temps que plusieurs bâtiments des environs, le château est démoli et un tiers de son terrain est utilisé pour ouvrir le marché Jacques-Cartier. Le reste est morcelé en lots à bâtir avec façade vers ce marché.

Maison Cotté

Le lot qui forme le coin de la place du marché et de la rue Saint-Paul est acquis par Angéline Blondeau, veuve de Gabriel Cotté, en 1803. En 1806, elle vend son lot à l'aubergiste Pierre Delvecchio. Il y fait aussitôt ériger une maison de près de 15 mètres sur 10 par les maîtres maçons Jean-Baptiste Tribotte dit Lafricain et Jean-Baptiste Allard. L'édifice est offert en location et plusieurs marchands l'occupent successivement; ce n'est qu'en 1880 qu'une auberge y loge réellement.

La maison Cotté (ou Delvecchio) est un bâtiment remarquable, tant par sa forme qui résulte de son implantation que par ses dimensions exceptionnelles. Il s'agit d'une

Le château de Vaudreuil, incendié en 1803. (La Presse)

maison urbaine traditionnelle mais qui, du fait de sa situation sur un coin de rue, a été dotée de deux façades et d'une toiture en croupe. Elle a été restaurée en 1967 alors qu'on a cru bon de supprimer la devanture commerciale qui ornait ses façades depuis plus d'un siècle.

Maisons Viger et Bertrand

Toutes ces maisons ont été classées avec leurs annexes. En effet, chacun des lots a été doté, vers 1815-1820, d'une seconde construction, au fond du terrain.

C'est au début du XIXe siècle que le mode d'habiter à l'anglaise arrive au Bas-Canada. Les marchands et notables anglophones introduisent au Québec le concept du magasin avec sa devanture commerciale, mais aussi celui de l'habitat unifamilial. Le nouveau mode de vie georgien requiert une voiture à cheval pour circuler en ville. En Grande-Bretagne, le lotissement urbain s'est développé en tenant compte de ces habitudes. Ainsi, les lots bâtis sont accessibles à l'arrière par des ruelles (ou «mews») le long desquelles sont érigés les écuries et bâtiments annexes.

De gauche à droite: la maison La Minerve, la maison du Patriote et la maison Beament, rue Saint-Paul; la maison Cotté (à l'avant-plan) et la maison Viger donnent sur la place Jacques-Cartier. (CUM)

La maison Bertrand, que l'on reconnaît à sa porte cochère, était, ainsi que sa voisine, une dépendance des habitations de la rue Saint-Paul. (CUM)

La maison Viger n'était rien d'autre qu'une écurie. (MAC)

Dans le Vieux-Montréal, le plan parcellaire français n'a pas prévu ce développement; mais grâce au lotissement du domaine du château de Vaudreuil, et parce que le reste de l'îlot appartient à une même famille, une entente amène l'ouverture de la rue Saint-Amable pour desservir par l'arrière les lots des Viger et celui de Delvecchio. Cela permet à ces propriétaires d'introduire dans le Vieux-Montréal ce nouveau mode d'habiter à l'anglaise qui, en quelques années, déclasse l'habitat de l'ancien régime.

La maison Bertrand et ses voisines, tout comme la maison Viger, situées au coin de Saint-Amable et de la place du marché, ne sont rien d'autre que des écuries et des hangars placés sur le fond des lots avec façade sur Saint-Paul. En témoignent d'ailleurs l'étroitesse de ces bâtiments et les portes cochères dont ils étaient pourvus et qui, dans quelques cas, sont disparues.

Le cas de l'annexe de la maison Delvecchio est tout à fait intéressant. Puisque la nouvelle place du marché commande l'implantation de la maison avec façade de ce côté, l'architecte de la maison remplit le lot sur cette façade. Il ne reste alors qu'à adosser le petit bâtiment directement à la maison proprement dite. La toiture mansardée «à l'anglaise» de cette construction, bien typique de l'architecture des écuries, vient alors indiquer qu'il s'agit bel et bien d'une annexe et non pas simplement d'une extension du bâtiment principal.

Au cœur du Vieux-Montréal subsiste donc un îlot qui permet d'interpréter de façon tout à fait intéressante l'histoire de deux grandes figures du Québec, l'évolution du plan parcellaire, la transformation de l'architecture commerciale et celle de l'«habiter» en relation avec le développement des moyens de transport.

Luc Noppen, historien de l'architecture

GIROUX, André. *Étude sur divers bâtiments anciens de Montréal. Volume I*. Ottawa, Parcs Canada, 1973-1975: 202-223 (Coll. «Travail inédit», n° 320).

MASSICOTTE, E.-Z. «Ce que fut la place Jacques-Cartier à Montréal», *Bulletin des recherches historiques*, 41: 228-232.

PINARD, Guy. *Montréal, son histoire, son architecture. Tome 2*. Montréal, Les Éditions La Presse, 1988: 314-319.

Maison Beament

Montréal
177-183, rue Saint-Paul Est

Fonction: commerciale
Classée monument historique en 1972

Cette maison de la rue Saint-Paul porte le nom du propriétaire lors de son classement il y a près de vingt ans. Comme la maison voisine, elle a été construite par Pierre Delvecchio.

Avec les Bonacina, les Ruscani, les Donegani et les Rasco, Pierre Delvecchio et son frère Thomas comptent parmi les premiers Italiens à s'établir dans le Bas-Canada à la fin du XVIIIe siècle. Ces Européens ne tardent d'ailleurs pas à se tailler une place dans l'hôtellerie et le commerce à Montréal. Les frères Delvecchio se distinguent tout particulièrement comme aubergistes et taverniers. Peu de temps après son arrivée, Thomas tient déjà une auberge près du marché de la place Royale.

En 1803, un incendie détruit le château de Vaudreuil, alors recyclé en collège. Joseph Périnault et Jean-Baptiste Durocher achètent le terrain qu'ils revendent peu de temps après aux juges de paix en vue d'y établir une nouvelle place du marché, mieux connue aujourd'hui sous le nom de place Jacques-Cartier. Les deux nouvelles rues de part et d'autre de la place du marché neuf se bordent de commerces, d'auberges et de

La façade de la maison Beament est postérieure à la construction originelle commandée par Pierre Delvecchio.

Vue de la cour intérieure en 1976. (MAC)

tavernes. Pierre Delvecchio, en homme d'affaires avisé, acquiert en 1806 un lot d'environ 15 mètres sur 25. Il fait ériger en 1807 un bâtiment en pierre (maison Cotté) à l'angle de la rue Saint-Paul et de la nouvelle place, qui abrite auberge et restaurants. La maison mitoyenne (Beament) du côté de la rue Saint-Paul est construite entre 1815 et 1825. À la mort de son frère en 1819, Thomas hérite de la gestion des immeubles. La famille Delvecchio restera propriétaire des deux maisons jusqu'en 1946.

La maison de la rue Saint-Paul s'élève sur deux étages et est coiffée d'un toit à double versant percé de deux lucarnes. Cette façade était à l'origine identique à ses deux voisines à l'ouest et à la maison Cotté, à l'est. Encadrées de pilastres en fonte au rez-de-chaussée et de pilastres doriques à l'étage, les grandes baies vitrées qui se superposent sur deux étages sont postérieures à la construction originelle. Ces grandes ouvertures correspondent à de nouveaux critères architecturaux où les façades des commerces sont composées d'une ossature en pierre avec remplissage en verre.

Une porte cochère percée à l'extrémité est s'ouvre sur une cour intérieure aujourd'hui aménagée en café-terrasse. Cette cour était autrefois utilisée par les chevaux et débouchait sur les écuries, ultérieurement transformées en entrepôts. Les quatre murs en moellons donnant sur la cour sont impressionnants. Ils sont percés ici et là d'ouvertures et des lucarnes à palan rappellent les fonctions antérieures d'entreposage. Il va sans dire que l'intérêt architectural de ce bâtiment réside tout autant dans sa façade arrière que dans celle de la rue Saint-Paul.

Jacqueline Hallé,
historienne de l'architecture

DUCHESNE, Thomas. «Delvecchio, Thomas», *Dictionnaire biographique du Canada, Volume VI, de 1821 à 1835*, Québec, Presses de l'Université Laval, 1975: 202-204.

PINARD, Guy. «La maison Del Vecchio», *La Presse*, 16 juillet 1989.

Maison de la Congrégation

Montréal
6-12, rue Saint-Paul Ouest

Fonction: commerciale
Classée monument historique en 1968

Menacée de démolition en 1960, cette maison a reçu son nom parce qu'elle s'élève sur un terrain qui appartenait aux religieuses de la congrégation de Notre-Dame et que la première école de Marguerite Bourgeoys se situait à proximité. Le Service de la planification du territoire de la Communauté urbaine de Montréal a pour sa part répertorié l'édifice sous le nom de maison Platt, en hommage à la propriétaire qui l'a fait construire en 1822.

Le terrain où s'élève cette maison fait partie d'une des premières concessions données par Maisonneuve à l'extérieur du fort de Ville-Marie. Les religieuses acquièrent l'emplacement le 29 août 1668 de René Fèzeret, le plus ancien arquebusier de la Nouvelle-France. Les religieuses conservent pendant vingt ans le terrain qu'elles vendent ensuite au marchand Claude Pothier. En 1690-1692, il y fait ériger une maison en pierre de deux étages avec combles mansardés.

La propriété est achetée quinze ans plus tard par Louis Thomas Chabert de Joncaire, lieutenant de la marine. Un incendie ayant détruit la maison en 1721, Joncaire fait ériger, en 1724, une résidence de deux étages avec toit à deux versants et qui possède quatre portes, onze fenêtres et deux cheminées. À partir de 1744, le terrain passe entre les mains de plusieurs propriétaires. La démolition des fortifications de la ville après 1805 permet d'agrandir le lot vers le sud.

La maison est la proie des flammes à deux reprises entre 1744 et 1822, année où Elizabeth Mittleberger Platt prend possession du terrain et des ruines d'une maison. Peu de temps après l'acquisition, madame Platt confie à l'entrepreneur Isaac Shea – à qui l'on doit plusieurs bâtiments du Vieux-Montréal – la construction de deux maisons en pierre dont une de trois étages rue Saint-Paul et une de quatre étages rue des Commissaires (aujourd'hui rue de la Commune). En 1823, la propriétaire signe un bail d'une durée de cinq ans avec la société de chimistes et d'apothicaires Joseph Beckett & Co. Ltd. Les lieux sont acquis 40 ans plus tard, soit en 1862, par Joseph Tiffin, important marchand et propriétaire foncier de Montréal. Pendant les 86 ans que sa famille le possède, le bâtiment connaît de nouveaux aménagements en vue de répondre aux besoins du commerce. Depuis 1981, il abrite le siège social d'une chaîne de restaurants dont l'un se situe au rez-de-chaussée.

Jusqu'en 1914, le boulevard Saint-Laurent aboutit à la jonction de la rue Notre-Dame. Pour accéder plus facilement au port, les autorités décident de prolonger cette rue jusqu'à la rue des Commissaires. Cette tranchée entraîne la démolition de plusieurs bâtiments dont certains de la rue Saint-Paul. Le caractère plutôt insolite du mur est de la maison de la Congrégation résulte de ces démolitions.

Du côté de la rue Saint-Paul, la maison abritait des magasins. (Musée McCord; archives photographiques Notman, E. Gariépy)

La maison de la Congrégation est typique de l'architecture commerciale de la première moitié du XIXe siècle à Montréal. Tous les bâtiments qui sont érigés du côté sud de la rue Saint-Paul comportent deux façades dont il est étonnant de constater la dichotomie ornementale. En effet, tandis que la façade des magasins qui s'ouvrent rue Saint-Paul présente une ornementation plus élaborée, celle faisant face au port, du côté de la rue de la Commune, témoigne d'une grande sobriété. Cela s'explique par le fait que sur ce côté les bâtiments sont utilisés comme entrepôts et sont directement reliés aux activités portuaires.

La maison de la Congrégation s'articule autour d'une cour intérieure à laquelle on accède par une porte cochère centrale percée du côté de la rue de la Commune. La façade de la rue Saint-Paul est très harmonieuse et s'inspire de l'architecture néo-grecque. Construite en pierre de taille, elle comporte des ouvertures symétriques et des lucarnes éclairent les combles. Du côté de la rue de la Commune, le traitement de la pierre est plus artisanal. La lucarne centrale abrite un palan et les ouvertures en vis-à-vis sont plus grandes, de façon à introduire plus facilement les marchandises dans l'immeuble.

À l'intérieur, malgré la restauration et le recyclage, peu d'éléments d'origine demeurent. Quelques-uns méritent cependant une attention particulière: les deux voûtes latérales en moellons et à arc surbaissé qui composent les caves; la charpente du toit qui est apparente; les chevrons des fermes qui reposent sur des sablières et les entraits retroussés qui sont reliés aux chevrons par un assemblage à tenons et mortaises fixé par des chevilles en bois. Les combles du côté de la rue de la Commune ont conservé une impressionnante roue en bois de près de 4 mètres de diamètre et une autre en fer de plus petites dimensions. Elles servaient jadis à actionner le palan. Cette maison s'avère donc un bon exemple de l'architecture commerciale du début du XIXe siècle à Montréal.

Jacqueline Hallé,
historienne de l'architecture

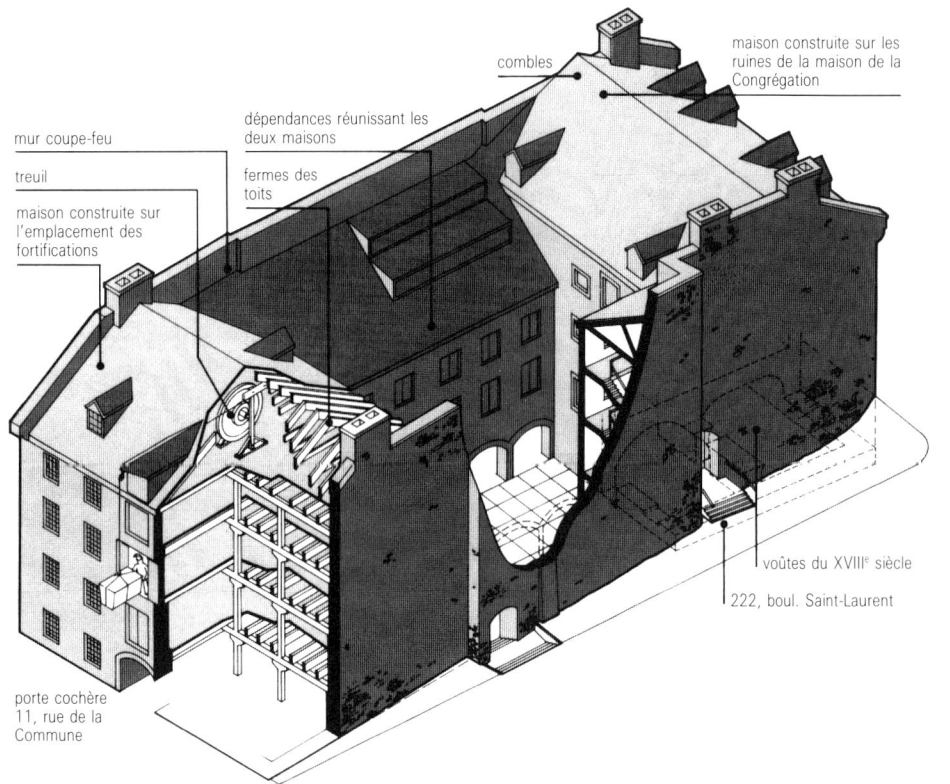

Vue isométrique de la maison de la Congrégation. (Ville de Montréal – CIDEM-Communications)

COMMUNAUTÉ URBAINE DE MONTRÉAL. *Répertoire d'architecture traditionnelle. Les magasins, les cinémas.* Montréal, Service de la planification du territoire, 1985: 76-79.

HALLÉ, Jacqueline. *Le 222, boulevard Saint-Laurent.* Québec, ministère des Affaires culturelles, 1980.

PINARD, Guy. *Montréal, son histoire, son architecture. Tome 3.* Montréal, Les Éditions La Presse, 1989: 203-212.

L'élévation arrière de l'immeuble, sur la rue de la Commune, face au port. Cette partie du bâtiment était utilisée pour entreposer les marchandises. (CUM)

Ancien palais de justice de Montréal et son annexe

Montréal
85 et 155, rue Notre-Dame Est

Fonction: administrative
Reconnus monuments historiques en 1976

L'ancien palais de justice abrite aujourd'hui les services administratifs de la Ville de Montréal.

Voilà près de 200 ans que le siège de la justice à Montréal est établi rue Notre-Dame. Quatre palais de justice s'y sont succédé, dont trois subsistent toujours, dans un périmètre très rapproché.

Après la Conquête, les tribunaux logent dans la résidence des jésuites, située entre la rue Notre-Dame et le Champ-de-Mars. Mais le pape Clément XIV ayant supprimé l'ordre des jésuites en 1773, le gouvernement y trouve prétexte pour confisquer leurs biens. C'est donc sur l'ancien terrain des jésuites qu'on élève en 1800 le premier palais de justice dont la construction est dirigée par l'entrepreneur François-Xavier Daveluy.

Il s'agit d'un édifice de deux étages, à la composition très sobre, issue de la tradition classique britannique. L'avant-corps central couronné d'un fronton, les serliennes, les baies cintrées où nichent les fenêtres et la toiture au profil bas trahissent l'influence du style palladien, une première manifestation du néo-classicisme. Malheureusement, un incendie survenu en 1844 cause des dommages irréparables au bâtiment; aussi doit-on se résoudre à le démolir.

Une œuvre néo-classique

À l'issue d'un concours lancé en 1849, les architectes John Ostell et Henri-Maurice Perrault, son neveu, se voient confier la tâche d'édifier le second palais de justice, qu'on peut d'ailleurs admirer au 155 de la rue Notre-Dame Est. La construction ne débute cependant qu'en 1851 car les architectes doivent modifier les plans selon les recommandations du comité du barreau. Pour tout dire, Ostell aura souvent à composer avec les exigences du barreau comme avec les restrictions financières du département des Travaux publics. Le chantier est même suspendu à quelques reprises, de sorte qu'on ne termine la construction de l'édifice qu'en 1857.

Élevé sur le même emplacement que le bâtiment précédent, le nouveau palais de justice, à l'instar du premier, emprunte aux modèles de l'Antiquité. Toutefois, Ostell propose ici un programme beaucoup plus ambitieux. Originaire d'Angleterre, où le néo-classicisme a déjà connu son apogée, John Ostell démontre une maîtrise remarquable de ce répertoire formel. Entre 1835 et 1859, il signe à Montréal au moins 25 bâtiments et projets d'importance, dont la maison de la Douane (1836) et le pavillon des Arts de l'Université McGill (1839-1843),

Le premier palais de justice, édifié en 1800, a été démoli à la suite d'un incendie. (ANC)

L'ancien palais de justice en 1856, un bel exemple de l'architecture néo-classique. (Musée McCord)

aux accents nettement palladiens. Avec l'achèvement en 1857 de ce palais de justice, de style néo-classique, Ostell marque définitivement de son empreinte la physionomie de Montréal.

Pour cet édifice monumental, l'architecte a tiré le meilleur parti de l'influence britannique. Il reconnaît d'ailleurs s'être inspiré du bureau de poste général de Londres (1824-1829), de l'architecte Robert Smirke, notamment par le choix d'un portique hexastyle ionique pour marquer l'entrée de la façade principale. Les colonnes d'ordre colossal s'appuient sur des piles en pierre de taille dans le même appareil que le soubassement. À ce niveau, une ordonnance de baies cintrées ainsi qu'un parement à bossages continus créent une nette démarcation avec les étages supérieurs en pierre lisse et aux fenêtres rectangulaires.

Le bâtiment profite à l'époque d'un emplacement relativement isolé, ce qui a incité l'architecte à traiter toutes les élévations de façon symétrique, selon un axe longitudinal. Les ailes latérales sont garnies de frontons et une colonnade s'élève sur le flanc est. Lorsqu'on ajoutera un étage une trentaine d'années plus tard, les frontons disparaîtront, à l'exception de celui du portique. Par ailleurs, la sculpture prévue par Ostell pour orner le portique ne sera jamais réalisée, sans doute en raison des contraintes budgétaires.

Le plan intérieur, déterminé par les élévations et les règles de la symétrie, déplaît dès le départ aux occupants de l'édifice. De plus, le barreau ne cessera jamais de se plaindre de problèmes d'éclairage, de ventilation et d'espace. On entreprend donc, en 1890, des travaux d'agrandissement qui incluent l'addition d'un étage et la construction d'un dôme destiné à éclairer le hall d'entrée. Le fils de Perrault, Maurice, de la firme d'architectes Perrault et Mesnard, est chargé de concevoir les plans.

On ne tarde pas à se rendre compte que la charpente ne peut supporter le poids d'un étage supplémentaire ni celui du dôme, ce qui entraîne la suspension des travaux en 1892. Ils reprennent plusieurs mois plus tard, une fois que l'architecte Alphonse Raza a revu les plans. Il fait exécuter de nouvelles fondations en sous-œuvre et réaménager entièrement les intérieurs. Le coût des travaux s'élève à près d'un million de dollars, soit plus du double de ce qu'a coûté l'édifice original.

Longeant l'hôtel de ville (à gauche) et le palais de justice, le Champ-de-Mars à la fin du XIXe siècle. (Ville de Montréal)

À la fin du XIXe siècle, le palais de justice est exhaussé d'un étage et couronné d'un dôme. (Ville de Montréal)

En face du palais de justice, la nouvelle «annexe» (aujourd'hui l'édifice Ernest-Cormier) et son impressionnante colonnade. (ANQ-Q)

L'annexe ouest, conçue dans l'esprit Beaux-Arts, s'élève en retrait du palais de justice.

L'ajout de l'étage, pour lequel on a sacrifié les frontons latéraux, ainsi que la construction d'un dôme et d'un attique d'inspiration Beaux-Arts ont malheureusement rompu l'équilibre entre les parties. Le dôme, au lieu de poursuivre l'élan vertical amorcé par le portique, ne fait qu'alourdir la façade.

L'annexe de 1905

Malgré cet agrandissement réalisé à grands frais, le besoin d'espace se fait de nouveau sentir à peine dix ans plus tard. Déjà envisagée en 1889, l'idée d'une annexe sur l'emplacement de l'église Saint-Gabriel, à l'ouest du palais de justice, refait surface. L'église, où se trouvait alors le quartier général de la Sûreté provinciale, est démolie en 1903. Les architectes du département des Travaux publics préparent les plans du bâtiment, révisés par N.-A. Cantin, architecte canadien qui exerce son métier à New York.

Achevée en 1905, l'annexe (85, rue Notre-Dame) est conçue dans l'esprit Beaux-Arts. Le parement à bossages continus et l'ornementation des fenêtres, entre autres choses, contribuent à la différencier du bâtiment principal. L'avant-corps à fronton qui marque l'entrée en fait un bâtiment indépendant, avec son caractère propre. L'annexe s'élève toutefois bien en retrait du palais de justice, de telle sorte que rien n'entrave la lecture de la façade latérale à laquelle elle est attenante.

Mais pas plus qu'autrefois, le palais de justice ne peut accueillir tous les services judiciaires, alors répartis dans plusieurs bâtiments situés en périphérie. Il faut dire aussi que la justice doit partager les lieux avec d'autres ministères, ce qui n'aide en rien à résoudre le problème d'espace. Finalement, à la suite de l'incendie qui s'est déclaré au dernier étage de l'édifice en 1915, les autorités décident de construire une seconde annexe, sans tenir compte d'un mémoire du comité du barreau qui recommande l'édification d'un nouveau palais de justice.

Construite entre 1922 et 1926, selon les plans des architectes Amos, Saxe et Cormier, la nouvelle annexe se dresse en face du bâtiment principal auquel elle est reliée par un tunnel passant sous la rue Notre-Dame. On la reconnaît à son imposante colonnade dorique qui occupe toute la façade. L'édifice – qui ne correspond guère à l'idée qu'on se fait d'une annexe – est réservé à la cour criminelle alors que le palais de justice et la première annexe regroupent les tribunaux civils, la Sûreté provinciale et la Commission des services publics. S'y trouvent également la bibliothèque et les archives.

Cependant, le barreau n'abandonne pas l'idée de rassembler tous les services en un même lieu. Le projet se réalisera enfin en 1971 avec l'inauguration d'une tour en verre de 30 étages, édifiée à l'ouest du vieux palais de justice, qui n'a absolument rien de commun avec les bâtiments précédents.

Aujourd'hui reconnu monument historique, avec l'annexe de 1905, l'édifice conçu par John Ostell abrite les services municipaux. La seconde annexe, devenue l'édifice Ernest-Cormier, loge à présent le conservatoire de musique et le conservatoire d'art dramatique. Ainsi se contemplent encore, rue Notre-Dame, trois générations de bâtiments qui retracent l'histoire de la justice à Montréal.

Monica La Rivière, architecte

NANTEL, Maréchal. «Le Palais de Justice de Montréal et ses abords», *Les cahiers des dix*, 12 (1947): 198-230.

PINARD, Guy. *Montréal, son histoire, son architecture. Tome 1*. Montréal, Les Éditions La Presse, 1987: 187-192.

Site du Vieux Séminaire des sulpiciens de Montréal

Montréal
116, rue Notre-Dame Ouest

Fonction: résidentielle
Vieux Séminaire classé monument historique en 1985
Ensemble classé site historique en 1985

Le Vieux Séminaire de Saint-Sulpice, vu de la rue Notre-Dame.

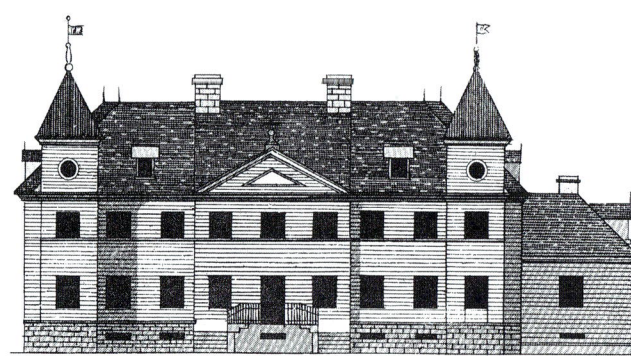

Le premier Séminaire, rue Saint-Paul, incendié en 1852, d'après un dessin de Pierre-Louis Morin (1884).

Quiconque visite le Vieux-Montréal ne peut qu'être frappé par la présence, à côté de l'église Notre-Dame, d'un bâtiment en pierre d'apparence très ancienne surmonté d'une horloge. Cet édifice est le Vieux Séminaire de Montréal, ancien manoir des seigneurs de l'île, les messieurs de Saint-Sulpice. Construit à partir de 1684, il demeure le plus ancien édifice de la vieille ville. Outre son âge plus que respectable, le Vieux Séminaire nous permet d'admirer une résidence seigneuriale où l'intérêt du siècle de Louis XIV pour l'architecture est bien visible. Le Vieux Séminaire n'est pas Versailles, mais son importance pour Montréal est, toutes proportions gardées, semblable.

Les sulpiciens à Ville-Marie

C'est en mars 1639 que Jean-Jacques Olier, curé de Saint-Sulpice à Paris, Jérôme Le Royer de La Dauversière et Pierre Chevrier jettent les bases de la Société des messieurs et dames de Notre-Dame de Montréal. La société a pour but de transmettre aux Amérindiens et aux futurs colons de l'île de Montréal les valeurs de la civilisation et de la religion catholique. L'année suivante, en décembre, Le Royer et Chevrier acquièrent de la compagnie des Cent Associés, créée en 1627 par le cardinal de Richelieu, les deux tiers de l'île de Montréal ainsi que la seigneurie de Saint-Sulpice.

Au cours de l'année 1641, on s'active à recruter des colons en France. À la fin de l'été, un navire transportant les nouveaux arrivants, sous le commandement du sieur Paul Chomedey de Maisonneuve, jette l'ancre en face de Québec. En octobre, Maisonneuve se rend à Montréal pour prendre possession de l'île mais doit retourner à Québec pour passer l'hiver. Le 17 mai 1642, les colons de Maisonneuve sont à Montréal. Le jésuite Vimont célèbre ce jour-là une messe à l'emplacement de ce qui deviendra la Pointe-à-Callière. Montréal, ou plutôt Ville-Marie comme on l'appelle à l'époque, vient de naître.

Depuis sa fondation, Ville-Marie est desservie par les pères jésuites. En 1657, monsieur de Queylus, sulpicien, accompagné de trois de ses collègues, viennent remplacer les membres de la Compagnie de Jésus. Il n'y a rien de surprenant à ce changement. Jean-Jacques Olier, fondateur de la Société de Notre-Dame, n'est-il pas lui-même sulpicien? Monsieur de Queylus va ainsi établir ses quartiers à l'Hôtel-Dieu où résidaient auparavant les jésuites. Mais les sulpiciens ne resteront que très peu de temps à l'Hôtel-Dieu, car on a besoin d'espace pour les malades. De Queylus et ses collègues, à l'invitation de Maisonneuve, déménagent à la résidence de ce dernier à l'intérieur du fort de la Pointe-à-Callière. Cet arrangement n'est que provisoire car les sulpiciens sont à Montréal pour y rester.

Moins de deux ans après leur arrivée, les messieurs de Saint-Sulpice s'engagent dans la construction de leur première résidence, rue Saint-Paul. L'édifice en pierre d'une vingtaine de mètres en façade s'élève du côté nord de la rue, légèrement en retrait par rapport à la place du Marché (l'actuelle place Royale). Incendié en 1852, son emplacement correspond en gros à celui de l'entrepôt de Frothingham, conçu en 1855 par John Ostell.

Cette construction de la rue Saint-Paul semble être importante car Jeanne Mance se plaint en 1659 que tous les ouvriers disponibles à Montréal sont occupés à la résidence des sulpiciens et qu'elle ne peut, en raison de cela, faire progresser la construction de son hôpital. Deux ans plus tard, la nouvelle résidence est presque terminée. Ce premier «séminaire» est assez vaste car en 1667 il loge 5 prêtres et pas moins de 32 domestiques.

En mars 1663, à Paris, la Société de Notre-Dame cède son actif et son passif aux messieurs de Saint-Sulpice. La transaction est officialisée à Montréal le 18 août lorsque le sulpicien Gabriel Souart, en présence de Maisonneuve, prend possession de l'île de Montréal et de la seigneurie de Saint-Sulpice. Cette importante transaction est faite pour le montant de 100 000 livres. Les sulpiciens sont désormais seigneurs de Montréal et leur résidence devient le manoir seigneurial de l'île.

C'est à ce moment qu'entre en scène une grande figure de l'histoire montréalaise, François Dollier de Casson. Issu d'une famille de la petite noblesse bretonne, il commence sa carrière comme militaire. Après trois années sous les armes, il entre chez les sulpiciens pour devenir prêtre. Le jeune sulpicien est envoyé au Canada en 1666 pour servir d'aumônier militaire à l'expédition de Prouville de Tracy contre les Agniers. Après avoir partagé son temps entre les missions amérindiennes, la cure de Trois-Rivières et l'expédition vers l'ouest de Cavelier de LaSalle, Dollier de Casson est nommé supérieur des sulpiciens en 1670, succédant ainsi à monsieur de Queylus.

À cette époque, Ville-Marie compte près de 1 500 habitants. La population a plus que doublé en moins de cinq ans. Il devient impératif de mettre un peu d'ordre dans le développement quelque peu anarchique de la future ville. Dollier de Casson qui, de par sa culture et sa formation, s'intéresse à l'architecture et à l'urbanisme, élabore un plan de la «ville». Il constate que le site de l'actuel Vieux-Montréal est en fait une petite colline dont le sommet se trouve au coteau Saint-Louis (coin Notre-Dame et Berri).

Assisté par le notaire et arpenteur Bénigne Basset, il trace la rue Saint-Paul le long du fleuve et confirme sa vocation commerciale déjà bien établie avec la place du Marché. Dans l'axe et au sommet de la colline, il dessine les rues Notre-Dame et Saint-Jacques. Ce faisant, il crée une basse ville commerçante et une haute ville où se regrouperont les grandes institutions (à l'exception de l'Hôtel-Dieu). Pour relier ces deux grandes rues, il ouvre les rues transversales Saint-Pierre, Saint-François, Saint-Joseph, Saint-Gabriel et Saint-Charles.

Parallèlement à ces travaux d'urbanisme, le supérieur des sulpiciens dresse les plans de l'église Notre-Dame au sommet de la colline. La paroisse domine ainsi la ville. Les travaux de construction de Notre-Dame débutent le 30 juin 1672. Le maître maçon François Bailly a la conduite des travaux. Ces derniers seront très lents. Pour tenter de les accélérer, on va même jusqu'à utiliser les matériaux de l'ancien manoir de la rue Saint-Paul, à l'époque presque à l'abandon. Enfin, onze ans après le début des travaux, les paroissiens de Ville-Marie assistent, le 17 juin 1683, à la première messe célébrée dans la nouvelle église. Les sulpiciens, soulagés du problème de l'église paroissiale, peuvent enfin penser à se loger convenablement.

L'œuvre de Dollier de Casson

À la suite de cette première célébration, les messieurs de Saint-Sulpice prennent la décision majeure de déménager leur résidence seigneuriale de la rue Saint-Paul à la rue Notre-Dame. Les seigneurs quittent ainsi la basse ville marchande pour un site plus prestigieux à la haute ville. Dorénavant, leur résidence dominera la ville en plein développement. Le site choisi est situé juste à côté de la nouvelle église paroissiale, du côté sud de la rue Notre-Dame. Les seigneurs acquièrent à cette fin une partie de la propriété de Jean Desroches.

Parallèlement à ce choix de déménager, les sulpiciens décident que la façade de leur nouvelle résidence donnera sur la rue Notre-Dame. Cette décision est importante. La façade du premier manoir donnait sur la place du Marché et par conséquent vers le fleuve. Cet édifice visualisait la phase d'établissement, de prise de possession du sol avec toujours un œil sur la porte de sortie, le fleuve. Le nouvel édifice, avec sa façade donnant sur la rue Notre-Dame, donc vers la campagne, illustre d'une certaine façon la fin de la période d'implantation et le début de la colonisation vers l'intérieur. Le nouveau bâtiment domine ainsi physiquement la «course à la terre». La localisation et l'orientation du nouvel édifice des messieurs de Saint-Sulpice véhiculent de façon subtile les valeurs de la colonisation. Montréal cesse d'une certaine façon de n'être qu'un poste de traite et devient plutôt le centre d'un développement agricole.

La construction du nouveau séminaire débute en 1684 selon le témoignage de François Vachon de Belmont. Ce sulpicien, arrivé à Montréal en 1680, deviendra plus tard l'architecte des plus importantes modifications apportées à l'édifice au début du XVIIIe siècle. Dollier de Casson, qui dirige les travaux en 1684, prend son temps et suit en cela les recommandations de son supérieur à Paris monsieur Tronson, qui le met en garde contre les trop grandes dépenses qui surchargent la «maison» de dettes. Il semble que Dollier de Casson ait vu trop grand et ceci aux dépens de la maison de Paris.

Malgré les problèmes financiers, la construction du Séminaire de Montréal avance; elle s'échelonne de 1684 à 1687. C'est relativement court pour un bâtiment de cette importance, surtout en milieu colonial.

Une horloge acquise par Dollier de Casson au début du XVIIIe siècle surmonte l'entrée principale. (Ville de Montréal)

En 1848, on démolit l'aile est et on en construit une nouvelle, dessinée par John Ostell. Cependant, le projet de reconstruction complète du Séminaire ne sera jamais mené à terme. (Dessin: Desnoyers, Mercure et associés)

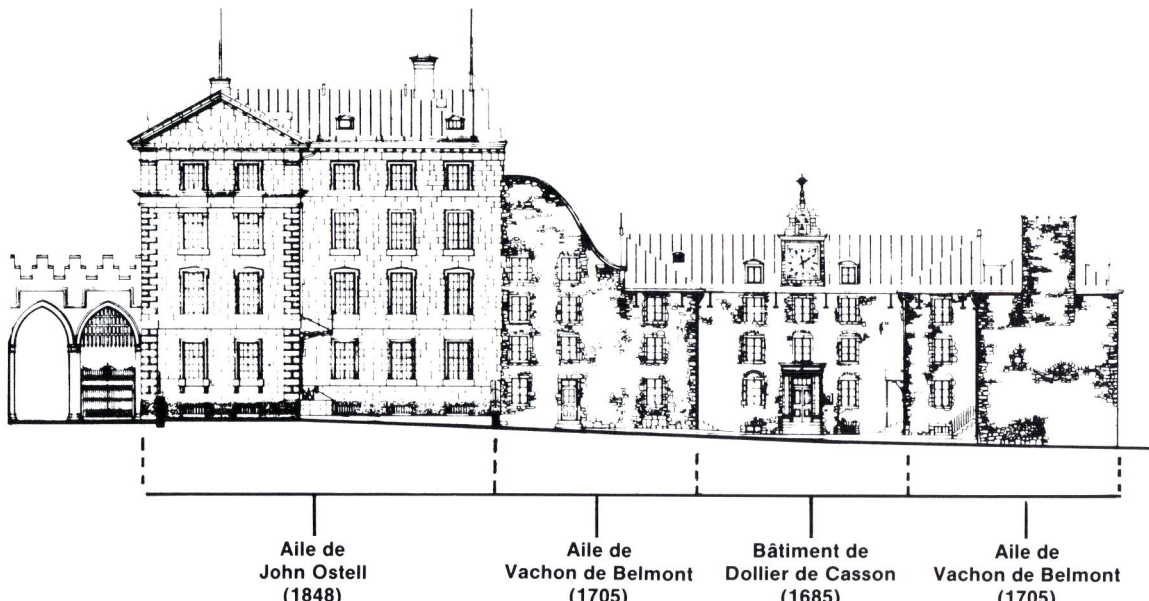

Aile de John Ostell (1848) | Aile de Vachon de Belmont (1705) | Bâtiment de Dollier de Casson (1685) | Aile de Vachon de Belmont (1705)

Grâce aux plans de construction, on peut reconstituer l'apparence du Séminaire en 1687. L'édifice que Dollier de Casson fait bâtir semble avoir été pensé en deux étapes. Dans un premier temps, le sulpicien conçoit un édifice très long et étroit coiffé d'un toit mansardé. Le traitement de la façade est particulièrement soigné. De Casson rythme celle-ci en soulignant les diverses ouvertures par une variété des matériaux. Il transpose à Montréal la mode du siècle de Louis XIV.

Mais ce projet grandiose et très coûteux est abandonné au profit d'un édifice moins «décoré», mais du même gabarit. Ainsi, l'édifice mesurera 39 mètres de longueur sur 8 de profondeur, soit un rapport de près de 1 à 5. L'édifice construit dans la pente de la colline du Vieux-Montréal aura une façade donnant sur la rue Notre-Dame de deux étages et une façade s'ouvrant sur le fleuve de trois étages, le tout coiffé d'une toiture à la Mansart. En cette fin de XVIIe siècle, la masse solide du manoir seigneurial est visible dans la ville sur toutes ses faces.

Il est possible que Dollier de Casson ait même prévu les ailes construites au début du XVIIIe siècle. Sur son plan, il indique la présence d'une cour de 23 mètres de large donnant sur la rue Notre-Dame. Or c'est à peu de choses près la largeur de la cour actuelle. De Casson signale également les latrines flanquant cette même cour vers l'église Notre-Dame.

À l'intérieur de l'édifice, l'architecte place son corridor de circulation du côté de la rue Notre-Dame et les différentes pièces du côté du jardin. Les visiteurs pourront ainsi voir de leur chambre le fleuve et le jardin. La circulation verticale se fera à partir

Cave à viande voûtée de 1685, située au troisième sous-sol. (MAC)

des deux extrémités du corridor de façade. Sous l'édifice, Dollier de Casson fait construire deux étages de voûtes pour servir de cellier et de caveau à légumes.

Pendant une quinzaine d'années, l'édifice du Vieux Séminaire ne subit pas de transformations majeures. De toute évidence, les sulpiciens sont encore à le payer. C'est seulement entre 1704 et 1712 que des modifications majeures vont complètement transformer l'apparence extérieure de l'édifice.

L'apport de Vachon de Belmont

Le 27 septembre 1701, le supérieur des sulpiciens de Montréal meurt et est inhumé dans l'église paroissiale. François Vachon de Belmont succède à Dollier de Casson. À l'instar de son prédécesseur, le nouveau supérieur s'intéresse à l'architecture. Comme tout gentilhomme de son temps, Vachon de Belmont a reçu une formation artistique: musique, dessin, langues, etc. Il est donc en mesure de s'occuper des bâtiments de son ordre. C'est selon ses dessins que seront construites la mission de la Montagne – dont deux tours subsistent toujours –, la mission du Sault-au-Récollet et la mission du lac des Deux-Montagnes (Oka).

Au début du XVIIIe siècle, Vachon de Belmont ferme la cour avant du Séminaire donnant sur la rue Notre-Dame en la flanquant de deux ailes symétriques, perpendiculaires au corps central. Il complète ainsi ce qui semble avoir été l'idée de Dollier de Casson. La première aile, à l'ouest, est construite vers 1704. Érigée sur une cave voûtée, elle loge la chapelle, l'imprimerie, la salle des lits et la bibliothèque. L'aile est, élevée vers 1715, abrite la procure, le parloir et des chambres.

De façon à faciliter la circulation dans l'édifice ainsi agrandi, Vachon de Belmont sépare la circulation horizontale de la verticale en plaçant cette dernière dans deux cages d'escalier disposées à la jonction des ailes et du corps principal. En construisant les deux ailes, Vachon de Belmont fait disparaître l'édifice des latrines qui se trouvait sous l'aile est. Pour remédier à ce problème, l'architecte fait bâtir deux tours symétriques dans l'alignement de la façade arrière. Ces deux tours sont séparées du bâtiment principal par deux passages de 3,5 mètres de longueur. Un chemin couvert sera aussi construit pour relier le Séminaire à l'église paroissiale.

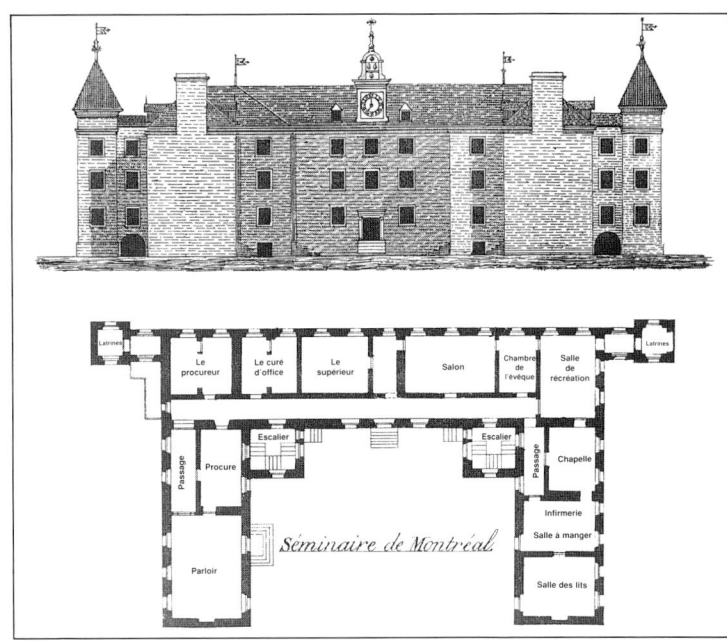

Ce plan de Pierre-Louis Morin fait voir les divisions intérieures du bâtiment conçu par Vachon de Belmont.

La façade arrière vers 1828. (Ville de Montréal)

Les travaux de Vachon de Belmont vont, en apparence du moins, modifier complètement l'image du bâtiment de Dollier de Casson. En réalité, il ne fait qu'accentuer les effets déjà créés par son prédécesseur, sans changer le concept. L'édifice de Dollier de Casson, orienté parallèlement à la rue Notre-Dame et au fleuve, présente une vision axiale. L'édifice, même s'il peut être vu de trois quarts par un promeneur sur la rue, ne peut être pénétré que par son axe placé au centre et perpendiculaire au corps principal. Ce centre est si important que Dollier de Casson a déplacé vers le sud le mur de refend qui aurait dû structuralement s'y trouver. Le visiteur accède à la propriété par une porte située dans la clôture longeant la rue Notre-Dame, en face du centre du bâtiment. Il traverse la cour, marquée à l'époque de Dollier de Casson par deux clôtures. Cette cour est donc plus étroite que la façade de l'édifice. Le visiteur traverse le bâtiment pour se retrouver face au jardin, un étage au-dessus du sol. Dollier de Casson joue sur les effets. Le visiteur doit passer par une série d'espaces extérieurs et intérieurs qui vont en se réduisant pour aboutir d'un coup à un espace très vaste ouvert sur le fleuve.

En construisant ces deux ailes, Vachon de Belmont élimine la vision de trois quarts qu'avait auparavant le promeneur déambulant sur la rue Notre-Dame. Pour bien voir l'édifice, ce dernier doit se mettre dans l'axe. De plus, les deux ailes ferment de façon efficace la cour avant. Visuellement, le visiteur placé en son centre ne peut plus s'échapper ni à droite ni à gauche. Il est condamné à aller vers le corps central. L'implantation des deux cages d'escalier dans les angles accentue encore plus l'effet d'entonnoir.

De façon à ce qu'il n'y ait aucun doute sur le centre de la composition, Vachon de Belmont installe au-dessus de la porte principale de l'édifice une horloge qu'il a acquise vraisemblablement au début du siècle. Visible de la rue, cette horloge, unique à Montréal, sert de point focal à toute la population. Il reprend ainsi une formule courante dans la France de son époque. Les casernes de Louisbourg, en Nouvelle-Écosse, seront aussi gratifiées d'une horloge qui impose son rythme à la vie urbaine de l'époque.

Du côté jardin, le visiteur retrouve le fleuve, mais l'effet de repoussoir créé par la masse du bâtiment originel est accentué par les deux tours servant de latrines. Comme ces dernières excèdent l'alignement, elles créent une sorte d'arc qui projette abstraitement le visiteur dans le jardin. Comme on peut s'en rendre compte encore de nos jours, les effets créés par l'architecture de Dollier de Casson et de Vachon de Belmont ont encore toute leur puissance.

Le 19 juin 1721, un gigantesque incendie détruit plus de 130 bâtiments à Montréal. L'intendant Michel Bégon instaure un code du bâtiment. Dorénavant, on ne devra plus coiffer les édifices de toits mansardés car ce genre de structure exige une trop grande quantité de poutres de bois et augmente ainsi le danger d'incendie. Les bâtiments déjà couverts de cette façon devront être modifiés pour se conformer aux nouveaux règlements. L'hôpital des frères Charron et le Séminaire changeront donc leur toiture. On surhausse le mur de maçonnerie sur lequel on appuie un toit à deux versants, éliminant la mansarde. Ces modifications sont toujours visibles dans l'édifice actuel. De plus, on construit un plancher coupe-feu. Cet exhaussement du carré modifie quelque peu l'apparence extérieure de l'édifice sans toutefois détruire les effets mis en place par les deux architectes.

Vers 1740, Normant du Faradon, supérieur des sulpiciens depuis le décès de Vachon de Belmont en mai 1732, entreprend de rehausser l'apparence de la façade donnant sur la rue Notre-Dame en faisant construire un portail digne de la fonction de l'édifice. Ce portail d'ordre ionique composé de pilastres est attribué au chevalier Josué Dubois Berthelot de Beaucours. Ce dernier, à l'époque de l'érection du portail, était gouverneur de Montréal. Cette attribution est plausible car Beaucours était bien connu comme ingénieur et architecte. Quoi qu'il en soit, l'adjonction du portail en pierre marque la fin des travaux sur le Séminaire.

Côté jardin, un lieu propice à la méditation.

Le Séminaire dans la première moitié du XIXe siècle, peint par Georges Delfosse. (Ville de Montréal)

Couloir de l'aile de 1850. (MAC)

L'évolution du site

Au milieu du XIXe siècle, les sulpiciens songent à démolir l'ensemble du Vieux Séminaire au profit d'une nouvelle construction mieux adaptée à leurs besoins, dont celle d'un Grand Séminaire. L'architecte John Ostell élabore des plans à cette fin. Dès mars 1848, on entreprend la démolition de l'aile est en vue de la construction du nouvel édifice, de plan néo-classique. On convainc les sulpiciens de conserver le vieil édifice et de construire le Grand Séminaire sur le site de l'ancienne mission du fort de la Montagne. Les travaux sont donc interrompus et seule la nouvelle aile de l'est, en forme de «T», est construite; elle compte sept niveaux. Le bâtiment dessiné par Ostell ne sera donc jamais parachevé.

D'autres transformations ou adjonctions moins importantes sont réalisées au cours du XXe siècle. La plus significative est la construction, en 1910, d'un bâtiment en brique de quatre niveaux à l'arrière, prolongeant l'aile ouest en direction du jardin. Cette addition regroupe des logements et le réfectoire.

Quant au jardin du Séminaire, bien que légèrement réduit au XIXe siècle, il s'avère le plus achevé et le mieux conservé des jardins conventuels de Montréal. Ce jardin clos regroupait deux sections. Près du Séminaire, une section d'agrément avec arbres et aménagements floraux comprenant quatre allées principales convergeant vers la pergola, située au centre du jardin. Près de la rue Saint-Paul, une section utilitaire regroupant un potager et un pavillon de repos. À l'ouest se trouvait une remise pour voitures, une laiterie et quelques autres bâtiments secondaires. Ce jardin a été réaménagé à plusieurs reprises.

Face à la rue Notre-Dame, la cour avant est ceinturée par le corps de logis, les ailes et un mur de pierre percé d'une porte que surmonte un fronton orné des armoiries des sulpiciens. Mesurant 21 mètres sur 17, cette cour intérieure est transformée en jardin en 1927. Elle se compose d'un large parterre avec son allée partant du portail de la rue et parcourant la pelouse jusqu'au massif floral circulaire, au centre, puis vers les trois portes de l'édifice.

Conservée presque intégralement, cette résidence des sulpiciens depuis plus de trois siècles est en phase de restauration et de mise en valeur. Le Vieux Séminaire demeure le plus ancien édifice du Vieux-Montréal. Mais ce n'est pas vraiment son âge vénérable qui en fait sa valeur. L'importance de l'édifice réside dans sa fonction officielle et le rapport qui a été créé entre celle-ci et l'architecture de l'édifice même. Le Vieux Séminaire se lit comme l'affirmation de la souveraineté des messieurs de Saint-Sulpice sur l'île de Montréal.

Jean Bélisle, historien de l'art

ETHNOTECH. *Le séminaire de Saint-Sulpice: Évolution physique du bâtiment et interprétation historique des vestiges actuels. Rapport préliminaire*. Montréal, ministère des Affaires culturelles, 1990. 156 p.

LAHAISE, Robert. *Les édifices conventuels du Vieux-Montréal*. Montréal, Hurtubise HMH, 1980. 597 p.

MICHAUD, Josette et Bruno HAREL. *Le séminaire de Saint-Sulpice de Montréal*. Montréal, ministère des Affaires culturelles, 1990. 22 p.

Façades des 43-59, rue Saint-Jacques Ouest

Montréal
43-59, rue Saint-Jacques Ouest

Fonction: administrative et commerciale
Classées monuments historiques en 1976

Rue Saint-Jacques Ouest, entre la côte de la Place-d'Armes et le boulevard Saint-Laurent, se dressent trois édifices contigus dont les façades s'intègrent harmonieusement. D'une remarquable richesse, elles ont fait l'objet d'un classement commun en 1976. Cependant, chacun des trois édifices possède sa propre histoire.

La Banque du Peuple

Incendié en 1979 et abandonné pendant une décennie, l'édifice de la Banque du Peuple constitue le rare vestige de ce que l'on peut considérer comme étant la première banque canadienne-française.

L'institution est bien antérieure à la construction. En 1833, le mécontentement éprouvé envers la Banque de Montréal fait naître le projet de créer une banque facilitant le crédit aux commerçants, industriels et agriculteurs francophones. Il donne lieu en 1835 à la signature d'un acte de société par douze associés, parmi lesquels on retrouve les deux fondateurs, l'avocat Louis-Michel Viger et l'homme d'affaires d'origine américaine Jacob De Witt. Cette banque se nomme Viger, De Witt et compagnie, mais on la connaît déjà sous le nom de Banque du Peuple. Le 17 juin 1844, la banque est constituée en société.

Cet établissement constitue une expérience originale dans l'histoire bancaire du Canada puisqu'on adopte la formule de commandite qui rend les douze associés solidairement et individuellement responsables de toutes les dettes contractées, assurant ainsi une sécurité accrue aux déposants. Par ailleurs, les associés dirigent seuls la banque; paradoxalement, cela permet une grande stabilité durant plusieurs années mais entraîne la fermeture en 1895, lorsque la méfiance s'installe à la suite de l'incurie du dernier caissier.

Le siège social de la Banque du Peuple, édifié en 1872 par Henri-Maurice Perrault, puis agrandi en 1893.
(Ville de Montréal)

La façade de la Banque du Peuple, aujourd'hui.

L'histoire du siège social témoigne de cette approche administrative oscillant entre la prudence et la témérité. En 1847, la banque s'installe dans l'ancien établissement de sa compétitrice, la Banque de Montréal, qui emménage définitivement dans le somptueux édifice de la place d'Armes. Ce n'est qu'en 1871, à l'issue de l'acte bancaire qui met fin au contrôle provincial sur les banques, que la direction saisit l'occasion pour se construire un siège social. L'architecte Henri-Maurice Perrault profite doublement de cette décision: d'une part, l'ancien édifice de la banque est démoli et remplacé par le bureau de poste (aujourd'hui disparu), une de ses œuvres les plus achevées; d'autre part, il conçoit le nouveau siège social, édifié en 1872, au 57 de la rue Saint-Jacques.

La façade de l'édifice d'Henri-Maurice Perrault prend pour modèle l'élégante série d'immeubles commerciaux adjacents. Une modénature plus soutenue, le dédoublement des pilastres d'angle et des arcades au rez-de-chaussée permettent d'individualiser la façade tout en l'intégrant à un ensemble. La subtilité de ces variations décoratives montre la sensibilité de l'architecte aussi bien aux détails qu'au contexte urbain.

Cette façade est le point de départ du très important agrandissement, à la fois latéral et en hauteur, entrepris en 1893. Ce respect de la construction originelle s'explique vraisemblablement par des liens familiaux puisque c'est à Maurice Perrault, le fils d'Henri-Maurice, et à ses associés Albert Mesnard et Joseph Venne, qu'on doit cette rénovation.

En dépit des difficultés que représente un agrandissement, la façade se compare à ses contemporains montréalais. L'esthétique des immeubles en hauteur n'est pas alors entièrement achevée: on subdivise encore les façades en groupements de deux ou trois étages, au détriment de l'unité de la composition. L'arc de l'entrée monumentale qui vient briser la continuité des arcades témoigne aussi de ce goût de la fragmentation. C'est d'ailleurs dans cette partie que les dommages de l'incendie de 1979 se feront le plus durement sentir.

La façade que le ministère des Affaires culturelles a classée monument historique en 1976 est une œuvre complexe et originale qui méritait d'être protégée. Mais elle ne constituait pas le seul intérêt de l'édifice. L'intérieur, en effet, se révélait tout à fait digne d'attention. Les bureaux étaient distribués autour d'un atrium central qui faisait toute la hauteur du bâtiment jusqu'à un vaste puits de lumière. À chaque étage, des galeries au plancher en verre dépoli entourées de garde-corps en métal ouvragé

L'édifice de la Great Scottish Life Insurance au moment de sa construction en 1870. (Canadian Illustrated News)

L'immeuble de la Great Scottish Life Insurance évoque l'architecture de la Renaissance italienne.

laissaient pénétrer la lumière jusqu'au rez-de-chaussée.

Cet aménagement inspiré de l'architecture américaine montre l'attrait pour la nouveauté chez les architectes francophones que l'on a trop souvent taxés de conformistes ou de traditionalistes. Les architectes Perrault, Mesnard et Venne, sans doute convaincus de la qualité de leur concept, s'étaient eux-mêmes installés au dernier étage de l'édifice.

Avant l'incendie de 1979, les dimensions de l'atrium avaient été réduites mais les balustrades, les planchers en verre, l'escalier métallique et même la cage d'ascenseur en fer forgé étaient encore intacts. Inoccupé et mal protégé après l'incendie, l'intérieur rebutait, d'où le peu d'empressement des promoteurs à entreprendre des travaux de restauration. Si l'immeuble a finalement été rénové, c'est sans compromis et l'atrium a complètement disparu.

Le triste sort de cet édifice pose assurément le problème du classement des seules façades. Car sans trace de l'intérieur d'origine, la véritable leçon de la Banque du Peuple sur l'éclectisme de la fin du siècle dernier, à savoir la cohabitation de l'attachement à l'histoire – la façade – avec le progressisme technologique – l'atrium – est malheureusement, à jamais, effacée.

Le Great Scottish Life Insurance

Édifié en 1870, donc peu avant la construction de la Banque du Peuple, l'immeuble de la Great Scottish Life Insurance occupe l'angle de la rue Saint-Jacques et de la côte de la Place-d'Armes. Déjà à cette époque, des immeubles prestigieux bordent la rue Saint-Jacques qui est en voie de devenir le centre de la finance et des affaires à Montréal. Pour ne pas être en reste, les architectes Hopkins et Wily optent pour un édifice d'inspiration Second Empire.

Sur une fondation en pierre calcaire, ils élèvent quatre étages en grès chamois, un matériau qui assure une distinction immédiate. Au point de vue de la composition, l'édifice se différencie de ses voisins par une nette accentuation de l'horizontalité. Chaque registre, bien délimité par des bandeaux, se singularise par le traitement nuancé d'une même ordonnance de baies arquées et de pilastres. Le profil accentué de ce décor architectural capte avec vivacité l'ombre et la lumière tandis que de gracieux ornements sculptés rehaussent le tout avec finesse.

En 1909, les architectes Marchand et Haskell sont chargés d'ajouter deux étages à l'immeuble et de le prolonger jusqu'à la ruelle des Fortifications. L'agrandissement latéral est l'image miroir du modèle original, un parti clair et respectueux. L'exhausse-

L'intérieur de la Banque du Peuple en 1895. (Revue Canadienne)

L'édifice Maxwell-Cummings, maintenant dépourvu de son élégante toiture à la Mansart.

ment est plus audacieux. Le toit en mansarde est éliminé et les trois nouveaux registres contrecarrent avec vigueur à la fois l'accent horizontal et la diminution progressive des étages inférieurs. L'harmonisation se fait sans surcharge, ni timidité. Il suffit d'ailleurs de comparer cette surélévation avec celle de la Banque du Peuple, pour se convaincre du succès avec lequel Marchand et Haskell traitent ce délicat problème d'architecture.

Le Maxwell-Cummings

Situé au 43-51 de la rue Saint-Jacques, l'édifice Maxwell-Cummings est érigé lui aussi vers 1870. Avant l'agrandissement de la Banque du Peuple, il constituait avec ses voisins une série d'une rare homogénéité. Leur élévation commune visait à rythmer et ordonnancer l'ensemble de la rue au lieu de chercher une expression individuelle des propriétés. En pleine période d'enthousiasme pour le Second Empire, il s'agit là d'une allusion très modeste mais belle à l'urbanisme haussmannien.

Prise individuellement parmi les trois façades classées, celle du Maxwell-Cummings a le mérite de demeurer le plus près de l'état originel des années 1870. Tout au plus faut-il déplorer que des modifications de fortune, surtout au niveau du toit, lui ont fait perdre de son panache. Il n'empêche qu'avec la Great Scottish Life Insurance et la Banque du Peuple, le Maxwell-Cummings forme le long de la rue Saint-Jacques un ensemble d'une remarquable unité architecturale. La composition de chacun des immeubles, y compris leurs ajouts, montre des références évidentes les uns aux autres. Ils illustrent ainsi la sensibilité des architectes du siècle dernier et du début de ce siècle et leur propension à considérer leur intervention non pas comme un geste isolé, mais comme faisant partie d'un tout plus vaste, une approche qui reste toujours d'actualité.

Jacques Lachapelle,
architecte et historien de l'architecture

PINARD, Guy. «La Banque du Peuple et ses voisins victoriens», *La Presse*, 29 juillet 1990, p. E-6.

Église et presbytère de la mission catholique chinoise du Saint-Esprit

Montréal
205-211, rue De La Gauchetière Ouest

Fonction: religieuse et résidentielle
Classés monuments historiques en 1977

L'église de la mission chinoise relève de l'influence néo-classique.

Autrefois située dans le faubourg Près-de-Ville, aujourd'hui au cœur du quartier chinois de Montréal, cette église a une histoire aussi longue et variée que ses nombreux vocables: église sécessionniste d'Écosse (1834-1864), chapelle Notre-Dame-des-Anges (1864-1936), église slovaque de Saint-Cyrille et Saint-Méthode (1937-1944) et, depuis 1957, mission catholique chinoise du Saint-Esprit. Il s'agit de la plus ancienne des églises édifiées par la communauté protestante de Montréal qui ait subsisté jusqu'à nos jours.

Un temple protestant

Le temple est construit en 1834 par les sécessionnistes d'Écosse, un groupement religieux qui s'est séparé de l'Église presbytérienne écossaise au début du XIXe siècle. L'église Erskine, à l'angle de la rue Sherbrooke et de l'avenue du Musée, dessert aujourd'hui cette communauté qui fait partie de l'Église unie du Canada.

Le bâtiment primitif, ainsi qu'il apparaît sur une gravure publiée dans *Hochelaga Depicta* en 1839, comporte un rez-de-chaussée surélevé, un toit à croupes et

Au fond du sanctuaire, on a ménagé une simple niche flanquée de colonnes.

Le riche décor intérieur conçu par Victor Bourgeau a disparu en 1944 lorsque l'église a été affectée à des fonctions profanes. (MAC, fonds Morisset)

un mur coupe-feu à l'arrière. Les chaînes d'angle harpées, les impostes en plein cintre au-dessus des portes et la corniche à modillons constituent ses seuls éléments décoratifs. La légende sous la gravure rappelle que l'église devait compter un autre niveau mais qu'en raison de l'épidémie de choléra survenue pendant la construction, il a fallu abréger le projet. Le programme initial est finalement mené à terme en 1847 avec l'addition d'un étage, la construction d'un toit à deux versants et l'ajout de pilastres en façade. On construit entre-temps le presbytère (1840-1845), un édifice en pierre de deux étages sur rez-de-chaussée, situé du côté ouest de l'église.

Vendu aux sulpiciens en 1864, le temple prend le nom de Notre-Dame-des-Anges. Il est utilisé par la congrégation des hommes de Ville-Marie, une confrérie pieuse fondée en 1663, qui fréquentait jusque-là la chapelle des Récollets de la rue Sainte-Hélène. En 1866, Victor Bourgeau est chargé d'agrandir l'édifice et d'en réaménager l'intérieur. L'église est allongée d'environ 9 mètres et coiffée d'un élégant clocher à deux lanternes. Au milieu du tympan, en façade, une niche abrite la statue de la sainte patronne. Une partie du décor intérieur de l'ancienne chapelle des Récollets, démolie en 1867, trouve place dans la nouvelle église.

Lorsque la congrégation quitte les lieux en 1936, l'église change à nouveau de vocable pour ceux de saint Cyrille et saint Méthode. Elle dessert les Slovaques catholiques pendant douze ans puis, affectée à des fonctions profanes, on la dépouille de son riche décor intérieur et on abat le clocher. Cependant, la mission catholique chinoise, créée en 1922 sous le patronyme du Saint-Esprit, prend la relève en 1957 et fait construire un autre clocher. À travers les transformations radicales du quartier, la communauté chinoise s'accroche à son église et entreprend de la restaurer en 1988.

La sobriété de l'édifice

Avec sa façade en pierre de taille grise, rythmée par quatre pilastres d'ordre dorique et ornée d'un fronton, l'église relève de l'influence néo-classique. Un clocher à lanterne ogivale surmonte le toit à deux versants. Fenêtres à arc surbaissé au rez-de-chaussée et fenêtres en plein cintre à l'étage dispensent l'éclairage naturel. On a employé, pour le chevet et la façade ouest, une pierre grossièrement taillée, mais les baies et les retours d'angle y sont soulignés par une pierre de taille plus régulière. Un mur en pierre haut de deux mètres enclôt le terrain.

L'intérieur, d'un grand dépouillement, nous permet d'imaginer le sobre temple des presbytériens sécessionnistes à ses débuts.

Le presbytère en 1988, peu avant sa rénovation et son recyclage en unités d'habitation.

L'église, telle qu'elle apparaissait en 1900. (CUM)

Le sanctuaire consiste en une simple niche ménagée au fond de la nef et contenant une autre niche flanquée de colonnes. Une corniche moulurée accentue le raccord entre les murs et la voûte presque plate. La galerie arrière, à la devanture ornée de caissons, repose sur quatre colonnes dont deux possèdent des chapiteaux corinthiens, seule note de fantaisie dans cet intérieur austère. Les vestiges des anciens autels et leurs retables, qui proviennent vraisemblablement de l'ancienne chapelle des Récollets, sont entreposés à la cathédrale de Montréal.

Pas plus que sa voisine, le presbytère n'a échappé aux transformations commandées par le changement de propriétaire et de vocation. Les frères de Saint-Gabriel, à qui l'ont cédé les sulpiciens en 1864, y ouvrent une école technique. Entre 1879 et 1906, pour mieux répondre aux besoins des élèves, on construit une rallonge en brique à l'arrière, on ajoute un troisième étage et un toit en fausse mansarde avec lucarnes. De plus, une annexe en pierre de taille couverte d'un toit plat vient relier le presbytère-école à l'église. L'édifice perd ainsi son homogénéité et ne laisse guère deviner sa fonction première, bien qu'il serve à nouveau de presbytère quand la mission catholique chinoise en prend possession en 1957. Rénové en 1988-1989, il est alors recyclé en unités d'habitation.

Même si l'église et le presbytère, tels qu'ils apparaissent aujourd'hui, offrent peu de similitude avec les bâtiments d'origine, excepté leur modestie, ils n'en demeurent pas moins des symboles de permanence, des points de repère immuables dans ce quartier qui a connu en l'espace de quelques décennies de profonds bouleversements.

Barbara Salomon de Friedberg, historienne

DE CARAFFE, Marc. *Bureau d'évaluation de la politique sur le patrimoine fédéral bâti, rapport d'évaluation 83-45: l'ancienne mission catholique chinoise du Saint-Esprit*. Ottawa, Parcs Canada, IBHC, s.d. 31 p.

PINARD, Guy. *Montréal, son histoire, son architecture. Tome 1*. Montréal, Les Éditions La Presse, 1987: 55-60.

SALOMON DE FRIEDBERG, Barbara. *Dossier sur la mission catholique chinoise du Saint-Esprit*. Québec, ministère des Affaires culturelles, 1976. 108 p.

Unity Building

Montréal
454, rue De La Gauchetière Ouest et
1030, rue Saint-Alexandre

Fonction: industrielle
Classé monument historique en 1985

Au tournant du siècle, les terrains de l'ancien centre-ville ne suffisent plus à la demande, amenant les constructions en hauteur à déborder par la rue McGill vers la place Victoria. De là, le parc immobilier s'étend vers la rue Sainte-Catherine, nouvelle artère commerciale. Après 1910, les rues De La Gauchetière et Saint-Alexandre font partie du redéploiement des activités commerciales de Montréal. On y retrouve bientôt un ensemble d'édifices modernes qui formeront le «Paper Hill», quartier dévolu aux imprimeries et aux arts graphiques, sur la côte du Beaver Hall.

Un gratte-ciel

Le Unity Building est mis en chantier en mars 1912, pour la Unity Building Company d'après les plans de l'architecte David Jerome Spence (1873-1955). L'immeuble occupe un lot de forme irrégulière qui, en plus de marquer le coin des rues Saint-Alexandre et De La Gauchetière, se profile vers l'intérieur de l'îlot. Pour le construire, il faut démolir Stone House Place, Davenport Place et Stoke Court, trois séries de maisons en rangée des années 1860-1865. Érigé au coût de 225 000 dollars, le Unity Building est livré à ses occupants en avril 1913. Si l'on excepte la rénovation, en 1962, du hall d'entrée du côté de la rue Saint-Alexandre, l'édifice n'a pas subi de modifications majeures depuis sa construction.

Ce monument est intéressant à plus d'un égard. Son traitement formel peu commun attire l'attention de Jean-Claude Marsan qui, dans *Montréal en évolution* (1974), croit y voir l'influence de l'école de Chicago, mouvement de la fin du XIXe siècle auquel les historiens de l'architecture ont attribué la paternité des gratte-ciel modernes.

L'édifice Unity est un gratte-ciel, selon le sens qu'on donnait à ce terme au début du XXe siècle. C'est le perfectionnement de l'ascenseur électrique et le développement des technologies relatives aux structures d'acier et de béton qui explique la prolifération d'immeubles de quelque dix étages à Montréal entre 1900 et 1920.

Le plan en forme de «L» de l'édifice exploite au maximum le potentiel du terrain. Deux imposantes façades forment le coin des rues; elles s'organisent en hauteur, suivant les proportions de l'ordre classique: les deux étages en bossage à chanfrein font office de base, les sept étages en brique représentent le fût de la colonne et le dernier étage est surmonté d'une corniche représentant le chapiteau. Le vocabulaire formel témoigne également d'un parti pris classique: pierres en bossage à chanfrein, plates-bandes à soffite surélevées, corniches. L'ornementation des voussures des fenêtres supérieures comporte des motifs eux aussi empruntés au vocabulaire de l'architecture classique et qui se retrouvent volontiers dans les productions des apprentis architectes de l'École des Beaux-Arts de Paris. La composition est bien étagée horizontalement et la corniche massive contribue à l'asseoir solidement; l'équilibre classique est patent. Tout ceci permet de ranger le Unity Building parmi les témoins de la vitalité de l'architecture académique en ce début du XXe siècle à Montréal.

Une fonction industrielle

Dans son expression formelle, le monument demeure néanmoins très sobre. Ceci tient à sa fonction industrielle – l'immeuble n'est en effet rien d'autre qu'une usine haute de dix étages – qui ne nécessite pas un

Le Unity Building constitue l'un des plus beaux exemples de l'architecture classique, très populaire à Montréal au début du siècle.

L'édifice se distingue notamment par sa corniche incurvée et le profil horizontal de son fenêtrage. (MAC)

déploiement ornemental aussi considérable qu'un édifice à bureaux ou une banque, par exemple. Or la prépondérance des qualités fonctionnelles d'une structure sur son apparence formelle est une des caractéristiques de l'école de Chicago: lorsque l'ossature de l'édifice est exprimée, le décor architectural devient superflu ou est à réinventer, selon le cas. La corniche incurvée et le profil horizontal du fenêtrage du Unity Building sont à mettre au crédit de cette influence américaine, même si les fenêtres métalliques, la division en surfaces vitrées et leur mode d'ouverture (*swivel windows*) sont empruntés à l'architecture industrielle.

Le Unity Building est avant tout un monument qui représente dignement le renouveau technologique qui apparaît dans l'industrie de la construction à Montréal à cette époque. Il s'agit en effet d'un squelette en béton armé, formé de piliers et de dalles, dont les ouvertures sont fermées par un remplissage en brique ou par des fenêtres. Il est d'ailleurs parfaitement visible sur les façades secondaires.

Déjà en 1912, Montréal compte un grand nombre d'édifices en hauteur, la grande majorité étant érigés avec une structure d'acier. Or à la veille de la Première Guerre mondiale, l'acier, tout autant que les «charpentiers du ciel», se fait rare et les prix grimpent. Rien de plus normal alors que l'architecte propose plutôt une armature en béton. Mais au lieu de construire avec un squelette formé de poutres qui supportent les dalles de plancher, Spence adopte le système développé en 1908 par l'américain C.A.P. Turner; la dalle repose sur des colonnes, sans poutres de support intermédiaires. Ce procédé, qui suppose une armature d'acier plus complexe et une meilleure qualité de béton, donne naissance au procédé de la colonne-champignon, où une gerbe de barres d'acier jaillit du pilier pour tisser une armature dans la dalle horizontale. Le Unity Building serait le premier édifice où apparaît cette nouvelle technologie de construction en béton, ce qui lui confère une valeur exemplaire.

À l'intérieur, la vaste structure du Unity Building est desservie par un seul puits de service qui regroupe deux ascenseurs, un monte-charge et un escalier. Outre la structure de béton, dont la résistance permet d'opérer des presses d'imprimerie aux étages et qui est revêtue d'un parement en bloc de béton imitant la pierre de taille et la brique, l'immeuble est divisé en sections par des cloisons en brique creuse, matériau qui apparaît sur le marché à l'époque de sa construction. Avec le système de gicleurs installé dès le départ, le Unity Building figure en 1913 parmi les édifices les mieux cotés par les compagnies d'assurances contre les incendies.

L'œuvre de D. J. Spence

L'architecte de cet immeuble remarquable est né en 1873 à Louisville, Kentucky. Après des études à Boston (M.I.T.) et à Paris, David Jerome Spence arrive à Montréal en 1900 et s'associe à Samuel Arnold Finley (1873-1933), montréalais de naissance. De 1901 à 1913, l'agence Finley and Spence construit plusieurs immeubles importants à Montréal. Parmi ceux-là, le Guardian Insurance Building (1902) est primé lors d'un concours. Dès 1911-1912, Spence amorce une carrière plus personnelle avec la construction du Belgo Building de la rue Sainte-Catherine et du Unity Building; il s'agit de ses premiers «loft-buildings».

Ayant rejoint l'armée pendant la guerre, Spence se voit confier par la suite plusieurs édifices publics et militaires. On lui doit le manège du régiment des Royal Highlanders, le «Black Watch», et celui des Victoria Rifles de la rue Cathcart. Dans la même veine, il érige en «Canadian Gothic» la maison Seagram de la rue Peel, en 1928. Architecte prolifique, Spence construit aussi bon nombre d'édifices commerciaux et industriels, des banques et des écoles, des immeubles de rapport et des maisons, monuments qui disparaissent dans le paysage anonyme de la ville.

De toute l'œuvre architecturale de David Jerome Spence, le Unity Building est sans contredit l'édifice le plus connu et le plus apprécié aujourd'hui. Cela tient surtout à sa situation privilégiée au bas de la rue Saint-Alexandre, en face de l'église St. Patrick. Contrairement à bien des édifices en hauteur de Montréal, celui-ci bénéficie d'une vue d'ensemble qui met en valeur ses qualités formelles.

Luc Noppen, historien de l'architecture

Esquisse de l'édifice publiée durant les travaux de construction. (BNQ, fonds Massicotte)

Les dalles de béton de plancher reposent sur des colonnes, sans poutres de support intermédiaires. (MAC)

FORGET, Madeleine. *Les gratte-ciel de Montréal*. Montréal, Éditions du Méridien, 1990. 166 p.

GROUPE HARCART. *L'édifice Unity Building*. Montréal, ministère des Affaires culturelles, 1981. 141 p.

Engineer's Club of Montreal

Montréal
1175-1181, place du Frère-André

Fonction: commerciale
Classé monument historique en 1975

L'Engineer's Club, redessiné en 1912 dans l'esprit Beaux-Arts. (CUM)

L'ancienne adresse de cette maison (Beaver Hall Square, aujourd'hui place du Frère-André) n'est pas sans rappeler les banquets quelque peu tapageurs donnés par les directeurs de la Compagnie du Nord-Ouest chez leur hôte Joseph Frobisher, dont la résidence s'élevait à proximité vers 1795. Cette maison n'existe plus lorsque William Dow fait construire sa demeure en 1860. Les champs et bosquets du temps de Frobisher ont déjà cédé la place aux maisons isolées ou en rangée ainsi qu'à des églises et institutions ponctuées d'espaces verts, dont le Beaver Hall Square.

Aujourd'hui, les gratte-ciel et le béton du boulevard René-Lévesque ont englouti ce petit carré de verdure, jusqu'à ce que la Ville de Montréal le déterre tout récemment en le dédiant à la mémoire du frère André. Son effigie en bronze se penche avec bienveillance sur les jeunes arbres, les bacs à fleurs et les promeneurs qui ont tout le loisir d'admirer la façade du bâtiment donnant sur la petite place.

Une résidence de bourgeois

William Dow (1800-1868), originaire du Perthshire en Écosse, débarque au Canada vers 1819. Engagé dans une brasserie montréalaise, il finit par lui donner son nom. Sa

On attribue à l'architecte William T. Thomas le plan de cette résidence d'inspiration Renaissance italienne. (Université McGill, collection d'architecture canadienne)

fortune grandissante lui permet de s'intéresser à beaucoup d'autres entreprises, surtout celles touchant les finances et les transports. À la mort de son frère Andrew en 1853, il entreprend de se faire ériger une vaste demeure en pierre dans laquelle il logera sa belle-sœur et ses quatre filles. À son décès, il leur lègue tous ses biens, dont la maison qu'il a baptisée «Strathearn House».

La résidence est en pierre de taille grise et d'inspiration Renaissance italienne. Ce style, populaire à l'époque, est couramment utilisé par l'architecte William T. Thomas à qui le plan est attribué. La maison adopte à l'origine un plan carré de deux étages, coiffés d'un toit à quatre versants avec une terrasse faîtière qui domine un portique à colonnes en façade, deux décrochements peu profonds sur les côtés et une annexe d'un étage à l'arrière. Des chaînes d'angle harpées accentuent les angles, alors que des bandeaux horizontaux et une corniche élaborée avec entablement et consoles soulignent l'assise et le couronnement de l'édifice.

Les ouvertures sont ornées d'encadrements moulurés en pierre de taille et d'entablements appuyés sur des consoles et surmontés de frontons au rez-de-chaussée et au-dessus de l'entrée principale. Un ancien plan de la maison signale une cuisine dans l'annexe, une buanderie et des chambres, avec d'autres pièces au sous-sol, vraisemblablement toutes pour les domestiques.

Les pièces principales sont meublées de foyers sculptés en marbre blanc et de plafonds en plâtre aux moulures, corniches et rosaces élaborées. L'ancien salon a d'ailleurs conservé plusieurs de ces éléments.

L'extension réalisée en 1933, à l'arrière, relève d'une tout autre approche stylistique. (CUM)

L'escalier d'honneur s'élève entre deux colonnes corinthiennes. (Brian Merrett)

L'Engineer's Club

Fondé en 1902, l'Engineer's Club of Montreal tient ses réunions à l'hôtel Windsor. Pour des raisons d'espace, il acquiert en 1907 la propriété de Dow et procède cinq années plus tard à son agrandissement et à son réaménagement pour les besoins de ses membres. L'architecte Archibald, de Archibald and Spence, dresse les nouveaux plans. Heureusement, le style de l'École des Beaux-Arts qui règne à cette époque ne s'éloigne pas trop de l'esprit qui anime l'édifice originel. Ainsi le prolongement de la façade vers l'est reprend le même gabarit, le même matériau et la même forme des ouvertures, tout en simplifiant l'ornementation.

Par contre, l'intérieur subit des transformations qui lui confèrent un aspect monumental, absent à l'origine. C'est surtout le grand hall et son escalier d'honneur qui illustrent ces modifications. L'escalier central à deux volées latérales s'élève entre deux colonnes corinthiennes et ioniques superposées. Il est placé dans un puits haut de trois étages, éclairé par une verrière au plafond. Le mur derrière le palier est orné d'un tableau représentant des travaux d'ingénieurs.

Un passage menant à l'agrandissement ouvre sur une vaste salle de billard au plafond à caissons, ornée de boiseries foncées et d'une cheminée monumentale en céramique. Au-dessus, on retrouve une salle à manger au plafond très haut et garnie de panneaux boisés sur tous les murs, d'un foyer en marbre noir et d'une porte à l'encadrement sculpté de pilastres. L'étage du haut loge les bureaux et services. La plupart de ces aménagements d'apparat ont survécu jusqu'à aujourd'hui, malgré un agrandissement à l'arrière (en 1933), d'un style tout à fait différent des deux précédents. Ces aménagements créent une atmosphère agréable pour les clients depuis la transformation des lieux en restaurant, en 1979, alors que le club cesse ses activités.

Situé au milieu des bureaux d'institutions financières et de compagnies de chemin de fer, l'Engineer's Club rappelle un homme d'affaires qui a vu et encouragé la naissance de grosses entreprises, dont la compagnie d'assurances Sun Life. Plusieurs de leurs immeubles ont donné à la ville, pour le meilleur ou pour le pire, son visage actuel. Si les brasseurs d'affaires de nos jours reconnaissent en William Dow un prédécesseur, de même sa maison, solide, massive, confortable et quelque peu surchargée dans son ornementation, témoigne à la fois de sa réussite et des styles qui jalonnent l'histoire architecturale de Montréal.

Barbara Salomon de Friedberg, historienne

PINARD, Guy. *Montréal, son histoire, son architecture. Tome 1*. Montréal, Les Éditions La Presse, 1987: 108-113.

SALOMON DE FRIEDBERG, Barbara. *L'Engineer's Club*. Québec, ministère des Affaires culturelles, 1975. N.p.

Façades de la rue Jeanne-Mance

Montréal
2020 à 2092, rue Jeanne-Mance

Fonction: résidentielle
Classées monuments historiques en 1975 et 1977

Sur la portion de la rue Jeanne-Mance comprise entre la rue Sherbrooke et l'avenue du Président-Kennedy se dressent, côté ouest, les façades de dix-sept maisons mitoyennes que le ministère des Affaires culturelles a classées en 1975 et 1977.

Un paysage urbain

Cette protection légale accordée à un ensemble urbain formé d'une enfilade de façades constitue une première au Québec. Elle intervient au moment où les études urbaines insistent sur l'importance de conserver non plus des monuments – ouvrages isolés – ou des ensembles groupant quelques édifices, mais des paysages urbains, c'est-à-dire des tableaux formés d'architectures, de paysages et de mobiliers qui créent le théâtre urbain dans lequel évoluent les habitants. Le paysage urbain, ou *streetscape*, forme en effet un tout dynamique qui survit difficilement aux opérations de remembrement du plan parcellaire parce que celles-ci entraînent des ruptures et une dégradation de la qualité de vie souvent suivies d'une dislocation du tissu social.

Le classement des seules façades des immeubles peut par ailleurs paraître discutable dans la mesure où il ne protège que l'image extérieure et superficielle de ce qu'est l'architecture: un site occupé par des volumes abritant des espaces, le tout qualifié par un vocabulaire qui signale les préoccupations et le mode de vie d'une société, d'un groupe ou d'individus. Il faut cependant admettre qu'il est difficile, à quelque niveau d'intervention que ce soit, de protéger intégralement une enfilade de bâtiments dont la qualité primordiale est précisément cette présence visuelle sur la rue.

Cette série de maisons était menacée lorsque le classement est intervenu. Il s'agit en fait d'une tranche d'habitations qui a survécu aux bouleversements que connaît le quartier depuis le début des années 1960, surtout depuis la redéfinition de ce secteur est du centre-ville par la construction de la Place des Arts. À elle seule, la terrasse Jeanne-Mance témoigne de la fonction résidentielle qui a caractérisé le flanc sud de la rue Sherbrooke dans la seconde moitié du XIXe siècle.

Sa sauvegarde a eu un effet bénéfique sur les environs. À l'arrière subsistent plusieurs édifices intéressants avec façade sur la rue De Bleury, dont la salle d'exercices Blackwatch de l'architecte D.J. Spence et quelques édifices avec devanture commerciale. Le coin Jeanne-Mance et Sherbrooke forme aussi un ensemble de bonne qualité. Enfin, il est à prévoir que le classement de la terrasse aura un impact favorable sur le design urbain de l'ensemble qui ne tardera guère à apparaître en face, sur le terrain vacant situé à l'arrière de l'ancienne École technique de Montréal.

À elle seule, la terrasse Jeanne-Mance témoigne de la fonction résidentielle qui a caractérisé le flanc sud de la rue Sherbrooke dans la seconde moitié du XIXe siècle. (CUM)

Dix-sept maisons

La façade de l'îlot Jeanne-Mance est composée de dix-sept immeubles formant neuf groupes comprenant de une à quatre façades semblables. En fait, on peut lire neuf sections dont chacune est une composition originale, qu'il s'agisse d'un architecte différent ou qu'un propriétaire ait désiré affirmer les limites de sa propriété.

Au moins deux des personnes qui ont contribué à cet ensemble sont connues; il s'agit d'Alexander C. Hutchison et de J.F. Dunlop, architectes bien établis à Montréal à la fin du XIXe siècle. On doit imaginer ce vaste chantier où quelques propriétaires font

Numéros civiques	Propriétaires	Dates de construction
2020-2024	John Date	1886
2026-2028	John L. Jensen	1887
2032-2034	William Cairns	1887
2038-2041	Thomas Fraser	1886
2046	John T. Haggar	1886
2048-2052	Andreas C.F. Finzel	1887
2056-2066	Janvier-Arthur Vaillancourt	1888
2070-2072	Walter Marriage	1889
2076-2082	Charles Sheppard	1890
2086-2088	Victoria J. Prentice	1888
2090-2092	Daniel Kneen	1886

L'ensemble a été édifié entre 1886 et 1890, notamment par les architectes Alexander C. Hutchison et J.F. Dunlop.

ériger, entre 1886 et 1890, à des fins d'habitation ou de spéculation, neuf blocs composés de maisons unifamiliales. La construction débute par les deux extrémités, comme c'est généralement le cas lors du développement d'îlots nouveaux.

Les façades sont variées à souhait; ce sont des compositions éclectiques où l'architecte met en œuvre un vocabulaire étendu et des matériaux diversifiés. Cela confère un caractère original à chaque façade, même si elle s'inscrit dans un regroupement de deux, trois ou quatre unités. La seule différence notable est le gabarit qui, de deux étages au sud, s'élève à trois vers la rue Sherbrooke. Ceci montre bien qu'à l'époque de la construction, ce secteur était recherché par une classe plus fortunée.

Les maisons sont érigées en brique et les façades forment un écran en pierre de taille. Ce sont des tableaux, œuvres signées, posés devant des structures assez semblables. Les façades forment un «décor» au point où le toit mansardé n'est qu'un artifice cachant un autre toit à faible pente assurant l'égouttement vers l'arrière. Les lignes dominantes sont plutôt horizontales, permettant de fragmenter la série et de mieux individualiser chaque unité. Dans ce système, les oriels qui s'élèvent sur deux étages ou la superposition oriel, terrasse et pignon jouent un rôle important, tout comme la disposition verticale des ouvertures qui accentue le rythme saccadé.

S'étirant sur une section de rue assez importante, l'ensemble ne peut être vu de face dans des conditions normales; le tout est donc construit pour se voir en enfilade et par parties qui se découvrent successivement. Dans ces circonstances, il est peu utile d'établir une symétrie quelconque, d'autant plus que c'est la recherche du pittoresque qui domine lors de la création de ces façades. En même temps, le rythme vertical et la recherche d'une silhouette, plus que celle d'un volume stable, permet d'épouser le profil du site qui s'élève vers le nord. Nul besoin donc d'asseoir la terrasse sur une assise régulière; elle tire plutôt profit d'une dénivellation qui rend utile des efforts de composition pour rompre l'horizontalité jugée par trop classique.

Les façades sont des compositions éclectiques qui mettent en œuvre un vocabulaire étendu et des matériaux diversifiés.

Une «terrasse»

Le groupe de maisons de la rue Jeanne-Mance forme une «terrasse» ou «terrace», terme d'architecture qui désigne un ensemble d'habitations construites en rangée avec une marge de recul en façade et une cour arrière desservie par une ruelle. Ce type d'implantation naît en Angleterre à la fin du XVIIIe siècle lorsque la ville s'étend à la campagne et que la villa s'avère trop dispendieuse en terrain. Les architectes vont donc concevoir de grands bâtiments divisés en unités d'habitation mitoyennes partageant une façade monumentale, d'où l'allure «palais» des premières terrasses. Derrière ces façades monumentales, chaque résidence occupe une tranche verticale de trois ou quatre étages, ce qui correspond à la classification urbaine établie en Grande-Bretagne où la société industrielle spécialise les quartiers en favorisant l'étalement urbain.

C'est la recherche du pittoresque qui a guidé la conception des façades. (CUM)

La hiérarchie sociale qui regroupe les classes par quartier sépare aussi le plan symbolique du plan fonctionnel. La façade qui abrite les pièces de réception et belles chambres est exposée à la rue et au parc, tandis que la façade arrière, qui loge les services et les espaces réservés aux domestiques, donne sur la cour (avec remise et écurie) et sur la ruelle qui dessert l'habitation. Il n'y a rien à voir de ce côté, sinon des murs en brique nue qui montrent qu'on est bien là en présence d'un projet architectural de l'ère industrielle, époque qui préconise que le terrain vaut plus que le bâtiment et que celui-ci doit participer à la rentabilité foncière, sans quoi il sera remplacé.

La terrasse est donc à la fois un mode d'occupation du sol (qui fait naître un système urbain particulier) et un type architectural puisqu'il propose un modèle d'habitation – la maison georgienne ou londonienne – comme unité de base. Cette maison mitoyenne, dégagée du sol pour assurer un éclairage au soubassement où se retrouvent cuisine et domestiques, est dotée d'un hall et d'un escalier repoussés vers le côté à cause d'une façade plutôt étroite. Tous ces éléments favorisent sa division en logements, contribuant à sa conservation lors de la densification. Par contre, les bâtiments de service et les écuries de la cour arrière ne survivent pas à l'invasion de l'automobile.

Lorsque Montréal entreprend son développement dans la première moitié du XIXe siècle, plusieurs «terrasses» sont érigées en périphérie du centre-ville de l'époque; elles

Chaque façade possède un caractère original même si elle s'inscrit dans un groupement de plusieurs unités.

L'ensemble est construit par sections qui se découvrent successivement.

ont malheureusement toutes disparu depuis. Toutefois, lorsque la ville envahit les coteaux en s'étalant au nord, on assiste au développement de la «banlieue victorienne», formée de quartiers de terrasses. Ceci s'exprime d'abord par un mode de lotissement.

Le plan adopté est celui qui favorise la meilleure rentabilité en offrant le plus grand nombre de lots avec façade sur rue. Les lots, étroits et longs, se succèdent donc dans un îlot rectangulaire étiré sur le long et parcouru par une ruelle de service, ce qui évite de devoir ouvrir un passage vers l'arrière sur chaque lot. On crée à la tête des îlots des ruelles transversales; aucun moyen donc d'entrevoir depuis la rue les fonds de cour. La terrasse Jeanne-Mance est tout à fait caractéristique de ce mode de développement, sauf que la tête de l'îlot du côté sud a été amputée par la percée de l'avenue du Président-Kennedy.

Le symbolisme social

Au moment où l'on entreprend de classer les productions du passé en catégories stylistiques, la volonté commune des architectes d'alors est de créer, par une recherche formelle et technologique, «le style du XIXe siècle». Ce sera l'éclectisme tantôt victorien (d'origine anglaise), tantôt classique (d'origine française), qui vient rompre la monotonie des paysages urbains préindustriels et construire des quartiers d'habitation à valeur symbolique. Ainsi la classe bourgeoise qui émerge peut, avec des maisons confortables dotées des dernières innovations techniques et sanitaires, affirmer sa place dans la ville comme groupe. En même temps, chacun de ses membres peut personnaliser son habitat par une façade qui reflète sa position dans le groupe. Mais dès qu'on revient à l'intérieur des maisons, les points de similitude dominent. On est en effet en présence d'un type architectural unique, en quelque sorte le thème sur lequel les façades ne sont que des variantes.

Le décor architectural qui subsiste à l'intérieur des maisons de la rue Jeanne-Mance témoigne de cela. On y retrouve un ensemble de boiseries issues de quelques modèles standard et dont l'objectif est de recréer l'ambiance chaleureuse que commande le nouveau mode de vie axé sur l'unité familiale. Entre la vie d'apparat, réservée jusqu'alors à l'élite, et la promiscuité qui était le sort des autres citadins, la classe bourgeoise va définir les paramètres d'une vie de famille confortable, ce qui entraîne les architectes dans une révision du programme de l'habitation, figé jusque-là par quelques clichés.

Selon les besoins exprimés par les clients, les maisons auront donc des espaces dont les dimensions et le nombre varient et où, chose nouvelle, le décor contribue à créer des atmosphères particulières selon la fonction des pièces (salon, fumoir, boudoir, chambre, etc.). Enfin, dans quelques cas, on sent que la grille symétrique est remise en question à la faveur de telles réflexions sur l'«habiter».

Les citoyens qui ont lutté pour conserver cet ensemble architectural typique du Montréal de la fin du XIXe siècle ont créé une coopérative d'habitation qui occupe la presque totalité de la terrasse Jeanne-Mance. Cette forme de propriété collective a permis à une catégorie d'habitants de demeurer au centre-ville alors qu'ailleurs, le processus de gentrification les a expulsés des lieux qui leur étaient familiers.

Luc Noppen, historien de l'architecture

PINARD, Guy. *Montréal, son histoire, son architecture. Tome 3*. Montréal, Les Éditions La Presse, 1989: 194-202.

SALOMON DE FRIEDBERG, Barbara. *Les immeubles 2020-2092 rue Jeanne-Mance*. Québec, ministère des Affaires culturelles, 1975.

Bâtisse L.-O.-Grothé

Montréal
2000-2012, boulevard Saint-Laurent

Fonction: résidentielle et commerciale
Reconnue monument historique en 1976

L'édifice L.-O.-Grothé, qui se dresse à l'angle du boulevard Saint-Laurent et de la rue Ontario, nous rappelle l'importance historique de ces francophones, trop souvent oubliés, qui se sont illustrés par leur esprit d'entreprise.

Louis-Ovide Grothé, fabricant de cigares, naît à Montréal en 1856. Après avoir appris le métier de cigarier chez J. Rattray, un des pionniers de cette industrie à Montréal, il fonde sa propre entreprise sous le nom de L.-O. Grothé & Co. Il est alors âgé d'une vingtaine d'années.

Un édifice industriel

Malgré des débuts modestes, la qualité de son produit attire rapidement l'attention de la clientèle, de plus en plus nombreuse. Des déménagements successifs témoignent d'ailleurs de son succès. Le 2 janvier 1906, Grothé achète à la famille Chaplin un terrain sur lequel il veut faire construire un immeuble imposant, pouvant accueillir jusqu'à 700 employés.

Édifié en 1906 d'après les plans de l'architecte Jean-Zéphirin Resther, le bâtiment comporte trois parties. La fabrique de cigares et l'entrepôt n'occuperont cependant que les deux tiers de l'immeuble. L'aile qui borde le boulevard Saint-Laurent est louée dès 1907 à une manufacture de vêtements, la Fashion Craft, qui y demeure une quarantaine d'années.

Louis-Ovide Grothé meurt en 1911 en léguant l'entreprise à ses fils Raoul-Ovide, Albert-Armand et Louis-Émile. En 1938, ne pouvant faire face à la concurrence, ils vendent leurs intérêts à la société Imperial Tobacco. Onze années plus tard, les frères Grothé cèdent le bâtiment à la société J.A. Besner & Sons, qui y établit une manufacture de vêtements.

En 1975, l'immeuble compte neuf fabriques de vêtements et une dizaine de commerces de toute nature. À cette époque, on parle de le démolir pour faire place à une station-service. L'intervention du ministère des Affaires culturelles, qui reconnaît l'immeuble en septembre 1976, met un terme au projet.

Comme la poursuite des activités originelles du bâtiment se révèle aléatoire, on envisage d'y aménager des logements et des commerces. Désaffecté et partiellement incendié, l'immeuble est alors pris en main par la Société immobilière du patrimoine architectural de Montréal (SIMPA) qui, en 1983, fait appel à un promoteur pour mettre en œuvre un projet de réhabilitation. Le concept architectural, établi par la firme d'architectes Riopel & Walsh, est réalisé par la Société de développement corporatif sous la supervision de la SIMPA.

L'édifice L.-O.-Grothé, signe manifeste de l'intérêt que l'on porte depuis peu au patrimoine industriel.

L'édifice tel que représenté dans le Montreal Herald *en 1922. (Ville de Montréal)*

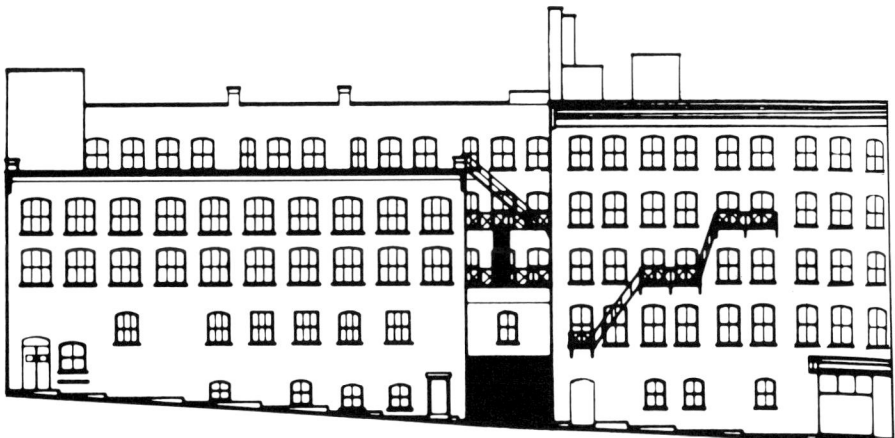

Élévation ouest. (MAC)

Le recyclage

L'extérieur de l'immeuble conserve l'ensemble de ses attributs, tandis que l'intérieur est transformé pour s'adapter au programme de recyclage. La structure composée de poutres et de colonnes d'acier, qui dégage l'espace et autorise un maximum de flexibilité en plus d'un fenêtrage généreux, a autrefois été une réponse logique et économique à des fonctions commerciales et industrielles. Elle s'y prête encore aujourd'hui puisque le rez-de-chaussée est réservé à des commerces. Quant aux étages, ils abritent désormais des logements. L'ancien entrepôt de tabac, dans l'aile de la rue Clark, a cédé la place à un bâtiment résidentiel de gabarit et d'esprit similaires dont le sous-sol est occupé par un stationnement.

L'intention première d'intégrer l'immeuble dans le milieu urbain, et cela tant par sa forme que par sa fonction, est encore manifeste aujourd'hui. Le rez-de-chaussée se démarque par son traitement en pierre de taille et ses pilastres ioniques, et les larges vitrines participent à la vie urbaine. Aux étages, sur les façades donnant sur la rue Ontario et le boulevard Saint-Laurent, les lignes verticales prédominent, accusées par des piliers de maçonnerie qui embrassent tous les niveaux. Ces piliers rythment la façade à toutes les trois baies, et correspondent en général à la trame structurale. Le rapport entre le décor et la structure est accentué par un jeu de couleurs dans la maçonnerie. Une brique plus pâle vient en effet souligner les linteaux des nombreuses fenêtres à guillotine.

Il est intéressant de noter que la W.C. Macdonald's, édifiée en 1875 rue Ontario Est, affichait déjà un traitement similaire. Quoi qu'il en soit, la vigueur et la simplicité de la composition de l'édifice L.-O.-Grothé attestent l'orientation de l'architecture industrielle, depuis le tournant du siècle, vers un rationalisme plus soutenu.

L'obliquité du croisement de la rue Clark et du boulevard Saint-Laurent pose, sur le plan architectural, un certain nombre de difficultés que l'architecte Resther a résolues en donnant aux coins du bâtiment une forme arrondie. C'est là une solution simple et élégante, rencontrée fréquemment sur des bâtiments publics de l'époque.

Les façades de la rue Clark sont nettement plus dépouillées que celles de la rue Ontario et du boulevard Saint-Laurent. Ce traitement contrastant marquait en fait à l'origine la distinction entre les différentes fonctions de l'édifice. La corniche, qui court sur toutes les faces de l'immeuble, lui confère néanmoins un caractère d'homogénéité.

L'édifice L.-O.-Grothé rassemble les caractéristiques d'une architecture de type industriel et commercial que l'on peut retrouver dans certains bâtiments du quartier Saint-Henri et du Vieux-Montréal. Si dans son rationalisme on peut déceler l'influence de la Renaissance italienne, sa composition suit la ligne de pensée de l'école de Chicago, annonçant l'architecture fonctionnaliste de Sullivan que Le Corbusier et ses pairs reprendront pour jeter les bases du Mouvement moderne. Mais l'édifice Grothé est avant tout le signe évident de l'intérêt que l'on porte depuis peu à ce patrimoine industriel longtemps tenu pour négligeable.

Brian Cavanagh, aménagiste
Jacques Lachapelle, architecte
et historien de l'architecture

GROUPE DE RECHERCHE SUR L'ARCHITECTURE ET LES SITES HISTORIQUES DE L'ÉCOLE D'ARCHITECTURE, UNIVERSITÉ DE MONTRÉAL. *Relevé et analyse de l'édifice L.O. Grothé*. Québec, ministère des Affaires culturelles, 1976. 144 p.

PINARD, Guy. *Montréal, son histoire, son architecture. Tome 1*. Montréal, Les Éditions La Presse, 1987: 96-101.

Église St. Patrick

Montréal
460, boulevard René-Lévesque Ouest

Fonction: religieuse
Classée monument historique en 1985

Un peu négligée par les Montréalais et les visiteurs parce qu'elle tourne le dos au boulevard René-Lévesque, l'église-basilique St. Patrick est, après Notre-Dame, l'édifice religieux le plus important de Montréal. C'est bien sûr l'âge du monument – il a été édifié à partir de 1843 – qui contribue à ce statut, mais ce sont surtout la qualité de ses architectes et l'intérêt de son propos formel qui le classent au rang des monuments majeurs du Québec.

L'église des Irlandais

C'est en 1841 que les catholiques irlandais de Montréal entreprennent des démarches auprès des autorités religieuses pour obtenir la permission de construire une église. Depuis 1817 ce groupe, dont le nombre ne cesse de croître, tient ses assemblées d'abord dans la chapelle Notre-Dame-de-Bonsecours puis dans l'ancienne église des Récollets, rénovée à cette fin. Les sulpiciens acceptent la proposition puisque l'église projetée n'est rien de plus qu'une desserte, qui regroupe les fidèles anglophones de la paroisse Notre-Dame. Elle vient à point pour accueillir une communauté qui compte à l'époque quelque 6 500 fidèles et qui crée une forte pression sur les places disponibles dans l'église mère. St. Patrick devient néanmoins une paroisse érigée civilement en 1866 après un long débat entre les sulpiciens, Mgr Bourget, évêque de Montréal, et les paroissiens.

Avec son unique clocher en façade et sa large nef coiffée d'une seule toiture, l'église St. Patrick témoigne d'un type architectural très répandu au Québec.

Située au sommet d'un coteau, l'église St. Patrick dominait la basse-ville de Montréal. (BNQ, fonds Massicotte)

C'est en vue de la construction de cette église que la fabrique de Notre-Dame de Montréal prend possession, en 1843, d'un site au coin des rues Saint-Alexandre et De La Gauchetière. Sur cette propriété se dresse la demeure cossue de Pierre Rastel de Rocheblave. Un an après son décès en 1845, le gouvernement propose d'y établir la résidence du gouverneur général; cette idée donne lieu à quelques projets urbains d'importance, dont la percée de la rue McGill jusqu'à la rencontre de la rue De La Gauchetière et la création d'une place publique le long de ce nouvel axe, au coin de la rue Saint-Antoine.

Le choix de ce site pour ériger l'église St. Patrick découle de ces projets urbains et témoigne de la volonté des sulpiciens de bien mettre en évidence le monument. Au lieu de suivre les limites du lot, on veut situer l'église en fonction d'une perspective qui viendrait dégager sa façade vers le fleuve Saint-Laurent. Même si cette percée n'a pas été réalisée, l'édifice est quand même bien présent dans le paysage montréalais des années 1850, étant placé au sommet d'un coteau.

Contrairement à l'usage qui voulait, tant chez les catholiques que chez les protestants, qu'une église soit «orientée», c'est-à-dire que son chevet se tourne vers l'est (l'orient), les sulpiciens proposent une orientation du chevet vers le nord-ouest afin que la façade puisse dominer la basse-ville. C'est aussi pour créer un effet d'urbanisme que l'église Notre-Dame a été réalignée lors de sa reconstruction à partir de 1826: elle règne sur la place d'Armes tout en dressant son imposante façade vers les hauteurs du mont Royal.

Il ne fait donc pas de doute que le choix du site et l'implantation de l'église St. Patrick sont le fait d'une volonté de bien démarquer ce nouveau lieu de culte catholique des églises protestantes voisines, toutes plus ou moins orientées à l'est. Ce n'est que plus tard que la percée du boulevard Dorchester (aujourd'hui boulevard René-Lévesque) vient en quelque sorte marginaliser le site de l'église St. Patrick.

Une nef divisée en trois vaisseaux et qui se referme sur un chœur plus étroit, dans la tradition des églises québécoises.

L'ornementation de style néo-gothique a été réalisée en 1861-1862.

Une architecture néo-gothique

En mai 1843, Mgr Bourget autorise les sulpiciens à construire un bâtiment d'environ 60 mètres sur 30. Mais dès le début des travaux, en septembre de la même année, le supérieur de Saint-Sulpice demande à l'architecte de porter les dimensions à quelque 77 mètres sur 35 et d'ajouter un clocher. Les travaux de construction se poursuivent jusqu'en 1847; le 17 mars, jour de la fête de saint Patrick, la nouvelle église est ouverte au culte.

Deux architectes français dressent les plans du bâtiment. On signale d'abord Pierre-Louis Morin (1811-1886), arpenteur-géomètre et auteur des plans de quelques édifices dont l'ancien collège des frères des Écoles chrétiennes de Montréal (1839), le manoir Masson à Terrebonne (1848) l'ancien collège-séminaire de Saint-Hyacinthe (1849) et plusieurs églises. Morin doit être surtout considéré comme le responsable de l'implantation de l'église St. Patrick sur son site et le surveillant du chantier.

La paternité de l'expression formelle du bâtiment revient au jésuite Félix Martin (1804-1886). Arrivé à Montréal en 1842 pour restaurer la Compagnie de Jésus au Canada, il devient supérieur du collège Sainte-Marie et livre à l'occasion des plans de bâtiments. Professeur de dessin dès 1820, Félix Martin est initié à l'architecture par son frère Arthur, jésuite spécialisé dans la restauration d'églises gothiques en France.

Pour construire la nouvelle église St. Patrick, le sulpicien Joseph-Vincent Quiblier écrit d'abord à l'architecte Augustus Welby Pugin (1812-1852), théoricien du mouvement néo-gothique anglais. Il lui demande s'il peut fournir les plans d'une église, en soulignant que «la sévérité du climat et l'abondance de la neige de nos longs hivers ne permettent pas d'ornements extérieurs [sic] à l'exception de quelques cordons peu saillants.» On ne connaît pas la réponse de Pugin, mais, chose certaine, l'église ne lui est redevable en rien sur le plan formel. Pour les Anglais, les modèles à citer dans des compositions architecturales sont plutôt les églises des XIVe et XVe siècles caractérisées par une absence de symétrie, un plan construit en fonction des besoins dans l'espace, amenant une distinction franchement affirmée par les toitures de la nef, du chœur et le volume du clocher. Le tout crée évidemment une silhouette on ne peut plus pittoresque.

Au Québec, Félix Martin et Pierre-Louis Morin représentent l'école de pensée française en matière d'architecture néo-gothique, opposée aux idées de Pugin et de la Ecclesiological Society qui les diffuse. En France, le débat sur le style néo-gothique est lancé en 1834 lorsqu'il est question de construire une nouvelle église à Nantes. Le curé de la paroisse choisit le «véritable style chrétien» et l'architecte Louis-Alexandre Piel compose un projet de style gothique français du XIIIe siècle. Peu de temps après, les travaux de restauration d'Eugène-Emmanuel Viollet-le-Duc viennent confirmer la valeur symbolique nationale de l'architecture gothique de cette époque. Félix Martin est à Vannes, non loin de Nantes, lorsque ce débat s'amorce et c'est évidemment le classicisme et la symétrie du style néo-gothique français qu'il privilégie lorsqu'il arrive au Québec.

D'ailleurs Mgr Bourget, grand amateur d'architecture gothique, utilise le talent du jésuite pour implanter ce style au Québec, permettant de bien distinguer les églises catholiques des protestantes. On comprend alors que la requête adressée à Pugin n'est pas de nature à convenir à Mgr Bourget et que, quelle que soit la réponse, elle n'a pas eu de suite. L'église St. Patrick est en effet un monument inspiré par des sources «catholiques». De façon générale, les projets et plans du jésuite ressemblent à l'architecture néo-gothique qui se développe en France vers 1850, ce qui permet d'identifier l'architecte comme un précurseur dans le style néo-gothique français.

La difficulté majeure à laquelle Félix Martin doit faire face est l'habitude, développée au Québec, de couvrir les trois nefs des églises d'une seule toiture, ce qui supprime l'étage de la claire-voie (fenêtres hautes) et les bas-côtés. Au Québec comme dans plusieurs régions nordiques, le froid suggère cette simplification du plan. Rien d'étonnant donc à ce que le père Martin prenne modèle

L'image actuelle du décor intérieur résulte des travaux effectués à la fin du XIXe siècle.

La chaire et son dais richement ouvragé.

sur une église allemande, peut-être la Mariahilfkirche, construite à Munich de 1831 à 1839 par l'architecte Joseph-Daniel Ohlmüller. Ce monument propose une reprise des «hallekirche», églises à trois nefs sans fenêtres hautes. Le décor de la façade, des longs-pans et le mode d'implantation de son clocher sont aussi à rapprocher de l'œuvre montréalaise des architectes Morin et Martin.

Mais la nécessaire simplicité invoquée par le sulpicien Quiblier nous rapproche aussi des quelques exemples nord-américains, notamment la St. John's Church construite à Bangor dans l'État du Maine d'après les plans de l'architecte Richard Upjohn, de 1836 à 1839. Cette église, qui à l'époque a établi la notoriété de son architecte, est à rapprocher de l'église St. Patrick à cause de la composition d'ensemble de la façade et en particulier du clocher et de la flèche.

De tout ceci, on doit conclure que l'église St. Patrick exige de ses concepteurs un exercice de mise en forme assez important. En définitive, il leur revient de proposer un style néo-gothique plus catholique que protestant, plus francophone qu'anglophone et qui, de surcroît, puisse habiller un type architectural déjà inscrit dans les habitudes au Québec. En effet, l'ornementation de l'église St. Patrick fait appel au vocabulaire gothique; la forme essentielle du bâtiment est déjà bien connue au Québec: large nef recouverte d'une seule toiture et divisée en trois vaisseaux qui se referme sur un chœur plus étroit et tour centrale inscrite dans le plan de la façade.

En fait, en apposant une définition stylistique nouvelle sur une forme d'église bien connue, les architectes impriment le renouveau dans la continuité, ce qui à l'époque est la seule voie acceptable à l'Église canadienne. C'est cette volonté de continuité qui explique que les autorités religieuses exigent de Félix Martin qu'il ajoute une tour en façade, lui qui n'en a pas prévu sur les premiers plans.

Le parachèvement de l'intérieur

Lorsqu'elle est ouverte au culte en 1847, l'église St. Patrick n'est qu'une coquille. À l'intérieur, on retrouve les colonnes qui supportent des fausses voûtes, sans plus. En 1848, Victor Bourgeau érige une galerie à l'arrière et installe une première chaire. C'est le premier chantier où apparaît celui qui deviendra l'un des architectes les plus en vue de Montréal, et encore en tant qu'ouvrier. Il a participé au chantier de Notre-Dame de Montréal puis collaboré avec Pierre-Louis Morin dans plusieurs projets des sulpiciens. C'est en 1851 que la carrière de Bourgeau est lancée par un projet majeur: la construction de l'église Saint-Pierre-Apôtre dans l'Est de Montréal.

Un premier décor intérieur se développe dans l'église St. Patrick en 1861-1862. On en attribue la paternité à Mgr Philibert, grand vicaire de l'archevêché de Toronto. De cette campagne de travaux exécutée par les entrepreneurs Perreault, Paré et Ouellet de Montréal, il subsiste peu de choses sauf les autels et l'ornementation du chœur. Cet intérieur néo-gothique surprend les Montréalais, habitués à la sobriété de ce style lorsqu'il est utilisé dans des églises protestantes. Il préfigure en quelque sorte le réaménagement de l'intérieur de la basilique Notre-Dame, entrepris d'après les plans de Victor Bourgeau en 1872.

L'intérieur actuel résulte pour une large part d'une campagne de travaux amorcée en 1893 et qui s'échelonne sur près de dix ans. D'après les plans de l'architecte William E. Doran et les dessins de Alex S. Locke, l'intérieur est doté de verrières, d'un nouveau mobilier (dont la chaire et les bancs), rehaussé de lambris sculptés, de tableaux peints sur toile et les surfaces murales sont peintes à l'aide de pochoirs. L'édifice est redécoré d'après les plans de Guido Nincheri en 1922, mais l'esthétique des années 1900 survit à travers cette campagne de travaux.

Classée monument historique en 1985, l'église St. Patrick vient d'être restaurée. Elle est un peu isolée sur son site depuis que des démolitions ont fait disparaître le complexe institutionnel que les Irlandais catholiques avaient érigé sur l'îlot. Écrasée par la proximité des édifices voisins, la façade de l'église ancienne, qui autrefois dominait un jardin aménagé en paliers, dresse aujourd'hui sa silhouette sur un terrain de stationnement.

Luc Noppen, historien de l'architecture

GIGUÈRE, Georges-Émile. «Martin, Félix». *Dictionnaire biographique du Canada. Volume XI, de 1881 à 1890.* Québec, Presses de l'Université Laval, 1982: 649-651.

HUDON, Michel. *Église Saint-Patrice. Histoire, relevé et analyse.* Montréal, ministère des Affaires culturelles, 1978. N.p.

Église du Gesù de Montréal

Montréal
1200-1202, rue De Bleury

Fonction: religieuse
Reconnue monument historique en 1975

L'église du Gesù (en français du Jésus), appelée ainsi en rappel de la principale église des jésuites à Rome, n'est pas une église paroissiale. Il s'agit à la fois d'une ancienne chapelle de collège, de la chapelle des jésuites et d'un lieu de dévotion. Sa reconnaissance comme monument historique en 1975 en a empêché la démolition.

Par contre, le collège Sainte-Marie, qui lui était adjacent, n'a pas échappé au pic des démolisseurs, si bien que cette église du troisième tiers du XIXe siècle semble constituer une incongruité sur la rue De Bleury. Bien qu'il n'ait jamais été terminé, le temple a une histoire des plus intéressantes.

Un lieu de dévotion

Expulsés de la colonie par les autorités britanniques après la Conquête, les jésuites ne reviennent à Montréal qu'en 1842, à l'invitation de Mgr Ignace Bourget, évêque de Montréal. En 1846, ils s'installent rue Dorchester (aujourd'hui boulevard René-Lévesque) sur un terrain qu'ils ont acquis de John Donegani. Leur objectif est de construire un collège destiné à l'enseignement des garçons. Ce bâtiment de style classique, élevé sur une colline (d'après les plans du jésuite Félix Martin), fait face à ce qui est alors la ville, son entrée principale s'ouvrant sur Dorchester.

Un peu moins de vingt ans après l'inauguration du collège, Mgr Bourget demande aux jésuites de bâtir une chapelle publique qui honorerait le Sacré-Cœur de Jésus, dévotion connaissant un développement considérable chez les catholiques francophones à cette époque. Pour amasser les fonds nécessaires à la construction, un comité de souscription est formé; il publie chez John Lovell en 1864 un *Appel aux catholiques de Montréal pour l'érection d'une église*. La souscription ne tarde pas à porter ses fruits.

Les travaux débutent la même année sur un terrain contigu au collège, donné par Olivier Berthelet et son gendre Alfred Larocque. Le matériau choisi est la pierre grise de Montréal laquelle, taillée suivant différentes techniques, peut donner au bâtiment les reliefs qui marquent son appartenance au siècle de la reine Victoria.

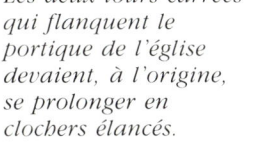

Les deux tours carrées qui flanquent le portique de l'église devaient, à l'origine, se prolonger en clochers élancés.

Un plan original

Le chroniqueur du *Courrier du Canada* la décrit de la façon suivante, après son inauguration, le 6 décembre 1865: «Le Gesu est un vaisseau de 194 pieds de long sur une largeur moyenne de 96 [...] Le style est le romain plein cintre, colonnes composites, s'épanouissant aux chapiteaux sous une légère dorure. Tout l'édifice, du pied jusqu'au sommet, y compris les vitraux, est décoré au pinceau en grisailles imitant ou complétant les reliefs de la partie plastique. Dans les voûtes, au milieu des lignes d'un gracieux un peu sévère, qui forment l'encadrement des panneaux circulaires, sont jetées les fresques proprement dites.»

Ce vaste bâtiment typique des années 1860 est aussi décrit par les auteurs de *L'Album des églises de la Province de Québec* comme étant «du genre grec de la Renaissance et de l'espèce particulière que l'on appelle florentin», preuve que les amateurs d'architecture du siècle précédent accordent une grande importance à l'imitation des formes créées par le passé, qu'il soit grec, romain ou renaissant.

Aujourd'hui, les observateurs semblent toutefois davantage impressionnés par le plan général du bâtiment qui, après une très courte nef, s'épanouit en un chœur qui permet la circulation de plusieurs cocélébrants lors de cérémonies somptuaires. Ce chœur était directement relié au collège qui logeait les prêtres et les élèves. La prédication étant l'un des éléments importants de l'apostolat jésuite, l'architecte a pris grand soin de placer la chaire en un endroit stratégique.

La nef comporte cinq arcades créant des bas-côtés de plus de 4 mètres s'ouvrant sur des chapelles latérales destinées aux membres de la communauté. En élévation, on remarque par l'observation des parois latérales l'étagement en trois sections créant la hauteur et l'amplitude de la voûte décorée de fresques. Même si cette voûte atteint près de 23 mètres de hauteur, l'église reste sombre.

Le projet originel semblait nettement plus ambitieux. Il est discuté abondamment en 1864 dans un échange de lettres entre Mgr Bourget et le père Rémi Tellier, supérieur des jésuites installé à New York. Il semble qu'on ait d'abord projeté de construire une version montréalaise du Gesù de Rome. En outre, le bâtiment devait avoir une longueur totale de quelque 68 mètres, ce qui

Les murs et la voûte des chapelles latérales s'ornent de fresques et de motifs décoratifs en trompe-l'œil.

L'église du Gesù et le collège Sainte-Marie au début du siècle. (MAC)

Au-dessus de l'impressionnant maître-autel, des fresques peintes en grisaille représentant des scènes de la vie du Christ.

La nef comporte cinq arcades créant des bas-côtés qui s'ouvrent sur des chapelles latérales.

allait à l'encontre des vues des sulpiciens qui voyaient ses dimensions réduites d'une dizaine de mètres pour éviter toute concurrence avec d'autres bâtiments religieux construits à Montréal sous leur direction, dont l'église St. Patrick, érigée à proximité.

On met un certain temps à déterminer l'orientation exacte de l'église, qui en vient finalement à s'ouvrir sur la rue De Bleury par un portique imposant à six arches surmontées d'un fronton triangulaire et flanqué de deux tours placées à la diagonale. Le projet originel prévoyait que ces éléments très massifs, dont seuls les deux premiers étages ont été construits, seraient prolongés de clochers jumeaux comportant trois étages au-delà de la base du fronton et donnant au bâtiment une imposante verticalité.

Henri Giroux décrit la façade de l'église en 1869: «Le portail a quelque chose de grave et de sévère qui n'exclut pas toutefois d'autres qualités. Les arcades massives de la base et des premières assises des tours ne servent qu'à faire ressortir l'élégance des clochers octogones qui les surmontent. La façade a 125 pieds de largeur, et les croix des clochers seront à 200 pieds de hauteur.» Il est évident que les formes choisies pour la construction de cette église ont peu à voir avec l'église du Gesù de Rome, bien que la commande originelle ait pu le prévoir.

L'architecte irlandais Patrick C. Keeley (1816-1896), à qui l'on passe la commande, émigre aux États-Unis en 1841 pour s'installer à Brooklyn et faire de la conception d'églises sa spécialité. Les historiens américains de l'architecture lui attribuent plus de 500 églises construites dans le Nord-Est de l'Amérique du Nord, principalement dans l'État de New York et en Nouvelle-Angleterre.

Malgré le décor intérieur inachevé, on procède à la bénédiction de l'église du Gesù en 1865. Ce décor est conçu en fonction d'un programme iconographique typiquement jésuite dont la vie du Christ semble être le thème majeur. Les fresques sont, d'après les chroniqueurs de l'époque, des copies de l'école allemande de Düsseldorf, exécutées par Müller, peintre originaire de New York.

Autour du monogramme jésuite se retrouvent aussi les grandes figures de la Compagnie, dont saint Louis de Gonzague recevant la communion pour la première fois de la main de saint Charles Borromée et saint Stanislas Kostka qui, lui, reçoit l'Eucharistie de la main d'un ange. Deux tableaux de moindres dimensions placés dans les chapelles de la Vierge et de saint Joseph représentent la Sainte Famille et la Fuite en Égypte; ils ont été commandés à Rome.

Les amateurs de théâtre se rappelleront que c'est au sous-sol de ce bâtiment religieux que se produisaient certaines troupes canadiennes de théâtre au cours des années 1950-1960. La partie inférieure du temple, aménagée en auditorium, s'ouvrait alors sous le portique de l'église, rue De Bleury. Des comédiens et des troupes célèbres, dont les Compagnons de Saint-Laurent du père Legault et le TNM foulèrent la scène du théâtre du Gesù. Cette scène a aussi servi de tribune aux plus grands orateurs du Québec. La salle est maintenant fermée et on projette de la restaurer.

Raymonde Gauthier, historienne de l'art

Collège Ste. Marie et Église du Gesù. St. Mary's College and Church of the Gesu. Montréal, Compagnie d'Imprimerie canadienne, 1876.

PINARD, Guy. *Montréal, son histoire, son architecture. Tome 1.* Montréal, Les Éditions La Presse, 1988: 47-53.

Église Unie St. James

Montréal
463, rue Sainte-Catherine Ouest

Fonction: religieuse
Classée monument historique en 1980

L'église Unie St. James fut longtemps l'un des points de mire de la rue Sainte-Catherine. L'emplacement sur lequel elle s'élève faisait jadis partie d'un quadrilatère borné par les rues City Councillors, Mayor, Saint-Alexandre et Sainte-Catherine, propriété de Sir Hugh Allan. Aujourd'hui, l'église est dissimulée par un bâtiment commercial de trois étages dont la façade donne sur la rue Sainte-Catherine.

Un temple méthodiste

Les premiers méthodistes arrivent probablement à Montréal avec les immigrants loyalistes, réfugiés au Canada peu après la proclamation de l'indépendance américaine en 1776. Après la construction de deux chapelles, l'une en 1807 et l'autre en 1821, toutes deux vendues par la suite, on inaugure le 25 juillet 1845 la première église St. James, rue Saint-Jacques, édifiée selon les plans de George Dickinson.

Le 3 août 1886, les méthodistes achètent à la compagnie du Canadien Pacifique un terrain situé rue Sainte-Catherine, dans l'intention d'y faire construire un nouveau temple. Ils en confient la conception à l'architecte montréalais Alexander Dunlop (1842-1923), qui exerce dans sa ville natale depuis 1874. Dunlop, qui a étudié à Montréal et à Détroit, est surtout connu pour ses plans de résidences et d'écoles, mais on lui doit aussi l'ancien Queen's Hotel (devenu le Château Renaissance), rue Peel, la brasserie Eker, rue Saint-Laurent, et le pavillon du club de golf d'Outremont.

Des plans modifiés, prévoyant 2 000 places assises, sont approuvés le 19 octobre 1886. Le marché est donné à J.W. Hutchison, pour la maçonnerie, et à G. Pallascio pour la menuiserie. Le plâtrage, la toiture ainsi que la peinture et le vitrage reviennent respectivement à Thomas Phillips, G.W. Reed et J. Murphy. Robert Finlay, désigné comme coordonnateur des travaux, jouera un rôle de première importance dans la décoration intérieure de l'église. Le 11 juin 1887, a lieu la pose de la première pierre.

L'église St. James au début du siècle. (ANQ-Q)

La façade de l'église est masquée par un immeuble commercial érigé en 1926.

Dès l'automne 1888, la salle de rassemblement est ouverte aux fidèles. Elle occupe la partie nord de l'édifice et peut accueillir 1 000 personnes. En mai 1889, le comité chargé de la construction conclut avec James Thompson un contrat concernant la fabrication d'une chaire, d'un canapé, de deux fauteuils et d'une table de communion en cerisier. Le 16 juin 1889 a lieu l'ouverture officielle de la plus grande église méthodiste au Canada. En juillet 1925, les Églises méthodiste, presbytérienne et congrégationaliste s'uniront pour former l'Église Unie du Canada. L'église méthodiste St. James deviendra alors l'église Unie St. James.

Une structure gothique

Cette église flanquée de deux tours et datant de la fin de l'époque victorienne, s'apparente par sa composition architecturale aux cathédrales gothiques françaises. La façade ouest comprend trois portes surmontées d'une rose. Un toit à forte pente recouvre la nef et le petit transept. Le mur est,

L'édifice rappelle les cathédrales gothiques françaises. (CUM)

Autour des grandes orgues, les lambris en cerisier, les motifs sculptés et les plâtres portent la marque d'une grande minutie.

de forme polygonale, rappelant les absides des églises catholiques romaines, est surmonté de deux petites tours.

Son revêtement en grès rouge non dressé, tiré d'une carrière de Credit Valley, et ses pierres d'angle et garnitures de portes et fenêtres en grès uni, rouge et vert (le vert provenant de la baie des Chaleurs), lui confèrent un caractère typiquement nord-américain. Les assises et les escaliers sont faits de calcaire provenant de la région avoisinante.

L'élément le plus recherché de l'édifice est sa façade principale qui donne sur la rue Sainte-Catherine Ouest et qui se trouve aujourd'hui masquée par un immeuble commercial. Les deux tours qui flanquent la partie centrale de la façade sont richement ornementées de pierre ouvrée (les pinacles qui les couronnaient ont été enlevés). Les clochers, asymétriques et de hauteur différente (l'un d'environ 43 mètres, l'autre de 61 mètres), sont tous deux coiffés d'une flèche en bois. Le moins élevé des deux donne l'impression d'un gigantesque pinacle soutenu par six arcs-boutants.

La façade impressionne aussi par sa grande rose (de 7 mètres de diamètre) à remplage, surmontant une frise richement ornée de rinceaux. Cette rose remplit une fonction purement décorative, puisqu'elle sert tout simplement à accentuer la hauteur de l'édifice. La rose se trouvant au-dessus du plafond voûté, l'architecte a dû prévoir, comme source de lumière naturelle, un autre vitrail, à trois baies, qu'il a disposé beaucoup plus bas dans la nef. Les fenêtres originelles, garnies de verre teinté, ont été remplacées systématiquement par des vitraux illustrant des thèmes variés et réalisés suivant des techniques différentes.

Les contreforts – l'un des éléments caractéristiques des structures gothiques – prennent ici la forme de pilastres étroits à faible ressaut, ménagés de distance en distance. Mais ces pilastres servent de colonnes plutôt que de contreforts, puisque les fermes du toit (des fermes en bois, en forme de ciseaux) neutralisent toute poussée vers l'extérieur.

L'intérieur

L'intérieur de l'église allie un caractère «gothique victorien» à un agencement rappelant celui d'un auditorium. L'aménagement du rez-de-chaussée et de la galerie s'inspire du plan Akron, utilisé pour la première fois dans cette ville de l'Ohio et que les méthodistes, les presbytériens et les baptistes adoptent pendant la seconde moitié du XIXe siècle.

Au rez-de-chaussée, les sièges sont disposés en ovale, suivant un agencement caractéristique des salles de théâtre; de minces colonnes en fonte soutiennent la galerie en forme de «U». La table d'autel, la chaire, l'emplacement réservé à la chorale et à l'orgue (installé en 1891) s'étagent au centre de l'église. À l'origine, un puits de lumière situé au-dessus de l'orgue éclairait l'ensemble (il est aujourd'hui entièrement obstrué).

Le plafond voûté se compose d'une charpente en bois plâtrée, suspendue aux solives du toit. Ce plan n'est toutefois pas conforme au modèle gothique, qui comprend normalement trois voûtes (une grande et deux petites). L'édifice présente une autre irrégularité par rapport au type gothique: l'absence de colonnes qui servent normalement à supporter les voûtes. Par ailleurs, le transept, bien qu'il constitue un élément important de la charpente du toit, n'est pas du tout accentué à l'intérieur. Seuls les trois splendides vitraux qui parent chacun des murs-pignons soulignent son existence. Malheureusement, la galerie vient couper ces vitraux, ce qui atténue leur caractère grandiose.

Les boiseries (en cerisier) des portes, tout comme les lambris du vestibule et ceux qui entourent l'autel, et, en particulier, les sculptures qui ornent la table d'autel et la chaire, témoignent d'un travail soigné. Les plâtres, notamment les rinceaux qui décorent les encorbellements et l'ornementation des voûtes, portent également la marque d'une grande minutie.

La partie est de l'église, qui s'élève sur trois étages, abrite la salle de rassemblement, les bureaux et les locaux affectés aux services utilitaires. La salle, située au rez-de-chaussée et haute de deux étages, devait à l'origine accueillir 1 000 personnes. En 1937 cependant, par suite de transformations majeures subies à la partie est de l'édifice, elle est réduite de moitié et l'actuel balcon intérieur est déplacé vers l'avant. L'espace restant est réaménagé afin d'abriter une nouvelle salle de thé, une cuisinette et quelques bureaux. On ajoute aussi des sorties sur un côté de la salle et au sous-sol.

L'intérieur de l'église est aménagé comme un auditorium.

Un obstacle visuel

Dans les années 1920, la corporation de l'Église St. James commence à connaître de sérieux problèmes financiers. C'est pour parer à cette situation qu'en 1926, la corporation décide de louer une partie de son terrain en bordure de la rue Sainte-Catherine. À cet effet, elle consent un bail de 30 ans à J.C. Asch, de Ste Catherine Realties. La même année, un bâtiment modeste, dessiné par l'architecte montréalais Frank Peden, est construit sur le terrain en question. La corporation s'en portera acquéreur en 1938.

Cet immeuble commercial en forme de «U» s'élève devant la façade principale de l'église, de sorte que celle-ci est complètement invisible de la rue. Seules les deux tours peuvent être aperçues de loin. Le bâtiment de trois étages est constitué d'une charpente en béton revêtue de brique rouge foncé. L'architecte Peden y a créé un porche à deux étages qui donne accès, depuis la rue Sainte-Catherine, à l'église aussi bien qu'aux bureaux. La vocation particulière de ce porche-narthex est accentuée par son architecture. Celui qui a dessiné ce porche s'est fort probablement inspiré de la façade de l'église.

Ce bâtiment, construit pour parer temporairement aux difficultés financières de la corporation, devient cependant pour elle une source permanente de revenus, sans laquelle il lui serait extrêmement difficile de survivre. Seule une nouvelle source de revenus lui permettrait de «dégager» l'élégante façade de l'église Unie St. James.

Ewa M. Charowska, aménagiste

Cathédrale Christ Church

Montréal
635, rue Sainte-Catherine Ouest

Fonction: religieuse
Classée monument historique en 1988

Au cœur de la trépidation du centre-ville, la cathédrale anglicane de Montréal témoigne, sur le plan formel, de l'idéologie ecclésiastique du XIXe siècle, tout en constituant sur le plan architectural un exemple unique de l'évolution des techniques de construction et d'ingénierie au XXe siècle.

Un temple anglican

Établies à Montréal depuis 1760, les différentes communautés protestantes partagent d'abord, pour l'exercice de leur culte, d'anciennes chapelles catholiques. Mais, en 1803, la communauté anglicane obtient enfin l'exclusivité d'une église. Par la suite, elle fait construire sur la rue Notre-Dame un temple de modèle palladien, incendié en 1856. C'est l'église actuelle, érigée de 1857 à 1859, qui le remplacera. Elle ressemble à la cathédrale de Fredericton, au Nouveau-Brunswick, construite sur le modèle des églises gothiques de la campagne anglaise du XIVe siècle.

L'architecte britannique Frank Wills (1882-1856), créateur de la cathédrale de Fredericton, dresse les plans de celle de Montréal, recherchant une certaine spiritualité qu'il traduit par un modèle à plan cruciforme avec une tour carrée à la croisée du transept. Lorsqu'il meurt avant le début des travaux, un compatriote établi à Montréal depuis peu, Thomas Scott (1826-1895), poursuit sa tâche.

Construite au milieu du XIXe siècle, la cathédrale s'élevait alors en pleine campagne. (ANQ-Q)

La cathédrale est aujourd'hui encerclée de toutes parts par des immeubles modernes. (MAC)

Le portail à trois arcs ogivaux, la lourde porte en chêne peinte à deux battants, les bas-côtés appuyés de contreforts et éclairés de fenêtres ogivales, les œils-de-bœuf de la haute nef centrale de même que le chevet plat percé d'une très haute fenêtre en ogive garnie des cinq plus vieux vitraux de l'église sont déjà les éléments distinctifs de ce monument lorsqu'il est ouvert au culte en novembre 1859 et consacré huit ans plus tard. Avec son passage couvert la reliant à la maison du chapitre de forme octogonale et sa flèche d'environ 75 mètres, la deuxième plus haute au Canada, la cathédrale a déjà l'apparence qu'on lui connaît aujourd'hui.

Son architecture subit cependant quelques modifications au fil du temps. L'événement majeur à ce niveau reste sans conteste l'enlèvement en 1927 de la flèche par les architectes montréalais George A. Ross et Robert H. Macdonald. Faite en pierre, son poids excessif d'environ 1750 tonnes entraîne l'affaissement de la tour. Les mêmes architectes la reconstruisent semblable treize ans plus tard, mais avec une technique innovatrice: sur une structure d'acier, on rive des plaques d'aluminium oxydées puis moulées pour imiter la pierre.

D'autre part, le choix de la pierre grise de Montréal comme matériau pour les murs porteurs correspond à l'esprit d'une église inscrite dans son milieu. Tant à l'extérieur qu'à l'intérieur, l'ornementation est sculptée sur une pierre de teinte claire contrastante, la pierre de Caen. Ce matériau friable est aujourd'hui remplacé en quelques endroits par une pierre légèrement jaunâtre importée de l'Indiana. Les toits de l'église et de la maison du chapitre présentent le vert gris caractéristique du cuivre oxydé qui les recouvre depuis 1961.

L'aménagement intérieur

L'aménagement intérieur et l'enrichissement du décor portent aussi la signature de différents architectes et artisans tandis que les systèmes de chauffage et d'éclairage

La cathédrale telle qu'elle apparaissait vers 1860. (De Volpi et Winkworth)

Vue intérieure vers l'arrière montrant la haute nef préservée dans son état originel.

La chapelle des fonts baptismaux.

L'édifice sur pilotis lors des travaux de consolidation réalisés en 1987. (MAC)

et l'acoustique suivent la modernisation des techniques. Depuis 1979, l'architecte de Kingston, Neil MacLennan (qui a déjà restauré une centaine d'églises), travaille à réarticuler l'ensemble de l'aménagement. En 1980, il crée un vestibule sous la galerie aménagée pour installer l'orgue fabriqué par Karl Wilhem de Mont-Saint-Hilaire et fait repeindre le crépi des murs intérieurs et refaire le recouvrement des planchers. La haute nef, séparée des bas-côtés par sept colonnes à chapiteaux inspirés de la flore locale et cantonnée de piliers représentant les évangélistes, est demeurée intacte depuis la construction de l'église. La décoration des plafonds à caissons aux symboles liturgiques constitue une partie de l'intervention faite en 1906 par l'architecte Percy E. Nobbs de l'Université McGill.

Un autre architecte de McGill, Philipp Turner, aménage en 1940 la chapelle des enfants dans l'ancienne entrée du côté sud. En 1985, Neil MacLennan permute les chapelles situées dans les bras du transept, celle des fonts baptismaux et celle consacrée à saint Jean de Jérusalem, exécutée par Percy E. Nobbs en 1940. La table de communion de 1906 en marbre rouge entre le chœur et le sanctuaire est également l'œuvre de Nobbs. Sous la fenêtre à l'est, au fond du sanctuaire, un retable en pierre de Caen, réalisé à Londres en 1923, porte désormais les noms des disparus des deux guerres mondiales.

La cathédrale anglicane Christ Church attire toujours l'attention dans le paysage urbain montréalais. Sa plus récente manifestation publique remonte à 1987 lorsqu'elle est maintenue sur pilotis pendant quelques mois, afin d'effectuer des travaux de consolidation de l'édifice. Sous elle et autour d'elle, le paysage a changé. Construite au milieu du XIXe siècle à la campagne, la cathédrale anglicane habite maintenant la grand-ville et les façades modernes encadrent sa silhouette plus que centenaire.

Diane Archambault, historienne de l'art

ADAMS, Frank D. *A History of Christ Church Cathedral*. Montréal, [s.n.], 1941.

ARCHAMBAULT-MALOUIN, Diane. *Évolution architecturale de la Christ Church de Montréal*. Montréal, ministère des Affaires culturelles, 1989.

MACDERMOT, H.E. *Christ Church of Montreal. A Century in Retrospect*. Montréal, [s.n.], 1959.

Monument National

Montréal
1166 à 1182, boulevard Saint-Laurent

Fonction: culturelle et scolaire
Classé monument historique en 1976

L'importance historique du Monument National se comprend d'abord par l'ambition du projet de la Société Saint-Jean-Baptiste (SSJB). Au cours des années 1880, la Société (née en 1834) focalise dans cette construction les aspirations multiples de son nationalisme. Ainsi, le Monument National doit tout autant remettre en valeur l'histoire du Canada français qu'être dorénavant la tribune du patriotisme. Il doit aussi servir de point de ralliement et de coordination à toutes les sociétés régionales. Autrement dit, l'intention est d'en faire un centre de rayonnement de l'Amérique française.

À une échelle locale, le Monument doit combler les lacunes des installations de la communauté francophone de Montréal. Il doit offrir des lieux de réunion aux sociétés de secours mutuelles ainsi qu'aux associations scientifiques, commerciales et ouvrières. La location d'espaces commerciaux au rez-de-chaussée doit assurer des revenus à la Société.

Une longue gestation

Ce projet complexe nécessite des capitaux bien supérieurs aux ressources dont dispose la SSJB. L'effervescence qu'il suscite finit cependant par se répandre dans toute la population. En effet, une grande partie des fonds provient de dons populaires et de souscriptions en actions et en obligations. On crée également des entreprises originales comme la Loterie de la province de Québec, des tombolas ou encore des conférences comme celle tenue au parc Sohmer le 4 avril 1893 où près de 6 000 personnes viennent entendre Honoré Mercier. Malgré ces revenus et les subventions, les problèmes financiers ne se résorbent qu'en 1898, bien après l'inauguration en 1893, grâce à un emprunt auprès de l'Ordre des forestiers.

La critique a parfois jugé très sévèrement l'originalité du projet pour lequel deux bureaux d'architectes se sont succédé et ont déposé pas moins de trois versions différentes. Une première esquisse est réalisée par Jean-Baptiste Resther et son fils, en fonction du site acquis par la SSJB au coin des rues Gosford et Craig. Resther est alors vice-président de la Société. Lors des cérémonies de la Saint-Jean-Baptiste, le 24 juin 1884, la population est invitée à la pose de la pierre angulaire. La façade de style néo-Renaissance ne nous est que sommairement connue. La statue de saint Jean-Baptiste, des inscriptions comme «rallions-nous» et «1834, 50ème, 1884» ainsi qu'un balcon pour les orateurs faisant face au Champ-de-Mars symbolisent littéralement les visées nationalistes de la Société.

Ce projet ne connaît cependant pas de suite. Il faut attendre cinq ans pour qu'il soit relancé grâce au dynamisme de Louis-Olivier David que l'on considère comme le père du Monument National. À la suite d'un concours sur invitation, les architectes Perrault et Mesnard sont choisis pour finaliser les plans de l'édifice. Dans son édition du 4 octobre 1890, *Le Monde illustré* en montre les élévations et une coupe. Le style roman, qui rappelle la manière de Henry H. Richardson, témoigne de l'attrait chez ces architectes pour les courants américains. Mais le site des rues Craig et Gosford est abandonné peu après. Déjà, à cette période, on craint qu'en dehors des heures d'ouverture, l'absence d'activité dans ce quartier d'affaires ne nuise aux objectifs de l'entreprise. La SSJB fait donc l'acquisition, le 21 mai 1892, de la propriété Wurtele située sur le boulevard Saint-Laurent.

La façade

La conception de l'édifice est nécessairement modifiée, mais les principes restent les mêmes. Comme dans le projet antérieur, Perrault et Mesnard, maintenant associés à leur ancien employé Joseph Venne, ont prévu tout un décor de statues, tableaux, bustes, écussons et inscriptions pour célébrer l'histoire nationale. En façade, les nombreuses niches et les tables sont restées vides depuis, sans compter les nombreux détails qui n'ont jamais été réalisés. L'élévation publiée dans des journaux montre par exemple des frontons au-dessus du troisième registre de fenêtres et dans la partie supérieure, deux logettes coiffées de dômes... qui n'ont jamais vu le jour.

Bien qu'elle soit inachevée, la façade traduit admirablement l'éclectisme de cette fin de siècle. Comme en témoignent les frontons et les pilastres, c'est le style Renaissance

La façade sur le boulevard Saint-Laurent.

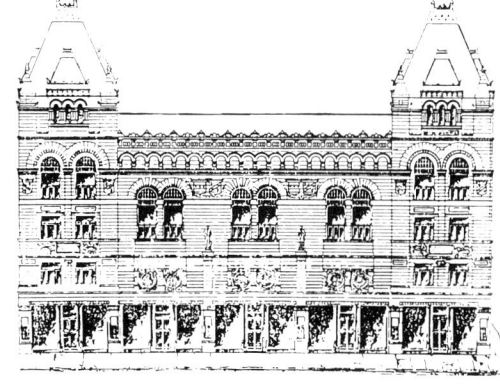

Le premier projet des architectes Perrault et Mesnard, publié dans Le Monde illustré *le 4 octobre 1890.*

La scène du Monument National a vu défiler de nombreuses troupes de théâtre dans la première moitié du XXe siècle.

plutôt que roman qui sert de point de référence stylistique. Une Renaissance qui s'apparente d'ailleurs beaucoup plus au maniérisme qu'au classicisme. L'articulation réduite du décor, l'abondance des motifs sculptés, les proportions inusitées des composantes, la superposition de niches au-dessus de pilastres suggèrent autant de renvois aux palais et châteaux du XVIe siècle.

Le rythme de la façade participe singulièrement à ce goût anticlassique de la complexification. À l'exception du dédoublement qu'entraîne la symétrie générale, aucune travée n'est parfaitement identique à l'autre. Quant au déploiement généreux du décor sur toute la surface, il neutralise tout accent qui pourrait ponctuer cette composition. La localisation des logettes, dans les avant-dernières travées au lieu des dernières où se trouvent les entrées, contribue à cette ordonnance équivoque. Ces contresens insolites se lisent aussi dans les divisions horizontales. Chaque registre donne lieu à un traitement différent; pourtant, le décor de chacun empiète sur l'étage voisin, fusionnant ce qu'on semble avoir voulu séparer. Les bandes décoratives placées à mi-étage ou les pilastres des logettes qui se dressent sur l'entablement sectionné de la dernière série de fenêtres illustrent ces procédés.

En fait, la façade cherche à combiner les désirs opposés, sinon conflictuels, d'intégrer les parties tout en les individualisant. Ainsi Perrault, Mesnard et Venne fragmentent, morcellent, désaxent, imbriquent et «contaminent» les éléments retenus. Cette recherche entraîne une esthétique sophistiquée à la fois trouble et riche où la beauté réside dans l'éclat des contradictions.

L'originalité de cette façade n'est pas confinée à elle-même; il faut également la considérer comme un dialogue avec l'architecture commerciale du boulevard Saint-Laurent. On peut en effet retrouver à proximité plusieurs édifices commerciaux qui combinent avec la même fantaisie des arcs en plein cintre, des logettes et un foisonnement de détails décoratifs et de texture. À cet égard, le Monument National prend une couleur locale.

Un espace multifonctionnel

Ce rapprochement avec l'architecture commerciale révèle une autre caractéristique de l'édifice: en dépit de son nom, son architecture ne développe pas le concept de monumentalité, comme on le fera avec prestance au cours de la période Beaux-Arts. Le désir de s'intégrer à l'environnement n'est pas la seule explication à ce parti; compte tenu de l'exiguïté du site, le caractère multifonctionnel de l'édifice nécessite une planification extrêmement rigoureuse et contraignante.

La variété des fonctions et l'exploitation maximale des espaces se traduisent de la façon suivante: les commerces sont réunis au rez-de-chaussée; les bureaux de la SSJB ainsi que le foyer de la salle de spectacle se situent au premier étage; d'autres bureaux et deux salles polyvalentes occupent le deuxième; les cours de l'École des arts et métiers se donnent dans un grand local au troisième; enfin, le gardien loge au quatrième et dernier étage. Les dimensions impressionnantes de la poutraison au-dessus de la salle de théâtre permettent d'aménager un local supplémentaire pour les cours du soir. On sait également que le Monument National sert de bibliothèque et procure un espace suffisant pour la gymnastique. De plus, jusqu'en 1940 environ, le musée Eden, institution populaire, occupe le sous-sol.

Bien entendu, des critères rationnels de confort et d'économie expliquent cette distribution qui prend de grandes libertés par rapport à la symétrie académique de la façade. Malgré le prestige d'une salle de théâtre, les architectes préfèrent placer à l'avant les locaux qui peuvent profiter du fenêtrage sur le boulevard. On peut supposer que c'est monnaie courante en cette fin de siècle, tout autant que l'est le tiraillement entre un financement difficile et les ambitions sans bornes du projet.

Le grand escalier de marbre qui mène à la salle de théâtre.

La richesse des boiseries est l'une des caractéristiques du décor intérieur.

Ces facteurs ne doivent toutefois pas servir à dévaluer le Monument. Après tout, les contraintes économiques et la spéculation urbaine demeurent encore aujourd'hui une préoccupation constante en architecture. De plus, si le Monument parvient à satisfaire un programme exigeant, c'est en grande partie parce qu'on a mis à profit la technologie du fer, encore récente. Perrault, Mesnard et Venne comptent d'ailleurs parmi les pionniers francophones au Québec à en faire un emploi habile. Enfin, en réunissant autant de fonctions diverses, le Monument National doit être inscrit dans la prestigieuse lignée des édifices multifonctionnels depuis le marché Bonsecours jusqu'à des exemples récents comme la Place Bonaventure qui a acquis une réputation internationale.

Des activités multiples

Œuvre révélatrice de l'éclectisme, le Monument National mérite aussi d'être considéré comme un élément majeur du patrimoine montréalais pour toutes les activités sociales et culturelles qui s'y sont déroulées. Dès ses débuts, grâce à une entente avec le gouvernement provincial, le Monument ouvre ses locaux à l'École des arts et métiers qui offre des cours gratuits aux ouvriers. À l'exception significative des cours d'histoire donnés par L.-O. David, cet enseignement se veut pratique afin de permettre aux francophones de mieux s'adapter aux transformations qu'entraîne l'industrialisation. En 1896, des cours de mécanique, de technique minière, de métallurgie, d'agriculture, d'hygiène et d'architecture composent ce programme de formation professionnelle.

Plusieurs associations ouvrières ou nationalistes occupent également les locaux du Monument: l'Union catholique des cultivateurs, les Sociétés fraternelles et, bien plus tard, le Bloc populaire ou le Rassemblement pour l'indépendance nationale (RIN). C'est également au Monument National qu'est fondée au début du siècle la Caisse nationale d'économie afin de mieux servir les besoins de la clientèle francophone. Le Monument National est utilisé à plusieurs reprises pour des réceptions ou des conférences données par des personnalités du nationalisme québécois, dont Henri Bourassa compte parmi les plus éminents.

Ce sont cependant les arts de la scène qui assurent le mieux la popularité et la pérennité de l'édifice. Bien avant l'École nationale de théâtre du Canada qui l'occupe depuis 1971, le Monument sert à l'enseignement des arts de la scène. Une série de troupes et de spectacles s'y succèdent. De 1898 à 1901, par exemple, Elzéar Roy et Jean-Jacques Beauchamp y produisent les Soirées de la Famille. En 1921, Honoré Vaillancourt fonde la Société canadienne d'opérette, qui vise à encourager le théâtre lyrique d'ici. Elle est remplacée, du début des années 1930 jusqu'en 1954, par les Variétés lyriques. De 1938 à 1946, Gratien Gélinas y présente les très populaires *Fridolinades*. Étroitement lié au cosmopolitisme du boulevard Saint-Laurent, le Monument National profite également à des troupes anglophones et à la communauté juive.

C'est vers 1954 que les activités du Monument sont fortement réduites. En 1976, la SSJB de Montréal déménage ses bureaux. La même année, l'édifice est classé par le ministère des Affaires culturelles. Il semble aujourd'hui que le Monument National soit appelé à être restauré. Il est à souhaiter que l'on saura respecter aussi bien le poids culturel du Monument que la symbiose qui existe entre cet édifice et son environnement.

Jacques Lachapelle, architecte et historien de l'architecture

BEAN, Audrey *et al. Le monument national*. Montréal, Sauvons Montréal, 1976. 12 p.

PINARD, Guy. *Montréal, son histoire, son architecture*. Tome 3. Montréal, Les Éditions La Presse, 1989: 57-66.

Édifice de la bibliothèque Saint-Sulpice

Montréal
1700, rue Saint-Denis

Fonction: culturelle
Classé monument historique en 1988

Élévation à l'aquarelle de la bibliothèque par l'architecte Eugène Payette en 1912. (BNQ)

L'édifice Saint-Sulpice de la Bibliothèque nationale du Québec présente, rue Saint-Denis, la même image qu'à son ouverture à l'automne 1915. Il a conservé, en plus de l'intégrité de ses façades, son mobilier, ses collections, et jusqu'à ses fonctions premières: la recherche, la conservation et la diffusion de l'imprimé ainsi que la promotion de la culture.

Une grande bibliothèque

En effet, si elle est, pendant plusieurs décennies, un centre culturel important, la bibliothèque Saint-Sulpice se veut d'abord la première grande bibliothèque de Montréal. Elle devance de quelques années la Bibliothèque de la Ville de Montréal, et la qualité de ses collections et de ses services reste inégalée.

Au début du siècle, les sulpiciens veulent remplacer leurs bibliothèques du Cabinet de lecture paroissial et du Cercle Ville-Marie par une nouvelle institution desservant à la fois la population de la ville et la clientèle des professeurs, chercheurs et étudiants de l'Université Laval à Montréal. On construit donc un édifice en plein quartier latin, au milieu des belles demeures de la bourgeoisie francophone. Le bâtiment et son mobilier coûtent quelque 325 000 dollars, plus du double des 150 000 dollars prévus.

Aegidius Fauteux, alors rédacteur en chef du journal *La Presse*, prend la direction de la future bibliothèque en décembre 1912. De ses séjours en Europe et aux États-Unis il rapporte, en plus des méthodes et des systèmes bibliothéconomiques, des dizaines de milliers d'ouvrages courants et rétrospectifs soigneusement choisis afin de constituer une des meilleures collections du continent. Il réussit, avec Saint-Sulpice, à faire entrer résolument les bibliothèques québécoises dans le XXe siècle. Son sens des relations publiques, allié au dynamisme d'Olivier Maurault, nommé à la direction des activités culturelles, amorcent une exceptionnelle série d'événements: expositions, conférences, concerts, cours, etc.

Le palais des livres

Ouvert aux membres de l'Association des architectes de la province de Québec, le concours pour la construction d'une bibliothèque par le Séminaire est très populaire. Onze projets sont soumis et «Les trois plans primés» paraissent dans *La Presse* le 8 août 1911. Un comité d'architectes départage les gagnants en accordant 75 points à l'éclectisme victorien proposé par Venne et Labelle, 93 points au projet d'influence néo-gothique de Jean-Omer Marchand et 5 points de plus à Eugène Payette, à qui est donné le contrat, pour son plan d'inspiration classique. Payette sera également l'auteur de la Bibliothèque de Montréal (1914) et du collège Grasset quinze ans plus tard.

Le jury apprécie la conception pratique de la bibliothèque: facilité de surveillance et de contrôle, grandes salles dépourvues de colonnes, éclairage naturel exploité au maximum, etc. L'architecte est toutefois renvoyé à ses planches et produit un deuxième puis un troisième projet. Les résultats sont saisissants. On parle alors dans tous les journaux du «palais des livres». Aujourd'hui encore, les usagers comme les spécialistes y voient le mieux réussi de nos édifices issus du mouvement Beaux-Arts.

Le terrain de quelque 55 mètres sur 45 est exploité au maximum, l'édifice faisant hors tout environ 48 mètres sur 35. Sa monumentalité ne tient pas tant du gigantisme que d'un ingénieux agencement des volumes: la plus haute partie est encadrée par les sections avant et arrière, construites au même gabarit que les maisons du quartier. Les fonctions sont lisibles sur la façade latérale: le bloc arrière est consacré aux services; la partie centrale est réservée aux grandes salles publiques de consultation et de spectacles; celle de l'avant est dévolue à la circulation et aux manifestations culturelles. Cette dernière, ouvrant sur la rue, est la plus ornementée. Elle sert à isoler la zone de recherche du va-et-vient bruyant de la ville.

Une des torchères en bronze de l'entrée dessinées par Eugène Payette. (BNQ)

Les caissons du plafond de la grande salle de lecture sont aussi ornés de vitraux. (BNQ)

La mouluration empruntée au style dorique romain ainsi que l'ornementation classique qui module l'extérieur sont reprises selon la même échelle à l'intérieur dans toutes les salles publiques. L'ensemble rappelle les hôtels particuliers parisiens. Dans cette partie, l'éclairage naturel est filtré par de magnifiques verrières, dont celles des caissons du plafond. Ces verrières sont l'œuvre d'Henri Perdriau et s'inspirent surtout d'une symbolique florale et emblématique. Certains motifs, comme celui du livre ouvert sculpté dans la pierre au-dessus de la porte, les monogrammes des sulpiciens et celui de la bibliothèque symbolisent la vocation de l'édifice.

La partie arrière est d'un modernisme étonnant. Sa lecture nous révèle l'habitation du concierge, isolée du corps principal, la chaufferie et sa haute cheminée, les locaux des membres du personnel et surtout le magasin des imprimés avec sa multitude de longues fenêtres étroites. Ce type de magasin, conçu par B.R. Green pour la Library of Congress à Washington et installé par la Snead and Co., est autoporteur et constitué d'une ossature de poutres et de montants en acier et de dalles en marbre. Enveloppés de maçonnerie, ses quatre étages peuvent contenir jusqu'à un demi-million de documents.

Le bâtiment tout entier est ignifuge; il est construit de 1912 à 1914 sous la direction de l'entrepreneur général Magloire Humberdeau. Une maçonnerie en brique et en pierre, un appareil en blocs de terre cuite poreuse dans les plafonds et du béton armé à l'aide de lattes métalliques enrobent une charpente en acier. Le soubassement de granit gris est surmonté en façade d'un parement en pierre calcaire traitée de textures différentes selon les étages, afin de démarquer les fonctions. Les autres murs sont en brique vitrifiée chamois, agrémentés de chaînes d'angles et de linteaux en pierre calcaire.

La Bibliothèque nationale conserve les dessins de Payette pour l'exécution des torchères en bronze de l'entrée, coulées à la fonderie Robert Mitchell. L'architecte aura aussi dessiné le mobilier réalisé en bois de chêne par la Broomsgrove Guild ainsi que la quincaillerie, dont les boutons de portes arborant le motif «BSS».

Les sulpiciens sont forcés de fermer la bibliothèque en juillet 1931. Dix ans plus tard, elle passe aux mains du gouvernement du Québec, qui la rouvre au public en janvier 1944. En 1968, elle devient la Bibliothèque nationale du Québec.

Peu de changements ont altéré le monument. Le grand hall et son escalier à double volée, les immenses salles, les marbres, les verrières, la ferronnerie d'art, les luminaires en bronze, les bas-reliefs et la mouluration de stuc, tous ces éléments visant d'abord à impressionner les usagers présentent toujours un véritable intérêt. Enfin, la pérennité des fonctions de l'institution, dans un quartier ayant sauvegardé sa vocation éducative et culturelle, est tout à fait rassurante.

Jean-René Lassonde, bibliothécaire

CHOUINARD, Louise. *Évolution architecturale de l'édifice Saint-Sulpice de la Bibliothèque nationale du Québec*. Montréal, ministère des Affaires culturelles, 1989. 83 p.

LASSONDE, Jean-René. *La Bibliothèque Saint-Sulpice, 1910-1931*. Montréal, Bibliothèque nationale du Québec, 1986. 359 p.

PINARD, Guy. *Montréal, son histoire, son architecture. Tome 1*. Montréal, Les Éditions La Presse, 1986: 217-222.

La salle de travail centrale, avec les verrières d'Henri Perdriau et son mobilier dessiné par Eugène Payette. (BNQ)

Clocher et transept sud de l'église Saint-Jacques

Montréal
1455, rue Saint-Denis et
455, rue Sainte-Catherine Est

Fonction: scolaire
Classés monuments historiques en 1973

Les éléments qui subsistent de l'ancienne église Saint-Jacques de Montréal, intégrés au pavillon Judith-Jasmin de l'Université du Québec à Montréal, témoignent d'une longue occupation du site par un édifice religieux.

La première cathédrale

L'emplacement, en effet, est utilisé à des fins religieuses à compter de 1822, alors que le premier évêque de Montréal, Mgr Jean-Jacques Lartigue, choisit d'établir sa cathédrale et son évêché en dehors des limites de la vieille ville, sur des terrains offerts par sa tante, veuve Denis Viger. Outre le fait que le terrain lui soit cédé gratuitement, Mgr Lartigue reconnaît l'avantage d'élever sa cathédrale dans une partie de l'île destinée à se développer à brève échéance, entre deux petites agglomérations, le faubourg Saint-Laurent et le faubourg Saint-Louis. Par le fait même, il peut décharger la paroisse Notre-Dame de Montréal d'une partie excédentaire de sa clientèle.

Nommé d'abord évêque auxiliaire de Mgr Plessis – avant de se retrouver évêque en titre à compter de 1836 – le sulpicien Jean-Jacques Lartigue se détache peu après sa nomination de sa congrégation qui voit d'un mauvais œil la création d'un diocèse à la périphérie de Montréal. Ses activités dans les faubourgs l'éloignent de ses anciens confrères et lui permettent d'exercer ses fonctions en complémentarité avec les sulpiciens qui desservent la paroisse.

Sur le terrain situé à l'intersection des rues Saint-Denis et Sainte-Catherine, le premier évêque de Montréal érige sa cathédrale et son évêché. La grande église de quelque 58 mètres, édifiée entre 1823 et 1825, peut accueillir jusqu'à 3 000 fidèles. La façade donne sur la rue Saint-Denis. Conçue pour l'usage d'un sulpicien, elle n'est pas sans rappeler l'église Saint-Sulpice de Paris dont le portail, signé Servandoni, comporte aussi deux étages d'arcs enchâssés entre des tours. Dans le projet initial, les tours devaient atteindre une hauteur d'environ 25 mètres et être surmontées de flèches, mais elles ne seront jamais complétées. La sacristie, ajoutée en 1851, suit la ligne courbe du sanctuaire.

À proximité de l'église placée sous le patronyme de saint Jacques le Majeur, on élève deux bâtiments semblables de trois étages: le premier loge l'évêque et sa suite et le second est destiné à servir de collège.

Un nouveau palais épiscopal donnant sur la rue Sainte-Catherine est construit en 1849 selon les plans de John Ostell, architecte d'origine anglaise venu s'installer à Montréal en 1834. Il s'agit d'un bâtiment

Le clocher et la façade du transept sud de l'église, classés en 1973, sont intégrés aux bâtiments de l'Université du Québec. (CUM)

Le transept sud, devenu la nouvelle entrée principale de l'église et le presbytère rue Sainte-Catherine. (ANQ-Q)

grandiose de quelque 53 mètres sur 12 comptant cinq étages incluant l'attique. Il est décoré d'un portail ionique très impressionnant et coiffé d'un dôme à tambours dont il est difficile de déterminer s'il est une copie de Saint-Paul de Londres ou du Panthéon de Paris. Malheureusement, le 8 juillet 1852, un incendie ravage cette partie de la ville, emportant l'église, le palais épiscopal et les autres bâtiments.

Une église paroissiale

Devenu deuxième évêque de Montréal en 1837, Mgr Ignace Bourget connaît bien la cathédrale et l'évêché puisqu'il en a dirigé les travaux d'érection. L'emplacement ne lui plaisant pas, il décide assez vite de transférer le siège de son épiscopat dans l'ouest de la ville, à l'endroit qui prendra plus tard le nom de carré Dominion.

Le site de Saint-Jacques ne peut cependant être désaffecté puisque les paroissiens ont besoin d'une église; les sulpiciens prennent donc la relève. Sur l'emplacement de la cathédrale, on choisit de construire une simple église paroissiale. John Ostell est encore chargé des travaux et le chantier débute en 1856.

Pour construire le nouveau temple, et spécialement sa façade, l'architecte s'inspire des ouvrages de Minard Lafever, architecte de New York très en faveur auprès des Américains qui ont érigé quantité de nouvelles églises dans les années 1840 et 1850. Les mêmes fondations sont utilisées, mais on bâtit un sanctuaire plus vaste. L'ensemble est d'un style néo-gothique un peu rigide; sa composition en sept parties donne l'impression d'une grande verticalité. Comme la cathédrale précédente, l'église paroissiale donne sur la rue Saint-Denis; on la bénit en juin 1857.

Une fois de plus, en janvier 1858, l'église est la proie des flammes. Victor Bourgeau, qui a succédé à Ostell comme architecte officiel du diocèse, est chargé de la reconstruire. Il y travaille de 1858 à 1860, conservant la façade dessinée par Ostell et les murs originels. L'intérieur est doté d'une série de grands arcs à la manière de ceux de l'église Saint-Pierre-Apôtre, construite quelques années auparavant.

Seize ans plus tard, une flèche signée Bourgeau est ajoutée au clocher, portant celui-ci à plus de 85 mètres de hauteur. Entre-temps, Bourgeau fournit également les plans de décoration de l'intérieur de l'église et ajoute une sacristie ainsi qu'une chapelle au bâtiment religieux. Certains lambris sculptés provenant de la sacristie sont aujourd'hui conservés dans la salle des Boiseries du pavillon Judith-Jasmin, construit exactement sur le site de l'église Saint-Jacques.

L'intérieur de l'église au début du siècle. (ANQ-Q)

La façade de l'église Saint-Jacques, rue Saint-Denis, vers 1900. (Archevêché de Montréal)

En 1888, le nombre croissant de paroissiens exige l'agrandissement de l'église par l'ajout d'un transept au sud. Cette addition comporte également l'avantage de déplacer sur la rue Sainte-Catherine (alors plus prestigieuse que la rue Saint-Denis) l'entrée principale de l'église.

Un article paru dans *La Minerve* du 2 mars 1888 nous décrit l'ampleur des travaux: «La nouvelle façade sur la rue Sainte-Catherine sera dans le même style d'architecture que la façade de la rue Saint-Denis c'est-à-dire en style gothique. Il y aura une grande entrée par le transept du côté de la rue Sainte-Catherine qui aura 52 pieds de profondeur et une largeur de 75 pieds [...] L'élargissement des transepts donnerait 1 100 places de bancs d'augmentation toutes ayant une vue parfaite sur l'autel, excepté les places vis-à-vis des colonnes. La grande voûte n'était nullement dérangée dans sa forme et l'agrandissement des petites nefs avec des jubés de toute la profondeur, laisseraient l'intérieur actuel de l'église intacte dans ses proportions qui sont sans reproches et ne demandent qu'une décoration bien conditionnée et de la lumière pour en faire une des plus belles églises de Montréal.»

Ainsi transformée par les architectes Perrault, Mesnard et Venne, l'église a un tout autre caractère. Elle est désormais constituée de deux temples assez différents, se rencontrant à angle droit, et décorés dans le goût néo-gothique de deux époques distinctes.

L'ensemble domine les bâtiments avoisinants, pour la plupart consacrés à l'exercice de la bienfaisance, et marque le paysage de l'Est de Montréal. La grande tour-clocher de la rue Saint-Denis est visible depuis des points situés au-delà du plateau Sherbrooke, et le portail du transept lui répond agréablement, d'autant plus qu'il est assorti d'un nouveau presbytère conçu par les mêmes architectes. En 1905, les architectes L.-Z. Gauthier et J.-E.-C. Daoust procèdent à une modification du clocher.

Un troisième incendie détruit l'église en mars 1933, laissant cependant intactes les deux façades aujourd'hui classées. L'architecte Gaston Gagnier, jeune diplômé de l'École des Beaux-Arts de Montréal, juge bon de transformer les deux nefs en leur donnant un style dom Bellot suivant les tendances de l'architecture d'avant-garde à Montréal. Le résultat n'est pas très réussi.

En 1975, l'église est démolie pour faire place au pavillon Judith-Jasmin de l'Université du Québec à Montréal. On peut alors remarquer les grands arcs paraboliques reliant pauvrement les deux façades. On comprend que la démolition de cette partie de l'ensemble n'ait pas suscité de mouvement de conservation. Les deux façades restantes et le clocher sont étayés puis intégrés à la nouvelle construction, fournissant dorénavant à un ensemble de brique rouge des points de repère fort majestueux.

Raymonde Gauthier, historienne de l'art

Centenaire de la Paroisse St-Jacques de Montréal, 1866-1966. S.l., s.n., s.d. N.p.

EKEMBERG, Christian. *L'église Saint-Jacques 1823-1979.* Mémoire de maîtrise (études des arts), Université du Québec à Montréal, 1987.

MAURAULT, Olivier. *Saint-Jacques de Montréal: l'église, la paroisse.* Montréal, l'Auteur, 1923.

Maison Louis-Fréchette

Montréal
306, rue Sherbrooke Est

Fonction: religieuse et commerciale
Reconnue monument historique en 1976

À l'angle des rues Sherbrooke et Sanguinet, se dresse un immeuble qui est en fait deux maisons en «terrasse», disposées en escalier. Leur architecture rappelle les grandes lignes d'un de leurs voisins, l'ancien collège du Mont-Saint-Louis, notamment par le gabarit et le traitement volumétrique des toitures.

Sur une de ces demeures, la plus à l'est des deux, est apposée une plaque commémorative de la Commission des monuments historiques du Québec: «Ici vécut Louis Fréchette, avocat, député, poète, lauréat de l'Académie Française. Né à Lévis en 1839, il décéda à Montréal en 1908.»

De telles inscriptions sur des monuments ou sites sont pratique courante au Québec entre 1922, année de la création de la Commission des monuments historiques, et 1964. À cette façon de signaler la valeur d'un monument ou d'un site se substitue le statut de monument reconnu ou classé, geste plus officiel qui assure une protection légale.

C'est ainsi qu'en 1976, la maison Louis-Fréchette est «reconnue» en vertu de la *Loi sur les biens culturels*. Cela a pour effet de protéger non seulement le monument lui-même, mais surtout – le remembrement du plan parcellaire devenant impossible – d'assurer à long terme la survie des deux immeubles qui occupent une position stratégique dans la définition de la trame urbaine dans ce secteur de la rue Sherbrooke.

La maison de style Second Empire, construite vers 1880, possède un avant-corps central et deux ailes en retour d'équerre en façade principale, et compte deux étages au-dessus du rez-de-chaussée, un soubassement et un étage de comble. Notons que la pierre de taille est utilisée pour les encadrements des ouvertures ainsi que pour les bandeaux séparant les niveaux.

Ce n'est qu'en 1892 que l'homme de lettres s'y installe, avec sa femme Emma Beaudry, héritière de la propriété. Après la mort de Louis Fréchette, la maison reste dans la famille et ne sera vendue qu'en 1946. En 1955, elle est acquise par F. Alié, fondateur de la Compagnie des pieuses disciplines du divin Maître; onze années plus tard, on y établit le Centre d'apostolat liturgique.

Louis-Honoré Fréchette naît en 1839 à Lévis. Après un bref séjour au collège de l'endroit, le jeune Fréchette commence la tournée de plusieurs collèges d'où il se fait expulser. Il termine néanmoins ses études au Séminaire de Nicolet en 1860 et suit des cours de droit à l'Université Laval; il est admis au barreau quatre années plus tard.

Fréchette débute sa carrière littéraire en 1860 en composant quelques poèmes. Il commence à Lévis une carrière en journalisme qui l'amènera à séjourner aux États-Unis de 1866 à 1871; il y publie plusieurs œuvres et lorsqu'il revient à Montréal, sa notoriété d'écrivain l'a déjà précédée. De 1871 à 1878, Fréchette tente sa chance en politique. En 1889, le premier ministre Honoré Mercier le nomme au poste bien rémunéré, mais peu astreignant, de greffier du Conseil législatif. La famille s'établit à Montréal, et celui qu'on appelle le «barde de Lévis» se consacre à l'écriture jusqu'à son décès, en 1908. L'œuvre littéraire de Louis Fréchette est considérable et a fait l'objet d'une reconnaissance internationale.

Si subsiste ainsi le lieu où Louis Fréchette a vécu le plus longtemps, aucune trace du passage du poète national n'a malheureusement survécu, l'ensemble du décor intérieur de la demeure cossue ayant disparu lors des rénovations des années 1960.

Luc Noppen, historien de l'architecture

Une architecture qui rappelle les grandes lignes du collège du Mont-Saint-Louis, notamment par le traitement volumétrique des toitures. (CUM)

La maison Louis-Fréchette, sur la gauche, forme avec sa voisine un ensemble en «terrasse».

Collège Mont-Saint-Louis

Montréal
230, 244, 250 et 260 rue Sherbrooke Est

Fonction: résidentielle
Reconnu monument historique en 1979

L'ancien collège Mont-Saint-Louis rappelle, tout comme l'ancien monastère du Bon-Pasteur situé un peu plus à l'ouest sur la rue Sherbrooke, l'âge d'or de l'Église du Québec qui, dans la seconde moitié du XIX° siècle, développe avec l'appui des communautés religieuses un réseau de services de santé et d'éducation. L'architecture monumentale de ces collèges, monastères et hôpitaux a profondément marqué la physionomie du paysage urbain montréalais et témoigne encore aujourd'hui du rôle prépondérant qu'ont joué les ecclésiastiques dans le développement d'une société moderne, à une époque où l'État se montrait aussi parcimonieux que discret dans les secteurs de la santé et de l'éducation.

Les frères des Écoles chrétiennes

C'est en 1887 que les frères des Écoles chrétiennes entreprennent d'ériger un collège dans le quartier Saint-Louis, sur le plateau de la rue Sherbrooke, au lieudit Côte-à-Baron. Ils y rejoignent les sœurs du Bon-Pasteur, établies depuis 1859. Cette portion de l'ancien faubourg Saint-Louis se densifie rapidement après 1880, alors qu'est ouvert le square du même nom et qu'apparaissent au nord les rues avoisinantes.

L'Institut des frères des Écoles chrétiennes est fondé à Rouen en 1679 par Jean-Baptiste de La Salle pour assurer la scolarisation des enfants des classes sociales défavorisées. Pour rejoindre le plus grand nombre d'élèves, la pédagogie lasallienne introduit l'usage de la langue maternelle en classe et développe la méthode simultanée d'enseignement. Ce sont les sulpiciens, inquiets de voir les écoles anglaises proliférer, qui décident en 1829 d'inviter les frères à Montréal. Quatre religieux débarquent en 1837 et se mettent aussitôt à l'oeuvre pour ouvrir une école élémentaire dans le Vieux-Montréal, rue Saint-François-Xavier. L'entreprise connaît un tel succès qu'en 1840 l'Institut ouvre un nouvel établissement dans le faubourg Saint-Laurent. En 1863, on compte au Canada 118 frères enseignant à plus de 7 500 écoliers dans 13 établissements et 26 écoles.

Logés depuis 1873 dans un nouvel immeuble sur la rue Côté, les enseignants et novices deviennent rapidement à l'étroit, leur nombre ne cessant de croître. Aussi les frères décident-ils en 1887 de relocaliser leur maison mère, le Mont-de-la-Salle, à la campagne, à Maisonneuve. Ils y demeurent jusqu'en 1917 alors qu'est décidé le transfert à Laval-des-Rapides.

Le collège Mont-Saint-Louis vers 1910. (Archives des frères des Écoles chrétiennes)

Le Mont-Saint-Louis

C'est à l'occasion de ce remue-ménage qu'est érigé le Mont-Saint-Louis, vaste collège qui marque l'incursion des frères dans l'enseignement secondaire. Fondé en 1888, à la fois comme pensionnat et comme externat, le Mont-Saint-Louis fonctionne comme une institution bilingue assurant le cours élémentaire, le cours commercial et le cours scientifique. C'est une première pour les élèves qui peuvent désormais accéder directement à l'enseignement supérieur sans passer par le canal des collèges classiques.

La construction du corps principal du collège, d'après les plans de l'architecte Jean-Zéphirin Resther, débute en mai 1887. L'aile est vient marquer le coin des rues Sherbrooke et Sanguinet en 1903-1904 et l'aile ouest est ajoutée en 1906-1908. Le dôme qui couronne l'avancée centrale n'apparaît qu'en 1909 et le porche, en pierre de taille et flanqué de deux escaliers droits, vient

Construit à partir de 1887, l'édifice possède certaines caractéristiques du style Second Empire français, comme ses toitures mansardées et son dôme tronqué. (CUM)

La chapelle vers 1911 et telle qu'elle était en 1978, un peu avant sa destruction. (MAC)

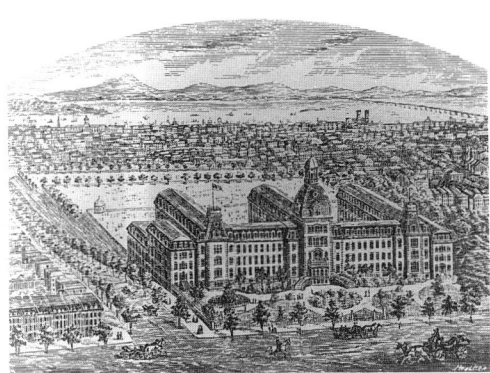

Le collège tel que projeté. Le clocheton du dôme ainsi que l'aile repliée (à l'extrême droite) ne seront jamais construits. (MAC)

La définition formelle du monument fait appel au vocabulaire et au mode de composition de l'architecture du Second Empire français, popularisé aux États-Unis par quelques grands monuments dont le Charity Hospital (1858) et le Vassar College (1860) de New York, et que le Québec découvre dès 1879 lorsque débutent les travaux de construction de l'Hôtel du Parlement à Québec. Au Mont-Saint-Louis, l'expression formelle demeure très sobre; il n'y a guère que la forme mansardée des toitures et le dôme tronqué de plan carré qui rappellent la catégorie stylistique précitée. Ailleurs, notamment par son fenêtrage simple et l'absence totale d'ornements, le monument révèle le peu de moyens dont disposait l'Institut des frères des Écoles chrétiennes, sollicités de toutes parts pour ouvrir de nouvelles écoles.

L'architecte du monument, Jean-Baptiste Resther (1830-1896), est un élève diplômé des frères des Écoles chrétiennes, de qui il a reçu son éducation primaire. Formé ensuite sur le chantier plus qu'à l'école, Resther s'établit une réputation d'habile constructeur avant d'ouvrir un bureau avec son fils Jean-Zéphirin, en 1878. Comme architecte, on lui doit les plans du scolasticat des jésuites (1884), de l'église Saint-Jean-Baptiste de Montréal (1892), du couvent Saint-Joseph (1893), du pensionnat Saint-Basile (1895) et de plusieurs édifices commerciaux et publics de Saint-Hyacinthe et de Montréal.

Récemment reconverti en logements par la Société municipale d'habitation de Montréal, le Mont-Saint-Louis avait été cédé au cégep du Vieux-Montréal en 1970. Différentes campagnes de modernisation du collège et la reconversion récente n'ont malheureusement pas épargné les deux ailes du côté sud démolies en 1979 ainsi que l'architecture intérieure du monument. Cependant, sa reconnaissance comme monument historique et les travaux récents garantissent la permanence de son image et la sauvegarde d'une continuité dans le paysage architectural de ce quartier de Montréal.

Luc Noppen, historien de l'architecture

compléter le tout en 1913. Une fois achevée, la façade monumentale mesure quelque 220 mètres de long et se dresse devant un corps de bâtiment qui n'a qu'environ 20 mètres de large. Initialement prévu pour adopter la forme d'un trident, le plan est modifié au fil des constructions. Ainsi, l'aile ouest demeure rectiligne au lieu de se replier vers l'arrière en longeant l'avenue de l'Hôtel-de-Ville, ce qui a comme conséquence d'altérer la symétrie originelle.

L'édifice est érigé en maçonnerie revêtue d'un parement en moellons de pierre grise à bossage, et est doté d'une structure intérieure où se retrouvent colonnes en fonte et solives, comme c'est l'usage à l'époque. La distribution des espaces est assez uniforme dans le bâtiment où un couloir central permet d'accéder à des classes et dortoirs qui longent les façades. Se distinguent toutefois l'aile arrière du corps principal (où est logée la chapelle qui s'élève sur plusieurs étages) et les deux étages supérieurs de l'aile est qui abritent une vaste salle des fêtes.

GROUPE DE RECHERCHE SUR LES BÂTIMENTS EN PIERRE GRISE DE MONTRÉAL. *Le Mont-Saint-Louis. Histoire, relevé et analyse*. Québec, ministère des Affaires culturelles, 1978.

PINARD, Guy. *Montréal, son histoire, son architecture. Tome 3*. Montréal, Les Éditions La Presse, 1989: 109-119.

Un demi-siècle au Mont-Saint-Louis, 1888-1938. Montréal, Imprimerie De LaSalle, 1939.

Maison du Bon-Pasteur

Montréal
52 à 120, rue Sherbrooke Est

Fonction: résidentielle, administrative et culturelle
Classée monument historique en 1979

La maison du Bon-Pasteur a été reconvertie en édifice multifonctionnel après son acquisition par la Société immobilière du patrimoine architectural de Montréal, en 1984.

Tout à côté du boulevard Saint-Laurent, rue Sherbrooke, se dresse la maison du Bon-Pasteur. Ensemble architectural érigé en pierre grise à partir de 1846 et qu'une reconversion récente vient de mettre en valeur, ce monument est intéressant à plusieurs égards. Sur le plan de l'histoire, il évoque l'œuvre des sœurs du Bon-Pasteur. Au point de vue de l'architecture, c'est un ouvrage qui a conservé un caractère homogène au fil des agrandissements et qui incarne en quelque sorte l'architecture conventuelle de Montréal au milieu du XIXᵉ siècle. Enfin, dans une histoire de la conservation du patrimoine architectural qui reste à écrire, cette réalisation a posé les balises d'un modèle de développement intégré.

C'est à l'invitation de Mgr Bourget, évêque de Montréal, que les religieuses de Notre-Dame du Bon-Pasteur d'Angers débarquent à Montréal en 1844. Le sort peu enviable que la société urbaine réserve aux jeunes filles «de mauvaise vie» préoccupe l'évêque et celui-ci préfère qu'elles soient prises en charge par l'Église avant que l'État n'intervienne. Dès leur arrivée, les quatre religieuses françaises s'installent dans une ancienne caserne de la rue Brock, dans le quartier Sainte-Marie, avec un premier groupe de dix-huit pensionnaires.

Ce premier établissement ne convient pas; comme le signale la supérieure à Mgr Bourget en 1845, «il est difficile de tenir les pénitentes en bon ordre étant comme elles le sont exposées à la vue du public.» Il faut en effet comprendre que les sœurs du Bon-Pasteur se voient confier des jeunes filles délinquantes qu'elles privent de liberté en vue de les réhabiliter, dans un environnement converti en véritable établissement de détention. Deux catégories de pensionnaires résident au Bon-Pasteur: les «protégées», c'est-à-dire les jeunes filles qu'on doit éloigner de la rue, et les «préservées», celles qui, à cause de leur situation familiale ou économique, seraient tentées d'y aller.

Construction de l'ensemble

En juillet 1847, les religieuses du Bon-Pasteur prennent possession d'un nouvel édifice qui vient d'être construit sur le plateau du lieudit «Côte-à-Baron» surplombant l'Est de la ville. Le site, borné par les rues Sherbrooke, de Bullion, Saint-Norbert et Saint-Dominique, leur a été offert par l'épouse de Denis-Benjamin Viger, bourgeois de Montréal et député à l'Assemblée législative du Canada-Uni.

La construction de la maison du Bon-Pasteur s'échelonne sur 56 ans. Le projet démarre en 1846 avec un premier bâtiment de plan rectangulaire mesurant quelque 50 mètres sur 15 et qui dresse sa longue façade sur la rue Sherbrooke. Dans le jardin, à l'arrière, s'étend une aile perpendiculaire de 15 mètres sur près de 12, qui abrite notamment une chapelle intérieure. L'aile nord-est, où est installée l'Académie des demoiselles destinée à l'enseignement, vient se joindre à ce premier corps de bâtiment en 1861-1862, amorçant ainsi le plan d'ensemble des avancées latérales, tant à l'avant qu'à l'arrière.

On retrouve la première mention d'un architecte en 1878 lorsque Victor Bourgeau livre les plans d'une aile destinée à loger une chapelle extérieure, réclamée par la population des environs encore privée d'église paroissiale à cette époque. Mesurant environ 15 mètres de long sur 12 de large, l'aile de la chapelle est adossée au centre de la façade originelle et s'avance en direction de la rue Sherbrooke. La construction de l'aile nord-ouest, destinée à l'École d'industrie où les jeunes filles apprennent un métier, est amorcée en 1883 lorsque le corps existant est étiré vers la rue Saint-Dominique; un avant-corps vient compléter la façade monumentale en 1892-1893. C'est en 1940 et 1954 que la toiture de l'immeuble est exhaussée pour augmenter l'espace sous les combles.

Les religieuses érigent également plusieurs dépendances qui contribuent encore aujourd'hui à définir l'ensemble sur l'îlot. Le long de la rue Saint-Dominique apparaît en 1888 un bâtiment de plus de 65 mètres sur 10 logeant la buanderie publique qui sert à occuper les pensionnaires et à produire des revenus pour la maison. L'année suivante, un immeuble abritant les ateliers s'adosse à la buanderie et longe la rue Saint-Norbert. Quant aux dépendances, plus à l'est sur la rue Saint-Norbert, et s'étirant jusqu'au coin de la rue de Bullion, elles sont construites en 1903. Ce vaste bâtiment de deux étages, long de 70 mètres et large de 10, est érigé d'après les plans de l'architecte Joseph Venne; c'est là que les religieuses du Bon-Pasteur installent leur atelier d'imprimerie.

La description de l'ensemble ne serait pas complète si l'on omettait de situer le presbytère, érigé en 1896 au coin des rues De Bullion et Sherbrooke. Toutes ces constructions définissent peu à peu le quadrilatère occupé par la maison du Bon-Pasteur, en isolant sur trois côtés une cour intérieure qui, à l'origine, sert de jardin et de verger.

Architecture et religion

Malgré les nombreuses campagnes de construction qu'elle a subies, la maison du Bon-Pasteur demeure un ensemble architectural homogène. Cela s'explique par l'attachement des religieuses et de l'Église du Québec à une architecture néo-classique que les maîtres d'œuvre se plaisent à imiter et à reproduire. Dans les milieux traditionnels, il n'est pas rare en effet de voir la partie édifiée d'un monument servir de modèle à son extension. En évitant, par souci d'économie et pour marquer l'austérité et la sévérité des lieux, un décor architectural élaboré, l'architecte inconnu de l'aile de 1846-1847 laisse donc sa marque sur le monument en devenir.

À défaut de pouvoir identifier cet architecte, on peut quand même souligner que John Ostell et le jésuite Félix Martin sont à l'origine de cette ordonnance qui consacre le potentiel expressif du type architectural (la forme essentielle qui connote couvent, collège ou hôpital) plutôt que de mettre en valeur l'architecture comme une catégorie du savoir, ce à quoi contribue l'usage d'un vocabulaire classique, véritable code d'une société laïque chez qui survit l'appréhension des formes construites.

C'est à Victor Bourgeau, celui-là même dont les archives du Bon-Pasteur signalent la contribution à l'édification du monument en 1878, qu'incombe la tâche d'assurer le rayonnement de ce néo-classicisme montréalais qui, en plus d'être une architecture

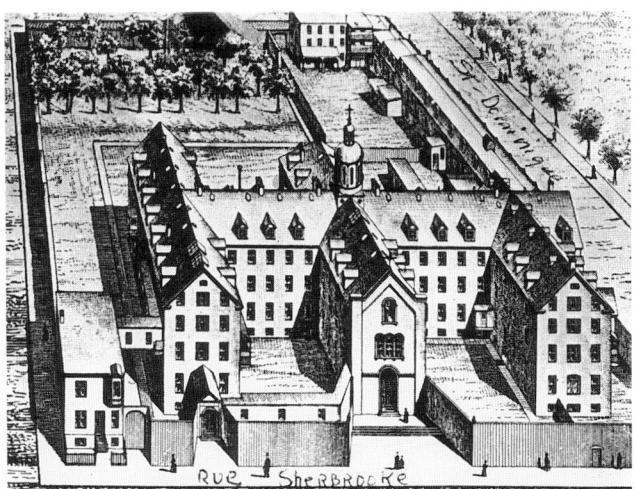

Croquis de l'ensemble architectural du Bon-Pasteur publié en 1894. (Ville de Montréal)

«à ordres absents», se caractérise par l'emploi systématique de la pierre grise, d'abord bouchardée puis à bossage. Aussi, sans grand risque d'erreur, on peut émettre l'hypothèse que Bourgeau, dont la formation est demeurée inexpliquée jusqu'ici, a été l'élève de John Ostell ou de Félix Martin ou, mieux, des deux.

Le type de pratique mise sur pied par ces trois personnages est un des moyens utilisés par l'Église pour contrôler et renouveler une architecture traditionnelle qui ne peut faire face aux exigences de la société industrielle et urbaine. Et c'est parce que ce renouveau doit affirmer la continuité d'un paysage architectural qu'elle entend toujours dominer que l'Église opte pour l'intégration dans la tradition classique de bâtiments conçus pour répondre à ces nouveaux besoins. Elle développe cependant une méfiance certaine à l'égard de la valeur symbolique qui résulte de l'utilisation trop explicite d'un vocabulaire formel dont l'histoire n'a consacré le potentiel catholique qu'en matière d'églises.

Cette idéologie d'inspiration ultramontaine est aussi responsable de l'organisation, au sein de l'Église canadienne, d'une pratique architecturale spécialisée, fondée sur le maintien d'une définition fragmentée de la fonction de «l'architecte». Celle-ci permet aux prêtres et aux religieuses d'établir le programme d'un édifice et de garder le contrôle du projet en faisant appel à un maître d'œuvre qui sait construire et superviser un chantier. L'architecte, dont la compétence est plus graphique que technique – on peut le qualifier de deviseur de plans, comme au XVIe siècle – est alors réduit au rôle de conseiller en matière de forme architecturale. Il n'échappe à cette définition restreinte que lorsque la complexité des techniques et la variété des matériaux disqualifient les maîtres d'œuvre, qui n'ont pas été formés pour

Le monastère et ses dépendances construites au tournant du siècle encadrent une vaste cour intérieure qui servait autrefois de jardin et de verger. (CUM)

La chapelle historique avant sa transformation en salle de concerts. (CUM)

Le monastère vu de la rue Sherbrooke vers 1900. (MAC)

exercer des choix. Mais de tous les corps organisés, l'Église catholique reste la dernière à se rallier à une pratique autonome et professionnelle des architectes au Québec.

La reconversion

Après 1960, l'activité de la communauté du Bon-Pasteur diminue lorsque l'État prend en charge les services d'éducation et de santé. Les dernières religieuses quittent le monastère en 1979. L'ensemble est alors vendu à la Société d'habitation du québec qui se propose de le reconvertir en logements sociaux. Mais l'ampleur des travaux qu'exigent les surfaces disponibles et d'importants problèmes de structure qui apparaissent à l'étape des relevés et du curetage retardent le dossier. L'immeuble est finalement cédé en 1984 à la Société immobilière du patrimoine architectural de Montréal (SIMPA) qui lance le projet ambitieux et innovateur duquel est née la maison du Bon-Pasteur, un modèle de développement intégré en matière de conservation architecturale.

En prenant la responsabilité du dossier, la SIMPA se fixe une série d'objectifs. Il faut d'abord assurer l'intégration du complexe dans son environnement par un choix judicieux des nouvelles fonctions. Les surfaces disponibles sont trop importantes pour n'envisager qu'une seule fonction qui briserait l'harmonie du quartier, compte tenu aussi du potentiel d'autres projets, comme celui du Mont-Saint-Louis. Ensuite, pour assurer l'équilibre financier du projet au sortir d'une crise économique, la multiplicité des fonctions constitue un avantage en augmentant le nombre de partenaires. Mais en même temps, cette multiplicité suppose un découpage du monument en sections définies et la mise en place de mécanismes juridiques pour mener à terme le chantier et ensuite assurer la survie autonome des partenaires sur le même site. Enfin, le statut de monument historique classé impose le respect de l'enveloppe du monument et des chapelles intérieure et extérieure dont le décor architectural est attribué à Victor Bourgeau.

La SIMPA demeure propriétaire de cette chapelle historique et des bureaux situés aux étages supérieurs de l'aile centrale, occupés par des services gouvernementaux. Dans la chapelle, le Service des loisirs et du développement communautaire et culturel de Montréal aménage une salle de concerts de 150 places à l'acoustique exceptionnelle et qui est dotée d'estrades inclinables. Tout en sauvegardant l'espace de la chapelle, cet ingénieux dispositif assure une polyvalence aux lieux. Ouverte en septembre 1988, la chapelle historique du Bon-Pasteur acquiert rapidement une renommée qui dépasse la région montréalaise.

La résidence Aurélie-Cadotte, foyer pour personnes âgées, occupe l'aile ouest de l'immeuble principal; on y retrouve 37 unités de logement. L'aile est appartient à la Coopérative Sourire à la Vie et abrite 27 logements familiaux à loyer modique. L'ancien presbytère est devenu propriété de la garderie Tour à Tour qui accueille une cinquantaine d'enfants du quartier. Quant aux annexes qui longent les rues Saint-Dominique et Saint-Norbert, elles ont été cédées à des gens plus fortunés qui s'y sont installés en copropriété divise. Tous ces groupes sont aussi représentés à la Corporation du jardin du Bon-Pasteur, propriétaire du parc et du stationnement partiellement situé au-dessous et qui gère ces espaces communs.

La reconversion de la maison du Bon-Pasteur est un projet de l'architecte Vianney Bélanger, qui a obtenu en 1987 le prix du Crédit foncier remis annuellement par la Fondation canadienne pour la protection du patrimoine (Héritage-Canada) et qui consacre l'excellence d'un projet d'initiative privée.

Luc Noppen, historien de l'architecture

GROUPE DE RECHERCHE SUR LES BÂTIMENTS EN PIERRE GRISE DE MONTRÉAL. *Le monastère du Bon-Pasteur. Histoire, relevé et analyse*. Québec, ministère des Affaires culturelles, 1978.

LAMOTHE, Bernard. *Le Bon-Pasteur... reconverti (1847-1987)*. Montréal, SIMPA, 1987.

PINARD, Guy. *Montréal, son histoire, son architecture. Tome 2*. Montréal, Les Éditions La Presse, 1988: 15-25.

Édifice Joseph-Arthur-Godin

Montréal
2112-2122, boulevard Saint-Laurent

Fonction: résidentielle et commerciale
Classé monument historique en 1990

L'édifice Joseph-Arthur-Godin est une découverte inattendue à l'intersection de la rue Sherbrooke et du boulevard Saint-Laurent. Il frappe autant par sa structure en béton armé apparente, ses façades ondulantes que par les formes courbes des balustrades, des portails et de certaines ouvertures. Ses caractéristiques architecturales et sa date de construction (1914) rangent cet édifice parmi les œuvres pionnières de l'architecture moderne.

Si, au cours du XIXe siècle, le site fait partie d'une vaste propriété appartenant successivement à Thomas Torrance et à la famille Molson, il faut attendre la Première Guerre mondiale pour voir surgir un immeuble sur ce lot vacant.

En décembre 1913, Joseph-Arthur Godin, architecte, et la firme Flahaut et frères s'associent pour acheter un terrain à la Banque de Montréal. En juin 1914, l'architecte devient seul propriétaire et construit son immeuble. Godin ne pouvant s'acquitter des frais de construction, l'édifice fait l'objet d'une saisie en mars 1915; un mois plus tard, le shérif de Montréal adjuge le tout à la Banque de Montréal.

Au fil des années, plusieurs propriétaires se succèdent: Wolfe Myerson (1920), George Coutu (1934) et finalement la Hellenic Canadian Committee qui acquiert en 1967 cette propriété adjacente à leur église grecque orthodoxe.

L'édifice Joseph-Arthur-Godin, érigé en 1914, une œuvre qui annonce l'architecture moderne. (MAC)

Une recherche d'originalité dans le choix et l'agencement des éléments décoratifs. (MAC)

À l'origine, l'édifice est dessiné par l'architecte et promoteur Joseph-Arthur Godin comme maison de rapport. Inoccupé jusqu'en 1919, il est alors recyclé en fabrique de vêtements puis, après la Seconde Guerre mondiale, les ateliers sont remplacés par des bureaux. Quoique conçu comme immeuble résidentiel, le bâtiment a connu une histoire plutôt mouvementée.

Jusqu'à maintenant, peu d'historiens de l'architecture se sont intéressés à la vie et à l'œuvre de l'architecte Godin. Tout au plus savons-nous qu'il est né en 1879 et ce n'est qu'au moment de son décès, en 1949, dans une courte notice nécrologique, qu'on fait état de sa brillante carrière d'architecte et qu'on le reconnaît comme l'un des pionniers de la construction en béton.

En début de carrière, Godin semble travailler seul dans son bureau à Lachine, puis il s'associe brièvement avec l'architecte Albert Ménard. Son association avec Jean Flahaut, professeur à l'École polytechnique de Montréal, sera déterminante dans les orientations futures de l'architecte.

Pendant ses dix premières années de pratique, les réalisations de Godin se rapprochent des productions architecturales de ses confrères. Qu'il s'agisse d'habitations modestes en rangée ou de résidences cossues et d'immeubles commerciaux, Godin a recours à des modèles largement répandus dans son milieu. Sa production architecturale se transforme radicalement lorsqu'il se fait promoteur dans la première décennie du XXe siècle.

L'édifice Joseph-Arthur-Godin constitue un nouveau modèle de maison de rapport qui s'inscrit dans la tradition parisienne par sa faible hauteur, par son mode d'accès (un escalier en colimaçon) ainsi que par l'intégration d'un local commercial au rez-de-chaussée.

L'édifice Godin ainsi que deux maisons de rapport érigées dans la même décennie à Montréal (1704, rue Saint-Denis et 330, rue Christin) s'associent au mouvement de l'architecture moderne par leur mode de construction et leur conception architecturale. Ces œuvres se distinguent des précédentes par une plus grande liberté dans la composition et par une recherche d'originalité dans le choix et l'agencement des éléments ornementaux.

L'édifice Godin occupe une place à part dans la production architecturale du Québec. Le dénuement de ses façades, la quasi-absence d'ornements autres que structuraux de même que sa structure en béton armé apparente l'inscrivent dans les nouvelles écoles de pensée européennes d'avant-garde. Par ailleurs, l'influence de l'Art nouveau transparaît avec ses façades ondulantes et ses lignes souples.

Madeleine Forget, analyste en architecture

MARTINEAU, Jocelyne. *Édifice Godin*. Montréal, ministère des Affaires culturelles, 1988, 161 p.

Maison Notman

Montréal
51, rue Sherbrooke Ouest

Fonction: résidentielle
Classée monument historique en 1979

La maison Notman, œuvre de l'architecte John Wells, n'a guère changé depuis sa construction en 1845. (CUM)

Par la qualité de sa composition stylistique et le raffinement de son décor inspiré de l'Antiquité grecque, la maison Notman exprime la quintessence du goût néo-classique à Montréal au milieu du XIXe siècle. Son importance tient autant à la notoriété de ses occupants successifs qu'à ses caractéristiques architecturales.

En 1835, Thomas Wilson et sa sœur vendent à John Gordon Mackenzie une parcelle de trois arpents située près de la «Côte à Baron» (aujourd'hui la rue Clark), un secteur prestigieux qui dès le début du XIXe siècle a la faveur des hommes d'affaires influents de Montréal. Neuf années plus tard, en mars 1844, Mackenzie vend à son tour un lot de sa propriété à William Collis Meredith, un éminent juriste.

L'année même de l'acquisition du terrain, Meredith entreprend la construction de sa maison. Issu d'une famille reconnue pour sa grande culture, Meredith tient à ce que sa demeure ait un aspect distinctif. Aussi en confie-t-il les plans à l'architecte montréalais John Wells, dont le majestueux siège social de la Banque de Montréal (1845-1847), sur la place d'Armes, est aujourd'hui l'œuvre la plus célèbre.

La maison est achevée en 1845, mais la famille n'aura guère le loisir d'en profiter pleinement puisqu'elle s'établira à Québec en 1850, à la suite de la nomination de Meredith au poste de juge en chef. Jusqu'en 1866, la résidence compte comme locataires plusieurs personnalités éminentes de Montréal, dont Thomas E. Blackwell, président du Grand Tronc. Mais la maison doit avant tout sa réputation – et son nom – à William Notman, qui l'achète de John Molson en 1876 et l'habite jusqu'à sa mort, en 1891.

Né en 1826 à Paisley, en Écosse, Notman immigre au Canada à l'âge de 30 ans pour y faire du commerce. Six mois à peine après son arrivée à Montréal, il ouvre un studio de photographie rue De Bleury. Artiste de talent, il ne tarde pas à se faire connaître outre-frontières, si bien qu'en 1860 il devient le «photographe de la reine». Au cours de sa carrière, il parcourt le Canada et les États-Unis, immortalisant sur pellicule nombre d'événements majeurs. Il a laissé plus de 400 000 photographies, aujourd'hui conservées au Musée McCord de Montréal.

Le hall divisé par une arche qui repose sur des colonnes d'ordre corinthien. (Musée McCord, archives photographiques Notman)

Excepté la construction d'une annexe en brique en 1900, qui n'a du reste rien de commun avec l'élégante façade, la maison n'a guère subi de modifications. Sur la façade en pierre de taille se détachent des ornements d'inspiration néo-grecque, mis à l'honneur à la fin de la grande époque néo-classique. Ce décor se juxtapose ici à un volume carré, plutôt compact, et à une composition tripartite où se révèle l'empreinte du palladianisme. Cette approche selon laquelle on associe des détails antiquisants à une composition conventionnelle n'est pas sans rappeler la manière de l'Américain Minard Lafever, dont les recueils de modèles ont été largement diffusés à l'époque.

De part et d'autre du porche, deux légères saillies sont mises en relief par l'appareillage à bossages continus au rez-de-chaussée et les frises finement sculptées d'entrelacs à l'étage. Les piliers à chapiteaux, la frise à rosettes et le couronnement du porche, orné au centre d'une palmette, sont caractéristiques du vocabulaire néo-grec. Une large corniche à modillons borde le toit en pavillon.

Le décor intérieur puise à la même source d'inspiration. L'entrée donne sur un vaste hall divisé par une arche qui repose sur des colonnes d'ordre corinthien aux chapiteaux ornés de motifs végétaux. Des plafonds à caissons aux appliques en plâtre jusqu'aux corniches et chambranles sculptés, la facture des éléments décoratifs est remarquablement soignée.

On a construit au Québec, au cours de la même période, plusieurs résidences qui s'apparentent à la maison Notman par leurs emprunts au répertoire de l'Antiquité. La maison Mooney, située rue Sherbrooke, compte parmi celles-là. À Québec, la maison Cyrice Têtu, dessinée par Charles Baillairgé, présente un décor néo-grec où s'affirme aussi l'influence de Lafever.

Peu après la mort de William Notman, la maison est achetée par George Drummond qui, en 1894, y établit la communauté anglicane des sœurs de St. Margaret qui y dirige aujourd'hui un centre d'accueil pour femmes âgées.

Nedjma Belrechid, architecte

PINARD, Guy. *Montréal, son histoire, son architecture. Tome 1.* Montréal, Les Éditions La Presse, 1987: 135-140.

Maison Cytrynbaum

Montréal
75 et 81, rue Sherbrooke Ouest

Fonction: résidentielle et commerciale
Classée monument historique en 1980

Connue sous le nom de ses propriétaires au moment du classement, la maison Cytrynbaum est un très bel exemple de l'architecture néo-classique au Québec. Elle s'élève rue Sherbrooke où, dès le XIXe siècle, des hommes d'affaires établissent leurs grandes et riches demeures, profitant d'une vue plongeante sur le centre-ville; la rue Sherbrooke est alors plantée d'arbres, sacrifiés par la suite à la circulation automobile.

La maison Cytrynbaum comprend deux parties distinctes, construites à des époques différentes. La partie la plus ancienne, au numéro 75 (sur la droite), aurait été édifiée entre 1835 et 1846 pour John Gordon MacKenzie, un riche importateur montréalais, propriétaire du terrain depuis 1835. La partie adjacente, qui correspond au numéro 81, date de 1867. Un article du *Montreal Herald Illustrated Edition*, paru en mars de la même année, fait d'ailleurs état de modifications à la résidence, qui appartient depuis 1865 à Charles John Brydges, administrateur de grandes sociétés ferroviaires. Conçu par George et John James Browne, cet agrandissement apparaît digne de la production de ces architectes, qui ont à leur crédit plusieurs œuvres remarquables à Montréal et à Kingston principalement.

Parmi les autres propriétaires de la maison Cytrynbaum, citons Louis-Adélard Sénécal, président de plusieurs compagnies. Après y avoir résidé seulement un an, il la cède en 1884 à l'homme d'affaires Victor Beaudry. La famille Beaudry y demeure jusqu'en 1949 (au numéro 75, jusqu'en 1957). Voisine de l'École des Beaux-Arts, la maison connaît son heure de gloire à l'époque où l'habite la famille du poète Claude Gauvreau; c'est là en effet qu'on prépare et imprime le manifeste du *Refus global*.

Plusieurs ajouts viennent successivement modifier la configuration de la résidence. Entre 1880 et 1887, le bâtiment du numéro 75 est exhaussé d'un étage et celui du numéro 81 est agrandi sur l'arrière. Entre 1907 et 1912, on construit une annexe à l'arrière du numéro 75, qui, en 1928, logera des appartements puis des bureaux. L'annexe en brique, à l'arrière du numéro 81, remonte à 1951, tandis que l'avant-corps du numéro 75 date de 1958. Aujourd'hui, le numéro 75 est occupé par des cabinets de consultation et le plan original est méconnaissable.

Une analyse de la partie la plus ancienne de la maison, si l'on omet l'avant-corps et l'exhaussement, révèle un corps de bâtiment compact avec une façade symétrique et sobre, ornée de pilastres et d'un bandeau horizontal. Cette architecture, issue de la tradition classique britannique, semblait assez répandue dans le quartier, puisque d'autres maisons datant de la même période, comme les maisons Notman et Mooney de la rue Sherbrooke, en adoptent certaines caractéristiques.

Le bâtiment du numéro 81, séparé de la partie voisine par un mur mitoyen, épouse l'angle des rues Sherbrooke et Saint-Urbain. La modulation élégante de la façade, ses lignes sobres et raffinées, ses retraits et ses saillies laissent deviner la composition du plan intérieur. Le porche en bois finement ouvragé, avec ses corbeaux, ses arcs de voûte, ses architraves à piécettes, ses frises et ses corniches, contraste vivement sur l'ensemble de la composition, beaucoup plus épurée.

L'entrée franchie, on découvre au fond du hall un escalier majestueux et des plafonds à frises richement décorés. Grâce à un jeu ingénieux de proportions entre les pleins et les vides, l'impressionnante hauteur de cet étage ne se devine pas sur la façade. Dans l'ensemble cependant, les intérieurs ont été amplement remaniés, notamment par l'ajout de cloisons.

Au XXe siècle, la bourgeoisie délaisse peu à peu le quartier. La rue Sherbrooke, qui se transforme sous la pression du progrès, n'exerce plus le même attrait. Aussi ne faut-il pas s'étonner qu'on ait voulu démolir la maison Cytrynbaum, en 1975, pour faire place à une tour d'habitation. Elle a été classée en 1980, et cette mesure a eu pour effet de consolider le caractère historique de ce secteur de la rue Sherbrooke, entre les rues Jeanne-Mance et Saint-Denis.

Naima Deheina, architecte

La maison Cytrynbaum comprend deux parties distinctes, datant d'époques différentes. La plus ancienne, à droite, aurait été construite entre 1835 et 1846, et l'autre, en 1867. (MAC)

Vue de l'ensemble, dont l'agrandissement de 1951. (MAC)

Un plafond richement décoré de frises. (MAC)

GROUPE DE RECHERCHE SUR L'ARCHITECTURE ET LES SITES HISTORIQUES DE L'ÉCOLE D'ARCHITECTURE, UNIVERSITÉ DE MONTRÉAL. *Maison Cytrynbaum. Histoire, relevé et analyse*. Québec, ministère des Affaires culturelles, 1978. 112 p.
PINARD, Guy. *Montréal, son histoire, son architecture*. Tome I. Montréal, Les Éditions La Presse, 1987: 257-261.

Mount Royal Club

Montréal
1175, rue Sherbrooke Ouest

Fonction: sociale
Classé monument historique en 1975

Considérant que le club St. James devenait une société par trop mêlée, dix-neuf membres de la ploutocratie montréalaise décident en mars 1899 de former un nouveau cercle plus sélectif où ils pourraient se récréer entre gens du même monde. La pétition qu'ils adressent au gouvernement le 5 septembre suivant est rapidement approuvée et dès le 23 du même mois, le lieutenant général Jetté signe la charte du nouveau club dont le nombre de membres est limité à 300, les frais d'inscription fixés à 200 dollars et la cotisation à 100 dollars par année.

Le club des millionnaires

Il s'agit de sommes élevées pour l'époque, mais qui ne peuvent rebuter les richissimes fondateurs parmi lesquels on peut citer le magnat de la fourrure et des chemins de fer Donald Alexander Smith, le sénateur George Alexander Drummond, fondateur de la Canada Sugar Refining Company, le financier Richard Bladworth Angus, directeur du Canadien Pacifique, le lieutenant-colonel Hugh Montagu Allan, industriel et financier, enfin Louis-Joseph Forget, magnat du transport maritime et ferroviaire et premier Canadien français à présider la Bourse de Montréal.

Leur organisation acquiert rapidement le surnom de «Club des millionnaires». Le nom de Mount Royal vient non seulement de la référence topographique évidente, mais aussi du titre de Baron Strathcona and Mount Royal of Glencoe and of Montreal, décerné à Donald Alexander Smith, président honoraire du Club, haut commissaire du Canada à Londres et ami de certains membres de la famille royale d'Angleterre. Cet éminent personnage, qui a déjà été envoyé par le gouvernement fédéral comme médiateur lors de la rébellion de Louis Riel, qui a été député au Parlement du Manitoba et à la Chambre des communes, ex-chancelier de l'Université McGill, est aussi un grand philanthrope.

Il offre sa résidence montréalaise comme siège du club, mais ses collègues lui préfèrent celle de Sir John Abbott, construite en 1887 par les architectes Hutchison & Steele à l'emplacement de l'édifice actuel. Il s'agit d'une pittoresque maison en brique rehaussée de chaînages en pierre et comportant une partie à pans de bois ainsi qu'un jardin d'hiver sur le côté ouest. Habitée par l'ancien premier ministre canadien à peine quelque trois ans avant sa mort, elle avait servi à Lord Aberdeen qui y avait donné de brillantes réceptions.

Réaménagée pour les fins du club, cette maison connaît un premier incendie en août 1902 qui en détruit la toiture et le mobilier importé de Londres. Remise en état par les architectes Edward et William S. Maxwell, elle subit dès janvier 1903 un second incendie qui mène à de plus importants travaux, toujours dirigés par les frères Maxwell, mais avec la collaboration de leurs collègues new-yorkais McKim, Mead & White. À cette occasion, on démolit le jardin d'hiver et on agrandit le bâtiment en lui flanquant une aile du côté ouest. Rouvert en septembre 1903, le club est à nouveau la proie des flammes en janvier 1904, et cette fois de façon irrécupérable.

L'architecte new-yorkais

La conception et la réalisation du bâtiment actuel sont confiées à Stanford White (de McKim, Mead & White), assisté de la firme Hutchison & Wood, comme architectes associés, et d'Edward Maxwell, dont le rôle se voit curieusement réduit à celui de conseiller.

Que le rôle principal ait été confié à Stanford White se comprend assez aisément compte tenu de l'habitude que l'on prend ici au début du siècle de recourir à nos voisins pour les projets de grande envergure, de la célébrité du groupe McKim, Mead & White et de l'importance et de la qualité de sa production, enfin de son expérience particulière en matière de clubs sociaux. À New York seulement, il a signé huit projets reliés à cette typologie dont les plus fameux sont le Metropolitan Club (1891-1894) et l'University Club (1896-1900), achevés depuis peu à cette époque.

Par contre, les raisons de la participation des architectes Hutchison & Wood sont moins évidentes. Bien sûr, il s'agit d'un bureau très important à Montréal, établi par

L'austérité recherchée qui caractérise le Mount Royal Club marque en fait un souci de se différencier. (Musée McCord, archives photographiques Notman)

Alexander Cowper Hutchison en 1863. Le fondateur a été impliqué dans les travaux du parlement d'Ottawa, de la cathédrale anglicane de Montréal, et de l'hôtel de ville de la métropole, à laquelle il a encore donné quantité d'édifices remarquables. Le fait que l'ancienne maison Abbott (choisie par le club pour son premier siège social) ait été de Hutchison & Steele est peut-être aussi entré en ligne de compte, mais sans doute davantage la recommandation de Lord Strathcona dont la maison (1887-1888) avait été construite par les mêmes architectes.

Bénéficiant de la considération d'autres membres fondateurs comme Henry Vincent Meredith, Louis-Joseph Forget et Richard Bladworth Angus, dont il a érigé ou remanié les résidences, Edward Maxwell demeure néanmoins impliqué dans les travaux du club; de même très certainement, dans l'ombre, son frère et associé William, bien que le nom de ce dernier ne soit pas mentionné. Des deux, il est en effet le mieux placé, par sa formation parisienne, pour comprendre l'esthétique mise de l'avant par Stanford White.

Sobriété architecturale

La conception de l'immeuble procède d'une austérité particulièrement recherchée, qui a souvent été depuis confondue avec une pauvreté d'invention ou de moyens. Le Service d'urbanisme de la Ville de Montréal la considère même «sans grand intérêt architectural» et se félicite des «vignes très répandues sur les murs extérieurs, facteur qui vient soulager un peu la banalité de ces derniers»! Il est dommage au contraire qu'elles masquent les deux pilastres ioniques cannelés qui encadrent l'entrée et de façon générale la subtile articulation des plans par laquelle se démarquent – dans moins de quatre centimètres de profondeur – les axes structuraux, le nu des murs et les panneaux en retrait qui soulignent le rythme des ouvertures.

Rien n'est moins modeste, ni moins simple, ni banal que le Mount Royal Club dont les coûts de construction s'élevaient à quelque 200 000 dollars. La grande sobriété, créée notamment par le plan symétrique, la pierre grise, la faible saillie de la corniche, la très légère surélévation du parapet au-dessus de l'entrée et l'absence de bas-reliefs ornementaux et de frontons aux fenêtres, est plutôt affichée comme privilège de classe. C'est l'ennui cultivé comme luxe suprême, le goût «hors du commun» d'une élite difficile d'accès qui marque encore sa distanciation par l'opacité des portes de son club, dont elle ne trahit qu'occasionnellement l'anonymat par un fanion flottant dans le ciel. Le seul exemple de son temps auquel on peut le comparer est probablement l'agrandissement de la Banque de Montréal, réalisé par les mêmes architectes new-yorkais, en association avec l'architecte montréalais Andrew T. Taylor.

Une végétation envahissante masque la subtile articulation des plans et les pilastres ioniques qui encadrent l'entrée.

Cette sévérité devient la marque des clubs les plus sélects et tire sa source de ceux que l'architecte Charles Barry a réalisés à Londres. Dès 1829 au Travellers et 1837 au Reform Clubs, il a en effet lancé, par souci de modernisme, la mode d'une architecture qui bien que d'inspiration Renaissance italienne dans son ordonnance générale, rejette les colonnes et autres éléments architectoniques trop étroitement liés aux périodes passées. Ce goût, comme celui des clubs, se propage aux États-Unis et spécialement à New York où en 1901 on ne compte pas moins de 157 sociétés récréatives de ce type.

L'intérieur affiche la même dignité compassée. Le hall d'honneur, orné d'une frise à motifs de bucranes et de trophées, est l'espace le plus solennel. Les salons de lecture, la salle à manger et le bar (qui servait autrefois de salle de billard) ont un décor plus contenu qui se limite aux cheminées, aux cimaises de bois sombre et aux vitraux dont les motifs évoquent les races fondatrices de la société montréalaise et les types de divertissements qu'affectionnent probablement les membres du club.

L'étage, réservé aux fonctions secondaires, a un décor pratiquement réduit au mobilier et aux tableaux, qui dans l'ensemble du club constituent néanmoins une collection de prix. Les seules pièces qui ont droit à quelque gracieuseté sont le salon et la salle à manger des dames – épouses et filles célibataires des sociétaires – qui, bien entendu, selon la tradition britannique, ne peuvent pas elles-mêmes être membres du club. Elles ne sont admises que par la petite porte latérale de la rue Stanley et demeurent habituellement cantonnées dans ces locaux restreints.

Au cours des années, divers travaux ont quelque peu altéré l'intégrité du design d'origine. L'entrée de service sur la ruelle en constitue un exemple éloquent. Les fenêtres, refaites pour la plupart en 1937 par les architectes Archibald & Illsley, n'ont pas non plus l'élégance de modénature qui conviendrait à semblable édifice. Enfin, un manque d'entretien de l'extérieur contribue certainement à la piètre appréciation de la majorité des observateurs.

Pierre-Richard Bisson,
architecte et historien de l'architecture

United Services Club

Montréal
1195, rue Sherbrooke Ouest

Fonction: sociale et administrative
Reconnu monument historique en 1974

Lorsque Louis-Joseph Forget décide en 1883 de faire construire sa résidence, il choisit le quartier le plus huppé de Montréal: le Golden Square Mile. Cet homme prospère, reconnu à la fois pour son flegme et pour son audace en affaires, est alors l'un des rares francophones à s'établir dans ce bastion de l'élite de souche anglaise.

Né à Terrebonne en 1853, Louis-Joseph Forget saura très tôt faire valoir ses qualités de financier. C'est ainsi qu'à peine âgé de vingt ans, il entre à la Bourse de Montréal sur la recommandation de son premier employeur, Thomas Caverhill. Il est d'ailleurs le premier Canadien français à y accéder. Sa firme de courtage fondée en 1873 connaît un succès fulgurant et Forget ouvre même une succursale à Paris, une première pour une entreprise financière canadienne. Au cours de sa carrière, il occupe la direction de plusieurs sociétés, parmi lesquelles la Montreal Light Heat and Power, et siège au conseil d'administration du Canadien Pacifique. Il est nommé sénateur en 1896.

À la mort de Forget en 1911, sa femme, Maria Raymond, continue d'habiter la luxueuse résidence d'inspiration Second Empire dont on attribue la conception à l'architecte Maurice Perrault. Il avait eu l'occasion de se familiariser avec ce style en travaillant auprès de son père, Henri-Maurice, à qui l'on doit des réalisations remarquables.

La façade en pierre de taille aux arêtes marquées par un chaînage affiche clairement les différentes affectations imparties à chacun des étages. L'étage noble, au-dessus d'un haut soubassement où se retrouvent les fonctions de service, s'orne de pilastres et d'un oriel montant de fond. Des corniches proéminentes couronnent chacune des ouvertures du rez-de-chaussée tout comme les lucarnes du toit en mansarde. Le groupement des baies deux à deux, de part et d'autre de la partie centrale, est une caractéristique empruntée à l'architecture de la Renaissance.

Le programme architectural visait à concilier les exigences d'une cellule familiale importante à des activités professionnelles et mondaines. La résidence comprenait même une chapelle, transformée depuis en salle à manger.

Les premières modifications d'importance, en 1902-1903, sont de la main des architectes Edward et William Maxwell. La partie arrière de la maison, l'escalier en façade ainsi que la porte d'entrée ont fait les frais d'une rénovation. À l'intérieur, les frères Maxwell remplacent la plupart des boiseries, les ornements en plâtre et l'escalier d'honneur conduisant aux étages. En fait, la majeure partie du décor intérieur de même que certaines pièces de mobilier sont l'œuvre des frères Maxwell. Il semble donc que leur intervention ait visé surtout à harmoniser la composition générale sans trop retoucher l'extérieur.

La maison de Forget, témoin de l'ère victorienne à Montréal, est d'autant plus intéressante qu'elle occupe un îlot le long de la rue Sherbrooke, entre deux autres bâtiments ayant des caractéristiques communes. Tous trois se situent en retrait de la chaussée, sur des terrains de superficie appréciable, et leur sortie arrière donne sur une ruelle qui, autrefois, permettait d'accéder aux écuries.

L'ancienne résidence de Maria Raymond et Louis-Joseph Forget appartient maintenant à la fondation Macdonald-Stewart, qui l'a achetée en 1975 au United Services Club, un club privé réservé à l'origine aux anciens officiers de la Première Guerre mondiale. Pendant les quelque 50 années où le club en a eu la possession, la maison a été réaménagée à l'intérieur, notamment en 1927 et en 1962, à la suite d'un incendie mineur.

Aujourd'hui, le club loge toujours au rez-de-chaussée tandis que les autres étages sont réservés à la fondation Macdonald-Stewart. Le soin jaloux que met la fondation à la conservation de l'édifice nous permet d'espérer que la sauvegarde de cette belle villa de la rue Sherbrooke est désormais assurée.

Patrick Malard, architecte

On attribue à l'architecte Maurice Perrault les plans de cette résidence d'inspiration Second Empire.

Le décor intérieur est en grande partie l'œuvre des architectes Edward et William Maxwell. (Brian Merrett)

RÉMILLARD, François et Brian MERRETT. *Demeures bourgeoises de Montréal. Le mille carré doré, 1850-1930.* Montréal, Éditions du Méridien, 1987: 100-103.

Maison Corby

Montréal
1201, rue Sherbrooke Ouest

Fonction: administrative
Reconnue monument historique en 1974

Œuvre d'architectes renommés, la maison Corby, avec son agencement subtil de divers courants historicisants, constitue l'un des points d'intérêt de la rue Sherbrooke. (CUM)

L'emplacement sur lequel s'élève la maison Corby faisait partie à l'origine du domaine appartenant au financier William Workman; il est subdivisé en 1872 par ses héritiers. En 1882, le banquier montréalais Thomas Craig achète les deux terrains qui forment l'angle des rues Sherbrooke et Drummond et charge aussitôt l'architecte montréalais John James Browne d'y construire une maison.

La résidence que dessine Browne rappelle par bien des aspects le Morrice Hall dont il a terminé la construction l'année précédente. Revêtue de pierre grise à bossage entrecoupée de bandeaux de pierre lisse, la maison compte un sous-sol, un rez-de-chaussée et un étage. Au centre de la façade, le porche d'inspiration néo-gothique, précédé d'un escalier droit, est soutenu par des colonnes trapues, coiffées de chapiteaux sculptés. L'architecte conçoit trois oriels montant de fond, dont l'un occupe tout un coin de l'édifice selon un angle tronqué, constituant pour ainsi dire une façade en lui-même. Le bâtiment est couronné d'un toit plat et d'une corniche à denticules.

Une année seulement après la construction de sa demeure, Thomas Craig doit quitter Montréal pour les États-Unis à la suite de la faillite de la Savings Bank of Canada. D'abord mise en location, la résidence est vendue à James N. Greenshields en 1887. Puis, tour à tour, James Baxter et le banquier James Reid Wilson en deviennent propriétaires.

En 1900, l'année même où Wilson se porte acquéreur de la maison, l'architecte Richard A. Waite, de Buffalo, se voit confier des travaux de rénovation. Natif d'Angleterre, Waite s'attache à la recherche d'un idéal en matière d'architecture, fondé sur la beauté et la richesse formelle. On reconnaît dans sa manière l'influence de l'École des Beaux-Arts, d'ailleurs sensible dans l'immeuble du Grand Tronc qu'il conçoit à la même époque. Comme pour cet édifice, la maison qu'il transformera de fond en comble est placée sous le signe de l'opulence.

À la différence de son prédécesseur, John James Browne, Waite veut mettre l'accent sur l'intérieur de la maison. Pour mieux le modifier, il commence par transformer l'extérieur. Il ajoute un étage au bâtiment, qu'il coiffe d'un toit à la Mansart à pente raide recouvert d'ardoise rouge. Il y ménage plusieurs lucarnes à croupes, dont certaines sont regroupées par trois ou par quatre.

Afin de dégager l'espace nécessaire à un escalier intérieur monumental, Waite déplace l'entrée principale vers l'extrême droite. Il redessine le porche, mais conserve l'une des colonnes massives conçues par Browne. L'escalier extérieur qui y mène comprend désormais plusieurs paliers et est bordé d'une élégante balustrade en fer forgé. Waite supprime aussi deux des trois oriels; celui qui subsiste, de forme semi-circulaire, est recouvert d'une calotte hémisphérique. Somme toute, il remodèle complètement l'extérieur de la maison, n'en conservant que la pierre de revêtement et quelques éléments décoratifs. Enfin, l'architecte construit derrière la maison un bâtiment en pierre et en brique destiné aux membres du personnel.

La maison en 1894, avant les transformations effectuées par l'architecte Richard A. Waite. (CUM)

La salle à manger a fait place à la salle du conseil de la compagnie Corby. (Brian Merrett)

À partir de 1936, la maison, qui appartient désormais à Ernest Latrémouille, sert de pension pour étudiants. Bien que cette nouvelle affectation ait des conséquences néfastes sur son architecture intérieure, le bâtiment conserve suffisamment de ses attributs d'origine pour que la compagnie des distilleries Corby Limitée, qui en devient propriétaire en 1951, songe à le restaurer. Déjà la rue Sherbrooke est en voie de regagner son prestige d'antan. Il n'en faut pas plus pour convaincre la compagnie Corby d'y établir son personnel cadre.

En dépit des modifications que nécessite l'aménagement de bureaux, la maison garde le caractère d'une habitation. Dans le hall, le majestueux escalier en acajou éclairé par un puits de lumière assure la libre circulation entre les bureaux. Pour des raisons d'ordre pratique cependant, on installe un ascenseur. Les six cheminées, dont certaines sont en marbre, s'intègrent merveilleusement bien à l'aménagement à caractère administratif. La plus imposante, qui se trouve dans le bureau du président (autrefois un salon), est ornée d'un remarquable linteau en noyer sculpté. Partout abondent les lambris et les moulures finement ouvragées. Quant à l'ancienne dépendance, la compagnie y aménage une salle de réception au rez-de-chaussée et les logements de l'étage sont rénovés.

Œuvre de deux architectes de renom, la maison Corby, avec son agencement subtil de divers courants historicistes, comme le néo-Renaissance et le style Beaux-Arts, se révèle l'un des points d'intérêt de la rue Sherbrooke. En 1974, le ministère des Affaires culturelles lui reconnaît donc le statut de monument historique.

Anastasia Kostopoulos, urbaniste

RÉMILLARD, François et Brian MERRETT. *Demeures bourgeoises de Montréal: Le mille carré doré, 1850-1930.* Montréal, Éditions du Méridien, 1987: 168-171.

University Club de Montréal

Montréal
2047, rue Mansfield

Fonction: sociale
Classé monument historique en 1986

D'inspiration georgienne, le University Club est un édifice assez sobre si on le compare aux autres clubs construits à Montréal au tournant du siècle.

Dessin de l'architecte Percy Erskine Nobbs montrant la façade du University Club sur la rue Mansfield.
(Musée McCord, archives photographiques Notman)

Les dirigeants de l'Université McGill décident en 1906 de fonder un club à vocation académique destiné aux diplômés. Selon la tradition britannique, Montréal a vu foisonner jusque-là un certain nombre de clubs privés, associations sportives ou regroupant des hommes d'affaires ayant quelques affinités par leurs origines, leur fonction ou leur statut social. Le University Club pour sa part consacre le statut du diplômé d'université, nouvelle catégorie sociale qui émerge au début du XXᵉ siècle.

En novembre 1907, le Parlement adopte une loi privée qui sanctionne les statuts de l'association et celle-ci s'installe dans une vaste demeure au coin des rues Dorchester et Sainte-Monique. Cinq ans plus tard, les locaux sont déjà trop exigus; les directeurs du club invitent donc les architectes Nobbs et Hyde à soumettre des plans pour un nouvel immeuble.

L'œuvre de P.E. Nobbs

Le choix de Percy Erskine Nobbs s'impose en quelque sorte aux autorités. Membre du club, Nobbs est également professeur à l'École d'architecture de l'Université McGill et jouit d'une certaine notoriété dans la société montréalaise de l'époque. Né à Édimbourg, Nobbs y reçoit une formation universitaire avant de devenir l'élève de Robert Lorimer, un des architectes les plus en vue d'Écosse. Le maître et l'élève se déclarent disciples de William Morris, instigateur du mouvement Arts and Crafts qui préconise une synthèse de l'artisanat, des traditions et des matériaux locaux pour élaborer une architecture contemporaine. En compagnie de Ramsay Traquair, compatriote qui laissera sa marque comme pionnier de l'histoire de l'architecture du Québec, Nobbs parcourt l'Angleterre et l'Italie. En 1903, il est invité à venir enseigner à l'Université McGill, qui lui offre la chaire Macdonald.

Peu après son arrivée, les dirigeants de l'Université invitent Nobbs à dresser les plans du McGill Student Union – devenu depuis le musée McCord –, édifice devant être construit rue Sherbrooke, en face du campus. Pour ce monument dont il livre les

Le salon principal.

À l'intérieur se révèle l'influence du mouvement Arts and Crafts.

Nobbs a dessiné la majeure partie du mobilier et des éléments architecturaux intérieurs, dont ce superbe escalier.

plans en 1904, Nobbs puise dans le répertoire de l'architecture anglaise. Comme plusieurs architectes nord-américains de ce début de siècle, il s'inspire plus particulièrement des œuvres que Charles Barry érige sur le modèle des palais de la Renaissance italienne au début du XIXe siècle à Londres. Nobbs compose cependant des élévations plus sobres que celles des principaux clubs érigés en même temps à Montréal, en se repliant vers la tradition architecturale britannique, dont celle qui a donné naissance aux maisons georgiennes du XVIIIe et du début du XIXe siècle.

Une œuvre soignée

Pour le University Club, Nobbs s'aligne avec précision sur cette architecture georgienne en traitant un édifice en brique rehaussé de calcaire clair pour une partie du revêtement et les éléments sculptés de l'ornementation de la façade. Cette dernière, qui se lit comme un tableau accroché sur une structure peu articulée, reprend en effet les grandes lignes de cette architecture de maisons en rangée qui caractérise le paysage londonien: étage traité en soubassement, bel étage orné d'ouvertures en forme d'arcades, deuxième étage rehaussé d'un fenêtrage différent et enfin étage attique en raccourci, le tout surmonté d'une balustrade destinée à soustraire le profil de la toiture à la vue.

À l'intérieur, l'architecture révèle l'influence du mouvement Arts and Crafts. Nobbs en effet signe la plus grande partie du mobilier, des foyers, ainsi que tous les éléments du décor architectural, en plus de proposer les plans de la distribution qui dénotent un souci de créer des espaces bien proportionnés. Très élégante, cette architecture intérieure est soigneusement étudiée et reflète la volonté typique du mouvement revivaliste écossais d'établir un lien organique entre les espaces intérieurs de l'édifice. Dans la même veine, les matériaux sont choisis non seulement pour leur apparence, mais aussi en fonction de leur durabilité et de leur caractère expressif.

Percy E. Nobbs se joint à George Taylor Hyde en 1911, un an avant que ne soit déposé le projet du University Club. Son associé s'occupant des questions techniques et administratives, Nobbs peut dès lors se consacrer entièrement à la composition architecturale. Son goût conservateur et son architecture d'une élégance toute britannique en font l'architecte recherché par une aristocratie qui réfute les débordements et excès caractéristiques de l'éclectisme nord-américain de cette époque. Dans cette voie, le University Club est sans doute le plus intéressant des édifices de Percy Erskine Nobbs qui ait survécu.

Luc Noppen, historien de l'architecture

ROBERT, Jacques. *Le University Club, Montréal*. Montréal, ministère des Affaires culturelles, 1985.

Maison Atholstan

Montréal
1172, rue Sherbrooke Ouest

Fonction: administrative
Reconnue monument historique en 1974

Située au coin des rues Stanley et Sherbrooke, cette vaste demeure a marqué un des temps forts du mouvement de conservation au Québec. Reconnue monument historique en 1974, en même temps que plusieurs autres résidences cossues menacées de disparaître pour faire place à des immeubles, la maison Atholstan témoigne de la mobilisation qui a eu lieu à Montréal à cette époque et qui a permis d'établir qu'une histoire de l'architecture du Québec ne pouvait se limiter aux «antiquités» des XVIIe et XVIIIe siècles.

Mais un pas plus important encore a été franchi lorsque la compagnie Alcan a choisi d'utiliser cette maison, les immeubles voisins, ainsi qu'un vaste complexe neuf érigé à l'arrière, pour y installer son siège social international. La maison Atholstan (1895), la maison Beïque (1894), l'hôtel Berkeley (1928) et la maison Holland (1872) sont ainsi devenus une devanture de prestige pour un projet immobilier d'envergure qui s'est fait discret à l'arrière.

Ce qui est important cependant c'est la reconnaissance, par une société multinationale, de l'intérêt de cet héritage architectural. En plus de conserver les bâtiments, l'Alcan, conseillée par l'architecte Ray Affleck et le bureau d'architectes Arcop, a soigneusement restauré en 1980 la maison Atholstan, désormais occupée par la direction de la société. L'exemple a eu un effet d'entraînement certain à travers le Canada. Ainsi à Québec, l'intégration de la Banque de Québec et de la maison Estèbe au nouveau Musée de la civilisation (1988) est un exercice qui a profité de l'expérience montréalaise: restauration d'édifices anciens et construction neuve reliés par un espace en verre.

La maison Atholstan, construite en 1895 d'après les plans des architectes Dunlop et Heriot, est un bel exemple du vocabulaire formel utilisé pour les résidences privées par les architectes formés dans les écoles des Beaux-Arts. On y retrouve une composition très rigoureuse qui se veut moderne par un traitement linéaire et plat des surfaces et un équilibre statique entre les parties qui forment un tout pouvant être vu comme un tableau. La maison Atholstan est un exemple précoce de ce renouveau classique. À Montréal, on revient donc à la pierre de taille lisse et la sobriété linéaire, qui mettent un terme à l'exubérance de l'éclectisme pittoresque.

La maison Atholstan, un exemple précoce de l'architecture Beaux-Arts à Montréal, est maintenant intégrée au complexe de la société Alcan.

Un décor d'un classicisme épuré où se lit le rapport des éléments entre eux et à l'ensemble.

Ici le décor se définit davantage comme architecture que comme ornement.

Cette volonté de revenir à un classicisme plus pur est surtout observable à l'intérieur de la maison où le décor se définit plus comme une architecture intérieure que comme ornement. Au lieu donc de définir des surfaces dont la somme crée une ambiance – ce qui est le propre des décorateurs et ornemanistes –, cette architecture intérieure témoigne de la reprise en main par l'architecte de l'espace intérieur. En témoigne le vocabulaire utilisé selon les règles de l'art (respect des ordres, hiérarchie de l'ordonnance et rapport de tous les éléments entre eux et à l'ensemble) pour créer non plus un décor, mais de l'Architecture.

L'édifice est introduit de façon très serrée dans la trame urbaine, deux de ses façades étant très rapprochées de la rue. C'est là une différence notable par rapport aux villas suburbaines et aux maisons en terrasse dont l'implantation privilégiait encore une mise en scène paysagée de l'immeuble. De plus, l'architecture qu'annonce la maison Atholstan sera moderne par son principe de construction: ossature avec parements, développement de la technologie, des services et du programme.

Tout ceci réintroduit la distinction entre l'architecture considérée comme pratique constructive – domaine où excelle l'ingénieur –, et l'Architecture, considérée comme l'un des beaux-arts, c'est-à-dire l'exercice par lequel un concepteur inscrit dans le paysage une œuvre qui, du fait de son adhésion au langage du classicisme, se veut une spéculation formelle sur la relation qui doit exister entre la solidité, la commodité et le beau. On revient donc pour un temps à une appréciation raisonnée des qualités esthétiques du bâtiment, ce qui en fait annonce le fonctionnalisme esthétique qui émerge dans les années 1920.

Hugh Graham, qui a fait ériger cette somptueuse demeure, est né en 1848 à Athelstan, près de Huntingdon au Québec. Engagé très jeune dans le milieu de la presse, il fonde le *Montreal Star* en 1869 et en dirige les destinées jusqu'à son décès, en 1938. Très actif dans les sociétés de bienfaisance, Hugh Graham est ennobli en 1917 et devient Lord Atholstan, d'où l'appellation dont hérite sa demeure.

Luc Noppen, historien de l'architecture

PINARD, Guy. *Montréal, son histoire, son architecture. Tome 1*. Montréal, Les Éditions La Presse, 1987: 146-150.

RÉMILLARD, François et Brian MERRETT. *Demeures bourgeoises de Montréal. Le Mille carré doré, 1850-1930*. Montréal, Éditions du Méridien, 1987: 152-155.

Mount Stephen Club

Montréal
1440, rue Drummond

Fonction: sociale
Classé monument historique en 1975

Un peu perdu dans un secteur de la ville où dominent les édifices en hauteur se dresse le prestigieux Mount Stephen Club. C'est en 1925, à une époque où plusieurs maisons cossues sont démolies pour faire place à de nouveaux immeubles, que N. Timmins, J.H. Maher et J.S. Dohan se portent acquéreurs de cette somptueuse demeure en vue de la sauvegarder. Ils y installent l'année suivante le club privé Mount Stephen Club qui, très tôt, regroupe l'élite financière de ce qui est alors la métropole du Canada.

Construite de 1880 à 1883 pour George Stephen, à l'époque où il devient le président du Canadien Pacifique, elle ne demeure pas longtemps sa propriété. En 1888, elle est acquise par son beau-frère Robert Meighen qui l'occupe jusqu'en 1925. À cette époque, la maison accueille déjà les personnalités les plus remarquables du continent. Lorsque la résidence est transformée en club «select», les fondateurs baptisent le monument à la mémoire de George Stephen, devenu avant sa mort Lord Mount Stephen.

George Stephen

Né en 1829, l'Écossais George Stephen occupe différents postes de commis avant de rejoindre, en 1850, son cousin William établi à Montréal. Au fil des années, il se fait remarquer dans le milieu des affaires et de la finance. Partenaire dans l'entreprise de William Stephen, il en devient propriétaire à son décès. En peu de temps il domine l'industrie du textile et du vêtement du Canada, possédant plusieurs moulins et manufactures. La crise économique des années 1870 stimule l'homme d'affaires qui se retrouve rapidement à la tête d'une fortune importante. Son génie de la finance l'amène en même temps à la présidence de la prestigieuse Banque de Montréal en 1876.

C'est l'épisode de la Confédération qui fait de George Stephen une personnalité de l'histoire du Canada. Ami de John A. Mac-Donald, Stephen se lance dans l'aventure du chemin de fer, essentiel à la survie économique et politique du Canada. Avec quelques amis influents il fonde la Compagnie des chemins de fer du Canadien Pacifique dont il devient, en 1881, le premier président. La colossale affaire connaît son lot de problèmes et passe près de tourner court; en 1885, Stephen et ses associés sont contraints d'engager tous leurs biens, y compris la maison de la rue Drummond. Mais dès l'année suivante, le projet se transforme en une histoire à succès et la prospérité revient. Ces épisodes ont cependant quelque peu essoufflé le financier audacieux qui, toujours en contact avec son pays natal, décide en 1888 d'y retourner. Sa fortune lui permet d'y vivre très à l'aise dans un immense manoir et de se consacrer à plusieurs œuvres de bienfaisance.

Construite d'après les plans de l'architecte William Tutin Thomas, la maison de George Stephen évoque un palais vénitien de la période baroque.

L'œuvre de W.T. Thomas

Durant les années 1870, George Stephen vit dans une résidence de la rue de la Montagne. La propriété s'étend à l'arrière vers la rue Drummond, donnant l'idée à l'homme d'affaires de s'y faire construire une demeure plus vaste, digne d'accueillir les visiteurs que sa progression fulgurante dans l'échelle sociale lui commande de recevoir. En 1870, il retient les services de William Tutin Thomas (1828-1892), l'architecte le plus en demande par la bourgeoisie financière de Montréal.

Fils de William Thomas, architecte britannique établi à Toronto en 1843, William Tutin et son frère Cyrus Pole sont formés par leur père. En 1857, ils deviennent les associés de la firme William Thomas and Jones, active à travers le Canada. À la mort de leur père en 1860, les fils tentent de poursuivre les affaires, mais la concurrence est vive à Toronto. Alors que son frère s'installe à Chicago, William Tutin tente sa chance à Montréal en 1863 où les magnats de la finance s'honorent de pouvoir compter sur les talents d'un architecte de Toronto.

À Montréal, William T. Thomas livre les plans de plusieurs édifices importants, dont l'église St. George (1870), le British Empire Building (1874) et la maison Shaughnessy (1874-1875). La comparaison de ces seuls édifices démontre le talent éclectique de l'architecte qui, selon le choix et le statut du client, opte pour une composition qui renvoie à divers moments de l'histoire de l'architecture occidentale.

Emprunt à la Renaissance italienne

Pour la maison de George Stephen, Thomas propose, tant pour les façades que pour l'ornementation intérieure, un traitement qui s'inspire de l'architecture italienne de la fin du XVIIe siècle. En fait il reprend, en accentuant le programme décoratif, l'architecture des palais et villas de Venise et de sa région à l'époque baroque. On retrouve là un dernier stade de développement des types architecturaux et répertoires formels issus de la Renaissance.

L'architecture issue de la Renaissance italienne plaît en Europe dans les années 1820-1830, à une époque où l'expansion de la société industrielle fait pression sur les typologies fonctionnelles existantes en architecture. Pour les activités commerciales et financières, on développe des lieux d'activité nouveaux (banques, entrepôts, magasins, bureaux) auxquels on cherche à conférer un traitement architectural significatif. Or sur le plan symbolique, l'exhibition de la Renaissance italienne évoque la puissance financière des marchands et banquiers, ceux-là même qui ont créé la prospérité de l'Italie des XVe et XVIe siècles. Rien d'étonnant donc à ce que l'architecture de «polezzo» et les villas de cette époque retiennent l'attention des architectes du XIXe siècle, chaque fois qu'il est question de loger une banque, de dresser une façade devant un entrepôt ou encore d'ériger une maison cossue.

Cette valeur de symbole qu'acquiert l'architecture désormais inspirée par l'histoire permet aux architectes de se dégager du monolithisme stylistique qui prévalait dans les siècles précédents – en fait jusqu'à l'avènement du néo-classicisme, premier style dit historique – et de réaliser des œuvres plus personnelles.

La référence à l'architecture italienne du XVIIe siècle se limite en effet au décor architectural, la maison de Stephen étant bel et bien un immeuble «moderne» au sens où l'entend le XIXe siècle qui s'achève. Elle a été créée pour répondre aux besoins spécifiques d'un des barons de la finance et de sa famille et, de ce fait, est un exemple unique.

Une somptueuse demeure

Construite au coût de quelque 600 000 dollars, la maison se distingue d'abord par l'abondance de pierre sculptée à l'extérieur. C'est là un exemple assez précoce d'un type d'ornementation qui sera plutôt l'apanage des édifices publics érigés un peu plus tard. À l'intérieur, la maison prend l'allure d'un véritable «palais», tant par l'ampleur des espaces que par la richesse et la densité du décor. Si le répertoire formel demeure celui de la Renaissance tardive, l'atmosphère devient véritablement victorienne, l'architecte privilégiant le bois au stuc, comme le veut la tradition britannique depuis le XVe siècle.

La qualité du décor tient bien sûr à l'habileté de l'architecte, mais on ne peut passer sous silence la qualité des matières et la dextérité des artisans qui y ont œuvré. George Stephen ne ménage ni argent ni temps pour arriver à bâtir ce qu'il veut être la plus somptueuse demeure de Montréal. Des équipes d'artisans venus d'Europe s'affairent à ce décor unique où se mêlent l'acajou cubain, le chêne et le noyer anglais, le bois de satin du Ceylan, le marbre et l'onyx.

Le grand salon. Le décor de la maison s'avère le plus bel exemple de l'architecture intérieure du XIXe siècle que le Québec ait conservé.

La façade avec son ornementation en pierre sculptée. (CUM)

L'omniprésence des boiseries confère aux intérieurs une atmosphère bien victorienne.

Le répertoire formel demeure celui de la Renaissance italienne du XVIIe siècle.

L'espace le plus remarquable est sans contredit l'escalier d'honneur surmonté d'un puits de lumière et doté de larges fenêtres ornées de vitraux du XVIIe siècle européen et de panneaux recouverts de tapisseries d'Orient. Les boiseries sombres sont enrichies par une charpente décorative en bois, empruntée aux grands «halls» des manoirs anglais de l'époque élisabéthaine.

Au-delà du vestibule et de cet escalier monumental, le Mount Stephen Club n'est que succession de salons et pièces de réception sur deux étages. Il suffit de comparer l'état actuel aux photographies de William Notman qui fait le tour du propriétaire en 1884 pour s'apercevoir à quel point l'édifice a été bien conservé.

Pour loger le club, certains travaux sont cependant nécessaires. Ainsi en 1927, la serre (ou «conservatoire») qui jouxtait la maison est remplacée par une structure en pierre, de mêmes dimensions. Puis, durant les années 1950, des travaux d'agrandissement ont lieu à l'arrière et aux cuisines.

Sans jamais avoir été restauré, le décor architectural de la maison de George Stephen offre aujourd'hui le plus bel exemple de l'architecture intérieure du XIXe siècle que le Québec ait conservé. Et, les hasards de l'histoire aidant, le Mount Stephen Club est devenu en quelque sorte le pendant montréalais du Travellers' et du Reform Club, deux édifices de style néo-Renaissance érigés à Londres respectivement en 1830 et en 1848 par l'architecte Sir Charles Barry.

Si le site a conservé son aménagement urbain – lampadaires, escaliers, clôtures –, on peut cependant regretter que le parc privé qui s'étendait à l'arrière ait disparu. Sur ce terrain aménagé en «jardin à l'anglaise», où ont eu lieu bon nombre de «garden parties», s'élèvent aujourd'hui les voisins menaçants du Mount Stephen Club. Mais Lord Mount Stephen n'est-il pas un peu responsable de tout cela, lui qui s'est illustré comme le fer de lance de la croissance économique?

Luc Noppen, historien de l'architecture

Cox, Léo. *The Story of Mount Stephen Club, Montréal, Canada*. Montréal, Mount Stephen Club, 1967.

RÉMILLARD, François et Brian MERRETT. *Demeures bourgeoises de Montréal. Le mille carré doré, 1850-1930*. Montréal, Éditions du Méridien, 1987: 104-109.

Chapelle de l'Invention-de-la-Sainte-Croix

Montréal
1190, rue Guy

Fonction: religieuse
Classée monument historique en 1974

La chapelle de l'Invention-de-la-Sainte-Croix fait partie intégrante du complexe de la maison mère des sœurs grises. Érigée en 1874, au cours de la seconde phase de construction du couvent, son nom honore la croix retrouvée par saint Louis, sur laquelle Jésus a été exposé; le vocable «Invention» quant à lui renvoie au sens liturgique de «trouver».

Les administratrices de la communauté des sœurs grises mettent sur table dès 1861 le projet de construire leur hôpital à la périphérie du domaine des sulpiciens. Lors de la première phase de construction, inaugurée en 1869, seule l'aile est, destinée au logement des religieuses, est érigée; elle s'ouvre toujours rue Guy. En 1874, on la prolonge par la construction de la chapelle et de l'aile ouest. Suivant la tradition de l'architecture conventuelle québécoise, la chapelle, placée au centre du bâtiment, doit séparer la communauté de son œuvre, les deux groupes se rencontrant à la chapelle pour célébrer les offices.

Flanquée d'une tour, la façade de la chapelle porte l'essentiel de l'ornementation. En même temps, le clocher imprime un mouvement vertical aux constructions adjacentes, hautes de quatre étages seulement, et qui s'étendent horizontalement sur quelques centaines de mètres. À l'occasion des grandes célébrations, le public y accède par un portail imposant, légèrement décalé de l'édifice principal, dépourvu de parvis mais comportant un vestibule où tous peuvent se rencontrer. La porte à voussure est surmontée de trois séries d'arceaux dont deux marquent l'étagement intérieur et la troisième, la base du clocher.

La chapelle, sur trois étages, se prolonge d'environ 60 mètres vers l'arrière. Un compte rendu paru dans *L'Opinion publique* du 9 décembre 1875 la décrit ainsi: «Cette église construite d'après les plans de Victor Bourgeau, ecr, architecte, par Perrault et frères constructeurs, est du style romain et une fois achevée, elle sera l'un des plus beaux édifices religieux de Montréal. Elle comprend trois nefs et un transept. Le sanctuaire terminé par un abside en hémicycle de 40 pieds de longueur, a la même largeur que la nef principale...»

Si le chroniqueur mentionne la présence de trois nefs, c'est que les arcs principaux du vaisseau déterminent des bas-côtés plutôt larges. Ces arcs permettent l'ajout de tribunes auxquelles on peut accéder directement des étages, aussi bien du côté de la communauté que du côté des «pauvres», rendant possibles les visites fréquentes et le recueillement. La chapelle est éclairée par de hautes fenêtres encavées entre les liernes de la voûte ogivale. Son chœur est arrondi et occupe toute la hauteur de l'édifice; il est assorti de transepts éclairés de rosaces.

L'église n'est livrée au culte qu'en 1878 et le clocher reste longtemps sans sa flèche, les travaux s'échelonnant sur plus de 30 ans. Le *Journal de Québec* du 27 décembre 1878 relate la bénédiction de la chapelle et son ouverture au culte: «C'est un des plus beaux monuments élevés dans notre ville à la gloire de la religion. L'édifice mesure environ 180 pieds de longueur sur 76 de largeur dans le transept. La voûte est à plus de 80 pieds du plancher. Cette église est du style roman du 10e siècle [...] L'église n'attend plus pour être complète que ses autels.» Comme le rappellent les *Annales* de la communauté, le plan des autels est fourni par monsieur Bonnissant, aumônier des religieuses, et ceux-ci sont sculptés à Montréal par l'entreprise O'Brien.

Il fut un temps où certains historiens de l'art n'appréciaient pas outre mesure cette chapelle. Les contemporains voient comme bien sévère ce jugement et ne manquent pas de trouver une certaine élégance à cet édifice religieux, surtout depuis l'addition d'un treillis faisant fonction de support.

Raymonde Gauthier, historienne de l'art

Construite d'après les plans de l'architecte Victor Bourgeau, la chapelle du couvent des sœurs grises reprend un modèle très en vogue aux États-Unis dans la seconde moitié du XIXe siècle. (Musée McCord, archives photographiques Notman)

La chapelle des sœurs grises était considérée à l'époque de sa construction comme l'un des plus beaux édifices religieux de Montréal. (CUM)

Domaine des sœurs grises de Montréal

Montréal
Rues Guy, Saint-Mathieu, Sainte-Catherine Ouest
et boulevard René-Lévesque Ouest

Fonction: religieuse et résidentielle
Classé site historique en 1976

LE domaine des sœurs de la Charité dites sœurs grises occupe un espace privilégié dans la ville et témoigne d'une tradition en architecture conventuelle. Les édifices qui en constituent l'intérêt majeur ont été conçus par Victor Bourgeau à compter de 1869.

L'Hôpital général

L'Hôpital général de Montréal est créé en 1692 par François Charron de la Barre qui, à l'instigation des sulpiciens, s'est associé un certain nombre d'hommes célibataires pour cette fondation. Les membres de la petite communauté portent le nom de frères hospitaliers de Saint-Joseph de Montréal. L'hôpital qui doit abriter leur œuvre est ouvert en 1694 dans le Vieux-Montréal. Les messieurs du Séminaire leur ont, en effet, octroyé un terrain de grandes dimensions, immédiatement à l'ouest de la ville fortifiée, à un endroit appelé Pointe-à-Callière. Mais la communauté ne poursuivra pas ses activités très longtemps; elle est dissoute en 1747.

L'Hôpital général se trouvant sans responsable, Marie-Marguerite Dufrost de Lajemmerais, veuve de François d'Youville, en prend la responsabilité en août 1747, avec l'aide d'un groupe de sept femmes déjà réunies autour d'elle depuis une dizaine d'années. Leur mission, telle que définie par la fondation des frères Charron, consiste à prendre en charge les vieillards, les infirmes et les orphelins. Les associées de Marguerite d'Youville ajouteront à ce groupe les filles dites «de mauvaise vie» et, après la Conquête, «les personnes dérangées dans leur esprit».

L'œuvre se développe dans le bâtiment qui sera agrandi plusieurs fois jusqu'en 1870. En 1847, année du centenaire de la communauté, celle-ci a déjà reçu 216 candidates à son noviciat, dont 107 ont été admises à la profession. Ces femmes, avec l'aide de domestiques, ont pris la responsabilité de 110 pensionnaires, 998 pauvres, 40 soldats, 100 «fous», 602 «orphelins et enfants légitimes» et 5 904 «enfants trouvés».

Les terrains sur lesquels les bâtiments sont construits occasionnent toutefois de sérieuses difficultés. La biographie de mère Jane Slocombe décrit ainsi la situation: «Le port de Montréal surtout se développe avec une rapidité extraordinaire, et les Sœurs Grises, dont les œuvres vont en augmentant, auraient même songé à agrandir l'édifice, tant se resserre le cercle autour de lui. Outre ces motifs, ceux qui impérieusement dominent tous les autres, consistent à procurer aux hospitalisés et aux Sœurs un air plus salubre et à parer aux inondations parfois biannuelles qui non seulement endommagent l'hôpital, mais compromettent la sécurité de ses résidents, affectent la santé et expliquent, en grande partie, la mort prématurée de jeunes sujets pris «du mal de poitrine.»

En 1845, par un acte du Parlement, la congrégation des sœurs de la Charité de l'Hôpital général de Montréal est autorisée à vendre ou aliéner sa propriété située à la Pointe-à-Callière «et à en employer le prix capital de vente en acquisition d'autres

Ce plan reconstitue les diverses phases de construction du domaine des sœurs grises. (MAC)

Vue d'ensemble du domaine des sœurs grises. (CUM)

Le premier hôpital général, à la Pointe-à-Callière, dans le Vieux-Montréal. Cette photo date de 1865-1870. (Musée McCord, archives photographiques Notman)

Le projet d'hôpital général conçu par Victor Bourgeau, selon une gravure de Haberer parue dans L'Opinion publique en 1875. (MAC, fonds Morisset)

biens-fonds et propriétés immobilières». Cette décision n'entraîne cependant pas de modifications immédiates quant à la localisation de l'hôpital, celui-ci étant plutôt agrandi en direction du marché Sainte-Anne, en 1846, et doté d'une autre allonge cinq ans plus tard.

Cette situation perdure jusqu'en 1862. Cette année-là, un total de 111 religieuses, professes et novices, exercent leur action à l'Hôpital général de Montréal auprès de 443 pauvres, infirmes et orphelins. Plus de 60 autres religieuses assument leur responsabilité dans les sept autres asiles et hospices placés sous la responsabilité de la communauté. Aux membres du personnel religieux de l'établissement central de Montréal, il faut ajouter 42 domestiques, hommes et femmes qui collaborent à l'œuvre.

Dans l'espoir de relocaliser l'hôpital, les religieuses font l'acquisition en 1857 de terrains au faubourg Saint-Antoine. Elles espèrent y transférer l'œuvre qu'elles ont peine à exercer sur un terrain devenu exigu, au centre d'activités portuaires de plus en plus importantes. Le sulpicien Bonnissant commente à l'évêque de Montréal les projets des sœurs grises: «Dans la persuasion où j'ai presque toujours été que les terrains [sic] achetés à la Côte Saint-Antoine étaient trop éloignés de la ville, pour que les Sœurs puissent s'y établir avec avantage, je me suis occupé depuis longtemps privément de la recherche d'un terrain [sic] qui put mieux leur convenir. Comme Votre Grandeur j'ai pensé souvent au terrain du Séminaire à la Croix Rouge, et j'en ai parlé souvent d'une manière sérieuse, et il n'y a pas encore longtemps: mais j'ai toujours vu qu'il y avait des difficultés comme insurmontables à la réalisation de ce projet [...]»

L'année suivante, le Séminaire est disposé à se départir du terrain «de la Croix-Rouge», c'est-à-dire celui qui est aujourd'hui situé à l'intersection de la rue Guy et du boulevard René-Lévesque. En fait, les religieuses hésitent entre ce terrain qui ne leur est pas donné, mais vendu, et un autre que les hospitalières de l'Hôtel-Dieu ont aussi à vendre sur la rue Sherbrooke, en avant de leur actuel établissement de l'avenue des Pins. Les délibérations de la communauté conduisent à l'achat du terrain situé au coin de la rue Guy et du boulevard René-Lévesque, au lieudit «Croix-Rouge», rebaptisé Mont-Sainte-Croix.

Le nouvel hôpital

Les travaux ne débutent vraiment qu'en 1868. En décembre, on commence à charroyer la pierre pour bâtir l'hôpital. Au printemps de 1869, toute la pierre est rendue et on commence à ériger une première aile, sur un seul étage, du côté de la rue Guy. La supérieure générale écrit à Mgr Ignace Bourget en séjour à Rome: «J'avais l'honneur d'annoncer à Votre Grandeur dans ma dernière lettre que nous commencions enfin cette grande entreprise au printemps. En conséquence, le 28 avril, un mercredi, nous donnions le premier coup de bêche pour creuser les fondations d'une partie de notre Hôpital qui mesure 695 pieds sur 50. Nous ne commençons pas notre chapelle cette année, nous attendons Votre Grandeur pour en bénir la première pierre [...] La maçonne est maintenant élevée un pan au dessus du sol.»

Le bâtiment, dont la maçonnerie est confiée à l'entrepreneur Joseph Perreault, est couvert avant l'hiver. La biographe de mère Slocombe raconte qu'en avril 1870 «toutes les divisions de brique du soubassement sont faites et la maçonne monte à vue d'œil.» Le 6 octobre 1871, Mgr Bourget bénit le nouveau bâtiment et on y transporte le lendemain le corps de Marguerite d'Youville, fondatrice de la communauté.

Cette construction ne réalise qu'à moitié le plan ambitieux dressé par Victor Bourgeau. L'architecte prévoyait l'érection d'un bâtiment épousant la forme d'un «H», doté d'une chapelle en son centre. Une gravure de Haberer, parue dans L'Opinion publique en 1875, nous présente le projet constitué de deux parties reliées par la chapelle, la section est devant abriter la communauté des religieuses et la section ouest les vieillards, infirmes et orphelins. Le plan est rigoureusement symétrique.

Malheureusement, ce plan n'est pas réalisé tel que prévu. Il manque toujours, dans la partie ouest, l'aile arrière du pavillon destiné à l'œuvre, bien qu'une phase de construction subséquente ait donné à cette section une addition en façade, sur la rue Dorchester (aujourd'hui boulevard René-Lévesque). La partie réservée à la communauté, quant à elle, est complétée telle que conçue. Les dépendances projetées, situées à l'arrière de l'ensemble et faisant dos à l'actuelle rue Sainte-Catherine, sont également construites.

L'aile du côté est mesure environ 212 mètres de long sur 15 de large. En 1874, on la prolonge par l'érection de la chapelle et de l'aile ouest. Les travaux de construction de cette section s'étireront jusqu'en 1888, avec une interruption entre 1876 et 1887. Au total, le bâtiment qui fait face au boulevard René-Lévesque doit avoir une longueur approchant les 160 mètres.

Le couvent, rue Guy, vers 1885. (Musée McCord, archives photographiques Notman)

Un rapport adressé à l'évêque nous précise que ce nouvel Hôpital général loge, le 22 mars 1876, 721 personnes: religieuses, domestiques, vieillards, orphelins et orphelines de tous les âges.

Œuvre de Bourgeau

L'architecte de ce complexe, Victor Bourgeau (1809-1888), est issu d'une famille d'artisans du bois vivant à Lavaltrie et dans les environs. Durant la première phase de sa carrière, il fait partie d'une équipe itinérante de sculpteurs sur bois chargés de l'ornementation intérieure de certaines églises de la région montréalaise.

Mais la grande ville l'attire et il se fixe à Montréal à compter de 1839. Le diocèse catholique est alors en pleine expansion; la ville se développe et les seigneuries avoisinantes se dotent de nouvelles paroisses. Mgr Bourget est à la recherche d'un architecte sur lequel il pourra compter pour l'érection de bâtiments religieux et institutionnels solides et à un coût raisonnable. Son choix se porte sur Victor Bourgeau qui, en l'absence d'écoles spécialisées, a fait un sérieux apprentissage en atelier.

Utilisant les modèles qui lui parviennent des États-Unis – par l'intermédiaire de périodiques puis de livres de modèles –, l'architecte fournit les plans des nouveaux bâtiments à construire pour les paroisses. Sa réputation dépasse bientôt les frontières du diocèse de Montréal, et les diocèses avoisinants lui passent aussi des commandes.

Au terme de ses 50 années de carrière, on peut lui attribuer près de 200 bâtiments, dont la plupart existent encore aujourd'hui, car ils sont bien adaptés à leur fonction et magnifiquement construits. Outre l'Hôpital général des sœurs grises, figurent l'Hôtel-Dieu de Montréal, la cathédrale Saint-Jacques-le-Majeur, l'église Saint-Pierre-Apôtre ainsi que de nombreuses autres églises situées en périphérie de Montréal.

Les bâtiments conventuels dont il est responsable respectent les plans et les élévations adoptés dès la fin du XVIIIe siècle; seuls quelques motifs ornementaux typiques de leur époque modifient leur sévérité. La plupart conservent aujourd'hui encore leur fonction initiale.

Le plan que Victor Bourgeau adopte pour la construction de l'Hôpital général est un plan traditionnel. Respectant la tradition classique, l'architecte propose un plan symétrique qui se développe autour de la chapelle, sur laquelle se concentre l'ornementation tant extérieure qu'intérieure. Les pièces réservées aux usagers sont placées en enfilade, et dans le cas de l'Hôpital général, les pensionnaires sont séparés par étage suivant leur sexe, chaque partie de l'œuvre occupant un espace bien délimité.

L'entrée sur la rue Guy vers 1872. (Musée McCord, archives photographiques Notman)

Photo ancienne du couvent, prise à l'angle des rues Guy et Dorchester. (Musée McCord, archives photographiques Notman)

L'aile située à l'intersection du boulevard René-Lévesque et de la rue Saint-Mathieu est construite d'après les plans de Joseph Venne par l'entrepreneur Pauzé à partir de mai 1898. Elle s'étend sur près de 53 mètres et compte cinq étages; la façade qui fait pendant à celle de l'aile est mesure une bonne vingtaine de mètres. Un incendie en février 1918 ravage cette partie de l'édifice; 53 personnes perdent alors la vie, dont de nombreux bébés vivant au troisième étage, dans la section baptisée «La Crèche». Cette aile sera reconstruite l'année suivante.

Fait à signaler, l'Hôpital général, en plus des vieillards qui traditionnellement sont placés sous la responsabilité de l'œuvre, abrite également quelques militaires logés par la Commission des hôpitaux militaires pour les soldats en convalescence.

Quelques autres additions ou constructions s'ajoutent à l'ensemble conventuel au fil des décennies. Ainsi, dès 1869, on bâtit la «maison des hommes», à l'arrière du domaine, à laquelle on ajoute des dépendances en 1925. La chambre des bouilloires est construite en 1932 et la cuisine en 1946. En 1910, on édifie aussi, à l'arrière du corps de bâtiment principal ouest, un fumoir, démoli en 1978.

L'ensemble a été menacé de démolition au cours des dernières décennies. Au milieu des années 1970, une campagne publique de sensibilisation a permis de conserver cet ensemble d'une grande harmonie, qui s'inscrit dans un des rares espaces verts subsistants dans cette partie de la ville. L'œuvre des sœurs grises continue de s'accomplir avec succès dans ce complexe qui a connu une restauration intéressante il y a peu de temps.

Raymonde Gauthier, historienne de l'art

L'Hôpital Général de Montréal (Sœurs grises) depuis sa fondation jusqu'à nos jours. Montréal, Imprimerie de la Maison mère, 1915. 2 vol., 1138 p.

MITCHELL, sœur Estelle. *Mère Jane Slocombe, neuvième supérieure générale des Sœurs Grises de Montréal, 1819-1872*. Montréal, Fides, 1964. 496 p.

SALOMON DE FRIEDBERG, Barbara. *Le domaine des Sœurs Grises, Montréal*. Québec, ministère des Affaires culturelles, 1975. 331 p.

Façade du Bishop Court Apartments et cour intérieure

Montréal
1463, rue Bishop

Fonction: résidentielle
Classées monuments historiques en 1976

Au coin de la rue Bishop et du boulevard de Maisonneuve se dresse un élégant immeuble résidentiel, construit en 1904 d'après les plans des architectes Saxe et Archibald.

La façade de ce monument historique ainsi que la cour intérieure ont été classées en 1976, au moment où les projets d'expansion de l'Université Concordia (autrefois Université Sir George Williams) menaçaient la survie de plusieurs immeubles du quartier. La situation du Bishop Court Apartments, dans un environnement agréable, à côté de la maison Peter-Lyall, à proximité de l'église St. James et des appartements Royal George, a joué un rôle lors du classement. Ce sont cependant les qualités architecturales de l'immeuble qui ont surtout retenu l'attention.

Cet édifice est d'abord intéressant sur le plan de la typologie fonctionnelle. C'est en effet au début du XIXe siècle que la vie en appartement acquiert ses lettres de noblesse en Amérique du Nord, ce dont témoignent les nombreux immeubles de ce type qui apparaissent dans des quartiers cossus. En même temps, un bon nombre de résidences connues sont réaménagées pour accueillir plusieurs familles.

Le décor de la façade rappelle les manoirs anglais de l'époque Tudor.

Issu des spéculations du XIXe siècle concernant les habitations ouvrières, l'immeuble de rapport était plutôt destiné à loger les familles moins fortunées. Or les appartements luxueux de la fin du XIXe siècle reprennent plutôt le modèle de «l'appartement» – unité d'apparat ou de commodité formée de plusieurs pièces disposées en enfilade – qui naît dans les châteaux et hôtels particuliers de la France du XVIIe siècle. Graduellement, ces résidences particulières se transforment en immeubles regroupant plusieurs «appartements». Ce genre d'immeuble consacre cependant une cour d'honneur qui, tout en permettant un accès direct à un nombre très limité d'unités (un ou deux logements par étage dans chaque section), assure un éclairage adéquat puisque aucun couloir ne traverse l'immeuble.

Le Bishop Court Apartments relève d'un tel type architectural avec son étroite cour d'honneur, qui assure à la fois éclairage et accès privé, et ses trois ailes, occupées chacune par six unités d'habitation de dix pièces, à raison de deux par étage. Si le type initial est français, le modèle utilisé ici est bien assimilé par la tradition britannique, avec seulement trois étages, tous dévolus à la fonction d'habitation. Alors que la ville anglaise du XIXe siècle se développe en effet horizontalement, en spécialisant les quartiers, la ville française concentre son expansion plutôt en hauteur, en hiérarchisant les fonctions par étage.

C'est sans contredit sur le plan stylistique que l'immeuble révèle le mieux ses origines. Les façades sont érigées en grès rouge, pierre assez semblable à celle qu'on retrouve en Écosse. Elles sont ornées d'un vocabulaire emprunté à l'architecture anglaise des XVe et XVIe siècles, plus précisément à celle qui prévaut sous le règne de la famille Tudor, dont la reine Elisabeth I est la plus illustre représentante. C'est donc avec une ornementation formelle empruntée aux grands manoirs élisabéthains que l'architecte habille les façades visibles du bâtiment. Sur les côtés et à l'arrière, là où s'applique la mitoyenneté, la structure en brique nous ramène au début du XXe siècle.

À l'intérieur, l'architecte a poursuivi la même démarche; les riches boiseries sombres de style néo-Tudor ont été conservées en bon état dans la plupart des logements. L'architecte Charles Jewett Saxe (1870-1943) se serait chargé du projet. On lui doit plusieurs édifices intéressants à Montréal, mais le Bishop Court Apartments est de loin le plus captivant. Il témoigne de la survie d'un style néo-gothique assez particulier en architecture civile, ce qui donnera naissance dans les années 1920-1930 au «Canadian Gothic», ou style néo-gothique canadien, comme plusieurs historiens ont appelé cette architecture typique de certains campus universitaires au Canada.

Luc Noppen, historien de l'architecture

La cour d'honneur.

PINARD, Guy. *Montréal, son histoire, son architecture. Tome 1.* Montréal, Les Éditions La Presse, 1987: 32-34.

SALOMON DE FRIEDBERG, Barbara. *Le Bishop Court Apartments.* Québec, ministère des Affaires culturelles, 1975.

Maison des Sisters of Service (ou Shaughnessy)

Montréal
1923, boulevard René-Lévesque Ouest

Fonction: culturelle
Classée monument historique en 1974

Les deux résidences jumelées qui forment la maison Shaughnessy, à l'époque où elles étaient habitées par des membres de la grande bourgeoisie montréalaise. (Musée McCord, archives photographiques Notman)

L'îlot où se dresse la maison Shaughnessy se situe dans un secteur de Montréal ayant une importance historique comparable à celle de la vieille ville. Délimitée au nord par la montée abrupte du mont Royal et au sud par la pente raide en bordure de l'escarpement, ce secteur s'appelle le plateau Dorchester. Du côté nord du boulevard René-Lévesque, cet îlot faisait partie à l'origine du domaine des sulpiciens.

Documents écrits et sources iconographiques révèlent le caractère champêtre du site à ses débuts. Des dessins et textes des XVIIe et XVIIIe siècles décrivent ses vignobles, ses vergers et jardins, des colombiers, de vastes basses-cours et des pâturages. La vocation agricole de ce secteur subsiste jusque vers le milieu du XIXe siècle; à partir de cette époque, il s'urbanise graduellement. Des villas et des hôtels particuliers apparaissent et des ensembles conventuels importants y emménagent. C'est dans ce cadre urbain qu'est construite la maison Shaughnessy en 1874.

Évolution physique de la maison

Surmontées d'un toit à la Mansart et d'un brisis orné, les résidences jumelées qui forment aujourd'hui la maison Shaughnessy allient l'emploi de la pierre grise, caractéristique de l'architecture traditionnelle de la région montréalaise, à l'architecture pratiquée en France pendant le Second Empire. D'abord conçues à des fins résidentielles, transformées ultérieurement pour les besoins d'organismes charitables, elles ont conservé leur caractère originel malgré les nombreuses altérations survenues au fil des années.

Ainsi vers 1890, un élégant fumoir aux murs et aux plafonds lambrissés d'acajou ainsi qu'une serre en fonte sont adjointes à la maison ouest, alors propriété de Donald Smith qui devient Lord Strathcona. En 1901, un passage clos est construit pour joindre la serre de la maison Shaughnessy à sa voisine, la résidence de Strathcona.

Alors que la partie ouest demeure intacte, celle de l'est subit un grand nombre de transformations. La première survient en 1897 lorsque Thomas Shaughnessy demande à l'architecte Edward Maxwell (1867-1923) de construire au nord de l'entrée un ajout sur deux étages pour loger une salle de billard et des chambres à coucher à l'étage supérieur. En 1898, après un incendie dans la salle à manger, Maxwell reçoit la commande de la reconstruire et de l'agrandir et d'ajouter une salle de billard avec «de l'habitation au-dessus».

En 1907, Lord Shaughnessy confie à l'architecte David Spence (1873-1955) le soin d'annexer une bibliothèque au nord des deux ajouts antérieurs. Puis, en 1926, l'entrée est agrandie. En 1941, on relie les parties est et ouest de la maison par des ouvertures pratiquées dans le mur mitoyen aux niveaux du rez-de-chaussée et du sous-sol habitable. Cette transformation s'opère à l'époque où la communauté anglo-catholique des Sisters of Service convertit la maison Shaughnessy en foyer pour les travailleuses.

Région Montréal — Centre 119

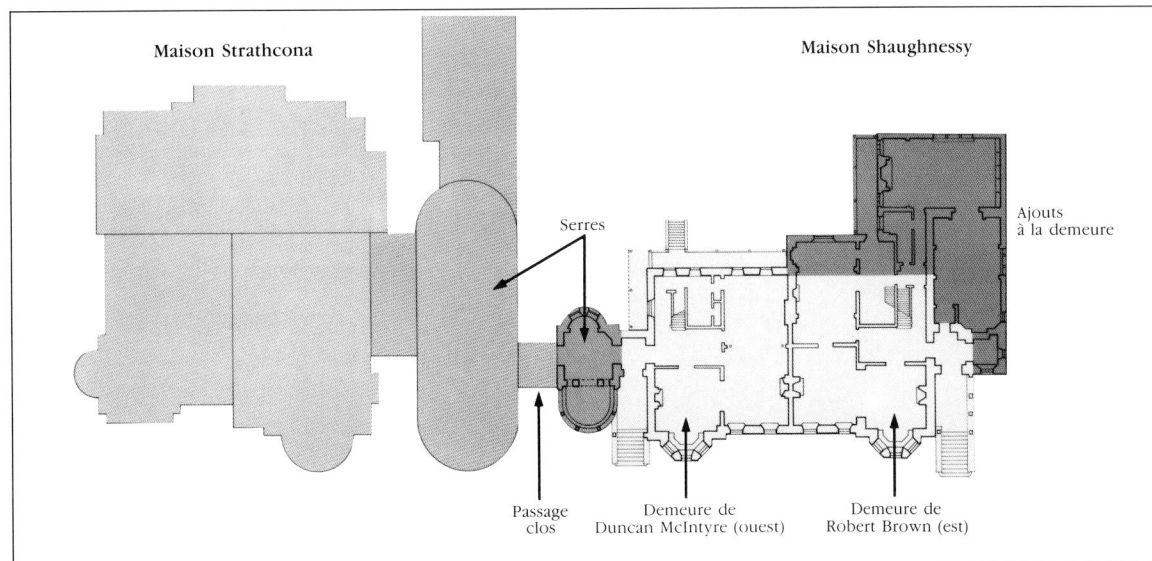

Plan du rez-de-chaussée et des différentes additions faites à la maison Shaughnessy entre 1886 et 1907. (Peter Rose, architecte, 1989)

Abandonnée vers 1973-1974, la maison se détériore. Le Centre canadien d'architecture (CCA) l'acquiert en 1984, dix ans après qu'on l'eut classée monument historique, pour l'intégrer à la construction d'un musée et centre d'étude, terminé en 1989. On décide alors de supprimer les ajouts de Maxwell et Spence et la maison retrouve sa symétrie initiale conformément aux plans d'origine. Le nouvel édifice a une superficie de quelque 12 000 mètres carrés, soit six fois et demie celle de la maison. Il comprend quatre niveaux, dont deux en sous-sol respectant ainsi l'autonomie de la maison. Le corps principal du nouveau bâtiment s'élève au nord, tandis que les ailes orientées nord-sud flanquent la maison à l'est et à l'ouest rétablissant la trame urbaine. Le nouvel édifice communique avec la maison Shaughnessy par le rez-de-chaussée et le sous-sol habitable.

Les plans de construction du nouveau bâtiment et de la rénovation de la maison sont conçus sous la direction de l'architecte Peter Rose et de l'architecte-conseil Phyllis Lambert. La maison doit être restaurée de fond en comble: il s'agit de respecter le plus possible son aspect initial, à l'intérieur comme à l'extérieur. On abandonne toutefois la polychromie victorienne, sauf pour les corniches intérieures, car au lieu de reléguer la maison Shaughnessy au rôle de relique, on veut qu'elle participe de son époque et s'intègre au nouveau complexe.

La restauration extérieure, sous la supervision de l'architecte Denis Saint-Louis, nécessite la consolidation de la maçonnerie. Les deux baies en saillie et l'ancien fumoir (aujourd'hui salon de thé) sont reconstruits avec les pierres d'origine. On refait l'ébénisterie des lucarnes d'après les éléments existants (mais détériorés), comme d'ailleurs les ornements de l'architrave et de la corniche. Les nouveaux bardeaux d'ardoise du brisis s'apparentent aux bardeaux d'origine et la crête faîtière en fonte, une fois nettoyée et restaurée, a retrouvé tout son lustre. Les fenêtres en bois sont reconstruites telles qu'elles étaient à l'origine d'après les éléments qui subsistaient. La modification du profil des meneaux permet l'installation d'unités de vitrage double. Des lucarnes viennent s'ajouter du côté nord et des lanterneaux sont installés sur le toit.

La restauration de la serre donne lieu à des recherches et à un travail artisanal extraordinairement minutieux: la fonte est remise en état et des unités de vitrage double courbées et scellées prennent place dans l'épaisseur des meneaux existants.

La préoccupation majeure est de restaurer l'intérieur, tout en intégrant l'équipement nécessaire à un bâtiment d'aujourd'hui, c'est-à-dire une charpente d'acier, des gaines de ventilation et un réseau d'extincteurs automatiques. Le principe régissant le traitement et la restauration de l'intérieur tient compte de la vocation de chaque espace. Par exemple, l'étage noble, qui a

Salles de réception de la maison Shaughnessy intégrées au CCA. (CCA)

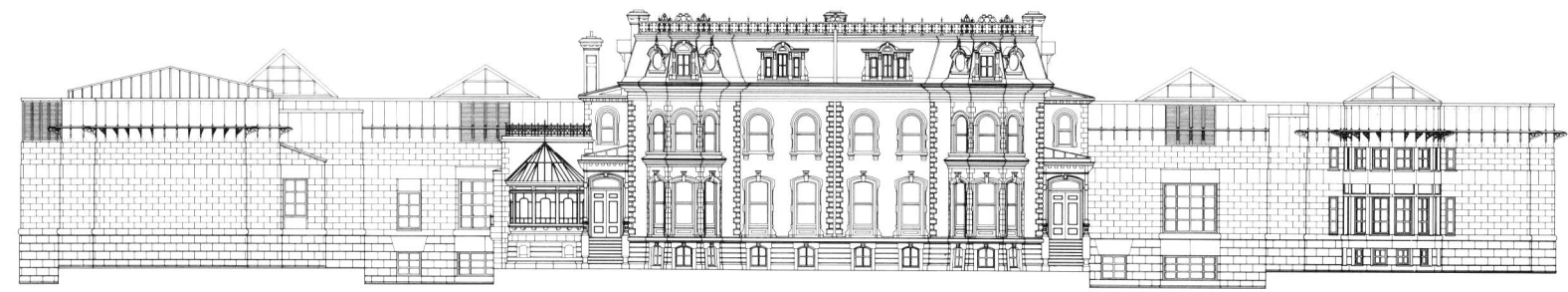

Élévation sud du Centre canadien d'architecture, incluant la maison Shaughnessy. (Peter Rose, architecte, 1989)

gardé sa fonction première, fait l'objet d'une réfection minutieuse. Le plâtre et les moulures sont restaurés de même que les boiseries, balustrades, lambris en acajou, panneaux de portes, volets en bois. On transporte les colonnes ornées du salon et d'autres motifs ornementaux dans des ateliers où des artisans se partagent le lent travail de consolidation, de remplacement et de finition des parties manquantes ou endommagées. Tous les autres étages subissent des transformations pour accueillir les bureaux administratifs du CCA. Les planchers, les murs et les plafonds de ces étages sont de construction contemporaine.

Les occupants successifs

Les premiers marchés de construction de la maison Shaughnessy sont conclus en 1874 entre Duncan McIntyre et Robert Brown, propriétaires, et l'architecte de la maison, l'Anglais William T. Thomas (1828-1892) qui embauche Edward Maxwell (homonyme de l'architecte) comme maître charpentier et maître menuisier et Charles Lamontagne comme maître maçon. William Thomas et son frère Cyrus, établis à Montréal, y construiront plusieurs bâtiments importants, dont l'église anglicane St. George sur le square Dominion, la résidence de Lord Mount Stephen ainsi que plusieurs maisons et immeubles commerciaux.

Les premiers propriétaires des maisons jumelées sont, pour la partie est, Robert Brown, un marchand de bois et, pour la partie ouest, Duncan McIntyre, premier vice-président du Canadien Pacifique. McIntyre occupe la demeure ouest jusque vers 1895, époque à laquelle il la vend à Donald Smith (Lord Strathcona), un autre grand financier du CP, qui réserve la résidence à ses invités. Les Strathcona conservent cette partie de la maison Shaughnessy jusqu'en 1927, année où elle devient la propriété d'un organisme de bienfaisance.

William Van Horne acquiert la partie est de la maison en 1882. Dix années plus tard, il la vend à Thomas Shaughnessy, alors vice-président du Canadien Pacifique. Shaughnessy habitera la résidence du boulevard Dorchester jusqu'en 1924. Le titre de propriété est alors acquis par l'hôpital St. Mary's qui, à son tour, le cède aux Sisters of Service en 1939. Même si les deux parties de la maison Shaughnessy abritent des services hospitaliers et d'accueil pendant un certain temps, elles ne sont pas reliées avant 1941, au moment où les Sisters of Service prennent possession de la partie ouest. Par la suite, le tout est baptisé «My Mother's Home» et sert de résidence pour les travailleuses jusqu'en 1973.

La même année, la maison Shaughnessy est mise en vente. Un promoteur immobilier envisage, en 1974, de démolir la maison pour réaménager entièrement les lieux. Mise au courant de ces projets, Phyllis Lambert fait l'acquisition de la propriété, sauvant ainsi les maisons jumelées de la démolition. En 1984, elle devient la propriété du Centre canadien d'architecture.

La maison Shaughnessy figure aujourd'hui au nombre des rares maisons dessinées à la fin du XIXe siècle pour l'élite montréalaise. De plus, elle compte parmi les rares grandes maisons de la ville à être ouvertes au public.

Faisant désormais partie du Centre canadien d'architecture, la maison Shaughnessy témoigne de façon éloquente de notre riche patrimoine historique et se veut le gage d'une conscience architecturale renouvelée.

Phyllis Lambert, architecte

Vue récente sur le jardin du CCA au travers de la serre. (CCA)

LEMIRE, Robert. *Maison Shaughnessy: Historique de l'îlot et de la maison*. Montréal, Centre canadien d'architecture, 1982.

PINARD, Guy. *Montréal, son histoire, son architecture. Tome 1*. Montréal, Les Éditions La Presse, 1987: 205-210.

RICHARDS, Larry *et al. Centre Canadien d'Architecture / Canadian Centre for Architecture: Architecture et paysage*. Montréal, Centre canadien d'architecture, 1989.

Maison mère des religieuses de la congrégation de Notre-Dame de Montréal

Montréal
3040, rue Sherbrooke Ouest

Fonction: scolaire
Classée site historique en 1977

Fondée à Troyes (France) en 1598, la congrégation de Notre-Dame s'établit à Montréal 55 ans plus tard lorsque Marguerite Bourgeoys vient prendre charge de l'enseignement des jeunes filles. Ses installations se multiplient avec les années et s'étendent en 1854 à Monklands (aujourd'hui la maison James-Monk), vaste propriété sur le mont Royal. Les religieuses la nomment Villa Maria et y érigent leur nouvelle maison mère en 1880. Elles cèdent alors aux pressions de la Ville qui, depuis huit ans, cherche à prolonger le boulevard Saint-Laurent sur le site de leur couvent principal, entre le port et la rue Notre-Dame.

L'incendie qui détruit l'établissement de la montagne en 1893 est à l'origine du bâtiment qui nous intéresse ici, bien que sa construction ne soit sérieusement envisagée que dix ans plus tard. Entre-temps, les sœurs se replient dans leurs locaux du Vieux-Montréal que les lenteurs de l'administration municipale ont jusque-là – et jusqu'en 1912 encore – sauvés de la démolition.

Un nouvel emplacement

On reprend en juillet 1903 l'idée de reconstruire la maison mère, rejetant alors le site de Villa Maria à cause des difficultés d'approvisionnement en eau et de la piètre salubrité de celle-ci. Le nouvel emplacement, laissé par les sulpiciens à 40 pour 100 de sa valeur, est facilement accepté et la vente finalisée à la mi-décembre 1904 pour la somme de 200 000 dollars.

Plusieurs architectes, dont quelques-uns des États-Unis, sollicitent la commande que les religieuses décident de donner le jour de la fête de Notre-Dame-du-Bon-Conseil. Suivant l'avis de Mgr Bruchési, archevêque de Montréal et de monsieur Lecoq, supérieur des sulpiciens, elles retiennent les services de l'agence Marchand & Haskell. Le choix reste étonnant compte tenu que ces architectes n'ont encore pratiquement aucune réalisation à leur crédit, que Jean-Omer Marchand a déjà «la réputation de prendre un taux élevé» et que Stevens Haskell vit à New York! Ils ont toutefois de grands projets en marche à Montréal: l'hôpital Notre-Dame, son annexe Saint-Paul pour les contagieux, et surtout la chapelle du Grand Séminaire mise en chantier l'automne précédent. Ils ont déjà reçu deux commandes importantes pour Saint-Boniface, au Manitoba: l'agrandissement de l'hôpital des sœurs grises et la construction de la cathédrale. Une semblable faveur repose en réalité sur la renommée de l'École des Beaux-Arts de Paris dont ils sont tous deux diplômés, un honneur qu'aucun Canadien ne partagera avant 1918.

La maison mère des religieuses de la congrégation de Notre-Dame conserve le plan traditionnel des édifices conventuels montréalais, mais s'en distingue par ses dimensions et ses coupoles. (CUM)

Le contrat des architectes est signé en juillet 1904, sans doute au moment de la présentation des esquisses préliminaires. Le chantier démarre et le 1er octobre, on procède aux travaux d'assainissement et de drainage. Le choix entre la brique et la pierre comme matériau de revêtement extérieur est particulièrement difficile. Débattue aux plans des coûts, de l'esthétique, de la sécurité et de la durabilité, la question amène à l'examen de plusieurs autres constructions avant d'être tranchée quelque quatre mois plus tard. On adopte la brique Kittaning, les sœurs lui ayant trouvé «une très belle apparence» alors que d'autres bâtiments «construits avec du beau granit, mais si lours [sic], si pesants [...] paraissent si sombres que nous ne les voudrions pas pour nous». On ne retient la pierre, en partie récupérée des ruines de la maison mère et en partie donnée par les sulpiciens, que pour le soubassement, les bandeaux, les chaînages et les ornements.

Le 5 juillet 1905, les entrepreneurs généraux Martineau & Prénoveau, dont la soumission s'élève à 638 000 dollars, sont choisis pour l'exécution des travaux et Mgr Bruchési procède huit jours plus tard à la bénédiction de la pierre angulaire. Le gros œuvre est achevé en novembre 1907 avec la pose de la statue de Notre-Dame-de-la-Garde (réplique de celle de Marseille), au sommet de la coupole centrale. Les sœurs peuvent s'installer dans leur nouvelle maison au début de l'été suivant. Le 16 juillet 1908 a enfin lieu la bénédiction officielle de l'édifice qui sert d'abord de centre administratif, d'école normale, de résidence et d'hôpital pour les religieuses.

Avec le temps, la plupart de ces fonctions émigrent vers d'autres bâtiments et notamment vers deux autres réalisations de Jean-Omer Marchand: l'école normale Jacques-Cartier (1913) rue Atwater, et l'Institut pédagogique (1925-1926) à Westmount. Au moment où la communauté quitte définitivement les lieux, le 11 août 1985, la maison mère sert essentiellement d'hôpital pour les religieuses âgées.

Le bâtiment subit quelques modifications qui en respectent toutefois les caractéristiques essentielles. Mentionnons, en 1922-1923, des travaux de consolidation effectués à la structure du toit de la chapelle; en 1956-1957, le prolongement des ailes de l'infirmerie, à l'arrière; enfin, en 1986-1988, le recyclage du bâtiment en cégep (Dawson).

Tous ces travaux sont intéressants par ce qu'ils révèlent de l'histoire du monument et des époques qu'il a traversées. Les premiers soulignent le caractère expérimental de l'œuvre de Marchand & Haskell au plan des techniques de construction en béton. Les deuxièmes expriment bien l'évolution des besoins de la congrégation de Notre-

Dame, affectée par le vieillissement de ses effectifs. Les plus récents, eux, traduisent à la fois le déclin des grandes communautés religieuses, la relève assurée par le secteur public dans le domaine de l'enseignement et les nouvelles exigences de ce secteur d'activité. Ils démontrent surtout l'attachement de notre époque à son patrimoine bâti, lequel a permis de contrer les menaces de démolition qui ont plané sur ce couvent dans les années 1975-1976.

Le plan

L'architecture de la maison mère est remarquable tant en ce qui concerne sa composition planimétrique et l'articulation de ses volumes qu'en ce qui a trait aux matériaux et techniques utilisés.

L'immeuble s'articule comme un grand «H», développé d'est en ouest au milieu d'un vaste quadrilatère abondamment ombragé. L'aile nord, légèrement rétrécie à ses extrémités, se ramifie vers la rue Sherbrooke en quatre avant-corps, courts et de moindre largeur. Au centre, l'entrée principale de l'ancienne maison mère sépare la zone des religieuses et des fonctions administratives (à l'est) de celle des novices, des postulantes et des fonctions éducatives (à l'ouest). L'aile parallèle au boulevard de Maisonneuve abrite les services et, aux étages supérieurs, l'infirmerie. Les longues galeries qui en marquent la face sud permettent aux malades d'accéder facilement à l'extérieur pour y prendre le soleil ou respirer un peu d'air frais. Elles révèlent une sensibilité aux problèmes particuliers de l'architecture hospitalière, qui doit être attribuée à Jean-Omer Marchand. Celui-ci s'était à deux reprises penché sur cette typologie pendant ses études parisiennes et il y est revenu une dizaine de fois dans le cours de sa carrière. Reliant les deux précédentes, l'aile transversale loge au cœur de la composition les fonctions communautaires, la chapelle et le réfectoire.

Vue arrière du bâtiment. (MAC)

Dans l'ensemble, la planimétrie se lit comme une brillante réinterprétation du projet d'*Hospice dans les Alpes* qui a valu le Grand Prix de Rome à Julien Guadet en 1864. Dépouillé de ses bâtiments secondaires à l'avant et du cloître à l'arrière puis comprimé par le report du corps principal dans l'alignement de la façade de la chapelle, le plan apparaît comme la variante en largeur d'un prototype en profondeur. Par ailleurs, la récupération des corridors transversaux sous les tribunes latérales de la chapelle est une intelligente organisation du modèle en fonction de l'échelle du projet, de l'économie des moyens et des conditions climatiques.

La maison mère reste dans la tradition des grands couvents montréalais allongés et précédés de cours en «U». Elle se distingue toutefois dans cette série par son ampleur exceptionnelle et par la multiplication de ses avant-corps. Nécessaires pour casser la monotonie d'une trop longue façade, trois cours permettent d'éliminer les faiblesses du traitement de l'entrée que l'on observe souvent. L'ambiguïté que l'on ressent par exemple devant la dispersion des portes qui ceinturent la cour des sœurs grises (boulevard René-Lévesque) ou devant le choix à faire entre la cour du Grand Séminaire et celle du Collège de Montréal chez les sulpiciens (rue Sherbrooke) ne se présente pas ici. Les portes sont regroupées dans la cour centrale resserrée où l'on peut facilement s'orienter grâce aux inscriptions gravées à l'imposte des entrées secondaires et perceptibles du premier coup d'œil. L'esplanade d'accès est en fait un hall de distribution à ciel ouvert.

Les volumes et les matériaux

Comme le traitement de l'entrée unifie la façade fragmentée par les avant-corps, de même une subtile progression verticale des

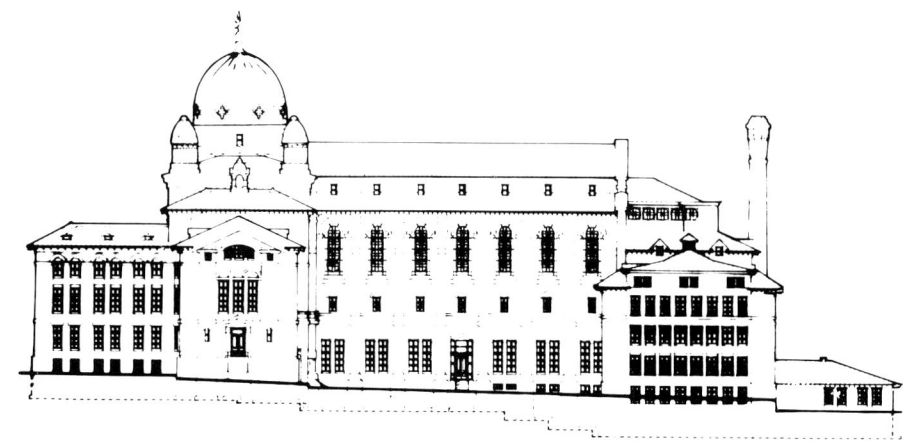

Élévation de la façade latérale d'après un plan de Jean-Omer Marchand. (MAC)

masses d'arrière en avant et de l'extrémité des ailes vers le centre répond à la ramification du plan. Elle lui donne un équilibre et une cohésion accentués par un système de cinq coupoles – une grande flanquée de quatre acolytes – placé au point culminant, dans l'axe de la façade et juste au-dessus de l'entrée principale.

Ce motif bien connu du profil métropolitain attire le plus d'attention des critiques par son caractère byzantin évident, par le fait qu'il ne trouve pas sa contrepartie logique à l'intérieur et enfin par sa ressemblance frappante avec la coupole de la basilique Saint-Martin à Tours. Pour lui rendre justice, il faut dire que ces singularités s'expliquent et encore constater la rareté des coupoles dans le ciel montréalais de l'époque – une demi-douzaine à peine sont plus anciennes –, la qualité du design de celles-ci en comparaison avec les précédentes, et enfin leur position remarquable sur l'édifice comme dans le paysage urbain.

L'emprunt du style byzantin, exceptionnel hors de l'Europe de l'Est, témoigne bien sûr des goûts savants et éclectiques véhiculés au début du siècle par les architectes formés à l'École des Beaux-Arts de Paris et de l'influence des travaux de Paul Abadie. Il n'en reste pas moins que, pour inhabituelles qu'elles soient dans le langage des architectes québécois, ces coupoles pyramidées sont loin d'être gratuites: les plus petites forment en élévation un palier nécessaire dans la juste progression verticale des volumes; serrées contre la plus grande, elles expriment

L'entrée principale flanquée de deux avant-corps est surmontée d'un dôme de style byzantin. (MAC)

L'intérieur de la chapelle. (CUM)

visuellement l'idée d'une congrégation. D'autre part, ces coupoles ne correspondent à rien à l'intérieur. L'architecture byzantine admet les coupoles sans contreparties internes. Celles de Marchand & Haskell tirent toute leur justification de leurs rôles aux plans symbolique et volumétrique.

L'évocation de Saint-Martin de Tours est évidente quand on observe le galbe et le bandeau ornemental du dôme principal. Pour le reste (différences de matériaux, traitement distinct du tambour, présence de coupoles secondaires inspirées d'autres modèles comme d'ailleurs la statue terminale, etc.), il s'agit d'une création originale.

La position des coupoles est en outre insolite. Généralement situées à l'avant de la nef, devant le chœur, elles sont ici déplacées vers l'arrière au-dessus du hall qui donne accès à la chapelle. Retenant sans doute la leçon de Saint-Pierre de Rome où la nef allongée masque de très loin la vision de la coupole, les architectes préfèrent associer les leurs à la façade où elles servent de signal à l'entrée principale. Autre fait remarquable: ainsi placées, elles marquent la frontière entre Montréal et Westmount et se trouvent juste dans l'axe de la rue Sherbrooke (entre les rues University et Guy).

Au moment de sa conception en 1904, la maison mère se distingue par l'utilisation d'une structure en béton et d'un revêtement en brique pâle d'importation américaine. Envahissant par la suite le paysage montréalais, cette brique est alors une exception dans un décor de pierre et de brique sombre. La luminosité de sa teinte chamois associe le projet aux idées d'une esthétique urbaine avant-gardiste, alors que sa dureté et son taux extrêmement bas d'absorption d'eau placent le design à la fine pointe de la technologie. De même, l'emploi du béton qui n'en est qu'à ses premières conquêtes.

En somme, la maison mère de la congrégation de Notre-Dame mérite à bien des égards d'être considérée comme un monument de classe internationale. Philip J. Turner et Percy E. Nobbs lui ont d'ailleurs réservé une critique élogieuse: le premier la considérait comme le meilleur édifice religieux de la province tandis que le second la voyait comme le chef-d'œuvre de Jean-Omer Marchand.

Pierre-Richard Bisson, architecte
et historien de l'architecture

BISSON, Pierre-Richard. «Un monument de classe internationale: la Maison mère de la Congrégation Notre-Dame», *ARQ*, 31 (juin 1986): 14-18.

DEMETER, Laszlo. *Maison-mère des Sœurs de la Congrégation de Notre-Dame de Montréal. Histoire, relevé et analyse*. Montréal, ministère des Affaires culturelles, s.d. N.p.

Maison Joseph-Aldéric-Raymond

Montréal
1507, avenue Docteur-Penfield

Fonction: résidentielle
Classée monument historique en 1975

En août 1928, Elizabeth Black Colwell achète un terrain le long de l'avenue Docteur-Penfield sur lequel s'élève une maison en brique. Elle le cède ensuite pour un dollar à Joseph-Aldéric Raymond. La maison est démolie et l'entrepreneur J.H.R. Hutchison commence les travaux d'une nouvelle résidence en 1930, au plus fort de la crise économique.

Joseph-Aldéric Raymond (1882-1955) naît à Saint-Stanislas-de-Kostka dans le comté de Beauharnois. Très jeune, il travaille dans l'hôtellerie et, en 1925, devient directeur de l'hôtel Windsor. En 1926, il épouse la fille du président du Windsor. À la mort de son beau-père en 1940, Raymond est nommé président-directeur général de l'établissement. Il parcourt l'Europe afin de parfaire ses connaissances en hôtellerie. Pendant son mandat, le Windsor est d'ailleurs l'un des plus prestigieux hôtels de Montréal.

Raymond confie l'élaboration des plans de sa demeure aux architectes Robert et Francis Robert Findlay, qui ont à l'époque la réputation de dessiner des maisons luxueuses. C'est probablement pour cette raison qu'il les choisit pour concevoir sa nouvelle résidence.

Né à Inverness en Écosse, Robert Findlay (1859-1951) s'installe à Montréal en 1885. En 1887, il travaille avec A.F. Dunlop sur les plans de l'église méthodiste St. James. Il remporte aussi un concours pour les plans du siège social de la compagnie d'assurances Sun Life, rue Notre-Dame. Il ouvre alors son propre bureau et y travaille jusqu'à sa retraite en 1941. Francis Robert Findlay (1888-1977) se joint à son père en 1913 après avoir fait ses études à l'Université de Pennsylvanie. Il appartient à une autre génération d'architectes, en ce sens qu'il est né à Montréal et a appris son métier aux États-Unis où il a été fortement influencé par les courants esthétiques américains.

La plupart des maisons conçues par Robert Findlay avant 1906 sont caractérisées par des plans et des volumes irréguliers, des couleurs et une texture variées selon les concepts pittoresques de l'époque victorienne. La maison Mortimer-B.-Davis, dessinée par Findlay en 1906, constitue un virage par rapport à ses travaux précédents. Findlay est alors influencé par l'Exposition colombienne de Chicago en 1893 où une poussée d'éclectisme classique consacre la rupture avec le mouvement pittoresque.

Findlay a dessiné d'autres maisons d'esprit classique, telles que la maison D.-C.-Macarow (1912) située rue Peel, la maison Herbert-Molson (1911) sur l'avenue du Musée et la maison Abe-Bronfman (1932) sur l'avenue Westmount. À la différence des maisons inspirées du mouvement pittoresque, ce sont des compositions calmes, rationnelles, parfaitement homogènes et sobres, avec peu de pierre d'ornement. La maison Raymond appartient à cette catégorie.

Revêtue de pierre de taille, cette résidence, comme celle de Davis, emprunte à l'architecture de la haute Renaissance la sobriété, la symétrie et l'équilibre des volumes. Par contre, elle est plus petite que la maison Davis (deux niveaux au lieu de trois), rectangulaire (la maison Davis est carrée) et son entrée principale est située à une extrémité et non au centre. Les fenêtres sont rectangulaires et parfaitement équilibrées; celles du rez-de-chaussée sont plus hautes à cause de leur importance. Les guirlandes de rosettes surmontant les fenêtres de l'étage, dans le style Beaux-Arts contemporain, les pierres d'angle et le portique à péristyle créent un effet de volume. Une élégante balustrade couronne le sommet de la résidence de même que le portique.

Côté jardin, les portes donnent sur des balcons en fer forgé au rez-de-chaussée comme à l'étage. Elles sont flanquées de fenêtres identiques à celles de la façade principale. L'aile des domestiques, à l'arrière, se trouve légèrement en retrait pour être moins visible de la rue. Elle est revêtue de brique et pourvue d'une véranda en bois à l'étage.

Bien qu'il se dégage de cette maison une grande simplicité, les architectes ont dû exécuter pas moins de 286 dessins pour terminer leur projet. Cela peut s'expliquer par les exigences particulières d'un propriétaire ayant parcouru le monde, alliées au grand soin et à la méticulosité que les Findlay apportaient à tous leurs travaux.

Cindy Wilson, historienne de l'art

La maison Joseph-Aldéric-Raymond emprunte à l'architecture de la haute Renaissance la sobriété, la symétrie et l'équilibre des volumes. (CUM)

RÉMILLARD, François et Brian MERRETT. *Demeures bourgeoises de Montréal. Le Mille carré doré, 1850-1930*. Montréal, Éditions du Méridien, 1987: 234-235.

Maison Greenshields

Montréal
1517, avenue Docteur-Penfield

Fonction: résidentielle
Classée monument historique en 1974

En 1910, l'avocat montréalais Charles G. Greenshields charge les architectes Morley W. Hogle et Huntly Ward Davis de dresser les plans d'une nouvelle demeure sur la prestigieuse rue McGregor, aujourd'hui Docteur-Penfield.

Fils de James N. Greenshields – l'avocat qui assura la défense de Louis Riel lors de son procès pour trahison en 1885 –, Charles cède la maison à sa mère, aussitôt la construction achevée. L'immeuble de trois étages devient alors la résidence d'une famille fort active dans le droit et dans les affaires.

L'édifice passe par trois campagnes de travaux. Dès 1915, la maison est agrandie vers l'arrière et en 1951 l'intérieur subit des rénovations. Abandonnée pendant une dizaine d'années, la maison Greenshields est restaurée en 1982, en même temps que se construit l'immeuble mitoyen à l'ouest, le Penfield.

Tout comme le classement de la maison Raymond à l'est, celui de la résidence Greenshields a pour objectif d'assurer la conservation, du côté nord de l'avenue, d'une trame résidentielle datant du début du XXe siècle. Un projet de remembrer le plan parcellaire pour y ériger de luxueux immeubles d'habitation est ainsi abandonné en 1972-1974. Quelques années plus tard toutefois, la vétusté des lieux, bien que protégés, ne permet plus une opposition systématique à un projet de développement. Résultat: la maison Greenshields est flanquée d'une construction moderne du côté ouest et à l'arrière. Le statut de l'immeuble et son aire de protection d'environ 165 mètres autorisent quand même un contrôle sur le «design» du nouvel édifice. Surtout, ils permettent la sauvegarde des façades de deux autres maisons; elles seront en quelque sorte «accrochées» sur la nouvelle devanture, tels des tableaux. Loin d'être parfaite, cette solution permet néanmoins la conservation d'un aspect de la rue ancienne.

La maison Greenshields subsiste à cette transformation comme une entité lisible en soi. Sa façade en calcaire gris-jaune est dressée selon l'ordonnance classique que met à l'honneur l'enseignement de l'architecture dans les écoles des beaux-arts en Occident. Quelques rares éléments en relief de l'ornementation très sobre et linéaire tranchent sur les grandes surfaces dépourvues de pierre. Le type architectural avec trois étages et une entrée repoussée sur le côté ainsi que le soubassement très élevé qui accueille l'imposant escalier sont autant de signes qui rappellent les origines anglaises du monument conçu par Hogle et Davis.

Le classement de la maison Greenshields a permis sa protection lors de la construction d'un immeuble en hauteur en 1982.

Montréal, New York et Londres ont aussi vu apparaître un bon nombre d'édifices de ce genre à la fin du XIXe siècle, notamment dans les rues adjacentes aux quartiers d'affaires. S'inspirant de la maison georgienne des années 1800, ce type de bâtiment recrée pour un instant l'illusion de la survie des valeurs de l'ère préindustrielle en préconisant que la ville du XXe siècle peut encore se satisfaire de la faible densité de population qui caractérise les quartiers bourgeois de cette époque. Très rapidement transformés en bureaux ou en maisons de chambres, ces immeubles cèdent peu à peu la place aux édifices en hauteur.

La maison Greenshields a survécu à tout cela, probablement en raison de sa situation plus éloignée du centre des affaires. Elle a aussi conservé plusieurs remarquables attributs de sa fonction résidentielle dont des salles de réception lambrissées de chêne et d'acajou massifs. L'escalier d'honneur et le hall sont aussi dignes de mention et évoquent le statut social des premiers occupants des lieux.

Luc Noppen, historien de l'architecture

RÉMILLARD, François et Brian MERRETT. *Demeures bourgeoises de Montréal. Le Mille carré doré, 1850-1930*. Montréal, Éditions du Méridien, 1987: 196-197.

Maison Ernest-Cormier

Montréal
1418, avenue des Pins Ouest

Fonction: résidentielle
Classée monument historique en 1974

La façade de la maison sur l'avenue des Pins.

Ancrée sur les flancs du mont Royal, cette maison construite en 1930-1931 porte fièrement le nom de son concepteur. Architecte et ingénieur-constructeur, selon sa propre définition, Ernest Cormier (1885-1980) compte en effet parmi les plus illustres représentants de l'histoire de l'architecture et de l'aménagement au Québec. Ses activités se sont aussi étendues au design, à l'aménagement paysager et à l'urbanisme, à l'aquarelle et à l'enseignement. Ses archives, qui constituent l'un des fonds les plus précieux du Centre canadien d'architecture, comprennent quelque 30 000 dessins et 50 mètres linéaires de documents divers.

Ernest Cormier

Diplômé de l'École polytechnique de Montréal en 1906, Cormier étaye ce premier acquis en travaillant comme ingénieur pour la société Dominion Bridge. Puis, il s'inscrit à la section architecture de l'École des Beaux-Arts de Paris, dont il devient en 1918 le deuxième diplômé canadien. Entre-temps lauréat de la bourse Jarvis remise par le Royal Institute of British Architects, il effectue de 1914 à 1916 un séjour à la British School de Rome. Il se pénètre alors des cultures antique et italienne et il y acquiert cette maîtrise de l'aquarelle qui lui vaut d'exposer plus tard à l'Art Gallery de Montréal et de s'y mériter à deux reprises le prix Jessie Dow. De retour en France pendant les dernières années de la Première Guerre mondiale, il collabore chez Considère, Pelnard & Caquot à la conception de ponts, de barrages, de manufactures d'explosifs et de divers autres ouvrages militaires en béton armé.

Rentré à Montréal en 1918, il amorce une carrière qui s'étend sur près de 60 ans et qui reste remarquable aussi bien par sa diversité que par sa qualité. Ses réalisations architecturales d'envergure variable couvrent un vaste éventail typologique. Parmi les plus importantes, rappelons le bâtiment principal de l'Université de Montréal (auquel il a travaillé pendant 25 ans à partir de 1924 et qui a été réalisé contre vents et marées), l'annexe du palais de justice de Montréal (1920-1926), les églises Saint-Ambroise (1923) et Sainte-Marguerite-Marie (1924-1925), et à l'extérieur de la métropole, le Grand Séminaire de Sainte-Foy (1941-1969), la Cour suprême du Canada à Ottawa (1938-1950) et l'édifice de l'Imprimerie nationale à Hull (1948-1958).

Au nombre des grands travaux auxquels Ernest Cormier a collaboré à titre d'architecte-conseil, il faut mentionner l'hôtel de ville de Montréal, l'oratoire Saint-Joseph du mont Royal et l'abbaye de Saint-Benoît-du-Lac. Sa participation à la Commission internationale de design qui assiste l'architecte en chef Wallace Harrison dans la conception des édifices des Nations Unies à New York – aux côtés de collègues aussi éminents que Le Corbusier, Niemeyer et Markelius – lui vaut le trophée de l'American Newspaper Guild et marque certainement la consécration de sa carrière.

La résidence

La résidence de l'avenue des Pins, seule maison construite par cet architecte spécialiste des édifices publics, est remarquable à bien des égards. Conçue, décorée et meublée pour lui-même, elle reflète la richesse de sa personnalité et témoigne admirablement de la qualité de son œuvre. Considérée par la plupart comme une des plus pures manifestations Art déco au Québec, elle est toutefois bien plus qu'une construction à la mode de son temps. Extrêmement réfléchie, elle véhicule tout le substrat culturel de Cormier.

Le site, aussi difficile qu'intéressant – il présente une dénivellation de vingt mètres –, conduit à distribuer les fonctions sur cinq niveaux et à situer l'entrée et les pièces de réception à l'étage supérieur. Au dessous se trouve la partie privée de l'habitation et plus bas, la résidence des serviteurs. Au niveau du jardin se logent divers ateliers, un caveau, la chaufferie et l'incinérateur. Enfin, les garages rejoignent la rue Redpath.

En volume, cette structure en béton armé se présente comme un jeu de parallélépipèdes rectangles à légers ressauts, de dimensions contrastantes. Les façades de chacune des parties montrent une grande rigueur de composition dans laquelle les sacrifices faits à la perfection symétrique (en raison de la déclivité du terrain ou des nécessités fonctionnelles) apparaissent comme des rythmes seconds, enrichissants, mais toujours subordonnés à l'harmonie globale. Ainsi, sur la façade latérale, les petites fenêtres des pièces de service et l'entrée secondaire forment des motifs irréguliers, sans pour autant gêner la perception de l'ordonnance générale. De même à l'arrière, la distribution asymétrique des fenêtres du corps principal aux niveaux inférieurs est estompée par l'importance de l'encadrement que crée autour de cette partie de la maison le surplomb de la terrasse prolongeant le salon, la saillie du parallélépipède oriental et celui de la maison Gillespie, à l'ouest. L'étage noble de la résidence, auquel on accède directement depuis l'avenue des Pins, est au-delà d'un changement dans le matériau de revêtement, finement souligné au sud-est par le parapet de la terrasse et au nord-est par un bandeau ainsi que par de légers retraits dans la fenestration.

L'entrée participe autant à l'invitation qu'à la distanciation d'une maison privée. Invitation par le volume de l'entrée en saillie par rapport au corps du logis, par la concavité dans laquelle s'inscrit la porte et par l'infléchissement visuel qui en résulte au niveau du parapet. Distanciation par le triple encadrement de la porte – multiplication d'une frontière –, par son opacité et son étroitesse, et par le bas-relief qui domine l'entrée. Dans cette position, il prend une valeur tutélaire. Or il représente la muse de l'architecture portant une tour qui rappelle celle de l'Université de Montréal. En somme un cryptogramme de l'architecte, un acte d'appropriation.

Un lieu d'intimité

Avant de pénétrer dans le cabinet de travail de Cormier, l'espace le plus retranché de la maison, un instant d'attente au vestibule. Puis un nouveau seuil, une nouvelle frontière. Il n'y a pas d'accès direct au salon dont l'entrée est repoussée. Le corridor: une perspective qui ne révèle rien de la vie intérieure. Au plus la vue se perd au fond dans l'espace de déambulation qui enveloppe la table de la salle à manger. Au sommet de l'escalier, un carrefour, lieu de l'incertitude par excellence. Le sens giratoire habituel pousse vers la droite. Ici, nouveau seuil, monumental cette fois: constitué par quatre colonnes de marbre, ce véritable propylée de l'Acropole qu'est le salon de 8 mètres de haut est posé en belvédère sur la ville. Plus qu'un seuil linéaire, ces colonnes composent un espace, d'ailleurs bien défini au plafond comme au plancher, un lieu qui accuse le rite de l'entrée. Déjà on remarque le traitement des planchers: partout des mosaïques de marbre ou de terrazzo, carrelage en céramique, marqueterie en chêne ou en noyer; partout un motif différent, une étude de coloration particulière... peut-être la trace la plus évidente de la formation italienne de Cormier.

La salle de séjour est aussi imprégnée de solennité et de latinité: des dimensions qui empêchent l'intimité, une disposition symétrique dont les deux axes sont fortement exprimés, un foyer en marbre, un sol en terrazzo, des sièges laqués et dépourvus de dossier. Rien qui invite au relâchement. Un lambris de poirier japonais compose sur les murs une tapisserie à strates horizontales rappelant les assises alternées de Sienne et d'Orvieto, la cimaise idéale où Cormier avait placé une photo de la place du Peuple (Rome) et quelques autres souvenirs d'Italie. Par sa hauteur de 8 mètres et par les grandes baies verticales qui l'éclairent, la pièce rappelle les studios d'artistes parisiens dont s'était déjà inspiré l'architecte Jean-Omer Marchand pour sa résidence de l'avenue Wood à Westmount (1912-1914). Cette résidence, Cormier la connaissait fort bien pour l'avoir fréquentée entre 1918 et 1922 alors

La maison Cormier est considérée comme l'une des plus pures manifestations du style Art déco au Québec. (CCA)

Le décor de la salle de séjour respire la solennité avec ses éléments empruntés à l'architecture italienne. (CCA)

Le cabinet de travail d'Ernest Cormier. (CCA)

que les deux collègues étaient associés. La reprise du motif n'a guère été goûtée par Marchand, devenu depuis leur rupture violente le rival acharné de Cormier.

Pour pénétrer plus avant dans l'intimité du maître, il faut à nouveau franchir le seuil et descendre un étage. L'escalier débouche sur un second propylée aux colonnes plus resserrées que les premières et qui constitue l'entrée du cabinet de travail qui peut également servir de salon intime. Les dimensions plus familières de la pièce donnent une tout autre ambiance. De même, le recouvrement fauve du divan, la marqueterie en bois, l'entrée angulaire, la position oblique du foyer, l'absence de lumière naturelle, etc.

Un bas-relief au-dessus du foyer a certainement une signification particulière pour Cormier, compte tenu du nombre restreint d'œuvres d'art dans la pièce. Il s'agit d'une copie qui étonne dans un environnement entièrement original et dont il faut savoir que son propriétaire ne s'en est pas séparé lorsqu'il a vendu sa maison. La scène représente «la mission de Triptolème»: deux déesses font don du blé à un jeune homme qu'elles couronnent en remerciement de son hospitalité et le chargent de répandre la connaissance de l'agriculture parmi les humains.

La copie chez Cormier indique bien sa fidélité à la culture classique; mais il est surtout frappant de trouver cette œuvre particulière à cet endroit précis: elle est dans le cabinet de travail de l'architecte, dans la pièce la plus intime éventuellement accessible aux gens de l'extérieur; elle est au-dessus de la flamme du foyer, c'est-à-dire de la lumière, qui est aussi intelligence, et de la chaleur, synonyme d'hospitalité. Nul doute que la signification du bas-relief doit pour Cormier se rattacher à l'un ou à l'autre ou à l'ensemble des symboles helléniques, sachant que sa culture s'étend au-delà de l'art grec, et qu'il reconnaît le philosophe Épictète comme le guide de toute sa vie.

La maison est aussi remarquable par son ameublement et divers objets décoratifs, également classés. Mis à part quelques pièces importées d'Europe, le mobilier, en merisier teint, en macassar et en racine de noyer, a été conçu par l'architecte lui-même et réalisé à Montréal dans les ateliers Pistono. Il se distingue par l'élégance de sa géométrie comme par le caractère fonctionnel de ses articulations. Ainsi, certains dispositifs permettent l'agrandissement des surfaces utiles ou le démontage pour faciliter le transport.

Quant aux jardins, ils sont à l'époque de Cormier l'objet d'une très grande attention, le choix des plantes et des fleurs ainsi que leur disposition étant étudiés en fonction des cycles de floraison aussi bien que de la composition volumétrique.

La maison Ernest-Cormier est classée monument historique depuis 1974. La propriété appartient actuellement à l'ex-premier ministre du Canada, Pierre-Elliot Trudeau.

Pierre-Richard Bisson, architecte
et historien de l'architecture

RÉMILLARD, François et Brian MERRETT. *Demeures bourgeoises de Montréal. Le Mille carré doré, 1850-1930.* Montréal, Éditions du Méridien, 1987: 228-233.

Domaine et tours du fort des messieurs de Saint-Sulpice

Montréal
2065, rue Sherbrooke Ouest

Fonction: scolaire
Tours classées monuments historiques en 1974
Domaine classé site historique en 1982

Trois siècles nous séparent du temps où François Vachon de Belmont (1645-1732), sulpicien, arrive à Montréal en 1680 et 150 ans du temps où Joseph-Vincent Quiblier, également sulpicien, fonde le Grand Séminaire à la demande de Mgr Bourget. L'imposant édifice s'élève sur l'emplacement de l'ancien fort des messieurs de Saint-Sulpice, devenus seigneurs de l'île de Montréal en 1663.

Le fort de la Montagne

C'est en 1676 que les sulpiciens Guillaume Bailly et Joseph Mariet, accompagnés par des religieuses de la congrégation de Notre-Dame, établissent sur le flanc sud du mont Royal une mission vouée à l'évangélisation des Amérindiens. En 1683, deux ans après l'arrivée de François Vachon de Belmont, la mission compte déjà 210 personnes qui cultivent en commun plusieurs centaines d'arpents de terre et se partagent seize maisons-longues entourées d'une palissade.

Peu à peu des habitations en charpente remplacent les cabanes des autochtones et le mode de vie s'organise à la manière européenne. François Vachon de Belmont initie ses élèves aux métiers de charpentier, de cordonnier et de tailleur. Il étudie les langues indigènes et enseigne en retour le français, le catéchisme, les prières et les chants liturgiques.

Mais la mission de la Montagne vit sans cesse sous la menace des attaques iroquoises. C'est pourquoi en 1685, sans attendre la permission du roi, Vachon de Belmont entreprend de construire à ses frais un fort en pierre attenant à la palissade, du côté est du village.

Suivant une technique millénaire, les maçons insèrent dans les failles rocheuses de la montagne des coins de bois qu'ils imprègnent d'eau pour faire éclater le roc. Une fois

Le fort de la Montagne et le «château» des messieurs de Saint-Sulpice après 1825. (ANQ-Q)

chauffé dans un four, le calcaire arraché à la montagne donne la chaux nécessaire à la préparation du mortier. Après plusieurs semaines de travail, les maîtres maçons et leurs apprentis ont élevé quatre tours en moellons, chacune pourvue de meurtrières, d'une porte et d'une seule fenêtre.

Les charpentiers entrent alors en scène et taillent à l'herminette les pièces de pin qui serviront à construire les planchers et la toiture. Il ne reste plus qu'à recouvrir le toit d'ardoises expédiées de France et à rassembler les tours à l'aide de quatre courtines d'une hauteur d'environ cinq mètres. L'ouvrage défensif, qui mesure quelque 32 mètres sur 64, abrite alors la résidence des missionnaires, située au centre. Ce fort joint des jardins, un vivier, un vignoble et un verger. Il est agrémenté d'un plan d'eau cher à Vachon de Belmont.

Ce dernier fait construire par la suite une grange et une chapelle en pierre en forme de croix latine, dont le chevet est adossé à la courtine sud. Les murs et les bâtiments du fort sont érigés dans la tradition des ouvrages provinciaux français de l'époque. Il est d'ailleurs intéressant de les comparer à ceux du monastère de la Grande Chartreuse, près de Grenoble, d'où Vachon de Belmont est originaire.

Un incendie survenu en 1694 dévaste une grande partie des habitations du village adjacent ainsi que la palissade de pieux qui l'entoure; mais le fort, grâce à ses murs de pierre, tient bon. L'événement ne fera qu'accélérer le transfert de la mission au Sault-au-Récollet, amorcé en 1692 pour soustraire les Amérindiens à l'influence de Ville-Marie, «source de désordres et d'ivrognerie».

À la fermeture définitive de la mission en 1705, les sulpiciens louent la carrière de pierre et le four à chaux qui ont servi à la construction du fort et donnent à bail les terres à des fermiers. Ces derniers logent dans les tours avec leur famille en attendant de se bâtir une habitation plus adéquate. La résidence située au centre du fort, agrandie de deux ailes latérales, demeure à la disposition des seigneurs qui continuent d'exploiter les vergers de leur vaste domaine. Entre-temps, l'ancienne grange a cédé la place à un pressoir où l'on fabrique du cidre.

L'ancienne maison de campagne, flanquée des deux ailes du Grand Séminaire en 1859. (Musée McCord, archives photographiques Notman)

L'intérieur de l'une des tours restaurées à la faveur du réaménagement du domaine entre 1984 et 1986.

La réfection du fort

À la fin du XVIIIe siècle, les sulpiciens entreprennent la réfection du fort, de la maison et du pressoir; mais la vieille chapelle, effondrée sous le poids des ans, est démolie. À l'endroit où s'appuyait le chevet, sur la courtine sud, on pratique une ouverture par laquelle on accède désormais à la cour de la résidence. Les fondations de l'église disparue sont recouvertes de terre pour permettre l'aménagement d'un parterre.

En 1801 un bassin d'une longueur de près de cent mètres, qui d'ailleurs subsiste toujours, vient agrémenter la propriété. Dans une autre partie du domaine, à l'extérieur du fort, les seigneurs font construire une nouvelle habitation, la «ferme sous les noyers» (1803-1807), qui deviendra leur maison de campagne. Puis ils redessinent les jardins où croissent des vignes et des arbres fruitiers.

En 1825 on aménage une chapelle dans la tour est et la résidence du fort, aussi appelée le «château des Messieurs», gagne un étage supplémentaire. Le domaine de la Montagne, avec ses vignobles, son magnifique plan d'eau et son jardin d'agrément est l'un des plus anciens en Amérique du Nord.

À partir de 1840 cependant, les prêtres de Saint-Sulpice, à la demande de Mgr Bourget, acceptent d'assurer la formation des séminaristes du diocèse de Montréal. Pour les loger adéquatement, on envisage de construire un vaste édifice sur l'emplacement du fort de la Montagne. C'est ainsi qu'en 1854, le pressoir de même que les deux tours de l'extrémité nord et ce qui reste des courtines sont démolis pour faire place au Grand Séminaire. Six ans plus tard, le «château», enserré par les deux ailes du nouvel édifice, subira le même sort.

Deux tours en poivrière qui gardent l'entrée du Grand Séminaire sont tout ce qui subsiste du fort de monsieur de Belmont. Ces tours figurent parmi les bâtiments les plus anciens de l'île de Montréal, après le Vieux Séminaire de la rue Notre-Dame (1682-1685) et la ferme Saint-Gabriel (1668 et 1698). Classées monuments historiques en 1974, les tours sont restaurées de 1984 à 1986 à la faveur du réaménagement de l'ensemble du domaine, suivant les études des architectes Beaupré et Michaud.

Un nouvel esprit architectural

Jusqu'au milieu du XIXe siècle, les bâtiments des grandes institutions sont construits à la manière canadienne, donnant naissance à une architecture appelée «famille de Montréal». Cette tradition se poursuit avec l'Hôtel-Dieu de l'avenue des Pins en 1859 et l'ensemble de l'Hôpital général des sœurs grises en 1869, deux œuvres remarquables de Victor Bourgeau.

Pendant que Bourgeau travaille à achever ces grands ensembles, un autre type d'architecture conventuelle a déjà pris place chez nous au milieu du XIXe siècle. Le Grand Séminaire de la rue Sherbrooke a donné le coup d'envoi au grand déménagement des principales institutions vers la périphérie de la ville. Avec lui on assiste à la naissance d'un caractère et d'un esprit architectural nouveaux à Montréal, qui s'affirment dans plusieurs monuments de l'ère victorienne influencée par le monde anglophone et protestant. C'est l'époque où, ici, on fait appel à des architectes étrangers de grande réputation.

Cependant très tôt, les sulpiciens cherchent, avec James O'Donnell à l'église Notre-Dame (1824-1829), à marquer un tournant. Un peu plus tard, Frank Wills et Thomas T. Scott introduisent, dans un subtil esprit néogothique, une architecture d'un caractère fidèle à l'esprit de la vieille Angleterre. La cathédrale Christ Church (1856-1859) se voulait un modèle pour les autres églises du Canada.

La charpente du toit à poivrière de l'une des tours.

Le domaine a conservé plusieurs de ses anciens aménagements, dont un long bassin créé en 1801. (CUM)

Le domaine en 1876. Le Grand Séminaire, conçu par John Ostell en 1854, occupe la partie gauche de l'édifice. Le Collège de Montréal, sur la droite, a été édifié par Henri-Maurice Perrault en 1867.

En même temps, au début du XIXe siècle, se fait jour à Montréal l'influence de l'architecture néo-classique, telle que la conçoivent les architectes originaires de Grande-Bretagne et telle qu'elle s'est développée en Nouvelle-Angleterre après la conquête du Canada et l'indépendance américaine. C'est ce qu'il convient d'appeler l'architecture georgienne, une architecture essentiellement parente du mouvement soutenu par James Gibbs, sir John Soane, James Wyatt, issue de certaines œuvres d'Inigo Jones ou de Christopher Wren. Sans remonter jusqu'aux racines antiques, disons que l'on retrouve les fondements de cette architecture dans les œuvres italiennes de Vignole et Palladio.

Le Grand Séminaire et le Collège

John Ostell (1813-1892) est un architecte originaire de Grande-Bretagne. Déjà à Montréal, il a réalisé l'édifice McGill College (1839). Ostell est aussi connu pour son travail aux tours de l'église Notre-Dame de Montréal (1841-1843). On l'a vu à l'œuvre à l'église de La Visitation du Sault-au-Récollet (1850-1852), à l'église Notre-Dame-de-Grâce (1851-1853) et à la cathédrale Saint-Jacques, rue Saint-Denis (1855-1857). Le projet qu'il prépare en 1848 pour l'agrandissement du Vieux Séminaire de la rue Notre-Dame sert d'amorce pour celui de la Montagne, rue Sherbrooke.

C'est à lui que l'on fait appel pour la construction de l'ensemble connu aujourd'hui sous le vocable de «Grand Séminaire». Ce long bâtiment est commencé en 1854. John Ostell, imprégné de classicisme anglais, nous a laissé une œuvre victorienne où l'influence britannique transparaît dans les détails architecturaux. On le remarque dans la proportion des pleins et des vides, la forme des fenêtres avec leur guillotine et leurs carreaux typiques, l'angle caractéristique des toits et la présence des frontons triangulaires. L'intérieur se distingue par la belle proportion de ses corridors et surtout par son monumental escalier aux multiples volées ouvertes sur l'ensemble des étages.

Le Grand Séminaire se compose d'un vaste corps de bâtiment bien inséré entre deux ailes principales. Cet édifice en forme de «U», créant une cour, encadre les vieilles tours du fort des Messieurs. La chapelle se trouve dans l'aile est. En 1867, Henri-Maurice Perrault, neveu d'Ostell par alliance, se voit confier la construction du Collège de Montréal.

Afin de tracer la genèse de ce dernier établissement, il faut se reporter quelques années en arrière. En 1861, le gouvernement réquisitionne le collège de la rue Saint-Paul (1806) pour loger les 5 000 militaires envoyés par la Grande-Bretagne, alors en conflit avec les États américains du Nord. Le Grand Séminaire offre donc d'héberger temporairement les collégiens, parmi lesquels on compte 300 pensionnaires, en réservant l'aile ouest pour son propre usage.

Le vieux collège qu'on a transformé en casernes est lourdement endommagé par un incendie en 1866. Une fois les dommages réparés, il ne servira plus que d'entrepôt, puis de fabrique. Les sulpiciens, entre-temps, ont pris la décision de loger le Collège de Montréal dans un nouveau bâtiment adjacent au Grand Séminaire.

L'architecte Henri-Maurice Perrault prolonge ainsi vers l'est le corps principal du bâtiment. Ce faisant, il crée une seconde cour semblable à celle du Grand Séminaire par la construction d'une troisième aile qui s'apparente à celle de l'ouest. La chapelle se retrouve ainsi au milieu de l'ensemble. Achevées en 1871, ces additions, qui donnent un aspect grandiose au domaine de la Montagne, conservent et respectent tous les éléments de l'architecture d'Ostell.

En 1875-1877, Henri-Maurice Perrault agrandit à nouveau le corps principal du bâtiment, cette fois du côté ouest, et transforme à la française le toit du Grand Séminaire dans le style Second Empire. Peu après, la chapelle du Collège de Montréal est érigée à l'arrière par Victor Bourgeau et Alcibiade Leprohon en 1881 et 1884. À ce moment, le majestueux ensemble victorien est essentiellement complété.

La façade principale du Grand Séminaire. L'influence du classicisme britannique transparaît dans les détails architecturaux. (CUM)

Quant à l'ancienne chapelle du Grand Séminaire (1864), elle disparaît lors des travaux effectués au début du XXᵉ siècle. Elle se distinguait par un décor architectural néo-classique avec ses réminiscences Louis XVI. Ce caractère s'affirmait surtout dans le retable et l'arc triomphal. On retrouve l'esprit du décor de ce sanctuaire dans les travaux de Victor Bourgeau à la cathédrale de Saint-Jean-sur-Richelieu et dans l'ancienne chapelle Notre-Dame-des-Anges avant sa transformation par la Mission catholique chinoise. On sait que Bourgeau et Ostell travaillent ensemble à l'occasion.

L'ancienne chapelle du Grand Séminaire est inscrite dans les murs de la chapelle actuelle, plus longue et plus haute. Des fenêtres aveugles indiquent encore aujourd'hui l'emplacement d'un dortoir qui était situé juste au-dessus. Les bancs se faisaient face à la manière des stalles actuelles dans l'esprit monastique. Il se dégageait de la chapelle disparue une atmosphère d'intimité et de chaleur.

La nouvelle chapelle

Peu de temps après la célèbre Exposition colombienne de Chicago en 1893, où l'influence des grands prix de l'École des Beaux-Arts est des plus manifestes, commence à Montréal une ère nouvelle en architecture. En effet, pendant que la période victorienne se prolonge grâce à la vague des œuvres inspirées des réalisations de Richardson et du style Second Empire, les architectes amorcent ici l'ère Beaux-Arts dans l'architecture religieuse. Quelques-uns d'entre eux vont puiser à Paris les notions propres à cette architecture.

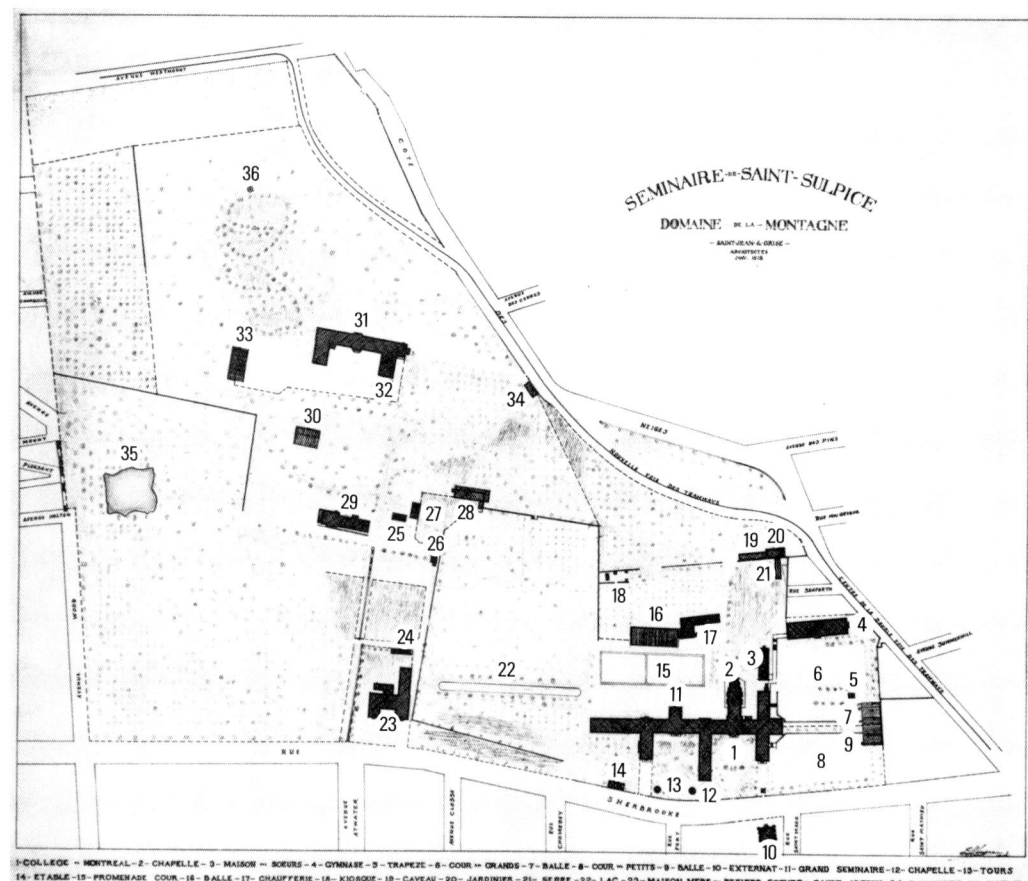

Localisation des divers bâtiments du domaine de la Montagne d'après un plan réalisé en 1918. (Comité d'art sacré et de construction de l'Archevêché de Montréal)

Le style Beaux-Arts se veut une synthèse des siècles qui l'ont précédé. Fondée sur le souvenir de la Rome antique, cette architecture prend ses sources dans l'art gréco-romain, égyptien et mésopotamien. Elle utilise des éléments de l'ère byzantine et s'inspire du Moyen Âge pour retrouver dans les églises l'esprit roman. Souvent on y fait un retour au plan basilical. Cette synthèse se complète par un vocabulaire emprunté à la Renaissance, tel qu'il fut élaboré aux époques classique, baroque et néo-classique. Ce traitement architectural demeure cependant très caractéristique et peut se lire dans tous les édifices conçus de cette manière.

Nous sommes aussi à l'époque des grandes migrations rurales vers les usines de la ville. La croissance de la population fait apparaître les églises monumentales. Nous sommes au temps de Mᵍʳ Paul Bruchési, archevêque de Montréal de 1897 à 1939, un ancien de Saint-Sulpice de Paris.

Vue aérienne de l'ensemble conventuel. La chapelle occupe l'aile centrale. (CUM)

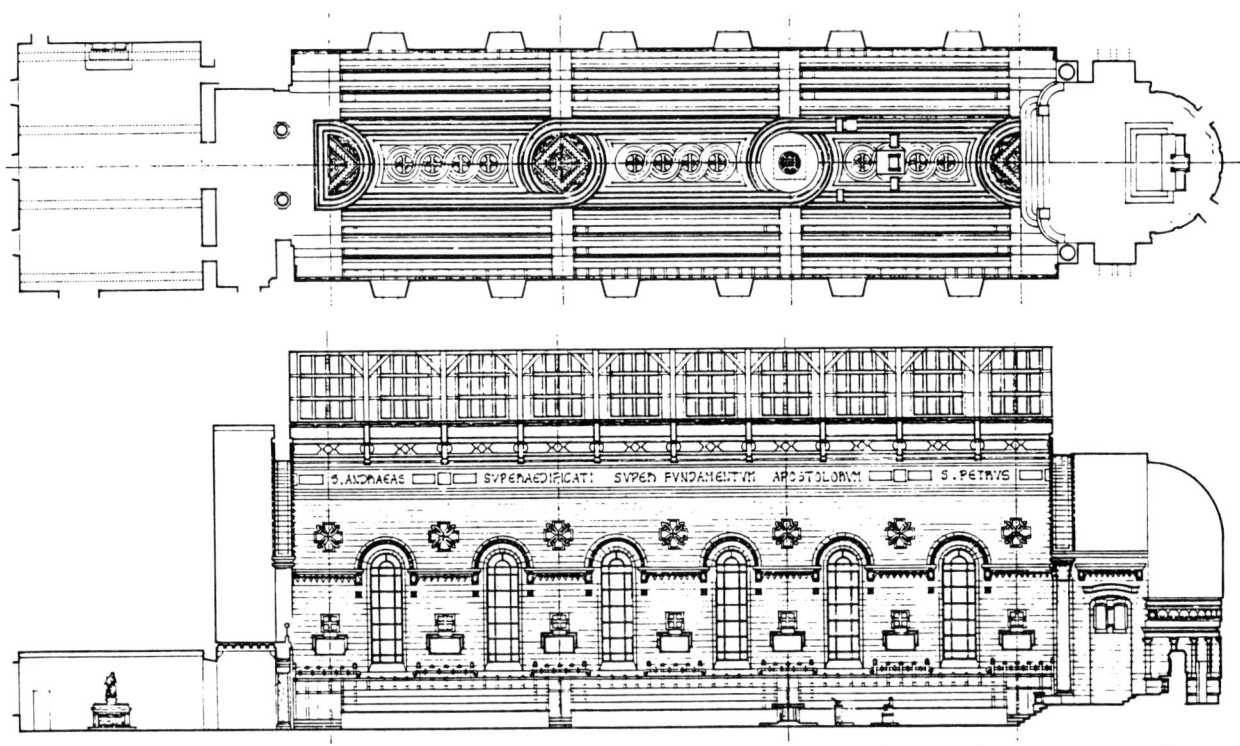

Plan au sol et coupe longitudinale de la chapelle revus et complétés d'après les plans de Jean-Omer Marchand par les architectes Claude Beaulieu et Gilles Lavigueur. (Comité d'art sacré et de construction de l'Archevêché de Montréal)

Les sulpiciens inaugurent encore une fois un mouvement avec leur nouvelle chapelle du Grand Séminaire. Cette fois, la commande est placée entre les mains de Jean-Omer Marchand (1873-1936), jeune architecte issu de l'École des Beaux-Arts de Paris. Le programme qu'on lui soumet n'est pas facile car il faut, à partir d'un bâtiment existant, agrandir la chapelle à même les anciens murs et lui conférer un aspect nouveau. On veut lui donner une image marquante afin d'imprégner la mémoire du futur clergé diocésain, par la création d'un lieu de prière d'une incomparable beauté.

Malgré les difficultés du programme, Marchand aménage de 1904 à 1907 l'un de nos plus importants monuments de l'ère Beaux-Arts à Montréal. Que dire de cette magnifique chapelle? À l'époque, on la désigne comme une merveille de bon goût et comme l'œuvre architecturale la plus achevée de la ville.

L'ensemble reste sobre et simple malgré la richesse des matériaux. Dès l'entrée, le visiteur est impressionné par la magnifique grille de Regaudie qui laisse entrevoir les stalles. Ces deux triples rangées de stalles aux boiseries imposantes, qui se font face dans le sens de la longueur, répondent à la charpente ordonnée au plafond avec ses pièces de bois tout aussi majestueuses, aux couleurs profondes, rehaussées de dorures.

La richesse de ce décor, alliée au savant dessin de la mosaïque du plancher, est mise en relief par le dépouillement des murs, où seules les fenêtres sont accusées à leur sommet et liées par un bandeau qui découpe harmonieusement la nef. La lumière filtre à travers ces fenêtres grâce à des vitraux aux motifs religieux en grisailles, signés G.P. Dagrant, de Bordeaux, en France. Seuls aussi les discrets reliefs en stuc du chemin de la croix de Henri Bouriché donnent le caractère religieux à ces murs en véritable pierre de Caen.

Tout concourt à ramener l'œil vers le maître-autel qui est vu à travers un somptueux arc triomphal, amorce de l'abside en hémicycle. Cette abside, un rappel de l'architecture romane à la manière Beaux-Arts, est décorée d'un retable aux éléments néo-Renaissance. Le tout est surmonté d'une imposante fresque de Joseph Saint-Charles. On ne peut quitter la chapelle sans jeter un dernier regard sur cet autel de marbre encadré par deux immenses colonnes aux chapiteaux corinthiens. Cette riche image monastique est le symbole de la foi des séminaristes du temps.

La réputation de l'architecte Marchand alimentée par ce coup de maître va lui ouvrir les portes de plusieurs communautés religieuses. Il ne tardera pas à laisser son empreinte sur toute l'architecture conventuelle. De même, son influence sera sentie à travers plusieurs églises de cette époque. C'est lui qu'on retrouve au même moment à la nouvelle maison mère des sœurs de la congrégation de Notre-Dame (1905-1908), à l'église Sainte-Cunégonde (1906), à l'église Saint-Pierre-Claver (1915) et à l'Institut pédagogique de Westmount (1925). Enfin, parmi ses œuvres on compte la prison de Bordeaux (1907-1912) et la reconstruction de l'hôtel de ville de Montréal (1926).

Le Grand Séminaire vient de procéder à la restauration de sa belle chapelle pour laquelle il a acquis des facteurs Guilbault et Thérien un nouvel orgue. Cet instrument unique de 39 jeux, sur 4 claviers et à traction mécanique, est réalisé dans la tradition classique française du XVIIIe siècle. Le buffet de ces grandes orgues vient combler l'arcade de la tribune principale située à l'entrée arrière de la chapelle. Cette arcade est une réponse en mineur au sanctuaire, élément majeur de la chapelle. Grâce à un dessin aux justes proportions, le buffet de l'orgue se marie habilement aux éléments du splendide plafond de la chapelle, inspiré de l'art italien médiéval. Par l'emploi des mêmes essences de bois que celles des stalles et par le rappel des détails des poutres du plafond, il fait ainsi le pont entre la voûte et l'ensemble de la nef. La chapelle est donc parachevée en

Les grandes orgues, réalisées dans la tradition classique du XVIIIe siècle, viennent combler l'arcade de la tribune principale, à l'arrière de la chapelle. (Coll. Germain Casavant)

La chapelle du Grand Séminaire, aménagée par Jean-Omer Marchand de 1904 à 1907, est considérée à l'époque comme l'œuvre architecturale la plus achevée de la ville. (CUM)

conservant le caractère et l'esprit basilical des belles époques italiennes. Reportons-nous aux églises de Florence, telle San Miniato al Monte, érigée en 1013.

Ceux qui ont le bonheur d'être présents dans cette chapelle et qui prennent place dans les stalles admirables baignent dans une ambiance d'une grande beauté. Ils s'imprègnent de l'éclat et de la splendeur du lieu. Leur oreille est enveloppée par une musique harmonieuse, au son de l'orgue. Leur œil a alors tout loisir de parcourir les murs sobres en pierre de Caen, qui leur permettent de jouir de tout l'éclat de la lumière que laissent passer les vitraux. Se tournant vers la tribune, ils voient l'image majestueuse de l'instrument dont l'élan culmine vers le riche plafond et son admirable agencement. Cette voûte demeure le symbole du ciel. De là, leur vue est à nouveau guidée vers le sanctuaire à travers l'arc triomphal, somptueux décor célébrant la Résurrection. Leur regard est alors attiré par l'autel et le retable, reflet du temple, et sa grande fresque de la *Présentation de Marie*, hommage à la patronne des lieux.

Tous ces travaux de restauration, tant ceux des tours que ceux de la chapelle, ont valu aux prêtres de Saint-Sulpice les honneurs du prix Thomas Baillairgé décerné par l'Ordre des architectes du Québec en 1990.

Germain Casavant, architecte et urbaniste

Le Grand Séminaire de Montréal, de 1840 à 1990. Montréal, Éditions du Grand Séminaire de Montréal, 1990. 462 p.

LAPIERRE, Diane. *Le Grand Séminaire.* Montréal, ministère des Affaires culturelles, 1978. 137 p.

MAURAULT, Olivier. *Le fort des Messieurs.* Montréal, s.n., 1925.

Cinéma Rialto

Montréal
5711-5723, avenue du Parc

Fonction: commerciale
Classé monument historique en 1990

La façade du cinéma Rialto, inspirée de celle de l'Opéra de Paris, avec ses œils-de-bœuf et sa colonnade. Cette vue date de 1936. (Ville de Montréal)

L'industrie cinématographique a déjà étendu son circuit au-delà des centres d'animation et envahi de nombreux quartiers lorsqu'on construit le cinéma Rialto en 1923 sur l'avenue du Parc à Montréal. Si ce nouveau divertissement a connu des débuts plutôt difficiles dans des locaux provisoires – cela ne devait-il pas être une mode passagère? –, au fil des années, il est devenu pour des milliers de spectateurs une véritable passion.

Après les «scopes» et les «théâtres cinématographiques», on érige, à compter de la Première Guerre mondiale, des «superpalaces» au centre-ville et des «palaces» de quartier pour le plus grand plaisir des cinéphiles. Les architectes et les décorateurs vont tenter de reproduire un univers de rêve comme environnement, ce qu'illustre le cinéma Rialto.

L'arrivée massive d'immigrants ruraux et étrangers dans la ville, souvent quelque peu déracinés et non encadrés par leur famille, fournit la clientèle idéale pour consommer ce type de loisir. Ajoutons-y l'attrait de la nouveauté. Au cours des premières décennies du XXe siècle, le cinéma devient le lieu de rassemblement de caractère profane le plus privilégié, concurrençant les lieux de culte.

La surcharge décorative d'un mur latéral au niveau du balcon. (MAC)

Ces vues du parterre montrent la richesse de la décoration intérieure réalisée par Emmanuel Briffa. (MAC)

Le Rialto est d'abord conçu comme salle de cinéma, mais pourra aussi servir de théâtre pour des spectacles de vaudeville ou de variétés. L'architecte Raoul Gariépy, qui n'en est pas à sa première construction cinématographique – il a conçu les plans et devis du cinéma 539 et du théâtre La Lune Rousse (La Veillée) –, n'hésite pas, pour ennoblir ce lieu de divertissement, à s'inspirer pour la façade de celle de l'Opéra de Paris avec ses œils-de-bœuf et sa colonnade rythmant le *piano nobile*.

Devant cette façade illuminée, le spectateur est happé directement dans la rue et, dès son entrée, il est pris en charge pour pénétrer plus avant dans l'imaginaire. Ici, tout est permis: le rêve et le factice sont autorisés par l'écran et se poursuivent dans l'environnement. C'est tout un rapport au monde réel qui se modifie en basculant dans celui de l'illusion.

Si au début du cinéma l'aménagement des espaces intérieurs est fort simple, avec la construction du Rialto (qui en est un bon exemple), le programme architectural se complexifie. L'architecture de cinéma se constitue alors d'espaces intérieurs différenciés: depuis l'accueil et la billetterie jusqu'aux espaces spécialisés qui se multiplient. Pour le confort de la clientèle s'ajoutent les fumoirs, les salles de repos, les services, etc., et enfin la salle de l'auditorium avec balcon, loges et baignoires.

L'architecture du cinéma Rialto ne peut donc se réduire à la seule façade, mais est plutôt formée de cet ensemble d'espaces différenciés. Rentabilisant au maximum ce lieu de divertissement, les propriétaires logent des petits commerces au rez-de-chaussée, une salle de danse à l'étage et des bureaux au-dessus de celle-ci. Ils ajoutent également au sous-sol une salle de quilles et un jardin-terrasse sur le toit.

On doit à l'un des maîtres de l'illusion, Emmanuel Briffa, artiste décorateur originaire de l'île de Malte et établi à Montréal depuis 1909, non seulement le décor intérieur du cinéma Rialto, mais également de nombreuses salles à Montréal: Outremont, Château, Cinq, Papineau, Corona, Rivoli, Monkland, Snowdon, etc. Il ne peut être associé à aucun style puisqu'il les a tous utilisés: du style Adam à l'Art déco, en passant par le rococo.

Le Rialto de Montréal est certainement l'une des plus belles salles de cinéma du Québec. Il offre 1 300 places dans un décor somptueux et représente à l'époque le plus beau fleuron du réseau United Amusements. Il faut de l'exceptionnel pour présenter les productions hollywoodiennes: surcharge décorative, nombreuses toiles marouflées, piliers ornés de masques personnifiant la comédie et la tragédie, colonnettes, guirlandes, vitraux, etc. Abandonné pendant quelques années, il vient de retrouver un nouveau dynamisme en tant que cinéma de répertoire.

Le cinéma Rialto témoigne, par sa présence sur l'avenue du Parc à Montréal, de la deuxième période de l'histoire de l'architecture cinématographique, entre 1915 et 1930. Ce «palace» de quartier symbolise ce que fut l'architecture des cinémas au faîte de sa gloire.

Madeleine Forget, analyste en architecture

Cinémas et patrimoine à l'affiche. Montréal, ministère des Affaires culturelles/Ville de Montréal, 1988. 52 p.

MARTINEAU, Jocelyne. *Les cinémas anciens de l'île de Montréal*. Montréal, ministère des Affaires culturelles, 1988. 180 p.

Église Notre-Dame-du-Très-Saint-Sacrement

Montréal
500-530, avenue Mont-Royal

Fonction: religieuse
Classée monument historique en 1979

Située avenue Mont-Royal en plein quartier populaire, l'église Notre-Dame-du-Très-Saint-Sacrement est, comme son nom l'indique, un centre voué à l'adoration perpétuelle du Saint Sacrement.

L'épiscopat de Mgr Fabre, qui débute en 1876, voit l'arrivée au pays de plusieurs nouvelles communautés religieuses françaises, autant féminines que masculines. Ces communautés exercent des fonctions fort différentes de celles œuvrant sous l'évêque précédent, Ignace Bourget, et qui se consacraient principalement à l'éducation et aux œuvres de bienfaisance. Le troisième évêque de Montréal accueille en effet plusieurs communautés qui se vouent presque exclusivement à la prière, dont les carmélites, les trappistes et les pères du Saint-Sacrement.

Fondée à Paris en 1856 par Pierre-Julien Eymard, la communauté des pères du Saint-Sacrement débarque au pays en 1890. Elle est reçue par le curé de la paroisse Saint-Jean-Baptiste de Montréal, Magloire Auclair. C'est dans cette paroisse que les nouveaux arrivés achètent un terrain sur lequel est déjà érigée une maison donnant sur l'avenue Mont-Royal. Au cours des premières années de leur établissement à Montréal, les pères du Saint-Sacrement se portent acquéreurs

La façade continue et ne comportant qu'une saillie pour marquer l'emplacement de l'église donne aux trois bâtiments unité et majesté. (ANQ-Q)

La façade principale de l'église, avec son toit mansardé et ses rangs serrés de pierre grise, illustre les thèmes favoris de l'architecte Jean-Zéphirin Resther. (MAC)

de plusieurs terrains situés à proximité de cette petite maison afin d'y construire leur ensemble conventuel.

Ils érigent d'abord une chapelle qui, aux yeux du curé de Saint-Jean-Baptiste qui voit ses paroissiens y faire leurs dévotions, est considérée comme une cathédrale. L'édifice compte deux étages. Au niveau inférieur, la crypte, de facture assez simple, est bénie dès décembre 1892. En 1894, c'est l'ouverture de la chapelle supérieure, accessible à partir du portique, par un escalier en bois sculpté formant un hémicycle.

L'architecte, Jean-Zéphirin Resther (1857-1910), est le fils d'un autre architecte, Jean-Baptiste Resther (1830-1896) et le petit-fils d'un entrepreneur en construction. Installé à Montréal, Resther fils fait son apprentissage dans les ateliers de George Browne et de Victor Roy. Il fournit les plans de plusieurs églises de province et de quelques bâtiments conventuels montréalais, dont le collège Mont-Saint-Louis et le pensionnat du Saint-Nom-de-Marie d'Outremont, où il utilise largement les concepts de l'architecture Second Empire pratiquée en France quelques décennies auparavant. Son matériau préféré, la pierre grise, orne en rangs serrés des édifices à large façade coiffés de toits mansardés et de dômes. On accède à ces édifices par des escaliers monumentaux qui permettent de franchir un rez-de-chaussée très élevé ayant pour fonction d'accentuer la verticalité du bâtiment.

Par une addition subséquente de deux ailes et d'une façade les reliant, l'église Notre-Dame-du-Très-Saint-Sacrement est enchâssée dans un ensemble monumental. C'est d'abord à l'ouest que l'on voit s'élever une aile qui sert de noviciat dès 1896; l'aile est quant à elle reçoit la résidence des prêtres de la communauté en 1907. Elle compte cinq étages et est de dimensions beaucoup plus considérables, effectuant un retour en équerre à son extrémité. Un autre bâtiment d'environ 13 mètres sur 17, rue Saint-Hubert, abrite des services d'imprimerie, des salles communautaires et des parloirs; il est déjà érigé en 1904, toujours d'après les plans de Resther.

Une façade désormais continue et ne comportant qu'une saillie pour marquer l'emplacement de l'église donne aux trois bâtiments une unité et une majesté qu'ils ne pourraient avoir autrement. Les trois premiers bâtiments couvrent un total d'environ 20 mètres sur l'avenue Mont-Royal. Plus tard, en 1928, on demande à l'architecte Ernest Cormier de préparer les plans du nouveau monastère ouvrant rue Saint-Hubert.

Vue d'ensemble de l'église avec sa voûte plate et sa double rangée de tribunes latérales.

Le trône d'exposition entouré d'anges adorateurs rappelle la vocation première du sanctuaire.

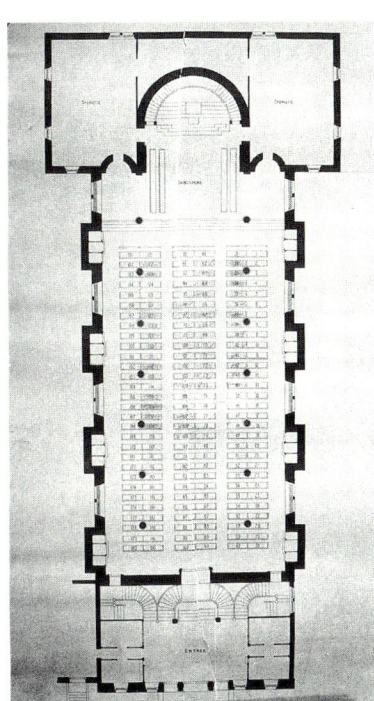

Plan de la chapelle supérieure réalisé par la firme J.-B. Resther & Fils. (MAC)

La chapelle compte trois étages et est divisée en autant de nefs. Coiffée d'une voûte plate, son chœur se termine en cul-de-four, comme les nefs latérales. La nef principale est coupée d'une série de confessionnaux entre lesquels s'enchâssent des croisées de grandes dimensions. L'architecte prétend s'être inspiré, pour la construction de la chapelle, des lignes générales de la basilique Sainte-Sabine de Rome. Un examen rapide du tracé au sol de la chapelle des franciscains (boulevard René-Lévesque) nous apprend qu'il utilisera les mêmes données pour la construction de l'église des frères mineurs, quelques années plus tard. Dans l'église Notre-Dame-du-Très-Saint-Sacrement, les deux rangées de tribunes latérales fournissent à ce sanctuaire des espaces supplémentaires tout en ornant l'intérieur par l'étagement de ses colonnes.

C'est à compter de 1915 que l'intérieur de la chapelle reçoit son décor alors que Georges Delfosse (1869-1939) est chargé de l'ornementation peinte. Quatre scènes de la vie du Christ reliées à l'Eucharistie sont représentées entre autres sur le plafond: l'Adoration des Mages, les Noces de Cana, la Multiplication des pains et la Cène. Le thème se poursuit sur les murs du chœur qui comporte des portraits de saints dont la vie est reliée au même sacrement, dans la voûte en cul-de-four de l'abside où se trouvent des anges adorateurs et dans la nef ornée de symboles associés au thème. Des vitraux commandés dans les grands ateliers montréalais du début du siècle assurent une lumière diffuse qui incite à la prière. Deux autres peintres montréalais, Narcisse Poirier et Zénophon Renaud, collaborent également à l'ornementation de ce temple.

Le quartier Saint-Jean-Baptiste s'étant beaucoup développé après la Première Guerre mondiale, il devient nécessaire d'ériger une nouvelle paroisse; l'église Notre-Dame-du-Très-Saint-Sacrement en est le centre. On démembre trois paroisses avoisinantes: Saint-Jean-Baptiste, qui était sa paroisse mère, Saint-Denis et Saint-Enfant-Jésus-du-Mile-End. Plus tard, une partie de la paroisse Immaculée-Conception est aussi annexée. L'ensemble paroissial et conventuel érigé par les pères du Saint-Sacrement ne sert désormais plus uniquement qu'à la dévotion des fidèles.

Le 12 février 1982, l'église est victime d'un incendie criminel majeur. On procède assez vite au rétablissement de l'édifice, au coût de quatre millions de dollars, remettant dans son état originel cette œuvre assez unique.

Raymonde Gauthier, historienne de l'art

CARON, C. et L. DANIELSE. *La mise en valeur de Notre-Dame-du-Très-Saint-Sacrement*. Montréal, Groupe d'intervention urbaine de Montréal, 1981.

COURCY-LEGROS, L. et J. VERRET. *La petite histoire du Plateau*. Montréal, s.n., 1979.

HUDON, Michel. *Église Notre-Dame-du-Très-Saint-Sacrement, 514, rue Mont-Royal est, Montréal: histoire, relevé et analyse*. Québec, ministère des Affaires culturelles, 1978. N.p.

Château Dufresne

Montréal
4040, rue Sherbrooke Est

Fonction: culturelle
Classé monument historique en 1976

Construit entre 1915 et 1918 pour les frères Oscar et Marius Dufresne, cet hôtel particulier, remarquable par son architecture Beaux-Arts et son intérieur typique du début du siècle, a été en partie restauré et remeublé. Il abrite depuis 1979 le Musée des arts décoratifs de Montréal.

Œuvre de Marius Dufresne, le château occupe le quadrilatère formé par les rues Sherbrooke et Jeanne-d'Arc, le boulevard Pie-IX et la ruelle qui relie ces deux dernières artères. Au moment de sa construction, le terrain s'étend à l'arrière jusqu'à la rue Boyce (aujourd'hui Pierre-de-Coubertin). Par sa situation en milieu suburbain et son aménagement paysager qui contribue à la mettre en valeur, la maison Dufresne correspond à la définition de la villa. Cet aménagement paysager et la composition architecturale du bâtiment sont à l'origine de l'appellation de «château» donnée par les résidents du quartier.

Le château

Érigé en pierre calcaire de l'Indiana, le bâtiment mesure plus de 40 mètres sur 20 dans sa partie la plus large. La façade est remarquable par son ordonnance symétrique et sa composition architecturale nourrie de classicisme qui traduisent la manière enseignée à l'École des Beaux-Arts de Paris. L'élévation sur rue montre un corps de bâtiment de deux étages surmonté d'une corniche et coiffé d'un toit à balustrade, et de deux pavillons latéraux en retrait, s'élevant à mi-hauteur. L'élévation postérieure comprend un étage de plus à cause de la déclivité du terrain.

Bien qu'en façade la maison présente l'aspect d'une résidence unique, elle comprend deux logis distincts, d'une vingtaine de pièces chacun, séparés par un mur mitoyen. Marius Dufresne habitait la partie ouest; Oscar, la partie est. Malgré les nombreuses modifications apportées par les occupants successifs, il est possible de reconstituer, grâce aux plans originaux, la distribution exacte des pièces avec leur fonction. Au rez-de-chaussée se trouvent les pièces de séjour: de part et d'autre un hall d'entrée, un boudoir ou petit salon, une bibliothèque, un grand salon, une salle à manger avec office contigu et un solarium. La disposition des pièces est sensiblement la même dans les deux logis, avec de légères variantes. Du côté est, la salle à manger est rectangulaire tandis que du côté ouest, elle est oblongue et de plus, un fumoir jouxte le salon.

Les cuisines et les autres pièces de service ainsi que les quartiers des domestiques sont aménagés au sous-sol. Deux salles de billard lambrissées et ornées d'une cheminée en pierre occupent les extrémités est et ouest; ces salles ont été transformées en salles d'expositions temporaires pour le Musée. À l'étage, les chambres à coucher, au nombre de trois dans chaque logis, les salles de bain et un petit salon. Enfin, la cave abrite les chaufferies et les garages reliés par un tunnel.

Les intérieurs

Bien qu'elle soit conçue plusieurs années après le décès de la reine Victoria, la décoration intérieure du château Dufresne perpétue encore les concepts décoratifs de la fin du XIXᵉ siècle. Par les emprunts aux répertoires décoratifs du passé, les architectes de l'époque édouardienne témoignent de leur attachement à l'époque victorienne. Ils s'en démarquent toutefois par deux aspects: une plus grande recherche d'unité et un allègement du décor. Alors qu'à la période victorienne, l'éclectisme était parfois poussé à l'excès, les architectes se contentent de multiplier les styles dans une même pièce et de la surcharger de bibelots, l'esthétique édouardienne privilégie davantage l'unité de style et la simplification du décor. C'est la fonction de la pièce qui détermine le choix du style. Le salon est de style Louis XV ou Louis XVI; la salle à manger est d'esprit Renaissance italienne; la bibliothèque adopte

Le château Dufresne se distingue par son architecture Beaux-Arts, sa décoration intérieure édouardienne et son aménagement paysager.

le style gothique; l'exotisme a sa place dans un fumoir au décor oriental. Qu'elles aient été érigées à Montréal, Newport ou Long Island, les grandes demeures adoptent un vocabulaire décoratif semblable.

Grâce aux progrès de l'industrialisation enregistrés dans les dernières décennies, les éléments de l'enveloppe architecturale (moulures, frises, colonnes, cheminées, caissons) sont préfabriqués et distribués à travers le continent par le réseau ferroviaire et les voies navigables. Les catalogues de vente facilitent le choix de ces éléments en suggérant une variété de styles. Les catalogues retrouvés dans la bibliothèque de Marius Dufresne prouvent que bon nombre d'ornements de la maison ont été préfabriqués.

Un des points d'intérêt de la maison Dufresne, et qui en fait son originalité, est l'ensemble de peintures murales réalisées par l'artiste d'origine italienne Guido Nincheri (1886-1973). Ce peintre-verrier et décorateur d'église, originaire de Florence, s'installe au Canada vers 1915. Grâce à une excellente réputation auprès du clergé, il signe des œuvres dans de nombreuses églises du Québec. Chez les Dufresne, Nincheri réalise plusieurs tableaux sur toile marouflée que l'on peut encore admirer dans les salons, le solarium et la bibliothèque. Les exemples de peinture murale dans l'architecture résidentielle ne sont pas chose courante et cet ensemble se

La façade arrière comprenant un étage supplémentaire.

distingue particulièrement par son étendue et la qualité de son programme iconographique. Par exemple, pour le plafond du grand salon, Nincheri illustre en quatorze caissons la légende d'Orphée et Eurydice, et dans le boudoir, il compose quinze tableaux sur des thèmes allégoriques.

La famille Dufresne

De 1918 à 1945, la maison est habitée par la famille Dufresne. Oscar (1875-1936) et Marius (1883-1945) sont les fils de Thomas Dufresne (1855-1923), commerçant de grains et de farine à Yamachiche. En 1891, il vient s'établir à Montréal et se lance dans l'industrie de la chaussure. En 1900, il installe son usine à Maisonneuve où il reçoit de la municipalité des avantages fiscaux. Dans les années qui suivront, l'essor de la famille Dufresne sera étroitement lié au développement de Maisonneuve.

Oscar Dufresne fait ses premiers pas dans l'entreprise familiale dont il est le gérant en 1900. Il en assume la direction jusqu'à sa mort en 1936. En 1909, il s'engage dans la politique municipale et il est conseiller jusqu'en 1915. Son frère Marius est ingénieur civil et architecte, diplômé de l'École polytechnique de Montréal. Il est également arpenteur de la province de Québec. En 1910, il est nommé ingénieur municipal de Maisonneuve, poste qu'il conserve jusqu'à l'annexion de la ville en 1918. À ce titre, il est directement impliqué dans la construction des édifices publics: le marché, la caserne de pompiers et le bain public. En 1922, il fonde la Dufresne Construction Company puis, en 1938, sa filiale, la Dufresne Engineering Company. Ces deux entreprises sont reconnues pour leur expertise dans des travaux d'ingénierie et dans la construction de ponts et chaussées.

Les goûts des Dufresne en matière d'architecture et de décoration correspondent à ceux de leurs contemporains. Dans la seconde moitié du XIXe siècle et encore au début du XXe, aux États-Unis comme au Canada, industriels, financiers et commerçants affichent une préférence marquée pour les grands styles classiques. Ils se font construire de luxueuses résidences qui traduisent leur vision des «vieux pays». Si Marius Dufresne n'a pas fréquenté l'École des Beaux-Arts de Paris, sa formation à l'École polytechnique s'inscrit dans la même ligne de pensée. Les édifices publics qu'il érige ou dont il supervise la construction dans Maisonneuve sont presque tous de style Beaux-Arts. Il n'est donc pas étonnant qu'il choisisse la tendance dominante pour sa propre résidence.

Mais si Dufresne se rattache à la tradition Beaux-Arts pour ses compositions architecturales, il a recours à la technologie moderne pour la construction de sa maison, en l'occurrence une structure en béton armé et l'assemblage de multiples éléments préfabriqués choisis par catalogue. La profusion de meubles et de bibelots, le goût marqué pour la somptuosité, les meubles de style et le grand nombre de tableaux sont synonymes de richesse et de réussite sociale.

Après le départ des Dufresne

Après la mort tragique de Marius Dufresne, en 1945, la maison est mise en vente. En 1948, les Pères de Sainte-Croix l'acquièrent en vue d'y aménager une annexe de l'Externat classique situé deux rues plus à l'ouest (l'actuel cégep de Maisonneuve). Le pavillon Dufresne y loge les classes supérieures du cours classique jusqu'en 1961. Pour répondre aux exigences de sa nouvelle vocation, l'édifice subit des transformations majeures au premier sous-sol. Les cuisines et autres pièces de service font place à des salles plus spacieuses. Des ouvertures percées à tous les étages permettent le passage entre la partie ouest et la partie est. De légères retouches sont apportées à la

La salle à manger d'esprit Renaissance italienne. (Musée des arts décoratifs de Montréal)

Le mobilier du salon d'inspiration Louis XV ou Louis XVI. (Musée des arts décoratifs de Montréal)

Le plafond du grand salon est orné de fresques signées Guido Nincheri. (Musée des arts décoratifs de Montréal)

décoration. Ainsi, les religieux qui jugent certaines fresques peu propices à l'étude les recouvrent de peinture. En 1957, les pères cèdent l'édifice à la Ville de Montréal en échange d'un terrain voisin et d'une somme d'argent qui servira à construire une nouvelle aile au collège déjà existant. Ils continueront cependant d'occuper le pavillon Dufresne jusqu'en 1961.

Les deux décennies suivantes voient l'avenir de la maison sérieusement menacé. Inoccupé, le bâtiment se dégrade et l'administration municipale ne trouve pas les moyens de le restaurer. Montréal vit à l'ère des démolitions et la maison, comme plusieurs autres belles résidences, semble vouée elle aussi au pic des démolisseurs. Cette série de démolitions engendre cependant une prise de conscience de la valeur du patrimoine bâti.

En juillet 1965, le nouveau Musée d'art contemporain fournit un sursis en aménageant provisoirement dans les murs du château Dufresne. L'intérieur de la résidence convient mal à l'installation d'œuvres d'art contemporaines, mais les conservateurs s'en contentent jusqu'en 1968. Le Musée est alors relocalisé à la Cité du Havre, dans un bâtiment construit pour Expo 1967. Aucune modification n'est apportée au cours des trois ans où le Musée d'art contemporain occupe les lieux. Des cimaises sobres recouvrent fresques et boiseries et une quinzaine de salles aux dimensions modestes permettent la présentation d'expositions.

À partir de 1968, le château Dufresne est de nouveau déserté et le projet de démolition refait surface. À l'approche des Jeux olympiques qui se tiendront sur le site voisin, il devient urgent de décider du sort du bâtiment dont la vétusté s'accroît chaque mois davantage.

La restauration

Lors d'une visite privée en compagnie du maire Jean Drapeau en 1976, David M. Stewart, président de la fondation MacDonald-Stewart et vice-président de Héritage canadien du Québec, est vivement impressionné par la qualité de l'architecture et de la décoration de cette demeure. Il est en même temps choqué par l'état des lieux. Le bâtiment qui est resté inoccupé pendant huit ans, sans chauffage et sans entretien, a subi une détérioration massive et les dégâts causés par des actes de vandalisme sont considérables.

Assisté d'une équipe de spécialistes, Stewart décide d'entreprendre la restauration et la mise en valeur de la maison. Les travaux se poursuivent pendant cinq ans. À la mort de madame Marius Dufresne en 1976, Stewart achète le mobilier de la succession et meuble les salons comme au temps des Dufresne, grâce à des photographies anciennes. Cette même année, la maison est classée monument historique par le ministère des Affaires culturelles. Au cours de l'été 1978, une partie de la maison est ouverte au public et accueille des milliers de visiteurs.

Le château Dufresne a retrouvé son décor d'origine. Il faut ensuite lui assigner une vocation qui justifie sa conservation dans la société contemporaine. Étant donné l'absence de musée dans l'Est de Montréal et comme le bâtiment représente un bel exemple d'architecture Beaux-Arts et de décoration édouardienne, il est décidé d'en faire un musée des arts décoratifs. La nouvelle institution muséologique ouvre ses portes en juin 1979. Au mobilier et objets d'art des Dufresne s'ajoutent d'autres collections d'art décoratif et de design industriel du XXe siècle qui constituent la force du Musée des arts décoratifs.

Louise Giroux, historienne de l'art

Giroux, Louise. «Le château Dufresne», *Continuité*, 38 (hiver 1988):12-15.

Linteau, Paul-André. *Maisonneuve. Comment des promoteurs fabriquent une ville, 1883-1918*. Montréal, Boréal Express, 1981. 280 p.

Pinard, Guy. *Montréal, son histoire, son architecture. Tome 1*. Montréal, Les Éditions La Presse, 1987: 251-256.

Site de l'église Saint-Pierre-Apôtre

Montréal
Rues de la Visitation, Sainte-Rose,
Panet et boulevard René-Lévesque Est

Fonction: religieuse, résidentielle
et communautaire
Classé site historique en 1977

L'église Saint-Pierre-Apôtre, aujourd'hui voisine de l'édifice de la société Radio-Canada, est la première église paroissiale construite par l'évêque de Montréal, Mgr Ignace Bourget. Son érection fait suite à une querelle qui, durant une quarantaine d'années, opposa l'évêché aux sulpiciens, seigneurs de l'île et responsables de la paroisse de Notre-Dame.

À l'époque, les sulpiciens règnent en maîtres sur les consciences comme sur les dîmes. Pour éviter un fractionnement du pouvoir qu'ils détiennent sur les catholiques de Montréal, ils veulent à tout prix empêcher la création de nouvelles paroisses dans une ville dont la population croît à vive allure déjà en 1845. Afin de soulager les habitants des quartiers éloignés qui devaient auparavant se rendre à la place d'Armes pour assister aux cérémonies religieuses, les sulpiciens ont déjà fait construire des lieux de culte dans les faubourgs Saint-Antoine et Sainte-Anne. Ces constructions portent cependant le nom de chapelles, puisqu'on n'est pas autorisé à y enregistrer les baptêmes, mariages et sépultures. Mgr Bourget se charge donc à son tour de doter le faubourg Québec de sa chapelle.

L'église des oblats

Pour faire échec au monopole des sulpiciens sur la ville, le deuxième évêque de Montréal y installe les oblats, auparavant résidents de Longueuil. En 1848, il acquiert un emplacement rue Panet, transformant le hangar existant en chapelle provisoire. Mesurant 24 mètres sur 9, elle peut accueillir pas moins de 600 fidèles. Au cours de l'été et de l'automne 1848, Mgr Bourget se porte acquéreur de quatre terrains voisins et en fait don aux oblats. Ceux-ci s'étaient déjà fait céder un terrain de bonnes dimensions par Pierre Beaudry.

Le 29 juin 1851, le jour de la fête des apôtres saint Pierre et saint Paul, l'évêque pose la pierre angulaire de l'église dont la façade donnera sur la rue de la Visitation. Deux années plus tard, le 28 juin 1853, on bénit l'édifice dont la conception a été confiée à Victor Bourgeau. Saint-Pierre-Apôtre n'acquerra cependant son statut d'église paroissiale que le 10 octobre 1900, année où la paroisse sera érigée canoniquement et où l'on procédera à l'ouverture des registres.

Puisque la *Loi des fabriques* ne permet pas à Mgr Bourget de répartir le coût de la construction de l'église sur l'ensemble des catholiques desservis, on doit recourir à une autre méthode. À partir de 1849, l'évêque fait un emprunt sans intérêt aux résidents du faubourg Québec: en échange d'une petite somme, le prêteur reçoit un billet, et le tirage au sort désigne chaque année les 40 prêteurs qui seront remboursés. Mais il semble que tous ceux qui se sont engagés à prêter ne respectent pas leur engagement; les oblats doivent donc employer d'autres moyens pour ériger leur église dont le coût s'élève alors à 15 000 livres.

Le site de l'église voisine le boulevard René-Lévesque, non loin du complexe de la société Radio-Canada. (CUM)

De style néo-gothique, l'église Saint-Pierre-Apôtre a été conçue par l'architecte Victor Bourgeau. (MAC)

Œuvre de Bourgeau

L'architecte de l'église Saint-Pierre-Apôtre, Victor Bourgeau, menuisier de Lavaltrie venu à Montréal vers 1839, se donne déjà, au moment de la construction du temple, le titre d'architecte. Le chroniqueur de *La Minerve* le précise d'ailleurs dans la relation des événements entourant la bénédiction de l'église en 1853: «L'architecte de ce temple est un Canadien français dont le talent mérite d'être connu. Nous avions parmi nous, sans le savoir un architecte d'un génie distingué, qui a marché jusqu'ici dans une humble carrière, mais dont le nom va être honorablement inscrit sur le frontispice de ce temple dont les proportions sont irréprochables. Montréal possède déjà une église qui frappe l'œil de l'étranger par la grandeur gigantesque de ses dimensions, et celle-ci frappera par la régularité de ses proportions et l'élégance de son style.»

Pour dresser les plans de cette église d'un style tout à fait nouveau à Montréal à l'époque – et que l'on compare à Notre-Dame –, l'architecte s'inspire d'un modèle américain, celui de la Trinity Church, construite à Brooklyn par Minard Lafever entre 1844 et 1847. Le relationniste des oblats décrit l'architecte et son œuvre en expliquant que «Mr Victor Bourgeault, ce simple menuisier, et avec une mince éducation, s'était par un génie naturel, fait architecte, et voulant faire son essai dans l'art de l'architecture d'église, se présente avec divers plans qu'il avait fait gratis pro Deo. On se décida pour le gothique [...] Dans son coup d'essai, ce Monsieur a fait preuve d'un grand génie au dire des connaisseurs, ce qui lui fait une grande réputation comme architecte.»

Une église de style néo-gothique

Remarquablement intacte, l'église, en pierre de taille grise, comporte trois nefs. La principale, de 37,5 mètres de long sur 25, est flanquée de bas-côtés qui mettent en valeur d'élégantes fenêtres hautes ornées de verrières, où le rythme des contreforts correspond à celui des piliers intérieurs. Des arcs légers essentiellement décoratifs s'appuient sur les contreforts.

Contrairement à la Trinity Church, les fenêtres basses sont coiffées de toitures distinctes à pignon, accentuant la verticalité du bâtiment dont l'élan est donné en façade par la tour et la flèche, qui s'élèvent au total à plus de 70 mètres. La flèche, aussi conçue par Bourgeau, n'est d'ailleurs ajoutée qu'en 1874, les paroissiens ayant mis vingt ans à amasser les fonds nécessaires à sa construction.

Quatre contreforts surmontés de pinacles, disposés aux angles de la nef, définissent l'espace qu'elle occupe. Celle-ci se prolonge, vers l'est, selon la coutume, en un chœur d'un seul niveau où aboutissent en faisceaux les liernes de la voûte.

La décoration intérieure est amorcée en 1854 par Victor Bourgeau, qui en fournit le dessin et en surveille l'exécution. Les travaux durent jusqu'en 1931 environ; le peintre Guido Nincheri prépare alors le dessin des autels de sainte Thérèse et des saints martyrs canadiens. D'autres architectes traditionnellement associés à la construction et à la réfection d'églises, dont Henri-Maurice Perrault, Albert Mesnard et Joseph Venne, y apporteront aussi leur contribution au fil des années.

La chaire reprend les motifs et les formes propres au vocabulaire gothique.

L'imposante nef est flanquée de deux bas-côtés délimités par des arcades.

Le chœur de l'église orné de riches boiseries est éclairé par cinq vitraux hauts de 9 mètres.

À gauche du presbytère, la maîtrise Saint-Pierre construite en 1868 par les oblats. À l'arrière, une partie de l'école Saint-Pierre-Apôtre érigée le long de la rue Panet à partir de 1886. (MAC)

Le presbytère construit en 1856 jouxte l'église sur la rue de la Visitation. (MAC)

Au-dessus des piliers en pierre calcaire qui soutiennent l'imposante voûte d'ogives à nervures courent des galeries-corniches abondamment sculptées. Les écoinçons des arcades délimitant les bas-côtés s'ornent de trompe-l'œil. Les boiseries ornementales ainsi que le mobilier, dont les stalles, les autels et leurs retables, la chaire et les confessionnaux reprennent les motifs et les formes propres au vocabulaire gothique. Le chœur de forme polygonale est éclairé par cinq vitraux hauts de 9 mètres dont le plus ancien, celui de saint Pierre, a été réalisé en 1853 par la maison Champigneulle, de France.

La sacristie sous sa forme actuelle date de 1922. (MAC)

Les autres constructions

De dimensions plutôt modestes, la sacristie est agrandie en 1904 par Joseph Venne. Après d'autres travaux exécutés en 1922 par les architectes Gascon et Parent, elle atteint 20 mètres de large sur 31 de long du côté de la rue Panet. Cette sacristie complète admirablement l'ensemble formé par l'église et les bâtiments conventuels avoisinants, tous érigés par les oblats.

Quant au presbytère, on le construit en pierre de taille, toujours d'après les plans de Bourgeau. Terminé en 1856, il mesure alors 27 mètres de large sur 14 de profond. Le toit à double versant est remplacé par un toit plat en 1913. L'édifice compte un sous-sol, un rez-de-chaussée exhaussé et deux étages. On l'agrandit une première fois en 1908, du côté nord, pour le relier à la maîtrise Saint-Pierre. En 1922-1923, un second agrandissement, cette fois du côté sud, permet de relier le presbytère à l'église.

La maîtrise Saint-Pierre est édifiée en 1868 à l'angle des rues de la Visitation et Sainte-Rose pour servir d'école. Mesurant 26 mètres en façade sur 15,5 de profondeur, l'immeuble en pierre compte quatre niveaux, dont les combles. Le toit à pignon sera remplacé par un toit plat en 1952. En 1884, la maîtrise est transformée en école normale. Deux ans plus tard, les oblats en confient la direction aux frères maristes.

Pour faire face à une fréquentation scolaire accrue, les oblats entreprennent en 1886 la construction d'un nouveau bâtiment plus vaste, rue Panet. Cet édifice en pierre, de style Second Empire, compte cinq niveaux, dont un sous le toit mansardé. La maîtrise Saint-Pierre est alors convertie en résidence pour les enseignants et est reliée à l'école par une passerelle couverte. Après un agrandissement en 1905, l'école Saint-Pierre-Apôtre reçoit le titre d'académie neuf ans plus tard. En 1972, la fonction scolaire de l'édifice est supprimée; il est alors transformé en centre social et culturel (le Centre Saint-Pierre), ouvert aux organismes du milieu.

Raymonde Gauthier, historienne de l'art

CARRIÈRE, Gaston. *Histoire documentaire de la Congrégation des Missionnaires Oblats de Marie-Immaculée dans l'Est du Canada, de l'arrivée au Canada à la mort du Fondateur (1841-1861).* Ottawa, Éditions de l'Université d'Ottawa, 1957, 9 vol.

LANDRY-GAUTHIER, Raymonde. *Victor Bourgeau et l'architecture religieuse et conventuelle dans la région de Montréal (1821-1892).* Thèse de doctorat (histoire de l'art), Université Laval, 1983.

PINARD, Guy. *Montréal, son histoire, son architecture. Tome 3.* Montréal, Les Éditions La Presse, 1989: 470-492.

Maison James-Monk (ou Villa Maria)

Montréal
4245, boulevard Décarie

Fonction: scolaire
Classée monument historique en 1976

La maison James-Monk (Monklands) est une des plus anciennes villas classiques, ou néo-palladiennes, qui aient survécu au Canada. Elle ne consiste pas seulement en une coquille de maçonnerie historique, mais elle abrite aussi beaucoup d'éléments de décoration intérieure dans le style des frères Adam et qui datent de l'époque de sa construction en 1803. Quant aux modifications et ajouts, tant à l'extérieur qu'à l'intérieur, ils n'ont pas trahi la conception d'origine. Cette situation et l'excellent état de conservation sont rares au Canada, et classent cette villa parmi les plus beaux monuments de notre patrimoine architectural.

Monklands

La construction et l'aménagement de la maison – qui, en 1803, se trouve à près de cinq kilomètres à l'extérieur de la ville – est l'œuvre de James Monk. Après une enfance passée à Halifax et des études en droit, il est nommé au barreau de la Nouvelle-Écosse. En 1774, il devient solliciteur général dans sa province natale, fonction qu'avait déjà occupée son père. En 1776, Monk obtient le poste de procureur général du Québec. En 1792, il est nommé procureur général du Bas-Canada. Durant la période où il remplit cette fonction, Monk habite la ville de Québec. En 1794, il est nommé juge en chef à la Cour du banc du roi et déménage à Montréal peu de temps après. En 1819 et 1820, le juge en chef Monk devient administrateur temporaire du gouvernement du Bas-Canada pendant six mois. En 1824, à l'âge de 79 ans, il se retire de la magistrature et part pour l'Angleterre, où il est reçu chevalier l'année suivante. Sir James reste en Angleterre jusqu'à sa mort, en 1826.

Après le décès de James Monk, sa nièce et fille adoptive, Elizabeth Anne Aubry, hérite de la propriété où elle fait apparemment très peu de changements. En 1844, elle est louée au gouvernement qui la convertit en résidence vice-royale et qui, avec le bail, obtient le droit de faire des transformations et des ajouts. Les travaux entrepris pour rendre l'habitation confortable pour le gouverneur général amènent des transformations majeures. C'est donc surtout comme un édifice du milieu du XIXᵉ siècle qu'il faut l'apprécier aujourd'hui.

La maison est la résidence vice-royale jusqu'en 1849, date à laquelle son occupant le plus illustre, Lord Elgin, part pour le Haut-Canada. Au début du printemps de 1849, il avait sanctionné le *Rebellion Losses Bill*. Durant les émeutes qui suivent, il est traqué par la foule jusqu'à sa résidence. Il y demeure pendant plusieurs mois dans un isolement plus ou moins imposé, pour des raisons de sécurité et afin que sa présence dans la ville ne soulève pas de nouvelle agitation. La stratégie d'Elgin se révèle assez efficace: Montréal se calme. Mais les Anglais jugent trop onéreux d'assurer la sécurité des serviteurs de Sa Majesté dans la ville la plus peuplée du Canada, et la demeure vice-royale est abandonnée.

Après 1849, la résidence est désaffectée. Elle est louée comme hôtel pendant deux ou trois ans, puis, en 1854, un neveu de James Monk la vend aux propriétaires actuels, la congrégation de Notre-Dame. Les nombreux ajouts faits par les sœurs au fil des ans font paraître beaucoup plus petite la villa qui était autrefois imposante, mais qui demeure entourée d'un grand parc. Intégrée à un ensemble éducatif (Villa Maria), elle sert désormais de centre administratif au couvent et à l'école.

Elle n'en reste pas moins le point de mire de l'ensemble grâce à une allée bordée d'arbres qui traverse le parc. La conception «à la française» de l'allée n'est pas d'origine, et elle est contraire à l'aménagement pittoresque de type anglais que Monk avait conçu pour cette propriété et que George Heriot a dépeint en 1817. Cette aquarelle montre une route de campagne qui serpente jusqu'à deux escaliers tournants qui conduisent au portique à fronton d'un édifice à deux étages typique du style classique georgien.

Une villa néo-palladienne

La façade principale de la villa a perdu de son imposante unité classique, à cause des travaux effectués en 1844 par le Conseil des travaux publics et son architecte, George Browne. Le fronton du portique est remplacé par un balcon à balustrade. L'édifice est agrandi à l'arrière, et on ajoute des ailes latérales à colonnades. La forme du toit, aux pentes prononcées, semble résulter d'une

Construite au début du XIXᵉ siècle, la villa conserve l'aspect qu'elle avait à l'époque où elle servait de résidence vice-royale, soit entre 1844 et 1849. (CUM)

La maison James-Monk, vers 1893. (Musée McCord, archives photographiques Notman)

L'ensemble architectural Villa Maria, vers 1875. Les deux ailes situées de chaque côté de la maison ont été ajoutées en 1844. (Musée McCord, archives photographiques Notman)

tentative de gagner de l'espace à l'intérieur et d'agrandir la surface de plafond. De grandes cheminées, des lucarnes et un édicule, qui datent tout au plus du milieu du XIXᵉ siècle, renforcent une verticalité qui évoque la tradition des Beaux-Arts français et l'éclectisme du XIXᵉ siècle.

À l'intérieur de la villa, la décoration des salons de façade témoigne d'un éclectisme différent de celui qu'offrent les angles principaux de l'édifice. C'est le style des frères Adam qui régit ces lieux, auxquels on a ajouté des radiateurs, des portes communiquant avec les ailes de 1844 et un choix de couleurs au goût du jour. Les travaux sont exécutés avec soin, et une élégance empreinte de simplicité règne toujours dans ces pièces aux accents néo-classiques tels que des corniches, des lambris d'appui et des moulures de portes avec oves, cordons de perles et motifs de palmettes, ainsi que des guirlandes, volutes et putti toujours dans le style des frères Adam. Des cheminées garnies de manteaux – typiques du XVIIIᵉ siècle – intègrent des bas-reliefs centraux, dont les scènes d'inspiration classique sont d'une qualité comparable au Wedgewood.

Le plan, dont ces salons font partie, comprend quatre pièces, et il est probablement reproduit à l'étage. Cette disposition est la norme en Angleterre depuis près de cent ans quand elle est introduite au Québec vers la fin du XVIIIᵉ siècle. Le plan à quatre pièces est l'un des spécimens les plus anciens qui aient subsisté au Québec, et qui respectent la disposition en enfilade.

Un plan reconstitué du Bois-de-Coulonge dans les années 1790 reflète fidèlement celui de la maison James-Monk. Il en va de même pour les pièces disposées de façon serrée de chaque côté d'une entrée centrale, et des cheminées dos à dos. L'auteur de ces plans est inconnu, même si cette conception résidentielle se répand à cette époque parmi la classe aisée, les officiers haut gradés et les juges de la province. C'est peut-être aux entrepreneurs mêmes qu'il faut attribuer ces œuvres. Hommes érudits du siècle des Lumières, ils connaissent bien l'architecture par leurs voyages et leurs lectures et sont très probablement des amateurs raffinés. N'étant pas dessinateurs, ils peuvent communiquer leurs idées aux ingénieurs militaires, qui assurent une grande part de la conception architecturale dans les colonies. Belmont, une autre villa néo-palladienne construite vers 1800 à Québec, en est un exemple; Brabazon, un officier du corps royal du Génie, trace les plans pour le constructeur, le colonel Caldwell.

Pour répondre aux besoins de la résidence vice-royale, la villa est agrandie par la construction d'ailes latérales. Leur colonnade toscane assez raffinée et leur vitrage élaboré donnent une fausse impression de l'intérieur. Les pièces sont vastes avec des murs lisses et des plafonds à caissons, où la jonction se fait par de grandes corniches aux motifs de palmettes. À l'extrémité est de cet ajout qui ressemble à un couloir se trouve une cheminée en bois peinte en imitation de marbre noir. Le manteau est décoré de guirlandes et des bas-reliefs représentent des femmes grecques. Il est soutenu par deux paires de colonnes doriques, peintes en imitation de marbre brun. L'esprit néo-classique imprègne ces salons de réception, et ce langage architectural atteste visiblement un changement de style et de vocation.

James Monk s'est créé une urbanité d'Arcadie, dans la veine des idéaux classiques du XVIIIᵉ siècle. Quarante ans plus tard, le Conseil des travaux publics remanie la propriété pour en faire une représentation de l'image de l'Empire britannique sous le signe de l'éclectisme classique.

Wendela Stier, historienne de l'art

Cette aquarelle de George Heriot exécutée en 1817 fait voir la maison Monk avec ses escaliers tournants qui mènent à son portique à fronton. (ANC)

DROSTE, D. Irène. *History essay, history of the Villa Maria Convent*. Montréal, McGill University, 1959.

GAGNON-PRATTE, France. *L'architecture et la nature à Québec au dix-neuvième siècle: les villas*. Québec, ministère des Affaires culturelles, 1980.

ORESKO, Robert (éd.). *The Works in Architecture of Robert and James Adam*. Londres, Academy Editions, 1975.

Maison de la Côte-des-Neiges

Montréal
5085, rue Decelles

Fonction: résidentielle
Classée monument historique en 1957

Classée en 1957, après avoir été démolie puis reconstruite, la maison de la Côte-des-Neiges est une digne représentante de l'architecture rurale montréalaise du XVIIIe siècle. Actuellement située dans le cimetière Notre-Dame-des-Neiges, elle est restée pendant plus de deux siècles aux abords du chemin de la Côte-des-Neiges.

Si la plupart des écrits mentionnent l'année 1713 comme date hypothétique de construction, les plus anciens actes notariés concernant la maison remontent à 1751. Le 25 février de cette année-là, en effet, Joseph-Henri Jarry dit Henrichon achète à Antoine Boudrias un terrain dans le but d'y construire une tannerie. Ce n'est qu'en 1781, lorsque Jarry cède le terrain à son fils, que l'on fait état d'une habitation en pierre grise.

La maison est habitée de 1802 à 1907 par des membres de la famille Lacombe, parmi lesquels on compte des cultivateurs, des tanneurs et des marchands. La vie rurale se déroule alors paisiblement dans le petit village de la Côte-des-Neiges campé sur le flanc du mont Royal. Le chemin de terre battue qui le traverse est bordé de maisons de ferme. Mais l'annexion à la ville de Montréal, en 1907, entraîne l'urbanisation du secteur.

Le début des années 1920 coïncide avec une période de construction intensive et, peu à peu, des immeubles d'habitation investissent le territoire. Gratton Thompson, un architecte, propriétaire de la maison de la Côte-des-Neiges à cette époque, y effectue quelques travaux, dont l'addition d'un portique, et profite de l'occasion pour en tracer les plans.

À la fin de la Seconde Guerre mondiale, le quartier se transforme considérablement. La population s'accroît rapidement et devient de plus en plus cosmopolite. C'est aussi l'époque où l'on construit l'Université de Montréal, l'oratoire Saint-Joseph ainsi que de nombreux hôpitaux. Si bien qu'au début des années 1950, le chemin de la Côte-des-Neiges, principal accès au centre-ville par le mont Royal, ne suffit plus et doit être élargi.

Le projet menace l'existence même de la maison de la Côte-des-Neiges, jusque-là épargnée par le temps et le progrès. Comme il semble trop onéreux de la déplacer, on entreprend de la démolir au début du mois de février 1957. Quelques semaines plus tard, pressée par l'opinion publique, la Commission des monuments historiques s'associe à la fabrique Notre-Dame et charge l'architecte Victor Depocas de la reconstruction de la maison sur le terrain du cimetière. L'architecte se sert des plans tracés par Gratton Thompson et, en outre, on récupère la pierre sur le chantier de démolition.

Tout est mis en œuvre pour reconstituer fidèlement l'aspect extérieur du bâtiment avec ses éléments caractéristiques: les épais murs coupe-feu terminés par des corbeaux, les cheminées massives, le toit à deux versants recouvert de tôle, les fenêtres à carreaux disposées de façon asymétrique. On omet cependant le portique qu'avait ajouté Thompson.

Si l'extérieur s'apparente parfaitement à l'original, la structure n'a plus grand-chose d'authentique: les fondations sont en béton, des montants de bois, étayés de blocs de ciment et recouverts de pierre, ont permis d'obtenir l'épaisseur des murs d'origine et, enfin, des poutres d'acier soutiennent le plancher de l'étage. Jadis constitués uniquement de bois ou de pierre, les éléments architecturaux témoignaient de l'ingéniosité et du savoir-faire des bâtisseurs. De surcroît, l'intérieur a été modernisé et le foyer, l'une des parties les plus importantes de ces maisons de ferme, tout simplement oublié.

Bien qu'elle ne soit plus qu'une copie, la petite maison trapue du cimetière illustre à sa manière l'humble mode de vie qui a précédé les profondes transformations de ce quartier de Montréal. Pourtant, si l'initiative même de reconstituer et de sauvegarder un bâtiment patrimonial est louable, on n'accepterait plus aujourd'hui de l'encourager par un classement, d'autant qu'une telle reconnaissance doit viser avant tout à établir un rapport authentique avec l'histoire.

Jacques Bénard, ingénieur

Située en bordure du chemin de la Côte-des-Neiges, la maison est démolie en 1957 pour permettre l'élargissement de cet important accès au centre-ville de Montréal. Elle est reconstruite peu après dans le cimetière Notre-Dame-des-Neiges. (CUM)

Îlot des Voltigeurs

Montréal
511-513, rue Montcalm

Fonction: résidentielle
Classé monument historique en 1973

Menacée par le tracé d'une autoroute que la Ville de Montréal prévoit faire passer sur son terrain, la maison de l'îlot des Voltigeurs échappe au pic des démolisseurs grâce à une vive opposition au projet et par son classement comme monument historique en 1973.

La demeure s'inscrit alors dans un nouveau projet de développement immobilier, mais l'entreprise échoue quelque temps après. Tout ceci explique que l'édifice survit seul dans un environnement peu propice à attirer l'attention sur ses qualités architecturales.

La maison est érigée sur le territoire de l'ancien faubourg Québec, qui jouxte la ville fortifiée dès la fin du Régime français et auquel on accède en franchissant la porte de Québec, autrefois située à la hauteur de l'actuelle rue Berri. Dès la fin du XVIIIe siècle, les faubourgs de Montréal connaissent une formidable expansion et la démolition de l'enceinte fortifiée, entre 1804 et 1817, rehausse considérablement le statut de leurs occupants, désormais intégrés à la cité.

La maison de la rue Montcalm a été construite vers 1800. Son plan rectangulaire trapu, ses pignons surmontés de murs coupe-feu débordants et ses cheminées reliées entre elles par un muret renvoient en effet au type de la maison urbaine qui se développe à Montréal à partir des années 1750.

La façade en pierre de taille grise posée à joints perdus, la position centrale de la porte d'entrée et la présence de lucarnes sur la toiture indiquent toutefois des réaménagements subséquents. Tout porte à croire que la maison a été reconstruite en bonne partie vers 1835-1840, peut-être même plus tardivement, la charpente du toit présentant une structure légère qui daterait plutôt d'après 1850.

Abandonnée et en piètre état, la maison de l'îlot des Voltigeurs a fait l'objet d'une restauration salutaire.

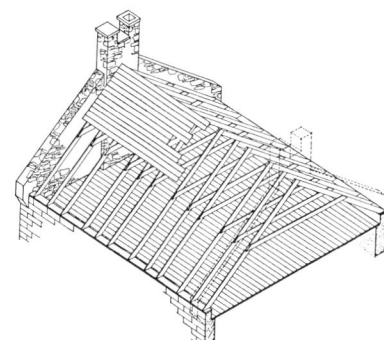

Vue axonométrique de la charpente du toit. (MAC)

Abandonnée un certain temps et en piètre état, la maison de l'îlot des Voltigeurs a été restaurée par un propriétaire soucieux de sauvegarder ce témoin unique de l'existence du faubourg Québec. En effet, ce dernier a été rasé par l'industrialisation de ce secteur durant la seconde moitié du XIXe siècle puis abandonné après la Seconde Guerre mondiale au profit de la migration vers les banlieues.

Luc Noppen, historien de l'architecture

Cette aquarelle de George Heriot, réalisée vers 1800, nous montre le faubourg Québec, à l'est de la ville fortifiée. (ANC)

LEFEBVRE, G. et S. PROULX. *Maison «Îlot des Voltigeurs». Montréal, Québec*. Montréal, ministère des Affaires culturelles, 1980. 38 p.

Prison des Patriotes

Montréal
2125, place des Patriotes

Fonction: administrative
Classée site historique en 1978

Située dans l'Est de la ville de Montréal, au coin des rues Craig et De Lorimier, l'ancienne prison des Patriotes (ou prison du Pied-du-Courant) abrite aujourd'hui le siège social de la Société des alcools du Québec. L'organisme a entrepris il y a quelques années la mise en valeur du site par le dégagement des structures anciennes et la construction d'espaces nouveaux pour répondre à ses besoins.

Les édifices érigés sur le site sont utilisés comme prison commune et centre de détention régional de 1836 jusqu'en 1912, alors qu'est ouverte l'actuelle prison de Bordeaux, près de la rivière des Prairies. Le bâtiment principal de trois étages en pierre grise qui fait face à la rue Craig est construit de 1830 à 1836 tout comme le portail classique qui orne le mur d'enceinte. Quant à l'édifice en coin, l'ancienne maison du gouverneur de la prison, sa construction remonte à 1894. Enfin, l'immeuble ancien qui longe la rue De Lorimier a été construit pour loger les bureaux de la Commission des liqueurs du Québec, en 1921. C'est en 1978 que l'on procède au classement de la prison à l'issue d'une vigoureuse opposition à un projet d'autoroute qui aurait exigé la démolition de plusieurs bâtiments, dont le complexe de la SAQ.

Lorsque les «préservationnistes» se préparent à défendre le site, il est surtout connu comme étant celui de la «prison des Patriotes», déjà commémorée par un monument situé sur une «place des Patriotes» abandonnée. Parmi le groupe francophone, la lutte s'engage donc naturellement sur le thème du monument historique, siège de la détention des «héros» de 1837-1838. Le groupe anglophone oriente pour sa part sa défense sur la qualité de vie en milieu urbain et la signification architecturale des vestiges du bâtiment, car c'est aussi de cela qu'il s'agit.

À la suite de la rébellion de 1837, près de 500 patriotes sont emprisonnés à Montréal. Plusieurs sont détenus dans la nouvelle prison du Pied-du-Courant, rapidement surpeuplée. En juin, la proclamation d'amnistie du gouverneur Lord Durham permet de relâcher la plupart des prisonniers.

L'insurrection de 1838 laisse cependant un souvenir plus pénible. Après la défaite des Patriotes, 800 d'entre eux sont emprisonnés à Montréal. Sur 108 prisonniers conduits devant la cour martiale, 99 sont condamnés à mort et 12 sont exécutés sur l'échafaud érigé devant la porte d'entrée de la prison, les autres ayant obtenu une commutation de peine.

L'ensemble qui survit aujourd'hui est cependant bien différent de la prison qui venait d'être construite. Et, lorsqu'on établit l'histoire de ce monument, on s'aperçoit rapidement qu'il a une importance considérable dans l'évolution de l'architecture pénitentiaire du Bas-Canada et du Québec.

Un long débat

Sous le Régime français et après la Conquête, la ville de Montréal connaît plusieurs prisons. Lorsqu'on aborde le XIXe siècle s'ouvre la célèbre «querelle des prisons», débat politique sur le mode de financement de la construction de trois nouvelles prisons à Québec, Trois-Rivières et Montréal. À ce dernier endroit, elle est construite de 1808 à 1811, non loin du Champ-de-Mars. L'entreprise de la prison du Champ-de-Mars connaît un succès mitigé. Devenu rapidement trop exigu, l'édifice révèle en outre de graves défauts de construction. Il faut y faire régulièrement des travaux importants et très tôt on songe à construire un nouvel édifice.

En 1826, on amorce le processus pour la construction d'une nouvelle prison, sur un terrain voisin de l'ancienne. Plusieurs architectes répondent à un concours à cette fin. Ni le résultat officiel du concours ni les plans ne sont parvenus jusqu'à nous. Cependant, tous les écrits relatifs à la prison des Patriotes attribuent la paternité des plans à George Blaiklock, architecte de Québec.

La construction ne débute pas immédiatement. En effet, les nombreux débats qui ont lieu à Québec, de 1826 à 1830, autour de la réforme du système pénal retardent la mise en chantier. Les débats sur le dossier des prisons reprennent en 1834. Un comité de la Chambre d'Assemblée, formé pour étudier les moyens d'appliquer une réforme judiciaire au Bas-Canada, est ensuite mis sur pied mais l'étude du dossier est interrompue par les événements de 1837-1838.

Pendant ce temps, le Haut-Canada érige à Kingston un pénitencier provincial inspiré du modèle d'Auburn. Ouvert en 1835, ce pénitencier sert aux deux provinces sous le gouvernement de l'Union. Cette situation dure d'ailleurs jusqu'à l'ouverture du pénitencier Saint-Vincent-de-Paul à Montréal (Laval) en 1872.

Redéfinition du système carcéral

La prison, considérée comme lieu de détention préventive et appartenant à un système de réhabilitation, ne remonte guère plus loin qu'au milieu du XVIIIe siècle. Jusque-là, cachots et autres lieux de réclusion ne sont utilisés que temporairement par des détenus qui attendent leur condamnation. La punition corporelle et la peine de mort sont le tribut des criminels alors que le bannissement est généralement réservé aux opposants du régime en place. Cet état de choses suscite un éveil des consciences au XVIIIe siècle.

De nouvelles idées d'avant-garde sur la détention et la réhabilitation des criminels donnent naissance à une série d'expériences architecturales intéressantes en Europe.

La pendaison de cinq patriotes sur l'échafaud installé au-dessus du portail de la prison, d'après un dessin d'Henri Julien. (ANC)

La prison du Champ-de-Mars (1808), selon James Duncan, dans Hochelaga depicta... *(ANC)*

Cependant, le progrès le plus remarquable dans ce domaine est sans contredit réalisé aux États-Unis. Héritiers de la tradition pénale britannique, les Américains remodèlent leur système judiciaire et pénitentiaire dès la fin du XVIIIe siècle. Peu après 1800, deux tendances principales naissent des nouvelles théories et chacune de ces tendances a une prison comme modèle expérimental.

Ainsi, la prison d'Auburn (1816) introduit le système d'emprisonnement individuel en modifiant le plan original. Du côté architectural, le modèle auburnien se définit comme suit: les cellules sont disposées sur deux rangs adossés et superposées pour former un bloc cellulaire de plusieurs étages construit dans un édifice qui l'englobe de manière à dégager des couloirs de circulation sur les côtés. Chaque étage de cellules est accessible par des escaliers et des passerelles métalliques. Les murs extérieurs qui enveloppent le bloc cellulaire constituent en fait la muraille de la prison. Les portes des cellules sont grillagées et font face aux fenêtres extérieures. Les prisonniers travaillent en atelier le jour et sont enfermés individuellement la nuit.

La Pennsylvanie a déjà amorcé un renouveau un peu avant 1800. Les préoccupations humanitaires des Quakers ne s'arrêtent cependant pas là. Lors d'un concours en 1821, les plans de l'architecte anglais John Haviland sont sélectionnés pour la construction d'une nouvelle prison à Philadelphie. Les législateurs de l'État optent pour l'emprisonnement cellulaire individuel et continu. Toutefois, afin de rendre cet isolement moins intolérable, on fait travailler les prisonniers dans leur cellule.

Le plan de John Haviland est à l'origine du «système Philadelphie» qui s'est répandu dans le monde entier. Il s'agit en effet d'une conception architecturale audacieuse qui appuie le renouveau pénitentiaire. Autour d'un bloc central rayonnent des ailes composées d'un long couloir, flanqué de cellules qui donnent sur les façades extérieures. De l'observatoire central, on peut ainsi surveiller constamment les allées et venues à l'intérieur et autour de la prison. De plus, les détenus bénéficient d'un éclairage et d'une ventilation directs, chaque cellule étant pourvue d'une fenêtre.

Aux États-Unis, c'est surtout le type auburnien qui connaît une grande diffusion au XIXe siècle, notamment à cause du coût peu élevé des constructions et de la rentabilité des ateliers dans un tel système. Par contre, l'Europe adopte presque unanimement le système de Philadelphie, jugé plus humanitaire, le critère de rentabilité ou d'autofinancement des prisons n'ayant pas été retenu par ces pays.

La prison du Pied-du-Courant

Pendant que la Chambre d'Assemblée du Bas-Canada discute de la réforme pénitentiaire, les travaux commencent à Montréal. En 1830, les commissaires chargés de l'érection de la nouvelle prison ont fait l'acquisition d'un terrain, situé au lieudit «Pied-du-Courant». L'abandon du Jardin du gouverneur, dans le centre-ville, en faveur du site du Pied-du-Courant, alors à la campagne, témoigne des préoccupations des responsables de la construction. C'est John Howard en effet qui recommande l'utilisation d'un site élevé près d'une rivière pour profiter de la disponibilité d'eau et de la possibilité d'évacuer les eaux usées par un écoulement adéquat.

En février 1831, les journaux publient des appels d'offres pour la construction de la prison. Blaiklock étant décédé en 1828 à Québec, le gouvernement semble avoir nommé John Wells, architecte de Montréal, pour superviser les travaux. En août 1835, les commissaires se déclarent prêts à ouvrir la prison, même si elle n'est pas encore complètement terminée. Le shérif de Montréal s'oppose cependant à l'ouverture de la prison. Il reste en effet de nombreux travaux à effectuer avant qu'elle puisse recevoir les détenus.

Malgré tous les rapports défavorables, la prison du Pied-du-Courant est ouverte en 1836, bien que l'édifice ne soit effectivement complété qu'en 1840. Il subira par la suite un grand nombre de modifications.

La composition de la prison

Un plan-relevé dressé en 1840 nous renseigne sur les dispositions originelles de l'édifice. La prison est alors composée d'un corps central qui assure le lien entre les deux ailes qui se développent en façade. À l'arrière se profile une troisième aile qui complète le plan en forme de «T». Le module utilisé par l'architecte est l'unité de quinze pieds (4,5 mètres). La même rigueur se retrouve dans l'aménagement intérieur. On observe une grande régularité des divisions intérieures et une symétrie parfaite.

On retrouve des cellules à chaque étage. Au sous-sol, elles sont assez spacieuses et logent les condamnés. Le rez-de-chaussée est occupé par des criminels occasionnels dont les peines sont plus légères; aussi les cellules sont-elles plus étroites. Au premier étage, des cellules aussi exiguës sont destinées aux prévenus. Plus haut, l'étage est réservé aux mauvais créanciers ou débiteurs qui sont logés dans des cellules plus confortables. Quant aux combles, ils logent la chapelle au centre et des dortoirs pour les détenus qui travaillent à l'entretien de l'immeuble et des prisonniers.

Ce plan a par ailleurs l'avantage de nous présenter le système de détention qui explique le parti finalement adopté par l'architecte. Chaque aile est divisée en deux par un couloir longitudinal et les cellules reçoivent un éclairage direct. Non seulement sommes-nous en présence d'un édifice conçu pour l'emprisonnement cellulaire individuel, mais encore la disposition et les dimensions

La prison des Patriotes (ou du Pied-du-Courant) vers 1839, d'après un dessin de James Duncan, dans Hochelaga depicta... *(ANC)*

variées de ces cellules témoignent d'une prise en compte des dernières nouveautés en matière de détention. Les détenus sont confinés à l'isolement la nuit et ont accès à des quartiers plus spacieux le jour. De plus, les dimensions différentes des cellules témoignent d'un désir de différencier les détenus. Les inculpés et débiteurs disposent de plus d'espace et sont isolés des criminels condamnés. On sépare également les sexes en incarcérant les femmes dans l'aile arrière.

La formule de détention en vigueur à la prison des Patriotes n'est certes pas parfaite. D'une part, les bâtiments annexes devant servir au travail des prisonniers ne sont pas construits immédiatement, rendant ainsi les salles communes trop exiguës. D'autre part, le grand nombre de détenus, notamment en 1837-1838, ne permet pas de respecter la règle de l'emprisonnement individuel. Malgré cela, le plan de cet édifice doit être considéré comme très novateur et il marque une étape importante dans l'évolution de l'architecture des prisons au Bas-Canada. Le plan de George Blaiklock est contemporain de celui de John Haviland, à quelques années près. Il reprend le principe mis de l'avant par l'architecte de la prison de Philadelphie. Des ailes jaillissent d'un bloc central et les cellules sont disposées le long des façades de part et d'autre d'un corridor central.

En soi, le plan de Blaiklock, avec les quelques aménagements qu'a pu y faire John Wells, surveillant des travaux, est exemplaire. Compte tenu de l'état du système pénitentiaire du Bas-Canada à l'époque, il témoigne d'une conception architecturale audacieuse inspirée par une réflexion avant-gardiste sur la condition des détenus.

Le principal défaut de la prison des Patriotes est d'avoir été utilisée trop longtemps. La construction d'une prison commune alors qu'on favorisait plutôt l'érection de pénitenciers plus vastes a sans doute été une erreur. Par ailleurs, les divisions intérieures, rigoureusement symétriques, témoignent d'un formalisme trop poussé, incompatible avec l'évolution rapide du système pénitentiaire au XIXe siècle. De façon générale, on peut cependant dire que la conception architecturale sort indemne de ces critiques. Aussi lorsqu'on réaménagera l'édifice existant, ce sera surtout parce qu'on aura adopté un nouveau régime de détention.

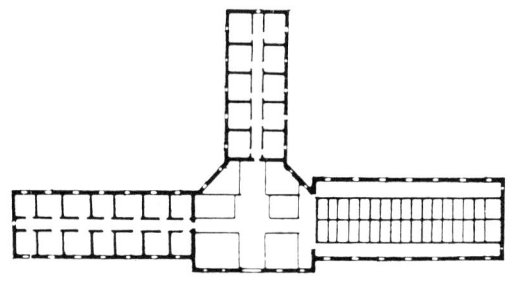

Plan du rez-de-chaussée, après 1850.

La prison des Patriotes telle qu'elle fut complétée en 1838 peut être reconstituée de la façon suivante. La façade originelle comportait un avant-corps central, surmonté d'un fronton triangulaire. De part et d'autre de cette saillie se développaient les deux ailes principales. Alors que la partie centrale comptait trois étages au-dessus du rez-de-chaussée, les ailes n'en avaient que deux et elles étaient coiffées d'une toiture en pavillon.

Sur les ailes latérales, les fenêtres affectent une forme particulière: elles sont toutes placées dans un enfoncement du mur, qui se termine par un arc en plein cintre. Cette surface en retrait est ensuite plus ou moins évidée selon les besoins ou plutôt selon les étages. Ainsi, au rez-de-chaussée et au premier étage, seul le demi-cercle supérieur est ouvert et doté de barreaux, alors qu'au dernier étage une fenêtre carrée est percée au centre de l'enfoncement. Dès lors, bien que les ouvertures varient selon les besoins, l'utilisation d'une arcade identique contribue à rythmer uniformément la façade. C'est là une solution d'appoint à une contingence particulière aux prisons.

Ce système d'ouvertures constitue, avec les bandeaux qui séparent les étages, le portail, la corniche et le fronton, l'essentiel de l'ornementation. L'utilisation de la pierre de taille, uniformément égale et grise, sans relief, renforce le caractère austère de l'édifice. La prison des Patriotes est un des premiers édifices à avoir été entièrement construit avec ce matériau, lié de façon très particulière à l'architecture des années 1820-1850.

L'élévation principale, entre 1852 et 1912. (MAC)

La prison des Patriotes est construite à l'aide de trois matériaux: la pierre de taille bouchardée pour le revêtement extérieur, une maçonnerie brute pour le mur et la brique pour les divisions intérieures. La structure de l'édifice est relativement simple. À l'intérieur d'une enceinte de pierre de taille liée à une maçonnerie brute s'élève une architecture de brique. Toutes les divisions intérieures sont en brique et toutes les pièces voûtées. Une vue ancienne de l'aile ouest nous donne une idée d'un de ces couloirs voûtés donnant accès aux rangées de cellules.

Ce mode de construction commande un respect total des divisions, du sous-sol à l'étage supérieur, une fois celles-ci établies, à moins d'augmenter considérablement la solidité des voûtes. De là découlent d'innombrables problèmes. On ne peut en effet envisager de modifier des sections sans mettre l'immeuble en péril. Ainsi, lorsqu'il s'agit d'effectuer des travaux importants en 1852, une aile doit être entièrement vidée de ses structures intérieures.

Les murs en brique sont lattés et enduits d'un mortier puis de plâtre. Des planchers en bois recouvrent les voûtes de l'étage inférieur. Ces deux procédés se veulent des contributions à l'isolation thermique de l'édifice. Le plâtrage des murs en brique, tout comme le parement en pierre de taille devant une maçonnerie brute, témoignent d'une détermination à obtenir des surfaces égales et lisses, indépendamment du support. Toute la structure intérieure est ainsi uniformisée.

La grande régularité des proportions du plan, la distribution intérieure symétrique, l'équilibre horizontal de la façade et son traitement monumental, tout comme l'uniformisation des espaces intérieurs par le traitement des matériaux, sont autant d'éléments qui inscrivent la prison des Patriotes dans l'architecture néo-classique qui se développe au Québec essentiellement de 1820 à 1850, avec l'arrivée d'architectes anglais. La monumentalité et l'austérité inhérentes à ce style architectural contribuent à donner une qualité symbolique à la prison des Patriotes.

Les transformations

À cause des événements de 1837-1838, la prison s'avère insuffisante dès la première année d'occupation. Par la suite, la réforme pénitentiaire du gouvernement de l'Union, suivie de celle de la province de Québec, met en évidence les lacunes d'un édifice déjà ancien. On tente à plusieurs reprises de réaménager le bâtiment par des reconstructions considérables ou par des aménagements mineurs. De plus, l'année 1843 est marquée par un incendie. D'après le rapport du geôlier, la toiture de l'édifice nécessite des réparations majeures. On en profite pour installer plus adéquatement la chapelle au dernier étage du corps central.

En 1846 apparaît pour la première fois un projet de construction d'une nouvelle aile. Finalement, en août 1851, les architectes montréalais Ostell et Perrault recommandent «la construction d'une aile à la prison avec cellules individuelles et les galeries d'inspection, atelier de travail de jour, d'après le modèle du pénitencier de Kingston [...]». Les commissaires des Travaux publics ordonnent alors la démolition de l'intérieur et du mur arrière de l'aile est, permettant l'agrandissement et le réaménagement de cette section.

Depuis la formation du gouvernement de l'Union, les inspecteurs des prisons favorisent l'implantation d'un système de détention de type auburnien. Dès lors, les modifications apportées à la prison des Patriotes vont dans ce sens. Pour reconstruire un bloc cellulaire neuf, de type auburnien, il faut vider l'aile ancienne de son contenu. De plus, en plaçant des cellules adossées les unes aux autres au centre de l'aile, on doit dégager des couloirs le long des murs extérieurs, d'où l'obligation d'élargir l'aile en repoussant le mur ancien de mètres. On reconstruit donc cette façade en

La prison des Patriotes, au début du siècle. L'agrandissement de l'aile est date de 1852. (Ville de Montréal)

Au cours des années 1920, lors de l'installation de la Commission des liqueurs dans l'ancienne prison, on construit autour de celle-ci un vaste complexe. L'édifice en coin date de 1894. (CUM)

Occupant le coin sud-est du site, cet édifice incarne l'image connue de la prison des Patriotes.

l'autorisation de se faire construire une résidence sur le terrain de la prison, d'après les plans de l'architecte montréalais Arthur Gendron; c'est l'édifice qui occupe le coin sud-ouest du site et qui, pour l'opinion publique, incarne l'image connue de la prison des Patriotes. Finalement en 1906, le projet d'une nouvelle prison centrale est remis à l'étude. La prison de Bordeaux, construite d'après les plans de J.-O. Marchand et A. Brassard, ouvre ses portes en 1912 et la prison des Patriotes est aussitôt désaffectée.

Une nouvelle vocation

Pendant plusieurs années, le gouvernement cherche une nouvelle vocation pour l'édifice. La création, en 1921, de la Commission des liqueurs du Québec règle le problème. La nouvelle Commission s'installe dans l'ancienne prison et procède de 1921 à 1924 à la construction d'un vaste complexe industriel et commercial autour de l'édifice. Le bâtiment de la prison est vidé de son contenu et l'aile arrière démolie (1921). Les toitures sont enlevées et remplacées par un nouvel étage en brique, couvert d'un toit en terrasse.

Aujourd'hui, après de nombreuses modifications intérieures, l'édifice de la prison a conservé presque intacts ses murs extérieurs. Dernièrement, la Société des alcools démolissait les édifices à bureaux et entrepôts autour de la prison des Patriotes, ce qui a permis de dégager la structure ancienne.

En vue de mieux utiliser le site et mettre en valeur les structures anciennes subsistantes et dignes d'intérêt, la société d'État a procédé à la reconstruction de l'aile arrière en réutilisant la structure d'un entrepôt érigé en 1921. C'est l'architecte Claude Bousquet qui a dressé les plans de cet agrandissement dont le parti architectural, résolument de notre époque, contribue à rehausser l'ensemble.

Luc Noppen, historien de l'architecture

aménageant son raccord par un pan coupé qui permet de conserver intacte l'élévation de la section arrière du corps central. Ce sont ces travaux qui expliquent que l'aile est aujourd'hui plus large que celle située à l'ouest.

Après la Confédération, la prison de Montréal passe sous compétence provinciale, le gouvernement fédéral se réservant l'administration des pénitenciers. Le Bureau des inspecteurs des prisons, mis sur pied à l'occasion de ce transfert de pouvoir, continue, en vain, de proposer des projets d'agrandissement. En 1873, le mur d'enceinte est démoli en façade pour permettre la percée de la rue Craig. Le portail est alors reculé d'une quinzaine de mètres, à l'emplacement actuel.

Le gouvernement d'Honoré Mercier décide, en 1890, de mettre un terme à la situation déplorable qui prévaut à la prison de Montréal. Il acquiert des terrains au Sault-au-Récollet, en vue de reconstruire à neuf. Des élections provinciales viennent interrompre les démarches et, faute de mieux, on décide de construire une aile neuve au Pied-du-Courant en 1892. Le projet est bloqué l'année suivante et seul le soubassement est complété.

En 1894, le nouveau gouverneur de la prison, Charles-Amédée Vallée, obtient

NOPPEN, Luc. *La prison du Pied-du-Courant. Dossier d'inventaire architectural.* Québec, ministère des Affaires culturelles, 1976. 215 p.

NOPPEN, Luc. «La prison du Pied-du-Courant à Montréal: une étape dans l'évolution de l'architecture pénitentiaire au Bas-Canada et au Québec», *RACAR*, 3, 1 (1976): 36-50.

PINARD, Guy. *Montréal, son histoire, son architecture. Tome 1.* Montréal, Les Éditions La Presse, 1987: 171-176.

Moulin à vent

Montréal
11630, rue Notre-Dame Est

Fonction: aucune
Classé bien archéologique en 1983

La rue Notre-Dame à Montréal est fort bien connue. Plusieurs édifices majeurs du patrimoine québécois s'y dressent: l'église Notre-Dame, le Vieux Séminaire, le château de Ramezay, le vieux palais de justice, pour n'en nommer que quelques-uns. Mais la rue Notre-Dame cache d'autres trésors architecturaux. Ainsi, dans le secteur de Pointe-aux-Trembles, on remarque un cône qui semble émerger d'un immeuble en brique. Ce cône n'est rien d'autre que la calotte du plus haut des moulins à vent encore existants dans l'île de Montréal. Datant de 1719, il compte parmi les plus anciens au Québec.

L'histoire de Pointe-aux-Trembles commence en 1671. Cette année-là, le nouveau supérieur des sulpiciens, Dollier de Casson, concède au sieur Picoté de Belestre un fief à la pointe aux Trembles. De la même façon, le seigneur donne à deux militaires, Carion du Fresnoy et Paul de Morel, deux fiefs contigus sur la rivière des Prairies. L'idée de Dollier de Casson est de faire fortifier la pointe de l'île par des particuliers pouvant y trouver leur compte. Il fera de même pour l'autre extrémité de l'île de Montréal.

En 1674, on érige en paroisse le territoire de la pointe aux Trembles. Cette nouvelle paroisse est appelée à se développer. Alors qu'en 1674 les paroissiens édifient leur église et les militaires leur fort, les seigneurs de l'île entreprennent la construction d'un premier moulin à vent, face au fleuve, à l'extérieur du fort. Toutefois, le moulin est emporté par la crue des eaux une trentaine d'années plus tard.

Datant de 1719, ce moulin s'avère l'un des plus anciens au Québec. (Musée McCord, archives photographiques Notman)

Les seigneurs ne peuvent laisser la pointe aux Trembles sans moulin. Aussi, en septembre 1718, ils acquièrent du sieur André Poutret un terrain d'un demi-arpent de front sur deux de profondeur. C'est au maître maçon Jean-Baptiste Deguire dit La Rose que les sulpiciens confient la construction de leur nouveau moulin au prix de douze livres la toise de maçonnerie. L'œuvre de La Rose existe toujours, bien que partiellement cachée par un immeuble moderne d'un goût douteux.

Le moulin, haut de plus de 13 mètres, compte trois étages au lieu des deux que nous trouvons habituellement dans les constructions de ce genre. Il est de plus placé sur une petite butte artificielle. Il y a fort à parier que cette hauteur hors de l'ordinaire était liée au problème de la circulation des vents. La maçonnerie de La Rose est d'une très grande qualité. Les jambages et linteaux de plusieurs des portes et fenêtres sont en pierre de taille. Aucun autre moulin de l'île de Montréal ne présente cette caractéristique. À l'origine, la maçonnerie était enduite à plein de façon à éviter l'éclatement de la pierre sous l'effet du gel.

Malheureusement, il ne reste pratiquement rien du mécanisme. Seuls le chemin dormant, le chemin tournant et le coussinet de pierre de l'arbre tournant ont résisté aux ravages du temps. Bien qu'elle soit authentique, la charpente a perdu son poinçon. Malgré la disparition de beaucoup de ses composantes, le moulin garde toujours, vu de l'extérieur, son aspect caractéristique.

Au cours de sa longue carrière, le moulin de Pointe-aux-Trembles a connu beaucoup de meuniers. Le premier est Jean-Baptiste Gibaux à qui le moulin est loué en juin 1721. En 1792, le Séminaire engage Joseph Sicard pour exécuter des travaux de réparation. Ce dernier loue le moulin pour lui-même à la fin des travaux. En octobre 1837, les seigneurs de l'Île-de-Montréal cèdent leur moulin de Pointe-aux-Trembles à Anne Smith, épouse de Louis Mignault. La famille Mignault s'en départira en 1906.

Le XXe siècle voit la survie du moulin constamment menacée par des transactions immobilières. Finalement, on l'a presque entouré d'un immeuble abritant un salon funéraire. Ce n'est peut-être pas une fin, mais on ne peut rester insensible à l'analogie.

Quoi qu'il en soit, le moulin de Pointe-aux-Trembles, restauré il y a quelques années, demeure un excellent spécimen de notre architecture préindustrielle, surtout en raison de la qualité exceptionnelle de la maçonnerie. On ne peut que saluer le travail de Jean-Baptiste La Rose.

Jean Bélisle, historien de l'art

Le vieux moulin à vent subsiste près d'un voisin fort envahissant.

PINARD, Guy. *Montréal, son histoire, son architecture. Tome 2*. Montréal, Les Éditions La Presse, 1988: 130-135.

Maison Beaudry

Montréal
14678, rue Notre-Dame Est

Fonction: culturelle
Classée monument historique en 1979

L'intérêt de la maison Beaudry tient au fait qu'à son architecture initiale s'est ajouté l'apport d'autres époques.

L'expansion urbaine qui a fini par toucher l'ancienne municipalité de Pointe-aux-Trembles n'a laissé que peu de traces intéressantes de la vocation rurale de l'extrémité est de l'île de Montréal. La maison Beaudry et son site, que la proximité et la densité des constructions voisines ont transformés en véritable parc urbain, sont ainsi devenus des témoins privilégiés d'une époque révolue.

La terre sur laquelle s'élève cette demeure est la propriété de la famille Beaudry dès le début du XVIIIe siècle; elle n'est cédée à des tiers qu'en 1922. Lorsqu'en 1730 Arthur Beaudry la reçoit de son père, à l'occasion de son mariage, il s'y trouve une «vieille maison». Puis, en 1777, au moment où la propriété passe à la génération suivante, on mentionne l'existence d'une «maison de pierre».

Si la maison Beaudry a été érigée entre 1730 et 1777, il semble plus vraisemblable que ce soit dans la seconde moitié du XVIIIe siècle, plutôt que dans la première, ne serait-ce qu'à cause des dimensions importantes de la maison (plus de 10 mètres sur 11) et des chaînes d'angle en pierre de taille. Ces attributs sont surtout observés en milieu rural après la Conquête, alors que s'amorce une poussée démographique considérable.

La maison originelle est formée d'un carré en maçonnerie; avec deux pignons dotés de cheminées, la toiture à deux versants repose sur une «grosse charpente» structurée par trois fermes complètes, un assemblage de chevrons volants et un contreventement faîtier. Jusque-là, la construction répond au type architectural propre à la zone d'influence de Montréal sur la plaine environnante et plusieurs maisons déjà restaurées permettent d'observer ces caractéristiques.

L'intérêt de la maison Beaudry tient au fait qu'à ce type initial s'est ajouté l'apport d'autres époques. D'abord, on peut imaginer que le système des ouvertures s'est trouvé modifié quand le chemin du Roi, qui passait au sud, est disparu sous la pression de l'érosion maritime. La réorientation de la façade vers la rue Notre-Dame, qui passe au nord, a probablement quelque chose à voir avec l'absence de symétrie qu'on y observe aujourd'hui.

Ensuite, la maison a été dotée d'un généreux larmier débordant et incurvé qui abrite une galerie en façade. Ce dispositif date probablement des années 1850-1860, alors que son usage se généralise au Québec. Enfin, la maison est agrandie par l'ajout d'un pavillon en bois. Son solage et sa technique de construction en colombage militent en faveur d'une datation qui se rapprocherait de 1900. De cette campagne de travaux serait également issu le décor des lucarnes où le motif en fleur de lys s'impose.

La propriété est achetée en 1922 par l'homme d'affaires et sénateur Marcelin Wilson, qui fit fortune dans le commerce des spiritueux. Ce dernier ne semble toutefois pas y avoir résidé.

La Ville de Montréal acquiert le domaine en 1983 en vue de le mettre en valeur, ce qui met un terme à plusieurs années d'occupation du site par un terrain de camping.

Luc Noppen, historien de l'architecture

L'ajout d'un pavillon en bois ainsi que le décor des lucarnes dateraient des environs de 1900.

PINARD, Guy. *Montréal, son histoire, son architecture. Tome 1*. Montréal, Les Éditions La Presse, 1987: 223-228.

Maison Armand

Montréal
12930, boulevard Gouin Est

Fonction: résidentielle
Classée monument historique en 1974

Tel que restauré, ce petit monument incarne bien le type de la maison rurale de la région montréalaise au XVIIIe siècle.

La maison Armand avant sa restauration. (MAC)

Sur le bord de la rivière des Prairies, séparée de la rive par la voie publique, se dresse la maison Armand, dont la construction remonte aux années 1730-1735. Elle tient son nom de François Armand dit Flamme, grand propriétaire terrien et lieutenant-colonel de milice.

Tel que restauré, ce petit monument incarne bien le type de la maison rurale de la région montréalaise au XVIIIe siècle: dimensions réduites, plan rectangulaire mais trapu, toiture à deux versants dépourvus de lucarnes et cheminées disposées «en chicane» (au moins l'une des deux dans ce cas).

Le soubassement dégagé du sol, utilisé notamment pour loger le grand âtre et un four à pain, témoigne d'un type architectural qui apparaît en pierre ou en bois en milieu urbain au XVIIe siècle. Nul besoin non plus d'ouvrir des lucarnes dans le toit; les fenêtres du pignon suffisent pour emmagasiner vivres et marchandises dans un comble bien au sec.

Ces petites maisons urbaines, dotées de deux pièces au rez-de-chaussée (une cuisine-salle et une chambre), comportent généralement deux accès vers l'intérieur; tous deux ouvrent sur la pièce commune d'où l'on passe dans la chambre. C'est cette disposition qui explique l'apparent manque de symétrie des ouvertures à l'extérieur, impression qui naît de l'usage plus récent des vestibules ou halls d'entrée auxquels on accède par une porte centrale.

Les hommes de métier et leurs apprentis, qui érigent ces maisons de ville, continueront – et ce à partir du XVIIIe siècle – à en construire de semblables en dehors des murs de Montréal et de Québec, la ville n'étant pas peuplée de façon assez dense pour se démarquer clairement (gabarit, mitoyenneté). Les traits de cette première architecture urbaine vont donc demeurer, comme entre autres les cheminées en chicane placées dans les murs-pignons.

En effet, les premières maisons urbaines du XVIIe siècle ont une cheminée centrale dont la souche doit éviter le faîte, à la fois pour ne pas indûment affaiblir la structure du toit et pour l'éloigner des murs en bois. Mais, lorsque des intendants prescrivent la construction en pierre et l'inclusion des cheminées dans les pignons maçonnés – surtout après l'incendie qui détruit Montréal en 1721 –, la disposition en chicane est obsolète; elle nous montre aujourd'hui la domination du modèle urbain tout au long du XVIIIe siècle en milieu rural.

Alors que dans la région de Québec le bassin de population se développe plus rapidement dès la fin du XVIIe siècle (entraînant l'agrandissement de ces petites maisons), la région montréalaise en produit de ces exemplaires plus tardivement et sur des terres plus vastes. L'accroissement de la population se traduit alors par une division du patrimoine familial, amenant de nouvelles constructions plutôt que l'extension de la maison initiale.

Dans la perspective des pratiques traditionnelles, la maison Armand n'est qu'une maison parmi d'autres: rien de particulier n'en fait un monument si ce n'est qu'elle a survécu alors que bien d'autres ont disparu. Mais le bâtiment, qui ne servait qu'à «l'habiter» à une certaine époque, devient dès lors un monument qui incarne tout l'art – terme utilisé ici dans la dimension du savoir-faire d'une époque – de ces constructions.

Et, tant à l'extérieur qu'à l'intérieur de cette maison, l'intention des propriétaires et des restaurateurs a été de faire revivre ce XVIIIe siècle: le bleu «royal» qui orne ses boiseries est à cet égard on ne peut plus éloquent. Et que dire du site qui semble ne pas encore avoir été découvert par la banlieue.

Luc Noppen, historien de l'architecture

Maison Braemar

Westmount
3219, The Boulevard

Fonction: résidentielle
Reconnue monument historique en 1984

L<small>E</small> 8 mars 1850, *The Gazette* annonce la vente de deux villas identiques, près de Montréal; ce sont «de magnifiques maisons de campagne avec vergers, terrain en montagne et jardins». L'annonce précise que les demeures ont été érigées en 1847 et occupées depuis, l'une par John Eadie et l'autre par William Footner.

Une seule de ces villas a survécu; située à Westmount, elle est connue aujourd'hui sous le nom de maison Braemar. C'est en 1846 que débute son histoire alors que Asa Goodenaugh, propriétaire de l'Exchange Coffee House, vend une grande bande de terre, située à l'extrémité de sa propriété, à John Eadie, banquier, et à William Footner, commerçant. Les deux associés se réservent chacun la moitié du terrain, le temps de l'aménager et d'y construire deux résidences identiques. Un plan de 1848 montre les villas construites et en 1850, on retrouve avec assez de précision les contours de deux structures semblables d'environ 13 mètres sur 16; ce document permet d'affirmer que c'est la villa de John Eadie qui a survécu.

John Redpath, homme d'affaires qui laissera son nom à la raffinerie de sucre qu'il avait fondée, acquiert la propriété en 1850. Il la revend aussitôt à un marchand de Montréal, T.C. Morgan, qui l'occupe jusqu'en 1866.

C'est au moment de son acquisition en 1866 par Eliza Lane Ross que le domaine est baptisé du nom de l'une des propriétés de la reine Victoria en Écosse: Braemar, ou «pente harmonieuse». Madame Ross en demeure d'ailleurs propriétaire jusqu'en 1880. Dès 1872, la maison est représentée sur une gravure de James Duncan sous les traits qu'elle possède encore actuellement.

L'entrée principale de la maison Braemar.

Adossée à la montagne (à droite sur cette gravure de James Duncan datée de 1872), la maison de campagne jouit d'un site privilégié. (ROM)

La maison que l'on voit aujourd'hui est construite sur un plan rectangulaire trapu; ses deux étages sont entourés d'une imposante galerie que couvre une toiture de profil très bas en croupe. À l'analyse, on remarque que l'étage en brique qui repose sur le carré de pierre du rez-de-chaussée est plus récent (avant 1866); la forme des ouvertures est différente et leur ornementation nettement moins élaborée. De surcroît, l'étage repose sur une importante corniche déjà couverte par l'amorce d'une toiture.

Outre cet exhaussement, la maison Braemar a subi d'autres travaux. Au début du XXe siècle, l'intérieur de la résidence est transformé: le hall est divisé et l'escalier central déplacé sur le côté. En même temps, un oriel est aménagé sur le côté ouest et plusieurs modifications sont apportées au décor architectural.

La maison Braemar adopte le type architectural de la villa coloniale, dont la maison Montmorency à Québec et la résidence des Salaberry à Chambly sont les précurseurs au Québec. Avec leurs larges galeries, ces villas ainsi que les plus modestes cottages à un seul étage expriment l'idée de la villégiature en pays chaud; au Québec, ce seront des maisons d'été.

Avec ses piliers classiques, ses larges fenêtres à guillotine et sa corniche très massive, la maison Braemar est très certainement une composition architecturale issue des mains d'un professionnel. Or le partenaire de John Eadie est l'homonyme de l'architecte William Footner, auteur des plans de plusieurs monuments de qualité dans les années 1840. S'agit-il du père et du fils ou est-ce le même personnage que ce William Footner, marchand de vins et de spiritueux?

Cette carte de Noël, qui date du deuxième quart du XXe siècle, permet d'apprécier la façade de la villa aujourd'hui masquée par des constructions récentes. (MAC)

Quoi qu'il en soit, il semble plausible, vu le caractère assez élaboré de cette villa, de proposer que Footner, l'architecte, y ait été mêlé en 1847.

Malgré les soins attentifs apportés par ses propriétaires actuels, la maison Braemar a traversé quelques mauvais moments dans le passé. Le domaine n'a cessé d'être morcelé de tous côtés; ainsi la façade, les côtés et l'arrière sont occupés par des constructions dont plusieurs témoignent d'un goût discutable. Braemar a même perdu ses écuries, transformées en une maison indépendante qui revendique le passage devant l'entrée principale de l'historique monument.

Unique exemplaire à Montréal d'un type architectural peu répandu au Québec, la maison Braemar semble aujourd'hui un peu à l'étroit dans un environnement convoité par plusieurs. Peu connue parce que peu visible, elle apparaît un peu oubliée sur ce flanc de montagne qui semble ignorer la richesse de son patrimoine.

Luc Noppen, historien de l'architecture

ETHNOTECH. *Maison Braemar. Étude, relevés et analyse*. Montréal, ministère des Affaires culturelles, 1981.

PINARD, Guy. *Montréal, son histoire, son architecture. Tome 3*. Montréal, Les Éditions La Presse, 1989: 95-100.

Maison Gervais-Roy

Saint-Léonard
6255, rue Jarry Est

Fonction: résidentielle
Reconnue monument historique en 1981

Dès le début du XVIIIe siècle, des concessions sont accordées par les sulpiciens à la côte Saint-Michel, située à mi-chemin entre Longue-Pointe et Sault-aux-Récollets. Il faudra toutefois attendre 1885 avant que la municipalité de Saint-Léonard soit fondée et que l'église paroissiale soit érigée.

Le terrain sur lequel est construite la maison Gervais-Roy est vraisemblablement concédé en 1721 à Pierre Dagenay, lieutenant de Saint-Michel. Les miliciens, à qui des terres sont données en reconnaissance de leurs bons services, ne se préoccupent guère de les défricher; ils sont plutôt enclins à les revendre dans les plus brefs délais. Dagenay ne fait pas exception à la règle et dès 1723, Jean Gauthier prend possession de cette terre «en bois debout».

En 1752, un inventaire des biens donne une description de la terre sur laquelle est construite «une maison de pieux debout, une grange et une étable». Le recensement de 1781 n'indique pas encore de maison en pierre sur cette terre. Il faut attendre 1802 alors qu'une donation viagère de Jean-Baptiste Gervais à son fils Casimir mentionne la présence «d'une maison en pierre, une grange, deux écuries, une étable, une boulangerie et d'autres bâtiments». On peut donc déduire que la maison Gervais-Roy est contemporaine de la maison Dagenais, située un peu plus à l'est sur la rue Jarry, et qui date de 1785.

La maison est bien ancrée au sol, comme la plupart des constructions du XVIIIe siècle.

Poinçon et contreventement de la charpente du toit. (MAC)

Les Gervais cèdent leur propriété en 1823 à Toussaint-Paul Roy. Lorsque celui-ci meurt dix ans plus tard, l'inventaire décrit les bâtiments comme ils étaient en 1802. Après plusieurs transactions, Louis Roy acquiert la propriété en 1883. Sa famille la conservera jusqu'en 1940. Dès lors, l'urbanisation de Saint-Léonard va bon train et les terres agricoles sont graduellement divisées en lots à bâtir.

L'étude des lieux révèle que la maison Gervais-Roy a connu deux phases de construction; la seconde ayant eu lieu vers 1840, lorsque Augustin David en est le propriétaire. La maison originelle qui s'élève sur un étage et demi, présente un plan à peu près carré, chaque mur mesurant environ 12 mètres. La rallonge quant à elle, mesure 4 mètres sur 11. Les murs en moellons sont recouverts de crépi. Bien ancrée au sol, la maison est coiffée d'un toit à deux fortes pentes et les murs latéraux se terminent par des cheminées à double lumière, dont une «menteuse». Les chapeaux ont été modifiés et les conduits surhaussés en maçonnerie de brique.

À l'intérieur, la demeure est divisée en deux logements. On y compte trois foyers. Les combles sont en partie aménagés. Du côté de la rallonge, le grenier sert de chambre tandis que la partie la plus ancienne a conservé sa charpente apparente. Celle-ci comprend quatre fermes et cinq chevrons volants. Les chevrons sont reliés entre eux par un faux-entrait, sur lequel vient s'appuyer un poinçon qui soutient une panne sous-faîtière. Le contreventement faîtier est assuré par une entretoise et des contre-fiches. Pour donner une plus grande rigidité, une jambe de force s'appuie au faux-entrait et est reliée à la sablière par un blochet. Une partie de cette charpente a été modifiée; on a relevé les faux-entraits et coupé la jambe de force.

La maison Gervais-Roy est intéressante. Bien sûr, elle a été modifiée au cours de son histoire, mais sans cesse en accord avec son style originel. Son implantation est unique par rapport au milieu ambiant. Elle est éloignée de la rue et le passage piétonnier qui longe le terrain met la demeure en évidence. Elle constitue de plus un bel exemple du passé rural de Saint-Léonard.

Jacqueline Hallé,
historienne de l'architecture

Maison Dagenais

Saint-Léonard
5555, rue Jarry Est

Fonction: résidentielle
Reconnue monument historique en 1981

L'histoire de cette maison est intimement liée à celle de la famille Dagenais et à celle de la côte Saint-Michel, alors que les seigneurs de l'île de Montréal décident, à la fin du XVIIe siècle, d'en concéder les terres. La côte Saint-Michel, qui deviendra plus tard la rue Jarry, est plus qu'un simple odonyme. Elle correspond à une unité territoriale composée, en 1731, de 53 terres réparties de part et d'autre d'une commune de deux arpents de large (117 mètres) où passe le chemin du Roi.

L'association de la famille Dagenais à la côte Saint-Michel coïncide presque avec l'ouverture de cette dernière. En 1704, Pierre Dagenais loue une ferme non localisée au taillandier Étienne Campot, et 27 ans plus tard, le laboureur est établi sur une ferme de trois arpents (175 mètres) de front sur la côte Saint-Michel. À cette époque, seulement 2 des 34 maisons dénombrées à cet endroit sont en pierre. La fin du XVIIIe siècle voit la situation changer; les maisons en pierre se font plus nombreuses.

C'est à la suite de l'acquisition de la propriété de son père François, en 1774, que François Dagenais fils entreprend la construction de sa maison en pierre, l'ancienne demeure en pièce sur pièce ne paraissant plus correspondre aux besoins de la famille. La date de construction de l'édifice n'est pas certaine. Nous savons toutefois qu'elle existe bel et bien lors du décès, en 1787, de l'épouse de Dagenais fils. La lecture de l'inventaire des biens précise que la maison en pierre est neuve et sa façade mesure un peu plus de 11 mètres sur une profondeur d'environ 10 mètres. Une petite laiterie, également en pierre, y est adossée à l'arrière. Au-dessus de la cave, le rez-de-chaussée est divisé en quatre pièces: une cuisine, une salle de séjour, une chambre et un cabinet. L'étage n'est utilisé pour sa part que comme espace de rangement.

Le bâtiment décrit dans cet inventaire est celui qui est parvenu jusqu'à nous. À l'examen, on peut être étonné du fait que sa façade, de même que les deux souches de cheminées, sont en pierre de taille; tout s'explique lorsqu'on apprend que la famille Dagenais comptait plusieurs maîtres maçons dans ses rangs. Tout indique que pour sa maison, François Dagenais fils ait fait appel à la famille!

En 1821, la maison est cédée en partie au fils de ce François, un troisième François. On peut penser que c'est à cette occasion qu'une partie du grenier est transformée en chambre. Lors du décès du fils Dagenais en 1854, la propriété est divisée entre treize héritiers dont Paul Dagenais, qui consacre temps et argent à la remembrer.

La maison Dagenais en 1947. (MAC, fonds Morisset)

La maison Dagenais subit sa plus rude épreuve au début de ce siècle, lorsqu'un incendie détruit la charpente originelle. Elle est reconstruite en madriers. Les seuls éléments à n'avoir pas été touchés par le feu ou par les rénovations sont les deux armoires encastrées du rez-de-chaussée ainsi qu'un manteau de cheminée, particulièrement intéressant parce qu'il témoigne de la pénétration du vocabulaire britannique au Québec.

Malgré l'incendie qui l'a lourdement endommagée, la maison Dagenais demeure un bon exemple d'architecture vernaculaire qui a su s'adapter au nouveau vocabulaire issu de l'Angleterre et des États-Unis. Elle est le témoin de la réussite d'une famille de cultivateurs au début du XIXe siècle.

Jean Bélisle, historien de l'art

La maison Dagenais demeure un bon exemple d'architecture vernaculaire qui a su s'adapter au nouveau vocabulaire issu de l'Angleterre et des États-Unis. (CUM)

DESJARDINS, Pierre et Normand GOUGER. *Maison Dagenais*. Montréal, ministère des Affaires culturelles, 1981.

PINARD, Guy. *Montréal, son histoire, son architecture. Tome 2.* Montréal, Les Éditions La Presse, 1988: 357-362.

Maison Drouin-Xénos

Montréal-Nord
5460, boulevard Gouin Est

Fonction: résidentielle
Classée monument historique en 1970

Surplombant la rivière des Prairies et dissimulée dans le boisé qui envahit la butte sur laquelle elle se dresse, une petite maison en pierre raconte son histoire en deux épisodes.

En 1741, Pierre Annegrave, «habitant de la rivière des Prairies», et Pierre Abbé, maître maçon demeurant «à la coste Saint-Michel», concluent un marché devant notaire. L'artisan s'engage à «faire et construire de neuf bien et dûement comme il appartient au dire d'ouvriers et gens à ce connaissans, la massonne d'une maison de pierre que le Sr. Annegrave fait construire au dit lieu de la rivière des prairies, de trente pied de longt sur trente pied de carré au choix du dit Annegrave, les pignons de dix sept pied de hauteur, trois cheminées, savoir deux dans le pignon qui sera au nord est l'une sera dans la cave et l'autre au premier étage, la troisième dans le pignon qui regardera le sorois – faire un mur de reffente à la hauteur du premier plancher dont l'un sera de vingt-six pied de longt et l'autre de quatorze pied, posé dans les dites murailles les chassis de bois que le dit Annegrave voudra faire poser – poser en outre des armoires dans les murailles et ce autant aussi que le dit Annegrave se voudra faire poser – faire les crépie en plein de la dite maison en dehors, crépire et enduire la dite maison en dedans [...]»

Le client, quant à lui, doit «fournir aux dits entrepreneurs tous les matériaux nécessaires pour la dite bâtisse, faire les fouilles en sorte que le dit entrepreneur ne soit obligé à autre chose qu'à fournir les outils

Construite en 1741 pour le compte de Pierre Annegrave, la maison a été restaurée par l'architecte Claude G. Leclerc.

Fenêtre caractéristique de l'habitat rural du XVIIIe siècle.

Vue ancienne de la maison. (ANQ-Q)

Le four à pain du sous-sol.

Cheminée du rez-de-chaussée.

et les ouvriers, lequel dit Annegrave s'oblige de nourir, chauffer loger et coucher le dit entrepreneur et ses ouvriers pendant le temps qu'il taillera les dites cheminées et fera ladite massonne [...] Le marché ainsi fait pour et moyennant deux paires de bœuf de tire, savoir une paire agée de neuf ans et une paire de six ans et demie, en outre une somme de soixante livres payables au fur et à mesure que les dits ouvrages se feront, en blé, pois et lard [...]»

Le marché stipule que l'entrepreneur commencera les travaux par le four à pain en juin 1741 et qu'il devra avoir complété le gros œuvre exactement une année plus tard, quitte à revenir faire les enduits intérieurs après que les cloisons auront été érigées. Tout porte à croire que Pierre Annegrave a pu habiter sa nouvelle demeure dès la fin de l'été 1742.

En 1969, un jeune couple acquiert la maison et, conscient de l'intérêt de cette structure, décide de la faire classer monument historique et d'en entreprendre la restauration. La maison revit et le décor intérieur est reconstitué avec soin autour des quelques fragments qui subsistent: foyers et évier de pierre au rez-de-chaussée, murs de refend et four à pain en chapelle au sous-sol et grosse charpente avec contreventement faîtier dans le comble.

La maison Drouin-Xénos reprend les caractères généraux de l'habitation rurale du XVIIIe siècle. Mais elle se distingue par sa hauteur: de toute évidence, l'habitant n'a pas «fouillé» profondément le sol comme il s'était engagé à le faire et le maître maçon a construit plus en surface qu'à l'habitude. La maison est donc très élevée et sa façade principale – qui donne aujourd'hui sur l'arrière – comporte une galerie pour faciliter l'accès à la porte d'entrée du rez-de-chaussée.

À l'intérieur, ce sont les dimensions modestes du carré qui étonnent; les restaurateurs y ont donc créé des aires ouvertes. À l'étage, dès le XIXe siècle, on a coupé et relevé les faux-entraits pour pouvoir circuler plus librement dans les combles qui n'étaient guère utilisés que pour l'entreposage au XVIIIe siècle.

Comme le signale un article de la revue de décoration *Décormag* paru en mars 1977, les propriétaires actuels, le couple Drouin-Xénos, ont apprivoisé cette demeure; ils y vivent depuis le début des années 1970 et tentent de réconcilier le respect du cachet ancien et les exigences du confort moderne.

Luc Noppen, historien de l'architecture

LEMIRE, Jacques et Richard POISSANT. «La maison Drouin-Xénos», *Décormag*, mars 1977: 74-78.

Maison du Pressoir

Montréal
10865, rue du Pressoir

Fonction: culturelle
Classée monument historique en 1978

Sur les berges de la rivière des Prairies, l'ancien village du Sault-au-Récollet, qui fait maintenant partie du quartier Ahuntsic, est célèbre pour son atmosphère champêtre, pour son église datant de la période française et pour une toute petite maison... Au bout de la rue du Pressoir, à proximité de la rivière, on découvre en effet l'un des plus étranges spécimens de l'architecture vernaculaire québécoise: la maison du Pressoir.

Bien que la datation de ce bâtiment soit toujours incertaine, on croit que sa construction remonterait au premier quart du XIXe siècle. C'est en 1806 que Didier Joubert se voit concéder par les seigneurs de l'île de Montréal, les sulpiciens, une terre de deux arpents de front sur la rivière des Prairies et d'un arpent et trois perches de profondeur. À l'époque, il n'y a aucun bâtiment sur cet emplacement. En 1829, huit ans après la mort de Didier Joubert, ses héritiers se partagent le petit terrain sur lequel, selon l'acte notarié, se dressent une maison, un pressoir et une grange. Il y a fort à parier qu'un de ces bâtiments est la «maison du pressoir».

Il semble toutefois qu'en 1842 il ne soit plus en exploitation puisqu'on le décrit comme «ayant servi» de pressoir. Par la suite, le terrain est morcelé et le bâtiment, divisé en deux unités distinctes, sert d'habitation jusqu'à ce que la Ville de Montréal l'acquière en deux étapes, en 1965 et 1973. Malheureusement, la Ville démolit la partie nord de l'édifice en 1969. Maintenant propriété de la Communauté urbaine de Montréal, la maison est un centre culturel et d'interprétation.

On a toujours parlé de pressoir dans l'histoire de ce bâtiment mais sans en préciser la nature. Lors des célébrations entourant le bicentenaire du Sault-au-Récollet en 1936, l'abbé Durocher relève une tradition orale datant de la fin du XIXe siècle selon laquelle le bâtiment en question était associé à un ancien pressoir à étoffe. Cette information pouvait paraître plausible considérant qu'au XVIIIe siècle la maison du Pressoir était située tout près des moulins établis par les sulpiciens sur la rivière des Prairies, entre l'île de la Visitation et l'île de Montréal. D'ailleurs, un de ces moulins n'a-t-il pas servi de moulin à carder? La maison du Pressoir et son équipement particulier ont fort bien pu être intégrés à la chaîne de production des moulins de la digue.

Quoi qu'il en soit, les vestiges du pressoir sont mis au jour lors des travaux de curetage effectués par la Communauté urbaine de Montréal et lors de fouilles archéologiques menées en 1987. Les vestiges sont conformes à la technique du pressoir à cidre que décrit Diderot dans sa célèbre encyclopédie publiée à la fin du XVIIIe siècle.

La maison fut restaurée en 1987 par la Communauté urbaine de Montréal. (Coll. Germain Casavant)

Vers 1925, la maison du Pressoir comportait trois corps de logis distincts. (CUM, E. Gariépy)

Une maquette du pressoir à cidre. (Coll. Germain Casavant)

Le bâtiment lui-même réserve bien des surprises. À première vue, il s'apparente aux bâtiments à colombage pierroté que l'on a construits à Louisbourg (Nouvelle-Écosse) vers 1730. La technique est relativement simple. Sur une sole, on élève une série de pièces de bois (colombages) d'une vingtaine de centimètres de section et espacées d'environ 30 centimètres. Tous les colombages sont reliés à leur sommet par une sablière. Les vides laissés entre les colombages sont ensuite comblés par des pierres ou des briques liées avec du mortier. Mais assez curieusement, la maison du Pressoir n'a pas de sole! Sur le plan structural, cela ne peut se justifier car le carré manque de cohésion. En outre, l'espacement entre les colombages dépasse ici un mètre.

Actuellement, on pense que la maison du Pressoir était à l'origine une simple grange en charpente, c'est-à-dire sans maçonnerie entre les colombages mais recouverte tout de même de planches. Le pressoir y aurait été installé. Plus tard, probablement à l'époque où l'on a transformé le pressoir en habitation, on aurait comblé les espaces entre les colombages avec de la maçonnerie. Cette hypothèse reste encore à prouver, mais elle semble vraisemblable compte tenu des informations dont nous disposons.

La maison du Pressoir recèle encore une autre curiosité: sa charpente. Au niveau du grenier, en effet, des traces encore apparentes sur certaines pièces de bois laissent croire que la charpente aurait subi des modifications. Conçue à l'origine pour un toit à quatre versants, ou à croupes, on l'aurait modifiée afin de construire le toit à deux versants qu'on peut voir aujourd'hui. Ses composantes sciées proviennent vraisemblablement d'un des moulins à scie qui furent exploités sur la digue des sulpiciens.

Depuis qu'un groupe d'étudiants s'y est intéressé en 1973, la maison du Pressoir a livré beaucoup de ses secrets mais pas tous. Son histoire reste pleine de zones d'ombre. Cependant, son mode de construction en fait un bâtiment unique au Québec.

Jean Bélisle, historien de l'art

GOUGER, Normand. *Maison du Pressoir*. Québec, ministère des Affaires culturelles, 1977.

PINARD, Guy. *Montréal, son histoire, son architecture. Tome 1*. Montréal, Les Éditions La Presse, 1987: 129-134.

Église du Sault-au-Récollet

Montréal
1829-1847, boulevard Gouin Est

Fonction: religieuse
Classée monument historique en 1974

Conçue par John Ostell en 1850, la façade de l'église du Sault-au-Récollet rappelle l'architecture baroque. Les deux flèches surmontant les tours ont été ajoutées en 1863. (CUM)

L'île de Montréal ne compte qu'une seule église datant du Régime français: l'église de La Visitation-de-la-Bienheureuse-Vierge-Marie. Située sur le bord de la rivière des Prairies, au bout de la rue Papineau, elle est érigée à partir de 1749. Les plus grands sculpteurs de la région montréalaise participent à sa décoration intérieure.

Le Sault-au-Récollet

En 1610, un jeune Français du nom de des Prairies remonte le fleuve sur une barque pour se rendre au sault Saint-Louis. À la hauteur de ce qui deviendra Repentigny, il s'aventure dans le bras nord du fleuve, empruntant ainsi la rivière à laquelle il donnera son nom. Le 23 juin 1615, Samuel de Champlain, accompagné des pères Jamet et Le Caron, s'engage également sur la rivière des Prairies. Le lendemain, les deux religieux célèbrent une messe devant les Amérindiens, la première à être célébrée dans l'île de Montréal.

Dix ans plus tard, au printemps 1625, le père Nicolas Viel, missionnaire récollet, descend à son tour la rivière. Il se rend à Québec en compagnie d'un jeune Français, surnommé par les Hurons «Auhaitsic». À la hauteur du dernier sault, leur canot chavire et les deux Français disparaissent dans les flots. Pour honorer leur mémoire, ces derniers rapides de la rivière des Prairies sont baptisés «sault au Récollet». Auhaitsic, pour sa part, donnera son nom au quartier de Montréal (Ahuntsic) longeant la rivière.

Lors de la concession de la seigneurie de l'Île-de-Montréal aux sulpiciens en 1663, ces derniers se réservent un terrain de quelque 700 mètres sur 1460, vis-à-vis du sault au Récollet, dans le but d'y établir plus tard une mission. Cet objectif se réalise en 1696, à l'occasion du déplacement de leur mission de la Montagne au Sault. Le supérieur des sulpiciens de Montréal, Vachon de Belmont, en profite pour faire construire le fort qui portera le nom de Lorette. Celui-ci, comme la plupart des forts de mission, comprend deux parties distinctes: l'une pour les Blancs et l'autre pour les Amérindiens. On craint les sautes d'humeur des nouveaux convertis.

Au fort Lorette, la chapelle pourrait bien être celle que les jésuites ont érigée en 1684. On la décrit en 1731 comme étant en pièce sur pièce et mesurant environ 16 mètres de long sur 6,5 de large. Les rares plans de cet édifice sont contradictoires: certains nous montrent une chapelle de plan rectangulaire alors que d'autres nous présentent le plan «à la récollette».

Bien que les sulpiciens aient à nouveau déménagé leur mission, à Oka cette fois, en 1722, ils n'abandonnent pas leur établissement du Sault-au-Récollet. Profitant de leur monopole sur les moulins à farine, les seigneurs entreprennent en 1726 la construction d'une digue entre l'île de la Visitation et l'île de Montréal. Sur cette imposante

L'église, sans transept, suivant le plan «à la récollette», a été agrandie en 1850. Deux annexes sont venues s'ajouter à l'arrière en 1964. (CUM)

Dans le chœur, la corniche d'ordre corinthien, les boiseries et le retable du maître-autel ont été exécutés par Fleury-David.

structure de 100 mètres de long sur 27 de large, ils élèvent d'abord un moulin à scie puis des moulins à farine et une clouterie. Plus tard, on y ajoutera un moulin à cardes.

L'année 1736 voit la création de la paroisse et l'arrivée de son premier curé, J.G. des Enclaves. La chapelle de l'ancien fort Lorette sert d'église paroissiale. Lors de son passage au Sault-au-Récollet en 1749, le célèbre naturaliste suédois Pehr Kalm nous décrit sommairement la chapelle du fort comme un vieil édifice en bois d'apparence décrépite dont l'intérieur vaut mieux que l'extérieur. Il signale de plus que l'on se prépare à édifier une nouvelle église, et que la pierre qui doit entrer dans sa construction se trouve déjà sur les lieux.

L'église de 1752

La construction du nouveau temple est entreprise par le curé Guillaume Chambon. Chaque paroissien s'engage à fournir une toise de pierre de maçonnerie et une pistole pour la première année. La deuxième année, le paroissien doit fournir une semaine de travail, une bonne pièce de pin et une pistole. Il en va de même pour la troisième année et celles qui suivront, jusqu'à la «perfection» de l'ouvrage. La direction des travaux est confiée à l'entrepreneur en maçonnerie Charles Guilbault, natif de la paroisse.

Les travaux vont bon train car l'église est ouverte au culte en 1751 et consacrée par Mgr de Pontbriand l'année suivante. Cette église est celle que nous pouvons toujours admirer aujourd'hui. Bien sûr, cette dernière, en près de 250 ans d'histoire, a changé, mais les murs érigés par Guilbault et la charpente de Joseph Valade subsistent toujours.

Le plan de l'église a toujours été qualifié de «plan à la récollette». La forme particulière de l'édifice sans transept reprend en effet celle des chapelles des couvents récollets de Québec et de Montréal. La nef forme un rectangle auquel le chœur – également rectangulaire mais le plus souvent carré – vient se greffer. Ce chœur est bien entendu plus petit que la nef. Quoi qu'il en soit, le plan de l'église actuelle est presque identique à celui de la chapelle des Récollets du Vieux-Montréal (détruite en 1867).

L'église du Sault-au-Récollet, au moment de sa consécration par Mgr de Pontbriand en 1752, est toutefois très différente de celle que nous connaissons aujourd'hui, surtout en ce qui a trait à la décoration. La seule dépense à ce chapitre concerne l'achat de douze chandeliers. Il est fort possible que les sulpiciens, en tant que desservants de la paroisse, aient contribué au décor de la nouvelle église dont les finances devaient se trouver à sec.

Le maître-autel, qui provient sans doute de la chapelle du fort, s'appuie à une cloison coupant le chœur en deux. Entre le mur arrière de l'église et cette cloison, on crée une minuscule sacristie. Au-dessus du maître-autel, sur le mur nu, le curé Chambon accroche la copie d'un tableau de Mignard, la *Visitation de la Vierge Marie*, qu'il a acquise en 1756 en France. Les deux chapelles latérales sont déjà ornées depuis 1754-1755 d'une *Éducation de la Vierge* (anonyme) et du *Saint Michel terrassant le dragon*, copie du célèbre Guido Reni. La décoration se résume probablement à ces trois tableaux et aux autels qu'ils surmontent.

L'apport du sculpteur Liébert

Il faut attendre la fin de la guerre de Sept Ans pour que la décoration soit entreprise. La paroisse, qui compte à présent 257 habitants, est à nouveau en mesure de s'engager financièrement. Aussi fait-on appel à Philippe Liébert pour commencer en 1764 le retable principal. Le sculpteur, qui vient de

Le tabernacle exécuté par Liébert vers 1792. Le tombeau à la romaine du maître-autel est l'oeuvre de Quévillon. (MAC)

terminer le maître-autel de Repentigny, crée ici sa première œuvre majeure. La réalisation de ce retable en noyer, dont les fameuses portes sculptées sont probablement l'unique témoignage, se poursuit jusqu'en 1773. La fin des travaux semble coïncider avec la construction de la première sacristie à l'arrière de l'église.

En 1791, Liébert, de retour des États-Unis, reprend du service après avoir été tenu en disgrâce en raison de ses relations avec les Américains. Le sculpteur exécute pour l'église du Sault une chaire semblable à celle qu'il doit faire pour l'Hôtel-Dieu de Montréal. Cette chaire a malheureusement disparu lors de l'installation de celle de Vincent Chartrand en 1837.

La dernière œuvre d'importance que Liébert exécute à l'église du Sault-au-Récollet est sans contredit le tabernacle du maître-autel. La genèse de cette œuvre se révèle cependant nébuleuse. Le tabernacle semble avoir été exécuté vers 1792. De toute évidence, Liébert s'est inspiré de celui qu'il avait réalisé quelques années auparavant pour l'Hôpital général des sœurs de la Charité (sœurs grises). Le tabernacle du Sault est cependant plus étroit en raison de l'architecture « à la récollette » du chœur. Il doit s'encastrer dans le retable. Les colonnettes sont également plus simples, dépourvues de motifs floraux, et l'on note l'absence des

La chaire, œuvre du sculpteur Vincent Chartrand, se marie très bien avec le décor imaginé par Fleury-David. (Comité d'art sacré, E. Gariépy, c. 1920)

Cette porte de bois sculpté polychrome menant à la sacristie a été réalisée par Philippe Liébert au cours de la première phase de décoration de l'église, entre 1764 et 1773.

chapiteaux palmiformes visibles sur le tabernacle des sœurs grises.

Le tabernacle du Sault n'en demeure pas moins une œuvre majeure dans la production de Liébert et s'inscrit parfaitement dans la série issue du modèle créé pour l'Hôpital général, qui compte les tabernacles de Saint-Jacques de L'Achigan (1789), de Sainte-Anne de Varennes (1791), de Saint-Michel de Vaudreuil (1792) et de Sainte-Rose (1799). Malheureusement, le couronnement du tabernacle du Sault a été modifié dans les années 1940. Les reliquaires, guirlandes et portes à feu ont aussi disparu.

À l'époque où Liébert s'active à l'église du Sault-au-Récollet, un autre sculpteur prend de l'importance: Louis-Amable Quévillon. Déjà en 1789, Quévillon a conçu la grande porte de l'église sur le modèle de celle de Saint-Martin. Dix ans plus tard, c'est encore lui qui sculpte le chandelier pascal ainsi que le banc d'œuvre en noyer. Deux ans après la mort de Liébert en 1804, Quévillon revient au Sault pour exécuter les tombeaux à la romaine des trois autels. Le tombeau du maître-autel se voit orner d'une marbrure rouge, alors que ceux des chapelles latérales sont simplement peints et dorés.

Le décor de Fleury-David

Il s'écoule une dizaine d'années avant que la fabrique ne se préoccupe à nouveau de la décoration de l'église. Le décor créé par Liébert en 1771 a maintenant près de 40 ans et ne correspond plus au goût de l'époque. Les autorités font donc appel à un sculpteur local, David Fleury-David, probablement formé à l'atelier de Quévillon. À l'automne 1817, le sculpteur présente un plan pour une voûte. C'est celle que nous pouvons observer de nos jours. Très compartimentée, elle est sans contredit l'une des œuvres de ce genre les plus achevées.

La voûte du chœur se compose d'un ensemble de losanges et d'hexagones encerclant une rosace. La transition entre la voûte du chœur et celle de la nef se fait par l'intermédiaire des « cornes de vache » qui ornent la partie supérieure des murs de chevet des chapelles latérales. Les motifs de ces « cornes » sont essentiellement végétaux. La première travée de la nef est ornée pour sa part des mêmes losanges que nous avons déjà vus dans le chœur. Les six autres travées sont beaucoup plus simples avec des motifs floraux. La composition de la voûte de Fleury-David démontre un sens certain du rythme.

Plus on pénètre dans l'église, plus le mouvement de la voûte prend de l'ampleur pour atteindre son point culminant au-dessus du chœur.

Cette voûte semble avoir été très appréciée à l'époque car Fleury-David se voit confier, le 21 mai 1820, la réalisation de trois nouveaux retables, d'une nouvelle corniche d'ordre corinthien, des boiseries du chœur, d'un nouveau banc d'œuvre et des fonts baptismaux. En d'autres termes, David Fleury-David crée à l'intérieur de l'église du Sault un nouvel environnement où seuls les autels et les deux portes ne sont pas de lui.

La confiance de la fabrique en Fleury-David se trouve à nouveau justifiée en 1827, lorsque ce dernier entreprend de nombreux ouvrages de menuiserie dans l'église. Il construit un nouveau plancher pour le sanctuaire de façon à intégrer la courbure de la sainte table. C'est à cette occasion que l'on creuse une cave sous l'église.

La participation de David Fleury-David à la décoration et à l'aménagement de l'église se termine avec l'installation d'une nouvelle porte pour remplacer celle que Quévillon a construite 30 ans auparavant. Entre 1816 et 1831, Fleury-David reçoit 46 000 livres, somme énorme à l'époque, pour sa contribution au décor de l'église du Sault. Il est ainsi l'un des sculpteurs les mieux rémunérés de son temps. La décoration de l'église du Sault peut être considérée comme l'œuvre maîtresse de Fleury-David.

Chartrand et Ostell

Le quatrième sculpteur qui contribue à la rénovation de l'église fait son entrée sur scène en 1831. Vincent Chartrand, comme son prédécesseur Fleury-David, a été formé à l'école de Quévillon. Il conçoit la nouvelle chaire de l'église. Cette chaire, qui existe toujours, se marie très bien avec le décor imaginé par Fleury-David. Satisfaits de son travail, les paroissiens l'engagent à nouveau pour agrandir le jubé d'une travée. Chartrand exécute également un autel pour la nouvelle sacristie érigée en 1844. Cette œuvre a malheureusement disparu.

Au milieu du XIXe siècle, la population du village du Sault-au-Récollet augmente considérablement, si bien que l'église devient trop petite. Mgr Ignace Bourget, évêque de Montréal, approuve les projets d'agrandissement soumis par la fabrique. L'architecte John Ostell, qui a dressé les plans du palais épiscopal en 1849, se voit confier l'agrandissement de l'église et la création d'une nouvelle façade. Auparavant, Ostell a travaillé à l'aile est du Vieux Séminaire de Saint-Sulpice et plus tard, en 1854, il construira le Grand Séminaire de la rue Sherbrooke. Ostell devient en quelque sorte l'architecte du diocèse de Montréal. Au Sault-au-Récollet, il allonge l'église de près de 8 mètres et crée une façade rappelant l'architecture baroque. Ostell reprendra d'ailleurs la formule à l'église de Notre-Dame-de-Toutes-Grâces (1851) et à celle de Sainte-Anne de Griffintown (1852). La façade d'Ostell sera complétée en 1863 par la construction des deux flèches qui surmontent les tours.

Le XXe siècle ne transforme pas l'église du Sault-au-Récollet. On la repeint à plusieurs reprises, mais sans en changer le caractère. Aujourd'hui, le monument historique permet aux visiteurs de retourner dans leur passé. Car dès qu'on en franchit le seuil, on a l'impression que le temps s'est arrêté quelque part au XVIIIe siècle. C'est une expérience qui vaut la peine d'être vécue.

Jean Bélisle, historien de l'art

BAUDOIN, Marthe. *La Visitation du Sault-au-Récollet: Guide descriptif et sentimental.* Montréal, Le Comité d'art sacré de l'Archevêché de Montréal, 1977. 12 p.

PINARD, Guy. *Montréal, son histoire, son architecture. Tome 2.* Montréal, Les Éditions La Presse, 1988: 97-103.

La composition de la voûte créée par David Fleury-David en 1817 démontre un sens certain du rythme. (Comité d'art sacré, E. Gariépy, c. 1920)

Maison Saint-Joseph du Sault-au-Récollet

Montréal
1700, boulevard Henri-Bourassa Est

Fonction: scolaire
Classée monument historique en 1979

Le corps du bâtiment construit en 1853 flanqué, à gauche, du seul pavillon qui subsiste encore aujourd'hui. (CUM)

Au coin du boulevard Henri-Bourassa et de l'avenue Papineau (quartier Sault-au-Récollet) se situe le complexe scolaire du collège Mont-Saint-Louis. Cette institution, logée jusqu'au tournant des années 70 sur la rue Sherbrooke dans un immeuble qui porte encore son nom, occupe actuellement un édifice ancien érigé à partir de 1853 pour servir de noviciat aux jésuites.

Agissant à titre de procureur des jésuites, c'est en 1852 que le père Félix Martin (1804-1886) acquiert les terrains du Sault-au-Récollet en vue d'y établir un noviciat. Débarqué dix ans plus tôt en compagnie d'un groupe de jésuites invités par l'évêque de Montréal, Mgr Bourget, à restaurer la Compagnie de Jésus dans la province du Canada, le père Martin est nommé supérieur de son ordre au Bas-Canada en 1844. Après avoir fondé le collège Sainte-Marie à Montréal en 1848, les jésuites français songent à former une relève canadienne, ce qui nécessite un noviciat. Au Sault-au-Récollet, le curé Jacques-Janvier Vinet voit d'un bon œil l'installation de cette prestigieuse maison d'éducation destinée à être fréquentée par une élite religieuse; aussi offre-t-il une terre de 3 arpents sur 25 (environ 175 mètres sur un kilomètre et demi) qui fait face à l'église et rejoint à l'arrière le domaine des sulpiciens.

Cette vaste propriété sur laquelle se trouve une maison en bois et quelques dépendances lors de la signature de l'acte de donation est cédée en 1869 à la corporation de la maison Saint-Joseph, qui administre le noviciat. Au fil des années, plusieurs portions sont vendues sous la pression d'une urbanisation rapide et en 1962, le collège Saint-Ignace, dirigé par les jésuites, prend la relève du noviciat, moins fréquenté.

La maison Saint-Joseph qui subsiste aujourd'hui est composée du corps de bâtiment (1853) flanqué à l'est d'un pavillon plus récent (1871). Le même type de pavillon est ajouté à l'ouest en 1890, mais les nouvelles constructions commandées par le collège en 1963 entraînent sa démolition. Le bâtiment initial adopte un plan rectangulaire, mesurant quelque 35 mètres sur 20 avec un léger décrochement qui marque une avancée centrale. Érigée en pierre grise à assises irrégulières, la structure compte deux étages dressés sur un sous-sol bien dégagé. Chacun de ces étages est doté d'un fenêtrage qui correspond à sa position dans la façade, selon la grille de composition classique: soubassement, bel étage et étage attique.

De façon tout aussi classique, l'édifice est découpé en trois sections verticales de trois travées chacune. Ce carré de maçon-

Vue arrière du bâtiment montrant, à gauche, le pavillon à toit mansardé érigé en 1890 et détruit en 1963. (Maison des jésuites, archives de Saint-Jérôme)

nerie est coiffé d'un toit à deux versants percé de deux séries de lucarnes et surmonté d'un campanile. Plusieurs de ces lucarnes sont disparues lors de travaux effectués vers 1900, alors que les combles ont été occupés. La forme architecturale du pavillon ajouté du côté est en 1871 s'inscrit dans la continuité du bâtiment initial, jusqu'à ce qu'apparaisse en 1890 un second pavillon du côté ouest. Cette annexe étant surmontée d'un imposant toit mansardé, il est décidé d'en faire de même sur l'aile est, demeurée seule aujourd'hui pour expliquer cette transposition.

La paternité des plans de la maison Saint-Joseph revient au père Félix Martin qui, dès son arrivée au Canada, s'impose comme l'architecte de son ordre. Initié au dessin et à l'architecture par son frère Arthur, jésuite et spécialisé dans la restauration d'églises gothiques en France, Félix Martin dresse les plans de l'église St. Patrick de Montréal (en collaboration avec Pierre-Louis Morin) en 1843, ceux de la nouvelle église de Caughnawaga en 1845 et ceux du collège Sainte-Marie en 1847. C'est ce dernier édifice qui sert de modèle à la maison Saint-Joseph, étant composé de la même manière et réalisé avec une égale volonté d'inscrire le monument dans la tradition québécoise.

Le traitement formel de la maison Saint-Joseph, tout comme celui du collège Sainte-Marie, construit de 1848 à 1851 et que la bêtise humaine a permis de démolir il y a quelques années à peine, est fort simple. Il s'agit d'une architecture classique «à ordres absents», soit une composition établie selon la grille et les proportions du système de l'architecture classique, mais dépourvue du vocabulaire qui rend généralement explicite l'adhésion à ce langage.

À défaut du collège Sainte-Marie, la maison Saint-Joseph du Sault-au-Récollet est là pour évoquer un des monuments les plus intéressants de l'architecture au Québec alors que l'Église cherche à développer une pratique architecturale à la hauteur de ses ambitions sociales.

Luc Noppen, historien de l'architecture

FORGET, Madeleine et Michel BÉLISLE. *La maison St-Joseph: histoire, relevé et analyse.* Québec, ministère des Affaires culturelles, 1978. N.p.

GIGUÈRE, Georges-Émile. «Martin, Félix», *Dictionnaire biographique du Canada. Volume XI, de 1881 à 1890.* Québec, Presses de l'Université Laval, 1982: 649-651.

PINARD, Guy. *Montréal, son histoire, son architecture. Tome 3.* Montréal, Les Éditions La Presse, 1989: 101-108.

Forêt de Saraguay

Montréal
Boulevard Gouin Ouest

Fonction: récréative
Déclarée arrondissement naturel en 1981

Dans la grande ville de Montréal, une très belle forêt de 97 hectares a curieusement échappé aux promoteurs de développements résidentiels et commerciaux pour devenir le premier arrondissement naturel du Québec en milieu urbain.

L'arrondissement naturel de la forêt de Saraguay comprend, entre autres, l'ancien domaine de la famille Ogilvie. On y retrouve aujourd'hui les ruines d'une maison en pierre dont nous savons malheureusement peu de choses. La famille Ogilvie est célèbre à Montréal dès le XIXe siècle pour les moulins à farine qu'elle possède un peu partout au Canada.

Un site à protéger

Pendant la première moitié du XXe siècle, Montréal, comme la plupart des grandes villes de l'Est de l'Amérique du Nord, voit disparaître ses grandes surfaces boisées. Pour les Québécois de cette époque, la forêt est à ce point omniprésente sur le territoire qu'ils ne peuvent s'imaginer qu'un jour cette ressource se ferait rare au point de soulever de vives controverses. Le début des années 1970 voit naître les premiers regroupements de protection des espaces verts. Ces organismes non gouvernementaux regroupent des citoyens sensibilisés à la valeur de ces espaces et à la nécessité de les protéger.

Aussi, lorsqu'à l'été 1977 la Ville de Montréal propose de modifier son règlement de zonage afin de permettre un projet de construction résidentielle dans le quartier de Saraguay, l'opposition de quelques groupes de citoyens est très forte et amène une concertation entre la Société d'horticulture et d'écologie du Nord de Montréal, la Société d'animation du Jardin et de l'Institut botaniques de Montréal (SAJIB) et le Jardin botanique de Montréal. Des visites guidées sont organisées dans cette forêt menacée et un numéro spécial du *Bulletin* de la SAJIB est publié afin de sensibiliser les citoyens, les fonctionnaires et les élus à la valeur écologique de ce territoire et à son potentiel de conservation. Les médias rapportent fidèlement les nombreuses interventions menées pour sauver ce territoire d'une centaine d'hectares.

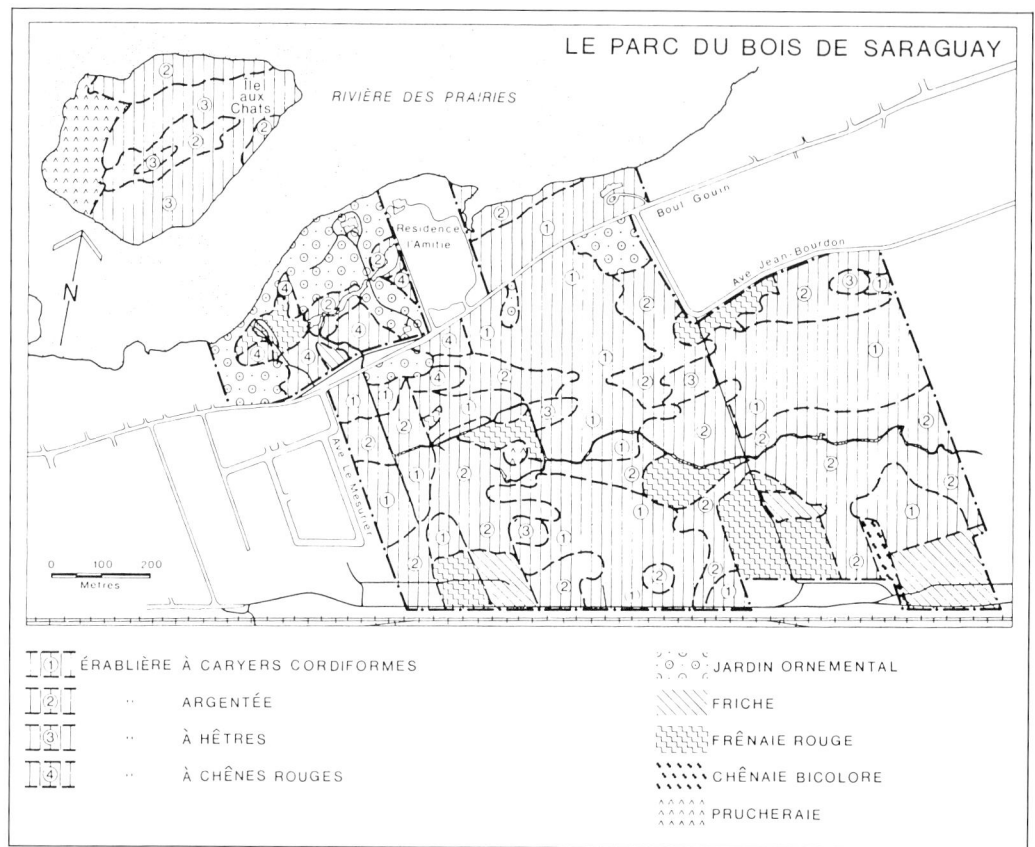

Les diverses essences d'arbres comprises dans l'arrondissement naturel du Bois-de-Saraguay. (Bulletin de la SAJIB)

En juillet 1979, à la demande de la Ville de Montréal, le ministère des Affaires culturelles émet une recommandation concernant la désignation de la forêt de Saraguay comme arrondissement naturel. Le même mois, le gouvernement du Québec annonce sa contribution financière au développement des sept parcs régionaux de la Communauté urbaine de Montréal, dont le cas prioritaire serait le bois de Saraguay. Deux années plus tard, à l'automne 1981, la Communauté urbaine de Montréal fait ses premières acquisitions alors que le gouvernement déclare officiellement la forêt de Saraguay arrondissement naturel. La majeure partie du site se retrouve dans le parc régional du Bois-de-Saraguay, laissant à l'est une bande de terrain dont le zonage autorise la construction résidentielle. Quatre années d'efforts (1977-1981) auront permis d'ajouter ce territoire remarquable au patrimoine écologique de la ville de Montréal.

À l'automne 1987, la Commission de l'aménagement de la Communauté urbaine de Montréal procède à une vaste consultation sur la mise en valeur de ses sept parcs régionaux. Pour le Bois-de-Saraguay, un large consensus est atteint quant à une vocation de conservation, d'éducation et de récréation extensive. Étant donné que ce parc régional de la CUM est aussi un arrondissement naturel du gouvernement du Québec, la population devra être à nouveau consultée sur son plan de sauvegarde et de mise en valeur.

Diversité des milieux écologiques

Alors que le paysage forestier du Québec est surtout dominé par la grande forêt boréale composée de sapins baumiers et d'épinettes noires, les forêts d'arbres feuillus, telles celles du Bois-de-Saraguay, caractérisent les régions habitées, concentrées avant tout dans la vallée du Saint-Laurent. Ces forêts décidues, largement répandues plus au sud dans l'Est de l'Amérique du Nord, ont envahi les territoires libérés par les retraits du glacier et de la mer de Champlain.

De 8 000 à 5 000 ans avant aujourd'hui, de riches forêts décidues prennent racine sur les différents dépôts fluvio-glaciaires. Même si la plupart de ces forêts subissent des perturbations anthropiques, plusieurs, à l'instar du Bois-de-Saraguay, ont été conservées suffisamment intactes pour bien représenter la végétation naturelle du Sud-Ouest du Québec.

La diversité des communautés forestières que l'on retrouve au Bois-de-Saraguay est due à une assise rocheuse calcaire, recouverte de dépôts de surface, allant surtout de moraines (*tills*) à des dépôts alluvionnaires et lacustres dans le lit des ruisseaux et en bordure de la rivière des Prairies. L'île aux Chats, située dans la rivière des Prairies, fait aussi partie de ce parc régional, contribuant à la richesse des habitats aquatiques et riverains. Lorsqu'on se promène le long de la rive, en observant l'île aux Chats, colonisée par de très belles forêts, il n'est pas difficile d'oublier la ville et de se laisser conquérir par le charme de cette rivière, reflétant les forêts riveraines.

Quoique la grande forêt comprenne plusieurs types de communautés forestières, les érablières à caryer cordiforme occupent avant tout les *tills* bien drainés, alors que les érablières argentées caractérisent les milieux humides. Dans les érablières à caryer cordiforme, les érables à sucre, les érables noirs et les tilleuls d'Amérique se partagent la dominance de la canopée alors que les caryers cordiformes, peu abondants, distinguent ces riches forêts. Au printemps, plusieurs plantes du sous-bois profitent du soleil de la fin d'avril ou du début de mai, alors que les arbres n'ont pas encore eu le temps de se regarnir de leurs feuilles.

Ces plantes printanières, tels les trilles blancs, les petits prêcheurs (oignons sauvages), ou les sanguinaires du Canada, surgissent rapidement du sol avant même que le printemps ne soit tout à fait arrivé. Leurs fleurs spectaculaires ne durent que l'espace de ce court printemps des régions tempérées. Pendant l'été, la forêt devient sombre et mystérieuse, comme si son manteau de feuilles l'isolait encore plus de la ville.

Érablière de l'île aux Chats, qui fait aussi partie du parc régional de Saraguay. (CUM)

Dans les érablières argentées, en plus des érables qui dominent, on retrouve également les ormes d'Amérique, les frênes de Pennsylvanie et les frênes noirs. À cause du drainage des milieux humides, ces forêts pourraient se transformer graduellement en peuplements semblables à ceux qui colonisent actuellement les milieux mieux drainés.

L'ensemble du Bois-de-Saraguay doit être perçu comme une mosaïque de communautés forestières, résultant à la fois des variations des conditions du milieu et des actions de l'homme. Même si cette forêt n'a jamais été défrichée, la plupart de ses peuplements ont subi certaines perturbations tels la coupe sélective et le drainage. Une telle diversité de situations écologiques, milieux forestiers, clairières et rivages se traduit aussi par une faune riche en espèces. Plus de 130 espèces d'oiseaux ont notamment été recensées dans le Bois-de-Saraguay.

L'arrondissement naturel de la forêt de Saraguay est intéressant tant par son histoire que par sa richesse écologique. Pratiquement inconnu de tous avant 1977, il devient en moins de cinq ans un parc naturel et urbain de première importance. La diversité de ses milieux écologiques représente un potentiel remarquable pour la conservation, l'éducation et la récréation.

Arrondissement naturel en milieu urbain, il pourrait devenir à la fois un centre d'interprétation du patrimoine écologique et un lieu de référence quant aux nouveaux problèmes environnementaux auxquels font face les grandes agglomérations urbaines. Les visiteurs pourraient de la sorte apprécier les forêts riveraines et les plantes printanières tout en étant en mesure de comprendre les changements que subissent et subiront les écosystèmes sous l'effet de la pollution ou du réchauffement de l'atmosphère.

Réaliser un tel programme constitue un défi encore plus grand que celui d'avoir sauvé le Bois-de-Saraguay, puisqu'il devra être basé sur la compétence, l'innovation et l'adaptation aux nouvelles préoccupations, tout en conservant une ressource assez fragile.

André Bouchard, biologiste

Scène hivernale dans ce parc de la Communauté urbaine de Montréal.

BÉLAND, Huguette et al. *Dossier de la forêt de Saraguay*. Montréal, Université de Montréal, Institut d'urbanisme, s.d. 124 p.

DOMON, Gérald et André BOUCHARD. *La végétation et l'aménagement du parc régional du Bois-de-Saraguay*. Montréal, Jardin botanique de la Ville de Montréal, 1981. 96 p.

«Saraguay: un parc naturel urbain», *Bulletin de la Société d'animation du jardin et de l'Institut botaniques*. 4, 1 (déc. 1978), 52 p.

Maison D'Ailleboust-de-Manthet

Sainte-Geneviève
15886, boulevard Gouin Ouest

Fonction: résidentielle
Reconnue monument historique en 1975

Mise au goût du jour, la maison a conservé néanmoins son harmonie et son élégance.

Cette grande maison bourgeoise, sise à Sainte-Geneviève, à quelque 300 mètres de l'église de Thomas Baillairgé, constitue un pôle d'intérêt bien particulier au cœur de cette communauté agricole. Par le modèle utilisé autant que par son échelle imposante, elle se distingue des autres habitations des environs qui, pour la plupart, sont des exemples typiques de l'architecture rurale québécoise.

Construite vers 1845 par Narcisse Prévost, maître maçon, pour le docteur John Lewis Forbes, la maison fera l'objet de legs au sein d'une même famille, mais presque toujours par voie indirecte: de sœur à nièce ou de sœur à frère et ce, durant une centaine d'années. Elle passe ainsi du couple John Lewis Forbes et Marie-Marguerite-Esther Têtard de Montigny, décédé sans enfant, à la famille d'Ailleboust de Manthet, qui lui est apparentée. La propriété demeure dans la famille jusqu'en 1932, année où elle est vendue à un médecin. Par la suite, quelques autres particuliers s'en portent acquéreurs. En 1975, la maison est reconnue monument historique.

La résidence que l'on peut voir aujourd'hui, occupant un triangle de verdure, face au boulevard Gouin, est bien différente de celle qu'a fait construire le docteur Forbes. Pendant près de cent ans, elle est restée presque intacte, sauf qu'on l'a subdivisée pour y aménager deux ou trois unités d'habitation, probablement au cours des années 1940.

À l'époque, cette riche demeure illustre de belle façon l'influence du néo-classicisme britannique. Le rez-de-chaussée, considéré comme un soubassement, loge la cuisine. L'étage noble ou *piano nobile* est entouré d'une large galerie couverte par une corniche ouvragée, profonde de plus d'un mètre, qui prolonge le toit en pavillon. Trois portes-fenêtres couronnées d'arcs en anse de panier et munies de persiennes s'ouvrent sur la galerie à laquelle un large escalier central donne accès. Le toit est pourvu de deux lucarnes à fronton disposées à égale distance de la porte-fenêtre centrale qui constitue l'entrée principale de la maison.

Mise au goût du jour à l'époque où elle n'appartient plus à la famille d'Ailleboust de Manthet, la maison offre aujourd'hui un tout autre aspect. Ainsi, le toit en pavillon est remplacé par un toit à la Mansart percé de trois lucarnes coiffées d'un arc surbaissé en saillie. La galerie disparaît et les portes-fenêtres latérales deviennent des fenêtres, alors que celle du centre s'ouvre désormais sur un balcon en hémicycle. Un portique à colonnes sous le balcon donne accès à l'entrée principale et, enfin, deux annexes construites en retrait flanquent le bâtiment.

Ces modifications sont tout de même effectuées avec la plus grande attention. Le remodelage soigné de la silhouette, le respect des proportions, le choix judicieux des nouvelles composantes et l'utilisation d'un matériau identique – la pierre de taille grise – ont contribué à préserver l'harmonie de l'ensemble.

La décoration intérieure très riche est intacte et mérite d'être soulignée. On peut y admirer, entre autres choses, de nombreuses moulures sculptées et un magnifique escalier en vis qui fait toute la hauteur de la maison.

L'observateur intéressé s'amusera à retrouver au-delà des caractéristiques actuelles de la maison les attributs du cottage d'origine. Certains indices l'aideront dans cette quête, notamment la porte-fenêtre centrale et les fenêtres latérales de l'étage ainsi que le bandeau en pierre qui entoure le corps principal à l'endroit où s'accrochait autrefois la galerie. On notera également que la différence dans l'ornementation des niveaux a été maintenue.

Ces changements montrent bien comment une maison vit et évolue. Il semble que les années n'aient pas porté atteinte à la qualité de cette résidence qui, avec son cadre exceptionnel et son emplacement privilégié dans le village, continue d'attirer les regards.

Diane Archambault,
historienne de l'architecture

La maison D'Ailleboust-de-Manthet, vers 1926, illustre de belle façon l'influence du néo-classicisme britannique. (Université McGill, collection d'architecture canadienne)

Maison Montpellier-dit-Beaulieu

Sainte-Geneviève
174, rue Beaulieu

Fonction: résidentielle
Reconnue monument historique en 1975

Cette petite maison en pierre qui tourne le dos à la rivière semble recroquevillée sur elle-même. Cachée tout au bout de la rue Beaulieu, elle offre en ces lieux une retraite inespérée. Déjà certaines photographies anciennes nous montrent quelque Beaulieu assis sur le perron, à l'arrière de la maison, fumant sa pipe en contemplant la rivière des Prairies, qui à cet endroit forme une petite baie.

La construction de la maison se situe entre 1848 et 1876. Déjà en 1876, un Montpellier dit Beaulieu en est propriétaire, et ce n'est que près de 100 ans plus tard, soit en 1974, que la famille s'en sépare. Deborah Skelton, qui l'achète à ce moment-là, entreprend de la restaurer. C'est à elle que nous devons certaines additions dont la petite annexe, semblable à la traditionnelle cuisine d'été, à laquelle on a depuis ajouté un appentis. La couverture en tôle à baguettes et la projection du larmier au-dessus d'une galerie à colonnes font aussi partie des nouveaux éléments.

Les photographies antérieures à la restauration montrent le mur-pignon percé de deux fenêtres, dont une dans le grenier, et un toit en tôle à la canadienne garni sur le pourtour d'une dentelle de bois, à la manière victorienne. Il n'y avait pas de galerie, mais une dalle de béton faisait presque le tour de la maison.

Des encadrements de bois sculpté ornent toujours les fenêtres. Les contrevents à quatre vantaux que l'on fermait sur les fenêtres, la nuit, pour se protéger du froid, ont cependant disparu.

Sur le plan architectural, cette maison s'inscrit dans la tradition de l'habitation rurale du début du XIXe siècle. L'assise près

Sur le plan architectural, la maison Montpellier-dit-Beaulieu s'inscrit dans la tradition de l'habitation rurale du début du XIXe siècle.

du sol, le toit à deux versants terminé par des larmiers, et la disposition symétrique des fenêtres, de part et d'autre de la porte centrale, attestent cette appartenance.

Par contre, la cheminée est décentrée par rapport à l'axe du mur-pignon dans lequel elle est ménagée, alors que les encadrements de menuiserie sculptés procèdent d'un certain goût classique que renforcent la symétrie et l'ordonnance de l'ensemble.

La maison, selon l'usage, est orientée au sud-est, et les ouvertures sont plus nombreuses de ce côté pour profiter au maximum de l'éclairage naturel. L'emplacement de la maison n'est donc pas fonction de la grille des rues. À l'époque, les petits chemins étaient souvent tracés à la limite des lots et s'allongeaient jusqu'au chemin principal qui les coupait. Ici, le boulevard Gouin joue le rôle d'axe principal et suit les courbes de la rivière des Prairies.

Il est intéressant de noter que la rue Beaulieu portait, avant que le lot n'appartienne à cette famille, le nom de Rabeau, qu'elle tenait sans doute d'Alexis Rabeau, cultivateur, qui en 1848 avait acheté cette terre à Jean-Baptiste Demers, boulanger. Ainsi donc, les noms des rues racontent eux aussi les mouvements de la population et l'histoire de la colonisation de la paroisse.

C'est d'ailleurs au début du développement de Sainte-Geneviève que nous transporte cette petite maison traditionnelle. Dans son cadre de verdure, avec la rivière comme arrière-plan, elle rappelle un peu l'histoire d'une famille qui y a vécu et a donné à ces lieux la valeur d'un héritage à transmettre.

Diane Archambault,
historienne de l'architecture

Le toit de la maison, tout comme celui de l'annexe, est garni sur le pourtour d'une dentelle de bois, à la manière victorienne.

Communauté urbaine de Montréal. *Répertoire d'architecture traditionnelle sur le territoire de la Communauté urbaine de Montréal: Architecture rurale.* Montréal, CUM, Service de la planification du territoire, 1986: 329-331.

Maison Grier

Pierrefonds
134, chemin du Cap-Saint-Jacques

Fonction: résidentielle
Classée monument historique en 1974

La maison Grier possède plusieurs caractéristiques de l'architecture rurale d'inspiration française: cheminées disposées en chicane dans les murs-pignons, lucarnes dans la partie inférieure du toit, fenêtres asymétriques, etc. (MAC)

Datant de la seconde moitié du XVIIIe siècle, la maison Grier demeure dans un remarquable état de conservation. (MAC)

Située dans le parc Cap-Saint-Jacques, à proximité de la rivière des Prairies, la maison Grier occupe un vaste terrain où sont disposés quelques autres bâtiments. Malgré une histoire vieille de deux cents ans, son remarquable état de conservation en fait un exemple éloquent de l'architecture rurale du XVIIIe siècle.

Selon les estimations, la maison daterait de 1750 ou de 1799. Une plaquette montée sur le mur est et sur laquelle sont inscrites les lettres UC et la date 1799 laissent croire qu'à ce moment un membre de la famille de Joseph Charlebois, premier propriétaire du lot, occupait les lieux. Jusqu'en 1863, différents propriétaires s'y succéderont.

La maison Grier, du nom de son propriétaire lors du classement, répond à certaines caractéristiques d'un modèle normand, notamment celui du Perche où l'on trouve, sur une structure en pierre, des cheminées disposées en chicane dans les murs-pignons, mais décentrées par rapport à l'axe vertical, ainsi que de très petites lucarnes placées dans la partie inférieure du toit en pente. Celui-ci est prolongé, à l'avant comme à l'arrière, par un étroit larmier. L'asymétrie des ouvertures et la non-correspondance entre l'avant et l'arrière constituent d'autres traits propres à l'architecture traditionnelle rurale d'inspiration française.

La maison est en pierre des champs, avec quelques pierres plus grosses et plus régulières qui marquent le chaînage; la rallonge est recouverte de planche en bois (à couvre-joint) posée à la verticale. Les deux toits sont identiques, avec une pente de 45 degrés et une couverture en tôle à baguettes.

Un grenier est aménagé au-dessus de l'étage des chambres, éclairées par des lucarnes en croupe. Il était utilisé pour entreposer le grain qui, ainsi à l'abri des intempéries, avait une fonction d'isolant. L'historien Marc Locas prétend qu'une ouverture, percée dans un des murs-pignons, servait à hisser le grain au grenier.

L'intérieur de la maison est remarquable par son état de conservation et se distingue par quelques détails particuliers. On peut remarquer des armoires encastrées dont les portes sont sculptées du motif en pointe de diamant. Les murs sont à caissons et le plafond est recouvert en planche à couvre-joint. Les éléments structuraux ont été laissés apparents et l'épaisseur des murs est perceptible par la profondeur de l'embrasure des fenêtres. À remarquer aussi dans la rallonge, une pierre d'évier avec déversoir à l'extérieur, sans doute déjà présente dans l'ancienne cuisine d'été, agrandie par le propriétaire en 1956. Les fenêtres sont en bois à deux vantaux et sont découpées en 24 carreaux par des petits-bois.

L'intérêt particulier de la maison Grier est son état de conservation remarquable, sa rigoureuse représentativité de l'architecture rurale du XVIIIe siècle et la beauté du cadre champêtre dans lequel elle s'inscrit, parmi de grands arbres et la perspective de la rivière des Prairies où le regard vient se perdre. Tous ces éléments se conjuguent pour faire oublier le temps dans ce site exceptionnel.

Diane Archambault,
historienne de l'architecture

COMMUNAUTÉ URBAINE DE MONTRÉAL. *Répertoire d'architecture traditionnelle sur le territoire de la Communauté urbaine de Montréal. Architecture rurale.* Montréal, CUM, Service de la planification du territoire, 1986: 256-258.

GUILLEMETTE, Anne et Bernard LANGLOIS. *La maison Grier.* Montréal, ministère des Affaires culturelles. S.d.

LESSARD, Michel et Huguette MARQUIS. *Encyclopédie de la maison québécoise. Trois siècles d'architecture.* Ottawa, Éditions de l'Homme, 1974. 728 p.

Maison Thomas-Moore

Sainte-Anne-de-Bellevue
153, rue Sainte-Anne

Fonction: commerciale
Classée monument historique en 1962

Dans le but de la protéger d'une éventuelle démolition, le ministère des Affaires culturelles classe en 1962 une vieille maison à Sainte-Anne-de-Bellevue. En effet, juste à ses côtés se dresse un nouveau pont. L'avis de classement l'identifie comme étant la maison Thomas-Moore, d'après une légende rapportant que le poète irlandais y aurait séjourné vers 1800. Il y aurait rédigé «*The Canadian Boat Song*», poème qui rend hommage aux «voyageurs» qui passent en canot à Sainte-Anne.

Cette construction est surtout connue sous une autre appellation, soit la maison Simon-Fraser. Fils d'Alexander Fraser, capitaine de régiment des Highlanders, Simon Fraser naît en Écosse en 1760. Après que sa famille s'est établie au Canada, il devient un des actionnaires de la compagnie du Nord-Ouest. Il acquiert en 1807 le fief Bellevue, situé sur le pourtour du lac des Deux Montagnes, qu'il occupe quelques années. Lorsque son manoir est rasé par le feu, il achète de Peter Grant, un de ses associés, la maison qui nous intéresse ici et dont il demeure propriétaire jusqu'à son décès en 1839.

Cette maison en pierre de 25 mètres sur 15 est alors située dans un vaste parc. Selon une photographie ancienne datant des années 1860, il s'agit d'une maison de campagne traditionnelle, typique des années 1800 et qui renvoie au modèle urbain avec des murs coupe-feu dont le débordement est supporté par des consoles (ou corbeaux) en pierre et des cheminées sur les pignons. Le type architectural s'apparente au «cottage rustique» anglais, maison de l'habitant que s'approprie le bourgeois citadin à la recherche du dépaysement et du pittoresque. Les images les plus anciennes parvenues jusqu'à nous signalent déjà le petit porche en bois avec ses arcades gothiques qui évoquent le «cottage orné», architecture pittoresque implantée par les citadins en milieu rural.

La maison Thomas-Moore connaît au fil des ans des fonctions assez variées. À la fin du XIXe siècle, l'aménagement de deux logements distincts altère passablement l'architecture intérieure et, à un degré moindre, les ouvertures. La maison est ensuite louée par la Banque de Montréal qui y exploite une succursale jusqu'en 1954. À cette époque, des travaux importants modifient la physionomie de l'édifice. Les murs coupe-feu sont rasés et un toit avec corniche débordante en cache les traces. De plus, les trois lucarnes à capucine font place à des lucarnes ornées d'un vocabulaire classique, ce qui confère une nouvelle dignité à la maison. La banque ne préserve pas beaucoup d'éléments de l'aménagement intérieur d'origine; c'est donc un édifice assez malmené dont reprennent possession les héritiers Fraser dans les années 1950.

Grâce à l'intérêt des membres de la Société historique du Bout-de-l'Isle et de l'appui de la fondation Héritage canadien du Québec, la maison est restaurée en 1962 d'après les plans de l'architecte Roy Wilson, un des précurseurs de la restauration architecturale dans la région montréalaise. Cette restauration n'a pas cherché à recréer un état originel quelconque et hypothétique; elle a tout simplement consolidé et réparé l'édifice, approche très moderne pour l'époque.

Maintenant occupée par un petit café et administrée par un organisme bénévole, la maison Thomas-Moore voit peu à peu renaître à proximité un environnement plus soucieux de la qualité et de l'histoire. Encore aujourd'hui, comme c'était le cas jusqu'au début de notre siècle, la promenade jusqu'à Sainte-Anne-de-Bellevue vaut le détour.

Luc Noppen, historien de l'architecture

BLAND, John. «Sainte-Anne-de-Bellevue: La maison Simon Fraser», *Continuité*, 44 (été 1989): 42-44.

PINARD, Guy. *Montréal, son histoire, son architecture. Tome 3*. Montréal, Les Éditions La Presse, 1989: 405-414.

D'après la légende, le poète irlandais Thomas Moore aurait habité la maison lors de son séjour au Canada.

La maison possédait encore ses murs coupe-feu à la fin du XIXe siècle. (Coll. de la Banque de Montréal)

Manoir Beaurepaire

Beaconsfield
470, Lakeshore Road

Fonction: résidentielle
Reconnu monument historique en 1975

Sur une pointe de terre qui s'avance dans le lac Saint-Louis se dresse une ancienne structure en pierre. Au fil des ans, on l'a identifiée comme le manoir ou la maison Peter-Lust, du nom du propriétaire qui l'occupe depuis 1946.

Ce site est concédé par les sulpiciens en 1678. C'est à cette époque que l'on en parle comme étant la pointe dite de Beaurepaire. En 1744, la carte de Bellin l'identifie comme le «fort Guenet», d'après Jean Guenet, le premier concessionnaire dont la famille hérite de la seigneurie de Beaurepaire.

C'est en 1765, tout juste après la Conquête, qu'Amable Curat acquiert les propriétés des héritiers Guenet. Ce marchand de Montréal y construit un édifice en pierre, probablement la maison qui subsiste sur le site aujourd'hui. Acculé à la faillite, Curat est dépossédé du domaine et plusieurs propriétaires se succèdent jusqu'en 1870, alors que James Thompson prend possession de la seigneurie qui, peu après, devient Thompson Point.

Le bâtiment érigé vers 1765 sert aujourd'hui d'habitation. Il semble qu'il en soit ainsi depuis le début du siècle. Plusieurs propriétaires y ont fait des travaux importants pour la rendre habitable en 1923, 1942 et 1946. Mais la structure massive en pierre, les planchers formés de poutrelles de bois coordonnées et à peine équarries qui reposent sur d'imposants murs de refend, la forme et la disposition des ouvertures indiquent clairement qu'il s'agit là d'un ancien magasin destiné à approvisionner le commerce qui s'étendait vers l'ouest.

La situation de l'édifice sur la pointe milite en faveur d'une telle hypothèse. De plus, si l'on fait abstraction des ajouts plus récents, on retrouve bien là le magasin d'un poste de traite ou l'entrepôt d'un marchand qui fait de bonnes affaires en allant au-devant de ses clients. Au fil des ans, le bâtiment semble avoir été utilisé à différentes fonctions. Au début du siècle, une partie importante (aujourd'hui le garage) sert encore d'écurie.

L'intérieur du bâtiment a subi plusieurs transformations. C'est au sous-sol – où l'on aperçoit la structure du plancher – et dans le grenier – où se développe une «grosse charpente» intéressante – que l'on devine le mieux le caractère unique de ce monument. En effet, rares sont les exemples de cette première génération d'édifices commerciaux qui ont survécu. Et ici, malgré le changement de vocation, les indices de la fonction originelle sont encore visibles.

Autrefois isolé sur la pointe avec peut-être une habitation voisine, le manoir Beaurepaire est depuis entouré de plusieurs constructions et un lotissement récent a encore réduit son espace.

Luc Noppen, historien de l'architecture

Le manoir Beaurepaire, construit vers 1765, aurait abrité le magasin d'un poste de traite ou un entrepôt.

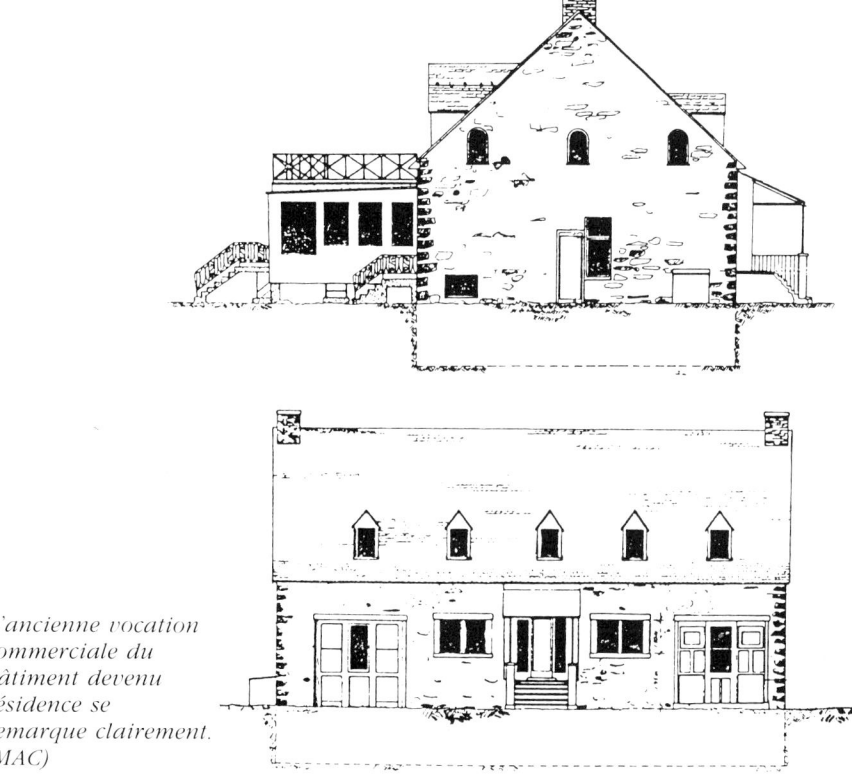

L'ancienne vocation commerciale du bâtiment devenu résidence se remarque clairement. (MAC)

DEMETER, Laszlo. *Maison Peter Lust*. Québec, ministère des Affaires culturelles, 1974.

PINARD, Guy. *Montréal, son histoire, son architecture. Tome 1*. Montréal, Les Éditions La Presse, 1987: 28-31.

Maison Lanthier

Kirkland
11, chemin Lanthier

Fonction: culturelle
Classée monument historique en 1976

Si la maison Lanthier témoigne du mode de vie des colons de cette partie de l'île de Montréal, elle participe aussi à la vie moderne en accueillant expositions, conférences et concerts. La question de la protection, de la conservation et du classement de cette maison ancienne est également à l'origine de la fondation de la Société historique de Kirkland.

Devenue propriété de la Ville de Kirkland, la maison Lanthier est ensuite restaurée.

On remarque la disposition en chicane de cette cheminée.

Les documents à notre disposition proposent deux dates possibles de construction, en s'appuyant sur celles gravées à différents endroits du bâtiment: une poutre du toit laisse voir la date 1737 alors qu'une pierre gravée indique 1785.

Cette dernière date correspond, à quelques années près, à l'acquisition de la propriété par Joseph Lantier. De père en fils, jusqu'en 1881, la maison continue d'abriter cette famille, qui a entre-temps changé l'orthographe de son nom pour celle de Lanthier. La petite maison en pierre maintient sa fonction résidentielle jusque dans les années 1940, année où elle devient la résidence d'été de H. J. O'Connel. De 1960 à 1970, propriété d'intérêts étrangers qui ne l'habitent ni ne l'entretiennent, la maison est laissée à l'abandon.

En 1970, la Ville de Kirkland réagit devant son état lamentable. Elle l'entoure d'une clôture et entreprend de conserver à cet édifice, témoin du début de la colonisation, son environnement naturel en créant le parc Héritage. La Ville acquiert la maison en 1974. L'enthousiasme et le travail de ses défenseurs permettent le classement de la maison en 1976 et sa restauration par la suite.

Ce bâtiment en pierre des champs se rapproche de certains modèles stylistiques propres au Perche, en Normandie, d'où seraient d'ailleurs originaires quelques colons de l'ouest de l'île de Montréal. Elle ressemble à la maison d'Ambroise Cazal, construite vers 1750 au Sault-au-Récollet, ainsi qu'à celle de Pierre Hurtubise, sur la côte Saint-Antoine, datant de 1700. Elle se distingue cependant de ces modèles par la disposition en chicane de ses cheminées. Cette parenté formelle la confirme comme typique de l'architecture de la fin du XVIIIe siècle.

Le carré de près de 110 mètres carrés (laissant un espace intérieur libre de 83,5 mètres carrés) et la rallonge (ou cuisine d'été) sont posés à même le sol. Le toit à deux versants a une pente aiguë de plus de 45 degrés; il est dépourvu de larmier et recouvert de bardeau de cèdre. Les deux cheminées en chicane sont intégrées aux murs-pignons. Lors de la restauration, on a doté la maison des traditionnelles fenêtres à deux battants, percées de 24 carreaux.

À l'intérieur, le plafond en planche et couvre-joint est soutenu par trois énormes poutres qui, traversant toute la longueur de la maison, laissent l'espace intérieur libre pour une vaste salle, sans cloison. Traditionnellement, le grenier tout entier servait à entreposer le grain; ici, on y a de plus aménagé un espace précis, encastré dans le mur. Malgré l'absence de lucarnes, mais considérant le nombre d'occupants à certaines périodes, il est possible que le grenier ait pu servir de chambre-dortoir, comme c'était alors l'usage durant le temps des récoltes; des fenêtres percées dans les murs-pignons rendent la chose possible. Un escalier à la pente très raide y donne accès par une trappe; il a sans doute remplacé la simple échelle à un moment donné.

Bel exemple d'habitation rurale, cette maison illustre les modes de construction et les modes de vie des colons aux XVIIIe et XIXe siècles dans cette région. Isolée dans le parc Héritage, sous la protection d'une croix de chemin, avec son puits à la margelle en pierre, elle nous donne à voir une image des temps révolus comme une esquisse ancienne accrochée à notre mémoire collective.

Diane Archambault,
historienne de l'architecture

COMMUNAUTÉ URBAINE DE MONTRÉAL. *Répertoire d'architecture traditionnelle sur le territoire de la Communauté urbaine de Montréal. Architecture rurale*. Montréal, CUM, Service de la planification du territoire, 1986: 293-295.

«Historic Farmhouse saved just in time», *The Montreal Star*, 31 août 1974.

HOUDE, André. *Kirkland 1961-1986*. Kirkland, Ville de Kirkland, 1986.

Maison Baptiste-Jamme (ou Yuile)

Kirkland
3766, boulevard Saint-Charles

Fonction: aucune
Classée monument historique en 1976

À l'ouest de l'île de Montréal, la paroisse catholique de Saint-Joachim-de-la-Pointe-Claire est fondée, le 29 juin 1711, par un édit du roi Louis XIV. Deux siècles et demi plus tard, soit en mars 1961, le gouvernement du Québec décrète la création de la ville de Kirkland. Toutefois, quelques anciennes propriétés de la ville ont su résister partiellement ou totalement à l'urbanisation, témoignant de son origine rurale.

Ainsi, au milieu d'une propriété particulièrement belle, se distingue la maison Baptiste-Jamme (ou Yuile). Tout contre, s'ajoutent une laiterie et un caveau à légumes en pierre, ainsi qu'un garage et une remise (de construction récente). La maison est entourée de lilas, de châtaigniers, de hêtres, de tilleuls et de nombreux arbres fruitiers formant, avec terrasses et fleurs, un véritable parc privé.

La maison a été bâtie avant 1761 puisque le premier document conservé atteste la vente de la propriété par Baptiste Jamme à James Baune, le 29 mai 1761. Elle passe dès lors, au fil des années, entre les mains de différentes familles. En 1789, elle devient la propriété de la famille Daoust et en 1875, de la famille Paiement. En 1946, Patricia Yuile O'Brien, épouse de David Yuile, acquiert la propriété qu'elle entretient pendant 36 ans. Elle y fait bâtir une rallonge comprenant cuisine, salle de séjour et bureau formant un «L» avec la maison originelle.

La propriétaire aménage la résidence en tenant compte de sa valeur historique et patrimoniale. Sa nièce, Anne Yuile, l'acquiert en 1982 et à partir de ce moment, la maison passe encore de main en main. C'est la compagnie Dinnerex de Toronto qui a récemment mis un terme à ces transactions en se portant acquéreur de la propriété. Elle projette la construction d'un centre de commerce et de services autour de l'historique maison qui deviendrait un restaurant.

Construite en pierre des champs, la maison a une forme rectangulaire de près de 14 mètres sur 10. Elle est orientée à l'est, avec pignon sur la rue; on y accède d'ailleurs par un petit vestibule. Disposées symétriquement sur chaque pente, trois lucarnes percent les deux versants du toit couvert de tôle à agrafe. Deux cheminées, en chicane, émergent de chacun des murs-pignons; elles desservent les foyers situés dans les deux grandes pièces du rez-de-chaussée. Une troisième, plus récente, dessert le système de chauffage central.

Située dans un cadre champêtre, la maison Baptiste-Jamme rappelle l'origine rurale de la ville de Kirkland. (CUM)

On peut constater qu'à une époque non déterminée, le toit a été prolongé au-dessus des deux murs gouttereaux et galbé à l'aide de coyaux, permettant ainsi au larmier éloigné du mur de couvrir une nouvelle galerie sur la façade sud. Les lucarnes ont probablement été construites en même temps que l'aménagement des chambres à l'étage.

Au début du XIXe siècle, le style Regency et le néo-classicisme influencent l'architecture vernaculaire. Ainsi la maison Baptiste-Jamme, par l'ajout de la galerie, la symétrie des lucarnes et en général par l'agencement des proportions, porte assurément la marque de ces styles. Elle conserve tout de même plusieurs de ses traits premiers par la disposition irrégulière des ouvertures sur les façades, par la position en chicane des cheminées, ainsi que par le fait que le plancher du rez-de-chaussée est resté presque au même niveau que le sol.

À cause de la présence de deux types de charpente, tout porte à croire que la maison a été bâtie en deux étapes. En effet, la charpente du toit de la moitié est, sans doute la plus ancienne, est composée uniquement de pannes, sans ferme, sur lesquelles des planches sont posées à la verticale. La moitié ouest, quant à elle, comporte des fermes maîtresses alternant avec des chevrons.

La maison possède deux grandes pièces: la salle à manger et une chambre avec une salle de bain au rez-de-chaussée. Un escalier conduisant à l'étage donne sur un palier d'où l'on accède aux trois chambres et à la seconde salle de bain. Le sous-sol n'est que partiellement excavé pour faire place au système de chauffage et au réservoir à eau chaude. Un mur de refend en pierre, démoli aux niveaux du rez-de-chaussée et de l'étage, sépare le sous-sol.

Malgré les marques de plusieurs modifications, le caractère originel de l'architecture de la maison n'a pas changé. Elle est pour l'instant abandonnée et la nouvelle vocation commerciale qu'on lui propose viendra peut-être modifier ses caractéristiques d'origine.

Laszlo Demeter, architecte

L'entrée principale de la maison se situe sur la façade nord et le toit couvre la galerie du côté le plus exposé au soleil. (MAC)

DEMETER, Laszlo. «Sur la charpente», *Vie des Arts*, (automne 1974): 27-32.

HOUDE, André. *Kirkland 1961-1986*. Kirkland, Ville de Kirkland, 1986.

PINARD, Guy. *Montréal, son histoire, son architecture. Tome 3*. Montréal, Les Éditions La Presse, 1989: 157-165.

Moulin banal de Pointe-Claire

Pointe-Claire
1, rue Saint-Joachim

Fonction: aucune
Classé bien archéologique en 1983

Une gravure publiée dans Lake St. Louis, Old and New *montre l'implantation du moulin sur une pointe de terre s'avançant dans le lac Saint-Louis.*

La pointe de terre dégagée – on la disait «claire» – qui s'avance dans le lac Saint-Louis et à l'extrémité de laquelle se dresse un moulin à vent, a laissé son nom à la ville de Pointe-Claire. On y trouve aussi le vieux couvent des sœurs de la Congrégation de Notre-Dame, érigé en 1867-1868, le presbytère, construit en deux phases (1847 et 1913) et l'église, érigée d'après les plans des architectes Victor Bourgeau et Alcibiade Leprohon, de 1882 à 1884. Nettement plus ancien est le moulin, établi en ces lieux depuis 1709.

Lorsque les sulpiciens concèdent une terre à la Pointe-Claire en 1698, le supérieur, Dollier de Casson, se réserve une superficie de deux arpents sur cinq (plus de 115 mètres sur 290) pour établir un moulin à vent. La prévision se réalise lorsque le 23 décembre 1708, les autorités ecclésiastiques concluent un marché avec Léonard Paillé dit Paillaird et son fils Charles pour la fabrication des mécanismes et des ouvrages de charpente d'un moulin. Le maître maçon Jean Mars obtient le contrat de maçonnerie deux mois plus tard, selon le devis élaboré par Paillé. Il s'engage à construire la «tour du moulin» que les sulpiciens lui commandent; elle aura près de 4 mètres de diamètre intérieur et 7,5 mètres de haut, deux portes et une cheminée. À côté du moulin apparaît la maison du meunier, construction en bois remplacée par un édifice en pierre au milieu du XVIIIe siècle.

Les sulpiciens «donnent à bail» leur moulin; à charge du meunier de l'opérer, de l'entretenir et de le réparer en percevant la quote-part annuelle du seigneur qui, selon les époques, est fixée à 100 ou 150 minots de blé. Comme plusieurs moulins de la région, celui de Pointe-Claire n'a jamais satisfait les attentes de ses propriétaires et les meuniers se succèdent rapidement, incapables de répondre aux quotas fixés par les seigneurs. Monsieur Molin, prêtre-économe de Saint-Sulpice, a d'ailleurs évoqué la situation difficile du moulin à vent de Pointe-Claire: «Ce moulin est trop éloigné pour qu'on puisse le veiller de près, ses meuniers s'en rendent maître pour peu qu'on les laisse faire. En 1803 il donnait 150 minots de bled à ferme. Il n'y a d'autre terrain que la pointe. Le bled se vend rarement dans le moulin on le transporte ordinairement à celui de Lachine.»

En 1824, le moulin et la maison du meunier font l'objet de travaux considérables. En 1837, le Séminaire de Montréal concède le terrain de la pointe et le moulin à Amable de Saint-Julien, cultivateur de Rigaud. Celui-ci arrive à faire ses frais, ce qui lui permet de racheter sa rente annuelle de 25 minots et ainsi mettre un terme, en 1848, à la gestion seigneuriale des lieux.

L'histoire moderne du moulin débute en 1866 alors que la fabrique de Saint-Joachim-de-la-Pointe-Claire acquiert le site pour céder la pointe du moulin aux religieuses de la Congrégation de Notre-Dame. Cette opération avait fait l'objet d'une ordonnance de l'évêque de Montréal, Mgr Bourget, parce qu'elle permettait à la paroisse d'obtenir par échange le terrain nécessaire à la construction d'une nouvelle église. Peu utile à l'œuvre de la communauté qui s'installe dans le couvent érigé sur le site, le moulin perd son toit conique et l'essentiel de son mécanisme. Vers 1885, on le voit surmonté d'un toit-terrasse servant d'observatoire et équipé d'un mât et d'une éolienne.

Cultivant un intérêt pour l'histoire et le patrimoine, les religieuses entreprennent en 1954 de restaurer le moulin: le crépi est enlevé et les joints tirés. En 1962, les *Annales* de la communauté signalent que par souci historique on a rétabli un toit conique, «comme celui des premiers jours». Enfin en 1967, l'architecte Marc Angers dirige les travaux visant à doter le moulin de nouvelles ailes dont on signale «l'authenticité indiscutable». À défaut de documents historiques, l'architecte se serait inspiré des moulins à vent de Verchères et de l'île aux Coudres pour guider son intervention.

Le principal attrait de ce moulin est, au-delà de son incontestable grand âge, sa localisation; situé sur une pointe qui s'avance dans le lac Saint-Louis, il évoque on ne peut mieux la maîtrise ancestrale de l'énergie éolienne. Quant à l'ensemble paroissial et conventuel qui l'environne, il garantit en quelque sorte la sauvegarde du monument, survivant exemplaire d'un type architectural dont les dimensions restreintes rendent la reconversion difficile et dont l'isolement obligatoire a trop souvent accéléré l'oubli, voire la disparition.

Le moulin banal de Pointe-Claire a fait l'objet de divers travaux de restauration depuis 1954. Le toit conique est une reconstitution. (CUM)

Luc Noppen, historien de l'architecture

Maison municipale

Pointe-Claire
152, Concord Crescent

Fonction: communautaire
Classée monument historique en 1964

La maison avant 1960. (ANQ-M)

Ce n'est pas sans raison que la municipalité de Pointe-Claire a donné à cette habitation le qualificatif de «canadienne-française»: construite vers 1780, elle est en effet très représentative d'une architecture rurale qui déjà a adapté le modèle français aux particularités du milieu.

Le nom du constructeur de la maison reste obscur, mais il semble qu'un certain François Duchesneau l'ait modifiée vers 1828, notamment en la surhaussant. Deux familles se sont succédé dans ses murs: d'abord celle de Jacques Jammes, qui avait hérité de cette terre de 3 arpents sur 25 de son père Hyacinthe Jammes dit Carrière, puis la famille Legault, après que Pierre Legault l'eut achetée en mars 1842. La maison appartiendra à la famille Legault jusqu'à ce que la municipalité de Pointe-Claire en fasse l'acquisition en 1960.

Après son classement comme monument historique, en 1964, la maison est restaurée quatre années plus tard par l'architecte Victor Depocas. C'est vraisemblablement à cette époque que la petite annexe, semblable à une cuisine d'été, est ajoutée à l'un des murs-pignons. Une photographie ancienne, antérieure à 1960, montre qu'une rallonge a effectivement existé à une certaine époque. Elle s'alignait avec la façade et un escalier y menait. La galerie, couverte d'un toit, se prolongeait de son côté.

Il semble cependant que cette cuisine d'été en planches posées à la verticale soit déjà disparue dans les années 1960. L'annexe actuelle se trouve en retrait du mur de façade. Elle utilise la pierre des champs, tout comme le corps principal. Au printemps 1988, on entreprend d'autres travaux de réfection et la réparation du toit selon les normes du ministère des Affaires culturelles.

Cette petite maison est particulièrement anachronique dans l'environnement bâti actuel. Digne représentante de l'architecture rurale du XVIIIe siècle, elle a maintenant pour voisins les bungalows, ces habitations typiques de l'architecture de banlieue. Les modèles, les matériaux et l'échelle qu'elles utilisent, le mode de vie qu'elles représentent, tout les distingue.

L'orientation même est différente: la maison municipale (ou Jammes) est orientée au sud, où les ouvertures sont plus nombreuses pour mieux tirer parti de la lumière naturelle; les constructions modernes des alentours, quant à elles, sont disposées selon une grille orthogonale qui obéit à d'autres motifs, dont celui de la rentabilisation des investissements fonciers.

Les murs de pierre, le toit en tôle à baguettes au galbe élégant, les larmiers, la longue galerie couverte en façade, les lucarnes à pignon avec saillie du toit et les deux cheminées disposées dans l'axe central des murs-pignons la classent vraiment dans la tradition québécoise.

Au moment où la municipalité l'achète, toutes les fenêtres et la porte sont entourées de boiseries sculptées et coiffées d'un linteau décoratif dans le goût victorien. Sans doute ces éléments sont-ils des ajouts au bâtiment historique et le parti choisi par l'architecte responsable de la restauration l'oblige-t-il à les éliminer pour ne retenir que les détails du XVIIIe siècle. Par contre, les motifs sculptés dans les frontons des lucarnes demeurent.

Cette maison deux fois centenaire n'est pas que le témoin d'une époque révolue: elle continue sa vie active en accueillant les petits groupes de bénévoles œuvrant au sein de la municipalité de Pointe-Claire.

Diane Archambault,
historienne de l'architecture

La maison avec la petite annexe ajoutée lors de sa restauration.

Moulin à vent

LaSalle
13, avenue Strathyre

Fonction: culturelle
Classé bien archéologique en 1983

La tour tronconique qui se dresse à LaSalle est liée à l'un des plus importants procès de l'histoire du droit seigneurial au Canada. Cette tour est en fait le vestige principal du célèbre moulin à vent que William Fleming a fait construire en 1827, pour défier les droits exclusifs de banalité des sulpiciens, seigneurs de l'île de Montréal.

Le 20 mai 1814, William Fleming, originaire d'Écosse, acquiert de William Reid un terrain d'un demi-arpent de front sur deux de profondeur, en bordure de ce qui deviendra plus tard le boulevard LaSalle. S'opposant ouvertement au droit exclusif des seigneurs d'exploiter un moulin, Fleming construit un premier moulin à vent sur sa propriété vers 1815. La moulin sert au criblage de l'orge et du riz. L'année suivante, il installe de nouvelles meules pour moudre le blé. Les sulpiciens, forts du droit de la coutume de Paris, portent l'affaire en justice.

En juin 1816 débute la guérilla judiciaire avec l'inscription d'une action des seigneurs, qui exigent la démolition du moulin et une compensation de 1 000 livres. Les procureurs de Fleming contre-attaquent, arguant que le Séminaire n'a plus d'existence légale en tant que corporation, et donc qu'il n'est pas en droit d'exiger quoi que ce soit du défendeur. Le Conseil législatif du Bas-Canada donne raison à Fleming en avril 1819 et le gouverneur Richmond se refuse de confirmer les titres du Séminaire, référant le problème au Colonial Office.

Le Séminaire reprend l'offensive en faisant valoir le fait qu'il détient ses titres depuis 1677. En juin 1822, la Cour du banc du roi confirme le Séminaire dans ses droits. William Fleming porte sa cause en appel et, en janvier 1825, le procès se termine en queue de poisson, 4 juges étant pour et 4 contre. La Cour décrète le statu quo.

Le site du moulin Fleming vers 1880. (Musée McCord, archives photographiques Notman)

Cette tour tronconique est le vestige du moulin à vent que William Fleming avait fait construire en 1827 pour défier les sulpiciens, seigneurs de l'île de Montréal.

Pour Fleming, il s'agit d'une grande victoire, car les sulpiciens décident d'abandonner les procédures.

En 1825, William Fleming, alors âgé de près de 39 ans, demeure dans une maison à Lachine avec sa femme et leurs cinq enfants. Il est en pleine possession de ses moyens. Le moulin en bois qu'il a fait construire en 1815 ne semble plus suffire à la tâche.

Le 13 juillet 1827, William Fleming passe un marché avec le maître maçon William Morrison pour la construction d'une maison, du reste fort curieuse. Le contrat la décrit en ces termes: «[...] une maison de pierre, haute de 5 étages, avec une fondation de 7 pieds, 36 pieds de diamètre et 18 pieds 4 pouces au sommet et 50 pieds de haut, avec 24 ouvertures pour 20 fenêtres et 4 portes [...]»

A-t-on jamais vu une maison conique de cinq étages au Québec? La réponse est simple, surtout si l'on examine les dimensions de l'actuel moulin de Fleming: 12,9 mètres de hauteur, 9,6 mètres de diamètre à la base et 5,6 mètres au sommet de la tour. De toute évidence, la nouvelle maison de Fleming est un moulin à vent aux dimensions imposantes. Il semble que pour ne pas jeter de l'huile sur le feu, il ait voulu d'une certaine façon camoufler son nouveau moulin. Sur le plan légal, Morrison a construit une «maison».

À la mort de Fleming en 1860, la propriété revient à son fils John. La femme de ce dernier en hérite en 1896. Par la suite, le moulin appartient, entre autres, à une communauté irlandaise puis à la Wellcome Foundation Ltd., qui fera restaurer l'enveloppe extérieure vers 1930. La Municipalité de LaSalle l'acquiert en 1947. Le moulin Fleming, devenu l'emblème de la ville en 1983, s'élève aujourd'hui au milieu du parc Stinson.

Par sa forme tronconique, le bâtiment de 1827 rappelle les moulins à vent d'Angleterre. Mais contrairement à ces derniers, qui sont en bois, le moulin Fleming est fait de pierre des champs. À l'origine, le moulin est recouvert de planches placées à la verticale et maintenues par des crampons dont on peut encore voir la trace. À la hauteur du premier étage, une galerie l'encercle.

Depuis la galerie qui tient lieu de passerelle, le meunier peut faire pivoter la calotte du moulin grâce à un mécanisme d'inspiration anglaise composé d'un grand volant relié à un câble. Pour orienter les ailes, le meunier n'a qu'à se tenir sur la passerelle et à tirer sur le câble qui actionne le volant qui à son tour fait pivoter la calotte. Il n'y a donc pas de queue et rien n'empêche une libre circulation des charrettes autour de la tour.

Au Québec, le moulin de William Fleming est le seul représentant de ce mode de fonctionnement importé d'Angleterre. Il préfigure les changements techniques que la communauté britannique introduira au Canada. En voie de restauration, il deviendra sous peu un centre d'interprétation axé sur l'histoire particulière du moulin et de ses meuniers.

Jean Bélisle, historien de l'art

GRAVEL, Denis. *Monographie du moulin Fleming à Ville de LaSalle*. LaSalle, Société historique Cavelier-de-LaSalle/ministère des Affaires culturelles, 1990.

PINARD, Guy. *Montréal, son histoire, son architecture. Tome 2*. Montréal, Les Éditions La Presse, 1988: 26-30.

Église des Saints-Anges de Lachine à Ville LaSalle

LaSalle
Boulevard LaSalle

Fonction: culturelle
Classée site archéologique en 1977

Nos livres d'histoire rappellent souvent le massacre de Lachine dans la nuit du 4 au 5 août 1689. Pour renouer avec la vie difficile de ces ancêtres et retrouver ce site historique, il faut emprunter le boulevard LaSalle en direction de la ville du même nom. En passant sous le vieux pont du chemin de fer du Canadien Pacifique, on pénètre en fait dans l'ancien fort, sur le site même de l'église des Saints-Anges de Lachine, dont il ne reste que des vestiges.

L'origine du toponyme Lachine est liée à l'expédition que Robert Cavelier de LaSalle entreprend en 1669 pour trouver une voie vers la Chine en passant par le continent. Ayant échoué dans son entreprise, son fief se voit ainsi nommé, peut-être par dérision. LaSalle cède son fief de Lachine à Jean Milot qui y érige un moulin à vent, première construction du fort Rémy. Quelques années plus tard, en 1676, Mgr de Laval consacre la petite localité en paroisse, sous le nom de Neuf-Chœurs-des-Anges. Une chapelle est aussitôt édifiée, mais elle est si petite qu'on pense dès 1685 à la reconstruire. Il faut cependant attendre au début du XVIIIe siècle pour voir la construction d'une église en pierre.

Le 21 novembre 1701, l'entrepreneur trifluvien Michel Lefebvre signe un contrat avec la fabrique de Lachine pour bâtir une église en pierre. D'une forme rectangulaire d'environ 21 mètres sur 10, cette première église est ouverte deux ans après le début des travaux. En 1717, elle est pourvue d'un nouveau toit, surmonté d'un clocher l'année suivante. Le naturaliste scandinave Pehr Kalm remarque lors de son séjour à Lachine en 1749 que l'église est bâtie en pierre et possède une assez jolie petite tour.

Ce n'est qu'après la signature du traité de Paris en 1763 que l'église subit certaines modifications. La sacristie qui se trouvait au fond de l'abside depuis 1701 est déplacée vers l'extérieur. On gagne ainsi un peu d'espace à l'intérieur du temple déjà trop exigu. La poussée démographique oblige toutefois la fabrique à agrandir de nouveau l'église en 1784, par l'ajout d'une abside en hémicycle. C'est l'entrepreneur Basile Proulx qui hérite de la tâche d'ajouter environ 6 mètres à l'église par le chœur. Une nouvelle sacristie y est adjointe. Cette dernière sera d'ailleurs reconstruite entre 1840 et 1842.

L'ancienne église de Lachine construite en 1701 et démolie en 1869, d'après un dessin publié dans Lake St. Louis, Old and New. *(MAC, fonds Morisset)*

Les fondations de l'église des Saints-Anges de Lachine ont été mises au jour en 1977.

Plusieurs panneaux explicatifs permettent au visiteur de reconstituer l'évolution du site.

Fort peu de choses sont connues sur l'ornementation intérieure de l'église de 1701. Grâce à un marché de sculpture, on apprend que le célèbre René Saint-James, associé du non moins célèbre Louis Quévillon, s'engage à aménager l'église en 1823. Malheureusement, rien ne permet de reconstituer ce décor qui devait, jusqu'à un certain point, être dans la lignée de ceux réalisés par le sculpteur pour les églises Saint-Mathias et Sainte-Marie-de-Monnoir.

L'ouverture du canal Lachine en 1824, amène un déplacement de population, soit vers l'emplacement actuel du Vieux-Lachine. La vieille église étant devenue excentrique par rapport à la population qu'elle dessert, la fabrique entreprend en 1863 la construction d'un second lieu de culte. Le transfert des services religieux vers le nouvel édifice s'effectue deux ans plus tard. L'ancien ensemble est alors vendu aux pères oblats qui convertissent l'église, le presbytère et la salle publique en noviciat. L'église et ses dépendances sont démolies après l'achèvement des travaux de construction du nouveau noviciat des pères oblats en 1869. Le site du premier Vieux-Lachine tombe dès lors dans l'oubli, jusqu'au moment où la truelle des archéologues le ramène à la vie.

Un site archéologique

En 1976, l'archéologue Philippe Picard réussit à localiser les fondations du quatrième presbytère de Lachine, construit vers 1770. Mais c'est au cours de la fouille de 1977 que François Picard, en s'appuyant sur les découvertes de l'été précédent et sur plusieurs documents historiques, découvre les vestiges de l'église de 1701. Les fondations sont en pierre des champs entassée avec un peu de mortier dans la fosse de construction. Plusieurs sépultures sont mises au jour au cours des différentes campagnes de fouilles. Tout porte à croire que les pères oblats ont inhumé les membres de leur communauté sur le site de l'ancienne église.

Mis en valeur par la Ville de LaSalle avec l'aide du ministère des Affaires culturelles, le site de l'église des Saints-Anges de Lachine donne l'occasion au visiteur de voir une église en plan grandeur nature. Au Québec, seules les églises de Saint-Joachim (1685) et de Saint-Michel de Sillery (1644-1647) ont fait l'objet de ce genre de mise en valeur.

Jean Bélisle, historien de l'art

Maison Étienne-Nivard-de-Saint-Dizier

Verdun
7244, boulevard LaSalle

Fonction: sociale
Reconnue monument historique en 1976

Entre le fleuve Saint-Laurent et le boulevard LaSalle à Verdun, le site de la maison Étienne-Nivard-de-Saint-Dizier est assez remarquable. La maison occupe seule un grand parc, ce qui lui confère un certain mystère.

Quand le major Zacharie Dupuy, fondateur du hameau qui deviendra Verdun, fait «une donation universelle» de tous ses biens à la congrégation de Notre-Dame, le 12 novembre 1673, cela inclut la terre qu'occupera cette maison historique. Vingt ans plus tard, Marguerite Bourgeoys, en femme d'affaires avisée, loue la propriété à François Brunet dit le Bourbonnais. En 1706, la congrégation fait construire sur ses terres une grange en pierre, puis en 1710, la maison actuelle.

En 1769, les religieuses vendent la totalité de leurs propriétés du futur Verdun au grossiste montréalais Étienne Nivard de Saint-Dizier, afin de compléter l'achat de l'île Saint-Paul (aujourd'hui l'île des Sœurs). Étienne Nivard de Saint-Dizier fils hérite ensuite de ces terres. Très actif à Montréal, il est successivement juge de paix, commissaire pour la construction du nouveau marché de Montréal, député de Montréal-Ouest, commissaire de la maison de correction et commissaire pour les réparations du chemin de Lachine. Il meurt le 16 mars 1820, sans héritier.

Le domaine passe ensuite entre les mains de plusieurs propriétaires jusqu'en 1930. La partie nord de l'arrière-fief qui a conservé jusque-là sa vocation agricole, est alors transformée en complexe immobilier (Crawford Park); la section sud, entre le fleuve et le boulevard LaSalle est acquise, par la Ville de Verdun. La maison Étienne-Nivard-de-Saint-Dizier, devenue maintenant propriété municipale, sert d'entrepôt pendant dix ans, après quoi on entreprend des réparations majeures. De 1940 à 1947, l'ancienne demeure abrite le club social Crawford et depuis, elle est louée par bail emphytéotique à la filiale 202 Crawford Park de la Légion royale canadienne.

Les archives religieuses de la congrégation de Notre-Dame permettent d'établir avec exactitude l'année 1710 comme date de la construction de la maison. Cette demeure rurale en pierre possède toutes les caractéristiques des premières habitations inspirées de l'architecture rurale des provinces de l'ouest de la France. La maison est assise au sol, sur des fondations peu apparentes. Le toit à deux versants, très prononcés, laisse émerger des murs latéraux deux cheminées disposées symétriquement de chaque côté de l'arête faîtière.

La maison à la fin du XIXe siècle. (Musée McCord, archives photographiques Notman)

Isolée au milieu d'un vaste parc, la maison Étienne-Nivard-de-Saint-Dizier est un des plus anciens spécimens authentiques de l'architecture rurale sur l'île de Montréal.

La maison mesure environ 14 mètres sur 8 et s'élève sur près de 10 mètres. Elle comporte trois niveaux: le rez-de-chaussée, l'étage des lucarnes et celui des combles. Les murs en maçonnerie de pierre des champs ont 40 centimètres d'épaisseur. Les cheminées dépassaient le faîte du toit de plus d'un mètre avant d'être tronçonnées. Alors que l'extérieur a relativement bien conservé son état originel, il en est tout autrement de l'intérieur: les cheminées ont été murées et les planchers et les murs sont aujourd'hui recouverts de revêtements modernes.

L'une des plus anciennes maisons rurales sur l'île de Montréal, la maison Étienne-Nivard-de-Saint-Dizier jouit d'un site privilégié. Cependant, elle semble inerte au regard des passants, car ses contrevents demeurent fermés. Seul le blason de la Légion royale canadienne au-dessus de la porte rappelle qu'on y tient des réunions à l'occasion.

Jacqueline Hallé,
historienne de l'architecture

COMMUNAUTÉ URBAINE DE MONTRÉAL. *Répertoire d'architecture traditionnelle sur le territoire de la Communauté urbaine de Montréal. Architecture rurale.* Montréal, CUM, Service de la planification du territoire, 1986: 209-212.

ÉCOLE D'ARCHITECTURE DE L'UNIVERSITÉ DE MONTRÉAL. *Maison Nivard de Saint-Dizier. Relevé et évaluation sommaire.* Québec, ministère des Affaires culturelles, 1978.

PINARD, Guy. *Montréal, son histoire, son architecture. Tome 3.* Montréal, Les Éditions La Presse, 1989: 437-443.

Ferme Saint-Gabriel

Montréal
2146, place Dublin

Fonction: culturelle
Classée monument historique en 1965

La façade du bâtiment en 1915. (ANQ-Q, E. Gariépy)

Située à Pointe-Saint-Charles, la maison Saint-Gabriel est l'un des rares bâtiments qui témoignent de l'activité rurale dans l'île de Montréal au XVIIe siècle. Propriété de la congrégation de Notre-Dame, elle est connue à l'origine sous le nom d'ouvroir de la Providence. C'est en 1930 qu'on lui donne son appellation actuelle, pour rendre hommage aux pères sulpiciens, anciens seigneurs de l'île, qui exploitaient une ferme de ce nom.

Éduquer les filles

La congrégation de Notre-Dame, fondée en 1653 par Marguerite Bourgeoys, se consacre dès ses débuts à l'enseignement. À partir de 1658, elle a aussi la responsabilité de loger les filles du Roy nouvellement débarquées de France et de parfaire leur éducation jusqu'à ce qu'elles aient trouvé mari.

Pour mener sa tâche à bien, Marguerite Bourgeoys achète à François LeBer, en 1668, une maison «qu'ils [LeBer et sa femme] ont fait bastir». Le millésime 1668 inscrit sur la façade n'indique pas, contrairement à ce que l'on pourrait croire, la date de construction de la maison. Lorsque LeBer acquiert la terre en 1667, il habite la maison depuis déjà un certain temps, chose courante à l'époque. En outre, le propriétaire précédent, Mathurin Jousset dit LaLoire, possédait le terrain depuis 1662. On peut donc supposer que la maison est érigée entre 1662 et 1668.

Vue arrière de la ferme au début du siècle. (MAC, fonds Morisset, E. Gariépy)

Le bâtiment, en moellons équarris, fait alors environ 15 mètres sur 9. Un étage et des combles surmontent le rez-de-chaussée. Deux hautes cheminées s'élèvent de chaque côté du toit à deux versants. Un appentis d'un peu plus de 3 mètres, qui sert de laiterie, jouxte l'extrémité est de la maison.

La maison Saint-Gabriel n'a guère changé depuis 1826. Elle a été restaurée avec soin en 1964-1965.

Un incendie survenu en 1693 ravage le corps principal, n'épargnant que l'appentis et le mur mitoyen. On le reconstruit sur ses fondations en 1698, date qui figure également sur la façade. C'est vraisemblablement à la même époque qu'on ajoute une annexe du côté ouest. Le contrat de maçonnerie mentionne les noms de Couturier, Maillet et Champigny. Le premier aurait d'ailleurs participé à la construction du château de Ramezay.

C'est à ces trois maîtres maçons que l'on doit les fondations à éperons (distants de 3 mètres), si exceptionnelles, qui atteignent par endroits près de 2 mètres d'épaisseur. Les éperons permettent de contrer les effets du gel et du dégel et assurent la stabilité du bâtiment en cas de glissement de terrain. Quant à l'impressionnante charpente du grenier, elle est l'œuvre des charpentiers Langenois et Antoine Tesserot.

L'annexe ouest, où logent les employés de la ferme, est agrandie en 1826 pour atteindre une longueur d'environ 9 mètres. En fait, il a fallu pour ce faire démolir l'ancienne annexe et en construire une nouvelle. On remarque en effet au sous-sol une pièce de plus de 3 mètres de long (soit la même longueur que la laiterie), limitée par un mur qui ne peut être qu'un mur de fondation. Tout porte à croire que le bâtiment de 1698, et peut-être celui de 1668, était flanqué de deux annexes parfaitement symétriques. La porte devait aussi occuper le centre de la façade principale, suivant l'axe de la fenêtre de l'étage, accentuant le classicisme de la composition.

Un bâtiment inchangé

La maison Saint-Gabriel, qui appartient toujours à la congrégation de Notre-Dame, n'a guère changé depuis 1826. La toiture à deux versants, aux égouts droits, est aujourd'hui recouverte de tôle à la canadienne. Un clocheton surmonte la ligne faîtière depuis 1811 et des lucarnes, ajoutées dès 1777, éclairent les combles.

On peut encore apprécier, dans cette maison restaurée avec soin en 1964-1965, le savoir-faire des artisans et la solidité de la construction. Au sous-sol, par exemple, les murs de refend ont une épaisseur de plus d'un mètre et les poutres en pin qui soutiennent les planchers font au moins 30 centimètres de diamètre. Deux immenses niches sont pratiquées dans les murs, sous les foyers du rez-de-chaussée. Les pierres disposées en parpaing permettent de laisser une ouverture qui n'est aucunement reliée aux foyers supérieurs. Certains documents datant de 1693 font état de la présence d'un puits au sous-sol, mais le plancher en béton en aura effacé toute trace.

Le petit appentis servait de laiterie tandis que l'autre, qui a été agrandi en 1826, logeait les engagés de la ferme.

Le rez-de-chaussée comprend une vaste salle commune qui communique avec les deux annexes. Elle servait de réfectoire, de salle de travail et de réception, et probablement de classe. Les poutres en frêne ou en pin équarries, les boiseries et les grosses pierres des foyers se détachent sur les murs crépis de blanc. À l'extrémité est, le contre-cœur de l'âtre est formé d'une plaque de fonte datée de 1661, attenante à la laiterie; celle-ci était donc tempérée durant les longs mois d'hiver. L'évier, fait d'une pierre calcaire noire, étonne par ses dimensions: 1,2 mètre de large sur 75 centimètres de profondeur et 30 centimètres d'épaisseur. La date de 1721 est gravée en bordure. La cuisine de la salle ouest possède un évier en pierre encore plus impressionnant (1,5 mètre sur 1,2 sur 45 centimètres) qui, en outre, se prolonge à l'extérieur, de sorte que l'eau s'écoule par la gargouille sans endommager les fondations.

À l'étage, on retrouvait la chapelle, le dortoir et la chambre des filles du Roy, aménagée dans la partie la plus ancienne (annexe est). On remarque d'ailleurs, sur l'encadrement de la porte qui relie cette pièce au dortoir, les traces laissées par l'incendie de 1693. Grâce à l'inventaire dressé en 1723 par les sœurs de la congrégation, on a pu reconstituer fidèlement l'aménagement intérieur du dortoir.

La salle commune il y a 75 ans.
(MAC, fonds Morisset,
E. Gariépy)

La magnifique charpente à chevrons portant fermes que l'on peut voir au grenier est un chef-d'œuvre d'ingéniosité. Les pièces en frêne et en chêne, assemblées à tenons et à mortaises, s'emboîtent avec une telle précision qu'elles pourraient sans doute tenir sans l'aide de chevilles. Le parquet est constitué de planches dont certaines ont jusqu'à 45 centimètres de large. Tout l'intérieur de la maison, de même que l'extérieur, est remarquablement bien conservé.

Avec l'ouverture du canal Lachine en 1825 et l'avènement du chemin de fer en 1847, on a commencé à morceler le domaine des sœurs de la congrégation de Notre-Dame. S'étendant sur 212 arpents en 1781, il n'était plus que de 120 arpents en 1870, pour finir à trois arpents en 1960. La ville, insensiblement, a resserré son étau sur ce coin de campagne.

La maison Saint-Gabriel, aujourd'hui un musée, dresse toujours ses vieux murs en pierre pour nous permettre d'apprécier un témoignage authentique de la vie quotidienne au XVIIe siècle.

Patrice Dubé, ingénieur

Le grenier vers 1915.
(MAC, fonds
Morisset, E. Gariépy)

CHICOINE, Émilia. *La Métairie de Marguerite Bourgeoys à la Pointe-Saint-Charles.* Montréal, Fides, 1986. 359 p.

PINARD, Guy. *Montréal, son histoire, son architecture. Tome 1.* Montréal, Les Éditions La Presse, 1987: 114-122.

Entrepôt Buchanan

Montréal
15-17, rue Duke

Fonction: commerciale
Classé monument historique en 1980

Érigé en 1845 d'après les plans de l'architecte John Wells, l'entrepôt Buchanan se distingue des bâtiments construits dans d'autres ports à la même époque par sa toiture en pente de type traditionnel.

Un peu à l'écart du Vieux-Montréal, au bout de l'actuelle rue de la Commune s'élèvent les entrepôts Penn et Buchanan, deux structures massives et anciennes qui témoignent de l'activité commerciale qui régnait dans le bas du quartier Sainte-Anne vers le milieu du XIXe siècle. Restauré il y a quelques années à peine, l'entrepôt Buchanan est le plus vaste et le plus complet des deux édifices.

L'histoire des lieux débute en 1791 lorsque Thomas McCord loue, par bail emphytéotique, l'arrière-fief Nazareth des sœurs de l'Hôtel-Dieu. Jusqu'en 1815, la demeure de McCord est seule à occuper le vaste domaine. En 1818, le propriétaire entreprend de vendre des lots, mais la construction du canal Lachine entreprise sept années plus tard compromet radicalement la vocation agricole des lieux; l'axe commercial développé le long de la rue de la Commune s'étire alors tout naturellement vers l'ouest en suivant le tracé du canal.

En août 1844, l'entrepreneur écossais Isaac Buchanan acquiert un lot borné par les rues de la Commune, Prince et Duke. S'y retrouvent alors un bâtiment en pierre de trois étages (l'entrepôt Penn) de construction récente et une résidence ayant autrefois appartenu aux McCord. Quelques mois plus tard, en janvier 1845, James Scott, le fondé de pouvoir de Buchanan, engage Hector Munro et Cie, maîtres maçons, Andrew Elliot, maître charpentier et menuisier, et Serge Prowse, ferblantier, pour construire sur la rue Duke un magasin en pierre de trois étages. Les travaux sont réalisés d'après les plans de l'architecte anglais John Wells à qui l'on doit notamment le marché Sainte-Anne (1834) et l'église presbytérienne St. Paul (1833-1834).

L'entrepôt Buchanan est la propriété successive de plusieurs entreprises d'Isaac et de Peter Buchanan, son frère. En 1875, il est vendu à la compagnie Hennessy, négociant de Cognac en France. Plusieurs propriétaires se succèdent jusqu'en 1982, alors qu'un nouvel acquéreur met en œuvre un projet de restauration.

L'édifice présente une structure massive dont le plan irrégulier s'adapte aux limites du lot. Mesurant près de 30 mètres dans sa plus grande largeur et profond de quelque 28 mètres, il s'élève à environ 20 mètres au-dessus du niveau de la rue grâce aux cinq étages qui se développent dans les pignons.

Contrairement à la façade principale dressée en pierre de taille grise, les autres élévations sont érigées en moellons avec, comme seul ornement, des ouvertures encadrées par des jambages et linteaux en pierre de taille. La structure du bâtiment est de type «mill construction» avec murs de refend en pierre et en brique, pièces de bois massives pour la structure assemblée à l'aide de pièces de fer, et plancher à double planche croisée.

L'entrepôt Buchanan est un bâtiment d'un grand intérêt sur le plan architectural. L'avènement de l'ère industrielle multiplie les échanges commerciaux et crée de formidables pressions sur la typologie architecturale existante. Ainsi jusqu'à la fin du XVIIIe siècle, les catégories «usines» et «entrepôts» n'existent pas vraiment; on se satisfait de hangars en bois ou d'édifices qui prennent modèle sur les habitations. Or les nouveaux besoins d'espace d'entreposage et de production apparaissent en même temps que l'urbanisation se développe. Architectes et maîtres d'œuvre vont donc développer une nouvelle catégorie de bâtiments.

L'entrepôt Buchanan fournit un bon exemple d'une de ces étapes qui crée l'architecture industrielle. Il s'agit en soi d'une structure traditionnelle en pierre sur laquelle on retrouve même les murs coupe-feu et les consoles qui en supportent le débordement en façade. Mais tout l'accent est mis sur cette structure qui, par sa densité, se veut à l'épreuve du feu. L'innovation réside dans le fait qu'il s'agit d'une structure à faible programme, c'est-à-dire qui offre essentiellement des espaces de plancher sans aménagement spécifique, si ce n'est des circulations verticales pour les employés et pour les marchandises.

Pour les entrepôts, en regard des habitations urbaines, cette réduction s'exprime à l'extérieur par les ouvertures, moins généreuses, tant en nombre qu'en dimensions. À l'inverse des moulins et manufactures qui possèdent des ouvertures plus amples pour mieux éclairer les lieux, l'entrepôt, lui, n'a pas besoin de fenêtres; il suffit d'y installer des contrevents en métal qui, tout en fermant les lieux, assurent une protection supplémentaire contre le feu. Sa couverture en ardoise répond aussi aux mêmes préoccupations.

L'Angleterre et les États-Unis voient apparaître bon nombre d'entrepôts en pierre au début du XIXe siècle. La plupart sont malheureusement remplacés par des structures plus vastes où l'entreposage peut se faire à l'aide de moyens de transport mécaniques (ascenseur, monte-charge), introduisant d'ailleurs rapidement l'usage de vastes hangars constitués seulement d'un rez-de-chaussée. Et, à la différence des quelques bâtiments qui subsistent dans les vieux ports de l'Occident, l'entrepôt Buchanan adopte le profil en pente des toitures traditionnelles, ce qui le distingue de la majorité de ses contemporains dont le toit est plat ou en appentis.

Exemple tardif, voire archaïque d'un type architectural en voie de disparition dès 1845, l'entrepôt Buchanan demeure pour Montréal un témoin unique. Et, même si sa restauration récente a largement transformé les espaces intérieurs (création d'un restaurant et de bureaux), tous les éléments essentiels de sa structure ont été conservés et sont visibles ici et là lorsqu'on arpente l'immeuble.

Luc Noppen, historien de l'architecture

GIROUX, André. «15, rue Duke», *Étude sur divers bâtiments anciens de Montréal*. Ottawa, Parcs Canada, 1975: 400-407.

MCCALLA, Douglas. «Buchanan, Isaac», *Dictionnaire biographique du Canada. Volume XI, de 1881 à 1890*. Québec, Presses de l'Université Laval, 1982: 137-144.

PINARD, Guy. *Montréal, son histoire, son architecture. Tome 2*, Montréal, Les Éditions La Presse, 1988: 117-122.

Maison Bagg

Montréal
166, rue King

Fonction: résidentielle et commerciale
Reconnue monument historique en 1984

La maison Bagg n'a peut-être pas la prétention d'une grande demeure bourgeoise, mais elle représente fort bien un certain type d'architecture résidentielle urbaine qui a eu cours au début du siècle dernier. Cette maison en pierre bouchardée est construite pour un riche marchand montréalais, Abner Bagg, qui l'habite tout en y tenant commerce. Ce caractère utilitaire, associé à la mode du début du XIXe siècle, explique sa sobriété toute classique.

Son histoire est complexe et sa construction se déroule en plusieurs étapes, suivant les besoins de ses propriétaires successifs. Elle reflète la prospérité économique et commerciale de Montréal et l'essor du quartier Sainte-Anne à l'époque où les faubourgs sont intégrés à la ville, après la démolition des fortifications.

Abner Bagg s'adonne à des activités aussi diverses que le commerce de la fourrure, l'importation des chapeaux de castor, le commerce du bois et de la potasse. Il étend même son rayon d'action jusqu'à Mascouche, où il ouvre en 1820 un magasin et une pâtisserie. Bagg a comme associé son frère Stanley, avec qui d'ailleurs il a fait construire une résidence, aujourd'hui l'hôtel de ville d'Outremont. C'est lui qui obtient en 1819 le contrat de démolition de la citadelle dont il aurait utilisé certains éléments pour la construction de sa maison.

Celle-ci comprend trois bâtiments distincts. La première partie, construite en 1819, occupe l'angle des rues King et William, sur lesquelles elle a une entrée. Elle fait très tôt l'objet d'un partage entre William Walker, qui achète la partie de la rue King, et Abner Bagg. Ce dernier s'est sans doute réservé un droit d'entrée du côté de la rue King puisqu'en 1821 il y fait construire une autre maison, dont il utilise vraisemblablement le grenier comme entrepôt. L'entrée se fait peut-être par la cour intérieure à laquelle la porte cochère donne accès.

Les deux bâtiments sont séparés par un mur coupe-feu encore visible aujourd'hui. Malgré leur alignement, leurs matériaux semblables et leurs toits à deux versants adoptant la même pente, les deux maisons diffèrent. Leur dissemblance tient au fait que la première est conçue pour l'usage personnel du marchand, alors que la seconde est réservée à la location. Ainsi, certains détails permettent de croire que le deuxième bâtiment, à trois niveaux et sans soubassement, était divisé verticalement en deux unités d'habitation.

La première maison comporte aussi certains détails décoratifs distinctifs, malgré la sobriété du modèle classique dont elle s'inspire: un bandeau de pierre en ressaut sépare le rez-de-chaussée de l'étage, des voussoirs surmontent la porte de la rue William ainsi que la porte cochère et la maison est surélevée. De plus, du côté de la rue William, le toit présente une croupe.

D'autres détails datent cependant d'une époque ultérieure, tels les deux lucarnes cintrées, d'esprit victorien, les fenêtres à guillotine de l'étage, posées après 1880, et quelques riches éléments de la décoration intérieure datant de la période victorienne. Une autre lucarne à pignon, plus petite, installée dans la croupe du toit, est davantage conforme au caractère originel de la maison.

Vers 1841, Abner Bagg vend la maison de la rue King à Orlin Bostwick. À la même époque, il fait construire une annexe rue William. Cette troisième partie, qui sert aussi d'entrepôt, reprend le modèle utilitaire à trois niveaux sans soubassement de la rue King, ainsi que le toit à deux versants et la cheminée dans le mur-pignon. Il n'y a pas de mur coupe-feu entre les deux bâtiments dont les murs de maçonnerie sont contigus. De plus, cette section est en saillie par rapport au bâtiment initial; ce décrochement nous permet d'apprécier la chaîne d'angle en pierre.

Ces trois bâtiments, classés ensemble sous l'appellation «maison Bagg», ont connu plusieurs autres occupants, mais on y a toujours maintenu les fonctions résidentielle et commerciale. Par le modèle classique d'origine anglaise dont elle s'inspire et qui prend sa source dans l'oeuvre de Palladio, autant que par sa double vocation, la maison Bagg illustre bien cet esprit du XIXe siècle qui a fait de Montréal une métropole économique.

Diane Archambault,
historienne de l'architecture

Conçue pour l'usage personnel du marchand Abner Bagg, la maison située au coin des rues King et William présente un décor un peu plus élaboré que les deux rallonges utilisées comme entrepôts.

DESROSIERS, Hugues et Josette MICHAUD. *Vieux Montréal: Cité Résidentielle*. Montréal, CIDEM-Communications, 1983. 15 p.

CHAPITRE II

Région Montérégie

De La Prairie à Sorel

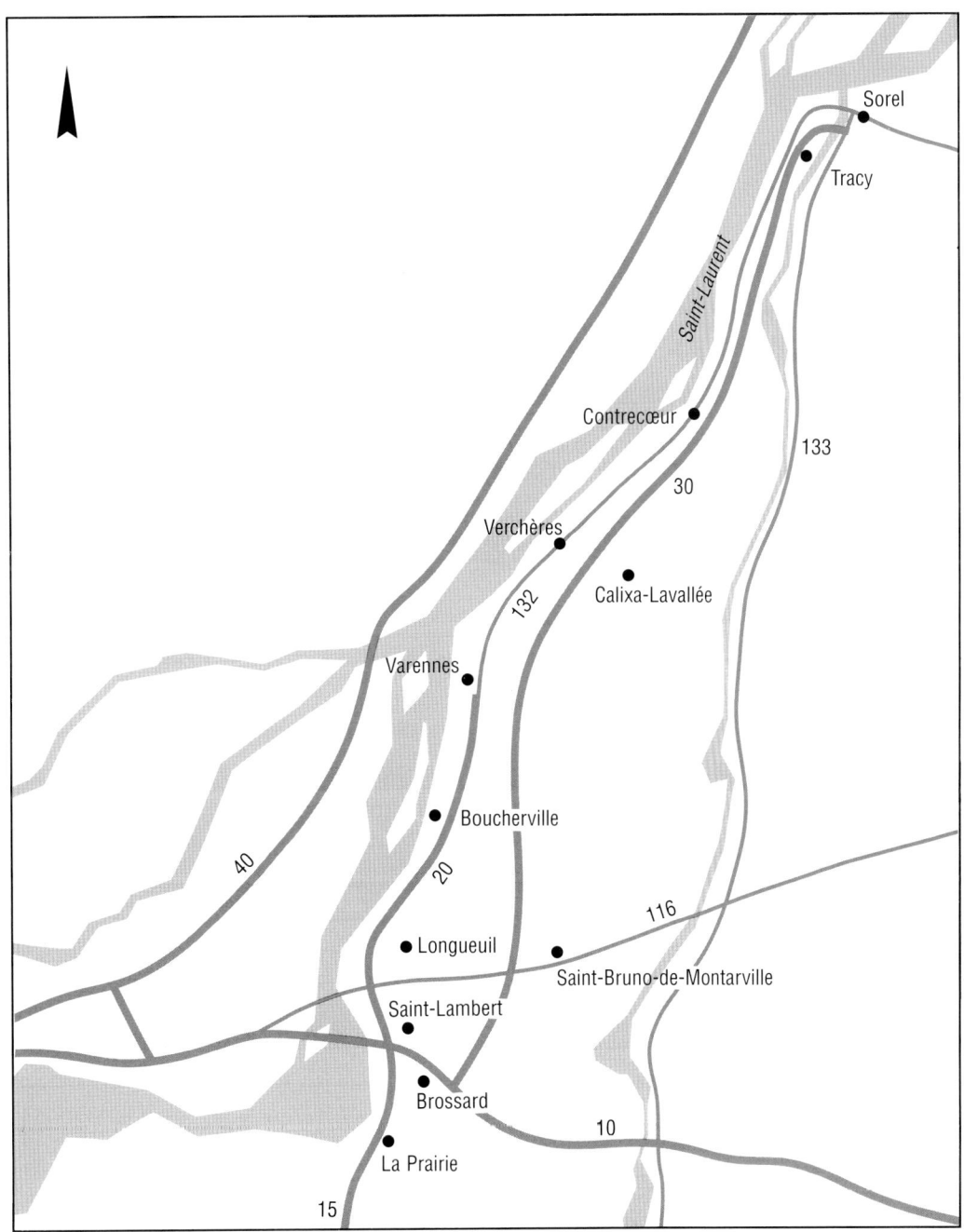

La rive sud, en amont comme en aval de l'île de Montréal, demeure profondément marquée par sa relation soutenue avec le fleuve Saint-Laurent. Composée de paysages fluviaux, elle ne conserve plus aujourd'hui que des fragments fragiles de ses battures, chenaux, rives, plages, îles et îlots qui étaient encore invitants et accueillants au début du siècle. Les monuments et sites de cette région témoignent, par leurs fonctions passées et leurs emplacements, de cette étroite relation avec l'eau.

Par sa situation privilégiée en face de Montréal, la rive sud, entre La Prairie et Sorel, sert tantôt de zone tampon pour bloquer les incursions iroquoises, tantôt de lieu d'approvisionnement pour les marchés de Montréal, tantôt d'endroit de villégiature et maintenant de vaste banlieue-dortoir. Ces rôles, sauf pour le premier, ne se succèdent

De La Prairie à Sorel

pas dans le temps, mais se croisent au fil des époques et survivent dans des formes nouvelles. Zone intense d'occupation jusqu'à aujourd'hui, son patrimoine architectural témoigne des difficiles transformations du paysage rural vers des formes urbaines. D'ailleurs, au moins trois des édifices historiques classés (les maisons Labadie, La Fontaine et le vieux presbytère de Saint-Bruno) ont fait l'objet d'un changement de site pour en assurer la survie.

Les abords du fleuve

En face de La Prairie, creusé par la force du courant venant des rapides de Lachine, le fleuve Saint-Laurent ne retrouve sa tranquillité que devant Longueuil et traîne derrière lui un imposant cortège d'îles en archipels jusqu'en aval de Contrecœur. Diminuées, agrandies, reliées et séparées tant par les travaux de dragage que par l'érosion naturelle, ces îles, par leurs toponymes variés, demeurent des lieux de relations intenses avec leurs insulaires et visiteurs: les îles aux Vaches, au Veau, à la Truie, aux Moutons et de la Commune pour les activités de pâturage, les îles Tourte Blanche, aux Canards et aux Cabanes pour les activités reliées à la chasse.

Quelques kilomètres plus haut, devant Sorel, entre les embouchures du Richelieu et de la Yamaska, le lac Saint-Pierre s'ouvre sur un autre chapelet d'îles. Ces dernières sont suffisamment vastes et fertiles pour être défrichées et occupées dès le début du XVIIIe siècle. Comme les îles en amont, elles accueillent, chaque saison, et ce depuis les temps anciens, les amateurs de sauvagine et de petit gibier. De là jusqu'à Yamaska, les rives du fleuve prennent des contours indécis et sont entièrement bordées de marécages.

Ce fleuve transporteur et pourvoyeur est également imprévisible dans ses humeurs. Il a marqué la vie quotidienne depuis les débuts de la colonie. Dès 1700, la première église de Yamaska, construite en bas du Grand Chenal, est emportée par les glaces du fleuve. Des générations successives d'habitants des basses terres de La Prairie à Contrecœur ont dû composer avec la montée des eaux. Meubles grimpés à la hâte au grenier, ponts emportés, clôtures et bâtiments renversés peuplent les mémoires d'antan. Ce sont finalement l'arrivée des brise-glaces sur le fleuve au milieu des années 1930 et la navigation commerciale l'hiver depuis 1958 qui ont permis un meilleur contrôle des embâcles et débâcles printaniers sur le fleuve. La concession du Mouille-Pied dans La Prairie comme celle du Grand Marais dans Yamaska rappellent aujourd'hui, par leur toponyme, cette présence à la fois docile et impétueuse du fleuve aux deux extrémités de ce territoire.

Sauf les rivières Richelieu et Yamaska, situées à l'extrémité est du circuit, on ne retrouve ailleurs que de petits cours d'eau se jetant dans le Saint-Laurent. Comme ils s'apparentent davantage à des ruisseaux qu'à des rivières, leurs débits n'ont jamais permis une exploitation hydraulique importante. Pour cette raison, l'utilisation des moulins à vent demeure courante. L'arpenteur général Bouchette, dans son dictionnaire topographique de 1832, en signale une douzaine

Le vapeur Boucherville *à son quai au début du siècle. (ANQ-Q)*

Vaste plaine fertile, la rive sud se prolonge en un chapelet d'îles. Cette photographie aérienne prise en 1930 nous fait voir celles qui sont situées en face de Varennes. (ANQ-Q)

De La Prairie à Sorel

Situé à l'embouchure du Richelieu, le port de Sorel est fréquenté dès la fin du XVIIIe siècle par une flotte de navires à fond plat qui assurent la liaison entre le fleuve et le lac Champlain. (ANC)

dans le seul comté de Richelieu. Le bourg de Boucherville en compte quatre en 1811. Les deux moulins à vent de Verchères et celui de Contrecœur sont parmi les derniers témoins encore debout.

Jusqu'à la seconde moitié du XVIIIe siècle au moins, la grande majorité des centres habités sont situés en bordure des secteurs navigables. En effet, pendant longtemps les communications s'effectuent presque exclusivement par voie d'eau. Les dernières traces des activités de navigation locale ne s'évanouissent qu'au début de notre siècle. Il n'est pas loin le temps où chaque paroisse riveraine du fleuve ou des parties navigables de ses affluents, possédait un quai et différents types d'embarcations, adaptées à tous les genres de transport. De plus, hiver comme été, le fleuve offrait aux familles riveraines les ressources de la pêche.

Le transport de passagers et de marchandises d'une rive à l'autre, la pêche et la chasse dans les îles avec les citadins, la coupe de la glace pour les marchands de Montréal, sont autant d'activités alors pratiquées par les riverains. Cultivateurs, navigateurs, commerçants et professionnels profitent largement de la proximité du marché de Montréal, mais aussi des échanges locaux. Les relations entre la rive sud et la rive nord sont alors intenses.

Le secteur de Sorel

Même la rivière Yamaska, qui pourtant débouche sur un archipel, est, jusqu'au début du XXe siècle, le théâtre d'une forte navigation. Dès 1792, et à quelques reprises par la suite, des projets de canalisation jusqu'à Saint-Hyacinthe sont mis de l'avant. Voie potentielle d'évitement du Richelieu, fortifiée contre les envahisseurs venus des États-Unis, deux blockhaus y sont construits en 1781, l'un près de l'église actuelle de Yamaska et l'autre à Saint-Hyacinthe. Œuvres temporaires, il n'en subsiste plus aucune trace aujourd'hui.

Nombre de riverains exercent alors le métier de navigateur. Dans la seconde moitié du XIXe siècle, au moins deux bateaux à vapeur sillonnent les rives de la Yamaska. Amorcée surtout par la coupe dans les forêts de chênes et de noyers, la navigation commerciale diminue en raison de l'assèchement de la rivière par le défrichement. L'arrivée du chemin de fer puis le camionnage lui donnent le coup de grâce.

Mais c'est le Richelieu, exploré par Champlain en 1603 et nommé d'abord rivière des Iroquois, qui, par son importance militaire et économique, marque le plus profondément l'histoire. Dès 1642, un premier fort est construit à son embouchure pour protéger la colonie contre les Iroquois.

Vestige de l'époque glorieuse de la navigation locale, le bac reliant Sorel et Saint-Joseph était toujours en activité en 1891. (ANC)

De La Prairie à Sorel

Abandonné puis brûlé, il est reconstruit en 1664. C'est à la même époque que l'on fortifie la rivière en édifiant les forts de Chambly et de Sainte-Thérèse sous la garde du régiment de Carignan-Salières. Le site archéologique de Mandeville, situé près de Tracy, permet de découvrir un ancien village iroquois occupé à l'époque de Jacques Cartier. Il rappelle aux visiteurs que derrière une présence jugée menaçante pour les premiers colons se cache aussi un peuple riche en traditions et en connaissances des ressources du milieu.

Sorel, point d'entrée sur la rivière, doit son nom à Pierre de Saurel, premier concessionnaire de la seigneurie en 1672. Acquise par la Couronne en 1781, la seigneurie de Sorel et son bourg sont alors pressentis comme site d'établissement des loyalistes qui quittent les États-Unis. Dans cette optique, un plan de développement de la ville est tracé. Au centre d'un quadrilatère, on aménage une place publique ou place d'armes, nommée carré Royal. Dans la tradition du square anglais, ce parc est bordé d'arbres.

Cette ville d'inspiration anglaise, d'abord baptisée du nom princier de William-Henry, compte au début du XIXe siècle une population d'environ 1 500 habitants. On y retrouve un fort et des casernes, un chantier de construction navale, un marché, des douanes et des quais. Son port, considérable pour l'époque, est le terminus de la liaison maritime avec le lac Champlain et le marché américain.

Sorel ne deviendra jamais la ville anglaise souhaitée. Même si dès 1784 s'y installe la première mission anglicane officielle au Canada, la communauté de la paroisse Christ Church compte moins de 400 membres lorsqu'on construit le temple actuel, en 1842. Avec plus de 4 000 paroissiens à la même époque, l'église catholique Saint-Pierre de Sorel, érigée en 1826 à la limite est de la ville, marque l'horizon par ses clochers.

En raison de son industrialisation intensive, Sorel ne conserve guère de traces de son passé militaire. Préservée sans doute par son éloignement sur le chemin de Saint-Ours, la maison des Gouverneurs, construite en 1781 pour le commandant en chef de la garnison, en est le seul témoin apparent. Ensuite et jusqu'en 1866, elle sera habitée l'été par les gouverneurs du Canada.

Les premiers chantiers de construction navale trouvent leur origine au début du XIXe siècle. De nombreuses industries secondaires reliées à la construction maritime viennent aussi s'y installer. En plus des ressources forestières qu'offre la région de Sorel, l'embouchure du Richelieu représente l'hiver un des rares endroits sécuritaires pour le mouillage des navires. À la fin du XIXe siècle, il n'est pas rare de voir plusieurs centaines de bateaux en provenance de Montréal y trouver refuge quelques mois contre les glaces du fleuve et y recevoir réparation et entretien.

À la même époque, les chantiers navals occupent déjà la rive ouest du Richelieu. Le plus important appartient au gouvernement fédéral qui y entretient sa flotte de remorqueurs, de dragueurs et de chalands. C'est par l'achat de ce chantier ainsi que celui de

La ville de Sorel en 1881. Elle s'est constituée un siècle plus tôt autour du carré Royal dont on peut voir les allées bordées d'arbres. (ANC)

De La Prairie à Sorel

Le cœur du village de Varennes vers 1865. L'église, construite en 1780, est encadrée par le presbytère, à gauche, et le manoir seigneurial, à droite. (MAC, fonds Morisset)

la compagnie Manseau que Joseph Simard marque les débuts de Marine Industrie. Active dans la construction de navires de guerre entre 1939 et 1945 avec près de 8 000 employés, la compagnie s'est par la suite spécialisée dans la construction de navires commerciaux. Cette industrie lourde a attiré près d'elle des manufactures d'armes et de munitions (Sorel Industries) et des complexes métallurgiques (Q.I.T. Fer et Titane, Tioxide).

Le secteur de Verchères

Malgré une superficie comparable à Verchères et Varennes, la seigneurie de Contrecœur reste longtemps la moins peuplée de la rive sud. De larges bandes forestières encore présentes aujourd'hui entre le fleuve et le ruisseau La Prade ont longtemps confiné la population aux rives du Saint-Laurent. Ce n'est qu'en gagnant les profondeurs de la seigneurie que l'agriculture profite de la présence des rives fertiles du Richelieu. Les routes qui traversent Contrecœur représentent très tôt un raccourci rapide pour atteindre les riches paroisses agricoles de Saint-Denis et de Saint-Ours. La maison du notaire Le Noblet-Duplessis, construite en 1794, montre d'ailleurs l'importance des familles bourgeoises dans l'économie locale.

La seigneurie de Verchères doit son nom au père de la très fameuse Madeleine. Sa résistance face à la menace iroquoise est commémorée de nos jours par un monument au village de Verchères. Il rappelle aussi le rôle défensif des forts et fortins de la rive sud pour protéger les premiers colons.

Le village de Varennes, à la pointe est de l'île de Montréal, fait face à l'île Sainte-Thérèse. Son calvaire aménagé en 1828 et ses deux chapelles votives dédiées à sainte Anne et à saint Joachim sont l'expression d'une religion populaire passée qui tranche sur le conformisme des bâtiments de culte des paroisses voisines. Preuve du dynamisme de son agriculture, de très larges sections de terres arables situées au sud du village ont été asséchées dès le XIXe siècle.

Un hangar à grain dans le rang de la Baronnie témoigne d'un commerce jadis prospère avec les marchés locaux et urbains. Mais c'est par la construction en 1882 de la voie ferrée entre Sorel et Longueuil que les agriculteurs des paroisses de la rive sud peuvent bénéficier d'un accès plus rapide aux marchés extérieurs. Depuis plusieurs années, à Varennes comme dans les paroisses agricoles voisines, la culture maraîchère vient appuyer une importante industrie laitière. Avec les années 1950, Varennes est devenu le site de nombreuses industries chimiques et pétrolières. En 1967, Hydro-Québec y ouvre son Institut de recherche sur l'électricité. Comme pour les autres anciens villages à la périphérie de Montréal, son paysage s'urbanise rapidement.

Le secteur de Boucherville

La seigneurie de Boucherville est créée en 1672. Cette année-là, son titulaire, Pierre Boucher, y concède vingt et un lots sur

Le rang de Mortagne, qui dessert la deuxième concession de la seigneurie de Boucherville, compte plusieurs bâtiments en pierre du XVIIIe siècle dans un paysage de champs allongés, typiques de l'époque du régime seigneurial. (MAC)

De La Prairie à Sorel

le site prévu pour un bourg. Ce village regroupe très tôt des artisans et des commerçants. Au début du XIXe siècle, le bourg de Boucherville compte 91 maisons. L'église, construite en 1801 selon un plan de l'abbé Conefroy, demeure longtemps l'un des plus imposants lieux de culte entre Montréal et Québec. À la même époque, la présence de trois aubergistes confirme son rôle d'étape sur le chemin du Roi.

Au début du XIXe siècle, la rive sud en face de Montréal devient un secteur privilégié pour les citadins fortunés en mal d'air pur, de fraîcheur et de tranquillité. Les hommes d'affaires, les professionnels et les politiciens apprécient son environnement dégagé et verdoyant. La majorité des maisons en pierre qui subsistent encore aujourd'hui doivent d'ailleurs leur survie à cette volonté de perpétuer, par ces résidences cossues, volumineuses et de caractère domanial, un certain ordre social de jadis.

Avec leurs rues ombragées, Boucherville et Longueuil attirent donc les familles capables de gagner la campagne durant les saisons chaudes. Hôtels et auberges sont aussi fréquentés par des touristes de passage. Des bateaux à vapeur assurent la navette avec Montréal tous les jours de l'été. C'est

La construction du pont Victoria, en 1859, inaugure l'ère du transport sur rail entre les deux rives. (BNQ)

d'ailleurs l'un d'eux qui, en 1843, provoque un incendie qui détruit 60 maisons et l'église de Boucherville. Reconstruite l'année suivante, avec une bonne partie des murs et de la façade d'origine, elle occupe toujours le même site.

L'influence montréalaise

L'évolution des localités de la rive sud de l'île de Montréal reste en grande partie liée à l'évolution des moyens de transport. Le fleuve, loin de constituer un obstacle, s'est toujours avéré un allié de taille dans le développement. Par canots, chaloupes, barges, «horse-boats» ou vapeurs, les liaisons avec Montréal et la rive nord sont alors intenses. Le fleuve Saint-Laurent, de La Prairie à Boucherville, du moins jusqu'au début du siècle, constitue un vaste lac intérieur. L'hiver, le gel permet le maintien de ponts de glace. En 1880, le fleuve en compte au moins quatre entre Montréal et les paroisses de La Prairie, Saint-Lambert et Longueuil. À ce dernier endroit, un train et un omnibus traversent même le fleuve gelé pendant quelques hivers.

Mais c'est la construction du pont Victoria, en 1859, qui inaugure l'ère du transport sur roues d'une rive à l'autre. Pressenti pour être érigé en face du village de Longueuil, terminus de plusieurs lignes ferroviaires majeures dont la ligne vers Portland (Maine), le pont est finalement construit plus à l'ouest. C'est la côte Saint-Lambert, qui donnera son nom à une nouvelle municipalité, qui voit sa population grimper rapidement par le déplacement des terminus ferroviaires près de l'entrée du nouveau pont. Au contraire, Longueuil perd en quelques années la moitié de ses habitants. Le projet d'un deuxième pont en 1890 et même d'un tunnel en 1910 précède l'arrivée du pont Jacques-Cartier en 1930. À l'ouverture de ce dernier, la majorité des tarifs de péage sont encore fixés pour des véhicules à traction animale.

Les travaux d'approche du nouveau pont à péage ainsi que son raccordement aux routes régionales modifient profondément l'apparence de la rive sud. Les boulevards Taschereau, de Longueuil à Valleyfield, et Marie-Victorin font disparaître la flore des rives et en éloignent la population. Les aménagements récents tentent de rétablir ce contact. Plusieurs des maisons longeant l'ancien chemin du Roi et bordant le fleuve, comme celles que l'on retrouve à Boucherville, sont démolies pour s'adapter aux nouveaux impératifs. D'autres sont heureusement restaurées dans les années 1960 et 1970.

C'est la construction du pont Jacques-Cartier puis des ponts Mercier (1934), Champlain (1962) et du pont-tunnel Louis-Hippolyte-La Fontaine (1967) de même que la croissance de nouveaux quartiers résidentiels qui font que la rive sud perd définitivement ses allures rurales. Aujourd'hui l'autoroute Jean-Lesage, bordée de parcs industriels et de quartiers résidentiels, repousse la campagne au-delà de Sainte-Julie, de Calixa-Lavallée et de Saint-Bruno-de-Montarville. À ce dernier endroit, l'ancien presbytère construit à l'époque de la créa-

De La Prairie à Sorel

Longueuil au milieu du XIXe siècle, d'après James Duncan. Les résidences cossues des citadins en mal d'air pur voisinent avec les maisons plus sobres des cultivateurs. (ROM)

tion de la paroisse est un bel exemple de l'aisance de certaines fabriques de la plaine montréalaise.

Le secteur de Longueuil

Le profil historique de Longueuil correspond à plusieurs égards à celui de La Prairie ou de Boucherville, qui sont des points de contact entre la ville et l'arrière-pays. Concédée en 1657 à Charles Le Moyne, la seigneurie de Longueuil, devenue baronnie en 1700, possède alors un fort, une chapelle, un manoir, un moulin à vent et une brasserie. Comme pour La Prairie, un chemin assure très tôt une liaison avec le Richelieu à la hauteur de Chambly. Aussi ces localités sont-elles en rivalité pour devenir la porte d'entrée de Montréal par la rive sud.

Au XIXe siècle, avec le développement de Montréal comme centre économique du Québec, Longueuil peut espérer profiter de sa proximité de la grande ville. L'église Saint-Antoine-de-Padoue, bénie en 1887, symbolise cet espoir par ses dimensions et sa richesse. Et, comme le rappellent les scènes de la vie quotidienne de certaines œuvres du peintre Cornélius Krieghoff, ses habitants, loin d'être isolés, vivent en étroite relation avec l'univers des citadins de l'autre rive.

Malgré des efforts de développement à la fin du XIXe siècle, Longueuil demeure toujours une des banlieues de Montréal. Une municipalité voisine, près du futur pont Jacques-Cartier, y prend d'ailleurs le nom de Montréal-Sud. Bassin d'une main-d'œuvre qui utilise quotidiennement le train du pont Victoria puis plus tard le tramway du pont Jacques-Cartier, Longueuil tente d'attirer des usines par des exemptions fiscales généreuses. En 1928, Pratt et Whitney, filiale du géant United Aircraft, y ouvre un modeste atelier avec six employés. Mais c'est avec l'ouverture de l'aéroport de Saint-Hubert en 1927, suivie de l'avionnerie Fairchild en 1930 et de quelques industries secondaires que Longueuil peut accéder au rang de petite ville industrielle.

Le secteur de La Prairie

Concédé dès 1647 aux jésuites, le fief de la Prairie-de-la-Madeleine est l'un des plus anciens de la région. À partir de 1671, des lots sont octroyés près du manoir seigneurial. Ils seront à l'origine du bourg de La Prairie, entouré, comme Longueuil, d'une palissade pour se protéger de la menace iroquoise. Une chapelle y est érigée en 1686. Grâce à ses grands prés naturels, la seigneurie attire de nombreux colons. La maison Sénécal à Brossard est un témoin de ce peuplement initial.

La Prairie devient aussi un carrefour de communication, un lieu de transit important. Ainsi, un chemin pour se rendre à Saint-Jean est ouvert par les militaires en 1665 et assure un lien avec le Richelieu; il est refait en 1748. Avoisinant à partir de 1837 la première voie ferrée construite au Canada, ce chemin devient l'une des principales voies commerciales entre Montréal et les États-Unis. Si La Prairie peut espérer maintenir son rôle d'étape privilégiée pour la route du sud, la construction en 1859 du pont Victoria plus à l'est détourne l'essentiel de son trafic.

Aujourd'hui, le site de La Prairie, entouré de quartiers résidentiels, offre toujours un panorama impressionnant, semblant émerger de l'eau derrière les installations de la voie maritime. Malgré un incendie majeur qui rasa plus de 350 immeubles en 1846, l'architecture de ses édifices remémore un riche passé, d'ailleurs désigné par le statut d'arrondissement historique en 1975.

Jacques Crochetière, historien

BUREAU, Pierre, Renée CÔTÉ et Claude MICHAUD. *Boucherville: répertoire d'architecture traditionnelle*. Québec, ministère des Affaires culturelles, 1979. 287 p. (Coll. «Les Cahiers du patrimoine», n° 13).

GRAVEL, Olivar. *Histoire de Saint-Joseph-de-Sorel et de Tracy*. s.l., s.n., 1980. 479 p.

LEMOINE, Louis. *Longueuil en Nouvelle-France*. Longueuil, Société d'histoire de Longueuil, 1975. 156 p.

Arrondissement historique de La Prairie
Déclaré arrondissement historique en 1975

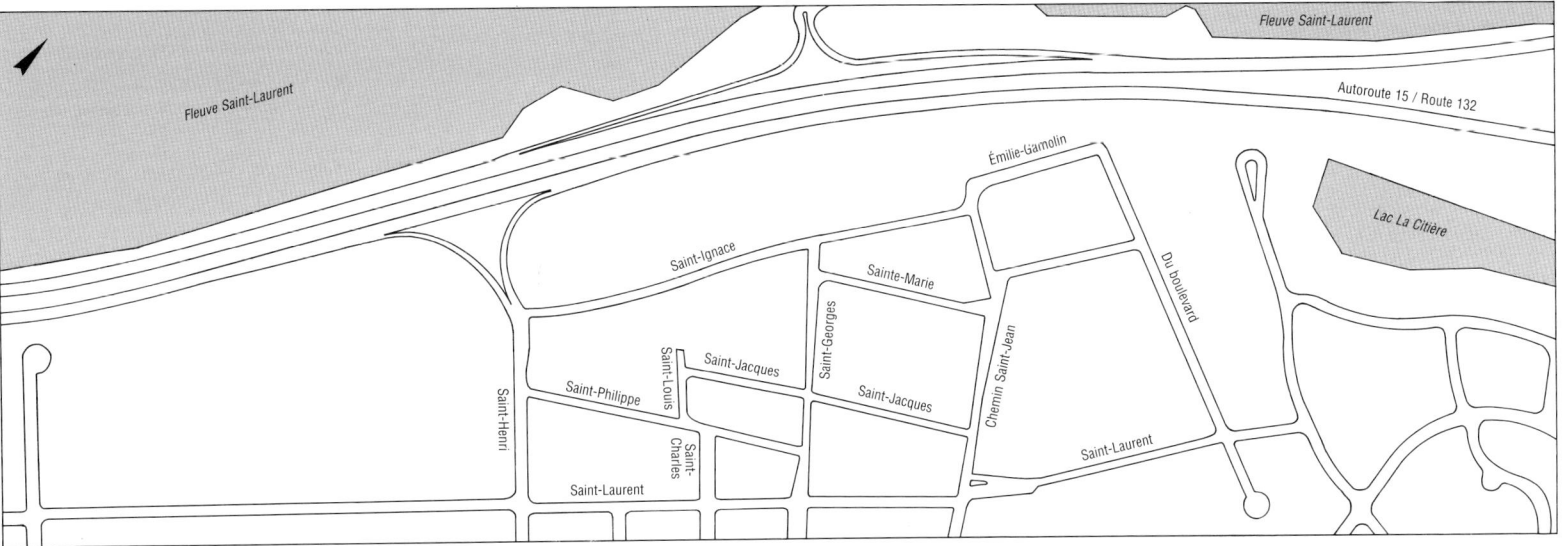

C'est en février 1975 que le gouvernement du Québec fixe les limites de l'arrondissement historique de La Prairie. Le classement d'une partie de la ville est «décrété en raison de la concentration de monuments ou des sites historiques qui s'y retrouvent» et marque l'aboutissement de longues démarches de plusieurs résidents regroupés au sein de la société historique locale. C'est en 1972 que celle-ci transmet à la toute nouvelle Commission des biens culturels les inquiétudes de ses membres relativement au projet du promoteur d'une nouvelle cité multifonctionnelle qui encerclerait le vieux village de La Prairie. En mai 1973, la Commission émet un avis favorable à la création d'un arrondissement historique et recommande au ministère des Affaires culturelles d'entreprendre des études afin d'en fixer les limites et d'en déterminer les qualités avec plus de précision.

Définir une vocation

La déclaration de 1975 protège un territoire de 220 acres qui comprend le Vieux-La Prairie et deux zones tampons qui s'étirent vers l'est et l'ouest pour protéger les perspectives visuelles qui sauvegardent l'entité du village en offrant un point de vue privilégié aux passants circulant le long de la voie maritime du fleuve Saint-Laurent. Isolé du fleuve par une imposante autoroute, le village a perdu cette relation avec un environnement maritime qui est largement responsable de son existence. Au sud, la trame ancienne se fond dans un habitat plus récent qui rejoint le nouveau centre-ville, en périphérie du boulevard Taschereau. Difficilement accessible par ces grandes artères, l'arrondissement historique paraît un peu marginalisé dans cette grande banlieue montréalaise, ce qui contribue à amplifier le cachet vieillot qu'il dégage.

Vue sur le fleuve depuis la place de l'église au début du siècle. (Société historique La Prairie de la Magdeleine)

Arrondissement historique de La Prairie

Mais on doit dire aussi que ce cachet vieillot révèle un certain malaise bien compréhensible: comment peut-on en effet envisager la mise en valeur d'un ancien village, déserté il n'y a pas si longtemps encore par une industrie et des habitants plutôt attirés par la ville et qui aujourd'hui ne survit aux affres de l'urbanisation effrénée que grâce à la protection légale que lui confère la *Loi sur les biens culturels*? Et quoi mettre en valeur: le village qui a été déserté ou un arrondissement historique animé par les banlieusards qui redécouvrent les vertus de l'histoire? Et comment mettre en valeur: consacrer le lieu comme musée ou susciter une vocation plus commerciale qui n'utiliserait le «label» historique que comme prétexte?

Bien difficile de trancher entre des voies aussi contradictoires qui, chacune à leur manière, hypothèquent lourdement l'avenir de l'ensemble. Mais chaque fois qu'un monument dépasse une certaine échelle et surtout lorsqu'il inclut par son étendue un ensemble d'activités humaines qui ne s'inscrivent pas nécessairement dans une continuité historique, ce genre d'interrogations mérite considération, sans quoi on se condamne à répéter les solutions développées ailleurs, sans plus de garantie de succès.

Le visiteur devrait se documenter avant d'entreprendre sa promenade, puisque le site a été classé d'après des considérations historiques bien plus qu'en fonction des qualités architecturales de l'ensemble. La visite du Musée du Vieux-Marché et la lecture des panneaux explicatifs qui ponctuent le parcours reliant ce musée au parvis de l'église sont, à défaut d'autres lectures, des étapes nécessaires pour tirer profit de la visite de l'arrondissement historique de La Prairie.

La mission de La Prairie

La seigneurie de La Prairie est concédée aux jésuites en 1647. La mission Saint-François-Xavier-des-Prés y est établie en 1667, au moment de la paix avec les Iroquois. Ce sont les Amérindiens eux-mêmes qui demandent aux «robes noires» de les accueillir en ces lieux. Le père Raffeix fonde la mission; il fait entreprendre les défrichements pour sédentariser les premiers autochtones qui se présentent: Tonsahoten et Gandeaktena. À une première cabane, commune aux Amérindiens et aux jésuites, s'en ajoutent bientôt plusieurs autres. Bien qu'il ne réside pas à La Prairie, le père Claude Chauchetière établit soigneusement l'histoire des débuts de l'établissement dans sa célèbre *Narration de la mission du Sault depuis sa fondation jusqu'en 1686*, illustrée de rares et précieux dessins. Soucieux de vérité, le jésuite interroge les habitants et utilise les «Relations» annuelles pour en retracer l'histoire le plus fidèlement possible.

Les terres de «la Prairie de la Magdeleine» sont décrites comme fertiles et pouvant produire beaucoup de grains et nourrir quantité de bestiaux. «Cette résidence, dit la «Relation» de 1671, est pour servir de lieu de repos à nos missionnaires, tant au païs des Iroquois que des Algonquins supérieurs dits Outaouacs [...] Le grand concours de sauvages qui y abordent de toutes parts nous oblige d'y tenir au moins deux missionnaires intelligents en toutes ces langues [...]» Il est en effet impossible aux Iroquois convertis de demeurer dans leur village d'origine où ils sont en butte aux moqueries et à l'hostilité des leurs. «La Prairie a donc esté de tout temps l'azile de ceux qui vouloint de bon cœur prier Dieu et estre chrestiens», écrit Claude Chauchetière.

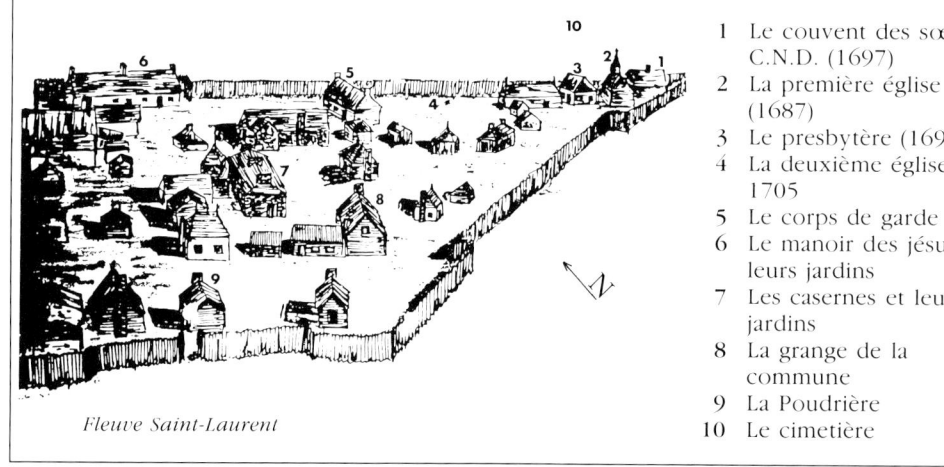

1. Le couvent des sœurs C.N.D. (1697)
2. La première église (1687)
3. Le presbytère (1690)
4. La deuxième église, 1705
5. Le corps de garde
6. Le manoir des jésuites et leurs jardins
7. Les casernes et leurs jardins
8. La grange de la commune
9. La Poudrière
10. Le cimetière

Représentation du village fortifié de La Prairie au XVIIIe siècle. (MAC)

Arrondissement historique de La Prairie

Vue du village au XIXe siècle. (ANC)

L'épuisement des sols oblige la mission à quitter en 1676 La Prairie et à aller cultiver de nouvelles terres à une lieue en amont, au Sault-Saint-Louis. En fait, entre 1676 et 1719, la même mission connaît quatre transferts, le dernier établissement étant celui de Kahnawake. Quand les villages prennent une certaine importance, des colons français s'y joignent, au grand déplaisir des jésuites qui prétendent protéger les Amérindiens de leur influence jugée néfaste. Avec quelques autochtones néophytes, les jésuites s'éloignent alors pour s'établir un peu plus à l'abri.

Un village fortifié

Comme seigneurs du lieu, les jésuites concèdent des lots. En 1671, ils octroyent à perpétuité un vaste pâturage à leurs censitaires: «Et comme il y a une prairie entre le bois de bout et le grand fleuve tout le long de ladite coste, qui commence à un endroit appelé le marigot, nous donnons ladite prairie à commencer audit marigot en commune à perpétuité à tous les habitants de ladite coste». C'est là l'origine de cette «commune de La Prairie», terre protégée de 3 000 acres qui n'a jamais pu être totalement utilisée par les censitaires habitant le vieux village. Seule servait au pâturage la prairie naturelle qui s'étend vers le sud sur une dizaine d'arpents et qui se trouvait inondée deux fois l'an. En fait, les limites du village vont s'étirer aux dépens de ce territoire communal.

Lorsqu'en 1684 la trêve avec les Iroquois est rompue, l'établissement de La Prairie compte déjà 151 habitants. Devant la nouvelle menace, les jésuites et les habitants revendiquent une fortification. Bientôt le village entier est entouré d'une palissage formée de pieux en bois plantés dans le sol. Construit avec deux bastions sur le fleuve, le fort enferme un territoire de quelque 11 500 mètres carrés divisé en 50 emplacements. Cette première enceinte est réputée avoir sauvé en 1691 les colons du massacre alors que la troupe venant de la Nouvelle-Angleterre, appuyée par une bande d'Iroquois, attaque ce qui est désormais connu comme le fort de La Prairie. Cette appellation a été conservée, et les habitants du Vieux-La Prairie appellent encore aujourd'hui leur quartier «le vieux fort».

Site stratégique faisant partie de la défense avancée de Montréal, La Prairie fait l'objet de la sollicitude du roi. Il exige des plans en 1703 et délègue l'ingénieur Gédéon de Catalogne l'année suivante pour établir un nouveau plan de fortification. Même s'il n'est pas entièrement réalisé, le projet de 1704 agrandit et redresse quelque peu le tracé initial de l'enceinte. Par contre, au centre du village apparaît à cette époque une

Arrondissement historique de La Prairie

nouvelle église, dédiée cette fois à la «Nativité de la Sainte-Vierge»; elle est érigée sur une nouvelle place publique, ou «place du Bourg».

Lorsqu'au milieu du XVIIIe siècle la Nouvelle-France subit la pression des visées expansionnistes venant du sud, le bourg de La Prairie est visité par l'ingénieur Louis Franquet qui y dénombre 300 «feux», soit quelque 1 500 habitants; il décrit le village qui déborde déjà largement l'enceinte comme l'un des plus considérables de la colonie qui «contient en son milieu un fort de pieux de 12 pieds de hauteur si délabré et négligé qu'à la première guerre il faudrait le rétablir à neuf». Montcalm affecte des hommes à ce rétablissement en 1755 quand il établit ses quartiers d'hiver dans le vieux fort et le chevalier de Lévis s'y retire en 1759 lorsque Montréal signe la reddition.

L'essor économique

Après la Conquête arrivent les marchands anglais. Auberges, commerces et petites industries se développent alors grâce à l'expansion du transport maritime. En 1775, les Bostonnais entrent à La Prairie. Craignant d'être encerclés par une population hostile, ils détruisent le vieux fort et construisent un blockhaus à l'est du village.

L'accroissement d'activités et l'augmentation de la population – le nombre d'habitants atteint 3 068 en 1832 – donnent naissance à un nouveau quartier qui s'étire jusqu'à la rue Sainte-Rose en 1822: «le fort neuf». Le village connaît ensuite des années de prospérité. En 1835 est construit le quai de La Prairie et le *Princess Victoria* entreprend la navette avec Montréal. L'année suivante, la première voie ferrée canadienne relie le bourg à Saint-Jean-sur-Richelieu. La Compagnie des propriétaires du chemin à lisses de Champlain et du Saint-Laurent installe des rails de bois recouverts de fer sur lesquels se déplacent de lourds chariots tirés par des chevaux. Dès lors, tout le commerce avec les États-Unis transite par La Prairie.

Mais en 1846, une véritable locomotive lance des étincelles et met le feu au village. À l'exception de l'église et d'une dizaine de maisons, le quartier du Vieux-Fort est réduit en cendres. La reconstruction se fait assez rapidement, le bois et la brique étant les matériaux les plus utilisés. En 1890, une analyse de l'argile de la paroisse permet de vérifier sa qualité pour la brique. En peu de temps se développent d'importantes manufactures qui exploitent les schistes argileux pour les transformer en brique à construire. Mais déjà La Prairie est laissée pour compte par l'essor économique de la région montréalaise qui tire profit de la construction du pont Victoria, marginalisant l'axe nord-sud qui passait par ses quais et son ancienne voie ferrée.

L'arrondissement historique

L'arrondissement historique de La Prairie renferme des zones à fort potentiel archéologique, tels le Vieux-Fort, le site du Blockhaus de 1775 et le site du moulin à vent de la commune, érigé à l'ouest en 1670-1672, vis-à-vis de l'actuelle rue Saint-Ignace.

En ce qui a trait à l'architecture, le vieux village est dominé par l'imposante église

Le Vieux-Marché et le poste de pompiers au début du siècle. L'édifice renferme aujourd'hui un musée. (Société historique La Prairie de la Magdeleine)

Arrondissement historique de La Prairie

La façade monumentale de l'église, œuvre de Victor Bourgeau. (Coll. Simon Beauregard)

Le bureau de poste, de style richardsonien, construit vers 1892. (Coll. Simon Beauregard)

dont la construction débute en 1840. Les architectes Pierre-Louis Morin et Victor Bourgeau sont associés à sa construction, le second étant responsable de la monumentale façade surmontée d'un clocher qui, au fil des années, est devenu le symbole de La Prairie. Tout à fait remarquable aussi est l'édifice en brique rouge du Vieux-Marché, rue Sainte-Marie. Aujourd'hui occupé par le musée, il a été construit au milieu du XIXᵉ siècle et démontre l'influence de l'architecture américaine à La Prairie. Tout aussi intéressant est l'ancien bureau de poste (rue Saint-Georges), de style richardsonien, érigé vers 1892.

L'incendie de 1846 et un second feu en 1901 n'ont pas épargné beaucoup de bâtiments anciens. Il subsiste néanmoins quelques intéressantes structures en pierre du début du XIXᵉ siècle dont les murs ont survécu en partie au feu de 1846. Pour la plupart érigés en grès brun, ces bâtiments évoquent les débuts du classicisme anglais (par exemple au 120, chemin Saint-Jean et au 166, rue Saint-Georges). Dans au moins deux cas, on note la survie tardive des modèles d'architecture urbaine nés en Nouvelle-France (115 et 150, chemin Saint-Jean). La plupart des autres bâtiments anciens sont des constructions en bois, comme on en retrouvait dans les faubourgs de Montréal au début du XIXᵉ siècle (234, 238 et 240, rue Saint-Ignace).

Un peu oublié par les marchands du temple qui ont tendance à virer en foire commerciale l'héritage architectural des villes anciennes, l'arrondissement historique de La Prairie semble attendre l'heure juste pour revivre pleinement en rétablissant l'équilibre entre le poids de l'histoire et les impératifs économiques d'une mise en valeur.

Luc Noppen, historien de l'architecture

RICHARD, Gaétan *et al. Arrondissement historique de La Prairie: dossier de déclaration*. Québec, ministère des Affaires culturelles, 1975. 75 p.

Maison Deschamps

Brossard
5505, boulevard des Prairies

Fonction: résidentielle
Classée monument historique en 1973

À la suite du développement rapide de Brossard entre 1960 et 1970, et parallèlement à l'ouverture de l'autoroute 30, les anciennes terres agricoles ont fait place à des lotissements résidentiels et à des infrastructures routières. La maison Deschamps ainsi que la maison Sénécal (1799), situées dans une aire de protection, sont les seules survivantes d'un ensemble de bâtiments ruraux qui faisaient autrefois partie de la seigneurie de La Prairie, concédée dès la fin du XVIIe siècle.

La maison Deschamps est le parfait modèle d'une architecture urbaine transplantée en milieu rural au XIXe siècle. S'ils sont requis à la ville en raison de la mitoyenneté des bâtiments, les murs coupe-feu ont ici une fonction avant tout esthétique. Les murs massifs en pierre des champs délimitent une superficie de près de 12 mètres sur 8,5. En plus du rez-de-chaussée et de l'étage des combles, la maison comporte une cave surélevée pourvue de nombreux soupiraux. Les fenêtres à carreaux flanquées de contrevents ainsi que la chaîne en pierre de taille qui couvre les angles des murs et des souches de cheminées apportent une touche de raffinement.

L'intérieur compte huit pièces dont la plupart sont lambrissées de pin. Les lambourdes, équarries à la hache, ont été laissées apparentes, sauf au salon où le plafond est recouvert de planches à couvre-joint. On peut admirer au rez-de-chaussée deux grands foyers en pierre (dont l'un est toujours fonctionnel) et des armoires encastrées. Pour accéder à l'étage, il faut emprunter un escalier à angle droit situé à l'arrière.

Nous ne disposons malheureusement que de très peu d'information sur l'histoire de la maison Deschamps. Selon la tradition orale, elle daterait de 1811 et aurait été habitée par des membres de la famille Brossard à l'époque où les Sénécal étaient propriétaires de la maison voisine. D'ailleurs, le cadastre abrégé de 1861 indique que Casimir Brossard est le propriétaire de la terre voisine d'un dénommé Sénécal. Comme quelques autres membres de la famille Brossard, vraisemblablement établie à La Prairie à l'époque de la Conquête, il possède plusieurs autres terres dans le secteur est de la seigneurie, secteur alors appelé la «prairie Saint-Lambert».

Dans le village ancien de La Prairie, qui fut presque entièrement dévasté par un incendie en 1846, on trouve aussi quelques exemplaires de ce modèle bourgeois qui remonterait à la fin du XVIIIe et au début du XIXe siècle. D'après certains informateurs, il y aurait eu à cette époque jusqu'à une demi-douzaine de constructions semblables autour de la maison Deschamps et dans les rangs avoisinants. À la lumière de ces quelques indices, on peut situer sans trop se tromper la date de construction de la maison Deschamps dans la première décennie du XIXe siècle.

Cette ancienne maison de ferme est achetée en 1964 par un dénommé Deschamps, qui y effectue des travaux de rénovation, notamment à la suite d'un incendie survenu en 1970. Après l'expropriation du terrain en 1972, le ministère des Transports transfère les titres au ministère des Affaires culturelles. Aujourd'hui, la maison Deschamps, tout comme sa voisine, la maison Sénécal, fait partie du parc immobilier de la Société générale des industries culturelles du Québec (SOGIC).

Gilles Laberge, historien

LAROCHELLE, Émile. *Rapport d'évaluation de la maison Deschamps à Brossard*. Québec, ministère des Affaires culturelles, 1974. N.p.

LÉTOURNEAU, Michel. *Notes historiques et coup d'œil sur l'architecture du Vieux La Prairie*. La Prairie, Société historique de La Prairie, s.d. 60 p.

La maison et ses dépendances agricoles vers 1925. (ANQ-Q, E. Gariépy)

La maison Deschamps constitue un bon exemple de l'architecture urbaine transplantée en milieu rural au XIXe siècle.

Maison Sénécal

Brossard
5425, boulevard des Prairies

Fonction: résidentielle
Classée monument historique en 1975

Malgré la proximité de l'autoroute 30 dont le prolongement menace la tranquillité, la maison Sénécal baigne encore aujourd'hui dans un environnement champêtre. Si le prolongement de cette autoroute s'effectue selon les plans originaux, l'aire de protection accordée aux maisons historiques ne sera pas suffisante pour assurer un cachet pittoresque aux maisons Sénécal et Deschamps qui se côtoient sur le boulevard des Prairies. Seules habitations dans les environs, ces deux maisons recréent un peu le paysage des XVIIIe et XIXe siècles.

Une plaque datée de 1799 témoigne de la construction de la maison. Bien que la seigneurie de La Prairie soit concédée aux jésuites dès 1647, le peuplement de la région est retardé jusqu'au début du XVIIIe siècle, au moment où l'on signe enfin la paix avec les Iroquois. Habitée par un membre de la famille Sénécal jusqu'en 1974, la maison apparaît à plusieurs égards comme une des plus anciennes habitations encore debout dans la région.

La structure s'asseoit sur une fondation (d'une profondeur d'environ 2 mètres), dont la pierre dans les teintes de noir, de brun et d'ocre a été extraite de la terre familiale. Le carré de la maison de quelque 11 mètres sur 10 comporte une cave, un rez-de-chaussée et un étage. Comme en fait foi la porte monte-charge surplombée d'une potence, le grenier aujourd'hui habité devait alors servir à l'entreposage des marchandises.

Le chaînage d'angles est fait de pierres beaucoup plus grosses. Un toit à double versant sans lucarne est aujourd'hui recouvert d'acier inoxydable. La charpente comprend des chevrons réunis par deux entraits avec un sous-faîtage reliant les entraits inférieurs et un poinçon. Cette structure est renforcée par des aisseliers joignant le poinçon et le faîtage et par des jambes de force.

Bien qu'elles soient à l'origine légèrement décentrées pour alléger la pression sur la structure du toit, deux cheminées simples coiffant les murs-pignons sont replacées dans l'axe lors de la restauration. Des âtres intérieurs, il convient de signaler que le foyer sud est un des éléments d'origine de la maison. Il est doté de piédroits et d'une plate-bande en pierre de taille brossée. D'autres éléments intérieurs sont à remarquer, comme des armoires en muraille dans la cave et un légumier encastré au rez-de-chaussée. Selon l'usage imposé par les conditions climatiques, c'est à l'est que s'ouvrent les trois fenêtres et la porte de la façade. On peut apercevoir à la base d'une des fenêtres du mur gouttereau arrière le déversoir extérieur d'un évier en pierre.

Construite en 1799, la maison Sénécal apparaît comme l'une des plus anciennes habitations de la région de Brossard.

En 1974, les maisons Sénécal et Deschamps ont été expropriées en vue de la construction de l'autoroute 30. À la suite de cette opération, un mouvement de protestation a permis le classement des deux maisons historiques. Il faut néanmoins attendre près de onze ans avant que la maison Sénécal ne soit acquise par le propriétaire actuel, monsieur Journault, qui entreprend en 1984 une restauration laborieuse, compte tenu du vandalisme qu'elle a subie.

Un four à pain est alors localisé, reconstruit en pierre et surmonté d'un petit toit à double versant. De plus, une des fenêtres du mur-pignon au niveau des combles est agrandie et des puits de lumière sont percés sur le versant nord du toit pour répondre aux exigences de la Ville en matière de degré d'éclairement.

Habitée par cinq générations de fermiers, la maison Sénécal, telle que nous la voyons aujourd'hui, s'est entièrement relevée de longues années d'usage et de conditions climatiques qui avaient affaibli ses structures et transformé son apparence. En raison de plusieurs détails architecturaux particulièrement intéressants, la maison Sénécal constitue un rare vestige du premier peuplement de la région de La Prairie.

Odette Gariépy, muséologue

Comme en fait foi la porte monte-charge surplombée d'une potence, les combles servaient à l'origine à l'entreposage des marchandises.

COMITÉ DE L'ALBUM SOUVENIR. *Brossard de 1953 à 1978*. Brossard, s.n., 1978.

FOURNIER, Rodolphe. *Lieux et monuments historiques du sud de Montréal*, Ottawa, Éditions du Richelieu, 1976.

LESSARD, Michel et Huguette MARQUIS. *Encyclopédie de la maison québécoise. Trois siècles d'habitation*. Ottawa, Les Éditions de l'Homme, 1972. 724 p.

Maison «Marsil»

Saint-Lambert
349, Riverside Drive

Fonction: culturelle
Reconnue monument historique en 1974

Photo de la maison en 1926 par Ramsay Traquair. (Université McGill, coll. d'architecture canadienne)

Occupée par la famille Mercille (Marsil ou Marcil) vers le milieu du XIXe siècle, cette maison reprend le type architectural de l'habitation qui se répand dans la région montréalaise au XVIIIe siècle. À quelques reprises déjà on a indiqué, sans renvoyer à des documents précis, la date de 1750.

Il s'agit d'une structure de plan presque carré, mesurant environ 10 mètres sur 9,5, érigée en maçonnerie de moellons noyés dans le mortier. Seules les pierres de chaînage sont équarries. La maison compte aussi deux cheminées disposées «en chicane» et portées au faîte par des pignons en pierre. Des traces sur le pignon nord témoignent de la présence d'une cuisine d'été aujourd'hui disparue.

Au-delà du type architectural, l'expression formelle de la maison Marsil nous renvoie cependant au début du XIXe siècle. En effet, la position centrale de la porte d'entrée, la toiture ornée de larmiers débordants par-dessus la galerie, la présence de lucarnes sur les versants du toit et la forme et la disposition des ouvertures dans les pignons sont des éléments qui font référence à cette époque.

C'est la charpente du toit, structure exposée à la vue à l'intérieur, qui permet le mieux de placer la maison dans le temps et d'arbitrer entre l'âge auquel renvoie le type

qu'intéressant. À l'extérieur, la maison est en effet cerclée d'une bande de fer pour éviter que les murs-pignons ne s'ouvrent vers l'extérieur, probablement à cause de l'état du sol et des fondations.

Entre 1887 et 1891, le rez-de-chaussée de la maison de Noël Mercille est transformé en chapelle, en attendant la construction d'un lieu de culte plus approprié à Saint-Lambert.

Restaurée à partir de 1977 grâce à la contribution financière de la société Pratt et Whitney du Canada, la maison est devenue un musée local en 1979. C'est cette nouvelle vocation qui a nécessité la construction d'une nouvelle annexe et d'une entrée latérale. Le parti franchement moderne de cet ajout est à signaler. De cette façon, l'annexe se distingue nettement de la maison ancienne qu'elle contribue à mettre en valeur.

Luc Noppen, historien de l'architecture

GUILLET, Yves. «La maison Marsil», *Société d'histoire Mouillepied*. Cahier n° 1 (déc. 1980): 19-23.

Une annexe franchement moderne fait ressortir le caractère patrimonial de la maison Marsil, devenue un musée en 1979.

architectural et l'époque à laquelle appartient l'expression formelle. Il s'agit encore d'une «grosse charpente»; mais elle est déjà très simplifiée avec seulement trois fermes complètes et des pannes. Cela permet de croire que le bâtiment aurait été construit plutôt vers 1800-1820, à moins évidemment qu'un toit nouveau soit venu coiffer un carré de pierre plus ancien (après un incendie, par exemple). Ces dates sont vraisemblables, surtout à partir des documents historiques qui ont permis de retracer l'histoire de la maison Auclair, structure en pierre située à proximité.

La maison Marsil porte aussi la trace d'un procédé de consolidation aussi ancien

Maison Sharpe

Saint-Lambert
789, Riverside Drive

Fonction: résidentielle
Reconnue monument historique en 1974

La maison Sharpe est l'une des trois demeures reconnues monuments historiques sur le front fluvial à Saint-Lambert; ses compagnes sont la maison Marsil et la maison Auclair. Il s'agit d'un bel exemple du type de maison qui se répand dans la région montréalaise au XVIIIe siècle. Peu de choses nous sont cependant connues sur cette résidence de la Montérégie.

La maison qui aurait été construite en pierre des champs vers 1775 mesure quelque 10 mètres sur 9. Si par ses dimensions elle est assez semblable à la maison Marsil, la maison Sharpe conserve cependant une disposition plus ancienne des ouvertures (la porte d'entrée n'est pas placée au centre de la maison) qui traduit bien l'aménagement d'un rez-de-chaussée avec deux pièces: la salle et la chambre. L'accès, tant à l'avant qu'à l'arrière, se faisant par la salle, la partie ouest de la maison qui abrite la chambre n'a pas été dotée d'une entrée.

La maison Sharpe se distingue aussi de ses voisines par la présence d'une annexe en appentis (une laiterie). Cette construction en pierre prolonge la façade du côté nord-est.

Madame H.-E. Sharpe a acquis la maison pour la restaurer après qu'un incendie l'eut endommagée en 1950. De cette époque date donc l'apparence actuelle de la maison, due à l'intervention de l'architecte Robert Humphrey.

Luc Noppen, historien de l'architecture

SADER, Janet. «La maison Sharpe», *Société d'histoire Mouillepied*. Cahier n° 2 (déc. 1981): 9-15.

Restaurée au cours des années 1950, la maison n'a pas changé depuis.

La maison Sharpe en 1946. (MAC, fonds Morisset)

Maison Auclair

Saint-Lambert
405, Riverside Drive

Fonction: résidentielle
Reconnue monument historique en 1974

C'est en 1842 qu'Alexis Marsil achète de François Melville une terre de quelque 16 mètres de large sur plus d'un kilomètre de profond «avec une maison en pierre et autres bâtisses dessus construites». À cette époque, Alexis Marsil est déjà propriétaire de toutes les terres qui entourent celle où se dresse aujourd'hui la maison Auclair, du nom de celui qui en était propriétaire lors de sa reconnaissance à titre de monument historique.

C'est André Marsil qui, le premier, reçoit une concession dans les terres du Mouillepied de la côte Saint-Lambert, en 1679. Ce lieu bas et marécageux est situé dans la seigneurie de La Prairie de la Magdelaine, mais fait partie de la paroisse de Longueuil jusqu'à la fin du XIXe siècle.

Les actes de vente attestent qu'en 1807, une maison de pierre existe déjà sur le lot. Les caractéristiques physiques du bâtiment permettent de le comparer avec la maison Marsil, située à proximité: murs en moellons dont seules les pierres de chaînage sont équarries; deux cheminées surmontant les pignons, une vraie au nord et une fausse au sud; cuisines d'été à l'origine; carrés des maisons maintenus par des bandes de fer faisant office de tirant.

Le carré de maçonnerie est cependant plus petit (à peine plus de 8 mètres sur 9) et moins haut. Mais ce sont surtout les ouvertures de la maison Auclair, irrégulièrement disposées, qui permettent de reconnaître un type d'habitat plus ancien avec un rez-de-chaussée occupé par une salle et une chambre. Avec ses chevrons volants, la charpente est aussi d'un type plus ancien que celle de la maison Marsil.

Si donc la maison Marsil datait des années 1800-1820, la maison Auclair lui serait antérieure. Elle a été construite durant la seconde moitié du XVIIIe siècle sans que l'on puisse identifier pour l'instant, faute de renseignements, un moment plus précis pour sa construction.

Luc Noppen, historien de l'architecture

Ce sont surtout les ouvertures, irrégulièrement disposées, qui permettent de situer la construction de la maison Auclair dans la seconde moitié du XVIIIe siècle.

Copti, Huguette. «La maison Auclair», *Société d'histoire Mouillepied*. Cahier n° 5 (janv. 1987): 15-21.

Le carré en moellons est ceinturé d'une bande de fer faisant office de tirant.

Maison Patenaude

Longueuil
1510, rue Saint-Charles Ouest

Fonction: résidentielle
Classée monument historique en 1976

La maison Patenaude, ainsi que les quelques maisons en pierre qui se dressent à l'emplacement du village de Longueuil, comptent parmi les dernières survivantes d'une époque où cette localité revêtait une importance stratégique pour l'île de Montréal.

En effet, la situation géographique de Longueuil en fait un lieu de passage privilégié entre Montréal et la rive sud du Saint-Laurent. On encourage donc les soldats démobilisés à s'y établir afin de constituer une zone défensive pour contrer la menace des Iroquois et des Anglais. Pour mieux se protéger des attaques, la plupart des maisons se groupent alors autour du château fort édifié par Charles Le Moyne, deuxième seigneur de Longueuil, qui sera élevé au rang de baron.

En dépit des menaces qui pèsent constamment sur le territoire, Pierre Patenostre décide, en 1685, d'exploiter sa concession située à la limite de la seigneurie de Longueuil. Cette terre, qui s'étend près de l'actuel pont Jacques-Cartier, est léguée à François Patenaude. En 1723, il fait bâtir une maison en pierre, connue maintenant sous le nom de maison Patenaude. Son cousin Étienne, qui vient tout juste de passer un marché de maçonnerie avec Michel Dubuc, l'aurait aidé à construire sa maison selon les mêmes plans.

Trois générations de Patenaude occuperont tour à tour la maison bâtie par François. Elle est finalement vendue en 1875. Au printemps 1948, la succession Beique la modifie de façon radicale en perçant de grandes lucarnes dans le toit et en ajoutant une galerie et une véranda à l'avant et à l'arrière. Billy Monasterios achète la maison en 1974 et la rétablit dans son état originel. Puis en 1984, la propriété change à nouveau de propriétaire.

Restaurée dans son état originel en 1984, la maison Patenaude constitue un bel exemple de l'architecture vernaculaire d'esprit français dans la région de Montréal.

Comme il existe peu de documents historiques concernant la maison Patenaude et ses environs, il est difficile d'en préciser les caractéristiques d'origine et les modifications apportées ultérieurement. On sait cependant qu'en 1841, la maison est entourée d'une «grange, étable et autres bâtisses».

Bel exemple de l'architecture vernaculaire de la région de Montréal, la maison Patenaude laisse transparaître ses origines françaises dans la petitesse du carré (environ 9 mètres sur 10) et la faible hauteur de ses murs gouttereaux. L'absence de larmiers, les ouvertures asymétriques ainsi que le débordement peu prononcé du toit sont des caractéristiques communes aux habitations d'inspiration française.

Cependant, contrairement aux maisons construites au début du XVIIIe siècle, qui reposent sur le sol ou sur des fondations peu profondes, la maison Patenaude possède une cave. Les poutres soutenant le plancher du rez-de-chaussée sont faites de troncs d'arbres entiers, posés avec leur écorce. Autre détail peu commun, la cave possède une petite porte donnant sur l'extérieur.

Les murs sont en pierre des champs grossièrement équarrie, noyée dans un mortier à base de sable et de chaux. Chacun des murs-pignons est surmonté d'une cheminée disposée en chicane, de part et d'autre de la panne faîtière. La charpente du toit à deux versants se compose d'une seule ferme au centre et de poutrelles prenant appui à la fois sur la ferme et sur les murs-pignons. Les poutrelles, parallèles au faîte du toit, dégagent l'espace intérieur. La ferme comprend des arbalétriers, un grand entrait, des jambes de force, un poinçon ainsi que des entraits en «Y» reliant la panne faîtière au poinçon. Le toit en planche est recouvert de bardeau.

À l'intérieur, plusieurs éléments typiques ont été sauvegardés, dont deux armoires encastrées dans le mur ouest de la maison. Le four à pain est creusé dans la paroi de la cheminée du mur est. Toujours fonctionnel, il est protégé par le fournil, ou cuisine d'été, ajouté à une date indéterminée. Sous une fenêtre de la façade sud, on note la présence d'un potager, sorte de dalle creusée comme un bassin, dans lequel on lavait les légumes. Les eaux usées s'écoulaient à l'extérieur par un trou percé dans le mur. La salle commune fait office de salon et de salle à manger, tandis que le fournil abrite une cuisine moderne. Sous les combles, on a aménagé une chambre avec salle de bain. L'escalier qui y mène se trouve près de la porte d'entrée.

L'importance culturelle et historique de cette habitation de plus de deux siècles et demi ne fait pas de doute. Avec l'ensemble des bâtiments historiques de Longueuil, la maison Patenaude constitue un témoignage précieux du mode de vie au temps de la baronnie.

Sylvie Gautron, aménagiste

La maison après les travaux de rénovation de 1948. (MAC, fonds Morisset)

Église Saint-Antoine-de-Padoue

Longueuil
Rue Saint-Charles Ouest

Fonction: religieuse
Reconnue monument historique en 1984

L'église Saint-Antoine-de-Padoue (ou Pades, selon l'usage) occupe le centre de la vieille ville de Longueuil. L'édifice aux dimensions imposantes, construit entre 1884 et 1887 d'après les plans des architectes Henri-Maurice Perrault et Albert Mesnard, est le troisième érigé sur cet emplacement ou à proximité.

La paroisse de Saint-Antoine-de-Padoue de Longueuil a connu tous les plans et modèles d'églises de l'histoire de l'architecture religieuse québécoise, ses lieux de culte augmentant en volume avec l'accroissement de la population.

Trois églises

Le village de Longueuil se voit doter de services religieux dès 1682. À la fin du XVIIe siècle, les fidèles se réunissent dans la chapelle intégrée au château du baron Le Moyne de Longueuil. Ce n'est qu'en 1724 qu'une première église paroissiale en pierre est érigée à la suite d'une ordonnance de l'intendant Bégon. Située sur l'actuelle rue Saint-Charles, en face du chemin de Chambly, elle est construite sur un terrain fourni par le seigneur.

Suivant la loi et la tradition, tous les habitants de la seigneurie participent financièrement à la construction de l'église. Ils fournissent eux-mêmes les matériaux: pierre, chaux et bois. Mesurant environ 24 mètres de long sur 12 de large et obéissant aux normes du plan Maillou, elle est construite par le maître maçon Alexandre Jourdain et le maître charpentier Nicolas Colet dit Malouin. Une galerie arrière est ajoutée en 1780 pour accueillir un plus grand nombre de fidèles.

Dès le début du XIXe siècle, la construction d'une nouvelle église s'avère nécessaire. Un deuxième temple est donc élevé sur le site du premier entre 1809 et 1811 par Arthur Giluron, maître tailleur de pierre, Joseph Chevalier et Alexandre Loggie, maîtres maçons, Louis Saint-Amour, maître charpentier, et Charles Simon-Delorme et Joseph Gauvin, également maîtres charpentiers. Les principaux entrepreneurs ont à leur tour recours à des sous-traitants.

Avec son appareil de pierre très ouvragé et ses nombreux éléments décoratifs, l'église, à défaut d'harmonie, ne manque pas de relief.

La nouvelle église, qui mesure 38 mètres de long sur 15,5 de large au niveau de la nef et 24 mètres aux transepts, respecte les normes du plan Conefroy. Elle épouse la forme d'une croix latine terminée par un chœur et une sacristie. Le décor intérieur est exécuté par Louis-Amable Quévillon, assisté de Paul Rollin. Ils y travaillent de 1813 à 1816. L'église sera détruite en 1884.

L'augmentation de la population va bon train, si bien que le village de Longueuil compte, en 1851, 1 500 paroissiens. En mars 1853, on convoque une assemblée dans le but de construire une autre église. L'architecte montréalais Victor Bourgeau en fournira d'ailleurs les plans, mais ils ne seront jamais exécutés.

Une vingtaine d'années plus tard, en octobre 1874, une requête est adressée à Mgr Ignace Bourget, évêque de Montréal, pour la construction d'une nouvelle église et d'une nouvelle sacristie. L'année suivante, on réitère la demande mais sans plus de succès.

L'arrivée à l'épiscopat de Mgr Fabre voit l'inscription d'une nouvelle requête en 1882. À la suite d'une réponse favorable, les marguilliers se réunissent le 23 décembre de l'année suivante pour déterminer les conditions de cette construction. À l'été 1884, les demandes de soumissions paraissent dans *La Minerve*. Les architectes choisis sont Perrault et Mesnard, de Montréal, et l'entrepreneur retenu est Eugène Fournier dit Préfontaine, de Longueuil. En 1885, le jour de la Saint-Jean-Baptiste, le curé Tassé bénit la pierre angulaire de la nouvelle église, qui est inaugurée en 1887.

Perrault et Mesnard

Les architectes Henri-Maurice Perrault et Albert Mesnard prennent la relève de Victor Bourgeau comme spécialistes de l'architecture d'églises dans la région de Montréal. Ils ont déjà à leur actif, en 1884 – seulement quatre années après avoir achevé leur formation –, la chapelle du Collège de Montréal, l'hôtel de ville et la cathédrale de Valleyfield, les églises Saint-Stanislas-de-Kostka de Montréal et Saint-Charles de Lachenaie; ils signent en plus quelques réparations majeures.

Leur carrière prend un essor prodigieux lorsqu'ils terminent le chantier de Longueuil, localité où Perrault a d'ailleurs élu domicile. Ils dresseront notamment les plans des églises d'Hochelaga, de Sainte-Thérèse de Blainville, de Saint-Anicet, de Saint-Léonard-de-Port-Maurice, de Saint-Lin et de la cathédrale St. Andrew à Victoria.

La deuxième église de Longueuil, inaugurée en 1811, fut détruite en 1884. (MAC, fonds Morisset)

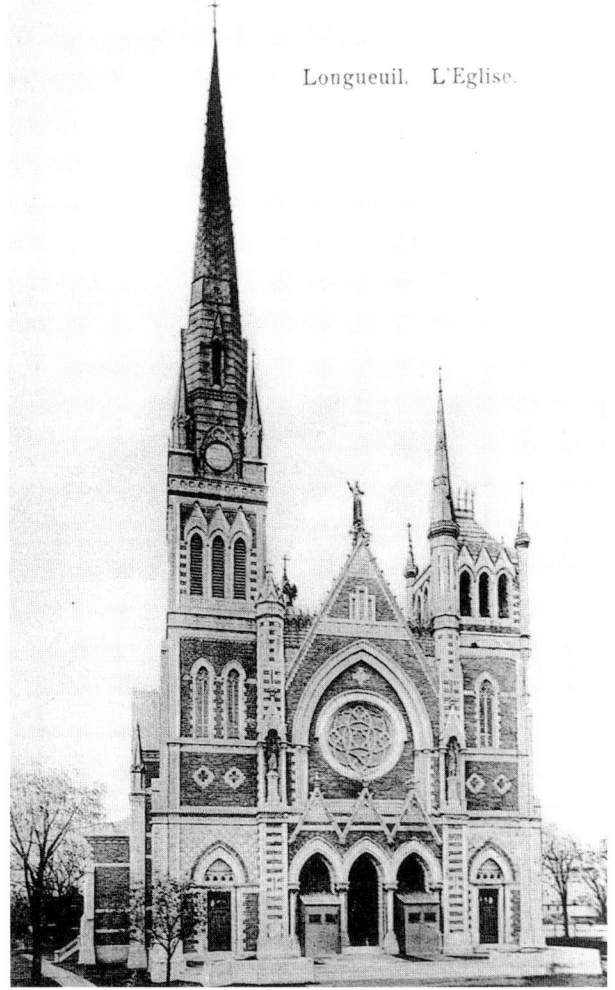

Les architectes Henri-Maurice Perrault et Albert Mesnard ont signé les plans de l'église Saint-Antoine-de-Padoue, photographiée ici vers 1930. (ANQ-Q)

Ils ne négligent toutefois pas l'architecture civile. En 1893, ils s'adjoignent les services d'Alphonse Venne. Cette association sera florissante pendant deux ans: la firme préparera les plans des locaux de l'Université Laval à Montréal (coin Saint-Denis et Sainte-Catherine), de la Banque du Peuple, du Monument National, de plusieurs couvents ainsi que de l'église de Varennes et de la cathédrale de Joliette. Elle cesse cependant ses activités en 1897 et Albert Mesnard, sculpteur de formation, s'associe à Théodose Daoust pour continuer sa pratique en matière d'architecture religieuse.

Lors de la construction de la troisième église de Longueuil, et contrairement à l'habitude en pareil cas, le mobilier religieux de l'ancien édifice n'est pas conservé. Perrault et Mesnard doivent de plus dresser les plans de trois autels, un vestiaire, deux confessionnaux et deux armoires. Seul le maître-autel est d'abord exécuté. Le livre des délibérations de la paroisse mentionne que «Pour le montant de trois mille cinq cents piastres, l'entrepreneur [Eugène Préfontaine du même endroit] promet et s'engage de construire non seulement le maître-autel tel qu'il est dit ci-dessus, mais de plus il s'engage de finir et de parachever tous les travaux de l'église tant intérieurs qu'extérieurs ainsi que le susdit autel de manière à les faire recevoir par les architectes [...]». Le contrat pour l'exécution des deux autels latéraux est confié à R. Beullac.

L'église possède des dimensions imposantes, s'étendant sur 74 mètres avec la sacristie; elle mesure 41 mètres de large au niveau des transepts et sa flèche s'élève à près de 81 mètres. L'élément le plus particulier de cette construction est l'immense dôme anguleux placé à la croisée du transept, qui permet de donner à l'intérieur une luminosité qu'il n'aurait pas autrement. Son appareil de pierre très ouvragé crée des jeux d'ombre et de lumière qui ne manquent pas de donner un certain relief au bâtiment. Les éléments décoratifs semblent cependant disparates et l'ensemble manque d'harmonie.

Raymonde Gauthier, historienne de l'art

Le dessin du maître-autel a également été confié aux architectes Perrault et Mesnard. (ANQ-Q)

L'élément le plus particulier de cette construction est le dôme polygonal placé à la croisée du transept. (MAC, fonds Morisset)

JODOIN, Alexandre et J.-L. VINCENT. *Histoire de Longueuil et de la famille de Longueuil.* Montréal, Imprimerie Gebhart-Berthiaume, 1889.

LEBRUN-LAPIERRE, Odette et Charles-Édouard MILLETTE. *La troisième église Saint-Antoine de Padoue construite en 1885.* Longueuil, Société d'histoire de Longueuil, 1976.

RUMILLY, Robert. *Histoire de Longueuil.* Longueuil, Société d'histoire de Longueuil, 1974.

Maison Labadie

Longueuil
90, rue Saint-Charles Est

Fonction: résidentielle
Classée monument historique en 1960

La maison Labadie sur son site originel en 1947. (MAC, fonds Morisset)

La maison, qui aurait d'abord servi d'école, daterait de 1812.

La maison Labadie est mieux connue sous le nom de maison de la fondation de la congrégation des sœurs des Saints Noms de Jésus et de Marie ou maison de la Fabrique. On a longtemps cru que la construction de cette école, sur le site de l'ancien fort de Longueuil, avait été décidée en 1832 par un arrêté du conseil de la fabrique. Cependant, des recherches récentes fixent plutôt sa construction à 1812.

En effet, en 1811, la baronne de Longueuil vend une terre à Dominique Rollin fils, à qui l'on attribue la construction de la maison. Son père l'aurait occupée avant sa mort, en 1815. Les Rollin ont érigé à l'époque de nombreuses résidences à Longueuil.

En 1840, la maison est occupée par Henriette Céré, qui y accueille dès 1843 Eulalie Durocher et Mélodie Dufresne, fondatrices d'une nouvelle communauté religieuse appelée longtemps les «Sœurs de Longueuil». Elles y habitent jusqu'en 1844, alors qu'a lieu la bénédiction de leur nouveau couvent. Cette année-là, pas moins de 9 adultes et 63 filles, dont 13 pensionnaires, y sont hébergés.

Située jusque-là à l'angle de la rue Saint-Charles et du chemin Chambly, la maison est démolie en 1959 puis reconstruite dans son intégrité – d'après les plans de l'architecte Victor Depocas – sur un terrain appartenant à la communauté, à quelques pas de leur pensionnat. Désormais entourée de nombreuses maisons historiques, avec lesquelles elle s'harmonise parfaitement, elle semble avoir toujours été là.

En 1960 et pour une période de dix ans, la maison retourne à son ancienne vocation d'école et accueille des élèves de 1re et 2e années du pensionnat. On la nomme alors maison Mère-Marie-Rose, en hommage à celle qui consacra sa vie à l'enseignement. La maison sert ensuite à plusieurs fins, dont celles de siège de l'administration provinciale de Longueuil et de résidence de la communauté locale.

Les murs en moellons de 9 mètres sur 8,5 sont surmontés d'un toit à deux versants recouvert d'une tôle à baguettes. Les cheminées, relativement petites, comportent une tablette de pierre taillée. Trois lucarnes éclairent les combles qui servaient de dortoir pour les religieuses et leurs pensionnaires. Deux portes percent le mur de façade; celle de droite était peut-être à l'origine une fenêtre, proposant alors une parfaite symétrie des ouvertures.

La pente du toit, le larmier peu accentué, l'emprise au sol et les fenêtres à deux battants comportant chacune 24 carreaux font de cette maison québécoise d'esprit français un bel exemple de notre architecture du début du XIXe siècle. Cette modeste résidence, si bien intégrée à son environnement actuel, a également une importance historique indéniable, puisqu'elle fut le berceau d'une communauté religieuse dont la fondatrice, mère Marie-Rose, a été béatifiée par le pape Jean-Paul II en 1986.

Odette Gariépy, muséologue

DUVAL, Germaine. *Par le chemin du roi, une femme est venue*. Montréal, Bellarmin, 1982.

LESSARD, Michel et Huguette MARQUIS. *Encyclopédie de la maison québécoise. Trois siècles d'habitation*. Ottawa, Les Éditions de l'Homme, 1972. 724 p.

Maison Lamarre

Longueuil
255-259, rue Saint-Charles Est

Fonction: culturelle
Classée monument historique en 1976

Située à proximité d'un parc, la maison Lamarre fait partie d'un arrondissement riche en demeures historiques, connu sous le nom de Vieux-Longueuil. Le long de la rue Saint-Charles, on peut en admirer plusieurs.

Sous ses airs victoriens, la maison Lamarre cache une âme du XVIIIe siècle. Elle date en effet de 1740, comme en fait foi un document retrouvé récemment. En vertu d'une procuration, Marie Lanctôt, épouse d'André Lamarre, donne son accord à la vente d'une terre dont les profits vont permettre à son mari d'achever la maison située sur un terrain acquis en 1738. Ce terrain, André Lamarre père l'avait lui-même obtenu par son mariage, en 1700, avec Marie-Angéline Chapacou, héritière de la propriété à la mort de son premier mari cinq années auparavant. La terre et la maison construite en 1740 resteront la propriété de la famille Lamarre jusqu'en 1872.

C'est en 1895 que John Bennett, nouveau propriétaire, entreprend les travaux qui donneront à la maison son aspect actuel. Le toit brisé, le fenêtrage à l'anglaise et les deux lucarnes cintrées lui confèrent une sobre élégance. La toiture est habillée de tôle à baguettes et les murs sont recouverts de stuc peint camouflant entièrement la pierre. Les souches de cheminées ont disparu, ce qui contribue une fois de plus à masquer l'ancienneté de la demeure. Une fine dentelle de bois, autre réminiscence victorienne, souligne le profil du toit sur les murs-pignons.

La Ville de Longueuil acquiert la propriété en 1974. Le rez-de-chaussée est restauré en 1984 et, à l'été 1987, la Société d'histoire de Longueuil, mandatée par la Ville comme maître d'œuvre, achève la réfection de l'étage.

L'intérieur de la maison Lamarre nous donne à observer plusieurs détails intéressants qui attestent le savoir-faire de nos ancêtres artisans. À l'étage, les murs-pignons en maçonnerie sont dépouillés de tout revêtement. La charpente comprend encore plusieurs pièces d'origine, dont certaines sont taillées à l'herminette sur trois côtés et assemblées à tenons et à mortaises. La poutre maîtresse de près de 50 centimètres d'épaisseur est chanfreinée, ce qui serait, selon certains, assez exceptionnel pour une construction datant du Régime français.

La plaque encastrée dans l'âtre des cheminées porte également la marque d'une construction très ancienne. L'aspect des âtres et des contrecœurs, de même que la menuiserie très soignée, sont caractéristiques d'une maison de grande classe.

La maison Lamarre, qui abrite aujourd'hui le centre de recherche de la Société d'histoire de Longueuil, constitue en elle-même une mine de renseignements sur notre histoire. C'est donc avec un œil bien exercé qu'il convient de la visiter.

Odette Gariépy, muséologue

Sous ses airs victoriens, la maison Lamarre cache une âme du XVIIIe siècle.

Les travaux de restauration effectués entre 1984 et 1987 ont redonné à la maison l'aspect qu'on lui connaissait en 1895.

PERREAULT, Claude. *La maison Lamarre 1686-1975*. Longueuil, Société d'histoire de Longueuil, cahier n° 7, 1975.

PINARD, Guy. *Montréal, son histoire, son architecture. Tome 3*. Montréal, Les Éditions La Presse, 1989: 296-305.

Vieux presbytère
Saint-Bruno-de-Montarville
15, rue des Peupliers

Fonction: culturelle
Classé monument historique en 1966

Le vieux presbytère de Saint-Bruno a été démoli et reconstruit sur son emplacement actuel après son acquisition par la municipalité.

Campé dans un cadre enchanteur en bordure du lac du Village, le vieux presbytère de Saint-Bruno, remarquable par son caractère monumental, constitue à la fois l'édifice le plus prestigieux et le plus apprécié de la ville de Saint-Bruno-de-Montarville, puisqu'il est intégré dans les activités quotidiennes des résidents comme centre culturel municipal.

À l'origine, ce presbytère construit en 1851-1852 se situait à droite et en retrait de l'église paroissiale, sur un vaste terrain donné par le seigneur de Montarville quelques années auparavant. La supervision des travaux de construction du presbytère et de l'église, érigée au même moment, est confiée à l'abbé Thomas Pépin, curé de la paroisse de Sainte-Famille de Boucherville et curé desservant de Saint-Bruno à cette époque. Il s'adjoint deux de ses ouailles de Boucherville qui ont déjà démontré leurs compétences dans cette paroisse: le maître menuisier Henri Favreau et le maître maçon Guilbert Provost. Habité dès l'automne 1851 par le premier curé résident de Saint-Bruno, le presbytère n'est cependant complété qu'en 1852.

Caractéristique du style monumental d'esprit néo-classique anglais, le presbytère est un édifice aux dimensions imposantes comportant deux étages, une cave et un grenier. Construit en pierre des champs avec des murs d'une épaisseur dépassant le mètre, il possède une structure constituée presque entièrement de pin. Coiffé d'un toit à deux versants, il est paré en façade d'une galerie en bois sur laquelle s'appuient six grandes colonnes au profil élancé dont deux, au centre, encadrent une porte d'entrée monumentale également d'inspiration néo-classique.

L'aménagement intérieur du presbytère nous donne une idée de la vie quotidienne des occupants. Mis à part la cuisine, la salle à manger et le fumoir, le rez-de-chaussée comporte un vaste bureau pour le curé ainsi que deux grandes salles publiques réservées à l'accueil des paroissiens et aux réunions du clergé. Des chambres occupent entièrement l'étage: celles du curé, du vicaire et de la ménagère ainsi que trois chambres réservées aux prêtres et autres visiteurs de passage.

En février 1961, le dernier curé quitte l'habitation maintenant centenaire pour emménager dans un tout nouveau presbytère que l'on vient de construire juste à côté de l'ancien. Comme il est devenu trop coûteux d'entretenir ce vieux bâtiment désuet, on songe à le faire disparaître, d'autant plus qu'il est en mauvais état et fait piètre figure: la colonnade et la balustrade de la façade avant ont disparu tandis qu'un tambour vitré masque la porte d'entrée. Sans une campagne menée pour sa conservation par le maire de l'époque, Gérard Filion, appuyé par un groupe de citoyens, le vieil édifice, comme tant d'autres, serait tombé sous le pic des démolisseurs.

En 1964, la Ville achète le vieux presbytère pour la somme symbolique d'un dollar afin de le déplacer à proximité de son site d'origine, en plein centre de la ville, sur la rive sud du lac du Village. Ce plan d'eau naturel entouré d'un parc contribue à mettre en valeur ce bel édifice. Le déménagement est minutieusement préparé. Le bâtiment est démoli pierre par pierre et chacune est numérotée: les détails de construction ancienne sont soigneusement notés. On conserve tout ce qui est dans un état convenable tandis que les ajouts récents sont supprimés.

Restauré selon les règles de l'art, l'édifice retrouve son aspect d'origine. Sa structure est consolidée, ses pierres nettoyées et sa couverture en bardeau entièrement refaite. En façade, on reconstruit d'après les modèles anciens la colonnade, la balustrade ainsi que l'encadrement de la porte qui avaient disparu.

L'intérieur est reconstitué avec autant de rigueur. Comme la division originelle des pièces n'est pas connue, on s'inspire des bâtiments similaires construits vers 1850 pour aménager l'espace. Les murs et les plafonds aux poutres apparentes sont chaulés et les planchers en pin entièrement refaits. La quincaillerie et la serrurerie d'époque est réutilisée ou remplacée par des pièces anciennes.

Classé monument historique en décembre 1966, le vieux presbytère de Saint-Bruno-de-Montarville ouvre officiellement ses portes deux mois plus tard comme centre culturel municipal. Les nombreuses activités qui s'y déroulent (conférences, concerts, expositions, ateliers et rencontres) acquièrent une chaleur particulière dans les nombreuses pièces de la maison, minutieusement restaurées et garnies de meubles anciens.

Louise Chouinard, historienne de l'art

MASSÉ-NEPVEU, Yolande. *Essai d'interprétation de l'architecture du Vieux presbytère de Saint-Bruno-de-Montarville*. Québec, Université Laval, Département d'histoire de l'art, 1987.

L'édifice monumental d'esprit néo-classique est utilisé depuis 1967 comme centre culturel.

Vue latérale du presbytère en 1948. (MAC, fonds Morisset)

Maison Nicole-Saia

Boucherville
601, boulevard Marie-Victorin

Fonction: résidentielle
Reconnue monument historique en 1976

Isolé sur le bord du fleuve Saint-Laurent, ce bâtiment occupe la zone située entre l'ancien bourg et les concessions. Déjà en 1673, 38 colons sont établis sur les premières terres concédées de part et d'autre du village et alignées presque perpendiculairement au fleuve. De ce nombre, 21 possèdent une seconde résidence dans les limites du bourg fortifié, où ils sont mieux protégés de la menace iroquoise.

L'histoire de la maison Nicole-Saia remonte au moins à 1787, date à laquelle un acte notarié mentionne, outre la résidence du négociant Jean-Pierre Laviolette, un «hangar de pierre à deux étages de vingt quatre pieds sur quarante» qui correspond très bien aux dimensions de la maison actuelle. En 1804, le hangar fait partie d'un établissement commercial qui comprend, entre autres, «une maison de pierre de 32 X 33 pieds, [...] une remise de bois de 24 pieds sur 40, une étable de 20 pieds sur 40, une boucherie de 20 pieds sur 20 [...] Le tout en bon état».

Entre 1837 et 1855, c'est Olivier Berthelet, richissime propriétaire foncier montréalais, qui prend possession des lieux au lendemain de la saisie puis de la vente de la propriété. La conversion du hangar en habitation remonte à cette époque, tout comme l'ajout d'un larmier, de lucarnes à l'arrière, de hautes fenêtres au rez-de-chaussée et d'une porte principale surmontée d'un entablement.

Si l'on suit la chaîne de titres jusqu'à aujourd'hui, on constate que la propriété est passée entre les mains de neuf personnes.

Cette résidence de style néoclassique était à l'origine un simple hangar de pierre.

Dans les années 1940, la maison n'est occupée que pendant la saison estivale. On sait également qu'elle a eu à subir régulièrement l'assaut des crues printanières. Elle serait même restée à l'abandon plusieurs années.

En 1968, après un examen approfondi du bâtiment suivi d'un curetage, la nouvelle propriétaire procède à la restauration du rez-de-chaussée et de l'étage qui ne révèle aucune modification des ouvertures. Aucune cloison n'est conservée au rez-de-chaussée qu'on avait divisé précédemment en quatre pièces. Il consiste à présent, comme à l'origine, en une grande aire ouverte. Récemment, un solarium de près de 4 mètres sur 5 a été ajouté à l'arrière, formant un angle droit avec le côté est.

La résidence possède l'élégance inhérente au modèle néo-classique. La porte principale, surmontée d'une corniche avec baies latérales, donne sur une longue galerie couverte, ornée de colonnes doriques. Les fenêtres, distribuées symétriquement, sont relativement nombreuses surtout dans le mur-pignon ouest. Corniches, pilastres et moulures en rehaussent l'encadrement.

La charpente est formée de fermes maîtresses à poinçon et chevrons. On accède à l'étage, divisé en plusieurs pièces, par un escalier décoré de riches moulures qui donne près de la porte principale. Juste au-dessous, un autre escalier mène à une cave de bonne hauteur où l'on trouvait autrefois un foyer et un four à pain.

Les sources spécialisées, surtout les inventaires après décès, font souvent état de bâtiments secondaires en pierre aux XVIIIe et XIXe siècles. D'ailleurs, cet extrait est particulièrement intéressant dans le cas de la maison Nicole-Saia: «De ce nombre seuls, subsistent aujourd'hui à Boucherville, quatre laiteries et deux hangars, dont un a été transformé en maison.»

Un ancien hangar est ainsi devenu une maison prestigieuse, calquant vraisemblablement un certain modèle de villa, assez répandu dans la région vers le milieu du XIXe siècle, avec ses galeries accrochées aux quatre façades et une porte principale d'aspect monumental.

Gilles Laberge, historien

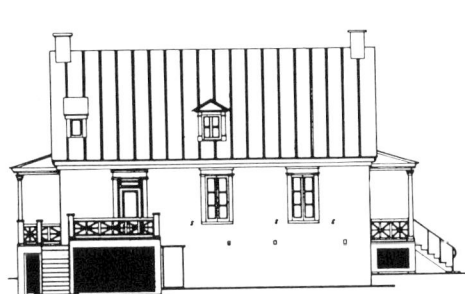

Élévations de la maison Nicole-Saia. (MAC)

BUREAU, Pierre et al. *Boucherville: Répertoire d'architecture traditionnelle*. Québec, ministère des Affaires culturelles, 1979. 287 p. (Coll. «Les Cahiers du patrimoine», n° 13).

SAVOIE, Mariette. *Inventaire architectural de la maison Gauthier dit St-Germain-Decelles, (partie II): la chaîne de titres*. Montréal, ministère des Affaires culturelles, s.d. N.p.

Église de la paroisse de Sainte-Famille

Boucherville
560, boulevard Marie-Victorin

Fonction: religieuse
Classée monument historique en 1964

Fondée en 1678 par Mgr de Laval, la paroisse de Sainte-Famille de Boucherville compte parmi les plus anciennes du Québec. Une première chapelle en bois y est érigée dès 1670. Mesurant 15 mètres de long sur 7,6 de large, elle est remplacée en 1712 par une église en pierre de plus grandes dimensions qui sert à la célébration du culte jusqu'au début du XIXe siècle.

Les plans de Conefroy

La construction de l'église actuelle est entreprise en 1801 sous la direction et d'après les plans et devis de l'abbé Pierre Conefroy, curé de la paroisse. Réalisés par le maître maçon Louis Bouillereau dit Comtois et le charpentier François Garaud dit Saint-Onge – qui avaient érigé quelques années plus tôt la grandiose église de Saint-Denis-sur-Richelieu –, les travaux progressent rapidement et l'édifice est inauguré l'année suivante.

L'église de l'abbé Conefroy donne le ton à l'architecture religieuse de l'époque. Ainsi, dès 1803, le maître maçon Bouillereau dit Comtois se voit confier la construction de deux églises semblables à Saint-Grégoire de Nicolet et à Baie-du-Febvre. L'exemple est par la suite suivi dans de nombreuses autres paroisses et encore en 1820, on érige à La Présentation une église s'inspirant de celle de Boucherville. Pourtant, le plan n'est pas nouveau: en forme de croix latine, il se termine par une abside en hémicycle à laquelle s'adosse la sacristie. Les dimensions de l'édifice sont toutefois beaucoup plus considérables qu'à la période précédente et on y retrouve aussi un plus grand nombre de fenêtres, tant dans la nef que dans le chœur.

Caractérisée par un nouvel agencement des ouvertures et la présence de trois portes au lieu d'une seule, la façade de l'église de Boucherville exerce une influence énorme. Ainsi, la plupart des églises construites entre 1800 et 1830 présentent une façade à trois portes au rez-de-chaussée, deux fenêtres et un oculus au niveau de la tribune intérieure et un oculus au sommet du pignon pour éclairer les combles. De plus, à l'exemple de Boucherville, il redevient fréquent d'encadrer la porte principale d'un portail sculpté en pierre de taille.

La plus grande nouveauté que propose l'abbé Conefroy pour l'église de la paroisse de Sainte-Famille demeure sans contredit

À la suite d'un incendie survenu en 1843, l'église a été reconstruite selon les plans originels de l'abbé Conefroy

L'église et le presbytère de la paroisse de Sainte-Famille, au début du siècle. (ANQ-Q)

Le baptistère, construit en 1879 dans le prolongement de la sacristie, a été dessiné par Victor Bourgeau.

son célèbre devis, aujourd'hui disparu, où l'on retrouvait codifié pour la première fois et avec de multiples précisions une foule de données relatives à la construction des églises. Largement utilisé par la suite, ce document ne laissait place à aucune interprétation, et préconisait aussi certaines innovations architecturales. Parmi celles-ci, soulignons le percement de soupiraux nécessaires à la ventilation du sous-sol non chauffé afin d'éviter le pourrissement du plancher et l'érection dans la nef de deux murs de refend au lieu d'un seul destinés à mieux supporter les solives transversales. Instaurées à Boucherville, ces deux mesures seront systématiquement appliquées par la suite.

La reconstruction

Le 20 juin 1843, le village de Boucherville connaît la pire tragédie de son histoire alors qu'un incendie provoqué par des étincelles échappées de la cheminée d'un bateau à vapeur détruit près des deux tiers des maisons ainsi que le couvent et l'église. De cette dernière, il ne reste que les murs. Ne se laissant pas décourager, les paroissiens décident quelques jours plus tard de relever l'église de ses ruines. Les travaux qui consistent à consolider les murs et à refaire la charpente et la couverture sont menés si rondement que sa réouverture a lieu six mois plus tard, le jour de Noël. À l'exception du clocher reconstruit l'année suivante, l'édifice a alors retrouvé son apparence originale.

L'érection d'un baptistère en 1879 dans le prolongement de la sacristie, d'après les plans de Victor Bourgeau, et la construction en 1964 d'un nouveau chemin couvert ainsi que d'une annexe à la sacristie constituent les principales modifications qui lui sont par la suite apportées.

La décoration intérieure de l'église est confiée dès 1801 à Louis-Amable Quévillon, sculpteur de Saint-Vincent-de-Paul, qui s'engage à faire la voûte et la corniche, le retable du chœur, la chaire, le banc d'œuvre, la tribune arrière ainsi que trois tombeaux d'autel. Terminé en 1803, ce décor qui est complété de 1807 à 1811 par Quévillon et en 1838-1839 par Victor Bourgeau disparaît dans l'incendie de 1843. Seule con-solation, on réussit alors à sauver la plupart des pièces de mobilier, tableaux, ornements et objets de culte.

En 1844, la reconstruction de l'église étant terminée, Louis-Thomas Berlinguet, architecte et sculpteur réputé tant à Québec que dans la région montréalaise, exécute la fausse voûte actuelle. Puis, en 1847, il entreprend avec l'aide de son fils Louis-Flavien la réalisation du retable et des stalles du chœur, de la balustrade ainsi que de trois tribunes, l'une à l'arrière de l'église et les deux autres dans les bras du transept. Les travaux s'échelonnent sur trois ans et se terminent en 1850.

La fausse voûte à doubleaux, ornée de gloires, repose sur un entablement continu et le retable est composé uniquement de pilastres qui subdivisent les murs du chœur en travées. Ce décor de Louis-Thomas Berlinguet s'avère dans l'ensemble conforme à l'esthétique de Thomas Baillairgé et ce, même si dans certains détails on ne retrouve pas le même esprit de rigueur qui caractérise l'œuvre de ce dernier. Ainsi en est-il de l'ordonnance du retable qui ne tient pas toujours compte des retombées des arcs de la voûte et de la disposition assez fantaisiste de part et d'autre du maître-autel de deux bas-reliefs de facture naïve représentant *La Foi* et *L'Espérance*.

L'intérieur de l'église connaît par la suite deux importantes phases de transformations qui ont chacune pour objectif de la rendre

Louis-Thomas Berlinguet, architecte et sculpteur, a signé les plans de la fausse voûte, du retable et des stalles du chœur, exécutés entre 1844 et 1850. (MAC)

plus conforme au goût du jour. La première, réalisée en 1879, se caractérise par l'ajout de nombreux éléments décoratifs tandis que la seconde, exécutée en 1969, privilégie une épuration du décor, selon les critères de restauration alors en vigueur et le renouveau liturgique préconisé par le concile Vatican II. Essayant de concilier ces deux tendances diamétralement opposées, on supprime en 1969 les tribunes des chapelles érigées par les Berlinguet et divers autres éléments qui avaient été ajoutés en 1879; on conserve cependant le décor peint de la voûte réalisé la même année par les peintres-décorateurs Delphis Beaulieu et Onesine Lavoie.

Chefs-d'œuvre de l'art sacré

L'église de Boucherville recèle l'un des chefs-d'œuvre de la sculpture ancienne au Québec: le tabernacle du maître-autel exécuté vers 1745 par Gilles Bolvin. De caractère éminemment baroque, il se distingue par une structure architecturale agrémentée par un jeu de courbes et de contre-courbes ainsi que par l'abondance et la grande variété de son ornementation. Parmi les autres pièces de mobilier se remarquent le tombeau du maître-autel exécuté en 1802 par Louis-Amable Quévillon, les fonts baptismaux sculptés par Nicolas Manny vers 1880, ainsi que le buffet d'orgue, probablement signé Louis-Thomas et Louis-Flavien Berlinguet en 1847, qui s'avère l'un des plus anciens aujourd'hui conservés.

Les trois tableaux surmontant les autels sont des œuvres de Jean-Baptiste Roy-Audy qui témoignent de ses talents de copiste, moyen par lequel il réussit à acquérir, comme la plupart de nos peintres, une certaine réputation. Au-dessus du maître-autel, *Le Repos de la Sainte Famille pendant la fuite en Égypte* est peint en 1819; il est inspiré de l'un des tableaux envoyés de France en 1817 par l'abbé Desjardins, aujourd'hui conservé au Musée du Séminaire de Québec. Il s'agit là de l'un de ses premiers tableaux, tout comme celui représentant *Saint Pierre délivré de sa prison* peint la même année. *Le Christ en croix* qui lui fait pendant est pour sa part acquis en 1825 ou 1826. Ces deux œuvres sont aussi des copies de tableaux de l'abbé Desjardins aujourd'hui disparus.

Guy-André Roy, historien de l'art

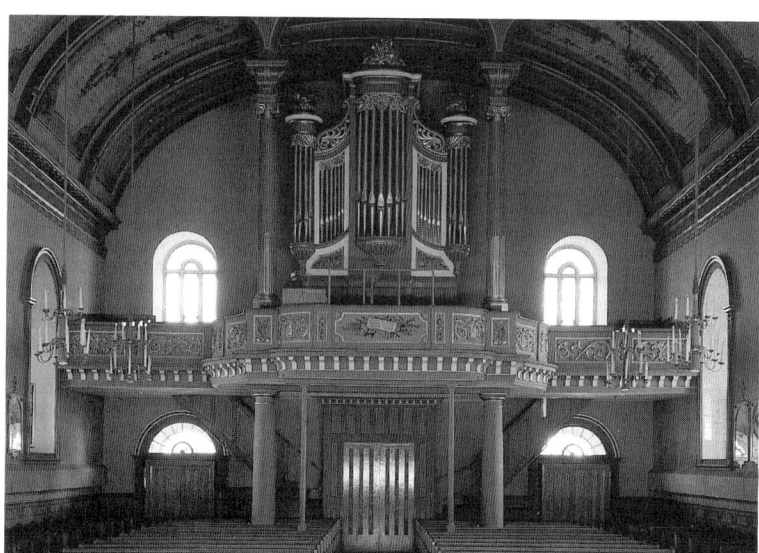

Outre la tribune, Berlinguet a réalisé le buffet d'orgue, en 1847, l'un des plus anciens qu'on ait conservés. (MAC)

Le tabernacle du maître-autel, exécuté vers 1745 par Gilles Bolvin, est considéré comme l'un des chefs-d'œuvre de la sculpture ancienne au Québec. Le tombeau, qui date de 1802, est signé Louis-Amable Quévillon. (MAC)

Noppen, Luc. *Les églises du Québec (1600-1850)*. Québec/Montréal, Éditeur officiel du Québec/Fides, 1977: 80-83.

Roy, Guy-André. *Inventaire de l'église Sainte-Famille de Boucherville*. Québec, ministère des Affaires culturelles, 1977. 2 vol.

Maison François-Pierre-Boucher

Boucherville
468-470, boulevard Marie-Victorin

Fonction: résidentielle
Classée monument historique en 1974

Les travaux de restauration entrepris en 1974 ont transformé radicalement la maison qui a retrouvé son aspect d'origine.

En 1815, l'arpenteur Joseph Bouchette décrivait Boucherville en ces termes: «Dans cet endroit plusieurs familles qui conservent encore les titres de l'ancienne noblesse du pays, ont fixé leur résidence et forment entre elles une société, où l'on observe autant de cérémonie et d'étiquette que dans les hauts cercles de la nation Française. Plusieurs de ces familles se sont bâti des maisons qui ont très bonne apparence et qui ressortent encore davantage par le contraste qu'elles forment avec la plupart de celles qui appartiennent aux autres habitants.»

François-Pierre Boucher (1689-1767) fait partie de cette aristocratie: troisième seigneur de Boucherville, il est le petit-fils de Pierre Boucher, fondateur de Boucherville et l'un des pionniers de la Nouvelle-France. Comme le veut la tradition familiale, il fait carrière dans les armes en tant qu'officier de la marine. Ses contacts avec les Amérindiens lui permettent d'écrire un ouvrage sur les mœurs des Indiens d'Amérique. En 1758, après avoir passé 56 années dans les troupes de la marine, il reçoit la prestigieuse croix de Saint-Louis en reconnaissance de ses services. En 1767, il s'éteint dans son manoir de Boucherville. Ses descendants occuperont la résidence seigneuriale jusqu'à la fin du XIXe siècle.

Le manoir, construit en 1741 par Michel Dulude, entrepreneur-maçon de la région de Montréal, jouit toujours d'un emplacement privilégié face au fleuve et au cœur de Boucherville. Cette spacieuse habitation en pierre se caractérise par des murs coupe-feu couronnés de cheminées à deux lumières (dont une «menteuse») reliées par le centre. Ces cheminées sont typiques de la région montréalaise. La troisième souche de cheminée, au milieu du toit, date d'une époque ultérieure. Les murs coupe-feu ne jouent en réalité qu'un rôle décoratif: à preuve, les corbeaux de la façade sont en pierre, alors qu'ils sont en bois à l'arrière. L'angle d'inclinaison des murs coupe-feu, moins aigu que celui du toit proprement dit, confère au bâtiment un aspect massif.

La charpente du toit présente elle aussi des caractéristiques particulières, parmi lesquelles des sablières simples, des fermes simples à double entrait, des fermes maîtresses dont l'aiguille est reliée aux fermes par des pièces obliques ainsi qu'une grosse entretoise rattachant les fermes au niveau de l'entrait de base.

Le manoir, tel qu'il apparaît aujourd'hui, est le résultat de multiples modifications apportées au fil des années. Les premiers changements connus remontent à 1841, à l'époque où Pierre-Amable Boucher de Boucherville, cinquième seigneur, occupe le manoir. Pour mettre la maison au goût du jour, on construit une galerie sur la longueur de la façade et celle-ci est recouverte de mortier et «carottée», lui donnant l'aspect de la pierre de taille. On profite de l'occasion pour apporter des réparations à la maçonnerie et aux cheminées. Les murs coupe-feu et les cheminées ont sans doute été exécutés à ce moment. L'intérieur est également rajeuni par des corniches en plâtre, une cheminée en marbre et des portes françaises à deux battants.

L'autre modification majeure date de 1914, lorsque le manoir est divisé en deux logements contigus. Les deux lucarnes monumentales en façade sont vraisemblablement issues de cette époque.

Il semble qu'après les années 1950, la maison ait commencé à se dégrader d'une façon alarmante, si bien qu'à son classement, en 1974, l'ensemble du bâtiment se trouve dans un état lamentable. La reconnaissance gouvernementale permet cependant aux propriétaires de rétablir la maison seigneuriale François-Pierre-Boucher dans son état antérieur, lui redonnant la fière allure qu'on lui connaissait, à peu de choses près, au milieu du XIXe siècle.

La maison en 1940 avec sa galerie et ses larges lucarnes. (MAC, fonds Morisset, E. Gariépy)

Jacqueline Hallé,
historienne de l'architecture

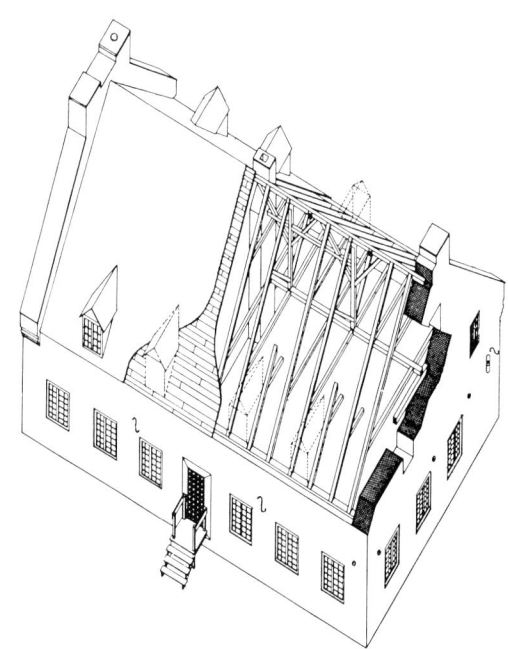

Vue axonométrique de la maison restaurée. (MAC)

BRUNEAU, Pierre *et al. Boucherville: Répertoire d'architecture traditionnelle*. Québec, ministère des Affaires culturelles, 1979. 287 p. (Coll. «Les Cahiers du patrimoine», n° 13).

LAFRAMBOISE, Yves. *Maison de François-Pierre Boucher*. Québec, ministère des Affaires culturelles, 1974.

Maison Quintal (dite Quesnel)

Boucherville
386, boulevard Marie-Victorin

Fonction: résidentielle
Classée monument historique en 1976

Toutes les faces du bâtiment ont reçu une profusion d'ornements: frise, consoles, linteaux décoratifs et moulures ouvragées.

Le 4 avril 1673, le seigneur Pierre Boucher concède une terre au tailleur François Quintal. Dès 1674, il y bâtit une maison en pièce sur pièce de quelque 7 mètres sur 5,5, suivie quatre années plus tard d'une grange. En 1727, François Quintal fils hérite de la terre et prend possession de la maison en bois qui se trouve dans un état quelque peu délabré. À son tour, il en fait don à son fils Augustin à l'automne 1750. La propriété inclut alors une «maison de pierre, la couverture forte mauvaise, une grange, estable, escurie en pieux de bout forts vieux ou mauvais».

Ces indices nous permettent de situer la construction de la maison en pierre entre 1727 et 1750. Mais comme on mentionne déjà en 1750 que la couverture est en mauvais état, il faut considérer comme plus vraisemblables les quelques années postérieures à 1727, qui correspondent à l'établissement de François Quintal fils en tant que propriétaire. Les descendants de la famille Quintal conserveront la maison ancestrale jusqu'en 1844, soit pendant 171 ans.

Après leur départ, une nouvelle époque commence pour la maison Quintal où une longue lignée de représentants de la bourgeoisie, parfois montréalaise, viendra habiter. Le nouveau propriétaire, Frédéric-Auguste Quesnel, est un homme politique notoire, grand propriétaire foncier et commerçant de pelleteries. Homme bien nanti, il s'empressera de faire modifier sa nouvelle demeure afin de lui donner l'aspect de ces villas qui se propagent dans les campagnes depuis le début du siècle, particulièrement à Boucherville. La petite localité constitue alors un foyer de la vie sociale, en partie grâce à Joseph Quesnel, le père de Frédéric-Auguste.

En 1858, le docteur Timéléon Quesnel, frère du précédent, hérite de la maison où, raconte-t-on, les réceptions du grand salon étaient courues par tous les notables locaux, marchands, anciens seigneurs et hommes politiques. On y venait semble-t-il d'aussi loin que Montréal en utilisant, l'hiver, les ponts de glace.

Puis 29 ans plus tard, Damase Dalpé-Parizeau, commerçant de bois à Montréal et nouvel acquéreur de la maison, y entreprend des travaux de rénovation dont une bonne partie vise à créer un effet purement esthétique. En façade, le versant du toit est relevé

Les travaux de rénovation entrepris en 1887 ont donné à cette maison de ferme du Régime français l'aspect d'une riche demeure de style colonial américain.

pour permettre l'ajout d'une double galerie. Cette addition semble surtout destinée à impressionner l'œil, car la galerie supérieure permet difficilement à une personne de taille moyenne de s'y tenir debout. Côté cour, on modifie également le profil du toit pour l'harmoniser avec la partie avant, mais cette fois en laissant la charpente d'origine en place. Le surhaussement du mur arrière et la rectification de l'angle des murs-pignons qu'a nécessités cette opération ne sont donc apparents qu'à l'extérieur.

Pour accentuer l'impression d'opulence, on multiplie les baies tant sur la façade que sur les murs-pignons. Les parois sont ensuite lambrissées de planche verticale moulurée. Toutes les faces du bâtiment reçoivent une profusion d'ornements: appliques, linteaux décoratifs, corniches, frises et consoles, poteaux sculptés et moulures ouvragées. Le même traitement attend les deux cheminées dont les souches sont ornées de caissons. L'intérieur, pour faire écho à cette surabondance, comptera jusqu'à dix-huit pièces.

Damase Dalpé-Parizeau ayant fait faillite, la maison est vendue à son voisin, Ernest Audet-Lapointe, en 1904. La famille Lapointe l'habite jusqu'en 1956, puis, pendant une vingtaine d'années, la maison reste à l'abandon, cible de prédilection des vandales. Classée monument historique en 1976, elle trouve à nouveau preneur en 1982. L'excellent état de la charpente et la qualité des matériaux d'origine en faciliteront la restauration.

Méconnaissable aujourd'hui, du moins dans son apparence première, cette ancienne maison de ferme du Régime français s'apparente sous bien des rapports aux riches demeures coloniales des plantations de coton du sud du Mississippi.

Gilles Laberge, historien

BUREAU, Pierre *et al. Boucherville: Répertoire d'architecture traditionnelle*. Québec, ministère des Affaires culturelles, 1979. 287 p. (Coll. «Les Cahiers du patrimoine», n° 13).

CÔTÉ, Suzanne. «Sur le côté d'en haut», *Lustucru*, 3 (aut. 1976): 5-10.

LAHOUD, Pierre *et al. Inventaire architectural de la maison Quintal dite Quesnel*. Québec, ministère des Affaires culturelles, 1976.

Élévation nord-ouest. La ligne pointillée indique l'angle qu'avait le toit à l'origine. (MAC)

Au moment de son classement en 1976, la maison Quintal était abandonnée depuis une vingtaine d'années. (MAC, coll. Gertrude Chrétien-Zaugg)

Maison La Fontaine

Boucherville
314, boulevard Marie-Victorin

Fonction: culturelle
Classée monument historique en 1965

La maison La Fontaine, à son emplacement d'origine, dans le Vieux-Boucherville. (MAC, fonds Morisset)

Le parc de la Brocquerie, à la limite ouest de Boucherville, regroupe trois maisons anciennes qui y ont été déménagées dans les années 1960. Deux d'entre elles étaient situées sur l'emprise du pont-tunnel Louis-Hippolyte-La Fontaine à Longueuil. La troisième, située au centre du parc, est ouverte au public; elle porte le nom de l'homme d'État né à Boucherville en 1807. Elle s'élevait dans le Vieux-Boucherville jusqu'en 1964.

Fils du menuisier Aubin Ménard, dit La Fontaine, Louis-Hippolyte fait ses études au Collège de Montréal et s'engage comme clerc dans un cabinet d'avocats. Il est reçu au barreau du Bas-Canada en 1828. Deux ans plus tard, il se lance en politique et se fait élire comme député de Terrebonne à la Chambre d'Assemblée du Bas-Canada, où il se signale par son nationalisme et son anticléricalisme. Les événements de 1837-1838 le révèlent cependant comme un habile stratège et tacticien, fervent adepte de compromis. Favorable à l'union du Haut et du Bas-Canada, La Fontaine milite en faveur de l'établissement d'un gouvernement responsable de ses actes devant le Parlement. En 1842, il entre au cabinet comme procureur général du Canada-Uni et premier ministre. De 1843 à 1847, il devient chef de l'opposition. C'est à cette époque qu'il se fait le défenseur de l'usage du français dans les textes législatifs.

De retour à la tête du gouvernement en 1848, il démissionne trois ans plus tard, après avoir fait adopter l'acte d'indemnisation des victimes des événements de 1837-1838. La polémique entourant cette question fait que sa maison est pillée en 1849 et que ses efforts pour établir la capitale du Canada-Uni à Montréal sont réduits à néant lors de manifestations qui se terminent en avril 1849 par l'incendie du parlement, temporairement logé au marché Sainte-Anne. Il retourne donc à la pratique du droit et est nommé juge en 1854. Déjà malade, il fait quelques voyages en Europe avant de mourir en 1865. Ses obsèques rassemblent quelque 12 000 personnes, une première à Montréal.

La maison en pierre qui a été déménagée dans le parc de la Brocquerie a longtemps été connue comme la maison natale de cet homme politique. On sait aujourd'hui qu'il est né dans une maison voisine, en bois, détruite par le grand feu de Boucherville en 1843. Ce n'est qu'en 1813 que le jeune Louis-Hippolyte emménage dans la maison en pierre. Il suit ainsi sa mère qui, devenue veuve, épouse son voisin, Joseph Truillier-Lacombe, héritier de la propriété construite en 1766 par François Lacombe.

Le jeune La Fontaine habite donc la maison située au coin des rues Notre-Dame et Saint-Pierre entre 1813 et 1822, alors que son beau-père meurt et qu'il quitte Boucherville pour étudier à Montréal. La maison en pierre reste toutefois dans la famille. À la suite de l'incendie de 1843 qui ne l'a pas épargnée, il ne reste que des murailles calcinées. Reconstruite aussitôt, la maison est vendue à des tiers en 1847 par les soins de La Fontaine, qui agit comme avocat des héritiers mineurs de sa sœur.

En 1964, on a déménagé la maison dans le parc de la Brocquerie. (MAC, coll. Gertrude Chrétien-Zaugg)

Lorsque naît l'idée de créer un parc historique regroupant plusieurs maisons que l'on voudrait bien conserver mais que l'on considère comme faisant obstacle au progrès, la maison en pierre de Boucherville y est déménagée. Faute de moyens, la société qui fait la promotion de ce concept de musée d'architecture en plein air ne peut réaliser ses objectifs. La maison La Fontaine demeure donc inoccupée pendant une dizaine d'années. Elle est vandalisée à plusieurs reprises et ce sont des murs à peu près nus dont les restaurateurs héritent en 1978.

L'édifice est restauré sur la base des vestiges et des traces observables. Comme la majorité des vestiges remontent à la reconstruction qui a suivi le feu de 1843, c'est selon ces indices et en suivant les caractères de l'architecture de cette époque que la maison est reconstituée.

Occupée par un centre d'exposition administré par la municipalité, la maison est, chose rare, accessible au public. On retrouve à l'intérieur un décor qui cherche à recréer l'ambiance de l'habitat du début du XIXe siècle. Dans les combles on a même rétabli une charpente «à l'ancienne», formée essentiellement de fermes simples sans poinçons, aisseliers et sans contreventement faîtier, comme c'était l'usage vers 1840-1850.

Si les étages supérieurs sont utilisés pour des expositions d'œuvres d'art et d'artisanat, le sous-sol recèle des éléments qui racontent l'aventure qu'a été la conservation de cette demeure où a failli naître Louis-Hippolyte La Fontaine et qui, à deux reprises, a été réduite à un tas de pierres.

Luc Noppen, historien de l'architecture

BUREAU, Pierre *et al. Boucherville: Répertoire d'architecture traditionnelle*. Québec, ministère des Affaires culturelles, 1979. 287 p. (Coll. «Les Cahiers du patrimoine», n° 13).

PINARD, Guy. *Montréal, son histoire, son architecture. Tome 2*. Montréal, Les Éditions La Presse, 1988: 79-84.

Restaurée en 1978, sur la base des vestiges et des traces observables, la maison La Fontaine abrite un centre d'exposition.

Maison appelée la chaumière

Boucherville
466, rue Sainte-Famille

Fonction: résidentielle
Classée monument historique en 1965

Cette ancienne dépendance en pierre faisait partie des bâtiments secondaires qui entouraient le manoir seigneurial rebâti en 1741 par Michel Huet dit Dulude. Éloignée d'une quinzaine de mètres du manoir, sur le côté ouest, elle faisait jadis pendant à une grange en pierre, à l'est.

Son toit de chaume, caractéristique des premières constructions en Nouvelle-France, serait à l'origine du surnom qu'on lui a donné et dont on trouve mention dans des documents d'archives remontant à plus d'un siècle. On raconte qu'elle servait de résidence aux domestiques du manoir ou, plus vraisemblablement, de hangar à grain.

De facture fort simple, la maison ne présente pas d'ornementation sur la toiture ni autour des ouvertures, sinon un encadrement de bois réduit à sa plus simple expression. Presque au ras du sol, sans cave, ce bâtiment d'un étage avec combles est coiffé d'un toit à deux versants formant un angle de 45 degrés. Avant la restauration de 1966, une galerie courait le long de la façade et sur le mur sud-ouest. Des ancrages circulaires en métal sont visibles près des coins, au niveau du plancher de l'étage, tant sur la façade que sur le mur latéral.

Appuyée contre le mur est, une petite laiterie, à laquelle vient s'ajouter une glacière, forme une légère saillie sur la face nord. Aujourd'hui, ces deux annexes sont utilisées respectivement comme cuisine et salle à manger sur cet étage sans division, et une armoire encastrée sert de vaisselier. Les chambres à coucher se trouvent à l'étage auquel on accède par un escalier central de type échelle de meunier.

Au fil des années, l'ancienne charpente composée de fermes maîtresses à poinçon avec pannes sera modifiée, tout comme le recouvrement en planches posées à la verticale. Au profit des chevrons, les pannes qui servent maintenant d'entretoises ne sont plus éléments porteurs. Les bardeaux de bois reposent à présent sur des planches disposées horizontalement et d'une manière plus appropriée pour supporter la toiture. L'absence d'une section de la panne faîtière laisse supposer l'existence d'une ancienne cheminée centrale.

La maison vers 1925. (ANQ-Q, E. Gariépy)

On ne connaît pas précisément la date de construction de la maison. La tradition orale mentionne soit 1742, année où l'on a reconstruit le manoir voisin en pierre, soit le début du XVIIIe siècle, qui correspond à l'époque du premier manoir. On sait toutefois qu'en 1880, elle est léguée à Eliza McCarthy, veuve de John Henry Munro, ancien maire de Boucherville dans les années 1860. Au printemps 1894, deux des enfants Munro, Alice et Edgar, entreprennent des travaux majeurs de réaménagement dans la maison dont ils viennent d'hériter. Ils vont lui donner à peu près l'aspect qu'on lui connaît aujourd'hui.

De simple locataire, la famille Robillard devient propriétaire au début du siècle, pour finalement la donner en héritage en 1945. Même à cette époque, il est possible que la maison serve de chalet d'été car elle n'est ni chauffée ni isolée adéquatement.

Dans les années 1960, l'architecte Victor Depocas l'acquiert et entreprend de la restaurer. Il s'emploie non seulement à refaire et à solidifier les fondations et la toiture, mais aussi à réaménager complètement l'intérieur pour bien héberger les futurs occupants. Cela inclut aussi la réfection des composantes utilitaires, de nouvelles fenêtres à battants avec contrevents et l'ouverture des murs mitoyens donnant sur les annexes. Les planchers formés de planches de pin rouge sont décapés, de même que les lambourdes et leur revêtement de planches supportant un plafond à une hauteur dépassant les deux mètres. Tout ceci a pour mérite de faire ressortir le foyer en pierre et d'accentuer le cachet rustique des lieux.

Au cours des années 1970, André Fleury, le nouveau propriétaire, fait aménager des jardins qui mettent en relief la beauté de cette maison ancestrale. Elle profite de plus d'un paysage exceptionnel grâce à la proximité du fleuve qui dégage l'horizon jusqu'à l'île de Montréal.

Gilles Laberge, historien

La maison a été restaurée en 1966 par l'architecte Victor Depocas.

Chapelles de procession Sainte-Anne et Saint-Joachim

Varennes
Rue Sainte-Anne

Fonction: religieuse
Classées monuments historiques en 1981

Situées à faible distance de part et d'autre de l'église paroissiale, deux petites chapelles se dressent en bordure de la route principale qui traverse la municipalité de Varennes. Dédiées à sainte Anne, protectrice des marins, et à saint Joachim, ces chapelles sont érigées au cours du XIXᵉ siècle et remplacent des édifices plus anciens dont les origines remontent, semble-t-il, au début du siècle précédent.

La chapelle Sainte-Anne

La chapelle Sainte-Anne est construite en 1862 sur un emplacement différent de celui de l'ancienne chapelle, d'après les plans et devis de Victor Bourgeau, architecte alors le plus réputé de la région montréalaise. Le gros œuvre est réalisé sous la direction de Louis-Flavien Berlinguet et en 1864, Honoré Colette, menuisier de Verchères, exécute le décor intérieur avec l'aide du sculpteur et doreur Louis-Xavier Leprohon.

De style néo-gothique comme de nombreux édifices religieux érigés à cette époque, la chapelle Sainte-Anne s'avère la plus grande de toutes celles qui bordent nos routes. Elle mesure 12,3 mètres de longueur sur 7,4 de largeur. Son plan est de forme rectangulaire et se termine par un chevet plat. La façade au pignon élancé est percée d'une grande porte surmontée d'un tympan de menuiserie orné d'une statue de sainte Anne en bois, sculptée en 1862 par Louis-Flavien Berlinguet, et d'un oculus trilobé. Trois fenêtres ogivales s'ouvrent dans chacun des murs-gouttereaux. Les cadres de toutes les ouvertures ainsi que les chaînages qui marquent les angles de la façade sont en pierre de taille. La toiture recouverte de tôle à baguettes est coiffée d'un élégant clocher composé d'une base en forme de losange, d'un tambour octogonal orné de gables, d'une longue flèche droite et d'une croix.

Le décor intérieur est aussi de style gothique. Il est beaucoup plus élaboré que ceux que l'on retrouve habituellement dans ce genre d'édifices. Une fausse-voûte à trois pans décorée de caissons couvre la nef tandis que celle du chœur est de forme ogivale et compartimentée de multiples losanges ornés chacun d'une fleur de lys. De chaque côté du chœur (qui est plus étroit que la nef) sont aménagées deux petites pièces de service. Un autel aux formes gracieuses, des niches abritant des statues, une délicate balustrade, un chemin de croix, des plaques commémoratives et des fenêtres ornées de vitraux complètent l'ornementation de la chapelle rehaussée d'un décor peint.

Construite en 1862 selon les plans de Victor Bourgeau, la chapelle Sainte-Anne, comme de nombreux édifices religieux érigés à cette époque, est d'inspiration néo-gothique.

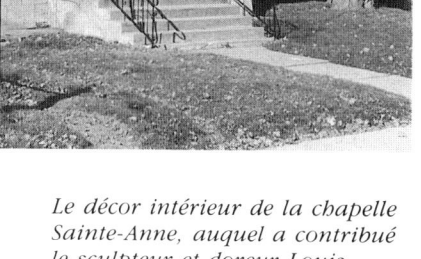

Le décor intérieur de la chapelle Sainte-Anne, auquel a contribué le sculpteur et doreur Louis-Xavier Leprohon, se révèle particulièrement élaboré. (MAC)

La chapelle Saint-Joachim

C'est au cours de l'été 1830 que les marguilliers de la paroisse décident de reconstruire sur le même site la chapelle Saint-Joachim qui tombe en ruine. L'année suivante, le terrain est toutefois échangé pour un autre que l'on juge «plus avantageux par sa situation». Les travaux débutent aussitôt et se terminent en 1832.

Construit en pierre de champs, l'édicule est de plan rectangulaire et se termine par un chevet plat. Ses murs sont percés, sur les côtés, d'une fenêtre cintrée et, en façade, d'une porte à double vantail surmontée d'un tympan de menuiserie en éventail. Un oculus orne le pignon. Recouverte de tôle à baguettes, la toiture à deux versants droits ne déborde que très légèrement du mur-pignon et des murs-gouttereaux. Un petit clocher, à cheval sur le faîte, coiffe l'édicule: il se compose d'une base carrée, d'un tambour octogonal et d'une flèche incurvée couronnée d'une croix.

À l'instar de celle de Saint-Sulpice, la chapelle Saint-Joachim est d'inspiration néo-classique. Ce courant, qui domine l'architecture religieuse québécoise au cours du deuxième quart du XIXe siècle, se caractérise par une simplicité et une grande rigueur dans la composition en conformité avec les règles antiques. Les proportions d'ensemble de l'édicule, la présence de l'oculus et la configuration du clocher témoignent de cette influence classique. Il en est de même de l'encadrement des ouvertures composé de pilastres supportant, par l'intermédiaire d'imposes, un arc en plein cintre dont le sommet est souligné par une clé.

L'intérieur de la chapelle porte aussi l'empreinte de l'architecture classique. La fausse-voûte surbaissée reposant sur un entablement continu dénote cette influence, ainsi que le retable composé de deux pilastres supportant un fronton cintré, qui orne le chevet plat. Rehaussée d'un décor peint en 1943 par Hermel Lussier, l'ornementation de la chapelle est complétée par une balustrade, des bancs, différentes gravures et statues de plâtre, des armoires couronnées de fleurs de lys et un autel formé d'un tombeau rectangulaire et d'un tabernacle fort curieux. Réalisé à une date inconnue, il s'apparente par son ordonnance architecturale à certaines œuvres exécutées entre les années 1800 et 1830 par l'atelier de Quévillon; ses motifs sculptés, eux, datent vraisemblablement du XVIIIe siècle.

Autrefois nombreuses, les chapelles votives et processionnelles sont maintenant rares au Québec. De plus, en raison de la baisse de la pratique religieuse et de la fin de certains rituels traditionnels comme la procession de la Fête-Dieu, la plupart de celles qui subsistent ont été laissées à l'abandon parce que non utilisées.

Tel n'a toutefois pas été le cas à Varennes où la fabrique a toujours continué à entretenir ses chapelles; on s'y rend encore chaque année en procession pour célébrer les fêtes patronales. Qui plus est, la chapelle Sainte-Anne demeure toujours un lieu de culte fort populaire. Ouverte durant la saison estivale, elle accueille de nombreux fidèles venus pour s'y recueillir.

Guy-André Roy, historien de l'art

ROBERT, Jacques. *Les chapelles de procession du Québec*. Québec, ministère des Affaires culturelles, 1979. 163 p.

ROY, Guy-André. *La chapelle Sainte-Anne, Varennes, comté de Verchères*. Québec, ministère des Affaires culturelles, 1978. N.p.

ROY, Guy-André. *La chapelle Saint-Joachim, Varennes, comté de Verchères*. Québec, ministère des Affaires culturelles, 1978. N.p.

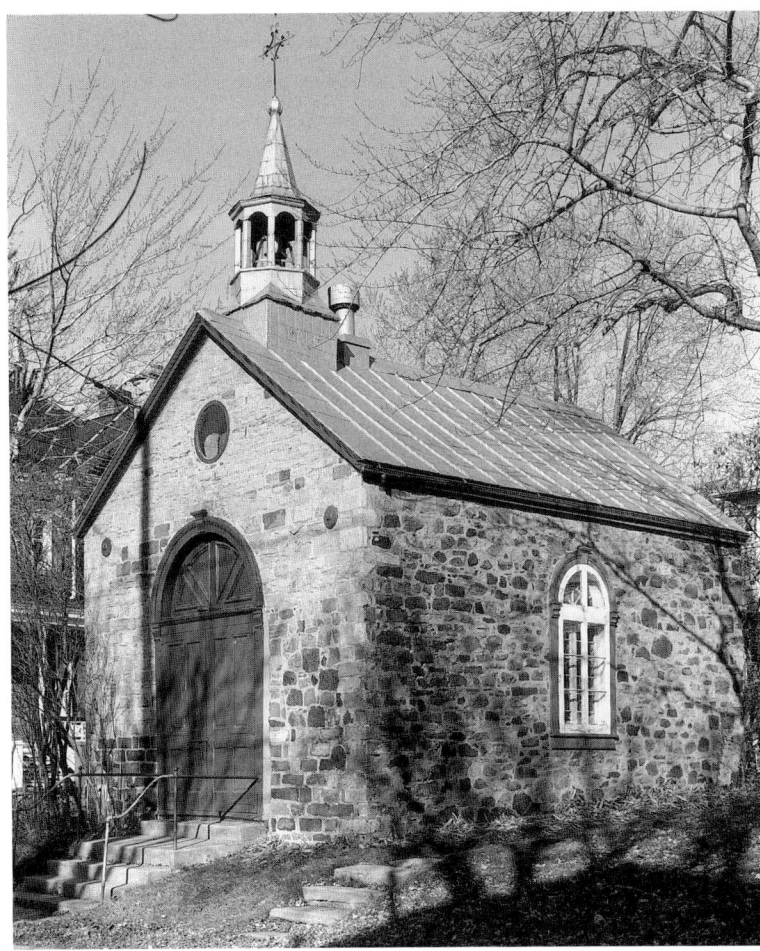

Par ses proportions, ses détails décoratifs et la configuration du clocher, la chapelle Saint-Joachim, édifiée en 1832, relève du courant néo-classique. (MAC)

Le décor intérieur de la chapelle Saint-Joachim porte aussi l'empreinte de l'architecture classique. Le tabernacle, réalisé à une date inconnue, rappelle certaines œuvres exécutées entre 1800 et 1830 par l'atelier de Quévillon. (MAC)

Calvaire

Varennes
2511, rue Sainte-Anne

Fonction: religieuse
Classé monument historique en 1962

Le calvaire de Varennes, dont les origines remontent au XVIIIe siècle, compte parmi les plus beaux monuments du genre au Québec. Comme en font foi les livres de comptes de la paroisse de Varennes, Michel Brisset érige en 1774 un premier calvaire; celui-ci ne comporte probablement qu'une seule croix sur laquelle est clouée une figure du Christ mourant. Un tronc y est placé pour recevoir les offrandes des fidèles.

Seize ans plus tard, soit en 1790, les archives mentionnent une somme de 1 998 livres payées pour l'achat «des Christ et le Calvaire». On suppose qu'il s'agit de statues supplémentaires acquises par le curé Féré-Duburon qui fait construire un édicule pour protéger l'ensemble contre les intempéries. Par la suite, le calvaire est régulièrement réparé et repeint.

En 1828, il est abattu par le vent. L'assemblée des marguilliers décide alors de vendre le bois devenu inutilisable et de construire, au même emplacement, un nouveau calvaire ayant les mêmes dimensions que le précédent. Ce travail est confié l'année suivante au menuisier Ubaldin Richard. Les marguilliers l'autorisent à engager trois ouvriers pour mener à bien cette tâche.

Au cours des années qui suivent, l'entretien du calvaire entraîne plusieurs dépenses. En 1850 notamment, la fabrique débourse une somme de 800 livres (ancien cours) qui, croit-on généralement, sert à l'achat de nouvelles statues.

Gérard Morisset, dans son *Inventaire des œuvres d'art*, attribue ces sculptures à Louis-Thomas Berlinguet (1789-1863). Des recherches récemment entreprises démontrent toutefois qu'une des trois sculptures du calvaire, celle du mauvais larron située à la gauche du Christ, présente une facture différente des autres figures du groupe et pourrait être une œuvre de Michel Brisset. Le front légèrement aplati de ce personnage, probablement destiné à recevoir une couronne d'épines, laisse croire qu'il s'agit à l'origine de la figure du Christ que sculpte Brisset en 1774 pour le premier calvaire. Débarrassée de sa couronne d'épines, elle aurait été transformée en mauvais larron lors du réaménagement du calvaire par le curé Féré-Duburon en 1790.

Au cours du XXe siècle, le calvaire de Varennes subit plusieurs modifications et va jusqu'à perdre son cachet d'origine. En 1971 on entreprend d'importants travaux de restauration destinés à redonner à l'œuvre son aspect ancien. L'architecte Claude Beaulieu redessine certains éléments du calvaire tels qu'ils apparaissent sur des photographies datant du début du siècle. Il modifie la balustrade et la porte d'entrée de l'édicule pour leur redonner leur aspect d'antan et place, aux extrémités des traverses des croix, des fleurs de lys semblables à celles figurant sur les documents anciens. L'architecte conçoit aussi un nouveau coq en fer forgé destiné à remplacer, au sommet de l'édicule, l'ancien coq volé quelques années plus tôt. Les statues sont également restaurées. Celle du mauvais larron de Michel Brisset est jugée trop détériorée pour demeurer sous l'édicule. Elle est donc placée à l'abri dans l'église de Varennes. Une copie exécutée par l'artisan Roger Dallaire en 1979 la remplace dans le calvaire.

La population des environs a toujours considéré le calvaire de Varennes comme un important lieu de prières et de recueillement. En 1905, Rome accorde une indulgence plénière et une indulgence partielle de sept années à ceux qui le visitent. À plusieurs reprises, jusqu'en 1971, on dresse un reposoir devant le monument qui sert d'étape finale à la procession de la Fête-Dieu.

Une belle légende rapportée en 1935 et dont on peut situer l'action au début du XIXe siècle se rattache au calvaire: un jour, un vieux mendiant qui se rendait à la fête de sainte Anne s'arrête au calvaire. Épuisé par une longue marche, il se laisse choir au pied de l'édicule lorsque soudain il entend une voix douce qui l'invite à se reposer. N'en croyant pas ses oreilles, le mendiant inspecte les alentours, mais sans résultat. C'est alors qu'ayant reconnu la voix du Christ, il éclate en sanglots tant il est ému. À ce moment, le Christ détache son bras droit de la croix, serre le vieux mendiant contre sa poitrine et lui promet de l'amener le jour même au paradis. Le lendemain, des pèlerins venus du village pour prier au calvaire retrouvent le mendiant, mort, les bras enlacés au pied de la croix. Son visage, encore inondé de larmes, exprime la paix.

Louise Chouinard, historienne de l'art

Le calvaire de Varennes, dont les origines remontent au XVIIIe siècle, compte parmi les plus beaux monuments du genre au Québec.

GERVAIS, Aimé. *Calvaire de Varennes, recherche d'une origine*. Varennes, Archives de la paroisse de Varennes, 1972. 5 p.

ROY, Guy-André. *Le calvaire de Varennes, comté de Verchères*. Québec, ministère des Affaires culturelles, 1977. N.p.

TALBOT, Géo.-R. «La légende du Calvaire de Varennes», *Annales de Notre-Dame du Cap, Reine du Très-Saint-Rosaire*, IIIe série (avril 1935): 151-152.

Maison Joseph-Petit-dit-Beauchemin

Varennes
2712, rang de la Petite-Prairie

Fonction: aucune
Classée monument historique en 1984

La maison en 1943. Elle se rattache au modèle urbain de la fin du XVIIe siècle dont on retrouve des exemples en milieu rural jusque vers 1780-1800.

Si tous les monuments classés du Québec bénéficient de la même protection légale, tous ne sont pas l'objet de soins attentifs. Parmi les laissés-pour-compte de notre héritage architectural figure cette petite maison en pierre située au nord-est de la municipalité de Varennes, à environ un demi-kilomètre du centre historique où est situé l'église Sainte-Anne. Une usine de pétrochimie, non loin de l'historique demeure, est cause de sa désaffection; depuis 1953, cette proximité hypothèque son avenir.

Bien qu'aucun document ne permette d'établir avec précision la date de construction de la maison, on peut affirmer qu'elle a été érigée dans le troisième quart du XVIIIe siècle. En effet, lorsque Jean-Louis Beauchamp prend possession de la terre en 1815, l'acte de vente stipule qu'il s'y trouve «une maison, une grange et autres bâtisses». Or le vendeur, Amable Lemoine de Martigny, avait acquis en 1790 la propriété, qui est décrite dans un acte passé six ans plus tôt «avec une maison de pierre, une grange, une étable et une letterie [sic] de pierres».

Quelques années auparavant, Joseph Petit dit Beauchemin avait donné à son fils Basile, à l'occasion de son mariage, la portion de cette terre sur laquelle se trouvait déjà «une maison de pierre de trente pieds de long sur vingt six de large [...] avec une laiterie de pierre de douze pieds ou environ en quarré». Si la chaîne des titres confirme qu'il s'agit bel et bien de la même terre, les dimensions de la structure de pierre concordent aussi, si l'on transpose les mesures françaises en pieds anglais.

La maison existe donc en 1774, ayant probablement été construite quelques années plus tôt pour Joseph Petit dit Beauchemin qui, en la donnant à son fils, se réserve l'usufruit d'une moitié, de la laiterie, de toute la cave et du droit d'utiliser le four.

Relativement isolée, la maison est formée d'un carré de maçonnerie de 9,5 mètres de largeur sur 8,5 de profondeur, surmonté d'un toit à deux versants. Une structure plus petite jouxte ce carré principal; elle mesure quelque 4 mètres sur 5,5. Ces deux volumes sont crépis à plein et couverts d'une toiture revêtue de bardeau d'asphalte. La façade principale comporte deux fenêtres et une porte; à l'arrière, on compte trois fenêtres.

À l'intérieur, la maison possède trois niveaux d'occupation: le sous-sol, le rez-de-chaussée et l'étage des combles. Au sous-sol subsistent deux bases de cheminées et les vestiges d'un mur de refend qui divisait la

Dessin en perspective de la charpente. (MAC)

La proximité d'une usine de pétrochimie hypothèque l'avenir de l'historique demeure.

cave en deux dans l'axe longitudinal. Au rez-de-chaussée, les cloisons et les finis ont été largement modernisés; seul demeure, sur le pignon nord-est, caché sous un lambris et transformé en armoire, un imposant foyer formé de jambages et d'un linteau en pierre de taille.

Quant à l'étage, il couvre l'espace situé sous les faux-entraits de la charpente du toit. Au-dessus on peut voir le sommet de la charpente composée de trois fermes maîtresses. Chacune est formée par deux arbalétriers-chevrons, d'un faux-entrait, d'un poinçon et de deux jambes de force. L'assemblage est complété par quatre paires de chevrons-volants et par un contreventement faîtier assuré par le sous-faîte et des aisseliers. Cette charpente, d'une rare qualité, est aussi en bon état de conservation.

On ne peut malheureusement pas en dire autant de l'ensemble de la maison. Vacante depuis plusieurs années, elle ne subsiste que grâce à la protection que lui confère son statut de monument historique classé. Seulement, cela n'a pas empêché le vandalisme et des dégâts causés par un incendie.

Le monument est digne d'intérêt. Il s'agit d'un bon exemple de la diffusion en milieu rural d'un type de maison en pierre qui témoigne à la fois de la prospérité relative de cette région à la fin du XVIIIe siècle et de la disponibilité d'une main-d'œuvre qualifiée. La forme trapue de la maison, son toit sans lucarnes, ses massives souches de cheminées et la disposition typique des ouvertures où une seule porte permet d'accéder à la salle qu'il faut traverser pour entrer dans la chambre se rattachent au modèle typique de la fin du XVIIe siècle urbain qui se retrouve en milieu rural jusque vers 1780-1800. Et, contrairement à plusieurs bâtiments qui relèvent de ce type architectural, celui-ci a conservé intacte son apparence d'origine, à l'exception du larmier incurvé qui est venu, vers 1830, recouvrir une galerie en façade.

Luc Noppen, historien de l'architecture

ROBERT, Jacques. *La maison Joseph Petit dit Beauchemin: étude historique et analyse architecturale*. Montréal, ministère des Affaires culturelles, 1982.

Hangar à grain

Varennes
4681, rang de la Baronnie

Fonction: agricole
Classé monument historique en 1983

L'entreposage et la conservation du grain est une étape aussi importante dans l'activité agricole que celles des semences et des récoltes. L'habitant y consacre beaucoup de soins: la qualité des farines qu'il en tire et celle du pain dont il se nourrit méritent bien toute l'attention apportée à la sauvegarde de ses récoltes.

À l'époque de la colonie, il est d'usage d'entreposer à l'étage de la maison d'habitation les grains, d'où le terme «grenier». Loin de se limiter au Régime français, cette pratique se poursuit dans certaines régions jusqu'au début du XXe siècle. Mais pour mieux soustraire le grain à l'humidité du sol, on l'entrepose à l'étage des granges ou des remises. Dans certains cas, on construit même un hangar réservé à cet usage.

Le hangar à grain du rang de la Baronnie à Varennes est sans doute le mieux conservé des six hangars en pierre répertoriés dans la grande région de Montréal. Le bâtiment a non seulement conservé ses matériaux d'origine, mais il s'intègre harmonieusement dans un paysage agricole, entouré d'autres bâtiments de ferme et de grands champs cultivés.

Le rang de la Baronnie se situe à l'intérieur du fief de la Guillandière, originellement concédé par Jean Talon en 1672. La colonisation démarre assez lentement: on y dénombre en 1726 dix-neuf censitaires dont seulement huit ont construit une maison, une grange et une étable. Ces établissements sont concentrés au premier rang, près du fleuve. Le rang est entièrement occupé dès la fin du XVIIIe siècle. Au recensement de 1831, on y dénombre 30 fermes.

L'activité agricole est remarquable: déjà en 1765, Varennes se classe au premier rang de la province pour le nombre d'arpents possédés, le nombre de minots semés et le nombre de vaches et de chevaux. Soixante ans plus tard, le comté de Verchères est deuxième au Bas-Canada pour la quantité et la valeur de sa production agricole. Au milieu du XIXe siècle, le blé et l'avoine occupent de 50 à 75 pour 100 des superficies cultivées.

Pour entreposer ces abondantes récoltes de grain, plusieurs habitants bâtissent un «grenier» qui vient s'ajouter aux autres bâtiments de ferme groupés près de la maison d'habitation. Le hangar réservé à l'entreposage du grain est construit en bois ou en pierre. De dimensions modestes, il est généralement coiffé d'un toit à deux versants. Les ouvertures sont peu nombreuses et une porte est souvent pratiquée dans le mur-pignon pour faciliter l'accès à l'espace d'entreposage toujours situé à l'étage. On remise au rez-de-chaussée différents instruments et outils relatifs aux activités agricoles.

Construit dans la première moitié du XIXe siècle, le hangar à grain du rang de la Baronnie est fort bien conservé.

Le grenier Jodoin a été érigé pendant la première moitié du XIXe siècle. Dans la chaîne des titres de la propriété, le terme «hangar» apparaît la première fois en 1842 et «hangar de pierre» en 1847. Le bâtiment a sans doute été construit quelques années auparavant.

Les murs en pierre des champs mesurent environ 5 mètres sur 8. Le toit à deux versants est recouvert de bardeau de cèdre. L'unique porte est pratiquée dans l'un des murs pignons. Chaque mur ne possède qu'une seule ouverture, sans fenêtre, fermée par des contrevents.

On accède à l'étage par une échelle de meunier. C'est par là que l'on monte les sacs pour les vider ensuite dans des carrés à grain destinés à recevoir les différentes variétés de céréales de la récolte. Le plancher des carrés à grain est percé de petits guichets ou trappes que l'on ouvre du rez-de-chaussée pour faciliter l'empochage du grain.

La charpente du toit est formée d'un assemblage de chevrons-arbalétriers, poinçons, panne faîtière et contreventements. Une telle charpente est remarquable pour ce genre de bâtiment et pour l'époque de sa construction. Elle est certainement l'œuvre d'un homme de métier.

Le nombre de ces bâtiments de ferme régresse considérablement avec l'abandon progressif des cultures céréalières et l'émergence de la grande agriculture à spécialisation laitière à la fin du XIXe siècle. Plusieurs greniers devenus de plus en plus inutiles sont abandonnés, démolis ou simplement transformés en garage pour les véhicules automobiles.

La disparition des hangars à grain, des petits moulins à farine et des fours à pain sont les conséquences directes de ces profondes modifications dans les exploitations agricoles de la plaine de Montréal. Heureusement, celui de Varennes est protégé depuis son classement en 1983.

Régis Jean, ethnologue

ETHNOTECH. *Évaluation patrimoniale: Hangar à grain, Varennes.* Québec, ministère des Affaires culturelles, 1982.

Maison Moussard

Calixa-Lavallée
289, rang de la Beauce

Fonction: résidentielle
Classée monument historique en 1973

Classée monument historique en 1973, la maison Moussard est une des nombreuses constructions qui font de Calixa-Lavallée un lieu de pèlerinage très fréquenté par les amateurs d'architecture traditionnelle.

Érigée en 1834 – ce que révèle une pierre gravée au-dessus de la porte d'entrée –, cette vaste demeure témoigne de l'évolution du type architectural inspiré des modèles urbains (1720-1820) vers un type proprement rural. Cela explique les dimensions imposantes du plan, destiné à loger une famille nombreuse, et la disparition de murs coupe-feu qui ne sont guère utiles en dehors d'une situation de mitoyenneté. En même temps, les ouvertures sont redéployées en façade selon le schéma néoclassique, avec porte centrale et fenêtrage réparti également de part et d'autre.

La maison Moussard en 1944. (MAC, Fonds Morisset)

Typique de la région montréalaise est un des trois conduits de cheminée qui dessert au sous-sol le four à pain, que commandait l'espace limité des demeures anciennes. La maison Moussard accueille aussi dans son soubassement un cellier et une cave à légumes, attributs fréquents à cette époque à travers le Québec.

Au fil des années, l'intérieur de la maison fait l'objet de plusieurs transformations. On y retrouve néanmoins des foyers et, surtout, un égout d'évier de cuisine qui passe au-dessous d'une des fenêtres à l'arrière.

Collectionneur d'architectures, le propriétaire de la maison Moussard ne cesse d'installer sur le site des bâtiments de ferme acquis ailleurs. On y retrouve donc, à côté de la grange originelle, une petite maison en pièce sur pièce et une remise à pignons provenant de Grondines, dans le comté de Portneuf.

Luc Noppen, historien de l'architecture

Élevée en 1834, cette vaste demeure témoigne de l'évolution du type architectural inspiré des modèles urbains vers un type proprement rural.

Moulin à vent

Verchères
Rue Madeleine

Fonction: culturelle
Classé bien archéologique en 1983

En 1831, on dénombre sept moulins à vent dans la municipalité de Verchères, sans compter celui situé au village qui est hors d'état de marche au moment du recensement. De cette concentration tout à fait exceptionnelle survivent aujourd'hui le moulin Dansereau, qui mériterait un peu plus d'attention, et les vestiges de deux vieux moulins à vent, dont celui du village.

De l'ancien moulin à vent de Verchères il ne reste aujourd'hui qu'une tour de maçonnerie crépie et recouverte d'un toit conique. La forme évasée de la structure en pierre évoque un mode de construction ancien. On observe en effet que les moulins plus récents (comme le moulin Dansereau) ont une maçonnerie plus droite et des murs avec moins de fruit.

Le site est acquis par le gouvernement fédéral en 1913 pour être utilisé comme station de signalisation maritime. Cela a été le cas de plusieurs moulins à vent du couloir fluvial, démontrant par là la qualité des sites choisis par certains constructeurs. Le moulin à vent est donc dépouillé de ses mécanismes et sa structure utilisée comme phare jusqu'en 1949. Depuis, le site et la tour ancienne sont la propriété de la Municipalité de Verchères, qui l'utilise à l'occasion comme centre d'exposition.

La vie de ce moulin est étroitement liée à l'histoire de la seigneurie de Verchères, concédée en 1672 par Jean Talon à François Jarret, enseigne du régiment de Carignan-Salières. C'est Jean-Baptiste Jarret, fils unique du sieur de Verchères et militaire lui aussi, qui aurait fait ériger ce moulin à vent, vers 1730. En effet, la présence du monument est signalée une première fois dans les archives en 1737. En plus du «Moulin à Vent faisant farine construit en pierre, Moulange du pays», l'acte d'aveu et de dénombrement mentionne un moulin à eau et une «maison pour le Meunier qui fait valoir les dits deux Moulins». Ces bâtiments sont situés sur le domaine seigneurial «en bas de la cote du village de Verchères», près du manoir.

Après le décès du seigneur en 1752, c'est Madeleine d'Ailleboust, son épouse, qui prend en main les affaires. C'est donc elle qui signe, cette année-là, un bail de moulin à vent à Bertrand Durocher, meunier de Verchères. En 1781, Jean-Baptiste Hertel de Rouville fils devient, par un jeu d'alliances, le nouveau seigneur. Puis, en 1815, la seigneurie est entre les mains de Madeleine de Saint-Blain, épouse de René Boucher de Boucherville. C'est ce dernier qui concède, en 1834, le moulin à vent du domaine seigneurial à Théophile Monjeau, tanneur du village.

De l'ancien moulin bâti vers 1730, il ne reste qu'une tour de maçonnerie crépie et recouverte d'un toit conique.

Le moulin à vent de Verchères en 1950. (MAC, fonds Morisset)

Au moment de cette transaction, le moulin semble hors d'état de fonctionner. En effet, au lieu de la clause habituelle décrivant le moulin comme «tournans et travaillans et faisans de bled farine», les parties conviennent «que le preneur aura droit de réparer et entretenir le susdit moulin et de le faire subsister autant qu'il sera en son pouvoir en le réparant seulement sans pouvoir le rebâtir en neuf ni en construire un autre et de le faire tourner et faire moudre aucun grains quelconques pour le commerce d'exportation».

Quelques mois après avoir obtenu la concession, le tanneur Monjeau conclut d'ailleurs un marché avec Thimothée Bertrand qui s'engage «à faire et parfaire à ses frais les vergues du moulin, de défaire la vieille calotte et la refaire, la recouvrir en neuf en planches et en bardeaux et faisant resservir le vieux bois qu'il trouvera convenable, refaire un rouet et la frisée en neuf, faire un brancard [...] raccomoder une porte dans le bas du moulin avec un petit chassis de six verres, faire le plancher d'en haut et raccomoder celui de l'entrepont».

La famille Monjeau perd le moulin au profit de Napoléon Sénécal qui l'acquiert en 1881 lors d'une vente judiciaire. Revendu cinq années plus tard, le monument semble toujours en usage, puisque l'acte de vente décrit «un moulin en pierres mû par le vent pour moudre du grain, situé dans le village de la paroisse de Verchères, avec la moulange et tout ce qui sert à son exploitation et le terrain sur lequel il est bâti et qui est nécessaire pour faire mouvoir le moulin». Ce n'est qu'après 1900 que les documents deviennent muets quant au fonctionnement du bâtiment.

L'ancien moulin à vent de Verchères se dresse à côté de l'impressionnant monument consacré à Madeleine de Verchères, dont la figure a été coulée dans le bronze par Louis-Philippe Hébert.

Luc Noppen, historien de l'architecture

MAISONNEUVE, Ronald. *Onze moulins à vent*. Québec, ministère des Affaires culturelles, 1980.

Moulin à vent Dansereau

Verchères
1025, boulevard Marie-Victorin

Fonction: aucune
Classé monument historique en 1975

Le moulin Dansereau, tout comme la maison du meunier qui l'avoisine, date du début du XIXᵉ siècle. Il est photographié ici vers 1925. (ANQ-Q)

Des trois moulins à vent de Verchères, le moulin Dansereau est celui qui a longtemps été le mieux conservé, n'ayant pas été réduit au rôle de phare du fleuve Saint-Laurent. Tout laisse croire qu'il aurait été construit au début du XIXᵉ siècle par Joseph Dansereau, tout comme la maison du meunier qui l'avoisine; celle-ci porte d'ailleurs une pierre millésimée: «A.D. 1822».

Au Québec, ce moulin représente depuis fort longtemps les autres architectures de même type. En effet, il est parvenu au XXᵉ siècle avec un mécanisme intact, lui conférant très tôt une valeur exemplaire par rapport aux structures mutilées ou ruinées dont, par transposition, il a permis d'interpréter le fonctionnement.

De janvier à mars 1938, le journal *Le Richelieu* publie une série d'articles qui consacrent le monument en le décrivant de façon vivante. Ces textes sont importants pour comprendre ce qu'était ce moulin avant que l'oubli et la négligence ne le privent de plusieurs de ses attributs. En voici l'essentiel:

«Le moulin de Verchères a la forme d'une tour ronde, construite en maçonnerie de moellons. Sa partie supérieure, qui porte la toiture et l'arbre moteur, est de forme conique. Elle est rendue mobile au moyen de rails de fer, qui permettent de la faire tourner à volonté. Le moulin est à quelques arpents du fleuve Saint-Laurent, assis sur un léger coteau. Il peu donc prendre les vents qui soufflent du fleuve ou qui viennent de la plaine environnante.»

Sur la volumétrie du bâtiment, il poursuit: «Les fondements de la tour ont bien quatre pieds dans la terre. La circonférence de la tour à l'extérieur mesure 56 pieds. La hauteur du moulin a environ 26 pieds, sans compter la rose des vents qui surmonte son toit. L'épaisseur des murs varie: elle est de quatre pieds à la base, de 32 pouces au deuxième étage et de 22 pouces au troisième étage. Les fenêtres sont opposées et dans la direction nord-sud et ouest-est; elles sont placées à différentes hauteurs, afin d'éclairer les étages. La porte d'entrée mesure 6 pieds de haut par quatre pieds de large.» Le journaliste mentionne de plus: «Tout près de la porte existe encore le treuil servant à manier le levier, appelé plus communément la perche. Ce levier sert à orienter le moulin dont le toit roule sur les rails. Il s'emboîte dans le toit et vient aboutir à un pied du sol.

Du bout de la perche à la base de la tour on compte exactement 16 pieds et demi.»

Quant aux ailes du moulin, elles «forment une espèce de croix et constituent les bras du moulin. Ces bras ne sont pas dans la position verticale mais légèrement inclinés pour mieux prendre le vent. Ces quatre ailes représentent des espèces d'échelles par-dessus lesquelles on étend des voiles de manière à les transformer en une surface continue, propre à recevoir l'action du vent [...] Nous avons mesuré les voiles: elles mesurent 15 pieds par 3 pieds...»

L'auteur poursuit: «Il y a à peine vingt ans le moulin était encore en opération [...] Pénétrons dans l'intérieur du moulin. Aux trois étages, nous trouvons les murs blanchis à la chaux. Deux fenêtres opposées éclairent chaque appartement. Elles sont carrées et mesurent environ deux pieds et demi de côté. Les chassis sont de quatre carreaux. L'escalier pour monter d'un étage à l'autre est toujours adossé au mur; il est étroit, peu incliné et sans garde-fou.»

Enfin, le journaliste décrit les niveaux: «Au premier l'appartement est libre et servait à remiser les sacs de grain et de farine. Au second nous remarquons, tout près de la charpente qui soutient la meule gisante, une trappe pour laisser passer les câbles du tire-sacs. La charpente, qui supporte les meules, est construite en billots à peine équarris. On y aperçoit aussi le mécanisme qui rapproche à volonté la meule gisante de la meule roulante afin d'obtenir de la farine au grain plus ou moins fin. Montons au troisième. Ici comme à l'étage précédent, deux fenêtres dans l'orientation opposée. Non loin de la meule, la trémie, sorte de grande auge carrée de 40 pouces de côté. Cette boîte sert à contenir le grain à moudre. L'auge est située en-dessous et laisse écouler le grain régulièrement sous les meules par l'œillard. L'arbre moteur, qui est en communication avec les bras du moulin et le rouet ou la grande roue, est une belle pièce de chêne d'un pied de diamètre. La grande roue a un diamètre de 7 pieds.»

L'auteur, qui signe ses textes sous le pseudonyme de Lullin, manie le vocabulaire technique des moulins avec aisance; par la précision de ses descriptions et la justesse de ses observations, il mérite le titre d'ethnographe. On ne l'a malheureusement pas écouté quand, en 1938, il suggère à ses contemporains de ne pas oublier ce moulin, «un des rares qui soit au complet».

Luc Noppen, historien de l'architecture

La tour ronde, en maçonnerie de moellons, est couverte d'une structure conique mobile.

L'oubli et la négligence ont privé le moulin de plusieurs de ses attributs.

LULLIN (pseud.). «Le Vieux moulin de Verchères», *Le Richelieu*, janv.-mars 1938.

Maison Le Noblet-Duplessis

Contrecœur
4752, boulevard Marie-Victorin

Fonction: culturelle
Classée monument historique en 1983

La galerie et les trois gables de la façade, qui confèrent à la maison sa physionomie particulière, masquent ses caractéristiques de base qui s'inscrivent dans la tradition québécoise.

Contrecœur s'inscrit dans l'histoire des rébellions de 1837 et 1838 comme un poste d'arrière-garde et un lieu actif de rencontres et de complots. La maison Le Noblet-Duplessis s'élève au cœur de ce village, à près de 200 mètres de l'église. Il reste très peu de maisons historiques dans la région immédiate et il semble que celle-ci soit la plus ancienne. En effet, bien qu'aucun document officiel ne puisse le confirmer, sa construction remonterait vers 1794.

Le bâtiment lui-même renferme les mystères de ces réunions où s'est discutée – et disputée – la destinée d'un peuple. On raconte qu'un passage secret a déjà été percé à partir de la cave, conduisant jusqu'au fleuve pour permettre aux patriotes de fuir en cas d'urgence. On peut encore observer une ouverture à la base du solage, côté nord-est, qui pourrait bien être cette fameuse issue.

Belle riveraine du Saint-Laurent, la maison tient son nom de la famille qui l'occupe pendant près d'un siècle. Le plus illustre membre de cette famille est sans nul doute Alexis Le Noblet-Duplessis (1781-1840), notaire de 1811 à 1840. Également juge de paix et commissaire, il s'engage dans les activités de la communauté, notamment pour la construction d'une église et celle de la première école du village.

À l'origine, la maison Le Noblet-Duplessis possède toutes les caractéristiques de l'architecture québécoise traditionnelle: fondations profondes, dimensions imposantes du carré et orientation parallèle au chemin, charpente légère, toit à pignon et larmier débordant à peine des murs-gouttereaux, sans galerie. Il faut noter que la cave est habitée, ce qui est assez rare à l'époque.

La maison connaît deux séries de transformations. En 1886, le propriétaire, F.-X. Archambault, remplace les lucarnes de la façade par trois gables d'esprit néo-gothique, surélève le plafond du salon et aménage un étage dans la partie inférieure du grenier. Il ajoute deux petites galeries couvertes avec, en façade, un balcon et une porte donnant accès à l'étage.

*La maison vers 1925.
(ANQ-Q, E. Gariépy)*

Vers 1916, le nouvel occupant agrandit la galerie qui désormais longe la maison sur trois côtés et est recouverte d'un auvent soutenu par des colonnes. Il ajoute aussi une cuisine pourvue de toutes les commodités, dont l'électricité et le chauffage à eau chaude. À l'étage, dans la partie située au-dessus du salon, il aménage un solarium où l'on fait la classe à ses filles; il entreprend aussi quelques travaux de finition. Ces gens laissent d'ailleurs leur nom au magnifique parc (Cartier-Richard) qui entoure la maison. Jeanne Cartier est la dernière seigneuresse de Contrecœur tandis que Jean-Marie Richard, notaire, est député du comté de Verchères de 1921 à 1927. Ils cèdent leur propriété en 1966.

La qualité d'exécution des travaux et l'état de conservation du bâtiment en font un monument intéressant à observer. En effet, les éléments décoratifs et utilitaires retracent l'évolution des goûts stylistiques, des tendances ornementales et des modes de vie propres à l'habitation québécoise à travers les époques. De sa vocation agricole avec son grenier, son four à pain et l'utilisation unique du rez-de-chaussée pour toutes les fonctions de l'habitation, elle passe au statut de maison de notable où chaque pièce a sa fonction spécifique et où les aires de réception prennent beaucoup d'importance.

L'aspect extérieur de la maison Le Noblet-Duplessis est demeuré intact depuis la fin du XIXe siècle. Les sculptures dans le bois des lucarnes, gables et linteaux manifestent le soin apporté à la construction et à la conservation de cette maison. Enfin, son histoire est riche en anecdotes qui font d'elle un bijou pour l'œil et pour l'esprit. Le visiteur est à même de l'apprécier puisque désormais des visites guidées sont offertes pendant la saison estivale dans cette demeure devenue propriété municipale.

Odette Gariépy, muséologue

AUDET, Francis. *Contrecœur: Famille, Seigneuries, Paroisse, Village*. Montréal, É.-G. Ducharme, 1940.

BERNARD, Jean-Paul. *Les Rébellions de 1837-1838*. Montréal, Boréal Express, 1983.

ROY, Pierre-Georges. *Vieux manoirs, vieilles maisons*. Québec, Imprimerie L.-A. Proulx, 1927.

L'arrière de la maison a conservé son aspect originel.

Moulin à vent

Contrecœur
6098, boulevard Marie-Victorin

Fonction: résidentielle
Classé bien archéologique en 1983

À l'ouest du village de Contrecœur, du côté nord de la voie publique et en face des îles du Saint-Laurent, se dresse une bien curieuse résidence d'été: un moulin à vent qui a toute apparence d'antiquité. En fait, il s'agit là d'un moulin construit en 1742, suivant un jugement du Conseil supérieur de Québec.

Jean Talon concède en 1672 la seigneurie de Contrecœur à Antoine Pécaudy, capitaine du régiment de Carignan-Salières. Conformément aux obligations du seigneur, celui-ci y érige un moulin banal. À sa mort, en 1692, l'inventaire signale l'existence «sur le bord de la grande rivière à seize perches du principal Manoir d'un petit Moulin à Vent menassant ruine où il n'y a qu'une moulange et six serrures qui puissent servir». Lorsque trois ans plus tard la seigneurie est morcelée, les meules et le mécanisme de ce premier moulin sont vendus au Séminaire de Québec.

Les habitants de la seigneurie sont privés de moulin pendant une cinquantaine d'années, ce dont ils se plaignent régulièrement. L'un des fils du seigneur décédé, Claude Pécaudy de Contrecœur, hérite d'une partie importante de la seigneurie. Résidant à Montréal où sa charge d'enseigne des troupes du détachement de la Marine le retient, le seigneur, pas plus que les cinq autres héritiers, n'est ni fortuné, ni intéressé à investir dans un domaine qui ne rapporte guère.

Le moulin à vent vers 1925. (ANQ-Q, E. Gariépy)

Construit en 1742, le moulin de Contrecœur sert aujourd'hui de résidence d'été.

En février 1742, l'intendant Hocquart, président le Conseil souverain de la Nouvelle-France, acquiesce donc à la requête du missionnaire et des habitants de la paroisse et seigneurie de Contrecœur en ordonnant «que les co-seigneurs seront tenus de bâtir un moulin banal dans la dite seigneurie». Le privilège de banalité leur appartenant en commun, le Conseil souverain décide de l'octroyer en exclusivité à celui qui se chargera de construire un moulin à farine dans la seigneurie.

C'est finalement Claude Pécaudy de Contrecœur qui s'engage «à bâtir le dit moulin dans ledit délai d'un an». Il semble bien avoir tenu promesse puisqu'en 1745 le moulin est en pleine activité. Le seigneur aura à défendre son droit de banalité en 1757 lorsque l'un des coseigneurs entreprend de faire construire lui aussi un moulin dans la seigneurie. À celui-là, le Conseil souverain ira jusqu'à interdire d'y faire moudre son propre grain.

Confirmé dans ses droits de seigneur principal de Contrecœur, Claude Pécaudy va graduellement racheter les parts des autres héritiers. À son décès, c'est son neveu Xavier Boucher de la Perrière qui hérite de la seigneurie remembrée. Son fils aîné, Joseph-François, cède la seigneurie à François-Xavier Mailhot en 1819. Mais déjà en 1810, celui-ci avait fait ériger un deuxième moulin à vent à Contrecœur, dans «les brûles», arrière-concessions à l'intérieur des terres, loin des berges du fleuve. La seigneurie passe ensuite aux mains de John Fraser, membre du Conseil législatif.

Le moulin à vent fait l'objet de plusieurs transactions dans la seconde moitié du XIXe siècle. Tous les documents signalent sa présence, sans que l'on puisse savoir avec précision à quelle époque il aurait cessé d'être utilisé. La famille Chaput, qui en est toujours propriétaire, en fait l'acquisition en 1913.

Admirablement situé sur un site dégagé de constructions trop voisines, le moulin à vent de Contrecœur est en bon état de conservation. Dépourvu d'ailes, il a néanmoins conservé son toit conique, une bonne partie de ses boiseries et quelques éléments du mécanisme ancien. Utilisé comme résidence, et contrairement aux édifices de même type ruinés ou trop radicalement restaurés, il s'inscrit dans une continuité du temps, qualité primordiale du bien historique.

Luc Noppen, historien de l'architecture

MAISONNEUVE, Ronald. *Onze moulins à vent*. Québec, ministère des Affaires culturelles, 1980.

Site archéologique Mandeville
Tracy

Fonction: aucune
Classé site archéologique en 1975

Le site Mandeville avec ses maisons-longues, tel qu'il devait apparaître à l'époque de Cartier. (Dessin F. Girard/Ville de Tracy)

L'histoire des Amérindiens qui ont occupé le Québec pendant plusieurs millénaires avant la venue de Jacques Cartier est assurément le domaine des archéologues. Ces anthropologues des sociétés disparues œuvrent depuis plus de vingt ans à reconstruire cette histoire fascinante des premiers Québécois. Dans cet effort de reconstruction, le site archéologique Mandeville à Tracy y joue un rôle de premier plan. En effet, ce gisement est l'un des rares sites amérindiens ayant fait l'objet de nombreuses campagnes de fouilles. De plus, comme ce village des Iroquoiens du Saint-Laurent peut être contemporain de l'époque des voyages de Cartier, il permet de rapprocher les histoires européenne et amérindienne et de jeter une lumière nouvelle sur le XVIe siècle.

Des vestiges révélateurs

Découvert par Jean Mandeville en 1961 sur la propriété de ses parents, il faut cependant attendre 1969 pour que les premières fouilles révèlent toute la richesse archéologique du site. De 1969 à 1975, la Société d'archéologie préhistorique du Québec mène plusieurs campagnes de fouilles, suivies dix années plus tard d'une brève intervention axée sur les schémas d'établissement. Tous ces travaux ont permis l'excavation de 1 283 mètres carrés (environ 18 pour 100 de l'aire disponible). L'ampleur des interventions archéologiques témoigne de l'importance du gisement et la mise au jour d'une grande quantité de vestiges matériels constitue une preuve supplémentaire fort éloquente.

Le site Mandeville, situé sur la rive ouest de la rivière Richelieu à environ huit kilomètres en amont de son embouchure, occupe une terrasse sablonneuse qui surplombe la rivière de plus de dix mètres. Les vestiges archéologiques s'étalent légèrement en retrait du rebord de la terrasse.

Les fouilles ont livré un nombre impressionnant de traces d'établissement qui consistent essentiellement en des aires de combustion, des fosses creusées sous le plancher d'occupation, dans le sable stérile ainsi que des traces de pieux. À ces vestiges s'ajoutent des milliers d'objets façonnés dans divers matériaux comme l'argile, la pierre, l'os, le bois de cervidé et les coquillages.

Tous ces éléments mis en relation nous révèlent la présence d'un espace structuré où les occupants ont pris le temps de se construire des habitations solides et confortables. En se fiant à la disposition des traces d'établissement, on arrive facilement à reconnaître un alignement central des foyers, les concentrations de fosses autour de ces derniers ainsi que les murs latéraux et les extrémités arrondies de maisons-longues qui atteignent des dimensions impressionnantes (en moyenne 32 mètres de long sur 7 de large); on estime la hauteur de ces structures égale à leur largeur. La forme et le gabarit de ces dernières sont semblables à ceux de la maison découverte à Lanoraie. C'étaient des habitations multifamiliales caractéristiques du système adaptatif des Iroquoiens.

Le site Mandeville a dévoilé les traces bien conservées de deux maisons-longues ainsi que les vestiges entremêlés de trois autres structures d'habitation. À l'intérieur de l'espace présumé du site, il a pu s'y ajouter de quatre à cinq maisons qu'avoisinaient un cimetière contenant une dizaine de sépultures ainsi qu'un dépotoir. Nous sommes donc en présence d'un petit village, le premier à être mis au jour au Québec par une équipe d'archéologues selon les standards modernes de l'archéologie. La communauté iroquoienne de Mandeville pouvait compter plus de 200 personnes si l'on accepte la formule qui s'appuie sur le modèle ethnohistorique des Hurons du début du XVIIe siècle.

La rencontre entre les Iroquoiens et Jacques Cartier dans les îles de Sorel, le 28 septembre 1535. (Dessin F. Girard/Vidéanthrop)

Tout porte à croire que cette communauté vivait une période de paix puisque les fouilles n'ont pas mis au jour les restes d'une palissade qui ceinture généralement les maisons-longues iroquoiennes. Les habitants devaient tout simplement fuir le village à l'approche de l'ennemi. Ce comportement a été observé au XVIIe siècle en Huronie. On pourrait aussi imaginer l'existence d'un gros village fortifié dans la région où les Iroquoiens de Mandeville auraient pu se réfugier en cas d'attaque. L'archéologie pourra un jour trancher cette question par la découverte de nouveaux sites dans la région.

La communauté iroquoienne de Mandeville dépend, comme tous les autres groupes amérindiens, de l'agriculture. Les femmes cultivent le maïs, les haricots, les courges (dont la citrouille) et le tournesol, tandis que les hommes s'occupent de faire pousser le tabac. Plusieurs témoins de cette vie agricole ont été retrouvés sur le site: plus de 2 000 grains de maïs carbonisés, plusieurs fragments de haricots, une importante collection de pipes ainsi que de nombreuses meules servant à la mouture des plantes cultivées.

D'autres indices soulignent également l'importance des activités de chasse et de pêche. Les Iroquoiens dépendent de l'agriculture, mais leur survie implique une économie mixte où les viandes blanches et rouges sont essentielles. Ils chassent le chevreuil, l'orignal et le caribou, le castor, l'ours et le rat musqué. De plus, ils prennent dans leurs filets des perchaudes, des barbottes, des anguilles, des aloses, etc. Leur nourriture quotidienne, composée de maïs et de haricots, est régulièrement agrémentée de morceaux de poisson et occasionnellement de gibier.

Ethnoculture iroquoienne

Les Iroquoiennes deviennent, à partir du XIVe siècle, des potières exceptionnelles. À partir d'une boule d'argile, elles parviennent à modeler avec un battoir et une enclume des vases aux proportions équilibrées et dont les parois sont d'une minceur surprenante. Elles décorent ces vases domestiques de motifs géométriques simples ou complexes. Les potières de Mandeville participent pleinement à cette tradition stylistique, et le soin apporté à la forme et au décor de ces ustensiles témoigne de la fierté de cette nation. La collection de vases domestiques du site Mandeville est l'une des plus intrigantes de l'univers culturel des Iroquoiens. En effet, si l'on accepte une occupation du site au début du XVIe siècle, les potières de Mandeville affichent alors simultanément des comportements progressistes et conservateurs.

À cette énigme s'ajoute le fait que l'on retrouve une autre catégorie de vases, beaucoup plus petits et moins soignés que les précédents, dont la facture pourrait revenir à des jeunes filles. Ces petits vases ne semblent pas correspondre à une seule fonction mais leur grand nombre (350 comparativement aux 537 vases domestiques) ne fait que compliquer davantage la compréhension et l'explication des phénomènes socio-économiques qui sous-tendent ces comportements.

Les mystères du site Mandeville ne s'arrêtent pas là. Il faut aussi souligner la difficulté soulevée par la découverte de la plus imposante collection de pipes jamais dégagée à ce jour dans la vallée du Saint-Laurent. Le nombre minimum de pipes est évalué à 365, dont 73 sont à l'effigie de visages humains ou d'animaux. L'explication la plus probable réside dans l'occupation hivernale intensive du village par les hommes. On apprend par Cartier que les Stadaconiens «ont aussi une herbe, de quoy ilz font grand amas durant l'esté pour l'yver, laquelle ilz estiment fort, et en vsent les hommes seulement [...]».

La céramique constitue sans aucun doute la plus importante industrie du village de Mandeville, et aussi la plus visible archéologiquement. La technique, la forme et le style de ces objets confirment sans équivoque que nous sommes en présence d'une communauté iroquoienne originale mais qui participe néanmoins à une grande sphère d'influences couvrant toutes les basses-terres laurentiennes. Les habitants du site Mandeville appartiennent ainsi à la grande province culturelle des Iroquoiens du Saint-Laurent, la plus vaste de toute l'Iroquoisie.

L'industrie de la pierre taillée n'est plus très importante à partir du moment où les Iroquoiens se fient davantage aux récoltes de maïs qu'aux produits de la chasse ou de la pêche. On observe ce phénomène sur le site Mandeville. Les pointes, les couteaux, les racloirs et les grattoirs sont moins nombreux que les outils de mouture. On prétend souvent que les outils en pierre sont remplacés par d'autres en os, mais un autre mystère de ce site est la très petite collection de spécimens d'os. La rareté de ces objets ne peut pas s'expliquer par une mauvaise conservation puisque les restes de repas sont nombreux et bien conservés.

Les milliers d'objets retrouvés sur le site Mandeville offrent une première occasion de comprendre les relations intravillageoises. On reconnaît d'abord une homogénéité entre la production matérielle des occupants des différentes habitations ainsi qu'une concentration des activités autour des foyers centraux des maisons-longues. La vie communautaire semble donc se dérouler dans une atmosphère sereine marquée d'une intense collaboration. L'organisation à l'intérieur des maisonnées s'articule autour de la femme la plus âgée, installée au centre de l'habitation.

Dans ce petit village de Mandeville, les femmes peuvent appartenir à un même clan. Cette situation implique de nombreux liens avec les autres villages lors des mariages. En effet, à cette époque, les femmes doivent épouser un homme d'un clan différent, et ce dernier s'engage alors à vivre dans la même maison que sa belle-mère. Malgré le nombre réduit de ses habitants, le village de Mandeville peut donc jouer un certain rôle dans l'échiquier politique de la vallée du Saint-Laurent.

La province Maisouna

Le choix de l'emplacement du village est certes l'une des plus intrigantes caractéristiques du site Mandeville; les villages iroquoiens occupent généralement, par mesure défensive, une terrasse sablonneuse en retrait des cours d'eau principaux. Or la position géographique du site Mandeville laissait plutôt supposer un campement de pêche, mais les traces d'occupation suggèrent maintenant une autre fonction, celle d'un petit village occupé sur une base annuelle comme les autres villages iroquoiens.

Le site Mandeville soulève beaucoup plus de questions qu'il n'offre de réponses. Cependant, toutes les particularités convergent pour donner à la communauté iroquoienne de ce village un statut spécial. En effet, Cartier décrit les provinces de Canada et d'Hochelaga (Québec et Montréal). Or les analyses comparatives menées récemment entre le site Mandeville et les sites en amont le long de l'axe laurentien nous incitent à distinguer culturellement les Iroquoiens de Tracy de ceux d'Hochelaga. Quant aux Amérindiens de la région de Québec, les données archéologiques sont encore insuffisantes mais il y a lieu de croire qu'ils sont différents de ceux de Mandeville. Ce sont d'ailleurs les seuls Iroquoiens ayant une ouverture sur l'eau salée et les ressources marines.

Le site Mandeville forme actuellement, avec le site de Lanoraie et les occupations iroquoiennes trouvées aux sites Beaumier et Bourassa, près de l'embouchure du Saint-Maurice, le cœur d'une nouvelle province culturelle des Iroquoiens du Saint-Laurent centrée autour du lac Saint-Pierre, appelée Maisouna.

On ne peut pas encore proposer de liens politiques précis entre la province Maisouna et les deux autres provinces de Cartier. Cette nouvelle province est certainement composée de plusieurs villages, plus ou moins indépendants et autarciques sur le plan économique. Elle doit aussi avoir des ennemis mais sa position géographique marginale lui confère peut-être une tranquillité entretenue par des alliances politiques solides. Le grand nombre de pipes peut être un indice de l'importance du tabac dans cette province. On peut alors avancer que les Iroquoiens de Maisouna jouissaient d'un statut particulier. Ils sont peut-être dans la vallée du Saint-Laurent l'équivalent des Pétuns dans la région des Grands Lacs au XVIIe siècle, les principaux producteurs de tabac. Comme le tabac est prisé des Iroquoiens et qu'il est la nourriture des dieux, on peut facilement imaginer l'importance économique d'une petite communauté comme celle de Mandeville.

L'archéologie des Iroquoiens du Saint-Laurent en est encore à ses premiers pas. Le site Mandeville constitue actuellement un des principaux maillons de leur histoire, mais la découverte de nouveaux sites s'impose. La disparition totale des Iroquoiens du Saint-Laurent avant la venue de Champlain au début du XVIIe siècle confine les archéologues aux seules descriptions de Jacques Cartier. Les provinces de Canada et d'Hochelaga ne seront plus que de vagues souvenirs et la définition de la province de Maisouna sera toujours une construction des archéologues dont l'objectif est de faire revivre dans notre mémoire cette nation disparue.

Claude Chapdelaine, archéologue

Sépultures iroquoises mises au jour lors des fouilles effectuées en 1975. (MAC)

CHAPDELAINE, Claude. *La maison longue iroquoienne de Lanoraie*. Québec, ministère des Affaires culturelles, 1985. 44 p. (Coll. «Les Retrouvailles», n° 12).

CHAPDELAINE, Claude. *Étude de la variabilité culturelle des Iroquoiens du Saint-Laurent d'après le site préhistorique Mandeville à Tracy*. Thèse de doctorat (anthropologie), Université de Montréal, 1988. 430 p.

CLERMONT, Norman, Claude CHAPDELAINE et Georges BARRÉ. *Le site iroquoien de Lanoraie: témoignage d'une maison-longue*. Montréal, Recherches amérindiennes au Québec, 1983. 203 p.

Église Saint-Pierre

Sorel
170, rue George

Fonction: religieuse
Classée monument historique en 1960

En 1678, Mgr de Laval érige la mission de Sorel sous le vocable de saint Pierre. Au cours des siècles, plusieurs chapelles et églises se succèdent dans cette paroisse située au confluent de la rivière Richelieu et du fleuve Saint-Laurent. En 1822, les paroissiens de Saint-Pierre de Sorel demandent l'autorisation de bâtir une nouvelle église en vue de remplacer la première, élevée en 1750-1751. Malgré deux campagnes de travaux majeurs (1769 et 1799), elle sera démolie en 1832 après l'érection de l'église actuelle.

L'église Saint-Pierre

Le projet originel de ce nouveau lieu de culte prévoyait la construction d'un édifice de quelque 41 mètres de long sur 21 de large avec deux chapelles latérales. Les murs doivent s'élever sur un peu plus de 11 mètres. Une sacristie doit également s'ajouter à l'ensemble. À cause du coût trop élevé de la construction et de certaines réticences des paroissiens, il est décidé, avec la permission de Mgr Plessis, d'éliminer les chapelles latérales et de réduire d'environ 3 mètres la hauteur des murs.

L'église Saint-Pierre de Sorel au début du siècle. (ANQ-Q)

En 1826, les syndics font paraître dans *The Quebec Gazette* l'appel d'offres pour la construction de leur église. On peut consulter les plans au presbytère de Sorel ou chez Louis Dufresnay, un menuisier de Québec. Ces plans ont malheureusement disparu et il nous est impossible de connaître l'architecte qui les a dessinés. Quant aux entrepreneurs, le livre des comptes des syndics ne mentionne jamais leurs noms.

En fait, seuls les maîtres maçons qui ont travaillé à la façade sont connus. Dans un marché passé en 1829, le maître maçon François Larue est désigné comme sous-traitant pour l'ouvrage du portail; il engage lui-même le maître maçon Pierre Deauplaise. Ces travaux sont achevés à la fin du mois de septembre 1829 tandis que les clochers sont terminés en 1831. La même année, la toiture de l'église est couverte en fer-blanc.

En 1881, la sacristie est agrandie d'environ 6 mètres. En 1906-1907, les clochers actuels sont construits tandis que l'étage de couronnement de la façade est modifié. Les plans de ces travaux sont dressés par les architectes Gauthier et Daoust et exécutés par l'entrepreneur Joseph Cardin. À l'exception d'une annexe à la sacristie construite en 1912 et démolie lors des dernières restaurations, l'extérieur de l'église Saint-Pierre ne subit pas d'autres transformations majeures si ce n'est l'adjonction d'un chemin couvert en 1958-1959.

La décoration intérieure

Lors de la construction de l'église, le décor intérieur est entièrement réalisé par le sculpteur Augustin Leblanc. Bien que l'ensemble des travaux effectués ne soit pas clairement indiqué dans les livres, Leblanc réalise probablement, en plus de la décoration sculptée, toute la menuiserie dont le jubé et la voûte (1833).

L'organisation de l'espace intérieur adopte un plan assez original. Sous un toit à deux versants, l'intérieur de l'église est divisé en une nef principale et deux nefs latérales, chacune couverte d'une voûte. Les trois nefs et leurs voûtes sont séparées par un entablement que supportent des colonnes cannelées. Ce plan a déjà été employé auparavant à la cathédrale anglicane de Québec (1804) et à l'église Notre-Dame de Montréal (1823-1829).

L'organisation spatiale du chœur présente aussi un plan assez inédit pour l'époque. Les stalles se trouvent vis-à-vis des colonnes du chœur, de sorte qu'à partir des autels latéraux est créé l'espace nécessaire pour un déambulatoire. Les stalles ont peut-être été fabriquées par les ouvriers, mais il se peut aussi qu'on les ait acquises vers 1830-1832 de l'ancienne église Notre-Dame de Montréal.

Afin d'augmenter le nombre de bancs destinés aux fidèles, les marguilliers décident en 1851 de faire construire par Calixte Matton des galeries dans la nef. En 1859, les murs de l'église sont lambrissés à partir du bas des fenêtres et quatre confessionnaux sont installés dans la nef. L'intérieur du temple est entièrement peint. Les travaux sont confiés à Élie Girard et Eusèbe Pelletier, suivant un marché signé en mars 1859.

Cependant, selon un chroniqueur de la *Gazette de Sorel*, le décor subit des modifications qui ne sont pas inscrites dans le marché: «On ne saurait trop louer le bon goût du Révd. M. Limoges qui a su modifier de la manière la plus heureuse les plans de son prédécesseur en faisant disparaître, dans cette complète restauration, les pitoyables festons et autres ornements douteux dont on avait surchargé l'église [...] Ce serait ingratitude de notre part de ne pas mentionner ici les noms de MM. Eusèbe Pelletier et de John Humphry. Le concours intelligent de ces deux peintres a grandement contribué à faire de l'église ce qu'elle est aujourd'hui: un temple vraiment conforme au sentiment catholique. L'imitation de chêne sur les bancs et du noyer sur les boiseries du chœur et de la nef ne laisse rien désirer même au goût le plus difficile.»

De 1860 à 1880, les travaux les plus importants sont la construction de la tribune des sœurs, au-dessus du déambulatoire dans le chœur, et des murs derrière les petits autels latéraux pour cacher les escaliers qui donnent accès aux galeries.

En 1881, d'autres travaux majeurs sont entrepris par les menuisiers Nazaire Provost

Les trois nefs, chacune couverte d'une voûte, sont séparées par un entablement reposant sur des colonnes cannelées. Le décor des voûtes, exécuté entre 1919 et 1923, a remplacé les fresques peintes en 1881. (MAC)

La sacristie a été agrandie en 1881.

Les clochers, dessinés par les architectes Gauthier et Daoust, datent de 1906-1907.

et Pierre Thibus Cantara et le peintre décorateur Naphtali Rochon. Provost s'engage à faire la menuiserie de la sacristie qu'il a agrandie et à aménager une niche dans le retable de même que des arcades sur la tribune des sœurs dans le chœur.

Tous les ornements sculptés des voûtes ainsi que ceux au-dessus de chaque colonne et au bas de l'architrave sont enlevés pour faire place à un décor peint à fresque contenu dans de nouvelles divisions à panneaux. Ce décor à fresque sur les voûtes compte 26 personnages, huit scènes et diverses figures symboliques de la Sainte Vierge. De plus, tout l'intérieur de l'église est peint.

De 1919 à 1923, l'intérieur de l'église est de nouveau transformé sous la direction de l'architecte L.-P. Héroux de Sorel. Le décor peint à fresque est alors remplacé par les motifs décoratifs qui ornent aujourd'hui les voûtes. Le retable et les portes de la sacristie sont modifiés afin de placer les deux tableaux d'Edmond Lemoine acquis en 1920. De plus, les deux colonnes cannelées du retable font place à des colonnes torses.

Classée monument historique en 1960, l'église Saint-Pierre de Sorel est restaurée de 1957 à 1961. Les travaux les plus importants concernent le réaménagement de l'espace intérieur. Les galeries latérales, le déambulatoire et la tribune des sœurs dans le chœur sont démolis tandis que le retable est modifié dans sa structure. Le jubé est agrandi et une partie des balustrades des galeries est utilisée pour compléter celle du jubé actuel.

Gaétan Chouinard, historien de l'art

Carré Royal

Sorel
Rues George, Charlotte, du Prince et de la Reine

Fonction: récréative
Classé site historique en 1961

Le parc et son kiosque à musique au début du siècle. (ANQ-Q)

Une allée du carré Royal jadis utilisé comme place d'armes.

Au centre du Vieux-Sorel se trouve une véritable «place Royale». Souvent appelé «parc Royal» et classé «carré Royal» – traduction erronée de Royal Square –, cet espace occupe en effet une position privilégiée dans la trame urbaine, évoquant par le fait même la figure du souverain. C'est une place «royale» au sens propre du terme, contrairement aux places royales de Québec et de Montréal dont la dénomination est surtout due aux efforts de refrancisation qui marquent le Québec des années 1930. Aux XVIIe et XVIIIe siècles, il s'agissait plutôt de places de marché, fonction incompatible avec le statut de place «royale».

Sorel est au départ une ville planifiée, comme c'est souvent le cas des établissements qui naissent de l'industrialisation ou d'impératifs militaires. À l'endroit où la rivière Richelieu se jette dans le fleuve Saint-Laurent se dresse déjà un fort sous le Régime français. Mais c'est le gouverneur général du Canada, Frederick Haldimand, qui décide, au début des années 1780, d'y fonder une ville. D'une part, on veut installer en permanence une garnison qui puisse défendre ce site stratégique et contrôler l'accès au Bas-Canada dans cette région; d'autre part, le gouvernement britannique s'est engagé à accueillir au Canada tous les sujets demeurés loyaux à la couronne.

Fuyant les États-Unis, les premiers loyalistes arrivent au fort de la seigneurie de Sorel en juillet 1779; 87 d'entre eux y résident ou se fixent temporairement autour et dans les environs. En juin 1783, c'est le régiment de Brunswick, un corps de mercenaires allemands et suisses commandé par le général et baron von Riedesel, qui s'y installe. Pour organiser l'établissement des loyalistes et de la troupe, le gouvernement acquiert en 1781 la seigneurie de Sorel dans le but d'y fonder une ville et de concéder des lots.

C'est le commandement militaire qui dresse le plan de la ville. Deux personnages interviennent dans la définition de cette trame tout à fait remarquable dans l'histoire de l'urbanisme du Québec: le major French, ingénieur militaire, et l'arpenteur général Samuel Holland. Le plan est orthogonal et quadrillé, c'est-à-dire que les rues se rencontrent à angle droit en formant des îlots parfaitement carrés. Les noms des rues évoquent doublement la royauté: King, Queen, Prince et Princess dans l'axe nord-sud; George, Augusta, Sophie et Charlotte dans l'axe est-ouest.

L'îlot central demeure vacant et est appelé «Royal Square» ou «carré Royal». Le statut des lieux est confirmé en 1787 lors de la visite du prince William Henry, le futur roi Guillaume IV. À cette occasion, la ville prend le nom de William Henry, qu'elle conservera jusqu'en 1862 alors qu'on lui substitue le nom de Sorel.

Le plan de Sorel apparaît à l'époque où le Bas-Canada s'urbanise. À partir de 1780, le développement des faubourgs de Québec et de Montréal est planifié, organisé. En même temps apparaissent les premières tentatives de créer de toutes pièces des villes comme Sorel, mais aussi Vaudreuil et bien sûr Sherbrooke. Si le plan est toujours orthogonal, Sorel se distingue par la forme très régulière des îlots et par la place Royale. Ailleurs, on retrouvera des îlots plus étirés et des places publiques destinées à loger le marché.

Le carré Royal de Sorel sert de place d'armes pendant plusieurs années. En 1858, on le clôture et quelques officiers de la garnison y plantent des arbres. Ce n'est que dans les années 1860, après le départ des troupes de Sorel, que la place devient publique. C'est aussi dans cette dernière partie du XIXe siècle que quelques citoyens s'intéressent à son embellissement. Sur la *Vue à vol d'oiseau de la ville de Sorel, P.Q.*, on retrouve en 1881 les allées qui se croisent au centre, où se dresse un premier kiosque à musique. Plantés avec grande régularité, des arbres de différentes essences démontrent que l'idée du parc urbain a trouvé des adeptes à Sorel.

Même si des édifices sont apparus puis ont disparu autour, le vaste carré Royal de Sorel survit; c'est sans contredit le principal attrait historique du lieu avec sa voisine, la Christ Church, dont la façade donne sur un des axes de sa promenade.

Luc Noppen, historien de l'architecture

COUILLARD-DESPRÉS, Azarie-E. *Histoire de Sorel*. Sorel, Éditions Beaudry et Frappier, 1980.

Église et presbytère anglicans

Sorel
79-81, rue du Prince

Fonction: religieuse et résidentielle
Classés monuments historiques en 1959

En face du carré Royal de Sorel, rue du Prince, se dressent côte à côte l'église et le presbytère de la paroisse anglicane. Ces deux édifices sont remarquables à plusieurs égards.

Doyenne des églises anglicanes

Lorsque l'ensemble est classé monument historique en 1959, on insiste surtout sur la dimension historique du lieu dont les édifices ne sont que des témoins. La Christ Church de Sorel est en effet la plus ancienne mission anglicane établie au Canada par la Society for the Propagation of the Gospel in Foreign Parts. Elle est en fait contemporaine de la fondation même de Sorel.

En 1784, à l'arrivée à Sorel du révérend John Doty, originaire de New York, la communauté anglicane formée de loyalistes et de militaires se réunit dans un bâtiment de la garnison. L'année suivante, le pasteur acquiert une maison avec des contributions de paroissiens et de quelques notables de Montréal. Ce bâtiment n'est utilisé que jusqu'en 1790; le plan de la ville proposée – qui portera désormais le nom du prince William Henry – est mis en œuvre et le tracé de la rue King exige la démolition du lieu de culte temporaire.

La paroisse anglicane reçoit un lot bien en vue, du côté est du carré Royal. Une église de quelque 44 mètres sur 11 y est érigée, en colombage pierroté. L'édifice dont on dit qu'il n'a aucune prétention architecturale possède néanmoins un clocher, une flèche et une baie vénitienne pour éclairer le sanctuaire. Au tournant du XIXe siècle, le bâtiment de 1790 est déjà identifié comme la première église anglicane ayant été construite au Canada. En 1821, la paroisse est placée sous le patronage direct de la couronne, ce qui explique qu'en 1839 son nouveau pasteur, le révérend William Anderson, est nommé par la reine Victoria.

Très rapidement, l'accroissement de la population de William Henry et des environs pousse les autorités à envisager une nouvelle construction. En particulier lorsque les événements de 1837-1838 renforcent de façon considérable la garnison cantonnée à Sorel. En 1841, le révérend Anderson établit un fonds de souscription pour l'érection d'une église en brique. En faisant appel à toutes les paroisses du Canada et surtout aux sociétés britanniques vouées à l'effort missionnaire dans les colonies, le pasteur réussit à recueillir près de 1 200 livres.

Un nouveau temple et un presbytère

Les plans d'une nouvelle église sont dressés par John Wells, architecte de Montréal; le marché de construction est conclu avec James Sheppard, propriétaire d'une briqueterie locale. En août 1842, on pose la pierre angulaire en présence de Richard Downes Jackson, commandant en chef des forces armées en Amérique du Nord. L'édifice est érigé en moins de dix mois et la cérémonie de consécration a lieu le 30 mai 1843 en présence de l'évêque de Québec, Mgr George Mountain.

Fiers de leur nouvelle église, les paroissiens poursuivent des travaux d'embellissement à l'extérieur et d'aménagement à l'intérieur. En 1844-1845, on érige un muret

Érigée en 1842-1843, l'église anglicane de Sorel représente l'un des monuments de style néo-gothique les plus intéressants au Québec.

de clôture en pierre, un presbytère, une écurie et une étable. En même temps, l'église est dotée d'un orgue et reçoit plusieurs objets et pièces de mobilier destinés au culte.

Au fil des années, l'église subit diverses réparations. En 1878, des travaux considérables sont entrepris aux toitures et au clocher. Puis la paroisse commence à connaître certaines difficultés, le nombre de ses fidèles ne cessant de diminuer. La paroisse, érigée en 1786, doit se résoudre à redevenir une mission en 1901, ne pouvant plus subvenir aux besoins d'un pasteur. La situation se redresse cependant avant la Première Guerre mondiale qui relance l'économie de Sorel et accroît la population. Entre 1920 et 1934, d'importants travaux de rénovation sont apportés à l'intérieur de l'église. La paroisse subit un autre déclin peu après, mais profite à nouveau de l'effort du second conflit mondial, ce qui permet non seulement d'entretenir les lieux, mais même de construire un «Church Hall» en 1966.

À côté de l'église s'élève l'ancien presbytère qui n'est plus utilisé par la paroisse. Lorsque intervient le classement de l'ensemble paroissial en 1959, c'est la survie de cet édifice qui est en cause. À cette époque, les autorités paroissiales envisagent en effet de le vendre ou de le démolir pour reloger le pasteur dans un édifice plus moderne. Les subventions aidant, l'extérieur du presbytère est restauré et l'on procède à sa rénovation intérieure. Érigé en 1843, en même temps que l'église, et toujours d'après les plans de John Wells, ce presbytère en brique coûte alors 600 livres.

Des édifices de style néo-gothique

L'église anglicane de Sorel et son presbytère sont tous deux des bâtiments de style néo-gothique, c'est-à-dire qu'ils évoquent, par les formes qui les composent, l'architecture du Moyen Âge gothique. Ce vocabulaire, qui remet à l'honneur l'architecture des XIIIe, XIVe et XVe siècles, apparaît çà et là entre 1820 et 1850. Dans la seconde moitié du XIXe siècle, il se généralise, notamment dans la construction d'églises.

En fait, ces deux bâtiments font partie du premier temps fort du style néo-gothique, celui qui s'inscrit dans le mouvement romantique. Si l'architecture néo-classique ou néo-grecque évoque assez facilement les origines de la cité de la démocratie et même les débuts de l'architecture, la fonction religieuse d'un bâtiment ne semble pas pouvoir s'inscrire dans cette image. On opte donc plutôt, dès le début du XIXe siècle, pour le vocabulaire formel gothique qui évoque une époque de grandeur du christianisme. Cependant, ce premier retour vers l'architecture médiévale n'a trait qu'au décor: les plans demeurent rectangulaires, selon l'habitude du classicisme anglais depuis le XVIIIe siècle. Ce sont les ouvertures et le clocher qui, en adoptant la forme de l'arc ogival, auront la tâche de renouveler l'image des églises.

Peu à peu, cette «apparence gothique» va influencer quelques éléments de la structure. À Sorel par exemple, les pignons des façades arrière et avant sont plus inclinés que ce n'était le cas sur une structure classique et les contreforts et pinacles prennent du relief; on va presque suggérer une tour centrale. Déjà s'annonce le gothique pittoresque qui va créer des silhouettes, plutôt que de s'en tenir à l'architecture des volumes, héritage classique. Plus loin, on retrouvera une tendance archéologique à ce renouveau gothique, alors que seront tentées des reconstitutions plus fidèles en suivant les modèles qu'offre le Moyen Âge gothique.

Dans ce premier temps du néo-gothique issu du classicisme romantique, l'église anglicane de Sorel est sans contredit l'un des monuments les plus intéressants du Québec. Ailleurs, comme à Odelltown (1823) par exemple, on n'a en fait installé que des ouvertures ogivales, sans plus. L'église anglicane de Sorel est donc un des édifices les

Les ouvertures et le clocher en forme d'arc ogival ainsi que l'inclinaison plus accentuée des pignons rompent avec le classicisme du plan de l'édifice.

L'église et le presbytère au début du siècle. (Coll. Simon Beauregard)

plus accomplis en ce qu'il annonce la transformation d'un type architectural jusqu'alors consacré.

Quant au presbytère, il s'agit là d'un exemple précoce de cottage, maison classique transformée au contact de la nature. Si dans ce cas le vocabulaire gothique s'explique par la proximité de l'église, le «cottage gothique» qui s'impose à cette époque utilise ce vocabulaire comme renvoyant à l'idée de la nature sauvage, celle des «Goths».

John Wells

L'auteur des plans de l'église et du presbytère anglicans, John Wells, devient rapidement un des architectes les plus en vue de Montréal. Un temps associé avec le Britannique Francis Thompson, Wells s'établit à Sorel avec son fils en 1842-1843, à l'époque de la construction des deux édifices anglicans. Y a-t-il un lien de parenté avec le John K. Wells qui agit comme agent de la seigneurie de Sorel à la fin des années 1830? Ce pourrait être là un des facteurs – outre la notoriété de l'architecte – qui expliquerait le choix des paroissiens de Sorel.

John Wells semble déjà être un architecte expérimenté à son arrivée au Canada. Il a exposé des dessins d'architecture à l'Académie royale de Londres en 1823 et 1828. En 1831, on le retrouve comme surveillant des travaux de construction de la prison du Pied-du-Courant. L'année suivante, toujours à Montréal, il livre les plans du marché Sainte-Anne. On le revoit à l'église de La Prairie en 1836, à Sorel en 1842, puis il dresse les plans de la Congregational Church de Montréal en 1844. L'année suivante, il supervise la construction de la Banque de Montréal d'après les plans de l'architecte David Rhind. En 1849-1850, il est actif à Québec, notamment en dessinant l'église Chalmers-Wesley de la rue Sainte-Ursule.

Les résidences de Wells sont évidemment anglaises, à la fois par respect pour le client (l'église épiscopale anglaise ou église anglicane) et d'après l'ordonnance générale de l'édifice. À la même époque, le premier néo-gothique d'origine américaine (importé ici par les groupes loyalistes construisant sans architecte) préconise plutôt des bâtiments avec une tour dégagée et un couronnement à tendance baroque. Dans ce sens, l'église anglicane de Sorel se distingue de la plupart des premières églises néo-gothiques du seul fait d'avoir été conçue par un architecte.

L'intérieur de l'église

L'architecture intérieure de l'église est très sobre. On y retrouve les bancs à portes typiques de l'église d'Angleterre – qui en a introduit l'usage au Québec – et la tribune arrière en boiserie. Les murs et la fausse-voûte sont lattés et enduits, et seule une corniche discrète divise l'élévation.

Plusieurs pièces méritent l'attention dans cet espace sobre et réservé. Les vitraux qui ornent les trois baies du chœur et les fenêtres de la nef remontent aux années 1860; pour le Québec ce sont des œuvres très anciennes, le vitrail apparaissant à cette époque. L'autel et le retable datent de 1929

Construit peu après l'église, le presbytère anglican apparaît comme un cottage au décor gothique.

et sont dessinés par les architectes P.J. Turner et A.D. Thacker. L'orgue Casavant est installé en 1909.

Les objets les plus anciens sont la cloche de l'église, remise à la paroisse en 1785 par le capitaine d'artillerie Barnes, et l'ancienne table de communion du premier temple, utilisée jusqu'en 1929. Un tableau peint aux armes royales et envoyé à Sorel vers 1810 par George III fait partie du trésor de l'église; de même, un service de communion en or blanc offert en 1846 par la fille du commandant des forces armées britanniques, le lieutenant général Richard Downes Jackson, inhumé sous l'église en 1845.

Aujourd'hui crépis et revêtus d'une robe blanche, l'église et le presbytère anglicans de Sorel évoquent un paysage d'hiver. Ils sont, avec le carré Royal qui leur fait face, les témoins privilégiés de la belle époque de William Henry, la petite ville militaire qui a donné naissance au Sorel industriel d'aujourd'hui.

Luc Noppen, historien de l'architecture

L'entrée du presbytère rappelle les châteaux forts médiévaux.

VOKEY, P. Edward. *The 175th Anniversary History of the Parish of Christ Church, Sorel.* Sorel, s.n., 1959.

Maison des Gouverneurs

Sorel
90, chemin Saint-Ours

Fonction: culturelle
Classée monument historique en 1957

C'est en longeant la rivière Richelieu, avant d'arriver au centre-ville de Sorel, que le visiteur découvre une vaste demeure ancienne. Sa silhouette se découpe sur le tableau quelque peu surréaliste des chantiers maritimes. L'édifice, érigé en 1781 et maintes fois reconstruit, porte le titre enviable de «maison des Gouverneurs»; c'est aussi à une certaine époque le manoir seigneurial. Aujourd'hui, l'immeuble appartient à la Ville de Sorel et est utilisé à des fins culturelles.

Des origines militaires

Frederick Haldimand, gouverneur général du Canada, établit en 1781 une garnison à Sorel. Il veut ainsi contrer la menace d'une invasion américaine et assurer la sécurité des loyalistes fixés depuis peu dans la seigneurie acquise par le gouvernement en vue de les recevoir. Pour loger le commandant du régiment de Brunswick, le général von Riedesel, Haldimand acquiert un terrain initialement prévu pour accueillir un presbytère.

C'est dans cette modeste maison en bois terminée à la hâte que les Riedesel, d'origine allemande, vont fêter la Noël en introduisant au Canada l'usage de l'arbre de Noël.

La baronne de Riedesel nous a laissé une description détaillée de l'aménagement intérieur de cette habitation: «Nous avions une grande salle à dîner, à côté un joli appartement pour mon mari attenant à notre chambre à coucher. Ensuite venait une coquette petite chambre d'enfant qui contenait un garde-robes convenant spécialement pour notre fille aînée. À l'extrémité de la maison complètement un beau et grand salon que nous utilisions comme vivoir. L'entrée ressemblait plutôt à un bel appartement; de chaque côté il y avait des bancs, et au milieu un gros poêle, au-dessus duquel s'élevaient de lourds tuyaux qui chauffaient toute l'habitation. Au second étage, il y avait quatre grandes chambres: une pour nos servants masculins, l'autre pour nos domestiques et les deux autres pour les étrangers.»

La maison, qui ne se distingue en rien de l'architecture traditionnelle de l'époque, est rapidement transformée, à la demande des Riedesel. En 1782, deux passages couverts vont relier le corps principal à deux annexes, l'une destinée à loger la cuisine et l'autre la buanderie. En fait, l'édifice est remanié selon le modèle des villas anglaises où les services sont reportés à l'extérieur de la maison. À Québec, Powell Place et Haldimand House sont aussi construites selon ce modèle introduit par le général Haldimand qui l'avait précédemment utilisé en Floride.

Résidence estivale

Lorsqu'en 1783 le régiment de Brunswick, formé de mercenaires allemands et suisses, quitte le Canada, c'est Haldimand lui-même qui utilise la résidence comme maison d'été. À cette occasion, il projette de l'agrandir encore, sans toutefois y arriver, comme l'indique un plan conservé aux Archives nationales du Canada. En fait, Haldimand ne réussira qu'à changer l'apparence extérieure de la maison, en l'enveloppant d'un parement en brique, une première au Canada. L'évêque Mountain indique ainsi en 1794: «Cette maison est unique dans ce pays, étant construite de brique rouge avec un mur d'enceinte de même, également de brique, qui enferme la cour.»

La maison vers 1925. (ANQ-Q, E. Gariépy)

Restaurée après son classement en 1957, la maison des Gouverneurs sert ensuite de salle de réception.

De 1784 à 1860, la maison est régulièrement occupée l'été par les commandants militaires stationnés à Québec. C'est l'agent seigneurial qui y réside habituellement. Plusieurs personnages illustres séjournent en ces lieux dont Lord Dorchester en 1786, le prince William Henry (devenu le roi Guillaume IV) en 1787 et le duc de Kent, père de la reine Victoria, en 1793.

En 1820, le gouverneur Dalhousie suggère de démolir la résidence pour la rebâtir plus grande, sans succès. Débarqué au Canada en 1830, Lord Aylmer se plaît à Sorel où il passe plusieurs étés. Son épouse a longuement décrit l'intérieur de la maison: «Ce cottage consiste en une longue maison basse à long pignon incliné comme tous les habitants du Bas-Canada en ont. Sous ce pignon se trouve une mansarde contenant quatre chambres à coucher et une garde-robes. Au rez-de-chaussée, il y a une belle salle à manger éclairée par trois fenêtres à la française donnant sur la galerie qui court tout le long de la maison; cette salle communique avec en arrière une chambre qui sert de bureau à Aylmer. À côté se trouvent le salon et une chambre à coucher d'une bonne grandeur. L'ameublement est du même style que la bâtisse: divan sans dossier, rideaux de mousseline, petit piano, etc... Toutes les chambres sont peinturées jaune citron avec une bordure couleur marron; les portes sont peintes en vert et blanc. En avant et en arrière du cottage court une véranda ombragée d'une vigne sauvage qui intercepte les rayons du soleil [...] La rivière Richelieu coule au pied de notre terrain, au bout duquel en arrière de la maison, se trouvent les plus beaux bois, de pins, de cèdres rouges mêlés à des chênes aux larges feuilles, des acacias roses et blancs, formant des bosquets de toute beauté...»

La «belle époque» de la maison des Gouverneurs s'achève. La garnison quitte Sorel en 1860, le Canada en 1867. De 1866 à 1870, la maison est louée à un particulier, Edmund Henry Parsons, qui s'en sert comme résidence estivale. Ce locataire occupe «une maison avec vieilles bâtisses délabrées attachées», comme le signale l'inventaire des biens de l'armée. Au fil des années, plusieurs propriétaires se succèdent; une photographie de 1891 la montre sans ses annexes, qui viennent d'être démolies. En 1920, de larges galeries l'entourent avec des pavillons de coin.

La maison après la démolition de ses deux annexes à la fin du XIXe siècle. (ANQ-Q)

Propriété municipale

La Ville de Sorel acquiert la propriété en 1921, surtout pour la valeur du terrain. En 1933, le Musée de Sorel y ouvre ses portes et les ailes latérales sont reconstruites. Classée monument historique en 1957, la maison subit une restauration la même année. C'est à cette époque que tout ce qui restait comme divisions à l'intérieur est enlevé, l'édifice étant transformé en salle de réception.

Mise en valeur récemment par l'aménagement paysager de son site, la maison des Gouverneurs de Sorel est un monument historique aux sens premier et ancien des termes: des personnages illustres y ont évolué. Son architecture a subi de nombreuses altérations; elles ont malheureusement diminué de beaucoup sa valeur et il n'est pas évident qu'une autre restauration changerait le malaise qu'on éprouve devant un objet qui n'est plus tout à fait authentique.

Luc Noppen, historien de l'architecture

WHITE, Walter S. *La maison des gouverneurs.* Sorel, Éditions Beaudry et Frappier, 1980. 175 p.

Plan des modifications au manoir de Sorel en 1823. (ANC)

De Saint-Ours à Waterloo

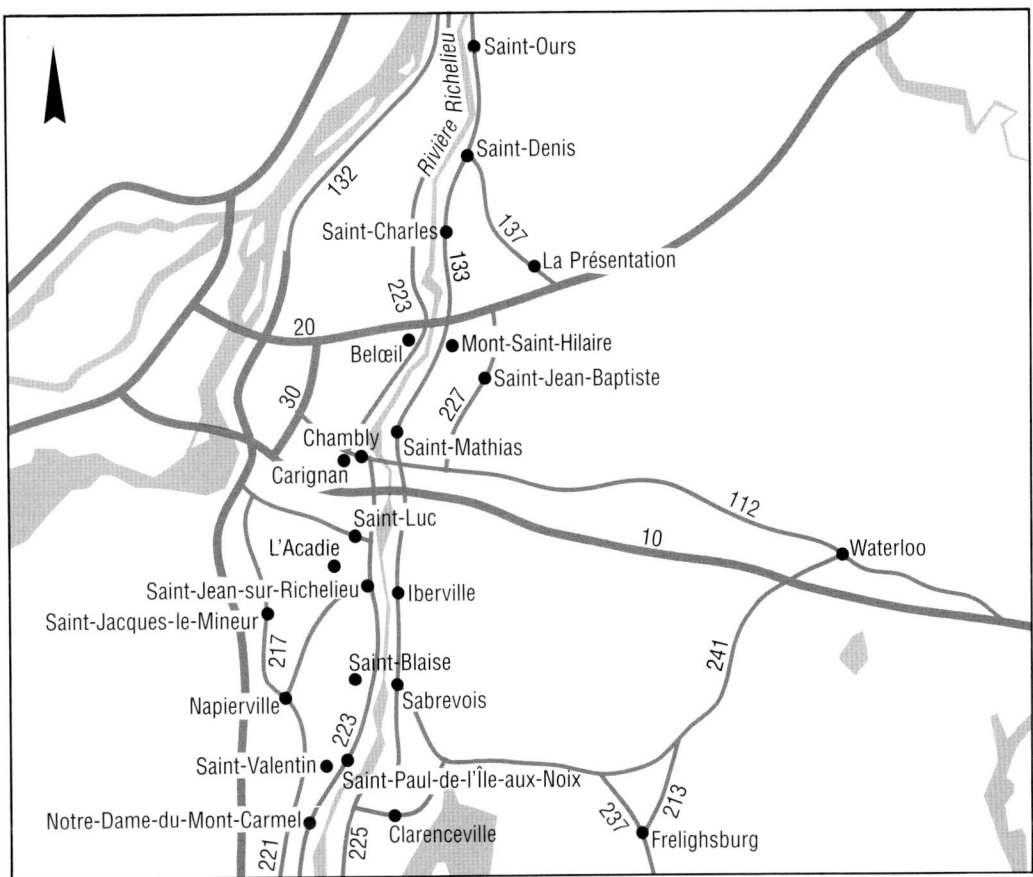

À l'exception du fleuve Saint-Laurent, nul autre cours d'eau n'a été aussi mêlé à notre histoire que le Richelieu et ce, pour une raison avant tout géographique. Entre le fleuve et l'océan, la rivière Richelieu constitue l'un des trois tronçons d'une voie naturelle traversant les Appalaches en ligne droite – les deux autres étant le lac Champlain, sa source et l'Hudson. Ce corridor s'étire du nord au sud, reliant Sorel à New York. Il a été le théâtre d'événements touchant d'abord l'Iroquoisie, ensuite la Nouvelle-Angleterre et, bien sûr, la Nouvelle-France.

La rivière des Iroquois

Après une brève exploration de la rivière jusqu'à son premier saut en 1603, Champlain y revient six ans plus tard en compagnie d'Algonquins et de Hurons. Son intention est de mater les audacieux Iroquois qui descendent le cours d'eau jusqu'au fleuve, s'embusquent dans les îles à l'entrée du lac Saint-Pierre et interceptent les convois de fourrures en route vers Québec et Tadoussac. Il remonte la rivière et traverse le lac des Iroquois (auquel il donne son nom) pour aller combattre en Iroquoisie, axée sur la rivière des Agniers ou des Mohawks. Or la même année, Henry Hudson remonte le fleuve (qui porte son nom) jusqu'en Iroquoisie, mais sans intention de guerre.

L'année 1609 marque un tournant capital dans l'histoire. Les fourrures transitant par les Grands Lacs emprunteront deux itinéraires rivaux: celui de la rivière des Outaouais, dominée par les Hurons et les Algonquins vers le Saint-Laurent des Français, ou celui de la rivière des Agniers à partir des lacs Ontario ou Érié vers l'Hudson des Hollandais et des Anglais. Les jeux sont faits pour longtemps, consacrant la rivalité et la guerre entre deux réseaux hydrographiques, entre deux communautés amérindiennes et entre deux colonisateurs européens.

De 1609 à 1642, la rivière des Iroquois sert à leurs incursions répétées dans le but de détourner à leur profit le trafic des fourrures vers le sud. New York devient ainsi un

De Saint-Ours à Waterloo

pôle rival de Québec. À la fondation de Ville-Marie (Montréal), au cœur de la zone dangereuse, le gouverneur de la Nouvelle-France obtient des crédits du cardinal Richelieu pour ériger un fortin à l'embouchure de cette rivière névralgique. Le fort Richelieu (1642-1646) n'arrête pas les Iroquois, qui utilisent bientôt des raccourcis vers le fleuve et Ville-Marie. C'est à partir de ce moment que l'émissaire du lac Champlain porte le nom de Richelieu, non sans autres appellations.

Entre-temps, François de Lauson, de la Compagnie des Cent-Associés, se fait concéder en 1635 un vaste domaine sur la rive sud du Saint-Laurent, comprenant tout le triangle entre le fleuve et la rivière des Iroquois et même davantage. Il conserve la seigneurie de la Citière jusqu'en 1663 sans que rien ne s'y passe, sauf l'érection du fort Richelieu, sur le site actuel de Sorel.

La rivière des forts

La guérilla iroquoise devenant de plus en plus meurtrière pour la Nouvelle-France, la métropole décide d'envoyer des troupes pour y mettre fin. Le régiment de Carignan-Salières entreprend en 1665 la construction de trois forts de pieux à Sorel (le second fort Richelieu), à Chambly et à l'île Sainte-Thérèse, et de deux autres l'année suivante, l'un à Saint-Jean, à la tête des rapides, et l'autre sur une grande île à la sortie du lac Champlain. Le Richelieu devient alors la rivière la plus fortifiée de la colonie.

Plus tard, les Français ajoutent des forts jusqu'à la tête du lac Champlain, se rapprochant ainsi de l'Iroquoisie et de la Nouvelle-Angleterre. Cette chaîne de forts les soutient lors de leurs expéditions contre elles, mais en retour les Iroquois et les Anglais les menacent souvent. En 1686, 1687 et 1692, le fort Saint-Louis de Chambly est durement attaqué par les Iroquois. En 1690 et 1691, les Anglais à leur tour descendent le haut Richelieu jusqu'à Saint-Jean pour aller attaquer Ville-Marie.

Après la paix franco-iroquoise de 1701, Français et Anglais se disputent le lac Champlain. Le *traité d'Utrecht* de 1713 reconnaît les possessions anglaises du lac George, mais les Français de la Nouvelle-France s'y refusent, considérant que ce lac (qu'ils appellent le lac Saint-Sacrement) fait partie du système hydrographique Champlain-Richelieu. Ils érigent le fort Saint-Frédéric en 1731 à 150 kilomètres au sud du fort Saint-Jean et le fort Carillon en 1756 à la jonction des lacs Saint-Sacrement (ou George) et Champlain. Des barques assurent la liaison entre ces avant-postes et Saint-Jean. Les Français doivent malheureusement abandonner leurs forts du lac Champlain en 1759 et se retrancher à l'île aux Noix. L'année suivante, tous les forts du Richelieu tombent aux mains des Anglais. En 1763, le *traité de Paris* établit la frontière méridionale du Québec au 45ᵉ parallèle, coupant définitivement le Richelieu du lac Champlain.

Le rôle militaire du Richelieu ne s'arrête pas là. Après une période d'accalmie, les Américains, en guerre contre leur mère patrie, envahissent la région en 1775 et s'emparent de tous les forts, dont celui de Saint-Jean après un siège de 45 jours. À leur retraite au printemps 1776, ils incendient Chambly et pillent Saint-Jean. À l'automne, les Anglais détruisent la flotte américaine au lac Champlain, mais essuient une défaite sanglante à Saratoga à l'été 1777.

Au cours de la guerre anglo-américaine de 1812-1814, les Britanniques s'installent à l'île aux Noix et s'aventurent sur le lac Champlain. Leur flotte remporte une victoire à Plattsburg en 1812, mais y subit une défaite cruciale en 1814. C'est en vue de

À la fin du XVIIIᵉ siècle, Saint-Jean constitue le poste avancé du Canada sur le lac Champlain. (ANC, J. Hunter)

De Saint-Ours à Waterloo

Vue du fort de Chambly en 1838. À droite de l'ouvrage, on aperçoit les moulins du seigneur Christie et, plus loin, l'église St. Stephen. (ANC, P. J. Bainbrigge)

Complété en 1843, le canal de Chambly permet aux navires à faible tirant d'eau de remonter le Richelieu jusqu'au lac Champlain. (ANC)

contrer une nouvelle invasion américaine que l'on érige le fort Lennox à l'île aux Noix, de 1819 à 1829, sur les vestiges des fortifications françaises de 1759.

À la même époque, le Parlement du Bas-Canada décide de canaliser le Richelieu, de Saint-Jean à Chambly. Les plans sont prêts dès 1821, mais il faut attendre quinze années pour que débute la construction des écluses de Chambly et les travaux s'étirent. Ce n'est que de 1841 à 1843, sous l'Union, que le canal sera complété et ouvert à la circulation des voiliers et des bateaux à vapeur de faible tirant d'eau. Il aura ainsi fallu 25 ans pour réaliser le projet et les considérations militaires n'ont pas été étrangères aux tergiversations du gouvernement.

Par sa position stratégique, le Richelieu possède une longue histoire militaire, dont il reste des vestiges intéressants: à Lacolle (blockhaus), à l'île aux Noix, et surtout à Chambly. Le fort de Chambly est d'ailleurs le joyau du patrimoine militaire du Richelieu.

Les seigneuries

La crainte des incursions iroquoises et des invasions anglaises plane sur le peuplement de la vallée du Richelieu. La première série de concessions territoriales est faite à des militaires licenciés du régiment de Carignan-Salières. Quatre capitaines deviennent seigneurs de territoires à l'embouchure et au centre du Richelieu: Sorel, Saint-Ours, Contrecœur et Chambly. Leurs seigneuries coupent obliquement la rivière, le Saint-Laurent ayant servi de base à leur découpage. Une deuxième série de concessions a lieu en 1694 et 1695, alors que six seigneuries complètent l'attribution territoriale du Bas-Richelieu. En 1733, on établit neuf seigneuries dans le Haut-Richelieu, dont une excentrique au sud du lac Champlain, autour du fort Saint-Frédéric. Au total, les gouverneurs de la Nouvelle-France concèdent, de 1672 à 1748, 24 seigneuries, les dernières étant perpendiculaires au Richelieu.

Le peuplement des seigneuries se fait attendre. Si les forts de Sorel et de Chambly attirent rapidement leurs premiers occupants, la seigneurie de Saint-Denis accueille son premier censitaire en 1720, celle de Saint-Charles en 1729, et celle de Rouville en 1736. Comme il faut compter une cinquantaine d'années avant que la colonisation passe du bord de l'eau au fond d'une seigneurie, ce n'est qu'à la fin du siècle que tous les rangs sont vraiment occupés. Dans les seigneuries du Haut-Richelieu, les premiers censitaires apparaissent plus tard (vers 1740-1750), et il faut attendre la venue des loyalistes pour permettre leur peuplement extensif.

Au début du Régime anglais, le recensement de 1765 évalue la population du Richelieu à quelque 3 500 habitants, dont mille dans la seigneurie de Sorel et 544 dans celle de Chambly. Près de 90 pour 100 de

De Saint-Ours à Waterloo

En 1837, le village de Saint-Denis est l'un des bourgs les plus populeux de la région. (ANC, P. J. Bainbrigge)

ces gens vivent dans la basse vallée, Saint-Jean demeurant un poste frontière. C'est à cette époque que les premiers bourgs apparaissent dans les plus anciennes seigneuries.

Les paroisses

Si l'étape pionnière dure un siècle, il en faut un autre pour compléter le peuplement de la vallée. De 1765 à 1815, le Bas-Richelieu est littéralement envahi. Tous les rangs sont ouverts et occupés, les bourgs grossissent et les paroisses se multiplient. La région entre Sorel et Chambly compte alors 18 000 habitants. Au sud du bassin de Chambly, la colonisation fait lentement son chemin le long du Richelieu et de la rivière L'Acadie.

Mais les loyalistes ont traversé la frontière et se sont établis dans les seigneuries passées aux mains des Anglais après la Conquête. C'est ainsi qu'on assiste à la fondation de paroisses catholiques et protestantes de même qu'au développement de Dorchester, à proximité du fort de Saint-Jean. La paroisse catholique de Saint-Jean-l'Évangéliste n'y est fondée qu'en 1828, une dizaine d'années après l'Episcopal Congregation of St. Johns. À Saint-Georges-de-Henryville, la paroisse protestante précède de 40 ans la paroisse catholique (1835). Bref, le Haut-Richelieu se peuple d'Acadiens, de loyalistes, d'Anglais, d'Irlandais et d'Écossais avant d'accueillir plus tard de nombreux Canadiens français.

Avant la Confédération, la vallée du Richelieu est entièrement peuplée. Sa population atteint 78 000 habitants en 1861, dont les trois quarts vivent dans les campagnes.

Peuplée par les loyalistes à compter de 1800, la petite localité de Waterloo connaît un essor considérable après l'avènement du chemin de fer. (ANQ-Q)

De Saint-Ours à Waterloo

On y compte une quarantaine de paroisses catholiques et une bonne douzaine de protestantes. Deux modestes villes, Sorel et Saint-Jean (respectivement 4 778 et 3 317 habitants), ainsi que plusieurs villages jalonnent la rivière. La vallée est alors tellement peuplée que l'émigration prend de l'ampleur, notamment dans le Bas-Richelieu.

De la Conquête à la Confédération, l'exploitation de la vallée du Richelieu repose essentiellement sur la culture du blé. Celle-ci fait la prospérité de plusieurs paroisses, en particulier entre 1790 et 1830, alors qu'elles constituent le grenier à blé du Bas-Canada. Cependant, de 1830 à 1860, l'agriculture richelaine traverse une crise: la culture intensive du blé a appauvri le sol et les marchés font défaut. Il faut donc transformer l'économie régionale, non sans abandons. La culture du foin succède à celle du blé. Cette culture dépasse largement les besoins de l'élevage laitier toujours en croissance et donne lieu à un commerce prospère, mais aléatoire.

C'est à l'époque de cette transformation que les rangs perdent des habitants. Compte tenu de l'accroissement naturel, l'exode rural prive le Richelieu de plus de 60 000 personnes entre 1861 et 1901 (ce qui signifie que la vallée en a perdu autant qu'elle en a retenu). Ce n'est qu'en 1941 qu'elle rattrapera les chiffres de 1861, mais les ruraux ne

Le pont reliant Saint-Jean et Iberville, vers 1840. (ANC, W.H. Bartlett)

représenteront alors que 35 pour 100 de la population totale.

De 1861 à 1931, le troupeau laitier du Richelieu triple presque, avec une moyenne de treize vaches par ferme. Le foin a perdu ses marchés urbain et américain, poussant les cultivateurs à s'orienter vers l'élevage. La première fromagerie date de 1872 et est située à Saint-Denis. En 1901, les comtés de Saint-Jean et d'Iberville comptent 23 beurreries et fromageries. Le recensement de 1911 signale pour la première fois plus de beurreries que de fromageries dans les rangs et villages.

Avec la Seconde Guerre mondiale, l'industrie laitière se concentre et les producteurs doivent rentabiliser leur ferme. Le troupeau laitier diminue en nombre pour gagner en qualité. Le nombre de fermes diminue aussi, chutant de plus du tiers entre 1941 et 1966. Mais la superficie des terres en culture diminue à peine et les fermes, si elles sont moins nombreuses, s'agrandissent toujours. À tel point que le propriétaire d'une centaine de bêtes à cornes, dont les deux tiers en lactation, exploite maintenant l'équivalent de trois à quatre anciennes fermes.

Le paysage rural

La vallée du Richelieu est mise en valeur depuis plus de trois siècles. Elle est d'abord un domaine de chasse et de pêche, puis de coupe du bois. Plusieurs seigneurs semblent retarder le peuplement de leur seigneurie pour favoriser ces fonctions récréatives, vivrières et commerciales, notamment dans le Haut-Richelieu, longtemps privilégié par les militaires. Ainsi, la rivière du Sud devient

De Saint-Ours à Waterloo

un paradis pour la pêche et la chasse aux oiseaux aquatiques. Tant qu'il y en a, le castor est aussi chassé et trafiqué.

La forêt fournit du bois de construction aux premiers colons, mais aussi aux chantiers navals où l'on fabrique des barques et même des bateaux de guerre, comme à Saint-Jean. Elle abonde aussi en bois de chauffage. Les premières habitations sont en bois rond, pièce sur pièce, avec un foyer en pierre chauffé au bois. Le défrichement débute et progresse plus rapidement dans le bas que dans le haut de la vallée. À cette époque, il ne reste que le bois de Verchères et un îlot de verdure autour du mont Saint-Hilaire dans le Bas-Richelieu, alors que le Haut-Richelieu demeure encore très boisé. Celui-ci est néanmoins déboisé et graduellement mis en culture, étant donné la bonne qualité de ses terres.

De dix à douze générations se sont succédé dans les plus anciennes fermes du Richelieu. Elles ont marqué le paysage dans ses structures géographiques, mais il reste peu de vestiges de l'habitat rural ancien. Les plus vieilles maisons en billes de bois équarries et en pierre des champs datent de la fin du XVIIIe siècle. Les fours à pain ont presque tous disparu. De l'ère du blé, on retrouve le site des quais d'expédition, plusieurs hangars à grain dans la cour des fermes anciennes et des entrepôts dans les vieilles paroisses, alors que l'ère du foin a laissé des granges-étables vétustes et des granges abandonnées au milieu des champs. On peut y repérer quelques petites écoles de rang du XIXe siècle, maintenant transformées en habitations.

Une visite des rangs permet de retracer l'évolution des cinquante dernières années. À côté des fermes abandonnées se développent de grandes exploitations modernes, la plupart laitières. Ces importantes installations comprennent une maison en pierre, en brique ou en bois, une vaste étable à laquelle se greffent d'énormes silos en béton et une laiterie, diverses remises pour la machinerie, un garage, des graineries métalliques et, plus loin, un séchoir à maïs ainsi qu'un jardin potager. Les champs sont déclôturés, maintenant que le bétail est nourri à l'étable ou dans un enclos adjacent. Les pâturages sont en voie de disparition. C'est désormais le maïs qui occupe les plus grandes étendues ainsi que le foin et d'autres céréales servant à l'alimentation équilibrée des animaux. Les champs se déroulent géométriquement jusqu'à un boisé qui ferme l'horizon comme autrefois.

Depuis 1940, la vallée du Richelieu a perdu de nombreuses fermes qui ont été remplacées par de grandes exploitations modernes comprenant de vastes étables, des silos en béton, des remises pour la machinerie. (ANQ-Q)

De Saint-Ours à Waterloo

Au début du siècle, les villégiateurs montréalais empruntent le chemin de fer pour se rendre en balade dominicale au mont Saint-Hilaire. (ANQ-Q)

L'urbanisation

Si les premiers bourgs naissent avant la Conquête, leur développement est généralement lent et l'urbanisation proprement dite, assez récente. Ce n'est en effet qu'au début du XXe siècle que la population urbaine (celle des villes et villages de mille habitants et plus) dépasse la population rurale. Depuis les années 1950, on assiste toutefois à une urbanisation galopante, notamment dans le cœur du Richelieu. À l'heure actuelle, sur une population totale d'environ 250 000 habitants, on compte trois fois plus d'urbains que de ruraux.

Après l'ouverture du pont Victoria, en 1860, ce sont les Montréalais qui commencent à fréquenter sporadiquement le Richelieu. Le train les conduit à un parc aménagé non loin du mont Saint-Hilaire (Otterburn Park), où ils passent leurs dimanches. L'automobile amène ensuite les premiers villégiateurs au bassin de Chambly et plus tard à l'île Sainte-Thérèse, près des rapides. Au cours de la Seconde Guerre mondiale, les rives du Richelieu, au sud de Saint-Charles et de Saint-Marc, accueillent des centaines de chalets d'été. Par la suite, le train et l'auto étirent la banlieue de la métropole jusqu'au Richelieu, notamment vers Belœil et Chambly. Entre-temps, deux agglomérations grandissent: Saint-Jean et Sorel.

Autant la vallée du Richelieu était rurale il y a 125 ans, autant elle est urbaine maintenant. Spatialement cependant, les fermes dominent encore en étendue. Les villes et les villages présentent un grand intérêt. On y trouve des églises et quelques manoirs anciens en plus de vieilles maisons en pierre. Le cadastre, la toponymie, le bâti, l'évolution récente sont dignes d'attention. Si Belœil et Chambly se transforment, Saint-Denis garde son image d'antan. Le paysage richelain, sans être grandiose, offre des vues attrayantes: rivière langoureuse dans la basse vallée, rapides tumultueux à Chambly, colline massive à Saint-Hilaire et conique à Saint-Grégoire, rangs jalonnés de silos au milieu de vastes champs de maïs, parcs historiques à Sorel et à Saint-Denis, rives impressionnantes au cœur des vieux villages. Les joyaux du patrimoine richelain sont à découvrir.

Ludger Beauregard, géographe

Domaine seigneurial de Saint-Ours

Saint-Ours
2500, rue de l'Immaculée-Conception

Fonction: résidentielle
Classé site historique en 1982

Le manoir de Saint-Ours, édifié le long de la rivière Richelieu, fait partie d'un domaine qui n'a pas changé depuis le XIXᵉ siècle et qui a toujours appartenu à la même famille. Encore de nos jours, ce sont des descendants des seigneurs de Saint-Ours qui habitent la maison ancestrale, un cas sans doute unique au Québec.

Les seigneurs de Saint-Ours

En 1672, l'intendant Jean Talon accorde à Pierre de Saint-Ours, capitaine du régiment de Carignan-Salières, une terre comprise entre les seigneuries de Sorel et de Contrecœur et qui s'étend depuis la rivière Yamaska jusqu'au fleuve Saint-Laurent. Le nouveau seigneur établit sa résidence, une maison en pièce sur pièce, au bord du fleuve, dans ce qu'on appelle alors le «Grand Saint-Ours». Mais les terres sablonneuses de ce secteur sont peu à peu abandonnées au profit du «Petit Saint-Ours», près de la rivière Richelieu, qui formera plus tard le cœur de la seigneurie.

C'est Charles-Louis-Roch de Saint-Ours, l'arrière-petit-fils du premier seigneur, qui fait bâtir en 1792 un nouveau manoir sur la rive est du Richelieu. Construite par le maçon Michel Lafleur, la maison de plan rectangulaire s'élève sur un seul étage avec combles sous un toit à deux versants. Bien que ses affaires et son poste de conseiller législatif du Bas-Canada l'amènent à s'absenter souvent, Charles-Louis-Roch de Saint-Ours habite le manoir jusqu'à sa mort, en 1834. La propriété revient alors à son fils, François-Roch, qui siège aussi au Conseil législatif puis devient shérif de Montréal. Il n'aura guère le temps d'exploiter son domaine puisqu'il meurt en 1839, cinq ans seulement après en avoir hérité.

Au terme des travaux exécutés en 1870, la résidence a pris l'aspect de ces grandes villas qu'on élève à la périphérie des villes à partir du milieu du XIXᵉ siècle. (ANQ-Q, E. Gariépy)

En 1845 sa veuve, Hermine-Marie-Catherine Duchesnay, confie à Joseph Morin la responsabilité d'agrandir et de rénover le manoir. Au terme des travaux, le mur-pignon du côté nord aura gagné 4,5 mètres, portant la longueur totale du bâtiment à environ 22,5 mètres. Elle fait modifier en outre toutes les ouvertures de la façade, qui comprend dès lors une porte centrale et quatre fenêtres réparties de façon symétrique. Une galerie longe également toute la façade.

Joseph Morin effectue aussi des travaux à l'intérieur: construction d'un escalier menant aux combles, réfection des portes, des armoires et du revêtement. Finalement, il construit une laiterie et une glacière en pièce sur pièce et agrandit l'écurie.

Il s'écoulera 25 ans avant qu'Hermine-Marie-Catherine de Saint-Ours ne commande d'autres travaux d'importance. Tout porte à croire en effet que l'exhaussement d'un étage et le toit à croupes percé de lucarnes datent de 1870. Exécutés par Simon Voyer, un entrepreneur de Montréal, ces travaux ont permis de raffiner l'allure de la résidence, qui s'apparente désormais aux grandes villas qu'on élève à la périphérie des villes à partir du milieu du XIXᵉ siècle.

Un domaine intégral

Amélie, fille d'Hermine-Marie-Catherine, sera la dernière à porter le nom des Saint-Ours. À sa mort en 1916, elle lègue le domaine familial à sa petite-fille, Marguerite Taschereau, qui plus tard épouse Armand Poupart. Depuis 1963, c'est une autre génération de Poupart qui veille sur la destinée du manoir, mais toujours en perpétuant le souvenir des ancêtres de Saint-Ours. D'ailleurs, l'aïeule reviendrait hanter ces lieux, elle ne s'y sentirait pas du tout dépaysée tellement on s'est attaché à en préserver les attributs.

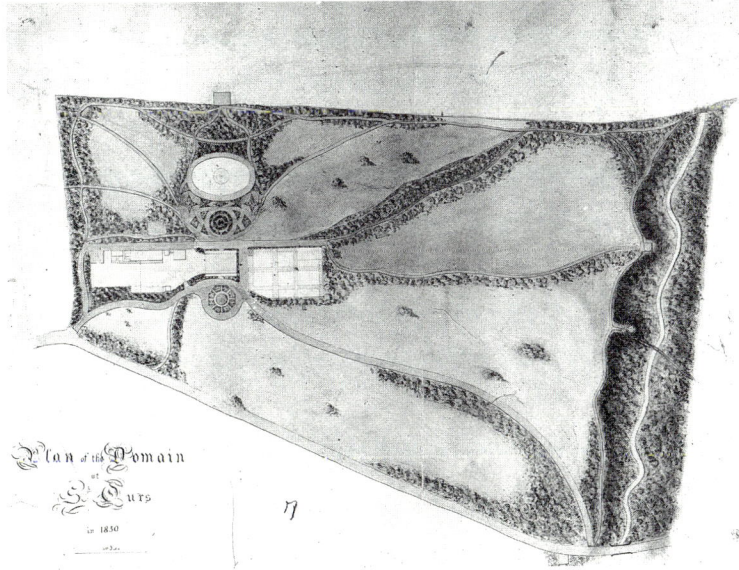

Vue générale de l'ancien domaine seigneurial de Saint-Ours en 1850, d'après un dessin de l'arpenteur Emmanuel Couillard-Després.

Le manoir fait partie d'un domaine qui n'a pas changé depuis 1848 et qui a toujours appartenu à la même famille. (MAC)

La façade arrière. Des balustres de la galerie jusqu'à la frise sous la corniche, pas le moindre détail qui ne soit conçu en harmonie avec l'ensemble. (ANQ-Q)

Plusieurs photographies anciennes conservées aux Archives nationales attestent que le manoir est demeuré intact depuis le XIXe siècle. Si l'on a dû refaire la couverture et remplacer certains éléments décoratifs qui s'étaient détériorés au fil des années, c'est en restant fidèle à l'esprit d'origine. Dissimulé aux regards des passants par un rideau d'arbres, le manoir se dresse toujours au détour d'une allée non pavée, devant un parterre circulaire agrémenté d'une fontaine. Des balustres de la galerie jusqu'aux consoles ouvragées, de la frise sous la corniche jusqu'aux linteaux qui couronnent les baies, pas le moindre détail qui ne soit conçu en harmonie avec l'ensemble.

Les descendants de la famille de Saint-Ours, conscients de la valeur historique de l'ancien domaine seigneurial, n'ont ménagé aucun effort pour en conserver le cachet et l'ont préservé de toute exploitation commerciale. Le terrain, de forme irrégulière, fait quelque dix kilomètres carrés et sa superficie n'a pas changé depuis 1848. Jardins, vastes pelouses et boisés, en pente douce vers la rivière, créent un environnement digne de l'ancienne demeure seigneuriale.

Nicole Cloutier, historienne de l'art

Société d'étude sur l'environnement bâti Arca Inc. *Le domaine seigneurial de Saint-Ours.* Montréal, ministère des Affaires culturelles, 1983. 56 p.

Cloutier, Nicole. *Manoir de Saint-Ours.* Québec, ministère des Affaires culturelles, 1980. 32 p.

Couillard-Després, Azarie-E. *Histoire de la seigneurie de Saint-Ours.* Montréal, Imprimerie de l'Institut des sourds-muets, 1915-1917. 2 vol.

Maison Cherrier

Saint-Denis
639, chemin des Patriotes

Fonction: résidentielle
Reconnue monument historique en 1980

En face de l'église, et juste à côté du parc qui descend vers le Richelieu que franchit le traversier pour Saint-Antoine, s'élève l'imposante demeure dont rêvait pour sa retraite François Cherrier, curé de la paroisse de Saint-Denis de 1763 à 1809.

Cette maison est mise en chantier en 1808 par Pierre Ménard dit Bellcrose, maître maçon. Lorsqu'en septembre 1809 le curé de Saint-Denis meurt à l'âge de 64 ans, c'est sa sœur, Marie-Anne Cherrier, aussi tante de Louis-Joseph Papineau, qui hérite du bâtiment inachevé. Elle fait poursuivre les travaux qui se terminent en 1811.

François Cherrier naît à Longueuil en 1745. Après la Conquête, il étudie au Séminaire de Québec et opte pour la prêtrise. Après de courts stages à Longueuil et à Boucherville à titre de vicaire, Mgr Briand le nomme à Saint-Denis où il devient curé en 1774. Dans cette paroisse, François Cherrier se fait connaître comme un bon pasteur, mais aussi comme un travailleur infatigable. En 1780, il dresse les plans de son église, édifice monumental et d'une rare qualité; en 1805, il construit une école pour les garçons de la paroisse. Cette activité débordante, la culture générale et le sens de l'organisation du curé de Saint-Denis convainquent l'évêque de le nommer vicaire général des paroisses situées au sud de Montréal.

La maison que le curé de Saint-Denis se fait bâtir avec sa fortune personnelle – il hérite de son père, notaire à Saint-Denis –

L'imposante demeure édifiée entre 1808 et 1811 reprend les grandes lignes de la «maison montréalaise» du XVIIIe siècle.

La maison Cherrier vers 1925. (ANQ-Q, E. Gariépy)

adopte un plan rectangulaire composé d'un étage et demi en façade avant et d'un étage additionnel à l'arrière. Les deux versants de la toiture comptent chacun quatre lucarnes. Les murs sont en pierre de carrière maçonnées alors que les chaînes d'angle, linteaux et allèges de portes et fenêtres sont en pierre de taille. La demeure est destinée à recevoir son imposante bibliothèque. Cependant, les 400 titres qui la composent iront plutôt garnir les rayons de la bibliothèque du collège de Nicolet, selon les dernières volontés du défunt.

Au fil des années, la maison Cherrier change de mains à plusieurs reprises; elle est utilisée comme résidence, abrite l'étude d'un notaire et loge même un bureau de poste. De ce fait, elle subit plusieurs transformations. Parmi celles-là on note la galerie qui longe le pignon nord-est et celle qui est accolée à la façade arrière. Il en est de même des petits portiques qui se dressent devant les portes d'entrée. À l'intérieur, les occupants qui se succèdent ne conservent guère les divisions initiales.

Si la maison Cherrier reprend les grandes lignes de la «maison montréalaise» – maison urbaine transposée en milieu rural dès la fin du XVIIIe siècle –, elle se singularise par un plan moins massif, plus étiré. Ceci tient probablement au dédoublement de l'habitation prévue pour un prêtre et sa ménagère. En même temps, cette occupation double nécessite l'utilisation de l'étage des combles, d'où le toit à profil plus haut que celui observé généralement. En ce qui a trait à la structure, cette extension de l'habitat explique la présence – inhabituelle pour l'époque – de lucarnes, mais aussi d'une charpente plus haute dont les fermes sont consolidées, étant reliées par des contrefiches aux poinçons, dispositif peu commun dans ce type d'architecture.

À Saint-Denis, haut lieu du culte des patriotes, la maison Cherrier acquiert une valeur de symbole; elle est, avec l'église et la maison des Patriotes, un témoin silencieux de la rébellion de 1837.

Luc Noppen, historien de l'architecture

Maison Mâsse

Saint-Denis
298, rue Saint-Thomas

Fonction: culturelle
Classée monument historique en 1977

Saint-Denis est un village pittoresque de la vallée du Richelieu, région d'une grande richesse collective tant par la qualité de son environnement et de son patrimoine architectural que par son histoire. Au cœur de ce village, tout à côté du parc municipal, ancienne place du marché, s'élève la maison de Jean-Baptiste Mâsse, premier propriétaire. Cette grande maison en pierre caractérisée par une architecture de type urbain a connu depuis l'époque de sa construction, au début du XIXᵉ siècle, autant de modifications que d'usages.

Maison de marchand

À la fin du XVIIIᵉ siècle, le village de Saint-Denis attire nombre de gens d'affaires et d'artisans, sa situation privilégiée sur une grande voie de communication fluviale lui permettant un développement constant. Avec quelques frères et sœurs, Jean-Baptiste Mâsse quitte Québec vers 1790 pour venir s'établir dans ce village prospère. Ce jeune forgeron y exerce son métier jusqu'en 1802 pour devenir ensuite aubergiste, puis marchand.

Peu à peu ses activités s'intensifient. Après son troisième mariage, en 1814, sa prospérité ne fait plus de doute. En plus de tenir une auberge et un magasin général, Jean-Baptiste Mâsse possède des terres, des propriétés et deux moulins qu'il loue à l'occasion. Il est aussi un patriote. Lors de la bataille de Saint-Denis en novembre 1837, il participe au combat. Au cours de la répression qui suit, sa maison est épargnée mais des soldats l'occupent et pillent ses caves.

À son arrivée à Saint-Denis, Jean-Baptiste Mâsse achète de son beau-frère Thomas Jacobs, marchand de l'endroit, un terrain de quatre emplacements donnant sur le chemin du Roi. Sur ce site, il fait construire une maison en pièce sur pièce, une forge et une étable. La maison est démolie en 1809 et rebâtie sur un autre emplacement appartenant à Mâsse. Bien qu'il soit difficile de dater avec précision le début des travaux de construction de l'habitation en pierre qui succède à la maison en bois, des actes notariés révèlent qu'en 1810 on entreprend des travaux de maçonnerie et de menuiserie.

Comportant alors un seul étage, le bâtiment de forme irrégulière sert à la fois de résidence, d'auberge et de magasin général. Avec les années, on en termine la construction et la finition, si bien qu'après 1814, un second étage est ajouté. Finalement, en 1841, la maison a l'aspect qu'on lui connaît aujourd'hui.

Cette grande maison en pierre de type urbain a connu depuis l'époque de sa construction, au début du XIXᵉ siècle, autant de modifications que d'usages.

En 1845, quatre ans après la mort de Jean-Baptiste Mâsse, la propriété est acquise par son gendre Jean-Baptiste Lusignan, marchand de Saint-Denis. Romuald Saint-Jacques en fait sa résidence en 1853 et y tient également un magasin. La maison est vendue à la famille Guertin en 1867 et, jusqu'en 1902, elle y gère un hôtel de «tempérance». Cette année-là, l'hôtelier Joseph Dragon en fait l'acquisition. Avec ou sans autorisation de vendre de l'alcool, l'hôtel de Dragon a pignon sur rue jusqu'en 1912, date à laquelle on le reconvertit en manufacture de vêtements de travail.

L'entreprise de Louis-Edmond Charron, The Maple Leaf Overall Company, emploie à une certaine époque jusqu'à 40 personnes. En 1930, la manufacture passe sous le contrôle des frères Gendron de Saint-Antoine qui tentent, à partir de 1936, d'y fabriquer des chaussures. En 1940, le meunier Adréus Bonnier achète la maison qu'un incendie a légèrement endommagée. Il y exploite un moulin jusqu'en 1943.

Entre 1912 et 1936, la maison Mâsse abritait une manufacture de vêtements. (ANQ-Q, E. Gariépy)

Pour loger un centre d'interprétation sur l'histoire des patriotes de 1837-1838, la maison Mâsse a fait récemment l'objet d'une réfection qui a tenu compte de son caractère historique.

Cette année-là, le Syndicat coopératif agricole de Saint-Denis en devient propriétaire. La maison est finalement transformée en entrepôt et en magasin de marchandises agricoles et elle conservera cette fonction jusqu'à ce que le gouvernement du Québec l'acquière en 1980. Elle porte aujourd'hui les traces de modifications successives sur chacun des niveaux d'occupation: la cave, le rez-de-chaussée, l'étage et les combles.

Une maison urbaine

Classée monument historique en 1977, la maison Mâsse est un bâtiment en pierre d'un étage sur rez-de-chaussée dont le plan au sol adopte la forme d'un rectangle trapézoïdal. Les murs de fondation de cette maison, comme ceux du bâtiment qui l'a précédée, ont un tracé irrégulier suivant l'angle aigu formé par la rue en façade et la rue latérale, ce qui permet d'exploiter le terrain au maximum. D'imposantes cheminées groupées surmontent les murs-pignons.

Un puits au sous-sol, récemment mis au jour lors de fouilles archéologiques, ajoute à l'intérêt historique et architectural de cette maison ancienne. Il apparaît comme un élément important dans l'organisation des fonctions, car en plus d'assurer un approvisionnement en eau bien abrité et à proximité des cuisines, le puits fournit un espace pour conserver les denrées périssables. Cette installation donne à la cave un caractère original.

Par ses vastes dimensions, ses nombreuses ouvertures, la présence de murs coupe-feu et la symétrie de la façade, la maison Mâsse rappelle la maison urbaine du début du XIXe siècle et se distingue des maisons villageoises et rurales de Saint-Denis et de la région. Elle est un des éléments dominants du paysage local.

Afin d'y loger un centre d'interprétation sur l'histoire des patriotes de 1837-1838, la maison Mâsse a fait récemment l'objet d'une réfection qui a tenu compte à la fois du caractère historique du bâtiment et des exigences fonctionnelles du programme d'interprétation et des services connexes. L'implantation de la Maison nationale des patriotes s'est révélée une action décisive pour la mise en valeur de cette maison classée et pour l'interprétation des événements dont elle a été le témoin.

Joanne Watkins, historienne de l'art

ARKÉOS. *Fouilles archéologiques, Maison nationale des Patriotes.* Montréal, ministère des Affaires culturelles, 1987. 116 p.

ETHNOSCOP. *Maison Massé, St-Denis-sur-Richelieu: Évaluation du site archéologique.* Montréal, ministère des Affaires culturelles, 1982. 102 p.

GROUPE HARCART. *La maison Jean-Baptiste Mâsse, St-Denis-sur-Richelieu: Rapport de recherche.* Montréal, ministère des Affaires culturelles, 1983. 32 p.

Maison Maurice-Sauvé

Saint-Charles
255, chemin des Patriotes

Fonction: résidentielle
Reconnue monument historique en 1973

La maison restaurée. On remarque sur la paroi latérale de la cuisine d'été la forme proéminente du four à pain. (MAC)

La maison Maurice-Sauvé en 1956. (ANQ-Q)

Restaurée par Jeanne et Maurice Sauvé, deux grandes figures de la politique canadienne, la maison est située au sud du village historique de Saint-Charles-sur-Richelieu. Ce bâtiment en pierre – avec des murs de plus de 90 centimètres d'épaisseur – demeure une bonne maison de ferme traditionnelle implantée sur une mince lisière entre la rivière et le chemin de village.

En face, de l'autre côté de la route, se retrouvent les dépendances: grange-étable, remise à voitures, etc. Le patrimoine comporte toujours l'ancienne glacière, une construction au toit à quatre versants lambrissée de planches à clins, où l'on déposait à la fin de l'hiver les blocs de glace qui gardaient froid tout l'été cet espace de conservation des denrées. Au-dessus de la porte principale ou «porte du dimanche», la maison révèle son âge sur une pierre gravée «1804 A C».

La première mention retrouvée concernant le lot de la maison Maurice-Sauvé remonte au 14 juillet 1793: Amable Hébert vient de faire baptiser son premier fils, Jean-Baptiste. Les Hébert occupent probablement le lopin depuis quelque temps. Suivant la coutume, ils logent dans une maison de petites dimensions en attendant de mieux s'installer une fois l'établissement agricole plus solide. C'est en 1804 qu'Amable Hébert entreprend d'ériger la maison actuelle.

Il s'agit d'un carré d'environ 10 mètres sur 12 auquel on greffe rapidement, du côté nord, un fournil-cuisine d'été de plus petites dimensions. La grande maison est munie de deux cheminées dont une, mieux finie, réchauffe la chambre principale du logis. En plus de contenir le four à pain dont le ventre s'étire au dehors, la cuisine d'été possède elle aussi son gros âtre de service. L'étage des combles, un vaste espace triangulaire, aligne quelques ports à grains et sert de remise saisonnière. La grosse charpente en pin équarri,

Région Montérégie

Les travaux de restauration entrepris en 1971 incluaient la reconstitution de la charpente du toit selon le gabarit et la technique d'origine. (ANQ-Q, coll. Michel Lessard)

assemblée à tenons, mortaises et chevilles, dessine une élégante pente de 45 degrés, légèrement galbée à la base par de courts coyaux. La toiture est recouverte de bardeau de cèdre.

En 1823, Amable Hébert, devenu vieux, remet la propriété à un de ses fils, Amable. Un texte manuscrit de plusieurs pages énumère alors tous les biens du legs et énonce les obligations annuelles de l'héritier tant vis-à-vis des parents que des enfants non mariés. Afin d'assurer aux couples leur intimité, on divise la maison en deux et l'on ouvre une seconde porte à l'avant, voisine de l'ancienne. Après sept ans de cohabitation, Amable fils fait un échange de propriété avec son frère Jean-Baptiste. Le père décédé, ce dernier vend le patrimoine familial en 1836.

Après quelques transactions successives, tout le bien est acquis par François-Xavier Geoffrion, originaire de Varennes. Sa nombreuse progéniture s'installe tout autour. Un inventaire systématique de la propriété dressé en 1868 révèle un mode de vie aussi éloquent que le précédent. Les Geoffrion continuent à occuper cette terre non sans certaines tribulations, jusqu'à ce que celle-ci, avec les bâtiments, soit vendue aux enchères en 1903. Félix Lusignan s'en porte alors acquéreur pour la revendre aussitôt à son frère Ovila. C'est Simon Lusignan, le fils d'Ovila, qui cède le lot à Maurice Sauvé en 1971.

L'une des cheminées dégagées à la faveur de la campagne de restauration. (ANQ-Q, coll. Michel Lessard)

La restauration alors entreprise dure cinq ans. Minutieusement, après recherche historique et enquête ethnographique, la charpente du toit incendiée il y a fort longtemps est reconstituée selon le gabarit et la technique originelle décodée. Une main-d'œuvre locale ayant conservé la mémoire artisanale du geste est mise à contribution. Le curetage dévoile armoire et tiroir emmuraillés, couleurs et moulures d'origine. Cheminées et fours à pain sont dégagés puis consolidés. Les planchers en pin sont refaits et tout l'enfigurage renouvelé. Enfin, la maçonnerie une fois réparée est badigeonnée de lait de chaux, comme la surface en gardait la trace.

La maison Maurice-Sauvé demeure à coup sûr un éloquent témoignage de l'architecture domestique rurale de la vallée du Richelieu au début du XIXe siècle. Il faut y goûter la lumière de tombée du jour quand le soleil descend à l'ouest de la rivière. Même l'hiver, la neige est tiède.

Michel Lessard, historien de l'art

LESSARD, Michel et Gilles NILANDRE. *La maison traditionnelle au Québec.* Montréal, Sogides, 1974. 493 p.

Site et église de La Présentation

La Présentation
551, chemin de l'Église

Fonction: religieuse, résidentielle et commerciale
Église classée monument historique en 1957
Ensemble classé site historique en 1984

À une dizaine de kilomètres de la Municipalité de Saint-Hyacinthe, le clocher de l'église de La Présentation se dresse au cœur d'un paysage plat, caractéristique du bassin de la rivière Yamaska. Ce n'est qu'arrivé à l'intersection principale du village que le visiteur peut apprécier la qualité architecturale de l'église et apercevoir les éléments d'un ensemble paroissial exceptionnel dont la forme actuelle est le fruit d'une lente évolution faite de transformations continuelles.

L'ensemble est d'abord formé d'un lot en bonne partie découvert d'environ 110 mètres sur 150, prolongé au nord-ouest par le cimetière. Huit bâtiments de gabarit et d'importance variables y sont érigés; l'église est la construction la plus imposante. Viennent ensuite, du plus grand au plus petit, le presbytère, la maison du sacristain, trois bâtiments agricoles, le charnier et enfin un caveau funéraire.

L'évolution du site

Le 24 octobre 1804, le curé de Saint-Denis se rend, à la demande de l'évêque de Québec, au lieudit Salvaille afin d'évaluer le bien-fondé de la création d'une nouvelle paroisse dans cette partie de Saint-Hyacinthe. Non seulement l'abbé François Cherrier juge la requête des habitants recevable, mais en plus il désigne «[...] un lieu central propre à la Bâtisse d'une église, cimetière et presbytère ainsi que d'une sacristie [...]».

Le plan que l'abbé Cherrier soumet à l'évêque quelques mois plus tard est approuvé. Certains obstacles se dressent alors et font surseoir à l'entreprise. Le projet soulève l'opposition de certains propriétaires de la concession, surtout parce que ceux-ci n'ont pas encore achevé de payer le coût de la construction de l'église de Saint-Hyacinthe.

En juin 1806, François Cherrier revient à la charge avec un projet moins coûteux. Maintenant propriétaire du terrain (il le cédera à la fabrique un an plus tard), il approuve la construction d'une «[...] maison en bois de cinquante pieds de long sur trente de largeur pour servir de chapelle tenant lieu d'Église paroissiale, et un jour de presbytère [...]».

Les travaux s'amorcent aussitôt et sont achevés à la fin d'octobre 1807, au moment où le premier curé est nommé: il s'agit de Louis-Martial Bardy, auparavant curé de la paroisse de Saint-Jean-Baptiste de Rouville. La chapelle en bois aurait été implantée devant le presbytère actuel, à mi-chemin entre ce dernier et la rue de l'Église. Une sacristie en bois d'environ 6 mètres sur 4,5 est ajoutée en 1809.

L'église de La Présentation, inaugurée en 1820, perpétue les formes de l'architecture traditionnelle du Régime français tout en les adaptant.

Moins de sept années après la construction de la chapelle, les habitants de la paroisse soumettent une requête pour obtenir la permission de construire une église en pierre. Ce projet constitue en fait la reprise du premier plan soumis en 1805. Cette fois-ci, les choses vont bon train. En début d'année 1814, les syndics établissent la répartition des quote-parts devant être fournies par chacun des propriétaires pour la construction de l'église. Ils estiment en outre le coût de construction à 48 600 livres.

Les travaux eux-mêmes ne débutent qu'en 1817. Le maître maçon et principal entrepreneur du chantier est Pierre Auger, de Terrebonne, assisté de deux charpentiers, François Gigon et un dénommé Latour. La décoration intérieure est confiée à René Saint-James, qui, faute de temps, cédera le contrat à François Dugal, qui y travaillera principalement jusqu'en 1833. Malgré l'intérieur inachevé, on bénit l'église le 4 mai 1820.

La construction du presbytère en pierre débute en 1822. Il ne sera à peu près habitable qu'à la fin de 1825. L'ancienne chapelle devenue presbytère est probablement démolie peu de temps après, conférant à l'ensemble paroissial une première unité. Le cimetière clôturé, utilisé depuis novembre

L'ornementation des trois portails selon des formes classiques est tout à fait remarquable pour l'époque.

1806, occupe le côté nord-est de l'église. En 1841, une ancienne chapelle de procession y est déménagée et transformée en charnier.

L'ensemble paroissial se compose donc vers 1840 d'une église et d'un presbytère en pierre ainsi que d'un cimetière; des trottoirs en bois donnent accès à l'église en façade et unissent la sacristie au presbytère. En 1846, deux bâtiments de ferme s'ajoutent; ils font office d'écurie, d'étable, de grange et de remise. Un de ces bâtiments est reconstruit en 1880; l'année suivante, on bâtit une remise à bois aujourd'hui disparue. Plus tardivement, la construction d'une grange-étable en 1904 achève de doter le domaine paroissial d'un petit ensemble à vocation agricole dans l'angle nord-ouest du terrain de la fabrique.

Mis à part certains travaux d'entretien et la reconstruction en 1856 du clocher renversé par un ouragan, il faut attendre 1880 pour assister à des travaux d'importance; cette année-là s'amorce une phase intense de construction qui s'échelonnera sur une douzaine d'années. On entreprend notamment de refaire les couvertures, de réparer le clocher et lui ajouter une nouvelle lanterne en fer-blanc, de crépir en ciment tous les murs et de refaire à neuf et en double toutes les portes de l'église et de la sacristie. Ces travaux ont des répercussions à l'intérieur de l'église, entre autres dans la sacristie qui est dotée de nouveaux confessionnaux, d'un buffet et d'un autel au revers du maître-autel.

Le sculpteur François Dugal, formé à l'école de Quévillon, a réalisé la majeure partie du décor intérieur, d'inspiration classique. (MAC, fonds Morisset)

Les années 1889-1893 voient la construction d'un nouveau presbytère (à l'emplacement même du précédent devenu vétuste) et d'une maison pour le sacristain (qui fera aussi office de salle publique) sur le site même de l'église. Tout indique que l'on assiste à la fin du XIXe siècle et au début du XXe siècle à une transformation importante de l'ensemble paroissial avec l'ajout des nouveaux bâtiments que sont le troisième presbytère, la maison du sacristain et la grange-étable.

L'aménagement du terrain contribue également à cette transformation. Les trottoirs en bois sont refaits en ciment et le perron de l'église est reconstruit de même que l'allée conduisant au presbytère. On nivelle le terrain et on y plante des arbres. À partir de 1908 le cimetière est ceint d'une clôture en fer. Une éolienne est construite près de la grange-étable du sacristain et en 1923, on érige deux statues devant l'église. Le cimetière existant ne pouvant plus suffire aux inhumations, on en aménage un nouveau derrière l'église en 1915.

Les travaux qui suivent n'ajoutent rien à l'ensemble paroissial. La plupart d'ailleurs ont un impact négatif sur celui-ci: disparition de la remise à bois et de l'éolienne, modification du tracé de la voie d'accès au presbytère, élargissement de la route au profit du site de l'ancien cimetière, aménagement de deux aires de stationnement, abattage de nombreux arbres. Le domaine paroissial perd son allure agricole et se trouve inscrit dans un village remodelé à la suite d'un important incendie en 1929.

L'église

Longue de 39 mètres et large de 17 dans sa partie principale, l'église adopte un plan en croix latine terminé par un chœur en hémicycle; elle est prolongée par la sacristie. Par son matériau dominant (les moellons), son plan, ses formes générales et l'ordonnance de ses ouvertures, l'église de La Présentation est représentative des lieux de culte construits au tournant du XIXe siècle et qui perpétuent les formes de l'architecture traditionnelle du Régime français tout en les adaptant: édifices plus spacieux, façades percées généralement de trois portes et clochers comportant souvent deux lanternons superposés.

Toutefois, l'église de La Présentation se distingue par sa façade en pierre de taille et le degré d'élaboration des encadrements d'ouvertures. Ainsi, l'ornementation des trois portails selon des formes classiques est tout à fait remarquable pour une église de cette époque. En outre, la présence de corbeaux aux extrémités de la façade constitue une nouveauté qui contribue à affirmer le caractère horizontal de la façade malgré la présence du pignon, le percement pyramidal des ouvertures et l'implantation sur le faîte de la tour.

La chaire se distingue par la qualité de son décor et de sa sculpture. (MAC, fonds Morisset)

Édifié à la même époque que la maison du sacristain, le presbytère témoigne de l'éclectisme qui domine l'architecture de la fin du XIXe siècle.

Par le volume, les détails de construction et la simplicité des formes, la maison du sacristain, qui date de 1889, rappelle ces habitations rurales influencées par le style néo-classique et la tradition architecturale américaine.

Le toit recouvert de tôle à la canadienne enveloppe le mur de maçonnerie; il convient de noter que la toiture des bras du transept s'élève jusqu'au faîte principal et que le rond-point est couvert d'un toit à quatorze pans aux arêtes non marquées. Plus basse, la sacristie adopte le gabarit et la forme de l'architecture domestique de l'époque; on note en particulier la présence d'un mur coupe-feu à son extrémité. Un chemin couvert en équerre relie l'église à la sacristie.

Une fois passé le seuil de l'une des entrées principales et traversé un court narthex sur lequel donnent les escaliers conduisant à la tribune, le visiteur pénètre dans un large vaisseau continu et particulièrement bien unifié. Seule la tribune s'avançant à l'arrière de la nef définit des volumes secondaires.

Le travail du sculpteur François Dugal a permis à la paroisse de La Présentation de se doter d'un ensemble décoratif d'inspiration classique, sans aucun doute le meilleur de cet artisan, et profitant au mieux du savoir-faire des disciples de Quévillon. L'exécution de la sculpture y est soignée, malgré la variété de la qualité d'une pièce à l'autre qui témoigne de la présence de plusieurs sculpteurs et apprentis sur ce chantier. De même on y trouve de nombreux éléments chers à Quévillon et à ses élèves: le retable occupant seulement le fond du chœur, la fausse coupole à la croisée du transept, le motif rayonnant de la fausse voûte du chœur, ainsi que les éléments mobiliers intégrés à l'église, notamment les autels latéraux, la chaire (remarquable pour la qualité de son décor et de sa sculpture) et le dorsal du banc d'œuvre. Toutefois, François Dugal se montre perméable à l'influence de François Baillairgé: cette dernière est sensible dans l'unification de l'espace au moyen notamment de la corniche continue et la subordination des éléments au caractère d'ensemble.

L'église de La Présentation possède également des toiles hautement significatives, acquises en 1820 de l'importateur Reiffenstein probablement à la suite de la vente de biens saisis lors de la Révolution française. Trois de celles-ci, peintes en 1775 (*La Présentation de la Vierge au temple*, *L'Annonciation* et *L'Assomption*) ornent les murs du chœur; elles sont l'œuvre du peintre académicien Antoine Renou. Le tableau placé au-dessus de l'autel latéral gauche a été attribué récemment au frère Luc et illustre *La communion de sainte Claire*. L'importance de l'œuvre du frère Luc au Québec et la qualité d'exécution de cette toile en font une œuvre importante dans l'histoire de l'art du Québec, même si elle n'a pas été réalisée durant le séjour du frère Luc au Québec mais quelques années auparavant (vers 1665).

Le presbytère et la maison du sacristain

À la fin des années 1880 et après avoir réalisé des travaux importants à l'église, la fabrique entreprend deux chantiers majeurs: un nouveau presbytère et la maison du sacristain. Construits en 1889-1893 par Didace puis André Bonin, ces deux bâtiments en brique se différencient l'un de l'autre par leur implantation, leur gabarit et leur degré d'élaboration.

La maison du sacristain se distingue par son implantation perpendiculaire à l'église. L'édifice de 11 mètres sur 9 repose sur des fondations en pierre et est couvert d'un toit à deux versants à pente moyenne d'où émergent deux cheminées dans le prolongement des murs-pignons. La façade principale comporte trois portes et deux fenêtres. Le grand nombre de portes s'explique par la présence à l'origine de deux logements au rez-de-chaussée et d'un accès particulier à l'étage, qui faisait office de salle publique. Une galerie devance la façade sur toute la largeur. Les murs-pignons sont semblablement percés de quatre fenêtres, tandis que l'arrière ne comporte que deux fenêtres et une porte. Chacun des versants du toit est percé de deux lucarnes.

Le caveau funéraire, à l'extrême droite, et le charnier, au centre, font aussi partie de l'ensemble historique.

Par sa forme générale, son volume, les détails de sa construction et la simplicité de ses formes, la maison du sacristain rappelle nombre d'habitations rurales ou villageoises de la fin du XIXe siècle, vaguement influencées par le style néo-classique et la tradition architecturale américaine. Sa présence sur le site de l'église permet d'évoquer le personnage discret mais combien pittoresque du bedeau, responsable de l'entretien de l'église et du domaine paroissial. De plus, son orientation particulière et son implantation dans une partie dégagée du site contrebalancent l'effet de masse créé par le presbytère et l'église.

Le presbytère est plus imposant. Il est constitué de deux sections construites simultanément (le corps principal de près de 15 mètres sur 12 et l'annexe de quelque 7,5 mètres sur 8). Il s'élève sur deux niveaux et possède les attributs d'une demeure bourgeoise de son époque. Sur le plan stylistique, l'édifice témoigne de l'éclectisme qui domine pendant cette période. En effet, le plan rectangulaire du corps principal, la légère avancée centrale et le toit en pavillon sont d'inspiration néo-classique, tandis que le travail de la brique, notamment autour du pignon central, rappelle le style de la néo-Renaissance italienne. Certains détails, tels le couvrement en mitre des ouvertures du pignon central ou l'ornementation de la galerie courant sur trois faces de l'édifice, évoquent les «cottages ornés», versions domestiques du style néo-gothique. Quant aux hautes cheminées ornées de panneaux, la référence au style Second Empire y est évidente.

L'architecte responsable de la conception du presbytère nous est inconnu, mais nous pouvons déceler dans sa réalisation l'esprit d'invention d'un concepteur habile et soucieux du détail. Notons en ce sens l'intéressante utilisation de la brique au pignon de la façade à des fins strictement décoratives, le libre travail d'encadrement des fenêtres animant cette même façade, la variété formelle des ouvertures (par ailleurs harmonieusement agencées), le recouvrement de tôle pittoresque des cheminées et la dentelle ornementant la galerie. Le presbytère présente donc sur plus d'un aspect un grand intérêt architectural, d'autant plus qu'il se trouve dans un excellent état d'authenticité.

Les bâtiments agricoles

C'est au bedeau qu'incombaient les tâches reliées à l'agriculture et à l'élevage. À La Présentation, trois bâtiments témoignent encore de ce mode de vie: une grange construite en 1904, une remise de la fin du XIXe siècle et un autre bâtiment, qui sert aujourd'hui de garage et qui date probablement de 1846. Tous trois revêtus de planche à clins, les deux plus anciens sont couverts d'un toit à double pente dont l'avant-toit est légèrement retroussé; la grange, quant à elle, est coiffée d'un toit à quatre versants sur lequel repose un lanterneau ouvragé dont chaque face est surmontée d'un fronton.

La mise en valeur du site

L'évolution des mesures de sauvegarde et de mise en valeur à La Présentation témoigne des changements intervenus depuis plus de 30 ans dans la société québécoise en matière de patrimoine architectural. Au départ, seule l'église a été classée (en 1957) et a fait l'objet de travaux de restauration. C'est lorsque la possibilité de démolir la maison du sacristain en 1984 a été évoquée que la population locale et le gouvernement du Québec ont convenu de la nécessité d'assurer la conservation de l'ensemble de ce site exceptionnel. Dans ce contexte, on a cherché de nouvelles vocations pour les bâtiments sous-utilisés et des moyens d'assurer le financement des travaux.

L'action concertée qui a résulté de cette recherche a permis le recyclage de la maison du sacristain, qui loge maintenant un groupe de religieuses. De même, les trois dépendances ont été louées à des entrepreneurs locaux à des fins d'entreposage, après que ceux-ci eurent eux-mêmes réalisé les travaux nécessaires à leur remise en état. La participation de la Municipalité à la restauration et à l'aménagement du site est remarquable et a permis l'appropriation par la population de La Présentation de son ensemble paroissial.

Jacques Robert, historien de l'architecture

Une grange construite en 1904, une remise de la fin du XIXe siècle et un autre bâtiment datant probablement de 1846 et qui sert aujourd'hui de garage rappellent l'ancienne vocation agricole du site.

NOPPEN, Luc. *Les églises du Québec (1600-1850)*. Québec/Montréal, Éditeur officiel du Québec/Fides, 1977: 118-120.

ROBERT, Jacques et al. *L'ensemble paroissial de La Présentation*. Montréal, ministère des Affaires culturelles, 1984. 145 p.

Église de la paroisse Saint-Hilaire-sur-Richelieu

Mont-Saint-Hilaire
260, chemin des Patriotes Nord

Fonction: religieuse
Classée monument historique en 1965

Le presbytère et l'église de la paroisse de Saint-Hilaire.

Située en bordure de la rivière Richelieu, la paroisse de Saint-Hilaire est fondée en 1795. Deux ans plus tard, on entreprend la construction d'un édifice en pierre servant à loger le presbytère ainsi que la salle des habitants au rez-de-chaussée et une chapelle à l'étage. Inaugurée en 1798, cette dernière servira à la célébration du culte durant près de 40 ans.

En 1825, la population ayant considérablement augmenté, Mgr Joseph-Octave Plessis, évêque de Québec, permet l'érection de l'église actuelle et stipule qu'elle devra mesurer 30 mètres de longueur sur 15 de largeur. La réalisation du projet est toutefois retardée par un groupe de paroissiens qui désire qu'elle soit de plus grandes dimensions. Faisant fi de ces opposants, on décide cinq ans plus tard de passer à l'action.

La construction

Le 25 janvier 1830, les syndics passent un premier marché pour la construction de l'église et de la sacristie avec Augustin Leblanc, entrepreneur et sculpteur de Saint-Grégoire de Nicolet. Il s'engage à réaliser tous les travaux de charpenterie et de menuiserie ainsi que deux clochers à double lanterne, une chaire, un banc d'œuvre, la balustrade et les bancs. Les ouvrages de maçonnerie sont pour leur part confiés à Joseph Doyon, maître maçon de Montréal.

La seule modification importante apportée à l'église, construite en 1837, est le remplacement du clocher en 1874.

Celui-ci devra faire une façade à deux tours comme celle de l'église de Saint-Jean-sur-Richelieu (qu'il avait érigée deux ans plus tôt) ainsi qu'une voûte et une corniche «à mortier de chaux, coulée avec du poile de bœuf et du plâtre».

Le chantier s'ouvre au printemps, mais comme les opposants au projet refusent de payer leur part, les syndics éprouvent rapidement des problèmes financiers qui les rendent incapables de payer les entrepreneurs et de leur fournir les matériaux et corvées nécessaires de façon régulière. Les travaux progressent donc par intermittence, ce qui n'est pas sans conséquence: au printemps de 1832, les murs et le comble sont en si piètre état qu'ils menacent de s'écrouler, et les entrepreneurs refusent de tout recommencer.

Ce n'est qu'en 1834 que les parties en arrivent à un accord. Les entrepreneurs acceptent de refaire tout ce qui doit l'être mais non sans obtenir quelques modifications aux marchés originaux. Ainsi, Joseph Doyon «fera un portail pour supporter un clocher Seulement & Conformément au plan du Portail de l'Église de St-Sulpice» qu'il avait lui-même érigé trois années auparavant. De plus, il est déchargé de l'obligation de faire la voûte et la corniche de l'église. Pour sa part, Augustin Leblanc ne construira qu'un seul clocher à deux lanternes comme celui de Saint-Sulpice et posera des piliers dans la nef qui serviront plus tard à «faire des Colonnes pour soutenir la Voûte et pour y faire des arcades».

Les travaux ne commencent toutefois qu'en 1836 et l'église est ouverte au culte l'année suivante. Depuis lors, le remplacement du clocher en 1874 par un nouveau de style néo-gothique constitue la seule modification importante apportée à l'édifice.

L'église de Saint-Hilaire est érigée sur un plan récollet. La nef est divisée en trois vaisseaux et le chœur se termine par un chevet plat auquel s'adosse la sacristie. En élévation, elle se singularise par sa façade-écran qui, à l'instar de celle de l'église de Saint-Sulpice, masque la pente du toit. Assez curieusement, cette façade néo-classique comporte des ouvertures en ogive, bien que celles du chœur et de la nef soient en plein cintre. De légères saillies mises en évidence par des arêtes en pierre de taille rappellent par ailleurs que l'édifice devait être doté à l'origine de deux tours.

Le décor intérieur de l'église est réalisé en plusieurs étapes et ne sera véritablement terminé qu'au cours du XXe siècle. Influencé par celui de l'église Notre-Dame de Montréal (construite entre 1824 et 1829), ce décor de style néo-gothique témoigne d'une adaptation rapide au nouveau goût du jour. Car il ne fait aucun doute qu'on prévoyait initialement réaliser un décor du type de ceux issus de l'école de Quévillon. La fausse voûte cintrée reposant sur une corniche continue que l'on devait faire et la chaire, à l'ornementation luxuriante, exécutée par Augustin Leblanc au cours des années 1830 et qui orne encore l'église, sont à cet égard révélateurs.

C'est en 1842, soit cinq ans après l'inauguration de l'église, qu'Antoine Provost, menuisier de Belœil, fait la voûte ainsi que les colonnes composées d'un faisceau

La décoration de style néo-gothique de l'église, dont les deux autels latéraux exécutés en 1854. (ANQ-Q)

de colonnettes à chapiteau unies au centre par une bague. Le chœur, qui jusque-là était carré, change alors de physionomie: à une travée droite succède un faux chevet à cinq pans derrière lequel on aménage une petite chapelle surmontée d'une tribune.

Différents travaux sont par la suite exécutés par des menuisiers de la paroisse. En 1853, on érige une tribune arrière et l'année suivante les deux autels latéraux ainsi que les stalles du chœur sont fabriqués. Puis en 1878-1879, on réalise un nouveau maître-autel «sous la forme des petits», les bancs sont renouvelés, les fenêtres refaites et ornées de meneaux de style néo-gothique, et le banc d'œuvre d'Augustin Leblanc est supprimé.

L'apport d'Ozias Leduc

L'élément le plus spectaculaire du décor intérieur est sans contredit l'ensemble peint qu'a conçu Ozias Leduc entre 1896 et 1900 et qui constitue véritablement son premier chef-d'œuvre. Si l'église offre par son architecture néo-gothique un cadre unifié, il revient à Leduc, originaire de Saint-Hilaire, d'avoir accentué le caractère d'harmonie qui s'en dégage. Les thèmes traités et leur intégration à l'architecture par le format des compositions et les coloris proposent un ensemble parfaitement homogène.

Les tonalités de gris-beige qui se retrouvent sur la voûte et les murs fournissent un cadre qui font vibrer délicatement les teintes discrètes des seize tableaux, des quatorze stations du chemin de la Croix et de deux vitraux. La structure ogivale de l'architecture est soulignée par les bordures dans la voûte de la nef, des bas-côtés et du chœur. Cette façon d'incorporer le motif décoratif dans les lignes architecturales se continue autour des fenêtres et est reprise autour des tableaux, permettant ainsi à l'œil de passer de la peinture à l'architecture par l'intermédiaire de ces lignes. Elles ornent le bâtiment et offrent à l'artiste un moyen de régler le problème d'intégration des toiles où les scènes principales doivent s'ajuster à des espaces irréguliers.

Les motifs des parties secondaires sont peints directement sur le mur à l'aide de pochoirs conçus par Leduc. Les tableaux sont pour leur part appliqués selon la technique du marouflage; ils sont peints sur une toile, puis collés sur les surfaces qui leur ont été réservées.

C'est le curé Joseph-Magloire Laflamme qui passe la commande au jeune artiste. Leduc a déjà signé 23 tableaux pour l'église Saint-Charles-Borromée de Joliette en 1892, mais pour la première fois il sera le maître d'œuvre de l'ensemble du projet intégrant des compositions originales. Si l'église a grandement besoin d'ornementation, la caisse de la fabrique ne peut supporter une telle dépense. C'est l'organisation de loteries, de fêtes musicales et de bazars qui permettent de recueillir les fonds nécessaires.

Les décors des surfaces des murs et des voûtes sont exécutés dès 1896. On y retrouve principalement des motifs végétaux stylisés. Le monde naturel se mêle intimement au message spirituel et une flore symbolique parsème le décor. Dans le chœur, la voûte en cul-de-four est unifiée par un motif de vigne fleurie courant sur un treillis. L'architecture peinte crée ainsi une sorte de jardin clos où s'épanouit une plante symbolisant le Christ. Dans la nef et les bas-côtés, la voûte est ornée de couronnes de laurier réunies par un ruban au centre desquelles on retrouve principalement des attributs divins et les instruments de la passion. Sur les côtés de la nef, autour des tableaux, est peint un motif imitant la mosaïque sur lequel des pousses de lierre (symbole de la vie éternelle) surgissent de vases trapus.

Sur ce fond de simili-mosaïque est inséré le chemin de la Croix; exécuté à partir des gravures d'Aloïs Petrak. Copiant ces compositions élaborées, Leduc doit cependant créer la couleur qu'il unifie aux tonalités du reste de la décoration. Ces éléments s'ajoutent fort probablement à un premier tableau, aujourd'hui disparu, exécuté par Leduc vers 1891 et représentant *Saint Hilaire ressuscitant un enfant*.

Après cette première étape des travaux et grâce aux sommes accumulées par les fêtes publiques, Ozias Leduc séjourne à Londres et à Paris en 1897, où il se perfectionne et étudie d'autres décors avant d'entreprendre l'exécution des tableaux dont les derniers installés sont bénis en 1900. Ce moment de réflexion a sans doute renforcé ses propres convictions. Il traitera dans les toiles principales les thèmes fondamentaux du christianisme et de la pratique d'une vie chrétienne. Leduc ne représente pas, comme il est courant dans le décor religieux, des dévotions particulières à des saints, mais plutôt les bases mêmes du catholicisme.

Les sujets des deux tableaux du chœur relatent les moments extrêmes du séjour du Christ sur la Terre, par *L'Adoration des mages* et *L'Ascension*. Les tableaux des murs latéraux permettent aux fidèles de se concentrer sur l'autel. La grille de bois ajourée qui sépare le chœur d'une tribune placée derrière l'autel date quant à elle des travaux de rénovation de 1928-1929.

Le tableau du côté gauche annonce le mystère de la Trinité et est associé à celui de droite, qui porte sur la divinité du Christ. Les trois rois venus d'Orient avec leurs présents reconnaissent la souveraineté du Christ et sa participation au mystère de la Trinité. Ces deux tableaux établissent un lien avec la nef par l'intermédiaire des sujets des tableaux des autels latéraux.

L'autel latéral gauche est surmonté d'une scène représentant le saint tutélaire. L'évêque saint Hilaire se prépare à rédiger son traité *De la Trinité* et l'inspiration chrétienne qui apparaît vient lui révéler le sujet de son dogme. L'autel latéral droit reprend avec *L'Assomption* de la Vierge l'aspect

L'Assomption de la Vierge de Leduc surmonte l'autel latéral droit. (MAC)

Un des deux tableaux du chœur, relatant L'Ascension du Christ. *(MAC)*

glorieux de la vie du Christ montré dans le chœur. Cette association de la Vierge et du Christ sera un des thèmes privilégiés par Leduc. On retrouve dans la nef les sept sacrements, représentés par des scènes du Nouveau Testament. Ces scènes représentant tour à tour le baptême, la pénitence, la communion, le mariage, le sacerdoce, la confirmation et l'extrême-onction.

La disposition inégale des ouvertures de chaque côté de la nef, l'espace différent entre les fenêtres et la présence de la chaire sur le côté gauche qui déséquilibre la symétrie de l'espace, amèneront l'artiste à chercher une solution distincte pour chaque tableau. Leduc tient à conserver la même échelle pour les personnages dans les diverses compositions. Ainsi, les deux scènes des sacrements placées sur le mur arrière de l'église, sous le jubé, sont traitées différemment et dans des espaces comparables à ceux consacrés aux évangélistes que l'on retrouve à l'entrée de l'église, par groupe de deux tableaux, de part et d'autre de la nef. Dans ces compositions, Leduc insiste pour rappeler les moyens formels de son art: manipulation de lignes et de couleurs sur une surface plate.

Leduc multiplie dans ces tableaux les signes d'appartenance locale, cherchant à rapprocher les fidèles de Saint-Hilaire du message sacré. *Le Baptême du Christ* ne se passe-t-il pas dans une érablière? Un des disciples d'Emmaüs est assis sur une modeste chaise qui rappelle cette forme de mobilier ancien que l'on retrouve en milieu rural québécois. La scène de la vocation de Pierre se situe devant la silhouette du mont Saint-Hilaire, alors que *L'Ascension* se produit devant un paysage tel qu'il s'en découvre depuis le sommet de cette montagne. Leduc intègre même son propre portrait à droite dans *La Pentecôte* et sa sœur Ozéma a servi de modèle à la Vierge de *L'Assomption*.

Sous le jubé, les quatre évangélistes, Luc (bœuf) et Jean (aigle), à gauche, Marc (lion) et Mathieu (ange), à droite, reprennent comme en résumé l'expérience humaine et spirituelle évoquée par les tableaux des sacrements. Les figures qui apparaissent ici gigantesques sont isolées, contraintes et écrasées, assises directement sur le sol vers lequel elles sont tournées. Leurs attitudes rappellent la recherche ou même le doute, comme cette figure d'ange qui domine la porte du chemin couvert qui longe le chœur du côté gauche. Le sol et l'arrière-plan se développent en continu derrière eux, les enveloppant et imposant la nature comme élément principal de leur révélation.

Œuvres d'Ozias Leduc, les décors des surfaces des voûtes sont exécutés dès 1896. (ANQ-Q)

Un des deux vitraux composites du chœur représentant la crucifixion du Christ. (ANQ-Q)

Les travaux de rénovation de 1928-1929, supervisés par Ozias Leduc, modifient certaines parties de la décoration sans toutefois la dénaturer. La construction de la grille du chœur, derrière le maître-autel, l'installation de lampes électriques dessinées par Leduc de même que le nettoyage des tableaux et de l'église rafraîchissent l'ensemble.

C'est à cette occasion que sont installés dans le chœur deux vitraux composites, aux thèmes symboliques, exécutés par G. E. Pellus sur des cartons de Leduc. Sur l'un d'eux, la figure du Christ-Roi, surmontée de l'Esprit Saint en gloire, est associée à la crucifixion avec le soldat Longinus et une sainte femme portant le calice et quatre clous. La *Pietà* qui lui fait face représente aussi Notre-Dame des sept douleurs placée sous la bénédiction divine. Ces vitraux se rapportent iconographiquement au thème de l'offrande de la messe et ajoutent par ces scènes de sacrifice des éléments qui n'étaient que suggérés dans l'ensemble initial.

Paul-Émile Borduas, également originaire de Saint-Hilaire, a écrit à l'été 1953, dans la revue *Canadian Art*, ce qui pourrait être l'appréciation la plus marquante sur cette décoration: «De ma naissance à l'âge d'une quinzaine d'années, ce furent les seuls tableaux qu'il me fut donné de voir. Vous ne sauriez croire combien je suis fier de cette unique source de poésie picturale à l'époque où les moindres impressions pénètrent au creux de nous-mêmes et orientent à notre insu les assises du sens critique.»

Laurier Lacroix, historien de l'art
Guy-André Roy, historien de l'art

OSTIGUY, Jean-René. *Ozias Leduc, peinture symbolique et religieuse*. Ottawa, Musée des beaux-arts du Canada, 1974.

ROY, Guy-André. *Inventaire des oeuvres d'art et pièces de mobilier religieux de la fabrique Saint-Hilaire*. Québec, ministère des Affaires culturelles, 1983. 2 vol.

STIRLING, J. Craig. *Ozias Leduc et la décoration intérieure de l'église de Saint-Hilaire*. Québec, ministère des Affaires culturelles, 1985. 279 p. (Coll. «Civilisation du Québec», n° 33).

Manoir Rouville-Campbell

Mont-Saint-Hilaire
125, chemin des Patriotes Sud

Fonction: commerciale
Classé monument historique en 1977

L'entrée majestueuse flanquée de tourelles évoque les châteaux forts médiévaux.

Le manoir s'inspire de la demeure ancestrale des Campbell, en Écosse.

Situé sur la rive est de la rivière Richelieu, cette voie de communication majeure entre le Saint-Laurent et le lac Champlain, le manoir Rouville-Campbell se révèle exceptionnel autant par son architecture que par son site privilégié.

La seigneurie de Rouville

Le 18 janvier 1694, le Trifluvien Jean-Baptiste Hertel se voit concéder par Frontenac la seigneurie de Rouville. Le fief, divisé en huit rangs parallèles au cours d'eau couvre les territoires actuels des municipalités de Mont-Saint-Hilaire, Otterburn Park et Saint-Jean-Baptiste, soit environ 12 000 hectares incluant la montagne. Le premier rang, en bordure de la rivière, constitue le domaine seigneurial. Le manoir, de quelque 13 mètres sur 16, s'érige alors à proximité du centre du village, au pied du mont Saint-Hilaire.

En 1722, Jean-Baptiste François hérite du fief. Seigneur de Chambly et de Rouville, il vend le domaine en 1772 à son frère Ovide, qui devient ainsi le troisième seigneur de Rouville. Bien qu'il réside à Montréal, il décide en 1775 de construire un hangar pour entreposer le grain. À sa mort, les seigneuries de Rouville et de Chambly restent en indivision jusqu'en 1795, année où Jean-Baptiste Melchior Hertel en hérite par droit d'aînesse, devenant ainsi le quatrième seigneur des lieux.

Hertel présente une requête auprès de l'évêque de Québec en vue de la fondation d'une paroisse dans sa seigneurie. Une première chapelle dédiée à saint Hilaire de Poitiers est construite en 1798. Son fils, Jean-Baptiste René Hertel, hérite du manoir en 1816 et entreprend, d'après un contrat d'avril 1819, l'addition d'écuries en pièce sur pièce et d'un nouveau hangar pour remplacer celui de 1775. Une gravure de 1841 de Charles Crehen représente un manoir de style néo-classique avec ses dépendances.

En 1844, le domaine des Hertel est vendu au major anglais Thomas Edmund Campbell. Arrivé au Canada en 1838, il

Le manoir en 1841, d'après une gravure de Charles Crehen. (ANC)

occupe le poste de secrétaire du gouverneur Lord Elgin et après sa démission en 1850, il se consacre au développement agricole et aménage une ferme modèle sur les terres attenantes au manoir. Lors de la construction de la voie ferrée St. Lawrence and Atlantic, il fait don du terrain nécessaire au tracé afin de desservir Mont-Saint-Hilaire.

Son fils aîné, Edmund Alexander Charles Campbell, hérite du fief en 1872 et en confie l'administration à ses cinq frères avant de leur vendre l'ensemble douze années plus tard. Malgré une production agricole fort rentable entre 1850 et 1885, l'entreprise familiale essuie une faillite qui entraîne le morcellement de la terre en 1892. Le manoir est alors acquis par Mabel Allain, épouse de Colin Augustus Monk Campbell. La montagne est vendue en 1908 et la ferme suit en 1942.

Utilisé comme résidence secondaire après 1926, le manoir est vendu en 1956 à des spéculateurs et ce n'est qu'en 1969 que le peintre et sculpteur Jordi Bonet en prend possession. Il y établit un centre d'art ainsi que ses ateliers. Il réalise alors des travaux de récupération de l'ensemble et y travaille jusqu'à sa mort, en 1979. Plus récemment, le propriétaire actuel entreprend la transformation du domaine en hôtel-restaurant, redonnant vie à ce rare témoin de l'histoire de la seigneurie de Rouville ou Mont-Saint-Hilaire.

Le manoir

Lorsque l'on parcourt le chemin des Patriotes qui longe la rive sud de la rivière Richelieu dans la traversée du mont Saint-Hilaire, la découverte de l'imposante silhouette du manoir, dans son cadre champêtre, contraste avec la série de résidences de tous styles et de toutes formes, construites entre la route et le bord de l'eau.

Les fenêtres en encorbellement, les pignons avec gables et les hautes cheminées en brique, autant de détails empruntés à la demeure ancestrale des Campbell en Écosse.

Les écuries sont reconstruites après un incendie en 1925.

Situé à l'origine sur un terrain mesurant plus de 17 kilomètres carrés en majeure partie boisé, le manoir se dresse parallèlement à la rivière, très en retrait du chemin et domine, par son volume et son jeu de toitures aux cheminées élégantes, l'ensemble des constructions annexes édifiées au nord. Isolé dans cette zone tranquille, le bâtiment principal bénéficie de vues exceptionnelles, à l'ouest sur la rivière et à l'est sur la montagne.

Construite entre 1850 et 1860, en agrandissement du manoir original datant de 1810-1820, la maison de style Tudor constitue le seul exemple de ce type néo-gothique dans l'architecture résidentielle du Québec. Cet ensemble prestigieux que l'on doit à l'architecte torontois Frederick Lawford, s'inspire de la demeure ancestrale de la famille Campbell en Écosse, dont les éléments architecturaux les plus caractéristiques ont été reproduits: l'entrée majestueuse flanquée de deux tourelles (rappel médiéval des anciens châteaux forts), les pignons avec gables monumentaux, les fenêtres en encorbellement et surtout les imposantes cheminées en brique «torsadée». Également construites en brique, les écuries et la remise rappellent la silhouette du manoir, principalement par les fenêtres et les toitures rehaussées de hautes cheminées.

Le style néo-gothique, habituellement associé au symbolisme religieux, conquiert progressivement l'architecture domestique, surtout en Ontario vers la moitié du XIXe siècle. Les architectes britanniques y réalisent alors de nombreuses résidences pour leur clientèle fortunée. À Mont-Saint-Hilaire, l'architecte Frederick Lawford entreprend un travail très élaboré de la modénature de la brique, s'associant ainsi à la vogue du mouvement pittoresque. Les linteaux et moulures encadrant les baies réalisées en bois imitant la pierre, la mouluration de la porte principale en bois massif et la légère galerie en fonte longeant les anciennes écuries sont autant d'éléments caractéristiques de ce rappel gothique. Ils contribuent ainsi à créer une ambiance très originale dans ce site. Les jardins en cours de réaménagement contribuent à rehausser le charme du décor.

À l'intérieur, le manoir et les écuries ont subi d'importantes transformations. En 1969, Jordi Bonet sauve les salons du rez-de-chaussée abandonné au vandalisme depuis 1955. Plus récemment, en 1987, Yves Dion entreprend des travaux majeurs de transformation en vue de l'ouverture d'un hôtel-restaurant. De plus, une ancienne aile de l'écurie est rebâtie et une nouvelle construction côté nord est ajoutée pour accueillir des salles de réunions et de nouvelles chambres. L'escalier principal, qui a été préservé, conduit aux deux étages de chambres dont la disposition a été entièrement redessinée.

Les anciennes écuries ont été réaménagées en 1987 pour abriter un restaurant.

Construite entre 1850 et 1860, la maison de style Tudor constitue le seul exemple de ce type dans l'architecture résidentielle du Québec.

Le préau, aujourd'hui vitré, relie les différents bâtiments du domaine transformé en complexe hôtelier.

La charpente du manoir mérite une attention particulière par ses dimensions impressionnantes et son organisation. En raison de la complexité du plan, caractéristique principale de l'architecture pittoresque du XIXe siècle, et de sa réalisation en deux phases, la structure présente des composantes porteuses exceptionnelles: un double système de poutraisons entre les fermes proprement dites et les colonnes qui s'appuient contre les murs. Toutefois, le contreventement original a dû être renforcé. Un examen détaillé des assemblages confirme que, suivant les époques, les techniques ont évolué depuis les tenons et mortaises jusqu'aux barres métalliques boulonnées, en passant par les chevilles de bois.

De leur côté, les anciennes écuries incendiées et reconstruites en 1925 dans le style originel ont été réaménagées en bar et restaurant; l'ancienne galerie (le préau), récemment vitrée et prolongée vers la maison, assure une liaison abritée entre les diverses parties du complexe hôtelier.

La nouvelle vocation du manoir s'ajoute à la longue histoire de la seigneurie, mais ce témoin exceptionnel d'une époque révolue contribue encore à préserver, dans la vallée du Richelieu, le souvenir d'un régime qui fut à l'origine du développement de la Montérégie.

Claude Monin, architecte

Le grand salon du manoir vers 1925.

BERNIER-HÉROUX, Suzanne. *Manoir Rouville-Campbell. Histoire, relevés et analyse*. Québec, ministère des Affaires culturelles, 1977.

CARDINAL, J.A. *Histoire de St-Hilaire: Les Seigneurs de Rouville*. s.l., s.n., 1980.

LACHAPELLE, Jacques. «Le manoir Rouville-Campbell», *Continuité*, 44 (été 1989): 24-26.

Maison Guertin

Beloeil
96-98, boulevard Richelieu

Fonction: résidentielle
Classée monument historique en 1975

Cette demeure monumentale est issue de la rencontre harmonieuse de deux traditions architecturales.

L'histoire de la maison Guertin, située tout près de la voie ferrée et du pont du chemin de fer qui traverse la rivière Richelieu dans l'ancien quartier de la gare, est encore peu connue. Sa construction remonte probablement au premier tiers du XIXe siècle. Selon des documents municipaux, le terrain sur lequel elle se dresse aurait été loti en 1835, mais la maison était apparemment déjà en place à cette époque.

Sa faible élévation du sol et ses deux cheminées massives dénotent l'influence française. Cependant, les nombreuses ouvertures symétriques, le portique et le balcon surmontés d'un fronton, les larges corniches à caissons et les chaînes d'angle en pierre de taille relèvent du néo-classicisme anglais.

En 1846, l'expropriation des terres en vue de l'établissement du réseau ferroviaire et de la construction du pont transforme complètement le quartier. Dès 1852, la gare est édifiée à proximité de la rivière. La compagnie du Grand Tronc, après avoir loti les terrains avoisinants, fait ériger plusieurs bâtiments qu'elle loue à des commerçants. Ils servent de dépôts pour le bois de construction et de chauffage, pour le charbon ou les produits agricoles. Il n'est pas exclu que la maison Guertin, par son emplacement avantageux près de la voie publique et de la rivière, ait abrité alors un commerce ou un centre de services.

Le terrain aurait été loti en 1835, mais la maison était apparemment déjà en place à cette époque.

Le docteur Jean-Baptiste Brousseau, seul professionnel de Beloeil-Station en 1871 et riche propriétaire foncier, est le premier propriétaire connu de la maison. Il possède également le quai ainsi que plusieurs commerces. Figure notoire, tout comme sa famille, il devient, par son mariage avec Charlotte-Marianne Hertel de Rouville en 1840, le gendre du dernier seigneur de Rouville, qui mourra ruiné en 1859. On pense toutefois que le docteur Brousseau n'a pas habité la maison Guertin mais une autre résidence jadis prestigieuse, située à proximité de l'autre côté de la voie ferrée.

Au tournant du siècle, son gendre, Cyrille Choquette, cultivateur et spéculateur foncier, occupe la maison avec sa famille. Choquette partage également la résidence avec son beau-frère, Alexandre Brousseau, l'ancien propriétaire. On raconte que ce dernier est l'un des deux zouaves locaux partis défendre le pape à la fin du siècle dernier.

L'une des filles de la famille Choquette hérite à son tour de la résidence, qui est vendue en 1944 à madame Guertin, la propriétaire actuelle. Celle-ci la transforme en duplex au début des années 1970. La maison étant menacée de démolition pour permettre le réaménagement d'un viaduc, madame Guertin demande son classement qui a lieu en 1975. Cette demeure monumentale, issue de la rencontre harmonieuse de deux traditions architecturales, est désormais protégée.

Gilles Laberge, historien

Inventaire architectural de la maison Guertin. Montréal, ministère des Affaires culturelles, 1973. N.p.

LAMBERT, Pierre. «Beloeil Station, le vieux quartier de la gare Beloeil», *Les Cahiers de la Société d'histoire de Beloeil-Mont-Saint-Hilaire*, 20 (juin 1986): 3-36.

Maison du Pré-Vert

Belœil
2100, boulevard Richelieu

Fonction: résidentielle
Classée monument historique en 1957

De 1694 à 1711, la seigneurie de Belœil, bien que concédée à Joseph Hertel, demeure en friche. Charles Le Moyne II, aussitôt devenu propriétaire, planifie un vaste programme de mise en valeur. À la suite d'un mouvement de colonisation amorcé entre 1725 et 1729, plus de la moitié des terres du premier rang de la rivière Richelieu sont octroyées. Entre 1754 et 1768, l'arrivée d'autres pionniers, en provenance des paroisses limitrophes plus anciennes, fait presque doubler la population. Une première chapelle est d'ailleurs construite à la fin de cette période.

La carte Murray, dressée en 1763, indique une trentaine de maisons presque toutes situées dans le premier rang. Les maisons des premiers défricheurs sont dans l'ensemble très petites, en pièce sur pièce et plutôt rudimentaires. Au fil des années, le carré s'agrandit pour atteindre des proportions plus appropriées aux familles nombreuses.

La fin du XVIIIe siècle marque l'établissement d'une seconde génération de colons plus fortunés, dans le premier rang défriché. Ils y construisent des maisons d'inspiration française en bois et en pierre des champs. D'ailleurs, la plupart des maisons anciennes qu'on peut encore y observer remontent à cette période, sinon aux premières décennies du XIXe siècle.

L'historien d'art Gérard Morisset, se basant vraisemblablement sur la tradition orale, mentionne 1820 comme l'année probable de construction de la maison du Pré-Vert. Cette habitation d'esprit français, mesurant près de 12 mètres sur 11, est disposée obliquement le long du boulevard Richelieu, près de la rivière du même nom, et à l'extrémité nord-est de l'ancienne seigneurie. Du haut toit à deux versants, posé sur des murs en pierre des champs, émergent deux grosses souches de cheminées. Le

Cette habitation d'esprit français se remarque par ses deux grosses souches de cheminées et sa porte légèrement décentrée.

larmier peu saillant est pourvu d'un coyau. Seule la porte légèrement décentrée, surmontée d'une imposte, rompt la symétrie de la composition. La charpente, composée d'un sous-faîtage et de nombreuses fermes réunies par des entraits, est renforcée par un jeu régulier de jambes de force.

Des restaurations, supervisées par la Commission des monuments historiques, se déroulent en 1957 et en 1963. En plus de la réfection complète de l'électricité, de la plomberie, de l'isolation et du système de chauffage, on réaménage l'intérieur en élevant des cloisons sur de nouveaux planchers en pin. Le pignon ouest, qui s'était effondré plusieurs années auparavant, retrouve son aspect originel après qu'on eut refait la cheminée, la charpente, la couverture, la maçonnerie et même les fondations.

Le Syndicat coopératif d'habitation de Belœil, propriétaire à l'époque, réussit donc à en assurer la conservation et la mise en valeur. Transférée à des intérêts privés à la fin des années 1960, la maison est légèrement remaniée à l'intérieur pour mieux répondre aux besoins d'une jeune famille.

L'architecture de la maison du Pré-Vert, dont il subsiste plusieurs exemples dans la vaste plaine de Montréal, s'apparente par bien des aspects à celle des constructions datant du Régime français: assises près du sol, carré maçonné, toit proéminent, cheminées imposantes, nombre restreint d'ouvertures et absence de lucarnes.

Si ses origines font encore l'objet de spéculations, la maison du Pré-Vert apparaît néanmoins digne de figurer parmi les exemples les plus intéressants des habitations rurales traditionnelles.

Gilles Laberge, historien

La maison du Pré-Vert repose dans un cadre de verdure, près de la rivière Richelieu.

EN COLLABORATION. *Calixa-Lavallée: répertoire d'architecture traditionnelle*. Québec, ministère des Affaires culturelles, 1977. 159 p. (Coll. «Les Cahiers du patrimoine», n° 4).

LAMBERT, Pierre. «Les premières maisons de Belœil», *Cahiers de la Société d'histoire de Belœil-Mont-Saint-Hilaire*, 17 (juin 1985): 14-25.

LONGPRÉ ET MARCHAND ARCHITECTES. *Projet de rénovation de la maison historique Prévert, Belœil, P.Q.* Montréal, ministère des Affaires culturelles, 1963. 7 p.

Église paroissiale de Saint-Jean-Baptiste (Rouville)

Saint-Jean-Baptiste
3041, rue Saint-Jean-Baptiste

Fonction: religieuse
Classée monument historique en 1960

L'histoire de l'église de Saint-Jean-Baptiste de Rouville se lit sur ses murs. Elle peut être considérée comme bâtiment témoin d'une phase de transition dans la décoration intérieure, puisqu'elle est porteuse de deux traditions. Déjà bien établie, la sculpture rayonne sur ses murs et une nouveauté, la peinture murale, vient s'y juxtaposer, même la supplanter. La peinture murale est introduite au Québec en 1829. Elle s'imposera pendant près de 125 ans dans le décor des églises.

Sur le modèle de Boucherville

Divisée en septembre 1797, la seigneurie de Jean-Baptiste Melchior de Rouville donne naissance à la paroisse de Saint-Jean-Baptiste. C'est dans la maison presbytérale, entourée du cimetière, que l'abbé Jean-Baptiste Bédard, curé fondateur, célèbre les premiers offices religieux. En 1807, les murs de l'église s'élèvent fièrement sous les mains du maître maçon Pierre Ménard dit Bellerose, originaire de Saint-Marc-sur-Richelieu.

Comme bon nombre d'églises de campagne du début du XIXe siècle, elle adopte le modèle de l'église de Boucherville, élaboré par l'abbé Pierre Conefroy. Il s'agit d'un plan en forme de croix latine composée d'une nef, coupée en deux par des transepts engendrant des chapelles latérales, et qui se termine par une abside en hémicycle. Quant à la sacristie, adjacente au «ronpoint» de l'église, elle doit être «aussi haute que celle de Boucherville».

Les ouvrages de menuiserie intérieure, châssis, éventails et œil-de-bouc, selon le modèle de l'église de Saint-Ours, sont confiés à l'entrepreneur Sébastien Fleurant en 1810. La même année, le maître couvreur Joachim Pelletier, de Saint-Hyacinthe, exécute les travaux de toiture en fer-blanc ainsi que le clocher et la flèche. Le temple demeure longtemps en chantier, faisant tour à tour appel à divers hommes de métiers.

La sculpture intérieure

L'intérieur doit refléter la grande fierté des marguilliers. La sculpture faisant alors partie de la tradition établie dans le décor des églises, le curé Louis Gagné fait appel en 1809 au groupe de sculpteurs de Saint-Vincent-de-Paul de l'Île-Jésus, comme l'ont fait plusieurs autres paroisses de la vallée du Richelieu. Il confie à Louis-Amable Quévillon et à Paul Rollin l'exécution d'un autel et d'un tabernacle «exactement pareil à celui des Dames Grises de Montréal», une œuvre du sculpteur Philippe Liébert.

L'église paroissiale de Saint-Jean-Baptiste de Rouville, dont la construction remonte au début du XIXe siècle, adopte un plan en forme de croix latine. On remarque l'imposant porche et l'élégant clocher.

L'oratoire du cimetière, à l'arrière de l'église.

À mesure que les moyens financiers le permettent, on commande de nouveaux travaux de décoration. En 1814, le maître sculpteur François Séguin Ladéroute reçoit la commande d'une balustrade de communion en merisier rouge, «semblable à celle de l'église de Boucherville». En 1816, les réputés associés des Écorres (Quévillon, Rollin, René Saint-James dit Beauvais, Joseph Pepin et Vincent Chartrand) reviennent pour des travaux plus importants encore. Ils exécutent des pièces de mobilier, une chaire et un banc d'œuvre, puis «une voûte comme celle de Sainte-Marie-du-Manoir-de-Ramsay» et une corniche faisant le tour de l'église, selon l'ordre corinthien. Le tout est peint de blanc et orné de dorures.

D'après les commandes des fabriques qui stipulent une exécution «pareille à» ou «semblable à», il est clair que l'on s'appuie sur des modèles réussis, limitant ainsi la production originale des artistes au profit d'une production sérielle. La chaire et le banc d'œuvre de l'église de Saint-Jean-Baptiste

La chaire attribuée à Vincent Chartrand et ses hauts-reliefs en bois sculpté, ornant les panneaux. (MAC)

Ange chanteur en camaïeu incrusté dans un cartouche imitant un bas-relief. Cette peinture en trompe-l'œil de François-Édouard Meloche orne la voûte du chœur. (MAC)

eux-mêmes ont servi de modèle pour ceux de l'église de Saint-Mathias de Rouville. Les œuvres du groupe de Quévillon sont la plupart du temps tributaires de travaux antérieurs. Leur sculpture relève de variations empruntées au style rococo, en vogue sous Louis XV.

Au fil des années se succèdent les curés et chacun manifeste un intérêt pour l'amélioration du trésor sacré: achat de cloches, d'un orgue, d'un chemin de la Croix, de vases liturgiques, de statues sculptées, de plâtre moulé et de peintures (notamment le tableau de William Berczy représentant saint Jean-Baptiste, don du seigneur de Rouville); modifications de la façade de l'église par l'ajout d'un porche, réfection des planchers, érection d'une clôture de bois autour du cimetière. On attribue à Vincent Chartrand et Pierre-Salomon Marquette les statues non signées en bois polychrome de saint Laurent et de saint Étienne placées de chaque côté du maître-autel. Disciple de Quévillon, Charles Desnoyers, sculpteur de la paroisse, exécute les bancs de la nef et les jubés latéraux à partir de 1851.

En 1886, sous l'administration du curé Véronneau, les entrepreneurs Élie Giard et fils exécutent les plans de l'architecte L.-Z. Gauthier pour faire en bois de couleurs contrastantes, un autel, un tabernacle, deux confessionnaux et un buffet situés dans la sacristie, puis pour refaire, de la même façon, les stalles du chœur et la table de communion. L'intérieur de l'église de Saint-Jean-Baptiste de Rouville commence ainsi à perdre son décor original.

La décoration de Meloche

Le curé Véronneau décide aussi de suivre la mode du temps en faisant entrer en scène François-Édouard Meloche (1855-1914), peintre, décorateur et architecte montréalais. Les décors intérieurs peints sont déjà en vogue à Montréal: en témoignent l'église Notre Dame (1829), les chapelles de l'Hôtel-Dieu et du Grand Séminaire (1864-1865), le Gesù (1876). On fait appel à des artistes étrangers: Angelo Pienovi, Julius Heldt, William Lamprecht, Ernst et Daniel Müller et Luigi Capello, qui posent les premiers jalons de cette tradition qui durera jusqu'à la fin des années 1950.

À Saint-Jean-Baptiste, la décoration se doit d'honorer le saint patron. Les illustrations de la Bible de Julius Schnorr von Carolsfeld, publiée en 1852, fournissent à Meloche une iconographie très riche sur la vie du précurseur du Christ. Ainsi, le programme qu'il élabore sur les murs inclut une fresque historiée de la vie du saint, des symboles chrétiens, des anges et des prophètes.

La logique du décor repose sur les deux pôles de la Bible, l'Ancien et le Nouveau Testament, Jean-Baptiste étant considéré comme le dernier des prophètes de l'Ancien Testament et le premier saint du Nouveau. La décoration de Meloche suit ce principe en l'appliquant selon la division architecturale du bâtiment. Dans le chœur, séparé de la nef par l'arc triomphal, quatre prophètes de l'Ancien Testament sont représentés en couleur, alors que la narration de la nef est peinte en grisaille teintée et renvoie au Nouveau Testament.

Comme éléments de décor, l'artiste inscrit des versets en latin de la Bible sur les surfaces entourant les tableaux. Ici, un détail unique et particulier: Meloche, fier de son intervention, s'associe au prophète Isaïe dans le chœur! Il signe le décor dans le livre ouvert aux pieds du prophète: «Cette église a été décorée par F. Ed. Meloche de Montréal. Commencement des travaux le 15 septembre 1887, fin 15 déc. 1887». De toute sa production, cette signature de décor est unique et représente une sorte de clin d'œil aux artistes du XVIIIᵉ siècle comme Ghezzi et Bibiena. C'est ainsi que Meloche sort de l'anonymat et exploite l'ambiguïté des versets bibliques.

L'habileté du décorateur à imiter la sculpture est sans retenue. À l'église paroissiale de Saint-Jean-Baptiste, lorsque l'abbé

Vue du chœur dont l'autel et le tabernacle ont été réalisés par Louis-Amable Quévillon et Paul Rollin vers 1810. Quatre peintures de Meloche représentant des prophètes de l'Ancien Testament en ornent les parois. (MAC)

Une des œuvres de Meloche décorant la voûte de la nef. (MAC)

Saint-Pierre parle de «vandalisme», il n'inscrit pas seulement sa désapprobation à l'égard de la peinture décorative comme nouveauté, mais s'en prend surtout à l'enlèvement des pilastres de la nef, sculptés par l'équipe de Quévillon, que Meloche devait reproduire en peinture. On ne sait cependant rien de l'état de ces pilastres au moment de leur démontage. Cet incident est une preuve tangible qui nous situe donc au carrefour de deux traditions du décor des églises au Québec: l'une qui se meurt, la sculpture, et l'autre, la murale, qui tente de détrôner la précédente pour s'implanter.

Aux peintures murales de l'église s'ajoute la décoration de la chapelle-sacristie: anges en camaïeu et versets de la Bible écrits en latin comme incrustés dans des cartouches imitant des bas-reliefs. Un beau jeu de trompe-l'œil est à noter dans la représentation des statues de saint Joseph et de l'Immaculée Conception pastichant la statuaire de plâtre avec l'ombre projetée au mur. Il s'agit bien d'une grisaille nous invitant à faire comme saint Thomas.

Habile dessinateur, Meloche excelle dans la reproduction peinte des ornements architecturaux sculptés; il les peint en trompe-l'œil sur les murs, à sec, avec de la peinture à l'huile, et le résultat est à s'y méprendre. La technique de l'encaustique utilisée par Meloche consiste à délayer les couleurs avec une partie d'huile, de térébenthine et de cire. À Saint-Jean-Baptiste, Meloche utilise aussi le marouflage. C'est ainsi que les tableaux des prophètes dans le sanctuaire sont peints sur toile puis collés aux murs.

En 1892, on érige un oratoire dans le cimetière. Un calvaire en plâtre polychrome est commandé chez Thomas Carli de Montréal. Meloche y crée un environnement sur les murs: un triptyque représentant un paysage de la Terre sainte termine ainsi son œuvre. C'est donc à Saint-Jean-Baptiste de Rouville que l'on peut voir encore aujourd'hui le plus bel exemple de peinture décorative comprenant l'église, la sacristie et l'oratoire du cimetière décorés par François-Édouard Meloche.

Né à Montréal, Meloche est l'émule de Napoléon Bourassa (1827-1916) qui lui enseigne les secrets de son art au collège Sainte-Marie. Il est l'auteur d'une quarantaine de décorations murales d'églises au Canada et aux États-Unis. Aujourd'hui, hormis Saint-Jean-Baptiste de Rouville, il ne reste que cinq de ses décorations d'églises au Québec: Saint-Philippe d'Argenteuil, Saint-Michel de Vaudreuil, Saint-Télesphore, Notre-Dame-de-la-Visitation de Champlain et Notre-Dame-de-Bonsecours. Même si Meloche est considéré comme protagoniste de l'esthétique «bourassienne», il a su développer son propre vocabulaire décoratif et poser sa marque que l'histoire a malheureusement oubliée jusqu'à aujourd'hui.

Cécile Belley, historienne de l'art

BELLEY, Cécile. *François-Édouard Meloche (1855-1914), muraliste et professeur, et le décor de l'église Notre-Dame de la Visitation de Champlain*. Thèse de maîtrise (histoire de l'art), Université Concordia, 1989.

GROUPE HARCART. *Inventaire des œuvres d'art et des pièces de mobilier religieux, Fabrique Saint-Jean-Baptiste, comté Rouville*. Montréal, ministère des Affaires culturelles, 1982.

PORTER, John R. et Jean BÉLISLE. *La sculpture ancienne au Québec. Trois siècles d'art religieux et profane*. Montréal, Les Éditions de l'Homme, 1986.

Maison Franchère et entrepôt

Saint-Mathias-sur-Richelieu
254-258, chemin des Patriotes

Fonction: résidentielle
Reconnus monuments historiques en 1979

Au XIXe siècle, Saint-Mathias possédait l'un des plus importants ports de la rivière Richelieu. Après l'arrivée du chemin de fer et le développement du réseau routier, son importance va en diminuant jusqu'à devenir une petite municipalité résidentielle telle qu'on la connaît aujourd'hui. Peu de traces de cette grande activité commerciale sont encore visibles. La maison Franchère et son entrepôt, qui se dressent à proximité de l'église paroissiale, sont parmi les derniers témoins qui subsistent de cette époque.

Les frères Joseph et Timothée Franchère acquièrent en 1821 un terrain sur lequel ils font bâtir l'édifice en pierre de deux étages qui abrite à la fois le magasin-entrepôt et la maison. La pierre massive du carré assis sur des fondations de près de 2 mètres de profondeur, les dimensions considérables du plan de même que ses 41 baies l'inscrivent dans le type monumental. Tout porte à croire que les deux frères partagent la maison: la famille de Timothée occupe le rez-de-chaussée et celle de Joseph loge à l'étage. Toute une section sert de magasin.

À la mort de Joseph en 1827, Timothée continue seul d'administrer le magasin et les terres que son frère et lui possédaient depuis quelques années. C'est avec une certaine appréhension qu'il voit l'arrivée du chemin de fer dans la région car il possède des parts dans la plupart des quais d'embarquement le long du Richelieu. Il s'engage de plus en plus dans la vie politique et en 1845, il devient le premier maire de Saint-Mathias.

Timothée Franchère est considéré comme un fervent patriote. Délégué à la grande assemblée des six comtés à Saint-Charles en 1837, il inscrit son nom à l'appui d'une des douze résolutions. Il doit s'enfuir aux États-Unis avec ses compagnons Eustache Marchand et Louis Soupras alors que des mandats d'arrêt sont émis contre certains patriotes considérés comme des chefs de file. À leur retour, en janvier 1838, ils sont incarcérés à la prison du Pied-du-Courant à Montréal jusqu'à l'amnistie déclarée par Lord Durham l'été suivant. Franchère a subi des pertes importantes durant cette période puisque sa succession réclamera une indemnisation au gouvernement pour les dommages causés par la rébellion de 1837-1838.

La maison Franchère conserve sa fonction commerciale jusqu'en 1894. Devenue par la suite habitation de cultivateur, elle est divisée en trois logements au début du XXe siècle. En 1975, un promoteur immobilier américain achète les terrains pour en faire un lotissement résidentiel. La maison est laissée à l'abandon. L'occupant actuel loge dans la partie nord seulement et veille tant bien que mal à l'entretien de l'ensemble.

Aucune restauration n'a encore été entreprise et il est facile de constater que la maçonnerie, le toit, le fenêtrage, bref l'ensemble du bâtiment gagnerait à être consolidé. Des cheminées en brique ont remplacé les cheminées d'origine. Le recouvrement du toit, probablement en bardeau, a cédé la place à une tôle commune de type à couvre-joints.

Dans les documents du ministère des Affaires culturelles, on peut lire que bien que Saint-Mathias n'ait pas été un point stratégique lors des événements de 1837-1838, la maison Franchère a probablement servi de lieu de réunions. La maison est d'un intérêt certain puisqu'elle témoigne d'une époque au mode de vie différent.

Odette Gariépy, muséologue

Cette demeure monumentale construite vers 1822 logeait aussi un magasin et un entrepôt. On la voit ici quelque cent ans plus tard. (ANQ-Q, E. Gariépy)

Élévation latérale de la maison Franchère. (MAC)

Église et mur du cimetière

Saint-Mathias-sur-Richelieu
279, chemin des Patriotes

Fonction: religieuse
Classés monuments historiques en 1957

La première chapelle de Saint-Mathias est érigée en 1739, année de la fondation de la paroisse. Devenu vétuste, cet édifice en bois est remplacé en 1771 par un presbytère en pierre dont le haut sert de chapelle. Celle-ci devient rapidement trop petite et on décide quelques années plus tard de bâtir une église en pierre.

L'église de 1788

La construction de l'église actuelle débute en 1784, et s'échelonne sur une période de quatre années. Son plan est en forme de croix latine, largement utilisée à cette époque. Le chœur, plus étroit que la nef, se termine par une abside en hémicycle à laquelle s'adosse la sacristie. L'édifice, qui subira par la suite des transformations, mesure 27 mètres de longueur sur 12 de largeur et est coiffé d'un clocher à une seule lanterne. Deux fenêtres dans le chœur, une dans chaque chapelle et six dans les longs-pans éclairent l'intérieur. La façade s'anime pour sa part grâce à une grande porte à deux fenêtres surmontée d'un œil-de-bœuf. Trait caractéristique de cette période, une autre porte, plus petite, s'ouvre à l'extrémité du mur sud de la nef, près de la façade.

Moins de 30 années après sa construction, l'église se trouve en piteux état: le clocher, entre autres, menace de s'écrouler et la sacristie tombe en ruine. À la fin de l'été 1817, les habitants de Saint-Mathias obtiennent de Mgr Plessis, évêque de Québec, la permission de procéder à de grandes réparations. Parmi celles-ci: jeter le rond-point à terre, allonger le chœur et y ajouter deux fenêtres; abattre le clocher et le reconstruire à deux lanternes; refaire la couverture, les portes, les châssis ainsi que les enduits tant à l'intérieur qu'à l'extérieur; rebâtir la sacristie sur de plus grandes dimensions ainsi que le chemin couvert.

En plus de ces différents ouvrages, on décide de faire disparaître la porte latérale et de la remplacer par deux autres percées en façade. Tous ces travaux, qui mettent l'édifice au goût du jour, sont réalisés en 1818, à l'exception toutefois du chemin couvert qui n'est reconstruit qu'en 1834. Depuis lors, l'église de Saint-Mathias n'a subi aucune modification majeure.

Le mur du cimetière

C'est aussi en 1818 que l'on érige un mur en pierre pour enclore le cimetière qui avoisine l'église. Enserrant celle-ci de tous les côtés à l'exception de la façade, cet enclos se caractérise par ses deux portes cintrées encadrées de pierre de taille et chapeautées d'un petit pignon ainsi que par la présence de deux petits bâtiments en pierre dépourvus de fenêtres. L'un d'eux, construit également en 1818, sert de chapelle pour les défunts et l'autre, bâti en 1864, tient lieu de charnier. Témoignage d'un aménagement autrefois courant, l'enclos paroissial de Saint-Mathias s'avère le plus élaboré et le mieux conservé parmi ceux qui ont subsisté.

Le décor intérieur

L'intérieur demeure sans véritable décor durant de nombreuses années. Les dépenses engagées en moins de 50 ans pour la construction d'une chapelle, d'un presbytère et d'une église (qui nécessite très tôt des réparations) empêchent la réalisation d'une telle entreprise. La fabrique se contente donc de faire construire une fausse voûte ainsi qu'une tribune arrière et de changer, par la suite, certaines pièces de mobilier provenant de l'ancienne chapelle, tels le maître-autel, la chaire et le banc d'œuvre.

De ce premier décor, renouvelé au cours des années 1820-1830, subsistent quelques œuvres intéressantes dont le maître-autel, exécuté vers 1795 par Louis-Amable Quévillon. Inspiré de celui qu'a réalisé quelques années plus tôt Philippe Liébert chez les sœurs grises de Montréal, il témoigne par son ornementation luxuriante des préoccupations foncièrement décoratives de son auteur. Le tableau qui le surmonte date aussi de cette période. Peint en 1811 par Louis Dulongpré, il représente *L'Élection de saint Mathias dans le collège des apôtres*. Signalons enfin la lampe de sanctuaire sculptée en 1802, l'une des très rares en bois qui soit aujourd'hui conservée.

Le décor intérieur actuel est élaboré à partir de 1821. Cette année-là, les sculpteurs

Le mur intègre deux petits bâtiments de pierre: une chapelle pour les défunts et un charnier, construits respectivement en 1818 et 1864.

L'église de Saint-Mathias date de 1788 et le mur de pierre qui enclôt le cimetière adjacent a été élevé en 1818. On voit ici l'ensemble vers 1925.
(ANQ-Q, E. Gariépy)

Paul Rollin et René Saint-James, deux collaborateurs de Quévillon, signent un marché avec la fabrique dans lequel ils s'engagent à réaliser, sur une période de sept ans, différents travaux de menuiserie, sculpture, peinture et dorure. Comme nous révèle ce marché, le client désire ce qu'il y a de mieux et, pour ce faire, il oblige les sculpteurs, selon une pratique alors courante, à imiter des ouvrages dont les modèles se trouvent dans plusieurs églises.

Ainsi, ils doivent refaire la voûte à l'image de celle de Marieville, faire les trois retables, les stalles, les trônes épiscopal et curial semblables à ceux de Marieville, ériger quatre tribunes comme celles de Saint-Marc-sur-Richelieu, façonner une chaire et un banc d'œuvre comme ceux de Saint-Jean-Baptiste de Rouville, exécuter un chandelier pascal comme celui de Saint-Constant, faire les bancs et confessionnaux comme ceux de Longueuil, etc.

Pour exécuter tous ces ouvrages, Rollin et Saint-James sont assistés de Jean-Baptiste Baret et François Dugal. Se relayant de façon irrégulière sur le chantier, les quatre sculpteurs n'achèveront ce décor qu'en 1833, après s'être pliés de bonne grâce aux caprices du curé et des marguilliers. L'ensemble, qui ne manque pas d'originalité malgré toutes les contraintes imposées, apparaît aujourd'hui comme le mieux conservé de tous ceux qu'a réalisés l'école de Quévillon et l'une des plus belles réussites de l'art ancien du Québec.

Le décor de la fausse voûte est très représentatif des façons de faire des sculpteurs montréalais. Reprenant, comme à Marieville, le modèle réalisé par Quévillon et ses associés à Notre-Dame de Montréal en 1808, la voûte est subdivisée par de délicates ogives qui viennent supporter une fausse coupole octogonale à la croisée du transept. Dans les bras de celui-ci, la surface est compartimentée de multiples losanges ornés chacun d'une étoile cruciforme. À ce décor, qui se poursuit dans la partie avancée du chœur, sont intégrés, fait exceptionnel, deux bas-reliefs représentant le Christ dans le désert et la Nativité. Le cul-de-four de l'abside reçoit pour sa part un décor plus complexe qui le différencie de son modèle. Partant d'une gloire ornée de nuages à têtes d'anges, de nombreux rayons encadrent des caissons qui se développent en éventail au-dessus du maître-autel.

Le retable du chœur est également très caractéristique de l'art de Quévillon. Il est cantonné au fond de l'abside et n'est relié au reste du décor que par une corniche faisant le tour de l'église. Avec ses colonnes jumelées ornées de guirlandes, son couronnement semi-circulaire surmonté de cornes d'abondance et son décor Louis XV, il constitue une belle synthèse du vocabulaire formel utilisé par les membres de l'école de Quévillon.

Le décor intérieur, exécuté entre 1824 et 1833, figure parmi les plus belles réussites de l'art ancien du Québec. (ANQ-Q, E. Gariépy)

Ce décor, complété par la chaire, le banc d'œuvre, les trônes du chœur, les retables latéraux et des tribunes aux formes gracieuses, a été rehaussé par la suite d'un décor peint en trompe-l'œil. Dès 1834, on charge un certain Joseph Maringo de peindre l'embrasure des fenêtres du chœur «en imitant des cadres». Puis, en 1869, le peintre-décorateur Joseph Richer orne la voûte ainsi que les murs de nombreux motifs architecturaux et ornementaux.

Malheureusement, lors d'une restauration effectuée au cours des années 1950, on juge bon de faire disparaître ce décor peint qui témoignait de façon éloquente de l'esthétique de Quévillon et de ses successeurs: l'intégration ornementale de la sculpture et de la peinture.

Guy-André Roy, historien de l'art

NOPPEN, Luc. *Les églises du Québec (1600-1850)*. Québec/Montréal, Éditeur officiel du Québec/Fides, 1977. 298 p.

PORTER, John R. et Jean BÉLISLE. *La sculpture ancienne au Québec: trois siècles d'art religieux et profane*. Montréal, Les Éditions de l'Homme, 1986. 513 p.

ROY, Guy-André. *L'église et l'enclos paroissial de Saint-Mathias de Rouville*. Québec, ministère des Affaires culturelles, 1978. 21 p. (Coll. «Les Retrouvailles», n° 3).

L'enclos paroissial de Saint-Mathias s'avère le plus élaboré et le mieux conservé parmi ceux qui ont subsisté au Québec.

Manoir Rolland

Saint-Mathias-sur-Richelieu
625, chemin de la Rivière-des-Hurons Ouest

Fonction: résidentielle
Classé monument historique en 1982

Chef-d'œuvre de symétrie, le manoir Rolland est un digne représentant de l'architecture palladienne de la première moitié du XIXe siècle.

Situé dans la paroisse de Saint-Mathias de Rouville, sur la rive nord de la rivière des Hurons, le manoir Rolland occupe l'extrémité nord de l'ancienne seigneurie de Monnoir; une partie du terrain qui l'entoure appartient à la seigneurie de Chambly.

Dissimulé dans un bosquet et presque invisible de la route, il n'est accessible que par un chemin privé. Le manoir est complètement isolé dans ce cadre champêtre, à l'exception d'une petite maison érigée à l'entrée du chemin privé et de quelques bâtiments de ferme au nord de l'édifice.

Le manoir Rolland est une construction en pièce sur pièce à revêtement en ciment; il a une longueur maximale de près de 27 mètres sur une largeur maximale de 15 mètres. L'envergure totale de l'ensemble, incluant les ailes et les pavillons, est de 55 mètres.

La famille Rolland

Jean-Roch Rolland (1785-1862) acquiert en 1826 la seigneurie de Monnoir sur laquelle se dresse un moulin à farine situé sur la rive sud de la rivière des Hurons. Rolland ne réside pas dans sa seigneurie au moment de l'acquisition. Il continue d'habiter Montréal sur le site de l'ancienne citadelle, dans la maison qu'il s'est fait bâtir en 1823-1824.

En 1829, Rolland achète le terrain sur lequel il fera ériger son manoir. Comme aucun marché de construction n'a été retrouvé pour cette résidence, il est difficile de la dater précisément. Nous pouvons cependant affirmer que ce manoir est construit entre 1829 et 1855, date à laquelle le juge Rolland prend sa retraite. Tout porte à croire que le manoir existe bien avant 1855 puisque madame Rolland (Marguerite d'Estimauville) séjourne à Sainte-Marie-de-Monnoir avant 1834. Celle-ci hérite d'ailleurs de la propriété à la mort de son mari en 1862. L'année suivante, elle en fait don à leur fils Charles-Octave.

Jusqu'en 1912, la propriété du manoir reste dans la famille Rolland. Après cette date et jusqu'en 1979, le domaine passe entre les mains de plusieurs propriétaires, dont notamment le Crédit foncier franco-canadien entre 1937 et 1951. Yvon McCutcheon met un terme à cette série de transactions en se portant acquéreur du domaine en 1979 afin de l'exploiter à des fins agricoles. Le manoir, inoccupé depuis quelques années, subit une restauration intérieure complète en 1980.

L'influence palladienne

Ce monument doit être analysé dans son ensemble: le corps principal, les ailes en bois et les dépendances en pierre. La symétrie et l'ordonnance de l'ensemble sont exceptionnelles.

Le manoir Rolland est un exemple éloquent de l'influence palladienne au Québec dans la première partie du XIXe siècle. En effet, le corps principal à deux étages est percé d'ouvertures parfaitement symétriques. Au rez-de-chaussée, la porte occupe le centre de la façade. Elle est surmontée d'un châssis de tympan rectangulaire que flanquent deux ouvertures. Les montants verticaux sont formés par des pilastres. La porte d'origine est ornée de six panneaux dont quatre sont rectangulaires et les deux autres ovales.

Les deux ailes sont percées d'une porte-fenêtre couronnée d'un châssis de tympan en éventail. Une terrasse entourée d'une balustrade en bois surmonte chacune des ailes. Le mur nord reçoit une ouverture en hémicycle, caractéristique de l'architecture palladienne. Les deux pavillons en pierre, situés à une dizaine de mètres de part et d'autre du manoir, servaient à l'origine de glacière et d'entrepôt à bois. Ils témoignent du souci d'harmonie des proportions qui se dégage de l'ensemble architectural.

La porte principale ouvre sur un large corridor central qui traverse entièrement la maison et aboutit à la logette percée d'une porte-fenêtre dominant toute la façade arrière. La symétrie de la façade arrière est typique de l'architecture de style palladien; symétrie qui se constate également à l'intérieur de l'édifice. En effet, toutes les pièces du rez-de-chaussée sont distribuées régulièrement de part et d'autre du corridor central.

Plusieurs éléments décoratifs d'origine ont été conservés. Par exemple, à l'ouest de l'entrée principale, une porte donne accès à la salle à manger, ornée de toutes ses boiseries originelles. Le bas des murs est lambrissé de panneaux décoratifs de plus de 80 centimètres de hauteur. Une cheminée à manteau en bois s'élève sur le mur sud. Les jambages et le linteau sont ornés de fines moulures. Une porte percée dans le mur ouest ouvre sur l'actuelle cuisine qui occupe une partie de l'aile ouest. Cette porte est décorée de six panneaux soulevés en plis de serviette. Une double porte vitrée conduit à l'aile ouest. Les montants sont ornés de deux pilastres entre lesquels le menuisier a placé des cercles décoratifs en bois. Les moulures du plafond sont formées de six tores à profil outrepassé et d'une tore à profil segmentaire.

À l'étage, les six chambres sont réparties de part et d'autre d'un large corridor. Elles n'ont gardé aucune des boiseries originelles, à l'exception des portes. La chambre principale, située dans l'angle nord-est, a été passablement transformée lors du tournage du film *Kamouraska* au début des années 1970. Cependant, le plancher conserve encore des traces de sa teinture bleue d'origine. Le manteau de cheminée en bois a aussi été conservé. Le plafond de cette chambre est plus haut que celui des autres. Cette différence est apparente au niveau du plancher du grenier.

La structure en pièce sur pièce de l'édifice s'observe au grenier. La charpente est constituée de six fermes complètes comprenant chacune deux arbalétriers, un poinçon, un entrait et deux contre-fiches. Le contreventement dans le sens longitudinal est assuré par un sous-faîte, une panne faîtière et trois aisseliers. Un contreventement secondaire est fixé au niveau des entraits par deux poutres reliant en diagonale la base de chaque poinçon aux angles du bâtiment. Immédiatement sous la sablière, une série de pièces en bois, retenues par de longues chevilles et sur lesquelles s'appuient les coyaux, traversent le mur de l'édifice.

À l'avant-plan, l'un des deux pavillons en pierre qui avoisinent le manoir.

La partie centrale de la cave a certainement servi de cuisine à l'origine, puisqu'on y retrouve un gros potager en brique. Ce potager supporte d'ailleurs le foyer du salon. Il comprend un four à pain, un réchaud et un âtre. Une autre pièce située sous l'aile ouest est munie d'un foyer en brique. Le manoir Rolland possède donc plusieurs éléments rares et exceptionnels d'une cuisine du XIXe siècle.

Un environnement physique et paysager remarquable met en valeur ce chef-d'œuvre de symétrie et de proportions qu'est l'ensemble architectural du manoir Rolland. Enfin, il convient de rappeler que le manoir est assurément l'un des édifices en pièce sur pièce les plus imposants de l'architecture québécoise et l'un des plus beaux exemples d'architecture de style palladien au Québec.

Nicole Cloutier, historienne de l'art

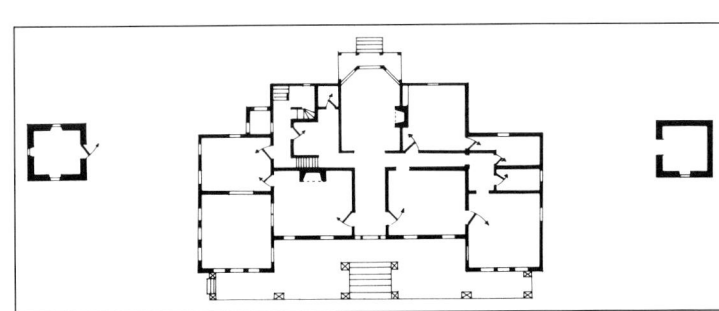

Plan du rez-de-chaussée. (MAC)

CLOUTIER, Nicole. *Manoir Rolland, 625 ouest, chemin Rivière des Hurons, Saint-Mathias*. Montréal, ministère des Affaires culturelles, 1980. 38 p.

Arrondissement historique de Carignan
Maisons Prévost et Saint-Hubert

Carignan
Chemin Chambly

Fonction: administrative et résidentielle
Déclaration d'arrondissement historique en 1964
Maisons classées monuments historiques en 1960 et 1962

À mi-chemin entre Chambly et Saint-Hubert, le long du chemin Chambly, se situe l'arrondissement historique de Carignan, regroupement de quelques bâtiments anciens en bonne partie occupés par l'administration municipale.

Genèse de l'arrondissement

Cet ensemble situé au cœur de la nouvelle municipalité de Carignan est en fait assez récent. Il remonte à la fin des années 1950 alors qu'un groupe d'amateurs d'histoire décident, pour sauver une partie de l'héritage architectural de la région et sensibiliser le public, de créer le village historique Jacques-de-Chambly. Le site retenu est celui qui entoure la maison ancestrale des Prévost.

Les frères Prévost, encouragés en cela par Paul Gouin, alors président de la Commission des monuments historiques, désirent regrouper des bâtiments anciens menacés de démolition ou abandonnés et qui, selon eux, méritent d'être conservés. Le site est assez vaste pour recevoir ces structures qu'il suffit, selon les promoteurs, d'y déménager. L'ensemble serait ensuite animé par des antiquaires et des artisans, consacrant ainsi le village à la mise en valeur des objets et usages d'antan.

Le projet semble se concrétiser entre 1960 et 1964, bénéficiant de l'appui de Pierre Laporte, député-ministre de la région. Celui-ci s'en occupe particulièrement lorsqu'il détient le portefeuille des Affaires culturelles, de 1964 à 1966. Le village historique naît en 1961 lorsqu'une ancienne maison de ferme de Saint-Hubert est abandonnée par des religieuses. La Chambre de commerce des jeunes de la localité entreprend de sauver la demeure et la Commission des monuments historiques appuie cette démarche en contribuant au coût du déménagement de la maison vers le site du futur village historique, une première au Québec.

Une fois terminée la reconstruction de la maison Saint-Hubert, les promoteurs élargissent leurs perspectives. En 1963, c'est la maison Lareau, structure en pièce sur pièce datant du XIXe siècle, qui doit faire place à un nouveau rond-point routier dans la région: elle est déplacée dans le village historique. On trouve également une élégante petite grange «à quatre eaux et épis» et, enfin, Gouin va jusqu'à recommander à Antoine Prévost de construire une réplique d'une grange typique de la côte de Beaupré, pour élargir l'éventail des spécimens représentés sur le site.

Celui-ci, parsemé de quelques bâtiments, doté de chemins de gravier, d'un étang et même d'un petit ruisseau commence déjà à ressembler à un village historique en 1964-1965. Mais, malgré l'aide du ministère des Affaires culturelles, la corporation qui l'administre doit déposer son bilan. Le public ne s'intéresse pas vraiment au site et les coûts s'avèrent énormes. À l'époque, c'est l'exposition universelle de 1967 qui retient l'attention et les quelques bâtiments regroupés en bordure du chemin

L'arrondissement «historique» de Carignan est créé en 1961 autour de la maison ancestrale des Prévost, construite vers 1832. La grange loge l'hôtel de ville.

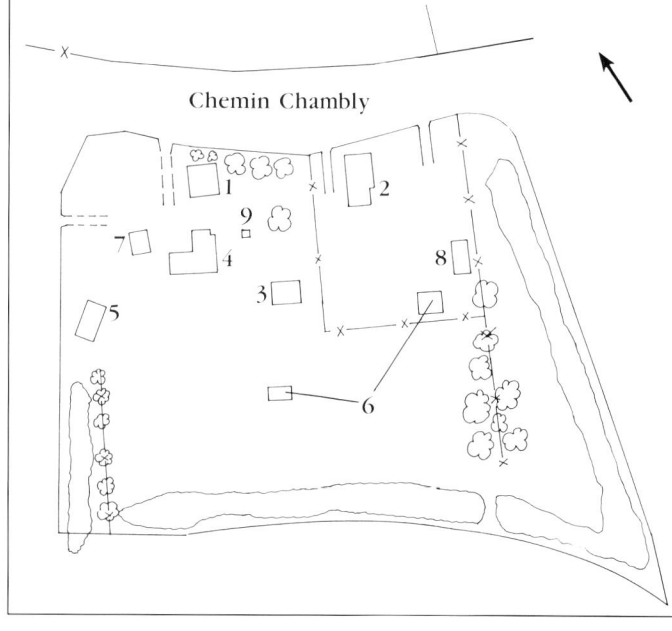

Plan de l'arrondissement historique de Carignan

1 Maison Prévost
2 Maison Saint-Hubert
3 Maison Lareau
4 Mairie (ancienne grange)
5 Grange
6 Hangars
7 Garage
8 Remise
9 Pompe

Chambly ne constituent pas une attraction assez forte pour justifier l'injection de fonds publics additionnels. En même temps commencent à poindre des critiques sur la philosophie qui prête vie à des «musées en plein air».

Les musées en plein air

Ce sont les pays de l'Europe du Nord qui ont développé, avant 1900, ces premiers musées en plein air: recueils d'architectures déplacées en un lieu précis pour être sauvegardées et interprétées. Ces «musées d'architecture» recueillent au départ surtout des structures en bois, aisément démontables et qui, bien avant que ne se généralise l'intérêt pour le patrimoine architectural, n'ont aucune chance de survivre à la modernisation rapide de l'agriculture. Ces musées apparaissent d'abord dans des pays où le patrimoine monumental paraît peu intéressant, dans une perspective occidentale. Ces nations prétendent néanmoins sauver des «témoins» de traditions et d'usages nationaux, beaucoup plus dans la perspective de l'ethnographie que dans celle de l'histoire de l'architecture.

En Amérique du Nord, l'idée du musée en plein air apparaît intéressante lorsque se développe cet intérêt pour l'héritage architectural qui exprime la vie quotidienne à différentes époques de l'établissement européen. Dans l'État du Vermont, au Massachusetts et en Acadie, on déménage ainsi des édifices pour les sauver du progrès qui trace des autoroutes, dresse des ponts et étend des banlieues sans respect pour les vestiges du passé. Les défenseurs les plus ardents du concept de village historique sont évidemment à la remorque des promoteurs des grands projets, qui trouvent dans cette formule une solution facile au problème de la conservation. On a ainsi fait subventionner par les autorités qui voulaient développer la voie maritime du Saint-Laurent le «Upper Canada Village», ensemble qui regroupe plusieurs bâtiments anciens dont la survie était menacée par la construction de cet ouvrage. Ouvert au public en 1956, ce village devient rapidement le modèle de la coexistence harmonieuse entre le passé (le village historique) et l'avenir (la voie maritime).

La maison Saint-Hubert, qui daterait de la fin du XVIIIe siècle, a été à toutes fins utiles démolie pour être reconstruite sur son site actuel.

Il est évident que les promoteurs du village historique Jacques-de-Chambly ont été motivés par cet exemple «réussi»; il en sera de même pour les initiateurs de l'éphémère projet du village historique du Bas-Canada, qui apparaît vers 1970 à Saint-Roch-des-Aulnaies sur la Côte-du-Sud. Depuis, la formule a connu un certain succès, notamment au Village d'antan, près de Drummondville, et à Rawdon.

Les critiques de la formule constatent très tôt le danger qu'il y a à créer de tels parcs, car ils permettent de bouleverser un territoire sans égard à son héritage architectural. On se permet alors de le reléguer au second plan. Les spécialistes d'abord et une opinion publique plus avertie ensuite soutiennent que l'appartenance à un lieu est un des attributs essentiels de l'architecture et que, dans cette perspective, le déplacement d'édifices détruit leur signification en ce qui a trait à l'histoire et donc leur potentiel d'interprétation. La charte de Venise qui, en 1964, exprime un premier consensus international sur la conservation architecturale, prohibe donc le déplacement des monuments. Cela ne veut pas dire qu'il est interdit de déplacer des bâtiments. La charte énonce simplement qu'on ne devrait pas considérer comme monument historique (et donc ne pas appuyer les efforts de sa conservation par des fonds publics) un édifice déplacé puisqu'une donnée essentielle de son histoire – son site – lui a été retirée.

Les bâtiments historiques

La tiédeur de l'opinion publique et les réserves que commence à émettre le ministère des Affaires culturelles ont donc raison du village historique Jacques-de-Chambly. Il en reste aujourd'hui quelques bâtiments épars autour de deux édifices classés: la maison Prévost et la maison Saint-Hubert. Ces bâtiments forment avec leur aire de protection un petit arrondissement historique.

L'édifice le plus intéressant de l'ensemble est sans contredit la maison Prévost, construite vers 1832 et occupant son emplacement d'origine. Elle est utilisée comme maison de ferme puis comme atelier d'antiquaire jusqu'au début des années 1960. Même si elle ne sert plus de résidence depuis plusieurs années, la maison a conservé une structure saine et sa restauration contribuerait à mettre en valeur un bel exemple de l'architecture rurale de la région montréalaise.

La maison Saint-Hubert, quant à elle, est une maison de ferme qui aurait été construite vers la fin du XVIIIe siècle et dotée d'une rallonge au XIXe siècle. Ce bâtiment a malheureusement perdu l'essentiel de son attrait lors de son déplacement puisqu'il a, à toutes fins utiles, été démoli pour être reconstruit sur son site actuel. Pour éviter le coût exorbitant d'un déplacement en un morceau ou celui d'une reconstruction intégrale, on a sacrifié l'édifice pour n'en rétablir qu'une réplique, ce qui laisse dégager un certain malaise lorsqu'on l'observe un peu attentivement.

La maison Lareau, structure en pièce sur pièce datant du XIXe siècle, a été déménagée sur le site en 1963. À l'arrière-plan, la maison Saint-Hubert. (MAC, fonds Morisset)

Même si plusieurs personnes ont longtemps cru à la survie et à la relance du projet de village historique, rien de tel ne s'est produit. En fait, une entreprise a pris possession du domaine pour y exploiter une carrière de sable. Il y a quelques années, la municipalité de Carignan, dépourvue de centre et de secteur ancien, a acquis le site (à l'exception du terrain de la maison Saint-Hubert, propriété privée). L'hôtel de ville a été installé dans la grange, les maisons Prévost et Lareau servent à des fonctions administratives et les deux bâtiments secondaires jouent le rôle d'entrepôts. Derrière les maisons, un terrain de jeux a été aménagé.

La reconversion du projet de village historique en centre-ville offre des garanties d'avenir pour la survie des bâtiments anciens. Ce qui était en train de devenir un «désert historique» reprend ainsi vie, avec peut-être moins de prétention, mais certainement plus de jugement.

Luc Noppen, historien de l'architecture

Vue de l'arrondissement historique avant la récente reconversion. (MAC)

Église St. Stephen

Chambly
2000, rue Bourgogne

Fonction: religieuse
Classée monument historique en 1965

Chambly naît des impératifs de la défense de la Nouvelle-France au XVIIIe siècle: le fort, construit au pied des rapides, en témoigne. Au début du XIXe siècle, notamment lors de l'invasion américaine de 1812, la rivière Richelieu, site stratégique qui contrôle la voie d'accès au Bas-Canada, attire de nouveau l'attention. Autour du fort se développe un imposant camp militaire, lui-même entouré d'un village civil, la «banlieue royale», composée de britanniques et de réfugiés loyalistes américains.

La garnison qui s'installe à Chambly ne se satisfait pas longtemps d'un lieu de culte temporaire. En 1818, un groupe de citoyens cherche à obtenir un terrain du gouvernement. Un premier site choisi dans l'enceinte du camp militaire s'avère impossible à obtenir. Aussi, le 17 août 1819, une réunion des «résidents britanniques» conclut que vu le nombre sans cesse croissant d'anglophones établis à Chambly «il serait profitable à tous, tant sur le plan religieux que du point de vue de la morale et pour le bien de la civilisation, d'y construire une église anglicane». Un comité est aussitôt formé pour obtenir du gouvernement un terrain en vue de construire cette église, un presbytère et une école, et d'ouvrir un cimetière.

Le projet va bon train puisqu'en mai 1820, le comité fait rapport; il déclare avoir obtenu le terrain désiré et établi des ententes avec l'entrepreneur François Valade pour ériger l'église. La décision de construire est donc déjà prise et la pierre angulaire de l'édifice est posée le 11 mai 1820.

L'œuvre de deux hommes

L'œuvre semble être le résultat de l'action de deux hommes. Le premier est le révérend Edward Perkin, premier pasteur de l'église St. Stephen et missionnaire de la Society for the Propagation of the Gospel. Il dresse en 1819 deux plans avec lesquels le comité de construction cherche des soumissionnaires: un pour une église en bois, l'autre pour une église en pierre. Le second personnage est François Valade, entrepreneur menuisier bien établi à Chambly, qui a déjà érigé plusieurs bâtiments pour l'armée et construit quelques maisons pour des officiers et fonctionnaires de la garnison. S'il semble logique de croire que Valade est choisi dans la perspective d'une construction en bois, il est tout aussi logique de conclure que c'est le pasteur anglican qui milite en faveur d'une construction en pierre. Quant à la forme de l'église, elle se ressentira de cette dualité initiale.

L'église St. Stephen, inaugurée en 1820, a récemment fait l'objet d'une restauration soignée.

François Valade s'engage le 24 février 1820 à construire une église en pierre d'environ 16 mètres sur 10, de 8 mètres de haut, «selon le plan». Il retient les services des maîtres maçons chamblyens Louis Duchatel et François Morris pour ériger le gros œuvre et faire les enduits. L'édifice est livré au culte le 30 novembre 1820, sans les enduits intérieurs, l'entrepreneur s'étant engagé à les compléter deux ans plus tard. À ce moment l'église aura coûté 1 000 livres, le montant le plus élevé payé jusque-là pour une église protestante à l'extérieur de Québec et de Montréal.

Au fil des ans, l'édifice est complété, réparé et restauré. En 1842, on ajoute des galeries latérales à la tribune arrière mise en place dès 1820. En 1861, les fenêtres sont toutes remplacées; six ans plus tard, le sanctuaire subit des réparations. En 1882, le clocher est consolidé et partiellement reconstruit, son état ayant été jugé dangereux. Depuis le début de notre siècle, plusieurs campagnes de travaux sont également entreprises. De 1920 à 1926, les murs, la toiture et le clocher sont réparés puis l'intérieur est rafraîchi. Une rénovation intérieure encore plus considérable a lieu en 1943-1944 et, dernièrement, l'église a fait l'objet d'une restauration soignée.

L'inspiration catholique

L'église St. Stephen est remarquable à plusieurs égards. Il s'agit d'un bâtiment destiné au culte protestant, érigé sur le modèle d'une église catholique. Le plan avec nef terminée par une abside en hémicycle plus étroite, la forme des ouvertures et le clocher à double lanternon sont autant d'éléments qui appartiennent à l'architecture traditionnelle du Québec. Par contre, la baie vénitienne du chœur, l'ordonnance de la façade et l'architecture intérieure sont des emprunts au classicisme anglais, tel qu'il se pratique dans les colonies.

Le caractère résolument anglais de la façade a cependant été oblitéré quelque peu par les différentes campagnes de restauration. Ainsi, le marché spécifie qu'en plus des chaînes d'angle en pierre de taille, la façade doit être dotée de faux joints, en vue de lui donner l'apparence d'une façade en pierre de taille. Aussi, la corniche se déploie en façade de manière à dessiner un fronton et le porche est supporté par des colonnes cylindriques.

Bien que destinée au culte protestant, l'église est bâtie sur le modèle d'une église catholique, comme en témoignent l'abside en hémicycle, la forme des baies et le clocher à double lanternon.

On sent donc bien la volonté bien affirmée de construire un édifice digne de l'Église anglicane. Cependant, le modèle envisagé par les paroissiens se transforme au contact d'un savoir-faire traditionnel.

Mais si à l'extérieur l'église St. Stephen peut être confondue avec une église catholique de la même époque, marquée par un renouveau classique, l'extrême dépouillement de l'architecture intérieure ne permet pas ce genre de méprise. Sobre et lisse, le décor se limite aux enduits clairs sur lesquels se détachent un mobilier et des boiseries sombres. Les bancs à portes – typiques de l'Église anglicane qui en introduit l'usage au Bas-Canada – et les galeries supportées par des piliers sont sans ornement et très simples.

Dans l'ensemble, la qualité du décor tient à l'élégance obtenue par la pureté des formes et leur distribution équilibrée dans l'espace. Le dessin que produit le profil de la voûte est en quelque sorte rapporté sur la forme des galeries latérales qui s'ouvrent vers le chœur et cet effet est dramatisé par la main courante en noyer qui surmonte le garde-corps.

Au fond de l'église, le regard est inévitablement attiré vers le vitrail qui orne la baie vénitienne depuis 1869. Le panneau central représente le Christ prêchant; de part et d'autre, on retrouve la Vierge et saint Jean au-dessus des blasons des donateurs, les familles Yule et Howard.

Le cimetière

L'église St. Stephen est entourée d'un imposant cimetière où se retrouvent les plus beaux spécimens de l'architecture funéraire du Québec: les mausolées des familles Yule, Willett, Hatt et Howard, véritables édifices dotés d'un décor architectural néo-classique tout à fait remarquable. Ils évoquent le prestige de l'établissement de la «banlieue du roi», mais aussi le complexe industriel qui fit de Chambly un centre important survivant au départ de la garnison britannique en 1869. Le maintien de l'église depuis cette époque s'explique en effet par l'activité importante des moulins et manufactures qui, profitant de l'énergie hydraulique, peuplaient le haut de la rue Richelieu.

Disparu, ce complexe industriel a fait place à la quiétude et la petite église St. Stephen semble depuis toujours faire partie du Chambly des villas et des villégiateurs.

Luc Noppen, historien de l'architecture.

L'église est entourée d'un cimetière où se retrouvent plusieurs mausolées à l'architecture remarquable.

CLERK, Nathalie. *L'église anglicane Saint-Stephen, Chambly, Québec*. Ottawa, Parcs Canada, 1987.

Maison Thomas-Whitehead

Chambly
2592, rue Bourgogne

Fonction: résidentielle
Classée monument historique en 1985

La «maison bleue» qu'a peinte Robert Pilot en 1934 vient d'être restaurée par les soins de ses nouveaux propriétaires. C'est un édifice bien typique de Chambly au tout début du XIXe siècle, alors que les militaires s'installent en périphérie du fort et de la «banlieue royale» qui l'entoure. En effet, un village militaire s'active à Chambly entre 1812 et 1867; il prétend répondre à la menace d'une invasion américaine et ne disparaît que lorsque la garnison britannique quitte le Canada.

Thomas Whitehead est employé à la caserne. Militaire de carrière, il décide, à l'instar de plusieurs officiers et employés, de s'installer avec sa famille à proximité de son lieu de travail. En 1815, il acquiert deux terrains, juste à l'extérieur du camp militaire. Il contracte un marché avec François Valade, maître menuisier, pour se faire construire une maison. Celui-ci retient les services de Louis Duchatel, maître maçon, pour ériger les fondations et les cheminées en pierre de la maison et de son annexe. En juin 1816, le maçon revient sur les lieux pour latter et enduire les murs intérieurs.

À première vue, la maison que se fait bâtir le fonctionnaire de l'armée est commune: carré de pièce sur pièce recouvert d'un lambris vertical, toit à deux versants avec lucarnes et cheminées en pierre. Ce type architectural se retrouve en plusieurs exemplaires et sans grandes variations dans les faubourgs qui se développent à Québec et à Montréal dès la fin du XVIIIe siècle. En fait, il perpétue l'image de la maison construite en bois en milieu urbain dès le début du XVIIIe siècle, au grand dam des intendants qui ne cessent de crier au feu.

La maison Whitehead comporte cependant un certain nombre de caractères originaux qui la distinguent de cette architecture

La maison bleue, Chambly, P.Q., un tableau de Robert Pilot, peint en 1934. (Musée des beaux-arts de Montréal)

des faubourgs, d'ailleurs largement disparue à la suite des incendies. Cette structure est d'abord plus trapue que les maisons urbaines, généralement plus allongées; elle est aussi plus spacieuse et, surtout, divisée tout autrement.

En fait, la maison Whitehead n'a de traditionnelle que son apparence. Son plan avec hall central et pièces disposées autour symétriquement est un élément tout à fait nouveau que les Britanniques introduisent à cette époque. Cela explique bien entendu l'organisation symétrique des ouvertures sur la façade autour d'une porte centrale. Autre élément nouveau, la structure de la charpente allégée à l'extrême qui n'a que des chevrons et un entrait retroussé, sans aucun contreventement latéral ou faîtier: un changement radical par rapport aux «grosses charpentes» qui dominent encore, même dans l'architecture des faubourgs. Plus encore, la maison est dotée de fenêtres à guillotine, typiques de l'architecture anglaise de l'époque.

Thomas Whitehead n'est pourtant pas le seul à avoir exigé ces innovations. À quelques pas de sa demeure, sur la rue Centre, se dresse en effet la «maison du gouvernement», construite pour le capitaine Gordon vers 1805-1810 et acquise par l'armée en 1812 pour loger l'intendant des casernes. Cette résidence a été construite d'après les plans d'un officier qui, tout en proposant des dispositions habituelles dans sa mère patrie, dut tenir compte des traditions véhiculées par les constructeurs locaux.

Les restaurateurs de la maison Thomas-Whitehead ont opté pour la couleur bleue du tableau de Robert Pilot, et le lambris vertical observé sous la planche à clins moderne a fait place à un recouvrement de type «board and batten», plutôt caractéristique des années 1840-1850. Ces deux choix confèrent cependant à cette maison une fière allure. L'annexe moderne traitée en style qui complète l'ensemble (garage et remise) achève de donner un caractère monumental à la modeste demeure du commis des casernes.

Luc Noppen, historien de l'architecture

Le recouvrement de type «board and batten», qui reprend la couleur du tableau de Pilot, confère à la maison Whitehead une fière allure.

Société d'étude sur l'environnement bâti ARCA inc. *La maison Thomas Whitehead*. Montréal, ministère des Affaires culturelles, 1983.

TRUDEAU-GOBEIL, Madeleine. «La maison Thomas-Whitehead», *Continuité*, 34 (hiver 1987): 35-36.

Maison John-Yule

Chambly
27, rue Richelieu

Fonction: résidentielle
Reconnue monument historique en 1987

La façace principale de la maison, vers 1925. (ANQ-Q, E. Gariépy)

En raison de sa situation stratégique aux abords de la rivière Richelieu, Chambly est reconnue depuis le Régime français comme un poste militaire de première importance. Au début du XIX\ siècle, la garnison militaire d'origine anglo-saxonne qui y séjourne exerce une influence sur les plans social et culturel qui ne tarde pas à se faire sentir dans le paysage bâti.

On ne s'étonnera donc pas d'y retrouver très tôt des exemples d'architecture palladienne, un courant stylistique inspiré de la Renaissance italienne et apparu d'abord en Angleterre puis aux États-Unis. Des casernes pour loger la garnison, des bâtiments de service ainsi que des résidences destinées aux officiers sont construits au goût du jour, selon des lignes sobres et classiques.

Élévation de la façade principale de la maison. (MAC)

La maison John-Yule est un bel exemple de l'architecture résidentielle palladienne. Vue de la façade côté jardin et des deux annexes.

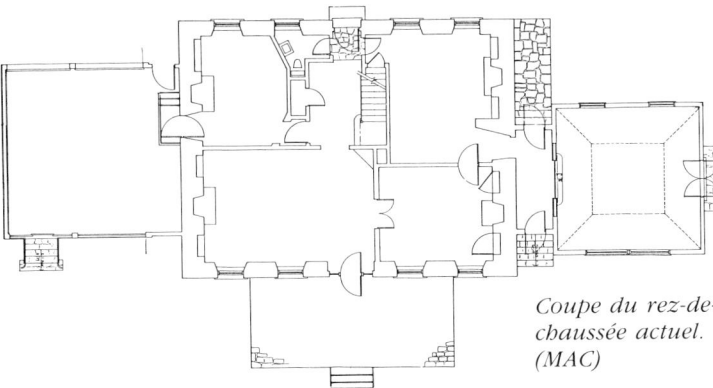

Coupe du rez-de-chaussée actuel. (MAC)

Les nouveaux notables de la localité ne sont pas en reste et se font bâtir des maisons imposantes dont certains éléments sont empruntés au palladianisme. Parmi celles-là, la maison John-Yule représente une version très achevée de l'architecture résidentielle palladienne adaptée à la tradition locale. Cette influence transparaît surtout ici dans l'ordonnance générale, l'harmonie des proportions et le vocabulaire décoratif sobre, concentré dans la partie centrale de la façade.

Le premier propriétaire des lieux, John Yule, est un marchand originaire d'Écosse. Il émigre au Québec à la fin du XVIIIe siècle en compagnie de son frère William. La famille Yule jouera un rôle important dans l'histoire de la région puisque William Yule devient le seigneur de la partie est de la seigneurie de Chambly.

Le 10 avril 1816, John Yule conclut un marché avec le maçon Pierre Gagnier à qui il confie la construction d'une maison à Chambly. Selon les conditions du marché, Gagnier s'engage à bâtir une maison en maçonnerie d'après les plans fournis par Yule et celui-ci se réserve le droit d'y apporter des modifications. Le menuisier François Valade participe également à la construction.

Cette habitation d'un étage sur rez-de-chaussée est revêtue de pierre de taille en façade et de moellons équarris sur les autres faces. Le toit à deux versants et à égouts droits est tronqué, et à chacune des extrémités s'élève une cheminée double massive, caractéristique héritée de l'architecture domestique de la région montréalaise. La porte principale est mise en évidence par une large plate-bande couverte d'une corniche et par des contrevents à panneaux. Une lucarne-fronton agrémentée d'une baie en hémicycle sert de couronnement.

La façade côté jardin présente la même ordonnance que le frontispice, mais les détails décoratifs diffèrent légèrement. La porte, flanquée de baies étroites, est surmontée d'une imposte semi-circulaire. L'encadrement en pierre de taille se compose de piédroits harpés et de voussoirs. En outre, la lucarne adopte de ce côté une forme cintrée.

À l'origine une résidence unifamiliale, la maison John-Yule est par la suite divisée en plusieurs logements, ce qui bien sûr se traduit par la modification des intérieurs. Après avoir connu successivement une douzaine de propriétaires, la maison retrouve sa fonction initiale en 1946, au terme d'importants travaux de rénovation. Cependant, à défaut des plans originaux, on ne peut reconstituer l'aménagement intérieur tel qu'il a été conçu en 1816.

Au contraire, l'intérieur subit des changements majeurs et même irréversibles: nouvelles divisions, cloisons supprimées, changement d'affectation pour plusieurs pièces, nouveaux revêtements et construction d'un autre escalier. Auparavant, l'escalier se trouvait au fond d'un couloir qui traversait tout le rez-de-chaussée d'une entrée à l'autre et le long duquel les pièces étaient réparties.

En ce qui a trait à l'extérieur, on cherche en revanche à préserver l'unité stylistique du bâtiment. Ce souci est manifeste dans la composition des nouvelles annexes sur chacun des flancs. Par leur morphologie et leur vocabulaire décoratif, elles s'intègrent parfaitement à l'ensemble.

On peut certainement déplorer le manque d'authenticité des intérieurs de la maison John-Yule, mais il faut néanmoins lui reconnaître d'indéniables qualités, dont une architecture remarquable et un emplacement qui la met admirablement en valeur. Ces attributs essentiels, ajoutés à son intérêt historique, justifient son statut de monument historique reconnu.

Michèle Giroux, architecte

SOCIÉTÉ D'ÉTUDE SUR L'ENVIRONNEMENT BÂTI ARCA INC. *La maison John-Yule*. Montréal, ministère des Affaires culturelles, 1985. 164 p.

Four à pain

Saint-Luc
265, rue Jean-Talon

Fonction: domestique
Classé monument historique en 1982

Sur un terrain situé au confluent des rivières Richelieu et des Iroquois, dans la municipalité de Saint-Luc, cette construction, qui témoigne d'une activité traditionnelle disparue, se rattache à l'histoire des Dupuis, une famille établie à cet endroit depuis plus de 100 ans.

Vers les années 1860, en effet, l'ancêtre François Dupuis y possède une terre très vaste de 240 arpents, ainsi qu'une autre de 58 arpents dans l'île Sainte-Thérèse, située juste en face. À proximité, sur la même concession, plusieurs autres membres de cette famille sont aussi propriétaires fonciers.

Ce petit ouvrage de maçonnerie plus que centenaire se trouve devant l'ancienne maison familiale, mais il en est maintenant séparé par la voie publique réaménagée. Son socle massif haut de près d'un mètre, en pierre des champs, forme un carré d'une superficie d'environ deux mètres carrés. Une petite ouverture latérale donne accès à la structure. Toute la partie surélevée, qui comprend l'âtre (ou sole) et la voûte, est en brique.

Comme protection contre les intempéries, un simple abri de planche à couvre-joint, sur deux versants, forme une saillie de plus d'un mètre en façade. L'ouverture de 50 centimètres de long sur 25 de haut, aussi appelée la gueule, se trouve à un mètre du sol. Il semble que sa forme rectangulaire soit peu courante: les fours observés dans les régions plus septentrionales du Québec adoptent en effet, pour la plupart, une ouverture en demi-cercle, dite en «œil-de-bouc».

La tradition veut que les gens de la campagne utilisent le plus souvent les matières premières disponibles sur place pour une construction de ce genre, en employant avant tout le matériau le moins dispendieux. Ainsi, les surplus des briqueteries de la région (La Prairie, Saint-Jean-sur-Richelieu) ont sans doute été mis à contribution. Contrairement aux fours en pierre ou en argile, ceux en brique exigent généralement le concours d'une main-d'œuvre spécialisée. Une autre contrainte significative, l'utilisation de la brique, matériau standard et de forme oblongue, limite le potentiel de création et de fantaisie de l'artisan. En plus de requérir une assise solide en maçonnerie et un bâti très résistant, la construction en brique se révèle relativement onéreuse.

Ce four à pain plus que centenaire se trouve en face de la maison familiale.

À l'intérieur, la sole, où l'on dépose le pain à cuire, est formée d'un pavage de briques liées par un mortier de chaux. Pour former la voûte du four, les briques sont superposées sur le plat, en rangs serrés. La surface intérieure de la voûte est lisse et uniforme, mais à l'extérieur, dans la voussure, il y a inévitablement de larges écarts entre les briques en raison même de leur forme. On doit alors combler les espaces à l'aide de cailloux et de mortier. On s'accorde à dire que la durabilité de la construction est fonction de la qualité du gâchis utilisé pour remplir les joints.

L'utilité première de ce type de four est bien sûr la cuisson du pain. Mais comme il peut s'écouler jusqu'à 24 heures avant que la chaleur ne s'y soit dissipée, il se prête parfois dans l'intervalle à d'autres usages, comme le séchage des fines herbes ou des plumes d'oiseaux. De nos jours, on l'utilise pour fumer le jambon.

Le vieux four qui menaçait ruine a été entièrement restauré en 1982 par son nouveau propriétaire. Il est aujourd'hui le seul four à pain extérieur qui ait résisté à l'effet du temps dans la région du Haut-Richelieu.

Gilles Laberge, historien

L'ouverture ou gueule du four se trouve à un mètre du sol.

Le socle en pierre des champs est recouvert d'une toiture de planche à couvre-joint.

Fortin, Réal. *La patrimoine culinaire et les richelains.* Saint-Jean-sur-Richelieu, Musée régional du Haut-Richelieu, 1982. 30 p.

Fortin, Réal. *Petite histoire de Saint-Luc.* Saint-Jean-sur-Richelieu, Éditions Mille Roches, 1978. 159 p.

Casernes de Blairfindie 1813-1827
Saint-Luc

Fonction: aucune
Classées site archéologique en 1980

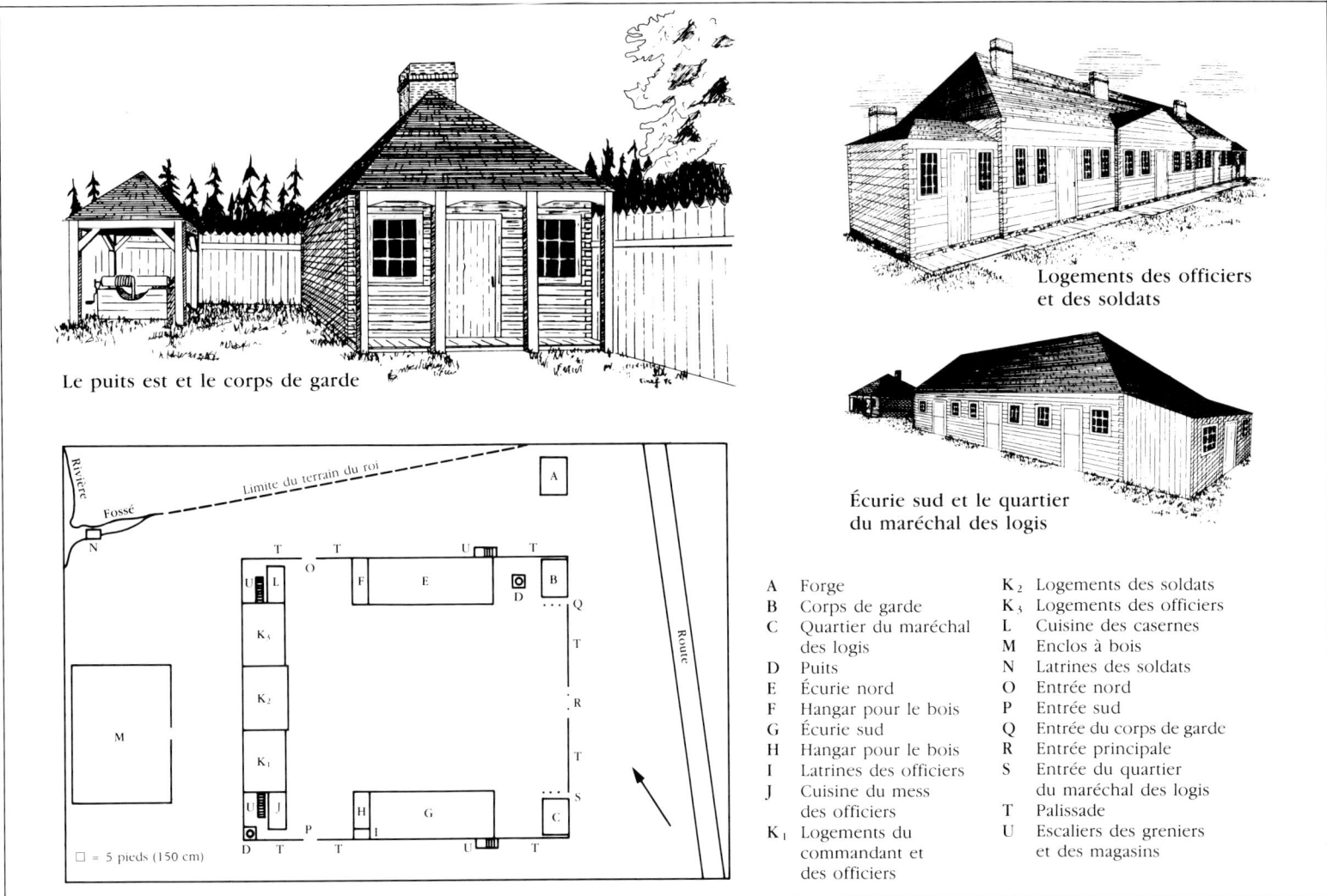

A	Forge	K₂	Logements des soldats
B	Corps de garde	K₃	Logements des officiers
C	Quartier du maréchal des logis	L	Cuisine des casernes
		M	Enclos à bois
D	Puits	N	Latrines des soldats
E	Écurie nord	O	Entrée nord
F	Hangar pour le bois	P	Entrée sud
G	Écurie sud	Q	Entrée du corps de garde
H	Hangar pour le bois	R	Entrée principale
I	Latrines des officiers	S	Entrée du quartier du maréchal des logis
J	Cuisine du mess des officiers	T	Palissade
K₁	Logements du commandant et des officiers	U	Escaliers des greniers et des magasins

Plan et dessins des casernes tirés de :
Les constructions militaires du Haut-Richelieu, *Éditions Mille Roches, 1977.*

Lorsque le conflit américano-canadien éclate en 1812, la vallée du Richelieu devient une porte d'entrée pour l'envahisseur. Pour se protéger contre l'invasion de ce voisin du Sud, l'armée britannique fortifie les abords de la rivière et érige des campements militaires le long des routes. À Blairfindie (nommé par la suite L'Acadie), les militaires dressent un camp à la croisée de deux routes stratégiques: celle reliant Saint-Jean à La Prairie et celle menant de Chambly à Odelltown, près de la frontière américaine. Le nom de Blairfindie est donné à cette région dès 1782 par les gens de l'endroit, en l'honneur de David Alexander Grant, époux de la baronne de Longueuil qui y possède des terres. Le titre de noblesse de Grant, originaire d'Écosse, est Blairfindy.

Célèbre pour sa victoire remportée en 1813 sur les troupes américaines dans les bois de Châteauguay, Michel de Salaberry coordonne les activités militaires du Haut-Richelieu pour l'armée britannique. Il a la bonne idée de rendre les chemins impraticables en les couvrant d'abattis et en démolissant les ponts pour dérouter l'ennemi. La Petite rivière de Montréal, près de laquelle les casernes seront construites, rend cette région marécageuse et sert ainsi de protection naturelle contre les invasions hors des sentiers battus.

Les casernes de Blairfindie sont érigées en 1814, au cours de la dernière année du conflit armé. Vraisemblablement construites à l'emplacement du camp de Blairfindie (ou camp de Halfway House à l'époque), les casernes peuvent abriter quelque huit officiers et 80 soldats. Deux écuries offrent assez d'espace pour loger une centaine de chevaux. C'est le 19ᵉ régiment des Dragons légers, parti de Dublin en 1813, qui occupe les casernes. La position stratégique de la cavalerie lui permet de se déplacer d'un endroit à l'autre pour barrer la route à l'ennemi. En définitive, les casernes de Blairfindie ne sont le théâtre d'aucun fait d'armes. Par contre, les militaires irlandais y restent cantonnés jusqu'en 1827. Après le départ de la garnison, les casernes demeurent inoccupées jusqu'en 1839, année probable de leur démolition.

Un site archéologique

En 1976, à l'arrivée des archéologues sur le site des casernes de Blairfindie, le seul envahisseur qu'ils rencontrent est une colonie d'arbustes qui masquent les fondations en maçonnerie des bâtiments. Quelques sondages ainsi que la découverte d'une borne en pierre marquée du *broad arrow* de l'armée britannique et des lettres GR (Georgius Rex) suffisent pour juger de l'importance des vestiges de ce site militaire. Des

Dégagement du foyer du corps de garde. (MAC)

Vue partielle des latrines et des fondations des écuries. (MAC)

fouilles archéologiques plus importantes se déroulent en 1980 dans le but d'évaluer en détail la valeur des vestiges comme témoins de l'occupation des casernes au cours d'une période définie (1814-1827) et de voir jusqu'où les ressources archéologiques livreront des renseignements sur la vie des militaires irlandais de passage au Canada.

Une première observation faite par les chercheurs est la construction en pierre des fondations de presque tous les vestiges examinés. Les documents historiques précisent que les superstructures étaient, quant à elles, construites en bois. De plus, un examen de la morphologie du terrain permet de localiser aisément les deux puits qui figurent sur les plans des casernes. C'est d'ailleurs à l'aide de ces plans, dont l'un remonte à 1817 et l'autre à 1823, que les archéologues orientent leur recherche.

Les zones de fouilles

Trois zones du site des casernes sont partiellement fouillées: le corps de garde et la forge, les casernes et enfin les latrines des officiers et le hangar à bois. L'excavation du corps de garde permet de mettre au jour la base du foyer auquel bon nombre de rejets de cuisson sont associés. Une assez grande variété d'artefacts est identifiée, en particulier sur l'un des lots: dominos, boutons militaires dont deux à l'insigne du 19ᵉ régiment des Dragons légers, aiguilles à coudre et bon nombre d'artefacts domestiques. Quant à la forge du maréchal-ferrant, l'emplacement des sondages ne permet pas de localiser ses murs.

La fouille des casernes se divise en deux secteurs. Le premier est situé dans les logements des soldats. Une cave y a été aménagée, de sorte que les archéologues retrouvent dans ces couches une certaine accumulation d'artefacts. Les fondations d'un foyer en pierre sont également notées. La cave des casernes est protégée de la montée des eaux par un fossé de drainage, fait d'une cavité creusée dans le sol remplie avec du gravier et des blocs en pierre.

Le second secteur, localisé à l'arrière du mess des officiers, permet quant à lui d'identifier un fossé de construction associé à la palissade en bois qui entoure les casernes. Les archéologues notent également que la distribution des artefacts, situés à l'extérieur de la palissade plutôt que dans la cour du mess des officiers, pourrait révéler une habitude des militaires dans le mode de rejet de résidus variés. Il faudra cependant procéder à d'autres recherches sur le site pour conclure en ce sens.

La troisième aire de fouilles se situe dans les latrines des officiers, construites à côté du hangar à bois. Tous deux sont adjacents aux écuries ouest des casernes. Selon les archéologues, le contenu des latrines n'a jamais été vidé durant leur utilisation, ce qui en fait un témoin privilégié pour analyser la culture matérielle du groupe d'hommes auxquels elles sont associées. Les activités domestiques sont fort représentées: objets en terre cuite grossière, vaisselle de table, bouteilles à vin, pipes fragmentaires, etc. Des pots de chambre et quelques objets et pièces de vêtement militaires ont également été jetés dans les latrines par les occupants des casernes.

L'intégrité des vestiges varie selon leur profondeur dans le sol. En effet, l'agriculture pratiquée sur ce terrain pendant une centaine d'années à la suite de la démolition des casernes a affecté les couches supérieures du site. Malgré cela, les découvertes archéologiques révèlent un riche potentiel de recherches. Outre la présence du 19ᵉ régiment des Dragons légers, on sait que le site des casernes était un camp militaire durant les années 1812-1813. Les traces de ces activités historiques doivent aussi être présentes dans les entrailles du sol.

Louise Pothier, archéologue

CADIEUX, P.B. et R. FORTIN. *Les constructions militaires du Haut-Richelieu*. Saint-Jean-sur-Richelieu, Éditions Mille Roches, 1977.

ETHNOSCOP. *Fouilles archéologiques sur le site des Casernes de Blairfindie, classé site archéologique*. Québec, ministère des Affaires culturelles, 1981. 2 vol. 119 p. et annexe.

GAUMOND, Michel et Jacques LANGLOIS. *Casernes de Blairfindie, comté de Saint-Jean. 1814-1827*. Québec, ministère des Affaires culturelles, 1977. 19 p.

Église Sainte-Marguerite-de-Blairfindie

L'Acadie
308, chemin du Clocher

Fonction: religieuse
Classée monument historique en 1951

La région du Haut-Richelieu recèle un certain nombre de monuments de grande valeur. De tous ceux-là, l'église Sainte-Marguerite-de-Blairfindie occupe sans contredit le premier rang. Formant un ensemble paroissial unique avec son cimetière enclos, son presbytère et l'ancienne maison du sacristain, l'église se distingue par la qualité de son environnement ancien fort bien sauvegardé et par un état de conservation tout à fait remarquable.

Les premières concessions près de La Petite Rivière sont faites à des colons vers 1753. C'est cependant l'arrivée de quelques Acadiens, entre 1764 et 1768, qui marque véritablement le début de l'établissement de L'Acadie, aussi appelée à l'époque «Nouvelle Acadie» ou «La Petite Acadie». Après la guerre de 1812, ce premier noyau est augmenté par l'arrivée de familles irlandaises catholiques et écossaises protestantes. Au sud, près du lieudit de la Grande Ligne, une petite colonie suisse s'établit, complétant ainsi le peuplement cosmopolite des lieux.

La paroisse Sainte-Marguerite-de-Blairfindie de L'Acadie est érigée en 1784. Déjà, depuis deux ans, les habitants ont entrepris des démarches en vue de la construction d'une église-presbytère. En effet, en 1782, on a fixé, sur un terrain donné par le sieur Jacques Hébert, l'emplacement d'une église, d'un presbytère et d'un cimetière. Commencé aussitôt, le presbytère peut loger le curé en 1784 et offrir à l'étage une chapelle pour les paroissiens. Ce bâtiment de quelque 17,5 mètres sur 12 est remplacé en 1822 par l'édifice actuel, qui loge à l'origine la salle des habitants et le presbytère. Aujourd'hui, il ne sert plus que de presbytère.

L'église de 1801

En 1795, le grand vicaire Pierre Denaut fixe l'emplacement «d'une église dont les principales dimensions sont de cinquante pieds de largeur, cent vingt de longueur, vingt-deux de hauteur à compter de la chaussée, avec deux chapelles proportionnées au tout». Le 2 septembre 1800, la première pierre est bénite par Louis-Amable Prévost, curé de Saint-Philippe. Sous la direction des maîtres maçons Odelin et Mailloux, en collaboration avec le charpentier-menuisier Joseph Nolette, les travaux progressent rapidement, si bien que le 23 décembre 1801, l'église est ouverte au culte.

L'église de L'Acadie adopte un plan en forme de croix latine, avec sa nef coupée par un transept qui dégage deux chapelles latérales ou croisillons et terminée par une abside en hémicycle. Plus large que le chœur, la nef récupère donc une partie des chapelles latérales. C'est à toutes fins pratiques une formule mitoyenne entre le plan en croix latine et le plan récollet, où les chapelles jouent véritablement le rôle de contreforts.

Par son plan tout comme par son élévation, l'église de L'Acadie relève de l'architecture religieuse traditionnelle, développée de 1760 à 1790. De nombreux édifices construits par la suite, de 1790 à 1820, se ressentiront de la persistance de cette tradition: Boucherville, La Présentation, Saint-Mathias de Rouville, etc.

La façade de l'église Sainte-Marguerite-de-Blairfindie est particulièrement représentative de cette architecture codifiée dans le plan type du grand vicaire Pierre Conefroy. On y retrouve les deux portes latérales disposées de part et d'autre du portail principal. Au second niveau, deux fenêtres encadrent une niche plus petite et éclairent, tout comme l'oculus supérieur, la tribune d'orgue. Le clocher octogonal, à deux lanternons ajoutés et surmontés d'une flèche, est également très caractéristique de la persistance de la tradition, comme en témoigne son implantation dans sa base carrée.

L'église de L'Acadie, érigée en 1801, relève de l'architecture religieuse traditionnelle, comme en font foi ses ouvertures et son clocher. (ANQ-Q)

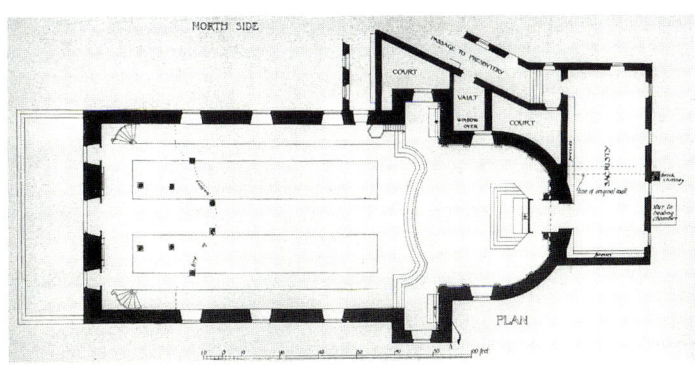

Ce plan de l'église et de la sacristie fait apparaître une composition en forme de croix latine, avec une nef coupée par un transept qui dégage deux chapelles latérales et terminée par une abside en hémicycle. (MAC, fonds Morisset)

La sacristie, élargie en 1847, et le chemin couvert construit en 1822 pour relier le presbytère à l'église et à la sacristie.

Dans le prolongement du chœur se situe la sacristie, de forme carrée à l'origine, mais étirée sur la largeur par un agrandissement en 1847. Le chemin couvert en pierre est construit en 1822 pour relier le nouveau presbytère à l'église et à la sacristie.

L'esthétique de Quévillon

Les premiers travaux à l'intérieur sont entrepris dès 1801 et se poursuivent jusqu'en 1809 sous la direction de Jean-Georges Finsterer, entrepreneur local qui se décrit comme «sculpteur, Résident en la Paroisse». Il s'agit vraisemblablement de la charpenterie intérieure, du lambrissage et de l'installation d'une fausse voûte en bois. C'est également Georges Finsterer qui installe le maître-autel, le tombeau en 1802, le tabernacle en 1803, et la chaire l'année suivante. Les deux autels latéraux sont acquis en 1811 et 1812 de Louis-Daniel Finsterer, fils de Georges qui, lui, entreprend la sculpture du décor intérieur.

Jusqu'ici, on a toujours attribué l'ensemble du décor aux Finsterer, père et fils. Il convient de rétablir les faits. Il est clair que Louis-Daniel Finsterer a reconstruit la voûte et qu'il l'a sculptée et ce, sur le modèle de celle de Notre-Dame de Montréal, complétée vers 1800 par Louis-Amable Quévillon. Le sculpteur a aussi doté l'église de sa corniche dans le sanctuaire, les chapelles et la nef. Il a ensuite dressé dans le fond du sanctuaire un retable composé de quatre pilastres, de deux colonnes et d'un couronnement en hémicycle. C'était là l'essentiel du décor de ce XIX siècle. La similitude avec les décors intérieurs de Saint-Mathias de Rouville et de La Présentation, notamment, confirme que tel était alors le décor de l'église de L'Acadie.

Le reste de l'ornementation sculptée relève vraisemblablement de la campagne de travaux de 1850-1852, exécutée par Jean-Baptiste Mailloux. C'est fort probablement à cette occasion que sont sculptés les panneaux Louis XV du sanctuaire et les pilastres qui les encadrent. Au même moment, la tribune arrière est agrandie telle qu'on la voit maintenant, avec son avancée centrale qui permet le dégagement des fenêtres latérales. Les médaillons et les ornements peints de la voûte seraient aussi contemporains ou postérieurs à cette époque.

Dans l'ensemble, le décor intérieur, malgré les trois chantiers qui lui ont donné naissance, est d'une grande unité de style. C'est toujours l'esthétique de Quévillon qui domine, même si le maître n'y a probablement jamais mis les pieds et que les Finsterer ne sont pas de ses élèves. Comme quoi le «quévillonnage» était plus qu'un style d'atelier; c'était la façon reconnue d'orner une église dans la région montréalaise.

Outre les autels mentionnés, il reste aujourd'hui dans l'église plusieurs œuvres d'un grand intérêt. D'abord les quatre grands tableaux datés de 1826 du peintre Yves Tessier. Ce sont, sur le mur gauche de la nef, *Saint Augustin guérissant un malade* et la *Vision de saint Jérôme*. En face, du côté de l'épître, un saint Grégoire et un saint Ambroise interdisant l'entrée de l'église à Théodose. Au revers de la façade, l'*Ange Gardien* et le *Baptême du Christ* sont des œuvres non signées mais attribuées par Gérard Morisset au même artiste. Les tableaux des chapelles latérales, *Marie au tombeau* (droite) et *Saint René* (gauche) sont vraisemblablement de la main de Louis Dulongpré (vers 1802). Celui du maître-autel, représentant la patronne de l'église, sainte Marguerite, est plus récent. Il date de 1890 et est signé J.-F. Rousseau, peintre de Saint-Hyacinthe. À l'intérieur, on voit également la statue en bois de sainte Marguerite (XIX siècle) qui, autrefois, ornait la niche en façade.

Le cimetière comporte une œuvre intéressante réalisée en 1897 par le sculpteur Philippe Hébert: un bronze représentant la Madone avec Jésus enfant; il orne le monument de la famille Roy. L'église Sainte-Marguerite-de-Blairfindie a été classée monument historique en 1951 et elle a été restaurée depuis.

Luc Noppen, historien de l'architecture

Le maître-autel réalisé par Georges Finsterer en 1802-1803. (ANQ-Q)

ADAIR, E.R. et Eleanor S. WARDLEWORTH. «The Parish and Church of L'Acadie», *The Canadian Historical Association: Annual Report*, 1933: 59-73.

BRAULT, Pierre. *L'Acadie et son église*. Saint-Jean-sur-Richelieu, Éditions Mille Roches, s.d. 95 p.

MORISSET, Gérard. «L'église de L'Acadie», *Cahier de la Société historique de la Vallée du Richelieu*, 2 (1953): 15-20.

Vieux presbytère

L'Acadie
310, chemin du Clocher

Fonction: résidentielle
Classé monument historique en 1964

Au milieu du XVIIIe siècle, les seigneurs de la Prairie-de-la-Madeleine établissent des concessionnaires loin dans les profondeurs de leur territoire, là où coule la «petite rivière de Montréal». Très tôt, vers 1767-1768, nombre d'Acadiens de retour d'exil s'installent aussi dans ces lieux qu'ils surnomment rapidement la «petite Cadie».

Une presqu'île située sur la terre de Jacques Hébert, véritable enclave formée par le jeu capricieux d'un méandre de la petite rivière, est choisie au cours de l'été 1782 pour fixer l'emplacement du presbytère-chapelle d'une communauté croissante. Les travaux débutent dès les premiers jours d'automne. Bien qu'il éprouve beaucoup de difficultés à terminer la construction de l'église Saint-Joachim de Châteauguay, Basile Proulx, entrepreneur de Montréal, est engagé pour édifier le presbytère selon les plans du sulpicien Gabriel-J. Brassier.

Le bâtiment mesure environ 17 mètres sur 12. La chapelle, aménagée à l'étage, peut contenir une soixantaine de bancs et est éclairée par des lucarnes. En 1801, l'entrepreneur Odelin, chargé de construire l'église de L'Acadie, exécute aussi quelques travaux au presbytère, dont le retrait de la voûte. De 1807 à 1811, on doit à nouveau y effectuer des réparations majeures, en particulier sur le toit.

En 1821, la poussée démographique nécessite la construction d'un nouveau presbytère. On s'accorde à dire «que les anciens murs ne valent pas une bonne réparation». Élevé sur une partie des anciennes fondations, le nouveau bâtiment atteint les dimensions impressionnantes de 16,5 mètres sur 24. Vingt-huit ans plus tard, de gros travaux devront encore être exécutés sur la même structure.

Le presbytère de L'Acadie, qui figure parmi les bâtiments les plus imposants de la Montérégie, se rattache au style néo-classique: symétrie et nombre élevé de baies sur la façade, escalier central, avant-toit incurvé et galerie surélevée. En façade, cinq lucarnes s'alignent sur le versant du toit. Les murs en pierre étaient jadis recouverts d'un crépi blanchâtre. Le sous-sol est divisé par un mur de refend en croix et l'épaisseur des murs dépasse le mètre dans les fondations. En 1955, l'extérieur de l'édifice est complètement restauré.

Jusqu'en 1879, la moitié est du presbytère sert à des fins communautaires: les salles des habitants – l'une pour les hommes et l'autre pour les femmes – occupent le rez-de-chaussée et l'école du village se trouve à l'étage. Le plan est complètement modifié en 1879 lorsqu'on met l'édifice à la disposition exclusive du curé. Sur le mur-pignon ouest, un appentis qui servait de cuisine est démoli la même année.

La résidence du pasteur, construite à une époque où les fabriques étaient relativement prospères, ne fait pas l'unanimité. La jugeant trop luxueuse, plusieurs notables n'hésitent pas à dénoncer à l'évêque cette maison aux allures de «château», qui va tout à fait à l'encontre des enseignements du Christ.

On raconte également qu'un hôte bien particulier a été hébergé dans ses murs à la fin de l'année 1838. En effet, pendant la répression qui s'abat sur la région du Richelieu, Sir John Colborne loge au presbytère. De multiples incendies éclateront les jours suivants tant dans le village de L'Acadie que dans la grande région avoisinante, soumise à une vaste campagne de pillage, ayant pour but la reddition des rebelles.

Un survol de l'architecture régionale indique que cette construction d'allure monumentale a sans doute servi de modèle à d'autres presbytères, dont le presbytère-chapelle de Saint-Rémi, bâti en 1830, qui présente des dimensions et un style très semblables.

Gilles Laberge, historien

Le presbytère de style néo-classique construit en 1821 figure parmi les bâtiments les plus imposants de la Montérégie.

L'extérieur du presbytère de L'Acadie fut complètement restauré en 1955.

BRAULT, Pierre. *Histoire de l'Acadie du Haut-Richelieu*. Saint-Jean-sur-Richelieu, Éditions Mille Roches, 1982. 400 p.

GOBEIL-TRUDEAU, Madeleine. *Inventaire des œuvres d'art et des pièces de mobilier du culte de la fabrique Sainte-Marguerite-de-Blairfindie, L'Acadie, comté Saint-Jean*. Montréal, ministère des Affaires culturelles, 1982. 183 p.

Vieille école (ou maison du sacristain)

L'Acadie
314, chemin du Clocher

Fonction: résidentielle
Classée monument historique en 1964

La maison du sacristain, ou «maison du bedeau», fait partie du cœur institutionnel de la paroisse Sainte-Marguerite-de-Blairfindie de L'Acadie. Avec le presbytère et l'église, cette maison construite à l'origine pour loger l'école des filles forme un ensemble architectural d'une rare qualité.

Ce bâtiment naît du débat sur les écoles qui occupe la scène politique et l'Église canadienne au début du XIXe siècle. Lorsque le Parlement du Bas-Canada vote la loi de *L'institution royale pour l'avancement des sciences* en 1801, le Bas-Canada semble s'orienter vers un régime d'écoles publiques et laïques. L'Église s'y oppose avec force et entreprend de créer un réseau d'écoles catholiques placé sous sa juridiction. Si en milieu urbain, le clergé séculier et les communautés religieuses peuvent entreprendre cette tâche, il en va tout autrement en milieu rural, où les maîtres d'écoles sont rares et laissés à eux-mêmes. En 1824 est adoptée une première loi pour combler cette lacune. Une autre loi ordonne l'organisation d'un corps constitué par un mode électif pour gérer les écoles. Enfin, une dernière loi vient préciser le fonctionnement et le financement des «écoles de syndics» en 1832.

Avec le presbytère et l'église de L'Acadie, la maison du sacristain forme un ensemble architectural d'une rare qualité.

Cette maison est construite en 1831 pour servir d'école aux filles de la paroisse. C'est en 1880 qu'elle devient la résidence du sacristain. (MAC, fonds Morisset)

En mars 1831, le curé Paquin demande à son évêque l'autorisation de construire une maison d'école destinée à l'éducation des filles de la paroisse et la permission d'utiliser à cette fin les fonds de la paroisse. L'Acadie possède déjà une école à cette époque; depuis 1823, elle est logée dans le comble du spacieux presbytère. Cette «école du curé» semble avoir accueilli garçons et filles pendant quelques années. Or Mgr Lartigue entreprend vers 1830 une campagne pour améliorer la qualité des écoles et défend les écoles mixtes.

L'évêque, qui a déjà refusé les sacrements au maître et aux élèves de l'école mixte d'une paroisse voisine, ne tarde pas à acquiescer et, le 1er avril 1831, le curé Paquin conclut un marché de construction. Pour se conformer à la loi, il fait convoquer par le capitaine de milice une assemblée des paroissiens où sont élus les premiers syndics qui assumeront la gestion de l'école.

Celle-ci ouvre ses portes à l'automne 1831 sous la direction de Hortense Bove-Tugault, l'épouse du maître français qui a charge des garçons et dont la classe demeure au presbytère. En 1838, l'école des filles compte 25 élèves tandis que dans le haut du presbytère, on «instruit» 34 garçons. Le système d'éducation connaît cependant son lot de problèmes; les paroisses sont à la merci de la disponibilité des maîtres et plusieurs d'entre eux fondent des écoles séparées lorsque survient une mésentente avec le curé ou les syndics. À L'Acadie, l'école des filles ferme ses portes; elle rouvre en 1848 et est finalement prise en charge en 1854 par la commission scolaire. En 1880, la maison devient la résidence du sacristain.

Le marché de construction conclu en 1831 avec l'entrepreneur François Paradis donne plusieurs indices sur l'état originel du bâtiment, plusieurs fois réaménagé depuis. La maison d'école est un bâtiment en pierre bien dégagé du sol, ce qui permet d'y construire des soupiraux et portes d'accès à une cave d'une bonne hauteur. L'étage du comble n'étant qu'en partie utilisé, le faîte du toit est assez peu élevé; à l'origine cette toiture était percée de deux lucarnes sur chaque façade.

Ce bâtiment traditionnel, comparable à bien des points de vue à l'architecture domestique de l'époque, diffère cependant de celle-ci par ses aménagements intérieurs. Le marché précise en effet que l'espace intérieur est séparé par une cloison dans le sens de la largeur; une de ces moitiés (une demi-maison longue et étroite) forme la grande salle avec «des tablettes tout autour» et «les bancs nécessaires ainsi que les tiroirs». On peut imaginer une salle assez longue avec des tablettes longeant les murs en guise de pupitres. Les élèves ont leur place assignée et la maîtresse les «instruit», en les occupant tour à tour par un exercice ou une tâche.

L'autre section de la maison est occupée par le logement du couple enseignant. On y retrouve la cuisine avec son ample four à pain et une salle. À l'étage devaient se trouver quelques chambres.

Classée monument historique en 1964, alors qu'elle menaçait de s'écrouler, la maison du sacristain a fait l'objet d'une restauration depuis 1976. Les portes et fenêtres qui avaient été murées ou déplacées au fil des années ont été rétablies à leur emplacement d'origine et le gros œuvre consolidé. À l'intérieur, des travaux de curetage ont dégagé la structure, sans plus, ce qui laisse ouvert le potentiel de réutilisation future.

Luc Noppen, historien de l'architecture

MARTIN, Nicole et Émile VERENKA. *La maison du bedeau, L'Acadie, 1831*. Saint-Jean-sur-Richelieu, Éditions Mille Roches, 1983. 71 p.

Bâtiments Lorrain-Sainte-Marie

L'Acadie
777, chemin des Vieux-Moulins

Fonction: résidentielle
Classés monuments historiques en 1973

LES ensembles architecturaux anciens à fonction agricole sont plutôt rares au Québec. Un exemple impressionnant, tant par le nombre de bâtiments que par leur qualité (ils sont érigés en pierre), subsiste sur le chemin des Vieux-Moulins à L'Acadie.

Les origines de la ferme Roy remontent à 1779 alors que monsieur Deschambault, oncle de la baronne de Longueuil, concède une terre de 90 arpents (environ 5 kilomètres) à Laurent Roy pour son fils Joseph. Contrairement aux Acadiens qui s'établissent à Sainte-Marguerite-de-Blairfindie, les trois frères Roy arrivent de Contrecœur. La poussée démographique que connaît le Québec en cette fin du XVIIIe siècle explique ce transfert de populations vers l'arrière-pays, à partir des rives du Saint-Laurent.

La famille Roy demeure propriétaire de la ferme pendant exactement un siècle; ce n'est qu'en 1879 que Joseph-Hilaire Roy, fils de Joseph, cède le domaine à Jean-Baptiste Simard. Lui succéderont les L'Écuyer jusqu'en 1964. Depuis 1972, la propriété appartient à Paul Lorrain et Dorothée Sainte-Marie, qui en ont complété la restauration en 1980.

Les bâtiments de la ferme comprennent une habitation, une remise et une étable en pierre ainsi qu'une grange en bois. À côté de cette dernière subsistent les ruines d'une ancienne écurie. Une bergerie en bois complétait autrefois cet ensemble. Ces bâtiments sont érigés de part et d'autre de la route, ce qui crée un effet tout à fait impressionnant: la voie publique semble traverser la cour intérieure d'une ferme. Cet effet est accentué par l'aménagement paysager soigné de l'ensemble qui concourt à rassembler les différentes composantes du monument.

L'édifice qui attire le plus l'attention est la maison d'habitation. Au-dessus de la porte d'entrée, une pierre taillée porte le millésime «1805» et les initiales du propriétaire, «J.R.»; c'est là le seul document retracé à ce jour pour dater l'édifice trapu construit en pierre et recouvert de tôle à la canadienne. Semblable à plusieurs égards aux maisons construites entre 1780 et 1820 dans les environs de Montréal, l'habitation de Joseph Roy se

L'ensemble comporte une grange en bois ainsi qu'une vaste étable en pierre construite en 1851 et qui s'élève sur deux étages, chose plutôt rare à l'époque.

La maison d'habitation, qui porte le millésime «1805», renvoie de façon explicite à l'architecture urbaine. Elle voisine avec une remise en pierre qui date de 1857.

distingue par des références plus explicites à l'architecture urbaine.

Ainsi son rez-de-chaussée élevé dégage un soubassement utilisable, ce dont témoignent à l'intérieur un âtre et un four à pain. Mais surtout, ce rez-de-chaussée élevé est rendu accessible par un emmarchement construit sur l'épaisseur du mur, ce qui explique l'étirement en hauteur de la porte d'entrée.

À l'étage, l'éclairage est obtenu par les fenêtres du mur-pignon dont l'alignement est tributaire de la course des conduits de cheminée. Imposante par son gabarit, la maison de Joseph Roy témoigne de l'aisance qu'acquiert son propriétaire installé sur les terres fertiles de la plaine de Montréal.

Le plus ancien des bâtiments de ferme subsistant serait l'écurie (en ruine), érigée vers 1845. La grande étable en pierre, qui transpose en milieu rural le modèle des vastes écuries rattachées aux grands domaines qui entourent Montréal, date de 1851 et la remise, de 1857. Ces deux constructions érigées en pierre comptent deux étages, chose plutôt rare pour des bâtiments agricoles de cette époque; encore là, la référence au modèle urbain semble s'imposer. Il suffit de confronter les édifices existants à quelques photographies anciennes pour voir à quel point l'intervention des propriétaires actuels a été salutaire pour assurer la sauvegarde et la conservation à plus long terme de la ferme.

Outre ses qualités intrinsèques et sa valeur unique comme ensemble, ce monument offre au passant, pour un instant, l'image d'une oasis de paix et de calme où règne l'harmonie et ce, sans que l'on ressente l'inconfort que suscitent souvent les restaurations trop soucieuses de faire revivre une autre époque.

Luc Noppen, historien de l'architecture

L'intervention des propriétaires a été salutaire pour assurer la sauvegarde de cet ensemble agricole d'une rare qualité.

BRAULT, Pierre. *Histoire de L'Acadie du Haut-Richelieu*. Saint-Jean-sur-Richelieu, Éditions Mille Roches, 1982: 236-237.

SÉGUIN, Robert-Lionel. «Bâtiments Lorrain, à L'Acadie», *Le Canada français*, 2 août 1978: 19.

Maison MacDonald-Thibodeau

Saint-Jean-sur-Richelieu
166, rue Jacques-Cartier Nord

Fonction: résidentielle
Reconnue monument historique en 1978

La maison en 1977. Le décor de la façade et le toit mansardé ont été rapportés sur la structure primitive en 1876. (MAC)

La maison MacDonald-Thibodeau représente l'une des habitations les plus intéressantes de l'ancien village de Dorchester, aujourd'hui Saint-Jean-sur-Richelieu. Au moment où elle reçoit le statut de monument reconnu, elle porte le nom de sa propriétaire, la succession Thibodeau, combiné au nom de celui qui, au cours des années 1870, lui a donné son apparence actuelle, Duncan MacDonald. Mais sa désignation ne fait pas mention du nom de son constructeur et premier propriétaire, Richard Brodhead McGinnis.

Agent seigneurial du baron de Longueuil, Charles William Grant, McGinnis administre les propriétés de ce secteur de la baronnie de la rive sud. Au moment de la construction de la maison, le village de Dorchester est déjà un point de jonction capital entre le Canada et les États-Unis. La voie sur rails de bois qui le relie à La Prairie est établie depuis 1835. Le transbordement en direction d'Albany et de New York par la rivière Richelieu et le lac Champlain s'y effectue au grand bénéfice de la seigneurie. Le trafic maritime provenant de l'Est s'arrête également à Dorchester, qui marque la fin du canal de Chambly.

Ni l'acte de concession du terrain ni le marché de construction de la maison (qui apparaît pour la première fois sur une carte datée de 1841) ne sont parvenus jusqu'à nous. Toutefois, un examen attentif du bâtiment permet de déceler la modification des murs latéraux et l'addition d'une mansarde.

La maison à la fin du XIXe siècle. (MAC)

Il s'agit d'un bâtiment à circulation verticale centrale dont les pièces sont déportées latéralement.

Le corps de logis de près de 16 mètres sur 12 comporte dès l'origine un salon de dimensions respectables et un cabinet. Deux fenêtres de chaque côté de la cheminée du salon s'ouvrent sur le jardin au sud. Les pièces orientées au nord, salle à manger et bureau, ont vue sur l'édifice et la place du marché. Une dernière pièce située au centre de la maison remplit des fonctions de réception et sert de dégagement aux pièces principales. Une annexe de service apparaît déjà sur la carte de 1841; elle loge la cuisine et les appartements des domestiques, ainsi qu'une réserve de combustible.

À l'étage, on trouve une division semblable à celle du rez-de-chaussée, deux chambres principales en façade, pourvues de cheminées, et deux chambres sans cheminée donnant sur la cour. Cette disposition des pièces de la maison est autorisée par la présence en sous-sol d'un mur de refend, situé approximativement aux deux cinquièmes de la largeur du grand corps de logis, et d'une assise imposante au niveau de l'annexe et destinée à supporter le poids de l'âtre.

La période victorienne fait ses ravages sur cette maison bien située et probablement en excellent état encore à ce moment. Si l'affectation des pièces n'est pas modifiée, on consacre des sommes considérables à la transformation des lignes générales de la maison, notamment en modifiant de façon importante la charpente de la toiture. Pour augmenter la surface habitable à l'étage, on surhausse les murs avant et arrière avec de la brique, et on réutilise la poutraison pour établir un toit à la Mansart, conformément au goût du jour.

C'est en façade, évidemment, que les transformations sont les plus notables: on réunit les deux fenêtres de chaque pièce avant pour former un oriel. Des fenêtres nouvelles sont percées à l'étage et abondamment ornées. Du côté sud, on construit une serre, qui disparaîtra par la suite, et dont les fondations servent aujourd'hui au patio.

L'intérieur subit également une cure de rajeunissement: les cheminées, converties au charbon, sont dotées de nouveaux parements et on refait une partie des plâtres, frises et médaillons, ainsi que l'escalier. Ces transformations sont le fruit de l'initiative de Duncan MacDonald, actionnaire de la St. John Stone and Chinaware, propriétaire de la maison. Il y mènera grand train jusqu'à la faillite de son entreprise.

Le centre de la ville de Saint-Jean-sur-Richelieu étant devenu le quartier où se regroupent les services, la maison MacDonald-Thibodeau est utilisée au début du XXe siècle par les professionnels, avant de loger les services de l'Unité sanitaire du district et d'être enfin rachetée par André Thibodeau, propriétaire du lot voisin.

Raymonde Gauthier, historienne de l'art

LANDRY, Pierre et Raymonde GAUTHIER. *Relevé, histoire et analyse de la maison Thibodeau, Saint-Jean-sur-Richelieu*. Québec, ministère des Affaires culturelles, 1977.

Maison François-Roy

Saint-Jean-sur-Richelieu
850, chemin Petit-Bernier

Fonction: résidentielle
Reconnue monument historique en 1984

La maison François-Roy se démarque par son rez-de-chaussée surélevé, une caractéristique propre à l'architecture anglaise et aux cottages du début du XIXᵉ siècle.

Toute grise avec sa pierre sédimentaire et son toit de tôle à la canadienne, la maison François-Roy semble bien austère et dépouillée. Massive, elle se dresse dans le plat paysage environnant comme tirée du passé, presque ressuscitée après les multiples restaurations qu'elle a subies. La porte d'entrée à caissons avec son heurtoir en tête de lion, peinte d'un brun sombre tout comme le perron qui lui donne accès, ajoute à la façade un accent insolite.

Certes, cette maison offre quelques traits communs avec les autres habitations des alentours, qu'il s'agisse de la nature des matériaux, tirés de la carrière Otis à proximité, ou de certaines caractéristiques formelles comme le rectangle de la maison, le toit à deux versants sans larmiers, l'absence de lucarnes, la disposition dans les murs-pignons de deux cheminées, la symétrie des fenêtres et la position centrale de la porte principale. Ces éléments se retrouvent ailleurs, dans des maisons que l'on dit «traditionnelles», et qui ont puisé leurs modèles à des sources françaises, modifiées à la manière québécoise pour des motifs d'adaptation climatique, de ressources matérielles ou de modes.

En fait, cette maison de Saint-Jean-sur-Richelieu, par ces quelques éléments, présente un air de famille avec des bâtiments de Saint-Blaise, dans la même région, construits vraisemblablement par des membres de la famille Roy. Ceux-ci sont peut-être apparentés à Pierre Roy, premier propriétaire connu de la maison en question.

Mais ici, certains traits éveillent la curiosité. Signalons le dégagement du soubassement, habité semble-t-il dès la construction; la faible dimension des cheminées en regard de la grandeur appréciable des pièces à chauffer; mais surtout cette façon de disposer deux niveaux en maintenant au niveau supérieur les fonctions principales qui en font l'étage noble: une caractéristique propre à l'architecture anglaise et aux cottages du début du XIXᵉ siècle.

On trouve d'autres exemplaires de ce type de construction ailleurs au Québec, notamment sur la côte de Beaupré, dans la région de Deux-Montagnes et, plus près, à Saint-Blaise. Ici cependant, le toit à deux versants maintient le lien avec la tradition française, alors que le modèle anglais utilise plutôt le toit à croupes ou en pavillon.

À l'instar de quelques autres bâtiments de la région, la maison François-Roy présente une particularité intéressante qui pourrait faire l'objet d'une recherche plus poussée: sur la façade arrière, une rangée de pierre des champs, disposée volontairement en contraste avec la pierre grise de l'ensemble, apparaît comme une signature du constructeur.

Sur le plan historique, nous possédons peu de renseignements précis sur cette maison. Il semble que la terre ait d'abord appartenu à partir de 1802 à François Roy, puis en 1822 elle serait passée à Pierre Roy, qui aurait fait construire la maison. À partir de 1869, elle passe entre les mains de plusieurs familles d'agriculteurs pour devenir, dans les années 1960, un entrepôt à grain; elle subira alors de graves détériorations. Aujourd'hui, des gens se sont pris d'affection pour ses vieux murs de pierre et ont mis temps et énergie pour lui redonner vie.

La maison François-Roy a retrouvé sa fonction résidentielle. Sa parenté formelle, notamment avec certaines maisons de Saint-Blaise, témoigne bien de ce que les divisions régionales et paroissiales que nous connaissons sont le fait de la fin du XIXᵉ siècle. Jusque-là, en effet, les villages de Saint-Blaise, Saint-Jean-sur-Richelieu et Saint-Valentin étaient réunis. Elle rappelle aussi que les cours d'eau comme la rivière Richelieu servaient de liens entre les différentes agglomérations et permettaient la pénétration des idées ainsi que des manières de voir et de construire.

Odette Gariépy, muséologue

Vue aérienne de l'emplacement de la maison et des bâtiments avoisinants. (MAC)

Brosseau, Jean-Dominique. *Saint-Jean de Québec, origine et développement*. Saint-Jean-sur-Richelieu, Éditions Le Richelieu, 1937.

Ethnotech. *Maison Manhart*. Québec, ministère des Affaires culturelles, 1982. 75 p.

Tanguay, Roch et Jean-Yves Théberge. *À pied dans le Vieux-Saint-Jean*. Saint-Jean-sur-Richelieu, Éditions Mille Roches, 1978.

Manoir Christie

Iberville
375, 1ʳᵉ Rue

Fonction: résidentielle
Classé monument historique en 1982

Iberville (anciennement Christieville) faisait partie de la seigneurie de Bleury. Concédée en 1733 à Charles et Clément Sabrevois de Bleury, elle est vendue après la Conquête à Gabriel Christie et Moses Hazen. En 1770, les deux copropriétaires partagent le domaine en deux parts; Hazen prend possession de la partie sud de la seigneurie et le reste revient à Christie. Vingt années plus tard, Christie fait saisir pour dettes la part de Hazen; la seigneurie de Bleury-Sud lui revient lors d'un encan.

À son décès en 1799, Gabriel Christie donne tous ses biens à son fils Napier Christie Burton. Ce dernier devient donc le nouveau seigneur de Bleury et fait administrer le domaine par le notaire Edme Henry. Celui-ci fonde le village de Christieville en 1815. Napier Christie Burton meurt à Londres en 1835, sans héritier. Selon les vœux de Gabriel Christie, la seigneurie de Bleury devient la propriété de William Plenderleath, fils naturel de Gabriel Christie. C'est lui qui érige le manoir actuel.

Il est certain que William Plenderleath Christie fait construire sa résidence entre 1835, date d'acquisition de la seigneurie de Bleury, et 1842. Aucun marché de construction ne semble exister pour dater précisément la construction de l'édifice. William Plenderleath Christie ne réside à Christieville que très peu de temps, puisqu'il habite Montréal en 1844. En 1845, il est en Angleterre et il meurt en mai en Irlande.

Le manoir Christie correspond parfaitement à la maison georgienne d'inspiration américaine introduite au Canada par les loyalistes à la fin du XVIIIᵉ siècle.

Son épouse, Amélia Marthe Bowman, occupe le manoir Christie en 1847 et 1858. Cependant, lorsqu'elle le vend à George Whitefield en 1867, elle réside à Bath, en Angleterre. Le domaine est alors désigné sous le nom de Springfield. À cette époque, la maison est louée à un certain capitaine Hébert; c'est pourquoi Whitefield ne pourra en prendre possession que l'année suivante. Le manoir reste dans la famille Whitefield pendant 38 ans. Entre 1906 et 1980, il passera entre les mains de plusieurs propriétaires.

Une maison georgienne

Le manoir Christie correspond parfaitement à la maison georgienne d'inspiration américaine, introduite au Canada par les loyalistes américains à la fin du XVIIIᵉ siècle, surtout dans les Cantons de l'Est et dans la vallée de l'Outaouais.

Le corps principal de la grande résidence adopte un plan rectangulaire qui mesure quelque 19 mètres sur 13. Couvert d'un toit à double versant, l'édifice à deux étages présente une façade en pierre de taille, tandis que le reste est en pierre des champs. Une annexe d'un seul étage, en pierre et en bois, longe le côté nord-est de l'édifice; elle mesure 16 mètres sur 6,4. L'ensemble de l'édifice affecte donc la forme d'un «L».

Le manoir aurait été construit entre 1835 et 1842.

Le potager en brique de la cuisine situé sur le mur nord de l'annexe. (MAC)

Dans l'autre partie du grenier, la charpente est apparente. Du grenier, on entre dans le belvédère par un escalier en bois. La charpente légère est composée de vingt fermes, chacune comptant deux arbalétriers et un entrait. Deux planches relient l'entrait à chacun des deux arbalétriers. Le contreventement est assuré par la toiture elle-même, les planches qui la composent étant clouées horizontalement sur les fermes.

Son environnement boisé sur les bords de la rivière Richelieu, ses proportions, son bon état de conservation ainsi que certains éléments décoratifs d'origine font du manoir Christie un excellent exemple de l'architecture georgienne en pierre au Québec. Son puits intérieur et le potager de la cuisine constituent même des éléments rares et exceptionnellement bien conservés.

Nicole Cloutier, historienne de l'art

On retrouve en façade cinq ouvertures par étage. La symétrie de la façade en pierre de taille est accentuée par le cordon de pierre servant d'allège aux fenêtres. Le belvédère qui éclaire le grenier est typique des maisons georgiennes. En 1970, on démolit la longue galerie couverte courant le long de la façade et des murs-pignons.

La symétrie de la façade se retrouve aussi à l'intérieur de la maison. Les pièces sont disposées de chaque côté d'un hall central d'où part un escalier à volée menant à l'étage.

Plusieurs éléments décoratifs d'origine ont été conservés, notamment les portes à caissons, les plinthes formées de bandes, de gorges à profil semi-circulaire et de tores à motifs circulaires.

L'élément d'origine le plus important est sans contredit le potager en brique de la cuisine situé sur le mur nord de l'annexe. Il se compose d'un réchaud et d'un four à pain toujours en état de fonctionner.

Dans la cave se dresse un foyer en brique appuyé sur le mur de refend. Au-dessous de la cuisine, c'est-à-dire sous l'annexe, on retrouve un puits couvert en pierre chaulée. Cet élément très intéressant semble fort rare au Québec. Il en existe un exemplaire au monastère des ursulines de Québec.

L'étage compte six chambres qui ont chacune conservé leurs plinthes et leurs boiseries originelles. De l'étage, on accède au grenier par un escalier encloisonné. Une partie du grenier a déjà servi de chambre.

CLOUTIER, Nicole. *Manoir Christie. Historique et analyse architecturale.* Québec, ministère des Affaires culturelles, 1980. 40 p.

Mur-pignon ouest avant 1970. (MAC)

Chapelle-reposoir Saint-Jacques-le-Mineur

Saint-Jacques-le-Mineur
Rue Principale

Fonction: aucune
Classée monument historique en 1987

La chapelle-reposoir, petit pavillon octogonal coiffé d'un toit à l'impériale, est située au cœur de Saint-Jacques-le-Mineur, paroisse de la rive sud de Montréal à proximité de L'Acadie. Tout près se dresse l'église, reconstruite en 1938 après qu'un incendie eut dévasté le temple précédent, dont la construction remonte à 1840. C'est en 1889, alors que la fabrique entreprend de compléter le décor intérieur de cette première église, qu'apparaît la chapelle-reposoir, érigée et décorée par les mêmes entrepreneurs.

L'histoire de ce petit monument débute en 1884 lorsque, au cours d'une visite pastorale, Mgr Fabre, archevêque de Montréal, ordonne «que l'on fasse une chapelle pour servir de reposoir à la procession de la Fête-Dieu». Un an plus tard, la paroisse autorise son curé à prendre possession d'un terrain. Mais ce n'est que quatre années plus tard, en 1889, que la fabrique acquiert un petit lot de Bénonie Guérin-Lafontaine, médecin du village, qui le découpe pour sa propriété située face à l'église paroissiale. Le chantier s'ouvre peu après puisqu'en date du 1er octobre, les archives de la paroisse signalent que «J. Marcil fit la chapelle ou reposoir sur le grand chemin, pour la somme de 180,00 $» et que «J. T. Rousseau se charge par contrat de toutes les décorations à fresque de l'église, reposoir et sacristie.»

On sait peu de choses de ces deux hommes. Marcil est probablement un menuisier-charpentier du village ou de la région, son nom ne figurant guère dans les archives ailleurs. Par contre, Rousseau est mieux connu: on le retrouve quelquefois comme peintre et décorateur d'églises et, à quelques reprises, il s'identifie même comme architecte. Associé de près à l'atelier de Napoléon Bourassa, il exécute plusieurs décors peints, notamment dans les églises de Saint-Césaire (1889) et de Saint-Hugues (1896). Il signe aussi de grands tableaux religieux dans plusieurs paroisses de la région montréalaise. En l'absence d'autres mentions relatives à un architecte, il est donc fort plausible que ce soit cet artiste qui ait livré les plans de la chapelle-reposoir, ce que le parti formel adopté ne contredit en rien.

Le toit recouvert de bardeau est supporté par d'élégantes consoles sculptées.

Comme le voulait l'archevêque, la chapelle-reposoir est construite pour servir exclusivement à la procession de la Fête-Dieu, ce en quoi elle se distingue des chapelles de procession, généralement plus anciennes. En effet, celles-ci servaient de bornes pour marquer les limites de l'itinéraire de toutes les processions de la paroisse rurale, se substituant en quelque sorte aux églises et chapelles qui, en milieu urbain, parsèment ces défilés liturgiques. Quant aux reposoirs de la Fête-Dieu, ce sont plutôt des constructions temporaires, destinées à présenter aux fidèles l'ostensoir et sa lunule contenant le saint sacrement.

Le cérémonial de la Fête-Dieu acquiert un statut important dans la tradition catholique au XVIIe siècle, à l'époque de la colonisation de la Nouvelle-France. Il y demeure vivant jusqu'à nos jours, avec cependant quelques éclipses. À partir de 1830-1840 en particulier, l'Église tente de réactiver cette pratique qui, en promenant dans les rues le plus noble de ses sacrements, veut affirmer que son territoire ne saurait être limité au seul lieu de culte. La Fête-Dieu est pour l'Église un outil parmi d'autres pour contrecarrer l'influence jugée néfaste de la société urbaine et laïque. À Saint-Jacques-le-Mineur, chacune des extrémités de la paroisse reçoit à son tour la procession et la troisième

De plan octogonal et coiffé d'un toit à l'impériale, ce petit bâtiment de bois construit en 1889 évoque les kiosques et petits pavillons de l'ère pittoresque.

L'intérieur de la chapelle-reposoir est très sobre. (MAC)

retrouve. Le seul élément marquant est l'autel, dont le tabernacle a quelque prétention à la sculpture, sans plus. C'est sur cet autel que doit être déposé l'ostensoir. Le prêtre se tient à l'intérieur de la chapelle – préalablement décorée et fleurie – pour adresser son sermon aux fidèles assemblés à l'extérieur, après quoi le cortège repart vers l'église.

Ce n'est que depuis quelques années que la procession de la Fête-Dieu ne circule plus dans la paroisse. La chapelle-reposoir témoigne donc d'un usage qui a eu cours en sa présence pendant plus d'un siècle. En même temps, il s'agit d'une des rares structures anciennes qui ait subsisté dans cette communauté pourtant elle-même ancienne.

Luc Noppen, historien de l'architecture

ROBERT, Jacques. *La chapelle-reposoir de Saint-Jacques-le-Mineur. Étude historique et analyse architecturale*. Montréal, ministère des Affaires culturelles, 1985.

année, celle-ci se concentre autour du cœur du village. En 1889, la chapelle-reposoir est construite à cette occasion, alors que précédemment on n'avait érigé que des reposoirs temporaires.

La chapelle-reposoir est un petit bâtiment en bois, de plan octogonal, dont le diamètre s'inscrit dans un cercle de près de 3,5 mètres. Les pans de murs sont recouverts d'un lambris vertical et les angles sont soulignés par de minces colonnettes. Le toit à l'impériale – il rappelle la forme des couronnes impériales – est supporté par une série d'élégantes consoles sculptées, recouvert de bardeau de cèdre et surmonté d'une croix en fer peu ouvragée. La forme et le vocabulaire architectural évoquent des kiosques et petits pavillons, structures de l'ère pittoresque qui invitent le public à profiter des charmes et beautés de la nature. L'usage de ce type architectural à Saint-Jacques-le-Mineur n'est cependant pas nouveau: la plupart des édicules abritant des calvaires et croix de chemins appartiennent à cette catégorie de bâtiments d'accompagnement qui apparaît au Québec avec le XIXᵉ siècle.

À l'intérieur, la chapelle-reposoir est très sobre et aucune trace de décor peint ne s'y

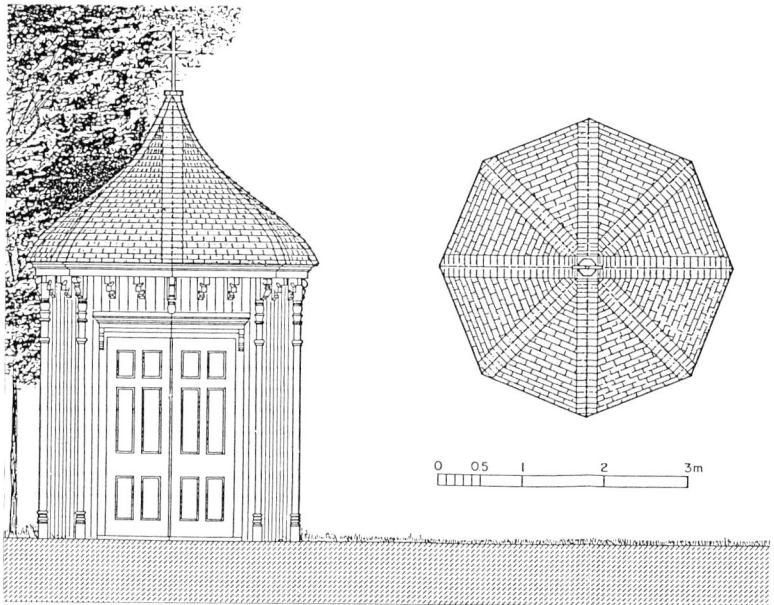

Élévation frontale et plan du toit. (MAC)

Maison Roy et son annexe

Saint-Blaise
2554, rue Principale

Fonction: résidentielle
Classées monuments historiques en 1972

Cette maison massive se caractérise par son rez-de-chaussée surélevé et la différence de niveau entre la maison et la cuisine d'été. (MAC)

La maison Roy témoigne, avec quelques autres de ses voisines, de la manière de construire d'une famille de maçons de l'endroit. En effet, les Roy ont érigé plusieurs maisons tant à Saint-Blaise qu'à L'Acadie, auxquelles ils ont donné un cachet bien particulier, puisant aux sources françaises, québécoises et américaines.

Originaire de La Rochelle, la famille Roy s'établit au pays en 1638. Vers la fin du XVIIIe siècle, trois frères Roy possèdent de vastes terres à bois dans la région où déjà ils exploitent un moulin à scie. Le contrat de mariage entre David Roy et Marguerite Sarrazin conclu en 1813 mentionne le don d'un terrain par Laurent Roy sur lequel on a d'abord construit une maison en pièce sur pièce. La tradition orale veut que la maison actuelle soit élevée entre 1835 et 1837. Depuis ce temps, elle abrite les descendants de ce David Roy, dont elle porte maintenant le nom.

Cette magnifique demeure bourgeoise, construite en pierre de rang, mesure près de 20 mètres de façade (en comptant la cuisine d'été adjacente) sur 12 mètres de profondeur. Le bâtiment principal, coiffé d'un toit à très faible pente, s'inscrit dans un carré presque parfait et lie la maison solidement à la riche terre par ses profondes fondations (plus de 3 mètres). L'absence de lucarnes et l'unique rangée de fenêtres perçant régulièrement les murs-gouttereaux viennent confirmer cette impression de masse qu'aucun débordement du toit en bardeau de cèdre ne vient adoucir ou alléger et que les doubles cheminées des murs-pignons accentuent.

Un perron en pierre taillée en bloc massif avec rampe en fer prolonge l'entrée principale qui comprend un tambour encastré dans lequel deux autres marches en pierre donnent accès au rez-de-chaussée. L'élévation du rez-de-chaussée donne l'impression d'une maison à deux étages. Un tel rehaussement est typique des maisons de la Côte-de-Beaupré alors que le sous-sol est à demi dégagé et qu'il sert d'atelier d'artisan ou de cuisine d'été. Dans ce cas-ci, la cave était habitée surtout l'été, la terre battue fournissant une fraîcheur durant la canicule.

Un souci constant du détail a permis de protéger le cachet de cette habitation familiale. Ainsi, tous les appareils d'électricité et de chauffage sont dissimulés alors que certains éléments anciens (évier en pierre avec sa gargouille, four à pain, tiroir à beurre et armoires encastrées) sont religieusement préservés.

De plus, le lieu a une résonance historique qui n'est pas à négliger: en plus d'être associé à une famille importante de la région, il a été le théâtre d'un drame. Au cours de l'insurrection de 1837, le maçon Joseph Armand dit Chartrant, considéré délateur, aurait été exécuté sans procès dans un boisé, non loin de la demeure. Un groupe de patriotes se serait d'abord présenté sur le chantier de construction de la maison d'Éloi Roy où Chartrant travaillait, et aurait tenté de lui faire avouer son crime. Cette affaire est bien connue aujourd'hui grâce aux extraits du procès qui s'ensuivit. Les témoins n'ont cependant jamais mentionné la présence des Roy dans cette affaire, bien que l'on puisse le présumer. Tous furent acquittés par un jury le 7 septembre 1838.

C'est désormais pour héberger les vacanciers que la porte cachée au fond d'un curieux tambour encastré s'ouvre sur un intérieur chaleureux. Entourée d'une clôture et dissimulée dans l'ombre des arbres, la maison Roy de Saint-Blaise offre une image idyllique qui échappe au temps. Restaurée en 1975, elle est depuis aménagée en «gîte du passant». C'est donc un séjour bien particulier que l'on trouve dans ce cadre champêtre où un descendant de la famille Roy maintient vivantes les traditions.

Odette Gariépy, muséologue

Restaurée en 1975, la maison Roy sert désormais à l'hébergement de vacanciers.

Maison natale d'Honoré Mercier

Sainte-Anne-de-Sabrevois
927, Route 133

Fonction: culturelle
Classée monument historique en 1959

La maison natale d'Honoré Mercier est un bâtiment modeste, typique de l'habitat de colonisation de la première moitié du XIXᵉ siècle. La petite demeure en bois est devenue un musée, ce qui a permis sa sauvegarde. (ANQ-Q)

Sur la route principale, un peu à l'écart du village de Sainte-Anne-de-Sabrevois, une enseigne annonce le musée Honoré-Mercier. Le visiteur reste surpris de la simplicité des lieux qui évoquent pourtant une des grandes figures de l'histoire du Québec. En fait, il s'agit de la maison natale d'un homme politique issu d'un milieu fort modeste.

Selon la tradition, Honoré Mercier serait né dans cette maison le 15 octobre 1840. Après des études chez les jésuites à Montréal et un apprentissage du droit chez plusieurs avocats, il est admis au barreau en 1864. Mercier consacre sa première carrière au journalisme, à Saint-Hyacinthe. À partir de 1865, il pratique le droit dans cette ville avant de s'établir à Montréal. C'est en se faisant élire comme député libéral du comté de Rouville à la Chambre des communes qu'il entreprend sa carrière politique en 1872.

Nommé ministre à Québec en 1879, il se fait élire comme député de Saint-Hyacinthe peu après; il devient chef de l'opposition libérale en 1883. Deux ans plus tard, il crée le Parti national, qui regroupe les libéraux et conservateurs mécontents à la suite de l'exécution de Louis Riel.

Fervent nationaliste, il devient premier ministre de la province en janvier 1887 et le demeure quatre années en cumulant les fonctions de ministre de l'Agriculture et de la Colonisation. Son gouvernement est révoqué en 1891 par le lieutenant-gouverneur après l'éclatement du scandale du chemin de fer de la Baie-des-Chaleurs. Même s'il n'est pas prouvé que Mercier ait touché des pots-de-vin, sa carrière politique est ruinée. C'est comme simple député du comté de Bonaventure qu'il termine sa vie. Il meurt le 30 septembre 1894 à Montréal.

La figure d'Honoré Mercier est ressuscitée vers 1930 au moment où le Québec revit l'épisode d'un gouvernement autonomiste qui pense que le salut de la province passe par la religion et l'agriculture. Déjà en 1919, on plaçait une stèle en pierre devant la petite maison de Sainte-Anne-de-Sabrevois. On y lit ces mots d'Honoré Mercier: «Emparons-nous du sol». La maison elle-même est acquise en 1959, après une dizaine d'années de démarches entreprises par un comité formé pour honorer la mémoire de l'homme politique, et grâce à l'initiative du notaire Rodolphe Fournier, fervent nationaliste et féru d'histoire.

La même année, la Société historique de la Vallée-du-Richelieu fonde un musée dédié à la maison natale d'Honoré Mercier et entreprend de recueillir livres, objets ou illustrations relatifs au personnage et à l'histoire de la région. Ouvert en 1962, le musée est acquis par la municipalité de Sabrevois quatre années plus tard. La maison elle-même est cédée au gouvernement du Québec en 1964.

La maison natale d'Honoré Mercier est un bâtiment modeste, en bois, construit durant les années 1820-1840, comme bon nombre d'habitations destinées à loger les colons de l'arrière-pays à cette époque. La maison et surtout ses aménagements intérieurs sont d'une sobriété peu commune. En fait, telle qu'elle a été récemment restaurée, elle est un exemplaire unique illustrant l'habitat rural typique du début du XIXᵉ siècle; ailleurs, le temps n'a conservé que des habitats plus riches et donc plus élaborés.

Si aujourd'hui le public s'intéresse à ce genre de musée de l'habitat typique, l'idée de conserver cette maison relève cependant d'autres préoccupations. Le credo nationaliste se satisfait en effet fort bien de l'image du fils de cultivateur qui, parti de rien – la maison le prouve – est arrivé au sommet. Le musée aménagé dans la maison le démontre. Les Américains ont déjà exploité avec succès la formule avec la «cabane de Lincoln», transportée dans un musée et vénérée comme une relique qui établit aux yeux de tous que l'égalité des chances est une réalité aux États-Unis.

À Sainte-Anne-de-Sabrevois demeure cependant un malaise. Si l'on passe outre le fait que dans tous les milieux on ne partage pas la conviction que Mercier serait effectivement né dans cette maison précise – c'est là un débat éternel relatif aux maisons dites «historiques» –, l'ensemble architectural a un intérêt certain en ce qu'il expose les grands traits de l'habitat typique. Mais ce que fit Mercier une fois qu'il quitta la maison n'est pas très conciliable avec cet habitat et en dément en quelque sorte les qualités.

Mais quels qu'aient été les motifs invoqués pour sauvegarder la maison, ils ont contribué à rescaper un bâtiment digne d'intérêt. Et, en attendant, on peut au moins affirmer que le Québec aussi s'est occupé des maisons natales de ses premiers ministres, jusque-là une prérogative du gouvernement fédéral.

Luc Noppen, historien de l'architecture

LABELLE, Yvonne. *Village et paroisse de Sabrevois*. Sabrevois, Société historique, 1978. 53 p.

Ancien palais de justice

Napierville
361, rue Saint-Jacques

Fonction: administrative
Classé monument historique en 1961

Connu comme étant «l'ancien palais de justice», cet édifice abrite aujourd'hui les bureaux de la municipalité, ceux de la municipalité régionale de comté (MRC) et le bureau d'enregistrement du comté et du district. Il s'agit en fait d'un immeuble construit en 1834 pour loger la cour du comté de L'Acadie dont Napierville, le seul village érigé en corporation municipale, devient le chef-lieu. Les hasards de l'histoire font de ce monument le plus ancien bâtiment ayant été construit comme «cour de comté» qui soit parvenu jusqu'à nous.

C'est le *Judicature Act*, adopté par l'Assemblée législative en 1793, qui divise le Bas-Canada en districts judiciaires. Dès lors, chacun de ces districts est appelé à voir s'ériger une prison et un palais de justice. Chaque district judiciaire étant divisé en comtés, on voit très tôt apparaître le besoin de construire des palais de justice et des prisons dans leurs chefs-lieux, ceci notamment pour permettre aux tribunaux d'étendre leur juridiction sur l'ensemble du territoire du Bas-Canada.

C'est la division en trois nouveaux comtés (Beauharnois, Laprairie et L'Acadie) de l'ancien comté d'Huntingdon en 1829 qui est à l'origine de l'érection du palais de justice de Napierville. En 1834 le conseil de comté nomme trois commissaires pour voir à la construction d'un palais de justice-prison à Napierville. Ils retiennent les services des architectes montréalais Thompson et Parry pour l'élaboration des plans et la rédaction des devis.

La façade dessinée par les architectes présente un édifice assez sobre, mais dont le caractère monumental et l'ornementation relèvent de l'esthétique du mouvement néoclassique. Le dessin de la porte, le traitement du porche et le système des ouvertures suffisent en effet à classer l'édifice projeté parmi les productions architecturales de l'époque qui, tout en cherchant à exprimer le caractère officiel et prestigieux de l'institution qu'ils abritent, évoquent les origines du langage architectural par une sobriété ornementale, une pureté des lignes et la justesse des proportions en regard des canons classiques.

Comme plusieurs des palais de justice-prisons construits à l'époque, l'édifice de Napierville loge au rez-de-chaussée le geôlier ou le shérif – d'où une entrée latérale – et comporte une série de cellules. Au bel étage, l'escalier d'honneur s'ouvre sur la salle d'audience où domine le monumental banc du juge encadré du banc des jurés et du box des témoins. De part et d'autre de l'escalier (à l'arrière de la salle d'audience) se retrouvent les deux salons réservés aux membres du jury, seuls espaces bénéficiant de chauffage à cet étage.

L'édifice conçu par les architectes Thompson et Parry est érigé en 1834 par John McNeil, maçon de L'Acadie, qui agit comme entrepreneur. Officiellement utilisé à partir de 1835, l'édifice est considérablement endommagé en 1837 lors de la rébellion des Patriotes, alors que, selon la tradition, il aurait servi de prison et d'hôpital. Le calme revenu, le conseil de comté tente vainement de remettre en état les lieux, le gouvernement ayant préféré établir la cour à Saint-Jean, village plus populeux.

En 1857, la loi judiciaire facilite la réparation ou la reconstruction des bâtiments existants. Ainsi lorsque la cour de circuit est rétablie en 1858 dans le comté de Napierville, le conseil de comté reçoit une somme de 1 200 livres pour loger à la fois la cour, la prison temporaire et le bureau d'enregistrement dans l'immeuble de 1834.

Si l'édifice a survécu à la réorganisation du système judiciaire des années 1920 (qui fait disparaître les cours de circuit au profit des palais de justice de district), le mobilier de la salle d'audience n'a malheureusement pas été conservé. Des travaux de rénovation récents mettent cependant en valeur l'ornementation architecturale de ce vaste espace doté d'un impressionnant plafond voûté, en plâtre. L'escalier d'honneur et quelques boiseries (portes et fenêtres) témoignent aussi, sinon de la fonction initiale, du moins de l'époque de la construction. Mais, à l'évidence, tant à l'intérieur qu'à l'extérieur, l'édifice a subi des modifications.

Avec sa façade en pierre de taille, son toit à croupes rythmé par deux souches de cheminées et son fenêtrage typique, l'édifice du comté de Napierville témoigne de l'arrivée des modèles urbains en milieu rural. Cet ancien palais de justice relève d'un type architectural consacré et qui a eu la vie dure: deux étages avec chacun une fonction précise, un plan rectangulaire avec façade sur le côté le plus court.

Luc Noppen, historien de l'architecture

Construit en 1834 pour servir de palais de justice-prison, l'édifice est maintenant occupé par le bureau d'enregistrement et l'administration municipale et régionale.

GIROUX, André. *Les palais de justice de la province de Québec de ses origines au début du XXe siècle*. Ottawa, Parcs Canada, 1977: 417-423. (Coll. «Travail inédit», n° 294).

GROUPE HARCART. *Les palais de justice de comté de la région de Montréal*. Montréal, ministère des Affaires culturelles, 1983. 131 p.

Blockhaus de Lacolle

Saint-Paul-de-l'Île-aux-Noix
Route 223

Fonction: culturelle
Classé monument historique en 1960

Ouvrage défensif en bois, le blockhaus de Lacolle est l'un des seuls qui ait survécu au Québec.

L'un des rares blockhaus québécois qui ait survécu à l'effet du temps, le blockhaus de Lacolle tire son importance non seulement de sa rareté, mais aussi de son originalité en tant qu'ouvrage de fortification.

Une construction simple

Le terme «blockhaus», d'origine allemande, signifie «maison de troncs d'arbre». En effet, un blockhaus est un petit ouvrage défensif en bois qui compte habituellement deux étages dont le second est légèrement en saillie (encorbellement). Les murs sont faits de grosses pièces de bois équarries, disposées horizontalement les unes sur les autres.

Bien que la plupart des blockhaus canadiens aient été assemblés selon la technique dite à queue d'aronde, les angles des murs de celui de Lacolle le sont à mi-bois. Les murs sont percés de meurtrières et d'embrasures par lesquelles les occupants peuvent faire feu sur l'ennemi tout en jouissant d'une protection relative. Le carré des murs est coiffé selon l'usage d'un toit en pavillon soutenu par une imposante charpente. Le chauffage du bâtiment est assuré par un foyer central situé au rez-de-chaussée et dont la cheminée traverse l'étage et perce le centre de la toiture.

D'origine européenne, la formule du blockhaus est introduite en Amérique par les Britanniques (qui désignent alors la fortification sous le nom de *Block House*). Peu familière avec l'érection d'ouvrages de campagne en zone sauvage, l'armée britannique découvre rapidement les avantages des blockhaus. Simples et rapides à édifier par les soldats eux-mêmes, les blockhaus coûtent peu puisqu'ils sont faits de matériaux (bois, pierre) trouvés sur place et qui leur assurent une certaine solidité. Bref, le modèle relève davantage d'une tradition architecturale fondée sur l'habileté des constructeurs et le choix du site stratégique que de plans précis et contraignants.

Les blockhaus s'avèrent rapidement une solution idéale pour l'état-major britannique en raison de la polyvalence de leurs fonctions. Conçus d'abord et avant tout pour une défense rapide de lieux stratégiques (voies navigables, routes terrestres, zones frontalières), ils servent également comme avant-postes de fortifications plus importantes, haltes et abris des détachements en mouvement, entrepôts de vivres et de munitions et enfin comme casernes pour de petites garnisons. Le terme «blockhaus», on le constate aisément, ne correspond donc pas à une seule réalité fonctionnelle.

Essentiellement temporaires et érigés surtout en temps de crise, les blockhaus sont souvent abandonnés en temps de paix – alors que les budgets subissent d'importantes coupures – ce qui, en raison de la nature de leurs matériaux, entraîne une rapide détérioration, voire leur disparition pure et simple.

La sentinelle de Lacolle

Les invasions américaines de 1775 et de 1776 ont démontré la faiblesse des frontières canadiennes. Les Britanniques entreprennent alors d'améliorer le réseau de fortifications du Haut-Richelieu; les blockhaus représentent d'importants éléments de ce système de défense en jouant le rôle

La bataille du moulin de Lacolle contre les Américains en mars 1814 demeure l'unique fait d'armes du blockhaus de Lacolle. (ANC)

d'avant-postes frontaliers. En 1778, on construit d'abord une «maison fortifiée» sur la rive nord de la rivière Lacolle où la pente abrupte des rives peut gêner considérablement le déplacement de l'infanterie ennemie et de son artillerie lourde.

Cette maison fortifiée protège aussi une scierie, située sur l'autre rive de la rivière Lacolle, qui produit des matériaux servant à l'amélioration des fortifications de l'île aux Noix et de Saint-Jean. Elle protège enfin une tour de transmission de signaux lumineux, située à la confluence des rivières Lacolle et Richelieu, et qui permet de relayer les messages entre le fort de l'île aux Noix et le poste de la Pointe au Fer, sur le lac Champlain. De larges «avenues» percées dans la forêt facilitent ces échanges.

Bien que l'on ignore encore la date exacte de la construction de l'actuel blockhaus, on sait que le bâtiment existe au début de la guerre de 1812 et qu'il est ceinturé de retranchements de terre et de bois formant la redoute Sydney. La construction du grand réseau routier qui s'étend sur la rive sud de Montréal, après l'arrivée des loyalistes à la fin du XVIIIe siècle, a accru l'importance stratégique de l'endroit. Ces routes deviennent autant de nouvelles voies d'invasion qu'il faut défendre.

En 1812, les États-Unis déclarent la guerre à l'Angleterre à cause de sa politique impérialiste. Une fois de plus, les Américains jettent leur dévolu sur les colonies britanniques voisines de leur pays, c'est-à-dire le Haut et le Bas-Canada. De 1812 à 1814, les Américains projettent de prendre Montréal dont les activités commerciales jouent un rôle primordial dans l'économie de la colonie.

Des trois expéditions américaines successivement menées contre Montréal à partir de l'État de New York, seule la bataille du moulin de Lacolle, survenue le 30 mars 1814, fait connaître le baptême du feu au blockhaus. À la fin de l'hiver de 1814, le général américain James Wilkinson rassemble quelque 4 000 hommes sur les rives du lac Champlain. L'armée traverse la frontière le matin du 30 mars et occupe le village d'Odelltown. Le plan de Wilkinson est d'abord de franchir la rivière Lacolle à Burtonville (actuelle municipalité de Lacolle), puis d'attaquer le blockhaus par le sud et par l'ouest. Mais le détachement qui doit passer par Burtonville étant repoussé par des éclaireurs canadiens, Wilkinson n'a d'autre choix que de changer ses plans et d'attaquer sur le seul front sud.

Cette œuvre peinte par H. Bunnett vers 1887 fait voir le blockhaus avec ses meurtrières et son toit en pavillon. Le bâtiment sert alors de résidence à des ouvriers agricoles. (Musée McCord)

Or les Britanniques, informés des mouvements des Américains, occupent le moulin de Lacolle, au sud de la rivière. Le moulin est défendu par une garnison de près de 180 hommes sous les ordres du major R.B. Hancock du 13e Régiment d'infanterie (13th Foot). Prudent, Wilkinson fait mettre des canons en batterie et ordonne le bombardement du moulin. La solide structure en pierre résiste à l'assaut des boulets. Peu après le début des combats, des renforts arrivent de l'île aux Noix, tant par la rivière Richelieu que par la terre ferme. Assez curieusement, le général américain ne presse jamais l'attaque. Après plusieurs heures de combat, Wilkinson, désespérant de prendre la position britannique, se retire, non sans avoir subi de lourdes pertes. Ainsi prend fin la vocation militaire du blockhaus de Lacolle.

Une fonction civile

La «Paix éternelle», signée le 24 décembre 1814 entre les États-Unis et la Grande-Bretagne, met un terme aux hostilités. Les relations entre les États-Unis et l'Angleterre s'améliorant, les Britanniques retirent leurs troupes du blockhaus. Le bâtiment sert dès lors de logement à des familles de meuniers jusqu'en 1858, année de la démolition du moulin. Par la suite, des ouvriers agricoles à l'emploi des propriétaires du blockhaus y résident jusqu'en 1935.

À leur départ, le blockhaus est dans un état lamentable. Un particulier, Richard Patterson, décide de le restaurer avec les moyens matériels et financiers dont il dispose. Il réussit, durant les années 1930 et 1940, à rassembler divers objets évoquant le passé du site et de la région et ouvre un musée de fortune au rez-de-chaussée du bâtiment. En 1950, le gouvernement du Québec se porte acquéreur du blockhaus. Dix années plus tard, l'édifice est classé monument historique et une nouvelle campagne de restauration y est entreprise. Le blockhaus est maintenant ouvert aux visiteurs durant la saison estivale.

Juger de la valeur du blockhaus de Lacolle n'est guère facile. Quoique l'état de conservation du bâtiment soit remarquable, l'authenticité de quelques éléments architecturaux laisse à désirer. Malgré tout, les nombreuses modifications et restaurations apportées au bâtiment depuis la fin de sa vocation militaire (1814) témoignent des efforts investis pour sa conservation. Bien qu'une seule bataille d'importance se soit déroulée à Lacolle, le blockhaus remplit adéquatement la modeste mission que les Britanniques lui ont confiée au début du XIXe siècle: veiller, telle une sentinelle, sur l'une des frontières les plus menacées du pays.

Mario Filion, historien

FILION, Mario. *Le blockhaus de Lacolle*. Québec, ministère des Affaires culturelles, 1983. 48 p. (Coll. «Les Retrouvailles», n° 11).

GOSLING, David C.L. «An account of the battle of Lacolle Mill, March 30th 1814», *Army Historical Research*, 27 (1970): 168-174.

YOUNG, Richard J. *Les blockhaus au Canada, 1749-1841: étude comparative et catalogue*. Ottawa, Parcs Canada, 1980: 5-15. (Coll. «Lieux historiques canadiens, Cahiers d'archéologie et d'histoire», n° 23).

Maison Lorrain

Saint-Valentin
501, Petit Rang

Fonction: résidentielle
Reconnue monument historique en 1975

La maison Lorrain, construite dans le style colonial américain, daterait vraisemblablement de la seconde moitié du XIXᵉ siècle. Désaffectée depuis plusieurs années, la maison semble condamnée à une lente détérioration. (MAC)

La seigneurie de Léry, du nom du célèbre ingénieur royal, est concédée en 1733 et s'étend sur plusieurs lieues au milieu de terres plutôt marécageuses. Sous le Régime français, les établissements s'y font rares. Au lendemain de la Conquête, la succession de Léry vend le domaine à Gabriel Christie, un haut officier des troupes britanniques particulièrement intéressé à investir dans la propriété foncière de ce coin de pays.

William Plenderleath Christie, héritier naturel, effectue des travaux de drainage dans la partie non défrichée de la seigneurie pour accroître la superficie des terres arables et essaie en vain de modifier la distribution des terres en franc et commun soccage. En 1843, usant de subterfuges, le seigneur concède à sa belle-sœur des terres aux dimensions considérables, sans commune mesure avec toutes les autres concessions, que celle-ci revend dans les heures qui suivent à sa propre sœur, l'épouse du maître des lieux. Le domaine «Lakefield» voit ainsi le jour, presque au centre de la seigneurie, mesurant 2 000 arpents en superficie.

En 1879, la succession possède toujours cette vaste propriété réservée avant tout à l'exploitation agricole (maraîchère et céréalière) et à l'élevage. Les revenus tirés des carrières et de la chaux fournie par les chaufours, aujourd'hui en ruine, sont aussi comptabilisés. La même année, Marcel Boivin s'engage par un contrat de trois ans, ainsi que quatre autres colocataires des terres, à fournir une redevance sur les futures récoltes, tout comme un certain nombre d'animaux d'élevage. On mentionne sur le terrain une «maison en pierre, deux granges, une écurie, une étable, une remise [...], un fourneau... à chaux».

Entre 1917 et 1920, le docteur Bouthillier, député de Saint-Jean et grand propriétaire foncier, se porte acquéreur du domaine pour en revendre plus de la moitié au ministère de la Colonisation. Parallèlement, la famille Blais (premier propriétaire résidant) s'installe sur les lieux et ses descendants y demeureront pendant plusieurs décennies. Toutefois, dans les années 1960-1970, la maison est laissée un peu à l'abandon.

Cette maison rectangulaire de 12,5 mètres sur 7,5, qui faisait autrefois partie du domaine, se trouve actuellement isolée dans un vaste paysage agricole, à plus de huit kilomètres du village de Saint-Valentin. D'aspect austère, sans lucarnes ni galerie, ni ornementation d'aucune sorte, elle daterait vraisemblablement de la seconde moitié du XIXᵉ siècle. Elle fut construite dans le style colonial américain, sans doute sur le modèle du manoir seigneurial Christie (1835) situé à Iberville.

Au centre du rez-de-chaussée, un foyer à deux âtres adossés, avec jambages en pierre de taille, divise la pièce en deux parties égales. De chaque côté du foyer, on a disposé une armoire encastrée. Les fondations, dépassant les 2 mètres en hauteur et présentant de fortes inégalités dues au sol rocheux, reposent partiellement sur la terre battue.

Les murs intérieurs de l'étage exposent directement la pierre, étant dépourvus de revêtement, tout comme la charpente et la toiture. Celle-ci, plutôt simple, se compose de huit fermes reposant sur des sablières. Malheureusement, les planches qui supportent le toit présentent de nombreuses fentes et, de plus, le recouvrement de tôle à baguettes est fissuré, ce qui rend le chauffage quasi impossible. La maison se trouve par le fait même condamnée à une lente détérioration.

Cette habitation séduit cependant par sa rusticité et ses nombreuses particularités. Plusieurs maisons en bois ou en pierre construites dans la région à la même époque présentent des caractéristiques architecturales similaires, dont le manoir Christie à Iberville: foyers dos à dos, angle du toit, classicisme du style, simplicité, symétrie et harmonie rigoureuse des ouvertures, fenêtres à guillotine d'origine, absence de lucarnes. Elles évoquent, tout comme la maison Lorrain, l'influence des courants architecturaux américains au XIXᵉ siècle.

Gilles Laberge, historien

CÔTÉ, Johanne. *La maison Lorrain*. Montréal, Université du Québec à Montréal, Département d'histoire de l'art, 1978. 40 p.

DEMETER, Laszlo *et al. Relevé et évaluation sommaire des anciennes maisons en vue de les classer «monuments historiques»: Lorrain*. Montréal, Université de Montréal, École d'architecture, 1974. 31 p.

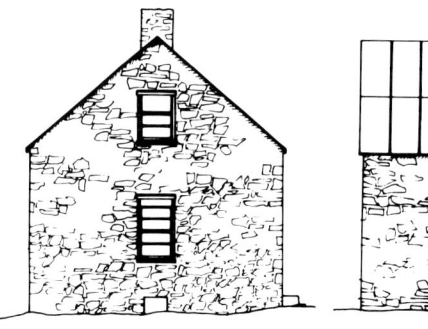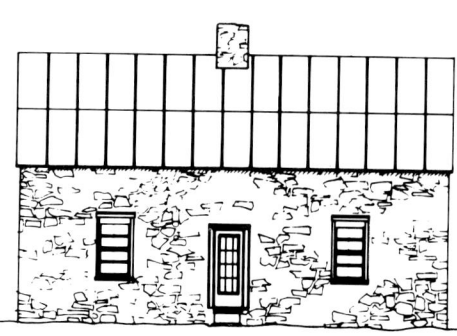

Deux élévations. (MAC)

Église méthodiste d'Odelltown

Notre-Dame-du-Mont-Carmel
243, route 221

Fonction: religieuse
Classée site historique en 1984

Cette petite église en pierre, restaurée en 1973, est identifiée à plus de 150 ans de culte méthodiste. À l'arrière-plan, les écuries construites vers 1845.

Ce petit ensemble comprenant une église en pierre et des écuries en bois est identifié à plus de 150 ans de culte méthodiste et à un épisode violent du soulèvement des patriotes en 1838.

Les terrains avoisinants faisaient à l'origine partie de la seigneurie de Beaujeu, concédée en 1743. Joseph Odell et ses six fils, nés dans l'État de New York, se voient accorder des terres à cet endroit en 1793, en guise de compensation pour des pertes subies lors de la Révolution américaine. C'est d'ailleurs à ces pionniers que la localité doit son nom. Un certain nombre de méthodistes s'établissent ensuite dans la région, s'organisent en un groupe autonome et entreprennent en 1823 la construction d'une église.

Les travaux durent deux ans. Plusieurs bénévoles y prennent part, aux côtés de John Graves, architecte-entrepreneur pour la maçonnerie et de John Wandby, menuisier. Les archives paroissiales laissent deviner les discussions et le déroulement parfois laborieux du projet: «Elle [l'église] sera construite en pierre, c'est la réponse finale», indique le procès-verbal du 4 octobre 1823, après deux séances de discussion sur le matériau.

Après l'église, on bâtit les écuries ou «hangars» pour lesquels une souscription est organisée dès 1832. Cependant, la construction semble avoir été réalisée plusieurs années plus tard: en effet, c'est à l'issue d'une réunion en septembre 1845 que l'assistance remercie Isaac Smith et Hiram Odell d'avoir efficacement accompli leur travail dans le comité de construction.

Du fait de la proximité des États-Unis, Odelltown a déjà été le théâtre d'affrontements lors du conflit de 1812-1814. Le 9 novembre 1838, c'est le site même de

En 1838, l'église d'Odelltown a été le théâtre d'un affrontement entre patriotes et miliciens. (MAC, fonds Morisset)

l'église qui devient champ de bataille lorsque patriotes et miliciens s'affrontent. Environ 200 miliciens, dirigés par le colonel C.C. Taylor, se barricadent dans l'église derrière un canon et soutiennent pendant plusieurs heures l'attaque d'une force plus importante de patriotes commandés par Robert Nelson. L'arrivée des renforts gouvernementaux met un terme au dernier combat de la brève insurrection de 1838, combat qui aura fait 17 morts et blessés.

L'intérieur de l'église, lourdement endommagé, est réparé en 1839 par George Wandby et Thomas Wilson grâce à une subvention gouvernementale. L'avenir de l'église ne semble pas assuré pour autant puisque dès 1861, on envisage d'en construire une nouvelle. Jusqu'en 1866, la question fait l'objet de maintes discussions. Finalement, en 1867, le temple est réparé et redécoré. Les ouvertures en ogive datent probablement de cette époque. Pour le reste, l'église doit son apparence actuelle en partie à la restauration entreprise en 1973.

L'église méthodiste d'Odelltown est un simple bâtiment en pierre de forme rectangulaire, au toit à deux versants coiffé, au-dessus de l'entrée, d'un petit campanile. La porte et la fenêtre qui marquent le centre de la façade adoptent une forme ogivale.

Trois grandes baies rectangulaires éclairent chaque long-pan, et le mur arrière porte les traces de deux ouvertures rectangulaires condamnées.

À l'intérieur, une chaire derrière une balustrade en bois occupe le centre du mur-pignon et est encadrée d'un décor peint en trompe-l'œil et au pochoir. Au-dessus de la nef se profile une galerie au devant courbe, ornée de panneaux et de pilastres sculptés. Un lustre en métal ouvragé est suspendu au plafond plat fini en planches étroites. Ce décor simple, où les boiseries sombres contrastent avec l'enduit blanc des murs, est organisé autour de la chaire pour refléter la grande importance accordée à la lecture et à l'explication des Écritures.

Depuis 1900, la communauté méthodiste d'Odelltown n'a cessé de décroître, et serait même sur le point de disparaître. De nos jours, l'église ne sert au culte qu'une fois l'an. On songe toutefois à y établir un centre d'interprétation sur les loyalistes dans la vallée du Richelieu.

Barbara Salomon de Friedberg, historienne

BERGEVIN, Hélène. *L'église méthodiste d'Odelltown, son histoire, son architecture*. Québec, ministère des Affaires culturelles, 1981. 233 p.

Le décor intérieur, où les boiseries sombres contrastent avec l'enduit blanc des murs, est organisé autour de la chaire. (MAC)

Église anglicane St. George

Clarenceville
98, rue Front

Fonction: religieuse
Classée monument historique en 1983

LA croisée des chemins à Clarenceville offre le spectacle peu commun de deux églises voisines: l'église St. George et la Wesley United Church. Située du côté nord-est de la rue Front, l'église anglicane St. George, érigée en bois et peinte en blanc, est la plus ancienne des deux.

Une communauté loyaliste

La municipalité de Clarenceville, qui s'appelait Caldwell Manor au début du XIXe siècle, est située à la limite des seigneuries de Foucault et de Noyan, concédées originellement en 1733. Peu peuplées, ces deux seigneuries reçoivent dès 1784 plusieurs familles américaines demeurées fidèles à la couronne britannique.

À la fin du XVIIIe siècle, l'établissement compte quelque 70 familles: les Hawley, Salls, Derick, Rowe, Filer, Young, Griggs, Curtis, Cotton, Mosher et Vaughan. D'origine britannique ou hollandaise, ces loyalistes sont surtout des membres de l'Église presbytérienne.

En 1810, ils entreprennent la construction d'un premier temple, non loin de St. Thomas. Mais la guerre de 1812 avec les États-Unis interrompt le chantier et les démarches pour obtenir un pasteur presbytérien échouent. En 1815, la communauté loyaliste accepte l'offre de l'évêque anglican de Québec de leur envoyer un pasteur pour desservir les deux missions: celle de Noyan (St. George de Clarenceville) et celle de Foucault (où s'élevait déjà la structure de l'église St. Thomas).

La première tâche du nouveau pasteur, Micajah Townsend, est d'ériger une église à Clarenceville et de compléter celle de St. Thomas. Clarenceville naît en quelque sorte en 1818 avec le choix d'un site pour la future église dans la sixième concession de la seigneurie de Noyan.

La construction du temple débute en 1818 et s'échelonne sur deux ans; la dédicace est prononcée en 1820. La paroisse est érigée civilement en mai 1822 et l'église, complétée, meublée et libre de dettes, est consacrée en août 1833 par le révérend James, évêque anglican de Québec. Le premier édifice, mesurant environ 12 mètres sur 15, aura coûté quelque 750 livres aux paroissiens.

Même si elles ne sont pas très explicites, les archives de la paroisse mentionnent des faits intéressants. Ainsi, l'église subit des réparations en 1846; sept années plus tard, les paroissiens achètent un orgue et en 1854 le couronnement de la tour est reconstruit. Mais c'est en 1864-1865 que des sommes considérables sont investies pour une réfection importante du chœur et de l'intérieur. Enfin, en vue des célébrations du centenaire de la fondation de la mission, une nouvelle campagne de travaux débute en 1911. Le décor intérieur connaît une dernière rénovation en 1926.

Voisine de la Wesley United Church, l'église St. George est sans contredit la plus ornée de toutes les églises protestantes construites en bois au Québec.

L'église a fait l'objet de plusieurs campagnes de travaux depuis sa construction en 1818. Le temple originel constitue la nef de l'église actuelle.

Le monument que l'on observe aujourd'hui a donc passé par plusieurs chantiers. On peut affirmer que l'église construite de 1818 à 1820 forme la nef de l'église actuelle. À l'intérieur du plan rectangulaire se développait un chœur avec deux sacristies de part et d'autre, ce qui explique le décalage qui apparaît dans le rythme des ouvertures. La tour a probablement été ajoutée en 1846 et exhaussée en 1854, tandis qu'un nouveau chœur aurait été ajouté en 1864-1865. Cette dernière addition témoigne de l'influence de l'Ecclesiological Society qui préconise un renouveau liturgique rendant nécessaire un chœur plus profond dans les églises anglicanes.

Le sommet de la tour, au relief prononcé, confère au temple un caractère sculptural.

L'ornementation extérieure

L'église St. George de Clarenceville est sans contredit la plus ornée de toutes les églises protestantes érigées en bois au Québec. Recouverte de planchette à clins, elle reçoit un décor architectural fait de moulures appliquées. Le sommet de la tour, la corniche qui entoure la nef et les pilastres qui rythment les longs-pans sont d'un relief assez prononcé et confèrent à l'ensemble un caractère sculptural typique de l'ornementation architecturale de la seconde moitié du XIXe siècle. La forme des meneaux des fenêtres rappelle l'éclectisme classique qui fleurit aux États-Unis vers 1850-1860.

Aucun document n'étant précis sur la date de ce décor architectural, on peut émettre l'hypothèse qu'il est antérieur à l'adjonction du chœur puisque c'est le vocabulaire gothique qui l'emporte, notamment par l'installation de trois lancettes ogivales disposées au chevet de l'église. À moins évidemment qu'on ait entrepris ce décor plutôt vers la fin du XIXe siècle, ce qui en ferait un exemplaire sinon archaïque, du moins tardif d'un style déjà ancien.

Tout à fait remarquable et très bien conservé, le décor architectural extérieur contraste avec la sobriété d'un intérieur dépouillé qui résulte des travaux réalisés au début de notre siècle.

L'église St. George comporte plusieurs attraits. On s'étonne devant ses hautes fenêtres à guillotine avec cinq panneaux superposés. À l'intérieur, outre la richesse de certaines boiseries, on doit noter le vitrail du chœur installé en 1867 et les deux grands vitraux de la nef, plus récents, offerts par un groupe de paroissiens en 1925.

Luc Noppen, historien de l'architecture

Moulin de Frelighsburg

Frelighsburg
12, route 237 Nord

Fonction: résidentielle
Classé monument historique en 1973

Une annexe en bois datant de 1912 et qui a longtemps servi de boulangerie loge à présent les appartements des propriétaires.

Dans le canton de Saint-Armand, un petit bourg fondé par des loyalistes se développe autour d'un moulin à eau construit en 1790 par les deux pionniers Owen et Conroy. Une dénivellation de plus de sept mètres sur la rivière aux Brochets (Pike River) permet l'aménagement d'une digue.

Au début du siècle suivant, le médecin Abram Freligh, originaire des environs de New York, vient s'y installer avec sa famille et ses nombreux domestiques et esclaves. Rapidement, ce bourgeois se porte acquéreur du moulin et de 200 acres de terres. À sa mort quelques mois plus tard, son fils Richard prend la direction du moulin.

En 1839, afin de répondre à la demande croissante, Richard Freligh fait bâtir au même endroit un nouveau moulin en pierre, de volume plus considérable et qui déborde largement l'ancien carré. C'est ainsi que la cage renfermant la roue motrice, dorénavant alimentée par une canalisation de bois longue de plus de 45 mètres, demeure au cœur du bâtiment. À l'origine, le mécanisme était actionné par une énorme roue à godets mesurant près de 4 mètres de diamètre sur 1 mètre de largeur.

Vers 1855, le nouveau propriétaire, Peter Cowan, améliore les performances du moulin en y installant une turbine d'environ 1 mètre de diamètre approvisionnée à l'aide d'une conduite en bois d'à peu près le même diamètre, remplacée en 1916 par une semblable en fer. En 1911, Fred A. Ayer, qui dirige la Frelighsburg Feed and Light Co., prend l'initiative de desservir le village en électricité grâce à l'adjonction d'une petite génératrice.

Joseph Gagnon, originaire de Trois-Pistoles, achète le moulin en 1920 et il restera au poste pendant 47 années. En plus d'exploiter une boulangerie, cet artisan fait la mouture des grains de céréales et le mélange de diverses moulées. Homme aux talents multiples, Gagnon installe au moulin un petit atelier de menuiserie où il fabrique des pièces de mobilier. Grâce à une scie rattachée à l'arbre debout, on peut aussi y débiter du bois d'œuvre.

Construit sur le modèle des moulins de la Nouvelle-Angleterre, le bâtiment, haut de deux étages avec combles, fait 13 mètres sur 11. Les pierres aux formes irrégulières présentent de multiples teintes. On y compte dix-huit ouvertures distribuées de façon asymétrique, dont quinze fenêtres à guillotine et trois portes de décharge, celles-ci étant situées en façade. Une chaîne de pierres taillées orne chacun des angles des murs. Le toit à deux versants, avec corniches, est recouvert de tôle à baguettes; il est modifié en 1930 pour y intégrer un silo.

Au sous-sol, outre le bel engrenage conique qui comprend encore une roue dentée d'alluchons en bois typique du XIXe siècle, plusieurs poulies de bois à jante lisse font toujours partie du mécanisme. Au niveau des fondations, dans une petite annexe, on retrouvait jadis une moulange, considérée unique au Québec, qui était composée d'un jeu de trois meules avec blutoir. Elle a cédé la place à une moulange plus moderne, à marteaux.

Une annexe en bois, construite en 1912, sert longtemps de boulangerie. Aujourd'hui, elle renferme exclusivement les appartements des propriétaires. Pendant une centaine d'années, les meuniers ont habité une maison voisine, de style américain, mesurant 14 mètres sur 5,5. De plus, il n'y a pas si longtemps, quatre hangars aux dimensions variées s'élevaient à proximité du moulin. Un seul a été conservé.

Jusqu'en 1964, le moulin est utilisé principalement pour moudre le grain. Après la destruction de la digue par une crue printanière particulièrement forte, et face à un contexte économique de plus en plus difficile, Joseph Gagnon convertit le moulin en entrepôt. En 1967, la nouvelle propriétaire, avec l'aide de sa famille, décide de restaurer le bâtiment passablement détérioré, en respectant les signes de son évolution historique.

Gilles Laberge, historien

DEMERS, Jean-Marie. «Le moulin Freligh», *L'écho de Frelighsburg*, 1, 2 au 1, 12 (juill. 1989 à juill. 1990).

Édifié en 1839 sur le modèle des moulins de la Nouvelle-Angleterre, le moulin de Frelighsburg a été restauré en 1967 en respectant les signes de son évolution historique.

St. Luke's Church

Waterloo
405, rue Court

Fonction: religieuse
Classée monument historique en 1978

Conçue par l'architecte Thomas Seaton Scott, l'église appartient au courant néo-gothique dit «High Victorian».

L'église St. Luke est un des principaux édifices de la ville de Waterloo, riveraine d'un petit lac du même nom, dans les Cantons de l'Est. Placé dans un espace vert au centre de l'agglomération urbaine, le monument historique contribue au caractère pittoresque des lieux d'où se découvre le paysage vallonné des environs.

Un village anglophone

Les loyalistes s'installent les premiers à Waterloo vers 1800. Mais la véritable colonisation débute après 1820 lorsqu'un second groupe d'immigrants anglophones, attiré par la qualité et la dimension des terres offertes par le gouvernement, s'établit dans les Cantons de l'Est. Les fondateurs de Waterloo sont Hezekiah Robinson, Daniel Taylor et Charles Allen, tous arrivés des États-Unis.

Le site de Waterloo attire les premiers colons notamment parce que la dénivellation entre le lac et le cours de la rivière à sa sortie du village permet d'utiliser la force hydraulique pour activer les moulins et scieries. La vocation agricole des lieux se double donc assez rapidement d'une activité industrielle, encore présente aujourd'hui.

L'avènement du chemin de fer en 1861 est aussi responsable de l'essor considérable que connaît la petite localité. La population, qui ne compte que quelques centaines d'habitants en 1857, atteint 2 000 personnes en 1875. Inversement, le développement routier contribue à l'isolement de la municipalité qui se retrouve, dès la fin du XIXe siècle, à l'écart des voies importantes de communication. À mi-chemin entre Granby et Magog, Waterloo compte aujourd'hui quelque 5 000 habitants.

Œuvre de Thomas S. Scott

L'église St. Luke est la deuxième église construite par la communauté anglicane de Waterloo. La première, bâtie en bois en 1843, est située sur un terrain donné par Hezekiah Robinson; elle devient vite trop petite pour la communauté croissante de Waterloo. Dès 1867, un comité de marguilliers est nommé pour obtenir les plans et devis d'une nouvelle construction.

Tandis que le choix de l'emplacement du nouvel édifice sur la rue Court est décidé à la suite de l'offre du terrain par A.B. Foster, on confie à l'architecte Thomas Seaton Scott de Montréal, bien connu de la communauté, le soin de dresser les plans de la nouvelle église. Ce choix ne semble pas faire l'objet de longs débats. Scott a en effet dirigé les travaux de construction de la cathédrale anglicane de Montréal à partir de 1857.

La production de Thomas Seaton Scott est variée, mais relativement limitée. Il a à son actif deux gares de chemin de fer: la première est construite en 1863 à Richmond, la seconde à Montréal en 1886-1887. Pendant onze ans, soit de 1870 à 1881, Scott réside à Ottawa où il remplit la prestigieuse fonction d'architecte en chef des Travaux publics du Canada. C'est à ce titre qu'il dessine l'édifice ouest de la colline parlementaire, la tour McKenzie et le bureau de poste d'Ottawa. Un peu partout au Canada on

L'église St. Luke, peu après sa construction, selon une illustration parue dans le Canadian Illustrated News *du 17 juin 1871.*
(MAC)

À l'origine, la tour était surmontée d'une flèche en bois et un porche abritait l'entrée principale, comme en fait foi cette photographie prise vers 1930. (ANQ-Q)

retrouve des édifices conçus par son service et, dans plusieurs cas, son intervention personnelle est signalée. C'est le cas à Québec où il signe les plans des portes Saint-Louis et Kent, en 1876.

Un édifice néo-gothique

L'église projetée par Thomas Scott est du style néo-gothique. Prévue pour contenir 400 fidèles, elle mesure environ 26 mètres de long sur 15 de large. En 1869, le coût prévu est de 13 000 dollars; une fois les travaux terminés, y compris la tour, le montant grimpe à 16 000 dollars. La supervision des travaux est confiée au révérend David Lindsay, à R.A. Ellis, Edouard Slack et John B. Lay. Les travaux vont bon train puisqu'à la mi-décembre 1870, le révérend Ashton Oxenden, évêque anglican de Montréal, consacre le nouvel édifice.

Peu de modifications importantes sont apportées à l'église St. Luke au cours des années. La plus importante est la reconstruction de la tour, vers 1900; elle est dédiée à la mémoire de David Lindsay, pasteur de Frost Village et de Waterloo de 1851 à 1898. La flèche en bois de cette tour qui a été frappée par la foudre n'est pas reconstruite; elle fait place à des créneaux, ce qui confère à l'église anglicane de Waterloo l'image d'une forteresse. Originellement en ardoise, la toiture de l'église est recouverte de bardeau d'asphalte en 1961.

L'édifice érigé en brique, de plan rectangulaire avec une tour carrée située sur un côté, adopte une forme assez fréquente dans les églises protestantes du XIXe siècle. Elle appartient au courant néo-gothique dit «High Victorian». On voit des exemples d'églises de ce style partout au Canada, notamment en Ontario. Si au Québec on retrouve des monuments analogues dans la région de l'Estrie et du Sud-Ouest québécois, l'église St. Luke de Waterloo se distingue de ceux-là par ses proportions, qui donnent un grand effet de puissance à ce bâtiment plutôt modeste, et par le traitement très raffiné du décor (entre autres les réseaux des fenêtres et les contreforts).

L'église St. Luke est, à notre connaissance, la seule église au Québec réalisée selon des plans de T.S. Scott. De cet architecte nous connaissons cependant trois églises construites en Ontario, durant les années 1860; elles sont situées à Prescott, à Cornwall et à Ottawa. Bien qu'elles soient construites en pierre, elles sont conçues dans le même style, leur ornementation étant cependant plus élaborée que celle du monument de Waterloo.

Un intérieur harmonieux

L'intérieur de l'église St. Luke est remarquable par l'harmonie de ses proportions, la chaleur de ses matériaux, la richesse de sa décoration et sa très grande luminosité; la nef est en effet largement éclairée par une multitude de fenêtres distribuées sur les quatre murs et garnies de vitraux. Ceux-ci ont été offerts entre 1877 et 1962 par des familles de Waterloo pour rappeler la mémoire de leurs défunts. Ceux qui ornent la fenêtre du fond du chœur représentent la vie du Christ; installés en 1915 par les soins des familles Dampier et Robinson, ils s'imposent dans l'église tant par leur qualité que par leur situation privilégiée.

Le décor intérieur est pour l'essentiel formé de boiseries. Avec sa structure de charpente apparente, le plafond de bois donne le ton. Mais ce sont l'autel, la chaire, la clôture du chœur et les bancs de la nef qui retiennent l'attention en délimitant une aire sombre qui met en évidence le dépouillement extrême des murs.

L'église St. Luke a été classée monument historique en raison de plusieurs facteurs. C'est d'abord l'édifice le plus remarquable de la ville; il est bien situé et dans un bon état de conservation. Au-delà de ces considérations sur sa valeur régionale, il s'agit d'un exemple unique de l'architecture religieuse de Thomas Seaton Scott et qui, de plus, appartient au style néo-gothique de l'architecture High Victorian, rare en milieu rural.

Luc Noppen, historien de l'architecture

PARADIS, Majella. *L'église anglicane St. Luke, Waterloo*. Québec, ministère des Affaires culturelles, 1978.

SALOMON DE FRIEDBERG, Barbara. *St. Luke's Church*. Québec, ministère des Affaires culturelles, 1978.

L'église se distingue des autres temples de même esprit par ses proportions, qui lui donnent un effet de puissance, et par le traitement très raffiné du décor.

De Vaudreuil à Elgin-Hinchinbrook

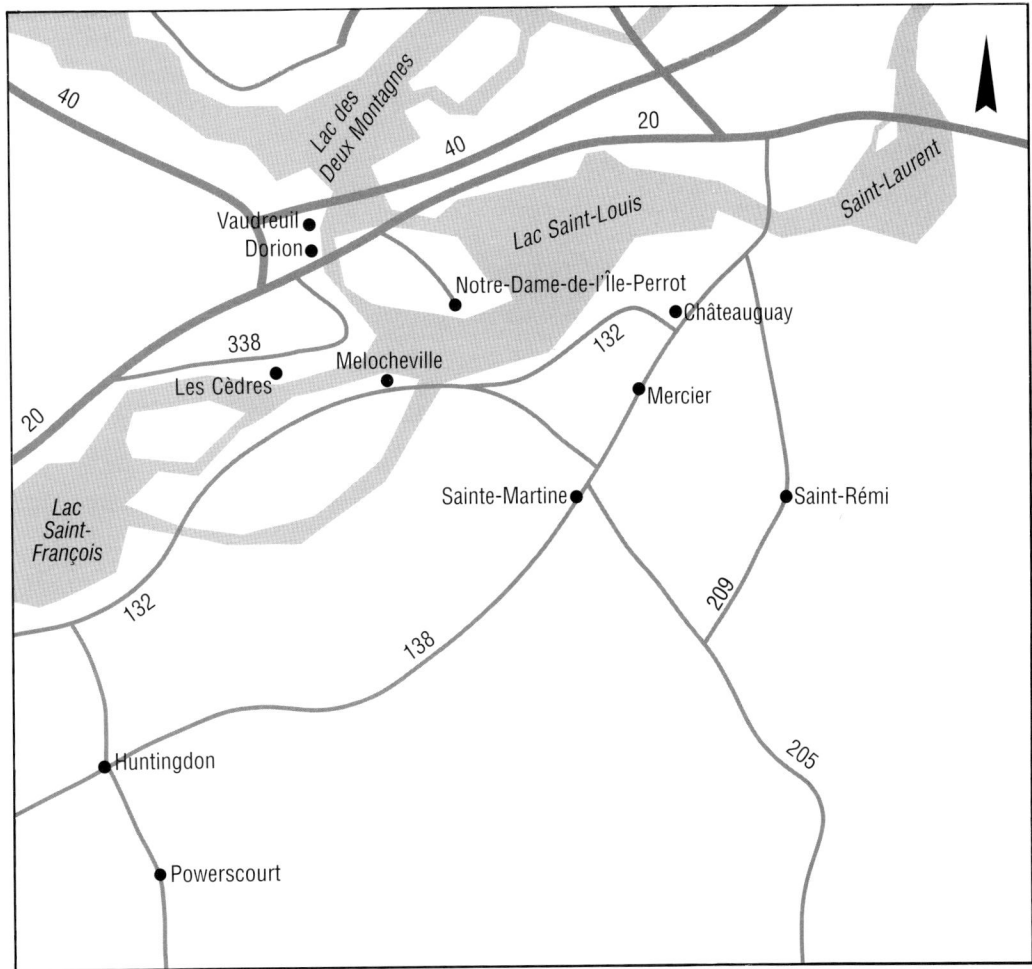

Une promenade au sud-ouest de l'île de Montréal nous entraîne, d'un côté comme de l'autre du Saint-Laurent, aux limites méridionales du Québec. Sur la rive nord, au-delà de Rivière-Beaudette ou de Pointe-Fortune, c'est l'Ontario; sur la rive sud, le 45e parallèle marque, entre le fleuve Saint-Laurent et la rivière Richelieu, la frontière entre la Belle Province et l'État de New York. Le pont Monseigneur-Langlois, à la hauteur de Valleyfield, permet aux automobilistes de passer d'une rive à l'autre depuis 1954. Une ligne de chemin de fer franchit aussi le fleuve au même endroit depuis 1890.

À la frontière de l'Ontario

Ce territoire est d'abord un pays de plaines. Sur la rive sud, on gagne cependant en altitude à mesure que l'on s'approche de la frontière de l'État de New York: on atteint alors les terrasses Champlain, qui constituent le piémont des Adirondacks. La colline Covey, qui appartient en fait à cette chaîne de montagnes américaine, culmine à 335 mètres et constitue la limite méridionale de la plaine. De l'autre côté du fleuve, dans la péninsule de Vaudreuil-Soulanges, seuls la montagne de Rigaud (225 mètres) et le plateau sableux de Saint-Lazare (65 à 130 mètres) viennent rompre la monotonie du paysage.

La péninsule de Vaudreuil-Soulanges adopte la forme d'un triangle, pointé vers l'île Perrot et borné d'un côté par le Saint-Laurent et de l'autre par le lac des Deux Montagnes. À première vue, il peut paraître curieux que cette péninsule fasse partie du Québec plutôt que de l'Ontario puisque les eaux qui la bordent servent de frontières naturelles un peu plus en amont. C'est parce

De Vaudreuil à Elgin-Hinchinbrook

Cette aquarelle de James Duncan représente les ruines de l'ancien fort de la mission jésuite du Sault-Saint-Louis de Caughnawaga (aujourd'hui Kahnawake) vers 1844. (MAC, fonds Morisset)

qu'il existait déjà là quatre seigneuries – Vaudreuil, Soulanges, Rigaud et la Nouvelle-Longueuil – que les autorités britanniques ont rattaché Vaudreuil-Soulanges au reste de l'aire seigneuriale, lorsqu'elles ont divisé la province de Québec en 1791 pour former le Haut et le Bas-Canada. La frontière interprovinciale a ainsi été repoussée aux limites des seigneuries, et l'espace laissé vacant entre Rigaud, Soulanges et la Nouvelle-Longueuil a été érigé en canton, sous le nom de Newton.

Le premier peuplement

Le Sud-Ouest de Montréal est à la fois un pays de seigneuries et de cantons. Il porte ainsi la marque des deux principaux groupes culturels qui s'y côtoient. En descendant le cours du Saint-Laurent, depuis le lac Saint-François jusqu'au lac Saint-Louis, on traverse successivement, sur la rive sud, les seigneuries de Beauharnois, de Châteauguay et du Sault-Saint-Louis. Adjacente à celles-ci, mais à l'intérieur des terres, se trouve la seigneurie de LaSalle, qui jouxte également le canton de Sherrington. Entre les seigneuries et la frontière américaine, le territoire a été divisé dans les années 1790 pour former les cantons de Godmanchester, de Hinchinbrook et de Hemmingford. Colonisés surtout dans les années 1820 et 1830 par des immigrants britanniques, ceux-ci ont été subdivisés entre 1830 et 1860 pour faire place aux cantons de Dundee, d'Elgin, de Franklin et de Havelock. Le pont couvert de Powerscourt, classé monument historique, enjambe la rivière Châteauguay à proximité de la frontière américaine et relie, depuis 1861, les cantons d'Elgin et de Hinchinbrook.

Comme le reste de la vallée du Saint-Laurent, ce territoire a été une terre d'enracinement de populations diverses (Amérindiens, Français, Américains et Britanniques). D'autres groupes ethniques y ont aussi pris racine: on relève ainsi un apport germanique dans le peuplement de Vaudreuil-Soulanges; le marchand Jean-Joseph Trestler, dont la maison à Dorion a été classée monument historique, en est d'ailleurs le plus illustre représentant.

Avant de devenir le pays de l'homme blanc, la contrée au sud-ouest de l'île de Montréal est habitée par des Amérindiens. On a d'ailleurs repéré, dans cette partie de la Montérégie, 25 sites archéologiques de l'époque préhistorique. Treize d'entre eux datent de la période paléo-indienne (9000 à 5000 av. J.-C.); trois témoignent de la période archaïque laurentienne (5000 à 1000 av. J.-C.); les neuf autres remontent à la période sylvicole (1000 av. J.-C. à 1600 de notre ère). Une quinzaine de ces sites se trouvent le long du couloir fluvial. Le haut Saint-Laurent, ses îles et ses rives constituent donc un milieu de vie pour l'être humain bien avant l'arrivée des Européens. À la Pointe-du-Buisson, à Melocheville, sur un site aujourd'hui classé, les archéologues ont d'ailleurs mis au jour «quarante siècles d'archives oubliées» témoignant d'activités reliées à la pratique de la pêche, de la chasse et de la cueillette.

La présence amérindienne est d'ailleurs toujours vivante dans le Haut-Saint-Laurent puisqu'on y trouve deux réserves: l'une à

De Vaudreuil à Elgin-Hinchinbrook

Kahnawake, en face de Lachine, et l'autre à Akwesasne (Saint-Régis), à la limite méridionale du Québec. À l'origine, ces réserves sont des missions, établies par les jésuites pour les Iroquois convertis. D'abord fixée à La Prairie, en 1667, la mission de Saint-François-Xavier s'est déplacée quatre fois avant d'aboutir en 1716 à l'emplacement actuel, au Sault-Saint-Louis. Quant à la mission de Saint-Régis, elle s'est formée au cours des années 1750. Ses premiers habitants proviennent pour la plupart du Sault-Saint-Louis, mais d'autres Iroquois, venus de l'actuel État de New York, figurent aussi parmi les pionniers de l'endroit.

Paroisses et cantons

Les premiers établissements français dans la région trouvent leur origine au début du XVIIIe siècle. Avant la signature du traité de paix avec les Iroquois en 1701, il aurait été périlleux de s'établir en deçà de Montréal, Français et Iroquois étant alors en guerre. Entre 1700 et 1800, le peuplement s'effectue cependant avec lenteur, la croissance démographique ne justifiant pas encore la colonisation en amont de Montréal. De plus, les rapides de Lachine et de Soulanges et l'absence de voies de communication font certainement obstacle. En outre, dans la plupart des seigneuries de la région, les seigneurs ne se montrent pas très empressés de concéder des terres avant la seconde moitié du XVIIIe siècle. Le seigneur Joseph Trottier Desruisseaux, de L'Île-Perrot, fait pourtant construire un moulin et une maison pour son meunier entre 1705 et 1708; ces bâtiments, situés à la Pointe-du-Moulin, sont aujourd'hui classés monuments historiques.

Sur ce territoire, quatre paroisses sont fondées avant 1800. On commence à te-

La navigation sur les rapides s'avère une aventure périlleuse au milieu du XIXe siècle. (ANC, W.H. Bartlett)

nir un registre des baptêmes, mariages et sépultures en 1736 à Saint-Joachim-de-Châteauguay, à Saint-Joseph-de-Soulanges en 1752, en 1773 à Saint-Michel-de-Vaudreuil et à Sainte-Jeanne-de-Chantal de l'île Perrot en 1786. Trois de ces paroisses possèdent d'ailleurs des églises construites à la fin du XVIIIe siècle et classées aujourd'hui monuments historiques. Notons que trois de ces quatre paroisses sont situées sur la rive nord du Saint-Laurent. En effet, en amont de Montréal, les Canadiens occupent la rive nord plus rapidement que la rive sud. Le bourg des Cèdres, que le seigneur de Soulanges obtient la permission d'ériger en 1757, est le plus ancien de la région; il est même l'un des rares villages qui existent dans la vallée du Saint-Laurent à la fin du Régime français.

C'est surtout au XIXe siècle que s'est peuplé le Sud-Ouest québécois. Certaines familles de l'île Perrot ou de Soulanges essaiment vers les terres fertiles de la seigneurie de Beauharnois, les unes dès les années

Le bourg des Cèdres, érigé en 1757 par le seigneur de Soulanges, constitue le plus ancien village de la région. (ANC, W.H. Bartlett)

De Vaudreuil à Elgin-Hinchinbrook

Au milieu du XIXe siècle, le comté d'Huntingdon est le plus britannique des comtés anglophones de la province. Les moulins représentés sur cette gravure, qui sont situés dans le village d'Huntingdon, appartiennent au colonel A. Henderson. (Belden Illustrated Atlas..., 1881)

1780, les autres après 1820. D'autres viennent de Longueuil, de La Prairie et de Saint-Constant vers Saint-Rémi, Saint-Urbain et Sainte-Martine. Dès le début des années 1800, cependant, l'origine ethnique de la population se diversifie. Dans les dix ou quinze ans qui précèdent la guerre de 1812, la rivière Châteauguay, qui prend sa source dans l'État de New York, sert de porte d'entrée aux colons américains. En sens inverse, les Canadiens l'empruntent dès les années 1760, comme voie de pénétration. Partant de Châteauguay, ceux-ci prennent peu à peu des terres de part et d'autre de la rivière, jusqu'à l'embouchure de la rivière des Anglais, près de Howick. Après 1815, ce sont les Britanniques, surtout les Écossais, qui commencent à arriver en masse.

Là comme ailleurs en Amérique du Nord, une forte ségrégation spatiale existe alors entre les divers groupes ethniques. Dans la seigneurie de Beauharnois, par exemple, les Américains sont concentrés dans Russelltown et Edwardstown, les parties de la seigneurie les plus rapprochées de l'État de New York. Sur les rives de la rivière Châteauguay, entre Dewittville et Howick, les Britanniques succèdent, au cours des années 1820, aux Américains chassés par la guerre de 1812. Dans la première moitié du XIXe siècle, les Canadiens sont pour leur part massivement établis le long du Saint-Laurent et de la rivière Châteauguay, en aval de Howick. La même ségrégation géographique des groupes ethniques s'observe dans la seigneurie de Vaudreuil, où les Britanniques sont regroupés autour de Como et d'Hudson. Quant au comté de Huntingdon, il est au milieu du siècle dernier le plus britannique des comtés anglophones du Québec, en dépit de sa frontière commune avec les États-Unis.

Loin d'être immobiles, les campagnes ont toujours été animées de mouvements de population divers. Au cours du XIXe siècle, des Canadiens quittent leurs fermes de Châteauguay, de Sainte-Martine ou d'ailleurs pour aller travailler dans les usines de la Nouvelle-Angleterre. Pendant ce temps, des familles de Vaudreuil-Soulanges s'établissent sur des terres dans les comtés voisins de Prescott et de Russell, en Ontario. Dans la seigneurie de Beauharnois et les cantons avoisinants, des Canadiens pénètrent, de plus en plus nombreux dans la seconde moitié du XIXe siècle, dans des secteurs jusque-là occupés par les Britanniques. Ils prennent la place de familles anglophones attirées par l'Ontario ou le Centre-Ouest américain. La ségrégation spatiale s'effrite alors peu à peu. Encore aujourd'hui, cependant, c'est le comté de Huntingdon qui abrite la plus forte proportion d'anglophones de la région. En somme, si l'élément francophone a toujours été prépondérant au sud-ouest de l'île de Montréal, il n'a pas eu le même poids partout.

Un passé militaire

À cause de sa proximité avec le pays voisin, le Haut-Saint-Laurent n'est pas resté à l'abri des conflits qui ont ponctué l'histoire des relations canado-américaines. Ainsi, en mai 1776, pendant l'invasion américaine, une embuscade aux Cèdres fait capituler les Américains, qui sont faits prisonniers. En octobre 1813, les miliciens canadiens dirigés par Charles-Michel de Salaberry repoussent à Allan's Corner, sur la rivière Châteauguay, l'avant-garde de l'armée américaine, sauvant ainsi Montréal de l'invasion.

De Vaudreuil à Elgin-Hinchinbrook

Cette aquarelle représente le fort de Coteau-du-Lac construit au lendemain de la guerre de 1812. (ANC)

En 1866 et 1870, la milice doit aussi intervenir. À deux reprises, en effet, les Féniens, une organisation nationaliste irlandaise active aux États-Unis, menacent l'intégrité territoriale du Canada, plaçant ainsi le comté de Huntingdon sur le qui-vive.

Dans la liste des conflits armés qui marquent la région, il faut accorder une place à part à la rébellion de 1838, car, outre les facteurs économiques et sociaux qui la soustendent, celle-ci comporte une dimension ethnique. En novembre 1838, il y a des rassemblements de patriotes armés à Beauharnois, à Châteauguay, à Sainte-Martine et à Napierville. Ce sont des miliciens, immigrants ou fils d'immigrants britanniques, bien plus que des hommes des troupes régulières, qui sont alors appelés à réprimer ces mouvements populaires. Des maisons sont incendiées, des fermes pillées; la terreur règne dans les campagnes. À la suite de ces événements, plus de 800 personnes sont emprisonnées à Montréal; 164 d'entre elles proviennent de la seule paroisse de Châteauguay. La plupart sont libérés sans procès, mais 108 sont traduits en cour martiale. Parmi ceux-ci, 12 sont pendus et 58 sont exilés en Australie. C'est dans ce climat d'angoisse qu'est érigé le calvaire du Cordon, à Saint-Rémi, aujourd'hui classé.

L'agriculture

Si les appartenances politiques, la langue et la religion sont des facteurs de division parmi la population, l'agriculture, par contre, est une activité commune aux divers groupes en présence. Canadiens, Écossais, Irlandais ou Américains, tous doivent s'astreindre en premier lieu au pénible travail de défrichement. La contrée perd ainsi le plus gros de sa forêt au cours du XIXe siècle. D'abord axée sur la culture du blé, la production se diversifie après 1830 mais reste dominée par les grains. Entre 1854 et 1880, le village de Beauharnois est même réputé comme l'un des meilleurs marchés de la province pour l'avoine, les pois et l'orge.

Alors que les comtés de Beauharnois, de Châteauguay et de Vaudreuil-Soulanges demeurent fidèles à ce type de production, Huntingdon se tourne résolument vers l'élevage au cours des années 1870. On se met alors à fabriquer du beurre et du fromage pour le marché britannique. La première beurrerie au Canada ouvre d'ailleurs ses portes à Athelstan en 1873. L'ère de l'industrie

Le comté d'Huntingdon se tourne résolument vers l'élevage laitier après 1870. La ferme représentée ici, qui est située à Godmanchester, illustre une forme d'habitat caractéristique de la zone des cantons.
(Belden Illustrated Atlas..., 1881)

De Vaudreuil à Elgin-Hinchinbrook

La manufacture de la Montreal Cotton à Valleyfield au début du siècle. (Coll. Jacques Saint-Pierre)

laitière s'amorce. Au cours des années 1880, ce sont les vergers de Franklin, de Havelock et de Hemmingford qui commencent à prendre de l'importance. Et l'élevage s'implante progressivement dans les comtés voisins; c'est ainsi que l'agriculture mixte y devient caractéristique.

L'urbanisation

Au cours du XXe siècle, la population du Québec délaisse peu à peu les campagnes pour s'établir à la ville. L'exode rural frappe d'ailleurs particulièrement les comtés de Napierville et de Huntingdon; il a cependant moins d'ampleur dans Soulanges. Ces trois comtés demeurent néanmoins majoritairement ruraux, ce qui n'est plus le cas de Châteauguay et de Vaudreuil. De ruraux qu'ils étaient, ces deux comtés connaissent une forte urbanisation, surtout dans les années 1960 et 1970. Beauharnois, pour sa part, est un comté majoritairement urbain depuis la fin du XIXe siècle. Jadis petites municipalités rurales, Châteauguay et Mercier, d'une part, de même que Vaudreuil, Dorion et Saint-Lazare, d'autre part, sont gagnées par l'étalement urbain autour de Montréal, tout comme les municipalités de l'île Perrot. Elles deviennent ainsi, à partir du milieu des années 1950, des banlieues de la métropole, des villes-dortoirs. Châteauguay, avec près de 38 000 habitants, est aujourd'hui plus populeuse que Salaberry-de-Valleyfield, qui compte moins de 28 000 habitants. Le caractère urbain et industriel de cette dernière s'affirme pourtant dès l'émergence du village de Sainte-Cécile, au milieu des années 1850.

Ville satellite de Montréal, Valleyfield ravit à Beauharnois, au tournant du siècle, la prééminence que cette localité avait jusque-là. L'érection en 1892 d'un siège épiscopal à cet endroit et le transfert du palais de justice de Beauharnois à Valleyfield en 1901 sont d'ailleurs les symboles d'une mutation dans ce coin de pays. D'abord développée autour d'une scierie et d'une fabrique de papier, Valleyfield se tourne vers l'industrie du textile à partir de 1875. Mais, signe des temps, la manufacture de la Montreal Cotton, qui a longtemps dominé la ville de sa massive structure en pierre grise, a aujourd'hui fait place à un centre commercial. Tout en restant axée sur la production manufacturière, l'économie locale se diversifie, surtout depuis les années 1960. Mettant à profit les possibilités offertes par le lac et

Le quartier ouvrier du nord-est de Valleyfield conserve encore des ensembles d'habitations construites par la Montreal Cotton pour ses employés. (MAC)

De Vaudreuil à Elgin-Hinchinbrook

la baie Saint-François, Valleyfield se distingue en outre comme capitale des sports nautiques.

Canaux et barrages

Si Valleyfield est entourée d'eau, elle est aussi traversée par l'ancien canal de Beauharnois. L'existence de cette voie d'eau artificielle tient à la présence de rapides entre le lac Saint-François et le lac Saint-Louis. Pour contourner ces difficultés, il faut canaliser. Depuis le XVIIIe siècle, le Saint-Laurent connaît successivement quatre systèmes de canalisation, et ceux-ci se retrouvent dans cette section du fleuve. Ces canaux ne sont cependant pas construits sans difficultés. La canalisation du Saint-Laurent a fait l'objet de débats politiques controversés aux XIXe et XXe siècles, dont l'un concerne le choix de la rive sur laquelle on va faire passer le canal. Les deux rives sont finalement utilisées en alternance.

Ancêtre des canaux du Canada, le canal de Coteau-du-Lac est le premier canal à écluses en Amérique du Nord. Construit à des fins militaires au lendemain de l'invasion américaine, il entre en service en 1781. Trois petits canaux situés à la Pointe-des-Cascades sont creusés dans les années subséquentes, mais sont remplacés en 1804 par le canal des Cascades. La vocation militaire de Coteau s'accentue néanmoins au lendemain de la guerre de 1812 avec l'érection d'un fort, aujourd'hui parc historique national. Ne répondant plus aux besoins, le canal de Coteau-du-Lac tombe finalement en désuétude avec la construction de l'ancien canal de Beauharnois, utilisé à partir de 1845.

Le canal de Soulanges, qui lui succède, est en service de 1899 à 1959. Fait nouveau pour l'époque, ses écluses sont actionnées à l'électricité et le canal est éclairé, permettant une utilisation nocturne. On peut d'ailleurs encore voir, aux Cèdres, l'usine hydro-électrique qui fournissait l'énergie nécessaire au canal. Depuis 1959, la navigation est ramenée sur la rive sud, puisque la voie maritime du Saint-Laurent passe par le nouveau canal de Beauharnois.

La construction de cette voie d'eau artificielle de 25 kilomètres de long sur un kilomètre de large se déroule entre 1929 et 1932. Conçu pour servir éventuellement à la navigation, le canal répond avant tout aux besoins de la Montreal Light, Heat and Power Company, qui érige une centrale hydro-électrique à l'embouchure du canal. La centrale de Beauharnois, dont la construction s'effectue par étapes de 1928 à 1961, est dans les années 1960 la plus puissante installation hydro-électrique au Canada; elle est aujourd'hui la quatrième en importance

Cette aquarelle de William Roebuck représente l'une des écluses situées à la Pointe-des-Cascades vers 1820. (ANC)

au Québec. La construction du canal et de la centrale entraîne cependant la fermeture de centaines de fermes. La rivière Saint-Louis est détournée; des routes et des voies ferrées le sont également. On creuse des fossés pour le drainage des terres et l'on régularise le débit du fleuve au moyen de barrages et de digues.

Le fleuve est donc très présent dans l'histoire et la géographie du Sud-Ouest du Québec. Dans un sens, il conduit à Montréal; dans l'autre, à l'Ontario et aux États-Unis. Il sépare Vaudreuil-Soulanges de Beauharnois, de Châteauguay et de Huntingdon, des comtés qui ont pourtant des affinités. La navigation, d'abord, et ensuite les ponts permettent quand même de communiquer d'une rive à l'autre. Du site préhistorique à la centrale hydro-électrique, les monuments et sites historiques du Haut-Saint-Laurent témoignent de la diversité des populations qui se sont succédé dans la région. Ils sont en même temps des points de repère d'un passé qui reste largement à redécouvrir.

André LaRose, historien

BLANCHARD, Raoul. *L'ouest du Canada français. Tome premier: Montréal et sa région*. Montréal, Beauchemin, 1953. 401 p.

LAFRENIÈRE, Normand. *La canalisation du Saint-Laurent: deux siècles de travaux, 1779-1959*. Ottawa, Parcs Canada, 1983. 62 p.

OFFICE DE PLANIFICATION ET DE DÉVELOPPEMENT DU QUÉBEC. *La Montérégie: connaissance régionale*. Québec, OPDQ, 1984. 216 p.

Ancien collège Saint-Michel et remise

Vaudreuil
431, boulevard Roche

Fonction: culturelle
Classés monuments historiques en 1961

À la limite nord-ouest du «bourg de Vaudreuil», fondé à la fin du XVIIIe siècle, s'élève l'ancien collège Saint-Michel, aujourd'hui occupé par le musée régional de Vaudreuil. Le bâtiment et ses annexes occupent un îlot entier d'un plan en damier peu courant dans l'histoire urbaine du Québec. Le terrain est bordé par trois rues sur les côtés et l'arrière et par le boulevard Roche (l'ancien chemin des Bois-Verts) en façade.

La fabrique de la paroisse de Saint-Michel de Vaudreuil ainsi que la Commission scolaire de Vaudreuil entreprennent la construction du collège en 1857. Inauguré en 1859, l'établissement dirigé par les clercs de Saint-Viateur assure l'instruction des garçons. Non loin de là, les sœurs de Sainte-Anne se consacrent à l'instruction des filles. En 1916, l'école devient une académie.

De 1946 à 1954, ce sont les frères du Sacré-Cœur qui veillent aux destinées du collège. Puis, en novembre 1957, la Commission scolaire cède le bâtiment à la Société historique de Vaudreuil-Soulanges afin d'y établir un musée.

Le bâtiment initial du collège est un vaste carré de maçonnerie érigé sur deux étages et doté de grandes fenêtres. L'annexe en bois semble avoir été ajoutée vers 1882; elle servait de logis aux directeurs enseignants. Le bâtiment ainsi agrandi subit au moins une autre intervention majeure lorsque les toitures sont reconstruites en forme mansardée vers 1900, probablement à la suite d'un incendie. Cela expliquerait l'absence d'ornements ou de boiseries anciennes à l'intérieur de l'édifice.

Le collège Saint-Michel est restauré entre 1964 et 1966 pour accueillir plus adéquatement le musée régional. Depuis, on y a ajouté une autre annexe à l'arrière; c'est un exercice intéressant d'une architecture nouvelle dans un environnement ancien. L'aménagement paysager a été réalisé avec le même souci.

Le vieux collège est tout à fait remarquable avec ses façades de pierres soigneusement appareillées, ses fenêtres «en croisée», c'est-à-dire dotées de meneaux principaux cruciformes, ses lucarnes ornées de fenêtres très moulurées et son clocheton. C'est, après l'église et avec l'ancien petit palais de justice situé sans la même rue, le témoin d'un établissement soigneusement planifié où l'architecture est demeurée synonyme de qualité tout au long du XIXe siècle.

Cela dit, on peut regretter que la nouvelle banlieue de Montréal qui s'établit à Vaudreuil depuis quelques années ne sache pas mieux respecter le caractère original du bourg de Vaudreuil et les qualités de ses monuments.

Luc Noppen, historien de l'architecture

Le collège Saint-Michel, édifié en 1857, est tout à fait remarquable avec ses façades de pierres soigneusement appareillées, ses fenêtres en croisée et ses lucarnes très moulurées.

Le collège a été restauré entre 1964 et 1966 pour accueillir le musée régional. Depuis, on a ajouté une annexe à l'arrière.

Église Saint-Michel

Vaudreuil
414, boulevard Roche

Fonction: religieuse
Classée monument historique en 1957

Cette vue arrière fait voir le chœur à pans coupés et la sacristie.

L'église Saint-Michel, au début du siècle. Le bâtiment date de 1783, mais la façade a été refaite en 1856. (ANQ-Q)

En face du bourg de Vaudreuil, village établi sur un plan en damier élaboré en 1783, se dresse l'église Saint-Michel. Les débuts de son histoire sont intimement liés au développement de la seigneurie de Vaudreuil, concédée en 1702 au marquis du même nom.

Le premier établissement occupé par les missionnaires est situé sur l'île aux Tourtes. En 1708, on y construit un presbytère suivi, trois années plus tard, d'une chapelle en pierre. En 1719, l'île aux Tourtes, devenue réserve indienne, comprend un fort en pieux avec une chapelle, un presbytère, un corps de garde et une grande maison pour la garnison. Après le départ des Indiens pour Oka (1721), c'est le curé de Sainte-Anne-de-Bellevue qui dessert les fiefs de Vaudreuil et de Soulanges.

En 1752, les habitants de Vaudreuil sont intégrés à la paroisse des Cèdres. Il faut cependant attendre 1771 pour qu'une première chapelle, érigée sur le site du presbytère actuel, vienne confirmer l'intention de l'évêque de fonder la paroisse de Vaudreuil. Ce qui sera fait en 1773, sous le vocable de saint Michel.

L'extérieur de l'église

En 1783, les paroissiens conviennent «qu'il sera bâti à frais communs une Église de Pierres maçonnées à chaux et sable de La Longueur de Cent quinze à Cent vingt pieds francs sur La Largeur de quarante deux pieds aussi, francs, et Ce Sur le Terrain Donné pour cet effet par Messire Chartier de Lotbinière père Écuyer, Seigneur du dit Lieu ...» La construction s'échelonne sur plusieurs années, et ce n'est qu'en 1789 qu'on y installe les bancs.

Le plan est conforme à tous points de vue à celui qu'ont adopté les paroisses de cette époque, sauf en ce qui concerne le chœur qui, au lieu d'être en hémicycle, est à pans coupés. Cela veut dire qu'au lieu d'avoir un mur circulaire qui dessine le rond-point, le fond du sanctuaire est plat et relié au reste de la construction par deux larges pans inclinés. Très rarement utilisée après la Conquête, cette disposition se retrouvait plus fréquemment sous le Régime français. Elle permettait notamment l'implantation plus facile, à l'arrière du chœur, de la sacristie, qui épouse à Vaudreuil la largeur du mur droit. Par ailleurs, ce système rendait possible l'installation, dans le sanctuaire, d'un retable à trois volets, comme celui de l'église des jésuites à Québec.

À l'extérieur, cette disposition particulière du plan confère au chevet un cachet particulier, avec la toiture qui, au lieu d'être circulaire, est coupée en pans au-dessus du chœur. De plus, les toitures hautes des chapelles latérales concourent à l'articulation de l'ensemble du chevet. La sacristie, bien qu'allongée en 1868, est d'origine.

La façade primitive était de la même pierre que le reste de l'église. Elle avait vraisemblablement le même type d'ouvertures qui y paraissent aujourd'hui, sauf que les

La nef et le chœur, vers 1925. La corniche et les boiseries du chœur ont été exécutées en 1803-1804 par Louis-Amable Quévillon. L'ensemble peint en trompe-l'œil, l'un des plus beaux qui nous soient parvenus, est de la main de F. E. Meloche. (ANQ-Q, E. Gariépy)

fenêtres devaient être moins allongées et que la fenêtre en hémicycle du pignon devait être un oculus.

La façade actuelle est entreprise en 1856 et terminée en 1859 par F.-X. Lacas, maître maçon. Celui-ci démolit tout simplement l'ancienne façade et la refait en pierre de taille en y ajoutant une nouvelle ornementation d'inspiration gothique: les piliers d'angle surmontés de pinacles, la corniche ornée de créneaux (aujourd'hui disparus) entre ces piliers et le pignon du toit. Cette façade néo-gothique contribue à remettre l'église au goût du jour; elle s'inspire des dernières constructions, notamment de l'église Saint-Patrick de Montréal, élevée dans ce style.

Le clocher ancien est détruit lors d'un incendie, en 1870. Il est aussitôt reconstruit selon le modèle originel même si l'on peut supposer, eu égard aux proportions de l'église, qu'il était de dimensions plus modestes auparavant.

L'œuvre de grands sculpteurs

Le décor intérieur est entrepris immédiatement après la construction. En 1792, on acquiert de Philippe Liébert le tabernacle du maître-autel. L'année suivante, la chaire est livrée par le sculpteur et le tombeau du maître-autel est installé dans le sanctuaire. Le banc d'œuvre arrive en 1797 et, deux ans plus tard, les marguilliers décident «que l'on ferait faire par maître Liébert deux tombeaux, deux tabernacles et les chandeliers pour nos deux chapelles dans l'église [...] de plus de faire marbrer, peinturer le fond du dit ouvrage et dorer la sculpture...».

À l'exception du banc d'œuvre qui a été démoli, ces pièces sont encore dans l'église et forment un exemple unique de l'art de Liébert. Le tabernacle du maître-autel surtout est remarquable par la richesse de son ornementation et la qualité de la sculpture qui le couvre.

Mais l'acquisition de ce riche mobilier liturgique ne parvient pas à faire oublier l'aspect dépouillé de l'église qui apparaît encore telle que les charpentiers et menuisiers l'ont laissée. Aussi fait-on appel, en 1803, à Louis-Amable Quévillon pour prendre la relève de Liébert, dont il a vraisemblablement été l'apprenti. On demande notamment à Quévillon d'exécuter la corniche (1803) et de sculpter les boiseries du chœur (1804).

Même si plusieurs travaux mineurs de sculpture sont effectués par la suite, l'essentiel des boiseries du chœur est de la main de Quévillon. Il n'est pas dit que ce dernier n'a pas dressé le retable, ou du moins quelques pilastres de part et d'autre du maître-autel. Le vaste programme peint, réalisé par la suite, a pu les faire disparaître. Les boiseries du chœur figurent parmi les plus riches qui soient parvenues jusqu'à nous et elles sont uniques par leur forme et leur disposition. C'est en fait le décor d'une église tout entière qui est résumé là, en quelques mètres de hauteur.

*Œuvre de Philippe Liébert, le tabernacle du maître-autel est remarquable par la richesse de son ornementation et la qualité de la sculpture.
(ANQ-Q, E. Gariépy)*

En 1834, la fabrique entreprend de faire orner la voûte. Le contrat est accordé à André Achim, sculpteur de Longueuil, relié à l'atelier de Quévillon. On retrouve donc encore un type de voûte inspiré de celle qu'a réalisée Quévillon à Notre-Dame de Montréal, où la sculpture en bandeaux reprend la forme des ogives. Plusieurs sections de ce travail d'Achim disparaissent malheureusement lors de travaux postérieurs. Aujourd'hui, la voûte originelle est quelque peu perdue dans son nouveau décor peint.

Les galeries des chapelles sont installées en 1840-1841, tandis que la tribune d'orgue et les modifications aux galeries à l'arrière remontent à 1871. D'abord installé dans une chapelle sur une tribune, l'orgue, acquis en 1871, est déplacé vers l'arrière en 1883. On en profite pour refaire les tribunes, dans les deux chapelles cette fois, et pour reconstruire un «jubé d'orgue» au revers de la façade, par-dessus la tribune plus ancienne.

C'est aussi en 1883 que F. E. Meloche, peintre-décorateur et élève de Napoléon Bourassa, réalise l'ensemble peint en trompe-l'œil qui domine le décor intérieur. C'est un des plus beaux qui nous soit parvenu. Tous les éléments d'architecture y sont représentés avec un caractère de vraisemblance saisissant. Ce décor est complété par quelques tableaux en grisaille, dont ceux du chœur qui ornent les deux fenêtres maçonnées du fond de l'abside. On cherche ainsi à créer un effet de lumière tamisée auquel contribuent les couleurs utilisées. Très courant au XIXe siècle, ce genre de décor peint a aujourd'hui disparu de la plupart des églises sous l'impulsion de restaurateurs peu habiles.

Au-dessus du maître-autel, on voit le tableau de saint Michel, œuvre du peintre William Von Moll Berczy, acquis par la paroisse en 1809. On trouve aussi dans l'église un saint Louis, peint en 1792 par Louis-Chrétien de Heer et *La Mort de Saint François-Xavier*, tableau acquis en 1831 et attribué à Louis Dulongpré. Les autres tableaux, dont les scènes du chemin de la Croix, sont des œuvres moins importantes de la fin du XIXe siècle. Reconnue d'intérêt national, l'église Saint-Michel de Vaudreuil a été classée monument historique en 1957.

Luc Noppen, historien de l'architecture

GROUPE HARCART. *Inventaire des œuvres d'art et des pièces de mobilier du culte: [fabrique Saint-Michel de Vaudreuil, Vaudreuil, comté de Vaudreuil]*. Québec, ministère des Affaires culturelles, 1981. 202 p.

JEANNOTTE, Adhémar. *Vaudreuil, 1702-1963: Notes historiques*. Dorion, Éditions Vaudreuil, 1982. 119 p.

LACOMBE, Joanne et Élyse TREMPE. *L'église de Vaudreuil: richesse du patrimoine québécois: l'art européen, source d'inspiration pour l'art religieux au Québec*. Montréal, Université de Montréal, Département d'histoire de l'art, 1984. 22 p.

La nef, vue depuis le chœur, au début du siècle. L'orgue, acquis en 1871, est installé au revers de la façade en 1883. (ANQ-Q)

Maison Valois

Dorion
331, rue Saint-Charles

Fonction: récréo-touristique
Classée monument historique en 1972

Au cours de la restauration de 1972, on a supprimé tous les attributs issus du XIXᵉ siècle en vue de rétablir un état originel hypothétique.

C'est sur les rives de l'anse de Vaudreuil et à peine à l'extérieur des limites de cette ville que s'élève la maison Valois, classée monument historique et restaurée en 1972. Bien dégagé du sol, l'édifice mesure près de 12 mètres de côté et est doté d'un mur de refend central. La blancheur du recouvrement en planche posée à la verticale contraste avec le massif de maçonnerie du solage en moellons et des cheminées.

La maison a été construite en 1796 pour Joachim Génus, habitant de la seigneurie et capitaine de milice. Par sa forme générale et ses dimensions, elle s'inscrit dans la tradition déjà forte de la seconde moitié du XVIIIᵉ siècle dans la région de Montréal: plan plutôt carré, maison haute et massive, cheminées en chicane, absence de lucarnes. Sa structure, soit un carré en pièce sur pièce à coulisse et à queue d'aronde, est quant à elle peu commune. Il en va de même pour le fruit des murs, qui évoque plutôt le profil d'une construction en pierre.

Ce type de bâtiment que l'on trouve dès la fin du XVIIᵉ siècle en milieu urbain – où il survit jusqu'à la fin du XVIIIᵉ siècle malgré les interdits – est souvent recouvert d'un enduit. En d'autres occasions, on voit le propriétaire, devenu plus prospère, substituer des murs de maçonnerie à structure en bois, en réutilisant toutefois la même charpente du comble.

L'état originel des dispositions intérieures nous est connu grâce à un inventaire des biens dressé en 1840 par Joachim Génus fils. On y signale l'existence d'un groupe de pièces formé d'une cuisine, d'une salle et d'un cabinet (rangement) et d'un second groupe formé d'une grande chambre et d'une chambre «du fond de la maison». Il s'agit là d'une simplification du plan typique des habitations du XVIIᵉ siècle urbain qui se retrouve en milieu rural jusque vers 1830-1840. Le système est simple: de l'extérieur, on accède à la salle qui contient la cuisine ou qui y est annexée; de cette pièce, on passe à une chambre qui peut elle-même être subdivisée par une chambre plus petite ou des cabinets. La circulation se fait alors en passant d'une pièce à l'autre, sans couloir.

En 1830, la maison est cédée à Joseph Valois, cultivateur de Vaudreuil, qui construit une cuisine d'été sur le mur-pignon est. À la fin du XIXᵉ siècle, la maison apparaît avec de larges galeries et un revêtement en crépi; d'élégantes lucarnes éclairent quatre chambres aménagées dans un comble, jusque-là utilisé à des fins d'entreposage.

La restauration de la maison Valois illustre une étape intéressante dans le mouvement de la conservation au Québec. On a d'abord choisi de l'appeler Valois, lui conférant un caractère plus «local» que Génus. On s'est ensuite appliqué à enlever tout ce que les Valois avaient apporté à la maison (galeries, larmier, crépi, lucarnes, etc.), dans la perspective de rétablir un état originel hypothétique.

Ce type de restauration, qu'on qualifie de «stylistique» parce qu'il prétend recomposer une unité d'un seul moment (d'un seul style), a été initié par l'architecte français Eugène-Emmanuel Viollet-le-Duc dans la première moitié du XIXᵉ siècle. Cela a permis aux restaurateurs du Québec – l'époque nationaliste aidant – de débarrasser bon nombre d'édifices d'attributs jugés ingrats parce que issus du XIXᵉ siècle et qui, selon eux, masquaient ou défiguraient des œuvres «d'esprit français», donc plus valables.

Propriété de la Ville de Dorion, la maison Valois est maintenant utilisée à des fins récréo-touristiques.

Luc Noppen, historien de l'architecture

BÉLISLE, Michel. *La maison Génus-Valois à Dorion*. Montréal, ministère des Affaires culturelles, 1983.

*La maison Valois, vers 1925. À la construction initiale de 1796, on a ajouté notamment des galeries et des lucarnes.
(ANQ-Q, E. Gariépy)*

Maison Trestler

Dorion
85, rue de la Commune

Fonction: culturelle
Classée monument historique en 1976

La maison Trestler se dresse dans la partie nord de la ville de Dorion, dans l'ancienne seigneurie de Vaudreuil. C'est là que Jean-Joseph Trestler, venu d'Allemagne en 1776 comme mercenaire dans le régiment de Hesse-Hanau, s'installe en tant que marchand général.

En choisissant la région de Vaudreuil, Trestler sait ce qu'il fait; la pointe de terre où il s'établit est située à la rencontre du lac des Deux Montagnes et de la rivière des Outaouais, ce qui lui permet de communiquer facilement avec l'arrière-pays. Trestler possède le sens des affaires. Il investit notamment dans la fabrication de la potasse, fait le commerce de la fourrure et des étoffes, et devient même prêteur. Grâce à ses nombreuses entreprises, il parvient à mener un train de vie digne d'un seigneur.

En 1786, un an après son arrivée à Vaudreuil, Trestler achète une petite maison en bois équarri en pièce sur pièce. Dès 1798, il la fait remplacer par une maison en pierre, ce qui indique son succès et son aisance. Les travaux sont effectués en trois étapes: 1798, 1805 et 1806, chacune marquée d'une pierre d'angle sur laquelle se lit une inscription particulière. La partie construite en 1798 correspond au corps central du bâtiment, celle de 1805 à l'aile ouest et celle de 1806 à l'aile est.

La maison Trestler possède certaines caractéristiques architecturales issues de la tradition française: des murs gouttereaux bas, une imposante toiture et de nombreuses cheminées. Le toit à deux versants suit une pente de 45 degrés. Notons également la présence d'un larmier débordant largement la ligne de toit, la grandeur et la distribution symétrique des ouvertures et, finalement, le grand nombre de lucarnes, sans doute ajoutées à une époque ultérieure. La partie centrale de la maison se distingue des parties adjacentes par les souches doubles de deux cheminées et par la cheminée simple du mur de refend.

Cette maison est remarquable d'abord et avant tout pour ses dimensions inusitées. Bâtie selon un plan rectangulaire (41 mètres sur 12), elle est de forme plus allongée que la plupart des maisons québécoises. Elle s'apparente davantage aux grandes résidences seigneuriales, comme le manoir Legardeur de Repentigny à Mascouche et le château de Ramezay à Montréal.

À l'époque, la maison sert à la fois de résidence, de magasin général et de poste de traite des fourrures. Après la mort de Trestler, en 1813, ses descendants occuperont la maison en permanence jusqu'en 1927. Par la suite s'y succéderont plusieurs propriétaires. Utilisée jusqu'en 1976 à des fins résidentielles, la maison est aujourd'hui réservée à des activités culturelles: conférences, pièces de théâtre, concerts, expositions.

La maison Trestler, vers 1925. La partie construite en 1798 correspond au corps central du bâtiment, celle de 1805 à l'aile ouest et celle de 1806 à l'aile est. (ANQ-Q, E. Gariépy)

Au cours du XXe siècle, notamment, la maison Trestler subit certaines modifications qui altèrent son aspect extérieur mais surtout son intérieur. Les principales transformations sont effectuées en 1927-1928, à l'époque où Gustave-Henri Rainville en est propriétaire. Celui-ci modifie les divisions intérieures et fait l'ajout d'éléments de style Tudor, dont un escalier. En 1976-1977, les Dubuc redonnent à la maison Trestler ses divisions originelles.

Ce qui caractérise l'intérieur de cette maison est sans contredit l'immense salle voûtée qui se trouve dans la section ouest (1805). Mesurant 11 mètres (la largeur de la maison) sur 6 et 11 mètres au point le plus haut, c'est l'une des plus grandes pièces de la maison. À l'époque de Trestler, elle abritait le magasin général et le poste de traite (des crochets de métal se trouvent encore au plafond). On l'utilise aujourd'hui comme salle de conférences et de réunions.

Malgré certaines modifications dues au temps et aux initiatives des propriétaires, la maison Trestler conserve quasi intégralement son caractère originel. Elle est un bel exemple de l'architecture traditionnelle du Québec.

Louise Roy, urbaniste

Par ses dimensions inusitées, la maison Trestler s'apparente aux grandes résidences seigneuriales, comme le manoir Legardeur, à Mascouche.

DUBUC, Louis. *La maison Trestler, 1798*. Dorion, Fondation de la maison Trestler, 1978. 12 p.

PINARD, Guy. *Montréal, son histoire, son architecture. Tome 2*. Montréal, Les Éditions La Presse, 1988: 67-72.

FRÉCHETTE, Marc *et al. Rapport et relevé de la maison Trestler*. Montréal, Université de Montréal, École d'architecture, 1978, 3 vol.

Église Sainte-Jeanne-de-Chantal

Notre-Dame-de-l'Île-Perrot
1, rue de l'Église

Fonction: religieuse
Classée monument historique en 1961

En 1740, l'île Perrot compte suffisamment d'habitants pour justifier la construction d'une église. Jusqu'alors, les habitants se rendaient à Pointe-Claire et à Sainte-Anne-du-Bout-de-l'Île pour entendre la messe. En 1743, il semble qu'une première église et un presbytère soient érigés près du domaine seigneurial. Dix années plus tard, l'évêque cherche à changer le site de l'église pour la commodité de la majorité des habitants. Cependant, le projet ne progresse pas; en 1767, le seigneur Jean-Baptiste Leclerc signale la présence des seuls murs du premier édifice religieux.

Les étapes de construction

L'église actuelle est finalement livrée au culte en 1786, après une campagne de construction qui s'échelonne sur plus de douze années. Elle est construite d'après un plan en croix latine terminée par un chevet plat à l'arrière duquel se profile la sacristie. Ce plan, assez courant dans la région montréalaise (Sault-au-Récollet, Verchères), est une des variantes du plan récollet où la cloison séparant le sanctuaire de la sacristie devient un mur qui ferme l'église. Cette disposition s'explique: à cette époque, sous l'impulsion de Mgr Briand, la plupart des paroisses du Québec construisent une sacristie indépendante de l'église.

L'église Sainte-Jeanne-de-Chantal, vers 1925. Inauguré en 1786, l'édifice adopte un plan en croix latine. (ANQ-Q, E. Gariépy)

Le plan est modifié une première fois en 1848, alors qu'on y adjoint la chapelle carrée sur le côté. Détruite par le feu en 1852, la sacristie semble avoir été reconstruite sur les mêmes murs. Depuis, seule une construction en appentis y a été ajoutée. La façade originelle de l'église ne nous est cependant pas connue. Dès 1842, cette section subit des travaux, notamment au clocher. En 1863, le clocher est de nouveau remplacé. Finalement, en 1901, l'édifice est doté d'une nouvelle façade, construite d'après les plans de l'architecte Alcide Chaussée.

L'église domine la baie et s'élève au-dessus du promontoire qui abrite le «cimetière marin». Dès qu'on se déplace vers le chevet, le point de vue change du tout au tout. De là, on voit se profiler la sacristie, le chevet plat et les chapelles latérales importantes d'un édifice de dimensions assez modestes, qui rappelle l'architecture religieuse du Régime français.

Le décor intérieur, entrepris en 1812, est réalisé en plusieurs étapes. De 1812 à 1819, un premier chantier d'importance y est ouvert. Vers la fin, Joseph Turcaut, menuisier et sculpteur, reçoit une somme «pour achever la payement» de ses ouvrages. Il s'agit probablement du lambrissage, de la confection de la fausse voûte en bois et,

La façade actuelle, dessinée par l'architecte Alcide Chaussée, date de 1901.

peut-être, de quelques ouvrages comme des tabernacles et tombeaux d'autels. Ceux-ci ressemblent toutefois davantage à des œuvres acquises de l'atelier de Quévillon.

L'école de Quévillon

En 1828, les travaux reprennent sous la direction de Louis-Xavier Leprohon, sculpteur de l'école de Quévillon, qui travaille à l'occasion dans la région de Québec. C'est à Leprohon que nous devons l'ornementation de la voûte et la confection du retable.

Les voûtes de ce type sont inspirées des traités d'architecture qui reprennent Vignole. Plusieurs éditions françaises du XVIIIe siècle proposent des modèles de décor qui sont effectivement utilisés par Quévillon et ses disciples. On peut dire qu'avant 1820, il n'y a guère eu d'autres types de voûtes dans les églises et même que ce type est né avec le XIXe siècle. En effet, il semble qu'auparavant on se soit contenté d'une fausse voûte peinte ou d'un simple plafond.

Le retable est quant à lui caractéristique de l'art de Leprohon; pour s'en convaincre, il suffit de le comparer à une autre œuvre réalisée par le même sculpteur en 1833, à Saint-André de Kamouraska. Ce retable, le décor des murs du sanctuaire et les retables latéraux sont traités comme un ensemble.

On y sent déjà l'influence de Thomas Baillairgé que Louis-Xavier Leprohon fréquente et pour qui il travaille à l'occasion. L'ornementation délicate des panneaux et le traitement sculpté de celle-ci nous rappellent toutefois l'influence de Quévillon.

Les retables de Quévillon et du groupe de sculpteurs qui formaient ce que l'on a coutume d'appeler maintenant son «école», sont essentiellement de deux types, du moins pour la période qui nous concerne: le retable en arc de triomphe et le retable isolé au fond du rond-point.

Le retable en arc de triomphe de l'église Sainte-Jeanne-de-Chantal emprunte à l'art du Régime français, qui a survécu pendant les 30 années qui suivirent la Conquête. Après 1790, il est généralement adossé au chevet plat, terminaison de l'église. Le traitement des formes est cependant beaucoup plus maniéré chez Quévillon et ses élèves qu'il ne l'a été auparavant. En effet, le retable est composé d'une superposition des ordres qui permet au sculpteur d'atteindre la hauteur totale du mur sans utiliser une colonnade monumentale. De plus, une ornementation abondante comble littéralement tous les vides. Dans l'ensemble, le sculpteur propose une progression des formes où dominent la richesse et la qualité de l'exécution. La large utilisation du répertoire formel que propose le style Louis XV permet cette exubérance, à laquelle contribue la polychromie, malheureusement bafouée par nos restaurateurs actuels.

Autre campagne de travaux

À l'île Perrot, la paroisse entreprend en 1848 une troisième campagne de travaux à l'intérieur de l'église. Celle-ci se poursuit pendant plusieurs années. Nous n'avons pas encore de précision sur la nature de ces travaux, mais il n'est pas impossible qu'on ait complété, voire modifié quelque peu le décor intérieur en même temps qu'on a pu effectuer plusieurs travaux secondaires (portes donnant accès à la sacristie, cuve de la chaire, planchers, etc.).

C'est Louis-Xavier Leprohon, sculpteur de l'école de Quévillon, qui réalise l'ornementation de la voûte et le retable en 1828. (ANQ-Q, E. Gariépy)

Au-dessus du maître-autel, le tableau de la patronne sainte Jeanne de Chantal est acquis en 1790 par la paroisse. Il s'agit vraisemblablement, selon Gérard Morisset, d'une œuvre de Louis Dulongpré. Dans la chapelle de droite, trois tableaux: *Le Miracle de saint Antoine* et *Le Baptême du Christ*, non signés, et *Le Christ en douleur* réalisé en 1881 par Joseph Dynes, peintre de Québec.

Dans le retable, à l'intérieur des médaillons sculptés par Leprohon, deux autres tableaux anonymes: *La Vierge de Douleur* et *L'Ecce Homo*, acquis vers 1828.

En 1932, Ramsay Traquair affirme: «Ste. Jeanne de l'Ile Perrot has lain off the beaten track away from the main line of Canadian prosperity and Canadian development and in this it has found its salvation; it remains to day an excellent example of the French Canadian village church, where a fortunate lack of wealth has preserved those simple beauties which the patient care and self-service of its parishioners have created.»

Aujourd'hui encore dans le vaste fouillis qu'est l'île Perrot, durement touchée par l'urbanisation rapide, l'église Sainte-Jeanne-de-Chantal semble un peu oubliée, comme si sa situation à l'écart des passants l'avait pour un instant soustraite aux aléas de la vie moderne.

Luc Noppen, historien de l'architecture

L'église a conservé quasi intégralement son riche décor intérieur. (MAC)

GROUPE HARCART. *Inventaire des œuvres d'art et des pièces de mobilier du culte: fabrique Sainte-Jeanne-de-Chantal. Île Perrot, comté de Vaudreuil*. Montréal, ministère des Affaires culturelles, 1982. 122 p.

NOPPEN, Luc. *Les églises du Québec (1600-1850)*. Québec/Montréal, Éditeur officiel du Québec/Fides, 1977. 298 p.

TRAQUAIR, Ramsay et E.R. ADAIR. *The church of St. Jeanne Françoise de Chantal on the Île Perrot, Québec*. Montréal, Université McGill, 1932. 15 p. (Coll. «McGill University publications», séries XIII, n° 35).

Moulin à vent et maison du meunier

Notre-Dame-de-l'Île-Perrot
2500, boulevard Don-Quichotte

Fonction: culturelle
Classés monuments historiques en 1977

Le parc historique de la Pointe-du-Moulin est situé à l'île Perrot, sise entre l'île de Montréal et Vaudreuil. Jadis parsemé de plusieurs bâtiments, le site ne propose plus que deux témoins importants de la période seigneuriale: le moulin et la maison du meunier.

L'île et ses seigneurs

Le 29 octobre 1672, François-Marie Perrot, deuxième gouverneur de Montréal, se fait concéder l'île qui portera son nom. Il y établit un poste de traite et confie sa seigneurie au lieutenant de sa compagnie, Antoine de la Fresnaye de Brucy. Celui-ci trafique l'eau-de-vie et fait commerce avec les Amérindiens. Sous l'ordre de Frontenac, et par suite des nombreuses discordes qu'occasionne son commerce illicite, le sieur Perrot est arrêté et emprisonné en 1674. Quelques mois plus tard, il recouvre son poste de gouverneur et son rôle de seigneur. La première terre concédée porte le nom de fief de Brucy.

En 1684, Charles Le Moyne, sieur de Châteauguay et de Longueuil, acquiert la seigneurie de Perrot, mais c'est Joseph Trottier Desruisseaux qui devient le premier seigneur résidant, à partir de 1703. On mentionne d'ailleurs en 1705 l'existence d'un nouveau domaine dans la partie sud-est de l'île: la Pointe-du-Moulin. Desruisseaux y établit une ferme et exploite un moulin à farine. La première mention de la présence d'un moulin à vent date de 1708. Il s'agit de la quittance de Léonard Paillé dit Paillard, constructeur de moulins, à l'endroit de Joseph Trottier Desruisseaux, pour des travaux de charpente à son moulin.

Après la mort de son mari, la seigneuresse concède de nombreuses terres et fait construire la première église de l'île Perrot en 1740. En novembre 1774, le moulin à vent est décrit comme étant «hors d'œuvres». Il faudra attendre la venue du seigneur Thomas Dennis en 1785 pour qu'il soit restauré. D'importantes réparations sont alors entreprises par Charles Cytoleux qui est preneur du moulin pour trois ans. Il semble cependant que Cytoleux n'ait pas terminé son travail car moins d'un an plus tard, Dennis loue pour trois ans le moulin à vent à Jean-Baptiste Relle qui doit «faire faire toutes les réparations qui sont nécessaires pour mettre le moulin en bon état (sujet à visite et dires d'experts...)».

Enfin, en 1791, on décrit le moulin à vent «tournant et faisant farine et en très bon état»; il est alors confié par bail à Charles Cytoleux dit Langevin. La même année, on relève pour la première fois la présence d'une nouvelle maison sur le domaine: c'est la maison du meunier que l'on peut encore voir sur le site.

L'inventaire après décès des biens du seigneur Dennis contient une intéressante description du domaine de l'île Perrot et des bâtiments qui s'y trouvent dont: «[...] une autre maison de pierres maçonnées à chaux et sable servant de logement au meunier, d'environ vingt-six pieds de long sur vingt-quatre de large, à une seule cheminée, couverte en planches, divisée en deux appartements avec ses portes, châssis, contrevents, etc.»

Un document de 1821 mentionne que l'arbre, le rouet et le cercle de meule du moulin à vent sont remplacés. En 1828, Henry Ahern passe un marché avec Théodore Cytoleux dit Langevin, l'engageant à construire un bluteau (blutoir). Le moulin, au cours des XIXe et XXe siècles, passera de main en main sans que des détails importants ne soient donnés sur son état et son fonctionnement.

Au printemps 1817, la seigneurie de l'Île-Perrot est officiellement divisée en deux parties d'égale superficie. Le côté est de l'île devient la propriété du sieur Régis-Maurice Mongrain, tandis que le côté ouest revient à Marie-Angélique Dézery. Le domaine seigneurial est également séparé en deux lots distincts. Toutefois, le moulin à vent, la maison, l'écurie, le terrain autour et un arpent de terre pour l'usage du meunier demeurent le bien commun des deux coseigneurs. Il s'agit là du lot n° 1, connu depuis lors sous le nom de Pointe-du-Moulin.

Au milieu du XIXe siècle, le lot n° 1 de la Pointe-du-Moulin est réunifié et appartient désormais à un seul propriétaire. À l'aube du XXe siècle, il fait l'objet de ventes successives avant d'être acquis, en 1906, par le Windmill Point Fin Fur and Feather Club. Le club vendra la propriété en 1963 à une particulière.

Le moulin à vent de l'île Perrot, vers 1925. Un chalet lui est alors adossé. Amputé de ses ailes, le toit a perdu son recouvrement d'époque et des lucarnes lui ont été ajoutées. (ANQ-Q, E. Gariépy)

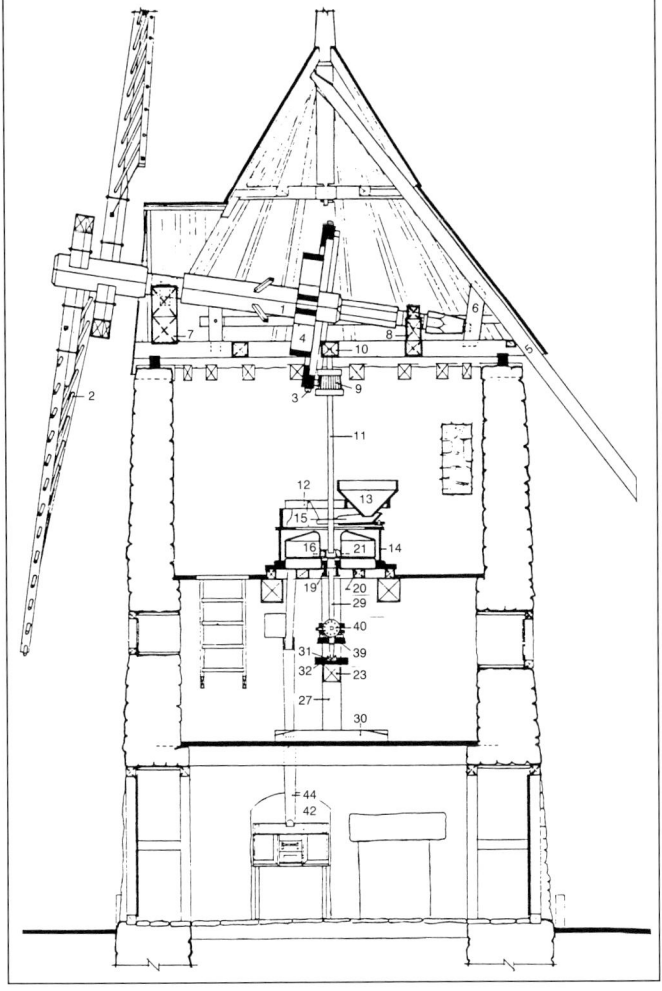

Coupe du moulin. (MAC)

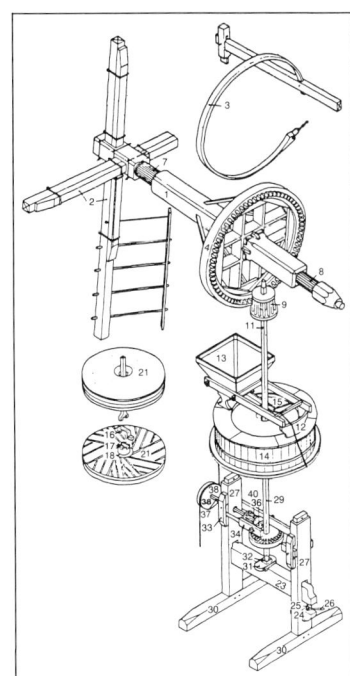

Vue isométrique du mécanisme du moulin. (MAC)

1	Arbre	25	Vérin de la trempure
2	Ailes	26	Clef de la trempure
3	Frein	27	Support
4	Rouet	28	Cliquet
5	Queue	29	Petit fer
6	Heurtoir	30	Pied
7	Gros collet	31	Base de la crapaudine
8	Petit collet	32	Crapaudine
9	Lanterne	33	Support du monte-sac
10	Palier du gros fer	34	Levier du monte-sac
11	Gros fer	35	Pièce de chêne
12	Trumion	36	Palier du monte-sac
13	Trémie	37	Fer du monte-sac
14	Archures	38	Roue du monte-sac
15	Auget	39	Rouet du monte-sac
16	Anille	40	Lanterne du monte-sac
17	Pièce de jonction		
18	Rondelle de cuir	41	Palier
19	Boîte des coussinets	42	Hûche
20	Charpente de support	43	Coins
21	Meules	44	Chute
22	Base des archures		
23	Palier de la trempure		
24	Base de la trempure		

Lorsque le gouvernement du Canada achète le site en 1972, tout y est à l'abandon. L'année suivante, en échange des Forges du Saint-Maurice à Trois-Rivières, le ministère des Affaires culturelles du Québec acquiert du ministère des Affaires indiennes et du Nord canadien la Pointe-du-Moulin. De toutes les constructions érigées sur le domaine, seuls subsistent alors le moulin à vent et la maison du meunier. Ils sont classés monuments historiques en 1977.

Le moulin à vent

Le moulin de l'île Perrot est du type moulin-tour, le plus répandu en Nouvelle-France. Il est constitué d'une tour massive en moellons recouverte d'un toit conique qui pivote sur des lames d'acier enduites de suif. La tour, qui compte trois niveaux, est percée au rez-de-chaussée de deux portes, en vis-à-vis, d'une petite fenêtre au premier étage et d'une autre au deuxième.

Au rez-de-chaussée, on retrouve une échelle de meunier, une niche pour la huche à mouture ainsi qu'un foyer avec conduit de fumée ménagé dans le mur. Le premier étage contient le système de réglage de l'écartement des meules, aussi appelé trempure, de même qu'une petite niche qui sert de placard. Le deuxième étage est occupé par les meules.

Au-dessus des murs, le chemin tournant forme la base de la calotte qui sert à porter l'arbre de couche et permet à la toiture de pivoter par poussée de la queue. La toiture de forme conique, avec une pente d'environ 50 degrés, est couverte de planche et percée d'une petite lucarne abritant la sortie de l'arbre à l'extrémité duquel sont fixées les ailes.

En 1973, lorsque le gouvernement du Québec acquiert le site, le moulin sert d'habitation, tout comme le chalet qui lui est adossé. Il est amputé de ses ailes, le toit a perdu son recouvrement d'époque, des lucarnes lui ont été ajoutées et le mécanisme a disparu. Toutefois, le cylindre de maçonnerie témoigne encore d'une solide construction.

En 1976, à la faveur des travaux de curetage, les murs intérieurs sont dégagés du revêtement en planchette récent, dévoilant ainsi le mur de maçonnerie d'origine. Cette opération permet de mettre au jour sept meurtrières percées dans le mur. Étant donné sa position stratégique, la tour du moulin pouvait en effet servir d'ouvrage défensif contre les attaques amérindiennes.

On découvre également que le moulin de l'île Perrot possédait jadis deux portes d'entrée. Celle qui fait face au fleuve avait été murée; on la dégage afin de la rétablir dans son état originel. En restaurant la maçonnerie et le foyer, on constate que le conduit de fumée, partant de l'âtre, débouche directement sur l'extérieur par un orifice peu visible.

Après avoir complètement enlevé le toit, on procède à l'examen détaillé des pièces de charpente, on remplace le poinçon et répare le chemin courant et le chemin dormant. Toute cette partie des travaux s'effectue en atelier. Transportée par la suite en pièces détachées sur le site, la charpente de la toiture est assemblée au sol et hissée sur la tour de maçonnerie au moyen d'une grue.

Afin de pouvoir moudre le grain et démontrer sur place le fonctionnement du moulin, il faut en reconstituer intégralement le mécanisme. On relève d'abord avec soin les traces du mécanisme disparu: mortaises au chemin courant, fragment de la meule trouvé dans la maçonnerie, etc. On visite aussi d'autres moulins du Québec dont les vestiges peuvent servir à orienter le projet de reconstitution. Architectes et artisans réussissent, non sans difficultés, à trouver et aussi à fabriquer les morceaux manquants du casse-tête. C'est ainsi que l'arbre, le rouet et le frein sont construits au cours de l'hiver

La maison du meunier a fait l'objet d'une restauration minutieuse, fidèle aux descriptions des actes notariés d'époque.

1978. Une fois l'outillage complété, on agence et ajuste les pièces en vue d'un fonctionnement d'ensemble.

Presque toutes les pièces du mécanisme sont fabriquées en chêne blanc. Par contre, l'archure, la trémie et la huche sont en pin, et le frein est fait d'orme. C'est au printemps 1979 que le moulin, avec ses nouvelles ailes garnies de toiles de lin fabriquées sur mesure, se remet à tourner pour entreprendre une nouvelle carrière.

La maison du meunier

Cette construction en moellons où habitait le meunier comporte un rez-de-chaussée et un grenier servant autrefois à y entreposer le grain. La maison est modeste, non seulement par ses dimensions réduites (9 mètres sur 7,5), mais aussi par le petit nombre de ses ouvertures: trois fenêtres seulement au rez-de-chaussée, soit une par façade sur les côtés nord, sud et ouest, ainsi qu'une porte faisant face au moulin.

L'aménagement intérieur est également des plus simples: une seule cloison au rez-de-chaussée sépare la maison en deux parties. Dans la section nord, on retrouve l'unique foyer au fond duquel s'ouvre la porte du four à pain dont la voûte déborde vers l'extérieur. La maçonnerie est enduite de chaux et une armoire y est encastrée près du foyer. Une échelle escamotable permet l'accès au grenier.

La maison du meunier, tout comme le moulin, a subi au cours des siècles plusieurs transformations: par exemple, le toit à deux versants recouvert de bardeau d'asphalte est pourvu en façade et à l'arrière de lucarnes modernes. De plus, une galerie fermée est ajoutée sur les murs est et nord et à l'arrière, un appentis est adossé à la maison. Un curetage complet a permis de retracer et de reconstituer les différentes modifications apportées au fil des années.

La réparation de la charpente et la réfection de la couverture à l'aide de planches en pin s'effectuent selon les descriptions des actes notariés de l'époque. Sur le côté est de la maison, la découverte de vestiges de supports de bois encastrés dans le mur de maçonnerie laisse croire qu'il y avait là un escalier extérieur ou à tout le moins un palier qui permettait d'accéder au grenier. Les architectes optent pour la reconstruction de l'escalier, même s'il n'est pas certain qu'il ait existé.

À l'intérieur, le plancher du grenier, en bon état, est conservé tel quel; on doit cependant refaire entièrement celui du rez-de-chaussée. Après avoir repéré l'emplacement d'origine de l'unique cloison qui avait disparu, on en fabrique une nouvelle en planche verticale, à la manière de l'époque. On retrouve également les traces des plinthes en noir de fumée qui sont refaites à l'identique.

Tout au fond du foyer, on découvre la porte murée du four à pain et, à l'extérieur, les restes des murs de fondations. Le four à pain est reconstitué et mis en état de fonctionner. On refait une fenêtre arrière qui avait été convertie en porte, et une armoire encastrée transformée en fenêtre reprend sa fonction d'origine.

Mise en valeur du parc

Situé au bord du grand lac Saint-Louis, le parc de la Pointe-du-Moulin, d'une superficie de 30 acres, accueille chaque année au-delà de cent mille visiteurs qui viennent chercher calme, détente et promenade à rebours dans le temps.

Un ensemble modulaire construit en 1978 loge un centre d'interprétation. Documents audiovisuels, expositions, maquettes, marionnettes géantes, fêtes champêtres font partie, entre autres choses, des éléments qui interprètent le régime seigneurial, l'occupation du territoire, les techniques agricoles des premiers colons, le mécanisme du moulin, la vie quotidienne en Nouvelle-France.

Si le site permet de découvrir un savoir-faire ancestral et d'admirer l'œuvre de cet expert en génie civil qu'on appelait le constructeur de moulin, il veut, au-delà et à cause de ces témoins éloquents que sont le moulin et la maison du meunier, amener le visiteur à connaître et à comprendre, et quelquefois même à expérimenter, la structure administrative et la vie traditionnelle en Nouvelle-France au XVIIIe siècle.

À la Pointe-du-Moulin, le patrimoine n'est pas seulement une image sentimentale reliée au passé, mais une réalité traduite dans les techniques anciennes, elles-mêmes balises et repères dans l'évolution de l'homme.

Suzanne Gauthier
Gérald Savoie, architecte

L'ensemble historique permet non seulement d'admirer l'œuvre de cet expert en génie civil qu'on appelait le constructeur de moulin, mais aussi d'expérimenter la vie traditionnelle en Nouvelle-France.

COURCY-LEGROS, Louiselle. *Rapport de recherche sur l'île Perrot: la seigneurie de l'île Perrot et la Pointe-du-Moulin*. Montréal, ministère des Affaires culturelles, 1986.

MINOTTO, Claude. *La seigneurie de l'Île Perrot et la Pointe du Moulin*. Ottawa, ministère des Affaires indiennes et du Développement du Nord, Commission des lieux historiques, 1971. 75 p.

PINARD, Guy. *Montréal, son histoire, son architecture. Tome 1*. Montréal, Les Éditions La Presse, 1987: 77-82.

Ancienne usine hydroélectrique

Les Cèdres
2100, chemin du Fleuve

Fonction: industrielle
Classée monument historique en 1984

Édifiée en 1899 selon les plans de l'ingénieur Thomas Monro, la centrale se présente comme une sorte de château issu du Moyen Âge.

Située à quelque 40 kilomètres au sud-ouest de Montréal, à mi-chemin entre les municipalités des Cèdres et de Coteau-du-Lac, l'ancienne usine hydroélectrique se dresse au point de rencontre de la rivière à la Graisse et du canal de Soulanges. La construction de ce canal remonte à la fin du XIXe siècle, à l'issue d'une série de recommandations formulées par une commission royale d'enquête créée pour étudier les problèmes de navigation entre les lacs Saint-Louis et Saint-François.

Le canal de Soulanges

Trois solutions s'offrent alors au gouvernement: on peut élargir le vieux canal de Beauharnois (1842-1845), en construire un nouveau sur la rive sud ou encore sur le littoral nord. Des études faites entre 1872 et 1874 favorisent cette dernière solution. La décision finale ne sera toutefois prise que dix-sept années plus tard.

La longueur totale du canal sera de 23,6 kilomètres et cinq écluses permettront de le franchir et de s'ajuster à la dénivellation de 25 mètres entre les points d'entrée et de sortie. Les techniques les plus modernes sont utilisées dans la construction, et le béton est préféré, pour les écluses et les digues, à la maçonnerie de pierre et aux madriers habituellement en usage. Le tirant d'eau au seuil des portes est de 4,3 mètres, plutôt que de 3,6 comme il avait initialement été prévu. Les dimensions des écluses sont de quelque 82 mètres de longueur sur 14 de largeur.

La plus importante des innovations techniques apportées à la construction du canal est sans contredit l'électrification des écluses et l'utilisation de l'éclairage électrique. Les opérations du canal peuvent désormais se poursuivre pendant la nuit.

Pour réaliser l'électrification du canal de Soulanges, les ingénieurs doivent construire une centrale hydroélectrique. Le site choisi pour ériger l'usine se situe à 14,5 kilomètres du lac Saint-Louis, à l'endroit même où en 1898 l'entrepreneur Charles H. Raymor construisit la digue de régularisation. Celle-ci est modifiée pour servir de fondation à la centrale.

Les plans de la centrale sont dressés en novembre 1898 dans les bureaux du Department of Railways and Canals et sont signés par l'ingénieur Thomas Monro. Deux mois plus tard, la compagnie Canadian General Electric obtient les contrats d'électrification du canal et de construction de la centrale, érigée en une année au coût d'environ 20 000 dollars.

L'appareillage électrique de la centrale est ensuite installé. Deux séries de quatre turbines de 60 centimètres alimentent deux génératrices à trois phases pouvant fournir chacune 264 kilowatts à 60 cycles par seconde. Le voltage à pleine charge est de 2 400 volts et le courant s'élève à 64 ampères. Les alternateurs rotatifs font 265 révolutions par minute. La puissance totale développée atteint environ 720 chevaux-vapeurs. Quoique modeste, cette puissance suffit aux besoins du canal. Le canal de Soulanges est en activité jusqu'en 1959, année de l'inauguration de la voie maritime du Saint-Laurent.

L'usine hydroélectrique

Vu de trois quarts, cet impressionnant édifice de près de 26 mètres de longueur sur plus de 8 mètres de profondeur paraît émerger du talus qui retient les eaux du canal. Pour bien comprendre l'architecture de la centrale, il nous faut pénétrer à l'intérieur du talus pour saisir l'agencement des turbines; dans un édifice industriel, la forme architecturale est directement tributaire de l'organisation des espaces autour des machines.

Les conduites forcées passent, à l'horizontale, sous le chemin de halage. C'est là qu'elles se transforment en caissons de turbines. Les quatre plaques circulaires de près de deux mètres de circonférence, visibles au niveau du chemin de halage, doivent correspondre à l'emplacement de ces turbines. Elles doivent se trouver au fond des caissons, de façon à pouvoir utiliser la dénivellation qui existe entre les eaux du canal proprement dit et du canal de régularisation. Les eaux turbinées doivent ensuite emprunter des conduits verticaux situés directement sous la base des turbines pour se jeter par la suite dans les deux grands conduits horizontaux qui passent au-dessous de la salle des machines. De part et d'autre des conduites forcées, on trouve six évacuateurs de crues.

À une digue construite selon les techniques les plus modernes, on a adjoint un bâtiment dont les formes puisent au répertoire médiéval.

La centrale elle-même se présente comme une sorte de château issu du Moyen Âge. Le bâtiment en brique rouge est constitué de trois parties bien distinctes: un corps central légèrement en retrait qui sert de salle des machines, une aile ouest où loge le surveillant de l'usine et une aile est destinée à l'entreposage. Une fondation comprenant deux assises de pierre calcaire bouchardée supporte le mur. Tous les angles en saillie sont constitués de chaînages en pierre de taille peignée; les devis du Department of Railways and Canals précisaient l'utilisation du grès de l'Ohio. Tous les toits sont recouverts d'ardoise.

De part et d'autre de la porte centrale, on trouve sculptées dans les écoinçons les lettres «AD», du côté ouest, et «99», du côté est. Le bâtiment est donc daté de 1899. La partie centrale (la salle des machines) est éclairée par quatre grandes fenêtres à l'étage noble et de six petites fenêtres cintrées à l'étage. Une corniche à mâchicoulis couronne le mur de façade. Les deux ailes sont décorées dans le même style moyenâgeux. En façade, elles présentent un fronton flanqué de deux échauguettes.

On pénètre dans la partie centrale de l'usine par la grande porte. Cet espace, le plus vaste de la centrale, mesure 13 mètres de longueur sur près de 7 mètres de profondeur. La hauteur de cette vaste salle est de plus de 9 mètres sous la charpente métallique du toit. Comme les machines ont toutes disparu, il faut examiner attentivement murs et planchers pour pouvoir les restituer, du moins dans notre esprit. À trois mètres des deux murs mitoyens, on trouve deux grandes dalles de ciment qui servaient de base aux deux génératrices à axe horizontal de la centrale.

L'édifice comprend trois parties distinctes: le corps central abrite la salle des machines, l'aile ouest sert de logis pour le surveillant de l'usine et l'aile est fait office d'entrepôt.

Le style «château»

On peut se demander pourquoi l'ingénieur Monro a décoré cette centrale comme un château du Moyen Âge; pourquoi il a plaqué un tel décor sur un édifice qui constitue, à la fin du XIXe siècle, une technologie de pointe. La réponse est complexe et est principalement liée à la création d'un style «canadien» en architecture.

Le premier acte de cette histoire débute avec le départ de Québec de la garnison britannique en 1871. On songe alors à démolir les fortifications pour favoriser le développement de la ville. C'est alors qu'intervient Lord Dufferin. Arrivé à Québec en 1872, il propose de les restaurer et de reconstruire les portes en style «normand moyenâgeux». Son but est de rappeler la France médiévale que des architectes (tel Viollet-le-Duc) remettent à la mode. Québec, la capitale de la France en Amérique, se doit d'être médiévale pour exhiber ses origines. Ce style sera d'ailleurs emprunté pour l'érection du parlement canadien à Ottawa.

Le second acte se déroule quelques années plus tard, en 1885, avec la fin des travaux menés par le Canadien Pacifique. Pour encourager la villégiature, la compagnie crée une chaîne de «châteaux» et relais qui seront tous construits dans ce style moyenâgeux déjà mis de l'avant par Dufferin. Les hôtels comme le Banff Springs (dans les Rocheuses canadiennes, en Alberta), le Château Frontenac de Québec et la gare Viger de Montréal apparaissent partout au Canada. Le style «château» est lancé. Il devient l'image de marque du Canada en architecture.

La centrale hydroélectrique des Cèdres est construite pendant cette période où le mâchicoulis et l'échauguette deviennent synonymes de «canadien». Il n'est donc pas surprenant que l'usine érigée par le gouvernement canadien affirme son appartenance à un style «canadien». Curieusement, elle semble la seule à avoir été construite de cette façon.

La centrale hydroélectrique du canal de Soulanges est un des rares spécimens d'architecture industrielle où le nationalisme canadien a laissé son empreinte.

Jean Bélisle, historien de l'art

Hogue, Clarence *et al. Québec, un siècle d'électricité*. Montréal, Libre Expression, 1979. 381 p.

Pinard, Guy. *Montréal, son histoire, son architecture. Tome 2*. Montréal, Les Éditions La Presse, 1988: 187-192.

La centrale des Cèdres est construite pendant cette période où le mâchicoulis et l'échauguette deviennent synonymes de «canadien».

Maison Pierre-Charay

Les Cèdres
1037, chemin du Fleuve

Fonction: commerciale
Classée monument historique en 1981

La maison Pierre-Charay vers 1920. (MAC, coll. M. Poirier)

La seigneurie de Soulanges, concédée en 1702 à Pierre Jacques de Joybert de Soulanges, a beaucoup évolué depuis l'érection, en 1720, de la première chapelle sur le site du village de Saint-Joseph.

Construite au centre du village, entre le chemin du Roi (aujourd'hui le chemin du Fleuve) et la rive nord du fleuve Saint-Laurent, la maison originelle du maître farinier Pierre Charay, directeur des moulins de Soulanges de 1784 à 1793, a subi plusieurs transformations.

La première partie, bâtie entre 1794 et 1804, comporte, sur des fondations en pierre, un corps principal en pièce sur pièce d'environ 13 mètres sur 9, dont les murs extérieurs sont revêtus de planche à clins et surmontés d'un toit à deux versants. En 1804, suivant le marché de construction conclu entre Pierre Charay et A. Dandurand, une extension de 6,8 mètres vers le sud est construite, épousant le même gabarit que la maison d'origine et utilisant les mêmes matériaux.

Le commerce de Charay devient florissant et ses activités rayonnent bien au-delà de la seigneurie de Soulanges, ce qui l'amène à agrandir une deuxième fois sa maison du côté nord, bien qu'aucun marché de construction ne puisse confirmer la date exacte de cette extension. En août 1830, Dominique Charay, neveu de Pierre, achète la propriété qui comprend, outre la résidence, une écurie et autres bâtiments situés sur un lot de près de 60 mètres de front sur 30 de profondeur.

La maison conserve son aspect pendant près d'un siècle puis, vers 1890, la propriétaire de l'époque, Mary Waters, divise la propriété lors d'une donation à son gendre François-Xavier Coutlée, en se réservant la jouissance de la moitié sud, un arrangement qu'on maintiendra pendant près de 40 années. Au cours de cette période, on ajoute finalement une annexe à l'arrière du bâtiment, côté nord.

En 1966, Marcel Poirier acquiert l'ensemble de la propriété. Depuis 1986, son fils a entrepris des travaux majeurs de restauration. Le sous-sol de la maison abrite maintenant son atelier d'émailleur sur cuivre et une galerie d'art occupe le rez-de-chaussée et les combles.

L'implantation de la maison, à moins de deux mètres de l'alignement, avec sa galerie longeant le trottoir, la rend très présente dans la perspective du chemin du Fleuve. Le bâtiment, long et étroit, comportait à l'origine des caractéristiques qui distinguaient ses trois étapes de construction. La récente restauration les a uniformisées, les deux volumes initiaux étant identiques tant pour le

La façade a retrouvé sa noblesse grâce à la reconstruction de la galerie et de l'avant-toit ainsi qu'à la restauration de la porte centrale.

recouvrement du toit en tôle à la canadienne que pour celui des murs en planche à clins posée à l'horizontale sur les quatre façades, y compris l'annexe nord.

La structure en pièce sur pièce repose sur un sous-sol dont les murs en moellons présentent un fruit d'environ cinq degrés à l'intérieur. La charpente est composée de douze fermes, sans contreventement longitudinal, à entraits superposés dont l'élément bas a malheureusement été supprimé afin de rendre habitables les combles, éclairés par quatre lucarnes à pignon sur chacun des versants.

La reconstruction de la galerie a permis de retrouver la forme de l'avant-toit originel et de redonner à la façade sa noblesse, grâce à la restauration de la porte centrale. Celle-ci comporte une décoration très caractéristique constituée de panneaux à motifs

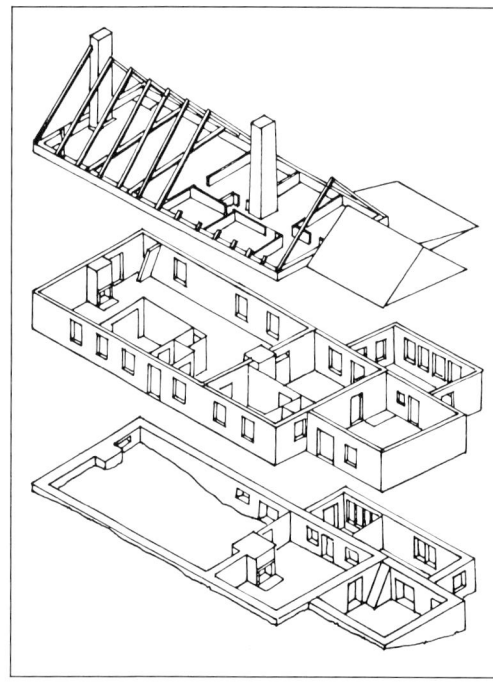

Les trois niveaux de la maison Pierre-Charay. (MAC)

octogonaux, ainsi qu'une imposte vitrée, seul témoin extérieur de l'influence du style Adam très en vogue au début du XIXe siècle dans le secteur avoisinant la frontière américaine.

À l'intérieur, on peut encore voir l'assemblage en pièce sur pièce du mur-pignon situé entre les deux premières parties. Une cheminée double dont l'âtre en pierre est fermé par des vantaux en menuiserie y est adossée.

La présence d'un élément de l'ancien lambris comportant des panneaux ornés de rudentures et agrémenté d'un récent bas-relief confirme l'intérêt que portait Pierre Charay à la décoration de style Adam, donnant à sa maison un caractère personnalisé, reflet de sa réussite économique et sociale.

Les éléments architecturaux d'origine, tels les planchers en madrier supportés par des poutres transversales s'appuyant sur les murs longitudinaux, ont été mis en valeur, ce qui crée une ambiance tout à fait appropriée au long passé de ce monument historique.

Dans la région de Vaudreuil-Soulanges, la maison Charay est un exemple, sinon exceptionnel, tout au moins caractéristique de l'architecture villageoise du début du XIXe siècle. Pierre Charay a su donner à son habitation-magasin une décoration originale qui la distingue des autres constructions du même type.

Claude Monin, architecte

ARCA. *La maison Pierre Charay, Les Cèdres: Relevé, description et inventaire des éléments d'intérêt*. Montréal, ministère des Affaires culturelles, 1984.

PALAZZO, J.M. *La maison Pierre Charay, St-Joseph de Soulanges, Les Cèdres*. S.l., s.n., 1979. N.p.

Région Montérégie

Site archéologique de la Pointe-du-Buisson

Melocheville
333, rue Émond

Fonction: culturelle
Classé site archéologique en 1975

Grâce aux vestiges mis au jour, l'archéologie ressuscite des quotidiens anciens. Scène reconstituée d'un mode de vie disparu. (Dessin F. Girard/ Vidéanthrop)

L'archéologie ressuscite des quotidiens anciens qui, parce qu'ils n'étaient que des quotidiens, avaient été banalisés par la tradition. Ils revivent aujourd'hui et deviennent les témoignages d'une présence importante. C'est surtout avec la Révolution tranquille que le Québec a commencé à considérer le témoignage archéologique comme une richesse culturelle, qu'il a investi dans sa mise au jour et qu'il a entrepris d'en diffuser la valeur.

5 000 ans d'histoire

À cet égard, le site classé de la Pointe-du-Buisson est exceptionnel. Sur une superficie d'une vingtaine d'hectares, on y trouve 5 000 ans d'humbles indices du quotidien. Chaque année, la truelle de l'archéologue expose des vieux sols de portage, de camps de pêche, d'établissements saisonniers et de rituels, foulés par les groupes qui ont domestiqué le Haut-Saint-Laurent bien des générations avant Champlain et Cartier et même avant les agriculteurs iroquoiens qui occupaient l'axe laurentien au moment des premiers contacts.

On y trouve les cendres froides de vieux foyers, les restes culinaires de ripailles d'ours, de caribou, d'esturgeon et de barbue, les harpons en os, les pointes de lance, les grattoirs en pierre, les pendentifs, les fosses funéraires et les ateliers de ces populations nomades qui avaient un système adaptatif original et qui vivaient un quotidien dont on avait perdu le souvenir. En fait, non seulement la mémoire de ce passé a-t-elle été recouverte de terreau millénaire, mais encore sa récupération actuelle est difficile à saisir correctement.

Un parc archéologique

En 1978-1979, des citoyens de Melocheville et des chercheurs de l'Université de Montréal décident de mettre sur pied une société dont l'objectif est la mise en valeur de ce passé. Un premier projet est alors élaboré auquel les gens répondent avec enthousiasme. Les études de faisabilité en soulignent le réalisme et la pertinence. En 1986, le Parc archéologique de la Pointe-du-Buisson est ouvert au public grâce à une concertation de représentants de plusieurs domaines, dirigée par le ministère des Affaires culturelles.

Au cours de sa première saison d'activités, le Parc accueille 13 370 visiteurs et le chiffre grimpera à 17 980 en 1987. La même année, le Parc remporte le Grand Prix régional du tourisme de la Montérégie dans la catégorie «Innovation touristique». On peut donc parler d'un départ fulgurant et voué au succès.

Les premiers résultats positifs du Parc archéologique de la Pointe-du-Buisson sont liés à une promotion efficace, à une direction énergique, à une infrastructure favorable, à l'engagement actif des participants, au support généreux des institutions publiques et, bien sûr, à un produit de qualité, original et varié.

Le public est donc invité à venir faire un voyage dans les millénaires encore peu connus du passé québécois. Dès leur arrivée au pavillon d'accueil, les visiteurs visionnent un diaporama d'introduction. Ils sont ensuite pris en charge par des guides qui amorcent avec eux une promenade dans les

Outils exhumés par les archéologues. (MAC)

sentiers. Après plusieurs centaines de mètres de marche, on approche des lieux où vivaient les groupes préhistoriques. Le visiteur peut voir les archéologues à l'œuvre, sortant du sous-sol les indices matériels de ces vieilles présences. On apprend doucement les gestes essentiels de la résurrection de la mémoire. Quelques centaines de mètres plus loin, les visiteurs se rendent au pavillon d'exposition où ils peuvent voir d'autres objets ainsi que des scènes reconstituées, mais fidèles, de ces modes de vie disparus.

Le défi des prochaines années

Si l'espace du parc archéologique se «vend» très bien, il est parfois plus difficile de rendre efficaces les messages culturels privilégiés au départ. En effet, un des objectifs est de sortir une discipline scientifique de sa tour d'ivoire universitaire en l'exposant au public, et un objectif encore plus important est celui de partager avec ce public des connaissances particulières favorisant une meilleure compréhension de l'époque préhistorique de l'occupation du Québec.

L'archéologue prend l'image qu'on lui présente et cette image sera surtout celle que le visiteur se fera par lui-même. Il n'est donc pas surprenant que l'archéologie devienne surtout, aux yeux du visiteur, un exercice de plein air, pratiqué par des «creuseurs de trous» professionnels, extrêmement minutieux. L'observation des plans d'arpentage, des quadrillages de l'espace, de la fouille à la truelle et de l'enregistrement des moindres indices inspire confiance et sympathie. Elle fait en sorte que l'intervention de terrain est perçue favorablement. On peut certes s'en réjouir, mais quand un visiteur apprend qu'un terreau de 25 centimètres d'épaisseur livre des indices matériels vieux de 3 000 ou 4 000 ans, il devient incrédule. Quand on lui dit que le fragment de poterie exhumé sous ses yeux remonte à l'an 750 de notre ère ou que l'outil de pierre a été fabriqué 500 ans avant Jésus-Christ, on sent alors qu'il n'a pas en mains tous les éléments suffisants pour croire sans résistance et pour comprendre. Il voit l'archéologie de terrain, mais il ignore les méthodes de l'archéologie interprétative. En somme, le succès de ce message n'est encore que partiel quoique, même en cet état, il soit positif. Le défi des prochaines années sera d'initier le visiteur simplement, mais plus complètement, sans lui donner de cours.

Le défi le plus important est de livrer plus efficacement le message principal, celui d'une meilleure compréhension des groupes préhistoriques qui ont occupé le Québec. Le visiteur est un Occidental urbanisé, vivant dans un monde spécialisé et techniquement très complexe. Ce qu'il voit sont des restes matériels d'une civilisation non occidentale, non industrialisée, nomade, vivant dans l'autarcie avec des moyens techniques simples. Le fossé qui existe entre ces deux types de sociétés est énorme et extrêmement difficile à combler. Le défi principal des prochaines années sera de favoriser le passage.

Une équipe du Département d'anthropologie de l'Université de Montréal à l'œuvre sur le site lors de la campagne de fouilles de 1978. (MAC)

Il faut se rappeler que l'expérience québécoise dans ce domaine est encore limitée et que le site de la Pointe-du-Buisson est probablement le meilleur que nous ayons pour exercer cette compétence et y développer notre imagination créatrice.

Souvent, ailleurs, la mise en valeur de l'archéologie devient plus éclatante et plus exhibitionniste, sans pour autant résoudre le problème. Elle se contente alors de miser sur le spectaculaire, c'est-à-dire sur les pyramides, les colliers en or, les trésors funéraires, les tertres zoomorphiques, les peintures rupestres, etc. En choisissant le quotidien et les objets les plus humbles de l'adaptation, le problème du message bien livré est dès lors plus évident et, en ce sens, le site de la Pointe-du-Buisson est très différent d'un site aux structures spectaculaires ou d'un musée qui expose des pièces de choix et qui invite l'imagination au vagabondage. Comprendre les sociétés préhistoriques du Québec, c'est nécessairement franchir la distance culturelle qui les sépare du visiteur. Sans le passage de ce «Rubicon», les outils de pierre, d'os, de poterie risquent de demeurer les éléments décousus d'un texte intraduisible.

Pour l'instant, la situation est très préoccupante, mais le parc archéologique reste très invitant car il est aussi un parc et un espace d'animation. En tant que parc, il correspond à une véritable réserve forestière, c'est-à-dire à une relique de l'érablière à caryers qui dominait naguère cette région industrialisée. Or cette érablière chaude est très mal représentée actuellement dans la région métropolitaine et une visite au Buisson est une occasion de prendre contact avec ce type de forêt. En tant qu'espace d'animation, la Pointe-du-Buisson devient aussi un lieu d'expression dynamique et la fête a toujours été un attribut de cet endroit depuis le XIXe siècle. Chaque année, on multiplie les occasions de rencontres joyeuses et l'espace disponible les favorise.

En somme, c'est un site avantagé parce que, en tant qu'espace écologique, il vaut déjà la visite et parce que, en plus, il offre aux visiteurs un grand nombre d'occasions d'apprendre. Mais c'est surtout un site exceptionnellement riche par les possibilités qu'il a de susciter l'éveil d'une conscience culturelle. Par sa nature même, c'est un laboratoire où nous acquérons, avec le temps, une expertise québécoise de mise en valeur que nous n'avions absolument pas il y a cinq ans. Cette expertise n'est rien d'autre qu'un objectif de service public et il est heureux que nous puissions la développer dans un tel espace.

Norman Clermont, archéologue

Église Saint-Joachim

Châteauguay
1, boulevard Youville

Fonction: religieuse
Classée monument historique en 1957

L'image traditionnelle du Châteauguay ancien, peinte par James Duncan: l'église, le pont couvert et le village. (Musée du Séminaire de Québec)

La façade constitue un exemple type d'architecture vernaculaire.

Soudain, au tournant de la rivière Châteauguay, le visiteur venant du «Bassin» découvre cette solide et rassurante forteresse de la Foi flanquée de ses deux lourds clochers. La façade tournée vers l'est, avec le village à gauche et la campagne à droite, l'église de Saint-Joachim (la plus ancienne paroisse de Châteauguay) a déconcerté plus d'un critique, tant par sa facture architecturale que par son implantation.

L'emplacement

Lorsque l'on décide de sa construction, en 1774, l'église doit se situer au centre de la paroisse, mais du côté ouest de la rivière pour desservir les habitants de Lac-Saint-Louis et de Beauharnois. En effet, Saint-Joachim est alors la dernière paroisse sur la rive sud-ouest du fleuve et elle le restera jusqu'au début du XIXe siècle.

Si l'emplacement choisi semble faire le compromis entre le village et le Bassin (traditionnellement composé de la partie basse et navigable de la rivière, s'ouvrant par un delta sur le lac Saint-Louis et englobant l'île Saint-Bernard), la réalité est plus prosaïque. Ce terrain s'élève au-dessus du niveau des inondations, à la limite de la zone navigable. On épargne ainsi le transport des matériaux tout en faisant profiter les paroissiens du bas de la rivière de l'accès par l'eau.

La tradition paysanne d'implanter les bâtiments en fonction des lignes de terre latérales détermine la position de l'église. Construite parallèlement au cadastre, elle est orienté est-ouest, mais sa façade tournée vers l'est fait face aux visiteurs arrivant par la rivière. L'orientation œcuménique de l'abside vers l'est n'est donc pas respectée.

L'emplacement a aussi été retenu parce qu'il correspond à un rétrécissement de la rivière et permet la construction éventuelle d'un pont (ce qui est fait en 1803). C'est ainsi que se constitue cette image traditionnelle du Châteauguay ancien, composé de trois éléments distincts se rencontrant en un point précis de l'espace: l'église, le pont et le village.

L'église Saint-Joachim, vers 1925. Commencée en 1774, sa construction ne s'achèvera qu'une vingtaine d'années plus tard. Les tours datent de 1834. (ANQ-Q, E. Gariépy)

La construction

L'histoire de Châteauguay remonte à 1673. Le 29 septembre, le comte de Frontenac accorde cette seigneurie à Charles Le Moyne, déjà sieur de Longueuil. Vers 1680, une chapelle fait partie du «Chasteau de Gay», bâtiment en bois construit à l'île Saint-Bernard par les seigneurs Le Moyne. Une première église est érigée au Bassin en 1735, mais c'est finalement avec la nomination d'un curé résidant que s'amorce la construction de l'église actuelle en 1774. Le 31 janvier de cette année-là, les syndics de Saint-Joachim concluent un marché avec Bazile Proulx, charpentier de Pointe-Claire. Selon les conditions du contrat, l'église doit être «[...] Un Bâtiment En pierres Maçonnées de La Contenance de quatre Vingt-dix pieds de Long, le Rond point Compris sur quarante pieds de large, de Vingt à Vingt et un pied de haut d'Une pierre à l'autre [...]»

Il s'agit donc d'une église à nef unique sans transept avec voûte en anse de panier qui se termine par un cul-de-four au-dessus de l'abside circulaire. Gérard Morisset rattache ce modèle d'église sans transept à la tradition établie par les récollets. Mais, avec cette variante de l'abside circulaire et non carrée, il en attribue le plan à Jean Maillou, de Québec. Quelques églises ont été construites sur ce modèle dans les trois premiers quarts du XVIIIe siècle, mais celle de Châteauguay est une des dernières de la région. Cette première construction, interrompue en 1775 par l'invasion américaine, se termine tant bien que mal dans les années 1790 par un procès entre les syndics et le charpentier.

Dès 1834, on décide d'allonger l'église de quelque 8 mètres et de flanquer la façade de deux tours. Retardée par les troubles de 1837-1838, la construction se termine en 1840 avec le résultat visible aujourd'hui. Exemple type d'architecture vernaculaire, cette façade n'est pas sans rappeler celle de l'ancienne église Notre-Dame de Montréal, qui vient alors d'être démolie. À une interprétation libre du fronton classique s'ajoute une baie en ovale qui pourrait témoigner de la grande diversité ethnique et des influences multiples alors en présence à Châteauguay où se côtoient catholiques et protestants, Anglais, Écossais, Irlandais et «Canadiens».

Une intervention brutale

On s'étonne de la dernière intervention majeure de 1961 qui transforme radicalement ce bâtiment classé monument historique quatre ans plus tôt. On démolit les murs

En 1961, on a démoli les murs latéraux pour les reconstruire dans l'alignement des tours, doublant ainsi la capacité de la nef.

latéraux depuis l'arrière des tours de la façade jusqu'à l'amorce du rond-point de l'abside. On aménage ainsi des bas-côtés dont les murs se situent dans le prolongement de la face latérale externe des clochers. La façade n'est donc pas touchée et on double ainsi la capacité de la nef, solution sans doute très pragmatique, mais qui détruit à jamais le vaisseau étroit du monument.

L'intérieur est alors épuré. Ainsi disparaissent les motifs peints de la nef, et les peintures de la voûte de l'abside sont décollées. On peint en couleurs claires, et le lambris en bois au vernis sombre qui protège le bas des murs est remplacé par un autre, en frêne clair, alors au goût du jour. Comment expliquer une intervention si brutale sur un monument historique?

Plusieurs explications convergent. Bien qu'apparaissant au recueil de Pierre-Georges Roy, cette église a toujours souffert d'un préjugé élitiste négatif. Et puis, bien sûr, cette pauvre petite église de campagne était devenue trop étroite à la suite de l'explosion démographique d'après-guerre. L'ancien jubé avec ses galeries latérales envahissait près de la moitié de la nef, se disputant souvent l'espace avec l'immense catafalque des cérémonies funèbres. On s'y sentait à l'étroit. Fallait-il, à l'instar de Saint-Pierre de l'île d'Orléans, venir interpeller ce temple ancien avec une nouvelle église à l'architecture douteuse des années 1950? On a sans doute opté pour la solution la plus économique, tout en sauvant la façade.

Un bâtiment n'est jamais terminé. Dans la tradition architecturale ancienne, il était normal pour un architecte d'intervenir sur un monument et d'y laisser sa marque. Bien sûr, le respect du monument que nous connaissons aujourd'hui et le développement des connaissances historiques interdiraient désormais pareille mutilation. Mais dans le courant moderniste des années 1960 qui avait oublié l'histoire et recherchait l'épuration des formes, le «nettoyage» de l'intérieur peut se comprendre sans nécessairement être acceptable. L'esprit de l'époque, l'opportunisme économique et l'ignorance auront permis ce que beaucoup considèrent comme une mutilation.

Aujourd'hui, un petit groupe de paroissiens veille jalousement sur leur trésor. Ils ont encore présent à la mémoire le décor ancien. Récemment, on a retrouvé au grenier les peintures de la voûte du chœur qui ont repris leur place. Il ne reste plus qu'à les restaurer. Ainsi s'amorce un lent retour à l'ambiance disparue jusqu'à la rencontre de l'irréversible. Quel équilibre pourront-ils trouver?

Denys Marchand, architecte

La nef et le chœur en 1963, deux ans après la campagne de travaux qui a fait disparaître le décor peint. (MAC)

À une interprétation libre du fronton classique s'ajoutent une baie en ovale et un oculus.

AUCLAIR, Élie-Joseph. *Histoire de Châteauguay, 1735-1935*. Montréal, Beauchemin, 1935. 241 p.

MORISSET, Gérard. *L'architecture en Nouvelle-France*. Québec, l'auteur, 1949. 264 p.

NOPPEN, Luc. *Les églises du Québec (1600-1850)*. Québec/Montréal, Éditeur officiel du Québec/Fides, 1977. 298 p.

Maison Sauvageau-Sweeny

Mercier
422, boulevard Salaberry

Fonction: résidentielle
Classée monument historique en 1974

Construite dans le premier quart du XIXe siècle, la maison Sauvageau-Sweeny étonne par sa monumentalité.

Face à la rivière Châteauguay, dans un décor champêtre exceptionnel, la maison Sauvageau-Sweeny étonne par sa monumentalité. Qu'on s'arrête au pied de ses murs ou qu'on l'observe depuis l'autre côté de la rivière, là où les petites maisons de ferme marquent le quadrillage des terres, elle ressort singulièrement dans cet environnement rural.

D'après la tradition orale, la maison aurait servi de relais ou d'hôtel sur la route New York-Montréal. Vu son emplacement et le nombre de ses pièces (quatorze), l'hypothèse se révèle tout à fait plausible. À l'examen du plan, il apparaît en outre que la maison pouvait facilement loger deux familles ou encore se prêter simultanément à des fonctions publiques et privées.

La date de construction de la maison Sauvageau-Sweeny demeure un mystère. Un marché de construction daté de 1819 et concernant un autre bâtiment en fait état pour la première fois. On atteste aussi la présence d'un magasin à l'intérieur de la maison ou dans une dépendance, avec la mention d'Alexis Sauvageau. Marchand et capitaine de la division de Beauharnois, Sauvageau, grâce à son esprit d'entreprise et à son intérêt pour le domaine public, a contribué au développement de la région, à l'époque où Mercier (anciennement Sainte-Philomène) faisait partie de la seigneurie de Châteauguay. C'est d'ailleurs Alexis Sauvageau qui donne le terrain en 1818 pour la construction de la première chapelle de Sainte-Martine.

Son fils Alexandre-Désiré, qui deviendra maire puis député de La Prairie, reçoit la maison familiale en guise de cadeau de noce en 1841. Dix ans plus tard, la maison est vendue à Jane Douglas Sweeny, veuve de William Caldwell, ancien chirurgien de l'armée britannique et fondateur du General Hospital de Montréal.

Après la mort de Jane Douglas Sweeny en 1871, la maison revient à ses filles. Jusqu'en 1957, elle changera de propriétaire à quatre reprises, sans toutefois perdre de ses éléments distinctifs. L'actuel maître des lieux a d'ailleurs veillé à préserver l'authenticité de cette demeure presque deux fois séculaire.

La diversité des origines des habitants de la région de Châteauguay où, à partir de 1820, Canadiens français, loyalistes américains, Écossais, Anglais, Irlandais et Amérindiens se partagent le territoire, n'est pas sans en marquer de multiples manières le mode de vie et les traditions. Il en va ainsi de l'architecture, modelée à la fois sur la tradition française, les courants américains et le classicisme britannique introduit par les militaires et les architectes venus d'Angleterre.

L'influence palladienne est visible dans l'ornementation que l'on applique sur des bâtiments déjà construits selon l'esprit classique britannique, sensible dans la monumentalité, la rigueur et la symétrie de l'ensemble. C'est sans doute le cas de la maison Sauvageau-Sweeny. On peut présumer en effet que les éléments décoratifs, comme la porte simulant une serlienne, à l'étage, les impostes en éventail à petit-bois et le fronton triangulaire avec baie en hémicycle, ont été ajoutés quelque temps après la construction de la maison, au demeurant fort sobre avec son plan rectangulaire, sa composition symétrique et son toit à quatre versants.

Maints éléments d'époque subsistent toujours à l'intérieur des solides murs de pierre. L'escalier aux courbes harmonieuses, les parquets de pin, les armoires encastrées garnies de leurs ferrures d'origine et les boiseries finement ouvragées n'ont pas cédé aux caprices des modes. Seules la cuisine et les deux salles de bains ont été modernisées. Grâce à un fenêtrage généreux, les pièces, disposées de part et d'autre d'un couloir central, baignent dans la lumière, omniprésente quelle que soit l'heure du jour.

Classée monument historique en 1974, la maison Sauvageau-Sweeny porte les noms des deux premières familles propriétaires qu'on lui connaisse à ce jour. Mais les Sauvageau ont fait bien davantage que de laisser leur nom à la maison qu'ils ont habitée: ils ont contribué, par leur engagement et leur générosité, à l'essor de la région au XIXe siècle. L'ancienne demeure perpétue leur mémoire, tout en évoquant une étape bien particulière de l'évolution de notre architecture.

Diane Archambault,
historienne de l'architecture

CARIGNAN, Geneviève *et al. Maison Lefebvre, 540 Salaberry est, Mercier*. Montréal, Université de Montréal, École d'architecture, 1974. 2 vol.

L'influence palladienne transparaît dans les détails décoratifs: porte simulant une serlienne à l'étage, fronton triangulaire avec baie cintrée.

Maison Coppenrath

Sainte-Martine
160, boulevard Saint-Joseph

Fonction: résidentielle
Classée monument historique en 1974

Par ses dimensions, son emplacement au milieu du village de Sainte-Martine et son état de conservation exceptionnel, la maison Coppenrath constitue un spécimen unique dans les environs. Construite en 1823 par Pierre Rousselle, un habitant prospère, cette maison a servi tour à tour de résidence, d'auberge et de maison de pension, avant de revenir à sa vocation initiale. Elle porte aujourd'hui le nom de celui qui en était propriétaire en 1974, au moment du classement.

Le plus célèbre de ses occupants a été Marc-Antoine Primeau. Marchand, homme d'affaires et important propriétaire foncier, Primeau se distingue par son esprit d'entreprise. Dans son village, il ne tarde pas à devenir le personnage le plus en vue. En 1845, il prend même le titre de seigneur en achetant le domaine de la Pêche-aux-Saumons, qu'il rebaptise Primeauville. Il s'y fait d'ailleurs construire une somptueuse résidence en pierre de taille, où il emménage en 1854. Situé non loin de la maison Coppenrath, à proximité de la voie ferrée, le «château Primeau», comme on l'appelle, est toujours bien en vue.

En 1827, Primeau épouse la fille de Pierre Rousselle. Le jeune couple s'installe alors chez les beaux-parents. En 1836, Primeau achète la maison de sa belle-mère, devenue veuve. C'est sans doute là qu'il habite jusqu'à la construction de son château. En 1865, l'hôtelier Étienne Caron se porte acquéreur de la maison, pour la revendre dix ans plus tard à William Marchand, un menuisier. De 1906 à 1963, elle appartient à la famille Ricard. Après la mort de son mari, en 1915, Mme Ricard en fait une maison de pension, réputée, dit-on, pour sa bonne table comme pour sa propreté. En 1969, elle est vendue aux Coppenrath. Ceux-ci en demeurent propriétaires jusqu'en 1976.

Cette maison en pierre est particulièrement représentative du modèle traditionnel d'inspiration québécoise, avec sa rigoureuse symétrie dans la distribution des fenêtres du corps principal, la position centrale de la porte, le toit à deux versants et sa couverture en tôle. Détail inusité, le versant avant du toit possède un recouvrement de tôle à la canadienne tandis que le versant arrière est revêtu de tôle à baguettes. En façade, l'avant-toit retroussé atteint une largeur de près de deux mètres. Soutenu par six colonnes de bois, il abrite une longue galerie ornée d'une balustrade à colonnettes.

La maison Coppenrath comprend trois corps de bâtiment qui, selon toute apparence, ont été construits à des époques dif-

Les années n'ont guère porté atteinte à cette imposante demeure érigée en 1823.

La cuisine d'été en 1948. Sa construction remonte probablement à 1890. (MAC, fonds Morisset)

férentes. Une pierre de taille où se lit la date 1823 surmonte la porte principale. La cuisine d'été remonte probablement à 1890, alors que l'appentis qui lui est attenant daterait de 1905. La façon dont on a rallongé la cuisine, par l'arrière, en relevant légèrement le versant du toit et en le prolongeant, est typique du mode d'extension des maisons traditionnelles au toit à deux versants.

Alors que la cuisine d'été est faite en maçonnerie de pierre (comme le corps principal), son toit est recouvert de planches, de même que les murs de l'appentis. Cette cuisine compte deux cheminées en brique servant à des feux fermés. Des deux cheminées percées dans les murs-pignons de la maison, seule celle du côté sud demeure encore fonctionnelle.

Il est intéressant de constater qu'outre les adjonctions, la maison n'a connu que peu de modifications. Ainsi, sept des fenêtres actuelles sont d'origine. Avec leurs deux vantaux et leurs 24 carreaux séparés de petits-bois, elles reprennent un motif traditionnel.

Certains détails intérieurs sont caractéristiques de ces maisons d'autrefois: les plafonds très bas (pas tout à fait deux mètres) à caissons, l'escalier face à l'entrée et sous lequel une armoire est dissimulée, ainsi que l'appui-chaise qui fait le tour de la pièce principale. Le foyer de la cheminée encore fonctionnelle offre un bel exemple de décoration de bois sculpté où des pilastres s'ornent d'une fleur stylisée à chaque extrémité. Souvent au XIXe siècle, ces motifs décoratifs étaient puisés dans des recueils de modèles destinés aux architectes et ébénistes.

Même si Sainte-Martine compte un bon nombre de grandes maisons qui attestent la prospérité du village, la maison Coppenrath s'en distingue. Ses dimensions imposantes et son toit rouge, de même que son âge appréciable, ne laissent aucun visiteur indifférent. La rivière à l'arrière-plan et le rideau d'arbres qui marque la zone de pénétration des eaux en crue composent avec elle un tableau charmant.

Diane Archambault,
historienne de l'architecture

LÉTOURNEAU, Michel et Luc SAINT-MARTIN. *Relevé et évaluation sommaire des maisons susceptibles d'être déclarées monuments historiques*. Montréal, Université de Montréal, École d'architecture, [1974]. 19 p.

Calvaire du Cordon

Saint-Rémi
Rang Sainte-Thérèse

Fonction: religieuse
Classé monument historique en 1978

Le calvaire du Cordon, exécuté en 1838 par le sculpteur Louis Narbonne, serait l'un des plus anciens monuments du genre au Québec.

Le calvaire du Cordon, un des plus anciens monuments du genre au Québec, est situé rang Sainte-Thérèse (autrefois surnommé rang du Cordon), à l'ouest de Saint-Rémi de Napierville. Comme l'indique son inscription en façade, il est construit en 1838 par le sculpteur Louis Narbonne (1809-1863) de l'école de Quévillon, à la demande du cultivateur Hector Trois. Celui-ci offre une parcelle du terrain nécessaire à cette fin et son voisin, monsieur Martin, concède la partie de terrain adjacente.

La construction du calvaire rappelle un fait émouvant. Louis Narbonne, alors âgé de 29 ans, le construit bénévolement, espérant ainsi intercéder auprès de Dieu pour obtenir la libération de son frère aîné Pierre-Rémi, arrêté en janvier 1838 pour avoir pris part à l'insurrection des patriotes. En dépit des exhortations de son jeune frère Louis, Pierre-Rémi Narbonne est pendu l'année suivante à Montréal, au Pied-du-Courant, en même temps que cinq de ses compagnons patriotes.

Le calvaire du Cordon, qui ne semble pas avoir subi de modifications majeures depuis sa construction, représente le Christ mort, fixé à la croix par trois clous et simplement vêtu d'un périzonium noué à la hanche. La croix ornée de fleurs de lys bleu et rouge aux trois extrémités supérieures comporte un titulus portant l'inscription I.N.R.I. (Jésus roi des Juifs). L'attitude du Christ et ses proportions reflètent l'influence de l'art espagnol des XVIe, XVIIe et XVIIIe siècles. L'édicule de couleur blanche est la seule construction du genre qui soit l'œuvre d'un sculpteur de métier. Fermé sur trois côtés, il présente à l'avant un fronton triangulaire orné de rouelles et de fusées qui rappellent des motifs populaires du mobilier traditionnel. Huit glands ornent la frise. Un coq qu'on a remisé pour le protéger des intempéries surmontait autrefois l'édicule.

Les descendants des premiers propriétaires ont toujours pris soin d'entretenir le calvaire du Cordon. Dans les années 1930, on organise une collecte auprès des cultivateurs du rang pour amasser les fonds nécessaires à sa réparation.

De tout temps, les habitants des environs du rang Sainte-Thérèse se rassemblent au calvaire pour manifester leur foi. Au mois de mars de chaque année, peu après les semences, une neuvaine s'y déroule. Lorsque le temps est peu favorable à la germination des grains, les cultivateurs prient alors pour obtenir la pluie, ou le beau temps. Ces neuvaines prennent fin dans les années 1960. Aujourd'hui, la population de Saint-Rémi organise encore régulièrement des processions au calvaire du Cordon ainsi qu'à d'autres croix de chemins et grottes du village.

En 1982, les propriétaires cèdent le calvaire du Cordon à la Municipalité de Saint-Rémi qui s'engage à le réparer. L'année suivante, les murs de l'édicule sont redressés et repeints. Les ornements de bois manquants sont refaits en copiant les éléments d'origine. Une assise en béton est coulée pour assurer l'ancrage de la croix. À la demande des autorités, le corpus, grandement détérioré, est démonté et envoyé au Centre de conservation de Québec. Le bois, pourri et fissuré à certains endroits, est traité. Les deux doigts qui manquent à la main gauche du Christ sont sculptés en prenant pour modèles ceux de la main droite. La traverse de la croix, qui présente un degré avancé de décomposition, est remplacée. Le corpus et la croix sont repeints d'après les couleurs originelles observées lors de l'analyse des couches picturales. Le corpus de couleur chair contraste avec le périzonium peint en bleu et la croix d'une teinte sombre. Restauré et protégé des intempéries, le corpus est réinstallé dans l'édicule en 1987.

L'intérêt incontestable du calvaire du Cordon tient à ce qu'il est associé à un événement historique majeur, l'insurrection des patriotes, et qu'il témoigne des espoirs déçus du sculpteur Louis Narbonne pour obtenir la libération de son frère. Il est, en ce sens, un témoignage des drames humains vécus lors de la rébellion de 1837-1838 à Saint-Rémi.

Louise Chouinard, historienne de l'art

LA GRENADE-MEUNIER, Monique. *Dossier sur le calvaire du Cordon, rang Sainte-Thérèse, Saint-Rémi de Napierville*. Montréal, ministère des Affaires culturelles, 1978. N.p.

Pont de Powerscourt

Elgin et Hinchinbrook
Chemin de la Première-Concession

Fonction: transport public
Classé monument historique en 1987

La construction d'un pont couvert au milieu du XIXe siècle ne pose pas de problèmes particuliers, puisqu'il s'agit d'une façon de faire très en vogue à l'époque. La difficulté réside plutôt dans le choix du type de structure. En effet, différents constructeurs rivalisent d'ingéniosité afin d'imposer des techniques de construction de ponts couverts qui feront école. La structure McCallum, érigée à Powerscourt, est fort originale tant par sa conception que par son usage: elle est utilisée comme pont-route alors que son concepteur l'avait destinée au transport ferroviaire.

En 1851, Daniel Craig McCallum fait breveter le type de structure qu'il aime appeler «inflexible arched truss». Ingénieur au Département des ponts d'une compagnie ferroviaire américaine, il a toute latitude pour expérimenter ses théories. Les ponts signés McCallum se construisent pendant une quinzaine d'années et lorsque la construction du pont sur le chemin de la Première-Concession à Powerscourt est achevée, c'est en quelque sorte l'apogée pour ce type de structure.

C'est en 1861 que le conseil de comté de Huntingdon offre le contrat d'un pont à structure «inflexible» à Robert Graham au coût de 1 675 dollars. Différents travaux supplémentaires, également commandés par le conseil, et la faillite de Graham retardent jusqu'à 1862 la construction du pont.

Le modèle McCallum est victime de sa trop grande perfection en regard de la technologie disponible à l'époque. En effet, McCallum a élaboré les principes de ce que nous appellerions aujourd'hui la «précontrainte». Pourquoi avoir opté ici pour une construction aussi complexe alors que le cours d'eau à franchir ne pose pas de problèmes majeurs et que d'autres types d'ouvrages ont déjà fait leurs preuves? Tenter d'y répondre serait comme jongler avec un certain nombre d'hypothèses. Le moins que l'on puisse dire, c'est que les responsables de cette construction ont fait preuve d'originalité et d'audace.

La structure érigée à Powerscourt présente des caractéristiques architecturales qui constituent un bond prodigieux dans l'art de construire à cette époque. L'assemblage particulier des fermes et des arcs «inflexibles» permet de résoudre le problème majeur de la vibration des ponts de bois à longue portée.

La rigidité et l'aspect sécuritaire d'une structure McCallum se vérifient lors d'un déraillement survenu sur un autre pont érigé par la McCallum Bridge Co.: la locomotive

Les ponts à arcs McCallum ont été surnommés ponts «arc-en-ciel». Celui de Powerscourt est le seul du genre qui subsiste dans le monde.

Le pont de Powerscourt, construit en 1862, présente un assemblage particulier des fermes et des arcs qui permet de résoudre les problèmes de vibration.

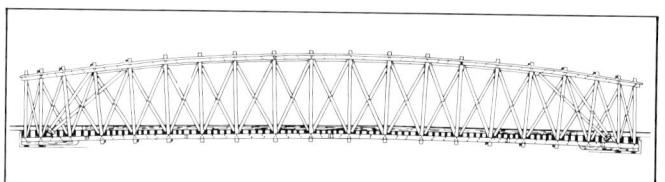

La structure de type McCallum, dite «inflexible». (Dessin de Gaétan Forest)

et les wagons sont demeurés sur le pont alors que les cordes inférieures se sont rompues. Le tout était uniquement supporté par les arcs et les pièces de bois diagonales.

Bien que l'entrepreneur ait pris quelques libertés par rapport au brevet original, le pont de Powerscourt a survécu jusqu'à nos jours sans modifications majeures. Construit selon des procédés empiriques, ce pont couvert énigmatique dans le paysage québécois mérite toute l'attention qu'on lui porte.

Près de 800 ponts couverts ont été répertoriés à ce jour; aucun indice ne laisse supposer que d'autres ponts semblables aient été construits au Québec. Le pont de Powerscourt a été entretenu au fil des années, mais on a dû y faire des travaux majeurs en 1903, alors que Thomas Chalmers reconstruit notamment des piliers. En 1949, il est à nouveau l'objet d'importants travaux, toujours réalisés dans le respect de la structure originelle.

La valeur historique du pont de Powerscourt est reconnue pour la première fois en 1949 par l'historien américain Richard Sanders Allen. Des travaux entrepris par Parcs Canada et par le ministère des Affaires culturelles amènent son classement comme monument historique en 1987.

Hier comme aujourd'hui, les innovations prennent un certain temps pour obtenir droit de cité. De plus, l'effervescence qui règne dans l'industrie sidérurgique à la fin du XIXe siècle viendra bouleverser une nouvelle fois le monde de la construction. L'utilisation massive du fer marquera le déclin des superstructures en bois.

À cause de leur aspect particulier, les ponts à arcs McCallum ont été surnommés ponts «arc-en-ciel». Un seul du genre subsiste dans le monde et il déploie ses formes entre les berges de la rivière Châteauguay.

Gérald Arbour,
Société québécoise des ponts couverts

PASSFIELD, Robert W. «The Powerscourt Covered Bridge: A McCallum Inflexible Arched Truss Bridge», *Revue annuelle de la Société historique de la Vallée de la Châteauguay*, 1989: 3-14.

Édifice de comté et bureau d'enregistrement de Huntingdon

Huntingdon
23 et 25, rue King

Fonction: administrative
Classés monuments historiques en 1984

À Huntingdon, c'est la création d'un comté dont la municipalité devient le chef-lieu, en 1855, qui est à l'origine de l'érection d'un palais de justice quelques années plus tard. La région revendique une présence judiciaire depuis 1839, alors que le gouvernement privilégie la paroisse de Sainte-Martine. La population de Huntingdon, majoritairement formée de colons britanniques, proteste et obtient en 1845 qu'une cour de circuit y siège en alternance avec Châteauguay, village francophone.

En 1857, l'adoption d'une nouvelle loi qui réorganise les districts judiciaires entraîne la construction de plusieurs édifices publics dans le Bas-Canada. Alors que le gouvernement fait appel, à partir de 1859, à un plan type élaboré par les architectes des Travaux publics pour ériger treize palais de justice-prisons dans les nouveaux districts judiciaires, la construction des cours de comté est laissée à l'initiative locale. À Huntingdon, le conseil de comté forme donc un comité chargé de bâtir un édifice destiné à servir à la fois de palais de justice et de bureau d'enregistrement.

Le comité porte son choix sur un terrain situé au centre du village, en face de l'église anglicane et voisin de l'Académie, érigée en 1851. En 1858, les mêmes commissaires commandent des plans au jeune architecte montréalais John James Browne (1837-1893). Fils de l'architecte George Browne (1811-1885), qui a connu une brillante carrière à Québec, Kingston et Montréal, John James Browne en est à ses premières armes avec ce projet. Il ne fait pas de doute que c'est à son père, bien connu du personnel politique du gouvernement de l'Union, qu'il doit d'avoir obtenu cette commande.

La composition de l'ancien palais de justice fait appel à un néo-classicisme tardif rehaussé d'un vocabulaire emprunté à l'architecture de la Renaissance italienne.

Browne livre les plans d'un édifice de forme rectangulaire, mesurant quelque 9 mètres sur 7, comportant deux étages et surmonté d'un toit à croupes couronné d'un lanternon central. La structure simple est rehaussée par quelques ornements, surtout en façade, où l'œil est attiré par le regroupement des baies centrales par des arcades jumelées au rez-de-chaussée et un fronton au-dessus de la corniche. L'épaisse mouluration qui fait ressortir les ouvertures dont la forme varie aussi selon les étages, et les cheminées dont les souches sont couronnées d'une corniche à modillons semblable à celle qui supporte le débordement du toit, complètent cette structure à l'aspect encore rustique. En effet, même si le monument est érigé en pierre de taille à assises régulières, celle-ci n'atteint pas encore la perfection d'un appareil régulier à joints perdus.

Le toit à croupes est surmonté d'un lanternon central et de cheminées dont les souches sont couronnées d'une corniche à modillons.

La composition de l'ouvrage fait appel à un néo-classicisme tardif rehaussé d'un vocabulaire emprunté à l'architecture de la Renaissance italienne, époque qui utilise les formes classiques en amplifiant leur potentiel décoratif. C'est là d'ailleurs un des traits caractéristiques de la «manière» de John James Browne, qui se spécialise dans les plans de maisons bourgeoises, de villas et d'édifices commerciaux. Ces types architecturaux, par leur forme et le répertoire formel qu'ils utilisent, renvoient aux palais urbains ou villas des commerçants et banquiers de la Renaissance.

Le palais de justice desservant la cour de circuit de Huntingdon est contemporain de ceux de Vaudreuil, de Coteau-Landing et de Sainte-Julienne. Alors que ceux-là s'inscrivent dans le sillage d'un type architectural plus ancien, établi dès 1834 par les architectes Thomson and Parry à Napierville, le parti architectural de Browne annonce plutôt le plan type développé par l'architecte en chef des Travaux publics, Frederick Preston Rubidge, pour les palais de justice-prisons construits à partir de 1860 à travers le Bas-Canada.

Le palais de justice conçu par John James Browne en 1858 avoisine le bureau d'enregistrement, un bâtiment sans prétention qui date de 1922.

À Huntingdon, c'est Thomas Best, entrepreneur moins-disant, qui obtient le contrat de construction en 1859. L'érection du palais de justice est aussitôt amorcée et doit se terminer l'année suivante. Toutefois, des travaux supplémentaires retardent la livraison de l'édifice de quelques mois. Ce n'est qu'en décembre 1860 que le conseil de comté peut y tenir une première assemblée.

On accède à l'intérieur de l'immeuble par un hall. De là, les visiteurs sont dirigés vers des pièces du rez-de-chaussée, autrefois occupées par les bureaux du conseil de comté et le bureau d'enregistrement. À l'étage, on avait aménagé la grande salle des séances où siégeait le tribunal. De cette occupation initiale subsistent des traces: le bel escalier monumental, l'espace de la grande salle, une voûte ancienne pour les archives et une petite cellule ayant servi de cachot temporaire. On retrouve surtout à travers l'immeuble un ensemble de boiseries dont la mouluration large et massive, bien conservée par les restaurateurs modernes, fait référence à l'art de John James Browne.

Le palais de justice a perdu sa fonction originelle en 1922. Le conseil de comté devient alors le seul occupant de l'immeuble puisque la même année, le gouvernement fait ériger juste à côté du monument un édifice pour loger le bureau d'enregistrement. Sans prétention architecturale, ce petit bâtiment a néanmoins le mérite de ne pas porter atteinte à la qualité de l'environnement de l'ancien palais de justice, ce qui en soi est une qualité à laquelle plusieurs constructions de cette époque ne peuvent prétendre.

Soigneusement restauré, l'ancien palais de justice de Huntingdon est aujourd'hui occupé par les bureaux de la municipalité régionale de comté du Haut-Saint-Laurent.

Luc Noppen, historien de l'architecture

Ancienne cellule servant de chambre-forte pour les archives. (MAC)

CARTER, Margaret *et al. Les premiers palais de justice au Canada*. Ottawa, Parcs Canada, 1983. 264 p.

GROUPE HARCART. *Les palais de justice de comté de la région de Montréal*. Montréal, ministère des Affaires culturelles, 1983. 131 p.

CHAPITRE III

Régions Laval et Laurentides

Laval et Laurentides

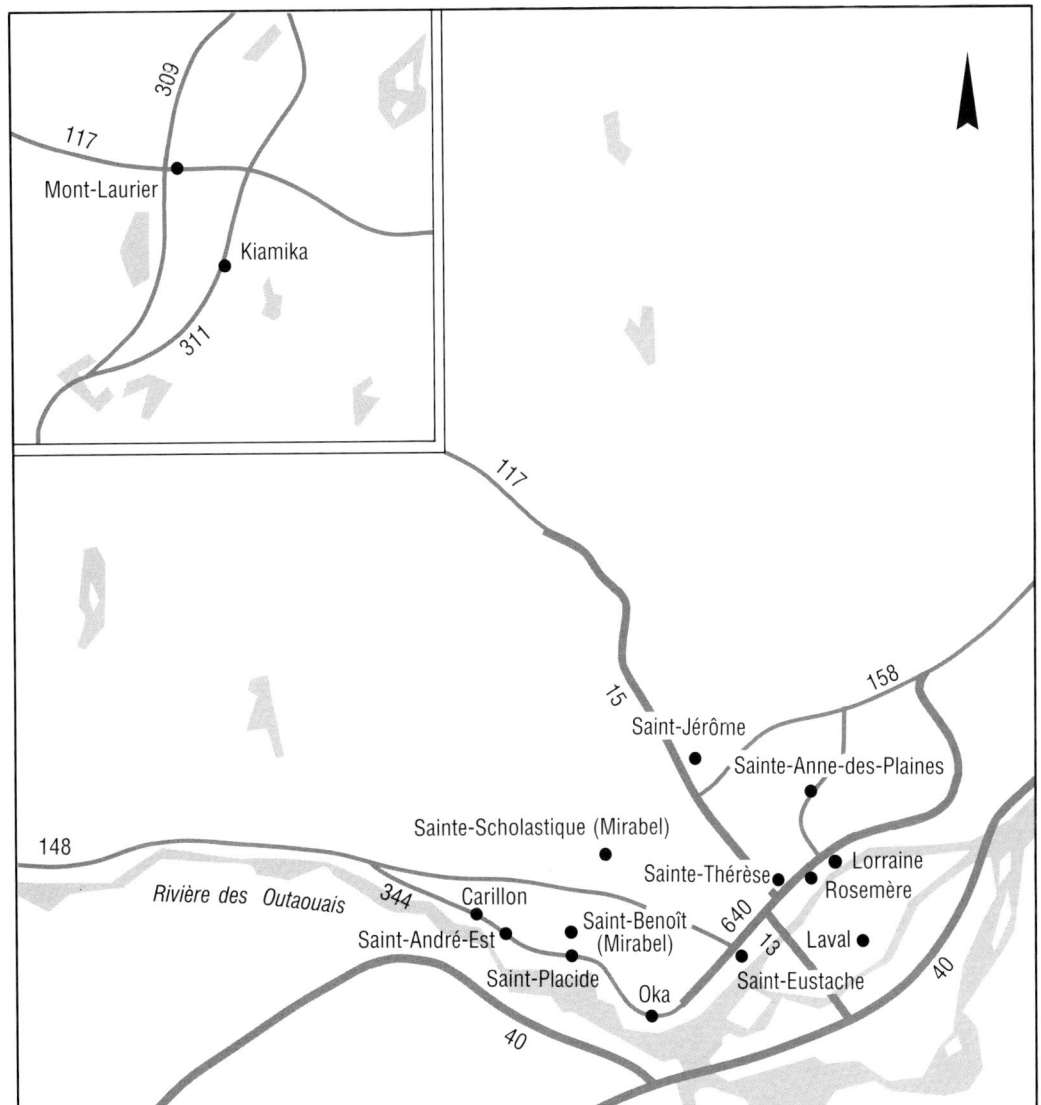

Des populations de la période archaïque (entre 5000 et 1000 avant J.-C.), leurs descendants algonquins pour la région des Laurentides et, probablement, des Iroquoiens pour l'île Jésus et la partie méridionale des Basses-Laurentides, auraient exploité les terres du Nord de Montréal jusqu'à l'arrivée des Français au XVIe siècle. Ce sont des Iroquois que Cartier rencontre dans la vallée du Saint-Laurent en 1535. Il y habitent plusieurs villages dont Hochelaga et Stadaconé. On peut penser qu'ils contrôlent en plus l'île Jésus. La situation est moins claire dans la région des Laurentides. Chose certaine, à la venue de Champlain trois quarts de siècle plus tard, les Iroquois ont disparu des rives du Saint-Laurent tandis que la Petite Nation algonquine occupe l'actuelle région des Laurentides.

Dès les premières décennies du XVIIe siècle, des hommes comme Champlain, monsieur des Prairies et le père Delmas connaissent l'île Jésus pour y avoir accosté. L'interprète et voyageur célèbre Jean Nicolet, a fait de la rivière des Mille Îles son chemin de prédilection pour se rendre en pays indien. Mais il faudra attendre encore un certain temps avant que des Blancs s'établissent au nord de Montréal. Cette situation s'explique par l'extrême lenteur du peuplement de

Laval et Laurentides

La paroisse de Saint-François-de-Sales est la plus ancienne de l'île Jésus. (MAC, Fonds Morisset)

la Nouvelle-France dans son ensemble et à laquelle ne sont pas étrangères les guerres iroquoises; de même le peu d'intérêt que manifestent les seigneurs du temps pour la colonisation de ces territoires.

Les premiers seigneurs

En 1636, la Compagnie des Cent-Associés cède l'«île de Montmagny» à la Compagnie de Jésus, qui la rebaptise île Jésus. Les jésuites n'en prennent possession qu'en 1638. Toutefois, occupés par la fondation des postes de Trois-Rivières et de Montréal et par leur mission de Sainte-Marie en pays huron, ils délaissent complètement l'île pour la céder à François Berthelot en 1672. Trois ans plus tard, ce dernier l'échange à Mgr de Laval contre la seigneurie de l'Île-d'Orléans. N'y trouvant pas plus d'intérêt, l'évêque remet l'île Jésus au Séminaire de Québec, son quatrième et dernier seigneur; il en amorcera le développement.

Les premiers seigneurs des Laurentides s'intéressent plus à la chasse au castor et à l'Iroquois qu'à la colonisation de leurs terres. Il faut attendre la prise en main de la seigneurie de Terrebonne par le seigneur et curé Lepage au début des années 1720 pour que s'enclenche le peuplement de la rive nord de la rivière des Mille Îles. Lepage y construit les premiers moulins à farine et à bois qui, d'après l'intendant Hocquart, comptent parmi les plus beaux en Nouvelle-France. Le peuplement progresse ensuite vers l'ouest, en remontant chacun des modestes affluents de la rivière des Mille Îles pour atteindre les seigneuries de Blainville et de la rivière Duchesne vers le milieu du XVIIIe siècle.

Vers 1760, l'île Jésus compte trois paroisses: Saint-François-de-Sales, Sainte-Rose et Saint-Vincent-de-Paul. Toutes les terres de son pourtour ont été concédées. Plus au nord, le peuplement a comblé la «devanture» des seigneuries offrant leur front à la rivière des Mille Îles. Saint-Louis-de-Terrebonne est érigé en 1727. Pressé par la nécessité de mieux desservir ses fidèles au nord, l'évêque de Québec fonde Saint-Eustache en 1769.

Chassés par la surpopulation des vieilles paroisses du Saint-Laurent, mais attirés par les perspectives de prospérité qu'offre le commerce du blé et de la farine, des fils de cultivateurs se dirigent massivement vers l'île Jésus et les Basses-Laurentides après 1780. Pendant que l'île achève de se peupler, la marche colonisatrice remonte vers l'arrière-pays des premières seigneuries des Basses-Laurentides. Elles seront tour à tour rapidement occupées.

Ces pressions migratoires sont telles qu'elles forcent l'ouverture à la colonisation blanche de la seigneurie du Lac-des-Deux-Montagnes, territoire jusque-là réservé par les sulpiciens pour leur mission amérindienne d'Oka, fondée en 1721. Ils consentent à l'octroi de 1 000 concessions à des colons canadiens entre 1780 et 1810. Par ailleurs, l'occupation des premières terres par des francophones dans Argenteuil au début des années 1780 demeure éphémère. Le développement de cette seigneurie, située à l'extrémité ouest des Basses-Laurentides,

Laval et Laurentides

sera plutôt le fait d'une immigration anglo-saxonne débarquée après 1785, des États-Unis d'abord puis surtout des îles Britanniques à compter de 1810.

On assiste entre 1820 et 1850 à un véritable engorgement des aires seigneuriales du Nord de Montréal. Dès 1830, la plupart des bonnes terres ont été concédées ou bien font l'objet de spéculations indues de la part des seigneurs de la région. Ces abus et d'autres reliés à l'encombrement des aires seigneuriales dans le contexte d'une profonde crise du blé ne feront qu'envenimer les tensions sociopolitiques déjà fortes au Bas-Canada et mèneront à la rébellion de 1837-1838, dont la bataille de Saint-Eustache demeure l'un des événements les plus dramatiques. Au lendemain des troubles, le Nord de Montréal est au seuil de transformations démographiques et économiques qui marqueront l'île Jésus et la région des Laurentides dans la seconde moitié du XIXe siècle.

Émigration, industrialisation et colonisation

Vers 1840 et pendant trois quarts de siècle, l'île Jésus et les Basses-Laurentides subissent des ponctions démographiques considérables exercées sur leurs populations respectives par l'appel du Sud, de ses villes et de ses industries. La population de l'île Jésus décroît légèrement, puis se stabilise entre 1850 et la fin du siècle. Le manque d'espaces cultivables et l'absence presque totale d'industries poussent une partie de sa jeunesse vers les milieux urbains ou vers de nouvelles régions.

À la même période, la population des Basses-Laurentides connaît un arrêt brutal de sa croissance démographique, quand ce n'est pas un net recul. C'est le cas du comté de Deux-Montagnes entre 1851 et 1921. Les comtés d'Argenteuil et de Terrebonne s'en tirent mieux, même si l'émigration affecte dans une certaine mesure leurs anciennes paroisses. En effet, l'arrivée du chemin de fer dans les deux comtés en 1876, la possibilité de rentabiliser l'énergie hydraulique de la rivière du Nord et l'éclosion d'une industrie forestière dynamique dans le haut de leurs territoires y favorisent la venue de l'industrie à compter des années 1880.

Dès lors, deux petits pôles industriels, Saint-Jérôme (Terrebonne) et Lachute (Argenteuil), s'imposent avec une certaine vigueur. Le premier se donne des manufactures d'importance dans le papier (Rolland), les textiles (Regent Knitting) et le caoutchouc (Dominion Rubber); le second concentre ses activités manufacturières dans deux des mêmes secteurs: les textiles (Ayers) et le papier (Wilson). L'industrie prend aussi son essor du côté de Sainte-Thérèse où dominent les fabriques de pianos. Cette industrialisation partielle des Basses-Laurentides contribue à y retenir une population qui aurait probablement pris la route du Sud.

Parallèlement, les Hautes-Laurentides ouvrent leurs forêts à une marche migratoire inverse. Une course vers le nord s'engage dans la région des Laurentides vers 1840 entre deux mouvements colonisateurs, distincts et concurrents. L'un, de faible importance numérique, anglo-protestant et issu des paroisses du sud d'Argenteuil, est mené par Sydney Bellingham, vainqueur des patriotes à Saint-Charles. Le groupe remonte la Rouge jusqu'à Arundel avant de bifurquer sur son affluent, la Diable, où il débouche dans le canton de Salaberry – le futur Saint-Jovite – au début des années 1860. Entre-temps, il pousse une pointe du côté de la vallée de la Nord alors que des pionniers de

Fondée en 1769, la paroisse de Saint-Eustache est le théâtre d'un affrontement sanglant entre les patriotes et les troupes britanniques qui laissent le village en cendres. (ANC, P.J. Bainbrigge)

Laval et Laurentides

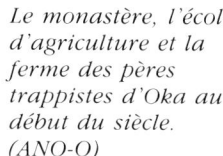
Le monastère, l'école d'agriculture et la ferme des pères trappistes d'Oka au début du siècle. (ANQ-Q)

même appartenance linguistique et religieuse fondent Shawbridge et Morin-Flats (aujourd'hui Morin-Heights).

L'autre courant, catholique et français, alimenté par les paroisses des comtés de Deux-Montagnes et de Terrebonne, est mené avec énergie par Augustin-Norbert Morin, le rédacteur des *92 Résolutions*, et Édouard Masson, homme d'affaires et conseiller législatif. Ce courant migratoire atteint la vallée haute de la Nord, au-delà de Saint-Jérôme, et s'infiltre dans les collines où dans sa marche colonisatrice il donne naissance à Saint-Sauveur, Sainte-Adèle, Sainte-Agathe et quelques autres paroisses.

Quand Antoine Labelle prend possession de sa nouvelle cure de Saint-Jérôme en 1868, les deux mouvements piétinent, nez à nez, aux portes de la haute Rouge. Pendant ce temps, les compagnies de bois en provenance de l'Outaouais ont atteint les vallées de la Lièvre et de la Rouge depuis une trentaine d'années, entraînant à leur suite des colons nourris par les retombées de l'exploitation forestière.

Le roi du Nord

C'est vers 1872 que le curé Labelle entreprend la «bataille de la Rouge» contre, d'une part, le courant migratoire rival venu d'Argenteuil et, d'autre part, les compagnies de bois exerçant des monopoles sur les terres du Nord. Selon Labelle, la colonisation de cette vallée est une étape obligée dans la conquête pacifique du Nord par les Canadiens français. Dirigeant un mouvement de squatters, Labelle n'en peuple pas moins la vallée de la Rouge. Mais il n'y parvient

Le village de Sainte-Thérèse en 1881, d'après un dessin de F.-X. Paquet. L'église et le collège trônent au milieu des petites maisons des villageois. (ANQ-Q)

Laval et Laurentides

Surnommé le roi du Nord, le curé Labelle est l'instigateur du mouvement de colonisation de la vallée de la Rouge. (ANQ-Q)

qu'après avoir réussi, avec d'autres gens d'influence intéressés au développement du Nord, à amener le chemin de fer jusqu'à Saint-Jérôme.

Le mouvement de colonisation du curé Labelle connaîtra son apogée dans la décennie 1880. À la suite de l'implantation d'une dizaine de paroisses le long de la Rouge jusqu'à Nominingue, on atteint la rivière du Lièvre. Sont aussi fondés Kiamika puis Rapide-de-l'Orignal (Mont-Laurier) en 1884.

Mais l'agriculture ne dépasse guère le stade de la subsistance dans les Hautes-Laurentides. Les revenus tirés de l'exploitation forestière s'avèrent indispensables à la survie des colons. Cependant devant la misère, des paroisses jeunes n'attirent plus de colons et en perdent même. Le prolongement de la voie ferrée au-delà de Saint-Jérôme tarde toujours à se faire. À la mort du roi du Nord en janvier 1891, son mouvement de colonisation est en perte de vitesse.

Par contre, le développement du chemin de fer jusqu'à Sainte-Agathe l'année suivante ravive les espoirs et relance la colonisation du Nord. Chacun de ses prolongements successifs jusqu'à Mont-Laurier en 1909 stimule l'économie des Hautes-Laurentides. La multiplication fulgurante des scieries provoque là une ère de prospérité inédite en cette fin de XIXe siècle. Cet âge d'or de l'industrie du bois de sciage revigore les paroisses chancelantes de la haute Nord

Laval et Laurentides

Le prolongement du chemin de fer au delà de Saint-Jérôme permet l'émergence d'une zone récréo-touristique centrée sur Sainte-Agathe. (ANQ-Q)

– de Saint-Sauveur à Sainte-Agathe – et remet en marche la colonisation des vallées de la Rouge et de la Lièvre.

Mais le prolongement du chemin de fer fait encore plus pour le Nord. Il y permet l'émergence d'une zone récréo-touristique prometteuse dont Sainte-Agathe devient vite le centre. Vers 1920, le nouveau comté de Labelle présente un bulletin de bonne santé en apparence indéniable. En l'espace d'une trentaine d'années, il devient le deuxième comté le plus populeux de la région. Sa capitale, Mont-Laurier, érigée en 1913 au statut de siège épiscopal, prospère. Mais les apparences sont trompeuses.

Urbanisation et exode rural

Au XXe siècle, l'espace urbain montréalais s'élargit, ce dont profiteront sur le plan démographique l'île Jésus et les Basses-Laurentides. En contrepartie, les paroisses des Hautes-Laurentides seront victimes d'un exode rural qui affectera particulièrement les paroisses de la vallée de la Rouge. Celles de la Lièvre y résisteront beaucoup mieux jusqu'à une période récente.

En 1921, la population de l'île Jésus est encore rurale à 65 pour 100. Mais l'amorce de son urbanisation se manifeste le long de la rivière des Prairies. La proximité de Montréal et son accès facile par les ponts permet dès les années 1920 de venir y travailler tout en continuant à résider dans l'île Jésus. Les secteurs de Laval-des-Rapides, L'Abord-à-Plouffe et Sainte-Rose naissent dans ce contexte nouveau. Entre les deux guerres, on note un abandon graduel de l'agriculture allié à une conversion de plus en plus fréquente de résidences d'été en domiciles permanents; l'île Jésus se transforme petit à petit en une banlieue de la métropole montréalaise.

Vers la même époque, les Basses-Laurentides connaissent une poussée démographique et sociale similaire à celle de l'île Jésus. L'amélioration des réseaux de transport, en particulier le système routier, y favorise là aussi l'étalement de la banlieue. Saint-Eustache acquiert une fonction résidentielle grâce à un cadre plus sain et plus reposant que la grand-ville. Par contre, les autres municipalités de Deux-Montagnes, demeurées rurales et agricoles, continuent de perdre une partie de leur effectif au profit des centres urbains. La situation diffère un peu ailleurs dans les Basses-Laurentides. Le dynamisme industriel de Saint-Jérôme et de Lachute et le renforcement du secteur manufacturier de Sainte-Thérèse exercent un certain attrait sur une portion de la population rurale du Nord.

L'exode rural touche à des degrés variables l'ensemble des Hautes-Laurentides. La vallée de la Rouge, au cœur même du royaume de Labelle, est la plus affectée. S'y dessine dès les années 1920 un mouvement de dépeuplement. Le secteur de la rivière du Lièvre passe par une surprenante expansion démographique entre 1920 et 1950 grâce à la vigueur de son industrie forestière et au rôle institutionnel joué par Mont-Laurier. Quant à la zone récréo-touristique du nord de Terrebonne, elle jouit d'une stabilité démographique redevable à l'industrie touristique. Devenu la zone de ski la plus importante en Amérique du Nord, ce coin de pays voit se prolonger sa saison touristique, évolution économique majeure à la faveur de

Laval et Laurentides

Vers 1920, la région de Mont-Laurier connaît une période de prospérité liée à la multiplication des scieries. (ANQ-Q)

laquelle se multiplient les grands hôtels de renom.

Une urbanisation accélérée

Les populations de l'île Jésus et de la région des Laurentides s'accroissent de façon spectaculaire au lendemain du deuxième conflit mondial. Les banlieues montréalaises s'étendent dans toutes les directions et il se crée autour d'elles une couronne suburbaine intégrant, en direction nord, l'île Jésus et la quasi-totalité des Basses-Laurentides. Stimulés par leur intégration à la zone urbaine métropolitaine, l'île Jésus et les comtés de Deux-Montagnes et de Terrebonne entrent dans un processus inédit d'accélération de leur croissance démographique. Il en va tout autrement pour les comtés d'Argenteuil et de Labelle.

Le Nord de Montréal s'urbanise rapidement autour de trois noyaux de peuplement. Il y a d'abord Laval, bien sûr. Dans le double but d'en coordonner le développement et d'en faciliter l'administration municipale, le gouvernement du Québec procédera à la fusion, en 1965, des quatorze municipalités de l'île Jésus. Une seule ville, Laval, a désormais la totalité de l'île pour territoire. Cette fusion a lieu au moment où cette dernière jouit d'une fulgurante poussée démographique, qui fait bientôt d'elle la deuxième ville en importance au Québec pour ce qui est de la population.

Intimement liés à ce premier noyau par des moyens de transport rapides, les deux autres se sont articulés respectivement autour de deux axes géographiques. Le premier axe, ouest-est, joint l'agglomération

Le moulin du Crochet à Laval-des-Rapides en 1899. (ANQ-Q, F.C. Würtele)

Laval et Laurentides

L'extension rapide de la banlieue montréalaise à l'île Jésus amène la création, en 1965, de la ville de Laval, qui devient rapidement la deuxième agglomération la plus populeuse du Québec. (ANQ-Q)

urbaine de Saint-Eustache à celle de Sainte-Thérèse. L'autre, sud-nord, est plus ancien; il part de Sainte-Thérèse, rejoint Saint-Jérôme et pénètre dans la zone récréo-touristique. Ne restent comme autres secteurs d'urbanisation de quelque importance que l'agglomération Lachute-Brownsburg dans Argenteuil et celle de Mont-Laurier dans Labelle.

Après 1945, les comtés d'Argenteuil et de Labelle sont victimes d'une reprise en accéléré de l'exode rural. Non seulement les paroisses rurales d'Argenteuil se vident-elles, mais elles ne trouvent pas dans les petits centres urbains de ce comté un secteur manufacturier capable d'absorber cette émigration. Le dépeuplement du comté de Labelle s'avère encore plus dramatique. Le ralentissement sensible de l'exploitation forestière rejoint finalement, après la Rouge, la Lièvre. Sans autre activité économique majeure qu'un secteur forestier lui-même en difficulté, ce comté se doit de compter largement sur l'apport des institutions publiques pour survivre en attendant des jours meilleurs.

Serge Laurin, historien

LAURIN, Serge. *Histoire des Laurentides*. Québec, Institut québécois de recherche sur la culture, 1989. 892 p. (Coll. «Les régions du Québec», n° 3).

PAQUETTE, Marcel. *Histoire de l'Île Jésus, de 1636 à Ville de Laval*. Laval, Éditions d'Antan, 1976. 184 p.

Maison André-Benjamin-Papineau

Laval
5475, boulevard Saint-Martin

Fonction: culturelle
Classée monument historique en 1974

La campagne de restauration de 1975 visait à rendre à cette demeure du début du XIXᵉ siècle ses caractéristiques d'origine.

Construite au début du XIXᵉ siècle par André Papineau, la maison devient la propriété d'André-Benjamin à la mort de son père en 1832; il y réside pendant près de 50 ans. Au cours de cette période, le fils Papineau participe activement à la vie communautaire de Saint-Martin. Il est tour à tour marguillier, membre du bureau de syndic de la commission scolaire, premier maire de Saint-Martin, secrétaire-trésorier, etc. Il vend la maison et la terre quatre ans avant sa mort, survenue en 1890.

Jusqu'en 1964, la maison André-Benjamin-Papineau change de propriétaire à quelques reprises. La famille Taillefer y réside longtemps, de 1906 à 1964.

Au début des années 1970, le ministère des Transports exproprie le bâtiment pour la construction de l'autoroute 13 menant de Montréal à l'aéroport international de Mirabel. La société historique de l'Île-Jésus, consciente de la valeur historique et patrimoniale de la maison, entreprend alors des démarches pour la sauver du pic des démolisseurs. Classée monument historique en 1974, la demeure doit néanmoins être déplacée, malgré son poids de quelque 350 tonnes.

La maison devenue propriété du ministère des Affaires culturelles, celui-ci entreprend sa restauration en 1975. Afin de connaître l'histoire de la maison et de ses occupants, on procède à une recherche historique. Le curetage effectué permet de comprendre son évolution par les modifications subies en 1910 et 1950.

Lors de l'intervention de 1910, les principales modifications sont la construction des pignons en maçonnerie en remplacement des croupes du toit et la démolition de l'âtre avec son four à pain latéral. C'est à cette occasion que des transformations sont faites dans l'aménagement et que tout l'intérieur est recouvert de planchettes avec joints en «V».

La maison André-Benjamin-Papineau sur son emplacement initial et avant sa restauration.
(MAC)

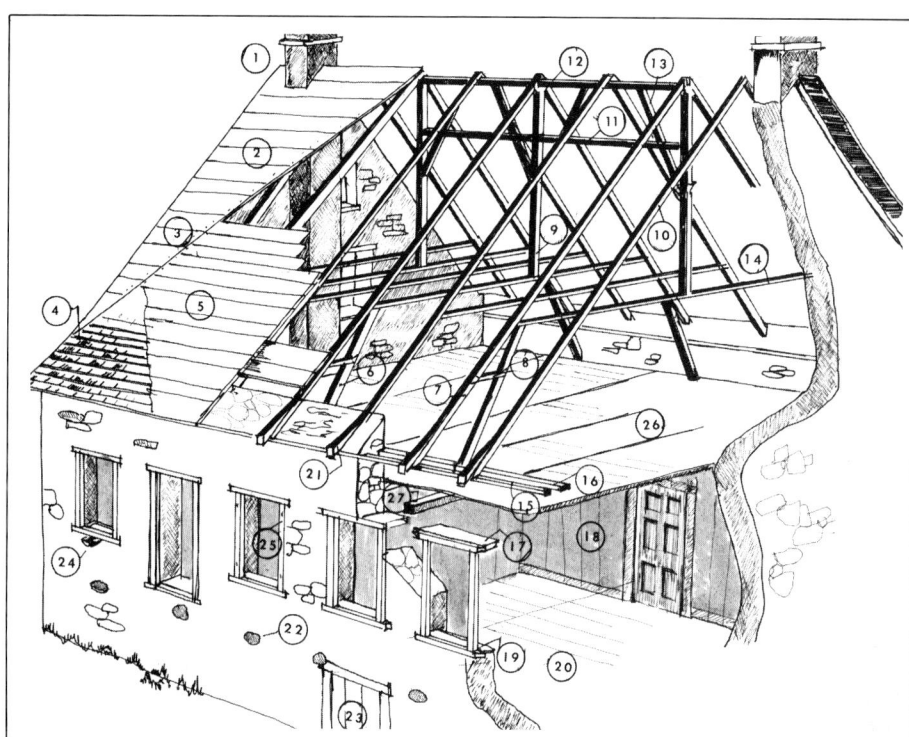

Vue axonométrique de la maison avant sa restauration. (MAC)

1. Souche de cheminée
2. Planche du toit modifiée
3. Ligne de reprise
4. Bardeau de cèdre
5. Planche du toit d'origine
6. Jambette
7. Arbalétrier
8. Moise
9. Poinçon
10. Chevron
11. Sous-faîtière
12. Panne faîtière
13. Demi-croix de Saint-André
14. Entrait
15. Sablière extérieure
16. Sablière intérieure
17. Linteau de fenêtre
18. Cloison
19. Allège
20. Plancher
21. Coyau
22. Solives de galerie
23. Porte de cave
24. Gargouille de l'évier
25. Faux-cadre
26. Plancher en madrier de pin
27. Poutre cordonnée

Les travaux de 1950 consistent à remodeler l'extérieur en y ajoutant une galerie sur deux façades, à changer les fenêtres et à recouvrir les murs de crépi de ciment imitant la pierre de taille. L'intérieur est également réaménagé et tous les murs et plafonds sont recouverts de panneaux de gypse.

Le curetage intérieur a permis de retrouver l'agencement des pièces et leur finition d'origine: murs crépis et peints de couleurs plutôt foncées, cloisons en madrier, deux placards encastrés dans les murs, deux âtres dont un avec four à pain et un évier de pierre dans la cuisine. Les plafonds étaient en planche de pin avec couvre-joints et les planchers étaient revêtus de planche d'épinette posée à joints continus.

C'est à l'aide de tous ces éléments que le concept de restauration est choisi et que les travaux de restauration peuvent être réalisés afin de redonner à cette maison son caractère et son apparence originels.

Depuis sa restauration, la maison André-Benjamin Papineau est la propriété de la Ville de Laval qui l'utilise comme centre d'activités socioculturelles et d'exposition. Ce monument historique rappelle la mémoire d'un pionnier de la région en même temps qu'un type d'architecture presque disparu. Il est également le symbole d'un effort collectif du milieu pour la conservation de son patrimoine bâti.

Paul Gagnon

GAGNON, Paul. *La Maison André B. Papineau, Ville de Laval.* Québec, ministère des Affaires culturelles, 1978. 30 p. (Coll. «Les Retrouvailles», n° 6).

GAGNON, Paul et Alain RAINVILLE. *Maison André B. Papineau, boulevard St-Martin, Ville de Laval.* Québec, ministère des Affaires culturelles, 1975. 56 p. (Coll. «Dossier», n° 10).

Maison François-Cloutier

Laval
4730, rang Haut-Saint-François

Fonction: résidentielle
Reconnue monument historique en 1976

Cette maison bâtie vers 1830-1840 a été restaurée dans un grand souci d'authenticité, respectant son évolution dans le temps.

Les poteaux de la galerie sont tournés et se terminent par des écoinçons sculptés et ajourés, typiques des années 1880.

Érigée vers 1830-1840, comme l'indiquent les caractères dominants de son architecture (matériaux, ouvertures, forme du toit et dimensions générales), la maison François-Cloutier est un bel exemple de maison de ferme des années de prospérité du Bas-Canada.

Son plan rectangulaire allongé contraste avec celui plus réduit et trapu des maisons rurales que l'on observe habituellement dans la région montréalaise. Si ce type de maison plus longue est fréquent dans la région de Québec, il s'explique ici du fait de la double occupation, ce dont témoignent les deux portes d'entrée. D'un côté, on retrouve en fait un ensemble salle-cuisine tandis que de l'autre se développe la maison proprement dite.

On peut présumer qu'en approchant du milieu du XIXe siècle on a voulu établir en espaces distincts deux cellules familiales, probablement les parents âgés et la famille d'un des enfants. Dès lors, on retrouve une distribution intérieure analogue à celle des presbytères de l'époque où la servante occupait un petit logement bien séparé de la vaste maison du curé.

Restaurée dans un grand souci de conservation et d'authenticité, la maison François-Cloutier a gardé quelques ornements qui, à l'extérieur, témoignent de son évolution dans le temps. Ainsi, les poteaux de la galerie sont tournés et se terminent par des écoinçons sculptés et ajourés, typiques des années 1880.

À l'intérieur, les plafonds à caissons, l'escalier et deux grands âtres sont restaurés avec soin. Au sous-sol on retrouve un four à pain, élément un peu archaïque pour l'époque de la construction de cette résidence reconnue monument historique en 1976.

Luc Noppen, historien de l'architecture

Le plan rectangulaire allongé contraste avec celui plus réduit et trapu des maisons rurales qu'on observe habituellement dans la région.

Église Sainte-Rose-de-Lima

Laval
219, boulevard Sainte-Rose

Fonction: religieuse
Reconnue monument historique en 1974

Située au nord de l'île Jésus, la paroisse de Sainte-Rose est fondée en 1740 par une ordonnance de l'intendant Hocquart. Détachée de la paroisse de Saint-François-de-Sales, elle desservira les habitants de la rive sud de la rivière des Mille Îles.

Querelles de clochers

La première église est érigée en 1746, le service religieux étant assuré dès 1741 depuis le presbytère. À la suite d'un incendie en 1766, on doit penser à reconstruire le temple. Les paroissiens ne s'entendent toutefois pas sur le nouveau site. Une seconde église est érigée en 1788, à quelques kilomètres de la première. Selon les données du plan de Pierre Conefroy, il s'agit d'un bâtiment en pierre à transepts, décoré d'une grande porte surmontée d'un œil-de-bœuf et de deux petites.

Cette seconde construction reçoit une ornementation très riche. Le sculpteur Philippe Liébert livre le maître-autel et le tabernacle en 1799, et Louis-Amable Quévillon est chargé de l'ornementation intérieure en 1811. Quelques années plus tard, soit en 1829, le sculpteur François Dugal complète la décoration intérieure. On peut raisonnablement penser que certaines parties de ce décor sculpté sont réutilisées par Victor Bourgeau pour l'intérieur de l'église actuelle.

La paroisse connaissant une expansion rapide, on songe dès 1850 à la doter d'une nouvelle église. Victor Bourgeau dresse des plans qui suscitent une certaine controverse.

L'église Sainte-Rose-de-Lima en 1947. Victor Bourgeau en a dressé les plans en 1850. (MAC, fonds Morisset)

L'abside en hémicycle où s'adosse la sacristie: une silhouette traditionnelle. (MAC, fonds Morisset)

L'architecte, suivant son habitude, présente des dessins pour une église à un seul clocher et d'autres pour une à deux clochers.

Une lettre du docteur McMahoy de Sainte-Rose adressée à Mgr Ignace Bourget en mars 1851 nous renseigne sur le genre de conflit que la décision de construire une église pouvait alors susciter: «[...] la majorité des syndics est pour le plan à deux clochers, mais que ces mêmes syndics ont refusé d'en appeler à une assemblée de paroisse, dans la crainte qu'il n'en résulte que du désordre, de la haine et des vengeances. [...] L'on a reproché à nos respectables syndics d'avoir gaspillé l'argent du public, d'avoir voulu offrir l'entreprise de l'église à un entrepreneur de leur choix sans en vouloir d'autre, d'avoir même refusé de se rencontrer avec des entrepreneurs qui venaient s'offrir, etc, etc.»

Une version à trois clochers est également esquissée par Bourgeau à un moment donné, mais la majorité de la paroisse est en faveur du plan à deux clochers «comme étant le plus solide, le plus convenable et le moins dispendieux». L'évêque de Montréal approuve les plans en expliquant: «Je demande à Dieu d'envoyer son ange de paix pour détourner d'une paroisse que j'aime l'horrible fléau de la discorde.»

La construction

Le plan de l'église est de configuration traditionnelle, mais la façade, scandée de pilastres et surmontée d'un fronton triangulaire, reprend, en y changeant l'ordre architectural et donc les proportions, un modèle proposé la même année par l'architecte américain Minard Lafever pour la Reformed Church de Brooklyn Heights. John Ostell s'inspire d'ailleurs des mêmes lignes dites néo-renaissantes pour la façade de l'église Notre-Dame-de-Grâces, construite l'année suivante.

Le marché de maçonnerie est conclu en juillet 1851 avec Antoine Robillard, maître maçon de la ville de Bytown (Ottawa). Le marché prévoit un bâtiment de «cent quarante-quatre pieds de profondeur par soixante et douze pieds de large de dedans en dedans de soixante et trois pieds de hauteur du sol jusqu'au dessus du toit avec deux

Le tabernacle sculpté par Philippe Liébert en 1799 et qui se trouvait dans l'ancienne église paroissiale a été transporté dans le nouveau temple lors de son inauguration. (MAC, fonds Morisset)

La façade est scandée de pilastres et couronnée d'un fronton triangulaire à la manière de la Reformed Church dessinée par l'architecte américain Minard Lafever.

tours, le tout en mesure anglaise». La nef de l'église doit compter cinq croisées dans chacun de ses longs-pans et affecter la forme dite «à la récollette», ce qui permet, en l'absence de transept, de joindre deux autels de dévotion sur les murs marquant la rupture entre la nef et le chœur.

Un paiement de 2 000 livres est prévu à l'entrepreneur qui doit livrer le bâtiment aux charpentiers deux ans et trois mois plus tard. L'entrepreneur n'ayant pas satisfait à toutes les conditions, le contrat est résilié en septembre 1851. On reprend alors le tout, cette fois avec François Labelle, maître maçon de Saint-Ignace-de-Coteau-du-Lac. Dix jours plus tard, l'entrepreneur passe contrat avec Jean Labelle, maçon, et Moïse Labelle, journalier, pour la fourniture de la pierre de taille nécessaire à la construction du bâtiment.

Le 3 mai 1853, la fabrique emprunte à la communauté des sœurs grises une somme de 500 livres destinée, selon le contrat, à terminer l'église et la voûte. Cette dette ne sera acquittée qu'en janvier 1870.

Le contrat pour l'ornementation de l'intérieur de l'église est rédigé en février 1858. Jean-Baptiste Joly, maître charpentier et entrepreneur «résidant en la paroisse de Sainte-Rose», est chargé du travail pour lequel il doit recevoir un total de 54 000 francs. Le plan est encore fourni par Bourgeau. Celui-ci reprend pour l'intérieur de cette église des formes qu'il connaît bien, celles de la voûte à caissons. Le devis prévoit que «les socles, colonnes, pilastres, chapiteaux, corniches, etc. seront de l'ordre corinthien parfait.»

Pour produire ce plan, Bourgeau s'inspire d'un modèle ancien (signé James Gibbs) en le simplifiant. Il évite ainsi de se dissocier de la tradition amorcée par l'atelier de Louis-Amable Quévillon. Il produit une voûte centrale en hémicycle marquée de doubleaux surgissant des colonnes et divisés de caissons ponctués de rosaces. Les nefs latérales, d'ornementation plus simple, seront dotées en 1875 de galeries latérales destinées à recevoir des paroissiens toujours plus nombreux. Le chœur en cul-de-four reprend l'ornementation de la voûte centrale, comme il accueille la suite de la colonnade dans laquelle sont insérées des niches.

Le tabernacle de Liébert est transporté de l'ancienne église au nouveau temple lors de son inauguration. Victor Bourgeau donne encore les plans de la chaire et des deux autels latéraux, l'un dédié à l'Immaculée Conception, l'autre à saint Joseph. Toutes ces pièces de mobilier religieux sont réalisées par l'entrepreneur Jean-Baptiste Joly.

L'argent manque pour terminer les travaux et en 1863, on procède à une cotisation supplémentaire. Ce sera la dernière opération liée à la construction et à l'ornementation du temple, si l'on excepte l'addition en 1902 d'une galerie destinée à l'orgue.

Raymonde Gauthier, historienne de l'art

AUCLAIR, Élie-Joseph. *Sainte-Rose de Laval, 1740-1940*. Montréal, Beauchemin, 1940. 96 p.

DEMETER, Lazslo. *Église de Sainte-Rose: histoire, relevés, analyse*. Québec, ministère des Affaires culturelles, 1974. 172 p. (Coll. «Dossier», n° 4).

LANDRY-GAUTHIER, Raymonde. *Victor Bourgeau et l'architecture religieuse et conventuelle dans le diocèse de Montréal (1821-1892)*. Thèse de doctorat (histoire de l'art), Université Laval, 1983.

Maison Ouimet

Laval
570, boulevard des Mille-Îles

Fonction: résidentielle
Classée monument historique en 1975

Un peu en retrait du boulevard des Mille-Îles et dominant un coteau au pied duquel se trouvent quelques constructions assez récentes, se dresse une vieille maison en pierre avec un soubassement bien dégagé et une galerie qui longe le bel étage en façade.

Identifié comme «maison d'artisan», ce type architectural se caractérise par un sous-sol dégagé et accessible par la façade qui s'explique par la présence de l'atelier de l'artisan, au-dessous du rez-de-chaussée. Ce genre d'interprétation relève surtout de l'idéologie des années 1930-1940. Elle utilise l'architecture et l'art, réduits au savoir-faire artisanal, pour construire une vision idéalisée de la société traditionnelle, celle-là même qui serait garante d'une originalité fondée sur la durée et la permanence (la survie). Les fondements d'une telle lecture des témoins du passé sont désormais remis en question et réinterprétés.

La maison aurait été construite entre 1735 et 1743 pour Michel Charles, cultivateur. En effet, celui-ci acquiert une terre sans bâtiment en 1735 et lorsqu'il la cède en 1743, on note qu'il y a «une maison construite dessus», sans plus. Cependant, on retrouve aujourd'hui une maison en pierre de près de 11 mètres sur 9 avec un sous-sol bien dégagé, mettant en valeur le bel étage.

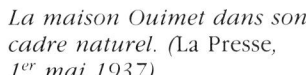

La maison Ouimet dans son cadre naturel. (La Presse, 1er mai 1937)

La maison Ouimet montre un soubassement bien dégagé à cause de la déclivité du terrain.

Une annexe, de construction récente, essaie de se marier aux formes de la maison et de la grange.

En se basant sur plusieurs caractéristiques architecturales (dimensions des ouvertures, larmier, souches de cheminées, galerie), on daterait spontanément cette maison de la première moitié du XIXe siècle.

La confrontation de ces données soulève plusieurs interrogations et enrichit le cadre problématique. Si la maison a bel et bien été construite vers 1740, il apparaît évident qu'on l'a transformée par la suite, ce qui explique qu'on la situe à une époque ultérieure. On peut dès lors formuler plusieurs hypothèses pour expliquer le décalage.

Dans un premier temps, on peut remettre en question la date de construction au XVIIIe siècle, puisqu'on n'y précise pas que la maison érigée est en pierre. La recherche peu détaillée ne permet pas non plus d'affirmer hors de tout doute que le bâtiment qui existe aujourd'hui est bien celui dont il est fait mention au XVIIIe siècle. Par contre, il subsiste de cette époque des maisons présentant certains traits analogues (sous-sol bien dégagé doté de murs de refend et d'un four à pain). Ce haut soubassement s'explique fort bien ici par la déclivité du terrain; il établit une assise régulière pour la maison qui est adossée au coteau et non posée directement dessus.

Dans un deuxième temps, on peut émettre l'hypothèse que la partie haute de la maison remonte effectivement au début du XIXe siècle, ce qui expliquerait les dimensions importantes des ouvertures, la forme du toit et même un appareil de pierres plus régulières. Tout cela porte à croire que la maison aurait été construite (ou transformée) vers 1830-1840. Et, compte tenu de l'étage du soubassement, le second terme de l'hypothèse serait plus vraisemblable.

Pour la maison Ouimet (famille propriétaire de 1916 à 1957), comme pour la plupart des monuments historiques du Québec, un retour aux archives et de nouvelles recherches s'imposent dès que l'on remet en question les clichés habituels qui concernent la maison «d'inspiration française», l'adaptation au climat et l'architecture traditionnelle. Il apparaît désormais évident que la distinction essentielle entre les maisons rurales de la région montréalaise et celles de la région de Québec a trait à leur surface habitable.

Petites et trapues, les maisons du XVIIIe siècle des environs de Montréal utilisent un sous-sol et un rez-de-chaussée comme espace habitable, une caractéristique proprement urbaine de l'architecture classique qui développe le thème du soubassement, étage habitable. Dans la région de Québec, cet usage disparaît très tôt au XVIIIe siècle pour faire place à un allongement du carré initial et, le cas échéant, à l'occupation des combles. Reste à voir si, plus près de Montréal, on n'a pas érigé des maisons en bois sur un soubassement important pour ensuite édifier en pierre cet étage après un incendie, ou plus simplement pour affirmer l'aisance matérielle des occupants.

La maison Ouimet est une habitation dont les propriétaires ont entrepris la restauration. Le monument classé a ainsi retrouvé sa place dans un environnement qui, malgré les constructions plus récentes, lui forme une cour d'honneur.

Luc Noppen, historien de l'architecture

Maison Pierre-Thibault

Laval
8740, boulevard des Mille-Îles

Fonction: résidentielle
Classée monument historique en 1977

La maison Pierre-Thibault est admirablement située dans un environnement de qualité à l'extrémité est de l'île Jésus. À cette hauteur, le boulevard des Mille-Îles est encore une route rurale peu fréquentée et les constructions n'ont pas été trop densifiées par le développement de la banlieue montréalaise.

En plan, la maison érigée en pierre des champs est presque carrée; elle mesure un peu plus de 10 mètres de côté et ses murs ont, à leur base, près d'un mètre d'épaisseur. Les murs-pignons sont dotés de cheminées, ce dont témoignent les souches qui percent la toiture.

Sous le chambranle de la porte avant, on retrouve deux pierres millésimées. On y lit l'inscription «1736», suivie de signes maçonniques indéchiffrables pour un non-initié. Partant de cette inscription, on peut conclure que la construction de la maison remonte au XVIIIe siècle; elle a de plus reçu un toit débordant par des larmiers incurvés vers 1830-1850, comme cela a souvent été le cas au Québec.

Le dossier d'inventaire architectural de la maison, dressé en 1976, signale qu'à l'intérieur toutes les cloisons et tous les murs, à l'exception de deux petites parties adjacentes au foyer de la cuisine, sont recouverts de lattes de bois embouvetées. À l'extérieur, la pierre des murs est partout laissée à nue. Une galerie, bien postérieure à la construction de la résidence, longe tout l'avant (façade nord).

En ce qui concerne le toit, la charpente est apparente. Elle est constituée principalement de trois fermes dont une, encore entière, se compose d'un poinçon recevant au faîte les arbalétriers, d'un faux-entrait sur lequel repose le poinçon et d'un entrait. Les entraits des deux autres fermes ont disparu. Tous les assemblages sont à tenons et mortaises traversés de chevilles de bois. Quatre cheminées, dont deux sont menteuses, chevauchent le toit de façon symétrique.

Toutes les portes sont en bois et datent du début du siècle. Pour conserver le cachet ancien, les propriétaires ont installé des portes extérieures en planche à l'avant et à l'arrière. Les fenêtres sont presque toutes aussi du même style, à l'exception de quelques fenêtres extérieures qui sont en aluminium. Il existe encore une fenêtre intérieure d'origine située à l'arrière, du côté ouest.

Au rez-de-chaussée comme à l'étage des combles (auquel on accède par un escalier à contremarche basse et giron court), les planchers sont formés d'un faux-plancher de

La maison en pierre des champs est située dans un environnement de qualité. Elle a reçu un toit débordant aux larmiers incurvés vers 1830-1850.

L'arrière de cette maison du XVIIIe siècle.

planches perpendiculaires à l'axe, de poutres et d'une autre épaisseur de planches embouvetées dans l'axe des poutres. Les poutres à la cave ne sont que des troncs grossièrement équarris. Signalons également la présence de deux foyers, l'un dans la grande pièce nommée salon et qui fonctionne toujours, et l'autre dans la cuisine. Ce dernier logeait un four à pain, aujourd'hui disparu.

En plus de tous ces éléments, on peut mentionner deux traits bien caractéristiques de la maison. D'abord, le sous-sol est doté de deux murs de refend massifs, disposés en forme de croix, ce qui compartimente l'espace tout en donnant un support étendu aux solives du plancher du rez-de-chaussée. Ensuite, les contre-fenêtres en bois sont en forme de «croisées» et chacun des quatre volets qui les composent est penturé vers l'extérieur. C'est là un dispositif du XVIIe siècle qui se remarque dans la région montréalaise jusqu'à la fin du XIXe siècle, alors qu'il est inconnu partout ailleurs au Québec.

Restaurée avec soin au fil des années par ses propriétaires, la maison Pierre-Thibault a conservé un cachet ancien et une image d'authenticité qui trop souvent manque aux édifices restaurés à grands frais. Depuis 1840, deux familles se sont succédé sur cette propriété: les Charbonneau et les Chartrand.

Luc Noppen, historien de l'architecture

BOUVIER, Réjean et Mario CHABOT. *Maison Thibault*. Québec, ministère des Affaires culturelles, 1976.

Maison Therrien

Laval
9770, boulevard des Mille-Îles

Fonction: résidentielle
Classée monument historique en 1974

La maison Therrien est une structure qui appartient au type architectural de la maison rurale du XVIIIe siècle.

La propriété et ses dépendances en 1964 (MAC)

Du nom de son propriétaire au moment de son classement en 1974, la maison Therrien avait attiré l'attention onze ans plus tôt alors qu'un hebdomadaire de L'Île-Jésus publiait un reportage photographique. La première des quatre photos montrait la maison en 1963; la deuxième était une photographie ancienne, représentant l'édifice vers 1900; la troisième présentait des «traces laissées par des flèches enflammées» et la dernière illustrait des «meurtrières».

La maison avant qu'elle ne soit recouverte d'un enduit imitant la pierre de taille. (MAC)

Cette page de journal, qui demeure encore aujourd'hui le document le plus élaboré sur ce monument, expose d'une façon éloquente les critères qui ont longtemps été utilisés par l'opinion publique pour évaluer les monuments historiques.

Il est bien évident que la maison Therrien est une structure qui appartient au type architectural de la maison rurale du XVIIIe siècle et qu'il ne s'agit évidemment pas d'une maison fortifiée du XVIIe siècle qu'auraient assiégée les «sauvages». On constate néanmoins que si l'histoire du Canada, telle qu'enseignée jusque dans les années 1960, a largement contribué à former une certaine mémoire collective, cette histoire n'était pas fondée sur l'interprétation d'objets.

Rien de plus normal donc que le public ait cherché à réconcilier cette mémoire et son environnement parsemé de «traces». On a ainsi fabriqué un certain nombre de légendes ou d'histoires qui ont eu le mérite de créer un intérêt véritable pour le patrimoine et que l'on ne peut remettre en question que par le développement des connaissances autour d'objets consacrés ou qui interrogent cette mémoire collective.

C'est visiblement sur la foi de la photographie ancienne, qui montre la maison avant qu'elle n'ait été enduite d'un crépi avec faux-joints en 1934, et après une visite des lieux qui a démontré que «la maison n'a été modifiée qu'en apparence» à cette époque, que cette modeste habitation a été classée en 1974.

Sur la liste des monuments classés du Québec, la maison Therrien est une des structures qui mérite la mention «potentiel à explorer». Il va de soi que la recherche historique reste à faire et que la restauration du bâtiment révélerait quantité de renseignements sur son âge, ses occupants et sa place dans une histoire de l'architecture.

Et, comme chaque époque réécrit cette histoire, il est heureux que quelques bâtiments non restaurés du XVIIIe siècle subsistent pour qu'ils puissent fournir les réponses aux questions nouvelles qu'on ne saurait manquer de leur adresser.

Luc Noppen, historien de l'architecture

Hôtel de ville de Lorraine

Lorraine
100, Grande Côte

Fonction: administrative et culturelle
Classé monument historique en 1975

À Lorraine, à l'intersection des rivières aux Chiens et des Mille Îles, se situe le domaine Garth, un ensemble patrimonial assez unique au Québec. L'ampleur de sa superficie, son histoire et son intérêt architectural, paysager et archéologique en font un site très riche dont le potentiel de mise en valeur s'avère exceptionnel.

Spring Valley Farm

C'est vers 1740-1760 que ce secteur de l'ancienne seigneurie de Blainville se peuple véritablement, avec l'apparition d'établissements dispersés le long de la rivière des Mille Îles. À la fin du XVIIIe siècle, le territoire situé aux abords de l'embouchure de la rivière aux Chiens est entièrement concédé. Vers 1830, un noyau commercial et industriel s'active à Sainte-Thérèse, au centre d'une région agricole en plein épanouissement.

Les terres de ce qui deviendra le domaine Garth ont probablement été concédées originellement entre 1755 et 1770. Mais c'est vers 1825, avec l'arrivée d'Alpheus Kimpton, fils de loyaliste des Cantons de l'Est, que s'amorce une véritable exploitation agricole. Dès son arrivée, Kimpton fait l'acquisition de deux premières terres, ébauche d'un domaine qu'il baptise «Spring Valley Farm». Cette propriété de 7 arpents de front sur 40 de profondeur se révèle une des plus grandes de la région.

Alpheus Kimpton est éleveur et producteur céréalier. En 1842, il possède aussi un moulin à scie, un moulin à fouler, un moulin à carder et un moulin à battre. Il est alors propriétaire de 560 arpents de terre dont 201 sont en culture. Entre 1834 et 1860, il acquiert de nombreuses autres terres dans les environs de Sainte-Thérèse. Sur «Spring Valley Farm», sa propriété principale, on trouve en 1864 quantité de bâtiments en plus de sa résidence: granges, écuries, étables et autres dépendances. Au fil des années, il revend certaines de ses terres et transmet les autres à ses enfants, avec une maison en pierre sur chacune d'elles.

En 1861, la maison Garth est dotée d'un toit brisé et d'une rallonge latérale.

Le domaine Garth

En 1879, les descendants d'Alpheus Kimpton vendent le domaine à Mary Ann Holmes, épouse de Charles Garth. Ce fondeur, devenu fermier, et plus tard son fils, Albert Edward, modifient quelque peu l'allure du domaine. Ils font construire plusieurs bâtiments dont des maisons en bois pour loger les ouvriers de la ferme ou pour louer à des amis durant l'été. Fidèles à la vocation du domaine, les Garth se spécialisent eux aussi dans la culture maraîchère. Ils possèdent de nombreux animaux, outils et machines agricoles.

«Spring Valley Farm», ou domaine Garth, est devenue une propriété cossue. Ainsi, Albert Edward et son fils David aménagent un jardin avec terrasse à l'arrière de la résidence et plantent des arbres sur le domaine. De plus, l'épouse d'Albert Edward rassemble plusieurs pièces du patrimoine térésien, donnant à la maison Garth la réputation de musée régional.

Au décès de David Garth en 1957, le domaine est cédé à la General Trust Corporation qui le revend à des promoteurs en 1962. Anchor Investments Ltd. morcelle alors la grande propriété en plusieurs lots. La partie sud est louée à la Ville de Lorraine, qui transforme la maison Garth en hôtel de ville.

Un des murets de pierre de la propriété, restauré il y a quelques années.

Une galerie surmontée d'un avant-toit longe l'arrière de la maison, devenue l'hôtel de ville de Lorraine.

La maison

Les bâtiments les plus importants du domaine sont la maison principale et les dépendances. Lorsque Alpheus Kimpton acquiert le terrain en 1826, il existe déjà une maison avec grange et bâtiments. En 1833, Kimpton conclut des marchés avec Michel Blondin pour la maçonnerie et Paul Vermet pour la menuiserie d'une nouvelle demeure. Il s'agira d'une maison à deux niveaux, de quelque 12 mètres sur 10 et de plus de 6 mètres de hauteur.

De nombreuses caractéristiques de cette demeure correspondent à la maison actuelle: concordance des dimensions du carré, des ouvertures et de leur nombre en façade, de la hauteur aux sablières et de la division du sous-sol. De plus, un recensement de 1842 fait état d'une maison habitée et d'une autre inhabitée, la première étant probablement celle de 1833 et la seconde, celle qui existait à l'achat en 1826.

La maison de 1833 est modifiée substantiellement en 1861, au point qu'elle est décrite comme étant en construction. Le carré principal est conservé malgré les reprises de maçonnerie, un toit brisé remplace l'ancien qui était à deux versants et enfin une rallonge latérale est construite.

Cette résidence est un édifice en pierre de forme rectangulaire, auquel s'ajoute latéralement une adjonction, avec toit brisé, identique à celui du corps principal. La façade de ce corps principal comporte un appareil irrégulier de pierre de taille, à surface unie, avec un chaînage d'angle apparent en pierre de taille en saillie. Les trois autres murs, de même que les deux cheminées doubles émergeant des murs-pignons, sont tous en moellons de calcaire.

Le toit de la maison est brisé sur deux eaux, avec léger égout à la base du brisis. La couverture est en bardeau de bois. L'édifice présente une organisation très classique de ses ouvertures et beaucoup de sobriété dans le décor: cinq ouvertures en façade dont une porte centrale, trois grosses lucarnes symétriques à croupes et deux cheminées. La bordure du toit est terminée par une simple corniche ornée de moulures linéaires. La façade arrière affiche le même arrangement.

Accolée au corps principal, l'adjonction latérale comporte les mêmes caractéristiques architecturales, à l'exception d'une cheminée simple et d'une disposition différente des ouvertures. Contre cette adjonction, un garage ajouté en 1955 a été démoli il y a quelques années. Un mur-pignon et la partie arrière de l'édifice sont chacun dotés au rez-de-chaussée d'une grande galerie surmontée d'un avant-toit.

L'intérieur de la maison Garth comptait onze pièces réparties sur quatre niveaux: le sous-sol, le rez-de-chaussée, l'étage et les combles. Le sous-sol était divisé en quatre pièces par des murs en pierre. Aujourd'hui, on y retrouve un centre d'interprétation du domaine. Le rez-de-chaussée présentait un décor soigné: planchers en bois, lambris d'appui dans la partie inférieure des murs terminés par une cimaise, partie supérieure recouverte de tapisserie, et plafond de petites planches moulurées en doucine. Un chambranle élaboré entourait les portes. Le salon et la salle à manger abritent maintenant la mairie de Lorraine ainsi que la salle du conseil municipal. L'étage était plus simple: parquets en planches de dimensions et d'essences différentes et panneaux de plâtre aux murs et aux plafonds des chambres. L'étage est désormais disponible pour accueillir des expositions d'organismes culturels. Quant au grenier, inoccupé, il est demeuré à son état à peu près original.

La salle du conseil municipal de Lorraine au rez-de-chaussée de la maison Garth. (MAC)

Cette grange-étable en pierre est la seule construction de ce type encore debout au Québec. Elle vient d'être restaurée.

Le bassin circulaire et sa fontaine au centre du grand parterre gazonné à l'arrière de la maison Garth.

Les autres composantes

Le domaine Garth est constitué d'autres éléments dignes d'intérêt: trois édifices encore debout, cinq autres démolis qu'on retrouve à l'état de vestiges, quelques structures ou accessoires immobiliers et un aménagement paysager.

Après la maison principale, c'est la vieille grange-étable qui présente le plus grand intérêt historique et architectural. C'est la seule construction de ce type encore debout au Québec. Ce grand édifice en

Cette maison de bois a longtemps servi de logement à des employés. (MAC)

maçonnerie de pierre, en forme de rectangle allongé (47 mètres sur 9), à la charpente simple, est recouvert d'un toit à deux versants. Les murs sont composés en grande partie de moellons de cailloux, d'éclats et de pierre des champs. Ces murs sont percés de plusieurs ouvertures, fenêtres, portes simples et grandes portes. L'intérieur de la grange-étable comporte trois niveaux: un sous-sol sur la moitié de la longueur totale, le rez-de-chaussée divisé en cinq sections et l'étage des combles, ouvert sur toute la longueur. Construite probablement en plusieurs phases entre 1861 et 1885, la grange-étable a servi à divers usages: laiterie-beurrerie, entreposage de produits de la ferme, étable pour les animaux. Abandonné et délabré pendant longtemps, le bâtiment vient de faire l'objet d'une restauration extérieure.

Juste à l'ouest de la grange-étable se trouve une autre maison en bois, coiffée d'un toit à deux versants. Contemporaine de la grange-étable, cette résidence, dont l'intérieur fait penser à un chalet d'été, servait à l'origine au logement d'employés. Toujours à l'ouest de la grange-étable et près de la route, une autre petite maison, érigée vers 1950, servait aussi de logement.

Le domaine contient les vestiges d'anciennes constructions: trois maisons en bois incendiées, une vieille glacière transformée en résidence, une grange en bois démolie en 1950, des murs de clôture et de parapet en maçonnerie. Dans la dernière décennie, on a aussi détruit quelques bâtiments d'appoint.

La partie arrière de la maison principale est agrémentée d'un grand parterre gazonné au centre duquel on retrouve un bassin circulaire et une fontaine, construits vers 1950. C'est Albert Garth qui aménage le jardin au tournant du siècle, en s'inspirant du courant naturaliste. Très populaire à l'époque victorienne, ce courant compose avec la nature telle qu'elle se présente et minimise l'apport d'éléments extérieurs. D'où ce grand parc avec ses sentiers, ses murets, ses sous-bois et son marais. De plus, la proximité de la rivière aux Chiens avantage le décor naturel du site. Entouré de lisières d'arbres et de bosquets, le domaine est ainsi séparé des développements immobiliers contemporains qui le voisinent.

Le domaine Garth, par sa relation avec l'activité agricole passée dans cette région, par l'intérêt architectural de la maison principale et de la grange-étable et par son environnement bâti et naturel, est un cas assez unique de grande ferme du XIXe siècle. Maintenant propriété municipale, la conservation et la mise en valeur de ce site se poursuivent depuis quelques années: travaux de restauration de la maison, de la grange-étable et de certains murets, aménagement du terrain, sondages archéologiques, expositions, etc.

Marc Desjardins, historien

ETHNOTECH. *«Spring Valley Farm» ou domaine Garth, 100 Grande Côte, Lorraine. Étude, relevés et analyse*. Montréal, ministère des Affaires culturelles, 1981. 2 vol. 141 p. et annexe.

SOCIÉTÉ HISTORIQUE DE SAINTE-THÉRÈSE-DE-BLAINVILLE. *Histoire de Sainte-Thérèse: Cahiers historiques*. s.l., L'Étoile du Nord, 1940.

VILLE DE LORRAINE. *Le domaine Garth... une histoire, une ville*. Lorraine, Ville de Lorraine/ministère des Affaires culturelles, 1990. 8 p.

Maison et grange-écurie des prêtres Chaumont

Sainte-Anne-des-Plaines
163, boulevard Sainte-Anne

Fonction: communautaire et culturelle
Classées monuments historiques en 1988

Construite en 1884, la maison des prêtres Chaumont possède un toit à la Mansart, caractéristique du style Second Empire. (MAC)

L'ensemble formé par la maison et la grange-écurie des prêtres Chaumont, à Sainte-Anne-des-Plaines, témoigne de façon éloquente de l'habitat domestique villageois de la fin du XIXe siècle. En effet, la résidence, érigée en 1884, constitue un très bon exemple du type de maison construite pour un notable de l'époque.

Les prêtres Chaumont, Conrad et Donat, sont deux des douze enfants du premier propriétaire, un fermier du rang du Trait-Carré à Sainte-Anne-des-Plaines forcé de quitter son exploitation agricole, au début des années 1880, pour des raisons de santé. Joseph Chaumont est vraisemblablement assez prospère puisqu'il peut se permettre d'acheter un emplacement au cœur du village, sur la rue principale, à proximité de l'église.

En septembre 1883, il passe un marché avec un entrepreneur local, Toussaint Bélisle. La maison, en brique, aura un «comble français» recouvert de tôle à baguettes, «sur le devant une galerie rapportée» et une «corniche à la date» (à la toute dernière mode). Une certaine latitude est laissée à Bélisle en ce qui concerne certains éléments; ainsi, la galerie sera «entourée» comme bon lui semblera et s'il le trouve nécessaire, il ajoutera un renvoi d'eau dans la cave.

À l'arrière, un appentis doit abriter une cuisine et une laiterie. Le rez-de-chaussée comporte un vaste hall et quatre pièces, certaines devant être pourvues d'armoires encastrées dont «un buffet et un porte-manteau» et «une armoire pour recevoir l'eau et le bois et les vaisseaux de cuisine». Une certaine recherche se manifeste dans le décor intérieur; ainsi en est-il des éléments menuisés, tels les chambranles des portes et fenêtres, les plinthes et les lambris, toujours en place aujourd'hui. Cette recherche est aussi visible dans l'ornementation extérieure: la corniche et les ouvertures du rez-de-chaussée sont soulignées avec élégance et le garde-corps de la galerie, en bois découpé, ressemble à une fine dentelle.

Une fois terminée, la résidence présente un aspect fort coquet. Elle témoigne d'une certaine aisance financière et d'un souci de la mode allié à des considérations bien pratiques. Ainsi, pour chauffer la maison et faire la cuisine, Joseph Chaumont achète un poêle en fonte à deux ponts fabriqué à Montréal chez Clendinneng and Son. En raison de son efficacité, cet appareil remplace progressivement les foyers de jadis et devient un élément essentiel pour une résidence plus confortable.

Le prolongement de l'un des versants du toit de la grange-écurie a permis d'aménager à l'intérieur d'une arcade une remise ouverte qui servait à dételer les chevaux. (MAC)

Des meubles fabriqués entre 1880 et 1900, inspirés du style Eastlake, se retrouvent dans cette maison depuis les années 1920. Ils témoignent du caractère bourgeois de la résidence. (MAC)

Par ailleurs, l'utilisation d'un toit à la Mansart, c'est-à-dire comportant deux pentes différentes sur le même versant, permet d'aménager quatre chambres bien éclairées à l'étage. À la fin du siècle dernier, ce type de toiture, caractéristique du style Second Empire, devient populaire dans les villages québécois, après avoir connu une certaine vogue aux États-Unis.

La grange-écurie est construite vraisemblablement peu de temps après la maison. Les murs recouverts en planche verticale sont coiffés d'un toit à deux versants asymétriques. Le prolongement de l'un des versants permet d'aménager, à l'intérieur d'une arcade, une remise ouverte mais abritée sous un toit, l'endroit servant à dételer les chevaux et accrocher les harnais. La grange-écurie comporte alors une glacière, une remise pour les voitures, une autre pour le grain et un poulailler. Au début du siècle, la propriété Chaumont est morcelée pour permettre l'ouverture d'une nouvelle rue en bordure immédiate de la grange-écurie.

Joseph Chaumont meurt en 1915 et ses fils Conrad et Donat héritent de la propriété qu'ils habitent occasionnellement, leurs fonctions ecclésiastiques les obligeant à de fréquents déplacements. C'est à partir de ce moment que la maison est connue à Sainte-Anne-des-Plaines sous le nom de «maison des prêtres Chaumont». La population locale est particulièrement fière de Conrad Chaumont, qui devient évêque auxiliaire du diocèse de Montréal en 1941. Deux des filles de la famille viennent aussi habiter successivement la résidence.

Au cours des années 1920, l'une d'elles revient d'un séjour aux États-Unis avec son mari. Le couple a apporté son mobilier: ensemble de salle à manger, fauteuils, commodes, lit, etc. Les meubles, pour la plupart fabriqués entre 1880 et le début du XXe siècle, certains inspirés du style Eastlake, sont toujours en place aujourd'hui et contribuent à évoquer le caractère bourgeois de cette résidence de notable de village.

La maison et la grange-écurie appartiennent à des descendants de la famille Chaumont jusqu'en 1986, lorsque la propriété est achetée par la Municipalité. Si la grange-écurie a subi quelques transformations à l'intérieur au fil des années, la maison a gardé une authenticité indéniable avec comme seule modification la modernisation de certains éléments de la cuisine et de la salle de bain. La maison sert maintenant à des fins communautaires et culturelles.

Sylvie Blais, historienne de l'art

HALLÉ, Jacqueline et Michèle GIROUX. *La maison et la grange-écurie des prêtres Chaumont à Sainte-Anne-des-Plaines: Histoire, relevé, analyse et évaluation patrimoniale.* Montréal, ministère des Affaires culturelles, 1986. 162 p.

L'enclos (Domaine Hébert)

Rosemère
463, rue Bélair Ouest

Fonction: résidentielle
Classé site historique en 1976

L'ensemble des bâtiments (maison, remise et atelier) est revêtu de planches posées à la verticale avec couvre-joints. Ce recouvrement contribue à donner à l'ensemble une grande cohérence.

Un atelier d'artiste est toujours un endroit un peu magique. Il y flotte dans l'atmosphère l'étrange présence du génie artistique. Serait-il plus juste de dire que le mythe du génie est encore bien ancré dans l'idée que nous nous faisons des artistes? Cette maison de l'île Bélair a vu défiler un grand nombre de ces personnages, amis des Hébert.

Louis-Philippe Hébert, sculpteur, est apprenti de Napoléon Bourassa durant six ans. Il est connu particulièrement pour ses monuments commémoratifs tels les Macdonald et Cartier sur la colline parlementaire à Ottawa, Maisonneuve à la place d'Armes à Montréal ainsi que les statues de la façade du parlement à Québec. Ses sculptures représentent des thèmes réalistes ou symboliques.

Son fils Henri est également sculpteur. Il étudie à Paris de 1890 à 1909 et suit le courant esthétique de l'art décoratif. Il travaille en étroite collaboration avec les architectes pour intégrer la sculpture à l'architecture. On lui doit entre autres le Moyshe Hall du théâtre de la faculté des arts de l'Université McGill.

Son frère Adrien se consacre, lui, à la peinture. Vers 1924, les scènes de la vie urbaine et du port de Montréal seront ses sujets de prédilection. Ce sont d'ailleurs les œuvres de cette époque qui consacrent Adrien Hébert peintre de la modernité.

Citadins et cosmopolites, les Hébert n'apprécient pas moins de se retrouver dans la tranquillité de l'île Bélair. Au début du siècle d'ailleurs, une véritable colonie artistique s'établit dans le Nord de Montréal, à Sainte-Rose et à Rosemère. Il y règne une vie culturelle riche. Tout près des Hébert, Henri Julien choisit également ce site pour bâtir sa maison; malheureusement, sa mort, survenue en 1908, laisse les travaux en suspens et une autre demeure s'élève sur les premières fondations.

La maison des Hébert n'est pas encore centenaire. Dessinée en 1907 par Louis-Philippe qui s'improvise architecte pour l'occasion, elle est d'abord destinée à servir de résidence d'été familiale, même si on lui annexe un atelier. Des ajouts sont effectués en 1908 alors qu'on la dote d'une cuisine et que l'on construit une petite remise. L'atelier pour sa part n'est adjoint qu'en 1914, trois ans à peine avant la mort du sculpteur. Une donation entre vifs concède alors la maison aux deux fils, Henri et Adrien.

Dessinée en 1907 par le sculpteur Louis-Philippe Hébert, la maison est destinée à servir de résidence d'été.

La cuisine est adjointe à la maison dès 1908.

Situé à l'île Bélair à proximité de Rosemère, sur un immense terrain boisé en bordure de la rivière des Mille Îles, le domaine Hébert est aussi connu sous le vocable de L'enclos. Il est soustrait à la vue des passants par des arbres. D'ailleurs, Louis-Philippe Hébert y a lui-même planté des peupliers de Lombardie, cette idée lui étant venue lors d'un de ses nombreux voyages en Europe.

C'est à la demande expresse de Louis-Philippe Hébert que la propriété reste dans la famille jusqu'en 1977. Durant les 70 ans que la famille Hébert a habité la maison, de nombreuses œuvres témoignaient de leur activité artistique; aujourd'hui, elles ont disparu. La maison a été en quelque sorte dépouillée de son âme.

L'ensemble des bâtiments (maison, atelier et remise) est revêtu de planches posées à la verticale avec couvre-joints et teintes à l'origine en brun chocolat, ce qui dénote une certaine audace pour l'époque. Ce recouvrement contribue à donner à l'ensemble une plus grande cohérence. Les différentes formes de toit qui coiffent les bâtiments montrent également l'originalité du constructeur. La cabine, l'atelier et la maison comportent chacun un toit à pignon, tandis que la remise et la cuisine ont un toit à quatre versants. Tous à l'origine sont recouverts de bardeau d'asphalte.

Les fenêtres sont de toutes sortes et de toutes dimensions: fenêtres à battants, à guillotine ou fixes et verrières (l'atelier). L'agencement des carreaux donne une certaine unité à l'ensemble. C'est d'une façon tout à fait surprenante que Louis-Philippe Hébert résout la question de l'intégration des services: les pièces nécessitant des conduites d'eau sont placées sur le pourtour du carré et la cheminée s'élève au centre de la maison.

Le domaine Hébert représente un exemple architectural intéressant de la maison secondaire du début du XXe siècle qui puise à plusieurs sources alors que les familles bourgeoises cherchent un endroit enchanteur où vivre pendant la belle saison et recevoir des amis. À l'origine, la maison était un véritable foyer culturel; elle a perdu aujourd'hui un peu de son importance historique. Plus rien ne subsiste de cette colonie artistique qui avait adopté l'île.

Odette Gariépy, muséologue

HÉBERT, Bruno. *Philippe Hébert, sculpteur*. Montréal, Fides, 1973.

OSTIGUY, Jean-René et Adrien HÉBERT. *Trente ans de son œuvre (1923-1953)*. Ottawa, Galerie nationale du Canada, 1971.

Ancien séminaire (Cégep Lionel-Groulx)

Sainte-Thérèse
Rue Saint-Louis

Fonction: scolaire
Reconnu monument historique en 1979

Aujourd'hui intégré au complexe du cégep Lionel-Groulx, le vaste immeuble, érigé à partir de 1881 et occupé jusqu'en 1969 par le collège-séminaire de Sainte-Thérèse, demeure le monument le plus imposant de la municipalité. Avec sa façade longue de quelque 100 mètres et qui s'élève sur cinq étages, il évoque, comme la plupart des églises, collèges et hôpitaux construits dans cette seconde moitié du XIXe siècle, l'âge d'or de l'Église au Québec.

Mais en plus de témoigner de cet état de société, ce qui en soi est déjà intéressant, ce monument doit son existence à la ténacité du fondateur et premier supérieur de l'institution, l'abbé Charles-Joseph Ducharme (1786-1853). En ce qui a trait à l'histoire de l'architecture, la forme construite s'explique par l'intervention de l'architecte Victor Roy (1836-1902).

Un collège-séminaire

Charles-Joseph Ducharme naît à Lachine et fait ses études au collège de Montréal et au Séminaire de Québec. Ordonné prêtre en 1814, il est nommé curé à Sainte-Thérèse-de-Blainville deux ans plus tard. Admirateur de Mgr Plessis, l'évêque de Québec qui a fondé des dizaines d'établissements d'enseignement – dont le Séminaire de Nicolet –, le curé Ducharme ouvre d'abord une école de paroisse dans son fief. Inquiet des intentions des «impies» qui veulent y fonder une école publique et une académie selon la règle de l'Institution royale, il entreprend de former une classe de latin dans le grenier de son presbytère. Enfin, en 1831, il bâtit à ses frais un petit collège.

Tant d'ardeur et de dévouement ne passent pas inaperçus et en 1842, Mgr Bourget, l'évêque du nouveau diocèse de Montréal, établit un Petit Séminaire à Sainte-Thérèse. C'est encore l'acharnement du curé Ducharme qui permet, à l'encontre des premières intentions de l'évêque, que cette école ne soit pas exclusivement réservée aux futurs clercs. Le Petit Séminaire est donc un collège-séminaire ouvert à tous dès 1842, et ce, jusqu'à la suppression du cours classique en 1969.

L'ouverture des collèges-séminaires dans plusieurs paroisses rurales coïncide, dans cette première moitié du XIXe siècle, avec un net déclin de l'influence de l'Église en milieu urbain et l'émergence d'une nouvelle bourgeoisie dans les villages du Québec. Tout en voulant soustraire les futurs prêtres – pour la plupart d'extraction rurale – à l'influence néfaste qu'aurait la ville sur l'éducation des jeunes, les autorités ecclésiastiques vont en même temps permettre l'émergence de cette nouvelle bourgeoisie francophone et catholique du Québec profond.

L'édifice de Victor Roy

Le séminaire fondé par l'abbé Ducharme, plusieurs fois agrandi et reconstruit, disparaît dans un immense brasier le 5 octobre 1881. Cette épreuve marque cependant le début d'une ère de croissance et d'épanouissement pour l'institution qui pourra se loger plus adéquatement dans un nouvel édifice dont on prévoit, dès le dépôt des plans, qu'il pourra faire l'objet d'agrandissements. À elle seule, cette décision éclairée a sauvegardé le caractère homogène dont découle le potentiel monumental d'une structure plusieurs fois retravaillée.

En 1881, les architectes Victor Roy et Jean-Roch Poitras soumettent les plans d'un corps de bâtiment de quelque 60 mètres de long et 20 mètres de profond, marqué par la présence d'un pavillon central. Cette première aile est prolongée vers l'arrière en 1898 lorsque apparaît une vaste chapelle. Onze ans plus tard, le corps principal est étiré vers le sud pour mieux loger les «grands». Enfin, en 1951, les architectes Joseph Sawyer et Henri Labelle, de Montréal, complètent la monumentale façade en la développant vers le nord, toujours selon le programme d'agrandissement prévu dès 1881.

Le Petit Séminaire en 1883. Édifié à partir de 1881, il évoque l'âge d'or de l'Église au Québec. (Le Petit Séminaire de Sainte-Thérèse, *1925)*

L'édifice au début du XXe siècle. Chef-d'œuvre de l'architecte Victor Roy, il associe l'architecture du Second Empire français au répertoire formel du néo-gothique. (ANQ-Q)

Au fil des agrandissements, le parti architectural initial a été respecté par souci d'intégration.

Le collège-séminaire de Sainte-Thérèse est un exemple rare où, sur une période de temps aussi longue qui a notamment traversé l'ère fonctionnaliste, le parti architectural initial a été respecté par souci d'intégration. L'effet escompté a été atteint: l'ensemble du monument peut être considéré comme relevant de l'esthétique de la fin du XIXe siècle.

L'architecte Jean-Roch Poitras étant plutôt bon constructeur, c'est à son associé Victor Roy que l'on doit la composition ar-

L'entrée principale et les parloirs, vers 1925. (Le Petit Séminaire de Sainte-Thérèse, 1925)

chitecturale, c'est-à-dire la définition stylistique du monument. Né à Québec, Victor Roy fait un stage chez les architectes montréalais J. Ostell et W. Speir. Il poursuit son apprentissage de l'architecture lors d'un séjour aux États-Unis et, en 1871, ouvre un bureau d'architectes à Chicago avec deux collègues. De retour à Montréal en 1875, il s'associe sans grand succès à plusieurs architectes jusqu'à ce qu'il rencontre, en 1880, l'architecte et constructeur Jean-Roch Poitras.

Ayant une bonne clientèle, Poitras est à la recherche d'un talent de designer. Ensemble les deux associés vont réaliser plusieurs œuvres intéressantes, dont l'église Sainte-Marie (1881), le couvent de Saint-Roch-de-l'Achigan (1881), le Petit Séminaire et le palais de justice de Marieville (1885). Mais leur œuvre majeure, et le chef-d'œuvre incontesté de Victor Roy, demeure le Petit Séminaire de Sainte-Thérèse.

Par son cheminement et probablement aussi par goût, Victor Roy se révèle un adepte de l'éclectisme nord-américain. Dans la fusion des styles qui caractérise ce mouvement où domine la recherche d'un style d'auteur qui satisfasse les goûts d'un client, Victor Roy exploite l'image de modernité que projette l'architecture du Second Empire français en l'associant au répertoire formel d'un vocabulaire néo-gothique de type institutionnel dont la citation établit le caractère résolument «canadien» de son œuvre.

Ainsi à Sainte-Thérèse, la référence à l'architecture des édifices de la colline parlementaire d'Ottawa est manifeste, en particulier – et bien sûr en omettant les massives tours – les édifices de l'est et de l'ouest des architectes Stent et Laver pour ce qui est du corps principal du monument térésien, et l'édifice central des architectes Fuller et Jones en ce qui a trait au parti d'ensemble du Petit Séminaire agrandi. Celui-ci est bien entendu plus sobre que les modèles évoqués et le vocabulaire néo-gothique en est évacué au profit d'une expression plus classique.

On reconnaît là l'intervention de l'Église, chez qui l'idéologie ultramontaine développe un haut degré de connaissance des valeurs symboliques en art et en architecture, et pour qui l'expression néogothique ne peut dominer une composition qui, au-delà de son éclectisme, doit s'en tenir à une orthodoxie catholique. Dans ce genre de spéculations, les autorités religieuses fondent leur jugement sur l'expertise de certains des leurs, formés en architecture, comme le père Joseph Michaud, conseiller de l'évêque de Montréal et le chanoine Georges Bouillon, aviseur de l'évêque d'Ottawa.

L'ancien séminaire est aujourd'hui intégré au complexe du Cégep Lionel-Groulx.

Transformé à l'intérieur pour suivre les progrès du système d'éducation, l'ancien séminaire de Sainte-Thérèse est surtout un volume architectural intègre qui s'inscrit dans un ensemble institutionnel où se retrouvent l'église paroissiale, le couvent de la congrégation de Notre-Dame et l'hospice Drapeau. Bien dégagé et légèrement surélevé, son site contribue à l'imposer dans son environnement.

Luc Noppen, historien de l'architecture

BÉLISLE, Michel et Madeleine FORGET. *Séminaire Sainte-Thérèse de Blainville*. Québec, ministère des Affaires culturelles, 1979. N.p.

DUBOIS, Émile. *Le Petit Séminaire de Sainte-Thérèse, 1825-1925*. Montréal, Éditions du Devoir, 1925. 399 p.

Chapelle-oratoire de Saint-Joseph

Sainte-Thérèse
Rue Saint-Louis

Fonction: aucune
Reconnue monument historique en 1979

La chapelle-oratoire de Saint-Joseph, au début du siècle. Ce petit bâtiment d'inspiration néo-gothique a été construit en 1886. (ANQ-Q)

L'oratoire, qui s'élève devant la façade de l'ancien séminaire de Sainte-Thérèse, est intimement lié à l'histoire de cet établissement.

Située devant la façade principale de l'ancien séminaire de Sainte-Thérèse (aujourd'hui le cégep Lionel-Groulx), la chapelle-oratoire Saint-Joseph, dont la construction remonte à 1886, est intimement liée à l'histoire de cet établissement d'enseignement.

Un vœu, prononcé à la suite d'un incendie qui rase le premier séminaire en 1881 et laisse la corporation complètement démunie, est à l'origine de sa construction. Cette année-là, le supérieur de la maison, Mgr Antonin Nantel, promet que si l'on recueille les fonds nécessaires pour rebâtir, il érigerait un oratoire dédié à saint Joseph, patron et protecteur du séminaire, afin qu'une fois l'an les prêtres et les élèves y fassent un pèlerinage. Les dons généreux d'amis et d'anciens du collège ne se font pas attendre et en 1882, le séminaire est réédifié.

Il ne reste plus à Mgr Nantel qu'à tenir sa promesse. En 1886, avec l'aide des prêtres et malgré les critiques de certains qui jugent cette entreprise trop coûteuse, on élève en moins d'un an la chapelle-oratoire Saint-Joseph à l'emplacement du séminaire incendié. Une somme de 4 000 dollars offerte par l'abbé Fortunat Aubry, un ancien du séminaire et curé de Saint-Jean, permet d'en assumer les frais.

Il s'agit d'un édifice de petites dimensions, dont le style néo-gothique contraste avec le séminaire, d'inspiration Second Empire. Construit d'après un plan octogonal et élevé sur un monticule, il est flanqué de contreforts et percé de fenêtres ogivales. Un toit conique surmonté d'une croix chapeaute l'édifice.

À l'intérieur, l'oratoire abrite les restes de l'abbé Joseph-Charles Ducharme, sixième curé de Sainte-Thérèse et fondateur du séminaire. À l'entrée, posée à même le sol, une inscription latine gravée dans le marbre lui est dédiée. Tout autour, sur les parois latérales de l'édifice, six plaques rappellent l'histoire du séminaire depuis ses origines jusqu'en 1888. L'oratoire renferme également un autel de marbre blanc que surmontait autrefois une statue de saint Joseph. L'aménagement intérieur est complété en 1888.

Le 5 octobre de la même année, jour anniversaire de l'incendie du collège, Mgr Clut, un évêque missionnaire de l'Ouest canadien, bénit solennellement l'oratoire. L'année suivante, l'évêque de Montréal, Mgr Fabre, selon une pratique courante à cette époque, accorde 40 jours d'indulgence à quiconque y effectuera une visite.

Le pèlerinage annuel des prêtres et des élèves se poursuit au XXe siècle. Deux fois par année, en juin et en novembre, lors de la fête des jeux et de celle des anciens, le supérieur du séminaire célèbre une messe devant l'autel de l'oratoire tandis que la foule des jeunes assiste à la cérémonie sur le terrain gazonné. La conversion du séminaire en cégep met définitivement un terme à cette pratique en 1967.

La chapelle-oratoire Saint-Joseph qui, semble-t-il, n'a subi aucune modification depuis sa construction, a été, à l'automne 1968, le théâtre de contestations étudiantes; les nombreux graffiti barbouillés sur les murs intérieurs et les vitraux cassés témoignent encore aujourd'hui de cette époque troublée. De plus, le monument a été grandement endommagé par l'humidité. L'oratoire mérite d'être restauré car, avec le séminaire et l'église Sainte-Thérèse, deux édifices construits durant la décennie 1880, et le presbytère érigé en 1925, il forme un ensemble religieux à l'architecture des plus intéressantes.

Louise Chouinard, historienne de l'art

Pèlerinage à l'oratoire, vers 1925. (Le Petit Séminaire de Sainte-Thérèse, 1925)

BÉLISLE, Michel et Madeleine FORGET. *Séminaire Sainte-Thérèse de Blainville*. Québec, ministère des Affaires culturelles, 1979. N.p.

DUBOIS, Émile. *Le Petit Séminaire de Sainte-Thérèse, 1825-1925*. Montréal, Éditions du Devoir, 1925. 399 p.

Église de Saint-Eustache

Saint-Eustache
123, rue Saint-Louis

Fonction: religieuse
Classée monument historique en 1970

L'église de Saint-Eustache, qui a été le théâtre de la rébellion de 1837-1838, a, pour les Québécois francophones, une valeur de symbole. Il s'agit d'un bâtiment qui a connu plusieurs campagnes de construction et qui est considéré aujourd'hui comme un des joyaux de notre patrimoine architectural religieux.

La construction

Son histoire remonte au Régime anglais, alors que le seigneur Louis-Eustache Lambert Dumont fait don en 1770 d'un terrain sur la rive nord du fleuve Saint-Laurent, au confluent des rivières des Mille Îles et du Chêne. En 1774, on construit sur le site un presbytère servant également de chapelle. Ce premier bâtiment sert jusqu'en 1779, année où l'on procède à l'élection des syndics pour l'érection de l'église et au marché de construction avec Augustin Grégoire, entrepreneur en maçonnerie.

L'entrepreneur doit ouvrir le chantier en juillet 1780 et y travailler assidûment, de manière à rendre le tout parfait «dans l'espace de trois années». Le plan prévoit un bâtiment de 120 pieds, mesure française de dehors en dehors, sur 48 de largeur, complété d'une sacristie de 20 pieds de largeur sur 24 de profondeur au bout du rond-point de l'église. Douze grandes croisées doivent éclairer le temple et un œil-de-bœuf doit marquer le portail percé de trois portes.

La façade a été refaite en 1831. Elle présente alors deux ordres superposés, le dorique et l'ionique, ainsi que deux tours surmontées de clochers à double lanterne.
(ANQ-Q, E. Gariépy)

L'église de Saint-Eustache, telle qu'elle apparaissait au début du siècle. (Musée McCord, archives photographiques Notman)

Trois ans plus tard, le supérieur du Séminaire de Québec, substitut de Mgr Briand, bénit l'édifice terminé. Le sculpteur Louis-Amable Quévillon fournit dès 1806 quelques éléments d'ornementation pour cette nouvelle église, dont une corniche.

Une requête datée de 1818, adressée à Mgr Plessis, décrit le projet des habitants de la paroisse de Saint-Eustache de faire bâtir une tour avec clocher «sur un des angles du portail pour remplacer celui qui a été abattu il y a cinq ans et d'achever de détruire l'ancien». En 1819, Pierre Poitras, maître charpentier et couvreur, et Nicoleurs Kinsleur, maître charpentier, s'unissent pour exécuter les travaux de charpenterie et de menuiserie du presbytère, de la tour et du clocher de l'église.

Cette dernière ne comporte donc à l'origine qu'une tour, déportée latéralement. Il s'agit vraisemblablement d'un bâtiment comparable par son plan et par ses dimensions à l'actuelle église de Verchères, construite à partir de 1797, ou à celle de Saint-Paul de Joliette, élevée en 1803. Une photographie ancienne nous révèle, en effet, que l'église adopte la forme d'une croix latine par l'extension de ses transepts à une nef de trois travées marquées de fenêtres traditionnelles; à son chœur en hémicycle s'adjoint une sacristie, comme à Joliette. Elle diffère donc légèrement des autres églises de la région de Montréal construites à cette époque, mais l'ornementation est exécutée de la même façon par des artisans de l'atelier de Quévillon.

L'ornementation

La coquille de maçonnerie reçoit son ornementation complète quelques années plus tard, alors que les sculpteurs Louis-Amable Quévillon et René Saint-James s'engagent en 1820 à refaire «à coupes perdues» les planchers du sanctuaire, consolider la charpente des jubés, doter ceux-ci d'escaliers, exécuter une balustrade, refaire la voûte depuis les chapelles jusqu'au portail, orner entièrement la voûte de l'église dans la nef, le chœur et les chapelles. Ils doivent aussi faire des retables, à la fois dans le chœur et dans les chapelles, faire «les ornements qu'il conviendra à la chaire et au banc d'œuvre, [..] la corniche tout le tour de l'église, peindre et dorer tous les ouvrages de sculpture et argenter à l'huile, les chandeliers, le crucifix et la lampe du sanctuaire». C'est donc dotée d'une église complètement ornée que la paroisse est érigée canoniquement le 15 novembre 1825.

Les sculpteurs travaillent encore à l'église en 1831 alors que les syndics annoncent dans *La Minerve* du 24 février qu'ils recevraient des soumissions pour les allonges comportant un portail à deux tours, «formant une largeur de soixante-douze pieds sur une hauteur de soixante-cinq pieds, d'une pierre à l'autre». Sur cette façade doivent régner deux ordres d'architecture, «la Dorique et l'Ionique ayant chacun six pilastres avec bases, chapiteaux, architraves, frises, corniches, etc en pierre de taille». L'appel d'offres fait aussi mention de deux clochers à double lanterne, d'une clôture en pierre devant le cimetière et d'un parvis, ainsi que du «macadamisage du devant de l'église jusqu'à la rue de front du village».

En 1833, Mgr Lartigue, alors vicaire général de l'évêque de Québec pour la région de Montréal, permet «aux syndics nommés pour la bâtisse de l'église d'emprunter des fabriques de Saint-Eustache et de Sainte-Geneviève, autorisées à cet effet, la somme de six mille livres, ancien cours, remboursables dans l'année». Il convient de mentionner l'importance de la paroisse de Sainte-Geneviève-de-Pierrefonds dans l'histoire du développement de celle de Saint-Eustache, directement reliée à elle par voie d'eau. Les deux paroisses sont souvent associées et l'histoire architecturale de leurs églises révèle des concomitances.

Au cœur du village, le vieux couvent (devenu édifice municipal), l'église et le presbytère forment un ensemble impressionnant.

La rébellion de 1837

La rébellion de 1837 cause des dommages considérables à l'église et au couvent de Saint-Eustache. En effet, le 19 décembre 1837, les patriotes du docteur Chénier réfugiés dans l'église sont assiégés par les soldats anglais. Le général britannique John Colborne fait tirer le canon sur la façade à peine terminée et incendie les deux bâtiments dont il ne reste que les fondations et une partie des murs.

En 1905, l'agrandissement latéral de l'église, par l'architecte Joseph Sawyer, a entraîné la réfection complète du toit et de la voûte de la nef.

La nef et le chœur, peu avant les travaux de 1905. (Musée McCord, archives photographiques Notman)

Dès 1838, on pense à la réfection de l'église et c'est le curé Jacques Paquin qui en supervise les travaux en 1840, en même temps qu'il dirige l'érection d'un nouveau presbytère. La reconstruction est laborieuse; en 1841, Mgr Bourget, deuxième évêque de Montréal, fait part au curé des plaintes dirigées contre lui par les paroissiens. Il ne prendrait aucun soin du presbytère et «l'ancienne église est généralement abandonnée aux animaux.» En quelques mois seulement, tous les dommages sont réparés et l'évêque de Montréal annonce par lettre qu'il se prépare à aller bénir l'église, en ajoutant: «Fasse le Ciel que cette solennité console vous et vos paroissiens, après tant et de si grandes tribulations par lesquelles vous êtes passés.» La trace des boulets du général Colborne subsiste toutefois; elle rappellera longtemps la tentative des patriotes de recouvrer leur liberté.

La remise en état de l'intérieur, sous la gouverne du curé Hyppolite Moreau, s'amorce en 1850 et n'est complétée que quatre années plus tard. Toute trace du travail de Quévillon et de Saint-James a désormais disparu et on ne connaît pas les noms des sculpteurs qui ont pris la relève.

L'agrandissement de 1905

C'est en 1905 que l'église de Saint-Eustache connaît ses plus importantes modifications alors que l'on commande à l'architecte Joseph Sawyer, de Montréal, un agrandissement du temple par additions latérales. La méthode est familière: on démolit les murs latéraux pour en ériger de nouveaux sur la ligne des clochers. Cette opération entraîne la réfection complète du toit et de la voûte de la nef décorée de faux-caissons et la création de bas-côtés cintrés d'arêtes de plâtre. Une sacristie et des jubés sont refaits à l'arrière, la chapelle Sainte-Anne est construite à l'ouest et l'on dote le fronton de façade d'une statue de saint Eustache commandée au sculpteur Olindo Gratton. Le sanctuaire perd à ce moment son baldaquin et les clochers sont reconstruits.

Les huit toiles marouflées qui ornent le chœur en hémicycle sont relativement récentes: deux œuvres (anonymes) illustrant la vocation de saint Eustache et son martyre; une apparition de Lourdes et un portrait de sainte Anne (signés Zapponi) rapportés d'Italie vers 1874; deux toiles de Georges Delfosse datées de 1930 (*La Mort de saint Joseph* et *L'Assomption de Marie*); enfin, deux œuvres de Louise Gadbois, représentant la communion de saint Stanislas Kostka et le baptême de Jésus. L'intérieur, où se détache une chaire sculptée, reste impressionnant et son ornementation crème et or évoque la tradition.

Au cœur du village, l'église de Saint-Eustache rappelle donc constamment aux habitants le rôle que leurs ancêtres ont joué dans une histoire dont on ne connaît pas encore toutes les facettes.

Raymonde Gauthier, historienne de l'art

Depuis les années 1920, le chœur est orné de grandes toiles marouflées inscrites entre des arcs. (ANQ-Q)

Giroux, André et Claude-Henri Grignon. *L'église de Saint-Eustache*. Saint-Eustache, Ville de Saint-Eustache, 1989. 28 p.

Grignon, Claude-Henri. *L'église historique de Saint-Eustache*. Saint-Eustache, Les fêtes du Vieux Saint-Eustache, 1979. 12 p.

Laurin, Clément. «L'historique et légendaire église de Saint-Eustache-de-la-Rivière-du-Chêne», *Cahiers d'histoire de Deux-Montagnes*, 2, 3 (août 1979): 1-46.

Moulin Légaré

Saint-Eustache
232, rue Saint-Eustache

Fonction: culturelle
Classé monument historique en 1976

Au cœur de Saint-Eustache, sur la rive escarpée de la rivière du Chêne, s'élève le moulin Légaré. Ses vieux murs de pierre se situent dans la partie ancienne de la ville, dans un secteur qui comprend plusieurs édifices historiques. Juste en face du moulin, rue Saint-Eustache, on trouve l'hôtel de ville, appelé également manoir Globensky, du nom des derniers seigneurs des Mille-Îles.

Un moulin banal

L'histoire de ce moulin remonte aux origines de Saint-Eustache. Même si la seigneurie des Mille-Îles est concédée dès 1683, aucun développement véritable n'est entrepris avant la seconde moitié du XVIIIe siècle. À la mort du seigneur Lambert-Dumont en 1760, seulement une trentaine de terres ont été cédées sur le fief de la «seigneurie de la Rivière-du-Chêne» ou «seigneurie Dumont».

Eustache-Louis Lambert-Dumont prend en main le développement de son fief et entreprend de faire construire un moulin à farine pour inciter les colons à s'établir sur ses terres. Sous le régime seigneurial, il dispose du droit exclusif d'exploiter un moulin à farine. Selon le droit de banalité, le seigneur est même tenu d'ériger un moulin pour ses censitaires qui, en échange, lui apportent le grain à moudre. Le paiement s'effectue en laissant au moulin la douzième ou la quatorzième partie des grains.

Le marché pour la construction du moulin banal est conclu avec François Maisonneuve en février 1762. Le bâtiment en pierre des champs doit mesurer près de 11 mètres de long sur 9 de large. L'entente prévoit l'érection d'un moulin à scie «faisant planche et madrié». Cette première scierie, construite sur la rive opposée, aurait été détruite en 1837-1838.

La construction du moulin banal amène des développements rapides dans la seigneurie Dumont, les habitants n'ayant plus à se rendre au moulin de l'île Jésus pour faire moudre leur grain. Quarante-cinq terres sont concédées au cours des dix années qui suivent l'établissement des moulins à l'embouchure des rivières du Chêne et des Mille Îles.

Bientôt un village se forme autour du moulin et de l'église paroissiale. Artisans, commerçants et aubergistes offrent désormais leurs services à la population locale. En 1790, Saint-Eustache compte déjà 2 385 habitants. Trente-cinq ans plus tard, la population a presque doublé et 393 habitants résident au village même.

Le moulin Légaré, à la fin du XIXe siècle. Au bâtiment principal de 1762, on a adjoint une scierie vers 1880. (MAC)

Le moulin s'élève dans la vieille partie de la ville, à proximité de l'ancien manoir Globensky qu'on aperçoit sur la droite.

La meule et la trémie accomplissent toujours leurs fonctions séculaires. (MAC)

L'étage principal comprend les deux moulanges (ou meules), pour le blé et le sarrasin, le nettoyeur à grains et le bluteau dont les soies tamisent les différentes qualités de farine, depuis la fine fleur jusqu'au son grossier. L'étage situé sous les combles est un grenier où les meuniers entreposent les grains. Une partie de la surface sert également de cuisine d'été.

L'ensemble est complété par un moulin à scie construit vers 1880 et entièrement reconstruit sur des fondations en béton vers 1925. La scie ronde est actionnée par une turbine du moulin à farine. L'édifice porte un revêtement en tôle noire et est recouvert d'un toit plat à fausse mansarde.

La digue de béton qui traverse la rivière à la hauteur du moulin mesure une trentaine de mètres de longueur. Malheureusement, la capacité hydraulique du moulin a été considérablement réduite après de nombreux travaux de drainage et de redressement du cours de la rivière du Chêne. Le débit de la rivière a diminué à un point tel que le moulin ne peut plus tourner que quelques mois par année.

À une époque pas si lointaine, où l'énergie provenait directement des éléments naturels (eau et vent), on comprend l'importance que prenaient les moulins à farine et à scie. Aujourd'hui, toute l'énergie désirée surgit comme par magie, à la simple pression des doigts sur un bouton. Les quelques moulins qui existent encore témoignent, mieux que tout autre bâtiment, d'une époque où la vie quotidienne était dépendante de la nature et suivait le cycle des saisons. Leur valeur didactique est inestimable.

Construite en 1903, la maison du meunier, attenante au moulin, a remplacé celle de 1785. Par sa forme et son revêtement, elle rappelle le style «boomtown».

Propriété de la Ville de Saint-Eustache depuis 1978, ce moulin, qui serait parmi les plus anciens au pays, est géré par une corporation. Différentes activités ont pour objectif de promouvoir le moulin, son histoire et ses produits. Durant le temps où il est en activité, il peut être visité. On explique le fonctionnement des différents mécanismes et les étapes de fabrication de la farine. Des points de vente font également connaître la variété des produits du moulin.

Régis Jean, ethnologue

Un petit ensemble industriel

Le carré d'origine du moulin à farine est agrandi vers 1785 alors qu'on y adjoint une résidence pour le meunier. L'habitation est coiffée d'un toit à deux versants qui prolonge celui du moulin. Elle a de plus un mur-pignon qui se termine par une cheminée monumentale. Une lucarne perce chaque versant du toit. En 1903, cette résidence est démolie et remplacée par une maison en bois de deux étages surmontée d'un toit à faible pente. Le revêtement extérieur, en planche à clins, est orné de décorations d'inspiration victorienne. La façade, qui rappelle le style «boomtown», est complétée par un balcon à l'étage.

Vers 1919, la toiture du moulin subit également de profondes transformations lorsqu'un quatrième étage en bois est ajouté à l'édifice. La pente originelle du toit demeure visible sur le mur sud du moulin.

Les mécanismes, situés au sous-sol, sont actionnés par trois turbines hydrauliques enfermées dans un coffre de béton. Elles remplacent certainement une ancienne roue à aubes puisque l'invention de la turbine à réaction, attribuée au Français Benoît Fourneyron, ne remonte pas avant l'année 1827. Les turbines, plus efficaces que les anciennes roues de bois, se répandent rapidement dans les petits moulins du Québec peu après 1850.

Le moulin, encore fonctionnel, a conservé les turbines hydrauliques installées sans doute après 1850.

BRICAULT, Louis. *Le moulin Légaré du vieux Saint-Eustache*. Saint-Eustache, Les fêtes du vieux Saint-Eustache, s.d. 12 p.

DALY HELLER, Susan et Gilles BOILEAU. *Le moulin Légaré*. Saint-Eustache, Société historique de Deux-Montagnes, 1982.

GIROUX, André et Claude-Henri GRIGNON. *Le petit moulin (moulin Légaré)*. Saint-Eustache, Ville de Saint-Eustache, 1989. 28 p.

Domaine Globensky

Saint-Eustache
235, rue Saint-Eustache

Fonction: administrative et culturelle
Classé monument historique en 1961

Le manoir Globensky, devenu l'hôtel de ville de Saint-Eustache en 1961.

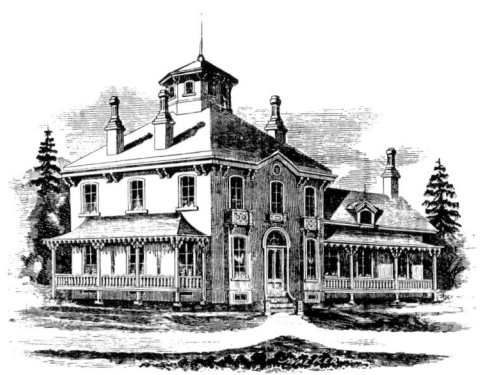

Bâtie en 1861, la résidence en pierre des champs, est alors coiffée d'un toit en pavillon d'où émergent un belvédère octogonal et de hautes cheminées en brique. (Revue agricole, 1862)

Chargé de la réfection du manoir après l'incendie de 1901, l'architecte Charles Bernier en conserve le gabarit originel, mais crée deux oriels ainsi que deux tourelles en encorbellement. (Coll. Germain Beauchamp et fille)

Le manoir Globensky et ses dépendances occupent le centre de l'ancienne seigneurie de la Rivière-du-Chêne et de la ville de Saint-Eustache qui l'utilise à la fois comme hôtel de ville et centre culturel.

La seigneurie des Mille-Îles, concédée en 1683 à Michel Sidrac du Gué de Boisbriand, est divisée en deux parties en 1718, quatre ans après qu'Eustache Lambert-Dumont en ait pris possession. Ce dernier demeure seigneur de la partie ouest, qui prend alors le nom de «Dumont» ou de «Rivière-du-Chêne».

Le seigneur Lambert-Dumont commence à octroyer des terres en 1739. En 1770, le terrain où s'élève son manoir, au confluent des rivières du Chêne et des Mille Îles, est cédé à la fabrique pour la construction d'une église. La nouvelle résidence seigneuriale, édifiée à l'angle des rues Saint-Eustache et Saint-Louis, change de mains en 1818. Lors de la bataille du 14 décembre 1837, elle est détruite par un incendie, en même temps d'ailleurs que l'autre manoir construit après la transaction de 1818. Les seigneurs Lambert-Dumont auront donc possédé successivement trois manoirs dont aucun ne subsiste en 1837. La famille conserve néanmoins dans les environs plusieurs domaines ainsi que des bâtiments, parmi lesquels le «petit moulin», ou moulin Légaré.

En face de ce vieux moulin se dresse toujours l'élégant manoir de Charles-Auguste-Maximilien Globensky, construit entre 1861 et 1865, mais largement transformé par la suite. Il rappelle l'histoire d'une famille d'origine polonaise apparentée aux Lambert-Dumont.

Les Globensky

L'ancêtre, Auguste-France Globensky, chirurgien de l'armée britannique, débarque au Canada en 1781 et épouse une jeune fille de Verchères, Marie-Françoise Brousseau dit Lafleur, qui lui donne deux fils. Frédéric-Eugène devient notaire à Saint-Eustache et Maximilien fait une carrière militaire. Il s'illustre pendant la guerre de 1812 contre les États-Unis alors qu'il participe aux batailles de la Châteauguay. Il fait aussi parler de lui à l'occasion de la rébellion de 1837, en prenant ouvertement parti contre les Canadiens français par loyauté à la couronne d'Angleterre. Il se joint à John Colborne, général en chef des troupes du Bas-Canada, et recrute une soixantaine de volontaires chargés de barrer la route aux insurgés qui fuient à la suite de la bataille de Saint-Eustache.

Son fils, Charles-Auguste-Maximilien (1830-1906), épouse en 1854 Virginie Lambert-Dumont, alors âgée de quinze ans, héritière du seigneur Charles-Louis Lambert-Dumont. Grâce à la fortune que lui a léguée son oncle notaire et aux propriétés de sa femme, Charles-Auguste-Maximilien est l'un des hommes les plus influents de la région.

En 1860, il devient maire de Saint-Eustache. Sa position éminente l'amène à se construire une résidence au centre du village, à l'endroit désigné auparavant sous le nom de «verger du seigneur», rebaptisé «plateau des Chênes». La nouvelle maison s'élève sur un promontoire, face au moulin Légaré, sans nuire à un autre manoir construit par Pierre Laviolette qui, en 1826, a épousé lui aussi une Lambert-Dumont, Marie-Elmire, héritière d'une partie de la seigneurie.

C'est à l'architecte Henri-Maurice Perrault, de Montréal, que Charles-Auguste-Maximilien Globensky commande les plans de ce qui sera l'une des plus belles maisons de campagne du Bas-Canada. Il fait de ce manoir le noyau d'une exploitation agricole modèle. Un article du volume II de la *Revue agricole*, daté de 1862-1863, nous en présente un plan et une élévation. La maison rectangulaire, en pierre des champs, est coiffée d'un toit en pavillon d'où émergent un belvédère octogonal et de hautes cheminées en brique. Chacune de ses façades, crépies de blanc, comporte six ouvertures distribuées symétriquement. Une galerie dont le toit se termine en denticules s'allonge sur la face ouest et, à l'est, une aile d'un seul niveau est recouverte d'un toit à deux versants.

Le domaine sur lequel Globensky s'adonne à l'agriculture est entouré d'une muraille de pierre et comprend, outre la résidence, plusieurs bâtiments construits selon les règles de l'art: étable, écurie, porcherie, caveaux et remises. Un autre article de la *Revue agricole* (volume IV, 1864-1865) vante les mérites de l'exploitation en question qui applique avec avantage les techniques de culture scientifiques et les nouvelles règles d'hygiène. La ferme s'étend sur 162 arpents et nourrit un important troupeau de vaches Ayrshire.

Évolution du domaine

En 1901, un incendie cause des dommages considérables au manoir et l'architecte montréalais Charles Bernier est chargé de le remettre en état. Il conserve le gabarit originel mais crée deux oriels en façade et un amortissement dentelé au-dessus de l'entrée principale, précédée désormais d'un perron couvert. Comme le belvédère, l'aile a disparu et la façade est cantonnée de tourelles en encorbellement empruntées au vocabulaire médiéval. La noblesse toute britannique du bâtiment s'en trouve altérée.

Le domaine Globensky comprenait, lors de son classement en 1961, des dépendances, un four à pain et un parc entouré de son mur de pierre.

Charles-Auguste-Maximilien Globensky continue d'habiter la résidence jusqu'à sa mort, en 1906. Suivent alors des années difficiles. Le manoir reste vacant pendant quatre années puis est vendu à Joseph Laurin, maire de Saint-Eustache. Ce dernier ne pouvant honorer sa dette envers la succession Globensky, le domaine revient à ses premiers propriétaires en 1913.

Après quelques autres transactions, Évariste Champagne, homme d'affaires, se porte acquéreur de la résidence en 1918. C'est vers 1930 qu'il procède au remodelage du bâtiment. Dépouillé de ses tourelles et pourvu d'un haut portique à colonnade de forme arrondie, qui participe du néo-colonial américain, le manoir affiche une silhouette plus classique. Il conserve néanmoins ses oculi sur la toiture ainsi que les grandes cheminées en brique.

La tenure seigneuriale ayant été abolie en 1854, la maison n'a jamais été à proprement parler un manoir puisqu'on l'a construite en 1861. Mais c'est tout de même sous ce nom qu'on la désignera dès l'origine. La famille Champagne et ses descendants l'habiteront jusqu'en 1961, année où la Ville de Saint-Eustache en fait l'acquisition pour loger l'hôtel de ville. Le 21 juin 1961, le domaine Globensky est classé monument historique, réunissant sous la protection du ministère des Affaires culturelles le manoir, les dépendances et le parc entouré de son mur de pierre.

Raymonde Gauthier, historienne de l'art

Vers 1930, la façade est remodelée. Dépouillé de ses tourelles et pourvu d'un haut portique de forme arrondie, le manoir affiche une silhouette plus classique.

GAUTHIER, Raymonde. *Les manoirs du Québec*. Québec/Montréal, Éditeur officiel du Québec/Fides, 1976. 244 p.

GIROUX, André et Claude-Henri GRIGNON. *Le manoir Globensky*. Saint-Eustache, Ville de Saint-Eustache, 1989. 28 p.

Calvaire

Oka
Route 344

Fonction: religieuse
Classé site historique en 1982

Le calvaire d'Oka, érigé par les sulpiciens vers 1740-1742, est le plus ancien calvaire en Amérique. Il se compose de sept édicules en pierre, dont ces trois oratoires sur le plateau. (ANQ-Q, E. Gariépy)

La municipalité d'Oka, dont le toponyme amérindien signifie «poisson doré», voit le jour en 1867 sur le site de la mission des sulpiciens, établie quelque 145 années auparavant.

C'est en 1717 que les sulpiciens se voient concéder la seigneurie du Lac-des-Deux-Montagnes, où ils déménagent leur mission du Sault-au-Récollet. Ils y regroupent des Amérindiens issus de quatre nations: les Algonquins, les Nipissings, les Agnies et les Hurons. En 1733, la mission du Lac-des-Deux-Montagnes ne compte pas moins de 560 Amérindiens résidants dont 160 hommes et 400 femmes et enfants.

C'est sur l'une des deux montagnes de ce que l'on appelle alors la mission du Lac que se dresse le calvaire d'Oka, érigé par les sulpiciens dans un but d'évangélisation des Amérindiens.

Un chemin de croix

Le calvaire se compose de sept constructions en pierre, disposées le long d'un sentier qui serpente dans la forêt jusqu'au sommet. Sur le plateau, deux petites chapelles en flanquent une autre aux dimensions plus importantes. Les trois édifices du sommet sont visibles du bas de la montagne tandis que les quatre autres sont dissimulées par la forêt.

Le calvaire d'Oka a ceci d'exceptionnel dans le processus d'évangélisation que les missionnaires, contrairement à leur habitude de faire venir les Amérindiens dans une chapelle, ont déplacé le lieu de culte dans un environnement qui leur est familier. Ils utilisent vraisemblablement à leurs fins un territoire que les Amérindiens fréquentaient depuis longtemps déjà pour la chasse.

Nous ne connaissons pas la date exacte de la construction des sept édifices. Cependant, il semble plausible de la situer vers 1740-1742. L'initiative de la construction du calvaire revient au prêtre sulpicien Hamon Guen (1687-1761). Celui-ci débarque au Canada en 1714 et est aussitôt nommé à la mission du Sault-au-Récollet. En 1721, il accompagne les Amérindiens lors du déplacement de la mission du Sault-au-Récollet à la seigneurie du Lac-des-Deux-Montagnes. On lui attribue d'ailleurs plusieurs manuscrits en langue iroquoienne, notamment un recueil d'oraisons pour chacune des sept stations du chemin de la Croix d'Oka.

Sept édicules

Le calvaire d'Oka s'inscrit dans une période très prolifique en chemins de croix. C'est en effet entre 1731 et 1751 que Léonard de Port-Maurice fait élever plus de 570 chemins de croix en Europe; le sulpicien Hamon Guen a fort probablement suivi ce mouvement de popularité. À cette époque, le nombre de stations peut varier entre cinq et trente, bien que quatorze soit déjà un nombre assez courant. Le calvaire d'Oka s'insère donc parfaitement dans la longue tradition de la dévotion au chemin de la Croix qui provient du Moyen Âge et qui a connu une grande popularité au XVIIIe siècle.

Le désir de reconstituer les lieux de la passion du Christ sur une petite colline n'est donc pas une création des sulpiciens de la Nouvelle-France. Ce type de reconstitution est né en Italie à la fin du XVe siècle. En Amérique, on connaît le célèbre calvaire brésilien situé près d'Ouro Preto, construit en 1752 par le sculpteur autochtone Aleijadinho. Le calvaire d'Oka a été élevé dix ans plus tôt, ce qui en fait le plus ancien calvaire en Amérique.

Les quatre premiers édicules trapézoïdaux en pierre chaulée, surmontés d'un toit à quatre versants, sont distribués le long des sentiers en pleine forêt. Le mur le plus long de la façade est aujourd'hui percé d'une large fenêtre, qui permet de voir le tableau. Notons qu'à l'origine, il n'y avait pas de mur de façade pour protéger celui-ci des intempéries.

Suspendu au mur le plus étroit de l'édifice et en raison de l'ouverture prononcée vers l'extérieur créée par l'angle des murs latéraux, le tableau peut être vu par une foule placée en éventail. De cette façon, l'angle de vision atteint près de 90 degrés et il n'est pas nécessaire d'être directement en face du tableau pour pouvoir l'admirer.

Les chapelles latérales du sommet sont pour leur part rectangulaires et de plus grandes dimensions, permettant aux visiteurs de

Pèlerins au calvaire d'Oka en 1935.
(Coll. Germain Beauchamp et fille)

Jusqu'en 1970, chacune des sept stations du chemin de Croix abritait un bas-relief en bois représentant une scène de la Passion.
(ANQ-Q, E. Gariépy)

pénétrer à l'intérieur. La chapelle centrale en pierre, également rectangulaire, est éclairée par deux baies sur les murs latéraux. Contrairement aux autres chapelles cette dernière est ornée d'un autel sur lequel un prêtre peut célébrer la messe. Sur la terrasse en façade des trois chapelles se dressent trois grandes croix en bois pour rappeler le calvaire. Notons au passage que la vue de cette terrasse sur le lac des Deux Montagnes est imprenable.

Chacun des édifices possédait un tableau représentant une scène de la passion du Christ. Ces peintures avaient été importées de France par les sulpiciens tout probablement vers 1742. Les changements climatiques ont très tôt forcé les prêtres à retirer les tableaux du calvaire et à les conserver à l'intérieur de l'église du village où l'on peut toujours les admirer. Les sulpiciens remplacèrent les tableaux par des reliefs en bois polychromes plus résistants aux intempéries.

François Guernon dit Belleville sculpte sept reliefs pour orner les chapelles du calvaire. Tous, à l'exception d'une représentation de l'agonie au jardin des Oliviers (remplacée en 1816 par un relief du sculpteur Louis-Amable Quévillon) décorent les chapelles jusqu'en 1970. À la suite de divers actes de vandalisme qui ont endommagé lourdement les reliefs et les chapelles, les œuvres ont été transportées à l'intérieur du presbytère de la paroisse.

Comme l'indiquent les livres de comptes des sulpiciens, les édicules subissent plusieurs réparations au cours de leur existence. L'usure normale demande que l'on refasse régulièrement le crépi, le toit, les contrevents, les portes et les différents éléments décoratifs en bois. L'habitude qu'ont prise les pèlerins du XIXe siècle de détacher des morceaux de bois des croix et de les rapporter comme reliques a aussi contribué à la détérioration du site. Au début des années 1970, les lieux sont abandonnés par les pèlerins et des vandales saccagent les édicules, les couvrant de graffiti, brûlant même les vantaux et les croix pour se réchauffer l'hiver. La restauration entreprise par le gouvernement du Québec a redonné à ce lieu de pèlerinage toute sa splendeur d'antan.

Le calvaire d'Oka a d'abord été un pèlerinage pour les Amérindiens. À la fin du XIXe siècle, les Blancs reprennent à leur compte ce lieu de dévotion. La construction d'un quai permet, à partir de 1872, de faire venir par bateau à vapeur de nombreux pèlerins montréalais à l'occasion de la fête de l'Exaltation de la Sainte Croix, le 14 septembre. En 1889, les journaux mentionnent la présence à Oka, le jour du pèlerinage, d'une foule de 30 000 personnes. Au cours du XXe siècle, ce lieu de pèlerinage perd de la popularité pour ne recevoir que 5 000 personnes en 1948 et quelques centaines à la fin des années 1960.

La blancheur contrastante de ces chapelles sur la forêt marque bien l'implantation de la civilisation française catholique dans l'environnement naturel amérindien. Le calvaire d'Oka est un témoin éloquent de l'histoire religieuse du Québec.

Nicole Cloutier, historienne de l'art

CLOUTIER, Nicole. *Le calvaire d'Oka: Recherche historique*. Québec, ministère du Tourisme, 1973. 22 p.

PORTER, John R. et Jean TRUDEL. *Le calvaire d'Oka*. Ottawa, Galerie nationale du Canada, 1974. 125 p.

Relevé métrique, photographique et historique au Calvaire d'Oka. Québec, ministère du Tourisme, 1973. 24 p.

Maison Basile-Routhier

Saint-Placide
3320, route 344

Fonction: résidentielle
Classée monument historique en 1983

Une toiture fort impressionnante, des murs coupe-feu surmontés de cheminées massives et des ouvertures généreuses constituent les principaux attributs de cette maison d'esprit français.

LA municipalité de Saint-Placide est située à mi-chemin entre Oka et Saint-André, sur la rive nord de la rivière des Outaouais. Les premiers colons s'installent dans la région d'Oka dès 1717 et les services religieux sont assurés par les sulpiciens. La paroisse de Saint-Placide est fondée seulement en 1848.

La chaîne des titres de la maison Basile-Routhier remonte jusqu'à 1856. Une plaque commémorative apposée en face de la demeure prétend que «Sir Adolphe-Basile Routhier, auteur de l'hymne national ''O Canada'', naquit le 8 mai 1839, dans une maison qui s'élevait à quelques pas d'ici.» Le rapport entre la maison en pierre qui correspond à la plaque et la maison natale de Sir Basile Routhier n'est pas implicite. Une autre plaque apposée sur la maison et qui semble remonter à la construction porte l'inscription «C.H.R.T. 1841». Ces initiales correspondent à celles de Charles Routhier, père d'Adolphe-Basile, et l'année pourrait bien être celle de la construction de la résidence.

En 1856, Charles Routhier cède la propriété à son fils Magloire; celui-ci fait de mauvaises affaires et hérite des nombreuses obligations de son père. Robert Simpson, le créancier de la famille, achète du shérif la propriété qu'il revend à Basile Brisebois en 1866. La famille Brisebois conserve la ferme jusqu'en 1929, date à laquelle la maison et une partie de la terre sont cédées à Edmond Pintal. En 1931, Brisebois vend le reste de la propriété à A.W.P. Buchanan qui acquiert la maison en 1953. La famille Buchanan en est propriétaire depuis cette date.

Nous sommes en présence d'une maison d'esprit français bien ancrée au sol. Le prolongement des murs-pignons en coupe-feu suit une mode de la fin du XVIIIe siècle et du début du XIXe, où ce qui est une nécessité à la ville devient simplement décoratif à la campagne.

Les principales caractéristiques architecturales de la maison sont l'assise au sol, le traitement de la maçonnerie, la hauteur des étages et la grandeur des croisées. À cela s'ajoutent des éléments nouveaux tels le sous-sol creusé avec accès extérieur en puits, la pente du toit et l'attention particulière apportée pour organiser un ensemble symétrique tant dans la disposition des croisées que dans celle des poteaux de soutien des larmiers.

La maison Basile-Routhier, construite en 1841, a conservé son caractère d'authenticité. On la voit ici en 1977. (MAC)

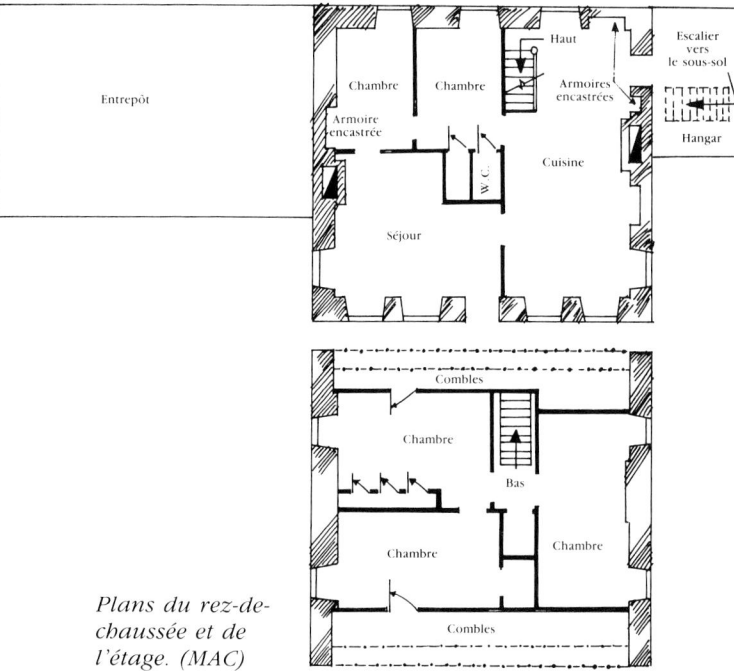

Plans du rez-de-chaussée et de l'étage. (MAC)

L'extérieur du bâtiment n'a pas subi d'altérations majeures, sauf la démolition d'une rallonge du côté est. Les larmiers sont inusités; d'une part, ils forment avec le toit un plan continu et d'autre part, le type de soutènement est inhabituel. Les larmiers, en effet, sont portés par la continuité des chevrons.

À l'intérieur, le rez-de-chaussée semble n'avoir subi que très peu de modifications. Les murs sont crépis et les plafonds revêtus de planches. On y trouve quatre armoires encastrées, dont trois dans la cuisine et la dernière dans une chambre.

La charpente du toit est de construction courante et n'a pas été modifiée depuis sa mise en place. Elle se compose de six fermes simples (chevrons et faux-entraits) et d'une panne faîtière; les assemblages des fermes sont à tenons et à mortaises. Deux chevrons sont noyés dans les murs-pignons. La maison se trouve dans un état de conservation exceptionnel et constitue un exemple unique dans la région.

Jacqueline Hallé,
historienne de l'architecture

DESJARDINS, Pierre et Laszlo DEMETER. *Maison Basile Routhier*. Montréal, ministère des Affaires culturelles, 1980.

Christ Church

Saint-André-Est
12, rue Saint-André

Fonction: religieuse
Classée monument historique en 1985

Le village de Saint-André-Est – autrefois St. Andrews East – connaît une certaine prospérité au tout début du XIX⁰ siècle. D'abord colonisé par des loyalistes américains puis par des Écossais presbytériens, on y retrouve la première papeterie implantée au Canada. Profitant de l'abondance de bois et de la proximité d'un cours d'eau fournissant l'énergie hydraulique – la rivière du Nord –, les habitants ont cru un instant à une croissance spectaculaire de leur village. Les six églises de diverses dénominations qu'on y recense à la fin du XIX⁰ siècle en témoignent.

L'église anglicane de Saint-André-Est et le cimetière attenant à l'arrière occupent une place de choix sur le plateau qui borde la rivière du Nord. Près du site s'élevaient autrefois au moins deux autres églises de dénomination protestante; aujourd'hui subsistent seulement quelques résidences cossues. La plupart des familles anglicanes ayant délaissé les lieux, la Christ Church ne revit que durant la saison estivale au retour des vacanciers.

La suprématie de deux églises

L'histoire de la Christ Church ne peut se faire sans rappeler l'intervention de deux personnalités remarquables: le seigneur d'Argenteuil, Sir John Johnson, et le révérend Joseph Abbott, pasteur anglican du lieu. Le seigneur Johnson est né aux États-Unis et émigre ensuite au Canada où il se distingue rapidement comme le chef du groupe des loyalistes. Membre du Conseil législatif du Bas-Canada, Johnson se mêle à la politique et exerce de hautes fonctions dans l'administration coloniale. Résidant à Montréal, il acquiert en 1795 la seigneurie de Monnoir et, quelques années plus tard, celle d'Argenteuil. Il ne fait pas de doute qu'il intervient lors de la construction de l'église anglicane de Saint-André-Est. Il offre d'ailleurs le terrain pour l'érection d'un presbytère en 1819 et confirme le don du terrain pour l'église en 1826.

Le pasteur Joseph Abbott s'installe au village de Saint-André-Est en 1818. Son arrivée, le même jour que celle du pasteur presbytérien, s'inscrit dans le cadre d'une lutte que se livrent les deux églises protestantes pour affirmer leur suprématie, non seulement à Saint-André-Est, mais aussi ailleurs au Canada. Dans le Haut-Canada et partout où s'établissent les loyalistes au Bas-Canada, les membres des deux églises se font la lutte pour affirmer leur prédominance.

Le révérend Abbott, homme raffiné et formé à l'université – son fils John Caldwell deviendra d'ailleurs premier ministre du Canada –, est quelque peu déçu de sa

L'église anglicane Christ Church est édifiée en 1819-1821. Pourvue d'ouvertures ogivales, l'église de Saint-André-Est est construite en brique.

paroisse où on lui conseille de loger sous la tente en attendant que se construise un presbytère. En fait, pendant plusieurs années, le zélé pasteur va se consacrer à la tâche de faire bâtir un presbytère et une église. C'est avec une certaine fierté qu'il adresse un rapport à son évêque en 1820; on y lit que le presbytère est complété.

Le chantier de l'église s'avère plus complexe. En effet, la charge financière incombe à un petit noyau d'au plus 30 familles. Mais comme la construction de l'église presbytérienne concurrente progresse rapidement, on entreprend l'érection d'une église plus élaborée, même si le pasteur regrette que les paroissiens ne puissent la bâtir eux-mêmes. L'argent recueilli permet la construction d'une église en brique (au lieu du bois) plus vaste et d'un modèle plus achevé que celle des presbytériens; elle est d'ailleurs érigée au coût de 650 livres alors que sa concurrente n'a pas dépassé les 300 livres.

L'intervention du seigneur Johnson et du pasteur Abbott doit être décisive dans le choix du plan. Johnson connaît bien le type architectural déjà très répandu aux États-Unis au XVIII⁰ siècle et Abbott est au fait des développements les plus récents de l'architecture religieuse en Angleterre. Il ne ménage d'ailleurs aucun effort pour obtenir que

Typique du «classicisme baroque anglais» de Christopher Wren, la tour de l'église, dotée d'oculi et couronnée de pinacles et d'une balustrade, est surmontée d'une flèche pittoresque.

son église soit dotée d'une tour alors que le comité de construction et les paroissiens n'en voient pas la nécessité.

Entrepris dès 1819, les travaux de construction de l'église s'échelonnent d'abord sur trois ans. En 1821, le gros œuvre de l'édifice est terminé et la tour élevée jusqu'au carré de la nef. Le 10 mai 1822, la paroisse St. Andrews reçoit ses lettres patentes. L'année suivante, l'église est complétée notamment par l'installation de 34 bancs, un par famille. Le clocher est achevé en 1828 et doté d'une flèche. On y installe aussitôt une cloche offerte par le seigneur Johnson.

Le 1er octobre 1829, Mgr Charles James, évêque de Québec, procède à la consécration de l'église. C'est à l'époque un édifice de plan rectangulaire mesurant près de 22 mètres de longueur sur 11 de largeur. À l'intérieur, une fausse abside démarque le chœur de la nef; on y trouve un autel, une chaire, une table de communion et des bancs.

L'influence de C. Wren

Au fil des années, l'église subit des transformations. En 1840, on ajoute des galeries à l'intérieur et l'étage de la tour devient une bibliothèque paroissiale. Mais les travaux les plus importants débutent en 1872 alors que le décor intérieur est entièrement repris. La nef est plâtrée et, quatre ans plus tard, un nouveau chœur vient rallonger l'église de quelque 6 mètres, d'après les plans de l'architecte Andrew Bell, de Hawkesbury. Enfin, au début du siècle, alors que le nombre des fidèles décroît, les galeries sont supprimées pour ne laisser en place que le jubé arrière. On peut donc affirmer qu'à l'extérieur, la Christ Church a, excepté son chœur, conservé son apparence originelle. Par contre, son architecture intérieure, telle qu'elle nous apparaît aujourd'hui, date des années 1870-1880.

Le monument offre un intérêt architectural certain. Il s'agit d'abord d'un type architectural consacré par l'Église d'Angleterre et particulièrement apprécié dans les colonies. Transplantées en Amérique dès la fin du XVIIe siècle, les formes développées par l'architecte britannique Christopher Wren fleurissent en Nouvelle-Angleterre tout au long du XVIIIe siècle. Rien d'étonnant donc à ce que des loyalistes comme John Johnson et ses amis reprennent au Québec une architecture qui leur est familière.

Typique du «classicisme baroque anglais» de Wren, cette tour, dotée d'oculi qui rappellent la présence d'horloges en Europe, est couronnée de pinacles et d'une balustrade et est surmontée d'une flèche pittoresque qui peut varier à souhait. L'effet baroque vient aussi du contraste entre cette tour et ses ornements et la grande sobriété du plan de la nef qu'elle précède. Pour l'intérieur, Wren a développé cette architecture sobre avec fausse voûte et murs en plâtre où seul le mobilier figure à titre d'ornement.

Mais l'église anglicane de Saint-André-Est, contrairement à la tradition coloniale, est pourvue d'ouvertures ogivales. Qui plus est, alors que la Nouvelle-Angleterre substitue graduellement le bois à la brique dès la fin du XIXe siècle, le monument érigé par les bons soins de Joseph Abbott est en brique. Il s'agit là de toute évidence de traits caractéristiques dont nous sommes redevables au pasteur anglican.

L'architecture intérieure de l'église est elle aussi significative. Le premier décor assez sobre est transformé à partir de 1872. À cette époque, c'est l'influence de l'Ecclesiological Society – groupe formé en 1839 et qui prône un renouveau liturgique – qui se fait sentir. Le modèle d'église que propose ce groupe comporte un chœur distinct de la nef et un plan articulé par les différents espaces fonctionnels du temple. Au Québec, la plupart des églises anglicanes se soumettront à ces nouveaux préceptes, ce qui explique la quasi-disparition des ensembles intérieurs de la première moitié du XIXe siècle.

Classée en 1985, l'église anglicane de Saint-André-Est est un monument en bon état de conservation et il n'y a plus que le bardeau d'asphalte recouvrant aujourd'hui sa toiture qui nous rappelle notre époque.

Luc Noppen, historien de l'architecture

DE CARAFFE, Marc et Nathalie CLERK. *Église Christ Church, Saint-André-Est, Québec*. Ottawa, Commission des lieux et monuments historiques du Canada, 1981: 46-58.

PALAZZO, Jean-Marc. *Église Christ Church, Saint-André. Étude, relevés et analyse*. Québec, ministère des Affaires culturelles, 1982.

Maison Desormeaux

Carillon
36-38, rue Principale

Fonction: résidentielle
Classée monument historique en 1973

Le long de la route 29, à proximité de la rivière Outaouais, se dresse une imposante maison en brique de deux étages, mesurant quelque 12 mètres sur 10, coiffée d'un toit à deux versants dominé par deux souches de cheminées.

Le dossier historique de cette résidence récemment convertie en immeuble à logements pour personnes à la retraite, demeure vague en ce qui a trait aux premiers occupants et à la date de construction. En remontant aussi loin que l'on peut dans la chaîne des titres, on mentionne le nom de James Barclay, aubergiste. Entre 1838 et 1849, celui-ci acquiert plusieurs propriétés à Carillon et sa famille sera propriétaire de la monumentale maison jusqu'en 1940. Rien n'indique s'il a acquis une maison déjà existante vers 1840 ou s'il l'a fait ériger sur un de ses terrains.

Sur le plan architectural, la maison renvoie à l'architecture classique anglaise, par son volume général et ses proportions. Mais les chaînes d'angle en pierre de taille à refend et le portail d'ordre dorique taillé dans la pierre évoquent la recherche formelle et le dépouillement qui caractérisent le néo-classicisme en vigueur au Québec vers 1830-1860. Il est donc tout à fait possible que Barclay ait fait construire cet édifice pour servir d'auberge.

Avec ses murs en brique – on note trois rangées de brique formant une épaisseur d'environ 35 centimètres –, l'édifice s'inscrit assez bien dans le paysage architectural de la région où se retrouvent maisons et églises érigées avec ce matériau. On peut bien sûr y voir une réponse à une rareté de pierre, mais il faut aussi se rappeler que la région est d'abord peuplée par les loyalistes américains, habitués à l'architecture en brique rouge. Sur cette brique, le découpage des angles et des portails par une pierre de taille crée en effet ce contraste typique de l'architecture coloniale anglaise qui, à leurs yeux, évoque la Nouvelle-Angleterre.

Vue arrière de la maison Desormeaux. Une adjonction récente liée aux nouvelles fonctions de l'édifice dépare l'ensemble.

Par contre, le profil assez élevé de la toiture et les fenêtres à deux battants et à petits carreaux appartiennent plutôt à l'architecture traditionnelle du Québec, à moins évidemment de prendre en compte les origines écossaises du propriétaire, ce qui ouvrirait une autre voie de recherche. Assez curieusement, les ouvertures sont complètement décalées sur l'un des pignons en brique, tandis qu'elles sont organisées symétriquement sur l'autre. Ceci laisse croire à un aménagement intérieur particulier (un escalier situé dans le coin arrière de la maison, par exemple).

L'intérieur de la maison n'a malheureusement conservé aucun élément ancien. Déjà, avant les récents travaux, plusieurs occupants successifs avaient transformé totalement les dispositions premières, les seules à pouvoir nous renseigner avec précision sur la fonction initiale.

Luc Noppen, historien de l'architecture

Cette maison monumentale a probablement servi d'auberge dans la seconde moitié du XIXe siècle.

Maison Girouard

Saint-Benoît (Mirabel)
3905, rue Saint-Jean-Baptiste

Fonction: résidentielle
Classée monument historique en 1973

Dans le village de Mirabel (Saint-Benoît) se dresse une maison monumentale dont les formes semblent à prime abord s'apparenter à celles des habitations de la Nouvelle-Angleterre. On peut lire sur une plaque qu'a appliquée la Commission des monuments historiques du Québec qu'il s'agit là d'une construction érigée en 1840 sur le site de la maison du notaire et patriote Jean-Joseph Girouard, incendiée en 1838 par le général britannique Colborne.

Le classement de la maison en 1973 sert principalement à rendre hommage à Jean-Joseph Girouard. Né à Québec en 1794, Girouard devient notaire en 1816 grâce aux bons soins et à l'encouragement de l'abbé Gatien, curé de Saint-Eustache. Il s'installe cette même année à Saint-Benoît où il ouvre son étude. Ayant servi sous les drapeaux en 1812, il est nommé capitaine de milice en 1821. Élu député du comté de Deux-Montagnes en 1831, il devient un ardent partisan de Louis-Joseph Papineau, alors chef du parti des Patriotes. Discret et peu loquace, Girouard se révèle cependant un habile législateur.

En 1837, son nom figure sur la liste des proscrits et la troupe dirigée par Sir John Colborne quitte Montréal pour aller le cueillir à Saint-Benoît. Girouard se sauve après avoir convaincu les rebelles du village de ne pas résister; il se rend quelques jours plus tard à Coteau-du-Lac. Emprisonné en décembre 1837, il est relâché au mois de juillet suivant puis de nouveau incarcéré au lendemain de la rébellion de 1838. Libéré en décembre 1838, il rentre à Saint-Benoît et se voue entièrement à la pratique du notariat et aux bonnes œuvres. L'hospice d'Youville de Saint-Benoît, dont il dresse les plans en 1853, est l'œuvre à laquelle il consacre ses énergies jusqu'à sa mort en 1860.

La maison de Jean-Joseph Girouard est incendiée en même temps que la totalité du village en 1838. L'édifice qui occupe le site aujourd'hui a été construit en 1840. La forme du bâtiment, de plan rectangulaire érigé sur deux étages et surmonté d'un toit à double versant, rappelle les maisons monumentales que plusieurs seigneurs se font ériger au Québec au début du XIXe siècle.

Cependant, il s'agit ici d'une construction qui fait appel à une technologie particulière: un système à pièces de bois d'une seule longueur posées à la verticale. Si les rares ornements (portes et fenêtres) sont bien de cette époque, le recouvrement en bois formé d'un lambris à planchettes étroites – peu courant dans cette région – rappelle l'architecture de la Nouvelle-Angleterre.

Avec son annexe, plus basse et probablement plus récente, la maison Girouard prend l'allure d'un couvent-école, comme il s'en trouve plusieurs dans les villages du Québec. De ce fait, le lien qu'il faut établir avec la mémoire du notaire et patriote n'est pas très évident.

Luc Noppen, historien de l'architecture

CHASSÉ, Béatrice. «Girouard, Jean-Joseph», *Dictionnaire biographique du Canada. Volume VIII, de 1851 à 1860*. Québec, Presses de l'Université Laval, 1985: 366-370.

Avec son annexe plus basse, la maison Girouard prend l'allure d'un couvent-école.

Vue arrière de la maison du notaire et patriote Jean-Joseph Girouard construite en 1840.

Ancienne seigneurie des sulpiciens (ou manoir Belle-Rivière)

Sainte-Scholastique (Mirabel)
8106, Belle-Rivière

Fonction: scolaire
Classée monument historique en 1963

Le manoir Belle-Rivière est composé d'un corps de logis principal auquel est accolé un autre corps de logis formant une cuisine d'été.

Ce n'est qu'à la toute fin du XVIIIe siècle que les sulpiciens concèdent des terres dans le hameau de Belle-Rivière, au cœur de la seigneurie du Lac-des-Deux-Montagnes. La construction de moulins, tant sur la rive est que sur la rive ouest de la rivière, amène plusieurs familles à s'installer sur des lots voisins.

En 1804 apparaissent trois bâtiments sur le lot principal: le manoir seigneurial, un moulin à farine et un hangar à grain. Connu par des photographies anciennes, le moulin des sulpiciens est aujourd'hui disparu, rasé par le feu en 1932. Sur le site subsistent l'imposante demeure et, à l'arrière, le hangar en pierre, deux bâtiments restaurés en 1961 par Roger Burger, alors propriétaire des lieux.

Le manoir Belle-Rivière (ou manoir des sulpiciens) est une vaste demeure en pierre des champs, composée de deux corps de logis et d'une annexe. Le corps de logis principal mesure 16 mètres sur 10 et est formé d'un carré de maçonnerie encadré par deux imposants pignons qui se prolongent en hauteur par les souches de cheminées reliées par des murets en pierre. Le corps de logis secondaire est un bâtiment carré plus petit, quelque 7 mètres sur 7, enligné par sa façade arrière. C'est au sous-sol de cette partie de la maison que se retrouve un imposant four à pain. L'annexe est accolée au corps de logis principal, sur la façade arrière, et adopte la forme d'un appentis.

Construit en 1804, le manoir subit des modifications majeures dans les années 1830-1840. À gauche, on aperçoit un hangar à grain.

L'intérieur du manoir vers 1960. (MAC, fonds Morisset)

Si l'on sait d'après les archives que le manoir a été construit en 1804, l'observation du bâtiment permet de conclure que son état actuel date plutôt des années 1830-1850. En effet, le profil incurvé du larmier du toit, la présence de lucarnes mais surtout la distribution symétrique des ouvertures sur la façade autour d'une porte centrale et la présence d'un corps de logis secondaire en forme de cuisine d'été sont des caractéristiques de l'architecture de cette époque. Il eût été étonnant, d'ailleurs, que le manoir ait eu, dès sa construction, des dimensions aussi importantes.

Une visite du manoir nous permet de constater qu'au sous-sol, un mur de refend forme un carré de maçonnerie d'environ 10 mètres de chaque côté. Ce pourrait être la trace d'un bâtiment érigé en 1804 et qui aurait été agrandi ou reconstruit par la suite. Servant surtout de résidence au meunier, le manoir ne reçoit la visite de l'économe sulpicien qu'une fois l'an, généralement l'hiver.

En 1876, le contrat de vente du domaine stipule que «les dits sieurs ecclésiastiques se réservent les divers meubles et objets mobiliers qui se trouvent dans le manoir [...], ils se réservent encore le droit de se servir et d'occuper, chaque année, pour faire la recette seigneuriale, tous les appartements du dit manoir, auxquels les dits acquéreurs ne pourront faire aucun changement sans la permission écrite des dits Sieurs ecclésiastiques [...]»

Les sulpiciens quittent définitivement les lieux en 1911. Le manoir est classé monument historique en 1963 et est sauvé de justesse de la démolition lors de l'aménagement de la zone aéroportuaire de Mirabel, au début des années 1970. Maintenant propriété du cégep de Saint-Jérôme, il est utilisé comme centre de formation en environnement.

Luc Noppen, historien de l'architecture

LALANDE, Germain. *Belle-Rivière et ses moulins*. Montréal, Archives du Séminaire de Saint-Sulpice, 1979. Manuscrit.

Ancien palais de justice

Saint-Jérôme
185, rue du Palais

Fonction: culturelle
Reconnu monument historique en 1975

L'ancien palais de justice occupe un emplacement privilégié au centre de la ville de Saint-Jérôme, face au parc Labelle, ce qui permet le dégagement de son imposante façade. L'édifice avoisine aussi la cathédrale et le salon funéraire. Ces trois bâtiments sont contemporains, la cathédrale ayant précédé de peu les deux autres.

Leur proximité est intéressante en ce qu'elle permet de juger de l'échelle et des modèles utilisés à l'époque pour des bâtiments qui répondent à des fonctions fort différentes. Le palais de justice assurant une fonction institutionnelle, sa construction est du ressort du gouvernement provincial. La cathédrale relève de l'autorité de l'archevêché, et son statut privilégié se traduit par une architecture monumentale qui la distingue des autres églises de la région des Laurentides. Quant au salon funéraire, il représente une architecture résidentielle bourgeoise des années 1920, encore imprégnée d'un esprit victorien.

Le «vieux palais», ainsi désigné pour le distinguer du nouveau palais de justice, situé rue Laviolette, a été édifié entre 1922 et 1924 afin de remplacer celui qui devient l'hôtel de ville de Saint-Jérôme. Il est l'œuvre de l'architecte du gouvernement, Georges Saint-Michel. Charles Larin, de Montréal, agit comme entrepreneur. Le bâtiment occupe un terrain acheté en partie à la municipalité et en partie à des particuliers, vraisemblablement les frères Wilfrid-Bruno et Joseph-Bruno Nantel.

Construit entre 1922 et 1924, le palais de justice reprend le modèle Beaux-Arts. On remarque à gauche une aile récente.

Le modèle retenu pour le palais de justice puise sa source dans l'architecture classique, selon les canons de l'École des Beaux-Arts de Paris. Dès le début du XXe siècle, cette école marquera profondément l'architecture institutionnelle tant religieuse que gouvernementale, en Europe comme en Amérique. La rigueur de la composition et la magnificence des modèles Beaux-Arts traduisent bien les principes et la puissance du système judiciaire.

Il s'agit d'un bâtiment imposant de trois étages, s'élevant sur un soubassement bien marqué. La pierre de taille lisse qui revêt le soubassement et souligne l'angle des murs contraste avec la pierre à bossage utilisée pour les étages. La façade est rythmée par des ressauts qu'accentue encore la pierre de taille. Le portique a un aspect monumental avec ses quatre colonnes doriques surmontées d'une architrave. Un amortissement d'esprit victorien couronne la partie centrale de la façade. Son aspect massif et sa composition sobre, de même que le recours à l'ordre dorique et à un matériau noble confèrent à l'édifice la dignité qui convient à sa fonction.

Le palais de justice de Saint-Jérôme, vers 1930. (Coll. Simon Beauregard)

Vue du portique d'ordre colossal, avec ses colonnes doriques.

Reconnu monument historique en 1975, il reste pendant un certain temps une prison et loge quelques bureaux gouvernementaux. En 1978, l'édifice devient, par les soins d'un groupe d'artistes de la région, la galerie d'art du «vieux palais». La galerie est reconnue depuis 1986 comme centre d'exposition régional. Désirant élargir son rôle de diffusion et de formation, le vieux palais accueille les activités du service des loisirs de la municipalité dans des locaux rénovés et agrandis où l'on donne différents cours.

Grâce à sa nouvelle vocation culturelle, l'édifice s'ouvre aux citoyens, qui ont dès lors la possibilité d'apprécier de près cette architecture impressionnante. Ainsi au dernier étage, ils sont à même de toucher la pierre que l'on a laissée à nu et d'étudier les méthodes de construction des arcs délimitant ce qui était autrefois les portes des cellules de l'ancien palais de justice.

Diane Archambault,
historienne de l'architecture

Auclair, Élie-Joseph. *St-Jérôme de Terrebonne*. Saint-Jérôme, Labelle, 1934. 362 p.

Groupe Harcart. *Les palais de justice de comté de la région de Montréal*. Montréal, ministère des Affaires culturelles, 1983. 131 p.

Varin, Suzanne. «Le vieux Palais», *Cahiers d'histoire de la Rivière du Nord*, 3, 1 (janv. 1985): 3-10.

Maison Alix

Mont-Laurier
434, rue du Portage

Fonction: résidentielle
Classée monument historique en 1984

Construite vers 1887, cette maison servit d'abord de résidence à Solime Alix, marchand général à Mont-Laurier.

La maison et l'annexe qui sert de bureau de poste, vers 1898. (MAC)

À la fin du XIXᵉ siècle, les rapides de l'Orignal ne sont qu'une halte où les voyageurs qui empruntent la rivière du Lièvre doivent contourner le tumulte des eaux par un portage. Le curé Labelle s'y arrête en 1885 et, jugeant les terres voisines cultivables, entreprend de convaincre de nouveaux colons de s'y installer.

Solime Alix (1856-1927) est parmi les premiers à répondre à l'appel du colonisateur «des pays d'en haut». Né d'un père établi comme marchand général au fort Chambly, on le retrouve en 1873 propriétaire d'une épicerie-boucherie à Waterloo. Solime Alix visite les rapides de l'Orignal en juin 1885. Il revient s'y établir deux mois plus tard, en même temps que George et Adolphe Bail et Georges Hudon. Ce sont là les premiers colons de ce qui deviendra plus tard la ville de Mont-Laurier.

À peine arrivés, les défricheurs entreprennent de se construire un abri, modeste cabane en bois qui les logera pendant les quatre premières années. Sa femme et ses trois filles étant venues rejoindre le groupe dès 1887, Solime Alix ouvre deux années plus tard un second chantier de construction, avec l'aide d'Adolphe Bail. De cette époque date donc l'actuelle maison Alix qui a survécu à plusieurs propriétaires et fonctions à travers une histoire déjà plus que séculaire.

La maison est formée d'un carré en bois posé sur un solage de maçonnerie. La structure en pièce sur pièce est assemblée à queue d'aronde et les joints sont remplis d'étoupe et recouverts d'un mortier. Un toit à deux versants, posé sur une charpente composée des fermes simples et recouverte de bardeaux de cèdre, coiffe le carré, entouré d'une galerie sur trois faces. La façade avant de la maison, qui s'ouvre sur le rapide, est bien équilibrée: une porte centrale est encadrée par une fenêtre de chaque côté. À l'arrière, la disparition d'une annexe, un temps utilisée comme cuisine d'été et bureau de poste, a brisé la symétrie originelle du système des ouvertures.

À l'instar de la plupart des habitations du Québec, la maison Alix a subi au fil des années des réaménagements à l'intérieur. Ses premiers occupants y emménagent en 1890; au rez-de-chaussée se trouvait une pièce affectée au comptoir du magasin général, une pièce de séjour et deux chambres. Le sous-sol bien dégagé et les combles semblent avoir servi à l'entreposage, bien qu'on trouve très tôt la trace de deux chambres à l'étage, du côté de la façade arrière. C'est en 1895 que Mont-Laurier est doté de son premier bureau de poste; pour bien s'acquitter de ses nouvelles responsabilités, le nouveau maître de poste fait allonger l'annexe qui se profile déjà à l'arrière de sa résidence.

Après le décès de Solime Alix, la maison revient à Jean-Baptiste Reid qui l'avait acquise deux ans plus tôt, en 1925. Celui-ci est avant tout intéressé au terrain, sur lequel il construit une autre résidence et l'usine hydroélectrique qui, pour un temps, va assurer une certaine prospérité à la ville naissante. La maison Alix survit et devient essentiellement une résidence familiale, ce qui entraîne des changements importants à l'intérieur: à peu près toutes les cloisons sont déplacées pour établir un rez-de-chaussée consacré à la vie familiale et définir l'étage comme aire de repos. De cette époque daterait la massive lucarne qui éclaire plus largement l'étage des combles.

Aujourd'hui propriété de la société Rexfor, qui l'a mise en location, la maison Alix a fait l'objet de travaux de mise en valeur. À l'extérieur, elle semble, à peu de choses près, pareille à la maison érigée par Solime Alix. En fait, on devrait plutôt dire «pour» Solime Alix car il est assez peu probable qu'un marchand général de l'époque ait eu le savoir-faire nécessaire à ériger une structure de ce type. En soi, ce type d'architecture, caractérisé par sa technologie et son apparence rustique – le bois étant bien découpé par les épaisses lignes blanches du mortier –, est plus familier dans le Haut-Canada d'où il rejoint les territoires de colonisation du Témiscamingue et de l'Abitibi. Assez plausible serait donc l'hypothèse selon laquelle Solime Alix et Adolphe Bail se sont fait aider par un charpentier-menuisier de métier familier avec ce type de construction.

Luc Noppen, historien de l'architecture

CLOUTIER, Sylvie. *La maison Alix à Mont-Laurier.* Mont-Laurier, Société historique de Mont-Laurier, s.d. 27 p.

PEARSON, Suzelle et Cécile REID-BRISEBOIS. *Maison Alix. Études, relevés et analyse.* Mont-Laurier, Société historique de la région de Mont-Laurier, 1982.

Ponts de Ferme-Rouge

Saint-Aimé-du-Lac-des-Îles et Kiamika
Chemin Kiamika

Fonction: transport public
Reconnus monuments historiques en 1990

Les deux ponts de Ferme-Rouge, construits vers 1903, relient l'île Numéro Trois aux rives de la rivière du Lièvre.

Recouvrir les ponts afin de protéger leurs structures des intempéries n'est pas typiquement québécois. Alors que la durée de vie d'un pont de bois ordinaire est souvent de dix à quinze ans, à cause du pourrissement des poutres, les ponts couverts peuvent se conserver au-delà de 100 ans. On retrouve des ponts couverts tant en Europe qu'en Asie, dont certains datent des XIIe et XIIIe siècles. C'est au Québec cependant que les derniers ponts couverts sont érigés dans les années 1950.

La majeure partie des ponts couverts du Québec sont du type «Town» ou à structure en treillis, brevetée en 1820 par l'architecte Ithiel Town. Outre son intérêt pour le génie civil, l'inventeur a marqué l'architecture américaine par son apport néo-gothique dont la principale réalisation est l'église Trinity Church à New Haven (Connecticut).

La charpente des ponts couverts se compose d'un treillis de madriers entrecroisés à un angle variant de 45 à 60 degrés et retenus à chaque intersection par des chevilles de bois. Le haut et le bas du treillis sont attachés avec deux rangées doubles de cordes pour éviter une trop grande flexibilité. Les poutres du tablier reposent sur les cordes inférieures, ou lambourdes. Pour empêcher les mouvements latéraux entre des deux fermes parallèles qui constituent les murs des ponts, des croisillons les fixent au sommet et à la base.

La grande popularité de la structure à treillis dépasse les frontières américaines et se répand au Canada, où elle est modifiée: on réduit peu à peu les dimensions des pièces du treillis, on ajoute des poteaux à la verticale reliant les cordes supérieures et inférieures et l'on consolide le tout par des tiges de tension en acier. Puis on augmente le nombre de poteaux verticaux que l'on double, on remplace les chevilles de bois par de simples clous et on renforce les croisillons supérieurs par des contreventements droits avec jambes de force.

Les ponts de Ferme-Rouge, qui relient l'île Numéro Trois aux rives de la rivière du Lièvre, représentent deux variantes de ce type de structure. Celui qui se dresse du côté nord-est comporte des poteaux verticaux plus espacés, deux rangées de cordes supérieures, dont l'une aux deux tiers de la hauteur du treillis chevillé aux intersections. Il compte deux travées, mesure au total 52,8 mètres et relie Saint-Aimé-du-Lac-des-Îles à Kiamika. Celui du côté sud-ouest est situé dans Saint-Aimé-du-Lac-des-Îles et correspond davantage au type «Town élaboré» avec ses poteaux plus rapprochés, sa rangée unique de cordes doubles supérieures, ou sablières, et son treillis cloué. Il compte également deux travées et mesure 78,7 mètres.

D'après certains renseignements, ces deux ponts auraient été construits en 1903; cependant, leurs caractéristiques distinctes portent à croire qu'ils ont été érigés à des époques différentes.

Les deux culées et le pilier central de chaque pont sont formés d'une cage en bois recouverte de planche posée à la verticale et remplie de pierre; le pilier comprend un brise-glace du côté nord. Les portiques sont simples et similaires et l'entrée sur chaque rive est protégée par des arches d'acier qui limitent la hauteur des véhicules. Un petit muret au bas des jambages sert de jet d'eau. Les lambris extérieurs ont été refaits en petite planche à clins, remplaçant la planche embouvetée avec feuillure dans le haut, comme celle qui subsiste à l'intérieur des portiques. Les couvertures en tôle ondulée sur planche posée à l'horizontale ont remplacé des couvertures en tôle à baguettes ou peut-être même en bardeau.

On pouvait retrouver au Québec quelques ponts couverts qui se succédaient d'île en île pour relier les deux rives d'un cours d'eau. Les ponts de Ferme-Rouge sont les seuls qui subsistent ainsi, d'où leur valeur exceptionnelle.

La structure des ponts est de type «Town», ou à treillis, du nom de l'architecte américain Ithiel Town qui l'a fait breveter en 1820.

Parmi les ponts couverts qui se succédaient d'île en île pour relier les deux rives d'un cours d'eau, seuls subsistent ceux de Ferme-Rouge.

L'île Numéro Trois était autrefois occupée par un établissement agricole qui faisait partie d'un hameau désigné sous le nom de Ferme-Rouge. Précédant l'arrivée des colons, quelques fermes (dont celle-ci) furent établies par les compagnies forestières vers le milieu du XIXe siècle pour desservir les chantiers. D'abord exploitée par la famille McLaren, la ferme fut vendue par la suite à un dénommé Vermant, avocat de Paris. Ce n'est qu'en 1854 que les premiers colons dirigés par le curé Labelle vinrent s'établir dans cette région des Laurentides qui devint en 1898 la municipalité de canton du Kiamika (Saint-Gérard-de-Montarville). Saint-Aimé-du-Lac-des-Îles s'en détacha et ne fut érigé en municipalité qu'en 1953.

Au moins dix-sept ponts couverts ont traversé la rivière du Lièvre dans les comtés de Labelle et de Papineau. Aujourd'hui, il n'en reste plus que quatre. Sur un total de plus de 800 ponts couverts construits entre 1835 et 1955 au Québec, il n'en subsiste que 103.

Henri-Paul Thibault, historien

LALONDE, Maurice. *Notes historiques sur Mont-Laurier, Nominingue et Kiamika, 1822-1937*. Mont-Laurier, s.n., 1937. 225 p.

SOCIÉTÉ QUÉBÉCOISE DES PONTS COUVERTS. *Les Ponts Rouges du Québec*. Saint-Eustache, La Société, 1986. 80 p.

THIBAULT, Henri-Paul. *Rapport préliminaire sur les ponts couverts du Québec*. Québec, ministère des Affaires culturelles, 1981. 529 p.

CHAPITRE IV

Région Lanaudière

Lanaudière

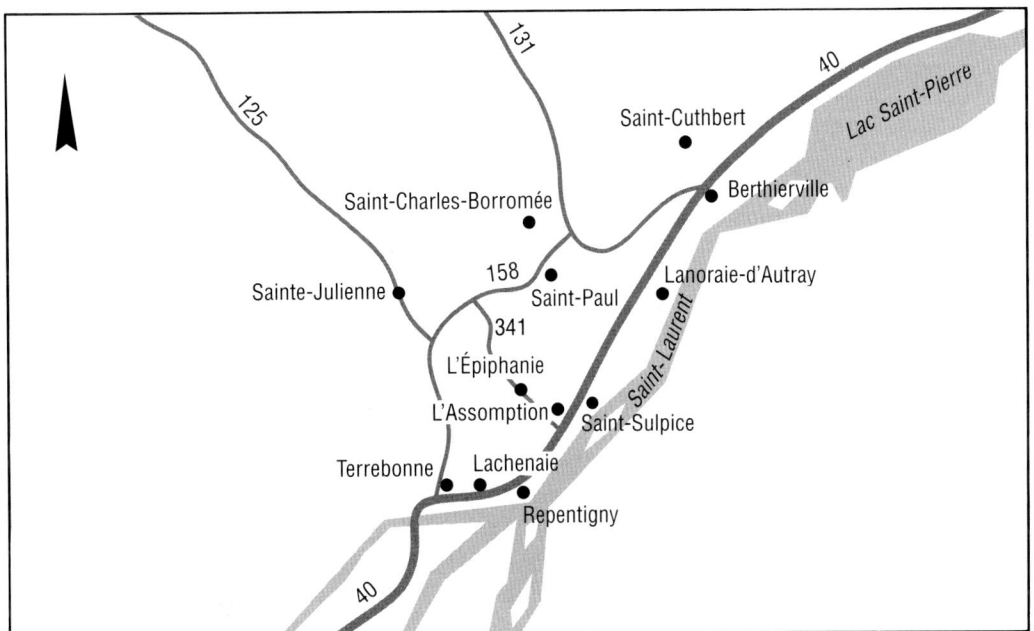

En 1535, Jacques Cartier mentionne, en remontant le fleuve vers Hochelaga (Montréal), des villages et des parcelles de terre en culture sur la rive nord du fleuve Saint-Laurent. Les rives décrites correspondent aux limites sud de la région de Lanaudière. Les villages sont habités par des autochtones que l'on nomme aujourd'hui «Iroquoiens» parce qu'ils font partie de la grande famille huro-iroquoise.

En 1603, Samuel de Champlain ne retrouve plus ces agglomérations de cultivateurs: les Iroquoiens ont cédé la place à des nomades du plus important peuple linguistique et culturel amérindien, les Algonquiens ou Algiques. La région est alors parcourue par les nations algonquine et attikamek. Subsistent des traces de campements en divers endroits de Lanaudière encore peu explorés.

Les vestiges de l'occupation iroquoienne se limitent à un site exceptionnel, bien connu et abondamment fouillé par les archéologues: le site de Lanoraie. Il révèle l'existence, au XIVe siècle, d'une maison-longue iroquoienne au nord-ouest du village, précisément au Coteau du Sable. Bien qu'il ne soit qu'un parmi les milliers de sites de maisons-longues répertoriés dans la vallée du Saint-Laurent et bien qu'il ait été maintes fois violé depuis sa découverte, les renseignements qu'il a dévoilés contribuent à la connaissance de ces Iroquois «préhistoriques». Les vestiges de la maison-longue confirment en partie que les Iroquoiens du XIVe siècle étaient installés le long du fleuve, mais pas directement sur les rives; ils s'établissaient plutôt sur des terrains sablonneux, plus facilement cultivables.

Manawan, un village de la nation attikamek, est situé dans la région de Lanaudière, au nord de la municipalité régionale de comté de la Matawinie. Il constitue un des trois habitats de la nation, les deux autres se trouvant en Haute-Mauricie. Les Attikameks posent un problème d'identification. À l'époque des premiers contacts au XVIIe siècle et jusqu'au début du XXe siècle, on les surnomme «Têtes-de-Boules», un peu comme les Français avaient appelé «Hurons» les premiers Wendats rencontrés. Les anthropologues s'interrogent: y aurait-il eu deux groupes dont l'un aurait disparu (on parle d'épidémie de variole), ou le nom Têtes-de-Boules ne serait-il pas tout simplement l'autre nom donné aux Attikameks? S'agit-il du même groupe ou de deux qui se succèdent dans le temps et dans l'espace?

Lanaudière

Le site archéologique de Lanoraie est connu depuis longtemps. Cette photographie, prise par madame Sybil Lighthall en 1932, montre l'érudit Aristide Beaugrand-Champagne effectuant une lecture sur sa boussole sous le regard attentif de W.T. Lighthall. (Coll. Alice Lighthall)

Les seigneurs

On l'a dit, les Français du temps de Cartier ne vont qu'à Hochelaga et Champlain ne s'arrête pas dans Lanaudière. Au XVIIe siècle, cependant, trois seigneuries sont concédées: D'Autray (1637), Saint-Sulpice (1640) et Repentigny (1640). Malgré la fertilité des terres, les colons tardent à venir et les seigneurs sont presque toujours absents. Dans les années 1670, une seigneurie est accordée à de La Noraye, officier dans le régiment de Carignan-Salières, tandis qu'André Daulier Deslandes reçoit la seigneurie de Terrebonne.

À peu près en même temps, Charles Aubert de la Chesnaye, important commerçant, se fait également donner une seigneurie. Très vite, il acquiert la moitié de la seigneurie voisine, propriété de Jean-Baptiste Le Gardeur de Repentigny depuis 1672. L'autre moitié prend alors le nom de L'Assomption, du nom de la rivière qui la traverse. La paroisse de Notre-Dame-de-l'Assomption est fondée en 1666; les registres s'ouvrent en 1679.

La deuxième étape de colonisation, qui va jusque dans les années 1730, connaît des développements plus importants. Les sulpiciens construisent le premier moulin à vent de la région en 1715. Aux deux extrémités, dans les basses terres fertiles du Saint-Laurent, deux autres noyaux de peuplement prennent forme: Sainte-Geneviève-de-Berthier (1681) et Terrebonne (1707). Entre ces deux concentrations, d'autres seigneuries sont concédées: Lavaltrie, Berthier, Île-Dupas-et-du-Chicot, Saurel et Dorvillier. Dans chacune d'elles, les premiers rangs se peuplent et les moulins banaux tournent. On commence alors à remonter les rivières L'Assomption et de l'Achigan car depuis 1736, toute le rive lanaudoise du fleuve Saint-Laurent est concédée.

Mieux encore, on peut dire que les territoires des seigneuries occupent presque l'ensemble des basses terres du Saint-Laurent, correspondant à la zone inondée lors du retrait des glaciers, il y a environ 11 000 ans, après qu'une mer intérieure (la mer de Champlain) les eut envahies jusqu'à une altitude d'environ 230 mètres. L'eau ayant pénétré dans les zones de dépression,

Lanaudière

Habitations situées près de la rivière Bayonne dans la seigneurie de Berthier en 1785. (ANC, James Peachey)

on retrouve des dépôts marins fertiles (argile, limon, sable) non seulement à proximité du lit actuel du fleuve, mais encore dans les bassins de Saint-Jean-de-Matha et Saint-Cléophas. Ajoutée à la surface plane à peine ondulée du relief et au climat relativement doux, la fertilité de ces dépôts fait de Lanaudière la deuxième région agricole du Québec, après Saint-Hyacinthe.

Le Lanaudière des seigneuries ne connaît pas de grands bouleversements sous le Régime français, sinon les modifications de limites qui varient avec les changements de propriétaires et les alliances familiales. Les paroisses fusionnent et avec elles quelques groupements de maisons qui deviendront villages, comme Repentigny, Saint-Sulpice et La-Visitation-de-l'Île-Dupas. Malgré ces quelques établissements religieux et civils, le nombre de villages demeure peu élevé jusqu'à la fin du XVIIIe siècle.

Un nouvel habitat

Plus ou moins isolés, et témoignant de la vie spirituelle de leur époque, des édifices religieux, églises et chapelles, surgissent dans le paysage: la chapelle de Saint-Sulpice (1682), les églises de Repentigny (1730), Sainte-Geneviève de Berthier (1787) et de Saint-Paul (1804), et même le premier temple voué au culte presbytérien du Bas-Canada, la chapelle St. Andrew (1786), dite aussi chapelle des Cuthbert. D'autres chapelles et églises anglo-saxonnes suivront tout au long du XIXe siècle, alors que s'ouvrent des cantons et villages porteurs de noms anglais.

Le XVIIIe siècle a laissé une empreinte française visible dans l'habitat. Il ne reste plus guère de vastes demeures seigneuriales ou manoirs comme on en trouve sur la côte de Beaupré, sur l'île d'Orléans, le long du Richelieu ou sur la Côte-du-Sud, mais on voit encore des maisons aux toits à pente raide

Une ferme familiale à Berthier au début du siècle. Les dépendances agricoles recouvertes de chaume témoignent de la pérennité des usages anciens. (ANQ-Q)

Lanaudière

La paroisse de Saint-Jacques-de-l'Achigan est peuplée en grande partie par des familles acadiennes déportées en Nouvelle-Angleterre. (ANQ-Q)

avec des cheminées aux murs-pignons, sans sous-sol, et au carré massif qui embellissent Terrebonne, Lachenaie, Le Gardeur...

Après la Conquête, le territoire occupé s'agrandit. Mais l'arrivée des Acadiens bouleverse la configuration démographique et culturelle des lieux qui se créent. À partir de 1766, des familles acadiennes, dispersées par le «grand dérangement» de 1755, et venant entre autres de Boston, sont accueillies au Portage (L'Assomption) par les seigneurs de Saint-Sulpice.

Très vite, les Acadiens s'établissent à L'Achigan (L'Épiphanie), et surtout sur le site qui deviendra Saint-Jacques. Dès 1770, un moulin à scie est construit sur le ruisseau Vacher. C'est le début du petit pays de la Nouvelle-Acadie (ou du Grand Saint-Jacques) avant son morcellement en sept nouvelles paroisses. La présence acadienne se reconnaît dans les noms des rues et routes de ces villages (Sainte-Marie-Salomé, Saint-Alexis, Saint-Liguori, etc.), devenus les hauts lieux de la fabrication de la fameuse ceinture fléchée de L'Assomption.

La conquête du territoire

L'agriculture se développe davantage au XIXe siècle lorsque les défricheurs occupent pleinement les riches basses terres. À l'intérieur des terres, l'enracinement prendra du temps: à Saint-Esprit, localité agricole à 98 pour 100, l'occupation des lots par un même propriétaire au XIXe siècle n'est pas plus longue en moyenne que celle des lots des villages du front pionnier en pleine montagne boisée.

Une des nombreuses «maisons-blocs» de la localité de Saint-Esprit. (ANQ-Q)

Lanaudière

Le manoir Masson à Terrebonne, construit au milieu du XIXᵉ siècle, demeure un édifice imposant. En 1903, une chapelle sera ajoutée à l'arrière du bâtiment. (ANQ-Q, E. Gariépy, c. 1925)

Il faut signaler que Saint-Esprit, véritable musée vivant du patrimoine rural lanaudois, abrite une des plus grandes concentrations de «maisons-blocs» du Québec. Lanaudière est la seule région à avoir conservé ce mode d'organisation groupée, où des bâtiments juxtaposés englobent les fonctions résidentielle et agricole.

Le territoire lanaudois s'agrandit avec l'arrivée des Écossais et des Irlandais. Les cantons, nouvelle forme de découpage territorial, se développent à la périphérie de l'aire seigneuriale. Le nord des seigneuries, toutes concédées, est d'abord approprié matériellement (occupation du sol) puis symboliquement par les anglophones qui désignent ces cantons à leur manière: canton de Rawdon (1799), canton de Kilkenuy (1832), cantons de Kildare (1803) et de Brandon (1827). Ainsi s'installe à Saint-Gabriel-de-Brandon un Écossais, immigré en Irlande puis aux États-Unis. Il sera suivi de nombreux Irlandais. À Rawdon s'établissent d'abord des Irlandais, suivis d'Écossais de Montréal et de New Glasgow, des Anglais de Terrebonne et des loyalistes.

Autre manifestation de cette appropriation territoriale: le projet du major Beauchamps Colclough de bâtir le «Village of Kildare», bourgade pour militaires retraités; le projet avortera après l'étape d'arpentage des 5 400 acres achetés. Cette «utopie», élaborée avant la fondation de Rawdon et de Joliette, permet la construction d'une quinzaine d'habitations avant la destitution et la faillite du visionnaire agent des terres.

Dans Lanaudière et au Québec, Rawdon a connu un phénomène migratoire singulier: à partir de 1929, de nouveaux arrivants originaires d'Europe de l'Est viennent marquer

La vieille église de la paroisse de Saint-Michel-des-Saints fondée par le curé Brassard en 1863. (Coll. Jacques Saint-Pierre)

son paysage: Russes, Polonais, Ukrainiens et Allemands auxquels s'ajouteront plus tard des Hongrois et des Tchécoslovaques.

Les Lanaudois domestiquent très tôt l'énergie avec les moulins à vent de Saint-Sulpice et de Repentigny. Mais l'énergie hydraulique autorise la création de plus importantes entreprises industrielles. Dès le début du XVIIIᵉ siècle, un moulin à scie et un moulin à farine utilisent l'eau de la rivière des Mille Îles, dans l'île des Moulins. La première moitié du XIXᵉ siècle voit à Terrebonne une véritable activité industrielle se développer grâce à cette exploitation. Au même moment, aux ruptures de pente des rivières, des entrepreneurs érigent des moulins à différents endroits: Joliette, Sainte-Marcelline, Sainte-Béatrix et dans la plupart des villages du piémont. En remontant les cours d'eau comme L'Assomption, la Bayonne, la Ouareau ou la rivière Noire, les premiers noyaux villageois du XIXᵉ siècle se grefferont autour d'une chapelle et d'un ou de plusieurs moulins à eau.

Lanaudière

C'est aussi l'époque de l'exploitation forestière. L'industrie du bois prospère avec les immenses forêts, les rivières pour le flottage et les chutes d'eau pour les scieries. Les marchands anglais entreprennent la coupe du bois jusqu'au-delà de la rivière Matawin. Dans les années 1850, on bûche dans les hauts de la Matawinie. Des francophones s'illustrent aussi dans ces entreprises.

Le plus connu de ces Lanaudois demeure Barthélemy Joliette. Notaire formé à L'Assomption, il épouse Marie-Charlotte de Lanaudière dont la dot constitue le quart de la seigneurie de Lavaltrie. Devenu le maître d'œuvre de l'ensemble de la seigneurie, il érige, dès 1823, un moulin sur la rivière L'Assomption. Autour de ce site d'exploitation forestière, Joliette ouvre un village qu'il appelle L'Industrie et qui comprendra bientôt manoir, moulins, marché public et collège. En 1850, il fait construire un chemin de fer entre L'Industrie et Lanoraie pour transporter le bois vers un port fluvial. L'Industrie deviendra plus tard la ville de Joliette et devra son dynamisme culturel aux clercs de Saint-Viateur.

Deux autres hommes d'action sont à signaler. Bâtisseur et ouvreur de pays, le missionnaire et colonisateur Théophile-Stanislas Provost lance la conquête de la Terre promise du Nord. Il créera, avec la construction d'un moulin et d'une chapelle, la paroisse de Saint-Louis (Saint-Zénon) en 1866. En 1863, le curé Brassard faisait bâtir un moulin sur une chute d'eau de la Matawin et fondait Saint-Michel-des-Saints, en plein pays sauvage. La Matawinie vient de naître dans les montagnes boisées des Hautes-Laurentides (600 à 700 mètres). Le front pionnier lanaudois n'ira pas plus au nord. À peine ouvert, Saint-Ignace-du-Lac sera inondé par les eaux de la Matawin (devenues le lac Taureau après la construction du barrage en 1930).

Le paysage conserve des attraits naturels à peine altérés, car la forêt a regagné les parcelles de terre autrefois défrichées. C'était là le pays des colons mobiles et entrepreneurs. Mais si la nature a repris ses droits, les premières maisons de colons ont presque toutes disparu ou sont défigurées.

Barthélemy Joliette ouvre le village de L'Industrie qui, au début du siècle, s'est transformé en une petite ville aménagée autour d'une vaste place publique. (ANQ-Q)

Lanaudière

La culture du tabac a fait la célébrité de la région de Joliette.

Revenons au sud, dans le territoire de Saint-Thomas où une activité agricole a fait la célébrité de la région: le tabac. Cette culture a en effet composé un paysage en mosaïques coupées de rangées de pins avec des groupements de cinq ou six séchoirs près des fermes spécialisées. Ces bâtiments, graduellement remplacés par des séchoirs plus petits, ajoutent à l'originalité du patrimoine lanaudois.

Lanaudière est une des dernières-nées de nos régions administratives. Elle conserve une identité discrète, notamment parce qu'aucun lieu ni entité géographique naturelle, ni village, ni rivière, ni lac, ni comté ne porta jamais ce nom. Le territoire bâti à travers la marche du peuplement ne devenait pas région, mais demeurait une mosaïque de petits pays entre le fleuve et les montagnes et entre le Nord de Montréal et la Mauricie. Un entre-deux territorial qui, à défaut d'image forte, ne manque pas d'histoire.

Lanaudière constitue, par son milieu naturel et bâti, un microcosme québécois. Toutes les étapes du développement et du peuplement sont là avec leurs activités humaines sans cesse adaptées. Il n'y manque que l'exploitation minière (une seule mine de mica au début du siècle). Lanaudière demeure une région essentiellement rurale, encore neuve et paisible, qu'on appelle la «région verte».

Christian Morissonneau, géographe

«Lanaudière», *Continuité*, 43 (printemps 1989): 11-37.

MORISSONNEAU, Christian. *Guide de Lanaudière*. Joliette, Conseil régional de la culture de Lanaudière, 1985. 328 p.

VALOIS, Robert, dir. *Notes d'histoire sur le diocèse de Joliette*. Joliette, Imprimerie Leclerc, 1951. 160 p.

Île des Moulins
Terrebonne

Fonction: récréo touristique, culturelle et administrative
Classée site historique en 1973

En face du Vieux-Terrebonne, en bordure de la rive nord de la rivière des Mille Îles, se trouve l'île des Moulins, le complexe industriel le plus important de la première moitié du XIXe siècle qui soit parvenu jusqu'à nous. À son époque, il n'a d'équivalent que le complexe des rapides de Chambly, depuis disparu.

Occupée par des moulins, hangars et autres constructions dès le début du XVIIIe siècle, l'île connaît une activité intense entre 1800 et 1880. Elle est peu à peu abandonnée par l'industrie à partir de la fin du XIXe siècle et le site est déjà délabré lorsqu'un parc de maisons mobiles l'envahit à partir de 1964. L'île offre alors aux passants et visiteurs du Vieux-Terrebonne l'image désolante d'un environnement dégradé par la présence d'un habitat de pauvre qualité.

Une restauration historique

C'est cette situation déplorable qui attise la ferveur militante de certains esprits éclairés qui, au début des années 1970, font de leur lutte pour la mise en valeur de l'île aux Moulins une cause d'envergure nationale. À cette époque, avec en arrière-plan la vague de fond nationaliste qui balaye le Québec, apparaît en effet un nouvel intérêt pour l'histoire. Non plus l'histoire des grands hommes, mais plutôt celle qui, en proposant une lecture plus sociale du passé, ponctue le paysage quotidien de monuments, repères signifiants pour ce qui a trait à l'appartenance.

Ce renouveau est aussi contemporain de l'essor que connaît la grande périphérie nord de Montréal, en prévision de l'ouverture de l'aéroport de Mirabel et à la suite de la création du grand Laval. Ces deux facteurs expliquent une évolution assez rapide des mentalités et les appels de plus en plus pressants adressés aux édiles en vue de régler la situation déplorable de l'île des Moulins.

En 1972, les autorités municipales soumettent donc au gouvernement fédéral un rapport intitulé: *Projet d'achat et d'aménagement de l'île des Moulins à Terrebonne.* Au document est annexé un mémoire qui fait le point sur l'intérêt historique et architectural de l'île et des édifices anciens qui s'y retrouvent. Cette première exploration du potentiel historique, qui orientera toutes les études postérieures, est surtout le fait d'un héritier de la famille des seigneurs de Terrebonne, Henri Mackenzie Masson, à qui nous sommes redevables d'avoir, par son travail de pionnier, permis la sauvegarde et la mise en valeur des lieux.

Vue aérienne récente de l'île des Moulins. (Pierre Lahoud)

Dans les années 1960, l'île est envahie par un parc de maisons mobiles. (MAC)

Le projet relevant à l'évidence de l'autorité du Québec, Ottawa hésite à s'engager. La Ville décide néanmoins d'aller de l'avant, mais un plan d'emprunt destiné à financer l'acquisition par expropriation des lieux est rejeté par une majorité de propriétaires, dont ceux de l'île des Moulins. Devant l'impasse, le député de Terrebonne à l'Assemblée nationale convainc le ministre des Affaires culturelles, dont il est à l'époque l'adjoint parlementaire, d'intervenir: le 9 juillet 1973, le site est classé. Puis, ayant hérité du portefeuille des Affaires culturelles, le député Denis Hardy défend au Conseil des ministres le dossier d'acquisition des lieux: un territoire de 17 arpents sur lequel se dresse une concentration exceptionnelle de monuments de l'architecture préindustrielle. Le gouvernement y donne suite en mai 1974.

La question de propriété réglée, les autorités gouvernementales commencent l'élaboration d'un projet de mise en valeur, entreprise à laquelle sont associés les élus municipaux et différents groupes de citoyens. Le concept retenu expose la volonté municipale de faire de l'île un parc naturel et d'utiliser les bâtiments historiques à des fins culturelles, touristiques et communautaires. Au cours des discussions, le thème de la rentabilisation du site fait son apparition. À la suite de l'aventure peu concluante de Place-Royale où un quartier entier de la ville s'est retrouvé à la charge de l'État une fois la reconstruction terminée, le projet de l'île des Moulins est conçu dans la perspective d'une entreprise culturelle qui, pour son exploitation, doit faire appel à des ressources financières autres que celles de l'État.

L'intervention du ministère des Affaires culturelles est donc limitée aux bâtiments afin de les mettre en valeur comme monuments historiques. Pour ce faire, on adopte un concept de restauration dite «historique». Cette approche, fondée sur une recherche documentaire qui établit les différents états du monument, privilégie le retour à l'époque jugée la plus pertinente en fonction des objectifs politiques ou idéologiques des maîtres d'œuvre du projet.

Dans le cas de l'île des Moulins, le concept de restauration impose au site un retour aux années 1832-1883, alors qu'il est propriété des Masson, seigneurs de Terrebonne. Avec les travaux de démolition et de reconstitution que cela suppose, le ministère des Affaires culturelles peut affirmer en 1978 que «l'île des Moulins constitue, après la Place-Royale, le deuxième plus grand projet de restauration historique au Québec».

Centre industriel et commercial

C'est en 1707 que les habitants de Terrebonne érigent un premier moulin à eau sur cet «islet du moulin», concédé depuis 1673 à un seigneur français qui ne risqua jamais la traversée en Nouvelle-France. Les choses évoluent rapidement puisqu'en 1721 on rapporte l'existence d'une chaussée – construction en pierre qui sert de barrage – sur laquelle sont érigés un moulin à farine et un moulin à scie hydrauliques. En 1736, l'acte d'aveu et dénombrement du seigneur Louis Lepage mentionne l'existence d'une chaussée «en maçonne de 2250 pieds de long, 12 de haut et 25 de large», qui relie l'île à la rive près du village. Une deuxième chaussée, un barrage pour régulariser le débit des eaux qui actionnent les roues des moulins, existe déjà un peu plus en amont; elle mesure 56 mètres de long, 3 mètres de haut et 4 mètres de large.

Ne pouvant faire face à ses obligations financières, Louis Lepage vend sa seigneurie en 1745, ce qui met un terme à l'expansion de l'île des Moulins sous le Régime français. De cette époque ne subsiste aucune trace lorsque le projet de mise en valeur est déposé en 1977.

L'île des Moulins connaît un essor spectaculaire sous la gouverne des marchands écossais de la Compagnie du Nord-Ouest, rivale dans le Nord de l'omniprésente Compagnie de la baie d'Hudson. C'est le marchand Simon McTavish qui achète la seigneurie de Terrebonne en 1802. En quelques années, il établit à l'île des Moulins un centre industriel et commercial dont la réputation dépasse bientôt les limites de la région. Lorsqu'il décrit les lieux en 1815, dans sa *Description topographique du Bas-Canada*, Joseph Bouchette note que les moulins de Terrebonne sont les plus complets et les mieux construits du pays et qu'on y vient de loin pour faire commerce et s'engager pour les expéditions vers le Nord et l'Ouest.

La Compagnie du Nord-Ouest s'engage dans une activité de construction intense; sur la chaussée élargie et reconstruite, on retrouve des moulins à farine, à scie, à carder et à fouler d'où sortent des étoffes de laine et de drap. Ailleurs sur l'île se construisent des hangars et entrepôts pour recevoir les marchandises qui transitent par Terrebonne en quantité. Deux bâtiments subsistent de cette époque: les vestiges du moulin à scie et l'ancienne boulangerie qui nous est parvenue en bon état.

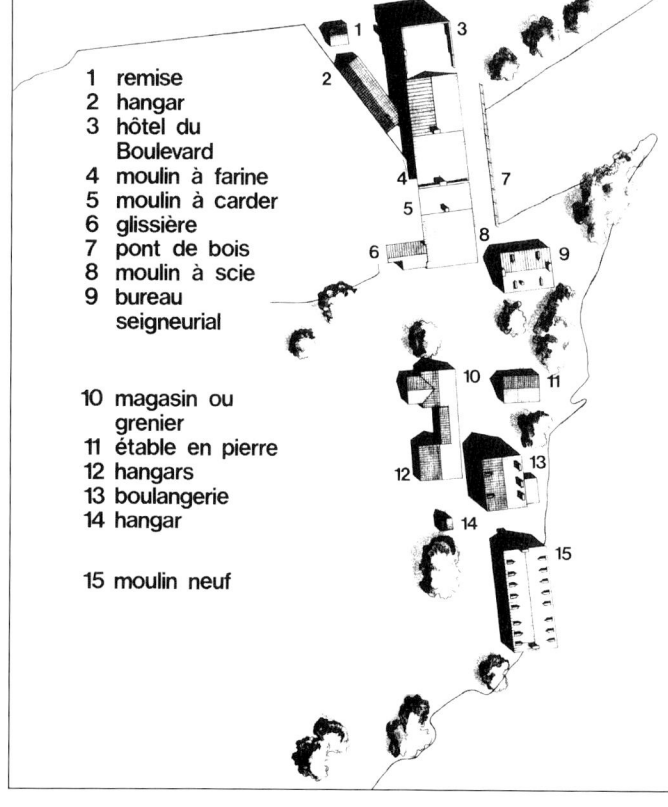

Le complexe industriel de l'île des Moulins en 1900, d'après le plan d'un auteur anonyme. (MAC)

1 remise
2 hangar
3 hôtel du Boulevard
4 moulin à farine
5 moulin à carder
6 glissière
7 pont de bois
8 moulin à scie
9 bureau seigneurial
10 magasin ou grenier
11 étable en pierre
12 hangars
13 boulangerie
14 hangar
15 moulin neuf

Lors de leur restauration, le moulin à farine (à gauche) et le moulin à scie (à droite) ont repris leur aspect originel, perdant un étage et leur toit plat.

Sur la chaussée reliant l'île à la terre ferme se dresse un moulin à scie dès le début du XVIIIe siècle. Construit en bois, il mesure quelque 18 mètres de long sur 9 de large. Au cours des décennies suivantes, ce moulin est détruit et reconstruit à plusieurs reprises; il est rétabli une dernière fois en 1804 et survit jusqu'au début de notre siècle. Le projet de mise en valeur global du site a privilégié la reconstruction du volume expressif de cette structure qui, avec le moulin à farine qui le jouxte sur la chaussée, abrite aujourd'hui la bibliothèque municipale de Terrebonne.

Quant à la vieille boulangerie, elle est bâtie en 1803, peu après l'acquisition de la seigneurie par McTavish. Il s'agit d'une structure érigée en maçonnerie de pierre brute et crépie, mesurant environ 14 mètres sur 11, et qui s'élève sur trois étages. Le carré en maçonnerie, percé de nombreuses fenêtres distribuées avec un souci évident de symétrie, est coiffé d'une haute toiture à deux versants dotée de lucarnes. Dans l'ensemble, l'aspect extérieur du bâtiment a survécu aux multiples changements de fonction qu'a connus le monument, mais la structure intérieure et la charpente n'ont pas échappé à un incendie en 1875. Le bâtiment a été construit pour servir de boulangerie, mais son histoire est complexe et la documentation qui le concerne n'est pas toujours très explicite. En 1816, l'immeuble est décrit comme ayant deux grands fours, une salle de boulangerie avec tables et pétrins. À cette époque, il abrite aussi le logement du boulanger et de son assistant. On y produit alors les biscuits de voyage et galettes qui forment le menu quotidien des voyageurs.

Même si la vieille boulangerie n'a pas encore été restaurée, on a jusqu'à aujourd'hui classé ce bâtiment parmi les productions traditionnelles du XVIIIe siècle, parce qu'il évoque la mémoire «des charpentiers et des maçons de Terrebonne qui l'ont construit au début des années 1800». Or de toute évidence il s'agit là d'un édifice exceptionnel qui témoigne de l'avènement de l'ère industrielle, en prenant appui sur des modèles britanniques. Il ne faudrait pas qu'une apparence rustique soit prétexte à ignorer l'importante contribution de Simon McTavish et de ses agents, les frères Henry et Roderick MacKenzie, à qui l'on doit la renommée de l'île des Moulins et dont la vieille boulangerie est le seul monument à pouvoir évoquer la mémoire.

La boulangerie, le plus vieux bâtiment de l'île, est construite en 1803. Elle attend d'être restaurée.

Vue des bâtiments à l'entrée de l'île des Moulins avant la campagne de restauration. À gauche, l'hôtel (maintenant démoli) et les moulins, et vers la droite, un hangar, la boulangerie et le moulin neuf avant sa restauration.

Propriété des Masson

Dès 1820-1830, l'activité commerciale de l'île des Moulins est en déclin; aux commerçants du Nord se substitue une clientèle de cultivateurs de la région. Aussi les héritiers McTavish abandonnent-ils la seigneurie de Terrebonne, qui est vendue aux enchères en 1832. C'est Joseph Masson, marchand prospère et banquier de Montréal, qui achète les propriétés et le titre de seigneur de Terrebonne. L'année suivante, il fait dresser par son chargé d'affaires John Atkinson un plan de localisation des édifices du site qu'il vient d'acquérir. Si l'on compare ce dessin à l'inventaire dressé en 1847 lors du décès de Joseph Masson, on doit conclure que celui-ci n'a pas contribué de façon importante au développement de l'île des Moulins, si ce n'est par la rénovation de la chaussée et la construction d'un nouveau moulin à farine.

En 1847, la chaussée mesure environ 45 mètres de long et a été dotée de nouveaux mécanismes. L'eau, dont le niveau atteint 3 mètres de hauteur dans ce barrage, y pénètre par une porte située du côté de l'écluse. Le fort débit active sur son passage une roue à aubes, mettant ainsi en branle l'arbre de couche, les engrenages, les moulanges et divers mécanismes logés dans les moulins érigés sur la chaussée.

De l'époque du seigneur Masson subsiste aussi le moulin à farine situé à l'entrée de l'île, sur cette chaussée. Construit en 1846, l'édifice est revêtu d'un parement en pierre de taille grise et mesure quelque 16 mètres sur 15. À l'origine, il comptait deux étages du côté de la rivière et un seul du côté du pont; il était surmonté d'un toit à deux versants, couvert de fer-blanc et percé de lucarnes. Ayant subi plusieurs transformations importantes au fil des années, le plan de mise en valeur a proposé de reconstituer ce volume original en enlevant les ajouts – un étage supplémentaire et un toit en terrasse apparus en 1898 – plutôt que de restaurer le monument tel qu'il était parvenu jusqu'à nous, ce qui est tout à fait caractéristique de la restauration dite «historique».

C'est la veuve de Joseph Masson, Geneviève-Sophie Raymond, qui hérite en 1847 de la seigneurie. Elle impose sa marque en développant le domaine et en reliant le village aux municipalités voisines par un réseau routier revêtu de macadam: le Terrebonne Turnpike qui se rend de Saint-Vincent-de-Paul à Mascouche. Tout en parachevant le somptueux manoir que son époux avait entrepris de faire construire en face de l'île des Moulins, la seigneuresse dote le site de deux édifices importants: le bureau seigneurial et le moulin neuf.

Le bureau seigneurial, où réside aussi l'agent d'affaires de la seigneurie, est construit après 1847, puisqu'il ne figure pas sur l'inventaire établi lors du décès de Joseph Masson. Il s'agit d'une maison monumentale mesurant environ 14 mètres sur 11, haute de deux étages et coiffée d'un toit à deux versants. Elle se distingue par un revêtement en pierre de taille sur les trois façades exposées à la vue depuis la terre ferme et par le traitement du pignon nord comme une véritable façade, avec porte d'entrée et large fenêtre au rez-de-chaussée. Tant à l'extérieur qu'à l'intérieur, cet édifice nous est parvenu en bon état. Les restaurateurs n'ont eu qu'à dégager quelques cloisons modernes pour retrouver les dispositions anciennes et sauvegarder un ensemble d'intéressantes boiseries, dont l'escalier, des armoires encastrées, des chambranles et volets encadrant les fenêtres.

Premier édifice de l'île à avoir été ouvert au public, le bureau seigneurial sert aujourd'hui de centre d'accueil et d'interprétation. On y présente une exposition qui retrace l'évolution du site et quelques objets expliquant le fonctionnement de la chaussée et des moulins. À l'étage sont logés les bureaux de la municipalité régionale de comté (MRC).

Le bureau seigneurial, restauré en 1978, abrite désormais un centre d'accueil et d'interprétation. À sa droite, une partie de mur du moulin à farine.

Le moulin neuf, édifié au milieu du XIXe siècle, est construit en partie dans le lit de la rivière des Mille Îles. On lui a redonné sa volumétrie d'origine en 1978.

À l'initiative de madame Masson est aussi érigé le moulin neuf. Daté de 1850 par certains, de quelques années plus tard par d'autres, ce bâtiment frappe par ses dimensions imposantes: 12 mètres sur 30. Construit en partie dans le lit de la rivière des Mille Îles pour en tirer les eaux qui activent les machines à carder et à fouler, l'édifice compte deux étages dressés en pierre de taille à bossage, ce qui lui confère son allure austère. Utilisé peu de temps, ce moulin perd son toit à deux versants lors d'un incendie en 1909; il est alors reconstruit avec un toit en appentis. Comme pour le moulin à farine de la chaussée, les restaurateurs des années 1970 optent pour une reconstitution du volume initial; ils rétablissent aussi d'immenses foyers à l'intérieur. Le moulin neuf est aujourd'hui occupé par un centre d'exposition thématique et une galerie d'art; à l'étage, il loge des bureaux.

Un site exceptionnel

Les efforts des Masson n'ont jamais réussi à rendre à l'île des Moulins la prospérité qu'elle avait connue sous le règne des marchands écossais du début du siècle. À la mort de la veuve Masson, la seigneurie est léguée à ses héritiers. Victimes du progrès, les moulins s'arrêtent les uns après les autres et seule une scierie réussit à survivre péniblement. À l'entrée de l'île se construit un hôtel et peu à peu les lieux désertés sont envahis par des vacanciers peu soucieux de l'environnement. Lors de la campagne de restauration, cet hôtel sera démoli.

L'île des Moulins est un site tout à fait exceptionnel et un monument de premier ordre. Son architecture demeure cependant assez peu connue. Sans parler de la boulangerie qui mériterait un effort de recherche particulier, le moulin à farine, le bureau seigneurial et le moulin neuf sont des édifices néo-classiques dont toute ornementation est absente; on rejoint là la notion de type architectural où ne survit que la forme essentielle. Dressées en pierre de taille grise, les élévations de ces bâtiments témoignent d'une rare maîtrise de la composition architecturale par la justesse des proportions. Mais cette architecture se définit surtout par la qualité de ses volumes.

On a jusqu'à maintenant attribué la paternité de ces monuments à John Atkinson. Or ce chargé d'affaires de la seigneurie, peu connu d'ailleurs, peut difficilement être considéré comme l'architecte de ces monuments. Par contre, à l'époque où ces édifices sont érigés, Pierre-Louis Morin, architecte et arpenteur-géomètre d'origine française, livre à Joseph Masson les plans de son manoir de Terrebonne. Si l'on compare l'architecture du manoir à celle des moulins, on constate que cet architecte aurait fort bien pu contribuer à les mettre en forme.

L'île des Moulins de Terrebonne est devenue un site récréo-touristique qui profite à la grande région montréalaise. Désertée l'hiver sauf par quelques promeneurs, elle revit l'été grâce à des activités d'animation et des visites guidées. Pour être vraiment active à longueur d'année et mieux exploiter son potentiel, il lui manque la contribution de l'entreprise privée. Il est quand même curieux de voir l'État et la Ville s'affairer à interpréter un des grands moments du capitalisme et de l'entrepreneurship industriel du Bas-Canada.

Luc Noppen, historien de l'architecture

*L'hôtel du Boulevard, situé à l'entrée de l'île, est construit pour accueillir des vacanciers au moment où les activités industrielles périclitent.
À l'arrière de l'hôtel, les moulins sous leur ancien aspect.*

GAUTHIER-LAROUCHE, Georges. *L'île des Moulins, un ensemble à restaurer*. Québec, ministère des Affaires culturelles, 1976.

L'île des Moulins. Québec, ministère des Affaires culturelles, 1979. 61 p.

PINARD, Guy. *Montréal, son histoire, son architecture. Tome 2*. Montréal, Les Éditions La Presse, 1988: 104-110.

Maison Tremblay

Terrebonne
870-872, rue Saint-Louis

Fonction: résidentielle
Classée monument historique en 1972

Les deux résidences qui se dressent à l'angle des rues Saint-Louis et des Braves (autrefois chemin du Moulin) auraient été construites respectivement en 1823-1825 et 1830 par Noël-Théodore Roussil, maître menuisier. Mieux connue dans la région de Terrebonne sous le nom de ce probable constructeur, la maison Tremblay présente une facture assez similaire à sa voisine.

On ne peut parler de l'une sans glisser un mot sur l'autre, puisque les deux maisons ont en outre une double et commune vocation, celle d'atelier d'artisan et celle d'habitation. Leur style et leur monumentalité contribuent à en faire un ensemble homogène qui s'inscrit admirablement bien dans l'arrondissement historique situé à proximité de l'île des Moulins, dans le Vieux-Terrebonne.

Noël-Théodore Roussil aurait également obtenu quelques contrats dont la rénovation de l'église paroissiale et celle du bureau de la seigneurie. La mouluration des fenêtres de la maison Tremblay est d'ailleurs presque identique à celle des autres habitations de l'île des Moulins.

Construite vers 1830, la maison Tremblay marie l'architecture de tradition française à des éléments inspirés du classicisme britannique.

Les faces latérales et arrière de la maison sont en maçonnerie de moellons.

Très peu de documents concernant la famille Roussil sont parvenus jusqu'à nous. Nous savons cependant qu'à l'époque des troubles de 1837-1838, Noël-Théodore Roussil est capitaine de milice et bien qu'on le retrace dans des assemblées de patriotes, plusieurs indices portent à croire qu'il se rangeait plutôt du côté des loyalistes.

En 1839, la maison Tremblay est louée à l'officier montréalais Loiselle pour une durée d'un an. On peut présumer que des prisonniers y ont été retenus en attendant leur transfert à la prison du Pied-du-Courant, à Montréal. D'ailleurs, entre 1833 et 1840, Roussil a davantage loué sa maison qu'il ne l'a habitée.

L'architecture bourgeoise du début du XIXe siècle se caractérise par l'adaptation de la maison de tradition française. L'apport anglo-américain y est également sensible. Les fenêtres témoignent des deux influences par le nombre de carreaux (24 dans la tradition française et 6 dans la tradition anglaise).

À l'intérieur, Roussil a fait preuve d'ingéniosité et d'imagination en donnant à chaque baie une facture différente; c'est à se demander s'il n'a pas voulu déployer tout son art ou si la résidence ne devait pas servir de modèle pour d'éventuels clients.

La façade a subi plusieurs modifications entraînées par le rehaussement de la rue; ainsi à l'entrée, l'imposte vitrée a dû être sacrifiée lorsqu'on a soulevé la porte. Solidement campée au sol, la maison comporte une charpente de toit en bois équarri. Le souci d'harmonie se révèle surtout sur la façade en pierre de taille, laquelle répond parfaitement au goût classique de l'époque. Les dix ouvertures y sont donc disposées de façon symétrique.

La restauration de la maison a permis de retrouver les éléments d'origine du bâtiment. Le toit était d'abord recouvert de tôle à couvre-joints, remplacée par du bardeau de cèdre. Du côté ouest, une galerie couverte a été enlevée pour redonner au pignon toute sa monumentalité. Postérieur à la construction de la maison, le petit fronton qui couronnait la porte a été supprimé car il brisait l'harmonie et nuisait à la sobriété de la façade. Les cheminées doubles, dont les souches sont reliées par un muret, sont en pierre de taille. On peut remarquer le chaînage d'angle, également en pierre de taille, qui dénote un souci de finition dans la façade offerte à la vue du passant, tandis qu'à l'arrière on s'est servi de gros blocs de pierre. De ce côté, l'inclinaison du terrain (pour permettre l'écoulement des eaux) confère à la résidence une plus grande verticalité.

Sur l'emplacement même d'une dépendance, le propriétaire actuel a rebâti une maison qui se trouvait à Sainte-Dorothée. La proximité de ce bâtiment accentue encore davantage le caractère monumental de la maison Tremblay.

Les Roussil auront occupé la maison de leur ancêtre pendant plus de 110 ans, ce qui explique son bel état de conservation et la fonction résidentielle qu'elle garde encore aujourd'hui.

Odette Gariépy, muséologue

BERNARD, Jean-Paul. *Les Rébellions de 1837-1838*. Montréal, Boréal Express, 1983. 350 p.

BLOUIN, Claude. *Les Maisons Roussil: deux jumelles du XIXe siècle*. Terrebonne, Société d'histoire de la région de Terrebonne, 1983. (Coll. «Notre patrimoine régional», n° 3).

Maison Auger

Terrebonne
991-993, rue Saint Louis

Fonction: résidentielle
Classée monument historique en 1976

Construite vers 1798, la maison Auger servit de boulangerie de 1845 à 1852.

La maison Auger est située dans un secteur ancien du Vieux-Terrebonne, face à l'île Saint-Jean, à proximité de la maison Tremblay et de l'île des Moulins. Le terrain a d'abord été concédé par madame de la Corne à Pierre Lefort en mai 1764. Plusieurs propriétaires s'y sont succédé sans entreprendre aucune construction.

Joseph Auger, maçon, acquiert le terrain en 1798 et le conserve à peine trois années, juste le temps de construire une maison et de la revendre. Elle sert de boulangerie de 1845 à 1852 alors qu'elle appartient à Hyacinthe Lemay dit Delorme. À partir de 1862 et jusqu'en 1967, des membres de la famille Lauzon l'habitent.

Le carré de la maison Auger est relativement grand pour une habitation d'esprit français. Elle témoigne en cela de la façon dont on a adapté le modèle traditionnel du XVIIe siècle. En effet, l'obligation de vivre confinés à l'intérieur pendant les longs mois d'hiver a obligé nos ancêtres à agrandir la superficie de la maison et à doubler les feux.

Ici, les cheminées en pierre se dressent de chaque côté du faîte. Dans le vocabulaire imagé, on les dit alors «en chicane». Les deux lucarnes à pignon au toit en saillie, placées bas dans le versant de la toiture en façade, sont sans aucun doute une addition ultérieure.

De la pierre des champs recouvre trois des faces de la maison. Seule la façade principale est habillée de pierre de taille. Les appuis des fenêtres sont formés de blocs de pierre bien découpés, ce qui dénote un souci d'esthétisme. La pente peu prononcée du toit, le rectangle presque carré des murs et l'absence de soubassement accusent la forme trapue du bâtiment et le lient intimement au sol. Aujourd'hui, en raison du relèvement du niveau de la rue, le seuil se situe même en deçà de la chaussée.

Le four à pain en pierre des champs, que surmonte un toit en appentis, mesure quelque deux mètres de large. On présume qu'il date de 1845, puisque le boulanger Hyacinthe Lemay dit Delorme est alors propriétaire de la maison. D'ailleurs, ses dimensions impressionnantes ne conviendraient guère à un usage domestique. Le four était accessible de l'intérieur et sa cheminée longeait le mur arrière. Il a été reconstitué à l'identique.

À l'origine, les combles ne comportaient ni lucarne ni fenêtre. Seule une porte monte-charge dans le mur-pignon permettait de hisser les farines dans le grenier, ce qui indique que les combles n'étaient pas habités mais qu'ils servaient à l'entreposage. Ce n'est que plus tard, comme dans la plupart des maisons québécoises, qu'on utilise le grenier pour en faire une aire de repos et ainsi augmenter la surface habitable. Aujourd'hui, la porte du mur-pignon a fait place à une fenêtre.

Au fil des années, la maison Auger subit d'autres modifications pour s'adapter aux besoins des occupants. Cependant, l'annexe en bois qu'on lui avait accolée du côté gauche est supprimée au moment de sa restauration et les lucarnes sont redistribuées.

La maison Auger a gardé en dépit du passage du temps, cet air de tranquille sérénité des modèles traditionnels. Aujourd'hui, ses murs de pierre sont à demi dissimulés par la végétation qui s'y agrippe. Ce décor «végétal» lui donne l'aspect d'une retraite champêtre malgré la proximité de la rue.

Odette Gariépy, muséologue

Le four à pain en pierre des champs, que surmonte un toit en appentis, date probablement de 1845.

Vue arrière de la maison avec son four à pain.

GOUGER, Normand et Claude BLOUIN. *La maison Joseph Auger*. Terrebonne, Société d'histoire de la région de Terrebonne, 1984. 16 p.

Maison Bélisle

Terrebonne
844, rue Saint-François

Fonction: commerciale
Classée monument historique en 1973

La maison Bélisle mériterait d'être restaurée comme en fait foi cette vue arrière.

Construite peu après 1759, la maison Bélisle se remarque par sa porte en coin, qui a dû apparaître vers 1900.

Au pied du coteau qui surplombe la rivière des Mille Îles s'étend le Vieux-Terrebonne, petite bourgade développée dès le XVIIIe siècle et qui commande l'accès à l'île des Moulins. Plusieurs bâtiments anciens se trouvent encore aujourd'hui dans la trame urbaine de cette époque. La rue Saint-François qui s'ouvre sur l'ancienne place publique en compte quatre, dont trois érigés en bois sont issus de la première moitié du XIXe siècle: les maisons Gédéon Prévost et Gédéon Marcotte et l'atelier de Matthew Moody. Le quatrième bâtiment, une structure en pierre, est la maison Bélisle, également appelée maison Jacques-Perra, du nom de son premier propriétaire.

Des recherches ont permis à la Société d'histoire de la région de Terrebonne de publier une brochure qui fait le point sur cette historique demeure. Les chercheurs ont retrouvé la trace de Jacques Perra, négociant du bourg de Terrebonne et «écrivain du munitionnaire» du régiment de La Sarre qui y est cantonné. C'est lui qui, en 1759, se fait concéder un emplacement mesurant quelque 27 mètres sur 23 pour édifier un bâtiment. Malgré la Conquête, le projet semble se réaliser puisqu'en 1765, un autre marchand de Terrebonne, Jacques Porcheron, procède à l'inventaire de la maison délaissée qu'il vient de louer de Jacques Perra, alors établi à Québec. Deux années plus tard, l'immeuble est vendu à Charles Mathieu de Lachenaie, mais Jacques Porcheron, qui se dit maître chirurgien à l'époque, en demeure le locataire.

En 1783, c'est le marchand montréalais Jacob Jordan qui se porte acquéreur de la maison; il la cède au négociant Hubert-Joseph Lacroix l'année suivante alors qu'il acquiert la seigneurie de Terrebonne. Quant à Lacroix, bientôt élu député à l'Assemblée législative du Bas-Canada, il n'habite jamais la maison; en 1797, il en rétrocède la propriété aux héritiers Jordan qui la vendent à Joseph Limoges, capitaine de milice de Terrebonne. La famille Limoges occupe la maison jusqu'en 1813, mais en demeure propriétaire plus longtemps. De 1839 jusqu'au début du XXe siècle, la maison passe entre plusieurs mains. C'est en 1916 que la famille Bélisle, dont les propriétaires actuels sont les descendants, acquiert la demeure. Actuellement occupée par une boutique, elle devrait être rénovée.

La maison Bélisle est formée d'un carré en maçonnerie d'un étage, mesurant près de 13 mètres sur 10, et surmonté d'une toiture à deux versants; deux souches de cheminées disposées en chicane émergent des pignons maçonnés. La maison est éclairée par des ouvertures dont la symétrie n'est qu'approximative. En effet, un relevé précis des lieux démontre qu'entre l'avant et l'arrière, les travées sont décalées. Ajouté au fait que la toiture est dotée de larmiers débordants et percée de lucarnes, cela démontre que le monument a fait l'objet de modifications importantes, probablement vers 1830-1850, alors qu'il est habité d'une façon plus permanente par ses propriétaires. Quant à la porte en coin, il s'agit là d'un dispositif urbain nettement plus récent; elle a dû apparaître vers 1900.

On peut donc affirmer que l'image actuelle de la maison Bélisle – sans parler de son état de délabrement avancé – ne correspond plus du tout au type architectural en vigueur au milieu du XVIIIe siècle, époque à laquelle elle aurait été construite. Cela se vérifie aussi pour ce qui est de l'intérieur. Ainsi, en 1765, on accède au rez-de-chaussée par un escalier de cinq marches et cet étage, le seul qui soit aménagé, est occupé par un tambour, une salle, une cuisine, une chambre et trois cabinets. Quant au grenier, il n'abritait qu'un pigeonnier et n'était éclairé que par les fenêtres des pignons.

Largement transformée au XIXe siècle, la maison Bélisle s'est en quelque sorte adaptée à un environnement plus récent tout en se conformant à l'évolution de «l'habiter». Ce sont là aussi des traces de l'histoire et de la vie du Vieux-Terrebonne qu'une restauration soignée devrait mettre en valeur.

Luc Noppen, historien de l'architecture

BLOUIN, Claude et Normand GOUGER. *La maison Jacques Perra*. Terrebonne, Société d'histoire de la région de Terrebonne, 1979. 14 p.

SOCIÉTÉ D'HISTOIRE DE LA RÉGION DE TERREBONNE. *Circuit historique: La côte de Terrebonne, Lachenaie*. Terrebonne, La Société, 1979. 60 p.

Maison Bouvier-Allard

Lachenaie
4471, boulevard Saint-Charles

Fonction: résidentielle
Classée monument historique en 1979

Parmi les nombreuses maisons classées ou reconnues de la région montréalaise, seulement quelques-unes ont fait l'objet d'études et de recherches détaillées. La maison Bouvier-Allard compte parmi celles-là et, qui plus est, la Société d'histoire de la région de Terrebonne a rendu accessible le dossier historique et architectural du bâtiment restauré, grâce à la publication d'une brochure.

En 1799, Jean-Baptiste Simon Allard, cultivateur, cède une partie de sa terre à son fils et homonyme lorsque celui-ci prend femme. Si en 1807 aucun document n'atteste encore la présence de la maison, un acte de 1835 décrit une ferme «bâtie de maison, groupe, établi, écurie, laiterie, four, etc.». On en déduit, très logiquement, que la maison a été construite entre 1807 et 1835.

Pour caractériser l'architecture de la maison Bouvier-Allard, les auteurs de la brochure mentionnée adoptent la typologie stylistique proposée en 1972 par Michel Lessard dans son *Encyclopédie de la maison québécoise*. D'emblée, ils affirment que l'habitation de Lachenaie est un «modèle québécois» de la période qui s'étend entre 1770 et 1820. Selon Lessard, cette période «en est une de grande transition des modèles. Certains éléments architecturaux suivent une tradition bien française de faire et d'aménager alors que d'autres s'inscrivent dans l'adaptation au lieu, suite à une expérimentation plus que centenaire». D'après ses caractéristiques, la maison Bouvier-Allard appartiendrait à la seconde catégorie.

De grosses pierres de taille soulignent les angles de la façade de la maison qui a été construite entre 1807 et 1835.

L'une des deux cheminées doubles, situées au faîte des murs pignons.

Élevée sur des fondations de 10 mètres sur 9,7 légèrement dégagées du sol, la maison est en moellons équarris appareillés de façon très linéaire. De grosses pierres de taille soulignent les angles de la façade. Deux cheminées doubles, à souche demi-menteuses, aux conduits en chicane dominent le toit à deux versants. En façade, l'avant-toit incurvé est un peu plus proéminent qu'à l'arrière.

L'intérieur, qu'on a transformé au gré des modes, est rétabli dans son état originel. C'est ainsi que les armoires encastrées, au sous-sol, ont retrouvé leur aspect d'antan, tout comme le foyer principal du rez-de-chaussée avec son âtre monumental. On remarquera enfin la très belle charpente avec contreventement faîtier.

En comparant la maison restaurée à quelques photographies anciennes, on s'aperçoit que la recherche de cet état originel a aussi guidé les restaurateurs pour l'enveloppe du bâtiment. Lucarnes, fenêtres, contrevents et portes sont autant d'éléments qui ont été reconstitués «en style» pour exposer avec plus d'éloquence l'âge véritable de l'antique demeure. Sans doute est-il possible, à cet égard, de la dater avec plus de précision en la mettant en parallèle avec d'autres maisons de la région.

Ainsi, si l'on considère que le profil incurvé du toit n'est guère courant avant 1830, la maison ne remonterait-elle pas à 1835 plutôt qu'à 1807? Par ailleurs, la charpente qui compte deux fausses fermes et porte des traces de reprises ne serait-elle pas plus ancienne, provenant peut-être d'une maison plus petite, probablement en bois, avant d'avoir été replacée dans une construction plus récente?

Ces questions et bien d'autres ne trouveront sans doute jamais de réponses définitives mais on peut conclure, avec les auteurs de la brochure sur la maison Bouvier-Allard, que ces bâtiments anciens «gardent en mémoire des réalités à nous raconter».

Luc Noppen, historien de l'architecture

BOUVIER, Ronald *et al. La maison Bouvier-Allard*. Lachenaie, Société historique de Terrebonne, 1980. 19 p.

Maison Mathieu

Lachenaie
3813, boulevard Saint-Charles

Fonction: résidentielle
Reconnue monument historique en 1975

La maison Mathieu aurait été construite au XVIIIe siècle.

Trois lucarnes ornées de boiseries sculptées viennent éclairer les combles.

À la limite est de Lachenaie, sur le bord de la rivière des Mille Îles dont elle est séparée par la voie publique, se dresse la maison Mathieu, une ancienne maison en pierre parmi d'autres. Le visiteur qui a vu quelques exemplaires de l'architecture traditionnelle de cette région s'étonnera cependant du caractère distinct de cette demeure, dotée d'une élégante silhouette et de boiseries extérieures sculptées.

Déjà différente au premier coup d'œil, la maison Mathieu (propriété de la famille jusqu'en 1967) se distingue encore lorsqu'on l'aborde plus en détail. Les traits particuliers de ce monument historique sont dus notamment à son histoire et au fait qu'elle a conservé son intégrité, n'ayant fait l'objet d'aucune restauration qui aurait effacé les traces de son évolution dans le temps. De plus, l'édifice possède des caractéristiques en soi peu communes dans cette région.

La première maison est érigée vraisemblablement au XVIIIe siècle. On en ignore l'aspect originel puisqu'en 1812 et 1833, elle aurait été reconstruite ou agrandie pour acquérir ses dimensions actuelles (9 mètres sur 12). Au sous-sol, un mur de refend transversal montre ce qu'aurait pu être une demi-maison de près de 7 mètres sur 9. La charpente est elle aussi divisée en deux sections aux deux tiers, ce qui témoigne de travaux importants.

L'agrandissement par extension latérale, procédé très courant au XIXe siècle, n'explique pas les hauts pignons et la structure complexe et originale de la charpente. Celle-ci est en effet composée de fermes maîtresses dotées de jambes de force, typique des charpentes de combles à surcroît du XVIIe siècle. On y remarque également des poinçons dont les tenons ressemblent au bas de l'entrait retroussé, ce qui laisse supposer que le poinçon devait se prolonger jusqu'à l'entrait formant le plancher du comble. En fait, les chevrons-arbalétriers, tout comme les chevrons volants, reposent sur la pièce intérieure des sablières jumelées, ce qui est assez inusité. Tout ceci laisse croire que la charpente a été rapportée sur un nouveau carré en pierre ayant été conçu pour un édifice plus étroit ou un édifice semblable, mais doté de murs moins épais (une structure de bois par exemple).

La charpente date du XVIIe ou du début du XVIIIe siècle, autant par son mode d'assemblage que par sa forme qui s'inspire des proportions classiques. Une des deux sections appartient donc à une première maison datant vraisemblablement du début du XVIIIe siècle et peut-être même construite en bois. Elle aurait été replacée sur un nouveau carré en pierre au début du siècle suivant, ce qui explique le pignon élevé, trait archaïque à cette époque. Et, comme la maison nouvelle est plus vaste, le charpentier complète la structure par une nouvelle section identique, comme c'est l'usage dans les pratiques traditionnelles.

La maison Mathieu apparaît donc dans un premier état complet vers 1830. Elle a depuis été mise au goût du jour par un larmier incurvé qui recouvre une galerie avant, et trois élégantes lucarnes sont venues éclairer son comble; à cette fin, il a d'ailleurs fallu sectionner des chevrons, sans quoi elles n'auraient pu être disposées symétriquement. La maison a conservé un décor architectural de la fin du XIXe siècle par les colonnes de la galerie, la porte d'entrée et les boiseries qui ornent les lucarnes.

Depuis plusieurs années, le monument fait l'objet de l'attention soutenue de ses propriétaires qui le restaurent avec soin. À l'intérieur, l'étage des combles, occupé par des chambres, expose les éléments de la charpente et des boiseries anciennes tandis qu'au rez-de-chaussée, on retrouve un intérieur d'époque dont les principaux éléments sont les foyers anciens dégagés dont les cheminées ont été rétablies sous les pignons.

Dans une région où les maisons anciennes sont toutes assez semblables, à la fois parce qu'elles relèvent d'un même type architectural et parce qu'elles ont été restaurées en ne mettant l'accent que sur un état originel, la maison Mathieu est une heureuse exception, ce qui lui accorde un intérêt tout particulier.

Luc Noppen, historien de l'architecture

THIBAULT, Henri-Paul. *Rapport sur la maison Mathieu*. Québec, ministère des Affaires culturelles, 1973.

Église de la Purification-de-la-Bienheureuse-Vierge-Marie

Repentigny
445, rue Notre-Dame Est

Fonction: religieuse
Classée monument historique en 1978

Le 12 octobre 1984, un incendie majeur se déclare à l'église de Repentigny. Grâce à l'intervention rapide des pompiers, l'église la plus ancienne du diocèse de Montréal est sauvée. Le chœur ainsi que la voûte sont néanmoins lourdement endommagés. Malgré ses malheurs, la fabrique entreprend aussitôt les travaux de restauration qui se poursuivront jusqu'en 1988. Le 3 avril, jour de Pâques, les paroissiens de Repentigny peuvent à nouveau admirer leur maître-autel fraîchement restauré. L'église de la Purification est sauvée.

Les débuts de Repentigny remontent en 1647 avec la concession de la seigneurie de Lachenaye par la Compagnie de la Nouvelle-France à Pierre Legardeur. Les premiers colons n'y viennent pas immédiatement. Il faut attendre l'année 1666 et le transfert de la colonie à l'administration royale pour voir les premiers colons s'établir sur les terres qui prendront le nom de Repentigny.

Au début des années 1670, on entreprend la construction d'une chapelle en bois de quelque 12 mètres de longueur sur 7 mètres de largeur. Ce petit temple suffit à la population restreinte de la seigneurie. En 1684, l'évêque de Québec, Mgr de Laval, érige canoniquement la paroisse de Notre-Dame-de-l'Assomption-de-Repentigny. Ce nom sera changé beaucoup plus tard en celui de la Purification-de-la-Bienheureuse-Vierge-Marie.

L'érection canonique n'est pas suivie immédiatement par la construction d'une église. En 1702, le gouverneur François de Callière établit le site de la future église au centre de la seigneurie, près du fleuve. Mais il faut attendre encore une vingtaine d'années avant de voir s'amorcer les travaux de construction de l'édifice.

La construction de 1725

En mars 1723, l'intendant Michel Bégon fixe les modalités de la contribution des habitants de Repentigny pour la construction de leur église paroissiale. Les travaux commencent. Trois mois plus tard, les murs atteignent déjà une hauteur de près de 2 mètres. On prévoit terminer les travaux de maçonnerie au printemps suivant, de façon à permettre aux charpentiers d'entrer en action. Tous ces travaux sont exécutés selon les plans d'un architecte dont on ignore toujours le nom. En 1725, le maître couvreur Pierre Tailfer termine la couverture de l'église.

Suivant une pratique courante sous le Régime français, l'église de Repentigny est parallèle au fleuve, comme à Cap-Santé et à L'Ange-Gardien. Malgré une transformation majeure au milieu du XIXe siècle, il est pos-

Construite en 1725, l'église de Repentigny est la plus ancienne du diocèse de Montréal. Lors de l'agrandissement de 1850, on remplace l'unique clocher par deux tours surmontées chacune d'un clocher à une lanterne.
(ANQ-Q, E. Gariépy)

sible de retrouver le plan original du bâtiment en examinant ses fondations: dans la cave, les murs de l'ancienne église sont toujours présents.

La forme générale de l'église de 1725 est celle d'une croix latine, la nef étant coupée par un transept. Elle s'étend sur plus de 25 mètres et sa nef est large d'environ 11 mètres. Les deux chapelles créées par le transept mesurent quelque 6 mètres sur 4. L'église se caractérise principalement par la forme particulière de son abside, qui n'est pas en hémicycle mais à pans coupés. Sous le Régime français, plusieurs lieux de culte adopteront cette forme pour leur abside. De ces églises, outre celle de Neuville, seule Repentigny a conservé la marque de cette pratique. Elle devient ainsi un témoin important de notre architecture religieuse.

À partir d'une carte dressée en 1750, nous pouvons nous faire une idée de l'apparence extérieure de l'église de Repentigny. Trois fenêtres éclairent la nef de chaque côté. Le transept pour sa part est percé d'une fenêtre de chaque côté. Curieusement, l'abside ne montre pas d'ouverture: il s'agit sûrement d'un oubli de la part du dessinateur. En façade, l'église est surmontée d'un clocher à une seule lanterne. Cette illustration sommaire, la plus ancienne que nous

Incendiée en 1984, l'église fait l'objet d'une restauration qui durera quatre ans.

connaissions de l'église, correspond assez bien aux vestiges encore en place et peut donc être considérée comme juste.

C'est en 1753 que l'on érige la première sacristie extérieure au plan de l'église. Elle est construite en bois et s'adosse au chevet du temple. Trente ans plus tard, on la reconstruit en pierre. La sacristie actuelle date quant à elle de 1835. Cette partie de l'édifice religieux fait donc l'objet de trois constructions et reconstructions alors que le reste de l'église n'est pas encore modifié.

L'agrandissement de 1850

En 1849, les marguilliers de la paroisse de Repentigny décident d'agrandir l'église. L'année suivante, la fabrique passe un marché avec les entrepreneurs Élie Brien dit Desrochers et Louis Guéret dit Latulippe. Ils élargissent la nef en prolongeant les murs des deux chapelles latérales du transept vers la façade. Ils allongent de plus la nef de 6 mètres en déplaçant la façade. Cela fait, les entrepreneurs démolissent les anciens murs de la nef en prenant soin de placer des colonnes pour supporter l'ancienne charpente sur laquelle on en greffera une nouvelle. L'église de Repentigny compte donc deux charpentes enchâssées l'une dans l'autre. Les dimensions en longueur passent de près de 26 mètres à 32. En largeur, les 11 mètres du Régime français deviennent environ 26 mètres. L'opération a plus que doublé la surface de plancher de la nef.

La façade a donc été déplacée et reconstruite, mais pas comme l'ancienne. Au lieu de retourner à l'ancien modèle d'un clocher au sommet de la façade, on opte pour la solution plus moderne à l'époque d'une façade flanquée de deux tours, chacune surmontée d'un clocher à une lanterne. Cette pratique, bien que connue à la fin du XVIIIe siècle, est surtout popularisée par la construction de l'église Notre-Dame de Montréal à partir de 1823. Hormis le fait que la façade de Notre-Dame est de style néo-gothique, elle présente les mêmes caractéristiques que la façade de l'église de Repentigny: deux tours percées de fenêtres flanquant la façade percée de trois portes.

L'église de Repentigny frappe par son éclairage naturel. À cause de son orientation presque nord-sud, la nef est éclairée directement par le soleil du matin et celui de l'après-midi. Seul le mur à l'arrière du maître-autel demeure dans la pénombre et de cette façon le repousse et le met en valeur. Mais il n'en a pas toujours été ainsi.

La décoration intérieure

À l'époque de la construction de l'église en 1725, la décoration intérieure est à peu près inexistante. Le gros de l'effort financier s'est porté sur la maçonnerie et la charpente. Les paroissiens doivent se contenter d'un aménagement de fortune en attendant que les moyens de la fabrique se rétablissent. Il faudra compter près de dix ans avant qu'un premier sculpteur ne s'y mette à l'œuvre. En 1737, Antoine Cirier est payé pour de menus travaux effectués à l'aménagement intérieur. Cirier réapparaît de temps à autre dans les livres de comptes jusqu'en 1747.

Le 12 novembre de cette année-là, il signe un contrat pour l'érection de trois retables. Les termes de ce contrat, si l'on tient compte du fait qu'en 1747 il n'y a pas de sacristie extérieure, amènent à imaginer un retable principal fort différent de celui que l'on peut voir de nos jours. Ainsi le sanctuaire aurait été coupé en deux par une cloison servant à la fois de retable et de séparation entre le chœur et la sacristie.

En 1753, on construit une sacristie extérieure et dès lors le retable peut être repoussé directement sur les murs de l'abside. C'est peut-être ce réajustement du retable principal qui explique qu'en février 1758,

L'abside de l'église est à pans coupés et la sacristie date de 1835. (ANQ-Q)

Antoine Cirier se voit condamné pour défaut d'exécution. Le sculpteur, une fois le retable originel terminé, aurait vraisemblablement refusé de le déplacer et de l'ajuster au sanctuaire agrandi.

Entre 1747 et 1758, Cirier semble avoir exécuté, outre les trois retables, les deux tabernacles latéraux presque identiques de l'église. Ceux-ci existent toujours et sont très sobrement ornés. Ils comptent deux étages de prédelles qui flanquent une custode ornée d'un bas-relief. Celui-ci représente le pélican s'ouvrant le ventre pour nourrir ses petits. Il s'agit bien sûr d'un symbole du sacrifice du Christ. L'étage de la monstrance comprend trois bas-reliefs: un ostensoir, un ciboire et un calice, soit les trois principaux vases sacrés. À l'instar de beaucoup d'autres, les couronnements originels ont malheureusement disparu. Ces tabernacles devaient reposer sur des tombeaux très sobres, probablement de simples coffres de menuiserie.

Les déboires de Cirier à Repentigny se poursuivent au point que le sculpteur y perdra tout intérêt. En conséquence, les autorités décident en 1761 de transférer le contrat au sculpteur Philippe Liébert qui, comme par hasard, est le cousin par alliance de Cirier. On peut penser que Liébert a déjà travaillé sous la direction de Cirier à Repentigny; il devient donc le candidat parfait pour une fabrique qui veut en finir avec les travaux de décoration.

Philippe Liébert s'attaque aussitôt à la tâche. Le retable étant terminé, il réalise le tabernacle du maître-autel, sa première œuvre majeure connue. Pour exécuter rapidement son tabernacle, Liébert fait appel à son beau-père, Vincent Lenoir, qui l'aidera à produire les colonnettes ornementales. Ne laissant rien au hasard, Liébert dessine à la sanguine un gabarit grandeur nature qui sera retrouvé lors de la restauration de l'autel en 1988. Le tabernacle de Liébert n'est pas sans rappeler ceux qu'a créés Gilles Bolvin pour les églises de Lachenaie en 1737 et de Boucherville vers 1745. Ce premier tabernacle connu de Liébert est très différent des œuvres qu'il exécutera à son retour de la guerre d'Indépendance américaine.

L'apport de Louis-Amable Quévillon est important dans la décoration intérieure de l'église. Il réalise le tombeau de l'autel en 1808 et décore la voûte en 1817. En 1907, les architectes Gauthier et Daoust plaquent une nouvelle voûte sur celle de Quévillon. (MAC)

L'apport de Quévillon

Ce n'est qu'en 1808 que l'œuvre de Liébert peut reposer sur un tombeau d'autel digne de ce nom. Ce tombeau dit «à la romaine» est signé Louis-Amable Quévillon. À la mort de Liébert en 1804, Quévillon semble avoir acquis le fonds du vieux sculpteur. C'est à partir des modèles créés par Liébert à son retour des États-Unis que Quévillon crée et surtout popularise ce que des auteurs ont appelé le «quévillonage». C'est peut-être la raison pour laquelle les œuvres de Quévillon s'adaptent si bien à celles de Liébert.

La restauration du tombeau de Quévillon soulève un peu le voile sur la pratique de la sculpture du XIXᵉ siècle. La mise au jour de la marbrure d'origine sous les épaisses couches de peinture a révélé un meuble haut en couleur. Notons au passage que la marbrure des deux autels latéraux est beaucoup plus simple, seulement peignée.

Une dizaine d'années après la réalisation du tombeau d'autel, Quévillon revient à Repentigny. En 1817, il exécute la décoration de la voûte, révélée lors de l'incendie de 1984. En détruisant la seconde voûte de 1907, réalisée d'après les plans des architectes Louis-Zéphirin Gauthier et J.-E.-C. Daoust, le feu a mis au jour l'œuvre de Quévillon, très simple en comparaison avec les autres voûtes produites par son atelier.

Cette voûte enfin visible un moment compte néanmoins la majorité des éléments traditionnels du début du XIXᵉ siècle: rosaces, motifs de losanges, gloire, etc. Mais

En 1852, Louis-Xavier Leprohon exécute le nouvel entablement de la nef et les colonnes qui le supportent. (ANQ-Q, E. Gariépy)

Le maître-autel avant l'incendie de 1984 et après sa restauration en 1988. Le tabernacle, réalisé par Liébert vers 1761, s'avère sa première œuvre majeure connue. (Centre de conservation du Québec)

l'agencement de ces différents éléments est ici tout à fait remarquable par sa simplicité. Dans sa voûte de Repentigny, Quévillon ne fait pas appel au bassin, une des marques distinctives de ses productions. Il se contente de placer les différents éléments en enfilade sans utiliser de nervures. Les trois éléments décoratifs dominant le chœur sont simplement encerclés par une chaîne formée de motifs de feuilles. Cette voûte représente une phase de transition entre les voûtes dépouillées du XVIIIe siècle vers celles très ornées du XIXe.

L'apport de Quévillon à la décoration de l'église de Repentigny se poursuit en 1821 et 1822 par la réalisation de la chaire et d'un banc d'œuvre, malheureusement disparus à une date indéterminée.

À la suite des grands travaux de 1850, la décoration intérieure est à refaire, du moins en partie. La fabrique fait appel cette fois à Louis-Xavier Leprohon et en août 1852, ce dernier signe un marché où il s'engage à exécuter le nouvel entablement de la nef et les colonnes qui le supportent. Leprohon, qui n'en est pas à ses premières armes, cherche à marier son œuvre à celle de ses prédécesseurs pour ne pas briser l'unité du décor. Ses efforts sont couronnés de succès, comme on peut en juger aujourd'hui.

La dernière grande campagne de rénovations avant l'incendie de 1984 est entreprise en 1907. Cette année-là, les architectes Gauthier et Daoust plaquent une nouvelle voûte sur celle de Quévillon. À cette occasion, de nombreux éléments décoratifs de l'ancienne voûte sont récupérés pour orner notamment le dessus de la tribune et le plafond de la sacristie. Ce genre de voûte très compartimentée apparaît très tôt au Québec. Déjà en 1818, François Baillairgé exécute une voûte de ce type pour la cathédrale de Québec. Tout compte fait, la voûte de 1907 n'est pas très originale dans sa conception. Elle fait état d'une recette déjà vieille de près de 80 ans.

Il convient enfin de signaler la présence dans le trésor de Repentigny de deux pièces majeures d'orfèvrerie religieuse, la lampe du sanctuaire commandée en 1788 à Laurent Amiot et un ciboire signé Pierre Huguet, acquis par la fabrique en 1808.

Malgré ses épreuves, l'église de Repentigny demeure pour la région montréalaise un monument clé pour comprendre l'évolution de l'architecture et de la sculpture religieuses.

Jean Bélisle, historien de l'art

DEMETER, Laszlo, dir. *Inventaire de l'église de Repentigny*. Montréal, Université de Montréal, École d'architecture, 1976.

Moulin à vent Séguin

Repentigny
861, rue Notre Dame Est

Fonction: domestique
Classé monument historique en 1976

Au XIXe siècle, la paroisse de Repentigny compte trois moulins à vent, tous construits autour de 1820 et situés à quelques centaines de mètres les uns des autres, à l'est du cœur du village et de l'église. C'est sans doute la prospérité agricole qui explique l'émergence de ces moulins: l'abondance de blé et l'absence de courants d'eau assez puissants pour entraîner une grande roue justifient alors ce choix d'un dispositif éolien.

Deux de ces moulins à vent sont conservés, du moins en partie, leurs ailes et une partie du mécanisme ayant disparu: le moulin Lebeau, situé au sud de la voie publique et le moulin Séguin, qui se dresse du côté nord du même chemin. Le troisième qui s'élevait un peu plus à l'est, a disparu il y a près d'un demi-siècle, après avoir survécu comme une tour de maçonnerie ruinée pendant des années.

Le moulin Séguin (ou Jetté) est ce vestige en bon état de conservation qui orne le jardin d'une maison de construction récente. Un peu à l'écart de l'ancienne maison du meunier qui l'accompagne toujours – aujourd'hui une boutique de pépiniériste –, le monument a un caractère nettement confidentiel. Il est entouré de végétation et d'arbres, ce qui fait qu'on a peine à croire qu'autrefois ses ailes tournaient au vent.

Lorsqu'en 1824 Antoine Jetté décide de se marier, ses parents le dotent d'une terre et de biens, se réservant toutefois la jouissance exclusive d'un lot «dans l'endroit où le moulin se trouve construit», à charge néanmoins du futur époux de payer une somme de cent livres encore due pour la construction du moulin. C'est la toute première mention.

Une deuxième mention importante apparaît en 1851 lors du recensement de la paroisse de Repentigny. On y décrit «un moulin de pierres mû par le vent et bâti en 1823 aux frais et bénéfices de Sieur Antoine Jetté, grand-père, dont le coût est estimé, tout compris à 3,000 francs». En 1827, le fils Jetté rétrocède à son père sa part dans le «moulin faisant de bled farine, garni de ses tournants et virants et allant par le vent», expression consacrée pour qualifier un moulin à vent en état de marche. Probablement peu intéressés par le métier, les Jetté vont louer leur moulin en 1830 pour une durée de dix-neuf ans à la société formée de Stuart Maitlam, meunier, et John Magire, fermier, tous deux de Repentigny.

Lorsqu'une des filles Jetté épouse en 1843 Joseph Laporte, cordonnier de Repentigny, elle reçoit en dot la terre sur laquelle se trouve «un moulin à vent avec tous ces accessoires». Toujours loué, le moulin produit en 1851 quelque 2 200 minots de tous

Le moulin à vent Séguin a été construit en 1823.

Le vieux moulin à vent peu de temps après qu'il eut cessé de fonctionner. (ANQ-Q, E. Gariépy)

grains. Le fils Laporte, à qui la propriété revient en 1888, exploite lui-même le moulin à vent jusqu'en 1896 lorsqu'il le vend à Arthur Léveillé, en se réservant le droit de «prendre la semaine pour vider les lieux et de se servir du moulin à vent pour moudre le grain qu'il y a actuellement dans le moulin». Les transactions qui suivent laissent croire que le moulin Séguin a fonctionné jusque vers 1910-1915. Mais lorsqu'on l'aperçoit sur une photographie en 1947, les arbres qui l'entourent font voir qu'il a cessé «d'aller par le vent» depuis quelques années déjà.

C'est en 1937 que la terre ancestrale des Jetté est morcelée pour un développement résidentiel. Le lot sur lequel se retrouve le moulin n'est vendu qu'en 1959 à la famille Séguin; il est subdivisé en 1973 pour être construit. Protégé depuis par les soins attentifs de ses propriétaires, le moulin sert de remise pour des outils de jardinage.

Luc Noppen, historien de l'architecture

PARENT, André. *Les moulins à vent Grenier (1820) et Jetté (1823) de Repentigny*. Québec, ministère des Affaires culturelles, 1980.

Moulin à vent Lebeau

Repentigny
14, rue du Vieux-Moulin

Fonction: aucune
Classé monument historique en 1975

Rien n'indique que le moulin ait fonctionné après 1882. En 1931, il est à nouveau utilisé mais à des fins touristiques. (ANQ-Q)

Sur le côté sud de la rue Notre-Dame, à l'est de l'historique église de Repentigny, se dresse la tour d'un ancien moulin à vent. La route qui le longe a été considérablement élargie il y a quelques années, ce qui met en péril la survie du monument, littéralement placé «dans le chemin».

Bien qu'on ait longtemps cru que ce moulin à vent, comme bien d'autres d'ailleurs, avait été érigé aussi tôt qu'en 1658, des recherches récentes ont permis de préciser la date de sa construction, soit 1820. En effet, un document de cette époque relate que le meunier Joseph Noël, de Verchères, met fin à son association avec François Grenier fils, de Repentigny, et lui cède tous les droits de propriété sur un terrain acquis en société «et le moulin dessus érigé». Ce texte indique que le constructeur François Fontaine est autorisé à parachever les ouvrages du moulin.

Plus tard, en 1851, Benjamin Moreau, l'auteur du recensement de la paroisse de Repentigny décrit le monument: «Un moulin en pierres mu par le vent bâti en 1820 (environ) aux frais et bénéfices de feu François Grenier père, dont le coût est estimé, tout compris, à 3,000 francs (chiffre rond) ancien cours, équivalents à 125 livres cours actuel.»

En fait, François Grenier père vend à son fils et à un associé, le meunier Noël, une terre de 36 arpents, traversée par le chemin du Roy. Le moulin n'est pas aussitôt construit que le meunier s'en retourne chez lui. «Pour faciliter l'établissement de son fils mineur», le père lui donne ensuite la terre et le moulin, ce qui permet au jeune cultivateur et meunier de se marier en 1826. Le petit-fils Grenier se dit lui aussi meunier et parvient à une production annuelle de 2 240 minots de tous grains. Lors du décès de ce dernier en 1882, tous ses biens, dont le moulin, sont vendus à l'encan. Une de ses filles rachète la terre familiale, mais rien n'indique que le moulin ait fonctionné après cette date.

Le moulin à vent renaît en quelque sorte en 1931 lors de son acquisition par Barnabé Lebeau. Profitant de la vague de tourisme que connaît le Québec d'avant-guerre et probablement motivé par la publication d'articles et de photographies sur le moulin de Verchères, le nouveau propriétaire s'emploie en 1935-1936 à restaurer le monument situé en bordure du chemin de Montréal que le gouvernement vient de redresser et d'élargir. En 1961, le même propriétaire effectue d'autres travaux et lotit sa terre pour permettre un développement résidentiel autour du moulin. Ce dernier est ensuite vendu et est utilisé comme boutique d'artisanat.

Peu après son classement en 1975, la Société historique de Repentigny propose un plan de sauvegarde qui prévoit l'acquisition, la relocalisation et la restauration du vieux moulin. En 1978, la Société historique en devient propriétaire; elle ne reçoit cependant jamais l'aval du ministère des Affaires culturelles pour déplacer le moulin, les experts considérant que de telles entreprises de relocalisation ne relèvent pas d'une bonne gestion du patrimoine architectural et nécessitent des investissements trop considérables. Maintenant propriété privée, le moulin n'a aucune fonction précise.

Le moulin à vent Lebeau (ou Grenier) de Repentigny a perdu ses ailes depuis fort longtemps, mais à l'intérieur subsistent des éléments du mécanisme ancien. Il va de soi que les travaux de 1935-1936 ont sauvé le monument dont l'abandon est chose récente. On a tout de même de la difficulté à imaginer aujourd'hui comment le moulin pourrait survivre longtemps à la menaçante proximité du boulevard qui le borde.

Luc Noppen, historien de l'architecture

PARENT, André. *Les moulins à vent Grenier (1820) et Jetté (1823) de Repentigny*. Québec, ministère des Affaires culturelles, 1980.

Le moulin à vent Lebeau, construit en 1820, est aujourd'hui abandonné.

La queue du moulin, endommagée par le temps.

Le moulin Lebeau et le moulin Jetté, son voisin, sont deux témoins technologiques qui rappellent une époque, le début du XIXe siècle, pendant laquelle le Bas-Canada connut une production céréalière florissante. Ils démontrent aussi à quel point la prospérité relative de l'agriculture a pu susciter l'initiative et le sens des affaires chez certains ruraux entreprenants. Les sept moulins à vent de Repentigny doivent être ajoutés à plusieurs dizaines d'autres, malheureusement disparus, que l'on trouvait aux environs et en face, à Verchères, à Contrecœur, ainsi que dans la vallée de la rivière Richelieu et qui justifiaient la désignation ancienne de la plaine de Montréal comme «grenier à blé» du Canada.

Ces moulins sont plus que des repères visuels pour les nostalgiques des paysages du temps passé: ils sont la preuve vivante d'un système agro-économique révolu mais performant.

La rédaction

Église paroissiale de Saint-Sulpice

Saint-Sulpice
1095, rue Notre-Dame

Fonction: religieuse
Classée monument historique en 1959

La paroisse de Saint-Sulpice tient son nom des sulpiciens, premiers desservants. Ils y demeurent jusqu'en 1776. Un premier édifice est érigé en 1706 et utilisé jusqu'en 1723, année où l'intendant ordonne la construction d'une nouvelle église. Cette deuxième église survivra jusqu'en 1832 alors qu'est ouverte au culte l'église actuelle.

Un plan en croix latine

C'est en 1830 que Mgr Panet, évêque de Québec, autorise la construction d'une église avec chapelles latérales et sacristie. L'année suivante, on pose la première pierre. Il s'agit d'une église bâtie sur un plan en croix latine dont le chœur est fermé par un chevet plat auquel est adossée la sacristie.

Le plan du bâtiment et son élévation avant modification s'inscrivent dans le courant d'architecture renouvelé par l'abbé Jérôme Demers et Thomas Baillairgé. On retrouve en effet des édifices équivalents, un peu antérieurs, à Saint-Nicolas et à Lotbinière, sur la rive sud de Québec.

L'église subit des travaux majeurs en 1847 et en 1873. C'est vraisemblablement à cette dernière date, d'après les plans de Victor Bourgeau et Louis-Xavier Leprohon, architectes de Montréal, qu'elle est mise au goût du jour et qu'on modifie les ouvertures: les arcs en plein cintre sont remplacés par des arcs ogivaux, conformément à l'esthétique victorienne qui impose un retour aux formes gothiques dans cette seconde moitié du XIXe siècle.

Les architectes surélèvent d'abord le carré de maçonnerie d'environ 60 centimètres pour permettre l'expansion des arcs vers le haut; cette reprise de la maçonnerie est bien visible, notamment sur les chaînes d'angle, de taille différente dans la partie supérieure. En façade, la transformation est plus radicale: le pignon, placé plus haut, est moins abrupt. Quant au portail classique, il paraît un peu curieux avec une porte à arc en ogive.

L'église de Saint-Sulpice, construite en 1832, adopte un plan en croix latine. (ANQ-Q)

Lors des travaux de 1873, on modifie la façade: le portail classique se voit doté d'une porte à arc en ogive.

L'architecture néo-gothique d'inspiration anglaise ne manque pas d'intérêt par son dépouillement. (MAC)

Une décoration néo-gothique

Si à l'extérieur l'édifice de 1831-1832 est bien reconnaissable, il en va tout autrement à l'intérieur. Là, des sculpteurs comme René Saint-James et Urbain Brien dit Desrochers se sont appliqués à ériger un décor du type de ceux de l'école de Quévillon. L'architecture intérieure actuelle a remplacé ce premier décor, vraisemblablement en 1873. Peu habituelle dans des églises de ce type, cette architecture néo-gothique d'inspiration anglaise ne manque cependant pas d'intérêt par son dépouillement. Il s'agit d'une charpente à légère ornementation sculptée; plusieurs éléments qui y figurent, dont les rosaces, proviendraient du premier décor de la voûte précédente.

Ces travaux de rénovation intérieure ont probablement été nécessaires pour corriger les défauts du chantier de 1847-1850. À cette époque, le sculpteur et entrepreneur Louis-Xavier Leprohon complète l'architecture intérieure de l'église. Les travaux traînent cependant en longueur et l'entrepreneur ne remplit pas ses engagements. Pendant plusieurs années, les paroissiens se plaignent de la mauvaise exécution des ouvrages. C'est donc une entreprise de consolidation qui a d'abord lieu en 1873; elle aboutit finalement au remplacement de l'essentiel du décor de 1847-1850.

L'église paroissiale de Saint-Sulpice est connue pour son tabernacle du maître-autel conservé de l'église précédente et attribué à François-Noël et Jean-Baptiste-Antoine Levasseur, vers 1750. Le tombeau, de Liébert ou Quévillon, a été exécuté vers 1797-1799. Les tableaux qui ornent les retables sont signés Adolphe Rho et ont été peints en 1904-1905. Dernièrement, un petit tombeau d'autel, provenant de l'église de Saint-Martin, a été installé pour répondre aux exigences de la nouvelle liturgie.

L'église paroissiale de Saint-Sulpice a été classée monument historique en 1959 et elle a subi depuis des travaux de restauration.

Luc Noppen, historien de l'architecture

NOPPEN, Luc. *Les églises du Québec (1600-1850)*. Québec/Montréal, Éditeur officiel du Québec/Fides, 1977. 298 p.

TURMEL, Claude. «L'église de Saint-Sulpice», *L'église de Montréal*, 93, 22 (mai 1975): 385-387.

Chapelle de procession
Saint-Sulpice

Fonction: religieuse
Classée monument historique en 1959

Bien qu'elle soit située à l'arrière de l'église paroissiale, en marge du cimetière, la chapelle de Saint-Sulpice a bel et bien été construite comme reposoir et a servi lors des processions de la Fête-Dieu, à un autre emplacement toutefois que celui qu'elle occupe aujourd'hui.

Les seuls renseignements historiques sur cette chapelle tiennent à une note manuscrite non datée et conservée à la fabrique qui révèle que «La chapelle pour les processions du bas de la paroisse a été bâtie en l'année mil huit cent trente au moyen d'une répartition volontaire des habitants, de deux sols par arpent de leurs terres. Elle a coûté cinq cent vingt-deux livres, ancien cours.» La précision quant à sa localisation dans le «bas de la paroisse», soit en aval de l'église, laisse supposer qu'il y en aurait eu une autre en amont du village, comme cela était généralement le cas.

Implantée jusqu'en 1935 sur la terre d'un dénommé Zénon Plouffe, la chapelle est après cette date déménagée derrière l'église. En 1975, au moment de sa restauration, elle est à nouveau déplacée de façon à se trouver dans l'axe du chemin longeant l'église et conduisant au cimetière. Cet emplacement judicieux rend l'édicule visible depuis la route, malgré le recul important et ses dimensions réduites.

La chapelle de procession de Saint-Sulpice a la particularité, à notre connaissance, d'être la seule à être construite en pièce sur pièce et assise sur des pilotis, ce qui a grandement facilité son déplacement. Son plan est rectangulaire (près de 5 mètres de largeur sur 6 mètres de longueur). Les murs sont recouverts de planche à clins, à l'exception de la façade qui reçoit un parement de bois très réussi imitant la pierre de taille.

Une ouverture cintrée perce chacun des murs latéraux, alors que la façade comporte une large porte à deux vantaux rectangulaires traitée à l'extérieur, grâce à un procédé de trompe-l'œil, comme une porte cintrée. Ce parti résulterait d'un élargissement de la porte originelle, peut-être au moment de réparations importantes qui ont suivi le déplacement de la chapelle en 1935.

La chapelle de procession de Saint-Sulpice, construite en 1830, est un petit bijou architectural au cœur du domaine paroissial.

En 1975, au moment de sa restauration, la chapelle est déplacée de façon à se trouver dans l'axe du chemin longeant l'église et conduisant au cimetière.

L'ouverture principale, qui est surmontée d'un oculus ovale, ne comporte aucun encadrement, alors que les baies latérales sont entourées de piédroits reposant sur un appui et supportant imposte et arc de cercle. L'édicule est coiffé d'une tour à deux lanternes octogonales, couvertes de dômes, reposant sur une base carrée; le dôme supérieur est surmonté d'une courte flèche terminée par une boule et une croix.

L'édifice est résolument d'inspiration néo-classique. Le plan rectangulaire, l'ouverture cintrée sans entablement, les proportions d'ensemble et l'utilisation de motifs classiques dans l'encadrement des ouvertures latérales et de l'oculus en témoignent. À l'intérieur, les murs sont recouverts de plâtre et sont surmontés d'une fausse voûte surbaissée lambrissée de planches. Une corniche à doucines court sur les quatre murs à la naissance de la fausse voûte.

Par ses proportions modestes mais raffinées et la qualité de ces éléments décoratifs, particulièrement les encadrements et la tour, la chapelle de procession de Saint-Sulpice apparaît comme un petit bijou architectural au cœur du domaine paroissial. Par sa forme, elle rappelle la pratique de la procession religieuse au Québec, même si sa localisation actuelle est peu évocatrice à cet égard.

Jacques Robert, analyste en architecture

LAFRAMBOISE, Yves. *Les chapelles de procession*. Québec, ministère des Affaires culturelles, 1974.

ROBERT, Jacques. *Les chapelles de procession du Québec*. Québec, ministère des Affaires culturelles, 1979. 163 p.

Vieux palais de justice

L'Assomption
255, 259, 265, rue Saint-Étienne

Fonction: communautaire
Classé monument historique en 1973

La partie est de l'édifice fut construite en 1811. En 1822, une deuxième maison est venue jouxter la première.

Classé monument historique en 1973, le vieux palais de justice occupe un emplacement privilégié sur la rue Saint-Étienne, à l'angle de la rue Saint-Joachim, à L'Assomption. Autrefois chemin du Roi, la rue Saint-Étienne est la plus ancienne rue du village et elle est bordée de plusieurs maisons centenaires.

L'emplacement sur lequel est construit cet imposant bâtiment en pierre est concédé en 1780 à André Corneau. En 1793, le propriétaire, le maître menuisier Laurent Dorval, y construit une maison en bois. En 1809, il lègue la maison et ses dépendances à son fils. Commence alors l'histoire du vieux palais de justice, érigé en trois étapes successives.

Selon un marché passé en 1811, Laurent Dorval fils achète tout le bois nécessaire à la construction d'une maison. Cependant, avant la fin des travaux, il se départit de sa propriété au profit du marchand Laurent Leroux. Cette première maison comprend la partie est du bâtiment actuel.

En 1822, sans doute pour loger son magasin, le marchand Leroux confie à Jacques Duffault la construction d'une maison de quelque 12 mètres de longueur sur 9 de largeur et jouxtant la maison de 1811. Dans le même contrat, Duffault s'engage à ériger une deuxième maison mitoyenne dans le même style et à peu près de mêmes dimensions que la précédente. Une fois les travaux terminés, ce long bâtiment comporte deux logements et un magasin.

À une date difficile à préciser, Laurent Leroux cède l'édifice à sa fille. L'époux de celle-ci, Jean-Moïse Raymond, marchand et ancien traiteur du Nord-Ouest, est nommé en 1842 régistrateur du comté de L'Assomption et de ce fait convertit son logement en bureau d'enregistrement. La partie centrale du bâtiment (où se situe le magasin) est transformée en salle de réunions pour le conseil de comté, pour le conseil de la municipalité de paroisse ainsi que pour le conseil municipal du village. C'est à la même époque qu'une cour de justice est aménagée au deuxième étage du corps central de l'immeuble.

En 1860, la Corporation du comté de L'Assomption entreprend des travaux majeurs de réfection de ses locaux de la rue Saint-Étienne. Les plans de rénovation sont confiés à l'architecte Victor Bourgeau. Originaire de Lavaltrie, Bourgeau est un des architectes québécois les plus prolifiques et les plus reconnus de la seconde moitié du XIXe siècle. Il est l'auteur des plans de l'église (1857) et du collège (1860) de L'Assomption.

Le palais de justice de L'Assomption vers 1925. (ANQ-Q, E. Gariépy)

Le palais de justice a conservé ses boiseries et des pièces de mobilier dessinées par Victor Bourgeau en 1860. (MAC)

Le vieux palais de justice fait alors peau neuve et prend l'allure que nous lui connaissons aujourd'hui. Les toitures sont refaites avec des «bardeaux de première qualité». Les deux lucarnes du bâtiment central sont remplacées par deux nouvelles, une sur le versant avant et l'autre sur le versant arrière. La maçonnerie est recrépie, et on prend soin de tirer les joints de la façade en carreaux pour lui donner l'allure de la pierre de taille, procédé alors à la mode.

Les ouvertures sont modifiées: trois baies cintrées sont percées à l'étage du bâtiment central; elles sont pourvues de jalousies peintes en un «beau vert français». Les nouvelles corniches, à modillons, se terminent avec un retour sur les murs latéraux. L'entrée principale est alors encadrée de pilastres et surmontée d'un entablement; cette addition donne au bâtiment une allure néo-classique.

Le corps du bâtiment logeant le palais de justice subit une rénovation intérieure majeure et sa décoration reflète les goûts de l'époque. Les murs replâtrés sont couronnés de corniches et les cheminées sont pourvues d'un nouveau manteau. Notons que tout l'ameublement, conforme aux normes des palais de justice, est dessiné par Bourgeau.

La maison du côté de la rue Saint-Joachim subit également des transformations en vue de loger le bureau d'enregistrement; à cette fin, on construit une voûte à l'épreuve du feu. Même si cette intervention demeure marginale dans l'œuvre de Victor Bourgeau, elle sert néanmoins à éclairer certains aspects de son œuvre.

Depuis 1923, ces murs en pierre n'entendent plus de procès, bien que le bureau d'enregistrement y soit demeuré jusqu'en 1979. Mais les salles ayant gardé leurs boiseries et leur mobilier, on y a tourné plusieurs scènes de films et de séries télévisées. Le bâtiment, partiellement vacant, appartient maintenant à un particulier. La partie centrale sert à l'occasion de lieu de réunions pour des groupes communautaires et un centre local de services communautaires (CLSC) occupe le rez-de-chaussée de la partie est.

Louise Amireault, architecte

ASSELIN, Pierre. *Dossier d'utilisation du vieux palais de justice de L'Assomption*. L'Assomption, Conseil régional de la culture de Lanaudière, 1982. 77 p.

GROUPE HARCART. *Les palais de justice de comté de la région de Montréal*. Montréal, ministère des Affaires culturelles, 1983. 131 p.

ROY, Christian. *Histoire de L'Assomption*. L'Assomption, Commission des Fêtes du 250ᵉ, 1967. 540 p.

L'édifice a servi de résidence, de magasin général, de salle de réunions, de bureau d'enregistrement et de cour de justice.

Maison Poitras

L'Épiphanie
960, rang de l'Achigan Sud

Fonction: résidentielle
Classée monument historique en 1981

Cette ancienne maison de ferme occupe un emplacement de choix en bordure de la rivière de l'Achigan à L'Épiphanie. Ce village, situé à proximité de L'Assomption, est constitué en paroisse en 1853. Au tournant du XIXᵉ siècle, grâce à l'activité de plusieurs moulins, ce secteur devient le «centre industriel» de l'immense seigneurie de Saint-Sulpice et d'une grande partie de la seigneurie de Lachenaie.

Le terrain sur lequel se trouve la maison Poitras est concédé en 1739 à Louis Beaudry. Il s'agit en fait du prolongement de la terre que Beaudry possède déjà en bordure de la rivière L'Assomption. Peu de temps après l'avoir acquise, Beaudry revend la terre à Jean-Baptiste Bachand. Sur cette terre de deux arpents et huit perches de largeur, comprise entre les rivières L'Assomption et de l'Achigan, on fait mention d'une maison en pièce sur pièce, fort probablement située le long de la rivière L'Assomption. En 1757, Jean-Baptiste Bachand donne à son fils Louis la terre du côté de la rivière de l'Achigan sur laquelle il n'y a encore aucun bâtiment.

En mars 1763, Louis Bachand cède une partie de la terre à Louis Boissel et, pas plus qu'avant, il n'est question d'une quelconque construction. Originaire de Beauport, Boissel, qu'on dit tantôt maître maçon, tantôt maître menuisier, épouse en 1762 Marie Loyer dit Desnoyers. À sa mort en 1771, sa femme hérite d'une maison en bois dont on trouve mention dans l'inventaire après décès. Marie Loyer se remarie peu de temps après avec François Proulx, qui devient son légataire universel. Il est d'ailleurs fort possible que ce soit ce dernier qui ait construit la maison Poitras, car on peut y voir encore, gravée dans la pierre au-dessus de l'entrée principale, l'inscription «1785».

La maison Poitras après sa restauration. Son curetage a permis de retrouver l'aspect initial de la demeure.

La terre reste dans la famille Proulx jusqu'en 1828, année où elle est vendue à Louis Beloin Nantel. Dans le contrat de vente, de même que dans un autre document concernant le partage d'immeuble signé en 1821, on fait état d'une maison en pierre. Louis Poitras achète la terre en 1841 et, par la suite, plusieurs générations de Poitras s'y succéderont jusqu'en 1979.

C'est vraisemblablement après 1862, c'est-à-dire à l'époque où la maison est habitée par Joseph Poitras, le fils de Louis, qu'on y effectue des travaux de rénovation qui, notamment, changent le profil du toit. Remodelé dans le goût néo-classique, le toit à deux versants, autrefois à égouts droits, se prolonge désormais d'avant-toits retroussés, chacun couvrant une longue galerie. La projection est cependant plus prononcée en façade. Le crépi sur lequel on a tiré des joints de façon à simuler la pierre de taille date probablement de cette époque. Au cours des travaux, on modifie également les cheminées.

Les propriétaires actuels de la maison Poitras ont procédé à un curetage complet du bâtiment de manière à en retrouver l'aspect initial. Ainsi, la pente du toit, le dégagement du sol et la disposition des ouvertures lui donnent aujourd'hui l'allure d'une habitation de la fin du XVIIIᵉ siècle. Le terrain, en légère pente vers la rivière, a permis de dégager un étage supplémentaire de ce côté afin d'y loger une cuisine d'été. Trois cheminées coupent la ligne faîtière du toit. À l'intérieur, les trois foyers sont encadrés de manteaux en pierre peignée pourvus d'une clef et d'un sommier. On note également plusieurs armoires encastrées et de belles portes garnies d'une quincaillerie d'origine.

La maison Poitras se fond à merveille dans un paysage champêtre qui semble avoir retenu tout le charme d'une autre époque. On n'aurait su trouver cadre plus approprié pour cette habitation typique de l'architecture rurale de la fin du XVIIIᵉ siècle.

Louise Amireault, architecte

Construite en 1785, la maison Poitras se voit, dans la deuxième moitié du XIXᵉ siècle, recouverte de crépi et dotée d'avant-toits retroussés, couvrant deux longues galeries.

DESJARDINS, Pierre et Mario FILLION. *Dossier de classement de la maison Poitras*. Montréal, ministère des Affaires culturelles, 1980.

ROY, Christian. *Histoire de L'Assomption*. L'Assomption, Commission des Fêtes du 250ᵉ, 1967. 540 p.

Maison Hervieux et maison d'accompagnement

Lanoraie-D'Autray
947, Grande-Côte Ouest

Fonction: résidentielle
Classées monuments historiques en 1972

Lorsqu'on circule sur le chemin du Roy à Lanoraie en direction ouest, on peut se croire un instant sur un des coteaux de Montréal au tout début du XIXe siècle. Du côté nord de la voie, on remarque en effet un bel exemple de maison urbaine, avec façade en pierre de taille grise, murs coupe-feu et larges cheminées. Au-dessus de la porte d'entrée, le millésime 1835, entouré d'une inscription maçonnique indéchiffrable, témoigne de la date de construction de la demeure.

Ce type architectural se retrouve en plusieurs exemplaires dans la région montréalaise et les spécimens les plus achevés datent des années 1790-1820. Dans *L'Architecture en Nouvelle-France*, paru en 1949, l'historien de l'art Gérard Morisset l'identifie comme étant le type de la «maison montréalaise» dont il attribue l'origine à la Bretagne, la maison de la région de Québec étant plutôt de souche normande.

En fait, les développements plus récents de l'histoire de l'architecture du Québec montrent que Québec et Montréal ont connu une architecture domestique rurale différente, simplement parce que les modèles urbains y ont joué un rôle en suivant une chronologie distincte.

Ainsi, lorsque Montréal est rasée par les flammes en 1721 et que les intendants entreprennent d'émettre des ordonnances pour

Construite en 1835, la maison Hervieux se signale par sa façade au parement en pierre de taille à joints perdus et ses consoles sculptées en pierre.

Vue latérale d'un mur coupe-feu.

la construction de bâtisses à l'épreuve du feu, l'impact de ces mesures se fait ressentir très vite à Québec (1727: reconstruction du palais de l'Intendant). À Montréal, ce n'est que quelques années avant la Conquête de 1759 qu'apparaît un bâtiment important, reconstruit conformément aux prescriptions des édits: le château de Ramezay. L'architecture domestique, qu'elle soit urbaine ou rurale, reprend les caractéristiques de ce modèle qui incarne la nouveauté. Ce sont d'ailleurs pour l'essentiel les mêmes hommes de métier qui, en ville ou à la campagne, érigent des maisons et se réfèrent continuellement à un savoir-faire traditionnel qui, tout en laissant place à la technique, véhicule et perpétue la forme architecturale.

Si la maison Hervieux appartient à ce courant d'architecture traditionnelle, elle n'en constitue pas moins un exemplaire unique du fait de la présence de plusieurs attributs de style qui en personnalisent l'image. On note tout d'abord que la façade principale est revêtue d'un parement en pierre de taille à joints perdus, dernière nouveauté de l'architecture urbaine de l'époque. Ensuite, le débordement des murs coupe-feu en façade est supporté par de magnifiques consoles sculptées en pierre. À cela s'ajoute la pierre millésimée et portant des inscriptions qui agissent en quelque sorte comme une signature sur un tableau. Le monument sort ainsi des rangs et se singularise surtout par les ajouts faits au type essentiel.

Une remise en pierre, un petit hangar et une grange utilisée comme atelier et maisonnette d'appoint voisinent la maison.

Une restauration soignée

Soigneusement restaurée par son propriétaire, l'architecte Didier Poirier, la maison Hervieux évoque aussi toute une école de pensée en matière de conservation architecturale. Tenant pour acquis que pour être historique l'architecture doit témoigner de l'époque de sa genèse, historiens et architectes ont minutieusement reconstitué l'état dit originel de ces maisons traditionnelles. Le même type de restauration appliqué à des bâtiments assez peu différenciés a donc eu pour effet de recréer une image uniformisée du passé, puisque la sélection opérée par le temps a généralement éliminé tous les types architecturaux qui constituent des écarts importants (maisons en bois et manoirs, par exemple).

La maison Hervieux expose donc ses murs en pierre, rejointoyés avec un mortier blanc, et ses boiseries bleues. Tout ceci est le fait des restaurateurs et contribue à soutenir une originalité montréalaise en matière de conservation tout en constituant en quelque sorte la signature des élèves d'une école de restauration inspirée par la pratique des architectes montréalais Victor DePocas et Laszlo Demeter, actifs entre 1955 et 1970.

Si la maison Hervieux se distingue par rapport au type architectural dont elle relève par l'apparition d'une façade plus développée, il en est de même sur le plan de la restauration. En effet, ce monument est sans doute l'édifice privé qui a fait l'objet du soin le plus minutieux qui soit. Cela est particulièrement visible lorsqu'on observe l'environnement immédiat de la maison. Plusieurs dépendances, dont une remise en pierre et une grange utilisée comme atelier et maisonnette d'appoint, ainsi qu'une piscine, fusionnent dans l'environnement grâce à l'utilisation de matériaux, de formes et de couleurs qui s'harmonisent non pas avec la maison, mais, disons, avec la restauration de la maison.

Par ses qualités intrinsèques et l'image que projette ce souci de conservation, la maison Hervieux est un monument au sens premier du terme. En effet, on n'a pas encore évoqué l'histoire du site ou de ses occupants et déjà l'espace qui lui est dévolu est occupé par un discours qui interprète ce qui est là, devant nous: l'architecture.

Luc Noppen, historien de l'architecture

Chapelle Cuthbert

Berthierville
551, rue De Bienville

Fonction: culturelle
Classée monument historique en 1958

Échappant aux regards des visiteurs distraits, la chapelle Cuthbert coule des jours tranquilles dans un parc ombragé, rappelant ainsi la vocation première de ce lieu du dernier repos de Catherine, la seconde épouse de James Cuthbert.

Une chapelle funéraire

Membre de l'état-major du général Murray jusqu'au traité de Paris en 1763, James Cuthbert est l'un des premiers soldats de l'armée britannique à s'établir au Canada. Il devient le premier seigneur anglophone de Berthier lors de l'acquisition de la seigneurie du même nom et poursuit une carrière politique qui le mène jusqu'au Conseil législatif. Il échoue cependant dans sa tentative de se faire élire aux élections qui suivent l'Acte constitutionnel de 1791.

À la mort de son épouse en 1785, James Cuthbert érige une chapelle funéraire sur son domaine afin de l'y ensevelir. Les Cuthbert sont presbytériens. Or il n'existe aucun lieu de culte pour les familles de cette confession dans la région de Berthier. Un ministre, précepteur des enfants, célèbre l'office du dimanche au manoir jusqu'à la construction de la chapelle qui devient, pour quelque temps, le lieu de culte pour les Cuthbert et quelques autres fidèles. D'autres membres de la famille, dont James Cuthbert lui-même, y sont enterrés par la suite. En 1866, les corps sont exhumés et transportés dans le cimetière protestant attenant à la nouvelle église St. James de Berthier.

Par la suite, quelques travaux modifient l'aspect du bâtiment: la porte donnant accès au jubé, la porte d'entrée du côté sud ainsi que les six fenêtres sont fermées. On ne laisse que de petites ouvertures carrées. Le clocher est remplacé entre 1885 et 1891. La chapelle est également peu à peu désertée.

La chapelle Cuthbert après sa restauration en 1977. Construite en 1785, elle serait le plus ancien temple protestant au Québec.

Sauvetage et restauration

En 1927, lorsque le gouvernement du Québec acquiert la chapelle, il ne reste plus qu'une coquille en mauvais état. Des travaux de sauvetage sont effectués par la Commission des monuments historiques en 1928, 1949 et 1957, mais il faut attendre jusqu'en 1977 avant que la chapelle, pourtant classée monument historique en 1958, ne soit restaurée.

Pour effectuer les travaux, les architectes disposent de précieuses sources de renseignements, dont des relevés architecturaux et des photos de 1928, et des dessins de l'intérieur faits par Henry Bunnett en 1885. Ils se réfèrent également aux marchés de construction donnés à Pierre Fourré dit Vadeboncœur pour la menuiserie et la finition intérieure et à Antoine Leblanc, pour la maçonnerie. De plus, le bâtiment lui-même, par sa maçonnerie, ses pièces de quincaillerie, des parties de corniche et des bardeaux de la couverture originelle, livre des traces de son passé architectural. Toutes ces données permettent, aujourd'hui, d'apprécier le bâtiment selon ses caractéristiques d'origine.

Intérieur de la chapelle en 1925. Abandonnée, elle n'est plus qu'une coquille vide. (ANQ-Q, E. Gariépy)

Vers 1925, la chapelle est laissée à l'abandon et a bien triste mine. (ANQ-Q, E. Gariépy)

Dessin au sépia de H. Bunnett montrant le mur intérieur est et la chaire. Lors de la restauration de la chapelle, on s'est inspiré des dessins de l'artiste.
(Musée McCord)

Huile de H. Bunnett montrant la chapelle en 1885.
(Musée McCord)

Un ensemble rustique

Tant par son gabarit que par sa facture, la chapelle Cuthbert n'est pas sans rappeler l'architecture domestique. La simplicité de l'ensemble et sa rusticité la rapprochent également des églises catholiques du XVIIIe siècle. La forme du clocher à lanterne octogonale, surmonté d'une flèche et d'une croix, renforce cette filiation.

Le bâtiment rectangulaire est en maçonnerie de moellons, recouverte de crépi et le chaînage d'angle, en pierre grossièrement équarrie. Couvert de bardeau de cèdre, le toit est à deux versants avec une pente très prononcée. D'inspiration romane, les ouvertures en plein cintre sont réparties de façon asymétrique selon la rythmique propre à l'architecture domestique du XVIIIe siècle. Les entrées sont situées sur les murs en long-pan. Seul l'accès au jubé se fait par le mur-pignon.

L'aménagement intérieur reprend la même simplicité. La voûte à pans coupés est en bois et les murs, crépis de blanc. Seule pièce de mobilier, la chaire surmontée d'un dais se dresse sur le mur est. Le jubé, qui occupe près du quart de l'espace intérieur, lui fait face. Le charnier se trouve sous le jubé; on y accède par une petite porte logée dans la cloison.

Aujourd'hui, le plus ancien temple protestant du Québec est un lieu de visite et d'animation pour la population de Berthierville et les touristes.

Marguerite Bourgeois, linguiste

BERGEVIN, Hélène. *Églises protestantes*. Montréal, Libre Expression, 1981. 205 p.

THIBAULT, Marie-Thérèse. *La Chapelle des Cuthbert, Berthierville*. Québec, ministère des Affaires culturelles, 1979. 30 p. (Coll. «Les Retrouvailles», n° 9).

Presbytère

Saint-Cuthbert
1191, rue Principale

Fonction: résidentielle et communautaire
Classé monument historique en 1980

Le presbytère a été édifié en 1876 d'après les plans de Victor Bourgeau et Étienne-Alcibiade Leprohon.

Au terme de l'assemblée du 3 juillet 1978, la fabrique de Saint-Cuthbert annonce à regret sa décision de faire démolir le vieux presbytère. Pourtant, l'édifice plus que centenaire survit toujours. Mieux encore, le bâtiment qui jadis constituait un fardeau pour la communauté est devenu le joyau du village.

La réhabilitation et la mise en valeur de la vénérable demeure reviennent à l'initiative des citoyens de cette petite localité de 500 familles. En effet, grâce à une campagne de financement bien orchestrée et à une corvée populaire – une formule éprouvée mais fort rare de nos jours –, le bâtiment qui était vacant depuis une dizaine d'années a fait l'objet d'une réfection complète. S'il sert toujours de presbytère, il accueille aussi dans ses murs le centre communautaire de Saint-Cuthbert.

Il faut remonter jusqu'en 1765 pour retracer les origines de la paroisse. C'est l'année où le seigneur Courthiau donne aux habitants de la rivière Chicot une partie du territoire de la paroisse de Sainte-Geneviève-de-Berthier afin qu'ils puissent y bâtir une église et un presbytère. Ce terrain d'un arpent et demi sur six constitue une partie de la propriété actuelle de la fabrique. En 1766, en effet, le nouveau seigneur de Berthier, James Cuthbert, ajoute 34 arpents à la donation précédente à condition que la nouvelle paroisse soit placée sous le patronage de Saint-Cuthbert. On s'empresse alors d'y construire un presbytère, suivi en 1779 d'une église. Ces deux bâtiments ont disparu.

Le bâtiment en pierre au rez-de-chaussée surélevé est couvert d'un toit à deux versants dont la ligne faîtière est entrecoupée de deux cheminées. (Musée McCord, archives photographiques Notman)

La composition et l'ornementation du presbytère de Saint-Cuthbert sont exceptionnels.

L'ornementation en bois sculpté de la galerie est d'une grande finesse d'exécution.

Le presbytère actuel a été édifié en 1876 par François Archambault, de Saint-Barthélemy, d'après les plans de Victor Bourgeau et Étienne-Alcibiade Leprohon, son fidèle assistant. Bourgeau, célèbre pour ses églises et ses bâtiments conventuels, manie avec adresse le vocabulaire classique. Il en a retenu, pour le presbytère de Saint-Cuthbert, la symétrie et la mesure, dans la composition comme dans l'ornementation. Le bâtiment en pierre au rez-de-chaussée surélevé est couvert d'un toit à deux versants dont la ligne faîtière est entrecoupée de deux cheminées. D'étroites lucarnes à fronton s'alignent sur le versant avant. Un fronton couronne également le centre de l'avant-toit qui protège la galerie entourant tout le rez-de-chaussée.

L'œuvre de Bourgeau et Leprohon n'a guère changé depuis 1876. À l'extérieur, seule la galerie a subi quelques modifications avec le remplacement de la balustrade, de facture plus simple, l'ajout de consoles décoratives et le déplacement des escaliers secondaires. Le décor en bois sculpté, d'une grande finesse d'exécution, contraste agréablement avec la pierre rugueuse des murs, tempérant quelque peu la rigueur de la composition.

Le sous-sol, réservé autrefois aux fonctions de service, a fait place à une salle communautaire. Le rez-de-chaussée, où se trouvent le bureau et les appartements du curé, se caractérise par la hauteur et les dimensions généreuses des pièces ainsi que par ses boiseries ouvragées.

Le presbytère demeure un bâtiment tout à fait exceptionnel dans le paysage rural de cette région. Les citoyens de Saint-Cuthbert l'ont bien compris, comme en fait foi leur contribution exemplaire à la sauvegarde de ce monument.

Mario Brodeur, architecte

BÉLISLE, Michel. *Le presbytère de St-Cuthbert. Histoire, relevé et analyse*. Québec, ministère des Affaires culturelles, 1979. 79 p.

Maison Lacombe

Saint-Charles-Borromée
895, rue Visitation

Fonction: résidentielle
Classée monument historique en 1968

D'après le recensement de 1861, la paroisse de Saint-Charles-Borromée et le village de «L'Industrie» (Joliette) comptent un collège et une église en pierre, quatre maisons également en pierre et deux maisons en brique. La maison Lacombe est sans doute l'une de ces maisons en pierre.

La paroisse de Saint-Charles-Borromée est érigée canoniquement le 23 décembre 1843 et civilement le 16 juin 1845. En 1863, le village de L'Industrie est séparé de la paroisse et prend le nom de Joliette, en l'honneur de son fondateur, Barthélemy Joliette.

Selon diverses sources, la maison Lacombe est habitée de 1849 à 1862 par Édouard T. Scallon, qui joue également un rôle important dans l'histoire de Joliette. Il fait construire, en 1853, un moulin à triple usage (bois, farine et lin) en bordure de la rivière L'Assomption. Le bâtiment porte les noms des trois propriétaires successifs: moulin Scallon, moulin Berthiaume et moulin des Sœurs. L'emplacement du moulin, dont les ruines existent encore, porte toujours le nom de moulin des Sœurs.

L'architecture de la maison Lacombe est assez particulière. L'exhaussement de son sous-sol et les nombreuses ouvertures permettent de supposer que sa construction est postérieure aux années 1840. La demeure s'élève sur un étage et demi et le revêtement est en pierre de taille grossièrement équarrie. Les murs latéraux se terminent par des cheminées doubles dont une est sans doute «menteuse».

Une porte centrale et quatre fenêtres percent la façade au rez-de-chaussée et trois lucarnes – sans aucun doute ajoutées après la construction originelle – éclairent les combles. À l'arrière, la porte centrale est flanquée de chaque côté d'une fenêtre. Une lucarne a été pratiquée sur un côté du versant du toit. Aucun détail architectonique particulier n'étaye l'allure de cette demeure ancienne.

À ce jour, la maison Lacombe n'a fait l'objet d'aucune étude approfondie. Son évolution et ses propriétaires successifs demeurent un mystère. Elle s'avère néanmoins un témoin intéressant du patrimoine rural de la région de Joliette.

Jacqueline Hallé,
historienne de l'architecture

GERVAIS, J.-Édouard. *Joliette, 1864-1964.* Joliette, Imprimerie nationale, 1964. 195 p.

La construction de la maison Lacombe est probablement postérieure aux années 1840.

Un des murs latéraux sur lequel s'appuie une annexe postérieure à la construction de la maison.

Église Saint-Paul-de-Joliette

Saint-Paul
Boulevard Brossard

Fonction: religieuse
Classée monument historique en 1973

L'établissement de Saint-Paul-de-Joliette remonte à 1779, alors que quelques colons fixent leur résidence en cette partie de la seigneurie de Lavaltrie. En 1782, une première chapelle en bois rond y est érigée. L'année suivante, sur un terrain donné à cette fin par Michel Perrault, on bâtit un presbytère dont l'étage sert de chapelle jusqu'à la construction d'une église permanente. En 1802, les paroissiens obtiennent de l'évêque l'autorisation de procéder à l'érection de leur église.

L'architecture religieuse traditionnelle

Élevée en 1803-1804, l'église actuelle reprend les grandes lignes de l'architecture religieuse alors en vigueur. Avec un chevet en hémicycle, deux chapelles latérales et un clocher en façade, elle est conforme en tous points à l'architecture religieuse d'après-Conquête, se basant sur les modèles du Régime français.

L'intervention du curé et architecte de Boucherville, l'abbé Pierre Conefroy, se fait sentir ici comme dans les paroisses voisines de Saint-Jacques et de Saint-Roch-de-l'Achigan. Cependant, aucune mention précise dans les archives ne permet d'affirmer que l'abbé Conefroy livre effectivement un plan de la nouvelle église.

De 1790 à 1820, l'architecture religieuse connaît un nouvel essor. Plusieurs facteurs militent en faveur d'un renouvellement des formes. En même temps que la situation économique se redresse et que l'Église du Québec voit se confirmer ses prérogatives, surgissent quelques maîtres d'œuvre pleins de ressources, formés au contact d'ouvrages européens et stimulés par l'apparition de l'architecture palladienne. Parmi eux se retrouvent des religieux français, chassés par la Révolution, et l'architecte François Baillairgé.

L'architecture traditionnelle est cependant fortement ancrée dans les habitudes et, sous la gouverne de l'évêque et de ses grands vicaires (dont Pierre Conefroy), on cherche à affirmer ce caractère particulier du Québec, issu de plus d'un siècle d'évolution. Ainsi l'influence anglaise ne réussira-t-elle pas à modifier en profondeur l'architecture religieuse; tout au plus utilisera-t-on les nouvelles formules comme ornement.

À la même époque sont construites un certain nombre d'églises qui reprennent les grandes lignes de l'architecture religieuse des périodes précédentes, du moins en ce qui concerne le plan. On adopte en effet de façon générale le plan en croix latine, terminée par une abside. L'exemple type est l'église de Boucherville, œuvre de l'abbé Conefroy qui entreprend sa construction en 1801. En gros, cette église est issue de la tradition avec son «plan jésuite»; elle est composée d'une nef, coupée en deux par un transept qui dégage deux chapelles latérales, et fermée par une abside en hémicycle.

Les proportions sont tout naturellement étirées pour accueillir un plus grand nombre de fidèles. D'où quelques modifications notables: les murs latéraux sont plus élevés pour conserver à l'ensemble des proportions plus harmonieuses et des changements affectent la quantité et les dimensions des ouvertures en façade. L'église possède désormais en plus du portail principal, deux portes latérales en façade. La règle du clocher à double lanternon surmonté d'une haute flèche est appliquée.

La première démarche de l'abbé Conefroy est une adaptation de l'architecture ancienne en vue de satisfaire des besoins nouveaux. Habile constructeur, le curé de Boucherville assume la relève de Mgr Briand en codifiant de façon pratique une foule de données relatives à la construction des églises; c'est le célèbre plan-devis Conefroy,

L'église de Saint-Paul et son presbytère (à gauche) vers 1925. (ANQ-Q)

L'église a été construite en 1803-1804. Depuis 1821, le clocher possède deux lanternes, œuvres de Chrysostome Perrault.

Détails de la voûte et de ses larges caissons. L'intérieur de l'église a certainement été modifié après 1850. (MAC)

décrit par Gérard Morisset, mais introuvable aujourd'hui. Ce document est à l'origine de l'uniformisation de l'architecture des paroisses vers 1800. Le succès de ce recueil de recettes destinées à l'économie et à la planification, dans le cas de la construction d'une église, est tel qu'il sera encore utilisé vers 1830.

L'architecture de l'église Saint-Paul-de-Joliette se compare avantageusement à celle de quelques autres édifices de la même période. Outre les exemples déjà cités, il convient de mentionner les églises de L'Acadie et de Saint-Mathias, où l'on perçoit également l'influence de l'abbé Conefroy.

De tous ces édifices se dégage une unité de style, surtout caractérisée par les proportions (39 mètres sur 15 à Saint-Paul) et une façade équilibrée percée de trois portails, de deux fenêtres et de deux oculi. Alors que toutes les ouvertures sont pourvues d'un chaînage d'angle en pierre de taille, le portail reçoit un traitement particulier: il est mis en évidence par la présence de pilastres et d'une corniche, selon les règles de l'art classique.

L'apparence originelle est aujourd'hui quelque peu altérée par la présence, depuis 1821, d'un clocher à deux lanternes signé Chrysostome Perrault, sculpteur formé à l'école de Louis-Amable Quévillon. Le clocher de 1803, lui, n'en comptait qu'une seule, immédiatement surmontée d'une flèche.

La décoration intérieure

Quant au décor intérieur, il n'est entrepris qu'en 1821, alors que les margilliers confient à Chrysostome Perrault, le soin d'exécuter la voûte, le retable, la chaire et le banc d'œuvre. Or, en 1826, alors que la fabrique engage le sculpteur Pierre Guibord pour parachever le décor intérieur, il semble que seule la voûte soit complétée. C'est donc Guibord qui sculpte la corniche encore en place.

La majeure partie du décor architectural de cette époque a cependant disparu. Seule la corniche, modifiée dans les chapelles latérales seulement, témoigne encore des années 1820. On peut affirmer que l'intérieur actuel provient de l'école de Victor Bourgeau, architecte de Montréal. Les nombreux rapprochements entre cette architecture intérieure et celle d'autres édifices du même auteur (Saint-Alexis, Saint-Félix-de-Valois) militent en faveur d'une telle attribution.

La voûte compartimentée en larges caissons, l'utilisation de piliers pour dégager trois nefs sous une même structure et l'intégration de tribunes dans l'espace contenu entre la corniche et la voûte dans les chapelles sont autant d'éléments qui témoignent d'une conception certainement postérieure à 1850, sinon proche de 1900. Une mention concernant de «grandes réparations» en 1889 pourrait situer cette importante réfection intérieure.

L'église Saint-Paul-de-Joliette conserve un intéressant mobilier sculpté. La chaire et le maître-autel (1821) seraient l'œuvre de Chrysostome Perrault, tandis que Pierre Guibord aurait façonné le chandelier pascal et les autels latéraux (1827), selon le modèle de ceux de l'ancienne église de Sainte-Élisabeth (replacés dans l'église actuelle).

Parmi les tableaux qui ornent l'église, il convient de signaler trois œuvres acquises en 1815 du peintre Louis Dulongpré: *La prédication de saint Paul* du maître-autel, *La Stigmatisation de saint François* et *Le Repos de la Sainte Famille*. Seuls le *Saint Dominique* et *Le Baptême du Christ* sont des œuvres anonymes, bien que dans le dernier cas, il puisse s'agir d'une toile de Jean-Baptiste Roy-Audy. L'église Saint-Paul-de-Joliette a été classée monument historique en 1973.

Luc Noppen, historien de l'architecture

JOYAL, Serge. «L'église de Saint-Paul de Joliette», *Le Cahier Six-8*, 22 mars 1972: 6, 7, 12.

LANOUE, F. «Saint-Paul: son église», *L'actualité joliettaine*, 2, 4 (avril-mai 1975): 12-14.

NOPPEN, Luc. *Les églises du Québec (1600-1850)*. Québec/Montréal, Éditeur officiel du Québec/Fides, 1977. 298 p.

Bureau d'enregistrement

Sainte-Julienne
28, rue Albert

Fonction: judiciaire
Reconnu monument historique en 1973

Afin de mieux répartir les établissements judiciaires et rendre la justice accessible à tous les citoyens, l'*Acte judiciaire du Canada*, sanctionné en 1857, adopte le double système des cours supérieures et des cours inférieures et crée 21 districts dans le Bas-Canada. Cette mesure entraîne la construction de plusieurs palais de justice de comté, dont celui de Sainte-Julienne, dans le comté de Montcalm.

La construction de ces palais de justice, destinés aux tribunaux civils inférieurs, revient au conseil de comté, organisme regroupant les maires de chaque municipalité d'un comté. Après avoir choisi le chef-lieu et l'emplacement, le conseil conclut les marchés et supervise l'érection de l'édifice. Le département des Travaux publics, qui défraie en partie le coût des travaux, doit cependant approuver l'emplacement et les plans.

Si le concepteur du palais de justice de Sainte-Julienne n'est pas connu, on sait que c'est un entrepreneur de Saint-Alexis, Benjamin Lemire dit Marsolais, qui le bâtit en 1859-1860. Situé près de l'église paroissiale, le bâtiment se dresse sur une hauteur qui domine toute la région. Cette position avantageuse sied bien à un édifice qui doit en quelque sorte incarner à la fois le pouvoir de la justice et le prestige d'une institution publique. En revanche, la simplicité de son architecture, dont plusieurs éléments sont empruntés à l'architecture résidentielle, concourt à créer une impression de familiarité.

Construit en pierre des champs, le palais de justice présente une composition parfaitement équilibrée. Les fenêtres rectangulaires, sobrement moulurées, sont disposées de façon symétrique. Le toit à deux versants est bordé d'une large corniche à modillons dont les rampants, au centre de la façade principale, tiennent lieu de fronton. Des baies cintrées, dont un triplet inscrit en façade, ornent chacun des pignons, rompant avec la rigidité de l'ensemble.

Le bureau d'enregistrement et le logement du registraire occupent le rez-de-chaussée tandis que la salle d'audience, utilisée aussi pour les réunions du conseil de comté et du conseil municipal, se trouve à l'étage. C'est là d'ailleurs qu'en 1919, une trentaine de déserteurs de la guerre de 1914-1918 subiront leur procès.

L'activité de ces établissements régionaux commence à décliner en 1922, au moment où est instaurée la cour de magistrat de district. L'administration de la justice, après avoir été décentralisée au profit des comtés, est désormais du ressort des districts. Les palais de justice de comté ne conservent la plupart du temps que le bureau d'enregistrement et le siège du conseil de comté.

Au palais de justice de Sainte-Julienne, le bureau d'enregistrement, le conseil de comté et le conseil municipal se partagent l'espace jusqu'en 1979. Cette année-là, on modernise et réaménage complètement l'intérieur, ce qui entraîne la suppression d'éléments patrimoniaux d'intérêt. Déjà, en 1961, on avait fait disparaître le tribunal ainsi que les barres des témoins.

Une petite annexe de maçonnerie, construite en 1948 pour agrandir la chambre forte, est agrandie à son tour en 1979, de sorte que sa superficie au sol équivaut presque à celle du bâtiment de 1859. L'architecture très fonctionnelle de l'annexe apparaît peu soucieuse d'intégration, mais son emplacement en retrait du volume principal en atténue l'effet. Enfin, un petit jardin formel aménagé en façade a été éliminé au profit d'une aire de stationnement.

L'édifice, qui d'ailleurs abrite toujours le bureau d'enregistrement, a conservé à travers tous ces changements sa valeur historique. Et même si le passage à l'ère moderne ne s'y est pas fait sans heurt – comme c'est souvent le cas pour les édifices de cette époque – il demeure, par ses qualités formelles et son emplacement, tout à fait digne d'intérêt.

Mario Brodeur, architecte

Construit en 1859-1860, le palais de justice de Sainte-Julienne présente une composition parfaitement équilibrée. L'immeuble abrite toujours un bureau d'enregistrement.

Giroux, André. *Les palais de justice de la province de Québec, de ses origines au début du vingtième siècle*. Ottawa, Parcs Canada, IBHC, 1977. 498 p.

Groupe Harcart. *Les palais de justice de comté de la région de Montréal*. Montréal, ministère des Affaires culturelles, 1983. 131 p.

CHAPITRE V

Région Estrie

Estrie

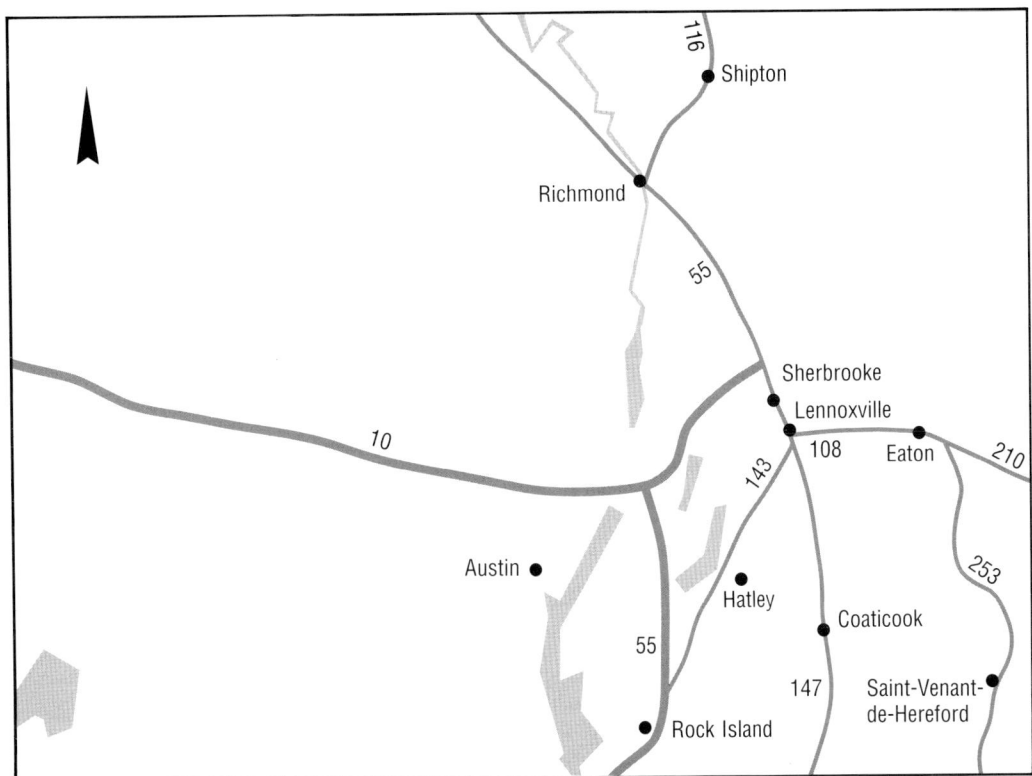

La région de l'Estrie, dont le pôle administratif, économique et culturel est la ville de Sherbrooke, s'étend sur les parties centrale et orientale d'une plus vaste entité (plus souvent désignée sous le nom de Cantons de l'Est) et en partage les caractéristiques historiques et géographiques. La proximité des États-Unis et son peuplement anglophone longtemps prédominant ont influencé profondément le patrimoine bâti régional, riche et empreint d'originalité. Une promenade à travers l'Estrie, avec ses monuments historiques classés ou reconnus, permettra au visiteur d'aborder de façon judicieuse une région aux traits particuliers et bien marqués.

Relativement aux régions du Québec situées dans l'axe du fleuve Saint-Laurent, l'Estrie a connu un peuplement tardif. Son éloignement du fleuve l'a maintenue à l'écart des seigneuries du temps de la colonisation de la Nouvelle-France. Complètement recouverte de forêts, elle compte, à partir du XVIIe siècle, parmi les territoires de chasse et de pêche des Abénaquis, alliés des Français, installés sur le versant atlantique des Appalaches, dans les actuels États du Maine et du New Hampshire. Les guerres coloniales entre Français et Anglais amènent les autorités de la Nouvelle-France à replier leurs alliés abénaquis sur le versant laurentien en les fixant, au début du XVIIIe siècle, à Saint-François-du-Lac (alors nommé Odanak). Le bassin de la haute et de la moyenne Saint-François, qui correspond assez fidèlement au territoire actuel de l'Estrie, est alors régulièrement sillonné par ces Amérindiens à qui l'on doit la toponymie de nombreux lacs et rivières: Massawippi, Memphrémagog, Mégantic, Coaticook, Tomifobia, etc.

Estrie

Situé près de la frontière américaine, le village de Stanstead accueille de nombreux immigrants loyalistes en provenance du Vermont et des États voisins.
(ANC, W.H. Bartlett)

La colonisation anglophone

L'accès au territoire par les Blancs ne s'effectue pas avant 1792, alors que la Grande-Bretagne donne suite aux demandes de concession de terres formulées par les réfugiés loyalistes qui ont quitté les États-Unis pendant la guerre de l'Indépendance américaine (1775-1782) par fidélité à la couronne britannique. Les terres de l'Estrie sont arpentées, divisées en cantons (townships) et concédées en tenure libre et non seigneuriale à des groupes de pétitionnaires. L'éloignement, la spéculation foncière et la qualité moindre des terres contribueront à laisser presque complètement inhabitée, pendant plusieurs décennies, la partie la plus orientale de la région, à l'est de la ligne Danville-Coaticook.

Par contre, pendant les quelque vingt années qui précèdent l'éclatement de la guerre anglo-américaine de 1812, les cantons limitrophes à l'État du Vermont ainsi que ceux qui se succèdent dans la vallée de la moyenne Saint-François, de Cookshire à Richmond, attirent plusieurs milliers de défricheurs. Déjà se profile un des traits permanents de l'Estrie, cette dichotomie entre la partie ouest, à l'agriculture prospère, densément peuplée, urbanisée et industrialisée, et la partie est, bien pourvue en ressources naturelles, forestières et minières, à l'habitat dispersé et aux pôles urbains rares. Cette double facette explique aussi pourquoi les richesses patrimoniales et la majorité des monuments historiques classés ou reconnus sont surtout présents dans la moitié occidentale de l'Estrie.

Exclusivement anglophone, cette première colonisation est d'abord américaine. Les loyalistes sont en effet rejoints par des résidents des États de la Nouvelle-Angleterre, aux convictions politiques moins marquées, désireux surtout de s'établir et de tirer profit de ces terres nouvelles. Par la suite, même si le flot d'immigrants américains diminue notablement après 1825, l'influence américaine demeure prépondérante en Estrie pendant tout le XIXe siècle, surtout dans les cantons situés entre Sherbrooke et la frontière du Vermont. Il faut dire que l'état embryonnaire et délabré des routes reliant, à l'époque, les Cantons de l'Est à Montréal ou à Québec, explique la coupure relative qui se maintient entre l'Estrie et les seigneuries du Richelieu, du Saint-Laurent ou de la Beauce. Par contre, vers le sud, la région est articulée sur le réseau routier de la Nouvelle-Angleterre, avec ses diligences rapides et son service postal efficace.

La population d'origine américaine entretient pendant plusieurs générations des liens familiaux et économiques avec les habitants du Vermont, du New Hampshire et du Massachusetts. Par le biais des canaux individuels et collectifs, les modes et les innovations américaines ont un réel impact en Estrie tout au long du XIXe siècle: nouvelles techniques industrielles, spectacles de cirque, tournées de prêcheurs méthodistes, baptistes ou adventistes, en passant par les excursions de groupe ou les activités sportives (le baseball notamment).

De la même façon, c'est par l'intermédiaire de périodiques et de cahiers de modèles américains que se diffusent en Estrie divers styles architecturaux résidentiels. Ainsi, l'originalité du patrimoine bâti de la région doit être saisie à travers l'intensité des rapports qui se sont tissés, pendant des décennies, entre les États de la Nouvelle-Angleterre et les Cantons de l'Est.

À partir de 1815, une deuxième vague d'immigration anglophone, en provenance cette fois des îles britanniques, amène des

Estrie

L'Estrie demeure très longtemps une région essentiellement agricole, dominée par une classe aisée de notables ruraux.
(Belden Illustrated Atlas..., 1881)

colons anglais, irlandais et écossais jusqu'en Estrie. La plupart s'établissent dans des cantons déjà exploités par des Américains, à l'exception des Écossais des îles Hébrides, que la pauvreté oblige à se diriger vers les terres ingrates autour du mont Mégantic. Ils y maintiennent pendant plusieurs années un peuplement de langue celtique.

Jusqu'aux années 1860, l'Estrie est fondamentalement une région rurale et agricole. Bien avant d'autres régions du Québec, on y trouve une agriculture de type commercial plus que de subsistance, axée sur l'élevage laitier ou de bétail pour la boucherie. Cette agriculture s'avère remarquable par ses hauts rendements, par l'amélioration constante des troupeaux grâce à l'importation de bétail de race pure et par le recours à une main-d'œuvre salariée. Cette agriculture de pointe exige des capitaux et, de ce fait, les éleveurs les plus audacieux s'avèrent souvent d'anciens marchands ou des membres de professions libérales. On ne s'étonne donc pas de trouver dans le patrimoine bâti des moindres villages les traces de cette classe aisée de notables ruraux.

Chemin de fer et industrie

Au cours de la seconde moitié du XIXe siècle, la construction ferroviaire modifie profondément la société régionale. Depuis l'établissement dans les années 1850 du réseau ferroviaire du Grand Tronc – qui relie Montréal, Québec et Portland à travers l'Estrie – jusqu'à l'achèvement vers 1890 de la ligne du Canadien Pacifique entre Montréal et les Maritimes, la région voit se constituer un véritable réseau ferroviaire qui accentue son rôle d'intermédiaire entre la vallée du Saint-Laurent et l'Est des États-Unis. Cette situation entraîne d'importantes mutations sur les plans démographique, économique et social.

Tout d'abord, les voies ferrées facilitent l'accès de l'Estrie aux surplus de population canadienne-française des seigneuries. Issus des régions de Saint-Hyacinthe, de Nicolet-Yamaska ou de la Beauce, les Canadiens français constituent la troisième vague d'immigration de la région. Ils défrichent d'abord des cantons négligés par les Américains ou les Britanniques. Par la suite, leur fécondité remarquable, jumelée au départ des jeunes anglophones vers l'ouest, leur ouvre les portes des cantons peuplés originellement par les Britanniques et les Américains.

Le chemin de fer favorise également une poussée industrielle en Estrie. Ce nouveau moyen de transport des personnes et des marchandises associé au potentiel énergétique des rivières fait éclore de nombreux centres manufacturiers. Un réseau de villes industrielles voit le jour le long des voies ferrées alors que périclitent les petits moulins ruraux qui transformaient les produits agricoles selon des méthodes artisanales.

Estrie

La construction du chemin de fer favorise l'apparition de centres manufacturiers comme Windsor qui possède une importante usine de pâtes et papier.
(The Dominion Guide, 1873)

Ce phénomène d'industrialisation, classique au XIXᵉ siècle, revêt ici un caractère très diversifié. L'Estrie compte en effet des villes mono-industrielles liées à la fabrication du papier (Windsor, East-Angus, Bromptonville), à l'extraction de l'amiante (Asbestos), au tissage du coton (Magog), à l'entretien ferroviaire (Richmond), ainsi que des villes à secteurs manufacturiers multiples où dominent les industries du métal, du textile et du vêtement (Sherbrooke, Coaticook). Outre Lac-Mégantic, liée à la transformation du bois et située de manière excentrique aux confins de la Beauce et de l'Estrie, ces villes forment, dans la moitié ouest de la région, un ensemble hiérarchisé avec une capitale régionale, Sherbrooke, et des centres de moyenne et de faible importance.

En plus de leur fonction industrielle, ces villes jouent le rôle de centres de services et d'échange pour les campagnes avoisinantes. Leur dynamisme se traduit longtemps par la présence de maisons d'enseignement, une riche vie associative, musicale, littéraire et sportive, l'existence d'hebdomadaires, bref, par une pléiade d'institutions nourries par des élites tant anglo-protestantes que canadiennes-françaises. Les Estriens développeront ainsi un sentiment d'appartenance plus fort pour leur petite ville que pour leur région.

L'industrie, généralement alimentée par des capitaux anglo-canadiens ou américains et dirigée par des cadres anglophones, attire une population ouvrière surtout canadienne-française. Les villes de l'Estrie deviennent ainsi majoritairement peuplées de francophones et de catholiques, alors que les campagnes avoisinantes demeurent longtemps anglo-protestantes. L'Estrie devient, vers 1890, une région majoritairement francophone.

Tous ces traits se reflètent dans le paysage urbain des villes avec une juxtaposition de secteurs industriels proches des rivières ou des voies ferrées, de rues centrales vouées au commerce, de quartiers de bourgeois anglophones et de paroisses ouvrières canadiennes-françaises. Même si depuis un quart de siècle la physionomie des villes n'est plus aussi tributaire des origines ethniques de la population, le patrimoine bâti de ces villes recèle encore une variété de références sociales qui témoignent de la situation ancienne. Un style architectural comme le vernaculaire américain peut ainsi se traduire par de petites maisons ouvrières à plan simple, peu ou pas décorées, comme en d'imposantes demeures bourgeoises, aux structures plus complexes, rivalisant entre elles par l'originalité du détail.

À la fin du XIXᵉ siècle, la ville de Sherbrooke compte plusieurs entreprises œuvrant dans les secteurs du textile et du vêtement. (ANQ-E)

Estrie

Ville manufacturière, Sherbrooke s'affirme aussi comme la capitale de l'Estrie avec son palais de justice et ses institutions sociales et religieuses. (ANQ-E)

Lieu de rencontre des cultures britannique et canadienne-française sur fond longtemps empreint d'américanisme, l'Estrie marie la richesse d'un monde rural agricole et forestier avec le dynamisme complexe de ses centres urbains. Le circuit patrimonial que nous présentons dans les pages qui suivent reflète ces caractéristiques générales tout en ménageant au visiteur la découverte d'éléments plus particuliers.

Le patrimoine estrien

Le circuit de l'Estrie débute à Denison's Mills, à mi-chemin entre Danville et Richmond, non loin de la route 116 qui prend racine dans la région des Bois-Francs. Denison's Mills n'est pas un village, mais plutôt un hameau qui semble être resté à l'écart du temps tout en offrant la quintessence de la géographie et de l'histoire de l'Estrie rurale. Le paysage est typique de l'appartenance au système appalachien: un plateau bosselé de collines et délicieusement vallonné avec des axes montagneux qui s'étirent en bandes parallèles. Les glaciations successives ont adouci et arrondi le relief, creusé des cuvettes où se sont formés des lacs, provoqué des cassures propices aux chutes d'eau.

Dès 1798, ce secteur a été occupé par des pionniers américains auxquels se sont mêlés des immigrants britanniques après 1815. Nous sommes ici à proximité du vieux chemin Craig, la première voie terrestre officielle qui relie, à partir de 1811, la seigneurie de Saint-Gilles, près de Québec, à Richmond. Ce chemin servira de porte d'entrée dans les Cantons de l'Est à de nombreux Irlandais, Écossais et Anglais. On peut encore percevoir l'originalité du mode d'occupation de l'espace de ces colons anglophones. Bien que le cadastre soit articulé en rangs et en lots, les chemins de campagne n'ont rien de rectiligne ou de géométrique, mais sont tout en courbes et en détours, en quête de la pente la plus favorable et des terrains les mieux drainés.

Demeures bourgeoises sur la rue Moore à Sherbrooke au début du siècle. (ANQ-Q)

Estrie

Ferme située entre Windsor et Richmond. (ANQ-Q)

L'individualisme et la diversité religieuse des immigrants protestants n'ont guère favorisé l'émergence de villages serrés autour d'une église paroissiale, centre obligé de toute vie sociale pour les habitants des alentours; l'habitat est au contraire dispersé sur les chemins. Plus qu'au village, les échanges se concentrent autour du hameau, surgi au hasard d'un carrefour ou à proximité d'un moulin. Reflet d'une culture qui, contrairement au Canada français, n'est basée ni sur le rang, ni sur la paroisse, Denison's Mills a conservé deux ou trois maisons séculaires, dont l'une est l'inévitable magasin général et bureau de poste, une chapelle anglicane et un moulin à farine aujourd'hui classé. La maison ancestrale des Denison rappelle le rôle que souvent une même famille jouait dans la création et le développement de ces hameaux, rôle que la communauté consacre d'ailleurs par le toponyme.

Avec Richmond, le visiteur aborde le monde des petites villes estriennes. En 1810 déjà, on y comptait de nombreux magasins, auberges et ateliers d'artisans au service des agriculteurs des cantons voisins. La jonction de deux lignes ferroviaires a évidemment accentué, après 1854, son rôle primordial de même que son statut de chef-lieu de comté. La spécialisation de l'espace selon les différentes fonctions urbaines est ici particulièrement saisissante. Ainsi, le chemin de fer polarise autour de la gare des activités et une population spécifiques: cour de triage, hôtels, maisons ouvrières, église et couvent catholiques. Pendant ce temps, se développait, à une certaine distance, sur une colline surplombant la rivière, le quartier résidentiel de la bourgeoisie anglophone, avec ses maisons anciennes, son académie et son bureau d'enregistrement, aujourd'hui reconnu comme bien culturel. De l'autre côté de la rivière Saint-François, le village de Melbourne s'étire avec ses vieilles demeures et ses nombreuses églises protestantes.

De Richmond, on remonte la vallée de la rivière Saint-François en passant par Windsor et Bromptonville, deux centres de l'industrie du papier. Windsor, ouvert au peuplement américain dès 1800, connaît un développement continu depuis 1866, année où la firme Angus and Logan inaugure le procédé de fabrication chimique du papier à la pâte de bois, une première au Canada.

À quelques kilomètres au sud de Bromptonville, on atteint Sherbrooke, la métropole de l'Estrie, surnommée à juste titre «la reine des Cantons de l'Est». Située au confluent des rivières Saint-François et Magog, sur un ancien portage des Abénaquis, Sherbrooke doit sa fortune aux chutes de la rivière Magog qui, au centre-ville, dévalent de 30 mètres à l'intérieur d'une gorge pittoresque et dont le potentiel hydraulique a assuré la richesse industrielle. Sherbrooke a d'abord été le hameau de Hyatt's Mills, site des moulins que Gilbert Hyatt, du Vermont, installe sur la rivière Magog en 1802.

Estrie

*Établie au confluent des rivières Saint-François et Magog, la ville de Sherbrooke doit sa fortune aux chutes de la rivière Magog.
(ANC, W.H. Bartlett)*

*Fondée en 1866, l'usine de laines Paton abrite aujourd'hui des résidences et des commerces.
(ANQ-Q)*

Son statut de centre urbain régional s'amorce en 1823 quand le gouvernement provincial en fait le chef-lieu du nouveau district judiciaire de Saint-François et le siège d'un palais de justice. Ce rôle administratif, qui s'est amplifié jusqu'à aujourd'hui, a valu à Sherbrooke la construction d'édifices publics imposants, tel le troisième palais de justice, aujourd'hui l'hôtel de ville reconnu monument historique. Ce majestueux édifice en pierre détonne par son style architectural et par son matériau avec les élégantes résidences en bois du Vieux-Nord. Ce quartier cossu et boisé a longtemps été associé à la bourgeoisie anglophone de Sherbrooke dont Alexander Galt, un des pères de la Confédération canadienne, a été le plus illustre représentant. On y trouve une grande variété de styles propres aux résidences du XIXe siècle: le vernaculaire américain, le néo-gothique, le style Second Empire et le néo Queen Anne et de très belles églises protestantes, dont le temple Plymouth-Trinity, au gracieux clocheton d'inspiration Nouvelle-Angleterre.

Quant à l'importance historique de l'industrie à Sherbrooke, elle peut se refléter, aux yeux du visiteur épris de patrimoine, par l'ancienne usine de laines Paton, fondée en 1866. Jadis la plus importante en son genre au Canada, ses bâtiments ont été transformés en résidences et en commerces. L'image industrielle de Sherbrooke comprend aussi les centrales électriques de la rivière Magog, dont l'usine Frontenac, devenue centenaire en 1988, demeure la plus ancienne en activité au Québec.

Poussant au sud, l'itinéraire fait découvrir Lennoxville, bastion anglophone, petite ville à fonction résidentielle et surtout éducative grâce à l'Université Bishop, fondée en 1846. Le campus de cette université, qui n'est pas sans évoquer de vénérables institutions britanniques, abrite la chapelle St. Mark, de style néo-gothique et aux remarquables décorations intérieures.

De là, en se dirigeant vers l'est par les routes 108 et 210, on aboutit au village d'Eaton Corner, en traversant les cantons d'Ascot et d'Eaton, défrichés par des familles

Estrie

En 1832, le petit village de Lennoxville ne compte qu'une vingtaine de maisons. (Gravure d'après un dessin original de C. B. Felton)

américaines dès 1793. Comme son nom le suggère, Eaton Corner a d'abord été un hameau à la croisée de chemins, où se sont peu à peu agglomérés des ateliers d'artisans, des magasins généraux, des salles de réunions et des églises de confessions diverses. Mais l'absence de chutes d'eau à potentiel industriel et la localisation du chemin de fer à Cookshire ont entraîné, après 1870, le déplacement graduel des activités économiques vers cette dernière ville. Située à mi-chemin entre Cookshire et Sawyerville, deux localités où le visiteur pourra apprécier de pittoresques églises et de nombreuses résidences du XIXe siècle, Eaton Corner séduit par son allure d'antan. Le village abrite deux édifices classés, occupés aujourd'hui par le musée de la Société d'histoire du comté de Compton, soit une vieille église protestante et l'ancienne académie, deux bâtiments en bois du milieu du XIXe siècle aux lignes sobres et classiques, d'inspiration américaine.

C'est en empruntant la route 253 que nous découvrons Paquetteville. Défriché par l'abbé Jean-Baptiste Champeaux et son demi-frère, le marchand Flavien Paquette, ce petit village prend naissance en 1861. On y trouve encore deux édifices patrimoniaux qui rappellent cette volonté des fondateurs de doter leur entreprise de colonisation de tous les services susceptibles d'attirer des colons: l'église et l'ancien couvent, monument reconnu comme bien culturel.

De retour à Lennoxville, le circuit continue au sud vers Coaticook après un détour par Hatley. Le visiteur se retrouve ici dans une petite communauté anglophone qui a conservé son cachet du XIXe siècle. Autour de la place carrée, véritable centre du village, s'élèvent l'église St. James, monument classé, et une ancienne académie.

La route se poursuit en traversant les terres prospères du canton de Compton, ouvert dès 1796. Le village homonyme est le berceau de Louis Saint-Laurent (1882-1973) et la maison natale du premier ministre a été transformée en site historique national.

Célèbre entre autres pour ses gorges, Coaticook ne se développe qu'après l'arrivée du chemin de fer, en 1853. Comme pour d'autres villes de l'Estrie, les notables anglophones de Coaticook sont intéressés par l'industrie et il n'est donc guère étonnant que ce soit un industriel spécialisé en outillage ferroviaire, A.O. Norton, qui érige une des plus prestigieuses résidences de l'Estrie, connue sous le nom de «château Norton».

De Coaticook on rejoint Rock-Island, à la frontière canado-américaine. Symbole de la continuité historique entre la Nouvelle-Angleterre et l'Estrie, le bâtiment abritant la bibliothèque et l'opéra Haskell se dresse à cheval sur la ligne frontalière du Vermont et du Québec. Rock-Island et le village voisin de Stanstead offrent sans doute la plus grande concentration d'édifices patrimoniaux de l'Estrie, avec de vieilles églises, de majestueuses maisons d'enseignement et des résidences aux influences stylistiques diverses. Ces richesses architecturales rappellent l'époque, antérieure à 1850, où Stanstead comptait plus d'habitants que Sherbrooke et rassemblait une riche bourgeoisie d'ascendance américaine, enrichie par le commerce d'importation et l'élevage.

Estrie

Le barrage de la Dominion Textiles à Magog au moment de sa construction. (ANQ-Q)

L'abbaye de Saint-Benoît-du-Lac constitue un chef-d'œuvre architectural de style Dom Bellot. (ANQ-Q)

C'est en parcourant des campagnes prospères et des localités riches en maisons et églises anciennes comme Georgeville, que l'on arrive à Magog, ville industrielle et touristique. Occupé dès 1798, le site se développe après 1884 lorsqu'on y établit la première manufacture de coton imprimé au Canada.

De là, l'itinéraire se poursuit vers le petit hameau d'Austin, où l'on peut apprécier un rare vestige du patrimoine agricole estrien, la grange-étable circulaire. Dans ce hameau, dont le nom évoque Nicholas Austin, pionnier de la région, on retrouve un autre témoignage de l'attrait et de l'influence des modes américaines dans la vie quotidienne de l'Estrie de jadis.

Nous sommes alors à deux pas de l'abbaye de Saint-Benoît-du-Lac, un chef-d'œuvre architectural de style Dom Bellot. L'excursion se termine sur ce bel exemple de tissu patrimonial complexe, qui caractérise si bien la région. Sur ce terroir anglophone, au bord du lac Memphrémagog et à l'ombre du mont Orford, sont ainsi venus se rejoindre les influences américaines de la Nouvelle-Angleterre et françaises de la vallée du Saint-Laurent.

Jean-Pierre Kesteman, historien

DAY, Mrs C. M. *History of the Eastern Townships*. Montréal, Lovell, 1869. 475 p.

Moulin Denison

Shipton
504, chemin Denison

Fonction: culturelle
Classé monument historique en 1973

Dans notre histoire, moulin et colonisation semblent aller de pair. On ne saurait imaginer le développement d'une région sans la présence d'un moulin à scie ou d'un moulin à farine. Cette activité économique apparaît comme un préalable au peuplement. Installé près d'une chute, très souvent au confluent de deux rivières, à proximité des voies de communication et de la population, le moulin à eau devient rapidement un centre d'attraction, donnant même son nom au toponyme créé. Ainsi en est-il du hameau Denison Mills, dans le canton de Shipton, à mi-chemin entre Danville et Richmond.

Les Denison

La tradition familiale rapporte que le premier Denison aurait reçu 5 000 acres de terre dans Shipton dès 1796. Il s'y serait ensuite installé et y aurait fait venir sa famille cinq années plus tard. La consultation des documents officiels donne cependant une version tout à fait différente.

Le canton de Shipton est concédé à Elmer Cushing et à ses associés en 1801. Le lot sur lequel sera construit le moulin Denison est pour sa part octroyé à Thomas Ellison. Avery Denison n'est donc pas parmi les premiers concessionnaires. Il habite alors Ludlow, dans le Vermont, où naissent ses deux fils, Simeon Minor et John William.

Ce n'est qu'en août 1822 que Simeon Minor Denison se porte acquéreur du lot de Shipton. L'année suivante, son père Avery achète un lot contigu. Les Denison ne commencent donc à occuper et à développer ce qui deviendra Denison Mills qu'à partir des années 1820.

Jusqu'en 1850, Simeon Minor Denison est fermier. Il a acheté deux années auparavant un moulin dans un rang de Shipton, mais il ne l'exploite pas. Il s'en servira sans doute comme modèle pour bâtir lui-même son propre moulin à compter de 1850. Cinq ans plus tard, le moulin à farine Denison est en activité. Dans le recensement de 1861, Simeon Minor Denison est reconnu comme meunier. Le capital investi est alors de 4 000 dollars et la production annuelle s'élève à quelque 2 000 boisseaux.

Avec son fils Joseph Root, Simeon Minor Denison ajoute d'autres entreprises au moulin à farine. Ainsi, dès 1858, un moulin à scie vient compléter les services offerts aux nouveaux colons. Une école est ouverte, d'abord dans la maison dite «seigneuriale» des Denison, puis dans un bâtiment indépendant situé près du moulin. Un magasin général, un bureau de poste, une forge et une cordonnerie s'ajoutent ensuite. Avec le temps, Denison devient «un membre du réseau des notables tories qui contrôlent l'opinion du district».

La contribution de Joseph Root Denison au développement de Denison Mills n'a rien à envier à celle de son père. Propriétaire de nombreuses entreprises, il multiplie les démarches pour améliorer les services et en implanter de nouveaux. Avec la construction d'une église en 1875, le hameau Denison Mills prend véritablement l'allure d'un village. William Simeon Denison prend en main le moulin à farine à la mort de son père, en 1915. Fidèle à l'héritage légué par Joseph Root, William Simeon sera meunier jusqu'à sa mort, en 1937. Son fils, William John, prend alors la relève et exploite le moulin jusqu'à son décès en 1963.

Le moulin Denison connaît ses heures de gloire dans la seconde moitié du XIXe siècle. Sa construction et celle de l'église en 1875 entraînent le développement du hameau Denison Mills. (MAC)

Digne représentant de l'architecture vernaculaire du milieu du XIXe siècle, le moulin Denison est érigé par des artisans locaux. (MAC)

Un moulin à farine

Digne représentant de l'architecture vernaculaire du milieu du XIXᵉ siècle, le moulin Denison est érigé par des artisans locaux à l'aide de matériaux trouvés sur place et son allure atteste les origines américaines de Simeon Minor Denison.

Les fondations massives en pierre supportent une lourde structure en bois de deux étages avec combles, recouverte de planche à clins. Du côté ouest, le toit à pignon débordant surplombe le palan qui servait à hisser le grain pour l'entreposage. Les planches cornières, la corniche unie sous l'égout du toit et l'encadrement des ouvertures sont peints en blanc pour contraster avec les murs foncés.

Une caractéristique remarquable de l'intérieur est sans contredit la brique laissée à découvert entre les poutres du plancher du rez-de-chaussée. Cette méthode de construction a été introduite en Amérique du Nord par des colons allemands dans le Middle West américain. La brique pouvait alors servir de pare-feu ou, comme c'est le cas pour le moulin Denison, pour renforcer la structure qui doit supporter le poids des appareils et marchandises logés à l'étage.

Comme la plupart des moulins construits dans les Cantons de l'Est à l'époque, le moulin Denison est un moulin à eau. Il est donc situé près d'un cours d'eau, au pied d'une chute facile à aménager. Le barrage emmagasine la force motrice en créant une réserve qui permet de poursuivre le travail du moulin, même si le niveau d'eau diminue. Le moulin s'élève à une bonne distance du barrage pour le protéger en cas de débordement. Il y est relié par une conduite souterraine contrôlée par deux vannes. L'eau qui jaillit du barrage accélère sa course dans la conduite et va se jeter dans la turbine hydraulique qui fournit la puissance requise pour les machines.

Logée au rez-de-chaussée, la turbine hydraulique est reliée aux machines par un système de transmission complexe. Poulies, courroies, couples d'engrenage communiquent à distance le mouvement engendré par la turbine et contrôlent la vitesse du mouvement.

Les machines utilisées pour moudre le grain sont réparties sur deux niveaux. On nettoie d'abord le grain en le faisant passer par des cribles. Le premier, appelé crible à secousses, fonctionne selon le principe du sassement: le grain est déposé dans une trémie, boîte pyramidale inversée surmontant un sas métallique qui s'agite. Le grain est alors récupéré et monté au second niveau sur une courroie placée dans un cavet fermé. Il passe ensuite dans un second crible, le

Vue de l'intérieur et des mécanismes originels après leur restauration. (MAC)

séparateur, qui reprend et complète le sassement. Versé dans un auget, le grain traverse plusieurs tamis de différentes grosseurs qui le nettoient d'une façon de plus en plus raffinée. Le grain tombe dans un cylindre rotatif; l'ivraie est chassée à l'extérieur à l'aide d'un ventilateur, tandis que le bon grain, plus lourd, se dépose dans le fond du cylindre.

Prêt pour la mouture, le grain redescend vers les meules. Le moulin Denison en compte quatre paires faites d'un aggloméré de silex et de calcaire. La meule du dessous, appelée gisante ou dormante, est fixe. Celle du dessus, tournante ou courante, est posée en équilibre sur le fer qui lui donne son mouvement. Les grains sont jetés au centre des meules par une trémie puis un auget. Par la force centrifuge de la meule tournante, ils se font ensuite emporter vers les bords, d'où ils sont libérés après avoir été broyés.

À sa sortie des meules, la farine emprunte un élévateur et pénètre dans le blutoir pour séparer les parties moulues des parties non moulues. Les blutoirs sont faits de toiles fines de différentes grosseurs fixées à un cadre de bois relié à un arbre rotatif incliné. L'inclinaison, la finesse des toiles et le mouvement agissent sur le blutage, de sorte que la partie la plus légère de la céréale moulue s'échappe en premier et que les parties les plus consistantes se répartissent graduellement. Ce tamis occupe la partie supérieure d'un meuble qui fait la fierté des meuniers Denison. La partie inférieure du meuble forme un long bac où s'amasse la farine tamisée, prête à être ensachée.

Les moulins hydrauliques sont à peu près disparus du paysage des Cantons de l'Est depuis le début du XXᵉ siècle. Saisonniers, ils ne pouvaient répondre aux besoins d'une population de plus en plus nombreuse. Le moulin Denison fait cependant figure d'exception. Il poursuit ses activités jusqu'en 1963.

Laissé à l'abandon durant quelques années, il est finalement acheté par James Quig qui en entreprend la restauration. Ouvert au public comme centre d'interprétation, il a conservé le mécanisme originel qui a permis aux Denison de transformer le grain des cultivateurs des campagnes avoisinantes pendant plus de cent ans.

La Société d'histoire de Sherbrooke

ALLAIRE, Denis et Danielle BÉDARD. *Le hameau Denison Mills*. Québec, ministère des Affaires culturelles/ministère du Tourisme, 1977. 112 p.

LABRÈQUE, Marie-Paule R. «Denison, Avery», *Dictionnaire biographique du Canada. Volume VI, de 1821 à 1835*. Québec, Presses de l'Université Laval, 1987: 204.

SOCIÉTÉ D'HISTOIRE DE SHERBROOKE. *Des moulins et des hommes*. Sherbrooke, La Société, 1990. 19 p.

Bureau d'enregistrement de Richmond

Richmond
295, rue Principale Sud

Fonction: commerciale et résidentielle
Reconnu monument historique en 1976

Construit en 1859-1860, l'ancien bureau d'enregistrement de Richmond est l'un des témoins du développement de la municipalité en tant que chef-lieu de comté vers le milieu du XIXᵉ siècle.

Richmond doit son essor au réseau ferroviaire du Grand Tronc qui relie, au début des années 1850, le Canada-Uni et l'État du Maine. Située à la croisée de deux axes (Montréal-Québec et Montréal-Portland), Richmond devient la plaque tournante de cette nouvelle liaison terrestre, ce qui donne un élan prodigieux à ses activités commerciales. Le chemin de fer procure également de nombreux emplois, tout comme les différents services qui s'y rattachent, tels la restauration et l'entreposage. La ville connaît ainsi une expansion rapide et devient le chef-lieu du comté.

En 1859, cinq ans après que l'Assemblée législative eut sanctionné l'*Acte pour établir un bureau d'enregistrement* dans le chef-lieu de chaque comté, le Conseil du comté de Richmond fait bâtir, au coût de 3 200 dollars, un édifice destiné à loger un bureau d'enregistrement et une cour de magistrat.

Le bâtiment d'un étage, dessiné et construit par Josiah Simons Brown, est une structure fort simple, de plan rectangulaire, revêtue de brique. À l'origine, des bardeaux de bois recouvraient le toit en pavillon. Les éléments décoratifs, sur la façade d'aspect sévère, se résument à quatre pilastres de faible saillie, aux linteaux de brique au-dessus des fenêtres du rez-de-chaussée et au fronton surmontant le portique. En 1876, l'ajout d'une aile donne au bâtiment la forme d'un «L».

Le rez-de-chaussée est réservé au bureau d'enregistrement et au conseil de comté. La salle d'audience ainsi que les bureaux du juge et des avocats se situent à l'étage. La cour de magistrat et la cour provinciale y siégeront successivement jusqu'en 1969. Par la suite, l'étage demeurera vacant pendant quelques années. Quant au bureau d'enregistrement, il sera transféré à l'hôtel de ville en 1969, ce qui ne laisse comme occupant que le conseil de comté.

En 1977, la Corporation municipale du comté de Richmond (aujourd'hui municipalité régionale de comté du Val-Saint-François) se départit de l'édifice. Depuis 1986, le rez-de-chaussée est occupé par un salon funéraire tandis que l'étage sert à des fins d'habitation.

L'édifice qu'on peut voir aujourd'hui a conservé, malgré le passage du temps et sa conversion à d'autres usages, la dignité et la sobriété qui le caractérisaient à l'origine. Il a subi néanmoins plusieurs modifications. Dès 1928, on remplace le bardeau du toit par de l'ardoise et l'on construit une annexe en brique dans l'angle intérieur du «L». À présent, ce sont des bardeaux d'asphalte qui recouvrent le toit.

Au cours de l'été 1978, les intérieurs sont remis à neuf et modernisés. L'annexe est surhaussée d'un étage en 1987, les fenêtres à guillotine sont remplacées par des fenêtres à battants et à carreaux, et le fronton disparaît pour faire place à un balcon à l'étage.

Stéphane Tougas

Construit en 1859-1860, l'ancien bureau d'enregistrement est l'un des témoins du développement de Richmond. L'édifice a subi de nombreuses transformations depuis 1978. Le fronton a disparu pour faire place à un balcon à l'étage. (MAC)

CARTER, Margaret *et al. Les premiers palais de justice au Canada*. Ottawa, Parcs Canada, 1983. 264 p.

The Tread of Pioneers: Annals of Richmond County and Vicinity. Richmond, The Richmond County Historical Society, 1966. 2 vol.

Palais de justice de Sherbrooke

Sherbrooke
191, rue du Palais

Fonction: administrative
Reconnu monument historique en 1977

Le palais de justice constitue le pôle d'attraction du centre-ville de Sherbrooke. (ANQ-Q)

Construit entre 1904 et 1906, cet édifice est très représentatif du style architectural développé par le département des Travaux publics de la province de Québec au cours des vingt dernières années du XIXe siècle.

Déjà, les palais de justice de Rivière-du-Loup (1882) et de Québec (1883) ouvrent la voie en rompant avec le style austère qui caractérise ce type d'édifice depuis 1857. Cette année-là, la création de douze nouveaux districts judiciaires nécessite la construction de plusieurs palais de justice en un laps de temps très court, amenant l'adoption d'un plan uniforme et très sobre qui, tout en réduisant les coûts, peut aisément se prêter à d'éventuelles modifications. Ce plan est conçu par Frederick Preston Rubidge, alors architecte en chef du département des Travaux publics du Canada-Uni.

Les années 1880 vont cependant consacrer le triomphe d'une architecture publique de prestige dont le vocabulaire, empreint de symbolisme, reflète le pouvoir et la prospérité du pays. Le palais de justice de Sherbrooke, d'inspiration Second Empire, s'inscrit dans ce courant.

À la mesure de la ville

Pour Sherbrooke, il s'agit du troisième palais de justice en moins d'un siècle. Édifié en 1823, le premier était situé sur le plateau Marquette, près de l'édifice de la rue du Palais, sur l'emplacement actuel de la cour du Séminaire de Sherbrooke. Le deuxième, érigé en 1839, rue Williams, sert aujourd'hui de manège militaire pour le Sherbrooke Hussars.

Au début du siècle, la construction d'un troisième palais de justice devient nécessaire à la suite de l'expansion rapide de la ville qui, en outre, s'affirme de plus en plus comme la capitale régionale. De 3 000 habitants en 1852, Sherbrooke passe à plus de 11 700 en 1901. La décision d'ériger le palais de justice est prise à Québec en 1902 et l'on en évalue les coûts à 75 000 dollars, dont 30 000 dollars doivent être défrayés par la Ville. On opte cependant pour un projet évalué à 103 000 dollars qui correspond à la soumission la moins élevée.

Avant même la fin des travaux, le conseil municipal vote un budget supplémentaire pour l'aménagement paysager du vaste terrain qui entoure l'édifice. La qualité et la beauté de cet aménagement sont encore aujourd'hui remarquables.

Œuvre de l'architecte Elzéar Charest, le palais de justice a été édifié entre 1904 et 1906 dans le style Second Empire. (ANQ-E)

L'édifice a fait l'objet de rénovations intérieures en 1989 pour loger les bureaux de l'administration municipale. (Ville de Sherbrooke)

Le hall d'entrée et son grand escalier. (Ville de Sherbrooke)

L'inauguration officielle du palais de justice a lieu le 11 septembre 1906, en présence du premier ministre du Québec, Lomer Gouin. Construit d'après les plans de l'architecte en chef du département des Travaux publics du Québec, Elzéar Charest, le bâtiment affiche une silhouette particulièrement imposante. L'avant-corps central, précédé d'un portique à colonnade surmonté d'un fronton, est coiffé d'un toit bombé, typique de l'architecture Second Empire. Les pavillons des extrémités, légèrement en saillie, sont surmontés d'un toit en pavillon orné d'une crête. Le revêtement en granit gris de Stanstead marié au granit rose du comté d'Argenteuil offre un riche contraste.

Parmi les éléments décoratifs, notons les chaînes d'angle qui soulignent les multiples ruptures d'alignement, les chambranles en pierre, les crêtes faîtières en fer forgé et le balcon à balustrade au-dessus du portique.

Depuis sa construction, l'édifice n'a subi aucune modification ni rénovation extérieure importante; seules les plaques de cuivre de la toiture ont été changées en 1984-1985. L'édifice a toutefois subi des rénovations intérieures majeures en 1989. Par son emplacement, son style et sa masse, il constitue le pôle d'attraction du centre-ville de Sherbrooke.

L'édifice conserve sa fonction initiale jusqu'en 1987, date à laquelle un nouveau palais de justice est inauguré rue King Ouest. Depuis décembre 1989, il abrite les bureaux de l'administration municipale. C'est donc un retour aux sources puisqu'avant la construction du bâtiment en 1904, une partie de l'emplacement était occupée par l'hôtel de ville.

Roger Blanchet, historien

BEAUDOIN, Christine, Hélène LIARD et Michel SHARPE. *Circuits patrimoniaux du Vieux-Sherbrooke*. Sherbrooke, Société d'histoire des Cantons de l'Est, 1986.

CARTER, Margaret. *Les premiers palais de justice du Canada*. Ottawa, Parcs Canada, 1983. 264 p.

KESTEMAN, Jean-Pierre. *Guide historique du Vieux-Sherbrooke*. Sherbrooke, Société d'histoire des Cantons de l'Est, 1985. 174 p.

Plymouth-Trinity United Church

Sherbrooke
380, rue Dufferin

Fonction: religieuse
Classée monument historique en 1989

La Plymouth-Trinity United Church occupe une place de choix au cœur du Vieux-Sherbrooke. Sur son promontoire dominant la rivière Saint-François, à quelques pas de la rivière Magog, elle offre un point de repère géographique et historique à tous les visiteurs.

Au début du XIXe siècle, les congrégationalistes représentent seulement 3 % de la population des Cantons de l'Est. Ils sont dispersés parmi d'autres colons et rarement assez nombreux pour organiser leur propre communauté. Il faut attendre la venue du révérend Ammi J. Parker en 1827 pour voir la fondation d'une première communauté congrégationaliste permanente dans la région. De Shipton, le révérend Parker contribue par la suite à l'établissement de plusieurs communautés, dont celle de Sherbrooke-Lennoxville en 1835.

Au début, l'Église congrégationaliste de Sherbrooke dispense ses services dans une petite école sur la rue Wellington. En 1838, le rêve de posséder son propre local se concrétise sur le site actuel de l'église presbytérienne St. Andrew, rue Frontenac. Puis, dans la foulée expansionniste qui caractérise le Sherbrooke des années 1850, les congrégationalistes optent pour un terrain de la British American Land Company, rue Dufferin. Ils y construisent l'église actuelle en 1855.

En 1862, les congrégationalistes de Sherbrooke choisissent le nom de Plymouth Congregational Church. En 1925, pour marquer leur entrée dans le grand rassemblement canadien des églises congrégationalistes, presbytériennes et méthodistes, ils changent ce nom pour celui de Plymouth United Church. Sherbrooke compte alors deux communautés «United». Même si des pourparlers ont lieu dès le début du XXe siècle, ce n'est qu'en 1971 que les deux communautés fusionnent. L'église de la rue Dufferin demeure un lieu de culte alors que l'église Trinity United, rue Court, sera démolie pour faire place à un stationnement.

L'édifice occupé par la Plymouth-Trinity United Church est l'œuvre de William Footner. Débarqué au Canada au cours des années 1830, cet architecte d'origine allemande s'établit à Montréal où on lui doit, entre autres, le marché Bonsecours, la fabrique de pianos de Thomas Hood et l'édifice Tiffin. Footner est aussi l'auteur des plans du deuxième palais de justice de Sherbrooke, rue Williams.

Pour l'église Plymouth, Footner adopte le style Renouveau classique: toit en pente faible à deux versants se terminant en façade par un fronton triangulaire, façade hexastyle qui comporte en fait quatre pilastres en saillie et deux véritables colonnes doriques au centre. L'église Plymouth se rattache à une architecture très populaire en Nouvelle-Angleterre. Les matériaux utilisés sont aussi d'influence américaine: charpente en bois, fondations en pierre et mortier, recouvrement en brique. Le clocher, bien centré, s'élève sur une base carrée. Le premier niveau à plan octogonal abrite une cloche qui aurait été fabriquée en 1792, mais dont la provenance demeure un mystère. La deuxième lanterne possède un vitrage à carreaux. La flèche à huit côtés termine le clocher à environ 30 mètres au-dessus du sol.

On accède au Plymouth Auditorium par une entrée centrale à double porte ou par deux entrées secondaires donnant dans les cages d'escalier de chaque côté. Disposés de façon circulaire, les bancs en chêne remplacent les anciens bancs coloniaux depuis 1893. Le chœur intègre un orgue Casavant installé en 1908. Une chaire sculptée et une chaise en chêne ont été ajoutées en 1924. Les vitraux du Plymouth Auditorium permettent de passer en revue les principaux notables de Sherbrooke. En effet, ils ont tous été donnés à la mémoire de ces hommes qui étaient membres de la communauté congrégationaliste et qui ont marqué le développement de la ville. Le vitrail ogival, à l'arrière du jubé, provient de l'église Trinity.

La Plymouth-Trinity United Church, construite en 1855, est de style Renouveau classique. (Société d'histoire de Sherbrooke)

Du Plymouth Auditorium, on accède, à l'étage, au Plymouth Hall, ajouté entre 1863 et 1880 et agrandi en 1924. Depuis 1974, une partie du sous-sol du Plymouth Hall est aménagée en chapelle. On y trouve du mobilier et des vitraux qui proviennent de l'église Trinity.

L'église Plymouth-Trinity United est un édifice à l'allure sévère et dépouillée; elle est un exemple éloquent de l'architecture coloniale de la Nouvelle-Angleterre. Située au cœur du Vieux-Sherbrooke, elle rappelle cette époque où la région des Cantons de l'Est était habitée par une population d'origine américaine désireuse de s'implanter avec ses traditions.

Société d'histoire de Sherbrooke

Disposés de façon circulaire, les bancs en chêne ont remplacé en 1893 les anciens bancs coloniaux. Le chœur intègre un orgue Casavant depuis 1908. (Société d'histoire de Sherbrooke)

AMÉNATECH-URBANITEK. *Étude d'ensemble des églises protestantes de la MRC de Sherbrooke et de Coaticook.* Sherbrooke, s.n., 1985. 75 p.

SANGSTER, F.J. *Plymouth Trinity United Church 1835 to 1985. One Hundred and Fifty Years.* Sherbrooke, s.n., 1986. 20 p.

SOCIÉTÉ D'HISTOIRE DES CANTONS DE L'EST. *Plymouth Church: historique, description, évolution.* Sherbrooke, s.n., 1978. 48 p.

Chapelle St. Mark

Lennoxville
Campus de l'Université Bishop

Fonction: religieuse
Classée monument historique en 1989

Intégrée à l'Université Bishop de Lennoxville, St. Mark est une chapelle collégiale anglicane, située au nord-ouest d'un quadrilatère composé de bâtiments qui forment le noyau ancien de l'université. Son histoire est donc liée à celle de l'institution.

Résultat des efforts conjugués du pasteur Lucius Doolittle et de l'évêque George J. Mountain, le Bishop's College voit le jour en 1834. Cette institution est une adaptation des «church-colleges» liés à l'Église d'Angleterre et que l'on retrouve en Grande-Bretagne. Le Bishop's College assure un enseignement libéral ouvert aux élèves de toutes les confessions. Il donne aussi des cours de théologie dans le but de former un clergé anglican local. En 1853, il devient la University of Bishop's College. Ce nouveau statut lui permet de conférer les titres de bachelier, maître et docteur.

Dans l'esprit des fondateurs, la chapelle est un élément indispensable au bon fonctionnement d'un «church-college». Les ressources financières limitées imposent cependant un délai de près de dix ans entre la construction des premiers édifices du collège (1845) et celle de la chapelle (1853).

C'est à l'issue de quatre années de travaux que la chapelle St. Mark est consacrée par l'évêque Mountain lui-même. Les plans de ce bâtiment rectangulaire, sans abside ni transept, ont été réalisés en Angleterre et modifiés sur place pour tenir compte des conditions climatiques et des matériaux disponibles. Un entrepreneur de Sherbrooke, G. G. Bryant, est chargé, en 1875, de l'exécution des plans de l'architecte anglais Frank Darling pour permettre l'adjonction d'un chœur. La nouvelle chapelle est bénite le 14 juin 1878 et l'agrandissement est dédié aux deux fondateurs, l'évêque Mountain et le révérend Doolittle.

De l'incendie du 5 février 1891, qui rase une partie du campus de l'Université, il ne subsiste que les murs de la chapelle. On décide de rebâtir en suivant les plans originaux de Darling. Les travaux sont confiés à Napoléon Lemaire and Son de Sherbrooke qui travaille avec les architectes montréalais Taylor et Gordon, responsables de la reconstruction des bâtiments détruits par le feu. La restauration se poursuit jusqu'en 1899, au rythme permis par les ressources financières disponibles. Depuis, la chapelle St. Mark n'a subi que des modifications mineures.

Le collège Bishop et sa chapelle (à gauche) avant l'incendie de février 1891. (Archives de l'Université Bishop)

Après l'incendie du collège, la chapelle fut rebâtie. Elle correspond aux standards de l'architecture néo-gothique du milieu du XIXᵉ siècle. (Archives de l'Université Bishop)

La chapelle St. Mark est un bâtiment en brique, d'environ 33 mètres de longueur sur 9 mètres de largeur. Elle est constituée par une nef que prolonge un chœur situé légèrement en retrait. Elle est dotée d'un chevet polygonal dont la toiture est à pans coupés. Un lanterneau se situe sensiblement au centre du toit et une croix celtique en pierre de taille surmonte le rempart du pignon ouest.

Par sa forme extérieure ainsi que par le décor et les éléments qui l'ornent, la chapelle St. Mark correspond aux standards de l'architecture religieuse néo-gothique du milieu du XIXᵉ siècle, tels que définis par des groupes comme la Cambridge Camden Society. Elle tire donc son modèle des églises rurales anglaises, reprenant le vocabulaire formel de l'architecture religieuse du XIIIᵉ siècle: fenêtres ogivales, contreforts, lanterneau.

Les stalles et les bancs de la chapelle, datant de 1891, sont répartis en trois rangées séparées par une allée centrale et disposés en gradins. (MAC)

La chapelle St. Mark est pourvue de sculptures dont huit anges agenouillés aux ailes repliées. (MAC)

Les stalles et les bancs de la chapelle St. Mark datent de 1891. Ils sont répartis de chaque côté de la nef, en trois rangées séparées par une allée centrale, et disposés en gradins. Ils sont l'œuvre de l'entrepreneur George Long, spécialiste dans la production de mobilier et d'éléments d'architecture menuisés. Relevé de trois marches par rapport à la nef, le chœur est séparé de celle-ci par une arche ogivale. Le retable et l'autel sont en chêne et s'apparentent au style gothique. Ces deux éléments datent de 1912 et ont été fabriqués par la maison Jones and Willis de Londres.

La chapelle St. Mark est aussi remarquable par ses sculptures: huit anges agenouillés aux ailes repliées incitent à la prière ou à l'écoute de la musique religieuse. Un de ces anges représente l'évangéliste Mathieu. Les trois autres évangélistes sont incarnés sous forme d'animaux: saint Marc par un lion, saint Luc par un bœuf et saint Jean par un aigle. L'auteur de ces sculptures demeure inconnu, mais la qualité du travail laisse croire qu'il s'agit d'un professionnel. Quant aux vitraux, ils ont été réalisés par la firme Spence and Sons de Montréal. Un orgue des frères Casavant est installé dans la chapelle en 1893. Restauré en 1940, il sert encore pour les concerts et les services religieux.

La chapelle St. Mark de l'Université Bishop a maintenant valeur de symbole: elle rappelle cette époque du «church-college» qui a existé jusqu'en 1970. Sa valeur patrimoniale est rehaussée par la qualité artistique de ses sculptures et de son mobilier.

Société d'histoire de Sherbrooke

Léonidoff, Georges-Pierre. *Étude de la chapelle d'un «church-college» au Québec: La chapelle St. Mark de l'Université Bishop à Lennoxville*. Sherbrooke, ministère des Affaires culturelles, 1985. 153 p.

Masters, D.C. *Bishop's University: The first hundred years*. Toronto, Clarke, Irwin, 1950. 253 p.

Hôtel de ville et vieille église d'Eaton

Eaton
Rue Principale (Route 253 Sud)

Fonction: culturelle et administrative
Église classée monument historique en 1961
Hôtel de ville classé monument historique en 1963

Le canton d'Eaton est aujourd'hui une petite municipalité rurale située à environ 25 kilomètres au sud-est de Sherbrooke. De 1800 à 1850, il représente cependant l'un des dix plus importants noyaux de peuplement des Cantons de l'Est.

Centre de services avec de nombreux commerces et boutiques d'artisans, le village d'Eaton Corner forme alors un carrefour à mi-chemin entre la frontière américaine et la ville de Sherbrooke. Il est aussi à la jonction des deux principales routes du canton: l'American Road (devenue plus tard le chemin Hereford) en direction nord-sud et le chemin Baily en direction est-ouest.

À l'instigation de la British American Land Company, le territoire à l'est du canton d'Eaton se développe en s'appuyant sur Cookshire, qui remplace graduellement Eaton Corner comme centre de services. Éloignée des chemins de fer qui se construisent dans la région, Eaton Corner est définitivement écartée du développement économique lié aux passage des trains. Cette situation a peut-être favorisé la conservation du patrimoine architectural local.

Situé à l'écart des chemins de fer, le petit village d'Eaton Corner a conservé plusieurs éléments de son patrimoine architectural. (MAC)

L'église congrégationaliste d'Eaton Corner, construite en 1842. (MAC, fonds Morisset)

L'église

On retient trois périodes d'implantation des églises protestantes en Estrie: les débuts, entre 1800 et 1850; une expansion intense, entre 1850 et 1900; et un ralentissement, entre 1900 et 1930. Au cours de la première période, le style néo-classique prédomine. Au cours de la période suivante, le vocabulaire néo-gothique et la recherche du pittoresque prennent la relève. Cette mode se maintient au XXe siècle et voisine avec deux nouvelles tendances, le style Beaux-Arts et l'architecture domestique traditionnelle.

En 1835, l'Église congrégationaliste devient la quatrième communauté chrétienne à s'implanter dans le canton d'Eaton, en même temps d'ailleurs que l'Église catholique. Elles avaient été précédées par l'Église méthodiste en 1805, l'Église anglicane en 1810 et l'Église baptiste en 1822.

Cette première communauté congrégationaliste d'Eaton Corner ne compte que 19 membres. Le premier pasteur, le révérend E. J. Sherrill, arrive en 1838 et consacre ses énergies au recrutement des membres et à la construction d'une église. Il réussit si bien que le 4 février 1841, l'église actuelle est consacrée et la communauté regroupe déjà 104 membres. Le révérend Sherrill guidera les fidèles d'Eaton Corner durant près de 40 ans, soit jusqu'en 1875. Sans être un orateur exceptionnel, il prêche, comme ses contemporains, sur la tempérance et le Jugement dernier. On vient l'écouter d'aussi loin que Newport au Vermont.

L'église congrégationaliste d'Eaton Corner est un bâtiment imposant pour une si petite communauté. Elle est construite en bois, recouverte de planche à clins. De magnifiques pilastres avec cannelures et motifs en cœur ornent les angles et séparent la façade principale en trois parties égales. Le fronton triangulaire et la faible pente du toit accentuent l'horizontalité du bâtiment. Le clocher, surmonté d'une superbe girouette pisciforme, repose sur une tour carrée percée de fenêtres sur chaque côté. De larges fenêtres éclairent la nef, le vestibule et la galerie. Le décor intérieur, comprenant le mobilier du chœur, le plafond en tôle embossée et la balustrade de la galerie, a été conservé.

Depuis 1959, l'église appartient à la Société d'histoire du comté de Compton qui l'utilise comme musée ouvert au public en saison estivale.

L'académie (hôtel de ville)

La région des Cantons de l'Est, d'abord peuplée par des Américains, se donne un réseau scolaire plus rapidement qu'ailleurs au Québec. Ce système s'inspire de celui qui est en vigueur en Nouvelle-Angleterre. Si bien que la région des Cantons de l'Est possède bientôt un réseau complet d'écoles primaires, d'académies ou «high school» et même une université (Bishop). Ainsi, treize des 21 académies existantes au Québec en 1883-1884 sont situées en Estrie.

Le 14 mars 1863, 30 personnes d'Eaton Corner intéressées à l'établissement d'une académie s'associent, se cotisent et se portent bientôt acquéreurs d'un terrain à cette fin. Les promoteurs de ce projet cherchent sans doute ainsi à relancer le développement d'Eaton Corner et à rivaliser avec Cookshire et Sawyerville. En 1864, l'académie d'Eaton Corner ouvre ses portes. Jusqu'en 1889, sa gestion est assumée en fidéicommis par l'association qui l'a créée.

Ce même édifice, que l'on peut admirer aujourd'hui, est un bâtiment d'une superficie d'environ 9 mètres sur 12, à deux étages, plus un sous-sol sur les deux tiers du bâtiment. La structure extérieure est recouverte en planche à clins avec planches cornières. En façade, on remarque un portique joliment décoré avec une porte à double vantail. Un clocheton surplombe le fronton avec retour de corniche. Ce bâtiment s'inspire des structures semblables en Nouvelle-Angleterre et respecte des proportions harmonieuses tant en ce qui concerne la perception de l'ensemble des façades qu'en ce qui a trait à la relation entre les éléments.

L'académie prépare les élèves en vue d'obtenir leur brevet d'enseignement, obligatoire depuis 1852 pour enseigner dans les écoles publiques. À titre d'exemple, en 1872-1873, 85 élèves (45 filles et 40 garçons) sont admis, la majorité étant âgés de plus de seize ans. Ils sont tous externes, bien que les parents de cinq d'entre eux résident à l'extérieur du comté et que les parents de trois autres demeurent aux États-Unis. Parmi ces élèves, on en retrouve cinq de confession catholique. Deux institutrices laïques anglophones se partagent la tâche de l'enseignement.

Les activités scolaires n'occupent que le rez-de-chaussée du bâtiment. En 1872, on termine l'aménagement de l'étage, lequel sert au conseil municipal d'Eaton Corner. En 1889, la Municipalité se porte acquéreur de l'édifice pour l'utiliser à ses propres fins, mais aussi pour des rassemblements religieux, pour la Cour des commissaires, pour des «concert tea meetings», pour des danses et spectacles divers et enfin pour des réunions de toutes sortes.

Classé monument historique en 1963, c'est la Société d'histoire du comté de Compton qui utilise le sous-sol (1965) et l'étage (1967) comme réserve muséologique. Récemment, la Municipalité rénovait l'extérieur et le rez-de-chaussée du bâtiment afin d'y loger en permanence l'administration municipale. Cette opération confirme la vocation communautaire de l'édifice et en assure la continuité.

Fernand Caron, historien

L'académie d'Eaton Corner ouvre ses portes en 1864. En 1889, la municipalité se porte acquéreur de l'édifice pour y établir l'hôtel de ville. (MAC, fonds Morisset)

CHANNEL, L.S. *History of Compton County and sketches of the Eastern Townships.* Belleville, Mikna Publishing Co., 1975. 289 p.

MARCEL, Claude. «Le réseau d'enseignement anglophone hors métropole», *Éducation Québec*, 8, 4 (janv.-fév. 1978): 28 et ss.

MÉNARD, Danielle et Réal LÉVEILLÉ. *Hôtel de ville du Canton Eaton.* S.l., s.n., 1984. 194 p.

Couvent de Saint-Venant-de-Hereford

Saint-Venant-de-Hereford
15, chemin du Village

Fonction: récréo-touristique
Reconnu monument historique en 1988

L'histoire du couvent de Saint-Venant-de-Hereford débute en 1861 à Saint-Michel-de-Napierville. Le curé de l'endroit, Jean-Baptiste Champeaux, compte parmi ceux qui espèrent protéger la langue et la foi des Canadiens des seigneuries surpeuplées en les encourageant à s'établir dans les Cantons de l'Est plutôt que de s'exiler aux États-Unis. Il entreprend donc de son propre chef d'organiser une colonie dans le canton de Hereford. Ce projet devient rapidement une entreprise familiale. Le curé Champeaux y intéresse ses demi-frères Flavien Paquette, marchand de Stanstead, et Eusèbe-Henri Paquette, marchand de Coaticook.

À la façon des sociétés de colonisation de l'époque, Jean-Baptiste Champeaux prépare d'abord la venue des colons: défrichement de terres, construction de maisons et érection d'un moulin à scie. Plus que l'emplacement d'un village, c'est le site d'une paroisse que Jean-Baptiste Champeaux et ses frères ont choisi en 1861. Le curé-missionnaire donne lui-même, dès 1863, la somme nécessaire à l'érection d'une chapelle. L'édifice mesure environ 9 mètres sur 12 et compte deux étages; la chapelle occupe l'étage et le presbytère se situe au rez-de-chaussée.

La construction d'un nouveau presbytère, en 1869, suivie d'une église de 30 mètres sur 15, en 1875, libère la chapelle-presbytère et donne l'occasion à l'abbé Champeaux de l'offrir aux sœurs de Sainte-Anne qui l'utiliseront comme couvent. Déménagé sur un autre lot dans le rang IX, l'édifice est occupé par les religieuses dès 1877.

L'utilisation de la chapelle-presbytère et la construction d'une annexe d'environ 9 mètres sur 7,50 permettent aux sœurs de Sainte-Anne d'ouvrir un pensionnat utilisé jusqu'à leur départ en 1884. Abandonné durant trois ans, l'édifice est remis en état par les sœurs de l'Assomption de la Sainte

D'abord une chapelle-presbytère, le bâtiment devient dans les années 1870 un couvent et un pensionnat. (MAC)

Vierge de Nicolet qui y poursuivront l'œuvre du pensionnat jusqu'à leur départ de Paquetteville en 1964.

De 1966 à 1976, le couvent de Saint-Venant-de-Hereford passe entre les mains de plusieurs propriétaires. Depuis 1978, il a retrouvé une vocation socioculturelle par la production d'activités reliées au tourisme culturel d'arrière-pays.

Le couvent de Saint-Venant appartient à un type architectural, le néo-gothique, assez généralisé dans les Cantons de l'Est. Il est cependant rare de le voir associé aux fonctions connues pour cet édifice (chapelle, presbytère et couvent). On comprend que les faibles moyens du curé Champeaux l'aient amené à privilégier un modèle traditionnellement réservé aux bâtiments résidentiels.

La partie principale de l'édifice se caractérise par deux lucarnes engagées en prolongement des façades. Un petit clocher et deux cheminées en brique percent la ligne de faîte d'un toit à deux pentes. L'annexe possède un toit plat et des fenêtres à guillotine. Les fenêtres des lucarnes-pignons sont à battants et possèdent six carreaux. Celles de l'étage sont à battants surmontés d'une fenêtre fixe, de même largeur, à trois carreaux.

Depuis 1978, l'édifice a fait l'objet de travaux de rénovation réalisés dans un souci de conservation des caractéristiques originales de l'architecture du bâtiment: fenestration, revêtement extérieur (remplacé par des planches à clins identiques aux planches originales), fondations et nettoyage des boiseries intérieures.

Les divisions intérieures originelles ont été conservées de telle sorte qu'on peut retrouver, au rez-de-chaussée, le parloir, la chambre de la supérieure, la cuisine et le réfectoire des religieuses, la salle de musique et la classe des «grandes». Deux vastes salles occupent l'étage: l'une était utilisée comme parloir avec une cellule pour la surveillante; l'autre servait de chapelle. À l'annexe, on retrouve la salle des «petites» ainsi que quelques chambrettes.

Au cœur du village, le couvent de Saint-Venant-de-Hereford s'intègre harmonieusement à son environnement. Il fait partie d'un ensemble institutionnel comprenant l'église (dont l'intérieur a complètement été refait en bois franc en 1897), le presbytère et le couvent. L'édifice rappelle la percée canadienne-française dans les Cantons de l'Est au XIXᵉ siècle et, à ce titre, il mérite certainement le détour.

Société d'histoire de Sherbrooke

L'édifice, de type néo-gothique, et son annexe, après les rénovations de 1978.

BRUNELLE-LAVOIE, Louise. *Terre promise, Terre d'exil: La venue des Canadiens français dans les cantons de Auckland, Barford, Barston, Clifton et Hereford.* Sherbrooke, s.n., 1987. 69 p.

Église St. James

Hatley
Rue Main

Fonction: religieuse
Classée monument historique en 1989

L'église St. James de Hatley s'intègre à une place publique qui comprend notamment une académie érigée en 1830. (MAC)

À environ 40 kilomètres au sud de Sherbrooke, sur la route 208, le village de Hatley offre une pause dans le temps. Du magasin général, qui occupe un emplacement de choix à la croisée des chemins, à l'ensemble institutionnel que forment l'église, l'ancienne académie et le cimetière, le cœur du village dégage cette impression de calme naturel qui nous ramène au XIXe siècle.

La première occupation du site remonte en fait à 1793 avec l'arrivée du capitaine Ebenezer Hovey, de l'État du Connecticut, accompagné d'un groupe d'associés. C'est après avoir exploré la région du lac Massawippi qu'il décide de s'y établir. Dix ans plus tard, Hovey et ses associés obtiennent la concession de la partie sud du canton de Hatley, alors que Henry Cull et ses compagnons se voient concéder la partie nord. Le village de Hatley se développe ensuite comme un relais, à mi-chemin entre Sherbrooke et Stanstead.

Colonisés par des loyalistes et des Américains, les Cantons de l'Est deviennent un territoire de mission pour plusieurs communautés religieuses de la Nouvelle-Angleterre. Les baptistes sont particulièrement actifs dans la région de Hatley, mais la guerre anglo-américaine de 1812 affecte les circuits missionnaires en fermant la frontière canado-américaine. Elle incite donc l'Église anglicane à venir s'implanter sur ce territoire.

Le révérend Charles James Stewart est un des missionnaires qui répondent à l'appel. D'origine écossaise, allié aux grandes familles de son pays natal, il commence son ministère à Saint-Armand, près du lac Champlain, au milieu des immigrants loyalistes et américains. En 1817, le révérend Stewart s'installe à Hatley pour poursuivre son travail de bâtisseur. À environ deux kilomètres du village actuel, il fait construire une église qui sera connue plus tard sous le nom de «Old North Church». Ce bâtiment sera démoli en 1927-1928.

En 1827, la poussée démographique justifie la construction d'une nouvelle église anglicane dans le village. L'église St. James est nommée en l'honneur de Charles James Stewart, devenu évêque anglican du diocèse de Québec l'année précédente. En 1834, il viendra faire la consécration officielle du nouveau temple.

La construction de l'église est confiée au menuisier Joël Shirtliff Jr. Les membres du comité pour la construction de l'église s'engagent personnellement et solidairement à payer les 985 dollars requis. La tradition laisse cependant supposer que l'évêque Stewart aurait lui-même défrayé une bonne partie de cette somme.

L'église St. James de Hatley mesure 12 mètres sur 18. En façade principale, une porte simple à double vantail donne accès au bâtiment. Au-dessus de la porte, une fenêtre palladienne éclaire le jubé alors que, presque au faîte du pignon, un œil-de-bœuf vitré éclaire le grenier. De chaque côté de la porte principale, deux grandes fenêtres rectangulaires et placées symétriquement sont surmontées d'un arc gothique. Sur les murs de côté, trois grandes fenêtres semblables à celles de la façade éclairent la nef. La façade arrière ne compte qu'une grande fenêtre également surmontée d'un arc gothique et encadrée de deux étroites fenêtres placées à la verticale.

Le toit à deux versants à pente douce est en tôle, appliquée par-dessus l'ancienne couverture en bardeau, alors que le bâtiment lui-même est entièrement couvert en planche à clins peinte en blanc. Sur le faîte de l'édifice, un clocher ajouré repose sur une base carrée. Le clocher est aussi revêtu de tôle et est surmonté d'une croix.

La porte d'entrée donne accès à un vestibule qui fait office de vestiaire. Au-delà d'une autre porte à double vantail, on pénètre à l'arrière de l'église dans un espace délimité par les quatre colonnes qui supportent le jubé. La décoration intérieure de l'église St. James est plutôt modeste. Un retable d'inspiration gothique à trois pointes occupe l'arrière de l'autel, au centre du chœur. Trois fenêtres (côté sud et arrière de l'autel) sont décorées de vitraux. La présence de trèfles ornementaux sur les bancs et sur l'arc qui délimite l'alcôve de l'autel rappelle la Trinité, un élément important du culte anglican.

L'église St. James de Hatley emprunte à différents styles architecturaux. Il est possible que le révérend Stewart ait proposé certains éléments du palladien: plan rectangulaire avec entrée du côté du pignon, fronton et léger retour de corniche, fenêtres rectangulaires, clocher sur base carrée. Il est également probable qu'il ait suggéré les ornements d'inspiration néo-gothique.

L'église St. James de Hatley représente un intérêt à la fois historique et architectural. En tant que plus ancienne église protestante de l'Estrie, elle est le témoin privilégié du développement de l'Église anglicane missionnaire du début du XIXe siècle. Construite à partir de 1827, elle représente une période de transition en architecture religieuse avec la dominance du style palladien et les débuts du néo-gothique.

L'église St. James de Hatley s'intègre harmonieusement sur une place publique qui forme le cœur du village. Elle voisine l'ancienne académie Charleston, érigée en 1830. Son intérêt a été reconnu par la Corporation municipale dans son plan d'urbanisme, par la municipalité régionale de comté dans son schéma d'aménagement et par le ministère des Affaires culturelles qui l'a classée monument historique en 1989.

Société d'histoire de Sherbrooke

L'église emprunte à différents styles architecturaux. On y remarque des éléments du palladien (fronton et léger retour de corniche, fenêtres rectangulaires, clocher sur base carrée) ainsi que des ornements d'inspiration néo-gothique. (MAC)

BERGEVIN, Hélène. *L'architecture des églises protestantes des Cantons de l'Est et des Bois-Francs au XIXe siècle.* Québec, Université Laval, 1981. 128 p.

CARON, Fernand. *Église St. James.* Sherbrooke, ministère des Affaires culturelles, 1989. 66 p.

GROUPE HARCART. *Étude d'ensemble des églises protestantes de la MRC de Memphrémagog.* Québec, 1984. 70 p.

Château Norton

Coaticook
96, rue Union

Fonction: culturelle
Reconnu monument historique en 1986

Véritable synthèse des différents courants stylistiques provenant de Nouvelle-Angleterre à la fin du XIXᵉ siècle, le château Norton, à Coaticook, est un exemple original de l'architecture de villégiature de cette époque. La maison doit son nom à la famille qui l'a fait construire et qui a marqué profondément l'histoire et le développement de cette petite ville des Cantons de l'Est, au tournant du siècle.

La famille Norton

Arthur Norton, né en 1845 dans le canton de Barnston, s'initie au monde des affaires comme commis dans un magasin général. Il achète en 1880 les droits de commercialisation d'un cric inventé par un dénommé Frank Sleeper de Coaticook. Après l'ouverture d'une manufacture dans ce village et d'une succursale à Boston, il devient dès 1891 le plus gros fabricant et exportateur de crics au monde. De plus, jusqu'à sa mort en 1919, il siège au conseil d'administration de plusieurs compagnies. La manufacture continue à fonctionner sous la direction de son fils Harry Arunah, qui meurt en 1947. En plus de leur rôle prépondérant dans l'économie de Coaticook, les Norton tiennent une place importante dans la vie culturelle et sociale de la région, notamment par leurs nombreuses œuvres philanthropiques.

C'est en 1912 qu'Arthur Norton fait construire la maison que la famille occupera pendant une trentaine d'années. Par ses dimensions et son style, elle symbolise, aux yeux de la population, la richesse et le niveau social de la famille Norton, d'où l'appellation «château Norton» qu'on lui attribue dès le début.

Construit en 1912, le château Norton possède une architecture qui s'inspire à la fois de la tradition classique, du néo-Queen Anne et du Shingle Style. (Musée Beaulne)

L'architecte du bâtiment demeure jusqu'à ce jour inconnu; d'ailleurs, rien ne nous permet d'affirmer qu'il y en eut un. On en connaît cependant le constructeur, Charles Henry Robinson. Originaire d'Ayer's Cliff, il y exerce le métier d'agriculteur avant de se lancer dans la construction.

Dans l'ensemble, le bâtiment n'a guère changé au cours des années. Le toit d'ardoise est recouvert d'uréthane vers 1970. À l'angle des murs sud et est du rez-de-chaussée et de l'étage, les loggias d'origine ont été transformées en pièces fermées, entraînant la disparition des colonnes et des pilastres. Ces modifications sont postérieures à l'occupation de la maison par la famille Norton, c'est-à-dire à 1942, année où Mary Helen Norton, fille d'Arthur, en fait don à The Church of England Female Orphelan Asylum. L'édifice prend alors le nom de Bishop Mountain Hall et devient une résidence d'étudiants.

De 1969 à 1976, il garde sa vocation éducative, mais cette fois pour les enfants et les adultes handicapés. Finalement, depuis que la Ville de Coaticook l'a acquis, en 1976, il abrite le musée Beaulne. On y présente des expositions d'art et d'artisanat, en particulier de textiles. L'aménagement du musée a nécessité quelques rénovations à l'intérieur, mais l'aspect original du bâtiment ne s'en trouve pas altéré pour autant.

Vue arrière du château Norton vers 1940. (Musée Beaulne, Nakash)

La salle à manger en 1942. (Musée Beaulne, Nakash)

Le bureau d'Arthur Norton en 1942. (Musée Beaulne, Nakash)

Une demeure bourgeoise

L'architecture de la résidence emprunte à la fois à la tradition classique, au néo-Queen Anne et au Shingle Style. On en trouve des exemples dans plusieurs villes du Sud du Québec, notamment dans le Vieux-Nord de Sherbrooke. Le bâtiment, entièrement en bois, mesure 12 mètres sur 24 et compte quatre niveaux. Ce qui attire d'abord l'attention, outre sa masse imposante, c'est le grand nombre de fenêtres et la diversité des éléments architecturaux: tourelles, galerie, balustrade, corniche à modillons, baies décoratives et colonnes d'ordre classique.

La toiture, hérissée de quatre cheminées de pierres grossièrement appareillées, multiplie les pentes et les pignons disposés de façon asymétrique. Ce mode de distribution irrégulier et quasi fortuit, qui prévaut d'ailleurs dans la composition d'ensemble, est caractéristique du néo-Queen Anne.

Le bâtiment comporte deux parties nettement différenciées: la partie sud, la plus sobre, réservée au personnel domestique, et la partie nord, où habitait la famille Norton. Cette dernière partie comprend, comme il se doit, les plus belles pièces de la maison. On en compte au total une quarantaine, réparties sur quatre niveaux: le sous-sol, le rez-de-chaussée, l'étage et les combles.

Le rez-de-chaussée, sans contredit le niveau le plus intéressant, regroupe une douzaine de pièces. Contrairement à l'extérieur, l'ornementation est ici très homogène et se soumet à la rigueur du vocabulaire classique. Dans le hall, une arche surbaissée, largement moulurée, repose sur des colonnes et des piliers à cannelures. Le grand salon, avec ses lambris d'acajou, son plafond à caissons et sa cheminée en brique, s'oppose au petit salon où les boiseries claires et délicatement profilées apportent une touche de raffinement et de légèreté. Le bureau d'Arthur Norton, où abondent les boiseries sombres, offre un aspect plus austère. Plusieurs pièces du château Norton mettent aujourd'hui en valeur une collection de meubles d'époque.

Si d'autres bâtiments des Cantons de l'Est adoptent des caractéristiques architecturales similaires à celles du château Norton, peu d'entre eux les conjuguent avec autant d'originalité. Sa nouvelle fonction aura permis, pour le plus grand plaisir du public, d'en préserver tout le cachet.

Roger Blanchet, historien

ETHNOTECH. *Le Château Norton: étude de potentiel*. Québec, ministère des Affaires culturelles, 1977.

Le Musée Beaulne au Château Norton. Coaticook, Musée Beaulne, 1986. 22 p.

Haskell Free Library and Opera House

Rock Island
Rue Church

Fonction: culturelle
Classée monument historique en 1977

La Haskell Free Library and Opera House, peu de temps après sa construction en 1901. Elle est la seule bibliothèque et le seul opéra à caractère supranational au monde car une partie de l'édifice se trouve au Québec, le reste au Vermont. (MAC)

L'idée d'un édifice à double usage, abritant à la fois une bibliothèque et un opéra, est peut-être difficile à concevoir. Le silence profond de la salle de lecture n'a rien de commun avec les bruits de la musique, du rire et des applaudissements. Pourtant, l'étude étant une activité de jour et le théâtre une activité qui se déroule en soirée, les deux peuvent se faire sous le même toit.

À cheval sur la frontière

À preuve, la bibliothèque et l'opéra Haskell, construction dotée d'une double nationalité et d'une double personnalité. Les trois cinquièmes de cet édifice, à cheval sur la frontière canado-américaine, sont situés à Rock Island au Québec, et les deux autres cinquièmes à Derby Line au Vermont; cette situation en fait la seule bibliothèque et le seul opéra à caractère supranational au monde.

L'édifice, qui a coûté quelque 100 000 dollars, commémore le souvenir de Carlos F. Haskell, propriétaire d'une scierie et commerçant américain de Derby Line. Martha Stewart Haskell et son fils Horace en font don aux habitants des villes appelées les «Trois Sœurs»: Stanstead, Rock Island et Derby Line. Pour la réalisation de leur projet, les Haskell font appel à James Ball, natif de Rock Island. La pierre angulaire est posée en octobre 1901 et le concert inaugural a lieu le 7 juin 1904. L'année suivante, on inaugure la bibliothèque.

Aujourd'hui, de nombreux visiteurs fréquentent la bibliothèque qui renferme plusieurs salles de lecture et compte environ 20 000 titres. La salle d'opéra est utilisée une dizaine de fois par année par des ensembles musicaux provenant du Vermont.

Ce monument important, au coin de l'avenue Caswell et de la rue Church, est entouré de constructions au riche passé historique. En diagonale, de l'autre côté de l'avenue Caswell, s'élève l'ancienne demeure des Haskell avec son toit à la Mansart et son dôme élégant. De l'autre côté de la rue Church se trouve l'ancien bureau du Stanstead Journal, le plus vieil hebdomadaire du Québec fondé en 1845. Derrière la Haskell Free Library, on peut voir la Stanstead South United Church, ouverte en 1876, une structure en bois aux belles proportions. Plus loin, le bureau de la Société canadienne des postes présente sa tour et ses deux entrées aux proportions similaires à celles de la bibliothèque. Ces constructions adoptent différents courants stylistiques allant du genre colonial de la Nouvelle-Angleterre au victorien de la dernière époque, diversité qui se reflète dans les lignes de la bibliothèque et de l'opéra Haskell.

L'extérieur

La principale caractéristique de l'édifice est le contraste marqué entre les façades et l'arrière. De fait, lorsqu'on en fait le tour, on a l'impression de se trouver en présence de deux constructions différentes. Vu du coin de l'avenue Caswell et de la rue Church, le bâtiment rassemble tous les éléments de l'architecture monumentale des édifices publics du début du siècle. De gros blocs en granit bosselé extraits des carrières locales délimitent la bibliothèque située au rez-de-chaussée. Le portique en avant-corps, au centre de la façade donnant sur l'avenue Caswell, présente de fort beaux détails classiques. Des pilastres en granit taillé flanquent une arche surmontée d'une balustrade.

Au-dessus du rez-de-chaussée, la façade en brique beige pâle, avec garnitures en granit, témoigne de la fonction moins sévère de l'opéra qui occupe les deux étages supérieurs. Le toit à la pente prononcée est en ardoise et s'orne d'une vaste lucarne et de trois fenêtres au sommet arrondi qui ont vue sur l'ancienne résidence Haskell, de l'autre côté de la rue.

L'attribut principal de la façade donnant sur la rue Church est une large fenêtre en saillie surmontée d'une belle galerie à laquelle les colonnes en granit poli de Stanstead supportant le fronton donnent des allures de temple. Les façades sont reliées au coin par une très belle tour octogonale qui s'élève sur près de 25 mètres.

L'arrière de l'édifice s'inspire de la tradition classique britannique. Le mur se divise horizontalement en trois parties indiquant la nature des différentes activités pratiquées à l'intérieur. Une rangée de hautes fenêtres le long du rez-de-chaussée laisse entrevoir les rayonnages de la bibliothèque, tandis que les arcades aveugles de l'étage masquent l'arrière du plateau de l'opéra. Ces hautes fenêtres et arcades trouvent habilement leur unité dans le style palladien, ou vénitien, de la fenêtre du pignon, au sommet duquel un œil-de-bœuf sert à l'aération du grenier.

Vue arrière de la Haskell Free Library and Opera House. (MAC)

L'intérieur

Le contraste est tout aussi évident à l'intérieur de l'édifice où l'ambiance intime de la bibliothèque du rez-de-chaussée ne s'apparente en rien à l'atmosphère de réjouissance collective de l'opéra logé au-dessus. Une variété de matériaux nobles comprenant des bois rares, des vitraux et des carrelages en mosaïque permet à cette bibliothèque de conserver son atmosphère accueillante de résidence privée.

L'édifice commémore le souvenir de Carlos F. Haskell, propriétaire d'une scierie et commerçant américain de Derby Line. (MAC)

Partant de l'entrée, un long vestibule mène à une rotonde, au centre du plan. À gauche du vestibule se trouve la salle de lecture aux boiseries de merisier ondé et, à droite, la salle des dames aux boiseries d'érable moucheté. Ces deux pièces possèdent une cheminée en encoignure. Le sol du vestibule et de la rotonde est en «terrazzo» avec bordure de mosaïque. Celui de la rotonde porte les monogrammes des donateurs. De la rotonde, sur la gauche, on pénètre par un couloir en arcade dans la salle de conversation, lambrissée de cerisier. Cette pièce, également dotée d'une cheminée en encoignure, peut s'isoler du reste de la bibliothèque grâce à des portes coulissantes.

Une caractéristique remarquable, qui passe souvent inaperçue, est la variété des plafonds en métal embossé. Ceux-ci sont très en vogue à l'époque; ils peuvent être commandés par catalogue, expédiés par train et montés sur place. Réputés pour être ignifuges, ils durent plus longtemps et ont une meilleure apparence que les plafonds de plâtre. Le plus ouvragé de ces plafonds est celui de l'opéra, construit en forme de voûte pour renvoyer les sons au balcon.

L'opéra peut sembler de petite taille en comparaison avec les grands opéras qui apparaissent dans les métropoles américaines au début du siècle. L'architecte James Ball se serait d'ailleurs inspiré de l'ancien opéra de Boston pour réaliser son œuvre. Malgré ses dimensions modestes, il s'en dégage une atmosphère de gaieté et de professionnalisme qui n'a rien à envier aux théâtres qui ont plus de deux fois sa taille. Lors du concert inaugural, une note inscrite au verso de la couverture du programme se lit comme suit: «C'est sans aucun doute le théâtre le mieux équipé et le plus moderne qui soit entre Montréal et Boston.»

La fosse de l'orchestre au plancher incliné vers la scène possède 297 sièges, tandis que le balcon en fer à cheval en compte 203. Les fauteuils pliants d'origine, en acajou, sont toujours en place, ainsi que le magnifique rideau de scène de 55 mètres carrés. Se roulant vers le haut, il dépeint une scène romantique du *Grand Canal de Venise*, œuvre de E. LaMoss, de Boston, qui a décoré de nombreux théâtres tant aux États-Unis qu'en Amérique du Sud. La passerelle de service d'où l'on actionne les câbles utilisés pour la manutention des décors ainsi que le treuil servant à lever ou abaisser le lourd rideau sont encore utilisés.

L'architecte James Ball se serait inspiré de l'ancien opéra de Boston pour réaliser son œuvre. On aperçoit ici le proscenium et l'avant du balcon en stuc, orné de motifs en relief. (MAC)

Les couleurs d'origine, dans des tons pâles de rose, de vert et d'ivoire, ont été respectées. Toute la décoration est bien conservée, y compris l'arche du proscenium, en stuc moulé rehaussé d'or, et l'avant du balcon, également en stuc et orné de motifs en relief représentant des chérubins entourés de guirlandes décoratives et de spirales de feuilles d'acanthe. Encadrant le proscenium, des murales représentant des nudités soutiennent des guirlandes de fleurs qui se déploient jusqu'au-dessus de l'arche. Le lustre étincelant illumine les festivités tout comme au soir de l'inauguration.

L'œuvre de l'architecte James Ball demeure intacte. Le fait que l'édifice ait passé sans encombres l'épreuve du temps prouve qu'il a bien servi le public et que la générosité des Haskell a été plus que justifiée. Comme le déclarait la bibliothécaire, Ann Prangley, c'est «un des plus beaux exemples concrets de bonnes relations internationales qu'on puisse trouver dans le monde».

Robert Lemire, historien

Une variété de matériaux nobles comprenant des bois rares, des vitraux et des carrelages en mosaïque permet à la bibliothèque de conserver son atmosphère accueillante de résidence privée. (MAC)

COULON, Jacques. «Rock Island, 2 000 habitants, un opéra», *Perspectives, La Presse*, 7 juin 1976.

Haskell Free Library and Opera House. S.l., s.n., s.d. N.p.

«Library – Opera House to celebrate 70th Year», *The Stanstead Journal*, 18 avril 1974.

Grange circulaire

Austin
101-105, chemin Fisher

Fonction: agricole
Classée monument historique en 1984

La grange-étable repose sur un solage très apparent à cause de la dénivellation du terrain. Le bâtiment de droite est une laiterie. (MAC)

Un vieil adage à saveur superstitieuse rapporte que l'on construisait de façon circulaire pour se garder du diable qui a, paraît-il, la fâcheuse habitude de se cacher dans les coins. Mais qu'en est-il exactement?

Entre 1790 et 1815, les constructions résidentielles octogonales foisonnent dans plusieurs parties des États-Unis, influencées par les architectes Thomas Jefferson et Benjamin Henry Latrobe. En 1826, une grange circulaire immense d'environ 30 mètres de diamètre est construite à Hancock, Massachusetts, par une communauté de Shakers. En 1848, Orson Squire Fowler publie à New York *A Home for All: or The Gravel Wall and Octogon Mode of Building*. Selon lui, les problèmes de santé de la nation américaine seraient tous résolus si chacun pouvait vivre dans une maison de forme octogonale. Il n'est pas rare de retrouver cet ouvrage au Québec. Fowler vient même faire des tournées de promotion au Canada.

S'il est vrai qu'en Ontario la mode de construire sur plan circulaire ou octogonal a connu une assez grande vogue, elle disparaît progressivement à partir des années 1880 en ce qui concerne les maisons, les églises et les écoles. Parallèlement, à compter des mêmes années, les granges-étables adoptant ce plan font leur apparition en Ontario et au Québec, et cette mode se poursuivra pendant une quarantaine d'années.

Le phénomène trouve aussi son explication dans le fait que la construction de nouvelles granges-étables recherchant plus d'efficacité est commandée par l'essor que connaît l'industrie laitière au tournant du XXe siècle. C'est la course au rendement, particulièrement alimentée par les périodiques agricoles anglophones.

La grange circulaire permet d'améliorer les mesures d'hygiène et de ventilation, de nourrir plus d'animaux l'hiver en engrangeant plus de fourrage, d'économiser le bois de construction en réduisant la surface des murs extérieurs, d'augmenter l'éclairage de l'étable, de donner au bétail plus d'aisance sur moins de surface, d'empêcher le fourrage de geler dans le silo central et de distribuer la nourriture avec une économie de gestes.

Ses principaux défauts se caractérisent par les pertes de bois occasionnées par le découpage inhabituel que nécessitent la couverture et les planchers, la difficulté d'exécution, le prix élevé et surtout l'impossibilité d'agrandir. Les granges circulaires ont aussi tendance à se déformer. Il faut comprendre qu'elles ont été conçues pour emmagasiner du foin en vrac et que la charge devient trop lourde pour du fourrage compressé en balles.

Au Québec, ces bâtiments ont surtout été construits entre 1890 et 1910. Il en reste maintenant onze, tous postérieurs à 1900. La plupart sont concentrés au sud de la région de l'Estrie. Nous en connaissons au moins onze autres qui sont disparus.

Vue latérale de la grange-étable vers 1930. (MAC, collection Agnès Fisher)

La grange-étable circulaire d'Austin aurait été construite vers 1907 par Damase-Amédée Dufresne, propriétaire de la ferme depuis 1894, avec l'aide d'un charpentier local. En 1919, R. Eric Fisher, avocat de Montréal, abandonne la pratique du droit et achète la ferme. Il possède un troupeau de 85 bêtes Guernesey en plus de ses nombreux chevaux. Comme la grange-étable ne peut contenir que 44 têtes, il fait construire, en 1927, une autre écurie jouxtée d'un hangar à foin circulaire. Ces deux bâtiments sont aujourd'hui disparus. Entre 1966 et 1982, il a maintes fois été question de transformer la ferme en terrain de golf. Aujourd'hui, elle semble avoir repris une vocation agricole.

Cet immeuble classé monument historique en 1984, mesure plus de 20 mètres de diamètre avec un plateau d'environ 11 mètres de diamètre accessible par un «garnaud» couvert. Les murs sont en charpente claire recouverte de planche disposée à l'horizontale et d'un second revêtement en bardeau de cèdre. La couverture est en bardeau d'asphalte. On y dénombre enfin trois cheminées d'aération ainsi que trois lucarnes. Une laiterie est annexée en appentis.

Apparues au Québec au tournant du XXe siècle et très largement inspirées par les pratiques américaines, les granges-étables circulaires ont été une tentative pour répondre adéquatement aux besoins d'expansion de l'industrie laitière. Celle d'Austin a été classée comme témoin le plus représentatif du phénomène.

Fernand Caron, historien

Vue de la charpente du toit. (MAC)

ARTHUR, Éric et Dudley WITNEY. *The Barn*. Toronto, A. and W. Visual Library, 1972. 256 p.

PROVOST, Yvon. *Les granges-étables circulaires et polygonales. Inventaire, étude historique et analyse architecturale*. Québec, ministère des Affaires culturelles, 1982. 249 p.

SÉGUIN, Robert-Lionel. *Les granges du Québec*. Ottawa, Musée national du Canada, 1963. 128 p. (Bulletin n° 12)

CHAPITRE VI

Région Outaouais

Outaouais

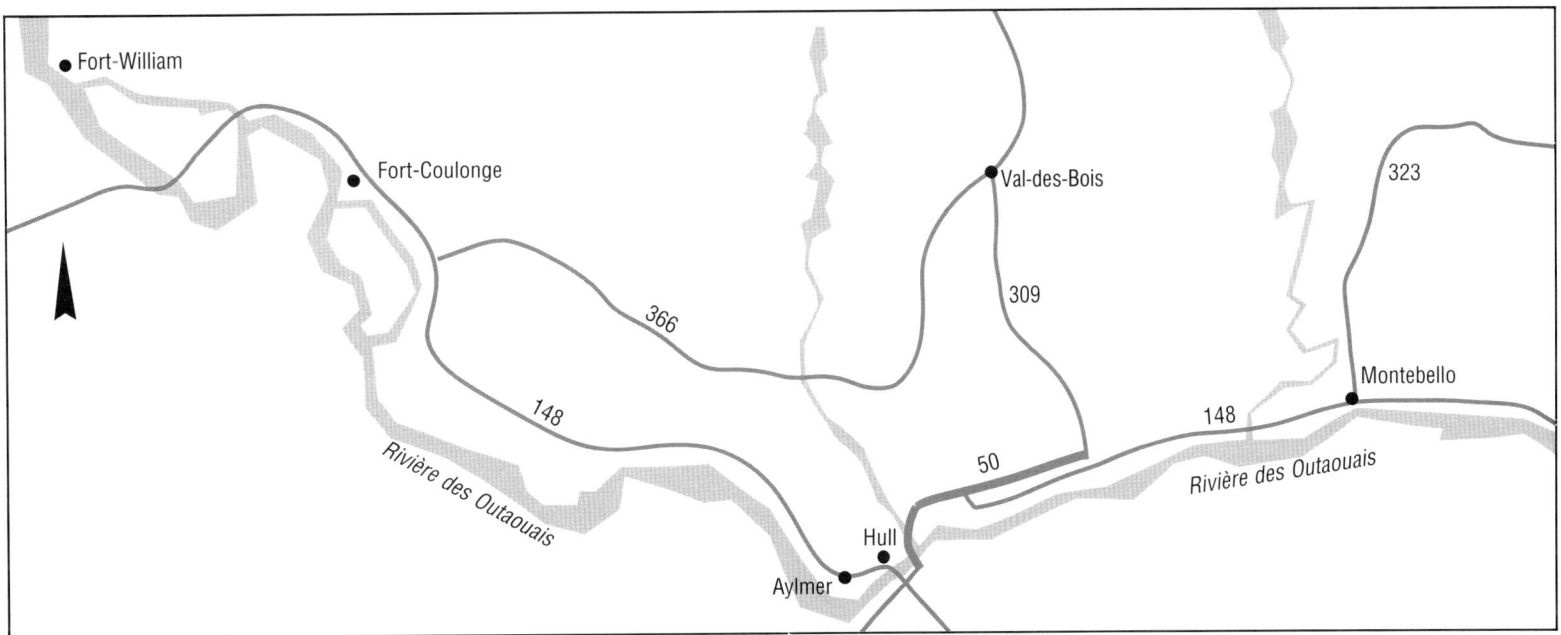

Une région se découvre à travers ses paysages, se raconte à travers ses toponymes et les vestiges de son passé, les usages et les manières de parler de ses habitants. Il en est ainsi de l'Outaouais, cette grande région du Québec, un peu à l'ombre d'Ottawa, la capitale du Canada.

Cette région, qui occupe le Sud-Ouest du Québec, s'accroche à la rivière des Outaouais, le plus important des affluents du Saint-Laurent. Une vingtaine de rivières et des milliers de lacs en font un territoire de prédilection pour les amateurs de chasse et de pêche. Situées près de l'embouchure des rivières Gatineau et du Lièvre – les deux grands tributaires de la rivière des Outaouais –, les villes de Aylmer, Hull et Gatineau regroupent les deux tiers de la population, qui compte environ 240 000 habitants.

L'Outaouais, c'est la vitrine du Québec, face à l'Ontario et face à Ottawa. Ses trois plus grandes villes subissent immanquablement l'ascendant de la capitale fédérale et l'influence du modèle ontarien. En revanche, elles se rattachent par leurs structures administratives et politiques à la grande famille québécoise. C'est là son dilemme!

La ville de Hull à la fin du XIXe siècle. (ANC)

Outaouais

Un vestige de l'âge glorieux du commerce des fourrures: le poste de la Compagnie de la baie d'Hudson au fort Témiscamingue en 1927. (ANC)

Le commerce des fourrures

Avant que Philemon Wright ne s'établisse dans la région de Hull, en 1800, l'Outaouais est le royaume de l'Amérindien et du commerçant de fourrures. Ceux-ci empruntent les sentiers de portage de l'Outaouais pour se rendre dans les «pays d'en haut» et dans les postes de traite de la région des Grands Lacs et de l'Ouest. C'est la «route de l'Ouest», un raccourci, qui mène explorateurs, commerçants et militaires vers les Grands Lacs en passant par la rivière Mattawa, le lac Nipissing et la rivière aux Français jusqu'à la baie Georgienne.

Étienne Brûlé est le premier Blanc à s'y aventurer, en 1610, avant Nicolas du Vignau (1611) et Champlain (1613). Ce dernier laisse sa marque dans la région en baptisant de noms français les chutes de la Chaudière (Asticou) et les rapides Deschênes, des obstacles naturels que des sentiers de portage permettent de contourner.

Un troisième sentier, le «Portage du Milieu», situé à mi-chemin entre ces deux portages, traverse le parc Brébeuf, à Hull. Il est marqué d'un monument et de plaques commémoratives qui rappellent l'époque des d'Iberville, La Vérendrye, Joliette et Brébeuf qui sillonnaient la «Grande Rivière» des «Algoumequins». Plus tard, les trois portages sont remplacés par une route reliant Hull à Aylmer, l'actuel chemin d'Aylmer.

C'est cette route, devenue à péage, qui fait d'Aylmer un important point de transbordement à l'époque de la navigation fluviale. L'hôtel Symmes, situé à l'extrémité ouest de la route à péage, répond aux besoins des voyageurs qui remontent l'Outaouais. Les employés de la Compagnie de la baie d'Hudson qui se rendent au fort Coulonge, au poste du lac aux Allumettes, à Mattawa ou au vieux fort Témiscamingue s'y arrêtent. Les pionniers irlandais et protestants de Clarendon, ainsi que les entrepreneurs forestiers, accompagnés de leurs hommes de chantier, y font également halte.

Le commerce des fourrures, qui joue un rôle extrêmement important dans l'histoire économique de l'Outaouais, ne laisse que peu de traces dans la région. À l'exception du poste du lac aux Allumettes, classé site historique, et de deux petits bâtiments en

Maison en pièce sur pièce située à Luskville dans le comté de Pontiac. (Coll. Pierre-Louis Lapointe)

Outaouais

pièce sur pièce, qui survivaient encore récemment sur le site de l'ancien fort Coulonge, il ne reste à peu près rien. En moins de dix ans d'ailleurs, le Pontiac qui, grâce à son éloignement des grands centres, avait pu conserver intacts un grand nombre de bâtiments en pièce sur pièce, a vu disparaître graduellement ces témoins de la première heure. Les bâtiments, en effet, ont été tour à tour démantelés et les pièces vendues à vil prix pour des reconstructions «modernes», notamment dans la banlieue de Toronto.

De nombreux postes de traite, relais essentiels au commerce des fourrures, jalonnent l'Outaouais du poste du lac des Deux Montagnes (Oka) à celui du lac Témiscamingue en passant par ceux de Carillon, de la Petite-Nation, de la Barrière, du Lièvre, de Deschênes, de Quyon (des Chats), de Fort-Coulonge, du lac aux Allumettes (Fort-William), de Rapides-des-Joachims et de Mattawa. La concurrence est féroce. Les grandes compagnies et les petits marchands indépendants s'arrachent la faveur et les pelleteries des Amérindiens.

Plus tard, profitant de l'invasion du territoire par les colons et les entrepreneurs forestiers, de nouveaux concurrents se lancent dans la lutte. L'abattage du bois ravage les territoires de chasse ancestraux des Amérindiens. Il en résulte un déclin rapide de la valeur des prises et, par ricochet, de la rentabilité des postes de traite. Leur fermeture traduit bien d'ailleurs l'avance graduelle de la colonisation, en direction nord-ouest, dans l'axe de la rivière des Outaouais. C'est ainsi que le poste des Chats, près de Quyon, ferme ses portes en 1837, celui de Fort-Coulonge en 1855, celui de Fort-William quatorze ans plus tard suivi de celui du lac Témiscamingue (Vieux-Fort) en 1891.

L'industrie forestière

C'est un Américain, Philemon Wright, qui fonde, en 1800, la première véritable colonie agricole de l'Outaouais. Il jette les bases d'un petit village, Wrightstown, à l'origine de la ville de Hull. Mais Wright doit se rendre à l'évidence et admettre que son éloignement des marchés rend aléatoire la rentabilisation de sa colonie agricole. C'est ce qui le pousse à tenter l'aventure du commerce du bois à partir de 1806, avec le lancement du premier grand radeau en bois équarri de l'Outaouais, le *Columbo*.

Au cours de la première moitié du XIXe siècle, l'industrie du bois est axée sur la production de bois équarri. Assemblé en «cages» et en radeaux immenses, le bois est flotté jusqu'à Québec et embarqué sur des navires anglais. C'est l'époque des «raftsmen» et des «cageux». Lorsque la Grande-Bretagne abandonne ses politiques tarifaires préférentielles, ce commerce se met à péricliter.

Après 1850, la croissance rapide du marché américain est responsable de l'expansion de l'industrie du bois de sciage au Canada. D'importantes scieries voient le jour et fournissent du travail à une main-d'œuvre généralement d'origine canadienne-française. Cette nouvelle population donne un caractère français à la ville de Hull, majoritairement anglophone jusqu'en 1856. Vers la fin du siècle, l'apparition de l'industrie des pâtes et papier amorce le déclin de la production du bois de sciage.

L'industrie du bois est au cœur du développement de Hull jusqu'au lendemain de la Seconde Guerre mondiale. La région hulloise s'alimente à un vaste arrière-pays formé du Pontiac, de la Gatineau et de la Lièvre, dont les établissements industriels de Hull sont les fournisseurs. C'est ainsi que des fabriques de haches, des filatures spécialisées dans la confection de bas de laine et de vêtements traditionnels de chantier et des salaisons offrent leurs produits aux grandes entreprises forestières, dont celle de P. Wright and Sons, Gilmour and Hughson, J.R. Booth, E.B. Eddy et la Canadian International Paper.

Radeau de bois équarri amarré à proximité des piliers du pont en construction entre Hull et Ottawa. (Coll. Pierre-Louis Lapointe)

Outaouais

Comme les autres grandes entreprises forestières outaouaises, la compagnie E. B. Eddy emploie une abondante main-d'œuvre généralement canadienne-française. (Coll. Pierre-Louis Lapointe)

Sur la Gatineau, pendant la saison froide, la plus grande partie des provisions et des objets nécessaires aux opérations forestières sont transportés sur la glace de la rivière et le long de routes qu'on ne peut emprunter qu'en cette saison. Cette route hivernale est jalonnée d'étapes qui correspondent à la distance parcourue par un traîneau en une journée. Une distance de près de 25 kilomètres sépare généralement ces centres de ravitaillement. C'est ce qui explique les distances entre les principaux centres de la Gatineau. Les difficultés de communication entraînent la construction d'une ligne de chemin de fer qui, commencée en 1889, atteint Maniwaki en 1906.

Sur la Lièvre, par contre, il est relativement facile de remonter en bateau à vapeur, amenant les entreprises à préférer ce mode de transport. Ainsi pendant la belle saison, on transporte par voie d'eau tout ce qui est nécessaire aux chantiers et aux habitants. Après 1901, le monopole de la compagnie MacLaren sur le transport du bois incite la population de la vallée à réclamer, en vain, la construction d'un chemin de fer. La navigation à vapeur, qui a débuté vers 1875, disparaît en 1926. Un premier réseau routier provincial a déjà commencé à prendre la relève.

Le développement du réseau routier de l'Outaouais donne par ailleurs lieu à l'érection de nombreux ponts couverts, un patrimoine dont la région est, à juste titre, très fière. Parmi les plus beaux exemples, citons ceux de Bowman et de Mansfield (Marchand). Ils constituent, avec quelques autres, les derniers survivants d'une longue lignée de «toits sur les rivières».

La villégiature

Depuis la fin du XIX° siècle, l'Outaouais constitue le lieu de plaisance des résidents d'Ottawa et de la rive ontarienne. Ils établissent leurs chalets sur les berges des rivières et des lacs de la rive nord de l'Outaouais. À la fin du siècle dernier, on se contente d'hôtels et de maisons de pension, comme

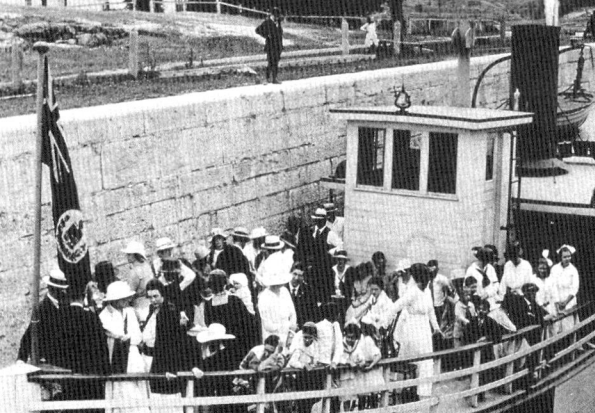

À la fin du XIX° siècle, les citadins empruntent le bateau à vapeur pour se rendre dans un des nombreux lieux de villégiature de l'Outaouais. (Coll. Pierre-Louis Lapointe)

Outaouais

l'hôtel McCool à Fort William et la villa Chabot à Papineauville. Les gens de la ville s'y rendent en bateau à vapeur pour y passer quelques jours de vacances bien méritées.

Les plages moins polluées de la rivière des Outaouais attirent, dans la première moitié du XXe siècle, de nombreux citadins en quête de fraîcheur. Certaines d'entre elles vont connaître un développement important et susciter la création de véritables villages estivaux à proximité des lignes de chemin de fer et de tramways, notamment à Aylmer (Witchwood, Jubilee, Les Cèdres), à Luskville et à Norway Bay.

Le lac Blue Sea (Mer Bleue), par exemple, situé à plus de cent kilomètres au nord de Hull, est aussi accessible par train, tout comme les chalets qui s'alignent le long de la rivière Gatineau jusqu'à Maniwaki. Si le trajet et les horaires de train le permettent, le père de famille fait la navette soir et matin entre son lieu de travail et sa résidence d'été. Ceux qui possèdent un chalet en bordure d'Aylmer s'y installent tout l'été et voyagent en tramway. Aujourd'hui, ces zones de villégiature font partie intégrante de la banlieue.

L'exportation des ressources

Délimitée par la rivière, la frontière exerce une influence profonde sur la vie et sur l'identité de l'Outaouais québécois. Les liens qui unissent les deux rives s'entremêlent pour former un tissu fort complexe. De plus, le territoire extraprovincial que la région côtoie est généralement mieux articulé, plus populeux, et dominant sur les plans culturel et économique.

La question du développement ou du sous-développement régional a dominé et domine encore les préoccupations des dirigeants et des leaders d'opinion de l'Outaouais. C'est après la construction du canal Rideau (1826-1832), qui donne naissance à Bytown (Ottawa), que la rive nord de l'Outaouais perd son emprise sur l'économie régionale et se transforme en satellite de la rive sud ontarienne. Principal producteur de bois équarri du Québec, l'Outaouais contribue, grâce à cette ressource naturelle, à enrichir la ville de Québec et la Grande-Bretagne pendant plus d'un demi-siècle. Plus tard, de 1850 à 1925, le bois alimente les entreprises des villes frontalières, soit Ottawa, Pembroke, Renfrew, Rockland et Hawkesbury. Les retombées économiques de l'industrie du bois de construction échappent ainsi en grande partie à la rive nord de l'Outaouais.

L'apatite (ou phosphate), dont l'Outaouais détient le quasi-monopole de 1870 à 1890, est à son tour exploitée au profit d'entreprises britannique et française. Lorsque le marché s'effondre, il ne reste que quelques infrastructures: un barrage et une écluse à Poupore, sur la rivière du Lièvre, aménagée pour la navigation de Buckingham à High Falls, et un embranchement de voie ferrée de cinq kilomètres, reliant Buckingham à Masson. Le minerai des mines de fer de la région de Hull, quant à lui, est expédié vers les États-Unis (Pittsburg).

Par la suite, le gouvernement du Québec ayant cédé ses droits sur les ressources hydroélectriques, les entrepreneurs s'emploient à les mettre en valeur en fonction des intérêts de la rive ontarienne. Il faut dire que la rive sud de l'Outaouais est mieux nantie que la rive nord. Un territoire agricole plus vaste et plus prospère attire dans l'Est ontarien une population plus nombreuse, qui y fonde un nombre appréciable de villages et de villes.

De leur côté, les Américains, venus exploiter les ressources naturelles de l'Outaouais, mettent en place, à partir de 1885,

North Nation Mills dans le comté de Papineau au début du siècle. (Coll. Pierre-Louis Lapointe)

Outaouais

un réseau ferroviaire qui double les canaux et amplifie le drainage des ressources de la région en direction des États-Unis. Déjà depuis 1835, le canal Rideau et le canal Érié (et son embranchement d'Oswego) permettent d'expédier du bois vers New York et d'importer du porc et autres denrées pour desservir les chantiers de l'Outaouais.

Le canal de Chambly facilite une liaison similaire avec la région d'Albany via le canal de Grenville sur l'Outaouais. La plus grande partie des retombées liées à l'exploitation des matières premières est ainsi détournée vers les États-Unis, tandis que l'activité économique engendrée en région profite surtout à la rive ontarienne. L'Est ontarien, traversé de part en part par les axes ferroviaires qui lient la vallée de l'Outaouais au marché américain, est mieux placé que la rive québécoise de l'Outaouais pour bénéficier des effets de l'exploitation des ressources naturelles.

Ottawa: centre régional

Sur le plan économique, la rive nord de l'Outaouais se trouve donc subordonnée à la rive sud et à Ottawa. Hull comme Aylmer, Portage-du-Fort, Fort-Coulonge, Maniwaki, Wakefield, Buckingham, Papineauville et Lachute doivent se contenter d'un arrière-pays très restreint. Le grand centre régional est Ottawa; Pembroke et Renfrew se rattachent le Pontiac. Rockland et Hawkesbury, pour leur part, se créent une sorte d'arrière-pays dans le territoire qui s'étend de Buckingham à Lachute. Hull qui, vers 1878, espère devenir le centre ferroviaire de l'Ouest du Québec, voit son rêve s'évanouir: un pont ferroviaire, le Prince of Wales, ramène tout à Ottawa.

La situation dans le secteur économique a sa contrepartie dans les domaines religieux, culturel et politique. Les institutions de l'Église catholique romaine sont concentrées à Ottawa qui, de diocèse en 1847, devient archidiocèse en 1886.

Le territoire de ce diocèse intègre la rive nord de l'Outaouais. C'est ainsi que toutes les institutions qui naissent à l'ombre d'un évêché prennent racine à Ottawa et desservent les deux rives. L'université, l'hôpital, l'orphelinat et l'hospice s'élèvent sur la rive ontarienne. Cette situation étonnante se répète dans le Pontiac dont le territoire est rattaché au diocèse de Pembroke. Il faut attendre la création du diocèse de Hull, en 1963, pour que la région commence à voler de ses propres ailes. Pendant plus d'un siècle, la population de l'Outaouais contribue

Procession de la fête du Sacré-Cœur dans les rues de Hull vers 1920.
(Coll. Pierre-Louis Lapointe)

L'église de Pointe-Gatineau et les petites maisons ouvrières situées en bordure de la rivière témoignent de l'importance des francophones dans la municipalité.
(Coll. Pierre-Louis Lapointe)

Outaouais

Vue de Wakefield sur la rivière Gatineau vers 1890.
(Coll. Pierre-Louis Lapointe)

donc à la mise en place des institutions catholiques et françaises d'Ottawa.

Les progrès accomplis depuis 1963 sont fort respectables. L'Outaouais peut maintenant compter sur une petite université et sur un réseau d'institutions socioculturelles et économiques qu'elle n'avait pas il y a vingt ans. Il lui reste néanmoins beaucoup de chemin à parcourir.

Une diversité culturelle

L'Outaouais se compose de «petites patries» qui ont chacune leur personnalité. L'importance du rôle joué par les anglophones et les protestants dans le développement de l'Outaouais ainsi que le poids du monde culturel ontarien ont marqué l'évolution culturelle de l'Outaouais québécois. La coexistence de langues et de religions diverses a donné naissance à une société pluraliste.

Les vallées de la Gatineau et de la Lièvre, comme la conurbation Aylmer-Hull-Gatineau, rassemblent ainsi de nombreuses ethnies et confessions religieuses. Même la plus francophone des sous-régions de l'Outaouais, la Petite-Nation, a vu s'y établir les familles d'Anglo-Américains arrivés en 1809 avec Robert Fletcher, un marchand de bois de Boston. Majoritaires dans presque toutes les sous-régions de l'Outaouais au XIXe siècle, les anglophones sont aujourd'hui minoritaires, sauf dans le Pontiac.

L'évolution et la personnalité de l'Outaouais peuvent se lire au tournant de chaque route et dans chacun des paysages de la région. Les noms de lieux par exemple, reflètent le rôle qu'y ont joué les Algonquins, les Français, les Irlandais, les Écossais, les Américains, les Anglais et les Allemands. Les toponymes rappellent également des activités économiques comme le commerce des fourrures, l'industrie du bois et l'industrie minière. À l'encontre des autres régions du Québec, les noms de saints y figurent rarement.

Les vestiges du passé de l'Outaouais sont aussi à l'image de son caractère multiethnique et multiconfessionnel. Qu'il s'agisse du mode de division des parcelles agricoles, du mode d'implantation des bâtiments de ferme, des cimetières dont les pierres tombales arborent la croix irlandaise, des symboles maçonniques ou des écrits en anglais, en français ou en allemand, ou qu'il s'agisse du patrimoine bâti (style, techniques de construction, matériaux, emplacement), la nature pluraliste de l'Outaouais saute aux yeux.

Le patrimoine architectural

Les bâtiments historiques qui ont survécu au laisser-aller des hommes et aux assauts des éléments sont généralement représentatifs de cette réalité. Il en va ainsi des bâtiments qui sont classés ou reconnus monuments historiques par le gouvernement du Québec. Ils retracent les grandes périodes de l'histoire de l'Outaouais et les principales activités économiques de la région.

Outaouais

*La «maison hulloise» est étroite et longue pour s'adapter à la configuration des terrains.
(Coll. Pierre-Louis Lapointe)*

Le patrimoine architectural de l'Outaouais témoigne de façon éloquente du passé forestier de la région. Ses plus beaux monuments historiques évoquent la vie opulente des «barons» de l'industrie du bois ou la richesse des forêts outaouaises du siècle dernier. Il suffit, pour en juger, d'admirer la longueur, la qualité et le diamètre des pièces de bois qui entrent dans la construction de maisons, comme la maison Devlin à Aylmer.

Les maisons McGooey (Maplewood), Riverview (David Moore), Bryson et Wright-Scott-Hadley sont de bons exemples de la richesse matérielle engendrée par l'industrie du bois dans l'Outaouais. Il en est de même pour certains bâtiments non classés ou reconnus, comme la maison Thompson-MacLaren-Kenney (Buckingham), les maisons Spruce Holme-Toller, Proudfoot et Rabb (Fort-Coulonge), la maison Mohr (Quyon), la ferme Columbia, ainsi que les maisons Egan, McConnell, Foran (Green Park), Rollins (Rivermead) et Eddy (Orchard Hill) du chemin d'Aylmer.

Un type de construction particulier à la région de Hull mérite d'être signalé: il s'agit de la «maison hulloise», que l'on retrouve surtout à Hull et à Pointe-Gatineau. Cette petite maison avec pignon sur rue, construite en madrier, est étroite et longue. Sa configuration s'adapte à celle des terrains, (en fait des demi-lots de quelque 10 mètres sur 30 appartenant à la famille Wright). Ces grands propriétaires et leurs descendants refusent de céder la propriété du sol, préférant louer le terrain sur la base de la «rente constituée» ou «constitut». Le développement de Hull s'en trouve considérablement entravé, ce qui amène le gouvernement du Québec à intervenir, législativement, en mars 1924.

La diversité linguistique et religieuse a légué à l'Outaouais un patrimoine architectural et ethnographique religieux d'une valeur considérable. Il suffit de mentionner l'extraordinaire église Saint-Alphonse-de-Liguori de Chapeau (catholique), l'église St. Stephen de Greer Mount (anglicane), l'église presbytérienne de Fort-Coulonge, l'église Notre-Dame-de-Bonsecours de Montebello, (dessinée par Napoléon Bourassa), l'ancienne église méthodiste du chemin d'Aylmer (reconnue monument historique) et la toute moderne église Saint-Jean-Marie-Vianney (inspirée par le bénédictin Dom Bellot). À ces bâtiments religieux, il faut ajouter les croix de chemin et les pierres tombales des petits et grands cimetières de tous les coins de l'Outaouais: ils nous en disent long sur nos gens et sur le sens profond qu'ils donnaient à l'existence terrestre.

Cependant, les monuments historiques les plus remarquables de l'Outaouais, aux yeux des étrangers et des visiteurs québécois surtout, sont sans contredit le manoir Louis-Joseph-Papineau et la chapelle funéraire. Le caractère exceptionnel de cet ensemble architectural s'ajoute au rôle primordial qu'ont joué dans la vie politique québécoise et canadienne Louis-Joseph Papineau, chef du Parti patriote et son petit-fils Henri Bourassa, fondateur du *Devoir*. Quant à son

Outaouais

Le village de Papineauville à la fin du XIXe siècle d'après un dessin de F.-X. Paquet. (ANQ-Q)

père, le peintre, architecte et romancier Napoléon Bourassa, il a installé au manoir son atelier de peinture.

Le caractère unique de ces monuments et la place de choix qu'occupe la Petite-Nation en tant que sous-région de l'Outaouais tiennent à l'existence même de la seigneurie. En effet, dans l'Outaouais, où prévaut le régime du franc-alleu et des cantons, le territoire de la Petite-Nation est le seul à être développé selon le modèle seigneurial. La seigneurie constitue une anomalie dans cette partie du Québec. C'est ce qui lui confère son charme. Le visiteur de la région de Hull-Ottawa s'y trouve dépaysé. Il y observe, comme au cœur du Québec, la maison traditionnelle et apprécie la saveur d'un terroir à prédominance française. Et s'il y découvre, au détour d'une route, une maison bâtie en pièce sur pièce, il se peut qu'elle emprunte au modèle «poteaux sur soles» plutôt qu'au modèle avec coins en queue d'aronde.

À l'autre extrémité de l'Outaouais, dans le Pontiac anglophone, c'est ce dernier type qui prévaut. Une seule exception à notre connaissance: un bâtiment construit pour le compte de la Compagnie de la baie d'Hudson, à Fort William, la maison du Bourgeois, qui s'inspire du modèle «poteaux sur soles».

C'est bien là la meilleure image qui permette de résumer l'Outaouais, cette région de contrastes culturels saisissants qui s'opposent, s'interpénètrent et se fondent parfois.

Pierre-Louis Lapointe, historien

Manoir Louis-Joseph-Papineau

Montebello
Allée du Seigneur

Fonction: commerciale et culturelle
Classé monument historique en 1975

De retour d'exil, Louis-Joseph Papineau fait construire en 1848 une résidence somptueuse dans sa seigneurie de la Petite-Nation. Il choisit alors un site qui lui permet d'admirer la nature environnante. (Coll. Pierre-Louis Lapointe)

Toutes les énergies de Louis-Joseph Papineau, après son retour d'exil en 1845, sont dirigées vers la construction de son manoir et l'administration de sa seigneurie de la Petite-Nation. Propriétaire de ce bien paternel depuis 1817, le grand parlementaire n'avait absolument pas eu le temps de gérer ses terres de l'Outaouais et encore moins d'y construire un manoir seigneurial. Député à la Chambre d'assemblée du Bas-Canada dès 1809, sa carrière politique se poursuit jusqu'en 1854, interrompue par un exil de sept ans.

L'arrivée d'un seigneur qui pour la première fois tient feu et lieu dans sa seigneurie, accélère le développement de la Petite-Nation. La construction du manoir, les travaux sur le domaine et la présence du maître favorisent la poussée démographique, la population s'élevant à 3 337 habitants en 1852 (une augmentation de 1 133 depuis 1848). À partir de 1850, les Papineau habitent au manoir de Montebello et c'est avec l'administration de ses terres que le seigneur entend subvenir aux besoins de sa famille.

La construction du manoir

Tout de suite après son retour d'exil, à l'automne 1845, Papineau s'empresse d'aller visiter ses terres de la Petite-Nation. Installé chez son frère Denis-Benjamin, à qui était confiée la gérance de la seigneurie, il examine la contrée afin de découvrir le site idéal pour y établir son domaine. Le cap Bonsecours, au milieu d'un décor naturel inaltéré, rassemble les qualités désirées «pour permettre à l'œil d'apercevoir, en toutes directions, les magnifiques points de vue qui se déploient au loin».

Les travaux pour la construction du manoir débutent à la belle saison de 1848. Tout dans cette résidence porte la marque de Papineau. Il commande les plans à son architecte Louis Aubertin, choisit les matériaux, entreprend l'embellissement du domaine et règle tout, jusqu'aux menus détails. Il met souvent lui-même la main à la pâte et travaille de cinq heures du matin à sept heures du soir. Dans une lettre à son ami Pierre Margry, il confie: «Dans l'isolement du lieu, j'ai été architecte, dessinateur, agriculteur et jardinier. Obligé de tout diriger et surveiller, j'ai fatigué plus que ne le comportaient mon âge et les habitudes antérieures de vie sédentaire d'étude et de bureau.»

Amédée Papineau (à gauche) est propriétaire du manoir de 1871 à 1903. On l'aperçoit ici avec la famille de son fils, Louis-Joseph. Il est à noter que les deux tours octogonales sont alors couvertes de façon identique. (ANC)

Le traitement différent des façades et des toitures des tours, le toit en pavillon du corps principal, avec sa galerie en terrasse, démontrent la diversité des inspirations liées à la conception du manoir. (MAC)

Papineau désire construire une résidence somptueuse. Il peut y parvenir depuis que le gouvernement de l'Union a décidé de lui verser les arrérages de son salaire comme orateur de la Chambre d'assemblée. Ces arrérages s'élèvent à environ 18 000 dollars, ce qui représente à cette époque une somme assez rondelette; cela lui permet d'entreprendre des travaux d'envergure sur son domaine. Puis, son titre de seigneur lui donne le droit d'exiger de ses censitaires des journées de corvées. Très dur à la tâche, le seigneur l'est aussi pour ses employés; ceux-ci doivent travailler dix à douze heures par jour.

Le carré des fondations, assises sur le cap Bonsecours à l'été de 1848, mesure 44 pieds sur 64 (environ 13 mètres sur 19,5) laissant 2 pieds (un peu plus de 60 centimètres) d'épaisseur pour les murailles en pierre. Fils d'arpenteur, Papineau calcule en pieds français et aligne sa demeure directement sur les quatre points cardinaux. La façade sud, qui contemple l'Outaouais, loge les pièces de séjour: la salle à dîner, le salon jaune et le hall d'entrée qui sert aussi de salle de famille. Les bosquets d'origine sont éclaircis afin que l'on puisse apercevoir les eaux de la rivière.

Les tours

Le plan initial, dressé par Louis Aubertin, prévoit une tour aux quatre angles de la construction. Cependant, les deux annexes de la façade nord ne sont pas exécutées, bien que Papineau dise abandonner ce projet «quant à présent». De même, entre les deux tours projetées, Aubertin ajoute sur son plan une galerie au deuxième étage, mais on renonce aussi à réaliser ce projet pour ne garder que la galerie au premier niveau de la façade nord, prolongée sur les murs-pignons est et ouest.

Le bâtiment s'élève à partir du rez-de-chaussée, réservé aux domestiques. De là, on accède au bel étage et à celui des chambres par la tour des escaliers à l'ouest, surmontée d'une toiture conique depuis le temps de Louis-Joseph-Amédée Papineau. À l'origine, les deux tours octogonales sont couvertes de façon identique. Le toit à quatre versants du corps principal est fermé par une galerie panoramique que l'on appelle un «promenoir». À cette époque, tout est recouvert de bardeau de cèdre: les tours, la tourelle et le corps principal. Sur ce dernier, Papineau fera poser plus tard du bardeau d'ardoise.

Le plan du carré initial ne prévoit aucun espace pour les escaliers qui sont logés dans la tour ouest, tandis qu'une serre est aménagée dans la tour est. Ces deux annexes sont terminées en 1852, après l'ensemble du bâtiment, habitable depuis 1850. Elles sont fabriquées de lattes solidifiées avec un enduit, puis recouvertes d'une peinture grise aspergée de sable. On veut ainsi leur donner le même aspect de pierre que le reste du bâtiment.

Le fenêtrage à petits carreaux de la tour de l'est semble une addition tardive et plusieurs auteurs le rattachent encore à la période de Louis-Joseph-Amédée Papineau. Mais il est maintenant certain que ce genre de vitrage avec un hémicycle au-dessus des châssis du rez-de-chaussée est terminé en 1852, en même temps que les tours. Papineau, qui a la passion du jardinage, cultive des espèces rares et fait installer un calorifère pour chauffer ses plants, dans «la tour de la serre».

La tour carrée, terminée en 1856, est le dernier ajout apporté par Papineau à la construction de son manoir. Le propriétaire y fait placer trois étages de rayons pour sa chère bibliothèque, dont deux étages de mezzanines. Il veut aussi y mettre en sécurité les contrats et comptes concernant la seigneurie de la Petite-Nation, avec ses autres papiers d'importance. C'est pourquoi les matériaux utilisés doivent autant que possible être à

La tour carrée, terminée en 1856, est le dernier ajout apporté par Papineau à la construction de son manoir. Le propriétaire y fait placer trois étages de rayons pour sa bibliothèque. (ANQ-Q, E. Gariépy)

l'épreuve du feu. Papineau utilisait auparavant la chambre du côté nord-ouest comme bibliothèque et les censitaires venaient y acquitter leurs cens et rentes. Cela causait des désagréments, surtout l'hiver, car les habitants empruntaient et salissaient la tour des escaliers et le corridor pour accéder à l'ancienne bibliothèque. Avec la nouvelle annexe, la famille peut maintenant compter sur une autre sortie en cas de feu; un système d'escaliers dans la tour carrée est relié à une passerelle conduisant à l'étage des chambres.

L'hiver, Papineau réduit ses activités et passe sa journée de neuf heures du matin à quatre heures de l'après-midi «dans la tour, avec des comptes à faire». L'élévation de cette annexe date de 1880 et elle est signée Louis-Joseph-Amédée Papineau. Celui-ci fait ajouter des rangées de brique permettant de gagner un étage de mezzanine. Puis, des plants de lierre viennent dissimuler la différence de matériaux, entre la pierre et la brique utilisées pour hausser cette tour.

Le hall d'entrée du manoir vers 1915. (ANC)

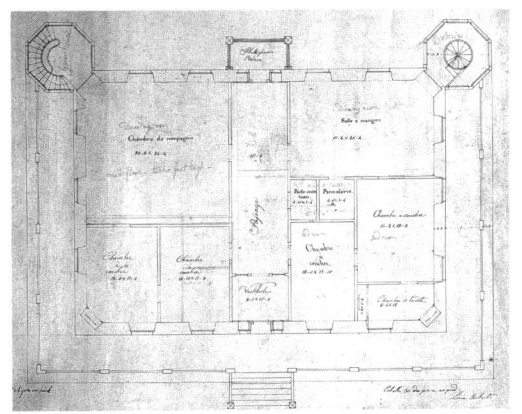

Plan du rez-de-chaussée du manoir, dressé par Louis Aubertin. (ANQ-Q)

L'addition de la tour carrée donne plus que jamais au manoir un aspect sévère, volumineux et médiéval. L'inspiration moyenâgeuse aurait été encore plus frappante si Louis-Joseph Papineau avait réalisé son premier plan d'une tour aux quatre angles du bâtiment; il avait aussi eu l'idée de couronner ces annexes de créneaux. Mais il met de côté cette austérité militaire pour adopter la diversité des styles. Le traitement différent sur les deux façades, la toiture carrée sur la tour de la bibliothèque et octogonale sur les deux autres tours et le toit en pavillon du corps principal avec sa galerie en terrasse démontrent la diversité des inspirations réunies lors de la construction du manoir.

Le domaine et les jardins

Le fils Papineau, Louis-Joseph-Amédée, n'aime pas beaucoup ces diversités de styles et essaie par tous les moyens de faire adopter par son père «un plan pittoresque et harmonieux». Pour cacher les différents aspects que présentent les deux façades de la résidence, il recherche «la judicieuse conservation des arbres déjà existants et la judicieuse plantation de nouveaux arbres et arbustes. Nous ne permettrons jamais à l'observateur d'apercevoir les deux façades et les deux styles d'architecture du même coup d'œil.»

Pour ce qui est de la sauvegarde des arbres de la forêt originelle, les deux hommes sont parfaitement d'accord. Papineau entend conserver et utiliser la végétation naturelle par l'intégration à son plan d'embellissement du domaine. Il signale en particulier six pins séculaires d'une taille imposante dont le pied est garni avec des plants de houblon.

Même avant la fin de la construction du manoir, les deux Papineau, père et fils, travaillent à l'aménagement du domaine. Louis-Joseph trace (ou fait tracer par Aubertin) le plan des sentiers et des principales avenues. Les allées nombreuses et sinueuses s'étalent dans toutes les directions. On recherche l'ombrage de la végétation naturelle et l'on plante une grande variété d'arbres fruitiers: pommiers et pruniers, vignes et poiriers sauvages. En 1856, Papineau dit mettre en terre jusqu'à 150 pommiers.

Papineau parsème son jardin des couleurs les plus douces, alors qu'il exploite les teintes éclatantes pour la décoration intérieure. Pour le salon jaune en particulier, il commande des draperies ocre aux franges rouge vif. Dans son jardin, il recherche plutôt l'ombre et la fraîcheur de la végétation naturelle, sème du gazon et plante des fleurs où prédomine la blancheur. Le muguet, les narcisses et les boules-de-neige dessinent des massifs qui forment «des draps et des voiles du blanc le plus pur». Au printemps, les lilas mêlent leurs couleurs tendres au spectacle des pommiers en fleurs.

Le souci d'aménager des points de vue panoramiques est constant chez les Papineau. On doit voir au loin et le manoir doit être vu de loin. Aussitôt que l'état d'avancement des travaux le lui permet, Louis-Joseph se hisse sur la plate-forme du toit d'où il peut contempler le paysage environnant. Son regard s'étend jusque chez son frère Denis-Benjamin, mais il entend tailler quelques bosquets qui masquent la vue de ce côté. Louis-Joseph-Amédée, pour sa part, veut s'assurer que la résidence familiale, dont il est très fier, puisse être aperçue de loin. Il traverse la rivière des Outaouais pour gravir «la montagne Booth et de son sommet admirer l'effet pittoresque et féodal du manoir franco-normand dont les tours s'harmonisent si parfaitement avec le paysage».

Le manoir et le domaine en viennent à avoir si fière allure qu'ils constituent le point d'aboutissement des voyageurs venus d'Ottawa et des environs. Une journée de 1868, le président de la Société d'histoire naturelle d'Ottawa, le docteur Van Cortland, s'amène avec 40 excursionnistes venus contempler «la merveille d'un voisinage où il n'y a pas de merveilles artistiques, mais où les beautés naturelles abondent». En 1870, les religieuses de Bytown (Ottawa) conduisent sur le site du manoir une vingtaine de leurs écolières. Le maître de Montebello fait promener ses visiteurs et visiteuses à travers les allées du domaine; avec sa verve légendaire, il multiplie les explications relatant l'histoire du lieu.

Le magnifique grand salon du manoir. (Shermer Photo, Pierrefonds)

Un monument classé

Aujourd'hui, le manoir est en partie utilisé comme musée et est ouvert aux visiteurs sensibles à l'attraction exercée par le nom de Papineau. La grande salle de conférences, au deuxième étage, aménagée du temps du Seigniory Club (1929-1976), sert comme lieu de réunions pour les congressistes du Château Montebello. Cet immense hôtel en bois rond, construit en 1930, est situé sur l'emplacement voisin qui faisait autrefois partie du domaine du seigneur.

Le Canadien Pacifique est aujourd'hui propriétaire du Château Montebello et du manoir Papineau, qu'on ne peut concevoir sans son décor naturel. La proximité de la rivière des Outaouais et d'une région parsemée de lacs invitent à un retour aux sources de la nature aussi bien qu'à la méditation inspirée par ce lieu historique. Papineau lui-même a été l'instigateur de ces rêveries romantiques «sous les frais ombrages et les tortueuses promenades du cap [Bonsecours]».

Déjà en 1930, les membres de la Société historique de Montréal, parmi lesquels figure le nom du chanoine et historien Lionel Groulx, alertent les autorités gouvernementales au sujet de la sauvegarde de ce lieu historique. «Cette maison, écrivent-ils, qui a été construite par Louis-Joseph Papineau, une de nos plus hautes figures historiques, qui a été embellie par ses soins et qui est pour ainsi dire inséparable de son souvenir devrait être considérée, croyons-nous, comme faisant partie du patrimoine national.»

Ce n'est que 45 ans plus tard que cet héritage collectif est inscrit au registre des monuments historiques du Québec. Le manoir, depuis le 6 mars 1975, et la chapelle funéraire du domaine, depuis le 14 avril de la même année, sont ainsi classés et à ce titre méritent tous les égards dus à leur rang.

Béatrice Chassé, historienne

La salle à manger vers 1915. (ANQ-Q)

CHASSÉ, Béatrice. *Le manoir Papineau à Montebello*. Québec, ministère des Affaires culturelles, 1979. 81 p.

DEMETER, Laszlo. *Manoir Papineau, Montebello. Histoire, relevé et analyse*. Montréal, Université de Montréal, École d'architecture, 1974. 2 vol.

LAMARCHE, Claude et Jacques. *Le manoir Louis-Joseph Papineau*. Ottawa, Éditions de la Petite-Nation, 1978. 93 p.

Chapelle funéraire Louis-Joseph-Papineau

Montebello
Allée du Seigneur

Fonction: religieuse
Classée monument historique en 1975

Louis-Joseph Papineau lui-même serait le principal architecte de cette chapelle mortuaire qui servit à sa famille. Elle fut construite en 1853.
(ANQ-Q, E. Gariépy)

À moins d'un kilomètre du manoir Louis-Joseph-Papineau, le visiteur du domaine de Montebello découvre, au milieu d'une forêt de pins et d'érables, une petite chapelle funéraire construite en pierre des champs, où repose, avec plusieurs membres de sa famille, une de nos plus illustres figures historiques.

À son retour d'exil en 1845, Papineau s'installe dans la seigneurie de la Petite-Nation pour y construire un manoir; il ne songe guère à une chapelle funéraire. Mais la mort de son plus jeune fils, Gustave, emporté en 1851 à l'âge de 21 ans par le rhumatisme inflammatoire, l'incite à édifier ce lieu de sépulture situé sur le chemin qu'empruntaient les Papineau pour se rendre à l'église.

Les travaux débutent en 1853. Papineau lui-même serait le principal architecte de cet édifice de forme oblongue, coiffé d'un toit à deux versants et dont la façade est percée d'une ouverture de forme ogivale que surmonte un œil-de-bœuf. Un campanile de pierre se dresse au sommet du pignon. En construisant cette chapelle, Papineau s'inspire d'ailleurs d'une tradition de l'aristocratie française.

Avant même que la construction ne soit complétée, Papineau y enterre, le 18 février 1855, son premier petit-fils, Louis-Joseph, décédé d'une congestion pulmonaire à l'âge de onze ans. Le 25 mai suivant, Papineau transfère dans la crypte familiale la dépouille de son fils Gustave. Le 7 août de la même année, il y dépose les restes de son père, décédé en 1841, qu'il a fait transférer du cimetière de Montréal. À cette occasion, Mgr Guigues, évêque du diocèse de Bytown (Ottawa), accompagné d'une douzaine de prêtres, bénit la chapelle qu'il place sous la protection de saint Joseph et sainte Julie, patrons respectifs de Papineau et de son épouse.

Six ans plus tard, en 1861, Papineau y fait inhumer Marguerite Douville, la fidèle gouvernante des enfants qui a suivi la famille dans son exil aux États-Unis et en France.

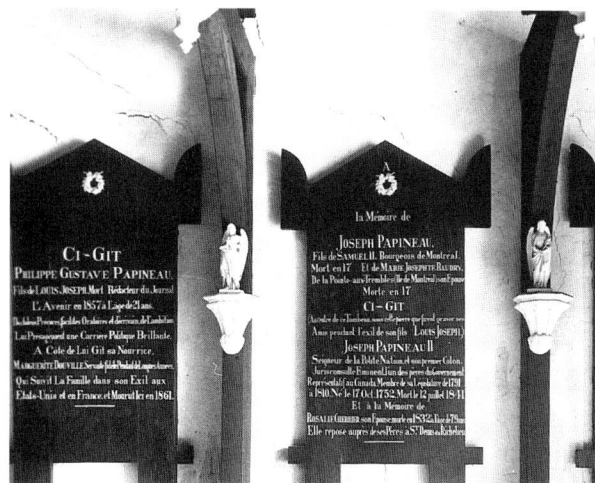

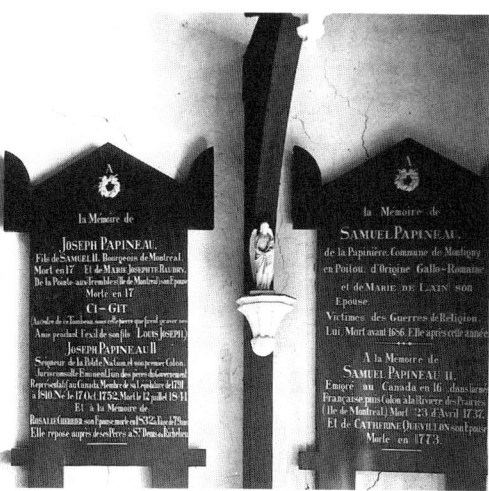

Plaques commémoratives de la famille Papineau. (ANQ-Q, E. Gariépy)

Vue de l'intérieur de la chapelle mortuaire. (ANQ-Q, E. Gariépy)

Elle repose près de Gustave, dont elle était la nourrice. En août de l'année suivante, Julie Papineau, l'épouse de Louis-Joseph, meurt au manoir à l'âge de 66 ans. Elle est à son tour déposée dans la crypte en présence de Mgr Guigues. En 1869, Papineau perd la plus jeune de ses filles, Azélie, qui meurt à l'âge de 35 ans, peu après la naissance de son fils, Henri Bourassa. Enterrée d'abord dans la crypte familiale, sa dépouille est transférée en 1895 et repose aujourd'hui dans la chapelle des Bourassa, au cimetière de Montebello.

Dans les jours qui précèdent son propre décès survenu le 23 septembre 1871, Papineau se préoccupe de sa sépulture. Craignant que son attitude vis-à-vis de l'Église n'empêche son inhumation dans la chapelle, il rédige un codicille où il demande à être enterré dans la tour de son manoir. Même s'il refuse les derniers sacrements, Papineau est finalement inhumé dans la crypte de la chapelle le 28 septembre, mais sans la sépulture ecclésiastique que n'autorise pas Mgr Guigues. Son vieil ami, l'abbé Bourassa, préside donc une simple cérémonie civile.

Deux enfants survivent: Ézilda et l'aîné, Louis-Joseph-Amédée, converti au protestantisme. Mort en 1903 à l'âge de 84 ans, ce dernier est incinéré et ses cendres déposées dans la chapelle. Quant à Ézilda, elle rejoindra sa sœur Azélie dans la chapelle des Bourassa.

Les héritiers de la famille, demeurés propriétaires de la chapelle malgré la vente du manoir en 1929, en font don à la fondation Héritage Canada en 1974. Ils demandent à cet organisme de veiller à perpétuité à l'entretien de la chapelle et du cimetière adjacent et se réservent le droit d'y être enterrés. La dernière inhumation a eu lieu en juillet 1987. La chapelle ne servira désormais plus. La crypte abrite en tout les corps de onze membres de la famille Papineau appartenant à six générations, tandis que des inscriptions sur les murs rappellent l'existence de quinze autres. De plus, trois autres membres de la famille reposent dans le cimetière adjacent.

À l'intérieur de la chapelle, un tableau représentant la résurrection du Christ, un buste en bronze de Papineau coulé d'après son masque funéraire par son gendre Napoléon Bourassa, une statue représentant Papineau orateur et un drapeau des patriotes commémorent le rôle important qu'a joué ce dernier dans la politique au XIXe siècle.

Louise Chouinard, historienne de l'art

LAMARCHE, Jacques. *Au cœur de la Petite Nation, le Château Montebello*. Ottawa, Éditions de la Petite-Nation, 1984. 150 p.

LAMARCHE, Claude et Jacques. *Le manoir Louis-Joseph-Papineau*. Ottawa, Éditions de la Petite-Nation, 1978. 93 p.

Pont Bowman

Val-des-Bois
Route rurale n° 1

Fonction: transport public
Classé monument historique en 1986

Bâti au cœur de l'Outaouais, le pont couvert Bowman perpétue le souvenir d'un entrepreneur de la région, fort actif dans l'industrie forestière au début du siècle.

Jeté sur la rivière du Lièvre, ce pont est témoin de la période où le lit de la rivière a été remodelé par la construction de barrages. En raison de sa longueur, il se classe au troisième rang de sa catégorie au Québec. En fait, sur plusieurs kilomètres à la ronde, il s'agit de la plus importante construction en bois à figurer dans le paysage.

L'histoire du pont débute en 1922 alors que Adélard Morin, Paul Wittstock et les employés du moulin Gareau terminent la construction d'un pont couvert situé au hameau de High Falls. Pour élever cette structure typique de la période de colonisation (généralement une adaptation de la ferme à treillis brevetée en 1820 par Ithiel Town du Connecticut), les ingénieurs font preuve d'audace en faisant reposer sur seulement deux piliers un pont de 132 mètres. Il y a tout lieu de croire que l'obligation de minimiser les obstacles pour le flottage du bois a été considérée pour justifier une telle décision. En d'autres circonstances, des structures aussi massives requièrent un plus grand nombre de supports.

L'ouvrage relie les villages de Bowman et Villeneuve. Selon la coutume, on bénit le pont en l'ouvrant officiellement à la circulation en août 1922. Le nouveau pont s'appelle Achim, en l'honneur de Joseph-Honoré Achim, représentant du comté de Labelle tant au niveau fédéral que provincial.

À cause de la construction d'un barrage dans le secteur High Falls de la Lièvre, en 1929, il devient nécessaire d'envisager la relocalisation du pont Achim. Les autorités municipales se réunissent pour étudier de nouveaux sites. Des intérêts divergents compliquent le choix du nouvel emplacement. Le choix retenu est alors perçu comme une victoire de la faction francophone, regroupée dans la partie nord de Bowman, au détriment de la communauté allemande concentrée au sud de la municipalité.

Le pont Achim est démantelé et reconstruit 3,5 kilomètres en amont. Les dimensions du nouveau pont sont identiques et son apparence n'est pas modifiée. Il repose de nouveau sur deux piliers. On le connaît depuis sous le nom de Bowman (Baxter).

À la fin des années 1960, le pont Bowman est menacé: fermeture ou démolition de la structure sont à l'ordre du jour, et ce, après 40 ans d'usage seulement. À une époque où il n'est guère habituel de parler de conservation du patrimoine, c'est toute une croisade qu'entreprend la population de Bowman afin de conserver son pont rouge.

Fermé à la circulation pendant trois ans, le pont est finalement cédé à la seule municipalité de Bowman. On entreprend dès lors de le restaurer pour lui redonner une partie de son lustre. En février 1972, hommes et

Vue latérale du pont Bowman. (Coll. Pierre-Louis Lapointe)

chevaux s'aventurent sur la glace afin de bâtir un pilier supplémentaire qui supportera la structure.

Pour s'assurer que les véhicules lourds ne puissent emprunter le pont, les autorités décident de réduire les dimensions des portiques. Une telle démarche démontre clairement la volonté de la communauté de préserver un monument unique, à la capacité portante certes limitée, mais qui, une fois équipé pour faire face aux nouvelles exigences de la circulation, peut encore être fort utile et bien intégré à son environnement.

Autrefois, à force de bras plus souvent qu'autrement, des gens s'attelaient à la tâche afin de maintenir un lien vital pour la communauté. Aujourd'hui, il n'est que logique de reconnaître les efforts déployés pour conserver et faire apprécier à d'autres le long tunnel de bois, cette construction d'une autre époque jetée au-dessus d'une rivière par ailleurs fortement domestiquée.

Par son histoire et ses dimensions, ce pont rouge est un jalon important de l'évolution de nos moyens de communication.

Gérald Arbour, Société québécoise des ponts couverts

Le pont Bowman à la fin des années 1940. (Archives de la Société québécoise des ponts couverts)

Propriété Wright-Scott-Hadley

Hull
28, boulevard Alexandre-Taché

Fonction: résidentielle et administrative
Reconnue site historique en 1979

Érigée du côté sud du ruisseau de la Brasserie à Hull, la propriété Wright-Scott-Hadley marque en quelque sorte la limite entre les opérations de rénovation urbaine qui ont totalement détruit la ville, et le secteur de villégiature qui, depuis le début du XIXᵉ siècle, s'est développé de part et d'autre de la route menant à Aylmer. Sa reconnaissance comme site historique en 1979 est intervenue à la demande du Conseil régional de la culture de l'Outaouais pour assurer la survie du parc naturel que forme l'embouchure du ruisseau de la Brasserie.

Au début du XIXᵉ siècle, le site appartient à Philemon Wright, fondateur de Hull. À son décès, en 1839, la propriété, qui comprend une bonne partie de la superficie de la ville actuelle, est divisée entre ses trois enfants. Son fils Tiberius hérite de la portion du domaine près du ruisseau de la Brasserie. Lorsqu'il meurt en 1841, il la lègue à sa fille Nancy Louisa, épouse de John Scott, premier maire de Bytown (aujourd'hui Ottawa). En 1849, un incendie rase la demeure familiale des Wright et c'est dans le verger du domaine que John Scott fait construire la maison actuelle, en 1852.

Il s'agit d'un cottage avec pignons en façade, érigé en pierre naturelle à bossage. La maison a conservé son cachet ancien même si, vers 1900, le porche a été converti en véranda fermée. En 1917, la demeure est modernisée, notamment par l'adjonction des salles de bain. En 1947, c'est une nouvelle aile qui est ajoutée à la demeure, vers l'arrière.

Avec ses pignons, sa fenêtre en saillie et ses élégantes lucarnes, la maison que fait ériger John Scott est une version tardive des cottages néo-gothiques nord-américains, très populaires dans la région de l'Outaouais.

L'intérieur de la maison comprenait à l'origine cinq foyers, un très grand salon, une salle à manger, une bibliothèque, une cuisine et la chambre des maîtres au rez-de-chaussée. À l'arrière étaient regroupées les pièces réservées aux domestiques.

L'escalier menait à l'étage supérieur où se retrouvaient quatre vastes chambres disposées autour du hall. Vers l'arrière, en descendant quelques marches, on accédait à la suite destinée aux membres du personnel. Le dernier étage était occupé par les enfants et leur gouvernante.

Sauvée des flammes qui ont détruit la ville en 1900 et toujours entourée de son mur d'enceinte original, la propriété Wright-Scott-Hadley est un rare témoin de l'existence plus que séculaire de la ville de Hull. Occupée par des bureaux et des logements, la vaste demeure est encore à la recherche d'une vocation qui en assurerait une mise en valeur complète.

Luc Noppen, historien de l'architecture

La maison Wright-Scott-Hadley, construite en 1852, est une version tardive des cottages néo-gothiques nord-américains, très populaires dans la région de l'Outaouais. (MAC)

BLAIR, Gladys. «The Scott House», *Ottawa Journal*, 15 septembre 1969.

CONSEIL RÉGIONAL DE LA CULTURE DE L'OUTAOUAIS. *Dossier de demande de classement de la maison Wright-Scott-Hadley*. Hull, CRCO, ca 1979.

Vue arrière de la maison avec la nouvelle aile construite en 1947. (MAC)

Maison Richard-William-Scott (dite Fairview)

Hull
100, boulevard Gamelin

Fonction: scientifique
Classée monument historique en 1979

Au pied des collines de la rivière Gatineau et dominant la vallée de l'Ontario s'élève une maison ancestrale. Il s'agit en fait d'une villa, résidence secondaire construite au cœur d'un vaste domaine qui, à l'origine, s'étendait sur 400 acres et dont le parc actuel n'en compte plus guère qu'une vingtaine.

C'est en 1859 que Richard William Scott, un avocat d'Ottawa, acquiert la propriété sur laquelle se dresse une maison en bois et des dépendances, pour y ériger une villa plus confortable. Scott est une figure bien connue à l'époque: en 1852, il devient maire de Bytown (Ottawa) à l'âge de 27 ans et c'est sous son mandat que la petite ville frontalière devient la capitale du Canada. De 1867 à 1873, il siège à la législature ontarienne; l'année suivante, il est nommé sénateur à Ottawa et ministre des cabinets libéraux de MacKenzie et de Laurier. Actif en politique jusqu'en 1908, il meurt cinq années plus tard.

En 1894, le second propriétaire du domaine le rebaptise «Balmoral Lodge», rappelant la résidence estivale des souverains britanniques en Écosse. Alexander Stewart est un horticulteur et jardinier professionnel qui met en valeur le domaine; ses jardins sont réputés et attirent les visiteurs de loin. Le domaine est cédé par les héritiers Stewart au gouvernement fédéral en 1918. Celui-ci y installe une station de recherches sur les maladies animales: l'Institut de recherches vétérinaires. La villa devient la résidence du directeur du centre jusqu'en 1957 alors qu'on y installe un laboratoire. Depuis 1976, le domaine est occupé par le Centre national de recherche faunique du ministère de l'Environnement.

La maison Richard-William-Scott est un bâtiment dont le volume rectangulaire simple évoque l'âge d'or des grandes demeures néo-classiques. Par contre les larges oriels, la corniche débordante et la terrasse faîtière (en partie disparue) appartiennent au style néo-Renaissance qui, à partir de 1840-1850, cherche à échapper à la rigueur classique en introduisant des ornements qui rappellent les villas de l'Italie des XVIe et XVIIe siècles.

Érigée en 1862-1863, la villa de Richard W. Scott est recouverte d'un enduit clair qui, par l'effet du temps, s'apparente au crépi rose typiquement italien. C'était là une des caractéristiques de la maison qu'appréciait particulièrement le premier ministre MacKenzie King. Nettoyés il y a quelques années, les murs exposent aujourd'hui un calcaire gris typique de la vallée de l'Outaouais mais qui affaiblit un peu le style «italianisant» d'origine.

Façade de la maison Richard-William-Scott recyclée en station de recherches fédérale. (MAC)

À l'intérieur, la distribution des pièces témoigne de la fonction de villégiature avec un grand salon en façade qui s'ouvre sur la galerie par des portes-fenêtres. Le hall d'entrée et l'escalier sont repoussés sur le côté et la salle à manger et un petit salon se trouvent à l'arrière; la cuisine est installée dans une annexe qui se dégage vers le nord. À l'étage, on retrouve trois chambres à coucher. La plupart des pièces ont conservé les boiseries originelles; les fenêtres sont logées dans de profondes embrasures lambrissées et l'escalier principal est digne d'intérêt.

Assez fréquent en Ontario, ce type architectural de villa italianisante est plutôt rare au Québec. À Hull, ville détruite par le feu en 1900 et peu épargnée par la rénovation urbaine des années 1970, la maison Fairview acquiert un statut tout à fait particulier auquel contribuent autant son architecture que l'histoire de ses occupants.

Luc Noppen, historien de l'architecture

L'annexe de la maison abritait la cuisine. (MAC)

LA GRENADE-MEUNIER, Monique. *La maison Scott-Fairview. Dossier synthèse.* Québec, ministère des Affaires culturelles, 1979.

Maison Riverview (ou maison David-Moore ou Ville-Joie-Sainte-Thérèse)

Hull
432, boulevard Alexandre-Taché

Fonction: culturelle
Reconnue monument historique en 1975

La maison Riverview, construite en 1865, est agrandie à deux reprises. L'aile à droite date du début des années 1960.
(Coll. Pierre-Louis Lapointe)

Sur le chemin qui mène de Hull à Aylmer, le riche entrepreneur et marchand de bois David Moore se fait ériger une luxueuse résidence en 1865. Longeant la rive nord de la rivière Outaouais, cette artère très champêtre est déjà parsemée de villas et de cottages. Ils témoignent de la prospérité d'une bourgeoisie financière qui envisage avec confiance l'avenir de cette région que la reine Victoria vient de choisir comme capitale fédérale.

La tradition locale retient cependant l'époque où le «château» appartenait à la famille Skead. Edward S. Skead, riche propriétaire, y éleva une famille nombreuse selon les règles strictes de l'étiquette. Entouré d'un parc et desservi par une domesticité nombreuse, le domaine compte à cette époque plusieurs bâtiments secondaires et illustre en ce coin d'Amérique l'idéal que constitue le manoir anglais.

Au début de notre siècle, la maison Riverview est abandonnée lorsque son propriétaire connaît un revers de fortune. À cette époque, la classe bourgeoise préfère s'installer dans les quartiers huppés d'Ottawa. La maison demeure donc inoccupée pendant plusieurs années. On y aménage alors une des nombreuses boîtes de nuit qui, dans les années 1920, attirent sur la rive nord de l'Outaouais les habitants de la rive opposée, plus austère.

En 1934, l'immeuble est acquis par une communauté religieuse qui y installe l'orphelinat Ville-Joie-Sainte-Thérèse. Lorsque l'État prend en charge le réseau de la santé et des affaires sociales, ce bâtiment revient à des particuliers en 1973. L'ancienne villa est finalement reconnue monument historique en 1975 et sauvée de la démolition lorsque le gouvernement du Québec en fait l'acquisition pour loger le Conservatoire de musique de Hull et des organismes régionaux du réseau de la culture.

La maison Riverview est un monument remarquable par le traitement architectural de ses élévations. Il s'agit d'un édifice de plan rectangulaire avec deux imposants avant-corps couronnés par des pignons dont la silhouette évoque le style jacobien, en usage durant le règne du roi Jacques 1er de la dynastie des Tudor. On y retrouve les pignons avec des gables hollandais, des oriels aux deux étages, un traitement plutôt sculptural des surfaces et une recherche de polychromie par l'utilisation de matériaux variés.

Ce style du XVIe siècle est remis à l'honneur au XIXe siècle pour faire revivre le type architectural du manoir anglais. Et comme le manoir jacobien est plus modeste et plus confortable que les immenses manoirs élisabéthains qui le précèdent dans le temps, c'est tout naturellement sa silhouette plus pittoresque que l'ère victorienne préfère.

Endommagée par un demi-siècle d'usages abusifs, la maison Riverview a été agrandie à deux reprises. Dès 1939-1940, les sœurs dominicaines de la Trinité y ajoutent une chapelle à l'arrière et au début des années 1960, un édifice moderne apparaît à l'est. Heureusement, celui-ci est doté d'un parement qui s'harmonise avec la pierre de la maison originelle.

Lorsque le gouvernement décide de donner une vocation culturelle à cet immeuble, la Société immobilière du Québec est chargée de la restauration des façades anciennes et de la rénovation des espaces intérieurs où ne subsistaient qu'un hall d'entrée et un escalier ancien.

Animée par les jeunes musiciens qui fréquentent le Conservatoire de musique de Hull, la maison Riverview revit aujourd'hui, et les formes baroques de ses pignons en pierre sont là pour témoigner de la vocation culturelle et artistique des lieux.

Luc Noppen, historien de l'architecture

L'édifice est devenu le Conservatoire de musique de Hull.
(MAC)

Hôtel Symmes

Aylmer
2, rue Main

Fonction: commerciale
Classé monument historique en 1974

CE bâtiment fort élégant, érigé en 1831 par Charles Symmes, témoigne de l'activité fluviale dans la région de l'Outaouais au XIXe siècle. Le futur fondateur de la ville d'Aylmer choisit cet emplacement en raison de sa position stratégique sur la route de Hull vers le lac Témiscamingue.

L'artère qui relie la rive du lac Deschênes au cœur de la ville de Hull suit le même tracé que le portage initial de 1805. Cette route, essentielle au développement de la rive nord de l'Outaouais, a permis aux pionniers de la région de remonter la rivière des Outaouais en évitant les trois rapides de la Grande Chaudière, de la Petite Chaudière et Deschênes.

L'auberge Symmes

Philemon Wright, arrivé à Hull en 1800, a compris l'importance de cette route pour la mise en valeur de son immense domaine et des terres qui bordent le lac Deschênes. C'est à l'extrémité de celui-ci qu'il fait construire, vers 1818, un bâtiment qui abrite, à compter de 1823, une taverne et un magasin administrés par son neveu, Charles Symmes, établi dans la région depuis environ cinq ans.

D'abord commis-comptable, ce dernier accède en 1821 au poste d'administrateur de la «Ferme du lac Chaudière». En octobre 1823, l'oncle et le neveu s'entendent sur un contrat d'association par lequel Charles Symmes devient locataire de deux lots et gérant d'une nouvelle taverne aménagée dans le magasin de 1818. Wright s'engage à avancer sans intérêt les sommes nécessaires à l'installation du neveu sur un nouveau lot, en échange d'une division à parts égales des dépenses et des revenus.

C'est dans ce climat d'optimisme que Symmes épouse Hannah Ricker, du Massachusetts, en 1824, et qu'il se lance dans la mise en valeur de la «Ferme du lac Chaudière». La taverne qu'il y aménage est une réussite. C'est là l'opinion de James Grierson qui, dans une lettre adressée à A. J. Christie en mai 1824, souligne le confort de l'auberge de Symmes, baptisée *Turnpike End Inn* ou *Turnpike Tavern*. Et Joseph Bouchette recommande à son tour au gouvernement de faire de cet établissement le chef-lieu du district et d'y construire un débarcadère. Le village des Wright (le site de Hull) est ainsi délaissé au profit de «Symmes Landing» qui abritera, dès 1832, un bureau de poste, nommé Aylmer en l'honneur du gouverneur général de l'époque, Lord Matthew Whitworth Aylmer.

La tournure des événements, favorable à Symmes, blesse Philemon Wright dans son orgueil. Il refuse de renouveler l'entente et poursuit son neveu devant les tribunaux pour les sommes que ce dernier lui doit encore. Symmes s'empresse de rembourser son oncle, se libérant ainsi de sa tutelle. Et, à la faveur de la récession économique de 1829, qui mène les Wright au bord de la ruine, Charles Symmes se porte acquéreur de l'emplacement du futur hôtel Symmes, propriété d'Harvey Parker.

L'auberge décrite par Grierson en 1824 n'est vraisemblablement pas celle d'aujourd'hui. Le bâtiment actuel aurait été érigé par Symmes en 1831, en même temps que se constituait la compagnie qui allait lancer le bateau à vapeur *Lady Colborne* pour faire la navette entre Aylmer et FitzRoy Harbour. Il faut attendre 1836, année du lancement du *George Buchanan* sur le lac des Chats, pour qu'on mette en place un service régulier de navette jusqu'à Portage-du-Fort.

L'auberge présente déjà à cette époque des caractéristiques architecturales fort intéressantes: c'est une des premières constructions en pierre de la région, enjolivée à l'origine en façade et à l'arrière par des galeries d'un type exceptionnel. On peut d'ailleurs s'en faire une idée grâce à une gravure exécutée en 1841 par l'artiste W.H. Bartlett.

Engagé dans de nombreuses activités commerciales et chargé de la gérance du *Lady Colborne*, Symmes laissera à d'autres

Ce bâtiment, de style néo-classique aux accents Regency, emprunte plusieurs de ses éléments à l'architecture domestique de la région de Montréal. (MAC)

l'administration de son auberge. En 1837, c'est Alfred Tufts qui y joue le rôle d'hôtelier. Alonzo Lee, Dominick Fox, Joseph Timmons, Ephraïm Guimond, Alphonse Martel et Onésime Laberge s'y succéderont jusqu'à la fin du XIXe siècle.

Un carrefour fluvial

L'âge d'or de l'hôtel Symmes est également celui d'Aylmer. Aussi longtemps que les communications fluviales seront à l'honneur, hiver comme été, par bateau ou par traîneau, les marchandises et les voyageurs qui partent pour le Nord-Ouest transiteront par Aylmer et par le débarcadère, situé à quelques pas de l'hôtel.

À partir de 1846, la compagnie Union Forwarding prend en charge les communications sur cette partie de l'Outaouais et lance deux nouveaux bateaux: l'*Emerald* pour desservir Aylmer-FitzRoy et l'*Oregon* pour l'amont des chutes des Chats, près de Quyon. Un «train à traction chevaline» assure la liaison entre les villages de Pontiac en aval et de Union en amont. Entre-temps, au sud, on améliore le chemin d'Aylmer, qui devient route à péage sur toute sa longueur.

L'amélioration des communications suit de près la fondation d'Aylmer (1847). Le développement commercial et industriel du village de Symmes va bon train. Mais avec l'arrivée en 1864 du Canada Central Railroad à Pembroke, sur la rive ontarienne, et la pénétration du Pontiac Pacific Junction Railroad en direction de Portage-du-Fort, sur la rive québécoise, la suprématie de la navigation fluviale est sérieusement menacée. C'est le commencement de la fin pour la navigation à vapeur commerciale sur cette partie de l'Outaouais et le signal du déclin d'Aylmer, de Portage-du-Fort et de l'hôtel Symmes.

Vue de l'hôtel Symmes, situé en bordure du lac Deschênes, en 1841. (ANC, W.H. Bartlett)

Isolé, comme Aylmer, et dorénavant à l'écart des grandes voies de communication, l'hôtel voit sa vocation changer. Vers 1890, un incendie l'endommage lourdement. Les Ritchie, alors propriétaires, le transforment en maison de chambres. Plus tard, pendant quelques années seulement, le vieux bâtiment renouera avec son passé en devenant le Club aquatique. Ensuite, ce sera le délabrement et l'abandon total jusqu'à son acquisition par la Société d'aménagement de l'Outaouais.

Ce bâtiment exceptionnel, de style néoclassique aux accents Regency, emprunte plusieurs de ses éléments à l'architecture domestique de la région de Montréal. On peut remarquer l'organisation symétrique des ouvertures et la présence d'une lucarne-fronton au centre de la toiture en façade, les avant-toits retroussés ainsi que la porte centrale munie d'un châssis de tympan en ellipse et flanquée de baies latérales.

L'hôtel Symmes, aujourd'hui restauré, reflète les débuts de la ville d'Aylmer ainsi que la naissance et le déclin de la navigation commerciale dans cette région de l'Outaouais.

Pierre-Louis Lapointe, historien

En 1935, l'hôtel Symmes loge le Club aquatique. (Coll. Diane Aldred)

ALDRED, Diane. *Aylmer, Québec: Its Heritage/Son patrimoine*. Aylmer, Association du patrimoine d'Aylmer/Aylmer Heritage Association, 1977.

Ancienne église méthodiste

Aylmer
495, chemin Aylmer

Fonction: aucune
Reconnue monument historique en 1976

La région de l'Outaouais peut se vanter de posséder un patrimoine religieux varié qui reflète l'histoire de son peuplement. Aux diverses confessions pratiquées par les gens qui ont peuplé la région (anglicans, presbytériens, baptistes, méthodistes, luthériens et catholiques) s'en ajoute une qui a vu le jour dans la région même, la Standard Church. Ce foisonnement de cultes s'exprime sur le plan architectural par une variété de bâtiments religieux (temples et églises) parsemés sur le territoire. L'ancienne église méthodiste d'Aylmer est le reflet de cette diversité religieuse qui caractérise la région de l'Outaouais.

Le méthodisme prend naissance au sein de l'anglicanisme dans les années 1728-1729 et a comme chef de file John Wesley, prêtre anglican. Reconnu dès 1784 comme légalement autonome, le méthodisme se caractérise par l'indépendance presque totale de ses congrégations et par une forte implication sociale. En 1925, les méthodistes acceptent de s'intégrer à l'Église Unie.

Venus des États-Unis, les méthodistes sont parmi les premiers prédicateurs itinérants de l'Outaouais et, dès 1820, ils commencent à visiter les familles de la région. Dans le canton de Hull (qui à l'époque englobait le territoire d'Aylmer), la congrégation méthodiste se structure à la suite de la conférence annuelle des méthodistes du Haut-Canada, qui a eu lieu en 1826. Le travail missionnaire débute la même année et connaît une expansion très rapide pendant les travaux de construction du canal Rideau et ce, grâce à l'arrivée massive des immigrants en provenance des îles Britanniques.

Pendant l'été 1827, la congrégation méthodiste construit l'église d'Aylmer, le plus ancien temple existant à l'ouest de Montréal. La gestion du projet est confiée à James Finlayson Taylor, Thomas Buck Jr., Charles Hurdman, James McConnell et John Allen.

De cette humble congrégation émergent toutes les églises méthodistes de la région, dont celle de Bytown à Ottawa. L'église méthodiste d'Aylmer constitue le point de référence pour les méthodistes régionaux pendant plusieurs années. En 1858, la congrégation décide d'ériger un autre temple au cœur même du village d'Aylmer.

Construite en pierre extraite d'une carrière locale, la première église méthodiste d'Aylmer est un des édifices les plus anciens de la région car il précède le musée de Bytown (1829) et le Rideau Hall (1838). Devenu vacant, l'édifice est vendu en 1880 et transformé en résidence. Le bâtiment subit alors plusieurs modifications dont les plus importantes touchent les portes et les fenêtres. En dépit de ces transformations, on garde les contours des anciennes ouvertures cintrées, qui sont encore très visibles.

Occupé pendant plusieurs années par des organismes culturels, l'édifice est déménagé en 1989 sur son nouveau site (en dehors de l'emprise d'un projet de route) et attend qu'on lui désigne une nouvelle vocation.

Cornéliu Kirjan, archéologue

Il est difficile d'imaginer que ce bâtiment, dont la construction remonte à 1827, a été un lieu de culte. (Coll. Pierre-Louis Lapointe)

Vue latérale de l'ancienne église méthodiste transformée en résidence en 1880. (MAC)

Maison McGooey

Aylmer
10, chemin Grimes

Fonction: résidentielle
Reconnue monument historique en 1976

Cette maison, de style néo-gothique, a été déménagée puis restaurée en 1982. (MAC)

Menacée de démolition par le tracé d'une route, cette maison du chemin Grimes à Aylmer a dû être protégée à la hâte, ce qui n'a pas permis de constituer un dossier historique exhaustif et explique l'inexactitude dans la désignation et la datation du bâtiment. Reconnue en 1976 sous le nom de maison McGooey, la résidence devrait plutôt s'appeler «maison Coleman», du nom de son premier propriétaire au troisième quart du XIXe siècle.

Les années 1831 à 1870 rappellent à la population d'Aylmer une époque de prospérité matérielle et morale où la ville devenait un centre de commerce important grâce à l'industrie du bois (spécialement le pin) et à la présence de chantiers navals sur le bord du lac Deschênes. Aylmer connut donc une expansion remarquable, tant sur le plan commercial que démographique. Constitué en village en 1847, Aylmer aura, cinq années plus tard, son propre palais de justice et sa prison.

Une bonne partie du centre-ville sud étant toujours occupée par des cours à bois, un grand nombre de marchands et de professionnels choisissent de bâtir leur résidence le long du chemin Britannia, qui relie Hull à Aylmer. Il s'agit pour la plupart de grandes maisons en pierre ou en brique, dont quelques-unes sont des villas construites dans un milieu semi-urbain.

La maison du chemin Grimes est érigée dans les années 1869-1870 pour James Coleman, avocat, sur un terrain qu'il a acquis l'année précédente de Joseph Lebel, voisin de la propriété de son ami James McGooey, marchand de bois. Le désir de Coleman de faire bâtir une maison à Aylmer est fort simple: ses deux associés, William McKay Wright et B.S. Lawlor, y résident déjà et de plus, Coleman pratique au palais de justice de la ville.

Peu de temps après le début des travaux de construction, James Coleman meurt subitement en novembre 1869, à l'âge de 35 ans. Habitée peu de temps par sa veuve, la résidence passe ensuite entre les mains de plusieurs propriétaires, dont le plus important est Mark Haladane, gouverneur de la prison d'Aylmer, qui l'occupe de 1881 à 1884. Il apporte quelques modifications à la maison: l'extérieur en stuc est recouvert de planche à clins, la porte principale qui se trouvait du côté ouest est déplacée dans l'avancée centrale et le plan intérieur est réaménagé.

La maison «Coleman» est un cottage de style néo-gothique qui présente un mode de construction assez particulier: les murs extérieurs et intérieurs sont faits de madriers de près de 18 centimètres de largeur empilés à plat. Il n'y a ni montant de cloison ni charpente. Les ouvertures des portes et fenêtres ont été découpées à même les murs. Les clés formées par le chevauchement des planches reçoivent à l'intérieur le plâtre tandis que l'extérieur est traité de deux façons: revêtement de stuc ou de planche à clins. Il s'agit d'une technique de construction qui requiert une grande quantité de pièces de bois et qui tire son origine de l'Allemagne occidentale, plus précisément de la région de la Forêt-Noire.

Au Québec, c'est à Aylmer que l'on trouverait la plus grande concentration de bâtiments construits à la même période (1865-1870) selon cette technique. Outre la maison McGooey, quatre autres bâtiments semblables ont résisté à l'épreuve du temps.

En 1982, la maison a été déménagée sur son site actuel, puis restaurée grâce aux soins attentifs de ses propriétaires.

Cornéliu Kirjan, archéologue

La maison McGooey a été érigée vers 1870 pour James Coleman, avocat à Aylmer. On la voit ici sur son emplacement original. (MAC)

Pont Marchand (ou pont rouge de Fort-Coulonge)

Mansfield et Pontefract
Route 148 et route de Fort-Coulonge

Fonction: transport public
Classé monument historique en 1988

Le pont couvert Marchand enjambe la rivière des Outaouais. Cette structure, unique dans le paysage du Pontiac, exerce ses fonctions depuis 1898. Le besoin d'une amélioration des communications dans le canton Mansfield se fait déjà sentir vers le milieu du XIXe siècle. Un premier pont en bois franchit la rivière Coulonge vers 1855-1856. Le charpentier irlandais John Childerhose érige une structure non couverte qui se maintiendra pendant quelque 25 années. Le pont est alors reconstruit sur les mêmes piliers mais toujours sans couverture.

En 1897, l'ingénieur J.N. Gastonguay, du département de la Colonisation et des Mines, se rend à Fort-Coulonge pour examiner le pont en bois. Son rapport est un plaidoyer en faveur de la construction d'un pont couvert. Sitôt les autorisations obtenues, Gastonguay et son équipe dressent les plans et devis du pont couvert. Leur choix se porte sur une superstructure du type «Town lattice», renforcée par une ferme à deux poinçons. Ce modèle, breveté en 1820 par l'Américain Ithiel Town, est constitué de madriers entrecroisés et reliés à leurs intersections par des chevilles de bois. Des pièces longitudinales placées au haut et au bas de la ferme maintiennent la rigidité de l'ensemble.

Le treillis du pont Marchand s'apparente cependant à la variété dite «deux diamants», construite à peu d'exemplaires au Québec. Ce type se caractérise par un nombre réduit de madriers entrecroisés dont les espaces libres forment deux losanges superposés entre les cordes, au lieu de trois ou quatre, comme dans la plupart des structures «Town». La ferme auxiliaire est ici constituée de deux arbalétriers et de deux poinçons, entre lesquels est inséré un longeron de butée. Cette ferme typiquement palladienne était utilisée pour des travées de portée réduite. Les plans et devis prévoient le recyclage des fondations de l'ancienne structure sur lesquelles seront érigés cinq nouveaux piliers en bois remplis de pierres.

Un revêtement en planche horizontale protège la charpente des intempéries. Le toit, d'une pente de 45 degrés, est supporté par une ferme constituée de chevrons, de pannes et de croix de Saint-André. La structure du pont couvert, mesurée au niveau du tablier, est longue de 150 mètres, ce qui en fait actuellement le deuxième pont couvert du Québec pour ce qui est de la longueur. Le tablier conserve une largeur de voie charretière libre de près de 4 mètres. Il est pourvu de «roulières» en madriers longitudinaux, évitant de devoir remplacer tout le revêtement lorsque celui-ci est usé.

Seul survivant des quatre ponts couverts érigés dans le comté de Pontiac, le pont Marchand était en piteux état au début des années 1960. En 1980, le ministère des Transports effectue des réparations et profite de l'occasion pour le repeindre entièrement. (Coll. Pierre-Louis Lapointe)

Le pont Marchand est un modèle hybride typique d'une époque transitoire (1890-1900). Il contient à la fois des éléments architecturaux des ponts de style «classique ancien», fréquents à l'époque des ponts à péage, et des caractéristiques des ponts dits «de colonisation».

La construction du pont Marchand, dont le coût s'élève à environ 6 300 dollars, est confiée à l'entrepreneur ontarien Augustus Brown. La main-d'œuvre locale est mise à profit dans ce projet; en cet hiver 1897-1898, certains préfèrent travailler au pont plutôt que de «monter aux chantiers». La petite industrie y trouve aussi son compte. Tout le fer entrant dans la composition du pont est usiné sur place.

À la fin des années 1950, accusant de nombreuses années de service et de manque d'entretien, le pont couvert est menacé de démolition. Un pont en ciment, construit sur une nouvelle route vient le seconder, voire le remplacer. Mais, en 1960, une inondation submerge la nouvelle route, coupant les communications entre Fort-Coulonge et les villages situés plus au nord. Apprécié de la population dans une situation d'urgence, il reprend alors toute son importance. Des subventions publiques et une levée de fonds repoussent l'échéance fatale.

En 1964, on s'active à la rénovation du pont. Les piliers détériorés sont remplacés et le pont, surélevé. Il est aussitôt remis en service. Malheureusement, au printemps 1979, un dégel brusque et hâtif détériore sérieusement la structure et passe près de l'emporter. La force du courant de la rivière Coulonge déplace le pont de quelques pieds. Le pont rouge est fermé à toute circulation pendant un an. Le ministère des Transports effectue les réparations en 1980 et profite de l'occasion pour le repeindre entièrement.

Conscient de la valeur architecturale de ce pont couvert, le ministère des Affaires culturelles procède à son classement en 1988. Seul survivant parmi les quatre ponts couverts jadis érigés dans le comté de Pontiac, le pont Marchand fait aujourd'hui la fierté de la municipalité des cantons unis de Mansfield et Pontefract.

Gaétan Forest, technicien

GROUPE POUR LA SAUVEGARDE DU PATRIMOINE DU PONTIAC. *Le patrimoine architectural du Pontiac*. Québec, ministère des Affaires culturelles, 1981. 127 p. (Coll. «Les Cahiers du patrimoine», n° 14).

THIBAULT, Henri-Paul. *Rapport préliminaire sur les ponts couverts du Québec*. Québec, ministère des Affaires culturelles, 1981. 530 p.

Maison Bryson et ses dépendances — Bryson Farm House

Mansfield et Pontefract
Route 148

Fonction: administrative et communautaire
Classées monuments historiques en 1980

La ferme Bryson, vers 1910. La résidence familiale, à gauche, et la maison secondaire, à droite, sont reliées par des dépendances formant une cour intérieure. (MAC)

Située en plein cœur de la municipalité régionale de comté de Pontiac, la maison Bryson et ses dépendances constituent un témoignage vivant de l'âge d'or de l'exploitation forestière dans l'Ouest du Québec.

Occupée depuis environ 5 000 ans par les divers groupes amérindiens, la vallée de l'Outaouais a ses premiers contacts avec les Européens au début du XVIIe siècle; elle ne s'ouvre à la colonisation organisée que deux siècles plus tard. La rivière des Outaouais, après avoir servi pendant 200 ans de voie de navigation pour l'exploration du continent et pour la traite de fourrures, devient au XIXe siècle une voie de colonisation et de transport pour la nouvelle richesse qu'est le bois. La région du Pontiac se colonise véritablement dans les années 1835-1860.

Un entrepreneur forestier

George Bryson est âgé de huit ans quand son père, James Bryson, décide en 1821 de quitter la ville de Paisley, en Écosse, pour venir s'établir au Canada, à Ramsey Township dans le comté de Lanark, en Ontario.

En 1835, à l'âge de 22 ans, George Bryson quitte l'Ontario pour venir s'installer au Québec sur les bords de la rivière Coulonge. En plus d'acheter 2 120 acres de terres boisées dans le canton de Mansfield, il se voit concéder plusieurs terres pour l'exploitation forestière. La liste des terres octroyées par la Couronne jusqu'en 1890 indique que George Bryson a acheté, entre 1850 et 1875, 5 131 acres. En 1890, il a presque doublé son avoir, car il est propriétaire de plus de 8 000 acres de terrain boisé.

Dès son installation, Bryson construit une glissoire à bois aux Grandes Chutes de la rivière Coulonge et en 1843, il fait tourner le premier moulin à scie de la région. En 1871, les exploitations forestières de Bryson produisent 12 150 mètres cubes de pin, 2 800 mètres cubes d'autres bois équarris et 130 000 planches de pin sciées.

En 1874, il compte parmi les fondateurs de la Banque d'Ottawa (Bank of Ottawa) et il siégera au conseil d'administration pendant une vingtaine d'années. En 1919, la Banque d'Ottawa fusionnera avec la Banque de la Nouvelle-Écosse.

La maison Bryson après la restauration de 1982. (MAC)

En plus de sa participation active sur le plan économique, George Bryson joue un rôle important sur le plan politique. Élu maire du canton de Mansfield en 1850, il est préfet du comté de Pontiac de 1862 à 1867 alors qu'il est nommé au Conseil législatif du Québec dont il sera membre jusqu'en 1887.

La ferme et les dépendances

Le complexe de la ferme Bryson se compose d'une maison principale, d'une série de dépendances organisées autour d'une cour intérieure et d'une maison secondaire située à l'extrémité sud de l'ensemble. L'ensemble constitue le quartier général des activités qu'exerce George Bryson: habitation pour la famille, lieux pour les rencontres politiques ou d'affaires, bureau pour la compagnie et lieu d'approvisionnement pour les chantiers forestiers.

L'exploitation agricole (100 acres de pâturages et 300 acres de terre en culture) peut produire toutes les denrées nécessaires à l'approvisionnement des chantiers. De plus, elle procure du travail à une partie des bûcherons qui, après le flottage du bois au printemps, offrent leurs services comme employés de la ferme. Une douzaine d'hommes y travaillent régulièrement et leur nombre s'élève à 18 ou 20 dans les périodes de pointe. En 1871, la production agricole atteint 2 500 boisseaux d'avoine, 60 tonnes de foin et 600 boisseaux de pommes de terre; de plus, la ferme compte 46 bovins, 32 chevaux, 26 porcs et 48 moutons.

Les divers bâtiments qui composent le domaine Bryson sont érigés à des dates différentes. La maison principale, terminée en 1854, est construite de manière à refléter les aspirations du propriétaire et à répondre aux divers rôles qu'elle doit jouer. À la fois habitation et bureau de la compagnie, elle doit avoir toute l'élégance requise pour recevoir les politiciens, les banquiers et les notables de l'endroit. L'emplacement choisi pour son implantation est stratégique, car il offre une vue imprenable sur les rivières Coulonge et des Outaouais.

La ferme Bryson et ses bâtiments avant la restauration de 1982. (MAC)

La maison en bois de deux étages est couverte d'un toit à quatre versants couronné d'un petit campanile avec un belvédère à rambarde. Les boiseries qui décorent l'intérieur ont été fournies par un ami de la famille qui exploitait une manufacture de portes et fenêtres à Pembroke (Ontario). La maison possède d'ailleurs encore les portes et les persiennes d'origine.

D'esprit néo-classique, le bâtiment a été construit dans la tradition des propriétés de riches Écossais qui ont fait fortune dans la traite des fourrures ou dans le commerce du bois. Généralement construites en pierre entre les années 1800 et 1840, on retrouve des maisons de ce type dans la région de Montréal et jusqu'à Windsor (Ontario). La «Maple Lawn», érigée en 1831 à Ottawa par William Thomson, est celle qui lui ressemble le plus et a probablement servi de modèle pour la maison Bryson.

Quelques années plus tard, on ajoute à l'arrière une annexe également en bois, sur deux étages, et qui sert à la fois de cuisine et de quartier des serviteurs. Les dépendances sont de longues constructions en bois à un étage, aux toits à deux versants et sont organisées autour d'une cour intérieure.

La maison secondaire, ou la maison du comptable, construite vers 1845, loge les bureaux de la compagnie. Elle est en pierre et compte un étage et demi coiffé d'un toit en pyramide recouvert de tôle. Plusieurs éléments, tels la présence de chaînages en pierre de taille aux angles, un pignon en façade, la répartition symétrique des ouvertures et des cheminées, la rattachent aussi à l'esprit néo-classique.

La maison Bryson et ses dépendances ont été restaurées en deux étapes: la résidence principale en 1982, la maison du comptable et les dépendances en 1987. Elles abritent aujourd'hui le Centre local des services communautaires (CLSC) de Pontiac.

Cornéliu Kirjan, archéologue

LE GROUPE POUR LA SAUVEGARDE DU PATRIMOINE DE PONTIAC. *Le patrimoine architectural du Pontiac*. Québec, ministère des Affaires culturelles, 1981. 127 p. (Coll. «Les Cahiers du patrimoine», n° 14).

Poste du Lac-aux-Allumettes (aussi appelé Fort-William)

Sheen, Esher, Aberdeen et Malakoff
Sheenboro (Fort-William)

Fonction: récréative et touristique
Classé site historique en 1981

C'est sur l'emplacement d'un des plus beaux sites naturels du bassin de l'Outaouais, à moins de 150 kilomètres en amont de la ville de Hull, que se trouvent les vestiges d'un des derniers postes de traite de la «grande rivière des Outaouais». Une pointe de terre s'avançant dans le lac aux Allumettes, une magnifique plage de sable, une rivière des Outaouais parsemée d'îles et, près du quai et de la rampe de mise à l'eau du ministère des Travaux publics du Canada, trois bâtiments anciens découpés sur un arrière-plan de grands pins rouges: c'est Fort-William, petit hameau aux confins du Pontiac. C'est là que se trouvait, jusqu'en 1869, le poste du Lac-aux-Allumettes de la Compagnie de la baie d'Hudson (Hudson Bay Company ou HBC).

La propriété actuelle, classée site historique en 1981, occupe une plus petite superficie que l'ancien poste de la Compagnie de la baie d'Hudson. En 1863, quelques années avant sa fermeture, le poste s'étendait sur plus de 800 acres dans les deuxième et troisième concessions du canton de Sheen. Les bâtiments qui existaient alors n'ont cessé de diminuer en nombre ou de se détériorer jusqu'à ce que le gouvernement du Québec intervienne.

En effet, dans les dix années qui suivirent les premières démarches de la Société d'aménagement de l'Outaouais pour le classement du site, la grange et la forge disparaissaient. L'intervention du ministère des Affaires culturelles a permis de sauver et de restaurer la maison du Bourgeois et de mettre un terme à la parcellisation et à l'enlaidissement du site. Il ne reste qu'à souhaiter une véritable mise en valeur du potentiel patrimonial de ce site exceptionnel de l'Outaouais québécois.

Le commerce des fourrures

L'Outaouais, «route de l'Ouest» et des «pays d'en haut», donnait accès à la région des Grands Lacs et aux riches territoires de fourrures de l'Ouest canadien et du bassin de la baie d'Hudson. Presque tous les grands noms de la Nouvelle-France et de l'après-Conquête ont emprunté les rivières des Outaouais et Mattawa, le lac Nipissing et la rivière aux Français (French River) pour se rendre au «Grand Portage». Le principal compétiteur de la Compagnie de la baie d'Hudson, la Compagnie du Nord-Ouest (fondée à Montréal), s'est aventurée jusqu'au lac Abitibi et a menacé le monopole de la HBC dans cette région. Les luttes féroces de ces deux compagnies rivales furent si coûteuses que leurs dirigeants optèrent finalement pour la paix.

En 1821, les deux entreprises fusionnent. On s'entend alors pour se partager les territoires et pour réorganiser la traite afin de réduire les coûts d'exploitation. On vise une augmentation des profits. Mais c'est faire peu de cas de tous ces voyageurs, canotiers, interprètes amérindiens, blancs et métis qui se retrouvent ainsi sans ressources. Leur

Vue générale du poste du Lac-aux-Allumettes vers 1900. (ANC)

L'hôtel Pontiac construit dans les années 1880 pour accueillir des estivants. (ANC)

esprit d'entreprise et leur connaissance du commerce des fourrures sont rapidement mis à profit par des bailleurs de fonds montréalais et américains.

L'Outaouais devient alors le royaume des «indépendants», de ces petits commerçants de fourrures qui vont prendre la relève de l'ancienne Compagnie du Nord-Ouest. De petits postes et avant-postes, tout à la fois tavernes, auberges et magasins généraux, sont érigés dans des endroits stratégiques le long de l'Outaouais et de ses affluents. Il s'agit d'être le premier à rencontrer l'Amérindien afin de lui acheter le produit de sa chasse.

La Compagnie de la baie d'Hudson se voit alors obligée de faire échec à ces petits compétiteurs en s'installant à côté d'eux et en offrant aux Amérindiens des conditions plus avantageuses encore. C'est ainsi que l'on est amené à couper les prix sur les marchandises, à payer comptant pour les peaux et à offrir plus de crédit. Le but avoué de la Compagnie de la baie d'Hudson est de bloquer à tout prix l'avance des «indépendants» sur l'Outaouais, de peur qu'ils ne pénètrent plus profondément dans les riches territoires de la compagnie. Cette situation mène notamment à l'ouverture des postes du Lac-des-Sables (Notre-Dame-du-Laus), de la rivière Désert (Maniwaki) et du Lac-aux-Allumettes.

La Compagnie de la baie d'Hudson est prête à assumer certaines pertes sur l'Outaouais pour protéger ses postes de l'intérieur, qui rapportent beaucoup plus. Face à l'avance de la colonisation et à la pénétration des compagnies forestières, la HBC modifie son approche. Elle réduit les opérations de certains postes en les transformant en comptoirs. Sa présence y est ainsi maintenue et la vente au détail qu'on y pratique rentabilise l'investissement de l'entreprise. Le commerce des fourrures avec les Amérindiens devient alors secondaire. C'est la vente de fournitures et de denrées alimentaires aux colons du voisinage et aux bûcherons de passage qui assure dorénavant la rentabilité des opérations.

Le développement des villages et l'apparition d'autres commerces à proximité de ces comptoirs amèneront cependant une baisse de leur chiffre d'affaires et leur fermeture à plus ou moins long terme. Ce scénario se répète tout le long de l'Outaouais. La pénétration des colons et des compagnies forestières, dans l'axe de la rivière, incite donc à la fermeture des postes et des comptoirs de la Compagnie de la baie d'Hudson.

Le poste du Lac-aux-Allumettes

Ce poste de traite témoigne de la fin du négoce des fourrures dans la région de l'Outaouais et de la progression de la colonisation le long de la «grande rivière».

C'est un ancien employé de la Compagnie de la baie d'Hudson, Aeneas MacDonnell, qui est le premier à s'installer en septembre 1823 près du site de l'actuel Fort-William afin de faire commerce avec les Amérindiens. John Siveright, responsable du district de Fort-Coulonge pour la HBC, se doit de réagir. Il charge John McClean d'installer un avant-poste à cet endroit afin de faire obstacle à MacDonnell. C'est la naissance du poste du Lac-aux-Allumettes.

Il faut cependant attendre quelques années avant que ne soit construits sur le site une maison et un magasin dignes de ce nom. D'autres bâtiments viennent peu à peu s'ajouter, la plupart liés à l'autosuffisance du poste sur le plan alimentaire. Les surplus de production de la ferme sont vendus aux Amérindiens et aux compagnies forestières. La compagnie peut ainsi minimiser ses frais d'exploitation en n'étant pas obligée de faire transporter toutes ses marchandises par voie d'eau, ce qui s'avère onéreux.

Le poste du Lac-aux-Allumettes, qui relève de Fort-Coulonge ou de Fort-Témiscamingue avant 1845, va connaître son heure de gloire dans les quinze années qui suivent la vente de la ferme de Fort-Coulonge. Cet ancien poste, devenu simple comptoir, se voit relayer par le poste du Lac-aux-Allumettes qui devient le lieu de résidence privilégié d'Hector McKenzie, principal administrateur de la Compagnie de la baie d'Hudson sur cette partie de l'Outaouais.

C'est en 1845 en effet que le gouverneur George Simpson autorise la construction de la maison du Bourgeois par des ouvriers de Pembroke (Ontario). Le district de Fort-Coulonge de la HBC est dès lors administré de cet endroit et, à partir de 1857, il en sera de même pour les districts du Lac-des-Sables et de Témiscamingue. C'est dire toute l'importance que la Compagnie de la baie d'Hudson accorde alors au poste du Lac-aux-Allumettes. Il en est ainsi pour les Amérindiens et leurs missionnaires. Les Algonquins y localisent leur cimetière et la HBC construit une école et une chapelle en 1857.

Le poste du Lac-aux-Allumettes est rebaptisé Fort-William en 1848, à la faveur de l'ouverture d'un bureau de poste à cet endroit. On décide de lui donner ce nom en l'honneur de William McGillivray, directeur de la Compagnie du Nord-Ouest de 1804 jusqu'à sa fusion avec la HBC en 1821.

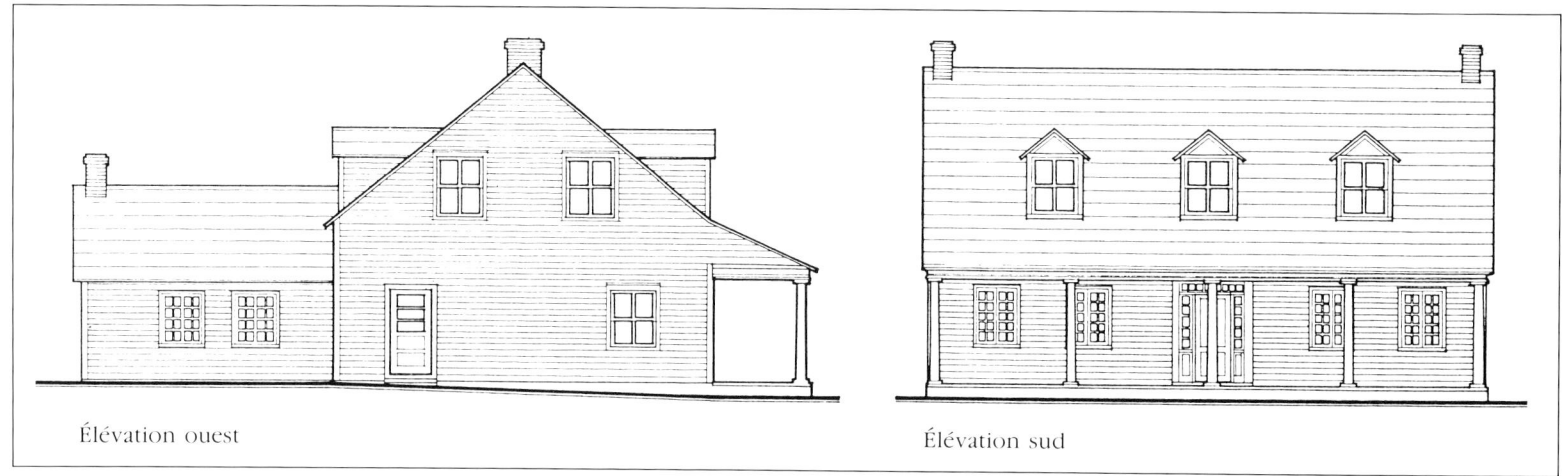

Élévation ouest   Élévation sud

En 1862, le gouverneur Dallas de la Compagnie de la baie d'Hudson décide de réorganiser les activités de la compagnie dans l'Outaouais. L'amélioration des moyens de communication le long de la rivière (service de bateaux à vapeur, chemin de fer) rendra possible l'abandon de postes comme celui de Fort-William. À l'instar de plusieurs autres, il n'est plus un maillon essentiel et une étape nécessaire dans l'approvisionnement du réseau de postes de la Compagnie de la baie d'Hudson. Fort-William est finalement vendu en 1869 à John Poupore (pour le compte de James McCool) pour la somme de 3 000 dollars.

James McCool et ses descendants continuent à exploiter un comptoir de type magasin général et bureau de poste. Mais le commerce avec les Amérindiens diminue graduellement. D'ailleurs ceux-ci quittent bientôt la région du Pontiac. Fort-William revit alors grâce à la navigation à vapeur et au rôle de l'hôtel Pontiac, construit dans les années 1880 par McCool pour servir de retraite estivale aux citadins à la recherche de quiétude.

Les édifices actuels

Peu de bâtiments de l'ancien poste de traite ont survécu aux avaries du temps. La maison du Bourgeois ou maison du chef de poste, est probablement l'édifice le plus ancien et le plus intéressant à avoir survécu. Datant de 1845, il a subi d'importantes réparations au fil des années. Les murs de cette maison de plus de 12 mètres sur 9 sont érigés en pièce sur pièce à coulisse et lambrissés de planche à clins. Le bâtiment comporte un rez-de-chaussée surmonté d'une toiture à deux versants. Du côté de la façade principale, la toiture déborde pour couvrir une galerie qui s'étend sur toute la longueur de la maison. Celle-ci est soutenue par des colonnes doriques. À l'arrière, une annexe renferme l'une des trois pièces du rez-de-chaussée.

Le magasin général, ou magasin McCool, quant à lui, est construit dans la décennie 1880. Ce bâtiment aurait été édifié sur les fondations de l'ancien magasin de la Compagnie de la baie d'Hudson, reconstruit en 1854 à la suite d'un incendie. L'intérieur du magasin général a subi des modifications vers 1970. Ce bâtiment en brique comporte un rez-de-chaussée surélevé et un étage. On remarque un toit à deux versants avec égouts droits et une galerie couverte en façade principale. Les souches de cheminées sont disposées de façon symétrique à chacune des extrémités des pignons. Un bâtiment en pierre s'adosse à l'arrière du magasin général.

La petite chapelle Ste. Theresa, construite en 1857 pour les Amérindiens, est située un peu à l'écart. Ses murs sont lambrissés de planche à clins et un clocher coiffe la façade. Seuls les murs gouttereaux comprennent des fenêtres. Le site comprend également l'hôtel Pontiac et le vieux cimetière amérindien.

Dans le cadre d'une mise en valeur du site, des sondages et des fouilles archéologiques permettraient peut-être d'expliquer la présence d'un dallage en pierre au nord-est du cimetière amérindien, de déterminer les périmètres des bâtiments disparus et d'en définir la nature et les fonctions. On pourra ainsi mieux faire revivre ce dernier témoin de la traite des fourrures dans l'Outaouais.

Pierre-Louis Lapointe, historien

La chapelle érigée en 1857 pour les Amérindiens. (MAC)

La maison du Bourgeois, construite vers 1845, devient le centre administratif du district de Fort-Coulonge de la Compagnie de la baie d'Hudson. (MAC)

Le Groupe pour la sauvegarde du patrimoine architectural du Pontiac. *Le patrimoine architectural du Pontiac*. Québec, ministère des Affaires culturelles, 1981. 127 p. (Coll. «Les Cahiers du patrimoine», n° 14).

Lapointe, Pierre-Louis. «Old Fort William (Québec)», *APT Bulletin*, 8, 1 (1976): 43-60.

Lee-Whiting, Brenda B. «The Fortunes of a Trading-Post: Fort William, Quebec, 1823-1869», *Canadian Geographical Journal*, 77, 1 (juill. 1968): 22-27.

CHAPITRE VII

Région Abitibi – Témiscamingue

Abitibi – Témiscamingue

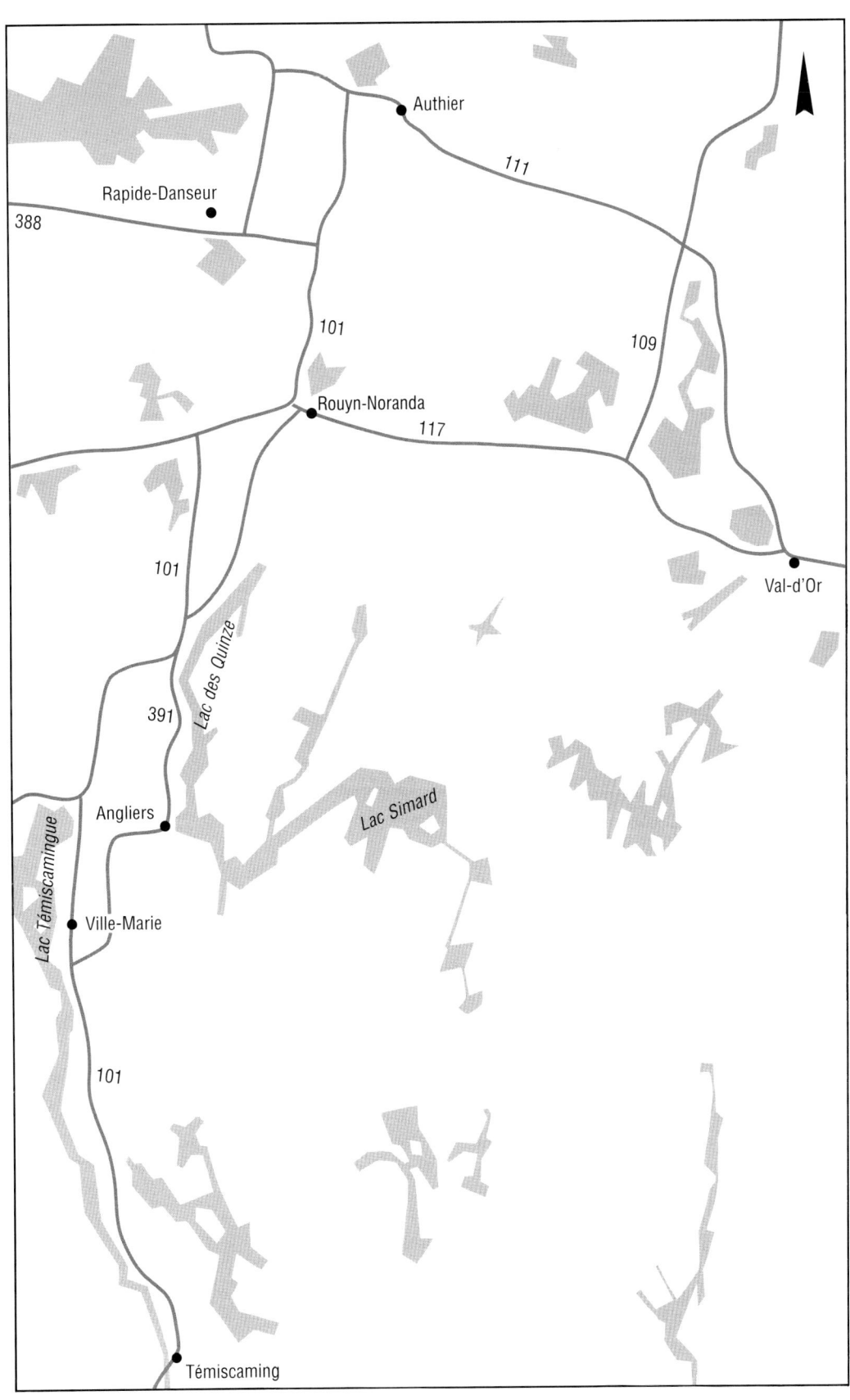

Abitibi – Témiscamingue

L'Abitibi – Témiscamingue demeure jusqu'au milieu du siècle dernier partie intégrante de la terre ancestrale des Indiens algonquins. Ce sont eux qui nomment la région: Abitibi pour «le pays de la hauteur des terres» et Témiscamingue pour «la terre des eaux profondes».

Son isolement derrière l'écran massif des Hautes-Laurentides retarde longtemps l'accès aux Blancs, la conquête du territoire ne s'amorçant en effet que vers 1850. L'Abitibi – Témiscamingue se développe alors grâce à la colonisation agricole et à l'exploitation des ressources forestières et minières. Quatre vagues de peuplement, courtes mais puissantes, se succèdent alors et façonnent en moins de 100 ans le visage de cette région du Moyen Nord québécois.

Le Témiscamingue

C'est vers 1850 que des marchands de bois font leur apparition au Témiscamingue. Ils ont alors obtenu du gouvernement colonial de larges concessions forestières. Très tôt, ils se lancent à l'assaut des immenses forêts de pins de la région. Les chantiers se concentrent d'abord autour du lac Kipawa et au sud du lac Témiscamingue, pour ensuite en gagner le nord et le lac des Quinze. En 1885, pas moins de 40 chantiers sont en exploitation dans la région.

L'occupation spontanée des terres, qui touche depuis le début du XIXe siècle toutes les Laurentides, s'exerce également au Témiscamingue. Très tôt en effet, des colons s'infiltrent dans les éclaircies créées par les chantiers. Les premières familles s'établissent à la baie des Pères, au nord du lac Témiscamingue, où les pères oblats ont déjà commencé à défricher et à cultiver. La Société de colonisation du lac Témiscamingue, fondée en 1884 à l'initiative des religieux, se voue à l'amélioration des communications avec l'Outaouais et à l'installation des colons.

La construction en 1896 d'un embranchement du Canadien Pacifique, reliant Mattawa et le sud du lac Témiscamingue, et l'organisation d'un circuit de navigation vers la baie des Pères, favorisent le peuplement. Le site de la gare de Témiscaming témoigne de cette lutte pour vaincre l'isolement régional.

À partir de Ville-Marie (fondée en 1888), les oblats accueillent et dirigent les colons vers l'intérieur des terres et voient aussi à l'organisation des paroisses. La maison du Colon de la municipalité de Ville-Marie rend justement hommage au rôle des oblats dans le peuplement du Témiscamingue. Les résultats se font rapidement sentir. La population témiscamienne passe de quelques centaines de personnes à plus de 8 300 habitants au recensement de 1911. Le territoire constitue, à la fin des années 1920, une jeune région agricole de 20 000 personnes vivant dans une douzaine de paroisses autour du lac Témiscamingue.

La mission des pères oblats au fort Témiscamingue en 1887. (ANC)

Abitibi – Témiscamingue

Le flottage du bois sur le lac Témiscamingue est pratiqué depuis le début du siècle. (ANQ-Q)

Malgré le développement de l'agriculture, l'industrie forestière demeure le moteur de l'économie régionale. Les chantiers font vivre la majorité des Témiscamiens et représentent le principal débouché pour l'agriculture. Ayant pénétré profondément à l'intérieur des terres, ces chantiers obligent les compagnies de bois à organiser un circuit de flottage sur le lac Témiscamingue. Le site Opémican, au sud du lac, constitue à l'époque l'un des principaux relais sur cette route du flottage.

L'expansion de l'industrie des pâtes et papier au Québec amène en 1917 la compagnie Riordon à construire, au sud du lac Témiscamingue, une usine de pâtes solubles, entraînant la création de la ville de Témiscaming. En 1925, la Canadian International Paper prend le contrôle de l'usine et de la municipalité et entreprend l'exploitation systématique des forêts du Témiscamingue et de l'Outaouais supérieur.

La compagnie s'emploie aussi à développer le système de flottage. Elle met en service de très gros remorqueurs. L'un d'eux, le *T.-E.-Draper*, sera pendant près de 50 ans la clé de voûte du flottage du bois dans la région. Aujourd'hui monté à terre à Angliers, ce bateau a été reconnu bien historique.

La qualité exceptionnelle des terres bordant le lac Témiscamingue et l'immense potentiel forestier agissent donc comme éléments déclencheurs dans le peuplement du Témiscamingue. La beauté du paysage retient également l'attention de certains visiteurs. Le domaine Brown de l'île du Collège, situé au nord du grand lac, illustre bien l'attraction exercée par la majesté du lac Témiscamingue sur l'Américain Moses Brown.

L'Abitibi rurale

C'est la construction du dernier des grands chemins de fer transcontinentaux canadiens qui permet l'ouverture de l'Abitibi au début du XXe siècle. C'est une immensité boisée qui devient alors accessible au peuplement. La région n'est pas encore entamée par les chantiers, la ligne de partage des eaux séparant l'Abitibi du Témiscamingue empêchant les compagnies de bois de poursuivre plus au nord leurs activités.

La construction du chemin de fer transcontinental permet la colonisation de l'Abitibi à compter de 1912. (ANQ-Q)

Abitibi – Témiscamingue

Les familles de colons s'installent dans des cabanes en bois rond comme celle-ci, située près de Fauquier. (ANQ-Q)

Le Québec connaît à l'époque de profondes mutations socio-économiques qui inquiètent les élites politiques et religieuses. L'Abitibi apparaît donc, dès son ouverture, comme la terre promise pour contrer les méfaits de l'industrialisation et freiner l'émigration des Québécois vers les États-Unis. Le gouvernement québécois intervient directement dans le peuplement de l'Abitibi en assurant le transport des familles de colons et leur établissement sur les terres. Le clergé, à travers les sociétés de colonisation, se charge du recrutement et de l'encadrement.

Dès 1912, le chemin de fer à peine terminé, les premiers convois de colons arrivent en Abitibi sous la conduite de missionnaires colonisateurs; ces pionniers s'installent le long du Transcontinental, à la croisée des grandes rivières. Les premiers travaux de construction et de défrichement sont accomplis collectivement. Les paroisses, rouages essentiels de la vie sociale, sont rapidement organisées. Comme ailleurs au Québec en pays neuf, les colons vivent au départ du bois coupé sur leurs lots, qu'ils vendent aux nombreuses scieries établies le long de la voie ferrée. Ce sont avant tout ces scieries qui assurent le développement et la prospérité de l'Abitibi.

Cette poussée colonisatrice se traduit dans le bilan démographique: 900 habitants en 1914 et 13 000 au recensement de 1921. On assiste, avec les années 1920, à la consolidation de la nouvelle région. Dix paroisses viennent alors s'ajouter aux quatorze déjà constituées en 1921. La population abitibienne grimpe alors à 23 000 habitants. À peine 20 ans suffisent donc à l'Abitibi pour attirer plus de gens que le Témiscamingue en 50 ans.

Le peuplement se déroule le long du chemin de fer. Ce tronc grêle se gonfle autour du lac Abitibi et de la rivière Harricana, où se situe Amos, le chef-lieu régional. Le site de l'école du rang 2 d'Authier illustre d'ailleurs très bien la volonté des premiers Abitibiens de doter rapidement le nouveau pays de colonisation d'un réseau d'écoles.

Les nombreuses scieries de la région assurent le développement économique des paroisses de colonisation de l'Abitibi. (ANQ-Q)

Abitibi – Témiscamingue

La faille de Cadillac

Le Témiscamingue et l'Abitibi restent longtemps séparés par la chaîne de collines et de massifs boisés qui marquent dans le Nord-Ouest du Québec le partage des eaux du fleuve Saint-Laurent et de la baie d'Hudson.

Ce territoire retient l'attention lorsqu'on découvre au début des années 1920 que la faille géologique à l'origine des mines du Nord ontarien se prolonge profondément au Québec, précisément le long de ces collines. Les premières découvertes d'or de la faille de Cadillac déclenchent aussitôt un formidable mouvement de prospection, sans précédent au Québec. En moins de 25 ans, une cinquantaine de gisements miniers sont découverts et mis en valeur.

Un premier district minier prend forme dans le canton de Rouyn, avec la mise en exploitation du fabuleux gisement de cuivre et d'or de la mine Noranda et la naissance de deux villes jumelles: Rouyn et Noranda. La ruée minière se déplace ensuite vers l'est, où l'on assiste à partir de 1935 à l'entrée en production des mines de la Vallée-de-l'Or et à la création des villes de Bourlamaque, Val-d'Or et Malartic.

Durant 25 ans, les mines de la faille de Cadillac traitent plus de 100 millions de tonnes de minerai et produisent pour près d'un milliard de dollars de cuivre, de zinc, d'or et d'argent. Cette contrée se hisse ainsi au rang des grandes régions minières du monde. Au cours des années 1930, le centre de gravité du monde minier québécois se déplace donc vers l'Abitibi – Témiscamingue, qui fournit dès lors à elle seule plus de 50 pour 100 de la production minérale du Québec.

L'exploitation de dizaines de mines et la fièvre de l'or attirent rapidement des milliers de travailleurs, commerçants et aventuriers. La croissance démographique apparaît à la mesure du développement minier. La population des villes jumelles de Rouyn et Noranda passe de quelques centaines d'habitants en 1926 à 5 500 en 1931, et à 12 300 en 1941. À cette date, Val-d'Or – Bourlamaque compte 6 000 habitants et Malartic, 3 000.

Contrairement au monde rural du Témiscamingue et de l'Abitibi, la région minière est très cosmopolite. Les villes de la faille de Cadillac abritent de nombreux anglophones et un fort contingent d'immigrants européens. La maison Dumulon à Rouyn-Noranda et le village minier Bourlamaque à Val-d'Or témoignent aujourd'hui de l'effervescence qu'ont connue ces villes à leurs débuts.

L'étonnante concentration de mines le long de cette faille géologique entraîne donc la création d'une zone urbaine homogène entre le Témiscamingue et l'Abitibi. C'est ainsi grâce au développement minier que prend forme l'Abitibi – Témiscamingue que nous connaissons aujourd'hui. Les mines ont joué un rôle particulièrement important dans l'aménagement des voies de communication qui ont soudé ensemble les différentes parties de la région. Les mines ont

La mine Duparquet aujourd'hui abandonnée. (ANQ-Q)

également amené un déplacement des pôles d'influence des villes rurales d'Amos et de Ville-Marie vers les centres miniers de Rouyn-Noranda et de Val-d'Or.

La colonisation et la Grande Crise

La grande dépression qui s'abat sur l'Amérique à partir de 1929 entraîne le Québec à la dérive. Le chômage et la misère s'installent dans la province. Très vite, le retour à la terre s'impose comme une panacée aux autorités politiques complètement dépassées par l'ampleur de la Crise.

De 1932 à 1939, trois plans de colonisation se succèdent au Québec pour tenter de résorber les effets de la crise économique. Le gouvernement et les sociétés de colonisation doivent, dans le cadre de ces plans, convaincre les chômeurs de tout quitter pour aller s'établir sur des terres en pays de colonisation.

Nulle part ailleurs qu'en Abitibi et au Témiscamingue, il n'existait l'espace nécessaire pour un tel plan d'urgence national. La région reçoit donc à partir de 1932 une nouvelle vague de peuplement d'une intensité sans précédent. Ces plans de colonisation permettent en effet à l'Abitibi – Témiscamingue d'accueillir un nombre impressionnant de chômeurs urbains et de familles des vieilles paroisses rurales du Québec. De 1935 à 1937, le plan Vautrin attire à lui seul 17 000 personnes et amène la création de 27 nouvelles paroisses. La population rurale régionale double en une décennie de colonisation dirigée. Au total, ce sont près de 40 nouvelles paroisses qui voient le jour en dix ans, dont celle de Rapide-Danseur caractérisée par l'architecture de son église.

L'axe de peuplement installé en Abitibi le long du chemin de fer Transcontinental s'étend à la fois vers le nord et vers le sud, en direction des centres miniers de la faille de Cadillac. Au Témiscamingue, le domaine défriché s'agrandit vers le nord et vers l'est, en direction du lac des Quinze. La reprise économique de l'après-guerre entraîne un mouvement d'abandon des terres chez les derniers arrivants et force le gouvernement à consolider les paroisses fondées durant la Crise.

Cette conquête organisée du sol contribue à donner à l'Abitibi – Témiscamingue sa physionomie actuelle. Les plans de colonisation permettent en effet l'occupation des terres qui séparaient auparavant la zone

La crise économique de 1929 amène en Abitibi – Témiscamingue de nombreux chômeurs qui s'établissent sur des terres. (ANQ-Q)

Vocation de base de la région, l'agriculture voit ses effectifs diminuer constamment depuis 1940. (ANQ-Q)

Abitibi – Témiscamingue

Chef-lieu de l'Abitibi, la ville d'Amos possède dès 1913 une église majestueuse qui deviendra plus tard le siège de l'évêché. (ANQ-Q)

Quinze ans après sa création, la petite ville d'Amos n'a rien à envier aux établissements plus anciens. (ANQ-Q)

minière de l'Abitibi et du Témiscamingue. La région sort transformée de cette période de retour à la terre qui a agi comme une véritable injection de main-d'œuvre pour les chantiers, les scieries et les mines.

Depuis 1940, l'Abitibi – Témiscamingue est une région en plein développement, dépendante de ses ressources naturelles. Les mines, l'exploitation forestière, l'agriculture, l'industrie manufacturière et le secteur tertiaire, qui constituent le moteur de son économie, ne parviennent pas au cours des 50 dernières années à assurer de l'emploi à la population active, entraînant l'exode vers la ville de Montréal qui offre plus de possibilités.

En effet, durant la période 1961-1971, la population ne s'accroît que de 17 pour 100. On estime que 22 000 personnes ont quitté la région au cours de cette décennie. Il semble que ce soit la baisse d'emploi dans le secteur des mines et de l'agriculture qui a amené l'exode vers Montréal. Entre 1960 et 1974, le nombre des agriculteurs est passé de 4 000 à 1 400. L'agriculture, vocation de base des années 1930, se modernise tranquillement, entraînant du même coup une baisse du nombre de fermes. En revanche, le secteur de l'exploitation forestière prend une importance considérable.

Soumise aux changements socio-économiques globaux observés à l'échelle de la province, l'Abitibi – Témiscamingue concentre ses activités économiques et socioculturelles dans quatre pôles d'expansion: Val-d'Or, Rouyn-Noranda, La Sarre et Amos. On y retrouve d'ailleurs près de la moitié de la population régionale. Cependant, l'Abitibi demeure encore pour les Québécois le symbole de la conquête des grands espaces et de l'exploitation intensive des ressources naturelles.

Benoît-Beaudry Gourd, historien

BOILEAU, Gilles et Monique DUMONT. *L'Abitibi-Témiscamingue*. Québec, Éditeur officiel du Québec, 1979. 230 p.

GOURD, Benoît-Beaudry. «La colonisation et le peuplement du Témiscamingue et de l'Abitibi, 1880-1950: aperçu historique», dans Maurice Asselin et Benoît-Beaudry Gourd, dir. *L'Abitibi et le Témiscamingue*. (Rouyn, Collège du Nord-Ouest, 1975): 1-52.

PAQUIN, Normand. *Histoire de l'Abitibi-Témiscamingue*. Rouyn, Collège du Nord-Ouest, 1979. 206 p.

Village minier Bourlamaque

Val-d'Or
123, avenue Perrault

Fonction: résidentielle
Classé site historique en 1979

Vue générale du village minier de Bourlamaque. (ANQ-Q)

Le village minier Bourlamaque de Val-d'Or est le témoin direct de la grande ruée minière qui a cours dans la Vallée-de-l'Or en Abitibi au début des années 1930. Ce qui apparaît exceptionnel, c'est le remarquable état de conservation des maisons en bois rond qui forment le village. Le site présente donc un caractère indéniable d'authenticité historique.

La ruée minière

Le développement minier de l'Abitibi connaît deux temps forts. Une première ruée minière a lieu à partir de 1923 dans le canton de Rouyn. Le district minier de Rouyn-Noranda est déjà constitué lorsque s'amorce à l'aube des années 1930 une seconde poussée, en direction cette fois des sources de la rivière Harricana, vers la fameuse Vallée-de-l'Or.

Dès l'ouverture de l'Abitibi à la colonisation à la suite de la construction du chemin de fer transcontinental, des prospecteurs commencent à s'intéresser au potentiel minier de la région. Les nombreuses rivières que croise le chemin de fer leur offrent de bonnes routes de pénétration vers l'intérieur du territoire. L'une de ces rivières, l'Harricana, permet l'accès à plus d'une dizaine de cantons. Elle s'impose donc rapidement comme la principale route d'exploration minière de l'Abitibi.

Tout au long des années 1910, la prospection se limite aux affleurements rocheux en bordure de l'Harricana et des lacs qui se trouvent sur son cours. C'est précisément sur les bords de l'une de ces nappes d'eau, le lac De Montigny, que James Sullivan met au jour la première veine de quartz aurifère. Toujours dans le même secteur, on repère aussi le gisement de la future mine Shawkey, puis en 1912, celui de la Grenne-Stabell. De l'or est également découvert en 1915 sur la plus grande des îles du lac De Montigny, qui prend le nom de Siscoe en l'honneur du découvreur du gisement.

À partir de 1920, les prospecteurs pénètrent à l'intérieur des terres, le long des cours d'eau du système de l'Harricana. Cette poussée exploratoire amène la découverte d'une dizaine de nouveaux gisements aurifères, dont celui de la future mine Lamaque.

L'exploration de la région des sources de l'Harricana prend donc de l'ampleur et s'organise au cours de cette décennie. La navigation entre Amos et le lac De Montigny devient régulière avec la mise en service de gros bateaux à vapeur. Des chemins d'hiver sont tracés à travers bois à partir de l'Abitibi pour amener l'équipement lourd sur les sites miniers. Une quinzaine de propriétés sont alors en cours de développement. L'ouverture du district minier de Rouyn-Noranda détourne toutefois l'attention des investisseurs, puis la Grande Crise de 1929 vient ralentir considérablement la mise en valeur des nombreux gisements découverts.

La mise en valeur des gisements

La Vallée-de-l'Or se trouve malgré tout en 1930 à l'aube de grands bouleversements. Une première mine, la Siscoe, entre en production l'année même du krach boursier, bientôt suivie par la Sullivan, la Shawkey et la Grenne-Stabell. L'élément déclencheur reste sans contredit la hausse marquée du prix de l'or, qui passe en 1934 de 20 à 35 dollars l'once. Dès lors, les gisements de la Vallée-de-l'Or suscitent l'intérêt de puissants groupes miniers nord-américains, comme la Teck-Hughes Gold Mines de Kirkland Lake, qui entreprend la mise en valeur du gisement Lamaque. Le développement devient donc irréversible à partir de 1935. Vingt-cinq mines sont aménagées pour l'extraction en dix ans. Partout des chevalements de puits se dressent à l'horizon. Des usines de traitement du minerai apparaissent sur le site des gisements.

Les installations de la mine Bourlamaque dont l'usine de traitement de minerai. (ANQ-Q)

Les trois modèles d'habitation de Bourlamaque en 1935. (MAC)

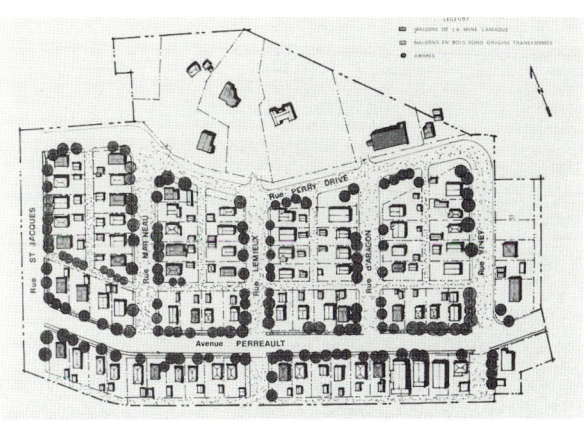

Le village minier de Bourlamaque est doté dès sa création d'un plan d'urbanisme. (MAC)

On bâtit tout en même temps: les installations minières, les routes, les voies ferrées et les villes, car des centaines, des milliers d'hommes accourent maintenant vers la Vallée-de-l'Or. Ils arrivent de partout: du Nord ontarien, de Rouyn, de l'Abitibi, de plus loin encore parfois. En cette période de crise économique, la fièvre de l'or agit comme un aimant. Les villes de Bourlamaque, Val-d'Or, Malartic et Cadillac vont, de 1934 à 1938, surgir en plein cœur de l'Abitibi.

Les compagnies minières de la Vallée-de-l'Or sont donc vite confrontées au problème de l'organisation urbaine avec toute cette population qui s'installe au petit bonheur sur les terres publiques à proximité des mines, et souvent même directement sur les terrains miniers. La Lamaque Gold Mines sera la première à réagir.

Dès 1933, l'entreprise décide de lancer l'exploitation de son gisement qui apparaît déjà comme le plus riche de la Vallée-de-l'Or. L'année suivante, la Lamaque construit le chevalement, l'usine de traitement du minerai et les autres installations de la mine. En avril 1935, le premier lingot d'or est coulé.

Ce véritable exploit oblige la compagnie à loger des centaines de travailleurs sur le site même de la future mine, dans de vastes dortoirs ou *bunk houses*. Elle aménage également une cuisine, une salle à manger et plusieurs cabanes en bois rond. La Lamaque prend ensuite les dispositions nécessaires pour établir une ville devant répondre aux besoins de ses cadres, techniciens et mineurs. La loi constituant la ville de Bourlamaque est adoptée en avril 1934. La compagnie minière prend directement en charge le développement de cette première municipalité de la Vallée-de-l'Or, dont le territoire recouvre exactement les propriétés de la mine Lamaque.

À sa création, Bourlamaque comprend les installations de la mine Lamaque et une vingtaine de cabanes en bois rond situées à proximité. Dès le départ, la ville est dotée d'un plan d'urbanisme qui comprend huit rues tracées parallèlement à la face nord de la mine, et cinq grandes avenues transversales, dont le chemin du Lac-Blouin qui mène au camp minier de Val-d'Or, établi aux limites de Bourlamaque. C'est en bordure de ce chemin, sur une colline boisée, que s'érigent les résidences de la direction de la mine et l'hôpital.

Trois modèles de maisons

Un premier quartier d'habitations est ensuite rapidement dressé face à la mine pour accueillir les premiers travailleurs et leurs familles. Ces premières demeures (65 à 70 au total) sont construites avec le bois coupé sur place. La mine érige trois modèles de maisons: vingt structures d'environ 5,5 mètres sur 7, quinze de 7 mètres sur 10 sans étage et quinze autres avec étage de 7,5 mètres sur 11. Ces habitations sont bâties dans un vaste quadrilatère compris entre le chemin du Lac-Blouin et la rue Perrault d'une part, la mine Lamaque et la 5e Rue (aujourd'hui rue Saint-Jacques) d'autre part.

Le journaliste valdorien Armand Beaudoin décrit bien en 1978 l'allure de ces maisons en bois du pays: «Ces maisons ont pour matériau de base des billes d'épinettes blanches et grises dépouillées de leur écorce,

Un des trois types d'habitation en bois rond du village minier. (ANQ-Q)

d'un diamètre d'au moins douze pouces [...] Elles reposent sur des lisses couchées à plat sur le sol et formées de billes rondes ou équarries. Celles des côtés se superposent les unes aux autres jusqu'à une hauteur d'à peu près dix pieds [...] Elles s'aboutent l'une à l'autre à chaque coin et sont maintenues en place au moyen de colonnes verticales dans lesquelles est pratiquée une coulisse en «V». Des entures en biseau permettent de joindre bout à bout les billes plus courtes que la longueur du bâtiment [...] Quant aux interstices des billes, ils ont été calfeutrés d'étoupe sèche ou goudronnée, voire de simple mousse naturelle comme nous a déclaré l'avoir fait lui-même le fils de l'un des constructeurs [...] Lorsqu'il s'est agit [sic] de finir l'intérieur des constructions, le choix du maître d'ouvrage s'est porté sur des matériaux usuels qu'il a fallu faire venir de très loin: bois de solives, des soliveaux, des poutres et des poutrelles, des sablières et des fermes, des planchers, des plafonds et des toitures. Une quinzaine de maisons ont même été dotées de planchers de bois franc. Les murs et les cloisons ont été recouverts de plâtre ou de Donnacona [...] Tous les toits sont rouges, mais une certaine diversité les caractérise. Ils sont soit à diamants ou à quatre écarts, pointus, à deux versants, avec ou sans lucarne. Du papier goudronné imitant la forme de bardeaux les recouvre. Des fenêtres à huit carreaux bordés de blanc viennent éclairer les murs plutôt sombres.»

Ce sont les seules habitations que la compagnie Lamaque construit de la sorte. Les autres maisons bâties par la suite à Bourlamaque – et elles s'avèrent nombreuses – seront érigées avec du bois de construction. Ces cabanes en bois rond sont caractéristiques des habitations de la Vallée-de-l'Or au moment de la grande ruée minière des années 1930. C'est en fait la fameuse *log cabin*. Les camps miniers de Rouyn et de Val-d'Or constituent à leurs débuts de vastes rassemblements de ces cabanes.

Le village minier

Ce qui apparaît vraiment exceptionnel dans ce cas, c'est la grande qualité de construction des premières maisons de la Lamaque et surtout qu'elles soient encore intactes aujourd'hui. Car dans ces villes champignons, les cabanes de billots ont vite disparu, emportées dans l'euphorie de la spéculation urbaine typique des «boom» miniers. La mine Lamaque, contrairement à toute attente, veillera à la conservation de ses maisons. Au cours des années, elle procède à quelques retouches, sans pour autant modifier leur aspect original.

Le caractère historique unique de ce quartier, de plus en plus connu comme «le village minier», prend avec le temps sa réelle dimension. Nulle part ailleurs dans la région minière de l'Abitibi, un tel ensemble architectural n'a mieux résisté aux assauts du temps et du progrès. Le village minier apparaît alors comme le seul témoignage vivant de la grande épopée minière de l'Abitibi. La Ville de Bourlamaque prend la relève de la mine Lamaque en 1965 pour préserver la spécificité de ces maisons d'époque. Elle impose des normes de construction très strictes afin de conserver le cachet des habitations.

Le village minier Bourlamaque est décrété site historique en 1979. L'arrondissement reconnu comprend en fait deux entités: les 59 habitations en rondins et les résidences de la direction de la mine, chemin du Lac-Blouin.

Le village minier Bourlamaque se dresse aujourd'hui paisiblement à l'ombre du chevalement de la mine Lamaque, l'un des plus riches producteurs d'or de l'histoire minière du Québec. Les deux, indissociablement liés, témoignent de ce passé, si peu lointain. Leur histoire et leur existence se confondent aujourd'hui comme hier. Ils demeurent les témoins bien vivants de la grande aventure minière de la Vallée-de-l'Or, véritable Klondike en terre québécoise.

Benoît-Beaudry Gourd, historien

Les cabanes en bois rond sont caractéristiques des habitations de la Vallée-de-l'Or dans les années 1930. (MAC)

BEAUDOIN, Armand. «À l'ombre du chevalement de la Lamaque», *Habitat*. 21, 1 (1978): 16-20.

GOURD, Benoît-Beaudry. *Le développement des mines de Val d'Or-Malartic-Cadillac: La mine Lamaque et la création de Bourlamaque*. Rouyn, ministère des Affaires culturelles, 1981. N.p.

GOURD, Benoît-Beaudry. *La mine Lamaque et le village minier Bourlamaque: Une histoire de mine*. Rouyn, Collège de l'Abitibi-Témiscamingue, Département d'histoire et de géographie, 1983. 117 p. (Coll. «Travaux de recherches», n° 6).

École du rang 2 d'Authier

Authier
Route 111

Fonction: culturelle
Classée monument historique en 1982

L'école d'Authier est une école «à queue». C'est ainsi que l'on désigne les écoles ayant à l'arrière une série d'annexes communicantes. (MAC)

Il fut une époque, d'ailleurs pas si lointaine, où les élèves des régions rurales se regroupaient, de la première à la septième année, dans une petite école au confort rudimentaire chauffée à l'aide d'un poêle à bois. Parfois même, une pièce louée dans une maison privée tenait lieu de classe, avec tout ce que cela comportait d'inconvénients. C'était le cas à Authier, au cours des années 1930.

Une école «à queue»

Le local de fortune que fréquentent les 59 élèves des rangs 2 et 3 en 1937 ne répond plus aux normes du département de l'Instruction publique. Aussi entreprend-on la construction d'une école dans le rang 2, à l'instigation du surintendant Cyrille-F. Delage et de l'inspecteur de l'Abitibi, Armand Alain. Le département de l'Instruction publique, qui régit toutes les constructions scolaires depuis 1899, en fournit les plans et devis.

Le bâtiment carré de quelque 9 mètres sur 9, construit en 1937 pour près de 2 000 dollars, possède une charpente à claire-voie revêtue de planches disposées à l'horizontale. Le toit à deux versants, que surmonte une cheminée en brique, est recouvert de tôle à fausses baguettes. Huit fenêtres dispensent l'éclairage naturel au rez-de-chaussée.

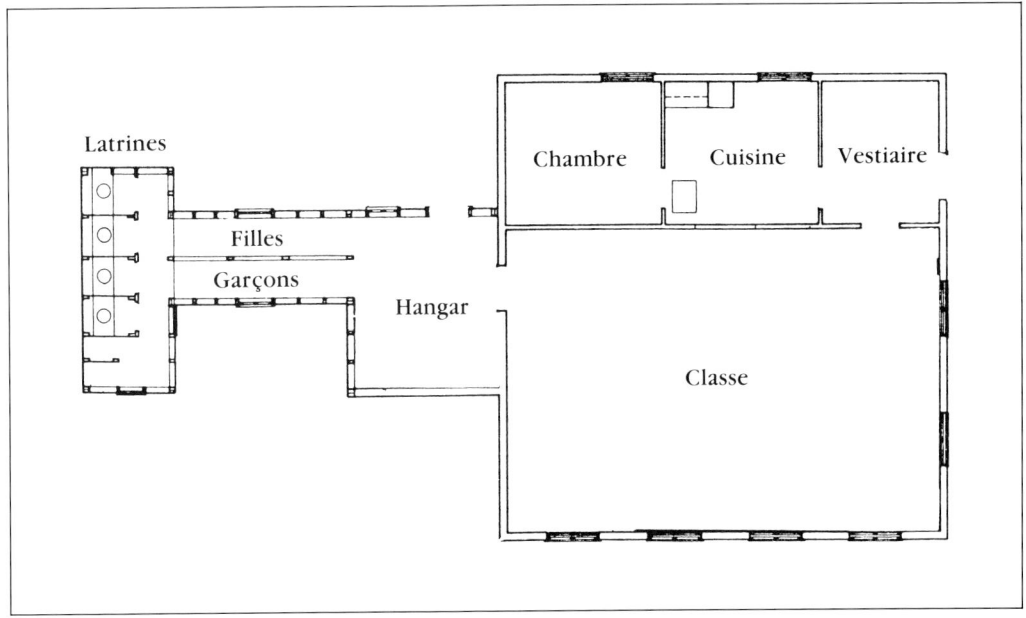

Plan du rez-de-chaussée de l'École de rang. (MAC)

En 1984, l'école devient le Centre d'interprétation de l'histoire scolaire du Québec au XXᵉ siècle. (MAC)

Détails de la cuisine. (MAC)

L'école comprend quatre pièces. Le vestibule, la cuisine et la chambre de l'institutrice sont disposés en enfilade du côté est. La classe occupe l'espace restant, éclairé naturellement par les fenêtres de la façade ouest. Les combles, auxquels on accède par une trappe au vestibule, n'ont jamais été utilisés. Le système de chauffage se résume à un poêle à deux ponts acheté à la fonderie de L'Islet.

L'école d'Authier est une école «à queue». C'est ainsi que l'on désigne les écoles ayant à l'arrière une série d'annexes communicantes. En premier vient le hangar à bois pourvu de deux portes; l'une s'ouvre sur la classe, l'autre sur l'extérieur. Il est relié à un corridor qui mène aux latrines, lui même séparé longitudinalement par une cloison qui isole le côté des garçons de celui des filles. Dans ce corridor, l'hiver, on garde les chiens qui tirent les traîneaux des enfants.

Jusqu'en 1953, vingt «maîtresses» se succèdent à l'école du rang 2 d'Authier, assurant l'instruction de groupes disparates, relativement nombreux et ce, dans des conditions de vie souvent difficiles. L'institutrice, parfois très jeune, doit non seulement enseigner à sept divisions, mais encore lui faut-il entretenir la maison-école, éclairée à la lampe à l'huile, chauffer le poêle et transporter l'eau. Elle reçoit pour sa peine 250 dollars par année.

Une nouvelle fonction éducative

À la fin des années 1950, avec la centralisation des services scolaires, les écoles de rang commencent à fermer leurs portes. Les jeunes des régions rurales fréquentent dorénavant les écoles de village et bientôt les polyvalentes. L'école du rang 2, fermée depuis 1958, est devenue encombrante pour la commission scolaire. Elle la vend en août 1961 à un cultivateur. Celui-ci la conserve intacte et l'utilise comme remise de ferme.

En 1980, le Comité du patrimoine d'Authier entreprend des démarches pour faire reconnaître la valeur patrimoniale du bâtiment. Cette initiative aboutira deux ans plus tard au classement de l'école en tant que monument historique. Débutent alors des travaux au cours desquels on refait complètement la toiture, les fenêtres et le plancher de la classe. Au printemps 1984, l'école du rang 2 d'Authier devient le Centre d'interprétation de l'histoire scolaire du Québec, de 1910 à 1964. On y invite les enfants comme les adultes à retourner au temps du «petit catéchisme», au temps où le système scolaire était le parfait véhicule d'une idéologie fondée sur la religion, la famille et l'agriculture.

Yves Dionne, historien

CHARETTE, Alain. *L'École du rang II d'Authier*. Authier, Comité d'Authier et ministère des Affaires culturelles, 1985. 28 p.

DIONNE, Yves. *L'École de rang d'Authier: l'éducation en Abitibi de 1910 à 1964*. Rouyn, Collège de l'Abitibi-Témiscamingue, 1985. 249 p. (Coll. «Cahiers du Département d'histoire et de géographie», n° 11).

Site de l'église

Rapide-Danseur
Rue du Village

Fonction: religieuse
Classé site historique en 1985

L E caractère exceptionnel de l'architecture de l'église de Rapide-Danseur et l'histoire même du lieu, qui tour à tour est témoin du commerce de la fourrure, du transport du bois vers le lac Abitibi et du mouvement du retour à la terre dans les années 1930, confèrent à ce site historique sa véritable valeur. L'emplacement est aussi remarquable en raison de son élévation naturelle et de la proximité des eaux vives de la rivière Duparquet.

La route de la baie d'Hudson

Les grands explorateurs empruntent dès 1660 les cours d'eau de l'Abitibi pour se rendre à la baie d'Hudson. D'ailleurs, le chevalier de Troyes nous décrit bien cette route dans le récit de son voyage vers les forts anglais de la baie d'Hudson en 1686. Depuis Montréal, ce long trajet en canot, d'une durée de 29 jours, ne nécessite pas moins de 140 portages. Tous connaissent ce rapide de la rivière Duparquet que les Algonquins appellent Obajidjicmojici, c'est-à-dire «là où l'on s'arrête pour danser, pour se dégourdir» les jambes après des heures de canotage. D'où le nom de Rapide-Danseur.

Les nombreuses rivières qui alimentent le lac Duparquet se prêtent au transport du bois à partir de 1917. Les billes flottent jusqu'au pied du rapide, puis on les empile en rangs serrés pour former des radeaux.

Vue générale de l'église, du presbytère et d'un pont couvert à Rapide-Danseur en 1945. (MAC)

Travail périlleux pour les «pitchers» qui dansent sur les billes dans les eaux glacées du printemps. Les colons viennent de tout l'Abitibi pour travailler dans les chantiers du lac Duparquet, car à l'époque c'est la seule façon de gagner un peu d'argent. On dit d'ailleurs de ces gens qu'ils sont des «colons d'hiver».

En 1923, le prospecteur John Beattie pose ses premiers jalons dans le canton de Duparquet. Ils seront à l'origine de la mine d'or Beattie et du village de Duparquet, au bord du lac du même nom.

Les débuts du peuplement de Rapide-Danseur remontent à l'époque où le gouvernement met en œuvre des plans de colonisation pour pallier les effets néfastes de la crise économique de 1929. Les premières familles arrivent en 1932. Les colons s'emploient à défricher leurs terres, alors qu'en hiver ils gagnent les chantiers, leur principale source de revenus.

Le curé fondateur de Rapide-Danseur, Charles-Auguste Dion, arrive le 4 novembre 1939. Au cours de l'hiver 1940, il dresse les plans du presbytère que les paroissiens construisent l'année même, sous la direction de l'ouvrier Amédée Nadeau. Le ministère de la Colonisation alloue pour ce faire la somme de 700 dollars. Le presbytère, une modeste construction en bois, prend modèle sur l'habitation rurale traditionnelle. Dans sa simplicité, rien ne le signale vraiment à l'attention, si ce n'est l'imposante lucarne centrale qui interrompt la ligne du toit. Depuis 1960, le presbytère sert de résidence à des citoyens de Rapide-Danseur. Le toit est restauré en 1974 en respectant l'architecture originelle.

Une église de colonisation

En architecture, la pierre est le symbole de la permanence. Elle a souvent succédé au bois dans les constructions. En Abitibi, au temps de la colonisation, loin des artisans spécialisés et des architectes, les bâtiments collectifs sont le fruit de corvées populaires. Ces constructions relèvent de l'architecture dite «sans architecte», de l'œuvre d'art popu-

Construite en pierre des champs, l'église de Rapide-Danseur relève de l'architecture dite «sans architecte», caractérisée par le travail collectif de la communauté pour sa réalisation.

laire par excellence. Tel est le cas de l'église de Rapide-Danseur. Faite de pierre des champs, l'église est solidement plantée sur un tertre rocheux à peine érodé par les eaux qui l'assaillent depuis des siècles.

C'est l'abbé Dion qui à nouveau fait office d'architecte et dresse les plans du bâtiment au cours de l'hiver 1941. L'église, de forme rectangulaire, se termine par une abside en hémicycle qui abrite le chœur. Elle mesure plus de 27 mètres sur 9 et s'élève sur une hauteur de 18,5 mètres.

Pour édifier l'église, on utilise tous les matériaux dont on peut disposer sur place. Ainsi, à l'hiver 1941, les frères Leduc et l'abbé Dion font la coupe de pins et d'épinettes sur la grande île du lac Duparquet pour la construction de la charpente. Au cours des mois suivants, tous les dimanches après-midi, on transporte des pierres et du sable à l'aide de camions, de chevaux et de bœufs sur une distance atteignant parfois une dizaine de kilomètres, jusqu'à l'emplacement de la future église.

Pour bénéficier d'un rabais, la chaux vive et le ciment nécessaires à la fabrication du mortier sont achetés par l'entremise de la mine de Duparquet. Cette dernière fournit également une foreuse pour percer des trous dans les grosses pierres que l'on ouvre à la dynamite afin d'obtenir des claveaux, ces pierres taillées en coin qui entrent dans la construction des voûtes.

Le 22 juin 1942 marque le début de la grande corvée, où une cinquantaine de colons donnent quinze jours ouvrables pour participer à l'édification de leur église. Les travaux se font sous la direction des charpentiers Alphonse Bédard et Alfred Brousseau; Arthur Thomas, Pierre Rioux et Israel Nolet sont responsables de la maçonnerie.

En novembre, on pose les onze fenêtres du sous-sol, construites par l'abbé Dion et Alphonse Bédard. On bâtit le clocher en pierre par un froid de loup. Pour empêcher le ciment de geler, on doit lui ajouter du sel et le tenir au chaud grâce au feu d'un petit poêle. L'extérieur de l'église, y compris le clocher, est terminé le 8 décembre. Par la suite, on lie chacune des pierres d'un joint de mortier auquel on a incorporé de l'ocre pour lui donner une teinte rosée.

La seconde corvée, qui fait appel à une centaine d'hommes, débute en juin 1944 par la construction du perron. Ce n'est qu'en

Des matériaux tel le carton pressé furent utilisés pour la décoration intérieure de l'église. Cette façon de faire illustre la modestie des moyens et des matériaux dont on dispose à Rapide-Danseur en 1951. (MAC)

octobre 1947 qu'on pose les portes et les fenêtres de la nef et du chœur, fabriquées par l'abbé Dion et le menuisier Alphonse Bédard. Ainsi, le sous-sol sert de lieu de culte de décembre 1942 à juin 1951, alors que la nef abrite le chantier au cours de l'hiver.

La première messe est célébrée dans l'église de Rapide-Danseur le 1er juillet 1951. Mgr Joseph-Aldée Desmarais, évêque d'Amos, bénit l'église le 22 juillet suivant.

L'abbé Louis-Joseph Lafrenière vient parachever l'œuvre de l'abbé Dion. Excellent menuisier, il s'emploie à finir l'intérieur de l'église avec la collaboration des paroissiens; le tout est terminé le 30 juin 1951. Il construit également les trois autels et le baldaquin en 1952. Vers 1960, une passerelle vient relier le presbytère à l'église.

L'église de Rapide-Danseur est une œuvre émouvante, avant tout humaine; elle respire la foi et l'énergie d'une génération de bâtisseurs qui se reconnaissent en elle. La modestie des moyens et des matériaux dont on dispose oblige les ouvriers à se surpasser: les murs intérieurs et la voûte, revêtus de carton pressé très commun, présentent un aspect soigné et une moulure étonnante de finesse. Le décor est rehaussé des motifs symboliques (fleur de lys, croix de Malte, triangle, cœur) réalisés dans le même carton. La symétrie et l'équilibre des proportions ajoutent à la dignité du temple.

C'est un «endroit plein de souvenirs», «pittoresque» et à la «beauté pratique», raconte l'abbé Dion au sujet de son église. Symboliquement, elle rappelle la volonté collective d'enracinement des premiers colons. Elle rend aussi, à sa manière, un hommage à la beauté du rapide Danseur de la rivière Duparquet.

Yves Dionne, historien

DION, Mgr Charles-Auguste. *Notes historiques sur le Rapide Danseur, 1939-1966.* S.l., l'auteur, s.d. 26 p.
DIONNE, Yves. *Étude du site de Rapide-Danseur, Comté d'Abitibi-Ouest. Étude, relevés et analyse.* Rouyn, ministère des Affaires culturelles, 1982. 1 040 p.

Ancien bureau de poste de Rouyn et maison Dumulon

Rouyn-Noranda
191, avenue du Lac

Fonction: culturelle
Classés site historique en 1978

Avec ses bâtiments en rondins, typiques des régions pionnières du début du siècle, le site historique de la maison Dumulon rappelle l'époque de la grande ruée minière vers l'Abitibi.

Un nouveau Klondike

Vers 1917, le prospecteur Edmund Horne découvre près du lac Osisko un riche gisement de cuivre et d'or. La création subséquente de la Noranda Mines Limited, en 1922, déclenche une véritable ruée vers le canton de Rouyn. Aux prospecteurs en quête d'or se joignent bientôt des commerçants aventureux prêts à profiter du boom minier qui s'annonce.

Joseph Dumulon figure parmi ceux-là. Établi à Ville-Marie, chef-lieu du Témiscamingue depuis 1890, il s'est enrichi comme entrepreneur forestier. Une fortune semble à sa portée plus au nord, où l'or se ramasse à fleur de roche, selon les prospecteurs qui viennent inscrire leurs terrains au bureau des mines de Ville-Marie.

Joseph Dumulon nourrit donc le projet d'ouvrir avec ses fils un magasin général dans ce nouveau Klondike. Il fait d'abord construire, au cours de l'hiver 1922-1923, trois grands bateaux sur le modèle des «pointers», ces embarcations utilisées pour le flottage au Témiscamingue. Au printemps, l'un des fils Dumulon prend la tête d'un convoi comprenant prospecteurs, matériaux et diverses marchandises. Ils installent leur campement au lac Rouyn, point d'arrivée des prospecteurs, et mettent en place un réseau de transport sur les rivières des Outaouais et Kinojévis.

Pendant deux ans, les Dumulon assurent le transport des chercheurs d'or vers le lac Rouyn où ceux-ci peuvent loger et s'approvisionner au camp de la famille. En juin 1924, Joseph Dumulon abandonne la navigation et consacre ses énergies à l'établissement d'un magasin sur les bords du lac Osisko. La Noranda Mines vient de décider d'y construire une mine et une usine de smeltage. Le rêve des Dumulon va enfin se réaliser.

Le commerce des Dumulon

Joseph Dumulon obtient la permission de la Rouyn-Dasserat Gold Mines de s'établir sur une pointe de terre qui fait face au camp de la Noranda, situé sur l'autre rive du lac Osisko. Les Dumulon mettent quatre semaines à bâtir le magasin (de près de 11 mètres sur 14) en se servant du bois coupé sur place: murs en grosses billes de cyprès non écorcées, plancher en tremble grossièrement équarri, toiture en petits rondins d'épinette (recouverts de mousse) et tapissée de gros papier noir. Le bâtiment est percé de deux portes et de trois petites fenêtres. Le magasin général ne comporte aucune division intérieure. Les marchandises prennent place sur des étagères construites le long des murs.

Les Dumulon érigent ensuite une écurie, une glacière et la maison familiale. L'habitation, d'environ 6 mètres sur 6,5, est édifiée à l'extrémité de la pointe, derrière le magasin. La construction de la maison qui, contrairement au magasin, fait face au lac, est plus soignée. Les billes d'épinette des murs sont écorcées et équarries aux coins d'appui. Six fenêtres éclairent l'intérieur et une porte donne sur le lac. Le toit en rondins et le plancher seront refaits en planches en 1925, lorsque la famille Dumulon vient définitivement s'établir dans le camp minier

La pointe Dumulon vers 1925.
(MAC)

Vue ancienne de l'hôtel Osisko (à gauche) et des bâtiments des Dumulon (écurie, magasin général et bureau de poste, remise à bois et glacière). (ANQ-AT)

Le magasin général, reconstruit selon les techniques d'époque, a retrouvé l'aspect qu'on lui connaissait en 1924. (MAC)

de Rouyn, qui compte déjà plus de 200 personnes. Ils possèdent alors le plus gros commerce de la nouvelle région minière. Ils gèrent aussi depuis 1924 le bureau de poste, aménagé dans un coin du magasin. L'écurie, qui abrite une dizaine de chevaux, fonctionne sur une base commerciale.

Les Dumulon ont donc mis sur pied une entreprise commerciale imposante pour l'époque. Cependant, la mort de Joseph Dumulon, en 1926, incite la famille à fermer le magasin général pour se consacrer uniquement au bureau de poste, qui occupe désormais toute la superficie du magasin.

Le service postal constitue, dans les débuts du camp minier de Rouyn, le seul véritable lien de communication avec l'extérieur pour les centaines de travailleurs des mines, souvent séparés de leurs familles. Le bureau de poste des Dumulon est donc un endroit très achalandé. C'est le lieu de rencontre privilégié de la population de Rouyn qui prend maintenant l'allure d'une petite ville.

De nouvelles fonctions

Avec les années, la pointe Dumulon se retrouve en marge du secteur de développement de Rouyn. Les autorités décident alors, en 1933, de transférer le bureau de poste à l'intérieur de la ville, dont la population s'élève maintenant à plus de 3 500 habitants. Le déménagement du bureau de poste entraîne la transformation des deux camps de bois rond. Le plus grand sert dorénavant d'habitation pour Agnès Dumulon et ses deux filles et comprend une cuisine, un salon et quatre chambres. Les murs extérieurs sont revêtus de planches et une cave en ciment est aménagée pour permettre l'installation d'un système de chauffage central.

La petite maison change également d'aspect: l'intérieur est rénové et l'extérieur reçoit un recouvrement de planches. Elle est agrandie par la suite, doublant presque de superficie, pour accueillir Léon Dumulon et sa nombreuse famille.

Les Dumulon quittent leur pointe du lac Osisko en 1973, après la vente du terrain au gouvernement fédéral qui projette d'y construire un centre administratif. Les deux bâtiments restent à l'abandon pendant plusieurs années.

Depuis le classement du site en 1978, le magasin général, reconstruit selon les techniques d'époque, a retrouvé l'aspect qu'on lui connaissait en 1924. On a également reconstitué la résidence avec les billes coupées en 1924 qui ont été sauvées de la destruction.

Le site de la maison Dumulon fait revivre l'histoire du camp minier de Rouyn, de son premier magasin général et de son bureau de poste. Il renoue avec le passé par ses activités d'animation et constitue, comme à l'époque de la ruée minière, un lieu de rencontre et d'échanges.

Benoît-Beaudry Gourd, historien

GOURD, Benoît-Beaudry. *Histoire du développement minier de la région de Rouyn et d'une famille de pionniers. 1920-1950*. Rouyn, ministère des Affaires culturelles, 1981. N.p.

GOURD, Benoît-Beaudry. *Le Klondyke de Rouyn et les Dumulon*. Rouyn, Collège de l'Abitibi-Témiscamingue, Département d'histoire et de géographie, 1982. 114 p. (Coll. «Travaux de recherches», n° 3).

PERREAULT, L. *La maison Dumulon*. Rouyn, Corporation de la maison Dumulon, 1982. 28 p.

Le site de la maison Dumulon fait revivre l'histoire du camp minier de Rouyn, de son premier magasin général et de son bureau de poste.

Bateau T.-E.-Draper

Angliers
11, rue du T.-E.-Draper

Fonction: culturelle
Reconnu bien historique en 1979

Mis en service en 1929 par la Canadian International Paper pour remorquer des estacades de bois sur les lacs des Quinze et Simard au Témiscamingue, le *T.-E.-Draper* fut le plus puissant navire à se déplacer sur ces lacs qui forment le bassin du lac des Quinze.

Lors de la fermeture de la Canadian International Paper, en 1978, le remorqueur T.-E.-Draper fut monté à terre et vendu. (MAC)

Le bateau T.-E.-Draper, en 1941, était le plus puissant navire à se déplacer sur les lacs des Quinze et Simard au Témiscamingue. (Coll. Réjeanne Roberge)

Les compagnies de bois qui pénètrent au Témiscamingue à partir du milieu du XIXe siècle utilisent les cours d'eau navigables pour progresser en forêt. C'est par eau que les bûcherons accèdent aux chantiers et que le bois est évacué vers le sud du Québec. Les billots sont flottés sur les ruisseaux et les rivières, puis regroupés en estacades sur les lacs pour être remorqués par bateau.

Le lac Témiscamingue constitue à cette époque la pièce maîtresse du flottage des billots dans la région. Le bois coupé en hiver dans les chantiers aboutit à l'embouchure des nombreuses rivières qui se jettent dans le lac. Les principales compagnies s'unissent donc pour faire flotter et diriger leur bois sur le lac Témiscamingue et forment la Upper Ottawa Boom Improvement Company, mieux connue au Témiscamingue comme l'ICO.

En 1917, la construction par la compagnie Riordon de l'usine de pâtes Kipawa Mill de Témiscaming a pour effet d'augmenter les opérations de flottage dans la région. Les concessions de la Riordon se situent alors sur le pourtour des lacs des Quinze et Simard.

En prenant en 1925 le contrôle de l'actif de la Riordon au Témiscamingue, la Canadian International Paper développe considérablement le système de flottage du bois jusqu'au moulin de Témiscaming. Au fil des années, il s'étendra sur des centaines de kilomètres. Le territoire d'Angliers, qui couvre les lacs des Quinze et Simard, constitue alors le point névralgique du système de flottage de la CIP.

En prenant en charge les opérations de flottage au Témiscamingue, la CIP modernise les méthodes de remorquage du bois. C'est ainsi qu'elle introduit à la fin des années 1920 de très gros remorqueurs sur les lacs du Témiscamingue, dont le *T.-E.-Draper*, baptisé en hommage au fondateur de la Kipawa Woods Division de la Riordon.

Ce remorqueur est construit par la John Inglis Company de Collingwood, en Ontario. Il est d'abord transporté en pièces détachées par train depuis l'usine ontarienne jusqu'à Angliers. Des attelages de chevaux tirent ensuite les énormes pièces du navire jusqu'à la baie Gillies. Les dimensions du remorqueur sont impressionnantes: 18,5 mètres de longueur sur un peu plus de 5 mètres de largeur. Sa superstructure s'étend sur 12 mètres, avec une hauteur de 4,5 mètres.

Le T.-E.-Draper *sur son site actuel à Angliers. (MAC)*

Le *T.-E.-Draper* pèse environ 100 tonnes et possède un tirant d'eau de 2,7 mètres. Un énorme moteur à essence occupe presque toute la cale. Un compartiment dans la proue du bateau, auquel on accède par le pont avant, sert de poste d'équipage. La cuisine et les cabines du second capitaine, des mécaniciens et du cuisinier se trouvent sur le premier pont. Le capitaine loge derrière le poste de pilotage, sur le deuxième pont. Sept hommes composent l'équipage: deux capitaines, deux mécaniciens, deux hommes de pont et un cuisinier. Les hommes travaillent en équipe de trois, par quart de six heures.

Le *T.-E.-Draper* est muni d'un gros câble d'acier (*tow line*) pour tirer les estacades de bois. Il remorque deux estacades à la fois, chacune d'elles contenant de 40 à 50 000 billots. Le flottage du bois s'effectue jour et nuit, sans arrêt. L'équipage ne descend pratiquement jamais à terre durant les quatre mois du flottage. Contrairement aux anciens remorqueurs qui tiraient les estacades avec un treuil et une ancre de remorquage, le *Draper* tire les trains de bois grâce à la puissance de traction de ses hélices.

Au départ, le navire travaille sur les lacs Simard et des Quinze, faisant la navette entre l'embouchure de la rivière des Outaouais et Angliers. À partir des années 1940, son travail se limite au lac des Quinze. Ces gros remorqueurs sont assistés dans leur travail par de plus petits remorqueurs et par des bateaux de ravitaillement. Jusqu'en 1938, le port d'attache du *T.-E.-Draper* et des autres bateaux se situe à la baie Gillies du lac des Quinze. Le centre des opérations de flottage est alors transféré à Angliers, où la CIP a acquis l'entrepôt de la compagnie forestière W.C. Edwards.

Le flottage du bois au Témiscamingue cesse au milieu des années 1970 lorsque la CIP ferme sa vieille usine de Témiscaming et quitte la région. Ses remorqueurs sont alors montés à terre et vendus. En 1978, le *T.-E.-Draper* devient la propriété de la Genco Shipping Ltd. La reconnaissance du *Draper* comme bien historique permet à la corporation Les Promoteurs d'Angliers d'en faire l'acquisition en 1981. Le remorqueur est alors installé en permanence à Angliers, près de l'ancien entrepôt de la W.C. Edwards et de la CIP.

L'histoire du *T.-E.-Draper* et celle du flottage du bois sur le lac des Quinze se confondent donc. Le remorqueur est aussi intimement lié à Angliers, cette municipalité du Témiscamingue qui a longtemps vécu au rythme du flottage du bois; il constitue encore aujourd'hui le point de ralliement de la population d'Angliers.

Benoît-Beaudry Gourd, historien

GOURD, Benoit-Beaudry. *Historique du développement forestier au Témiscamingue et du remorqueur de bois T.E. Draper*. Rouyn, ministère des Affaires culturelles, 1982.

GOURD, Benoit-Beaudry. *Angliers et le remorqueur T.E. Draper*. Rouyn, Collège de l'Abitibi-Témiscamingue, 1983. 95 p.

GOURD, Benoit-Beaudry. *T.E. Draper, Angliers, Québec*. Rouyn, Collège de l'Abitibi-Témiscamingue, 1987. 33 p.

Maison du Colon

Ville-Marie
7, rue Notre-Dame-de-Lourdes

Fonction: culturelle
Classée monument historique en 1978

Arrivés au Témiscamingue en 1863, les missionnaires oblats de Marie-Immaculée sont parmi les premiers Blancs à s'y installer en permanence. Pour assurer leur subsistance, ils cultivent les terres situées autour de la mission établie près du lac Témiscamingue. Le sol peu fertile incite cependant le frère Joseph Moffet, qui s'est joint aux missionnaires en 1872, à chercher un lieu plus propice à l'agriculture. C'est ainsi qu'en 1874, il entreprend de défricher une terre à la baie Kelly, à cinq kilomètres au nord de la mission, là où se trouve aujourd'hui Ville-Marie.

Le frère Moffet travaille toutefois sans l'assentiment de son supérieur et ce n'est qu'en 1879 qu'il obtient l'autorisation officielle d'exploiter le lopin de terre de la baie Kelly. L'abondance des récoltes de blé a sans doute eu raison de toutes les objections.

La construction d'une habitation en 1881, puis d'une grange l'année suivante, consacre l'établissement de la première ferme des oblats dans la région. De plan carré en pièce sur pièce, la maison mesure environ 6 mètres sur 6. Les angles laissent voir le mode d'assemblage traditionnel à queue d'aronde. Le toit à deux versants aux égouts droits est recouvert de bardeau de cèdre et comporte une lucarne-pignon dont la fenêtre s'orne d'un décor de petits-bois en croisillons d'esprit néo-gothique.

À partir de 1885, des familles de colons, encouragées par les oblats, viennent s'établir autour de la ferme: le mouvement de colonisation du Témiscamingue est désormais bien enclenché. Quelque temps plus tard, le nombre de familles s'étant accru de façon notable, les oblats fondent Ville-Marie, premier village de la région. On s'affaire alors à construire une église et un presbytère.

Dès lors logé au presbytère, le frère Moffet abandonne la maison qu'il habitait avec ses aides. On y héberge les familles nouvellement arrivées jusqu'à ce qu'elles disposent de leur propre logis. Cette pratique prend fin en 1908 lorsque la maison est déménagée pour permettre la construction du pensionnat des sœurs grises sur son emplacement. Dorénavant, la «maison du frère Moffet», comme on l'appelle communément, tient lieu de remise.

À nouveau déplacée en 1954, elle se retrouve sur un terrain de l'école d'agriculture des oblats. La maison, qui fait plutôt triste mine, nécessite de nombreuses réparations; on refait le mur nord à l'aide de pièces de bois provenant d'une maison de Guigues construite à la même époque. Quatre ans plus tard, on remplace les poutres et les soliveaux du plancher par des pièces de l'ancienne glacière de Fort-Témiscamingue. La porte à caissons provient également du même endroit.

Après toutes ces péripéties, on aurait pu croire que la maison du frère Moffet se trouvait enfin à l'abri des vicissitudes, mais c'était sans compter avec l'ambition des promoteurs. Après la vente du terrain au début des années 1970, la maison est encore déménagée, cette fois aux limites du village. Désireuse d'en assurer la survie, la Société d'histoire du Témiscamingue adresse une requête au ministère des Affaires culturelles afin que le bâtiment presque centenaire soit classé, restauré et relocalisé.

Depuis lors la maison du frère Moffet, qu'on a rebaptisée la «maison du Colon», avoisine le presbytère et l'hôtel de ville. Elle vient rappeler que Ville-Marie, voilà un peu plus d'un siècle, accueillait sur son sol fertile les premiers colons du Témiscamingue.

Marc Riopel, historien

La maison du Colon, relocalisée et restaurée dans les années 1970, sera ouverte au public sur le site actuel. (MAC)

La maison du frère Moffet sur son site originel. (MAC)

CHÉNIER, Augustin. *Notes historiques sur le Témiscamingue*. Ville-Marie, Société d'histoire du Témiscamingue, 1980. 133 p.

LA GRENADE-MEUNIER, Monique. *La maison du Colon, Ville-Marie, Témiscamingue: Dossier synthèse*. Québec, ministère des Affaires culturelles, 1978. N.p.

TRÉPANIER, Paul. «La maison du Colon», *Continuité*, 48 (été 1990): 60-61.

Domaine Brown

Ville-Marie
Île du Collège

Fonction: résidentielle
Reconnu site historique en 1978

Séduit par la beauté naturelle du lac Témiscamingue, Brown érige son domaine sur l'île du Collège. (ANQ-Q)

La résidence de Moses Brown lors de sa construction en 1895. (MAC)

Lorsque Moses Brown, riche commerçant de Philadelphie, arrive au Témiscamingue en 1894, il est immédiatement séduit par la beauté naturelle des lieux. Il jette son dévolu sur une île du lac Témiscamingue, l'île du Collège, où les oblats possèdent déjà une résidence. L'île mesure un peu plus de trois kilomètres de long sur 1,5 de large et se situe à la hauteur du territoire de Ville-Marie.

L'île du Collège est décrite pour la première fois en 1686 dans les récits de voyage du chevalier de Troyes. Conduisant une expédition vers les forts anglais de la baie James dans le but de s'emparer des postes de traite, il y aurait fait une halte. On croit qu'il se serait installé sur la pointe ouest – là où s'étend aujourd'hui le domaine Brown –, pour y attendre le détachement du sieur de Sainte-Hélène. Les rives, basses et bien abritées des vents du nord, étaient propices à l'établissement d'un campement, sans compter qu'on y avait une bonne vue dans toutes les directions.

Ce sont sans doute là quelques-uns des avantages qui ont incité Moses Brown à se porter acquéreur d'un domaine de 80 acres pour y établir sa résidence d'été. Les travaux débutent en 1895 avec la construction de la cuisine, puis suivra celle du corps du bâtiment. Élevée sur des fondations en pierre, la maison est faite entièrement de billes de cèdre équarries. Par sa forme générale et sa composition, elle s'inscrit dans la lignée de l'architecture de villégiature telle que conçue par Maxwell. Cette architecture porte l'empreinte du Shingle Style, selon lequel on privilégie les effets pittoresques tant dans la composition que dans les matériaux.

Le salon et la salle à manger attenante, ceinturés d'une galerie couverte, sont comme il se doit largement ouverts sur le lac. Les murs lambrissés de pin, les hauts plafonds ornés de moulures et les deux grands foyers disposés dos à dos confèrent à ces pièces une atmosphère chaleureuse. Un couloir qui fait toute la longueur de la maison les sépare des quatre chambres. Deux autres chambres se situent à l'étage, sous les combles. La cuisine, bien en retrait à l'arrière et légèrement surélevée, est reliée au corps du bâtiment par un corridor.

À l'époque, l'île est complètement isolée du village et, de surcroît, aucune route ne relie la région aux établissements du sud. Une bonne partie des matériaux, à l'exception des pièces de bois, de même que l'ameublement ont donc été acheminés par bateau en passant par la rivière des Outaouais qui communique avec le lac Témiscamingue. Ce n'est qu'au début des années 1930 que l'on construira une jetée en pierre entre l'île et la terre ferme.

Moses Brown ne conserve sa résidence que jusqu'en 1907, alors que la propriété passe aux mains d'Edwin Liebfried, un homme d'affaires new-yorkais. Après plusieurs autres transactions, le domaine est vendu en 1953 au Torontois Wallace D. Cox. Depuis, les Témiscamiens désignent la maison sous le nom de «château Cox». Bien qu'elle tienne davantage du chalet rustique, la résidence, symbole d'un autre mode de vie aux yeux de la population, est depuis toujours auréolée d'un certain prestige.

La maison Brown s'inscrit dans la lignée de l'architecture de villégiature telle que conçue au XIXe siècle par Maxwell.

Grâce aux soins attentifs que lui ont prodigués ses propriétaires successifs, la maison Brown, entourée de nombreuses dépendances, n'a rien perdu de son charme. Le bardeau de cèdre qui en revêt maintenant les murs s'accorde tout à fait avec son caractère rustique. On a même conservé une grande partie du mobilier d'origine, fait plutôt rare pour une maison quasi centenaire et qui a changé maintes fois de propriétaire. Toujours propriété privée, le domaine Brown fait néanmoins partie du patrimoine témiscamien, comme le confirme son statut de site historique reconnu.

Marc Riopel, historien

Détail du couloir principal de la maison. (MAC)

RIOPEL, Marc. *De la Baie-des-Pères à Ville-Marie, 1886-1986.* Ville-Marie, Comité du Centenaire, 1986. 307 p.

Poste de relais pour le flottage du bois d'Opémican

Témiscaming
Route 101

Fonction: récréative
Classé site historique en 1983

Situé dans une baie au sud du lac Témiscamingue, Opémican devient rapidement un site fréquenté par les Algonquins qui y établissent leur campement au cours de leurs déplacements. D'ailleurs, le toponyme signifie, en algonquin, «le long du chemin suivi par les Indiens».

Plus tard, les Blancs utiliseront eux aussi cet emplacement, mais à des fins très différentes. Au début du XIXe siècle, la Compagnie de la baie d'Hudson y maintient, pendant une quarantaine d'années, un relais de traite des fourrures qui dépend du poste central de Fort-Témiscamingue.

À compter des années 1860, les marchands de bois gagnent les rives des lacs Témiscamingue et Kipawa et font d'Opémican le centre d'approvisionnement des chantiers forestiers. Puis, au tournant du XXe siècle, Opémican devient un poste de flottage et un atelier de réparation des bateaux. Si la fréquentation du site remonte à l'époque où les Algonquins vivaient seuls au Témiscamingue, son occupation permanente débute avec l'arrivée des marchands de bois qui le transformeront en profondeur.

Un camp forestier

Au cours de cette première période d'aménagement, le site est utilisé comme dépôt forestier et comme camp de drave. Charles Georges Meech, un entrepreneur forestier de la région d'Ottawa, se trouve au centre de ces activités. Ce sont probablement ses liens de parenté avec deux des marchands de bois les plus importants de la région du Témiscamingue au XIXe siècle, David Moore et Rinaldo McConnell, qui amènent Meech au Témiscamingue.

Meech et son épouse passent leur premier hiver au lac Témiscamingue en 1863-1864, plus précisément à la pointe Opémican, qu'ils nomment alors «Opemiconque Narrows». Meech dirige un petit chantier de coupe et d'équarrissage qui emploie onze hommes ayant pour tâches de couper et d'équarrir des arbres pendant l'hiver, d'assembler le bois en cages et de le faire flotter, le printemps venu, sur la rivière des Outaouais jusqu'à Québec.

Dans les années 1870, Meech diversifie ses activités; il dirige encore des chantiers forestiers (qu'il confie à des contremaîtres)

L'ensemble des installations de la pointe d'Opémican sur le lac Témiscamingue. (MAC)

1. Bâtiment principal, dont la partie gauche, érigée vers 1885, a originellement abrité une auberge;
2. Bureaux et entrepôt;
3. Quai principal dont le tablier repose sur des caissons de bois remplis de pierre;
4. Quais sur pilotis aujourd'hui disparus;
5. Rampe de mise en cale sèche de navires, aujourd'hui disparue;
6. Aire de mise en cale sèche de navires;
7. Forge;
8. Atelier de menuiserie, charpenterie et chalouperie;
9. Pontons délimitant le petit bassin;
10. Remise dont seule la toiture subsiste;
11. Clairière aujourd'hui envahie par la friche;
12. Emplacement du caveau;
13. Réservoir de carburant.

et approvisionne en nourriture, en marchandises diverses et en foin ses chantiers et ceux d'autres exploitants forestiers. La distribution s'effectue à partir d'Opémican. Il fait même le commerce des fourrures à l'occasion, lorsque lui ou ses hommes prennent des animaux au piège. Meech meurt accidentellement en novembre 1881 sur la rivière Mattawa.

L'auberge Jodouin

Au Témiscamingue, au début des années 1880, on assiste à une intensification de l'exploitation forestière, qui entraîne de nombreux va-et-vient dans la région. Marchands de bois, explorateurs miniers, colons montent au lac Témiscamingue explorer la forêt, effectuer des prospections minières ou encore visiter la région agricole dans le but de s'y établir. Ces voyageurs et explorateurs font naître un nouveau besoin: des auberges (*stopping places*) où passer la nuit avant de reprendre son chemin. Ainsi plusieurs de ces auberges ouvriront leurs portes pour accueillir les passants. Elles se situent le long des rivières des Outaouais et Kipawa, aux endroits les plus fréquentés.

En 1883, Joseph Jodouin (Jodoin) construit une maison à la pointe Opémican et y réserve des chambres pour les voyageurs. Il était arrivé au Témiscamingue deux ans auparavant pour travailler comme bûcheron pour le compte d'Olivier Latour. En 1884, un bureau de poste ouvre à proximité de l'auberge Jodouin. En 1888, la propriété de l'aubergiste est vendue à Alex Lumsden.

La Lumsden Steamboat Line

À cette époque, Alex Lumsden exploite des moulins à scie sur le site actuel de la ville de Témiscaming et transporte du bois pour le compte de la Upper Ottawa Improvement Company. En septembre 1888, Lumsden se porte acquéreur du site Opémican et de ses bâtiments, soit une auberge, deux magasins, trois étables et un bureau de poste. Le prix de la transaction s'élève à 700 dollars.

Lumsden fait d'Opémican le centre de ses opérations de navigation et de flottage du bois sur le lac Témiscamingue. Sa flottille compte des bateaux pour la drave et pour le transport de passagers et de marchandises. Tous les bateaux ont été construits au Témiscamingue, dont quelques-uns à Opémican même. Pour constituer sa flotte, Lumsden achète des bateaux de drave des exploitants forestiers et des navires de transport de passagers de la Société de colonisation du lac Témiscamingue.

L'auberge construite par Joseph Jodouin en 1883 hébergeait les marchands de bois, les explorateurs miniers et les colons de passage.

Lumsden structure également le flottage du bois dans la région du Témiscamingue. Lié à la compagnie Upper Ottawa Improvement, son territoire s'étend de Rapides-des-Joachims (sur la rivière des Outaouais) à la tête du lac Témiscamingue. Lumsden conduit le bois des diverses compagnies forestières en activité au Témiscamingue. Les billots arrivent des rivières Kipawa, Gordon et des Quinze au Québec, et Montréal et Blanche en Ontario. Ils sont assemblés en estacades à l'embouchure des rivières, puis remorqués par les bateaux de drave jusqu'à Opémican, d'où ils prennent la direction des moulins d'Ottawa ou du port de Québec pour être transportés en Angleterre.

Pour répondre à la croissance des activités forestières et de flottage du bois au tournant du siècle, Lumsden construit un autre camp à la tête du lac Témiscamingue, connu sous le nom de la Gap de Notre-Dame-du-Nord. Les draveurs y assemblent le bois arrivant des rivières des Quinze et Blanche. Des remorqueurs viennent le chercher pour le transporter à Opémican.

En juin 1904, Alex Lumsden vend toutes ses installations d'Opémican et de la Gap ainsi que ses bateaux de drave à son contractant, la Upper Ottawa Improvement. Les navires de passagers sont vendus à la compagnie Temiskaming Navigation. Le prix de vente des deux sites s'élève à 2 250 dollars.

La Upper Ottawa Improvement

Fondée en 1868, la Upper Ottawa Improvement Company, communément appelée ICO, est une coopérative de transport de bois gérée par les exploitants forestiers des régions de Hull et Ottawa. La compagnie est mise sur pied dans le but de régler les problèmes de transport de bois sur la rivière des Outaouais.

La ICO s'établit au Témiscamingue en 1904. Elle fait d'Opémican son centre administratif en région. De plus, c'est à cet endroit que la compagnie répare et entretient ses nombreux bateaux de drave et y construit des chaloupes. À compter de 1917, la ICO entrepose dans la baie d'Opémican toutes les billes de bois de pulpe coupées pour le nouveau moulin de pâte soluble de Témiscaming (construit par la Riordon et acheté par la CIP en 1925).

Au fil des années, la ICO ajoute des bâtiments sur le site d'Opémican afin de répondre aux besoins grandissants du flottage du bois. Après 1904, elle construit une série de bâtiments qui complètent ceux de 1883. Au sommet de ses activités, le camp de drave pouvait loger une cinquantaine d'hommes.

Parmi les bâtiments encore existants, l'un d'eux est particulièrement intéressant puisqu'il se compose de trois sections érigées à des époques différentes. La première section date de 1883; il s'agit en fait de la maison de Joseph Jodouin. Elle est construite en pièce sur pièce, les angles sont assemblés en queue d'aronde et les joints sont tirés au mortier de chaux. Le carré repose sur des fondations en pierre calcaire. La ICO construit le réfectoire vers 1905; il possède la même largeur que la première section. Enfin, la cuisine est ajoutée dans les années 1950. Ce bâtiment résume bien les phases de développement du site Opémican.

Parmi les autres constructions, on retrouve la maison du surintendant, les bureaux administratifs, un moulin à scie, un atelier de mécanique générale, une forge, un atelier de menuiserie, une charpenterie et une chalouperie, un hangar à chaloupes, un garage, un hangar à estacades, deux entrepôts, un hangar à foin, un dortoir et deux hangars à bateaux.

À la fin des années 1970, la ICO cesse ses activités de flottage du bois dans la région du Témiscamingue. L'abandon du flottage a permis au transport routier du bois de se développer considérablement.

Les démarches visant alors à protéger le site ont abouti en 1983 lorsque le poste de relais et les bâtiments ont été classés site historique. Depuis ce temps, la Société historique d'Opémican travaille dans le but de mettre en valeur ce témoin privilégié de l'histoire du Témiscamingue.

Marc Riopel, historien

LÉONIDOFF, Georges-Pierre. *Le complexe forestier d'Opémican au Témiscamingue*. Québec, Université Laval, CELAT, 1979, 4 vol.

RIOPEL, Marc. *Opémican, au coeur de l'histoire de la forêt des lacs Témiscamingue et Kipawa, 1863-1987*. Opémican, Société historique d'Opémican, 1987, 129 p.

Vue d'ensemble du bassin de flottage et des ateliers de forge et de menuiserie.

Gare du Canadien Pacifique

Témiscaming
15, rue Humphrey

Fonction: aucune
Reconnue monument historique en 1979

La gare en brique du Canadien Pacifique a été construite en 1927. (MAC)

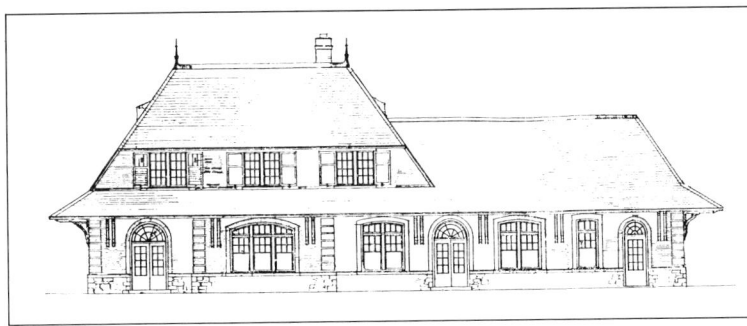

Élévation arrière de la gare de Témiscaming. (MAC)

Dès 1894, un embranchement du chemin de fer du Canadien Pacifique part de Mattawa, en Ontario, pour relier Témiscaming puis Ville-Marie à la ligne principale. Ce système de transport accélère le développement de la région, surtout dans le secteur de l'industrie forestière. Témiscaming accueille ainsi ses premiers résidents permanents en 1918, au moment où l'on y construit une usine de pâte.

Avec le prolongement de la voie ferrée jusqu'à Angliers en 1923, l'achalandage de la gare de Témiscaming ne cesse de s'accroître, si bien qu'elle ne tarde pas à se révéler trop exiguë. On envisage alors de construire une autre gare, plus spacieuse, mais aussi plus près du nouveau secteur de développement de la localité, à quelques kilomètres à l'est des premières installations.

La nouvelle gare est construite en 1927, selon les plans des ingénieurs du Canadien Pacifique. Elle occupe un emplacement privilégié, entre une colline boisée et un petit cours d'eau (le ruisseau Gordon) qui la sépare de l'agglomération. Pour en permettre l'accès, la Municipalité fait d'ailleurs ouvrir une large avenue et construire un pont dans son prolongement. Telle une allée monumentale, ils mettent en évidence l'architecture particulièrement recherchée de la gare.

Le bâtiment en brique, élevé sur des fondations en pierre brute, comprend un corps principal d'un étage sur rez-de-chaussée jouxté d'une aile basse qui sert d'entrepôt. Le grand toit en pavillon est supporté par des consoles doubles en bois ouvragé. Une imposte et un fronton à volutes surmontent l'entrée principale, et le pignon au-dessus est couronné d'un amortissement en hémicycle. Des arcs surbaissés ou en plein cintre couvrent les baies du rez-de-chaussée. Les fenêtres à guillotine, groupées par deux ou par trois, sont à carreaux. Tous ces détails qui rappellent le vocabulaire décoratif du néo-Queen Anne, un courant stylistique populaire avant la Première Guerre mondiale, donnent à la gare l'aspect accueillant d'une grande maison bourgeoise du début du XXe siècle.

Outre les différents services offerts aux passagers, on trouve au rez-de-chaussée deux salles d'attente dont l'une est réservée aux femmes. Le logement du chef de gare et de sa famille occupe entièrement l'étage. On y compte six pièces, dont trois chambres à coucher. À la fin du XIXe siècle, il arrive que les gares combinent habitation et services ferroviaires.

Par son architecture, son emplacement bien choisi et l'aménagement soigné des abords, la gare de Témiscaming s'inscrit dans le mouvement urbanistique qui a influencé la planification des nouvelles villes industrielles. De plus, elle constitue l'un des rares exemples de gare de type urbain implantée en région éloignée. Ses qualités architecturales et ses aménagements inusités en font un monument unique, si on la compare à d'autres gares bâties au cours de la même période. Enfin, elle représente un jalon dans l'évolution de ce type de bâtiment au Québec.

Malgré ses qualités indéniables et son intérêt historique, la gare de Témiscaming est aujourd'hui désaffectée, la compagnie du Canadien Pacifique ayant mis un terme à ses activités dans ce secteur. On se propose toutefois de l'intégrer dans un complexe récréoculturel grâce auquel elle serait enfin mise en valeur.

Barbara Salomon de Friedberg, historienne

BROSSEAU, Mathilde. *La gare de Témiscaming: évaluation architecturale*. Québec, ministère des Affaires culturelles, 1979. 10 p.

RUEL, Andrée et Barbara SALOMON DE FRIEDBERG. *Les gares de chemins de fer du Québec: analyse typologique et sélection*. Québec, ministère des Affaires culturelles, 1982. N.p.

Postface

En publiant ce second tome des *Chemins de la mémoire*, la Commission des biens culturels manifeste sa volonté de diffuser une information éclairée sur le patrimoine québécois.

Le lecteur, en poursuivant sa promenade dans le pays, y découvre les monuments et sites classés ou reconnus par l'État, dispersés dans des quartiers de Montréal ou des villes avoisinantes, et dans les différentes régions de l'Ouest du Québec. Il fait connaissance avec des architectures tantôt spectaculaires, tantôt humblement blotties dans un rang éloigné.

En même temps, il ne peut que noter l'infime pourcentage de ces monuments et sites inscrits au registre des biens culturels du Québec. Il mesure ainsi le chemin qui reste à parcourir si l'on veut doter l'ensemble du territoire d'un réseau étoffé de richesses historiques et naturelles protégées de façon durable.

La poursuite obstinée de cet objectif voué exclusivement à la fonction du souvenir, de la mémoire, du temps et de l'espace apparaît en effet primordiale pour quiconque souscrit à la sauvegarde et au développement de l'entité culturelle québécoise.

Une action à poursuivre : le patrimoine bâti

C'est en 1972 qu'est votée la *Loi sur les biens culturels*. Auparavant, dans les années 1960, la Révolution tranquille a cherché à façonner sur mesure un Québec nouveau, en définissant les éléments modernes d'organisation administrative à l'intérieur de structures innovatrices. On a alors assisté à la création du ministère des Affaires culturelles, sous l'autorité des deux bâtisseurs que furent Georges-Émile Lapalme et Guy Frégault. Au début des années 1970, on créa à l'intérieur du MAC la Direction générale du patrimoine. Cette nouvelle administration des biens culturels s'engageait cependant dans des batailles devant être livrées sur de nombreux fronts. La population exigeait en effet beaucoup. Elle ne comprenait pas l'impossibilité d'être omniprésent sur les lieux des destructions, des démolitions, des abattages d'arbres, des constructions sans permis ou d'autres actes néfastes pour le patrimoine bâti et naturel.

Par ailleurs, pour un bon nombre de promoteurs, la *Loi sur les biens culturels* était contraignante et limitait la liberté d'action. La loi exigeait de nouveaux examens, des demandes de permis, et devenait souvent la cause de retards coûteux. De plus, comme l'indique une série d'articles parus dans *La Presse* en janvier 1975, certains ministères et services gouvernementaux avaient leur part de responsabilité dans ces démolitions controversées: «Contrairement à ce que l'on pourrait croire, écrit alors Cyril Felteau, les spéculateurs et promoteurs immobiliers ne sont pas les seuls responsables des démolitions de maisons à caractère historique et d'autres biens auxquels on attache une valeur culturelle. Certains ministères et services gouvernementaux ont aussi leur part de responsabilité dans ce que l'on pourrait appeler des entreprises de vandalisme officiel contraire à l'esprit comme à la lettre de la protection des biens culturels.» Felteau faisait alors référence au dynamitage de la maison de monseigneur Gosselin, qui gênait le passage des lignes à haute tension à la hauteur de l'île d'Orléans.

L'architecture, dans la définition du concept des grands ensembles, comporte de plus la notion d'espace culturel. Ainsi, les «monuments» déployés sur notre territoire, comme espace architectural créé par l'homme, participent à la structure du paysage. Cet espace est varié, se modifiant selon qu'il s'agit d'un immeuble isolé, d'un groupe d'immeubles ou d'un ensemble constitué du patrimoine bâti par l'homme ou du patrimoine comme œuvre conjointe de l'homme et de la nature.

Dans le langage courant, nos biens immobiliers sont généralement des monuments historiques, témoins d'un passé plus ou moins lointain. Mais ces monuments, petits ou grands, ne sont pas isolés. Ils s'intègrent à un système spatial, rural ou urbain, voire industriel, auquel ils donnent une signification.

Ces inventions du génie humain, ces constructions savantes représentent, au-delà des techniques et des moyens mis en œuvre, l'intelligence, le savoir et le savoir-faire de nos prédécesseurs. Derrière ces architectes, charpentiers et maçons qui ont construit cet univers visible se cache un patrimoine intangible qui traduit le passé à travers l'ingéniosité des ancêtres et diverses coutumes héritées souvent d'un autre continent.

Le temps et l'espace sont donc au rendez-vous dans les circuits que vous propose ce second tome des *Chemins de la mémoire*. L'itinéraire débute dans l'atmosphère métropolitaine encombrée et rugueuse, mariant dans ses rues le meilleur et le pire, et nous conduit ensuite jusqu'aux confins verts du Pontiac et de l'Abitibi, après avoir traversé les bocages de l'Estrie et les paysages vallonnés et perturbés des Laurentides.

Le parcours de ces circuits s'accompagne d'une description détaillée réalisée par différents experts, qu'ils soient ethnologues, historiens, historiens de l'art ou de l'architecture, architectes, urbanistes ou archéologues. Ces monuments, magnifiquement ornés ou simplement vrais dans leur discrète apparence, nous démontrent l'intérêt et l'importance d'en assurer la sauvegarde.

Si, durant la décennie 1970, l'effort a été dirigé sur des classements de «rattrapage», il est malheureux de constater aujourd'hui l'essoufflement ressenti ces dernières années. Pourtant, c'est dans la poursuite de cet effort que les objectifs de la *Loi sur les biens culturels* seront atteints, la loi représentant le seul moyen éprouvé pour protéger efficacement des monuments considérés comme significatifs pour l'histoire du Québec. C'est là une mission essentielle que doit assumer l'État et pour ce faire, les différents inventaires des biens culturels doivent être régulièrement mis à jour.

Cependant, en marge des monuments à sauvegarder, de nouvelles valeurs culturelles, empreintes d'une conscience environnementale qui ne cesse de grandir, convergent de plus en plus vers la nécessité d'établir la relation indissociable entre l'environnement physique et l'environnement culturel. Pour y arriver, l'approche globale et concertée s'impose.

Une action à élargir : le patrimoine-paysage

Ainsi doit-on dorénavant se diriger vers des notions, développées par un grand nombre d'experts, qui reposent sur les bienfaits d'une conservation intégrée des patrimoines. C'est d'ailleurs l'orientation que suggérait, en 1987, le directeur général de l'Unesco lorsque fut lancée la décennie mondiale du développement culturel: «Le développement doit être conçu non seulement en termes de progrès technologiques et de croissance économique, mais aussi comme un ensemble d'actions visant à assurer le mieux-être des sociétés, l'épanouissement de leur culture, le renforcement du sens des valeurs humaines et sociales qui constituent leur être profond, la participation effective des populations à leur propre progrès et une ouverture plus grande aux autres cultures.»

Le Québécois comprend fort bien que l'homme n'est pas concevable sans la nature. Maîtrisée, elle demeure nourricière; abusée, elle peut devenir meurtrière. *Les chemins de la mémoire* font néanmoins peu de place à l'inscription de sites et d'arrondissements historiques ou naturels. La raison en est fort simple: l'État n'a pas encore senti la nécessité de protéger des zones entières, des unités de paysage, des ensembles urbains, agricoles ou industriels. Il semble paralysé lorsqu'on évoque le classement, pour les soustraire à la dégradation, de vastes territoires particuliers soumis à des pressions de développement indu.

Les responsables gouvernementaux devraient cependant être aussi attentifs à la protection des territoires géographiques réputés qu'ils le sont pour protéger des territoires agricoles ou des zones industrielles. À cet égard, les lois et règlements qui gouvernent les municipalités en matière d'urbanisme et d'environnement doivent être repensés. Il est urgent en effet de redonner à l'urbanisme sa pleine signification, en le délestant des idées acquises au temps où la seule règle était celle de la rentabilité économique. Les ensembles artificiels, construits par l'homme, et les ensembles naturels, œuvres combinées de l'homme et de la nature, sont certes différents dans leurs structures. Mais le fossé séparant les biens culturels bâtis et le patrimoine-paysage doit être comblé.

Une action concertée menée par le ministère des Affaires culturelles, en collaboration avec d'autres ministères, pourrait ainsi conduire à une nouvelle génération d'interventions reposant sur l'alliance entre l'économie et l'écologie.

Cette perspective de l'apport des biens culturels, tout spécialement les sites, les ensembles et les paysages, vise, dans un premier temps, à substituer à l'ancienne manière de penser, fractionnée et individuelle, une attitude qui viserait à concevoir globalement la ville et la nature.

L'intégration des monuments dans le processus d'urbanisation et d'aménagement du territoire apporte une nouvelle réalité que nous ne pouvons plus ignorer. Le paysage humanisé a atteint un degré élevé de culture et d'esthétique. Ses principales parties doivent être protégées contre une dévastation intempestive.

Il ne s'agirait donc plus de formes distinctes de protection, mais, bien au contraire, d'une convergence de l'ensemble des valeurs culturelles, artistiques et historiques s'alliant aux valeurs plus récentes de la protection du patrimoine vert. Dès lors, la sauvegarde des patrimoines bâti et naturel ne serait plus un simple objectif, mais le moyen d'atteindre une nouvelle étape cruciale, soit un processus visant à créer et à meubler l'environnement culturel de notre société.

De toute évidence, les règles d'urbanisme, telles qu'elles se pratiquent actuellement, ne sont plus assez complètes ni assez souples pour assurer la conservation intégrée des patrimoines comprenant des ensembles que sont les panoramas naturels, les perspectives, les percées, les corridors visuels, les alignements urbains, les places et autres lieux d'intérêt historique, environnemental ou simplement esthétique.

Cette vision exige une attitude originale, une législation engendrant des idées innovatrices qui respectent, comme fondement de notre régime foncier, le statut de la propriété privée. Cela ne veut pas dire pour autant que les règles d'intérêt commun ne puissent pas en baliser l'exercice.

L'idée moderne de sauvegarde des patrimoines introduit le concept d'«utilité culturelle» au sein de l'appareil législatif qui régit les biens immobiliers. Ainsi, des paysages réputés ou des sites urbains caractéristiques peuvent dorénavant être protégés en fonction de leur utilité culturelle à l'intérieur du patrimoine québécois.

Dès lors, le centre historique, l'alignement des façades, des éléments d'architecture, ou la vue perspective conférant à la ville sa personnalité et créant son image, voire la qualité de son milieu de vie, seront considérés comme autant de données positives de l'aménagement, au même titre qu'une frayère dans un marais intertidal ou qu'un arbre centenaire, non seulement magnifique par son élégance mais aussi témoin, saison après saison, des événements d'une communauté.

Jusqu'à aujourd'hui, la coexistence de ces divers éléments a été jugée contraignante dans l'application des législations concurrentielles. Or la qualité des sites urbains ou naturels ne peut se réduire au simple calcul des investissements privés ou publics. D'où la nécessité d'une pleine gestion de l'environnement, confondant dans une même conjugaison les objectifs environnementaux, socio-économiques et culturels dans un rapport écologique homme-nature.

La dégradation de l'harmonie d'un paysage habité ou son érosion par une utilisation abusive n'est-elle pas une atteinte aussi grave que la démolition non justifiée d'une architecture réputée?

Comme nous l'avons déjà mentionné, beaucoup de chemin reste à parcourir pour parfaire le patrimoine culturel du Québec. De nouvelles voies restent aussi à tracer et des défis nouveaux se présentent, dont celui d'assurer le fragile équilibre entre l'homme et son milieu bâti et naturel. Un milieu qui, comme l'homme, demande de plus en plus le respect de sa pleine intégrité...

Marcel Junius, architecte et urbaniste

Liste des monuments

Ancien bureau de poste de Rouyn et maison Dumoulon, Rouyn-Noranda	543
Ancien collège Saint-Michel et remise, Vaudreuil	338
Ancien palais de justice, Napierville	319
Ancien palais de justice, Saint-Jérôme	413
Ancien palais de justice de Montréal et son annexe, Montréal	49
Ancien séminaire (Cégep Lionel-Groulx), Sainte-Thérèse	393
Ancienne église méthodiste, Aylmer	519
Ancienne seigneurie des sulpiciens (ou manoir Belle-Rivière), Sainte-Scholastique (Mirabel)	411
Ancienne usine hydroélectrique, Les Cèdres	349
Arrondissement historique de Carignan, maisons Prévost et Saint-Hubert	294
Arrondissement historique de La Prairie	203
Arrondissement historique de Montréal	15
Bateau *T.-E.-Draper*, Angliers	545
Bâtiments Lorrain-Sainte-Marie, L'Acadie	309
Bâtisse L.-O.—Grothé, Montréal	70
Blockhaus de Lacolle, Saint-Paul-de-l'Île-aux-Noix	320
Bureau d'enregistrement de Richmond	477
Bureau d'enregistrement, Sainte-Julienne	461
Calvaire, Oka	403
Calvaire, Varennes	234
Calvaire du Cordon, Saint-Rémi	362
Carré Royal, Sorel	250
Casernes de Blairfindie 1813-1827, Saint-Luc	303
Cathédrale Christ Church, Montréal	81
Chapelle Cuthbert, Berthierville	454
Chapelle de l'Invention-de-la-Sainte-Croix, Montréal	112
Chapelles de procession Sainte-Anne et Saint-Joachim, Varennes	232
Chapelle de procession, Saint-Sulpice	448
Chapelle funéraire Louis-Joseph-Papineau, Montebello	511
Chapelle St. Mark, Lennoxville	481
Chapelle-oratoire de Saint-Joseph, Sainte-Thérèse	395
Chapelle-reposoir Saint-Jacques-le-Mineur	315
Château de Ramezay, Montréal	38
Château Dufresne, Montréal	140
Château Norton, Coaticook	488
Christ Church, Saint-André-Est	407
Cinéma Rialto, Montréal	135
Clocher et transept sud de l'église Saint-Jacques, Montréal	89
Collège Mont-Saint-Louis, Montréal	92
Couvent de Saint-Venant-de-Hereford	485
Domaine Brown, Ville-Marie	548
Domaine des sœurs grises de Montréal, Montréal	113
Domaine et tours du fort des messieurs de Saint-Sulpice, Montréal	129
Domaine Globensky, Saint-Eustache	401
Domaine seigneurial de Saint-Ours	265
École du Rang 2 d'Authier	539
Édifice de comté et bureau d'enregistrement de Huntingdon	365
Édifice de la bibliothèque Saint-Sulpice, Montréal	87
Édifice Joseph-Arthur-Godin, Montréal	97
Église anglicane St. George, Clarenceville	325
Église de la paroisse Saint-Hilaire-sur-Richelieu, Mont-Saint-Hilaire	276
Église de la paroisse de Sainte-Famille, Boucherville	222
Église de la Purification-de-la-Bienheureuse-Vierge-Marie, Repentigny	439
Église de Saint-Eustache	396
Église des Saints-Anges de Lachine à Ville LaSalle, LaSalle	185
Église du Gesù de Montréal	75
Église du Sault-au-Récollet, Montréal	166
Église et mur du cimetière, Saint-Mathias-sur-Richelieu	290
Église et presbytère anglicans, Sorel	251
Église et presbytère de la mission catholique chinoise du Saint-Esprit, Montréal	60
Église méthodiste d'Odelltown, Notre-Dame-du-Mont-Carmel	323
Église Notre-Dame-du-Très-Saint-Sacrement, Montréal	137
Église paroissiale de Saint-Jean-Baptiste (Rouville)	286
Église paroissiale de Saint-Sulpice	446
Église Saint-Antoine-de-Padoue, Longueuil	214
Église Saint-Joachim, Châteauguay	355
Église Saint-Michel, Vaudreuil	339
Église Saint-Paul-de-Joliette, Saint-Paul	459
Église Saint-Pierre, Sorel	248
Église Sainte-Jeanne-de-Chantal, Notre-Dame-de-l'Île-Perrot	344
Église Sainte-Marguerite-de-Blairfindie, L'Acadie	305
Église Sainte-Rose-de-Lima, Laval	380
Église St. James, Hatley	486
Église St. Patrick, Montréal	72
Église St. Stephen, Chambly	297
Église Unie St. James, Montréal	78
Engineer's Club of Montréal	65

Entrepôt Buchanan, Montréal	191
Façade du Bishop Court Apartments et cour intérieure, Montréal	117
Façades de la rue Jeanne-Mance, Montréal	67
Façades des 43-59 rue Saint-Jacques Ouest, Montréal	57
Ferme Saint-Gabriel, Montréal	188
Forêt de Saraguay, Montréal	172
Four à pain, Saint-Luc	302
Gare du Canadien Pacifique, Témiscaming	553
Grange circulaire, Austin	493
Hangar à grain, Varennes	237
Haskell Free Library and Opera House, Rock Island	490
Hôtel de ville de Lorraine	386
Hôtel de ville et vieille église d'Eaton	483
Hôtel Symmes, Aylmer	517
Îles des Moulins, Terrebonne	429
Îlot des Voltigeurs, Montréal	149
L'enclos (Domaine Hébert), Rosemère	391
Maison Alix, Mont-Laurier	415
Maison André-Benjamin-Papineau, Laval	377
Maison appelée la chaumière, Boucherville	231
Maison Armand, Montréal	157
Maison Atholstan, Montréal	107
Maison Auclair, Saint-Lambert	212
Maison Auger, Terrebonne	435
Maison Bagg, Montréal	192
Maison Baptiste-Jamme (ou Yuile), Kirkland	180
Maison Basile-Routhier, Saint-Placide	405
Maison Beament, Montréal	46
Maison Beaudoin, Montréal	41
Maison Beaudry, Montréal	156
Maison Bélisle, Terrebonne	436
Maison Bouvier-Allard, Lachenaie	437
Maison Braemar, Westmount	158
Maison Brossard-Gauvin, Montréal	33
Maison Bryson et ses dépendances — Bryson Farm House, Mansfield et Pontefract	522
Maison Cherrier, Saint-Denis	267
Maison Coppenrath, Sainte-Martine	360
Maison Corby, Montréal	103
Maison Cytrynbaum, Montréal	99
Maison D'Ailleboust-de-Manthet, Sainte-Geneviève	174
Maison Dagenais, Saint-Léonard	161
Maison de la Côte-des-Neiges, Montréal	148
Maison de la Congrégation, Montréal	47
Maison des Gouverneurs, Sorel	254
Maison des Sisters of Service (ou Shaughnessy), Montréal	118
Maison Deschamps, Brossard	208
Maison Desormeaux, Carillon	409
Maison Drouin-Xénos, Montréal-Nord	162
Maison du Bon-Pasteur, Montréal	94
Maison du Colon, Ville-Marie	547
Maison du Pré-Vert, Beloeil	285
Maison du pressoir, Montréal	164
Maison Ernest-Cormier, Montréal	126
Maison et grange-écurie des prêtres Chaumont, Sainte-Anne-des-Plaines	389
Maison Étienne-Nivard-de-Saint-Dizier, Verdun	187
Maison Franchère et entrepôt, Saint-Mathias-sur-Richelieu	289
Maison François-Cloutier, Laval	379
Maison François-Pierre-Boucher, Boucherville	225
Maison François-Roy, Saint-Jean-sur-Richelieu	312
Maison Gervais-Roy, Saint-Léonard	160
Maison Girouard, Saint-Benoît (Mirabel)	410
Maison Greenshields, Montréal	125
Maison Grier, Pierrefonds	176
Maison Guertin, Beloeil	284
Maison Hervieux et maison d'accompagnement, Lanoraie-D'Autray	452
Maison James-Monk (ou Villa Maria), Montréal	146
Maison John-Yule, Chambly	300
Maison Joseph-Aldéric-Raymond, Montréal	124
Maison Joseph-Petit-dit-Beauchemin, Varennes	235
Maison La Fontaine, Boucherville	229
Maison Labadie, Longueuil	217
Maison Lacombe, Saint-Charles-Borromée	458
Maison Lamarre, Longueuil	218
Maison Lanthier, Kirkland	179
Maison Le Noblet-Duplessis, Contrecoeur	242
Maison Lorrain, Saint-Valentin	322
Maison Louis-Fréchette, Montréal	91
Maison MacDonald-Thibodeau, Saint-Jean-sur-Richelieu	311
Maison « Marsil », Saint-Lambert	210
Maison Mâsse, Saint-Denis	268
Maison Mass-Média, Montréal	37
Maison Mathieu, Lachenaie	438
Maison Maurice-Sauvé, Saint-Charles	270
Maison McGooey, Aylmer	520
Maison mère des religieuses de la congrégation de Notre-Dame de Montréal, Montréal	121
Maison Montpellier-dit-Beaulieu, Sainte-Geneviève	175

Maison Moussard, Calixa-Lavallée	238
Maison Municipale, Pointe-Claire	182
Maison natale d'Honoré Mercier, Sainte-Anne-de-Sabrevois	318
Maison Nicole-Saia, Boucherville	221
Maison Nolin, Montréal	36
Maison Notman, Montréal	98
Maison Ouimet, Laval	382
Maison Papineau, Montréal	34
Maison Patenaude, Longueuil	213
Maison Pierre-Charay, Les Cèdres	351
Maison Pierre-Thibault, Laval	384
Maison Poitras, L'Épiphanie	451
Maison Quintal (dite Quesnel), Boucherville	227
Maison Richard-William-Scott (dite Fairview), Hull	515
Maison Riverview (ou maison David-Moore ou Ville-Joie-Sainte-Thérèse), Hull	516
Maison Roy et son annexe, Saint-Blaise	317
Maison Saint-Joseph du Sault-au-Récollet, Montréal	170
Maison Sauvageau-Sweeny, Mercier	358
Maison Sénécal, Brossard	209
Maison Sharpe, Saint-Lambert	211
Maison Therrien, Laval	385
Maison Thomas-Moore, Sainte-Anne-de-Bellevue	177
Maison Thomas-Whitehead, Chambly	299
Maison Tremblay, Terrebonne	434
Maison Trestler, Dorion	343
Maison Valois, Dorion	342
Maisons La Minerve, du Patriote, Cotté, Viger et Bertrand, Montréal	42
Manoir Beaurepaire, Beaconsfield	178
Manoir Christie, Iberville	313
Manoir Louis-Joseph-Papineau, Montebello	507
Manoir Rolland, Saint-Mathias-sur-Richelieu	292
Manoir Rouville-Campbell, Mont-Saint-Hilaire	280
Monument National, Montréal	84
Moulin à vent, Contrecœur	244
Moulin à vent, LaSalle	183
Moulin à vent, Montréal	155
Moulin à vent, Verchères	239
Moulin à vent Dansereau, Verchères	240
Moulin à vent et maison du meunier, Notre-Dame-de-l'Île-Perrot	346
Moulin à vent Lebeau, Repentigny	444
Moulin à vent Séguin, Repentigny	443
Moulin banal de Pointe-Claire	181
Moulin de Frelighsburg	327
Moulin Denison, Shipton	475
Moulin Légaré, Saint-Eustache	399
Mount Royal Club, Montréal	100
Mount Stephen Club, Montréal	109
Palais de justice de Sherbrooke	478
Plymouth-Trinity United Church, Sherbrooke	480
Pont Bowman, Val-des-Bois	513
Pont de Powerscourt, Elgin et Hinchinbrook	363
Pont Marchand (ou pont-rouge de Fort-Coulonge), Mansfield et Pontefract	521
Ponts de Ferme-Rouge, Saint-Aimé-du-Lac-des-Îles et Kiamika	416
Poste de relais pour le flottage du bois d'Opémican, Témiscaming	550
Poste du Lac-aux-Alumettes, Fort-William	524
Presbytère, Saint-Cuthbert	456
Prison des Patriotes, Montréal	150
Propriété Wright-Scott-Hadley, Hull	514
Site archéologique de la Pointe-du-Buisson, Melocheville	353
Site archéologique Mandeville, Tracy	245
Site de l'église, Rapide-Danseur	541
Site de l'église Saint-Pierre-Apôtre, Montréal	143
Site du Vieux Séminaire des sulpiciens de Montréal, Montréal	52
Site et église de La Présentation	272
St. Luke's Church, Waterloo	328
United Services Club, Montréal	102
Unity Building, Montréal	63
University Club de Montréal	105
Vieille école (ou maison du sacristain), L'Acadie	308
Vieux palais de justice, L'Assomption	449
Vieux presbytère, L'Acadie	307
Vieux presbytère, Saint-Bruno-de-Montarville	219
Village minier Bourlamaque, Val-d'Or	536

Liste des lieux

Lieu	Page
Angliers, bateau *T.-E.-Draper*	545
Austin, grange circulaire	493
Authier, école du Rang 2	539
Aylmer, ancienne église méthodiste	519
Aylmer, hôtel Symmes	517
Aylmer, maison McGooey	520
Beaconsfield, manoir Beaurepaire	178
Belœil, maison du Pré-Vert	285
Belœil, maison Guertin	284
Berthierville, chapelle Cuthbert	454
Boucherville, église de la paroisse de Sainte-Famille	222
Boucherville, maison appelée la chaumière	231
Boucherville, maison François-Pierre-Boucher	225
Boucherville, maison La Fontaine	229
Boucherville, maison Nicole-Saia	221
Boucherville, maison Quintal (dite Quesnel)	227
Brossard, maison Deschamps	208
Brossard, maison Sénécal	209
Calixa-Lavallée, maison Moussard	238
Carignan, arrondissement historique, maisons Prévost et Saint-Hubert	294
Carillon, maison Desormeaux	409
Chambly, église St. Stephen	297
Chambly, maison John-Yule	300
Chambly, maison Thomas-Whitehead	299
Châteauguay, église Saint-Joachim	355
Clarenceville, église anglicane St. George	325
Coaticook, château Norton	488
Contrecœur, maison Le Noblet-Duplessis	242
Contrecœur, moulin à vent	244
Dorion, maison Trestler	343
Dorion, maison Valois	342
Eaton, hôtel de ville et vieille église	483
Elgin et Hinchinbrook, pont de Powerscourt	363
Fort-William, poste du Lac-aux-Allumettes	524
Frelighsburg, moulin	327
Hatley, église St. James	486
Hull, maison Richard-William-Scott (dite Fairview)	515
Hull, maison Riverview (ou maison David-Moore ou Ville-Joie-Sainte-Thérèse)	516
Hull, propriété Wright-Scott-Hadley	514
Huntingdon, édifice de comté et bureau d'enregistrement	365
Iberville, manoir Christie	313
Kirkland, maison Baptiste-Jamme (ou Yuile)	180
Kirkland, maison Lanthier	179
L'Acadie, bâtiments Lorrain-Sainte-Marie	309
L'Acadie, église Sainte-Marguerite-de-Blairfindie	305
L'Acadie, vieille école (ou maison du sacristain)	308
L'Acadie, vieux presbytère	307
L'Assomption, vieux palais de justice	449
L'Épiphanie, maison Poitras	451
La Prairie, arrondissement historique	203
La Présentation, site et église	272
Lachenaie, maison Bouvier-Allard	437
Lachenaie, maison Mathieu	438
Lanoraie-D'Autray, maison Hervieux et maison d'accompagnement	452
LaSalle, église des Saints-Anges de Lachine à Ville LaSalle	185
LaSalle, moulin à vent	183
Laval, église Sainte-Rose-de-Lima	380
Laval, maison André-Benjamin-Papineau	377
Laval, maison François-Cloutier	379
Laval, maison Ouimet	382
Laval, maison Pierre-Thibault	384
Laval, maison Therrien	385
Lennoxville, chapelle St. Mark	481
Les Cèdres, ancienne usine hydroélectrique	349
Les Cèdres, maison Pierre-Charay	351
Longueuil, église Saint-Antoine-de-Padoue	214
Longueuil, maison Labadie	217
Longueuil, maison Lamarre	218
Longueuil, maison Patenaude	213
Lorraine, hôtel de ville	386
Mansfield et Pontefract, maison Bryson et ses dépendances — Bryson Farm House	522
Mansfield et Pontefract, pont Marchand (ou pont-rouge de Fort-Coulonge)	521
Melocheville, site archéologique de la Pointe-du-Buisson	353
Mercier, maison Sauvageau-Sweeny	358
Mont-Laurier, maison Alix	415
Mont-Saint-Hilaire, église de la paroisse Saint-Hilaire-sur-Richelieu	276
Mont-Saint-Hilaire, manoir Rouville-Campbell	280
Montebello, chapelle funéraire Louis-Joseph-Papineau	511
Montebello, manoir Louis-Joseph-Papineau	507
Montréal, ancien palais de justice de Montréal et son annexe	49
Montréal, arrondissement historique	15
Montréal, bâtisse L.-O.-Grothé	70
Montréal, cathédrale Christ Church	81
Montréal, chapelle de l'Invention-de-la-Sainte-Croix	112
Montréal, château de Ramezay	38
Montréal, château Dufresne	140
Montréal, cinéma Rialto	135
Montréal, clocher et transept sud de l'église Saint-Jacques	89

Montréal, collège Mont-Saint-Louis	92
Montréal, domaine des sœurs grises de Montréal	113
Montréal, domaine et tours du fort des messieurs de Saint-Sulpice	129
Montréal, édifice de la bibliothèque Saint-Sulpice	87
Montréal, édifice Joseph-Arthur-Godin	97
Montréal, église du Gesù de Montréal	75
Montréal, église du Sault-au-Récollet	166
Montréal, église et presbytère de la mission catholique chinoise du Saint-Esprit	60
Montréal, église Notre-Dame-du-Très-Saint-Sacrement	137
Montréal, église St. Patrick	72
Montréal, église Unie St. James	78
Montréal, Engineer's Club of Montreal	65
Montréal, entrepôt Buchanan	191
Montréal, façade du Bishop Court Apartments et cour intérieure	117
Montréal, façades de la rue Jeanne-Mance	67
Montréal, façades des 43-59 rue Saint-Jacques Ouest	57
Montréal, ferme Saint-Gabriel	188
Montréal, forêt de Saraguay	172
Montréal, îlot des Voltigeurs	149
Montréal, maison Armand	157
Montréal, maison Atholstan	107
Montréal, maison Bagg	192
Montréal, maison Beament	46
Montréal, maison Beaudoin	41
Montréal, maison Beaudry	156
Montréal, maison Brossard-Gauvin	33
Montréal, maison Corby	103
Montréal, maison Cytrynbaum	99
Montréal, maison de la Congrégation	47
Montréal, maison de la Côte-des-Neiges	148
Montréal, maison des Sisters of Service (ou Shaughnessy)	118
Montréal, maison du Bon-Pasteur	94
Montréal, maison du Pressoir	164
Montréal, maison Ernest-Cormier	126
Montréal, maison Greenshields	125
Montréal, maison James-Monk (ou Villa Maria)	146
Montréal, maison Joseph-Aldéric-Raymond	124
Montréal, maison Louis-Fréchette	91
Montréal, maison Mass-Média	37
Montréal, maison mère des religieuses de la congrégation de Notre-Dame de Montréal	121
Montréal, maison Nolin	36
Montréal, maison Notman	98
Montréal, maison Papineau	34
Montréal, maison Saint-Joseph du Sault-au-Récollet	170
Montréal, maisons La Minerve, du Patriote, Cotté, Viger et Bertrand	42
Montréal, Mount Royal Club	100
Montréal, monument National	84
Montréal, moulin à vent	155
Montréal, Mount Stephen Club	109
Montréal, prison des Patriotes	150
Montréal, site de l'église Saint-Pierre-Apôtre	143
Montréal, site du Vieux Séminaire des sulpiciens de Montréal	52
Montréal, United Services Club	102
Montréal, Unity Building	63
Montréal, University Club de Montréal	105
Montréal-Nord, maison Drouin-Xénos	162
Napierville, ancien palais de justice	319
Notre-Dame-de-l'Île-Perrot, église Sainte-Jeanne-de-Chantal	344
Notre-Dame-de-l'Île-Perrot, moulin à vent et maison du meunier	346
Notre-Dame-du-Mont-Carmel, église méthodiste d'Odelltown	323
Oka, calvaire	403
Pierrefonds, maison Grier	176
Pointe-Claire, maison municipale	182
Pointe-Claire, moulin banal	181
Rapide-Danseur, site de l'église	541
Repentigny, église de la Purification-de-la-Bienheureuse-Vierge-Marie	439
Repentigny, moulin à vent Lebeau	444
Repentigny, moulin à vent Séguin	443
Richmond, bureau d'enregistrement	477
Rock Island, Haskell Free Library and Opera House	490
Rosemère, l'enclos (domaine Hébert)	391
Rouville, église paroissiale de Saint-Jean-Baptiste	286
Rouyn-Noranda, ancien bureau de poste de Rouyn et maison Dumulon	543
Saint-Aimé-du-Lac-des-Îles et Kiamika, ponts de Ferme-Rouge	416
Saint-André-Est, Christ Church	407
Saint-Benoît (Mirabel), maison Girouard	410
Saint-Blaise, maison Roy et son annexe	317
Saint-Bruno-de-Montarville, vieux presbytère	219
Saint-Charles, maison Maurice-Sauvé	270
Saint-Charles-Borromée, maison Lacombe	458
Saint-Cuthbert, presbytère	456
Saint-Denis, maison Cherrier	267
Saint-Denis, maison Mâsse	268

Saint-Eustache, domaine Globensky	401
Saint-Eustache, église	396
Saint-Eustache, moulin Légaré	399
Saint-Jacques-le-Mineur, chapelle-reposoir	315
Saint-Jean-sur-Richelieu, maison François-Roy	312
Saint-Jean-sur-Richelieu, maison MacDonald-Thibodeau	311
Saint-Jérôme, ancien palais de justice	413
Saint-Lambert, maison Auclair	212
Saint-Lambert, maison « Marsil »	210
Saint-Lambert, maison Sharpe	211
Saint-Léonard, maison Dagenais	161
Saint-Léonard, maison Gervais-Roy	160
Saint-Luc, casernes de Blairfindie 1813-1827	303
Saint-Luc, four à pain	302
Saint-Mathias-sur-Richelieu, église et mur du cimetière	290
Saint-Mathias-sur-Richelieu, maison Franchère et entrepôt	289
Saint-Mathias-sur-Richelieu, manoir Rolland	292
Saint-Ours, domaine seigneurial	265
Saint-Paul, église Saint-Paul-de-Joliette	459
Saint-Paul-de-l'Île-aux-Noix, blockhaus de Lacolle	320
Saint-Placide, maison Basile-Routhier	405
Saint-Rémi, calvaire du Cordon	362
Saint-Sulpice, chapelle de procession	448
Saint-Sulpice, église paroissiale	446
Saint-Valentin, maison Lorrain	322
Saint-Venant-de-Hereford, couvent	485
Sainte-Anne-de-Bellevue, maison Thomas-Moore	177
Sainte-Anne-de-Sabrevois, maison natale d'Honoré Mercier	318
Sainte-Anne-des-Plaines, maison et grange-écurie des prêtres Chaumont	389
Sainte-Geneviève, maison D'Ailleboust-de-Manthet	174
Sainte-Geneviève, maison Montpellier-dit-Beaulieu	175
Sainte-Julienne, bureau d'enregistrement	461
Sainte-Martine, maison Coppenrath	360
Sainte-Scholastique (Mirabel), ancienne seigneurie des sulpiciens (ou manoir Belle-Rivière)	411
Sainte-Thérèse, ancien séminaire (Cégep Lionel-Groulx)	393
Sainte-Thérèse, chapelle-oratoire de Saint-Joseph	395
Sherbrooke, palais de justice	478
Sherbrooke, Plymouth-Trinity United Church	480
Shipton, moulin Denison	475
Sorel, carré Royal	250
Sorel, église et presbytère anglicans	251
Sorel, église Saint-Pierre	248
Sorel, maison des Gouverneurs	254
Témiscaming, gare du Canadien Pacifique	553
Témiscaming, poste de relais pour le flottage du bois d'Opémican	550
Terrebonne, île des Moulins	429
Terrebonne, maison Auger	435
Terrebonne, maison Bélisle	436
Terrebonne, maison Tremblay	434
Tracy, site archéologique Mandeville	245
Val-d'Or, village minier Bourlamaque	536
Val-des-Bois, pont Bowman	513
Varennes, calvaire	234
Varennes, chapelles de procession Sainte-Anne et Saint-Joachim	232
Varennes, hangar à grain	237
Varennes, maison Joseph-Petit-dit-Beauchemin	235
Vaudreuil, ancien collège Saint-Michel et remise	338
Vaudreuil, église Saint-Michel	339
Verchères, moulin à vent	239
Verchères, moulin à vent Dansereau	240
Verdun, maison Étienne-Nivard-de-Saint-Dizier	187
Ville-Marie, domaine Brown	548
Ville-Marie, maison du Colon	547
Waterloo, St. Luke's Church	328
Westmount, maison Braemar	158

Composition typographique:
Mono-Lino inc.

Demi-teintes des illustrations:
Point de Trame inc.

Séparation de couleurs:
Litho Acmé inc.

Achevé d'imprimer en septembre 1991
sur les presses de l'imprimerie Boulanger inc.
à Ville d'Anjou.

Ouvrage de Référence
ne doit pas sortir
de la Bibliothèque.